천국이정표
다니엘과 요한계시록

저자 최매실

천국이정표,다니엘과 요한계시록

ⓒ 최매실, 2025

발행일   2025년 2월 17일

저 자   최 매 실
펴낸곳   재노북스
펴낸이   이 시 은

ISBN   979-11-93297-18-6(93230)
정 가   34,500원

출판등록 2022년 4월 6일 (제2023-000076호)
서울시 금천구 가산디지털1로 205-27, 705호
팩 스 | 050-4095-0245
이메일 | dasolthebest@naver.com
원고접수 | 이메일 혹은 재노북스 카카오톡채널

하나님의 계획이 완성되는 나라
천국이 임하는 마지막 때 징조보기!
다니엘과 요한계시록 완전정복!

천국이정표
다니엘과 요한계시록

다니엘과 요한계시록!
철저하게 성경에 기반을 둔 탄탄한 해석!
요한계시록의 모든 의문이 풀린다.

마지막 때 다니엘과 요한계시록
이제는 누구에게나 열려야 한다.

지금까지 이런 해석 없었다.
놀랍다! 명쾌하다! 시원하다!

목 차

저자 소개

최매실 목사

20대 중반부터는 17년간 교회 어린이 찬양사역자로 섬겼다. 저자의 첫작품 "예수님 오실 때"를 시작으로 주님의 재림을 노래하는 찬양들을 작사·작곡했고, 이 곡들은 전국 교회학교에서 불려졌다. 시간이 흘러 하나님께서는 저자를 새로운 길로 인도하셨다. "천국이정표 다니엘과 요한계시록"이라는 마지막 때를 준비하는 사역을 맡겨주셨다. 현재는 남편 이상욱 목사와 함께 인천 예수생명교회에서 복음을 전하고 있다. 어린이 찬양사역에서 종말론적 메시지를 전하는 현재의 사역까지, 모든 것이 하나님의 섬세한 계획 안에 있었음이 드러난다.

이 책을 통해 독자들이 마지막 때를 살아가는 우리에게 주시는 하나님의 특별한 메시지를 발견하길 소망한다. 다니엘서와 요한계시록은 단순한 종말론적 예언서가 아닌, 오늘을 살아가는 우리에게 주시는 소망과 위로의 메시지다. 이 책이 독자들에게 종말에 대한 두려움이 아닌, 소망 가운데 주님의 재림을 기다리는 지혜와 은혜의 나침반이 되길 기도한다.

유튜브 채널 : 천국이정표 - 다니엘과 요한계시록

프롤로그

크리스천이라면 누구나 지금이 마지막 때란 것은 기본적으로 알고 있다. 그러나 필자에게 마지막 때라는 것이 구체적으로 눈이 열리기 시작한 시기는 2013년 초 부터다. 여러 유튜브 강의들을 통해 세계정부와 관련한 어두운 암흑의 세계를 먼저 접하면서 두려움에 쌓여있었다. 그러던 중 2007년 강변성산교회 김성길 목사님께 배운 천국운동이 생각났다. 당시 국제제자훈련이란 교제(KDM)로 1년 반 동안 매주 월요일 '천국운동'을 공부했었다. 김성길 목사님은 "마지막 때란 사단에게는 심판이 다가오는 '종말론'이다. 그러나 천국을 바라보는 우리들은 하나님의 계획이 완성되는 '완성론'으로 접근해야 한다."라고 하셨다. 마지막 때를 종말론이 아닌 완성론으로의 접근은 신선하게 다가왔다.

마지막 때 눈을 뜨면서 계시록과 관련한 유튜브의 여러 강의들을 취사선택하며 듣기 시작했다. 그리고 마지막 때 대한 말씀을 성도들에게 가르쳐야겠다는 생각으로 메모해 가기 시작했다. 메모노트가 두꺼워 지기 시작할 무렵 주님은 요한계시록 세미나를 하라는 감동을 주셨다. 그러나 그 분야는 감히 감당할 수 없는 분야라고 생각했다. 계시록을 강의 하는 강사들을 보면 대부분 일단 천국을 내 집처럼 자주 오간다. 계시록 해석을 천국에서 주님께 직접 들었다고 한다. 혹은 꿈을 꾸거나 환상을 보거나 계시를 받았다고 한다. 또한 계시록을 가르치는 분들은 보통 30-40년을 연구한 대단한 분들이다.

그러나 필자는 천국을 직접 가본적도 없다. 꿈을 꾸거나 환상으로 받은 계시도 없다. 계시록을 강의하겠다는 의도적 계획을 가지고 오랜 시간 깊이 연구한 것도 아니다. 다만 말씀을 통해 조금씩 깨달아 가고 있는 과정이었다. "주님! 제가 어떻게 요한계시록 세미나를 하나요?"라며 그냥 지나갔다. 그러나 주님은 계속 마음에 세미나를 하라는 감동을 주셨다. 이렇게 주님과 밀고 당기는 시간이 2년 정도 지나면서 필자는 성령의 음성에 순종하기로 했다. 그러나 당시 영성 사역으로 매우 분주하게 사역을 하고 있을 때여서 시작을 못하고 차일피일 미루고 있었다. 그때 마침 용기 내여 세미나를 시작할 수 있는 동기가 되는 귀한 만남을 주셨다.

우연히 유튜브에서 성막의 대가인 갈보리교회 강문호 목사님(현재 은퇴 후 충주봉쇄수도원을 설립하여 수도원 사역 중이심)의 휴거 강의 썸네일을 보고 새삼 놀랬다. 큰 교회 목사님께서 마지막 때 강의를 하신 다는 것이다. 2015년 4월 목사님의 마지막 때 세미나 광고를 보고 참석하여 그곳에서 목사님과 개인적인 만남이 이루어졌다. 목사님께 "저도 앞으로 마지막 때 요한계시록 세미나를 할 계획입니다" 말씀을 드렸더니 목사님은 너무 반가워 하셨다. 마지막 때 잇사갈 지파와 같이 시세를 알고 시대를 깨우며 가르치는 자들이 많이 일어나야 한다고 하셨다. 목사님께서는 필자를 적극 응원해 주셨고 세미나 사역 시작의 동기를 부여해 주셨다.

목사님의 격려로 용기를 얻어 2015년 그해 6월부터 "천국이정표세미나-다니엘과 요한계시록"이라는 타이틀로 목회자들과 일반성도들도 참석 가능한 오픈세미나로 시작되었다. 그간 메모해둔 자료들을 간단히 세미나 교재로 만들었다. 많은 사람들이 모이는 세미나는 아니었지만 매월 세미나는 진행되었다. 천국이정표 세미나를 통해 감격과 감동의 물결이 이어졌다. 그어느 세미나에서도 경험해 보지 못한 다니엘과 요한계시록이 열리는 세미나, 마지막 때 눈이 열리는 세미나라고 이구동성으로 극찬이 쏟아졌다. 여성 목회자로서 계시록을 다루기엔 한없이 부족한 필자에겐 예상치 못한 일이었다. 오직 하나님의 은혜였다.

세미나가 시작되고 3년이 지나는 무렵 세미나에 참석하신 한 목사님께서 "이렇게 귀한 세미나가 더 알려지려면 유튜브를 하셔야합니다." 라고 필자에게 유튜브 채널을 개설하여 영상을 올릴 것을 권유하셨다. 기계치인 필자에게 유튜브를 개설하고 영상을 올리는 것 또한 엄두가 나지 않는 일이었다. 그러나 또 성령께서 계속 감동을 주셨다. 성령님께 떠밀려 영상 올리는 방법들을 유튜브에서 하나씩 배우며 2018년 7월 유튜브 채널을 개설하고 처음 천국이정표세미나 홍보영상을 올렸다. 당시에는 홍보영상만 몇 편 올리겠다는 생각으로 시작했다.

그러나 성령께서는 또 계속 말씀하셨다. 세미나 전체 내용을 계속 주제별로 영상을 올리라는 것이다. 필자가 풀어가는 요한계시록 해석은 기존의 해석과 많은 차이가 있다. 그로 인해 모든 영상을 공개적으로 올렸을 때 돌아올 수 있는 비난과 공격에 대한 두려움도 있었다. 그러나 성령님 감동에 순종하며 영상을 올리기 시작했다. 아니나 다를까 영상을 통해 은혜 받는 분들이 더 많이 계셨지만 공격 또한 만만치 않았다. 그러나 모든 역경을 뚫고 계속 영상을 올려왔다. 이 또한 오직 하나님의 은혜다.

유튜브 영상을 보시는 분들 가운데 많은 분들이 세미나 참석은 어려우니 교재를 구입할 수 있느냐는 문의가 계속 왔다. 현장세미나 교재는 판매용이 아니기에 세미나를 참석하지 않은 분들에게 보내 드릴 수는 없었다. 이를 거절 할 때마다 미안한 마음이 들었다. 또 종종 들어오는 문의는 "어떻게 하면 유튜브에서 목사님 영상을 다 볼 수 있습니까?"라는 것이었다. 재생목록에 모든 영상들이 주제별로 올려저 있다. 그러나 채널을 잘 찾아 들어가지 못하는 분들은 흩어져 있는 많은 영상을 찾아 이어서 보지 못하는 어려움이 있다는 것이었다.

또 세미나에 오시는 많은 분들의 조언이 있었다. 천국이정표세미나 교재를 정식 책으로 출판해서 서점에서도 많은 분들이 마지막 때 말씀을 접할 수 있도록 해야 한다는 것이었다. 그러니 책을 빨리 써 달라는 것이었다. 이렇게 점점 책을 써야 한다는 이유들이 하나씩 추가되고 있었다. 사실 강문호 목사님께서 처음 세미나를 시작할 때 세미나를 30회쯤 하고 책을 쓰라고 하셨다. 그러나 57회를 넘도록 필자가 정식으로 책을 써서 출판하는 하는 것은 필자에겐 무척이나 부담스러운 일이었다. 당시에 필자는 책은 쓰지 않겠다고 했었다. 그러나 이제 무엇보다 중요한 것은 성령님께서 필자에게 계속 말씀하시는 것이다.

"책을 써라!"

너무도 부족한 필자에게 주님은 한 걸음씩 필자의 마음을 정복해 가시는 것 같았다. 책을 쓰라는 감동을 받고도 나는 할 수 없다고 3년 정도 그야

말로 뭉개고 있었다. 그러나 책을 써야 한다는 거룩한 부담감은 내 안에 계속 쌓여가고 있었다. 책을 쓸까 하는 생각을 하면 엄두가 나질 않았다. 그러나 결국 주님께 항복할 수밖에 없었다. 필자에겐 오직 책을 집필을 할 수 있는 기름부음이 필요했다. "주님! 내게는 선한 것이 하나도 없습니다. 오직 주님의 은혜를 구합니다." 집필은 이렇게 시작되었다.

목적지가 분명히 있는 사람에게는 이정표가 필요하다. 정확하고 분명한 이정표를 가지고 가는 사람과 이정표가 없이 길을 찾아 가는 사람은 분명히 다르다. 이정표가 있는 사람은 해매이지 않는다. 그러나 이정표가 없는 사람은 정신없이 해매일 수밖에 없다. 우리의 최종 목적지는 바로 새 예루살렘성이 있는 우리의 본향 천국이다. 시간의 세계가 사라지는 실제적인 나라, 우리의 본향 천국이 눈앞에 다가오고 있다. 마지막 때 너무나 혼돈한 시대, 독자님들 손에 다니엘과 요한계시록으로 천국이정표를 올려 드린다.

기독교는 직선의 역사관이다. 시작이 있고 끝이 있는 종교다. 그러므로 계22:13절에는 "나는 알파와 오메가요 처음과 마지막이요 시작과 마침"이라고 하셨다. 그러나 늘 하나님을 대적하는 사단은 반대로 이 세상은 직선의 역사가 아니라 원의 역사라고 한다. 바로 윤회설이다. 그래서 세상은 마치 끝이 없이 계속 되어질 것처럼 미혹하고 있다. 사단은 많은 기독교인들로 하여금 주님 재림을 망각하게 하고 세상에 소망을 두고 살게 한다. 오직 "평등"에만 관심이 있다. (아파트 평수/아이들 등수) 주님은 세상은 끝이 있다고 분명히 말씀하셨다. 우리 앞에 새로운 세계 천국이 임할 것을 말씀하셨다. 그 나라가 시간적으로 다가오고 있다. 요한계시록은 주님의 재림과 천국이 어느 때에 임하는지를 가장 정확하게 보여주는 천국이정표다.

그러나 지금 요한계시록 해석은 대체신학을 벗어나지 못하고 있다. 영적, 상징적 해석, 전통적 해석에 묶여 이 시대에 정확한 천국이정표로서의 역할을 못하고 있다. 마지막 때 계시록은 다시 해석되어져야 한다. 요한계시록은 성경 66권의 결론이며 그중 계21, 22장은 성경 전체의 결론 중에 최종 결론이다. 우리의 종착역이 계시록 21-22장이라면 계시록은 순서적으로 해석되어져야 한다. 말씀을 주신대로 상징은 상징으로 문자는 문자로 해석되어야 한다. 그래야 정확한 이정표가 될 수 있다. 앞뒤로 뒤섞어서 영적해석에만 머물러 있다면 요한계시록은 미로가 될 수밖에 없다. 요한계시록이 미로가 되면 기독교인들은 예수 안에 들어와서도 마지막 때 길을 찾지 못하고 헤맬 수밖에 없다.

요한계시록은 어려운 책이 아니다. 또한 무섭고 두려운 책도 아니다. 요한계시록은 복 있는 책이다. 그러므로 반드시 바르게 배우고 마지막 때 가장 가까이 해야 할 책이다. 요한계시록은 놀랍게도 너무나 자세하게 순서적으로 마지막 때를 안내하고 있다. 그리고 반드시 계시록과 연계하여 중요한 예언서들인 다니엘, 이사야, 에스겔, 시편, 스가랴, 요엘 등과 연계하여 해석해야 한다. 계시록은 66권의 결론이기 때문이다. 마지막 때 모든 답은 성경에 있다. 많은 사람들이 혼돈하고 있는 휴거의 때와 다가오는 3차전, 마지막 7년, 한이레가 시작되는 시점, 7년 협정, 제3성전, 그리고 겔38장의 곡 마곡 전쟁, 14만 4천과 두증인의 출현, 적그리스도의 출현 등 이 모든 것들은 계시록을 순서적으로 보면 정확하게 보인다.

본서는 다니엘과 요한계시록을 공부하는 교재의 성격이다. 집중 세미나 내용 전체를 세밀하게 정리한 것이다. 내용도 상당이 많은 분량이다. 그냥 생각 없이 눈으로만 읽어 내려가면 이해 할 수 없을 것이다. 집중하여 읽을 때 지금까지 보지 못했던 놀라운 진리들이 보일 것이다. 분량이 많지만 특히 관심 있는 주제들은 두세 번 읽을 것을 권한다. 독자들께서 요한계시록에 대해서 궁금하고 목말랐던 내용들이 속 시원하게 거의 해소가 될 것이다. 이것은 그동안 천국이정표세미나를 참석했던 많은 분들의 고백이다. 100% 완벽할 수 없지만 그래도 목회자들은 이 책을 통해 성도들을 가르치는데 중요한 자료가 될 것이다.

천국이정표는 혼돈한 시대, 마지막 때에 요한계시록에 목마른 자들에게 정확한 이정표를 제시할 것이다. 단원마다 내용이 길고 상당히 세밀하게 다루었기에 인내하고 읽어야 한다. 집중세미나도 보통 두세 번 참석하신 분들이 많다. 아마도 이 책도 어쩌면 한번 읽음으로 전체를 이해하기는 쉽지 않을 것이다. 그러나 다니엘과 요한계시록을 제대로 공부한다는 마음으로 읽어간다면 큰 도움이 될 것이다. 그리고 독자들께서 이 책을 소화하고 나면 영적 체증이 내려가는 것을 경험할 것이다. 많은 궁금증들이 해소되고 풀릴 것이기 때문이다.

독자들은 책과 유튜브 영상을 통해 요한계시록을 공부할 수 있을 것이다. 예전에 올린 영상들이 부족한 부분들이 많다. 앞으로 내용들을 보충하는 영상 사역도 이어 갈 것이다. 또한 매월 진행되는 무료 집중세미나는 더 할 수 없는 감동의 시간이 될 것이다. 참석자들의 한결같은 목소리는 유튜브 영상 전체를 다 보았지만 현장강의의 감동은 더욱 크다고 한다. 가슴이 뻥 뚫리는 느낌이라고 한다. 성령의 기름부음으로 마지막 때 말씀이 심령에 새겨진다고 한다.

마지막으로 혼돈한 시대 마지막 때 많은 사람들의 손에 천국이정표가 들려지길 바란다. 수많은 이단들과 비 성경적인 가르침들이 유튜브에 차고 넘치는 시대를 우리는 살고 있다. 이 한권의 책을 통해 마지막 때 방황하는 많은 기독교인들이 옳은 데로 돌아오길 기도한다. 천국이정표가 주님의 거룩한 신부로 주님 맞을 준비를 단단히 하는 축복의 통로가 되길 바란다.

오직 주님의 은혜로!
오직 주님께 감사!

2024년 7월 최매실 드림

Chapter I

"에덴에서 새 에덴까지"

· 창세기에서 요한계시록까지 계시된 천국
· 천사의 창조와 타락 심판

창세기에서 요한계시록까지 계시된 천국

1. 시작, 그리고 끝

기독교는 직선의 역사다. 시작이 있고 끝이 있다. 그러나 사단은 언제나 하나님을 대적하여 하나님과 반대를 주장한다. 직선의 역사에 대항하여 돌고 도는 원의 역사라고 한다. 때문에 세상 종교는 사단의 윤회설을 따른다. 끝이 없는 세상에서 땅에 속하여 땅에 소망을 두고 살라고 한다. 이것은 하늘의 하나님을 바라볼 수 없게 하는 것이다. 그러나 세상의 모든 역사는 성경대로 이루어졌다. 앞으로 남은 역사도 성경대로 이루어질 것이다. 66권으로 분류된 1권의 성경은 오직 끝에 있는 한곳의 목표를 향해 가고 있다. 바로 우리의 영원한 본향 천국 새 예루살렘 성이다. 성경은 창세기부터 계시록까지 궁극적으로 오직 본향 천국을 계시하고 있다. 창1:1절의 "태초(시초)"란 단어 속에 "시말"이 들어있다. 시작은 곧 끝을 전제로 한다.

1) 그때 그 사건

"너 아침의 아들 계명성이여 어찌 그리 하늘에서 떨어졌으며 너 열국을 엎은 자여 어찌 그리 땅에 찍혔는고 네가 네 마음에 이르기를 *내가 하늘에 올라 하나님의 뭇 별 위에 내 자리를 높이리라 내가 북극 집회의 산 위에 앉으리라 가장 높은 구름에 올라가 지극히 높은 이와 같아지리라* 하는도다 그러나 이제 네가 스올 곧 구덩이 맨 밑에 떨어짐을 당하리로다"(사14:12-15)

지구의 역사가 시작되기 전 하늘에서 있었던 그 때의 그 사건을 성경은 전해주고 있다. 하나님의 보좌를 찬탈하려던 천사의 반역 사건이다. 죄의 시작은 영적세계의 천사의 타락으로 부터이다. 성경에서 천사의 타락을 직접 언급하지는 않는다. 그러나 에스겔에는 두로 왕을 빗대어 천사의 창조와 타락을 전한다.(겔28:12-17) 이사야에서는 바벨론 왕에 빗대어 천사의 타락을 기록하고 있다.(사14:12-14) 그러나 요한계시록에서는 반역한 천사의 정체를 구체적으로 밝히고 있다. 그리고 마지막에 창세전에 범죄하고 타락한 천사 사단을 심판하시고 유황불 못에 던져 버린다. 이 사단의 심판으로 하늘에서 있었던 그때 그 사건은 종결되는 것이다.

이렇게 셋째 하늘에서 일어났던 반역사건 이후 하나님은 사단을 바로 심판하지 않으셨다. 당시에는 하나님 보좌가 있는 셋째 하늘에서 둘째하늘 공중으로 쫓아냈을 뿐이다. 욥기에 보면 쫓겨난 사단이 하늘 천상 회의에 나타나는 것을 볼 수 있다. 마지막 최후심판 때까지 사단의 완전한 심판은 유예되었다. '범죄 한 천사들'이라 하니 그 반역사건에 가담한 천사들이 한 집단 이었을 것이다. 반역을 주도한 천사는 천사 장 이었으니 그 라인에 있던 하부의 천사들이 모두 함께 타락한 것이다. 이 내용은 천사의 단원에서 좀 더 자세히 다루었다.

"하나님이 범죄한 천사들을 용서하지 아니하시고 지옥에 던져 어두운 구덩이에 두어 심판 때까지 지키게 하셨으며"(벧후2:4)

"또 자기 지위를 지키지 아니하고 자기 처소를 떠난 천사들을 큰 날의 심판까지 영원한 결박으로 흑암에 가두셨으며"(유1:6)

"또 그들을 미혹하는 마귀가 불과 유황 못에 던져지니 거기는 그 짐승과 거짓 선지자도 있어 세세토록 밤낮 괴로움을 받으리라"(계20:10)

이렇게 사단의 범죄가 먼저 시작되고 지구 창조의 역사가 시작된다. 문제는 천사의 나라 이후에 시작된 아담(사람)의 나라에도 동일한 사건이 일어났다는 것이다. 그것은 인간이 하나님께서 금하신 선악과를 먹고 하나님과 같이 되려 했던 것이다. 이것은 사단이 하나님께 도전한 그 사건과 같다. 에덴에서 이러한 사건이 일어난 것은 타락한 천사들이 지구 에덴동산에 들어왔다는 것이다. 하나님께서 범죄 한 천사들을 심판 때까지 흑암에 가두셨는데 지구에 들어온 이 천사들은 무엇일까?

혹자는 천사 3분의 1이 타락했다고 한다. 정확한 수는 알 수 없으나 우리가 헤아릴 수 없는 많은 천사들이 반역사건에 가담했다고 본다. 필자의 생각으로는 지구역사상의 모든 인구수와 타락한 천사의 수중 천사의 수가 더 많을 것으로 본다. 인간의 짧은 생각으로는 지구역사상의 수가 더 많을 것이라 생각할 것이다. 그러나 우주도 광활한데 하늘의 천사의 수를 어찌 셀 수 있을까? 범죄 한 천사들은 악한 영들이 되었다. 그들 중 일부가 지구에 들어와서 하나님의 필요에 의해 세상 역사에서 활동하고 있다. 하나님은 수많은 범죄 한 천사들을 지구에 다 들어가는 것을 허락지 않으셨다. 구속사에 필요한 수만 대장 사단과 함께 풀어 놓았고 남은 영들은 최후 심판 때가지 가둬 놓으신 것으로 본다.

성경의 구조는 우리가 다 깨닫지 못하고 있을 뿐 엄청난 비밀로 구성되어 있다. 성경이 시작되는 창세기 1-2장을 지나 세 번째 장인 3장에 뱀의 모양으로 사단이 에덴에 등장한다. 그리고 요한계시록 21-22장 끝을 남겨두고 끝에서 세 번째 20장에 마귀 사단은 불 못에 던져진다. 지구 시간의 역사는 사단이 들어옴으로 시작한다. 그리고 사단이 심판을 받고 유황불 못에 던져짐으로 시간의 역사는 끝난다. 그러므로 시간의 세계는 하나님의 구속사와 심판사를 이루시기 위한 계획된 장소임을 알 수 있다. 심판의 대상자 사단의 최후 처형으로 시간의 세계가 끝나기 때문이다. 창세기 1-2장은 천국의 모형이다. 그리고 요한계시록 21-22장은 영원한 천국의 원형이다. 그렇기 때문에 창1,2장과 계21,22장에는 사단이 없다.

사단은 지구의 역사에 들어와서 하나님과 사람 사이를 죄로 분리 시켰다. 하나님 품에 있던 사람을 빼앗아 자기의 통치하에 둔 것이다. 물론 인간은 사단의 미혹에 이끌렸다. 그러나 사단이나 인간은 하나님 같이 되려했던 죄의 본질은 같다. 여기서 중요한 것은 천사의 죄와 사람의 죄를 다루시는 하나님의 방법이 다른 것이다. 죄의 질은 같은데 그 사건을 처리하시는 하나님의 방법은 구속사와 심판사로 나뉜다. 하나님은 사단에게 빼앗긴 사람을 포기하지 않으셨다. 빼앗긴 원래 자신의 소유를 다시 찾기 위한 하나님의 원대한 구속사의 계획이 가동되기 시작한다. 동시에 사단과 타락한 천사들을 향한 심판사가 원대한 계획안에서 진행된다.

2) 시간의 세계는 하나님의 계획을 이루기 위한 무대다.

시간의 세계로 시작되는 아담의 나라 에덴은 창세전에 있었던 죄의 문제를 해결하기 위한 장소다. 사단의 죄와 인간의 죄를 해결하시기 위한 하나님의 원대한 계획이 진행되는 무대다. 성경은 이 죄 문제 해결을 위해 구속사와 심판사라는 큰 두 주제의 완성을 향해 가고 있다. 천사와 인간이 하나님께 반역한 죄의 본질은 같다. 그러나 심판의 방법은 차별을 두셨다.

① 인간의 죄를 해결하기 위한 구속사 - 은혜의 옷을 입히신다.

인간은 본래 영원히 사는 존재로 창조하셨다. 하나님도 천사도 사람도 영생하는 존재다. 하나님의 큰 계획은 사람을 창조하셔서 자녀 삼으시고 그 사람과 함께 영원히 사는 것이다. 그런데 먼저 지음 받은 천사가 타락했다. 그리고 하나님의 형상으로 지으신 사람도 타락했다. 이 죄의 문제를 해결하지 않고 인간은 하나님과 함께 영원히 살 수 없다.

하나님은 이 죄의 문제를 해결하는 방법으로 시간의 세계에서 인간에게 은혜의 옷을 입히시는 것이다. 이 은혜의 옷을 입어야 영원세계에 들어가서 다시는 죄를 범하지 않는다. 하나님은 인간에게 은혜의 옷을 입히시는 방법으로 바로 자신을 내어 주셨다. 하나님께서 직접 몸을 입으시고 시간의 세계에 들어오셨다. 그리고 사단에게 자신의 피를 주시고 빼앗긴 것을 다시 찾아오시는 것이다. 어린양 되시는 예수 그리스도의 피다.

그러므로 우리는 어린양 예수 그리스도의 피의 값이다. 이 피로 우리는 은혜의 옷을 입은 것이다. 바로 아담과 하와에게 주신 피 묻은 가죽옷이다. 이와 같이 시간의 세계는 인간에게 어린양의 피로 은혜의 옷을 입히시기 위해 필요한 것이다. 이것이 하나님의 구속의 역사다.

② 사단을 죄를 해결하기 위한 심판사 - 너는 결코 진리가 될 수 없다.

처음 피조물이 하나님과 같이 되려고 했다. 하나님은 진리다. 진리에 의해 창조된 피조물이 진리가 되려고 한 것이다. 죄의 원조다. 피조물은 결코 진리가 될 수 없다. 오직 하나님만이 진리가 되신다. 그러므로 하나님은 진리가 되려 했던 사단을 향해 선포하신다. "너는 결코 진리가 될 수 없다" 시간의 세계 끝에 결국 진리 행세를 한 비 진리를 심판하신다.

하나님은 선악과를 먹은 아담과 하와에게 "어찌하여 이렇게 하였느냐"(창 3:11,13)며 원인 제공자를 추궁하신다. 회개의 기회를 주시는 것이다. 그러 나 뱀에게는 묻지 않으시고 바로 저주를 내리신다. "여호와 하나님이 뱀에 게 이르시되 *네가 이렇게 하였으니...*"(창3:14) 범죄 한 천사는 회개의 DNA 가 없다. 천사는 근본적으로 회개할 수 없다. 육이 없으므로 피도 눈물도 없는 영적 존재이기 때문이다. 우리가 악한 자들을 보면 피도 눈물도 없다 고 한다. 이것은 악한 사단으로부터 온 영을 받은 자들이기 때문이다. 그러 나 하나님은 몸을 입으시고 이 땅에 오셔서 때로는 눈물을 흘리셨다. 그리 고 십자가에서 피와 물을 다 주셨다.

사도요한은 예수님 안에 은혜와 진리가 충만하다고 했다. 예수 그리스도는 인간에게 은혜를 입히시기에 충만하다. 그리고 사단에게 진리를 드러내기에 충만하신 하나님이시다. '충만하다' 헬라어 플레레스는 '가득 찬', '덮인', '완 전한'이다. 예수 그리스도는 은혜를 입히기에 완전하신 하나님이시다. 말씀이 육신이 되신 그리스도는 완전한 진리인 것이다. 그러므로 인간을 위한 구속사 는 은혜요 사단을 위한 심판사는 진리라 할 수 있다.

"*말씀이 육신이 되어 우리 가운데 거하시매* 우리가 그의 영광을 보니 아 버지의 독생자의 영광이요 *은혜와 진리가 충만하더라*"(요1:14)

3) 그 남자의 이야기
시간의 세계는 역사라는 이름으로 흘러간다. 역사 History는 He+Story 혹 은 His+Story 합성어다. 역사는 그의 이야기 혹은 주님의 이야기다. 그러나 좀 더 정확한 해석은 그 남자의 이야기다. 바로 세상에 실존하셨던 하나님 예 수 그리스도의 이야기다. 예수 그리스도이신 그 남자의 이야기가 역사다. 그렇 다면 성경밖에 있는 세상의 모든 역사도 모두 그분의 이야기다.

이것은 결국 요한계시록을 해석함에 있어서 상당히 중요한 문제다. 요한계시록의 7인의 사건들은 결국 세상에서 일어나는 심판 사에 속한 일들이기 때문이다. 그러나 세상 역사를 주님의 이야기로 인정하지 않으려 한다. 여기서부터 요한계시록의 해석의 어려움이 있다. 이것은 참으로 중요한 문제다. 세상의 모든 역사를 그분께서 주관하심을 철저히 인정한다면 요한계시록 해석의 많은 걸림돌들이 해결된다.

필자가 천국이정표세미나를 진행해오면서 계시록의 인, 나팔 등의 사건을 해석할 때 종종 받는 질문이 있다. "그런 건 세상사건 아닌가요? 성경의 계시록과 무슨 상관이 있나요?" 바로 이런 문제다. 그러나 세상의 모든 역사가 주님께서 주관하시는 그분의 이야기임을 믿는다면 문제가 되지 않는다. 세상 그 어떤 일도 하나님의 허락 없이 일어나는 것은 없다.

그동안 교회는 교회와 세상을 너무 이분화 시켰다. 세상역사는 세상일이고 성경의 역사는 오직 하나님 나라 교회 역사라고 한다. 그러므로 세상에서 일어나는 일들은 성경과 상관이 없는 일이라고 한다. 심지어 혹자는 계시록을 다루는 목사들은 일루미나티, 세계정부 이런 일들은 세상일이니 다루지 말라고 한다. 물론 이런 주장은 계시록을 전체적으로 상징으로 보는 시각 때문 일 수 있다. 그러나 참으로 답답한 일이다. 중요한 것은 사단은 세상과 교회를 모두 장악하고 있다는 사실이다. 세상 모든 역사는 그 남자, 주님의 이야기임을 기억해야 한다.

4) 여호와의 7대 절기는 메시아의 7대 지상사역이다.
"하나님이 이르시되 하늘의 궁창에 광명체들이 있어 낮과 밤을 나뉘게 하고 그것들로 *징조와 계절(절기)*과 날과 해를 이루게 하라"(창1:14)

"이스라엘 자손에게 말하여 이르라 이것이 *나의 절기들*이니 너희가 *성회로 공포할 여호와의 절기들*이니라"(레23:2)

성경의 역사는 구속사와 심판사 두 개의 바퀴로 굴러가고 있다. 하나님은 이미 창세기에서 구속사와 심판사 중심에 계시는 하나님 자신의 7대 사역을 공개하셨다. 하나님은 하늘 본부에서 명령만 하시지 않는다. 하나님 자신이 직접 몸을 입고 시간의 세계에 들어오셔서 7대 지상 사역을 행하신다. 이것이 바로 여호와의 7대 절기다. 메시아의 7대 지상 사역이 끝나면 시간의 세계는 끝이 나고 영원 세계로 들어간다. 창1:14에 '계절'로 번역된 히브리어 '모에드'는 '절기'다. 일부 다른 성경에는 절기로 번역이 되어있다. 바로 창1:14절 모에드에서 여호와의 7대 절기, 예수님의 7대 지상사역을 예언하고 있다.

하나님은 유대인들에게 여호와의 7대 절기를 명절로 삼아 성회로 선포하고 지키라 하셨다. 성회는 리허설을 의미한다. 성회로 모여서 예수님의 7대 지상 사역을 예행연습 하라는 것이다. 그러므로 여호와의 7대 절기는 유대인의 7대 명절이다. 유대인들은 유월절부터 초막절까지 명절 때마다 예수님의 지상 사역을 예행연습 하고 있다. 문제는 그들은 수천 년 동안 예수님의 7대 사역을 예행 연습하면서도 아직도 눈이 가려져 메시아를 알아보지 못하고 있다.

창1:14절의 예언대로 예수님은 이 땅에 오셔서 유월절과 무교절과 초실절과 오순절을 완성하셨다. 어린양 되시는 예수님은 유월절 양 잡는 그날 잡히셨고 정확하게 양이 죽은 그 시간에 죽으셨다. 유대인들은 무교절에 무교병을 만들어 흰 보자기에 싸서 3일 동안 땅속에 묻어 두었다가 먹는다. 무교절은 예수님의 무덤이다. 초실절 첫 보리를 베는 새벽 그 시간에 주님은 부활 하셨다. 그리고 정확히 50일째 되는 오순절에 성령으로 강림하셨다. 날짜 하나 틀림이 없이 정확하게 절기를 이루셨다.

아직 주님의 지상 사역은 끝나지 않았다. 이제 나팔절에 주님 재림하셔서 세상을 심판 하신다. 속죄일을 통해 메시아를 거역한 유대민족의 죄를 사하시고 성결케 하실 것이다. 마지막 천년왕국, 메시아 왕국으로 초막절을 완성하신다. 그리고 초막절 끝에 사단을 최후 심판하신다. 초막절로 7대 지상 사역이 완성되면 우리는 영원한 본향 천국으로 들어간다. 인간은 원래부터 영원한 본향 천국에서 살도록 만들어진 존재이기 때문이다. 인간은 그곳으로부터 왔고 그곳으로 다시 가는 것이다. 그래서 천국은 우리의 본향이다.

5) 놀랍다! 창1:1절의 비밀

어느 날 유튜브를 통해 김명현 교수의 창조과학 11강 강의를 들었다. 창1:1절의 비밀이라는 제목이었다. 숫자와 관련된 내용이라 수에 약한 필자에게 한번으론 쉽게 이해가 되질 않았다. 주 내용은 창1:1절을 이루는 각각의 히브리어 단어가 가지고 있는 숫자 값의 비밀이다. 창1:1절의 히브리어 총 숫자 값은 2701이다. 그러므로 2701은 곧 창1:1절이다. 이 숫자 값 속에 놀라운 비밀들이 들어 있었다. 창1:1절 안에는 다윗의 육각별이 가득 들어있다.

더욱 놀라운 것은 사단이 자신의 상징으로 사용하는 피라미드와 666이 들어있다. 창1:1에 다윗의 별과 피라미드와 666까지 함께 들어 있다는 것은 참으로 놀라운 일이다. 김명현 교수는 이 강의에서 창1:1절의 숫자 값을 풀고 있었다. 그러나 필자는 이 강의를 통해 놀라운 비밀을 발견했다. 창1:1절에서 이 세상에 일어날 두 개의 나라가 계시되고 있었다. 하나는 다윗의 별을 통한 계시다. 이것은 다윗왕국이며 궁극적으로는 세상 끝에 나타날 메시아 왕국이다.

또 하나는 피라미드와 666이다. 이것은 공중 권세 잡은 자 사단의 왕국이다. 또한 세상 끝에 나타날 70이레의 마지막 7년 세계단일정부(New World Order)다. 세계단일 정부 끝에는 메시아 지상 재림이다. 이 두 개의 나라 중에 죽이고 멸망시키는 도적인 사단의 나라가 먼저 온다. 그리고 뒤에 생명을 얻게 하고 더 풍성히 얻게 하는 메시아 나라가 임한다.

메시아 왕국 단원에서 자세히 다루었지만 여기서 독자들이 기억해 둘 것이 있다. 메시아 나라, 메시아 왕국, 천년왕국은 같은 나라다. 앞으로 필자는 메시아 왕국과 천년왕국 용어를 번갈아 사용할 것이다. 독자들께서는 천년왕국하면 메시아 왕국으로 메시아 왕국하면 천년왕국으로 이해해야 한다.

또 하나는 천국에 대한 이해다. 필자는 실제 장소적 의미의 천국을 두 개로 나눈다. 하나는 땅의 천국인 천년왕국이다. 또 하나는 우리의 최종 종착지인 하늘 천국, 영원천국이다. 필자는 이와 같은 장소적 천국의 개념을 자주 언급할 것이다. 이것을 꼭 기억해 두길 바란다.

창1:1절부터 우리가 살고 있는 지구는 결코 완전한 세상이 아님을 예언하고 있다. 에덴은 처음부터 사단이 등장하는 세상이다. 지구의 역사는 타락한 천사와 싸움이 시작되는 장소임을 알리고 있다. 이 세상은 마지막 심판 때까지만 필요한 장소임을 창1:1절을 통해 계시하고 있다. 그리고 사단의 영원한 심판 후 우리가 들어갈 완전한 나라로 천국을 계시하고 있다. 예수님은 천국은 창세전에 우리를 위하여 예비 된 곳이라고 하셨다. 바울도 이곳이 만세 전에 미리 정하신 것이라 했다. 또한 하나님께서 창세전에 그 나라 백성들을 택하셨다고 한다.

"그 때에 임금이 그 오른편에 있는 자들에게 이르시되 내 아버지께 복 받을 자들이여 나아와 *창세로부터 너희를 위하여 예비된 나라*를 상속하라"(마25:34)

"오직 비밀한 가운데 있는 하나님의 지혜를 말하는 것이니 곧 감추었던 것인데 하나님이 우리의 영광을 위하사 *만세 전에 미리 정하신 것*이라"(고전2:7)

"곧 *창세전에 그리스도 안에서 우리를 택하사* 우리로 사랑 안에서 그 앞에 거룩하고 흠이 없게 하시려고"(엡1:4)

지구는 결코 영원한 처소가 아니다. 이제 곧 성경의 예언과 하나님의 계획대로 창1:1절이 성취된다. 창세기에 예언된 666과 피라미드 세계정부는 멀지 않아 세상에 드러난다. 이제 하나님께 반역한 천사 공중권세를 잡은 자 사단의 심판이 다가오고 있다. 주님 재림으로 이 지구는 새로운 세상이 되어 땅의 천국인 천년왕국으로 들어간다. 그리고 천년이 지나면 영원한 하늘 천국이 임하는 지구의 종말이 다가오고 있다.

마지막 때란 사단에게는 심판이 작정되어 있기에 종말이다. 그러므로 세상 사람들에게 마지막은 종말론이다. 그러나 하나님은 당신의 구속사 계획의 완성이다. 그러므로 그리스도 안에 있는 우리에게 마지막 때는 완성론이다. 예수님은 십자가에서 "다 이루었도다"고 선포하셨다. 예수님의 죽으심은 십자가에 사단을 못 밖은 것이다. 계시록에서도 똑 같이 "다 이루었도다"라고 선포하셨다. 그러므로 우리는 종말론이 아닌 완성론으로 마지막 때를 접근해야 한다.

"예수께서 신 포도주를 받으신 후에 이르시되 *다 이루었다* 하시고 머리를 숙이니 영혼이 떠나가시니라"(요19:30)

"또 내게 이르시되 *다 이루었도다* 나는 알파와 오메가요 처음과 나중이라..."(계21:6)

6) 역사의 기준은 예수 그리스도

예수님은 역사의 기준이다. 예수님은 역사속의 실제 인물임에도 불구하고 세상 사람들은 인정하지 않는다. 하나님이 직접 사람의 몸을 입고 이 땅에 오셔서 33년을 살다 가셨다. 인정을 하든지 안하든지 세상 모든 사람들은 예수 그리스도의 역사 안에 살고 있다. 전 세계는 주님이 탄생하신 해를 원년으로 하는 서기력을 쓰고 있다.

기원전을 표기하는 B.C는 영어 **B**efore **C**hrist의 줄임말로 주전, 주님 오시기 전이다. 기원후 A.D는 주후, 주님 오신 후의 표기다. 라틴어 **A**nno **D**omini는 주님의 해, 그리스도의 해다. 역사의 분기점은 주님이 탄생하신 원년을 기점으로 하여 B.C와 A.D로 나누고 있다. 그러므로 현재의 세상 모든 사람들은 그리스도가 오신 후의 역사 안에 살고 있다. 중요한 것은 33년을 살고 죽고 부활하시고 승천하신 그리스도께서 이 땅에 다시 오신다는 사실이다.

메시아의 다섯 번째 지상사역인 나팔절은 주님의 지상 재림이다. 주님의 지상 재림은 창세기로 시작된 직선의 역사가 끝이 다가오고 있다는 것이다. 이것은 또한 성도의 최후의 승리요 사단의 멸망이 가까이 오고 있음을 의미한다. 악한 영들은 자신들의 시간이 얼마 남지 않음을 잘 알고 있다. 그러므로 그들의 마지막 활동무대인 세상에서는 무섭고 두려운 일들이 계속 일어나고 있는 것이다. 우리는 마지막 때라는 두려움에서 벗어나야 한다. 그리고 창세전에 예비하시고 계획하신 하나님나라가 가까이 임하고 있음을 깨닫고 더욱 깨어 있어야 한다.

2. 천국의 모형 에덴동산 (창1-2장)

2007년 우연히 신문광고를 보고 강변성산교회 김성길 목사님이 진행하시는 천국운동 세미나를 참석하게 되었다. '천국운동'이라는 제목에 처음에는 혹시 이단이 아닌가 하여 조심스럽게 강의를 경청했다. 결론은 하나님의 큰 은혜였다. 세미나를 마치고 천국운동 공부를 더 하기를 원하는 목회자들 접수를 받기에 우리 부부는 함께 등록했다. 그 때 7기로 22명의 목회자들이 매주 월요일 오전부터 저녁까지 1년 6개월 훈련을 받았다. 창세기부터 요한계시록까지 오직 '천국운동'이라는 주제로 관통하는 강의였다. KDM 국제제자훈련원의 '천국운동' 훈련은 성경 전체에 계시되고 있는 천국을 이해하는 데 큰 유익이 되었다.

필자가 마지막 때에 대한 눈을 뜨기 시작한 시기는 2013년부터다. 하나님은 이미 2007년에 천국운동 공부를 하게하신 뜻이 계셨다. 2015년부터 시작한 '천국이정표세미나'는 2007년에 공부한 천국운동이 모판이 되었다. 창세기부터 요한계시록까지 오직 천국을 계시하고 있다는 것이 당시 강의의 핵심이었다. 물론 당시 배운 것은 현재 필자의 요한 계시록 해석의 틀과는 전혀 무관하다. 그러나 천국이정표가 주제인 본서이므로 성경에 계시된 전체적인 천국의 계시를 드러내기 위해 첫 번째로 이 단원을 정리한다. 본 단원에서 정리하는 천국계시의 기본 틀은 당시 배운 천국운동의 가르침이 기반임을 밝힌다. 다만 김성길 목사님과 필자의 견해가 다소 다른 부분들은 필자의 견해를 따라 정리한다.

필자는 김성길 목사님을 통해 천국운동을 아주 잘 배웠다. 그러나 실제 장소적 천국의 이해에 있어서는 김성길 목사님과 필자의 견해가 다름을 먼저 밝힌다. 당시 김성길 목사님은 필자의 이해로는 무 천년 주의였다. 목사님께서 지지하는 학설을 정확히 드러내지 않으셨기 때문에 정확한 입장은 알 수 없다. 그러나 목사님의 가르침은 성경의 모든 천국의 계시는 천년왕국이 없는 영원천국이었다. 그러나 필자는 실제 장소적 의미의 천국을 두 개로 나누고 있다. 하늘의 뜻이 땅에서 이루어지는 땅의 천국인 천년왕국과 하늘 천국인 영원천국이다.

당시 목사님께서 하신 예화가 기억에 남아있다. 신혼부부가 결혼을 하고 신혼여행을 마치고 집으로 들어간다면 전 천년설이다. 그러나 여러 가지 이유로 신혼여행을 생략하고 집으로 바로 들어간다면 무 천년설이다. 신혼여행은 천년왕국으로 집은 영원한 천국으로 비유 한 것이다. 목사님께서는 천년왕국에 대해 여러 가지 학설을 소개했을 뿐이었다. 당시 여러 교단의 목회자들이 모였기에 논쟁이 될 만한 예민한 부분들은 깊이 다루지 않으셨다.

필자는 앞에서도 밝혔듯이 장소적 천국을 땅의 천국과 하늘 천국으로 나눈다. 성경에서 천국을 계시할 때 1차적으로는 땅의 천국을 궁극적으로는 하늘 천국을 계시하고 있다. 성경은 이스라엘 언약과 관련하여 많은 곳에서 땅의 천국인 천년왕국, 메시아 왕국을 예언하고 있다. 독자들도 천국을 일차적으로 천년왕국이요 궁극적으로는 영원천국으로 이해해야 한다. 그러므로 김성길 목사님께 배운 천국운동을 모판으로 삼아 필자의 견해를 따라 정리해 갈 것이다.

1) 에덴동산은 천국의 모델하우스

하나님은 아담을 범죄 후에 에덴동산에서 쫓아내셨다. 그리고 에덴동산은 천사들에게 불 검으로 지키게 하셨다. 인간은 하나님이 숨겨두신 에덴동산을 잃어버렸다고 한다. 생명나무가 있던 에덴동산은 영원한 천국의 모델 하우스다. 아파트를 지을 때 모델 하우스를 먼저 지어놓는다. 그리고 모델 하우스 홍보기간이 지나면 치워버린다. 곧 모델의 원형이 완성되기 때문이다. 모형인 에덴동산의 원형은 천국이다. 그 천국이 지금 완성되어가고 있다. 에덴동산의 모형을 통해 우리에게 다가오는 천국의 원형을 살펴보고자 한다.

① 최적의 아름다운 환경

창1,2장은 죄가 없는 세상으로 지상천국이다. 이것은 일차적으로 계20장의 천년왕국 땅의 지상천국을 계시하고 있다. 궁극적으로는 계21,22장의 영원 천국이 원형이다. 에덴동산은 물질의 세계이지만 우선 모든 환경이 최적이다. 아기가 태어나기 전에 부모는 아기가 살 수 있는 모든 환경을 준비해 놓는다. 이와 같이 하나님은 인간이 살 수 있는 최고의 환경을 모두 준비해 놓고 흙으로 아담을 지으셨다. 그리고 에덴 동산 중앙에 두셨다. 아기가 태어나면 집안에 중심이 아기이듯 하나님의 중심에는 사람이 있다. 그러나 인본주의에는 사람이 없다. 오직 물질만이 있을 뿐이다.

그러나 신본주의 안에는 그 중심에 사람이 있다. 인간은 하나님의 품, 그 중심에 있는 귀한 존재다. 하나님은 가장 아름다운 동산 에덴을 아담에게 주셨다. 그러나 창세기 3장에 등장하는 사단으로 인해 죄가 들어오면서 인류는 에덴에서 쫓겨났다. 인간은 하나님과 분리된 고통 속에서 살면서 다시 잃어버린 낙원을 찾아 헤매는 역사가 시작된다. 성경은 결국에는 가장 좋은 천국의 에덴을 유업으로 주시려는 계획이다.

② **아담에게 하나님의 형상을**
사람보다 먼저 창조된 천사에게는 하나님의 형상을 주셨다는 말씀이 없다. 그러나 아담은 하나님의 형상대로 지으셨다. 하나님의 형상에는 다섯 가지 속성이 있다. 첫 번째 속성은 유일성이다. 그러므로 인간은 모두가 세상에 단 하나뿐인 유일한 존재다. 하나님은 인간의 가치를 천하보다 귀하다고 하셨다. 두 번째는 영원성이다. 그러므로 인간은 영원히 죽지 않으려는 본능이 있는 것이다. 세 번째는 인격성이다. 동물에게는 인격이 없다. 지, 정, 의는 오직 사람에게만 주신 하나님의 속성이다.

네 번째는 거룩성이다. "내가 거룩하니 너희도 거룩하라" 이 거룩성 때문에 이간은 죄를 지으면 괴롭다. 하나님의 거룩성이 무너지면 양심이 마비된다. 더러운 사단의 속성이 자리하기 때문이다. 다섯 번째는 사랑성이다. 인간은 사랑은 받고 싶어 하고 사랑을 주고 싶어 한다. 하나님의 사랑의 속성이 우리 안에 있기 때문이다. 이러한 하나님의 속성 가운데 천국과 관련된 것이 영원성이다. 영원성이란 영원히 사는 특성이다. 기독교의 주제가 영생인 이유가 여기에 있다. 하나님은 처음부터 사람을 하늘 천국에서 하나님과 함께 영원히 사는 존재로 만드셨다.

③ 사람을 가장 지혜롭게

하나님은 아담을 만물 중에 가장 지혜롭게 지으셨다. 그리고 그에게 동물들의 이름을 짓도록 하셨다. 이름을 짓는다는 것은 본질을 파악한다는 것이다. 동물의 본질이 다르고 새의 본질이 다르다. 아담은 하나님이 주신 지혜로 모든 피조물들의 본질을 파악하고 각종 새와 동물들의 이름을 지었다. 우리는 지금도 아담이 지어준 피조물들의 이름을 사용하고 있다.

"여호와 하나님이 흙으로 각종 들짐승과 공중의 각종 새를 지으시고 아담이 무엇이라고 부르나 보시려고 그것들을 그에게로 이끌어 가시니 *아담이 각 생물을 부르는 것이 곧 그 이름이 되었더라* "(창2:19)

④ 사람이 혼자 있는 것이 좋지 않다.

그런데 이상하다. 모든 생물들은 같은 본질을 가진 암 수가 있다. 그러나 아담과 같은 본질을 가진 다른 그 어떤 것은 없다. 이것이 하나님이 아담에게 피조물들의 이름을 짓도록 하신 의도다. 자신과 본질이 같은 배필이 필요한 것을 스스로 알도록 하신 것이다. 여기서 중요한 것은 하나님께서 당신의 본심을 드러내신 것이다. 사람이 혼자 사는 것이 하나님 보시기에 좋지 않다고 하신다. 킹제임스 역에는 남자가 혼자 있는 것이 좋지 않다고 한다. 하나님인 엘로힘도 사람인 아담도 남성 명사다. 스스로 계시는 하나님도 혼자 계시는 것이 싫으셨던 것이다. 그래서 사람을 지으셔서 그의 자녀 삼으시고 영원히 함께 살고 싶으신 것이다.

창2:18절은 하나님도 독처 하시는 것이 싫다고 고백하신 것이다. 아담을 위해 돕는 배필을 짓겠다고 결정 하시고 창2:19절에 아담에게 생물들의 이름을 짓게 하신다. 그리고 아담 스스로 배필이 필요함을 깨닫게 하시고 창2:20절부터 그의 돕는 배필을 지으신다. 성경에 기록은 없지만 아마도 아담은 자신과 같은 본질의 짝이 없음으로 기도했을 것이다. 하나님께서 하와를 아담 앞으로 이끌어 오셨을 때 아담의 반응을 보면 짐작할 수 있다. "이는 내 뼈 중의 뼈요 살 중의 살이로다."

"여호와 하나님이 이르시되 *사람이 혼자 사는 것이 좋지 아니하니* 내가 *그를 위하여 돕는 배필을 지으리라* 하시니라.... 아담이 모든 가축과 공중의 새와 들의 모든 짐승에게 이름을 주니라 아담이 돕는 배필이 없으므로"(창2:18,20)

물론 에덴동산도 하나님께서 함께 하시는 곳이다. 창3:8절을 보면 저녁 서늘한 때에 하나님께서 동산을 거니신다. 아담이 죄 짓기 전에는 이때 하나님과 대화를 나누곤 했을 것이다. 그러나 이렇게 하나님과 함께 사는 것은 아직 완성된 천국의 모습이 아니다. 교회는 예수님의 갈비뼈에서 나온 주님의 신부다. 갈비뼈가 있는 옆구리를 찔러 마지막 피와 물을 교회를 위해 다 흘리셨다. 그의 피 값으로 인해 우리는 완전한 하나님의 자녀가 되었다. 우리는 물질의 세계를 마치고 종국에는 하늘 천국 에덴에서 아버지 하나님과 영원히 함께 살게 된다.

⑤ 사랑의 질서가 있는 곳
에덴동산은 약육강식이 없다. 하나님의 사랑의 질서가 있는 곳이다. 사람과 모든 피조물들이 사랑의 질서 안에서 사는 곳이었다. 이 질서가 첫 번째 회복되는 곳이 메시아 왕국, 천년왕국이다. 이사야 11장에는 세상에 온갖 사나운 짐승이 모두 등장한다. 그럼에도 불구하고 강한 것이 약한 것을 먹지 않는다. 오히려 사자가 풀을 먹는다. 천년왕국은 뱀의 저주도 풀어지는가 보다. 그 징그러운 뱀, 독사도 젖 먹는 아이와 장난치며 함께 논다. 사랑의 질서가 회복되기 때문이다.

"그 때에 *이리가 어린 양과 함께 살며 표범이 어린 염소와 함께 누우며 송아지와 어린 사자와 살진 짐승이 함께 있어* 어린 아이에게 끌리며 암소와 곰이 함께 먹으며 그것들의 새끼가 함께 엎드리며 *사자가 소처럼 풀을 먹을 것이며 젖 먹는 아이가 독사의 구멍에서 장난하며 젖 뗀 어린 아이가 독사의 굴에 손을 넣을 것이라*"(사11:6-8)

2) 영원한 천국을 계시하는 생명나무
하나님은 동산 중앙에 생명나무와 선악나무를 두셨다. 생명나무를 통해 예수님과 영원한 천국을 계시하고 있다. 반대로 선악나무를 통해 사단의 멸망과 지옥을 계시하고 있다. 이 생명나무는 천년왕국에는 없다. 에스겔 47장 12절 천년왕국에는 비슷한 모형이 나타날 뿐이다. 계22장 완성된 천국에는 에덴의 생명나무가 있다. 이것은 우리의 최종 목적지는 땅의 천국이 아닌 하늘 천국임을 드러내는 것이다. 그곳은 새 예루살렘성이 있는 곳이다. 에덴동산의 생명나무를 통해 하나님은 이렇게 말씀하시는 듯하다. "너희가 사는 이 땅은 너희의 영원한 처소가 아니다. 너희는 이 생명나무를 보며 너희의 본향은 이 나무가 있는 하늘 천국임을 잊지 말라"

▶ 메시아왕국, 천년왕국에 있는 모형은 이름이 <u>과실나무</u> / <u>달마다 새 열매</u>를 맺는다.

"*강 좌우 가에는 각종 먹을 과실나무가* 자라서 그 잎이 시들지 아니하며 열매가 끊이지 아니하고 *달마다 새 열매를* 맺으리니 그 물이 성소를 통하여 나옴이라 그 열매는 먹을 만하고 그 잎사귀는 약 재료가 되리라"(겔47:12)

▶ 영원천국에 있는 원형은 에덴동산에 있던 <u>생명나무</u> / <u>달마다 열두 가지 열매</u>를 맺는다.

"...*강 좌우에 생명나무가* 있어 *열두 가지 열매를* 맺되 달마다 그 열매를 맺고 그 나무 잎사귀들은 만국을 치료하기 위하여 있더라"(계22:2)

하나님은 천국에서 영원히 살게 될 그의 자녀들을 위해서 먼저 이 지구 안에 천국의 모형을 지으셨다. 이렇게 천국과 아주 비슷한 장소를 만들어 살게 하셨던 곳이 에덴동산이었다. 인간은 본능적으로 하나님 없이 살수 없는 영적 존재로 만들어졌다. 어떤 신이든 신을 의지하며 살도록 만들어졌다. 그러나 죄로 하나님과 분리된 인간은 하나님을 떠나 끊임없이 잃어버린 에덴을 추구한다. 하나님과의 분리된 인간은 고통의 시작이다. 자녀가 아버지를 떠났기 때문이다. 인간은 자신들의 고통을 해결해 줄 수 있는 신들을 찾기 시작했다. 그리고 수많은 신들을 만들어 섬기기 시작했다. 그것이 바벨론에서 시작된 세상 모든 종교의 기원이 된 것이다.

3. 세상 역사 속에서 계시하는 천국 (창 3~11장)

기독교인들의 세상 역사는 창세기 1-2장 하나님의 창조부터 시작한다. 그러나 불신자들에게는 창1-2장이 없다. 창세기 3장부터 시작하는 그들에게는 창조주 하나님이 없다. 그렇기 때문에 자신이 어디서 와서 어디로 가는지를 모른다. 창세기 3장에서 세상의 모든 역사가 시작된다. 아직 유대민족의 조상인 아브라함이 등장하기 전이다. 이스라엘 민족을 통한 구체적 구속사가 진행되기 전이다. 그럼에도 불구하고 하나님은 천국의 계시를 점점 더 드러내고 계신다.

창세기 3~11장까지는 인간이 에덴에서 쫓겨난 후 바벨탑 사건으로 인류가 세계로 흩어지기까지의 내용이다. 우리는 여기에서 두 가지의 역사를 보게 된다. 하나는 셋으로 이어지는 신본주의 역사와 하나님을 떠난 가인으로부터의 인본주의 역사다. 인본주의 역사는 물질문명을 추구하면서 타락해 갔다. 결국 노아의 홍수심판으로 멸망을 당했다. 홍수심판이후 다시 시작한 인본주의 역사는 오늘날 모든 이방종교의 기원이 되고 있다.

바벨탑 사건으로 인해 세계로 흩어진 이들은 하나님 없는 인본주의 문화를 이루어 갔다. 그러나 사단의 인본주의 역사는 결코 바벨탑 쌓기를 포기하지 않았다. 인류가 존속되어 오는 동안 인본주의 바벨탑 쌓기는 계속되었다. 결국 계시록 18장에서 와서 하나님의 진노의 심판으로 무너지게 된다. 이와 같은 역사 속에서 하나님께서 계시하시고 진행해 가시는 또 하나의 역사가 바로 신본주의 천국의 역사다. 다음은 창세기 3-11장까지 계시되고 있는 천국이다.

1) 메시아 언약

① 원 복음이 계시되다.

"내가 너로 여자와 원수가 되게 하고 네 후손도 여자의 후손과 원수가 되게 하리니 *여자의 후손은 네 머리를 상하게 할 것이요 너는 그의 발꿈치를 상하게 할 것*이니라 하시고"(창3:15)

성경을 푸는 첫 번째 열쇠가 등장한다. 창3:15절은 원 복음, 최초의 복음이다. 인류 역사는 여자와 뱀의 싸움이다. 여인의 후손과 뱀의 후손의 싸움이다. 뱀의 후손은 겨우 여인의 후손의 발꿈치를 상하게 한다. 그러나 여인의 후손은 뱀의 머리를 상하게 하는 치명타를 입힌다. 결국에는 여인의 후손의 승리 선언이다.

예수님께서 십자가에서 못 박히실 때 이미 사단을 십자가에 못 박은 것이다. 출애굽기의 놋 뱀 사건을 통해 여인의 후손을 통한 뱀의 최후 멸망을 예언하고 있다. 결국 우리는 그리스도께서 이미 이겨놓은 싸움을 싸우고 있다. 이처럼 창3:15절은 여자의 후손으로 오실 인류의 구원자 메시아 탄생 예언이다. 또한 인류구원 역사에 진행될 '싸움'에 대한 예언이다. 구원은 그냥 이루어지는 것이 아니라 싸움을 통해서 이루어진다.

천국에 이르는 과정 역시 싸움을 통해 진행되며 완성된다. 성경의 역사는 이 싸움의 역사다. 이 싸움은 가인과 아벨의 싸움으로 시작되었다. 이것은 곧 인류 역사 싸움의 시작이다. 애굽, 앗수르, 바벨론, 메데바사, 헬라, 로마, 신로마(NWO)의 마지막 적그리스도와의 싸움이다. 이 싸움 끝에 결국 사단의 권세는 무너진다. 그리스도와 그 백성의 승리다. 우리는 최후 천국을 기업으로 받고 영원한 승리의 영광을 누리게 될 것이다.

② 피 묻은 가죽옷
"여호와 하나님이 아담과 그의 아내를 위하여 *가죽옷*을 지어 입히시니라"(창3:21)

하나님께 범죄 한 아담과 하와가 무화과 잎으로 치마를 엮어 입었다. 햇볕에 곧 말라버리는 나뭇잎으로는 그들의 부끄러운 죄를 가릴 수 없다. 하나님은 친히 가죽옷을 지어 입히신 후 에덴동산에서 내 쫓으신다. 가죽옷을 만들기 위해 하나님께서 한 동물을 피 흘려 죽이셨다. 아버지의 뜻대로 어린양 되시는 예수님께서 십자가에서 피 흘려 죽으심이다. 자신의 몸을 직접 찢어 피 흘려 만드신 옷이다. 가죽 옷은 사람을 속죄하기 위해 하나님께서 사람에게 은혜의 옷을 입히신 사건이다. 우리는 이 은혜의 옷을 입고 영원한 천국에 들어가는 것이다.

③ 신본주의와 인본주의 사람들
성경의 역사 안에서 사단은 에덴동산에서부터 연인의 후손이 오는 길목을 계속 차단한다. 그 첫 번째가 가인이 아벨을 죽인 사건이다. 그러나 하나님은 아벨대신에 주신 셋을 통해 구속사의 혈통을 이어가신다. 셋은 하나님 앞에서 하나님 중심의 거룩한 신본본주의 역사를 세워간다. 세상이 죄악으로 관영할지라도 신본주의 사람들은 하나님을 떠나지 않는다. 하나님과 동행하며 하나님께 예배하고 은혜를 구한다. 신본주의 사람들을 통해 메시아가 오시는 길을 열어 가신다. 이들에게는 하나님께서 특별한 은혜를 베푸신다.

"그러나 *노아는 여호와께 은혜를 입었더라* 이것이 노아의 족보니라 *노아는 의인이요 당대에 완전한 자라 그는 하나님과 동행*하였으며"(창6:8-9)

그러나 가인은 하나님 앞을 떠나 하나님 없는 인간중심의 인본주의 역사를 시작한다. 인본주의는 사람의 이름을 나타내기 시작한다. 가인은 성을 쌓고 그 이름을 자신의 아들의 이름을 따라 에녹성이라 한다. 그러나 진정 인본주의 안에는 사람이 없다. 오직 물질만 있을 뿐이다. 인간은 본래 하나님 없이 살수 없는 존재다. 무엇인가를 의지해야 한다. 한자 사람인(人)은 사람이 사람을 서로 기대어 의지하고 있다. 그러나 사람을 의지하는 것도 헛될 뿐이다.

사람은 하나님을 의지하고 하나님께 기대어야 살 수 있다. 인본주의는 하나님 없는 부를 따른다. 하나님 없는 문화를 만들어 간다. 인본주의 안에는 진정한 평화, 평안도 없다. 그들은 물질로, 문화로 아무리 채워도 늘 공허하고 허무하다. 그들은 세상 적이요 정욕 적이요 쾌락적이요 폭력적이요 잔인하다. 그들 안에 창조주 하나님이 없기 때문이다. 성경에 보이는 두 혈통을 간단히 비교해 본다. 결국 하나님 안에 있는 신본주의 끝은 천국이요 하나님 없는 인본주의 끝은 지옥이다.

▶신본주의와 인본주의의 대표적 후손들

	신본주의 - 여인의 후손들		인본주의 - 뱀의 후손들	
	셋의 계열	대신함, 하나님 앞에 고정됨(창4:25)	가인의 계열	여호와 앞을 떠남(창4:16)
3대 손	에노스 (창4:26)	비로소 에노스 시대에 여호와의 이름을 부르며 하나님께 예배가 시작됨	에녹 (창4:17)	인본주의에 받쳐 진 인물 가인은 성을 짓고 아들의 이름으로 에녹 성이라 함 사람을 드러내는 인본주의 문화를 시작함.
7대 손	에녹 (창5:24)	300년 하나님과 동행함 하나님께서 데려가심 살아서 하늘로 올려졌다. 휴거의 예표가 된다.	라멕 (창4:19-24)	최초 중혼제도 도입 두 아내 - 아다와 씰라에게 살인을 자랑함. 폭력적, 잔인함, 정욕적, 쾌락적임 그의 자녀들을 통해 인본주의 문화가 시작 됨 ①야발-목축업의 조상 부를 추구함 ②유발-각종 악기 음악의 시조, 하나님 없는 세상문화, 낭만이 시작됨 ③두발가인- 각종무기 제작 전생의 시작 ④나아마-음녀, 색스심벌이 됨
10 대 손	노아 (창6:8-9)	죄악이 관영한 시대에 하나님께 은혜를 입음 40일간의 홍수로 모든 사람이 죽었으나 노와와 그 가족만 은혜를 입음. 아담에 이어 제2의 인류 조상이 됨.	니므롯 (창10:8-10)	최초로 사람이 신이 된 인물로 하나님 자리에 올라감 최초 바벨론 지역의 통일국가 세움. 통일 왕이 됨, 적그리스도의 예표. (니므롯은 홍수 이후 인물로 노아의 아들 함의 후손이나 가인 계열 인본주의 상징이다.)

2) 에녹을 통한 천국을 계시

"에녹은 육십오 세에 므두셀라를 낳았고 므두셀라를 낳은 후 *삼백 년을 하나님과 동행*하며 자녀들을 낳았으며 그는 삼백육십오 세를 살았더라 에녹이 하나님과 동행하더니 *하나님이 그를 데려가시므로* 세상에 있지 아니하였더라"(창5:21~24)

성경은 영생을 소망하는 인간에게 죽음이 없는 날을 증거 해 주고 있다. 그 증거가 처음으로 나타난 것이 창5:21~24의 휴거의 예표로 보여주신 에녹사건이다. 모든 사람은 다 죽는다. 그러나 죽음을 보지 않고 다른 세계로 옮겨진 사람이 있다. 에녹사건을 통해 두 가지 사실을 계시하고 있다. 첫째는 사람은 죽지 않을 수도 있다는 사실이다. 둘째는 사람이 살 수 있는 세계가 지구 외에 또 다른 곳에 있음을 보여주고 있다.

에녹이 죽음을 보지 않고 옮겨졌다는 사실은 그 사건이 에녹에게만 해당되는 것이 아니다. 주님의 부활이 주님만의 부활이 아니다. 주 안에서 죽은 모든 인류가 주님처럼 부활할 것이다. 이처럼 에녹의 옮겨짐같이 우리도 그렇게 옮겨질 것이다. 또한 에녹이 지구 이외의 곳으로 옮겨 갈 수 있는 곳이 있다면 그곳은 천국, 하나님나라 뿐이다. 에녹을 통해 우리가 들어가게 될 성도의 나라 영원한 천국이 있음을 보여주고 있다.

3) 노아를 통한 천국을 계시

"여호와께서 *사람의 죄악이 세상에 가득함*과 그의 마음으로 생각하는 모든 계획이 항상 악할 뿐임을 보시고 *땅 위에 사람 지으셨음을 한탄하사 마음에 근심하시고* 이르시되 내가 창조한 사람을 내가 지면에서 쓸어버리되 사람으로부터 가축과 기는 것과 공중의 새까지 그리하리니 이는 *내가 그것들을 지었음을 한탄함이니라* 하시니라 그러나 *노아는 여호와께 은혜를 입었더라*"(창6:5-8)

인류초기의 역사는 하나님을 떠난 인본주의로 인해 온 세계가 죄악 속으로 깊이 빠지게 된다. 결국 죄악으로 관영해진 세상은 홍수심판에 처한다. 하나님이 세상 지으셨음을 한탄하실 정도다. 세상이 얼마나 악했으면 하나님께서 이런 표현을 하셨을까? 그러나 노아는 하나님께 은혜를 입었다고 한다. 은혜는 하나님께서 입히시는 것이다. 하나님은 원대한 구속의 계획을 이루어 가시기 위해 선택한 자에게 은혜를 입히신다. 성경에서 하나님께 쓰임 받은 모든 사람들이 그러했다. 결코 사람이 의로운 것이 아니다. 모든 것이 하나님의 은혜다. 그러므로 우리는 모든 일에 겸손하게 오직 하나님의 은혜임을 고백해야 한다.

하나님은 의로운 노아를 부르셔서 그의 순종함으로 그의 가족을 구원하신다. 그리고 홍수 심판이후 새로운 세계를 유업으로 주신다. 노아의 홍수 심판은 마지막 때에 임할 하나님의 심판이다. 또한 그 이후에 성도들이 1차적으로 얻게 될 새 하늘과 새 땅 지상천국 메시아 왕국이다. 궁극적으로는 천년왕국을 넘어 하늘 천국의 새로운 세계에 대한 계시의 사건이다. 이 사건은 신약성경에서 많이 인용되고 있다. 예수님은 주님의 재림의 때가 노아시대의 상황과 같을 것이라고 하셨다.

베드로는 하나님께서 노아 당시의 경건치 않던 자들을 물로 심판하신 것을 예를 들었다. 이제 마지막 때에 경건치 아니한 자들을 심판하기 위해서 불 심판을 예비해 두셨다. 노아시대의 심판도 말씀하신대로 이루어진 것처럼 마지막 때의 불심판도 말씀하신대로 될 것이다. 우리는 노아시대의 심판과 구원 그리고 새로운 세계를 보면서 하나님의 약속을 기억해야 한다. 이제 마지막 끝에는 불 심판이 있다. 그리고 우리가 유업으로 얻게 될 계시록 21~22의 새 하늘과 새 땅 새로운 세계가 펼쳐질 것이다.

"이로 말미암아 *그 때에 세상은 물이 넘침으로 멸망하였으되....* 하나님의 날이 임하기를 바라보고 간절히 사모하라 *그 날에 하늘이 불에 타서 풀어지고 물질이 뜨거운 불에 녹아지려니와* 우리는 그의 약속대로 의가 있는 곳인 *새 하늘과 새 땅을* 바라보도다(벧후3:6,12-13)

4) 바벨탑 - 혼돈의 역사
"또 말하되 자, 성읍과 탑을 건설하여 *그 탑 꼭대기를 하늘에 닿게 하여 우리 이름을 내고 온 지면에 흩어짐을 면하자* 하였더니"(창11:4)

홍수이후 노아의 아들 함의 후손을 중심으로 인본주의 사회가 형성된다. 바벨탑을 쌓는 중심에 하나님을 대적하는 니므롯이 있다. 바벨탑 꼭대기를 하늘에 닿게 하겠다고 한다. 하늘에는 하나님의 보좌가 있다. 이것은 하나님께 대한 또 다른 사단의 도전이다. 인본주의는 사람의 이름을 드러내려 한다. 가인이 에녹 성을 쌓으므로 시작했다. 거대한 바벨탑을 쌓아서 "우리 이름을 내자"고 한다. 결국 인본주의는 사람들끼리 힘을 모아 하늘의 하나님을 대적하겠다는 것이다. 하나님을 떠난 인본주의는 하나님의 대적자인 사단의 DNA가 있다.

하나님께서 이들의 언어를 혼잡케 하여 온 지면에 흩어버리셨다. 그러나 하나님을 대적하는 사단의 활동은 멈추지 않는다. 바벨의 혼돈한 문화는 언어가 통하는 사람들끼리 모여 또 다른 세계로 확장되었다. 지금의 온 세계는 하나님을 대적하는 바벨의 문화다. 사단의 문화로 온 세계가 온통 어둡고 혼돈한 세상이다. 사단은 하나님이 없는 사람들 중심으로 큰 성 바벨론을 쌓아온 것이다. 이제 이 성은 결국에 요한계시록 18장에서 완전히 무너진다.

"힘찬 음성으로 외쳐 이르되 *무너졌도다 무너졌도다 큰 성 바벨론이여* 귀신의 처소와 각종 더러운 영이 모이는 곳과 각종 더럽고 가증한 새들이 모이는 곳이 되었도다"(계18:2)

4. 가나안 땅 약속을 통한 천국을 계시 (창12~여호수아)

창12장부터 여호수아까지의 주제는 하나님나라 백성이 될 '씨'와 그 백성이 살게 될 땅인 '기업'에 있다. 아브라함과 그의 후손이 기업으로 얻게 될 땅은 가나안이다. 이 가나안 땅은 천국의 모형이다. 창세기 12장에서 가나안땅을 약속하시고 여호수아 21장에서 그 약속의 땅을 주시는 것을 완성하신다. 이것은 일차적 모형으로 아브라함의 육적자녀인 이스라엘 백성이 얻는 가나안땅이다. 궁극적으로는 실물로 아브라함의 영적 자손인 성도들이 얻게 될 가나안땅이다. 바로 영원한 나라 새 하늘과 새 땅을 기업으로 얻게 되는 것이다.

인본주의 사상을 가지고 세계로 흩어져 멸망의 길로 가는 인류를 향한 구원의 역사가 천국운동이다. 창세기 12장은 죄로 흩어진 인류를 구원하기 위한 구속사를 위해 아브라함을 선택하심으로 시작된다. 하나님 나라를 유업으로 주시기 위해서 한 장소로 가나안땅을 선택하셨다. 하나님은 선택하신 아브라함을 통해 구원의 계획을 계시하시며 이루어 가기 시작한다. 일차적 계시의 약속은 여호수아 21장에서 완성되었다.

1) 씨와 땅의 약속(창15장 횃불언약)

하나님은 창세기 12장에서 세계 인류 구원을 위해 아브라함을 선택하시고 부르셨다. 그리고 늦도록 자녀가 없던 아브라함에게 씨와 땅을 주시겠다고 약속하셨다. 씨와 땅은 창세기 12장부터 여호수아까지 중심 주제가 된다. 이와 관련해서 창세기 15장에는 하나님과 아브라함이 언약을 체결하는 장면이 나온다. 창15:8~18은 창3:15절과 같이 성경 전체를 풀어가는 중요한 두 번째 열쇠다. 이 두 번째 열쇠를 '횃불언약'이라한다. 이 횃불언약에는 씨와 땅에 대해 다루어야 할 너무도 중요한 것들이 있다. 그 부분에 대해서는 메시아 왕국 단원에서 자세하게 다루었다. 여기서는 전체의 흐름을 따라 간단하게 언급만 하고 넘어간다.

"그가 이르되 주 여호와여 내가 이 땅을 소유로 받을 것을 무엇으로 알리이까 여호와께서 그에게 이르시되 나를 위하여 삼 년 된 암소와 삼 년 된 암염소와 삼 년 된 숫양과 산비둘기와 집비둘기 새끼를 가져올지니라 아브람이 그 모든 것을 가져다가 그 중간을 쪼개고 그 쪼갠 것을 마주 대하여 놓고 그 새는 쪼개지 아니하였으며 솔개가 그 사체 위에 내릴 때에는 아브람이 쫓았더라 해 질 때에 아브람에게 깊은 잠이 임하고 큰 흑암과 두려움이 그에게 임하였더니 여호와께서 아브람에게 이르시되 너는 반드시 알라 네 자손이 이방에서 객이 되어 그들을 섬기겠고 그들은 사백 년 동안 네 자손을 괴롭히리니 그들이 섬기는 나라를 내가 징벌할지며 그 후에 네 자손이 큰 재물을 이끌고 나오리라 너는 장수하다가 평안히 조상에게로 돌아가 장사될 것이요 네 자손은 사대 만에 이 땅으로 돌아오리니 이는 아모리 족속의 죄악이 아직 가득 차지 아니함이니라 하시더니 *해가 져서 어두울 때에 연기 나는 화로가 보이며 타는 횃불이 쪼갠 고기 사이로 지나더라 그 날에*

여호와께서 아브람과 더불어 언약을 세워 이르시되 내가 이 땅을 애굽 강에 서부터 그 큰 강 유브라데까지 네 자손에게 주노니"(창15:8~18)

원래 언약체결은 언약을 체결하는 두 사람이 함께 쪼갠 고기 사이로 지나 간다. 이것은 언약을 지키지 못하는 자는 여기 쪼개어져 죽은 짐승처럼 죽게 된다는 목숨을 건 언약이다. 그러나 하나님은 홀로 지나가셨다. 그것도 선명하게 보여주시기 위해 캄캄한 밤중에 횃불로 지나가셨다. 구속사역은 이렇게 하나님께서 홀로 주도적으로 이끌어 가신다. 그러므로 횃불언약은 하나님께서 당신의 목숨을 내 놓으신 언약이다.

실제로 하나님이 이 땅에 오셔서 우리 죄를 용서하시고 구원하셔서 천국 백성(씨) 삼으시고 천국(땅, 기업)을 주셨다. 그 천국 들어가는 길을 여시기 위해 십자가에서 죽으심으로 홀로 목숨을 내놓으신 것이다. 창세기 15장 이후 모세오경과 여호수아까지 하나님께서 이 언약을 얼마나 신실하게 이루어 가셨는지를 보여주고 있다.

2) 후손들에게 이어지는 횃불언약

아브라함과 언약하신 후손과 가나안 땅에 대한 약속은 이삭과 야곱 그리고 그의 후손들에게 이어진다. 그러나 아브라함과 맺은 횃불언약은 아직도 완성되지 않았다. 이 언약은 일차적으로 메시아 왕국에서 성취된다. 그리고 최후 완성은 어린양의 피로 얻게 되는 하늘 천국이다.

① 이삭에게 아브라함과 하신 동일한 언약을 하신다.

"여호와께서 이삭에게 나타나 이르시되 애굽으로 내려가지 말고 내가 네게 지시하는 땅에 거주하라 이 땅에 거류하면 내가 너와 함께 있어 네게 복을 주고 내가 이 모든 땅을 너와 네 자손에게 주리라 *내가 네 아버지 아브라함에게 맹세한 것을 이루어* 네 자손을 하늘의 별과 같이 번성하게 하며 *이 모든 땅을 네 자손에게 주리니* 네 자손으로 말미암아 천하 만민이 복을 받으리라 이는 아브라함이 내 말을 순종하고 내 명령과 내 계명과 내 율례와 내 법도를 지켰음이라 하시니라"(창26:1-5)

② 야곱에게로 언약이 이어진다.

"한 곳에 이르러는 해가 진지라 거기서 유숙하려고 그 곳의 한 돌을 가져다가 베개로 삼고 거기 누워 자더니 꿈에 본즉 사닥다리가 땅 위에 서 있는데 그 꼭대기가 하늘에 닿았고 또 본즉 하나님의 사자들이 그 위에서 오르락 내리락 하고 또 본즉 여호와께서 그 위에 서서 이르시되 *나는 여호와니 너의 조부 아브라함의 하나님이요 이삭의 하나님이라 네가 누워 있는 땅을 내가 너와 네 자손에게 주리니* 네 자손이 땅의 티끌 같이 되어 네가 서쪽과 동쪽과 북쪽과 남쪽으로 퍼져 나갈지며 땅의 모든 족속이 너와 네 자손으로 말미암아 복을 받으리라 내가 너와 함께 있어 네가 어디로 가든지 너를 지키며 너를 이끌어 이 땅으로 돌아오게 할지라 내가 네게 허락한 것을 다 이루기까지 너를 떠나지 아니하리라 하신지라"(창28:10-15)

③ 야곱은 요셉에게 유언함으로 후손들에게 이어진다.

요셉은 아버지 야곱의 유언을 하나님의 언약으로 받았다. 요셉은 죽는 상황에서도 결국 그들이 가나안땅에 들어갈 것을 유언했다.(창50:24~26) 횃불언약은 후손들에게 계속 이어졌다.

"어떤 사람이 야곱에게 말하되 네 아들 요셉이 네게 왔다 하매 이스라엘이 힘을 내어 침상에 앉아 요셉에게 이르되 이전에 가나안 땅 루스에서 전능하신 하나님이 내게 나타나사 복을 주시며 내게 이르시되 내가 너로 생육하고 번성하게 하여 네게서 많은 백성이 나게 하고 *내가 이 땅을 네 후손에게 주어 영원한 소유가 되게 하리라 하셨느니라*... 이스라엘이 요셉에게 또 이르되 나는 죽으나 하나님이 너희와 함께 계시사 너희를 인도하여 너희 조상의 땅으로 돌아가게 하시려니와"(창48:1-4, 21)

하나님은 무자했던 아브라함에게 하늘의 별처럼 바다의 모래처럼 많은 후손을 약속하셨다. 그러나 정작 약속의 자손은 독자 이삭 하나를 주셨다. 이삭에게는 야곱과 에서를 그리고 야곱에게는 12아들을 주셨다. 그리고 하나님은 아브라함의 씨를 민족으로 번성시킬 안정된 장소를 정하셨다. 그곳이 바로 애굽의 고센 땅이었다. 야곱의 자손 70명은 애굽으로 내려가 고센 땅에 정착하여 한 민족으로 번성하기 시작했다.

언약을 따라 민족지도자 모세를 통해 430년 만에 노예생활 하던 땅에서 이끌어 내신다. 아브라함에게 하늘의 별과같이 그 자손이 번성하리라고 하신 말씀이 이루어 졌다. 야곱의 후손들은 이제 히브리 사람에서 히브리 민족이라 불려졌다. 70여명의 한 가족이 애굽에 들어갔다. 그러나 나올 때는 장정만 60만 명이다. 노인과 여자, 유아까지 보행자 전체를 계산하면 약 200만 명으로 추정한다. 한 가족이 한 민족으로 군대가 되어 나온 것이다.

그리고 모세는 죽었다. 하나님은 여호수아를 통해서 아브라함과 맺은 가나안땅의 언약을 완성하신다. 마침내 이스라엘 백성들은 여호수아의 지도로 가나안땅에 들어간다. 그리고 하나님의 언약을 믿고 그 땅을 정복해 간다. 그들이 그 땅에서 안식함으로 하나님께서 아브라함과 맺으신 횃불 언약을 1차적으로 완성하신다. 그러나 창15:18절 "애굽 강에서부터 그 큰 강 유브라데까지"는 아직 성취되지 않았다. 이 땅은 메시아 왕국에서 완성될 것이다. 그리고 궁극적으로는 우리에게 유업으로 주시는 하늘의 가나안 복지를 얻게 될 것이다. 우리는 모두 아브라함의 영적 자손들이기 때문이다.

"여호와께서 이스라엘의 조상들에게 맹세하사 주리라 하신 온 땅을 이와 같이 이스라엘에게 다 주셨으므로 그들이 그것을 차지하여 거기에 거주하였으니 여호와께서 그들의 주위에 안식을 주셨으되 그 조상들에게 맹세하신 대로 하셨으므로 그들의 모든 원수들 중에 그들과 맞선 자가 하나도 없었으니 이는 여호와께서 그들의 모든 원수들을 그들의 손에 넘겨 주셨음이니라 *여호와께서 이스라엘 족속에게 말씀하신 선한 말씀이 하나도 남음이 없이 다 응하였더라*"(수21:43~45)

5. 왕국의 역사를 통한 천국을 계시 (사사기 ~ 말라기)

천국은 현재 하늘에 실존하는 나라다. 사사기부터 말라기까지 왕국의 역사를 통해 하늘에 실존하는 왕국을 계시한다. 여기에서 하나님 나라를 계시하는 주제는 왕권을 이어가는 아들과 그 아들의 나라 왕국이다. 통일왕국으로 시작하여 솔로몬 이후 왕국이 북 이스라엘과 남 유다로 분열된다. 그러나 하늘왕국은 메시아가 오시는 남 왕국 유대를 중심으로 계시한다.

하나님의 계획을 이루어 가시는 방법은 사람과 맺은 언약이다. 하나님은 언약을 중심으로 일을 하신다. 아담과 맺은 선악과 언약이 최초 언약이다. 두 번째는 아브라함과 맺은 횃불언약이다. 세 번째는 다윗과 맺은 다윗언약이다. 이 세 개의 언약은 성경 전체의 구속사를 풀어가는 중요한 열쇠가 되고 있다. 사사기에서 말라기까지는 세 번째 언약을 중심으로 다윗 왕국의 역사를 통해 천국이 계시되고 있다. 다윗언약은 메시아 왕국단원에서 자세히 반복된다.

1) 사사기로 출발하는 왕국의 역사

이스라엘 백성은 가나안에 들어간 지 350여 년 동안 나라를 세우지 못하고 방황한다. 하나님은 이 시대에 사사들을 보내셔서 신정통치를 하셨으나 사사기는 혼돈과 방황의 시대였다.

"그 때에는 이스라엘에 *왕이 없으므로* 사람이 각기 *자기의 소견에 옳은 대로* 행하였더라"(삿17:6)

이러한 혼돈의 역사를 거치면서 이스라엘 백성은 자연스럽게 강대한 나라와 왕의 필요성을 느낀다. 사울을 초대 왕으로 세우고 마침내 이스라엘 왕국이 탄생한다. 그러나 초대 왕 사울은 교만으로 하나님께 버림을 받는다. 2대 왕이 된 다윗은 사울과는 달리 오직 하나님께서 기뻐하시는 일을 고민하는 사람이었다. 그는 수십 년 동안 방치되었던 법궤를 옮겨서 성막에 안치한다. 그리고 마침내 성전을 건축할 뜻을 갖게 된다. 다윗의 뜻에 하나님은 기뻐하시고 감동하신다. 이 일로 인해 하나님은 다윗에게 복을 주시며 다윗과 아주 중요한 언약을 맺으신다. 이것이 성경을 푸는 세 번째 중요한 언약으로 다윗언약이다.

"네 수한이 차서 네 조상들과 함께 누울 때에 내가 *네 몸에서 날 네 씨를 네 뒤에 세워 그의 나라를 견고하게 하리라* 그는 내 이름을 위하여 집을 건축할 것이요 나는 *그의 나라 왕위를 영원히 견고하게 하리라* 나는 그에게 아버지가 되고 그는 내게 아들이 되리니 그가 만일 죄를 범하면 내가 사람의 매와 인생의 채찍으로 징계하려니와 내가 네 앞에서 물러나게 한 사울에게서 내 은총을 빼앗은 것처럼 그에게서 빼앗지는 아니하리라 *네 집과 네 나라가 내 앞에서 영원히 보전되고 네 왕위가 영원히 견고하리라 하셨다 하라'* (삼하7:12~16)

이 언약 속에는 두 가지 중요한 내용이 들어있다. **첫째는 왕권을 이어갈 아들에 대한 약속이다. 둘째는 그 아들의 나라가 영원할 것이라는 약속이다.** 이때부터 이스라엘의 역사는 이 말씀이 언약의 기본 뿌리가 되었다. 아브라함과 맺은 횃불언약은 여호수아까지 중심 사상이었다. 이제 다윗과 맺은 삼하7:12~16절의 언약은 말라기까지 중심사상이 된다.

다윗이후에 솔로몬이 왕이 되어 성전을 건축했다. 그러나 그의 방탕함으로 나라가 남 왕국 유다와 북 왕국 이스라엘로 분열이 된다. 후에 북 이스라엘은 앗수르에 의해 B.C.722년에 멸망한다. 이 후 남 왕국 유다도 바벨론에 의해 B.C.586년에 멸망한다. 성전은 불타고 백성은 바벨론에 포로로 잡혀갔다. 이후 고레스에 의해 B.C.537년 바벨론에서 나와 무너진 예루살렘 성전을 건축한다. 물론 성전건축 방해는 만만치 않았으나 역경을 뚫고 성전은 건축되었다.

스룹바벨 제2성전이 완공된 B.C.516년은 유다가 멸망한 B.C.586년으로부터 정확히 70년이다. 예레미야의 예언대로 포로 70년 만에 예루살렘 성전을 회복한 것이다. 이후 2차와 3차 포로 귀환이 이루어진다. 그리고 느헤미야와 에스라에 의해 종교개혁이 일어난다. 결국 두 왕국의 멸망으로 이스라엘의 왕국역사는 막을 내렸다. 그리고 말라기 이후 400여 년의 중간시대를 거쳐 예수님께서 초림하시는 신약시대에 이르렀다.

2) 이스라엘 왕국을 통한 천국 계시

이스라엘 왕국과 하나님 나라의 관계를 하나님께서 다윗과 맺으신 언약 속에서 발견하게 된다. 하나님께서 다윗과 맺은 언약은 두 가지 중요한 의미를 갖는다.

① 아들에 관한 언약

여기서 아들은 왕권을 이어가는 아들이다. 나라의 왕위를 이어갈 아들이 끊이지 않으리라는 언약이다. 이 아들은 현실적으로는 솔로몬을 가리킨다. 궁극적으로는 솔로몬의 실체가 되시는 예수 그리스도를 의미한다. 마리아에게 찾아온 천사는 예수님의 탄생은 바로 이 언약을 이루시는 사건임을 말해 주고 있다.

"천사가 이르되 마리아여 무서워하지 말라 네가 하나님께 은혜를 입었느니라. 보라 네가 잉태하여 아들을 낳으리니 그 이름을 예수라 하라 그가 큰 자가 되고 지극히 높으신 이의 아들이라 일컬어질 것이요 *주 하나님께서 그 조상 다윗의 왕위를 그에게 주시리니 영원히 야곱의 집을 왕으로 다스리실 것이며 그 나라가 무궁하리라*"(눅1:30~33)

② 아들의 나라가 견고하리라.

솔로몬 이후 분열된 북 왕국 이스라엘은 구테타 등으로 왕조가 여러 번 바뀐다. 그러나 남 왕국 유다는 북 왕국보다 역사가 길지만 한 번도 그 왕조가 바뀌지 않았다. 재림하시는 주님도 남 왕국 유다의 혈통을 따라 오신다. 이것은 다윗의 나라가 영원하게 될 것이라는 다윗언약의 성취. 그런데 주목할 것이 있다. 예수님 초림으로 하나님께서 다윗과 맺은 아들에 대한 언약은 이루어졌다. 그러나 당시에 예수님으로 인해 나라가 견고해지지는 않았다. 정작 다윗의 후손으로 오신 주님이 이 땅에 오셨을 때에 다윗의 왕국을 이루지 않으셨다.

당시에 예수님을 다윗의 후손으로 오실 메시야로 인정하고 따랐던 사람들은 이유가 있었다. 예수님을 통해서 이스라엘 왕국이 로마로부터 해방되는 것이었다. 그리고 다윗에게 언약하신 다윗 왕국이 회복될 것을 기대했다. 엠마오로 가던 두 제자가 "우리는 이 사람이 이스라엘을 속량할 자라고 바랐노라"(눅24:21)했다. 이것이 당시 유대인들이 예수님을 따랐던 이유다. 그러나 예수님은 이스라엘을 속량하시는 왕국을 세우지 않았다. 오히려 주님은 빌라도 앞에서 "내 나라는 이 세상에 속한 것이 아니니라"(요18:36)하셨다.

"앞에서 가고 뒤에서 따르는 무리가 소리 높여 이르되 *호산나 다윗의 자손이여 찬송하리로다 주의 이름으로 오시는 이여* 가장 높은 곳에서 호산나

하더라"(마21:9)

　"많은 사람들은 자기들의 겉옷을, 또 다른 이들은 들에서 벤 나뭇가지를 길에 펴며 앞에서 가고 뒤에서 따르는 자들이 소리 지르되 호산나 찬송하리로다 주의 이름으로 오시는 이여 찬송하리로다 오는 *우리 조상 다윗의 나라여 가장 높은 곳에서 호산나 하더라*"(막11:8~11)

　주님은 그들이 그토록 바라던 다윗 왕국을 이루지 않으시고 십자가에 죽으셨다. 당시에 왕국을 이루지 않으신 것은 하나님의 구속사의 큰 그림을 이해해야 한다. 이스라엘의 다윗 왕국은 메시아 왕국과 하늘 왕국의 모형이다. 다윗 왕국의 재건은 주님 재림 후 메시아 왕국에서 성취된다. 천년왕국을 통해 땅의 천국을 이루시고 하늘 왕국, 천국으로 들어간다. 이와 관련하여 더 자세한 내용은 메시아 왕국 단원에서 다루었다. 이 부분 또한 여기서는 전체적 흐름으로만 이해하고 넘어가야 한다.

3) 선지자들을 통해 멸망과 회복을 예언
　이스라엘의 역사는 많은 고난의 과정을 거쳐서 진행되었다. 가나안땅에 들어가 혼란의 시대를 거치면서 왕국을 건설했다. 그리고 분열된 왕국과 멸망하는 왕국을 보았다. 그 후에 다시 회복되어 전체는 아니지만 그 땅으로 돌아오는 왕국 백성들이 있었다. 이 과정 속에 하나님은 수많은 선지자들을 보내셔서 그들에게 책망과 권면과 약속을 주셨다
　"그 조상들의 하나님 *여호와께서 그의 백성과 그 거하시는 곳을 아끼사 부지런히 그의 사신들을 그 백성에게 보내어 이르셨으나*"(대하36:15)

　그들의 예언한 내용은 크게 두 가지로 나타났다. 첫째는 멸망, 심판이요 둘째는 회복, 구원에 대한 예언이다. 수많은 선지자들은 눈물과 탄식 때론 분노함속에서도 희망이 있었다. 그것은 멸망 후 회복된다는 것, 심판 후 구원하신다는 예언이었다. 중요한 것은 선지자들이 회복과 구원을 예언할 때마다 항상 기준이 되었던 말씀이 있다. 그것은 바로 하나님과 다윗이 맺은 언약이었다. 모든 선지자들은 이 언약을 근거로 멸망과 회복, 심판과 구원을 외친 것이다.

"*이새의 줄기에서 한 싹이 나며 그 뿌리에서 한 가지가 나서 결실할 것이요...그 날에 이새의 뿌리에서 한 싹이 나서 만민의 기치로 설 것이요 열방이 그에게로 돌아오리니 그가 거한 곳이 영화로우리라*"(사11:1,10)

"여호와의 말씀이니라 보라 내가 이스라엘 집과 유다 집에 대하여 일러 준 선한 말을 성취할 날이 이르리라 *그 날 그 때에 내가 다윗에게서 한 공의로운 가지가 나게 하리니* 그가 이 땅에 정의와 공의를 실행할 것이라 그 날에 유다가 구원을 받겠고 예루살렘이 안전히 살 것이며 이 성은 여호와는 우리의 의라는 이름을 얻으리라 여호와께서 이와 같이 말씀하시니라 *이스라엘 집의 왕위에 앉을 사람이 다윗에게 영원히 끊어지지 아니할 것이며* 내 앞에서 번제를 드리며 소제를 사르며 다른 제사를 항상 드릴 레위 사람 제사장들도 끊어지지 아니하리라 하시니라"(렘33:14~18)

선지자들은 이처럼 멸망을 외치면서도 후반부에 들어서면 항상 다윗의 후손이 올 것을 예언했다. 그로 말미암아 다윗의 영원한 왕국이 건설될 것을 예언하였다. 이것은 주님이 지상 재림하여 세우시는 지상 천국 메시아 왕국이다. 더욱 중요한 것은 선지자들이 외친 왕국의 회복의 성격이다. 단순히 이스라엘 왕국의 회복만을 말씀하신 것이 아니다. 궁극적으로는 이미 창세기 3:15절부터 시작된 하나님 나라가 임할 것을 계시하고 있기 때문이다. 선지자들은 한결같이 답답한 현실 속에서도 하늘을 보면서 살았다. 그들은 다가올 하나님 나라의 영광을 보았고 그 속에서 소망을 품고 살았다.

지금도 유대인들은 선지자들이 예언한 다윗의 후손으로 오실 메시아를 기다리고 있다. 그리고 세계를 다스릴 다윗 왕국, 메시아 왕국을 기다리고 있다. 이것을 이루기 위해 그들은 예루살렘 성전의 건축을 간절히 소망하고 있다. 마지막 때 성전준비의 모든 것을 마쳐놓고 있다.

6. 주님이 직접 가르쳐 주신 천국 (마태복음 ~ 요한복음)

하나님이 사람의 몸을 입으시고 이 땅에 오신다는 예언은 초반에서 밝힌

대로 창1:1절부터 계시되어 있다. 창1:14절 절기(계절)를 통해서도 메시아의 7대 지상사역을 예언했다. 창3:15절을 통해 여인의 후손으로 오실 것을 예언했다. 횃불언약에서 반으로 쪼개어 죽은 언약의 동물을 통해서도 십자가의 주님이 예언되어 있다. 이처럼 구약성경 전체에서 예수님의 초림과 재림이 예언되어 있다.

마침내 예수님은 예언대로 하늘 천국에서 오셨다. 천국에서 오신 주님은 오실 때 그의 나라 천국을 가지고 오셨다. 그리고 공생애 기간에 천국 복음을 전파하셨다. 예수님의 공생애 시작의 첫마디는 "회개하라! 천국이 가까이 왔느니라."(마4:17)였다. 조상들이 예언한 메시아 왕국 땅의 천국이 가까이 왔다는 것이다. 마태복음은 왕의 복음이라고 한다. 마태복음을 요약해 보면 예수님의 공생애 메시지는 오직 천국왕의 천국복음임을 알 수 있다.

1-3장은 천국의 왕이 오셨다.
4-23장은 천국왕의 복음, 예수님의 가르침이다.
24-25장은 천국으로 가는 이정표를 제시한다.
26-27장은 예수님은 자신의 몸을 제물삼아 천국으로 가는 길은 준비하신다.
28장은 제자들에게 사명을 주시고 다시 오실 것을 약속하신 후 그 나라로 승리의 귀환을 하신다. 이와 같이 천국의 왕으로 오신 예수님께서 우리에게 가르쳐 주신 천국을 살펴보자.

1) 사복음서에 나타나는 천국

4복음서에서 천국을 나타내는 이름은 다양하다. 예수님은 천국을 증거 하실 때 그 나라의 다양한 이름을 통해 보여주셨다.

① 천국(Kimgdom of heaven)

마태복음의 1차 독자는 유대인이다. 다윗왕국을 기다리는 그들에게 왕국의 의미가 더 가까운 천국이란 용어를 쓴다. 하늘 왕국, 천국은 마태복음에 나타나는 이름으로 천국의 장소적의미를 갖는다. 필자는 독자들이 이해 할 수 있도록 자꾸 반복한다. 특별히 장소적 의미의 천국은 두개다. 하나는 땅의 천국인 천년왕국이다. 예수님께서 빌라도 앞에서 "내 나라는 이 세상에 속한 것이 아니니라"(요18:36)하셨다. 여기서 "내 나라"에 해당하는 나라가 메시아 나라다. "회개하라! 천국이 가까이 왔느니라."의 천국도 장소적인 땅의 천국 메시아 왕국이다. 또 하나의 장소적 천국은 지금 하늘에 현존하는 곳 새 예루살렘 성이 있는 하늘 천국이다. 하나님의 보좌가 있는 셋째하늘이다. 이 천국은 우리가 궁극적으로 유업으로 얻게 될 하늘 본향이다.

② 하나님나라(Kimgdom of God)

하나님 나라는 누가와 마가가 많이 표현한 이름으로 통치적 의미의 천국이다. 우리는 이 땅에 사는 동안에는 통치적 의미의 천국을 살아간다. 하나님께서 내 마음을 통치하시면 심령천국이라 한다. 주님께서 우리 가정을 통치하시면 가정 천국이 된다. 우리 교회가 하나님의 통치아래 있으면 교회 천국이다. 반대로 우리 마음도, 가정도, 교회도 사단이 통치한다면 그곳은 지옥과 다름없다. 그러나 하나님이 통치하시는 곳이면 그 어디나 하나님나라가 되는 것이다. 그러므로 우리는 아직은 장소적 의미의 천국을 살고 있는 것이 아니다. 메시아 나라가 임하면 그곳부터 우리는 장소적 의미인 땅의 천국에 살게 된다.

③ 영생

요한복음에는 영생, 생명으로 많이 나타난다. 요한복음의 주제는 영생이다. 그 나라는 영원히 사는 나라다. 영생이라는 천국의 이름 속에는 네 가지의 깊은 의미가 함축되어 있다

㉠ 어디서 영원히 살 것인가? 지옥이 아닌 천국에서 영원히 산다.
㉡ 어떤 모습으로 살 것인가? 주님처럼 썩지 않는 변화의 몸으로 산다.
㉢ 무엇을 누리며 영원히 살 것인가? 이 땅의 수고에 따른 기업과 상급을 누리며 산다.
㉣ 기간은 얼마동안 살 것인가? 시공의 세계가 사라진 영원히 사는 삶이다.
"하나님이 세상을 이처럼 사랑하사 독생자를 주셨으니 이는 그를 믿는 자마다 멸망하지 않고 *영생*을 얻게 하려 하심이라"(요3:16)

④ 낙원

낙원은 파라다이스 공원이다. 집 안이 아니다. 이곳은 부활의 몸을 입기까지 영으로 거하는 장소로 이해한다. 낙원은 생명나무가 있는 분명한 하늘 천국이다. 이보다 더 좋을 수 없는 아름다운 천국을 표현하는 이름이다. 혹자는 카톨릭에서 말하는 연옥과 같은 의미냐고 질문한다. 그러나 중간 장소의 개념은 아니다. 부활 때까지 대기 장소라는 표현에 동의한다. 예수님께서 한편 강도에게 "오늘 네가 나와 함께 낙원에 있으리라"(눅23:43)하셨다. 사도바울도 셋째하늘 낙원으로 이끌리어 갔다.(고후12:4) 요즘 천국에 다녀왔다는 간증들이 많다. 그들은 모두 낙원의 일부를 보고 온 것이다.

"귀 있는 자는 성령이 교회들에게 하시는 말씀을 들을지어다 이기는 그에게는 내가 하나님의 *낙원*에 있는 생명나무의 열매를 주어 먹게 하리라"(계2:7)

⑤ 아버지의 집

천국은 내 아버지 집으로 나와 관계된 내 집이다. 옆집 아저씨의 집이라면 내가 들어갈 수 없다. 내 아버지 집이기에 내가 들어갈 수 있는 내 집이다.

"*내 아버지 집*에 거할 곳이 많도다 그렇지 않으면 너희에게 일렀으리라 내가 너희를 위하여 거처를 예비하러 가노니"(요14:2)

⑥ 새로운 세상 / 새 하늘과 새 땅

새로운 세상은 실제 장소적 의미의 천국이다. 앞에서 장소적 의미의 천국을 두 개로 나누었던 것처럼 여기서도 두 개로 나누어 본다. 일차적으로 이루어지는 천년왕국이다. 그리고 궁극적으로 이루어지는 하늘 천국이다. 두 나라와 관련한 성경 본문을 아래에서 제시한다. 이 부분은 메시아 왕국 단원에서 더욱 확실하게 이해 할 수 있다.

㉠ 첫 번째 새로운 세상은 메시아 왕국, 땅의 천국이다.

한 부자 청년이 예수님께서 와서 "무슨 선한 일을 해야 영생을 얻으리이까?" 질문했다. "가진 것을 다 팔아 가난한 자들에게 나누어주라" 청년은 재물이 많으므로 근심하며 돌아갔다. 이때 베드로가 묻는다. "주님! 우리는 모든 것을 버리고 주를 좇았사오니 그런즉 우리가 무엇을 얻으리이까?" 그때 주님께서 하신 말씀이 마19:28절이다. 세상이 새롭게 되는 때, 메시아 왕국에서 얻게 될 영광스러운 제자들의 위치다. 제자들은 새롭게 된 세상에서 주님의 통치에 참여하는 영광을 누린다. 바로 사65:17절에 예언된 새 하늘과 새 땅이다. 그러나 첫 번째 새로운 세상은 본질이 썩는 물질의 세계다.

"예수께서 이르시되 내가 진실로 너희에게 이르노니 *세상이 새롭게 되어* 인자가 자기 영광의 보좌에 앉을 때에 나를 따르는 너희도 열두 보좌에 앉아 이스라엘 열두 지파를 심판하리라"(마19:28)

"보라 내가 *새 하늘과 새 땅*을 창조하나니 이전 것은 기억되거나 마음에 생각나지 아니할 것이라"(사6517)

ⓛ 두 번째 새로운 세상은 새 하늘 새 땅, 하늘천국이다.
계21장에 새 하늘과 새 땅은 궁극적으로 임하는 하늘의 영원한 천국이다. 두 번째 새로운 세상은 본질이 썩지 않는 전혀 다른 새로운 세상이다.

"또 내가 *새 하늘과 새 땅*을 보니 처음 하늘과 처음 땅이 없어졌고 바다도 다시 있지 않더라"(계21:1)

2) 치유 사역을 통해 천국을 계시
예수님께서 복음 사역과 병행하신 사역이 치유사역이다. 영적 치유로 귀신을 쫓아내셨다. 육적 치유로 수많은 병자들을 고치셨다. 이것은 천국의 특징인 자유를 맛보게 하신 것이다. 사단은 인간에게 자유를 누리지 못하게 한다. 수많은 정신 질환으로 영적 자유를 묶는다. 수많은 질병으로 육적 자유를 묶는다. 그러나 주님은 이 모든 질병에서 자유를 주셨다. 주님이 말씀을 선포하신 곳마다 귀신이 쫓겨 나가고 질병이 치유되는 기적이 계속되었던 것이다.

중요한 것은 주님께서 이러한 치유사역을 결코 말씀보다 앞세우지 않으셨다는 것이다. 요즘 잘못된 은사사역 중에는 말씀보다 사역을 앞세우는 것이다. 예수님은 반드시 말씀선포 후 치유사역을 하셨다. 당시 사람들은 예수님을 무슨 병이든 고치시는 용한 의원으로 여긴 사람들이 많았다. 그렇기 때문에 예수님이 오셨다는 소문만 들리면 모든 병자들을 데리고 모였던 것이다. 그러나 이렇게 병을 고치러 왔던 사람들은 먼저 말씀을 듣고 구원을 받는다. 어떤 이는 자기 안에 귀신이 있는 줄도 모르고 말씀을 들으러 왔다가 영적 치유를 받기도 했다.

"예수의 소문이 더욱 퍼지매 수많은 무리가 *말씀도 듣고 자기 병도 고침을 받고자 하여* 모여 오되"(눅5:15)

"예수께서 그들과 함께 내려오사 평지에 서시니 그 제자의 많은 무리와 *예수의 말씀도 듣고 병 고침을 받으려고* 유대 사방과 예루살렘과 두로와 시돈의 해안으로부터 온 많은 백성도 있더라"(눅6:17)

주님은 이렇게 천국을 선포하시고 치유사역을 통해 천국의 자유를 맛보게 하셨다. 뿐만 아니라 이러한 사역을 제자들에게도 하라고 하셨다. 치유 사역을 할 수 있도록 귀신을 쫓아내고 병을 고치는 능력도 주셨다. 말씀을 믿음으로 받고 행하는 자는 반드시 주님이 하신 일을 할 것이요 그보다 큰일도 할 것이다. 우리도 예수님처럼 천국 말씀 사역 뿐 아니라 천국의 자유를 맛보게 하는 치유사역도 병행해야 한다.

"예수께서 그의 열두 제자를 부르사 *더러운 귀신을 쫓아내며 모든 병과 모든 약한 것을 고치는 권능을 주시니라*"(마10:1)

"내가 진실로 진실로 너희에게 이르노니 *나를 믿는 자는 내가 하는 일을 그도 할 것이요 또한 그보다 큰일도 하리니* 이는 내가 아버지께로 감이라"(요14:12)

7. 사도들을 통한 천국의 계시 (사도행전 ~ 요한계시록)

구약의 선지자들이 천국을 계시했다. 그리고 예수님이 직접 오셔서 천국을 가르쳐 주셨다. 이제는 사도들을 통해서 천국을 계시한다. 우리가 천국을 이해할 때는 반드시 땅의 천국과 하늘 천국을 염두에 두어야 한다. 성경에서 천국이라 할 때 상당 부분이 메시아왕국의 천국을 말하고 있다. 그럼에도 불구하고 무 천년 주의로 인해 실제 천년왕국 곧 메시아 왕국이 가려있는 것이 큰 문제다. 천년왕국을 인정하지 않고는 성경 전체뿐 아니라 요한계시록의 바른 해석이 불가능하다. 성경의 중심 주제인 하나님 나라를 올바로 이해하지 못하기 때문이다.

이제 사도들의 천국이 계시되는 사도행전의 시작이다. 사도행전 1장에는 제자들이 아직도 천국을 이해하지 못하고 있는 것을 볼 수 있다. 예수님의 승천을 앞둔 시점까지도 왜 예수님께서 나라를 세우지 않으셨는지를 묻고 있다. 예수님께서 세우실 나라는 땅의 천국 메시아 왕국이다. 그러나 그 나라는 지금 세울 수 없는 이유가 있다. 이제 복음이 세계로 확산되어야 하기 때문이다. 세계 만민이 어린양의 피의 은혜 안에 들어와야 하기 때문이다.

"그들이 모였을 때에 예수께 여쭈어 이르되 주께서 *이스라엘 나라를 회복하심이 이 때니이까* 하니"(행1:6)

1) 사도들이 눈을 뜨다.

천년왕국 단원에서 충분히 이해 할 수 있는 부분을 여기서 대충 짚고 가려니 필자도 좀 답답한 부분이 있다. 독자들도 이해되지 않는 부분들이 없지 않아 있을 것이다. 그렇다고 독자들께서 본 단원을 생략하고 천년왕국 단원을 바로 보면 또 천년왕국이 이해되지 않을 수 있다. 그렇기 때문에 현장 세미나 강의에서도 천년왕국은 뒷부분에 배치되어 있다. 독자들께서 좀 답답해도 이 두꺼운 책을 손에서 놓지 않고 인내하면서 끝까지 완독하기를 기도한다.

제자들은 진리의 성령이 오시기까지 당장 이스라엘 회복이라는 헛된 꿈을 버리지 못하고 있었다. 왜 주님이 나라를 세우지 않고 그렇게 허무하게 십자가에 죽으셨는지 이해 할 수 없었다. 그러나 마침내 오순절에 약속하셨던 진리의 성령이 오심으로 제자들은 눈을 뜨게 된다. 제자들은 예수님이 이스라엘만의 왕이 아님을 깨달았다. 십자가의 죽으심은 인류를 죄에서 구원하시는 만민의 구세주란 사실을 알게 되었다. 그 전까지는 하나님은 오직 이스라엘만의 하나님 이었다. 천국은 오직 유대인들만 가는 곳이었다. 이방인은 개로 취급하며 그들은 모두 지옥으로 가야했다. 이러한 생각은 지금의 유대인들도 마찬가지다.

그러나 제자들은 오순절에 성령 받은 후 하나님께서 인류를 구원하시기 위한 천국복음을 이해하기 시작했다. 천국복음은 유대인을 넘어 이방인에게로 가야하는 전 세계적인 것이었다. 이제 복음은 세계로 확산 되어야 한다. 그러나 베드로의 활동무대까지 복음이 세계로 확산되지 못하고 있었다. 유대인들은 여전히 민족주의 선민사상에 빠져 있었다. 유대교안에서 태동된 기독교는 유대인들에게도 들어가야 한다. 이를 위해 주님께서 베드로는 유대인의 사도로, 사도바울은 이방인의 사도로 세우셨다. 그러므로 사도행전 12장까지는 베드로의 활동 무대였다. 이제 베드로는 복음을 들고 유대인에게로 가면서 사도행전의 무대는 사도 바울로 바뀐다.

행13장부터 28장까지 바울의 세계선교로 복음의 확산을 기록하고 있다. 혹자는 행13장부터 베드로가 등장하지 않는 것은 베드로가 하나님께 버림받았기 때문이라고 한다. 이유는 베드로는 바울과 같이 복음을 세계로 확산하지 않았기 때문이라는 것이다. 그러나 베드로는 하나님께 버림받은 것이 아니다. 유대인의 사도 베드로는 복음을 가지고 유대인에게로 간 것이다. 이방인들에게 처음 복음을 전해준 자들은 바로 유대인들이다. 그리고 행13장부터 이방인의 사도 바울이 클로즈업 되는 이유가 있다. 이것은 하나님의 궁극적 목적이 천국복음은 세계 이방인에게로 확산되어야 하는 이유 때문이다.

성령 받은 후 사도들의 각 서신들 속에는 언어가 달라진다. 이제 메시아 왕국을 넘어 하늘 언어들로 바뀌고 있음을 볼 수 있다. 사도들의 서신서 에서는 하나님 나라가 임할 때 성도가 어떤 상태로 있을 것인지를 중심으로 나타난다. 복음, 영생, 영광, 구원, 생명, 새 생명, 하늘의 새 예루살렘 성, 유업, 기업, 후사, 썩지 않는 것 등이다. 땅의 천국, 메시아 왕국을 앞에 두고 있을 주님의 재림과 관련하여도 나타난다. 진노의 날, 심판의 날, 그리스도의 날, 주의강림, 변화, 부활, 자유의 날 등이다. 민족주의를 벗어나 세계 인류의 구원과 영원한 하나님나라의 언어들로 표현되고 있음을 볼 수 있다.

2) 다 이루었다.

이 나라가 궁극적으로 완성되면 성도는 어떤 모습으로 나타날까? 그 나라가 완성되면 현존하는 세계는 사라지고 창세전에 예비 된 하늘의 나라 영원한 나라가 임하게 된다. 그러므로 하나님 나라의 임하심은 종말이 아니라 하나님 계획의 완성으로 보는 것이다. 일직선의 역사를 가지고 있는 기독교는 창세기 1장 1절로 출발하여 계시록으로 완성된다. 그러기에 하나님은 끝났다고 하지 않으시고 다 이루었다고 선포하신 것이다.

"또 내게 이르시되 *다 이루었도다* 나는 알파와 오메가요 처음과 나중이라..."(계21:6)
"나는 *알파와 오메가요 처음과 마지막*이요 *시작과 마침*이라"(계22:13)

이때가 되면 시간의 세계가 사라지고 곧 물질세계의 지구가 사라진다. 이제 영원한 나라 창세전부터 준비되었던 세계가 우리 앞에 모습을 드러내는 것이다. 계시록 20장에서 이스라엘 민족이 그토록 소망하고 기다렸던 다윗 왕국이 메시아 왕국에서 실현된다. 그리고 천년왕국이 지나면 우리는 계 21-22장의 영원한 세계로 들어가게 되는 것이다.

천사의 창조와 타락 심판

마지막 때란 사단의 최후심판이 가까이 왔음을 의미한다. 그러나 하나님의 자녀들에게는 천국이 임하는 하나님나라 계획의 완성을 의미한다. 계19:20절에서 적그리스도와 거짓선지자가 불 못에 던져지고 사단은 천년동안 결박된다. 그리고 땅의 천국인 메시아 나라, 천년왕국이 시작된다. 그리고 마지막 끝의 완성은 계20:10절에서 천년왕국이후 사단이 불 못에 던져지는 것이다. 그리고 우리는 계21-22장의 영원한 하늘천국에 입성하는 천국이정표가 완성된다. 거룩한 성 새 예루살렘이 있는 그곳은 우리의 영원한 본향이다.

이처럼 마지막 때 심판의 중심에 있는 사단의 근원을 살펴보는 것도 이 시대를 이해하는데 필요한 영역이다. 악한 사단도 처음 지음을 받을 때는 아름다운 천사였다. 축사사역을 하다보면 가끔 악한 영들이 이렇게 고백한다. "나도 옛날에는 아름다운 천사였다." 천사장이 하나님을 반역하니 반역에 동참했던 그의 수하의 모든 천사들도 함께 타락했다. 학자들은 그 수가 천사 3분의 1이라고 한다. 필자의 축사 사역 중에 한 악한 영이 이런 고백을 한 적이 있다. "이제 우리는 저절로 쫓겨날 때가 얼마 안 남았다"며 탄식을 했다. 그때까지 만이라도 제발 이사람 안에서 살게 해달라는 것이다. 그러니 자신을 그에게서 쫓아내지 말라고 애원을 했다. 이렇게 사단은 자신의 때가 얼마 남지 않은 마지막 때라는 사실을 너무도 잘 알고 있었다.

그렇기 때문에 첫째 화인 다섯째 나팔시대에 들어오면서 귀신들의 활약은 더욱 왕성해 지고 있다. 그들의 심판이 가까이 왔지만 그들은 결코 회개하지 않는다. 피도 눈물도 없는 영적 존재이기 때문이다. 지금의 세대는 그 어느 때 보다도 악하다. 질병으로, 범죄의 양상으로 문화 속에서도 사단의 활동은 극에 달하고 있다. 본 단원에서는 하나님을 반역한 천사의 창조와 타락과 심판의 과정을 정리하고자 한다.

1. 천사의 창조(겔28:12-19)

1) 천사들의 나라, 하나님의 동산 에덴

하나님은 인간을 창조하시기 전 천사들을 먼저 창조하셨다. 그 나라는 천사들의 나라였다. 겔28:13절은 그 나라를 에덴이라 칭하고 있다. 바로 아름다운 천사들의 나라가 하나님의 동산 영적 에덴이었다. 에스겔 28장을 보면 천사들은 이 에덴에서 최고의 영광을 누렸다.

"네가 *옛적에 하나님의 동산 에덴*에 있어서"(겔28:13)

① 천사 장들

이 천사들은 개체적 고유의 명칭을 가진 천사들이다. 천사 장으로는 전쟁 전문인 국방부 장관과 같은 천사 미가엘이다. 또한 소식을 전하는 체신부 장관과 같은 가브리엘이다. 이 두 천사는 성경에 공식적 이름을 가지고 자주 등장하는 천사다. 그리고 타락한 천사 사단의 이름이 루시엘 이었다고 한다. 혹사는 사단이 천사였을 때는 사다나엘 이었으나 이후 사다나, 사단이 되었다고도 한다. 그러나 성경은 사단의 이름을 밝히지 않고 있어 정확히 알 수 는 없다.

사14:12절에서는 사단으로 보는 계명성을 라틴어와 영어에서 루시퍼로 번역하고 있다. 여기에서 루시엘이 나온 것 같다. 루시퍼나 루시엘이나 신학적으로 문제되는 부분은 있다. 그러나 필자는 그냥 일반적 개념으로 루시퍼 혹은 루시엘이라는 이름을 사용하고자 한다. 루시엘은 미가엘과 가브리엘급의 천사였던 것으로 학자들은 보고 있다. 또한 예수님께서 사용하신 열두 영이 있다. 여기서 열두 영도 천사의 군단을 이끄는 천사 장들 이라고 볼 수 있다.

② 집단적 고유의 명칭을 가진 천사들 - 그룹과 스랍

그룹은 신, 구약에서 71회로 가장 많이 등장하는 천사들이다. 주로 법궤와 관련하여 등장한다. 스랍은 이사야에서 2회만 등장한다. 주로 하나님을 찬양하며 종들을 성별시키는 일을 한다. 이 천사들은 하나님 가장 가까이에 거하면서 하나님의 명령을 수행하는 천사들이다.

"이같이 하나님이 그 사람을 쫓아내시고 에덴동산 동쪽에 *그룹들*과 두루 도는 불 칼을 두어 생명 나무의 길을 지키게 하시니라"(창3:24)

"*그룹들*이 그 날개를 높이 펴서 그 날개로 속죄소를 덮었으며 그 얼굴은 서로 대하여 속죄소를 향하였더라"(출37:9)

"요셉을 양 떼 같이 인도하시는 이스라엘의 목자여 귀를 기울이소서 *그룹* 사이에 좌정하신 이여 빛을 비추소서"(시80:1)

"*스랍들*이 모시고 섰는데 각기 여섯 날개가 있어 그 둘로는 자기의 얼굴을 가리었고 그 둘로는 자기의 발을 가리었고 그 둘로는 날며...그 때에 그 *스랍* 중의 하나가 부젓가락으로 제단에서 집은 바 핀 숯을 손에 가지고 내게로 날아와서 그것을 내 입술에 대며 이르되 보라 이것이 네 입에 닿았으니 네 악이 제하여졌고 네 죄가 사하여졌느니라 하더라"(사6:2,6-7)

③ 일반적 명칭을 가진 천사 – 24장로와 생물들

24장로는 계시록에만 등장하는 높은 계급의 천사로 이해한다. 24장로는 계시록 일곱인 단원 서두에서 따로 언급했다. 이에 대한 의견은 다양하지만 필자는 천사로 보고 있다. 생물은 에스겔과 계시록에 등장하는 천사다. 모두가 하나님의 고유의 사명을 담당하는 천사들이다.

"또 보좌에 둘려 이십사 보좌들이 있고 그 보좌들 위에 *이십사 장로들*이 흰 옷을 입고 머리에 금관을 쓰고 앉았더라 보좌로부터 번개와 음성과 우렛 소리가 나고 보좌 앞에 켠 등불 일곱이 있으니 이는 하나님의 일곱 영이라 보좌 앞에 수정과 같은 유리 바다가 있고 보좌 가운데와 *보좌 주위에 네 생물*이 있는데 앞뒤에 눈들이 가득하더라 그 첫째 생물은 사자 같고 그 둘째 생물은 송아지 같고 그 셋째 생물은 얼굴이 사람 같고 그 넷째 생물은 날아가는 독수리 같은데"(계4:4-7)

2) 천사들 중 최고의 천사로 지으셨다.

"인자야 두로 왕을 위하여 슬픈 노래를 지어 그에게 이르기를 주 여호와의 말씀에 너는 완전한 도장이었고 *지혜가 충족하며 온전히 아름다웠도다* 네가 옛적에 하나님의 동산 에덴에 있어서 *각종 보석* 곧 홍보석과 황보석과 금강석과 황옥과 홍마노와 창옥과 청보석과 남보석과 홍옥과 황금으로 *단장*하였음이여 *네가 지음을 받던 날에 너를 위하여 소고와 비파가 준비되었도다 너는 기름 부음을 받고 지키는 그룹임이여* 내가 너를 세우매 네가 하나님의 성산에 있어서 불타는 돌들 사이에 왕래하였도다"(겔28:12-14)

성경은 천사의 창조와 타락을 직접 언급하지 않고 있다. 그러나 에스겔 28장에서는 두로 왕을 빗대어 천사의 창조를 기록하고 있다. 또한 이사야 14장에서 천사의 타락을 바벨론 왕에 빗대어 기록하고 있다. 그러나 천사들의 심판에 대해서는 직접 단호하고 분명하게 기록하고 있다. 루시엘은 하나님의 최측근으로 하나님의 영광을 총 지휘 관리하는 천사로 덮는 그룹 천사였다. 하나님은 루시엘을 천사들 중 최고의 천사로 지으셨다. 겔28:12-14절은 루시엘의 창조에 대한 구체적인 기록이다.

① 가장 지혜가 충족하게 지음 받았다.

지혜가 충족했다는 원어 '말레'의 의미는 채우는, 가득 참이다. 부족함이 없었다는 것이다. 결국 이 천사는 부족함 없이 지음 받은 충족한 지혜를 더럽히고 타락했다. 정말 나쁜 일을 하는 사람들은 머리가 좋은 탁월한 사람들이 많다. 그들의 탁월한 지혜가 더럽혀진 것이다.

② 가장 아름답게 지음 받았다.

각종 열두 보석으로 단장했다. 루시엘은 너무 아름다움으로 교만해졌다.

③ 지음을 받던 날에 최고의 이벤트로 음악회가 열렸다.

루시엘이 지음을 받던 날에 소고와 비파가 준비되었다. 특별히 음악 이벤트가 열렸던 것이다. 이를 근거로 하여 학자들은 루시엘이 찬양과 음악에 탁월한 기름부음이 있었다고 한다. 그러나 그가 타락할 때 그의 기름부음 받은 탁월한 음악의 은사도 함께 타락했다. 오늘날 사단은 그의 탁월한 음악의 기름부음 때문에 음악을 통해 엄청난 역사를 하고 있다. 특히 헤비메탈이나 락, 팝 음악 등에서 악한 영들이 강력하게 역사하고 있다.

④ 천사들 중에 기름을 부어 최고의 자리에 올렸다.

천사장 중에 루시엘이 가장 높은 계급이었다는 흔적을 유다서에서 볼 수 있다. 모세의 시체를 두고 미가엘과 사단이 다투는 장면이다. 다툼의 원인을 떠나서 미가엘이 마귀에게 감히 비방하는 판결을 내리지 못한다. 그리고 주께서 너를 꾸짖으시기를 원하노라 한다. 이것은 타락한 천사 마귀는 타락 전에는 미가엘보다 위의 계급이었음을 짐작하게 한다.

"*천사장 미가엘*이 모세의 시체에 관하여 *마귀*와 다투어 변론할 때에 감히 비방하는 판결을 내리지 못하고 다만 말하되 *주께서 너를 꾸짖으시기를 원하노라* 하였거늘"(유1:9)

하나님은 루시엘을 천사 장들 중에 기름을 부어 최고의 자리에 올려 주셨다. 아마도 삼각형 구도로 본다면 맨 위는 루시엘 그리고 좌우는 미가엘과 가브리엘이었을 것이다. 열두 천사 장중에 루시엘, 미가엘, 가브리엘이 있었고 그중 루시엘이 수장이었을 것으로 추측한다. 예수님의 수제자 베드로, 야고보, 요한 중에도 베드로가 수장이었던 것과 같다.

루시엘이 창조되던 날에 먼저 지음 받았던 천사들은 비파와 수금을 탔다. 이들이 먼저 지음 받았음에도 불구하고 나중 지음 받은 루시엘이 기름 부음을 받은 것이다. 그럼에도 불구하고 먼저 지음 받은 천사들이 하나님께 불평했다는 기록이 없다. 이렇게 루시엘은 하나님의 특별대우로 창조되었던 것이다.

루시엘의 기름부음이 타락한 모습을 우리는 주변에서 흔히 볼 수 있다. 목회자들이 기적을 행하거나 예언 등을 하면 이를 부정적 시각으로 보는 사람들은 목사가 무당 짓 한다고 한다. 그러나 무당들이 미래나 장래 일을 말하면 목사 짓 한다고 하지 않는다. 여기서 '…짓'이란 듣기에 거북한 용어를 이해해 주길 바란다. 여기에는 참 중요한 의미가 있다.

사실은 이러한 기름부음의 사역들은 원래 하나님 자녀들과 주의 종들의 영역이다. 그러나 사단이 하나님께 기름부음 받은 것이 타락하여 나쁜 일에 탁월하게 사용하고 있는 것이다. 사실 무당들은 루시엘의 기름부음으로 사단에게 잡혀 목회자들이 해야 할 사역을 모방하고 있는 것이다. 반면에 목회자들은 기름부음의 사역을 못하고 있는 경우가 많다. 주님께서 주의 종들에게 주신 기름부음의 권능을 사용하지 않는 것이다. 모든 하나님의 자녀들도 마찬가지다. 각종 은사는 하나님께서 믿는 자들에게 주시는 성령의 기름부음이다. 그러나 이것을 믿음으로 적극적으로 사용하지 않는다. 오히려 기름부음 사역을 이단 사이비로 취급하는 경우도 많다.

사단은 하나님께 기름부음을 받은 후 기름부음의 원리를 잘 알고 있다. 그러므로 사단은 자신에게 속한 자들에게 반드시 기름부음을 한다. 자신의 능력이 기름부음으로 흘러가게 하는 것이다. 그러면 기름 부음 받은 자는 자신과 동일한 능력의 일을 한다. 그러므로 무당은 자기의 자녀 중 한명에게 반드시 무당의 기름부음을 한다. 그러면 그 자녀는 엄마보다 더 쎈 무당의 기름부음이 임한다. 이러한 예를 우리는 흔히 보아왔다. 그러므로 모든 이방 종교에서 일어나는 기적과 표적은 이러한 사단의 기름부음에 의한 것이다. 사단은 타락했음에도 불구하고 하나님의 기름부음의 원리를 지혜롭게 잘 이용하고 있는 것이다.

그러나 정작 기름부음의 근원이 되시는 하나님의 자녀 된 우리는 어떤가? 그 기름부음을 오히려 부정하는 이들도 있다는 것이 안타까운 현실이다. 바로 은사 중지론 이라는 비성경적인 신학이론이다. 예전에 한국 기독교 초기에 목사님들은 엄청난 치유의 능력이 있었다. 병든 자를 고치고 죽은 자를 살려내는 일도 있었다. 또한 70-80년대 활동하시던 한국 부흥사들의 능력 또한 대단했다. 너무나 안타까운 것은 그들이 후 세대들에게 기름부음을 하지 않은 것이다. 또한 우리는 그들의 기름부음을 사모하지도 않았다. 기름부음이 강했던 목사님들의 그 시대는 뜨거웠다. 그러나 기름부음이 끊어지므로 그 영성이 지금까지 흘러 내려오지 못했다.

사단은 그 기름부음의 원리를 잘 사용하여 지금까지 세계를 어둠의 권세로 장악하고 있다. 그러나 필자는 마지막 때 마지막 기회로 늦은 비의 역사가 분명히 있을 것을 믿는다. 성령의 기름부음을 사모하길 바란다. 성령께서 직접 부어주시는 그 기름부음의 능력을 힘입어야 한다. 세상을 이기는 힘은 바로 성령의 기름부음이 강력하게 임해야 하기 때문이다. 그 기름부음이 임하면 마지막 때 각자가 받은 은사대로 사명을 다할 수 있을 것이다.

하나님의 특별한 은혜로 지음 받은 루시엘은 하나님 앞에 겸손하지 못했다. 그는 교만해졌고 결국에 불의가 드러났다. 완벽하게 아름다운 천사로 그야말로 에덴에서 온갖 은총과 영화를 다 누리던 천사가 타락했다.

⑤ 열 둘 중에 하나가 타락했다.

성경에는 12중에 하나가 타락했다는 것을 보여주고 있다. 야곱의 12 아들 중 장자 르우벤이 아비의 침상을 더럽혀 장자권을 요셉에게 빼앗긴다. 12지파 중 단지파가 우상숭배를 시작하여 타락의 길을 갔다. 12제자 중 유다가 스승을 배반하고 자살한다. 이 모든 것은 하늘의 12영의 천사 장 가운데 최고의 수장이 타락한 것을 보여주는 그림자다.

2. 천사가 반역함으로 타락했다

1) 사단 반역의 동기 - 욕심과 교만

아름답고 완전했던 천사는 하나님의 보좌를 탐내는 '욕심'과 '교만'으로 타락했다. 루시엘은 하나님의 가장 큰 은혜를 입고 창조된 천사였다. 그러나 그는 너무 아름답고 지혜로우므로 교만해졌다. 하늘에서 하나님을 대적하며 자기 휘하의 천사들과 더불어 하나님께 반역을 일으켰다. 이렇게 타락한 천사를 하나님은 하늘에덴에서 내어 쫓으시며 더럽다고 선포하셨다. 사탄은 무서운 존재가 아니라 더러운 존재다. 두로 왕은 해상무역의 부요함이 극에 달해 있었다. 에스겔 28장은 그 부요함의 특권으로 교만하여 타락한 두로 왕을 통해 사단 반역의 동기를 보여주고 있다.

"네가 아름다우므로 *마음이 교만*하였으며 네가 영화로우므로 *네 지혜를 더럽혔음이여...*"(겔28:17)

"네 무역이 많으므로 네 가운데에 강포가 가득하여 네가 범죄하였도다 너 지키는 그룹아 그러므로 내가 *너를 더럽게 여겨* 하나님의 산에서 쫓아냈고 불타는 돌들 사이에서 멸하였도다"(겔28:16)

우리는 악한 영들 귀신은 무섭다고 인식이 되어있다. 그러나 하나님은 더럽다고 하신다. 필자는 축사사역을 집중적으로 하던 시기가 있었다. 학생, 청년, 장년, 목회자들에 이르기까지 다양한 축사의 경험이 있다. 필자가 축사를 하면서 귀신은 정말 더럽다는 것을 몸으로 경험했다. 그렇게도 더러운 사단이 그토록 거룩하신 하나님 보좌를 욕심낸 것이다. 하나님이 지으신 들 짐승들 중에 뱀이 가장 지혜롭다. 지혜를 더럽힌 사단은 가장 지혜로운 피조물 뱀을 자기의 상징으로 가져간 것이다.

뱀은 혀를 두 개 가진 거짓의 상징이다. 뱀은 머리를 빳빳하게 쳐든 교만의 상징이다. 사실 뱀이 징그러운 동물은 아니다. 다만 사단의 저주가 걸려 있기 때문으로 이해한다. 그러나 천년왕국에 가면 뱀의 저주가 풀리는 것 같다. 어린 아이가 독사 굴에 손을 넣어도 물지 않는 순한 짐승이 된다. 그 때는 뱀이 징그럽지도 않을 것이다.

2) 사단 반역의 형태 - 하나님 보좌 찬탈로 경배받기 위함이다.

하나님 보좌 최 측근에서 하나님의 영광을 관리하던 루시엘은 피조물 중에 1인자였을 것이다. 피조물이지만 어쩌면 하나님 다음으로 2인자 이었는지도 모른다. 그런 그가 만유로부터 보좌에서 경배를 받으시는 하나님을 보며 해서는 안 될 생각을 한 것이다. "나도 이정도면 하나님과 비길 수 있지 않을까?" 그의 교만의 싹은 점점 자라나서 결국 반역을 일으켰다. 자신을 영광스럽게 지어 그 지위를 높여주신 창조주를 대적하는 목적이 창조주가 앉아계시는 보좌였다. 이사야 14장은 바벨론 왕을 비유로 하여 욕심과 교만으로 타락한 천사가 하나님을 어떻게 대적했는지를 잘 묘사하고 있다.

"너 아침의 아들 계명성이여 어찌 그리 하늘에서 떨어졌으며 너 열국을 엎은 자여 어찌 그리 땅에 찍혔는고 네가 네 마음에 이르기를 *내가 하늘에 올라 하나님의 뭇 별 위에 내 자리를 높이리라 내가 북극 집회의 산 위에 앉으리라 가장 높은 구름에 올라가 지극히 높은 이와 같아지리라* 하는도다"(사14:12-14)

이렇게 높은 구름에 올라 하나님과 같아지겠다고 반역했던 사단이다. 그는 목적을 이루지 못하고 공중으로 쫓겨났고 땅의 에덴으로 들어왔다. 그리고 똑같은 목적으로 하와를 미혹했다. 하나님 말씀을 거역하고 선악과를 먹고 하나님같이 되라고 했다. 이로 인해 세상에는 죄가 들어오고 인간은 죄로 인해 하나님과 분리되었다. 그러나 하나님께서 이 땅에 오셔서 십자가에 죽으심으로 인간의 죄 사함의 길을 열어 주셨다. 이 죄 사함의 은혜를 입은 자는 하나님과 하나가 되었다. 그리고 우리에게는 사단의 권세를 이기는 예수님의 권세가 주어졌다. 그러므로 우리는 승리자인 것이다.

그러나 사단은 최후까지 그의 범죄의 욕심을 멈추지 않는다. 사단의 궁극적 목적은 하나님께 경배하는 인간의 마음을 빼앗는 것이다. 그리고 자신이 그 하나님 자리에 앉아 경배를 받으려는 것이다. 이것은 하나님의 영광의 보좌를 도적질 하는 것이다. 사단이 하나님 보좌를 탐내는 가장 중요한 이유는 바로 그 자리에 앉아서 받은 경배다. 하나님이 받으시는 만유의 경배를 사단은 그렇게도 탐을 내는 것이다. 도적인 사단은 경배에 대한 집요함이 있다. 감히 하나님이 사람으로 오신 예수님을 시험 하는 과정에서도 사단이 요구한 것은 경배였다.

"이르되 만일 *내게 엎드려 경배하면* 이 모든 것을 네게 주리라 이에 예수께서 말씀하시되 사탄아 물러가라 기록되었으되 *주 너의 하나님께 경배하고 다만 그를 섬기라* 하였느니라"(마4:9-10)

지금 사단은 세상 공중 권세를 잡고 세계 모든 이방 종교를 통해 영적으로 경배 받고 있다. 사단은 이 경배의 욕심을 끝까지 포기하지 않는다. 이제 영적 경배를 넘어 눈에 실제로 보이는 경배를 받기 위해 목적지를 향해

가고 있다. 결국 마지막에 그 목적을 이루기 위해 짐승의 표를 받게 하는 것이다. 사단에게 경배하지 아니하면 생존이 불가능한 시대가 온다. 그러므로 사단은 땅에 거하는 세상 모든 민족으로부터 실제로 경배 받게 될 것이다. 그러나 이모든 것은 하나님께서 허락하신 영역이다. 마지막 까지 허락하시고 하나님은 사단을 심판하신다.

"용이 짐승에게 권세를 주므로 *용에게 경배하며* 짐승에게 *경배*하여 이르되 누가 이 짐승과 같으냐 누가 능히 이와 더불어 싸우리요 하더라"(계13:4)
"그가 권세를 받아 그 짐승의 우상에게 생기를 주어 그 짐승의 우상으로 말하게 하고 또 짐승의 우상에게 *경배*하지 아니하는 자는 몇이든지 다 죽이게 하더라"(계13:15)

"또 내가 보좌들을 보니 거기에 앉은 자들이 있어 심판하는 권세를 받았더라 또 내가 보니 예수를 증언함과 하나님의 말씀 때문에 목 베임을 당한 자들의 영혼들과 또 짐승과 그의 *우상에게 경배하지 아니하고* 그들의 이마와 손에 그의 표를 받지 아니한 자들이 살아서 그리스도와 더불어 천 년 동안 왕 노릇 하니"(계20:4)

그러나 끝까지 사단에게 경배하지 않는 자 만이 최후 승리자가 된다. 인간은 사단에게 속은 것이다. 인간은 신이 될 수 없다. 지금 세상에서 인간이 신이 될 수 있다고 가르치는 모든 이방 종교나 세상 문화는 모두 사단의 미혹이다. 하나님께 범죄 한 천사는 대적 자로 사탄이라는 이름이 되었다. 그는 결국 하나님의 심판의 대상이 되었다.

3. 범죄 한 천사의 심판

1) 심판의 때가 작정되었다.
하늘에서 반역한 천사들은 하나님계신 셋째 하늘에서 둘째하늘 우주 공간으로 쫓겨났다. 그리고 이들이 공중권세를 잡는다. 이러한 증거는 창1:1절

속에 그 비밀이 숨겨져 있다. 하나님은 사단의 이러한 반역을 결코 용서하지 않으신다고 선언하셨다. 이것이 바로 성령훼방 죄의 원형사건이다. 이 죄는 이 세상과 오는 세상에서도 결코 용서가 없다. 하나님 보좌를 찬탈 하려던 사건은 결코 용서하시지 않으신다. 이와 같이 자신이 하나님이라고 주장하는 모든 이단들은 하나님께서 결코 용서하지 않으신다.

"그러나 이제 네가 *음부 곧 구덩이의 맨밑에 빠치우리로다*"(사14:15)

"하나님이 *범죄한 천사들을 용서하지 아니하시고* 지옥에 던져 *어두운 구덩이에 두어 심판 때까지 지키게* 하셨으며"(벧후2:4)

"또 *자기 지위를 지키지 아니하고 자기 처소를 떠난 천사들을 큰 날의 심판까지 영원한 결박*으로 흑암에 가두셨으며"(유1:6)

타락한 천사들 중에 일부는 심판 때 까지 어두운 구덩이에 갇혀 있다. 그리고 사단을 비롯한 일부만 풀어져 있다. 이들은 구속사를 위한 필요에 의해 하나님의 주권 하에서 활동하고 있다고 본다. 만약 악한 영들 전부를 이 세상에 풀어 놓는다면 세상은 아마도 지금보다 훨씬 더 악할 것이다. 그렇게 되면 하나님의 계획인 구속사를 이루어 가는데도 불필요한 방해가 많이 있을 것이다. 타락한 천사의 수는 셀 수 없을 정도로 많을 것이기 때문이다.

계12:7-9절에서 하늘 공중의 영계전쟁이 일어난다. 공중은 악한 영들이 권세를 잡고 있는 곳이다. 그런데 주님은 두 번째 다수의 휴거를 위해 구름 가운데 그 공중으로 내려오셔야 한다. 그러니 휴거를 앞두고 하늘의 영계전쟁은 반드시 필요하다. 그 영광스러운 날을 위해 하늘 길을 여는 공중을 청소하기 위함이다. 그러므로 공중의 영계전쟁은 첫째는 주님이 공중으로 오실 길을 준비하는 것이다. 둘째는 성도의 두 번째 다수의 공개 휴거를 준비하는 것이다.

이를 위해 우리의 대장 천사 미가엘과 그의 사자들이 공중 권세 잡은 악한 영들과 싸워 이긴다. 이때 사단과 그 무리들은 그나마 거하던 공중에서까지 땅으로 내어쫓긴다. "땅과 바다는 화 있을진저"라 함은 그 때부터 셋째 화의 시대이기 때문이다. 여기서 땅은 이스라엘이며 바다는 온 세상 나라들을 의미한다. 이때부터 땅과 바다는 악한 영들의 최후 역사로 후3.5년의 대 환난으로 들어가게 된다. 지금 사단은 그들의 마지막 때가 얼마 남지 않은 것을 알고 최후의 발악을 하고 있다. 그러므로 갈수록 세상은 더욱 악하여질 수 밖에 없다.

"*하늘에 전쟁*이 있으니 *미가엘과 그의 사자들이 용과 더불어 싸울새* 용과 그의 사자들도 싸우나 이기지 못하여 다시 하늘에서 그들이 있을 곳을 얻지 못한지라 큰 용이 내쫓기니 옛 뱀 곧 마귀라고도 하고 사탄이라고도 하며 온 천하를 꾀는 자라 그가 *땅으로 내쫓기니* 그의 사자들도 그와 함께 내쫓기니라....그러므로 하늘과 그 가운데에 거하는 자들은 즐거워하라 그러나 *땅과 바다는 화 있을진저* 이는 마귀가 자기의 때가 얼마 남지 않은 줄을 알므로 크게 분내어 너희에게 내려갔음이라 하더라"(계12:7-9,12)

2) 예수님은 사단의 일을 멸하러 오셨다.

구약에는 귀신에 관련한 이야기가 많이 나오지 않는다. 이것은 구약시대에는 귀신이 없어서가 아니다. 그러나 복음서, 특히 마가복음에는 많은 귀신들이 튀어 나온다. 신약에서는 예수님이 오신 후 숨어있던 바퀴벌레들이 튀어 나오듯 사방에서 귀신들이 튀어나온다. 이것은 세상에 참 빛이 오셨기 때문이다. 왜 참 빛일까? 빛으로 가장한 거짓 빛 사단이 먼저 왔기 때문이다. 참 빛은 각 사람에게 비춘다. 구원은 각각 개인적인 사건이다. 이 빛을 각 사람에게 비추니 그 안에 숨어있던 귀신들이 튀어 나온 것이다. 예수님은 마귀의 일을 멸하러 오셨다.

"*참 빛 곧 세상에 와서 각 사람에게 비추는 빛*이 있었나니"(요1:9)

"죄를 짓는 자는 마귀에게 속하나니 마귀는 처음부터 범죄함이라 하나님의 아들이 나타나신 것은 *마귀의 일을 멸하려 하심이라*"(요일3:8)

예수님이 오셔서 천국이 가까이 왔다고 복음을 전파하셨다. 그리고 사람들 안에 있는 귀신들을 내어 쫓으셨다. 그때마다 귀신들은 두려워 떨며 이렇게 외쳤다. "때가 이르기 전에 벌써 오셨나이까? 우리를 멸하러 오셨나이까?" 이 말은 창세전에 하늘에서 있었던 일을 염두에 두고 말하는 것이다. 그들의 천사장 루시엘과 함께 하나님을 반역하는 일에 동참했던 그들은 셋째 하늘에서 쫓겨났다. 그때 하나님은 이들의 처벌을 마지막 끝 심판 때까지 유예 시켜 놓으셨다. 이제 그 심판의 때가 벌써 왔냐는 것이다. 벌써 우리를 멸하러 오셨냐는 것이다. 이와 같이 천국이 가까이 왔다는 것은 사단의 심판의 때가 가까이 왔다는 것을 의미한다.

"이에 저희가 소리 질러 가로되 하나님의 아들이여 우리와 당신과 무슨 상관이 있나이까 때가 *이르기 전에* 우리를 괴롭게 하려고 여기 오셨나이까 하더니"(마8:29)

"나사렛 예수여 우리가 당신과 무슨 상관이 있나이까 *우리를 멸하러 왔나이까* 나는 당신이 누구인 줄 아노니 하나님의 거룩한 자니이다"(막1:24)

이렇게 주님은 이 땅에 빛으로 오셔서 사람들 속에 들어와서 도적질 하는 귀신을 쫓아내셨다. 마지막에는 지옥 불속으로 쫓아내실 것이다. 뿐만 아니라 그분의 제자 된 우리에게도 귀신을 내어 쫓는 일을 하라고 명하셨다. 이를 위해 주님께서 가지신 동일한 권능을 우리에게도 주셨다. 그러므로 우리도 주님처럼 병을 고치고 귀신을 쫓아낼 수 있다. 주님의 권능이 우리 안에 있음을 믿고 병을 고치고 귀신을 쫓아내는 사역을 해야 한다.

"예수께서 그의 열두 제자를 부르사 *더러운 귀신을 쫓아내며 모든 병과 모든 약한 것을 고치는 권능을 주시니라*"(마10:1)

"열두 제자를 부르사 둘씩 둘씩 보내시며 *더러운 귀신을 제어하는 권능을 주시고*"(막6:7)

3) 사단의 최후심판

사단은 창세기 3장에서 에덴동산에 등장한다. 사단도 자신의 계획이 있다.

그것은 마지막 끝까지 자신도 하나님처럼 세상 사람들에게 오직 경배 받기 위함이다. 하늘 보좌 찬탈은 실패했으나 땅에서는 그 뜻을 이루어 보겠다는 것이다. 그리고 세상에서 자신의 계획을 이루기 위해 땅에서도 하나님의 계획을 끝까지 방해하며 대적한다. 그에 대한 구체적 행동은 메시아가 오시는 길을 막으려는 것이다. 사단은 메시아가 오는 혈통을 자꾸 끊어내려 했다.

가인이 아벨을 죽인 사건은 방해의 첫 시작이었다. 그러나 하나님은 또 셋을 세우셨다. 그리고 유다의 혈통을 끊으려 했다. 그러나 하나님은 다말의 사건을 통해 메시아의 혈통을 이어가셨다. 예수님이 오셨을 때는 2살 아래의 남아를 모두 죽였다. 에스더 시대는 유대민족 전체를 말살하려 했다. 이러한 사단의 방해는 성경에 수없이 등장한다. 그럼에도 불구하고 하나님의 계획은 지금 완성을 향해 가고 있다. 하나님은 사단에게 7년 마지막이레까지 그의 활동을 허락 하셨다. 그는 후3.5년에 세상 모든 사람들로부터 마지막 최후의 강제 경배를 받는다. 그리고 그는 지금까지 참고 기다려오신 하나님의 진노에 의해 멸망할 것이다. 우리는 지금 하나님의 시간 그 끝이 보이는 시대에 살고 있다.

"짐승이 잡히고 그 앞에서 표적을 행하던 *거짓 선지자도 함께 잡혔으니* 이는 짐승의 표를 받고 그의 우상에게 경배하던 자들을 표적으로 미혹하던 자라 이 둘이 산 채로 유황불 붙는 못에 던져지고"(계19:20)

"또 그들을 미혹하는 마귀가 불과 유황 못에 던져지니 거기는 그 짐승과 거짓 선지자도 있어 세세토록 밤낮 괴로움을 받으리라"(계20:10)

그러므로 하나님의 나라가 임하고 있음은 사단의 멸망이 가까이 왔음을 의미한다. 사단은 자기의 때가 얼마 남지 않음을 알고 우는 사자같이 삼킬 자를 두루 찾고 있다. 그러나 정작 하나님의 자녀들은 마지막 때를 인식하지 못하고 살아가고 있다. 그저 세상이 갈수록 흉흉해 지고 있다는 정도만 알 뿐이다. 혹은 마지막 때를 인식하고 있다 할지라도 올바른 천국이정표기 없어 방황하고 있다. 그저 세상에서 일어나는 사단의 역사만 보고 두려워 떠는 이들도 많이 있는 것이 현실이다. 그러나 우리는 마지막 때를 두려워 할 때가 아니다. 근신하고 깨어서 주의 오심을 준비할 때다.

"*근신하라 깨어라* 너희 대적 마귀가 우는 사자 같이 두루 다니며 삼킬 자를 찾나니"(벧전5:8)

"*그러므로 깨어 있으라* 어느 날에 너희 주가 임할는지 너희가 알지 못함이니라"(마24:42)
"*이러므로 너희도 준비하고 있으라* 생각하지 않은 때에 인자가 오리라"(마24:44)

4. 마지막 때를 향한 사탄의 활동

1) 사탄은 대중문화를 선택했다.

사단은 마지막 때 대중문화를 선택했다. 대중문화는 믿는 자나 불신자나 모두를 통제할 수 있는 수단이다. 대중문화는 수많은 사람들과 특히 청소년들을 파괴하고 있다. 동성애, 마약, TV드라마, 영화, 스포츠, 음악, 인터넷, 스마트폰, 애니메이션 등 모든 미디어를 사용한다. 이러한 통로를 통해 이제는 자신의 존재를 적나라하게 드러내며 활동하고 있다. 요즘 청소년들은 미디어를 통해 귀신하고 노는 것은 일상화 되어 있다.

이미 우리의 모든 세상 환경은 666화 되어있다. 크롬의 이미지가 666이다. 이제 원만한 프로그램은 크롬 환경이 아니면 활성화가 어렵다. 컴퓨터의 스펠링의 숫자 값을 모두 더하면 666이다.(C-18, O-90, M-78, P-96, U-126, T-120, E-30, R-108) www.로 모든 인터넷 주소가 시작된다. W의 숫자 값은 6이다. 그러므로 www는 666이다. 바코드가 666이다. 세월호 리본도 66.6도의 각도로 되어있다. 전시안도 와이파이도 사방에서 우리를 감시하고 있다. 모든 대중문화 속에 666은 셀 수 없이 깔려있다. 우리는 지금 666 바다 중심에 살고 있다.

사단은 이렇게 교회와 세상을 모두 장악할 수 있는 수단과 방법을 가리지 않고 있다. 그리고 모든 분야를 이미 정복했다. 불신자들은 이미 자신의 수하에 있음에도 불구하고 그들이 하나님을 찾고 만날 기회를 미리 차단하고 있다. 그 차단 방법이 바로 대중문화다. 그러나 교회는 너무도 소극적이다. 교회는 세상과 교회를 심하게 이분화 하고 있다. 심지어 세상에서 일어나는 마지막 때 신호들을 무시하고 있다. 그저 세상일이라는 것이다. 우리는 세상의 징조를 보며 마지막 때 시간표를 보는 눈을 떠야 한다.

① 안방의 드라마를 통해서

필자는 예전에 드라마를 일주일에 한두 편정도 보는 것은 휴식이라 생각했다. 또한 건강을 위해 웃음을 주는 영화나 개그콘서트 같은 프로그램들도 즐겨 보았다. 그러나 영성 사역을 시작하면서 이 모든 것을 완전히 끊었다. TV를 끊은 지 아주 오래 되었다. 그러나 스마트 폰을 통해 종종 숏츠를 보면 요즘 TV에 어떤 프로그램들이 나오는지 대충 알 수 있다. 참으로 놀라운 것은 요즘의 거의 모든 드라마는 전쟁, 환생, 귀신, 악귀, 신비로운 등이 주제다. 일반 드라마도 청소년과 어린 아이들을 대상으로 하는 프로그램도 마찬가지다. 사단은 그만큼 안방의 모든 영역들을 귀신문화로 자연스럽게 접수했다.

② 음악을 통해서

사단은 음악적 재능이 뛰어났던 천사다. 그가 타락함으로 그의 재능까지 타락했다. 음악은 그에게 가장 자유로운 활동의 영역이 되었다. 팝음악, 대중음악의 가사들 속에 무분별한 섹스를 권유하고 있다. 폭력을 찬미하고 자살을 권장한다. 마약복용을 예찬하며 저항적인 가사들이 난무하다. 이단종교에 관련된 음악 사탄숭배와 관련된 음악들이 넘쳐난다. 왜곡된 개념들과 동성애를 미화하는 가사를 담은 음악들이 무분별하게 불러지고 있다. 사단음악의 영향력은 교회음악에도 자연스럽게 들어와 있다. 특히 요즘은 신사도음악 속에 사단의 음악들이 많이 들어와 있는 현실이다. 성도들은 전혀 눈치체지 못하고 듣기에 좋다고 부르고 있다.

③ 영화를 통해서

사단은 영화를 통해서 자신을 나타내고 자신의 계획을 예고한다. 또한 이미 행한 일들에 대해 영화를 만들어 홍보한다. 마지막 때가 되니 사단도 더 이상 위장하거나 뒤로 숨어 있지 않는다. 사단은 영화를 통해 적극적으로 자신을 나타내고 있다. 이러한 영화들 속에는 수많은 사단의 메시지들이 숨겨져 있다. 또한 눈치체지 못하는 사이 수많은 사단의 심벌이 등장한다. 이러한 영화들을 볼 때 육신의 눈은 보지 못하지만 영적으로는 영향력을 받게 된다. 자신도 모르는 사이에 사단에게 세뇌되어 가는 것이다. 영화관은 영적으로 악한 영들이 많이 역사하는 공간이다. 그러므로 특히 영화관을 갈 때는 보혈을 꼭 의지하고 기도해야 할 필요가 있다.

④ 도서를 통해서

현대인들은 책을 많이 읽지 않는다고 한다. 특히 스마트 폰이 등장하면서 전철 안에서는 책을 읽는 사람을 보기 힘들다. 그럼에도 불구하고 도서의 영향력은 무시할 수 없다. 서점에 가보면 사단과 관련된 책들을 많이 볼 수 있다. 사단은 도서를 통해서도 사람들의 영혼을 파괴한다. 그리고 책을 통해 미혹하며 자신의 존재를 나타내고 계시한다. 어떤 사람들은 책을 통해 악한 영을 접하는 경우도 있다. 책을 통해서도 기름부음이 있기 때문이다.

이것은 기독교인들이 성령이 충만한 책을 통해 은혜 받고 기름부음을 받는 것과 같다. 이것이 기름부음의 원리다. 이 원리는 선과 악에 동일하게 적용한다. 필자가 본서를 쓰게 된 동기도 하나님께서 책의 영향력을 일깨워 주셨기 때문이다. 매월 2박 3일 집중 세미나를 진행해왔다. 그러나 책으로 전파되는 속도가 훨씬 더 영향력이 있다는 감동을 계속 넣어주셨다. 또한 세미나를 참석하신 분들께서 책을 써주기를 끊임없이 부탁해 왔다. 세미나를 못 오시는 분들은 계속 책을 보내달라는 요청이 왔다. 이 모두가 책이 갖는 영향력 때문이다. 필자도 본서를 통해 수많은 사람들이 마지막 때 깨어남의 기름부음이 임하길 기도하고 있다.

⑤ 오컬트 문화를 통해서

'신비한', '초자연적인', '불가사의한'의 뜻을 가기고 있는 오컬트 문화는 지금 세계를 장악하고 있다. 주변에 쉽게 볼 수 있는 타로, 사주카페, 단 월드, 명상, 요가, 뇌 운동, 마술, 최면요법, 마법, 강신술, 초능력, 심령수술, 다우징, 손금, 점, 점성술, 뉴에이지 운동, 신사도운동, 할로윈데이 등 이루 셀 수 없을 정도다.

교회 안에 자연스럽게 들어와 있는 마리아십자가도 오컬트중 하나다. 필자는 청년시절 섬기던 교회에서 강단 꽃꽂이를 오래 동안 해왔다. 부활절에는 자연스럽게 강단에 흰 천을 연결하여 꽃꽂이를 하곤 했다. 필자가 다니던 교회는 작은 교회였기 때문에 여러 가지 천을 사용하는 화려한 꽃꽂이는 아니었다. 그러나 큰 교회 강단 꽃꽂이는 사순절 기간에 천의 색깔을 바꿔가면서 꽃꽂이에 활용한다.

이렇게 꽃꽂이에 사용하던 천이 언제부터인가 강단 십자가 위로 올라간 것이다. 십자가에 주로 흰색 천을 마리아의 M자 모양으로 만들어 걸쳐 놓았다. 십자가에 걸쳐진 M자는 그냥 멋으로 장식해 놓은 것이라고 한다. 그러나 그 의미는 결코 멋을 위해 장식한 것이 아니다. 혹자는 뭐 그런 것까지 그렇게 보느냐고 한다. 그러나 그렇지 않다. 마리아 십자가는 진리도 아닌 것이 진리처럼 교회 안에 들어와 있는 오컬트 문화다.

이것은 아주 중요한 의미를 담고 있다. 이것은 카토릭의 마리아 숭배 사상에서 나온 것이다. 카토릭에는 심지어 십자가에 마리아가 있는 장식품도 있다. 혹은 마리아가 십자가를 배경으로 어린 예수를 안고 마리아가 십자가에 달려 있는 것 같은 의미의 형상도 있다. 이것은 예수님의 십자가 구속사에 마리아가 동역했다는 뜻이다. 그러나 주님의 구속사에 인간의 공로는 전혀 없다는 것이 성경의 진리다. 마리아도 자신을 주의 계집종이라고 스스로 고백했다.

그럼에도 불구하고 일부 교회들은 강단에 아무런 생각 없이 이런 장식을 해놓고 있다. 인터넷에서 '마리아 십자가'를 검색하면 우리나라 몇몇 큰 교회들 강단에 있는 마리아 십자가를 볼 수 있다. 특히 사순절 기간에는 마리아 십자가를 흔하게 볼 수 있다. 또한 카토릭에서 만든 여러 가지 마리아 십자가의 형상물들을 볼 수 있다. 동전모양 같은 메달이나 장식품 등에도 기독교 강단에 있는 동일한 모양의 마리아 십자가를 볼 수 있다. 교회들은 이러한 비 진리에서 깨어나야 한다. 그리고 쪼갠 고기 사이를 홀로 지나가신 횃불언약을 기억해야 한다.

이 오컬트 문화는 너무나 자연스럽게 우리생활에 들어와 있어 기독교인들도 구별하지 못하고 무분별하게 접촉되고 있다. 부적, 오래살기 원하는 거북이, 복을 바라는 금 돼지, 부자를 꿈꾸는 금 부엉이, 하루방, 복을 추구하는 복조리 등이다. 돈을 불러 온다 하여 식당이나 대부분의 사업장 입구에는 노랑 해바라기가 있다. 세월호 사건을 통해 자연스럽게 대한민국을 뒤덮었던 노란리본이 있다. 아직도 가방 등에 66.6도의 세월호 리본을 장식품으로 달고 있는 이들을 보면 정말 안타깝다.

요즘은 일루미나티와 사단을 상징하는 부엉이 그림이나 형상이 유행이다. 가방이나 옷이나 귀걸이 목걸이 등 심지어 자동차안 장식에도 부엉이가 들어가 있다. 그리고 사람들은 그런 것들을 즐겨 사용한다. 이런 것들은 알게 모르게 우리에게 영적인 영향력을 행사한다. 미국화폐 1달러 안에 부엉이 그림이 그려져 있는 것을 아는 이들은 그리 많지 않다. NWO를 세우기 위한 일루미나티 세력들의 천 개의 비밀 중 하나라는 것도 아는 이가 많지 않을 것이다. 기독교인들은 이런 것들을 피하고 깨어있어야 한다. 우리 삶의 공간에 이렇게 영적으로 해로운 것들이 있다면 깨끗하게 정리할 필요가 있다.

"악한 자의 나타남은 사탄의 활동을 따라 모든 능력과 표적과 거짓 기적과 불의의 모든 속임으로 멸망하는 자들에게 있으리니 이는 그들이 진리의 사랑을 받지 아니하여 구원함을 받지 못함이라 이러므로 *하나님이 미혹의 역사를 그들에게 보내사 거짓 것을 믿게 하심은 진리를 믿지 않고 불의를 좋아하는 모든 자들로 하여금 심판을 받게 하려 하심이라*"(살후2:9-12)

하나님은 이렇게 미혹하는 사단의 것들을 좋아하는 사람을 벌하시는 심판이 있다고 경고하신다. 마지막 때 일수록 사단의 역사는 미혹의 영들로 믿는 자들을 넘어지게 할 것이다. 지금은 자다가도 깨어날 때다.

2) 종교를 장악했다.

사단은 타락 후 그의 이름이 50여개가 된다. 사단, 마귀, 옛 뱀, 거짓의 아비, 이간 자, 속이는 자, 대적 자, 파괴 자, 악한 영 등등이다. 사단은 그와 함께 타락한 천사, 그의 졸개들을 전 세계에 잡 종교 잡신으로 분양시켜 놓았다. 이 모든 이방 종교들을 통해 전 세계 천하 만민을 유혹하고 있다. 천주교, 이슬람교, 이교, 이단 등등이 그렇다. 다니엘 짐승제국에서 다루었던 바벨론의 니므롯과 세미라미스를 이방 종교의 기원으로 본다.

사단이 이렇게 세상 모든 종교 안에서 역사하는 목적은 오직 사람들에게 경배 받기 위함이다. 그러므로 모든 이방 종교들은 납작 엎드려 경배하며 절하는 모습을 많이 볼 수 있다. 이슬람 인들의 경배하는 모습을 본 경험이 있을 것이다. 불교도 마찬가지다. 미신, 잡신도 마찬가지다. 하나님은 분명하게 이러한 피조물들의 우상을 섬겨 경배하지 말라고 하셨다.

"너는 *그들의 신을 경배하지 말며* 섬기지 말며 그들의 행위를 본받지 말고 그것들을 다 깨뜨리며 그들의 주상을 부수고"(출23:24)

"또 그리하여 네가 하늘을 향하여 눈을 들어 해와 달과 별들, 하늘 위의 모든 천체 곧 너희의 하나님 여호와께서 천하 만민을 위하여 배정하신 것을 보고 미혹하여 *그것에 경배하며 섬기지 말라*"(신4:19)

경배는 본래 하나님께만 올려드리는 것이다. 그러나 우리는 지금 하나님께 그렇게 엎드려 경배하지 않고 있다. 그러나 성경에 모든 하나님의 사람들은 하나님께 엎드려 경배했다. 또한 지금도 하늘의 천사들은 하나님께 엎드려 경배한다. 천지를 지으신 하나님은 천하 만유로부터 경배 받으실 오직 한분이시다. 그분은 곧 우리의 아버지시니 이 얼마나 큰 축복인가?

"이에 그 사람이 머리를 숙여 *여호와께 경배하고*(창24:26)

"야곱이 또 이르되 내게 맹세하라 하매 그가 맹세하니 이스라엘이 침상 머리에서 *하나님께 경배하니라*"(창47:31)

"이십사 장로들이 *보좌에 앉으신 이 앞에 엎드려 세세토록 살아 계시는 이에게 경배하고* 자기의 관을 보좌 앞에 드리며 이르되"(계4:10)

"네 생물이 이르되 아멘 하고 장로들은 *엎드려 경배하더라*'(계5:14)

적그리스도가 사람들에게 표를 넣으려고 하는 본질은 바로 경배 받기 위함이란 사실이다. 각각 종교의 이름과 형상은 다르지만 그들이 숭배하는 대상은 결국 사단이다. 그러므로 지금 모든 이방 종교는 모두 사단에게 경배한다. 그러나 오직 하나, 하나님을 섬기는 기독교만은 사단에게 경배하지 않는다. 그러므로 종교통합의 목적도 최후에 기독교인들의 하나님을 향한 마음을 도적질하기 위함이다.

사단의 경배 욕심은 참으로 집요하다. 대 환난에서 목을 베는 이유가 자신에게 경배하지 않기 때문이라는 사실이다. 그런데 어찌 이러한 짐승의 표를 상징이라 할 수 있겠는가? 사단의 짐승정부 최종 통치는 전 세계 종교통치로 마감한다. 이유는 적그리스도가 하나님 자리에 올라가 신으로 통치하는 시대이기 때문이다. 그러나 주님이 재림하시면 이 모든 이방종교는 멸망한다. 메시아 나라는 오직 여호와 하나님께만 경배하는 진정한 세계단일종교이기 때문이다.

"그가 권세를 받아 그 짐승의 우상에게 생기를 주어 그 짐승의 우상으로 말하게 하고 또 짐승의 *우상에게 경배하지 아니하는 자는 몇이든지 다 죽이게 하더라*'(계13:15)

3) 정치권력을 장악했다.

사단은 일루미나티 창설이후 프랑스 혁명을 시작으로 전 세계 국가를 장악했다. 특히 공산 국가들을 장악하고 국가적으로 기독교를 핍박하고 있다. 북한을 비롯한 중국과 세계 공산국가들 그리고 이슬람국가 등에서는 기독교 박해가 심각하다. 구약의 짐승제국 안에서 활동하던 사단이 현대는 다른 옷을 입었다. 사단은 현대적인 다른 이름으로 조직을 만들어 그 조직 안에서 활동하고 있다. 현대적 이름의 짐승조직들을 간단하게 언급한다.

(1) 현대 짐승 정부의 조직들

① 프리메이슨 - 1390년 초기발생, 자유석공

중세의 숙련 석공 길드에서 비롯된 세계 최대의 박애주의 비밀결사대다. 이들은 초기에는 자유석공으로 건전하게 모임이 시작되었다. 그러나 나중에 신비적인 모임으로 발전해 갔다. 이들은 사단을 숭배하는 자들이다. 33도가 가장 상위 그룹이다. 안타깝게도 우리나라에도 프리메이슨 33도가 3명이라는 설이 거짓이길 바란다.

② 예수회 - 1534. 8. 15

카톨릭 신자인 로욜라가 프로테스탄트에 대항하기 위해 프리메이슨의 사상과 조직을 이어받아 만든 엘리트 조직이다. 예수회는 카톨릭 교회의 남자 수도회로 교황청의 직속으로 되어있다. 예수회에서 진행하는 로욜라의 영성수련은 로마 카톨릭 내에서의 전형적인 신비운동이다. 예수회가 어둠의 조직이란 사실은 많이 알려져 있다. 우리나라의 서강대학교는 카톨릭 수도단체인 예수회가 설립한 학교다.

③ 일루미나티 - 1776. 5. 1

일루미나티는 광명, 빛의 전달자, 계명성, 루시퍼라는 뜻이다. 구약의 짐승제국 안에서 활동하던 사단의 가장 현대적 이름이라 할 수 있다. 18세기 후반 독일의 아담 바이샤우트로 시작했다. 그는 카톨릭 예수회 대학에서 공부하다가 진보적 사상을 접하게 된다. 그는 당시 세계적 금융재벌이자 프리메이슨 유대인인 로스차일드와 손잡고 1776년 5월 1일 정식으로 일루미나티를 창립했다. 일루미나티를 소개하는 사전에는 '중세 독일의 자연신교를 신봉한 공산주의 비밀결사대'라고 되어 있다. 근로자의 날, 노동절이 5월 1일인 것은 공산주의 뿌리인 일루미나티 창설일과 관련 있다. 그들의 최종 목적은 오직 NWO를 완성하는 것이다.

일루미나티는 당시 유행하던 이성주의와 인본주의를 수용하고 왕정과 기독교를 철저하게 배척한다. 그들의 고위층은 사탄숭배와 신비주의 의식을 통해 극단적이고 파괴적인 계획을 세운다. 일루는 프리메이슨과 예수회의 전통을 이어받으면서도 신세계 정부, 세계정부 수립이라는 뚜렷한 목표를 가지고 있다. 처음엔 프리메이슨이 가장 위에 있었다. 그러나 지금은 일루미나티가 가장 상위 조직으로 있다. 일루미나티에 뿌리를 두고 많은 다른 활동조직들이 있다.

(2) 일루미나티와 프랑스 혁명(1789년 7월)

그들은 목적을 이루기 위해서는 수단과 방법을 가리지 않는다. 세계정부 수립이라는 목적을 위해 시도한 첫 번째 정치변혁사건이 1789년 7월 프랑스 혁명이다. 일루의 상징 수는 13이다. 일루의 창립 1776년 후 정확히 그들의 상징 수인 13년이 지난 1789년 프랑스 혁명을 일으켰다. 이를 계기로 세계정부 수립을 위한 첫 번째 행동을 계시한 것이다. 프랑스 혁명 인권선언문에는 전시안과 두 마리의 뱀이 그려져 있다. 이것은 프랑스 혁명의 주체를 잘 드러내고 있는 것이다. 인터넷 검색에서 '프랑스 혁명 인권 선언문'을 검색하면 볼 수 있다.

이들의 기본이념은 자유, 평등, 박애다. 일반적으로 이 사상은 서방세계 기독교에서 나온 것으로 알고 있다. 그러나 자유 평등 박애의 이념은 일루의 인본주의 사상에서 나온 것이다. 바로 이 이념이 인본주의 사상을 이루어 프랑스 혁명의 이념이 되었다. 이 이념은 보기에는 기독교 사상처럼 좋아 보인다. 그러나 그 안에는 하나님을 대적하는 사단의 사악함이 숨어있다.

① 자유(파랑) - 신으로부터 자유 / 하나님의 권위에 대한 도전이다.

이 자유는 우리가 이해하고 있는 갈5:1절의 자유가 아니다. 이들의 자유는 신으로부터의 자유다. 이제 신은 지긋지긋하다는 것이다. 이것은 인간이 신으로부터 독립 선포. 신 없이 우리 인간들끼리 사람답게 자유롭게 살아보자는 것이다. 여기서 하나님이 아닌 사람 중심의 사상이 발전했다. 이것이 신본주의를 떠난 사람이 먼저라는 인본주의 자유다. 그러나 이들의 인본주의 자유는 도덕을 무너뜨렸다. 이들의 자유는 혼란을 일으키는 방종에 가까운 자유다.

② 평등(하양) - 왕의 권위에 대한 도전이다.

이것은 하나님 앞에서 모두가 평등하다는 기독교의 평등이 아니다. 일루의 평등은 '혁명을 일으켜 왕정을 뒤엎고 일루미나티가 주도하는 평등한 세상을 만들어 보자'라는 것이다. 더 깊이 들어가면 이것은 사단이 하나님께 도전한 것과 같다. "당신만 왕이십니까? 나도 왕이 될 수 있습니다. 내 자리를 높이고 당신과 비겨보겠습니다" 이것은 사단이 하나님의 왕권에 도전한 것이다. 이들의 평등은 이사야 14장에서 하나님께 도전한 사단의 모습의 요약이다.

"네가 네 마음에 이르기를 내가 하늘에 올라 하나님의 뭇 별 위에 내 자리를 높이리라 내가 북극 집회의 산 위에 앉으리라 *가장 높은 구름에 올라가 지극히 높은 이와 같아지리라 하는도다*"(사14:13,14)

③ 박애(빨강) - 그들 조직원 사이의 형제애

박애 또한 기독교의 사랑이 아니다. 이들의 박애는 깡패 조직원간의 의리 같은 것이다. 이들은 박애를 빨강색으로 정했다. 빨강은 피다. 이들의 배신은 곧 죽음을 의미한다. 때문에 이들 조직에서 탈퇴하거나 비밀을 폭로한 자들이 죽임 당하는 일들이 있는 것이다. 프리메이슨도 마찬가지다. 조직의 탈퇴는 죽음으로 연결된다. 마지막 후3.5년에 이들의 표를 받지 않는 자들은 죽음인 것이다. 짐승 표를 거부하는 것은 그들의 조직을 거부하는 것이기 때문이다.

자유-빨강, 평등-파랑, 박애-하양은 일루의 상징이 되었다. 일루가 주도하는 모든 일에 반드시 이 3색이 등장한다. 이들은 프랑스 혁명을 성공하고 프랑스 국기는 파랑, 하양, 빨강색의국기가 된다. 이들은 계속해서 러시아 혁명을 주도하여 성공하면서 세계를 점령해 나가기 시작했다. 지금 세계 국기들을 보면 대부분 파랑, 하양, 빨강색이 거의 들어가 있는 것을 볼 수 있다. 그만큼 세계가 일루에 의해 점령당하고 있다는 것이다.

머지않아 이들의 목적대로 세계 3차전을 시작으로 그들의 마지막 목표인 세계정부(NWO)를 달성하게 될 것이다. 이 정부는 마지막 7째 제국인 일곱 머리 열 뿔 제국으로 등장하게 될 것이다. 그러나 그들에게 허락된 마지막 권력은 마지막 7년으로 다니엘 70이레에 정해져 있다.

Chapter II

첫 번째
다니엘의 천국이정표

- 70이레와 7대 절기
- 짐승제국(신세계질서 New World Order)과 적그리스도

70이레와 7대 절기

다니엘서는 구약의 요한계시록이다. 반대로 요한계시록은 신약의 다니엘이다. 마지막 때와 관련하여 요한계시록을 다루기 위해서는 반드시 다니엘을 먼저 이해해야 한다. 계시록을 들어가기 전에 다니엘을 먼저 다루는 것도 그런 이유에서다. 다니엘은 구약의 산꼭대기에서 신약의 끝까지 본 것이다. 그러므로 다니엘을 이해해야 요한계시록이 풀린다. 다니엘을 기반으로 하지 않는 계시록 해석은 영적 상징적 해석에 머무를 수밖에 없다. 요한계시록은 다니엘의 확대 해석이며 다니엘 예언의 성취며 다니엘 예언의 종료다.

마24-25장은 예수님께서 주신 천국이정표다. 예수님의 마지막 때 예언도 다니엘 예언을 기반으로 하고 있다. 그리고 계시록은 다니엘과 예수님의 예언을 기반으로 하고 있다. 계시록은 다니엘에 봉해있던 예언을 활짝 열어놓았다. 그리고 예수님 예언에 함축되어 있는 예언을 더욱 자세하게 풀어놓았다. 계시록은 마지막 때 일어나는 징조들에 관하여 너무도 자세하게 예언하고 있다. 사도요한은 다니엘이 예언한 마지막 때 짐승제국과 적그리스도의 실체를 드러냈다. 마지막 7년 한이레에 관한 예언을 확대하여 다니엘이 예언한 것을 '다시예언'해 주었다.

이스라엘 민족은 암울한 포로시대를 지나면서도 하나님의 언약 안에 있는 민족임을 잊지 않았다. 그들은 하나님에 대한 믿음과 희망을 결코 버리지 않았다. 민족의 앞날을 위해 기도하던 다니엘에게 하나님은 이스라엘 민족의 앞날을 보여주셨다. 뿐만 아니라 전 세계 이 세상의 끝 날의 일까지 보여주신 것이다. 하나님은 다니엘에게 주시는 계시가 끝에 관한 말씀이라고 강조 하셨다. 우리는 그 끝이 구약의 끝인지 신약의 끝인지를 구분하는 것이 다니엘 해석의 관건이기도 하다.

"이 환상은 정한 때 *끝에 관한 것*이니라"(단8:17) - 구약의 끝

"이 환상은 정한 때 *끝에 관한 것*임이라"(단8:19) - 구약의 끝

"너는 그 환상을 간직하라 이는 *여러 날 후의 일*임이라 하더라"(단8:26) - 구약의 끝

"이 환상이 *오랜 후의 일*임이라 하더라"(단10:14) - 신약의 끝

하나님께서는 다니엘에서 구약시대 유대민족을 통해 구속의 역사를 이끌어 오셨다. 또한 세상제국을 통해 심판의 역사를 이끌어 오셨다. 신약시대에는 요한계시록을 통해 교회시대의 구속사를 진행해 가신다. 마찬가지로 세상역사를 통해 심판사를 이끌어 가신다. 다니엘 이름의 뜻은 "하나님은 재판관이시다"이다. 다니엘의 계시를 통해 세상 끝에 재판하시는 하나님을 볼 수 있다. 또한 요한계시록을 통해 심판의 주로 다시 오시는 재림의 주님을 볼 수 있다.

1. 다니엘의 천국이정표

마지막 때 천국을 찾아가는 우리에게 하나님께서는 세 번의 천국이정표를 주셨다. 그 첫 번째가 구약에서는 다니엘의 천국이정표다. 두 번째는 마 24-25장에 예수님께서 직접 주신 천국 이정표다. 세 번째는 사도 요한을 통하여 너무도 자세하게 그려주신 요한계시록이다. 특징이 있다면 다니엘은 오랜 후에 일어날 일이기에 큼직큼직한 표지판을 세워 놓은 것이다. 예수님은 다니엘의 예언을 기반으로 하여 다니엘이 침묵한 부분까지 좀 더 자세하게 추가해 주셨다.

세 번째 사도 요한은 다니엘과 예수님의 예언이 기본이다. 거기에 더하여 압축풀기 하듯 가장 자세하고 세밀하게 천국이정표를 그려주었다. 다니엘의 천국이정표 중에 가장 핵심이라 할 수 있는 것이 70이레 예언이다. 그만큼 70이레는 마지막 때와 관련하여 중요한 주제가 된다.

1) 다니엘의 핵심이 되는 세 개의 기둥

다니엘은 1-12장까지로 된 비교적 짧은 책이다. 그러나 이 짧은 책안에는 세상에 일어날 어마 어마한 내용들이 예언되어 있다. 크게 세 개의 기둥이 중심이다. 첫째는 2장에 등장하는 동상이다. 느브갓네살에게 꿈으로 보여주신 동상은 하나님께서 주관하시는 세계 역사의 흐름이다. 두 번째는 7-8장의 환상이다. 환상에서는 동상에 있는 제국들을 다시 확대하여 예언하고 있다. 동상과 환상의 예언은 다음 단원인 짐승제국에서 다룰 것이다. 세 번째는 9장에 있는 70이레 예언이다. 이렇게 세 개의 기둥이 다니엘 예언의 핵심이다.

2) 마지막 때 사건의 그림자들

필자는 작은 교회에서 중3때부터 유치부 보조교사를 시작으로 일찍이 교회학교 교사가 되었다. 오랜 세월 교사를 하면서 어린이 설교를 많이 했다. 다니엘과 관련하여 어린이 설교의 주제는 거의 정해져 있었다. 왕의 잃어버린 꿈, 풀무불 속 세 친구, 사자굴속의 다니엘, 벽에 나타난 손가락 글씨 등이다. 필자가 마지막 때 눈을 뜨고 보니 필자가 했던 다니엘의 어린이 설교 주제들은 모두 마지막 때 사건의 그림자들이었다. 학생과 청년회 교사를 하면서도 마지막 때와 관련하여 70이레를 설교한 적이 없다. 목회자가 되고 마지막 때를 보기 전까지도 마찬가지다. 그만큼 필자도 다니엘의 올바른 이해가 없었던 것이다. 중요한 것은 신학교에서도 다니엘을 배웠으나 제대로 배운 기억이 없다는 것이다. 다니엘은 1-12장까지 모두가 마지막 때를 보여주고 있으며 세 기둥과 모든 주제의 결론은 메시아 왕국이다.

① 풀무불의 세 친구 단3장

"왕이 또 말하여 이르되 내가 보니 *결박되지 아니한 네 사람이 불 가운데로 다니는데* 상하지도 아니하였고 그 넷째의 모양은 신들의 아들과 같도다 하고... 총독과 지사와 행정관과 왕의 모사들이 모여 이 사람들을 본즉 불이 능히 그들의 몸을 해하지 못하였고 머리털도 그을리지 아니하였고 겉옷 빛도 변하지 아니하였고 불 탄 냄새도 없었더라"(단3:25,27)

사드락, 메삭, 아벳느고가 보여준 신앙의 절개를 통해 하나님의 영광을 드러낸 사건이다. 이들은 왕이 세운 금 신상에 절하지 않음으로 평소의 7배가 뜨거운 풀무 불에 던져졌다. 우상에게 절하지 않고 죽고자 하였으나 그들은 살았다. 이것은 마지막 때 후3.5년에 겪을 성도의 대환난이다. 우상에게 경배하지 않으면 모두가 목 베임을 당하는 시대가 온다. 그러나 죽고자 하면 살 것이요 살고자 하면 영원히 죽을 것이다.

② 느브갓네살 왕의 정신병 7년 징계 단4장

"네가 사람에게서 쫓겨나서 들짐승과 함께 살면서 소처럼 풀을 먹을 것이요 이와 같이 *일곱 때를* 지내서 *지극히 높으신 이가 사람의 나라를 다스리시며 자기의 뜻대로 그것을 누구에게든지 주시는 줄을 알기까지* 이르리라 하더라"(단4:32)

거대한 제국을 이룩하고 교만해져있던 느브갓네살 왕에게 하늘의 하나님의 7년 징계가 임한다. 세상의 모든 제국의 역사도 하나님 통치하에 있다. 세상 제국의 왕을 세우심도 폐하심도 하나님의 주권이다. 느브갓네살로 하여금 이러한 진리를 깨닫게 하시려 7년을 징계하신다. 그러나 필자는 이 말씀을 마지막 때와 관련하여 연결해 본다. 느브갓네살은 이방인이다. 환난 전 휴거를 지지하는 자들은 마지막 7년은 유대인의 때로 이방교회는 관련이 없다고 한다. 그들은 이방 교회는 7년 전에 모두 휴거한다고 가르친다. 결코 그렇지 않다. 마지막 7년은 구속사의 주도권이 유대인에게 있을 뿐 이방 교회도 마지막 7년 안에 들어간다. 이방인인 느브갓네살의 7년 징계는 마지막 7년에 이방인 교회도 참여함을 보여주는 그림자로 본다.

③ 벽에 손가락이 나타나 글을 쓴다. - 메네 메네 데겔 우바르신 단5장

"그 글을 해석하건대 메네는 하나님이 이미 왕의 나라의 시대를 세어서 그것을 끝나게 하셨다 함이요 데겔은 왕을 저울에 달아 보니 부족함이 보였다 함이요 베레스는 *왕의 나라가 나뉘어서 메대와 바사 사람에게 준 바 되었다* 함이니이다 하니"(단5:26-28)

바벨론의 마지막 왕 벨사살은 하나님의 거룩한 성전의 기명으로 술을 마시다가 그날 밤 죽임을 당하고 나라는 망했다. 술잔치 자리 벽에 나타난 손가락이 쓴 글대로 심판하셨다. 바벨론은 나뉘어서 메대와 바사 사람에게 넘어갔다. 우리도 마지막에는 하나님의 저울에 달려서 심판을 받는다. 휴거되는 자와 남는 자로 나뉜다. 끝에는 천국과 지옥으로 나뉘게 될 것이다.

④ 사자 굴에 던져진 다니엘 단6장

"나의 하나님이 이미 그의 천사를 보내어 사자들의 입을 봉하셨으므로 사자들이 나를 상해하지 못하였사오니 이는 나의 무죄함이 그 앞에 명백함이오며 또 왕이여 나는 왕에게도 해를 끼치지 아니하였나이다 하니라"(단6:22)

다니엘은 30일간의 법령을 지키지 않음으로 사자 굴에 던져졌다. 늘 하던 데로 하루 세 번 그것도 창문을 열고 하나님께 감사하며 기도했다. 다니엘을 감시하던 원수들은 다니엘을 사자 굴속에 던진다. 그러나 배고픈 사자였지만 다니엘을 삼키지 못했다. 마지막 때가 되면 믿는 자들을 무너뜨리기 위한 악법들이 계속 나올 것이다. 이미 우리는 코로나를 통해서도 겪은 일들이다. 그 어떠한 법령일지라도 하나님의 법에 위배된다면 우리는 따를 수 없는 것이다. 그러나 이러한 것들을 이겨낼 수 있는 힘은 오직 성령의 은혜로만 가능하다.

다니엘서의 세 기둥, 동상과 환상, 예언은 천국이 임하는 마지막 때 이정표다. 그리고 이와 같은 모든 사건들은 세 기둥의 사건들 끝에 나타날 결과의 그림자들이다. 이제 다니엘 예언의 핵심이라 볼 수 있는 70이레를 살펴보고자 한다. 독자들 중에 그동안 들어온 70이레에 대한 선지식이 있다면 일단은 그 선지식을 내려놓기를 바란다. 필자가 나름대로 70이레를 깨닫고 보니 예전에 들어왔던 지식들은 70이레를 성경적으로 드러내지 못하고 있었다. 70이레 안에는 너무도 중요한 예언들이 들어 있다는 것을 독자들도 발견하게 될 것이다.

2. 70이레를 받게 되는 배경

"곧 그 통치 원년에 나 다니엘이 책을 통해 여호와께서 말씀으로 선지자

예레미야에게 알려 주신 그 연수를 깨달았나니 곧 *예루살렘의 황폐함이 칠십 년만에 그치리라* 하신 것이니 내가 금식하며 베옷을 입고 재를 덮어쓰고 *주 하나님께 기도하며 간구하기를 결심하고"*(단9:2-3)

　B.C 605년 바벨론의 1차 침공 때 왕족인 다니엘은 17세의 나이로 포로가 되어 끌려갔다. 이방 땅에서도 조국을 위해 하루 세 번 창문을 열고 하나님께 감사하며 기도한 믿음의 사람이다. 다니엘은 황폐해진 예루살렘이 반드시 회복된다는 예레미야의 예언을 기억하고 있었다. 어느 날 년 수를 세어보니 예레미야가 예언한 그 년 수가 가까웠음을 깨달았다. 그리고 하나님의 약속대로 곧 회복될 민족을 위해 회개기도를 결심한다.

　여기서 정리하고 갈 문제가 있다. 혹자는 다니엘이 21일간 금식기도를 하고 70이레를 받았다고 한다. 바사 국군의 방해로 응답이 오기까지 21일 걸렸다고 한다. 이 가르침은 10장의 세 이레 기도와 9장의 70이레와 관련한 금식 기도를 혼동하고 있다. 다니엘서에는 다니엘이 기도한다는 말씀이 여러 번 나온다. 그중 하나는 단9:3절이다. 이 기도는 70이레를 받기 전 작정한 회개 금식기도다. 얼마동안 기도했는지 기간은 기록이 없다.

　두 번째는 단10장의 그 유명한 세 이레 작정기도다. 세 이레 기도에서 가브리엘이 응답을 가져 오던 중 21일간 바사 국군의 방해가 있었다. 10장은 큰 전쟁에 관한 말씀이다. 이 기도는 완전 금식이 아니다. 21일 동안 좋은 떡과 고기와 포도주를 먹지 않고 머리에 기름을 바르지 않겠다는 결심이다. 즉 좋은 것들을 절제한 단식기도라고 할 수 있다. 그러나 70이레는 다니엘이 민족의 죄에 대한 회개와 금식기도로 시작한다. 70이레는 21일 기도와는 관련이 없다.

　"*내가 금식하며 베옷을 입고 재를 덮어쓰고 주 하나님께 기도하며 간구하기를 결심하고"*(단9:3) - **9장의 70이레 관련한 금식기도**

　"*세 이레가 차기까지 좋은 떡을 먹지 아니하며 고기와 포도주를 입에 대*

지 아니하며 또 기름을 바르지 아니하니라"(단10:3) - **10장에 큰 전쟁에 관한 21일 단식 작정기도**

1) 예루살렘 성전 회복은 예레미야의 예언이다.

예레미야가 예언한 이스라엘의 회복은 예루살렘 성전의 회복을 뜻한다. 유대민족은 성전을 중심으로 살아가는 민족이다. 그들은 성전 회복이 곧 민족의 회복이다. B.C 586년에 유다가 바벨론에 멸망할 때 제1성전인 솔로몬 성전이 무너졌다. 그리고 고레스 칙령으로 바벨론에서 1차 귀환하여 B.C 516년에 제2성전인 스룹바벨 성전을 완공한다. 대적들의 방해로 16년 동안 중단되는 고난 끝에 세워진 성전이다. 주전 516년은 유다가 멸망한 586년으로부터 딱 70년이 되는 해다. 성전회복은 다니엘의 예언이 아니라 예레미야의 예언이란 사실을 기억하자. 성전회복은 70이레가 시작되기 전에 예레미야의 예언이 성취된 사건이다. 이것은 70이레 해석을 앞두고 짚고 가야할 아주 중요한 내용이다.

"여호와께서 이와 같이 말씀하시니라 바벨론에서 *칠십 년이 차면* 내가 너희를 돌보고 나의 선한 말을 너희에게 성취하여 너희를 이 곳으로 돌아오게 하리라"(렘29:10)

2) 민족의 죄를 회개

"우리는 이미 *범죄하여 패역하며 행악하며 반역하여 주의 법도와 규례를 떠났사오며 우리가 또 주의 종 선지자들이 주의 이름으로 우리의 왕들과 우리의 고관과 조상들과 온 국민에게 말씀한 것을 듣지 아니하였나이다* 주여 공의는 주께로 돌아가고 수치는 우리 얼굴로 돌아옴이 오늘과 같아서 유다 사람들과 예루살렘 거민들과 이스라엘이 가까운 곳에 있는 자들이나 먼 곳에 있는 자들이 다 *주께서 쫓아내신 각국에서 수치를 당하였사오니* 이는 그들이 *주께 죄를 범하였음이니이다*'단9:5-7)

다니엘은 예루살렘 회복이 가까이 왔음을 깨닫고 금식기도를 결단한다. 단9:3절부터 두 손을 들고 구구절절이 민족의 죄를 자복하며 회개한다. 왜 유다가 멸망했는가? 결론은 죄 때문이다. 우리는 하나님께 범죄 했고 패역 했고 행악을 저질렀다. 하나님께 반역 했고 주의 법과 규례를 떠나 율법을 행하지 않았다. 우리 조상들은 주의 종 선지자들의 말을 듣지 않았다. 그 결과로 우리는 재앙으로 수욕을 당해 이방 땅에 포로가 되었다는 구구절절한 회개다.

시편 119편은 176절까지 있는 말씀으로 성경에서 가장 긴 구절이다. 이토록 긴 구절에서 176절까지 각 구절마다 말씀, 율법 관련 단어들이 들어있다. 다니엘의 회개기도가 이와 같은 형태다. 9장3절부터 16절까지 민족의 죄의 목록에 대한 나열이 한절도 빠짐이 없다. 범죄, 패역, 행악, 반역 이러한 단어들이 반복되고 있다. 민족의 죄를 완전히 드러내는 철저한 회개다.

다니엘은 조상들의 온갖 죄악들을 나열하고 회개한 후 주여 3창으로 마지막 간구를 한다. 주여! 들으소서. 주여! 용서하소서. 주여! 지체치 말고 행하소서. 유다를 회복시켜 달라는 애절한 기도다. 지금 우리의 주여 3창 기도가 여기서 나왔다. 이 기도의 응답으로 가브리엘이 찾아온다. 다니엘이 기도를 시작할 즈음에 이미 하나님의 명령을 받고 왔다고 한다. 하나님은 우리가 기도를 하려고 작정할 때 이미 무슨 기도를 할지도 알고 계신다. 하나님은 다니엘이 왜 금식기도를 시작하는 지를 이미 아시고 응답을 가진 천사를 보내신 것이다.

"내게 가르치며 내게 말하여 이르되 다니엘아 내가 이제 네게 *지혜와 총명*을 주려고 왔느니라 *곧 네가 기도를 시작할 즈음에 명령이 내렸으므로* 이제 네게 알리러 왔느니라 너는 크게 은총을 입은 자라 그런즉 너는 이 일을 생각하고 *그 환상을 깨달을지니라*'(단9:22-23)

우리의 기도는 Yes, No, Wait 세 가지로 형태로 응답이 온다. 바로 응답이 오는 기도가 있다. 거절하심도 응답이다. 기다리라는 것도 응답이다. 가브리엘이 가지고 온 응답은 Wait, "기다려라"였다. 다니엘의 기도는 간단하다. "하나님! 우리 민족의 죄를 용서해 주세요. 그리고 조국을 회복해 주세요." 그런데 이러한 다니엘의 간절한 기도에 대한 하나님의 응답은 "기다려라!"이다. "지금은 너의 민족의 죄를 용서 할 수 없다. 조국의 진정한 회복도 할 수 없다." 그럼 언제 용서해 주시고 회복해 주시겠다는 것인가? "70이레가 차기까지 기다려라" 이렇게 70이레는 다니엘의 기도인 이스라엘 회복의 때를 위해 하나님이 정해 놓으신 시간이다.

70이레의 기간은 많은 학자들이 거의 동일한 견해를 가지고 있다. 한이레를 7년으로 하여 곱하기 70이다. 70이레를 년 수로 하면 490년이다. 490년은 "네 백성과 네 거룩한 성"의 회복을 위하여 하나님께서 정해 놓으신 기간이다. 문제는 490년이 연결되지 않고 마지막 한이레를 남겨두고 간격이 있다는 것이다. 이렇게 볼 때 민족의 회복을 위한 다니엘의 간절한 기도는 아직 응답되지 않았다. 결국 마지막 7년을 지나 70이레를 마쳐야 다니엘의 기도는 응답된다. 유대인들은 메시아를 십자가에 못 박았고 아직도 메시아를 영접하지 않고 있기 때문이다.

3. 네 백성과 네 거룩한 성을 위하여 (단9:24)

70이레를 시작하는 '네 백성과 네 거룩한 성을 위하여'로 인해 70이레는 이스라엘에게만 국한한다는 주장이 있다. 그러나 결코 그렇지 않다. '네 백성과 네 거룩한 성'은 분명 이스라엘 백성이고 예루살렘 성이다. 그러나 이스라엘의 회복은 결국 주님의 재림으로 오는 메시아 왕국이다. 그러므로 70이레는 세상 모든 민족에게 해당되는 마지막 때 말씀이라는 것이 가장 중요하다. 이것이 오늘 이 시대에 온 인류가 70이레를 주목해야 할 이유다. 70이레는 결국 이스라엘을 중심으로 한 하나님 계획의 완성 시나리오다.

1) 이스라엘의 회복은 메시아 왕국이다.

"네 백성과 네 거룩한 성을 위하여 *일흔 이레를 기한으로 정하였나니* 허물이 그치며 죄가 끝나며 죄악이 용서되며 영원한 의가 드러나며 환상과 예언이 응하며 또 지극히 거룩한 이가 기름 부음을 받으리라"(단9:24)

70이레는 예언의 결론부터 시작하고 있다. 단9:24절은 70이레 이후에 오는 메시아 왕국시대다. 그러나 일부 해석은 이것을 예수님 초림으로 보는 견해가 있다. 혹은 완성된 하늘 천국으로 보기도 한다. 무 천년 지지자들은 70이레에서 땅의 천국인 메시아 왕국을 발견하지 못한다. 70이레는 결론의 시대가 오기 전에 일어날 사건들을 뒤에 이정표로 나열하고 있다. 70이레 결론의 시기는 바로 유대민족이 죄 사함을 받는 때다. 그러므로 다니엘의 기도가 응답되는 24절의 시대가 오려면 25절의 시대가 먼저 온다. 그리고 26절의 시대가 올 것이다.

그리고 490년 안에 계수되지 않는 이방인의 때 간격시대가 있다. 이 간격시대가 지나고 마지막으로 27절의 시대가 지나면 70이레 490년 끝이다. 그 끝에 단9:24절의 메시아 왕국이다. 70이레가 차기까지는 이스라엘의 죄가 끝나지 않는다. 그래서 지금도 이스라엘은 예수님을 메시아로 인정하지 않고 있다. 70이레가 차면 하나님께서 다윗에게 약속하신 삼하7:12-16절의 언약이 성취될 것이다. 다니엘은 바벨론에서 바사시대까지 포로생활을 하면서도 하나님께서 약속하신 다윗의 언약이 이루어질 것을 믿고 있었다. 또한 예레미야가 예언한 회복이 있을 것을 믿고 기다린 것이다. 그러나 성전회복이 이스라엘의 진정한 회복은 아니었던 것이다.

2) 비로서 이스라엘의 죄가 사해진다.

70이레가 차면 다니엘이 금식하며 기도했던 주여 3창의 간구가 응답된다. "우리 민족의 죄를 용서해주시고 회복시켜 주소서" 이 기도는 참으로 오랜 시간이 지나야 한다. 때가 차면 민족의 허물이 그치고 죄가 끝난다. 죄악이 용서되고 영원한 의가 드러나며 환상과 예언이 응한다. 지극히 거룩한 곳에 기름이 부어진다. 유대인들이 그토록 기다리던 다윗 왕국 메시아 왕국이 세워진다. 하나님께서 다윗에게 약속하신 삼하7:12-16절 다윗 언약이 완성된다. 메시아 왕국이 오면 사해질 이스라엘의 죄 목록에 대한 단9:24절의 원어들을 분석해 본다.

① 허물이 그치고

'허물'은 '페샤'다 '반역' 국가적, 종교적, 도덕적 반역을 의미한다. 다니엘은 조상들이 국가적, 종교적, 도덕적으로 하나님께 반역을 했다고 고백한다. '그치고'에 해당하는 '칼라'는 제한하다, 억제하다, 닫히다, 란 뜻이다. '페샤 칼라'는 이스라엘의 반역이 더 이상 없도록 하나님께서 반역의 근성을 닫아 버리는 것이다

② 죄가 끝나고

'죄'는 '핫타트'로 범법이다. 습관적으로 짓는 죄다. 이스라엘은 반복적, 습관적으로 하나님께 죄를 범했다. 우리들도 그렇지만 그들의 역사 속에 회개와 죄의 반복이 끊이지 않고 있다. 그러나 이스라엘의 이러한 죄는 끝날 때가 온다. '끝나고'의 '하탐'은 밀폐되다, 봉하다, 멈추다, 란 뜻이다. 유대 민족은 하나님 앞에서 습관적으로 짓던 죄를 멈출 때가 온다. 아직은 유대인들이 메시아를 인정하지 않고 있지만 70이레가 차면 이들의 죄는 멈춘다.

③ 죄악이 용서되고

'죄악'은 '아본'으로 사악함을 말한다. 이스라엘의 죄가 사악하다는 것이다. 유대인들이 메시아를 죽인 사악함까지도 용서되는 때가 있다. '용서되고'의 '카파르'는 덮다, 속죄하다, 지워버리다, 정결케 하다, 제거하다, 이다. 용서의 카파르란 단어는 예수님의 피의 속성을 드러낸다. 예수님의 피는 우리의 죄를 덮어버리고 제거해 버리고 지워버린다. '아본 카파르'는 이스라엘의 사악한 죄를 제거해 버린다는 것이다. 주님이 오셔서 여섯 번째 절기 속죄일에 이들의 죄는 제거된다. 이것은 메시아를 죽인 이스라엘 민족에게 베푸시는 하나님의 크신 은혜다.

④ 영원한 의가 드러나며

'의'는 '체테크' 올바른 번영, 영원한 정의가 펼쳐짐이다. '드러나며'는 '보'라는 동사로 가다, 오다, 거하다, 이다. 아직 이스라엘에 올바른 정의가 펼쳐지지 않고 있다. 세계에서 가장 규모가 큰 동성애 축제가 이스라엘에서 열리고 있다. 계11:8절에서 이스라엘은 영적으로 소돔과 애굽이라고 한다. 지금 이스라엘은 영적으로 도덕적으로도 타락한 도시다. 그러나 메시아 왕국이 임하면 이스라엘은 회복된다. 예루살렘에서 올바른 번영, 영원한 정의가 펼쳐지는 새로운 세상이 다가오고 있다.

⑤ 환상과 예언이 응하며

'응하며'에 해당하는 '하탐'은 밀폐되다, 봉하다, 이다. 이 말씀은 어찌 보면 환상과 예언이 이루어진다고 해석 할 수도 있다. 필자도 예전에 그렇게 해석을 했었다. 그러나 원어의 의미를 살펴보니 이루어짐이 아니라 봉함의 의미가 더 가깝다. 70이레가 차면 환상과 예언은 밀폐된다. 메시아 왕국까지 선지자들의 환상과 예언은 이미 이루어진다. 메시아와 함께 사는 메시아 왕국은 더 이상 환상과 예언이 필요 없다. 그러므로 환상과 예언 사역은 봉해지는 것이다.

⑥ 지극히 거룩한 이가 기름부음을 받으리라.

다수의 해석에서 '지극히 거룩한 이'를 예수님으로 본다. 필자도 역시 그렇게 가르쳐왔다. 그러나 놀라운 사실은 여기의 거룩한 이는 예수님이 아니다. 이 말씀은 아주 중요하며 세밀한 재해석이 필요하다. 독자들께서는 다음 내용을 집중해서 꼼꼼하게 살펴봐야 한다.

3) 70이레 끝에는 지극히 거룩한 장소에 기름이 부어진다. (성전회복)

단9:24절의 끝은 메시아께서 메시아 왕국의 왕으로 기름부음을 받는다는 말씀인줄 알았다. 그러나 그렇게 가르칠 때마다 필자의 마음속에 늘 의문이 있었다. 예수님은 메시아라는 이름 자체로 기름부음 받은 자요 이미 왕이다. 그런데 왜 왕국이 시작될 때 메시아께 다시 기름 부음이 필요한가? 하는 것이었다. 그러나 필자도 그렇게 배워왔고 딱히 의문을 풀 수 없었다.

천국이정표 세미나를 진행해 오면서 원어를 살펴보는 습관이 생겼다. 단9:24,25,26절에 기름부음이 1회씩 나온다. 25-26절의 기름부음은 기름부음 받은 자 '마쉬아흐'로 메시아다. 그러나 24절에 "지극히 거룩한 이가 기름부음을 받으리라"는 '코데쉬 코데쉬 마샤흐'다. '마샤흐'는 '기름을 바르다' 기름으로 '문지르다' '성별하다'등이다. 25절과 26절에 '마쉬아흐'는 기름부음을 받은 자로 초림의 메시아가 분명하다. 그러나 24절의 '마샤흐'는 메시아가 아니다. 어떤 거룩한 물건이나 장소를 가리킨다. '코데쉬 코데쉬 마샤흐'는 거룩하고 거룩한 곳에 기름을 붓거나 칠해서 성별한다는 것이다. 거룩한 것 중에 가장 거룩한 것은 바로 성전이다. 이것은 거룩한 성전을 정결케 하는 의식과 관련이 있다. 좀 더 자세히 살펴본다.

우리는 카토릭 성경을 공적으로 사용하지 않는다. 그들은 성경을 변개한 자들이다. 그럼에도 불구하고 카토릭 성경에는 원문에 가까운 번역이 많다는 것이 놀랍다. 성경을 연구하는 입장에서 다른 번역들을 참고해야 할 필요가 있다. 필자는 말씀을 바르게 드려내는 것이라면 카토릭 성경도 사용한다. 그러므로 필요할 때마다 카토릭 성경을 제시할 것이다. 독자들께서도 선입견을 내려놓고 양해를 바라며 참고해 주길 바란다. 단9:24절 하반 절을 비교해 본다.

> 개역 개정 "또 *지극히 거룩한 이가* 기름 부음을 받으리라"
> 표준 새 번역 "가장 *거룩한 곳에* 기름을 부으며, *거룩하게 구별*하실 것이다"
> 카토릭 성경 "가장 *거룩한 곳에* 기름이 부어지리라"

킹제임스를 비롯하여 우리가 즐겨 사용하는 거의 대부분의 성경은 '지극히 거룩한 이'로 되어있다. 인격으로 번역 되어있는 '지극히 거룩한 이'는 당연히 예수님으로 볼 수밖에 없다. 또한 여러 주석에서도 '지극히 거룩한 이'를 예수님으로 해석하고 있다. 그러나 원어 '코데쉬, 코데쉬, 마샤흐'는 '거룩한 것 가운데 거룩한 곳에 기름이 부어지다'로 해석되어야 한다. 이렇게 볼 때 표준 새 번역이나 카토릭 성경은 원어에 가까운 번역을 하고 있다. 가장 거룩한 곳, 거룩한 장소에 기름이 부어진다. 코데쉬 마샤흐가 거룩한 장소라는 해석으로 이해 할 수 있는 역사적 사건이 있다. 이것은 이미 구약 끝에 있었던 사건이 신약 끝에 반복되는 사건이다.

① 마지막 때 성전이 회복되는 그림자 수전절(하누카)

"그가 내게 이르되 *이천삼백 주야*까지니 *그 때에* 성소가 정결하게 되리라 하였느니라"(단8:14)

다니엘 8장은 구약 끝에 일어날 유대민족의 역사를 기록하고 있다. 다니엘 8장의 중요한 핵심은 제2성전인 스룹바벨 성전이 안티오쿠스 에피파네스에 의해 더럽혀진 사건이다. 다니엘 8장은 다음 단원에서 자세히 풀어갈 것이다. 여기서 중요한 것은 더럽혀진 성전이 정결케 된 사건이 구약에 있었다는 사실이다. 이 사건은 복음서에도 나타나는 수전절인 하누카 절기에 해당한다. 다니엘 8장의 성전 정결 사건은 마지막 끝에 또 한 번 있게 될 사건의 그림자다.

② 미래의 제3성전은 에스겔 성전으로 회복된다.

성경에는 마지막 때 나타날 사건의 그림자로 먼저 일어나는 사건들이 많이 등장한다. 그 중 하나가 스룹바벨 성전이 더럽혀진 사건이다. 이와 같이 마지막 끝에는 적그리스도에 의해 제3성전이 더럽혀지는 사건이 또 일어난다. 앞으로 건축되는 제3성전에 후3.5년에 이르면 미운물건인 적그리스도의 우상이 서게 되는 일이다. 여기서 중요한 사실을 먼저 언급하고자 한다. 마지막 7째 대접으로 모든 세계가 심판을 받는다. 필자는 이때 예루살렘에 제3성전도 무너질 것으로 생각했었다. 그러나 단9:24절을 깨달으면서 7째 대접에도 제3성전은 무너지지 않을 것이라 믿고 있다. 그런데 최근에 성경 연구가들에 의하면 성경에 마지막 때 성전이 나란히 세워진다는 예언이 있다는 것이다. 슥14:4절이 근거 구절이라고 한다.

"그 날에 그의 발이 예루살렘 앞 곧 동쪽 감람산에 서실 것이요 감람산은 그 한 가운데가 *동서로 갈라져* 매우 큰 골짜기가 되어서 산 절반은 북으로, 절반은 남으로 옮기고"(슥14:4)

강문호 목사님은 제3성전의 최고 권위자다. 강문호 목사님을 통해 제3성전에 관한 특강을 몇 번 들었다. 현재 3성전의 모든 건축 준비는 이미 완료된 상태라고 한다. 그중에 무엇보다 중요한 사실은 성전을 지을 땅인 성지가 확보 되었다는 것이다. 확보된 땅은 지금 이슬람 사원 자리가 아니다. 지금의 이슬람 사원을 그대로 두고도 성전 건축이 가능하다고 한다. 지금 확보된 성지에 성전을 건축하게 되면 지금의 이슬람 사원과 나란히 서게 된다. 그리고 주님이 재림 하실 때 슥14:4절과 같이 지진이 일어난다. 그때 두 성전을 중심으로 땅이 갈라져 동서로 나눠진다는 것이다. 이 부분은 뒤에 이스라엘 단원에서 다시 자세히 다룰 것이다.

이것은 필자의 생각이다. 아마도 마지막 7째 대접에도 제3성전은 무너지지 않을 것이다. 그리고 슥14:4절과 같이 두 성전을 중심으로 동서로 갈라질 때 이슬람 사원은 무너질 것이다. 그러나 그때 나란히 세워진 제3성전은 무너지지 않는다. 제3성전은 정결케 되어 천년왕국으로 들어가 에스겔 성전으로 전환되기 때문이다. 에스겔 40장부터 에스겔 성전에 관한 예언이 나온다. 구약의 제2성전이 정결케 된 것처럼 신약 끝에 제3성전도 끝까지 보존되어 정결케 된다. 이렇게 보존 되어진 제3성전은 단9:24절과 같이 기름을 부어 정결케 되어야 한다. 메시아왕국에서 천년 동안 유지되어야 할 성전이기 때문이다.

'코데쉬 코데쉬 마샤흐', 거룩한 것 중에 거룩한 것은 바로 주님의 몸 된 성전이다. 거룩한 곳, 거룩한 장소인 제3성전에 기름을 붓고, 바르고, 칠하는 것은 제3성전 회복을 뜻하는 것이다. 구약에서 안티오쿠스 에피파네스에게 더럽혀졌던 제2성전이 2300주야 후에 거룩하게 성별되었다. 신약 끝에도 적그리스도에게 더럽혀진 제3성전은 7년, 2520일 후에 기름을 부어 정결케 되는 것이다.

▣ 신. 구약에서 성전이 정결케 된 사건 비교

	스룹바벨 제2성전	제3성전
누구에게	안티오쿠스 에피파네스	적그리스도
우상세움	그리스 신 제우스	멸망의 가증한 것 우상
강요당함	제우스만 섬겨라	우상에게 경배하라

	스룹바벨 제2성전	제3성전
기간	2300주야 약 6년 4개월 기간 중 B.C. 167-164년까지 극심한 신앙탄압	2520주야 적그리스도 통치7년 중 후3.5년 대 환난
정결 케 됨	2300주야 후에 성소가 정결케 됨 수전절(하누카) 절기가 됨	70이레 후에 기름이 부어짐으로 정결케 됨. 에스겔 성전으로 전환됨

4) 70이레와 성전과의 관계

다니엘 9장은 예루살렘 성전을 중심으로 한 천국 이정표이다. 이것은 70이레가 성전과 관련이 깊다는 의미다. 70이레의 끝은 성전의 회복이라는 것을 위에서 살펴보았다. 성전의 역사는 시작과 끝이 있다. 모세의 성막이 시작이며 성전 되시는 하나님과 함께 사는 천국이 끝이다.

① 모세의 성막으로부터 시작한다.

하나님께서 모세와 70인 장로를 하늘로 초청하셨다. 그들은 그곳에서 하늘의 설계도를 보고 이 땅에 성막을 만들었다. 성막은 이 땅에 하나님의 임재 장소의 시작이다.

"모세와 아론과 나답과 아비후와 이스라엘 장로 칠십 인이 올라가서 이스라엘의 하나님을 보니 그의 발 아래에는 청옥을 편 듯하고 하늘 같이 청명하더라"(출24:9-10)

② 솔로몬 성전

솔로몬 성전은 사실 다윗이 지은 것이라 해도 과언이 아니다. 하나님을 너무도 사랑한 다윗은 하나님의 집을 짓고 싶었다. 그러나 다윗은 피를 많이 흘린 군인이라 하여 하나님께서 허락지 않으셨다. 성전 건축은 아들 솔로몬의 사명으로 넘어 갔다. 그러나 성전 건축에 필요한 무수히 많은 재료들은 다윗이 모두 준비해 놓았다. 심지어 성전 설계도까지 주었다. 그 설계도는 성령께서 다윗의 손을 붙잡고 친히 그려 주신 하늘의 모형이었다.

"다윗이 이르되 *여호와의 손이 내게 임하여 이 모든 일의 설계를 그려 나에게 알려 주셨느니라*"(대상28:19)

③ 스룹바벨 성전

바벨론에 의해 유다가 멸망할 때 그토록 화려했던 솔로몬 성전은 무너졌다. 그리고 고레스 칙령에 의해 포로에서 1차 귀환한다. 이때 스룹바벨을 중심으로 무너진 성전을 재건한다. 이것이 제2성전으로 스룹바벨 성전이다. 제2성전의 기초를 놓을 때 첫 성전을 보았던 연장자들은 그 초라함으로 인해 대성통곡 했다. 솔로몬 성전이 얼마나 화려하고 웅장하였는지 짐작하게 한다. 포로에서 돌아와 성전을 지을 때 유대인들은 가진 것이 없었다. 돈도 없고 힘도 없었다. 이스라엘 백성들은 성전 중심으로 사는 민족이다. 성전이 세워지면 모인다. 성전이 무너지면 흩어진다. 그러므로 이방인들은 이스라엘에 성전이 다시 세워지는 것을 원치 않는다. 이스라엘이 다시 뭉치기 때문이다. 이런 상황에서 유대인들의 성전 건축은 많은 방해를 받는다. 엄청난 방해로 무려 16년간 건축이 중단된다. 중단된 성전 건축을 독려했던 학개 선지자가 이때 활동했던 것이다. 수많은 어려움을 거치고 드디어 B.C. 516년 제2성전은 완공되었다.

"제사장들과 레위 사람들과 *나이 많은 족장들은 첫 성전을 보았으므로 이제 이 성전의 기초가 놓임을 보고 대성통곡*하였으나 여러 사람은 기쁨으로 크게 함성을 지르니"(스3:12)

④ 헤롯 성전

솔로몬 성전이 제1성전이다. 스룹바벨 성전은 제2성전이다. 포로에서 귀환하여 돈 없고 힘없는 상태에서 건축한 2성전은 너무도 초라했다. B.C. 516년에 완공되었던 초라한 2성전을 헤롯이 유대인의 마음을 얻고자 리모델링한 것이 헤롯성전이다. 그러나 유대인들은 이 성전을 제3성전이라고 하지 않는다. 스룹바벨 성전과 헤롯성전을 모두 2성전이라 한다. 헤롯성전이 얼마나 화려했는지 유대인들은 예수님께 46년 동안 지었다고 자랑한다.

"유대인들이 이르되 이 성전은 *사십육 년 동안*에 지었거늘 네가 삼 일 동안에 일으키겠느냐 하더라"(요2:20)

이방인인 이두매 사람 헤롯은 유대인 유화정책으로 초라한 2성전을 리모델링한다. B.C.20 년에 시작하여 헤롯 사후 A.D.63년에 완공되었다. 예수님 당시에도 46년째 공사 중이었던 것이다. 그러나 무려 80년이 넘도록 화려하게 리모델링한 헤롯 성전도 무너졌다. 건축 완공 후 딱 7년이 지난 A.D.70년 로마의 디도장군에 의해 무참하게 파괴되었다. 헤롯 성전 파괴는 단9:26절 70이레 안에 예언된 사건이다.

⑤ 무형의 교회성전(성도)

이제 건물로서의 히에론 성전은 없다. 그러나 하나님께서 임재하시는 거룩한 성소로서의 나오스 성전이 있다. 교회시대 성도들이 무형의 교회로 성전이 되었다. 교회 성전은 70이레 안에서 간격시대에 해당한다. 다니엘은 70이레 에서 69이레와 70이레 사이를 침묵하고 있다.

"너희는 *너희가 하나님의 성전인 것*과 하나님의 성령이 너희 안에 계시는 것을 알지 못하느냐"(고전3:16)

⑥ 제3성전

곧 미래에 세워질 성전이다. 이스라엘은 제3성전을 지을 준비를 100% 마친 상태다. 필자가 알기로는 2018년 하누카 절기에 이미 번제단 봉헌식까지 마쳤다. 그럼에도 불구하고 아직도 제3성전이 세워지지 않고 있다. 이유는 아직 요한계시록의 시간표가 아니기 때문이다. A.D. 70년에 성전이 무너지고 지금은 이스라엘에 성전이 없다. 그런데 이 땅에 없던 성전이 계11:1절에 등장한다. 계11장은 이미 마지막 7년 안에 들어가 있는 시대이기 때문이다. 제3성전이 세워져서 성전 제사가 행해지는 전3.5년 기간이기 때문이다. 70이레와 관련하여 단9:27절에는 제3성전이 예언되어 있다.

"또 내게 지팡이 같은 갈대를 주며 말하기를 일어나서 *하나님의 성전과 제단*과 그 안에서 경배하는 자들을 측량하되"(계11:1)

⑦ **에스겔 성전**

에스겔 40장부터 등장하는 에스겔 성전이다. 이 성전은 메시아 왕국에서 천년동안만 지속되는 성전이다. 에스겔 40장부터 48장까지 메시아 왕국의 예언이다. 그러나 무 천년 주의자들은 이것을 인정하지 않는다. 에스겔 성전은 단9:24절 끝에 거룩한 곳에 기름이 부어지는 제3성전이다. 정결케 된 후 천년왕국에 들어가는 에스겔 성전은 이 땅의 마지막 성전이다. 그러므로 에스겔 성전은 이 땅에서 완전수인 7째에 해당하는 성전이다. 70이레와 관련하여 단9:24절에 예언된 성전이다. 땅에 있는 성전은 7째 에스겔 성전까지가 완성이다. 7은 완전수다.

"하나님의 이상 중에 나를 데리고 이스라엘 땅에 이르러 나를 매우 높은 산 위에 내려놓으시는데 거기에서 *남으로 향하여 성읍 형상 같은 것*이 있더라"(겔40:2)

⑧ **하늘 성전 – 영원천국 새 예루살렘 성에는 하나님 자신이 성전이 되신다.**

하나님 자신이 성전이 되시는 성전은 8번째에 해당한다. 8은 새로운 시작이다. 이 땅에서 시간의 삶을 마치고 새로운 영원한 세계가 시작되는 것이다. 우리는 비로소 8번째 성전 되시는 하나님 아버지 안에서 영원히 새로운 삶을 시작하는 것이다.

"성 안에서 내가 성전을 보지 못하였으니 이는 *주 하나님 곧 전능하신 이와 및 어린 양이 그 성전이심이라*"(계21:22)

이와 같이 70이레의 완성은 예루살렘 성전 회복이다. 지금 까지 70이레의 결론 부분인 단9:24절과 관련하여 풀어왔다. 그렇다면 70이레의 시작은 무엇일까? 이 또한 매우 중요한 주제다. 결론부터 제시하고 다음을 풀어가고자 한다. 70이레의 시작은 예루살렘 성의 회복이다. 많은 분들이 70이레의 시작을 성전 회복으로 오해하고 있다. 그러나 **70이레의 시작은 예루살렘 '성 회복'**이요 **70이레의 마침은 예루살렘 '성전 회복'**이다. 70이레의 시작 시점이 예루살렘 성 회복이라는 사실을 염두에 두고 25절부터 순서대로 풀어간다.

4. 그러므로 너는 깨달아 알 찌니라 (단9:25)

"그러므로 너는 깨달아 알지니라 *예루살렘을 중건하라는 영*이 날 때부터 *기름 부음을 받은 자 곧 왕*이 일어나기까지 *일곱 이레와 예순두 이레*가 지날 것이요 그 곤란한 동안에 *성이 중건*되어 광장과 거리가 세워질 것이며"(단9:25)

단9:24절 메시아 왕국이 임하기 위한 첫 번째 이정표가 단9:25절의 시대다. 가브리엘 천사는 다니엘에게 지혜와 총명을 주었다.(단9:22) 하나님께 크게 은총을 입었으니 이상을 깨달으라고 한다. 24절 결론의 시대를 먼저 제시하고 첫 번째 시대를 들어가면서 "그러므로 너는 깨달아 알 찌니라"라고 한다. 70이레 끝에 임할 메시아 왕국인 24절을 서두에 먼저 주신 하나님의 의도가 있다. 가브리엘 천사의 말을 필자의 생각으로 좀 풀어 보았다.

"다니엘아! 너는 민족의 죄를 회개하고 나라의 회복을 위해 금식하며 기도했다. 네가 기도를 시작할 즈음에 하나님의 명령이 내려서 내가 왔다. 너의 백성과 너의 거룩한 성을 위한 간절한 기도를 하나님께서 들으셨다. 그러나 너의 기도는 지금 당장 이루어지지 않는다. 하나님께서 70이레로 정하셨기 때문이다. 너의 민족의 죄를 용서해 달라는 기도는 70이레 이후 메시아 왕국에서 이루어질 것이다. 지금부터 하는 말을 잘 들어라. 메시아 왕국이 임하기까지 지나야 할 중요한 시대의 사건들이 있다. 그러므로 너는 25절부터 시작되는 이 시대적 사건들을 잘 깨달아 알아야 한다."

25절을 들어가면서 먼저 "너는 깨달아 알 찌니라"고 시작한다. 이제부터 시작되는 시대는 25절의 시대, 26절의 시대, 27절의 시대다. 그러므로 25절의 시대가 70이레의 첫 번 이정표가 된다. 그러나 일부 해석에서 24절을 이미 지나간 예수님 초림 사건으로 보고 있다. 이것은 처음부터 첫 단추를 잘못 낀 해석이다. 이제부터는 25절의 시대와 관련된 사건들을 살펴보자.

1) 예루살렘을 중건하라

70이레 시작은 예루살렘을 중건 하라는 영이 내릴 때부터 490년을 계산한다. 여기서 예루살렘 중건은 **예루살렘 성을 중건하라는 것이다.** 그런데 문제는 예루살렘 성 중건을 성전 중건으로 오해하는 해석이 많다는 것이다. 여기서 성전 중건을 제2성전인 스룹바벨 성전으로 오해하는 것이다. 또 이와 관련하여 70이레가 시작되는 시점에 대한 해석이 분분하다. 성 중건이냐 성전 중건이냐 하는 문제는 성경 본문을 보면 정확히 알 수 있다. 또한 70이레는 490년으로 정해진 기간이기 때문에 조금만 살펴보면 시작 시점을 쉽게 알 수 있다. 이러한 문제들을 해결하기 위해 먼저 이방 왕들이 예루살렘에 내린 칙령들을 살펴봐야 한다.

바벨론에서 포로생활 하던 유대인들에게 3차에 걸쳐 포로 귀환 령이 내려진다. 재미있는 것은 70이레 시작 시점을 주장하는 이들 마다 신기하게도 그들의 계산은 모두 정확하다는 것이다. 그러나 여기 등장하는 세 번의 칙령가운데 분명 하나만 70이레가 시작되는 시점이다. 무엇보다 중요한 것은 왕들이 내리는 조서의 내용을 성경이 분명히 기록하고 있다. 그러므로 가장 정확한 것은 학자들의 연대에 관한 연구가 아니라 성경의 기록이다. 세 번의 칙령을 간단하게 소개한다. 독자들께서도 어떤 칙령이 70이레 시작 시점인지 분별할 수 있을 것이다.

① 고레스 원년 칙령 B.C.538년(스1:2-3, 렘29:10) 1차 포로귀환 - 스룹바벨 인솔
"바사 왕 고레스는 말하노니 하늘의 하나님 여호와께서 세상 모든 나라를 내게 주셨고 내게 명령하사 유다 *예루살렘에 성전을 건축하라* 하셨나니 이스라엘의 하나님은 참신이시라 너희 중에 그의 백성 된 자는 다 유다 예루살렘으로 올라가서 이스라엘의 하나님 *여호와의 성전을 건축하라* 그는 예루살렘에 계신 하나님이시라"(스1:1-3)

B.C.538년 고레스 원년의 칙령은 1차 포로귀환 령이다. 스룹바벨을 선두로 하여 1차로 유대인들이 고국으로 돌아왔다. 이때 고레스 칙령의 내용은 본국으로 돌아가서 예루살렘의 무너진 **성전을 건축하라**는 것이었다. 고레스 칙령은 분명히 성전 건축 령이다. 다니엘이 고레스 원년까지 고위직에 있었으니(단1:21) 다니엘도 아는 칙령일 것이다. 또한 이 칙령을 따라 예루살렘에서 성전이 재건되고 있는 것도 다니엘이 살아생전 일일 것이다. 그러나 이 성전 건축은 무려 16년 동안 중단되었다. 그러므로 아마도 고령의 다니

엘은 이 성전의 완공을 보지 못하고 죽었을 가능성이 높다. 1차 귀환으로 고국으로 돌아온 유대인들은 조서의 목적대로 무너진 예루살렘 성전을 재건한다. 이때 재건한 성전이 제2성전인 스룹바벨 성전이다. 방해로 인한 중단 기간까지 합하여 20년만인 B.C.516년 완공했다.

② 아닥사스다 1세 7년 칙령 B.C.458년(스7:11-13) 2차 포로귀환 - 에스라 인솔

　"조서를 내리노니 우리 나라에 있는 이스라엘 백성과 그들 제사장들과 레위 사람들 중에 예루살렘으로 올라갈 뜻이 있는 자는 누구든지 너와 함께 갈지어다....왕과 자문관들이 예루살렘에 거하시는 이스라엘 *하나님께 성심으로 드리는 은금*을 가져 가고 또 네가 바벨론 온 도에서 얻을 모든 은금과 및 백성과 제사장들이 예루살렘에 있는 그들의 *하나님의 성전을 위하여 기쁘게 드릴 예물을 가져다가* 그들의 돈으로 수송아지와 숫양과 어린 양과 그 소제와 그 전제의 물품을 신속히 사서 *예루살렘 네 하나님의 성전 제단 위에 드리고* 그 나머지 은금은 너와 너의 형제가 좋게 여기는 일에 너희 하나님의 뜻을 따라 쓸지며 네 하나님의 성전에서 섬기는 일을 위하여 네게 준 그릇은 예루살렘 하나님 앞에 드리고 그 외에도 *네 하나님의 성전에 쓰일 것이 있어서 네가 드리고자 하거든 무엇이든지 궁중창고에서 내다가 드릴지니라* 나 곧 아닥사스다 왕이 유브라데 강 건너편 모든 창고지기에게 조서를 내려 이르기를 하늘의 하나님의 율법 학자 겸 제사장 *에스라*가 무릇 너희에게 구하는 것을 신속히 시행하되 *은은 백 달란트까지, 밀은 백 고르까지, 포도주는 백 밧까지, 기름도 백 밧까지 하고 소금은 정량 없이 하라*'(스7:13,15-22)

　B.C.458년 2차 귀환 령을 내린다. 이때는 스룹바벨이 1차 귀환하여 새로 건축한 스룹바벨 2성전에 봉헌 예물을 드리라는 명령이었다. 에스라 7장에는 하나님의 성전 제단에 드릴 예물 목록들을 상세하게 기록하고 있다. 이때 아닥사스다 왕은 에스라가 구하는 것은 무엇이든지 신속하게 시행하라고 지시한다. 본문을 보면 이미 2성전이 건축 된 상태임을 알 수 있다.

③ 아닥사스다 20년 칙령 B.C.444년(느2:5) 3차 포로귀환 - 느헤미야 인솔

　"왕에게 아뢰되 왕이 만일 좋게 여기시고 종이 왕의 목전에서 은혜를 얻었사오면 나를 유다 땅 나의 조상들의 묘실이 있는 성읍에 보내어 *그 성을*

건축하게 하옵소서 하였는데"(느2:5)

B.C.444년 3차 귀환 령은 왕의 술 관원 장으로 있던 느헤미야를 총독으로 하여 내려진 칙령이다. 이때는 예루살렘 성이 불타고 무너진 성벽을 재건하기 위한 건축 령이었다. 요약하면 1차는 성전 건축 령이다. 2차는 성전에 봉헌할 예물을 드리기 위함이다. 3차는 예루살렘 성 재건 령이다. 여기까지 3차에 걸친 왕들의 칙령을 살펴보았다. 이제 독자들께서도 세 번의 칙령 중 어느 것이 70이레가 시작되는 예루살렘 중건 령인지 알 수 있을 것이다.

2) 70이레의 시작은 3차 귀환 령이다.

적지 않은 분들이 25절의 예루살렘 중건 영을 고레스의 칙령인 성전 건축 령으로 보고 있다. 그러므로 70이레의 시작 시점은 B.C.537년 이라고 한다. 또 혹자는 2차 귀환인 B.C.458년 이라고 한다. 위에서 살펴본바와 같이 1차는 성전 건축이다. 2차는 이미 재건된 성전에 예물을 드리기 위함이다. 3차는 느헤미야가 예루살렘 성 중건을 왕에게 요청하고 성 중건을 위해 귀환하는 내용이다. 이렇게 볼 때 필자는 70이레 시작 시점은 3차 귀환 령으로 본다. 25절 말씀과 3차 귀환과 관련한 느헤미야 2장 말씀을 비교해 본다.

"그러므로 너는 깨달아 알지니라 *예루살렘을 중건하라는 영*이 날 때부터 *기름 부음을 받은 자 곧 왕*이 일어나기까지 *일곱 이레와 예순두 이레*가 지날 것이요 그 곤란한 동안에 *성이 중건*되어 광장과 거리가 세워질 것이며"(단9:25)

"내 형제들 가운데 하나인 하나니가 두어 사람과 함께 유다에서 내게 이르렀기로 내가 그 사로잡힘을 면하고 남아 있는 유다와 예루살렘 사람들의 형편을 물은즉 그들이 내게 이르되 사로잡힘을 면하고 남아 있는 자들이 그 지방 거기에서 큰 환난을 당하고 능욕을 받으며 *예루살렘 성은 허물어지고 성문들은 불탔다* 하는지라....왕에게 아뢰되 왕이 만일 좋게 여기시고 종이 왕의 목전에서 은혜를 얻었사오면 나를 유다 땅 나의 조상들의 묘실이 있는 성읍에 보내어 *그 성을 건축하게 하옵소서* 하였는데"(느2:2-3,5)

25절은 '예루살렘을 중건하라는 영'이 언급되고 있다. 하반 절 말씀을 보면 '성이 중건'되고 광장과 거리가 세워지고 있다. 분명히 예루살렘 성전이 아닌 성이 중건되고 있는 것이다. 이것은 70이레 시작이 고레스의 1차 칙령인 '성전 건축'이 아닌 것이다. 성 중건은 느헤미야서를 배경으로 한 아닥사스다 20년의 3차 귀환 령이다. 느헤미야는 예루살렘에 다녀온 하나니를 통해 고국의 처참한 소식을 들었다. 예루살렘 성은 허물어지고 성문들은 불탔다. 느헤미야 당시는 B.C.444년이고 B.C.516년에 이미 완공 되었던 초라한 2성전은 70년을 넘긴 시점이다. 이렇게 3차 귀환 령을 70이레 시작 시점으로 보고 시대의 이정표를 살펴보고자 한다.

3) '일곱이레' 49년 기간의 역사적 사건은 이것이다.

25절의 이정표는 7이레와 62이레로 나누었다. 합치면 69이레인데 두 부분으로 나눈 것에는 나름 이유가 있다고 본다. 하나님께서 무엇인가 드러내시고 싶은 것이 있는 것이다. 7이레 동안에 강조해야 할 것이 있고 62이레 기간에 강조하고 드러내야 할 사건이 있는 것이다.

① 52일 만에 성벽이 중건되다.

"...*예루살렘을 중건하라는 영*이 날 때부터...*성이 중건*되어..."(단9:25)

"*성벽 역사가 오십이 일* 만인 엘룰월 이십오일에 끝나매"(느6:15)

7이레는 49년이다. 많은 분들이 오해하는 것이 있다. 특히 고레스 칙령으로 보는 분들은 성전을 건축 하는데 49년이 걸렸다고 한다. 이런 주장은 앞뒤가 맞지 않는다. 2성전 건축기간은 방해로 중단된 년 수까지 합하면 20년 정도 걸렸음을 성경이 기록하고 있다. 그럼에도 불구하고 7이레 49년은 2성전을 건축한 기간이라고 주장한다. 앞에서 24절의 말씀을 통해 70이레의 끝은 성전 회복이라고 한 것을 기억 할 것이다. 70이레 끝이 성전 회복이라면 70이레의 시작은 성 회복이다. 성 중건, 재건, 회복, 건축이란 모두 같은 의미로 함께 사용한다.

하나님은 7이레 49년 동안의 역사 속에 중요한 한 가지 사건만 뽑아내신다. 그것은 예루살렘 성 중건이다. 그런데 이 성 중건(성벽 재건)은 49년 안에서 52일만 사용되었다. 성전을 건축할 때와 같이 성 중건 때도 물론 주변의 방해가 있었다. 산발랏과 도비야의 끊임없는 방해와 공작이었다. 그럼에도 불구하고 영성 있고 탁월한 정치가 느헤미야는 강력한 지도력을 발휘하여 52일 만에 성벽 재건을 완성한다.

② 곤란한 중에 성이 중건되다.

"....그 곤란한 동안에 *성이 중건*되어 광장과 거리가 세워질 것이며"(단9:25)

25절의 성 중건 배경은 느헤미야서다. 스룹바벨이 1차 귀환하여 성전을 재건할 때도 여러 가지로 상황은 어려웠다. 엄청난 방해로 성전 건축은 16년이나 중단해야 했었다. 에스라 6장은 이러한 역경을 이겨내고 성전을 봉헌하는 기록이다. 그러나 느헤미야 때도 상황은 같았다. 그 곤란한 동안에 성이 중건 되었다는 역사적 사건은 느헤미야 4장에 생생하게 기록하고 있다. 한 손에는 병기를, 한 손에는 연장을 들고 성을 건축했다. 한마디로 방해자들과 전쟁을 하면서 중단 없이 52일 만에 성을 중건했다는 것이다. 이렇게 곤란한 중에 성이 중건 되었다는 기록은 느헤미야서밖에 없다. 여기서 느헤미야의 영적 정치적 지도력이 빛나는 사건이다.

"그 때로부터 내 수하 사람들의 *절반은 일하고 절반은 갑옷을 입고 창과 방패와 활을 가졌고* 민장은 유다 온 족속의 뒤에 있었으며 *성을 건축하는 자와 짐을 나르는 자는 다 각각 한 손으로 일을 하며 한 손에는 병기를 잡았는데* 건축하는 자는 각각 허리에 칼을 차고 건축하며 나팔 부는 자는 내 곁에 섰었느니라...우리가 이같이 공사하는데 무리의 절반은 동틀 때부터 별이 나기까지 창을 잡았으며 그 때에 내가 또 백성에게 말하기를 사람마다 그 종자와 함께 예루살렘 안에서 잘지니 *밤에는 우리를 위하여 파수하겠고 낮에는 일하리라* 하고 나나 내 형제들이나 종자들이나 나를 따라 파수하는 사람들이나 *우리가 다 우리의 옷을 벗지 아니하였으며 물을 길으러 갈 때에도 각각 병기를 잡았느니라*"(느4:16-18,21-23)

4) '62 이레' 434년 동안 오직 하나의 핵심 사건은 메시아의 초림이다.

① 메시아의 초림

25절에서 69이레 중 두 번째에 해당하는 62이레의 핵심사건이다. 7이레 49년 중에는 성 중건 령과 곤란한 중의 성 중건 내용이다. 두 번째 62이레는 434년이라는 기나긴 역사다. 이 기간 동안에 특별히 돌출시키는 단 하나의 사건은 예수 그리스도의 초림이다. 예수님은 B.C.3,4년경에 탄생하셨다. 그러나 25절에서 강조하고 드러내고자 하는 중요한 것은 따로 있다.

② 기름부음 받은 자 곧 왕이 일어남

"...*기름 부음을 받은 자 곧 왕이* 일어나기까지..."(단9:25)

62이레 434년의 핵심사건은 기름부음 받은 자 곧 왕이 일어나는 오직 이 하나의 사건이다. 예수님께서 사람으로 오셔서 메시아, 기름 부음 받은 자 곧 왕으로 세상에 알리는 의도는 무엇인가? 70이레의 끝이 메시아 왕국이라고 했다. 25절의 의도는 바로 그 메시아 왕국의 왕을 선포하는 것이다. 25절에 기록하고 있는 '**기름 부음을 받은 자 곧 왕이 일어나기까지**'는 나귀 타고 입성하신 종려주일 사건이다. 예수님 공생에 기간에 자신을 왕이라고 선언한 것은 오직 이날뿐이다. 이 말씀은 삼하7:12-16절 다윗언약에 근거한 이스라엘 왕의 출현이다. 이날 나귀타고 예루살렘에 입성하실 때 왕의 문인 동문으로 입성하셨다. 62이레 기간의 가장 중요한 사건은 예수는 메시아, 곧 왕이시라는 선포다. 바로 24절에 임할 메시아 나라의 왕이다.

"종려나무 가지를 가지고 맞으러 나가 외치되 호산나 찬송하리로다 *주의 이름으로 오시는 이 곧 이스라엘의 왕이시여* 하더라 *예수는 한 어린 나귀를 보고 타시니* 이는 기록된 바 시온 딸아 두려워하지 말라 보라 *너의 왕이 나귀 새끼를 타고 오신다* 함과 같더라"(요12:13-15)

5. 예순두 이레 후에 (단9:26)

"예순두 이레 후에 기름 부음을 받은 자가 끊어져 없어질 것이며 장차 한 왕의 백성이 와서 그 *성읍과 성소를 무너뜨리려니와* 그의 마지막은 홍수에 휩쓸림 같을 것이며 또 끝까지 전쟁이 있으리니 *황폐할 것이 작정*되었느니라"(단9:26)

이제 26절의 이정표 시대로 들어간다. 26절은 62이레 후의 사건을 예언한다. 62이레 후에 라고 하지만 앞에 7이레와 합하여 69이레 후에 일어날 예언이다. 62이레 후의 사건은 기름부음 받은 자 곧 왕이 일어난 날로부터 일주일 상간의 일부터 시작한다.

1) 예수님 십자가 사건

"예순두 이레 후에 기름 부음을 받은 자가 끊어져 없어질 것이며.... "(단9:26)

마쉬아흐, 기름부음 받은 자 곧 왕이 일어난 그 주간에 기름부음 받은 자가 끊어져 없어진다. 예수님 십자가 사건으로 69이레를 마친 것이다. 이제 70이레의 시간표는 70번째 마지막 한 이레를 남겨놓고 있다. 69이레는 70이레 490년의 역사 중 483년이 지나간 것이다. 26절은 69이레가 끝난 십자가 사건 이후에 있을 중요한 사건들을 '장차'로 연결하여 예언한다.

2) 적그리스도의 화신 로마 디도의 등장

"...장차 한 왕의 백성이 와서 그 성읍과 성소를 무너뜨리려니와 그의 마지막은 홍수에 휩쓸림 같을 것이며 또 끝까지 전쟁이 있으리니 *황폐할 것이 작정되었느니라"*(단9:26)

26절과 27절은 적그리스도와 관련하여 어쩌면 쌍둥이처럼 예언의 본질이 같다. 26절은 적그리스도로 예표 되는 자가 등장하여 적그리스도 적인 일을 한다. 26절의 '장차'는 십자가 사건 이후 언젠가 일어날 일이다. 바로 주후 70년 예루살렘 멸망사건이다. 이것은 69이레가 이미 지난 후에 사건이다. 한 왕의 백성은 로마의 디도 장군으로 그는 훗날에 로마의 황제가 되는 인물이다. 디도가 등장하여 예루살렘에 행한 적그리스도의 일은 다음과 같다.

① 성읍과 성소 훼파

디도는 예루살렘에 들어와서 성과 성전을 완전히 초토화 시켰다. 82년 걸려 주후 63년 완공된 그 화려한 헤롯 성전을 돌 위에 돌 하나도 남기지 않고 파괴시켰다. 다니엘과 예수님 예언 성취다. 주전 722년 앗수르에 북 왕국 이스라엘이 멸망했다. 주전 586년 남 왕국 유다가 멸망했다. 그러나 주후 70년 예루살렘 멸망은 이스라엘 나라를 흔적도 없이 공중분해 시켜버린 사건이다. 예루살렘 성읍과 성소, 성전이 모두 훼파된 사건은 유대민족의 죽음의 날이었다.

② 적그리스도 디도의 멸망

타이투스라고도 하는 디도 장군은 적그리스도의 화신이다. 27절은 '그가 장차'로 시작한다. 이것은 어찌 보면 26절의 디도가 다시 출현하는 것처럼 보인다. 그러나 26절의 디도와 27절의 적그리스도는 다른 인물이지만 영적으로 같은 성격의 인물이다. 성경에는 적그리스도가 등장하면 반드시 그의 멸망이 뒤에 함께 나온다. 예루살렘 성읍과 성소를 훼파한 디도는 홍수에 휩쓸림 같이 멸망한다.

역사의 기록에 의하면 디도는 로마의 황제 즉위 2년 만에 사망한다. 디도 황제 때 그 유명한 폼페이 성 폭발사건이 있었다. 이 폭발사건으로 인해 도시에 전염병이 돌았다. 디도는 이때 돌았던 전염병에 의해 후사도 없이 사망한다. 디도를 이어 그의 동생 도미티안이 황제에 오른다. 도미티안은 사도 요한을 밧모섬으로 보낸 황제로 요한계시록 시대 배경인물이다.

③ 끝까지 전쟁

이스라엘은 멸망했으나 세상의 전쟁은 끝이 없다. 창세기부터 시작된 싸움의 역사는 예수님 재림 때까지 계속될 것이다. 이스라엘이 사라진 후 이방나라들의 전쟁이 끊이지 않을 것에 대한 예언이다.

④ 예루살렘의 황폐함이 작정됨

'황폐함이 작정됨'은 이스라엘이 흔적도 없이 역사 속에 사라진다는 것이다. 또한 이 예언의 의미는 작정된 기간만큼만 예루살렘이 황폐하게 된다는 것이다. 그 황폐함이 끝나면 다시 회복된다는 것이다. 주후 70년 예루살렘 멸망이후 이스라엘은 나라를 세우기까지 2천년 가까이 세계역사 안에서 사라진다. 이때 신학계에서는 사라진 이스라엘을 대체하는 대체신학이 등장했다. 하나님이 이스라엘을 버렸다는 것이다. 그리고 교회가 이스라엘을 대체했다는 신학이다.

그러나 1948년 5월 14일 이스라엘의 황폐함이 끝나고 다시 등장했다. 그렇다면 대체신학 이론을 버려야 한다. 그러나 지금도 대체신학은 사라지지 않고 있다. 대체 신학은 1948년 이스라엘 회복이 마지막 때 신호임을 인정하지 않는다. 대체신학은 요한계시록을 주로 상징으로 본다. 때문에 요한계시록의 해석에 많은 혼돈을 가져온다. 단9:26절까지 이스라엘 멸망으로 구속사의 주도권을 가지고 있던 이스라엘의 역사가 끝났다. 또한 심판사를 이끌어 오던 제국역사의 끝인 로마도 멸망했다. 이제 70이레는 27절의 이정표 시대로 넘어간다. 26과 27절 사이는 70이레에서 침묵하고 있는 간격시대가 있다. 70이레에서 보이지 않는 간격시대를 보는 것은 계시록과 관련해서도 매우 중요하다. 이것은 27절까지 살펴본 후 뒤에서 다룰 것이다.

6. 그가 장차 (단9:27)

"*그가 장차* 많은 사람들과 더불어 *한 이레 동안의 언약을 굳게 맺고 그*가 그 이레의 절반에 제사와 예물을 금지할 것이며 또 포악하여 가증한 것이 날개를 의지하여 설 것이며 또 *이미 정한 종말까지 진노가 황폐하게 하는 자에게 쏟아지리라* 하였느니라 하니라"(단9:27)

27절은 메시아 왕국이 임하기 전 마지막 때 천국이정표다. 70번째 마지막 이레로 7년의 사건들이 27절 한절에 압축되어 있다. 27절은 요한계시록의 마지막 때 징조와 관련하여 너무도 중요한 내용이다. 27절 본문을 들어가기 전에 마지막 때 징조를 먼저 정리해야 한다.

1) 마지막 때 징조

마지막 때를 논할 때 '징조'라는 단어를 많이 사용한다. 우리는 징조를 보고 마지막 때를 분별해야 하기 때문이다. 그러나 징조는 종류를 구분해서 봐야 한다. 징조의 종류를 구분하지 않으면 우리는 더욱 혼돈으로 빠질 수밖에 없다. 성경은 마지막 때 징조에 대해서 특별징조와 일반징조로 구분하고 있다.

① 일반징조 - 특징은 전 세계적인 반복적 사건들이다.

전쟁, 지진, 기근, 전염병, 테러, 미혹, 핍박, 순교 등으로 마태복음 24장에 예수님께서 말씀하신 것이 일반 징조들이다. 이러한 일반징조들은 주로 자연재해들이 여기 속한다. 일반징조의 특징은 ㉠대상은 전 세계적이다. 징조와 관련한 어떤 사건들이 전 세계적으로 일어난다. 그리고 같은 사건은 ㉡계속 반복적이다. ㉢횟수는 갈수록 늘어난다. ㉣강도는 갈수록 강해진다. 전 세계적으로 겪은 코로나도 이러한 전염병의 일반징조에 속한다.

앞으로 갈수록 이러한 사건들은 횟수도 늘어나고 강도도 올라간다. 앞으로 더 무서운 전염병이 올수 있다. 더 큰 지진이 올 수 있다. 더 강력한 기근이 올 수 있다. 그런데 우리는 마지막으로 갈수록 이러한 사건들이 일어날 때마다 대환난이 곧 임한다고 미혹된다. 마지막 때인 것은 맞지만 이러한 사건들로 인해 곧 휴거가 있거나 7년이 시작되는 것은 아니다.

② 특별징조 - 특징은 이스라엘만 대상으로 하는 단 1회적 사건이다.

특별징조는 오직 ㉠이스라엘의 영적, 육적 회복과 관련하여 단 1회적 사건으로 일어난다. 이미 일어난 첫 번 징조는 1948년 이스라엘 건국이다. 대체신학자들은 이러한 면에서 이스라엘 회복을 인정하지 않는다. 그리고 ㉡적그리스도와 맺는 7년 조약이다. 그리고 모든 건축 준비를 마친 상태인 ㉢제3성전이다. 마지막으로 아마도 이것은 필자만 주장하는 유일한 징조인 ㉣두 증인 출현이다. 지금 독자들은 두 증인 출현이 이해되지 않을 것이다. 그러나 뒤에 나오는 두증인 단원을 들어가면 이해가 될 것이라 믿는다. 이스라엘은 1900년 가까이 잃었던 나라를 건국함으로 육적회복이 되었다. 이제 그들에겐 다니엘의 기도인 영적 회복이 남아 있다. 후3.5년부터 시작되는 유대민족의 회복의 완성은 70이레 끝에 있는 메시아 왕국이다.

2) 단9:27절은 마지막 때 특별징조

다니엘은 마지막 때 일반징조에 대해서는 언급이 없다. 일반징조는 다니엘이 침묵하고 있는 26과 27절 사이 간격시대에 전 세계적으로 확장되는 사건들이다. 다니엘이 27절에 예언하고 있는 것은 특별징조다. 오직 '네 백성과 네 거룩한 성'을 위한 이스라엘의 회복에 초점을 두고 있다. 다니엘이 예언한 이러한 특별 징조들이 있다면 바로 7년이 시작되는 것이다.

"*그가 장차* 많은 사람들과 더불어 *한 이레 동안의 언약을 굳게 맺고 그*가 그 이레의 절반에 제사와 예물을 금지할 것이며 또 포악하여 가증한 것이 날개를 의지하여 설 것이며 또 *이미 정한 종말까지 진노가 황폐하게 하는 자에게 쏟아지리라* 하였느니라 하니라"(단9:27)

① **그가** - 25절이 디도에 관한 내용이기에 이어지는 26절의 '그가'는 디도인 것처럼 보인다. 그러나 27절의 '그가'는 종말에 나타날 정치적 적그리스도를 말한다. 안타까운 것은 여기서 '그가'를 예수님으로 보는 이들이 있다는 사실이다. 그러나 결코 예수님일 수 없다. 여기서 예수님으로 보는 이들의 자세한 주장은 언급하지 않겠다.

② **장차** - 26절과 27절에 감춰진 있는 '장차'라는 시대의 간격은 2000년을 채우고 있다. 70이레 중 마지막 남은 한이레 7년은 세상 끝에 남겨두고 있다. '장차'의 간격시대는 이제 그 끝이 다가오고 있다. '장자'의 시간이 끝나면 다니엘의 주여 3창의 간구가 응답되는 것이다.

③ **많은 사람들과 더불어** - 이 문장에 해당하는 헬라어 '라브'는 대장, 연장자, 풍성한의 의미다. 7년 언약은 일반 사람들과 맺는 것이 아니다. 여러 중동국가들의 대표들과 맺는 7년 언약이다. 적그리스도가 이스라엘과 중동국가들 간에 현대 용어로 평화협정을 맺는 것이다. 원문에는 "그가 장차 많은 사람들과 더불어"가 '라브'라는 한 단어로 되어 있다.

④ **한 이레 동안의 언약을 굳게 맺고** - 70이레에 '평화'라는 말은 없다. 7

년 언약이다. 이 언약은 후3.5년에 파기될 것이기에 굳게라는 말을 강조하고 있다. 지금까지 평화조약을 맺을 때 기간을 정하고 맺은 조약은 없었다. 국제정치학자들의 정보에 의하면 1,500년부터 주후 1860년까지 8천 건의 평화협정이 있었다고 한다. 그 많은 평화협정의 유지기간은 평균 2년이었다고 한다. 협정이 깨지면 다시 전쟁이다. 그러므로 평화협정에는 속임수가 있다는 것이다.

아마도 마지막 때가 가까울수록 세계적으로 국가들 간의 평화 협정을 많이 맺을 것이다. 그 협정들은 오래 가지 못하고 전쟁으로 발전할 것이다. 그러나 적그리스도는 그러한 세계적 환경에서 이스라엘과 중동 간에 이레적으로 7년 협정을 맺는다. 여기서 7년 협정을 맺는 것은 마지막 7년을 사단에게 마지막으로 허용하신 하나님의 계획이다. 3.5년 만에 7년 협정은 깨지고 본격적으로 영적, 육적 전쟁이 시작된다.

⑤ **이레의 절반에 제사와 예물을 금지** – 제사와 예물은 이스라엘 백성들이 성전에서 드리는 제사다. 26절에서 디도에 의해 이미 2성전이 파괴되어 성전 제사가 없어졌다. 그런데 27절에 제사와 예물이 다시 등장한다. A.D.70년 성전파괴 후 다시 제사가 드려지는 것을 볼 때 마지막 때 제3성전이 세워진다는 것이다. 이렇게 재건된 제3성전에서 예배를 드리다가 후3.5년 언약이 파괴되면서 제사와 예물이 금지된다. 이때는 적그리스도의 우상이 세워지기 때문에 하나님께 제사와 예물을 금지하는 것이다.

⑥ **포악하여 가증한 것이 날개를 의지하여 설 것이며** – 후3.5년이 시작되면서 성전에 적그리스도의 우상이 세워진다. 예수님은 마24:15절에서 이 말씀을 인용하셨다. 살후2:4절의 말씀이 실현되는 것이다. 이스라엘의 제사와 예물을 금지하고 오직 자신의 우상에게 경배하게 한다.

"그는 대적하는 자라 신이라고 불리는 모든 것과 숭배함을 받는 것에 대항하여 그 위에 *자기를 높이고 하나님의 성전에 앉아 자기를 하나님이라고 내세우느니라*"(살후2:4)

⑦ **이미 정한 종말까지** - 적그리스도의 통치기간은 7년이다. 이 기간은 하나님께서 70이레 안에 정해 놓으신 기간이다. 다니엘 7장에는 작은 뿔이라고 한다. 뿔은 권세를 말한다. 여기서 작은 뿔은 권세가 작은 것이 아니다. 작은 뿔, 즉 적그리스도의 통치기간이 짧다는 것이다. 7년 중에서도 하나님 자리에 앉아 우상으로 숭배 받는 기간은 후3.5년이다. 그 기간이 지나면 이미 정한 7년이 끝나는 종말이다.

⑧ **진노가 황폐케 하는 자에게 쏟아짐** - 26절에서 언급했지만 적그리스도는 등장하면 반드시 멸망이 동반한다. 27절의 적그리스도에게 하나님의 진노가 쏟아진다. 필자는 여기서 하나님의 진노는 대접 재앙이라고 본다. 요한계시록의 대접 재앙은 하나님께서 짐승 정부에 쏟아 붓는 하나님의 진노 폭발이다. 대접재앙은 환난통과 설 주장처럼 결코 성도들을 환난 속에서 금같이 연단시키기 위한 재앙이 아니다. 뒤에 요한계시록 단원에서 대접 재앙을 다룰 것이다.

7. 간격시대 - 69이레와 70이레 사이

1) 간격시대는 왜 필요한가?

70이레에 간격시대가 있음을 인정하지 않는 해석이 있다. 다니엘은 간격시대를 침묵하고 있기 때문에 간격시대가 보이지 않는다. 그러나 70이레의 간격시대를 인정하지 않으면 요한계시록 해석에도 문제가 생긴다. 예수님은 다니엘의 예언을 기초로 예루살렘 멸망과 간격시대를 예언하셨다. 그리고 "선지자 다니엘의 말한바"(마24:15)로 단9:27절을 연결시켜 후3.5년을 예언하셨다. 사도 요한의 계시록은 예수님의 간격시대 예언을 확대 예언한 부분이 절반이다. 그리고 단9:27절 마지막 이레 7년의 예언 확대가 절반이다. 간단히 정리하면 요한계시록은 다니엘의 간격시대에 해당하는 예수님의 예언과 단9:27절 한절 안에 있는 7년의 확대 예언이다.

하나님의 구속의 역사는 인류를 구원하기 위한 원대한 계획이다. 그 일을 행하시는 전초기지로 이스라엘 땅과 그 민족을 선택하신 것이다. 그러므로 세례요한은 이렇게 선포했다. "보라! 세상 죄를 지고 가는 하나님의 어린 양이로다"(요1:29) 예수님께서 십자가를 지신 구속의 복음은 유대인을 넘어 세계 이방민족에게로 확산이 되어야 한다. 하나님의 어린양은 유대인의 죄가 아니라 유대인을 포함하여 세상 죄를 지셨기 때문이다.

26절에서 예수님 십자가 사건이 있었다. 그리고 예루살렘은 멸망하고 역사 속에서 사라진다. 그리고 26절과 27절 사이의 간격 시대는 침묵하고 있다. 이스라엘은 역사 속에 사라졌으나 예수님의 십자가 사건은 무덤에 묻히지 않았다. 부활하시고 승천 하신 후 오순절에 성령으로 오셨다. 그리고 오순절 성령이 임한 제자들을 통해 십자가의 복음은 세계로 퍼져 나갔다. 70이레의 간격시대는 26절에 십자가 구원의 복음이 유대인을 넘어 세계 이방인에게로 확산되는 기간이다. 하나님은 이것을 목적으로 세상에 오셨다. 간격시대에 이방 세계로 십자가의 복음 확산이 완성되면 비로소 27절의 시대 마지막 남은 7년이 시작된다.

"*이 천국 복음이 모든 민족에게 증언되기 위하여 온 세상에 전파되리니 그제야 끝이 오리라*"(마24:14)

이 구원의 복음이 모든 민족에게 전파되면 주님이 다시 이 땅에 오셔서 그의 나라 메시아 왕국을 세우신다. 바로 이 메시아 왕국이 세워지기 전에 등장하는 인물이 27절의 적그리스도 인 것이다. 그는 메시아 왕국을 모방하는 사단의 왕국 NWO, 먼저 오는 도적의 나라의 왕이다. 바로 창1:1절에 예언된 666, 피라미드, 사단의 왕국이다. 27절의 사건은 복음이 모든 민족에게 전파된 후 세상 끝에 일어날 사건이다. 70이레의 간격시대는 다니엘서에만 있는 것이 아니다. 이 간격시대는 횃불 언약에도 다윗 언약에도 동일하게 나타난다. 천년왕국 단원에서도 자세히 다루지만 여기서는 간격시대와 관련하여 간단히 언급한다. 이방인의 때인 간격시대는 교회시대요 성령시대이기 때문에 구속사에 있어서 매우 중요한 기간이다.

2) 횃불언약 안에 나타나는 간격시대

아브라함과 맺은 횃불언약도 처음 단원에서 다룬 내용이다. 창세기 15장 횃불언약의 흐름의 기억할 것이다. 타는 횃불이 쪼갠 고기 사이로 지나간 사건은 예수님 십자가 사건의 그림자다. 이것은 하나님의 생명을 담보로 하신 언약이다. 예수 그리스도는 우리를 아브라함의 영적 후손이 되게 하시려고 죽으셨다. 우리에게 하늘 가나안 땅을 주시려고 쪼개어 지셨다.

"해가 져서 어두울 때에 연기 나는 화로가 보이며 ①타는 횃불이 쪼갠 고기 사이로 지나더라 그 날에 여호와께서 아브람과 더불어 언약을 세워 이르시되 내가 ②이 땅을 애굽 강에서부터 그 큰 강 유브라데까지 네 자손에게 주노니"(창15:17-18)

횃불언약에서 보듯 ①번은 예수님 죽으심으로 성취되었다. 그러나 ②번은 아직 미완성이다. 이스라엘이 애굽 강에서부터 큰 강 유브라데까지 땅을 모두 차지하는 시기는 간격시대가 지나야 한다. 횃불언약의 완성은 메시아왕국이다. 뒤에 메시아 왕국에서 더욱 자세히 볼 것이다.

3) 다윗언약 안에 나타나는 간격시대

첫 단원에서 다루었던 삼하7:12-16절의 다윗언약을 기억할 것이다. 다윗에게 왕위를 이어갈 아들과 그의 나라를 견고하게 하시겠다던 언약이다. 그러나 하나님의 창세 계획안에서 이 두 언약은 한꺼번에 이루어지지 않는다. 간격 시대가 있기 때문이다. 이스라엘 백성들은 이 약속이 한꺼번에 이루어 질 것으로 믿었다. 다윗의 자손이 오셨으니 나라도 당장에 세워 질 줄 알았다. 그들은 다윗 언약에 근거하여 종려가지를 들고 예수님을 왕으로 환호하며 외쳤던 것이다. ①번은 예수님이 오심으로 이루어 졌으나 ②번은 간격시대가 지나고 오는 메시아 나라다.

"앞에서 가고 뒤에서 따르는 무리가 소리 높여 이르되 ①호산나 다윗의 자손이여 찬송하리로다 주의 이름으로 오시는 이여 가장 높은 곳에서 호산나 하더라"(마21:9)

"종려나무 가지를 가지고 맞으러 나가 외치되 호산나 찬송하리로다 ②주의 이름으로 오시는 이 곧 이스라엘의 왕이시여 하더라"(요12:13)

예수님은 나라를 세우지 않고 죽으시고 부활하시고 하늘로 승천하셨다. 승천하실 때 제자들에게 분부하신 그 명령이 간격시대의 목적이요 사명이다. 십자가를 지신 목적대로 세상 모든 민족이 예수님의 피로 구원받는 시기가 필요하다. 세계 모든 이방 민족들이 피의 복음 안에 들어와야 한다. 이것이 하나님의 구속사의 시간표다.

"그러므로 너희는 가서 모든 민족을 제자로 삼아 아버지와 아들과 성령의 이름으로 세례를 베풀고 *내가 너희에게 분부한 모든 것을 가르쳐 지키게 하라* 볼지어다 내가 세상 끝날까지 너희와 항상 함께 있으리라 하시니라"(마28:19-20)

4) 오순절과 나팔절 사이의 간격시대

오순절과 나팔절 사이가 또 간격시대에 해당한다. 이 기간을 4개월 농사기간이라고도 한다. 예수님은 유월절과 무교절 초실절 그리고 오순절까지 완성하셨다. 지금은 예수님의 7대 지상 사역 중 오순절 사역 기간이라 할 수 있다. 성령으로 오신 예수님은 복음의 씨를 뿌려 추수하고 계신다. 오순절을 마치면 단9:27절을 지나 나팔절에 이르러 주님 지상 재림이다.

"너희는 *넉 달이 지나야 추수할 때*가 이르겠다 하지 아니하느냐 그러나 나는 너희에게 이르노니 너희 *눈을 들어 밭을 보라 희어져 추수하게 되었도다*"(요4:35)

8. 70이레와 복음서의 마지막 때 기록 연관성

70이레 안에는 예수님의 초림과 재림을 관련하여 두 개의 성전을 배경으로 예언되어 있다. 헤롯성전과 제3성전이다. 마지막 때를 예언하고 있는 복음서도 70이레를 기반으로 하고 있다.

유대인인 마태는 제3성전을 중심으로 마24장에서 마지막 때를 기록하고 있다. 또한 이방인인 의사 누가는 눅21장에서 제2성전을 중심으로 마지막 때를 예언한다. 혹자는 마태복음과 누가복음의 마지막 때 큰 환난을 동일한 사건으로 보고 있다. 이들은 같은 마지막 때를 기록하고 있지만 드러내고자 하는 의도에 따라 기록 방법과 중요한 사건의 내용이 조금 다르다. 필자는 이들이 각각 제2성전과 제3성전을 중심으로 기록하는 분명한 의도가 있다고 본다. 마24장과 눅21장의 마지막 때 예언을 70이레와 비교하며 살펴보고자 한다.

1) 단9:26절 제2성전과 눅21장과의 관계 / 이방인의 관점으로

"예순두 이레 후에 기름 부음을 받은 자가 끊어져 없어질 것이며 장차 한 왕의 백성이 와서 그 *성읍과 성소*를 무너뜨리려니와 그의 마지막은 홍수에 휩쓸림 같을 것이며 또 끝까지 전쟁이 있으리니 *황폐할 것이 작정*되었느니라"(단9:26)

단9:26절은 누가복음 21장의 마지막 때 예언 배경이다. 그러므로 눅21장의 예언을 이해하려면 반드시 단9:26절을 배경으로 해석을 해야 한다. 마태나 누가나 예수님께서 예언하신 예루살렘 멸망을 시작으로 마지막 때 징조들을 기록하고 있다. 그러나 누가는 마지막 때를 기록하는 구조가 마태와는 달리 독특하다. 누가의 마지막 때 기록 순서를 정리해 본다.

① 일반징조들

앞에서 일반징조와 특별징조를 구분한 것을 기억할 것이다. 누가도 마태와 같이 예루살렘 멸망과 일반징조들부터 시작하고 있다. 미혹, 난리 소문, 전쟁, 기근, 지진, 전염병, 테러 등이다. 여기서 기억할 것은 마태복음에는 마지막 때 징조들에서 전염병이 빠져있다. 그러나 의사인 누가는 전염병을 기록하고 있다.

"이르시되 *미혹*을 받지 않도록 주의하라 많은 사람이 내 이름으로 와서 이르되 내가 그라 하며 때가 가까이 왔다 하겠으나 그들을 따르지 말라 *난리와 소요의 소문*을 들을 때에 두려워하지 말라 이 일이 먼저 있어야 하되 끝은 곧 되지 아니하리라 또 이르시되 *민족이 민족을, 나라가 나라를 대적하여 일어나겠고 곳곳에 큰 지진과 기근과 전염병이 있겠고 또 무서운 일과 하늘로부터 큰 징조들이 있으리라*"(눅21:8-11)

② 초대교회 핍박 사

11절까지 일반징조들을 나열했다. 그리고 12절에 "이 모든 일 전에"로 시작하며 갑자기 11절까지 나열한 일반징조보다 먼저 있을 일들을 예언한다. 바로 초대교회 핍박사를 예고하는 것이다. 12-24절까지는 초대교회 핍박사와 예루살렘 멸망에 대한 예언들이다. 이러한 일들이 먼저 일어나고 일반징조들이 있을 것이라는 예언이다.

"*이 모든 일 전에* 내 이름으로 말미암아 너희에게 손을 대어 박해하며 회당과 옥에 넘겨 주며 임금들과 집권자들 앞에 끌어 가려니와"(눅21:12)

③ 주후 70년 예루살렘 멸망 사건

공관복음서의 마지막 때 예언은 모두 예수님의 예루살렘 멸망예언으로 시작한다. 그러나 주후 70년 사건을 자세하게 기록한 곳은 누가복음뿐이다. 누가는 19절까지 초대교회 핍박을 예고하고 이어서 역사적인 주후 70년 예루살렘 멸망을 예언하고 있다. 이것 또한 마지막 때 징조들이 있기 전에 일어나는 아주 특별한 역사적 사건이다. 본문에서 ㉠-㉣에 해당하는 중요한 내용을 정리한다.

"㉠*너희가 예루살렘이 군대들에게 에워싸이는 것을 보거든 그 멸망이 가까운 줄을 알라* 그 때에 유대에 있는 자들은 *산으로 도망갈* 것이며 성내에 있는 자들은 나갈 것이며 촌에 있는 자들은 그리로 들어가지 말지어다 이 날들은 ㉡*기록된 모든 것을 이루는 징벌의 날*이니라 그 날에는 아이 밴 자들과 젖먹이는 자들에게 화가 있으리니 이는 땅에 ㉢*큰 환난과 이 백성에게 진노*가 있겠음이로다 그들이 칼날에 죽임을 당하며 모든 이방에 사로잡혀 가겠고 예루살렘은 ㉣*이방인의 때가 차기까지* 이방인들에게 밟히리라"(눅21:20-24)

㉠ 예루살렘이 군대들에게 에워싸이는 것을 보거든...

"...한 왕의 백성이 와서 그 *성읍과 성소를* 무너뜨리려니와..."(단9:26)

20절부터 "예루살렘이 군대들에게 에워싸이는 것을 보거든....도망하라"는 말씀을 이제부터 주목해야 한다. 이 사건은 단9:26절에 예언된 주후 70년 성전파괴 사건이다. 이와 비슷한 내용의 배열이 마태복음에도 있다. 이 두 곳의 기록을 같은 사건으로 보고 후3.5년 대 환난으로 보는 견해들이 있다. 그러나 흡사한 부분들이 있으나 두 곳은 분명히 다른 사건이다. 이것은 마태와 누가의 기록 의도를 모르면 이해 할 수 없다. 마24장은 단9:27절과 관련하여 뒤에서 다루겠지만 여기서 두 곳의 말씀을 잠간 비교하여 보겠다.

"너희가 *예루살렘이 군대들에게 에워싸이는 것을 보거든 그 멸망*이 가까운 줄을 알라 그 때에 유대에 있는 자들은 *산으로 도망갈* 것이며 성내에 있는 자들은 나갈 것이며 촌에 있는 자들은 그리로 들어가지 말지어다 이 날들은 기록된 모든 것을 이루는 징벌의 날이니라 그 날에는 아이 밴 자들과 젖먹이는 자들에게 화가 있으리니 이는 땅에 *큰 환난*과 이 백성에게 진노가 있겠음이로다"(**눅21:20-23**)

"그러므로 너희가 선지자 다니엘이 말한바 *멸망의 가증한 것이 거룩한 곳에 선 것을 보거든 (읽는 자는 깨달을진저) 그 때에 유대에 있는 자들은 산으로 도망*할지어다...이는 그 때에 *큰 환난*이 있겠음이라 창세로부터 지금까지 이런 환난이 없었고 후에도 없으리라"(**마24:15-16,21**)

눅21장 - 예루살렘이 / 군대들에게 / 에워싸이면 / 멸망이다 / 도망하라 / 큰 환난이다.
마24장 - 멸망의 가증한 것/ 성전에 서면 / 깨달으라 / 도망하라 / 큰 환난이다.

두 복음서에 도망하라와 큰 환난이란 같은 내용이 있어 같은 사건으로 착각 할 수 있다. 그러나 두 곳의 배열이 비슷하지만 자세히 보면 다르다. 몇 년 전 한반도 전쟁에 관한 예언들이 난무했을 때 황당한 사건이 있었다. 한국전쟁의 위기로 미국의 군함들이 한반도를 둘러싸고 있을 때다. 이를 두고 혹자가 한반도에 눅21장의 군대들이 에워싸는 큰 환난이 온다고 도망하라고 한 것이다. 눅21장의 해석오류로 미혹되어 많은 사람들이 필리핀 등으로 도피하는 해프닝이 있었다. 얼마나 어리석은 일인가? 누가의 예루살렘 멸망 예언은 단9:26절 예언 성취로 예루살렘의 성읍과 성소가 파괴된 사건이다.

㉡ 기록된 모든 것을 이루는 징벌의 날

22절에 "이 날들은 기록된 모든 것을 이루는 형벌의 날 이니라"고 한다. 어디에 기록 되었다는 것인가? 단9:26에 기록된 말씀이다. 이스라엘은 성읍과 성소가 무너지면 다 잃은 것이다. 이스라엘 백성에게 성소, 성전이 무너지는 것은 가장 잔인한 징벌이다.

㉢ 큰 환난과 이 백성에게 진노

23절에 "이는 땅에 큰 환난과 이 백성에게 진노가 있겠음이라" 하셨다. 대부분 여기서 큰 환난을 마지막 7년의 대 환난으로 보고 있다. 이것은 마지막 7년에 있는 대환난이 아니다. 눅21:23절의 환난에 해당하는 헬라어 '아낭케'는 곤란, 좌절, 강제다. 그러나 마24:21의 큰 '환난'은 '들립시스'로 '압박', 잔혹한 육체적 폭력으로 인한 '고통'이다. 즉 후3.5년에 짐승의 표를 거부하는 자들에게 목 베임을 시행하는 대환난인 것이다. 마24장의 환난은 전 세계인이 함께 겪는 대 환난이다. 그러나 눅21장의 큰 환난은 이 백성(이스라엘)에게만 임하는 진노다.

유대인은 A.D.70년 사건으로 인해 큰 환난을 당했다. '아낭케' 즉 민족이 '강제'로 흩어지고 '곤란'과 민족의 '좌절'을 겪은 환난이었다. 이 사건은 역사 속에 실현된 유대멸망의 전쟁사다. 유대인들이 전 세계 디아스포라로 흩어지게 된 동기가 된 사건이다. 24절에 "이방인의 때가 차기까지 예루살렘은 이방인들에게 밟히리라"가 예수님의 예언이다. 바로 단9:26절의 예언을 예수님께서 좀 더 구체적으로 예언하신 것이다. 여기서 우리는 '이방인의 때'를 주목해야 한다. 누가는 바로 이방인의 때의 시작을 알리고 싶은 것이다. 예루살렘이 무너지면 그때부터 이방인의 때가 시작된다. 구속사의 바턴이 유대인에게서 이방인에게로 넘어오기 때문이다.

㉣ 이방인의 때가 차기가지

24절에 "이방인의 때가 차기까지 예루살렘은 이방인들에게 밟히리라"한다. '이방인의 때'라는 용어는 예수님께서 처음 사용하셨다. 이방인의 때가 바로 다니엘 70이레의 간격시대에 해당한다. 이방인의 때는 교회시대, 은혜시대, 성령시대라고도 한다. 이방인의 때가 차기까지 이스라엘은 역사 속에 숨겨진다. 그리고 구속사의 주도권은 이방인에게로 넘어온다. 이방인의 때가 차면 구속사의 주도권은 다시 유대인에게로 간다. 그때가 70번째 이레 마지막 7년이다.

이방인 누가는 2성전을 중심으로 예언하면서 '이방인의 때'를 주목하라고 하는 것이다. 예루살렘 성읍과 성소가 파괴되면 그때부터 이방인의 때다. 이 때 이방인들은 구속사의 바턴을 이어받을 준비를 해야 한다. 누가는 이방인들을 향해 외치는 것이다. "우리 이방인들이여! 이제 구속사의 주도권이 우리 이방인들에게 넘어 왔습니다. 이방인들이여! 교회시대, 은혜시대, 성령시대, 복음시대가 열렸습니다. 우리 이방인들이 복음의 주역이 되어 열방으로 나갑시다. 할렐루야!" 필자는 누가가 이렇게 외치고 있는 것 같다.

④ 다시 마지막 때 끝으로

25절부터 다시 마지막 때 끝으로 돌아온다. 더욱 강력해지는 일반징조들이다. 그리고 이어서 마지막 한 이레 일어날 일들과 예수님의 재림을 기록하고 있다.

" *일월성신에는 징조*가 있겠고 땅에서는 민족들이 바다와 파도의 성난 소리로 인하여 혼란한 중에 곤고하리라 사람들이 세상에 임할 일을 생각하고 무서워하므로 기절하리니 이는 하늘의 권능들이 흔들리겠음이라 그 때에 사람들이 *인자가 구름을 타고 능력과 큰 영광으로 오는 것을 보리라*"(눅21:25-27)

⑤ 무화과나무와 모든 나무

눅21장에는 단9:26절의 예언인 주후 70년 예루살렘 멸망을 적나라하게 묘사하고 있다. 그리고 마지막 때 무화과나무가 다시 싹이 나는 이스라엘 회복을 예언한다. 유대인인 마태는 무화과나무인 이스라엘 회복만 기록하고 있다. 그러나 이방인인 누가는 모든 나무인 이방 나라들의 독립을 추가하고 있다. 대한민국도 무화과나무 이스라엘이 건국된 1948년 건국되었다. 대한민국은 이방나라 모든 나무들 가운데 하나다. 1948년 이스라엘의 회복은 특별징조 가운데 하나로 마지막 때 신호다. 이 땅에 하나님 나라, 메시아 왕국이 가까이 오고 있는 것이다.

"이에 비유로 이르시되 *무화과나무와 모든 나무를 보라* 싹이 나면 너희가 보고 여름이 가까운 줄을 자연히 아나니 이와 같이 너희가 이런 일이 일어 나는 것을 보거든 *하나님의 나라가 가까이 온 줄을 알라*"(눅21:29-31)

⑥ 온 지구상에 거하는 모든 사람에게 임하는 사건

마지막 때를 끝까지 다 경고한 후에 기록한 35절 말씀은 분명히 대 환난 이다. "이날은 온 지구상에 거하는 모든 사람에게 임하리라"고 한다. 이것은 23절에서 이스라엘만 겪었던 아낭케의 큰 환난이 아니다. 지구상의 온 인류 에게 닥치는 마지막 7년 중의 후3.5년의 대 환난으로 들립시스다. 후3.5년의 동일한 시기의 큰 환난을 마태는 "창세전후에 없는 큰 환난"이라 표현했다. 마태와 누가는 후3.5년의 대 환난의 표현을 조금 다르게 한 것이다.

"*이 날은 온 지구상에 거하는 모든 사람에게 임하리라*"(눅21:35)

"이는 그 때에 *큰 환난이 있겠음이라 창세로부터 지금까지 이런 환난이 없었고 후에도 없으리라*"(마24:21)

⑦ 휴거를 준비하라

36절부터 휴거를 준비 시킨다. "장차 올 이 모든 일을 능히 피하고 인자 앞에 서도록 항상 기도하며 깨어 있으라" 권면한다. 이 말씀은 환난 전 휴 거의 근거가 되는 말씀이다. 여기서 '서도록' 헬라어 히스테미는 타동사로 '위치시키다', '데려다 놓다'이다. '서도록'은 스스로 걸어가서 인자 앞에 서 는 것이 아니다. 히스테미는 우리를 주님 앞으로 들어서 '데려다 놓다'는 휴 거를 의미한다. 휴거가 가까웠으니 항상 기도하고 깨어서 준비하고 있으라 는 권면이다.

"이러므로 너희는 장차 올 이 모든 일을 *능히 피하고 인자 앞에 서도록 항상 기도하며 깨어 있으라 하시니라*"(눅21:36)

우리는 죽어있으나 살아 있으나 주님 앞으로 옮겨지기 위해 늘 깨어 있어 야 한다. 그러기 위해서는 마지막 34절 권면을 기억해야 한다. 이렇게 누가는 A.D.70년에 무너진 제2성전을 중심으로 마지막 때 말씀을 편집해 놓고 있다. 그리고 이방인들을 깨우고 있다.

"너희는 스스로 조심하라 그렇지 않으면 *방탕함과 술취함과 생활의 염려로* 마음이 둔하여지고 *뜻밖에 그 날이 덫과 같이* 너희에게 임하리라"(눅21:34)

2) 단9:27절 제3성전과 마24장과의 관계 / 유대인의 관점으로

"그가 장차 많은 사람들과 더불어 한 이레 동안의 언약을 굳게 맺고 그가 그 이레의 절반에 제사와 예물을 금지할 것이며 또 *포악하여 가증한 것이 날 개를 의지하여 설 것이며* 또 이미 정한 종말까지 진노가 황폐하게 하는 자에 게 쏟아지리라 하였느니라 하니라"(단9:27)

마태복음 24장과 마가복음 13장은 같은 맥락으로 기록된 마지막 때 예언 이다. 마태는 시대를 앞뒤로 왔다 갔다 하는 누가와는 달리 마지막 때를 순 서대로 기록한다. 그래서 우리가 혼동할일이 없다. 다른 것이 있다면 누가 는 제2성전을 중심으로 주후 70년 사건을 중요하게 다루었다. 그러나 마태 는 제3성전을 중심으로 기록하고 있다. 이 또한 마태는 유대인으로서 유대 인들에게 드러내고 싶은 의도가 있는 것이다.

① 일반징조

예루살렘 멸망을 예언하시는 예수님께 제자들은 질문했다. "어느 때에 이 런 일이 있겠사오며 또 주의 임하심과 세상 끝에는 무슨 징조가 있사오리이 까" 예수님의 천국이정표는 이렇게 시작된다. 마태는 마지막 때를 순서적으 로 기록하고 있다. 미혹, 난리 소문, 전쟁, 기근, 지진, 핍박, 순교, 세계복 음 선포 등이다. 개역 개정에는 마태복음에 전염병이 누락되어 있다. 킹제 임스나 다른 번역에는 역병이 있는 것을 볼 때 마태가 일부러 누락한 것은 아닐 것이다. 그러나 누가복음에는 분명히 전염병이 있는 것을 위에서 보았 다. 그리고 이어서 후3.5년 대 환난과 예수님 지상 재림을 기록하고 있다. 누가는 대환난 상황이나 휴거를 간단하게 언급했다. 그러나 마태는 대 환난 때의 상황과 휴거를 비교적 비중 있게 다루고 있다. 마24장의 일반 징조는 뒤에서 요한계시록의 일반징조들과 함께 다루어야 할 중요한 내용이다.

② 다니엘이 말한바

이 말씀은 단9:27절 말씀이다. 예수님은 다니엘의 예언을 기반으로 같은 예언을 하신 것이다. 물론 다니엘의 예언은 주님께서 주신 것이기 때문에 다를 수가 없다. 언젠가 유튜브를 통해 누군가의 마24장 강의를 듣고 있었다. 그때 강사는 단9:27절에 다니엘이 말한 우상은 마24장의 멸망의 가증한 우상과는 다르다고 했다. 필자가 잘못 들었나 싶어 다시 확인했다. 도대체 어디에 근거해서 그런 해석을 하는지 이해 할 수 없었다. 다니엘과 마태복음의 가증한 것의 원어는 동일하게 우상숭배다. 예수님은 다니엘의 70이레를 인용하신 것이다.

단9:27 가증한 것 – 히브리어/쉬쿠스 – 가증스러운, 우상숭배
마24:15 가증한 것 – 헬라어/브델뤼그마 – 혐오, 우상숭배

"그러므로 너희가 선지자 *다니엘이 말한 바 멸망의 가증한 것이 거룩한 곳에 선 것*을 보거든 (읽는 자는 깨달을진저)그 때에 유대에 있는 자들은 *산으로 도망*할지어다"(마24:15)

"이는 그 때에 *큰 환난*이 있겠음이라 *창세로부터 지금까지 이런 환난이 없었고 후에도 없으리라*"(마24:21)

마24:15절은 70이레의 마지막 이레에 있을 후3.5년의 상황이다. 멸망의 가증한 것은 적그리스도 우상이다. 거룩한 곳은 제3성전이다. 깨달으라는 것은 다니엘의 70이레 예언 중 9:27절을 깨달으라는 것이다. 우상이 서는 것을 보거든 도망가라고 한다. 이유는 큰 환난, 창세전후에 없는 대 환난이 시작되기 때문이다. 여기서 큰 환난이 '들립시스'다. 짐승의 환난으로 인한 '압박' 잔혹한 육체적 폭력으로 인한 '고통'으로 목 베임을 받는 후3.5년의 때다.

③ 제3성전을 중심으로 기록하는 마태의 의도

유대인 마태는 왜 단9:27절 제3성전을 중심으로 기록하고 있을까? 마태복음의 1차 독자는 유대인이다. 이것은 유대인들에게 대한 경고다. 제3성전

을 중심으로 다시 유대인의 때가 온다. 이제 유대인들은 이방인에게로 넘어갔던 구속사의 바턴을 다시 이어받을 준비를 해야 한다. 제3성전은 69이레로 멈춘 70번째 마지막 한 이레가 시작되는 시점임을 유대인들에게 알리고 싶은 것이다. 남은 한 이레를 통해 유대인의 회복의 때를 완성해야 한다. 유대인들은 야곱의 환난기 마지막 7년을 지나고 메시아 왕국에서 비로소 횃불언약과 다윗언약을 성취한다. 그리고 마침내 70이레를 완성하게 된다. 동시에 다니엘의 주여 3창 기도의 응답이 완성된다.

9. 70이레와 함께 가는 7대 절기

창1:14절 '계절'이라 번역된 것이 '모에드' 절기다. 하나님은 창세기부터 이 땅에서 하실 당신의 사명을 절기 안에 담아두셨다. 절기는 목적지를 향해 가는 우리에게 또 하나의 천국이정표가 되고 있다. 한 곳의 목적지를 향하는 이정표는 여러 개가 있을지라도 기본 틀은 다를 수 없다. 70이레는 큰 그림으로 주신 마지막 때 천국이정표다. 7대 절기는 70이레와 함께 가고 있는 천국이정표다. 유월절로 시작해서 초막절로 끝난다. 여호와의 7대 절기는 이 땅에서 이루실 예수님의 지상사역이다. 이 절기가 다 완성되면 메시아의 나라가 도래한다. 우리는 지금 69이레와 70번째 마지막 이레 사이 간격시대를 살고 있다. 간격시대는 넉 달 농사기간으로 오순절에 살고 있으며 주님이 지상으로 다시 오시는 나팔절을 기다리고 있다.

단9:26절 69이레 끝에 유월절과 무교절, 초실절, 오순절이 성취되었다. 오순절은 유대민족에겐 하나님의 시간표가 끊어져버린 기간이다. 지금은 이방인의 때로 교회시대, 은혜시대지만 이제 이 시간도 끝에 와있다. 이방인의 때가 차면 단9:27절 마지막 이레 후에 남은 절기들이 완성될 것이다. 여호와의 7대 절기는 유대인의 7대 명절이다. 그들은 절기 때마다 성회로 모여서 예수님의 지상사역을 예행연습하고 있다. 그럼에도 불구하고 아직도 그들의 눈이 가려져 메시아를 영접하지 않고 있다. 그러나 그들은 마지막 이레에 민족적으로 돌아올 것이라는 것이 성경의 예언이다. 여기서 7대 절기를 전체적으로 자세히 강해하지는 않는다. 70이레와 함께 가고 있는 7대 절기를 천국이정표의 시각에서 간단히 제시하고자 한다.

1) 봄 절기 - 교회시대, 이방인과 관련된 절기 (단9:26 예언)

7대 절기는 봄 절기와 여름절기 그리고 가을 절기로 나눈다. 그 중 봄 절기는 교회와 관련된 절기이며 이방인과 관련이 있다. 봄 절기의 의미 자체가 유대인에게만 국한되지 않는다. 봄 절기는 단9:26절에 기름부음 받은 자가 끊어져 없어지는 사건을 시작으로 완성 된다. 봄 절기는 단9:26절 예언에 집중된 천국이정표다.

① 유월절 - 1월 14일

유월절 어린양 되신 예수님은 '유대인의 죄'가 아닌 '세상 죄'를 지고 십자가에 죽으셨다. 그러므로 예수님의 죽으심은 유대인을 넘어 이방인에게까지 이르러 전 인류를 속죄하는 제사로 유월절을 완성하셨다. 예수님은 유월절 양 잡는 날 체포되셨고 어린양이 죽는 그 시간에 죽으셨다. 성경 예언 그대로 유월절을 이루셨다.

"이튿날 요한이 예수께서 자기에게 나아오심을 보고 이르되 보라 *세상 죄를 지고 가는 하나님의 어린 양*이로다"(요1:29)

② 무교절 - 1월 15~21일

이스라엘 백성들은 그 집 가장이 무교절에 누룩 없는 떡을 보자기에 싸서 굳지 말라고 땅에 묻어 둔다. 그리고 3일 후 꺼내서 가족과 함께 나누어 먹는다. 예수님의 몸이 3일간 땅속에 묻혀 계셨던 것을 의미한다. 이스라엘 백성들은 무교절을 통해 이렇게 예수님 무덤을 예행연습 했지만 깨닫지 못했다. 요나가 밤낮 사흘을 물고기 뱃속에 있었던 것 같이 예수님 몸도 밤낮 3일간 땅속에 계심으로 무교절을 완성 하셨다. 이때 예수님의 영은 지옥으로 내려가셔서 옥에 있는 영들에게 전파하셨다.

"요나가 밤낮 사흘 동안 큰 물고기 뱃속에 있었던 것 같이 *인자도 밤낮 사흘 동안 땅 속에 있으리라*"(마12:24)

"그가 또한 영으로 가서 *옥에 있는 영들에게 선포*하시니라"(벧전3:19)

③ 초실절 - 1월 16일

이날은 처음 익은 첫 곡식 단을 묶어서 제사장에게 바친다. 부활의 첫 열매되신 예수님을 아버지께 바치는 예표절기다. 예수님은 부활하심으로 초실절을 완성하셨다.

"그러나 이제 그리스도께서 죽은 자 가운데서 다시 살아나사 *잠자는 자들의 첫 열매*가 되셨도다"(고전15:20)

안식 후 첫 날 새벽에 부활하신 예수님은 처음 마리아에게 보이셨다. 마리아가 처음 예수님을 뵌 때는 이른 새벽이었다. 놀란 마리아가 예수님을 만지려 하자 알 수 없는 말씀을 하신다. "내가 아직 아버지께 올라가지 아니하였으니 만지지 말라"고 하신다. 첫 곡식은 사람이 취할 수 없다. 그러므로 사람이 만질 수 없다.

"예수께서 이르시되 나를 붙들지 말라 *내가 아직 아버지께로 올라가지 아니하였노라* 너는 내 형제들에게 가서 이르되 내가 내 아버지 곧 너희 아버지, 내 하나님 곧 너희 하나님께로 올라간다 하라 하시니"(요20:17)

안식 후 첫날 새벽에 마리아에게 보이신 예수님은 비밀리에 하늘로 올라가셨다가 하늘 아버지께 보이시고 다시 내려오셨다. 첫 곡식으로 하늘에 올라가심은 첫 번 비밀 휴거의 예표다. 그리고 바로 그날 저녁에 제자들에게 나타나셨다. 초실절 첫 열매되시는 예수님은 40일 후 두 번째 공개적으로 하늘로 승천하셨다. 이것은 나중에 있을 두 번째 휴거를 예표하기도 한다.

"*이 날 곧 안식 후 첫날 저녁* 때에 제자들이 유대인들을 두려워하여 모인 곳의 문들을 닫았더니 *예수께서 오사 가운데 서서 이르시되 너희에게 평강이 있을지어다*"(요20:19)
"이 말씀을 마치고 *그들이 보는데 올려져 가시니* 구름이 그를 가리어 보이지 않게 하더라"(행1:9)

2) 여름절기 넉 달 농사기간(70이레의 침묵기간)

① 오순절(칠칠절) - 3월 6일

초실절로부터 7주가 지나 50일째 되는 날이 오순절이다. 예수님은 초실절 첫 열매로 부활 하신 후 40일을 땅에 머무셨다. 그리고 승천 후 10일째 성령강림으로 오순절을 완성하셨다. 예수님은 오순절 성령감림으로 우리와 영으로 항상 함께하시는 임마누엘의 하나님이 되신 것이다. 예수님은 70이레의 침묵기로 오순절기 중인 지금 성령으로 지상 사역을 하시는 중이다.

"내가 아버지께 구하겠으니 그가 *또 다른 보혜사를 너희에게 주사 영원토록 너희와 함께 있게* 하리니 그는 진리의 영이라 세상은 능히 그를 받지 못하나니 이는 그를 보지도 못하고 알지도 못함이라 그러나 너희는 그를 아나니 *그는 너희와 함께 거하심이요 또 너희 속에 계시겠음이라*"(요14:16-17)

"오순절 날이 이미 이르매 그들이 다같이 한 곳에 모였더니 *홀연히 하늘로부터 급하고 강한 바람 같은 소리가 있어 그들이 앉은 온 집에 가득하며 마치 불의 혀처럼 갈라지는 것들이 그들에게 보여 각 사람 위에 하나씩 임하여 있더니* 그들이 다 성령의 충만함을 받고 성령이 말하게 하심을 따라 다른 언어들로 말하기를 시작하니라"(행2:1)

② 오순절은 이방인의 때

단9:26절로 이스라엘은 황폐케 되었으나 오순절이 시작되어 이방인의 때가 열린 것이다. 그러나 지금은 이스라엘 건국으로 이스라엘의 육적 회복이 이루어진 징조가 나타난 시대다. 간격시대인 이방인의 때, 교회시대, 은혜시대, 성령시대도 끝나가고 있다.

"형제들아 너희가 스스로 지혜 있다 하면서 이 신비를 너희가 모르기를 내가 원하지 아니하노니 이 신비는 *이방인의 충만한 수가 들어오기까지* 이스라엘의 더러는 우둔하게 된 것이라"(행11:25)

"그들이 칼날에 죽임을 당하며 모든 이방에 사로잡혀 가겠고 예루살렘은 *이방인의 때가 차기까지* 이방인들에게 밟히리라"(눅21:24)

3) 가을절기 - 유대인과 관련된 절기 (단9:27절후에 성취)

가을 절기는 단9:27절의 시대가 지난 후에 성취 된다. 마지막 적그리스도의 통치 7년을 마치는 때다. 하나님께서 정하신 70이레가 끝나는 시점부터 주님 지상 재림인 나팔절이 시작되고 속죄일과 초막절이 완성된다. 예수님은 7대 지상 사역 중 4개의 절기를 통해 완성하셨다. 이제 3개의 가을 절기가 남았다. 봄 절기와 같이 가을 절기도 실제 그대로 이루실 것이다.

이제 남은 절기는 표면적으로 오로지 유대인과 관련되어 있다. 가을 절기는 하나님께서 이스라엘 조상들에게 주신 언약과 깊은 관련이 있기 때문이다. 이 가을 절기가 성취되어야 아브라함의 횃불언약과 다윗언약이 성취된다. 그리고 남은 절기가 더욱 중요한 것은 다니엘이 주여 3창으로 간구한 간절한 회개기도가 비로소 응답되기 때문이다. 가을 절기는 모두 유대인들의 간절한 기도와 소망 메시아 왕국 건설을 이루기 위한 시작이다.

① 나팔절 - 7월 1일

심판의 왕으로 오시는 예수님의 지상 재림이다. 이스라엘 백성들은 전쟁이나 국가에 대사가 있을 때 나팔을 불었다. 그들은 나팔 절에 100번의 나팔을 불며 주님의 지상 재림을 예행연습하고 있다. 그러나 그들은 승천하신 주님의 재림을 기다리는 것이 아니다. 초림의 메시아를 아직도 믿지 않는 그들이기 때문이다. 유대인들은 후3.5년에 들어가서야 비로소 민족적으로 초림의 메시아께로 돌아온다. 그리고 주님은 나팔 절에 천사장의 나팔과 함께 오실 것이다.

마24:29-31절은 주님의 지상 재림 상황이다. 주님은 반드시 나팔 절에 오신다. 예수님이 탄생하실 때도 하늘에 징조가 있었듯이 다시 재림으로 오실 때도 하늘에 징조가 있을 것이다. 예수님이 탄생하실 때는 이 땅의 백성들에게 기쁨의 징조였으나 다시 오실 재림의 징조는 이 땅에 사는 모든 사람에게 크고 무섭고 두려운 징조가 될 것이다. 나팔 절은 뒤에서 절기의 예표와 관련해서 다시 볼 것이다.

"그 날 환난 후에 즉시 해가 어두워지며 달이 빛을 내지 아니하며 별들이 하늘에서 떨어지며 하늘의 권능들이 흔들리리라 그 때에 인자의 징조가 하늘에서 보이겠고 그 때에 땅의 모든 족속들이 통곡하며 그들이 *인자가 구름을 타고 능력과 큰 영광으로 오는 것을 보리라* 그가 *큰 나팔소리와 함께* 천사들을 보내리니 그들이 그의 택하신 자들을 하늘 이 끝에서 저 끝까지 사방에서 모으리라"(마24:29-31)

② 속죄일 - 7월 10일

대 속죄일 이라고도 불리는 속죄일은 1년 중 가장 크고 엄숙한 절기다. 대제사장은 백성의 죄를 속하기 위해 속죄의 피를 들고 홀로 지성소에 들어가 제사를 드린다. 이날은 이스라엘 백성이 1년 동안 범한 모든 죄를 속죄함 받는 회복의 날이다. 이 절기를 해마다 반복하고 있다. 그러나 예수님은 십자가를 지심으로 우리 죄를 단번에 대속 하셨다. 염소와 송아지의 피가 아닌 자신의 피를 가지고 단번에 지성소로 들어가셔서 영원한 구속을 이루셨다.

"일곱째 달 열흘날은 속죄일이니 너희는 성회를 열고 스스로 괴롭게 하며 여호와께 화제를 드리고 이 날에는 어떤 일도 하지 말 것은 *너희를 위하여 너희 하나님 여호와 앞에 속죄할 속죄일이 됨이니* 이 날에 스스로 괴롭게 하지 아니하는 자는 그 백성 중에서 끊어질 것이라"(레23:27-29)

"그리스도께서는 장래 좋은 일의 대제사장으로 오사 손으로 짓지 아니한 것 곧 이 창조에 속하지 아니한 더 크고 온전한 장막으로 말미암아 염소와 송아지의 피로 하지 아니하고 *오직 자기의 피로 영원한 속죄를 이루사 단번에 성소에 들어가셨느니라*"(히9:11-12)

이스라엘 백성은 마지막 이레 후3.5년의 대 환란을 겪으면서 민족적 회개가 있을 것이다. 주님이 지상 재림 하실 때 유대인들은 회개하고 애통하며 하나님께로 돌아온다. 메시아를 그들의 구주로 영접함으로 회복될 것이다.(슥12:10-13:1) 이날은 특별히 70이레와 관련하여 이스라엘 백성들에게 단9:24이 성취되는 날이다. 다니엘의 민족을 위한 간절한 기도가 응답을 받는 날이다. 허물이 그치고 죄가 끝나고 죄악이 용서되는 날이다. 유월절이 온 인류를 위한 속죄 절기라면 속죄일은 유대민족을 위한 속죄절기다. 속죄일이 없다면 메시아를 십자가에 못 박은 유대인의 죄는 속죄 받을 길이 없다.

③ 초막절(장막절, 수장절) - 7월15~21일 + 8일째 큰 성회

초막절은 메시아 7대 사역의 완성으로 메시아 왕국이다. 초막절은 이스라엘 백성이 광야에서 방황하는 동안 하나님의 보호와 해방을 기념하는 날이다. 이 절기를 통해 광야의 고통을 기억하기 보다는 광야에서 보호하신 하나님의 은혜를 감사한다. 그 때처럼 초막을 짓고 광야생활을 재현하므로 초막절, 장막절이라고도 하였다. 속죄일을 지나고 하나님의 은혜를 돌아보며 감격해하는 년 중 마지막 절기다.

또한 일 년 중 마지막 추수의 계절을 맞아 올리브와 포도 등을 모두 추수하여 곳간에 수장하니 수장절이라고도 하였다. 초막절 기간 중에는 노동이 금지되었고 첫 날과 여덟째 날에는 성회로 모였다. 초막절은 7일간 지켰으나 8일째에 또 하루를 더 성회로 모이고 각각 집으로 돌아갔다. 이것은 바로 천년 왕국, 초막절이 끝나고 제 8일은 영원한 천국, 영원한 집으로 들어가는 예표다. 여덟째 날의 장엄한 성회는 영원한 생명의 기쁨이 주어지는 희락의 날이다.

"이레 동안에 너희는 여호와께 화제를 드릴 것이요 *여덟째 날에도 너희는 성회로 모여서 여호와께 화제를 드릴지니* 이는 거룩한 대회라 너희는 어떤 노동도 하지 말지니라"(레23:36)

초막절은 성도들이 썩지 않는 하늘 천국의 장막에서 영원히 안식하며 기쁨으로 살 것을 예표 한다. 초막절을 통해 보는 또 하나 하나님의 은혜가 있다. 이 땅의 초막집은 우리 손으로 나무 가지를 가져다가 지어야한다. 그러나 하늘의 장막, 하늘에 있는 우리의 집은 아버지께서 준비해 주신다. 그 집의 크기는 우리가 이 땅에서 올려 드리는 수고에 따라 다를 것이다.

"내가 들으니 보좌에서 큰 음성이 나서 이르되 보라 *하나님의 장막*이 사람들과 함께 있으매 하나님이 그들과 함께 계시리니 그들은 하나님의 백성이 되고 하나님은 친히 그들과 함께 계셔서"(계21:3)

초막절은 메시아, 기름부음 받은 자의 사역 중 왕의 사역의 완성이다. 예수님은 3년 동안 천국 복음 선포로 선지자의 사역을 완성하셨다. 3일 동안 속죄 제물이 되셔서 제사장의 사역을 완성하셨다. 그리고 마지막 메시아 왕국의 천년 통치로 왕 중 왕의 사역을 완성하게 된다. 70이레와 관련하여 초막절은 단9:24절 예언의 총체적 완성이다. 24절 끝에 거룩한 곳에 기름이 부어져 거룩하게 성별되는 성전이 있다. 바로 천년왕국의 에스겔 성전이다. 하나님은 70이레 끝에 이 땅에 천국을 이루신다. 그 땅의 천국을 유대인들은 메시아 왕국이라 하며 이방인들은 천년왕국이라 한다. 바로 이 초막절을 완성으로 메시아의 7대 지상사역이 종료된다. 또한 천년왕국을 마치면 시간의 세계 물질 세계는 종료하게 된다. 영원한 세계로의 새로운 시작이기 때문이다.

4) 절기의 주체와 예표

절기에는 절기를 이루시는 주체가 있고 절기가 주는 예표가 있다. 물론 절기를 통해 보는 영적 의미는 더욱 깊다. 필자의 견해로 절기가 주는 영적 의미를 가장 깊이 있게 다룬 것이 전광훈 목사님의 7대 명절 설교다. 물론 7대 절기에 대한 전체적 해석이 필자와 약간 다른 부분이 없지는 않다. 필자는 본 단원에서 절기에 대한 영적 해석 보다는 절기 자체의 문자적 해석에 집중하고 있다. 절기의 주체와 예표를 구분하지 못하는데서 오는 오류가 있기 때문이다. 70이레의 마지막 주제로 이 부분을 살펴보고자 한다.

① 절기의 주체

주님의 지상 사역인 절기를 이루시는 주체는 예수님이다. 그러므로 모든 절기는 오직 주님께 초점을 맞추어야 한다. 지금까지 성취된 절기는 날짜가 단 하루도 틀림없이 정확하게 이뤄졌다. 초실절에 부활 하시고 40일을 머무신 이유는 여러 가지가 있다. 그러나 가장 정확한 이유는 오순절을 이루시기 위함이다. 부활 후 7주가 지나고 50일째 되는 오순절을 성취해야 한다. 그래서 주님은 오순절까지 10일을 남겨두시고 승천하셨다.

승천 하실 때 제자들에게 예루살렘을 떠나지 말고 기다리라고 부탁하셨다. "너희는 몇 날이 못 되어 성령으로 세례를 받으리라"(행1:5) 그 몇 날이 10일이다. 부활하신 몸으로 40일과 승천하신 후 10일은 부활 후 50일째 되는 날로 정확히 오순절을 이루셨다. 절기의 주체를 알았더라면 감람산에서 주님의 승천을 보았던 500여 형제들은 모두 예루살렘을 떠나지 않았을 것이다. 10일만 기다리면 되는 것이었다. 그들이 떠나지 않고 모두 성령을 받았더라면 역사는 또 달라졌을 것이다. 그 몇 날을 기다리지 못하고 120명 외에는 모두 떠나버린 것이다.

절기의 주체를 가장 많이 오해하는 절기가 바로 나팔절이다. 나팔절은 주님의 지상 재림이다. 그러므로 나팔절은 주님의 지상 재림에 초점이 맞추어져야 한다. 절기의 주체를 잘 못 이해함에서 오는 문제는 나팔절에 휴거가 있다는 주장이다. 나팔절은 분명히 휴거와 관련이 있다. 그러나 휴거는 나팔절을 성취하는 주체가 아니다. 휴거의 환난 통과 설을 지지하는 이들은 주님의 공중 강림과 지상 재림을 나누지 않는다. 더 정확히 말하면 공중강림은 없다고 한다. 그들은 오직 지상 재림뿐이라 강조한다. 여기서 지상 재림은 나팔절로 이루실 주님의 지상 사역이다. 그러나 공중 강림은 지상 사역이 아니다. 성경에는 분명하게 공중 강림과 지상 재림을 기록하고 있다. 공중강림과 지상 재림의 차이를 예를 들어 보겠다.

마25장의 열 처녀 비유는 주님 공중강림 때 있을 휴거를 알리기 위한 비유다. 공중강림 때 예수님은 공중으로 오신다. 살전4:16-17에 우리를 공중으로 끌어 올릴 때도 주님은 공중에 계신다. 계14:14에는 인자와 같으신 주님께서 추수하시기 위해 구름 위 공중으로 내려오신다. 이때 예수님은 머리에 금 면류관을 쓰셨다. 이 면류관은 영광과 승리의 관인 스테파노스다. 이때 주님이 스테파노스를 쓰신 이유가 있다. 휴거로 끌려 오려지는 자들은 승리한 영광스러운 자들이기 때문이다. 또한 공중 강림으로 오시는 예수님 신분은 신랑으로 비유된다.

계19:11절부터 주님이 지상에 재림하시는 장면이 나온다. 마24:29-31절도 지상 재림 장면이다. 두 곳의 말씀은 분명히 나팔절 지상 재림이다. 여기서 공중강림과 다른 면을 살펴보자. 계19:12절 예수님의 머리에 많은 관이 있다. 이 관은 디아데마로 왕들, 통치자들이 쓰는 왕관이다. 공중강림 때와는 다른 면류관이다. 또한 신분은 신랑이 아니라 왕 중 왕으로 오신다. 장소는 공중이 아니라 땅으로 오신다. 이처럼 공중강림과 지상 재림의 분명한 말씀이 있음에도 불구하고 공중강림을 부정한다. 공중강림을 부정하면 절기의 주체를 바르게 이해 할 수 없고 오직 나팔절을 휴거에만 맞추게 된다. 공중강림과 지상 재림을 간단히 정리하면 다음과 같다.

공중 강림 - 공중으로 오신다. / 신랑으로 오신다. / 스테파노스 쓰고 오신다.
지상 재림 - 땅으로 오신다. / 왕으로 오신다. / 디아데마 쓰고 오신다.

② 절기의 예표

절기 자체는 주님이 이루시지만 절기가 주는 예표가 있다. 특징은 절기 예표는 휴거에 초점이 맞춰져있다는 것이다. 절기의 예표를 이해하면 세 번의 휴거도 이해 할 수 있다. 언젠가 유튜브에서 페리스톤 목사님의 절기를 통한 세 번의 휴거 강의를 들었다. 그 목사님은 휴거와 관련된 절기는 유월절, 오순절, 초막절이라고 했다. 예수님의 십자가 사건인 유월절은 휴거와 거리가 있어 보인다. 또 휴거는 하루에 일어나는 사건이다. 초막절은 7일간 있는 절기며 8일째 큰 성회로 하루를 더 하는 절기다.

필자는 페리스톤 목사님 주장과 좀 다르다. 필자는 휴거를 예표 하는 절기는 초실절, 오순절, 나팔절로 본다. 여기서 절기를 휴거와 깊이 연관하면 이해하기 복잡할 것이다. 휴거는 휴거 단원에서 다루었으니 여기서는 절기의 예표만 간단히 기억해 두자.

㉠ 초실절 - 첫 열매가 성전으로 들어가는 첫 번째 휴거 예표

초실절은 보리추수로 첫 번째 대환난 전 휴거를 예표 한다. 예수님은 부활의 첫 열매가 되셨다. 성도의 부활은 동시에 휴거를 의미한다. 자던 자들이 먼저 일어나 휴거되기 때문이다. 레위기에는 첫 추수한 곡식 한 단을 성전 제사장에게로 가져간다. 계12:5절에 첫 번째 휴거에 참여하는 자들이 성전에 계시는 하나님 보좌 앞으로 올려간다. 계14:4절에는 첫 번 휴거에 참여한 자들을 처음 익은 열매라고 한다. 모두 첫 열매를 드리는 절기 초실절과 관련된다.

"이스라엘 자손에게 말하여 이르라 너희는 내가 너희에게 주는 땅에 들어가서 너희의 곡물을 거둘 때에 너희의 *곡물의 첫 이삭 한 단을 제사장에게로 가져갈 것이요*"(레23:10)

"여자가 아들을 낳으니 이는 장차 철장으로 만국을 다스릴 남자라 *그 아이를 하나님 앞과 그 보좌 앞으로 올려가더라*"(계12:5)

"이 사람들은 여자와 더불어 더럽히지 아니하고 순결한 자라 어린 양이 어디로 인도하든지 따라가는 자며 사람 가운데에서 속량함을 받아 *처음 익은 열매*로 하나님과 어린 양에게 속한 자들이니"(계14:4)

ⓛ 오순절 - 공중으로 올라가는 두 번째 휴거 예표
오순절은 밀 추수로 두 번째 대환난 중 휴거의 예표다. 다수의 휴거로 대대적 추수가 이루어진다. 계14:16절에는 땅의 곡식을 추수하는 장면으로 두 번째 휴거를 묘사하고 있다.
"또 다른 천사가 성전으로부터 나와 구름 위에 앉은 이를 향하여 큰 음성으로 외쳐 이르되 당신의 낫을 휘둘러 거두소서 *땅의 곡식이 다 익어 거둘 때가 이르렀음이니이다* 하니 *구름 위에 앉으신 이*가 낫을 땅에 휘두르매 *땅의 곡식이 거두어지니라* "(계14:15-16)

ⓒ 나팔절 - 땅에서 천년왕국으로 옮겨지는 세 번째 휴거 예표
나팔절은 세 번째 마지막 환난통과 휴거를 예표 한다. 앞에서 다루었지만 나팔절의 초점은 예수님의 지상 재림이다. 그러나 나팔절이 주는 예표는 세 번째 마지막 휴거에 해당한다. 절기의 주체와 예표를 구분하지 못하는데서 오는 가장 큰 오류는 나팔절에 휴거에 있다는 주장이다. 이 문제는 공중강림과 지상 재림을 구분하지 않는 것과도 연관된다. 일반적으로 나팔절에 공중 휴거와 함께 지상 재림이 있다고 한다. 그들이 근거로 하는 살전 4:16-17절은 두 번째 공중 휴거에 해당한다. 주님이 공중에 강림하시는 날은 나팔절이 아니다. 나팔절은 주님 지상사역이기 때문에 지상으로 재림하시는 절기다. 그러나 공중 강림은 지상 사역이 아니다.

나팔절을 휴거에 맞추고 있는 또 하나의 오류가 있다. 고전15:51절의 마지막 나팔은 나팔절에 부는 100째 나팔이라는 주장이다. 그러므로 나팔절의 100번째 마지막 나팔에 휴거가 있다는 주장이다. 이들은 고전15:51의 마지막 나팔을 계시록의 7째 나팔로 인정하지 않는 자들이다. 이러한 주장은 여러 가지 문제가 있다. 이 문제는 뒤에 휴거에서 또 나오지만 여기에서 한 번 인지하고 가면 뒤에 휴거에서 복습의 효과가 있을 것 같아 먼저 언급하고자 한다.

유대인들은 나팔절에 네 종류의 나팔을 분다. 데키야 33회, 왕이 오신다. 쉐바림 33회, 회개하라. 테루하 33회, 깨어나라. 데키야 하가돌라 1회, 이리로 올라오라. 총 100번의 나팔을 분다. 여기서 데키야 하가돌라는 100뻔째 부는 나팔 절기의 마지막 나팔이다. 이 나팔이 고전15:51절의 마지막 나팔이라는 것이다. 이렇게 나팔절을 휴거에 초점을 두고 있는 이들은 해마다 나팔절이면 휴거를 준비한다. 휴거가 없으면 또 내년 나팔절에 휴거가 있을 것이라 한다. 해마다 나팔절이면 100번째 마지막 나팔이 불려 질 때마다 그들은 초긴장을 한다.

이것은 무엇이 문제인가? 나팔절을 성취하는 주체를 예수님께 두지 않기 때문이다. 나팔절은 세 번째 휴거의 예표다. 휴거는 나팔절을 이루는 주체가 아니다. 성도의 휴거 나팔은 천사들이 분다. 나팔절에 유대인들이 부는 나팔이 아니다. 휴거나팔은 해마다 반복하여 불지 않는다. 휴거되는 어느 날 하루에만 불어진다. 다만 휴거가 있는 첫 번째, 두 번째, 세 번째에 휴거 나팔이 있을 뿐이다.

마지막으로 중요한 것이 있다. 70이레와 함께 가는 7대 절기의 예표가 휴거에 초점이 맞추어져 있는 것은 또 하나의 의미가 있다. 이것은 휴거는 간격시대 일어나지 않는다. 좀 더 정확한 표현을 하자면 마지막 7년 전에 결코 휴거는 없다. 세대주의 환난 전 휴거를 주장하는 이들은 마지막 7년이 시작되기 전 휴거가 있다고 한다. 휴거는 단9:27절의 시대 안에서 일어난다. 휴거는 마지막 한 이레 안에 후3.5년이 시작되는 시점부터 일어난다. 휴거가 일어난다고 나팔절이 성취되는 것은 아니다. 나팔절 성취는 단9:27절을 마치는 시점에 주님 지상 재림으로 성취되기 때문이다.

짐승제국(신세계질서-New World Order)과 적그리스도

본 단원은 메시아 나라와 대조되는 짐승제국의 역사 끝에 임하는 천국이 정표다. 메시아 왕국도 그 나라의 통치자 메시아가 있다. 짐승제국에도 그 제국의 통치자 적그리스도가 있다. 다니엘서는 심판사의 중심에 있는 사단의 짐승제국과 적그리스도를 중심으로 천국이정표를 보여주고 있다. 총 12장으로 되어 있는 다니엘서는 2, 7-9, 11-12장까지 총 여섯 장이 천국이정표다. 동상과 환상 예언으로 크게 세 개의 기둥이다. 다니엘서 전체가 주는 메시지는 마지막 끝에 메시아 재림으로 최후 사단의 짐승제국 심판이다. 그리고 이 땅의 천국인 메시아 왕국이 임할 것을 예언하고 있다.

우리는 마지막 때를 연구하면서 다니엘서에 등장하는 짐승제국의 현대 용어들을 이해해야 한다. 신세계정부 뉴 월드 오더(New World Order)는 NWO로 많이 사용한다. 또한 신세계질서, 세계통일정부 이런 용어들은 모두 최후 완성되는 짐승제국을 지칭하는 현대용어들이다. 또한 이러한 정부를 이끌어가는 주체들이 있다. 성경에는 애굽의 바로, 산헤립, 느부갓네살등 짐승제국의 왕들이다. 이와 같이 지금 세계정부를 준비하는 주체세력들이 있다. 그들은 우리 귀에 익숙한 딥스, 카발, 일루미나티, 프리메이슨, 하자리안 마피아등 글로벌 세력들이다.

다니엘서의 짐승제국들은 모두 멸망했다. 그러나 그들의 후예들은 지금 다른 옷으로 갈아입고 이 시대를 통치하고 있다. 현대는 이러한 세력들로 인해 다니엘의 짐승제국 완성 예언이 성취되어 가고 있는 과정이다. 다니엘의 짐승제국과 적그리스도를 들어가기 전에 창세기에 등장하는 이들의 뿌리를 먼저 살펴봐야 한다.

1. 니므롯과 세미라미스 그의 아들 담무스

4권으로 된 김성일씨의 소설 '홍수이후'는 창10장을 배경으로 하고 있다. 아주 오래 전 이 소설을 통해 니므롯과 세미라미스에 대해 대충 알고 있었다. 성경에는 니므롯의 아내 세미라미스에 대한 기록은 없다. 그러나 계17장은 큰 음녀 종교통합에 대한 심판기록이다. 이 음녀가 바로 종교적 적그리스도의 원형이 되는 세미라미스다. 이 가정은 온전히 사단에게 바쳐졌다. 남편 니므롯과 아들 담무스는 태양신으로 섬김 받는 정치적 적그리스도의 모형이다. 니므롯의 아내 세미라미스는 음녀로 종교적 적그리스도의 모형이다.

1) 니므롯 - 정치적 적그리스도의 모형

다니엘 2장에 등장하는 짐승제국과 적그리스도는 바벨론의 니므롯으로 올라간다. 제국을 다루기 전에 먼저 최초 제국을 세운 사람을 살펴보는 것이 중요하다. 사단은 가인을 그의 도구로 선택했다. 인류가 홍수로 멸망하자 다시 한 가문에서 한사람을 택하여 자신의 도구로 사용한다. 바로 노아의 둘째 아들 함의 가문이다. 그리고 함의 첫째아들 구스가 낳은 니므롯에게 적그리스도의 DNA가 심어진다.

① 세상에 첫 용사

'용사'의 히브리어 '깁보르'는 강력한, 용사, 폭군이다. 니므롯은 전제 군주로서 폭력으로 사람들을 제압하여 부족들을 점령했다. 주변의 70개국을 통일국가로 형성하는 데는 강력한 폭군의 기질 없이 불가능할 것이다. 니므롯의 '용사'는 하나님과 상관없는 자기 힘만 믿는 용사다.

"구스가 또 *니므롯*을 낳았으니 그는 *세상에 첫 용사*라 그가 *여호와 앞에서 용감한 사냥꾼*이 되었으므로 속담에 이르기를 아무든 여호와 앞에 니므롯 같이 용감한 사냥꾼이로다 하더라"(창10:8,9)

② 여호와 앞에 용감한 사냥꾼

'용감한'도 깁보르다. 니므롯이 하나님 앞에서 강력한, 힘센, 폭군의 사냥꾼이이라 함은 하나님과 니므롯의 관계를 말한다. 당시 바벨론은 비옥한 땅이지만 사나운 들짐승들이 들끓어 끊임없이 거민들의 안전과 평화에 지속적으로 위협이 되었다. 니므롯은 이러한 야수들로부터 거민들의 위협의 고통을 해결해 주는 해결사였다. 그는 들짐승들을 잡는 강력한 사냥꾼으로 유명하게 되었다. 이때 니므롯을 추종하는 거대한 무리가 형성된다. 세력과 권력이 형성되면서 니므롯은 영웅이 되었다.

이때 사람들은 어떠한 문제를 가지고 하나님 앞으로 나가지 않는다. 대신 힘세고 용감한 사냥꾼 니므롯을 의지하고 찾아간다. 니므롯은 사나운 짐승만 잡는 사냥꾼이 아니라 사람의 영혼을 낚는 사람이었다. 니므롯은 하나님께로 향하는 사람들의 마음을 도적질한 것이다. "여호와 앞에서"라 함은 여호와 하나님을 대적하는 의미다. 유대 백과사전에는 니므롯은 모든 백성들로 하여금 하나님을 대적하여 반역하도록 만든 사람이라고 한다. 역사가 요세푸스도 그 당시 사람들을 선동해서 하나님을 모독하고 경멸하게 한 사람은 분명히 니므롯이었다고 한다.

③ 바벨의 시초 세계 최초 통일정부 건설

니므롯은 당시 70개의 나라를 통일하여 최초 세계통일정부를 세웠다. 니므롯은 바벨론 제국을 건설한 인류 역사상 첫 영걸이요 첫 세계최초 제국의 왕이다. 그가 건설한 나라는 바벨론과 그 주변을 통일한 광대한 나라였다. 니므롯은 첫 용사에서 첫 왕으로 그리고 첫 번째 우상으로 사람이 신이 된 인물이다. 니므롯은 통일국가를 형성하고 자신을 신격화 했다. 하나님 자리에 앉아 하나님을 대적하고 백성들의 영혼을 도적질하였다. 그는 사람들을 하나님에게서 돌아서게 하는 적그리스도의 표상이 되었다. 니므롯은 백성들을 선동하여 바벨탑을 건설한다. 하나님 뜻에 대항하는 국가를 세우고 사람의 이름을 내려고 했다. 이 또한 하늘의 하나님께 대한 반역이다.

"*그의 나라는 시날 땅의 바벨*과 에렉과 악갓과 갈레에서 시작되었으며 그가 그 땅에서 앗수르로 나아가 니느웨와 르호보딜과 갈라와 및 니느웨와 갈라 사이의 레센을 건설하였으니 이는 큰 성읍이라"(창10:10-12)

"또 말하되 자, 성읍과 탑을 건설하여 *그 탑 꼭대기를 하늘에 닿게 하여 우리 이름을 내고* 온 지면에 흩어짐을 면하자 하였더니"(창11:4)

2) 세미라미스 - 종교적 적그리스도의 모형

① 처녀 마리아를 모방

세미라미스는 니므롯 사후에 남편 없이 아들 담무스를 낳는다. 남편의 씨가 아닌 아들이다. 이것은 마리아가 남자 없이 성령으로 메시아를 잉태하게 될 성경의 예언을 사단이 모방한 것이다. 사도신경 안에 있는 큰 오류중의 하나이다. 카토릭은 사도신경 안에 처녀 대신 동정녀로 대체했다. 성경에는 동정녀라는 용어 자체가 없다. 성경의 예언은 '처녀'가 잉태하여 아들을 낳는다.(사7:14) 마리아는 정혼 자가 있었으나 아직 남자를 알기전인 처녀다. 사단은 남편이 있었던 세미라미스를 처녀 마리아로 둔갑시켜야 한다. 사단은 세미라미스를 마리아로 둔갑시키기 위해 처녀라는 용어 대신 교묘히 동정녀로 바꾼 것이다.

우리는 일반적으로 동정녀는 남자를 알기전의 여자로 이해한다. 그러나 카토릭의 동정녀는 평생 남자를 알지 못하는 처녀다. 즉 평생 결혼하지 않는 처녀다. 그러므로 카토릭의 동정녀 마리아는 종신처녀를 의미한다. 카토릭은 마리아를 신격화하기 마리아 학을 만들어 가르친다. 마리아 종신 처녀 설, 마리아 승천 설, 마리아 무죄 잉태 설, 마리아 하나님 어머니 설 등이다. 그러나 기독교의 마리아는 분명히 종신처녀로서의 동정녀가 아니다.

② 모자 숭배사상을 전 세계로 확산시켰다.

세미라미스는 어린 아들을 왕위에 올리고 자신은 수렴청정으로 통치자의 실세가 된다. 그녀는 남편 니므롯의 시신을 70개로 토막을 냈다. 그리고 당시 니므롯이 통치하던 70개의 나라에 그 시신 토막을 하나씩 보냈다. 그리고 이렇게 명령했다. "니므롯이 죽어 태양신이 되었다. 니므롯의 시신 조각이 있는 곳마다 태양신전을 세우라." 그리고 니므롯은 태양신(라, Ra)으로 자신은 여신(이시스, Isis)으로 섬기게 했다. 그의 아들 담무스는 니므롯이 환생했다는 호루스(Horus)신이다. 그리고 자신과 아들을 신으로 섬기라고 명령했다. 이것이 엄마가 아들을 안고 있는 모자 신 숭배의 시초다. 이렇게 세미라미스는 모자 신 숭배사상을 세계로 확산시킨 주역이다. 그러므로 많은 이방 종교에는 엄마가 아들을 않고 있는 우상이 있다.

카토릭에서 아들 예수보다 모친 마리아가 더 위에 있는 이유가 있다. 세미라미스가 실제 통치자가 되니 권력이 아들보다 위에 있다. 카토릭에서는 대부분 예수님은 엄마 품에 있는 어린 아기며 나약한 아들이다. 반면에 마리아는 성모라 하여 아들보다 위에 있다. 세미라미스로 인해 모자 신 숭배사상은 바벨론으로부터 시작된 세계 이방종교의 뿌리가 되었다. 모자 신 숭배는 세계로 퍼지면서 각 나라마다 이름만 달랐다. 아래 세계의 모자 신중에 우리에게 익숙한 이름들을 진하게 표시했다. 그러나 모두 세미라미스와 담무스의 다른 이름들이다. 이 모자 신 숭배사상은 훗날 카토릭으로 들어와 아기 예수와 마리아로 둔갑했다. 결국 니므롯의 아내 세미라미스는 종교적 적그리스도의 뿌리가 된 것이다.

바벨론 – 세미라미스와 담무스, 중국 – 싱무와 그의 아들, 고대독일 – 헤르다와 그의 아들, 스칸디나비아 – 디사와 그의 아들, 에투루리아 – 누트이라와 그의 아들, 드루이족 – 비리고 파리투라와 그의 아들, *에베소 – 아데미와 그의 아들*, 수메르 – 나나와 그의 아들, 인도 – 이쉬와 이스와라, 소아시아 – 카벨레와 디오이우스, *이탈리아 – 마돈나와 그의 아들*, 페키니아 – 바다의 여인과 그의 아들, *고대로마 – 비너스와 쥬피터*, *이스라엘 – 아스다롯과 담무스*, *그리스 – 다이아나나스와 아티스*, *이집트 – 아시스와 호러스 (전시안, 호러스) 로마카톨릭 – 마리아와 그의 아들 예수* 등이 모두 바벨론에서 출발한 태양신, 모자 신 숭배사상이다.

이처럼 남편 니므롯은 정치적 적그리스도로 아내 세미라미스는 종교적 적그리스도로 발전해 갔다. 또한 짐승국가에서 출발하여 이방종교로 발전해가는 모습이다. 모두가 하나님을 대적하는 사단의 역사다. 최초의 하늘에서 자기가 하나님이 되려고 하나님께 도전했던 사단이다. 이후 에덴동산에서 아담과 하와에게 신이 되라고 미혹하여 하나님께 도전하게 했다. 그리고 홍수이후 니므롯에게 들어와 바벨탑을 쌓아 또다시 하나님께 도전했다. 사단은 실제 바벨탑은 실패하였으나 포기하지 않았다. 그러나 인류 역사 마지막까지 영적 바벨탑을 쌓고 있다. 그러나 큰 음녀는 계17장에서, 큰 성 바벨론은 계18장에서 완전히 멸망하게 된다.

2. 일곱 머리 열 뿔 짐승제국의 역사

일곱 머리 역사는 심판사의 중심에 있는 짐승제국의 역사다. 애굽, 앗수르, 바벨론, 메대바사, 헬라, 로마, 신로마(NWO) 제국이다. 다니엘서에는 '열 뿔' 용어는 있지만 '일곱 머리'라는 용어는 등장하지 않는다. 다니엘서는 애굽과 앗수르 두 개의 머리가 지나고 세 번째 머리 바벨론부터 시작한다. 그리고 남은 머리는 아직 완성되지 않았기 때문이다. 일곱 머리 열 뿔이라는 용어는 성경에 그것도 요한계시록에만 총 4회 나온다. 일곱째 머리까지 완성된 후 계12:3절에 처음 등장한다. 그리고 계13:1, 계17:3,7절이다.

필자는 일곱 머리 열 뿔을 제대로 이해하고 있는 해설을 들어보지 못했다. 일곱 머리의 완성은 제국 심판사의 완성이다. 지금 필자가 이해하고 있는 일곱 머리 열 뿔은 분명히 성령의 조명이라고 믿는다. 아마도 독자들께서도 정확한 해석이라고 동의하게 될 것이다. 일곱 머리 열 뿔을 먼저 이해하고 다니엘의 짐승제국을 들어가고자 한다.

1) 일곱 머리 제국

세상에는 일곱 제국 외에도 많은 제국들이 있다. 그러나 다니엘에 등장하는 일곱 개의 제국은 구속사 중심에 있는 이스라엘과 관련된 제국들이다. 일곱 머리에 대한 해석은 다양하다. 요즘은 미국이 6번째 머리라는 주장이 의외로 많다. 일곱 머리는 일곱 제국이다. 그러므로 미국은 일곱 머리 제국 안에 들지 않는다. 지금까지 여섯 번째 머리인 로마 제국까지 지나갔다. 지금은 구약의 제국시대가 아니다. 교회시대이며 간격시대다. 이제 간격시대를 지나면 마지막 머리 일곱 번째 제국 NWO가 등장 할 것이다. 온 인류가 가장 넘기 힘든 제국의 산이다.

여러 해석에서 일곱 머리 열 뿔을 제대로 풀지 못하는 이유가 있다. 매우 중요한 이유는 일곱 머리라는 하나의 주제로만 보기 때문이다. 예를 들어 애굽부터 마지막 제국까지 일곱 제국으로 만 보기 때문이다. 또 하나 일곱 머리를 로마의 일곱 언덕, 혹은 일곱 황제로 보는 견해다. 이렇게 하나의 주제로만 보면 일곱 머리 열 뿔은 결코 풀리지 않는다. 일곱 머리 열 뿔을 가장 정확하게 알려주는 곳이 계17장이다. 계17장에는 일곱 머리를 푸는 열쇠가 있다. 일곱 머리를 푸는 키는 바로 '**일곱 머리는 일곱 산과 일곱 왕**'이다.

"그 *일곱 머리*는 여자가 앉은 *일곱 산*이요 또 *일곱 왕*이라..."(계17:9,10)

일곱 머리는 일곱 산과 그리고 일곱 왕, 이렇게 둘로 나누어 풀어야 한다. 이것은 나라와 왕을 함께 보는 원리다. 메시아 나라가 있고 그 나라의 왕 메시아가 있다. 이것을 메시아 왕국이라 한다. 이와 같은 원리로 일곱 머리는 일곱 산이 있고 일곱 왕이 있다. 이 둘이 하나가 되어 이끌어 가는 역사가 일곱 머리 역사다. 일곱 머리를 동 시대에 함께 나타나는 국가들로 보는 견해도 있다. 현재 어느 어느 국가들이 일곱 머리는 해석도 있다. 그러나 일곱 머리는 결코 동시대에 함께 나타날 수 없다. 시대마다 등장한 제국은 다음 제국에 의해 멸망한다. 그러나 그 제국들의 영적 영향력은 해당 시대에 끝나지 않는다. 계속 다른 국가의 옷을 입고 역사에 이어져 온다. 그리고 마지막 때는 지나간 제국의 모든 영향력을 가진 강력한 일곱째 제국이 등장하는 것이다. 일곱 산과 일곱 왕을 먼저 이해하자.

① 일곱 산 – 일곱 개의 적그리스도 짐승제국을 가리킨다.

일곱 산은 일곱 개의 적그리스도 국가, 제국이다. 애굽, 앗수르, 바벨론, 메대바사, 헬라, 로마, 신로마(NWO)는 일곱 개의 산이다. 아래의 말씀을 풀어본다.

"지혜 있는 뜻이 여기 있으니 그 일곱 머리는 여자가 앉은 일곱 산이요 또 일곱 왕이라 *다섯은 망하였고 하나는 있고 다른 하나는 아직 이르지 아니하였으나 이르면 반드시 잠시 동안 머무르리라*"(계17:9-10)

㉠ **다섯은 망하였고** - 애굽, 앗수르, 바벨론, 메대바사, 헬라는 망했다.
㉡ **하나는 있고** - 로마 / 요한이 계시를 받던 시대의 제국이 로마였다.
㉢ **다른 하나는 아직 이르지 아니하였으나 이르면 반드시 잠시 동안(7년) 머무르리라** / 구 로마 판도에서 일어날 신 로마제국으로 미래의 최후 적그리스도 국가 신세계정부다. 여기까지가 일곱 산으로 일곱 제국이다.

다니엘 7장에 보면 네 짐승이 바다에서 올라온다. 이 때 올라오는 짐승이 네 개 제국의 머리다. 그런데 다니엘서에서 이 네 머리를 나라와 왕으로 분리하고 있다. 단7:17절에는 네 개의 제국을 통치할 **네 명의 왕**이라고 한다. 단7:23절에는 넷째 나라는 **땅의 넷째 나라**라고 한다. 다니엘의 네 번째 제국 로마다. 다니엘의 넷째 나라 로마는 일곱 머리 순서로 보면 6번째 머리다. 그러나 다니엘은 두 개의 머리 애굽과 앗수르가 지나갔다. 세 번째 머리 바벨론부터 시작하기 때문에 다니엘서의 로마는 네 번째 나라가 된다.

"그 네 큰 짐승은 *세상에 일어날 네 왕*이라"(단7:17) - 제국을 통치할 네 왕, 짐승을 말한다.

"모신 자가 이처럼 이르되 *네째 짐승은 곧 땅의 네째 나라*인데 이는 모든 나라보다 달라서 천하를 삼키고 밟아 부숴뜨릴 것이며"(단7:23) - 네 제국 중 넷째나라 로마를 가리킨다.

② **일곱 왕 - 일곱 제국을 다스리는 짐승(왕), 제국의 영적 통치자를 말한다.**
일곱 왕은 일곱 산을 통치하는 일곱 통치자다. 여기서 왕이라 함은 눈에 보이는 세상 왕이 아니다. 국가 뒤에서 조정하는 영적 존재로서 짐승, 통치자를 말한다. 성경은 세상을 통치하는 영적 통치자를 짐승이라 한다. 짐승이 통치하는 나라이니 짐승 제국이 되는 것이다. 애굽의 바로왕은 한명이 아니다. 그러나 애굽이라는 짐승 국가를 통치하는 영적 존재로서 짐승, 통치자는 하나다. 다른 제국들도 마찬 가지다. 이것을 이해 할 수 있는 곳이 다니엘 10장이다.

다니엘의 세 이레 기도 응답을 가지고 오던 가브리엘이 바사 왕국의 군주에게 21일 동안 잡혀 있었다. 이때 미가엘이 도와주므로 다니엘에게 왔다고 한다. 이 사건은 영적 세계의 사건이다. 가브리엘은 바사 군주에게 잡혀 있었다. 바사 군주는 바로 당시 바사국을 통치하던 영적 짐승인 통치자다. 메대와 바사제국에 여러 왕들이 있었으나 영적 짐승 군주는 하나였다.

"그런데 *바사 왕국의 군주*가 이십일 일 동안 나를 막았으므로 내가 거기 바사 왕국의 왕들과 함께 머물러 있더니 가장 높은 군주 중 하나인 미가엘이 와서 나를 도와 주므로"(단10:13)

"그가 이르되 내가 어찌하여 네게 왔는지 네가 아느냐 이제 내가 돌아가서 *바사 군주*와 싸우려니와 내가 나간 후에는 *헬라의 군주*가 이를 것이라"(단10:20)

단10:20절에 나오는 바사 군주 헬라 군주도 바로 영적 세계의 통치자를 가리킨다. 단10장은 바사 왕 고레스 3년의 일이다. 그러나 여기서 바사군주는 고레스가 아니라 일곱 머리 중 넷째머리 바사 국을 통치하는 짐승이다. 또한 헬라 군주는 다섯 번째 머리 헬라를 통치할 영적 군주 짐승이다. 이제 서서히 바사가 저물어 가고 헬라시대라 오는 것이다. 여기까지 간단히 표를 살펴보자. 일곱 머리로서의 순서와 다니엘의 순서를 잘 구분해서 보아야 한다.

▶일곱 산 일곱 왕의 역사

일곱 머리	일곱 산 (제국)	일곱 왕 (영적 통치자)		다니엘의 순서	
1째 머리	애굽	애굽 군주	첫째 왕	두 머리 지나고 시작	세상에 일어날 네 왕 (단7:17)
2째 머리	앗수르	앗수르 군주	둘째 왕		
3째 머리	바벨론	바벨론 군주	셋째 왕	첫째짐승	첫째 왕
4째 머리	메대바사	메대바사 군주 (단10:20)	넷째 왕	둘째짐승	둘째 왕

일곱 머리	일곱 산 (제국)	일곱 왕 (영적 통치자)		다니엘의 순서	
5째 머리	헬라	헬라 군주 (단10:20)	다섯째 왕	셋째짐승	셋째 왕
6째 머리	로마	로마 군주	여섯째 왕	넷째짐승 (단7:19)	넷째 왕
7째 머리	신로마(NWO) 세계통일정부	전3.5년 군주	7째 왕	열 뿔 짐승	작은 뿔, 다른 뿔
		후3.5년 군주	8째 왕		

표를 잘 살펴보면 전체로 볼 때 일곱 산 일곱 왕인데 다니엘은 애굽과 앗수르 두 개의 산이 지나고 시작된다. 단7장에는 바다에서 나오는 네 짐승 중 첫째 짐승이 3째 머리 바벨론이다. 이것을 다니엘에서는 첫째 짐승이라고 한다. 사실상 7머리 순서로 보면 바벨론은 세 번째 산으로 셋째 짐승이다. 단7:19절에서 넷째 짐승 로마는 '세상에 일어날 넷째 나라'라고 한다. 그러나 다니엘의 넷째 나라 로마는 7머리 순서로는 6째 머리다. 여기서 **짐승국가**를 말하고 있다. 또한 단7:17절은 '세상에 일어날 네 왕'이라고 한다. **국가를 다스리는 왕**을 말하고 있다.

이들은 바벨론 군주, 메대바사 군주, 헬라 군주, 로마군주다. 이렇게 다니엘에는 네 개의 짐승 제국이 있다. 그리고 네 개의 제국의 통치하는 네 명의 영적 짐승인 왕이 있다고 기록하고 있다. 이 표를 유심히 살펴 볼 것이 또 있다. 산은 일곱인데 왕은 8째 왕이 있다. 대부분 8째 왕을 거의 정확히 풀지를 못한다. 7년의 세계 통치자는 우리 눈에 보이는 한 사람이다. 동일한 사람이지만 그 안에 역사하는 영적 통치자 짐승은 둘이다. 전3.5년은 7째 짐승이요 후3.5년은 8째 짐승으로 8째 왕이다. 과거의 여러 제국들은 눈에 보이는 여러 명의 왕들 있었으나 영적 통치자 짐승은 하나였다. 그러나 마지막 7년은 한명의 통치자에게 들어가는 짐승이 둘이다. 이제 계17장의 일곱 왕을 풀어갈 때 독자들의 이해가 쉬울 것이다. 계17장은 다니엘의 네 짐승이 아니라 계시록의 7머리의 관점에서 풀어야 한다. 계17:11절에서 드러내고자 하는 짐승은 8째 왕의 존재다. 후3.5년 8째로 등장하는 영적 통치자는 우상을 세워 신으로 등극한다.

"네가 본 짐승은 *전에 있었다가 지금은 없으나* 장차 무저갱으로부터 올라와 멸망으로 들어갈 자니 땅에 사는 자들로서 창세 이후로 그 이름이 생명책에 기록되지 못한 자들이 이전에 있었다가 지금은 없으나 장차 나올 짐승을 보고 놀랍게 여기리라....*전에 있었다가 지금 없어진 짐승은 여덟째 왕이니 일곱 중에 속한 자라 그가 멸망으로 들어가리라*"(계17:8,11)

㉠ 네가 본 짐승은 전에 있었다가 지금은 없으나

계17:11절에서 드러내고자 하는 짐승은 8째 왕의 존재다. 8째 왕은 7년 중 대 환난을 주도하는 적그리스도 우상이다. 후3.5년에 8째로 등극할 영적 통치자는 전에 있었던 짐승이다. 그런데 지금은 없다. 당시 로마는 여섯 번째 머리다. '전에 있었던'이란 지난 다섯을 가리킨다. 애굽, 앗수르, 바벨론, 메대바사, 헬라를 통치하던 다섯 짐승이다. 당시 로마를 통치하던 도미티안 황제 안에 있는 영적 통치자는 6째 짐승이다. 6째는 다섯 안에 있는 짐승이 아니다. 그러므로 지금 로마를 통치하는 짐승은 6째이기 때문에 지금 8째 짐승이 없다는 것이다.

㉡ 장차 무저갱이로부터 올라와 멸망으로 들어갈 자라(계17:8)

전에 다섯 중에 있었던 이 짐승은 8째 왕으로 또 등장하는데 결국 심판으로 멸망할 자다. 이 자는 주님께서 재림하심으로 아마겟돈 전쟁 끝에 불 못에 던져 저 멸망하는 적그리스도다.

㉢ 전에 있었다가 지금 없어진 짐승은 여덟째 왕이니 일곱 중에 속한자라(계17:11)

전에 있었다가 지금 없는 짐승은 여덟째 왕인데 일곱 중에 속한자다. 그렇다면 8째 왕은 일곱 중에 있는 하나와 동일한 짐승이다. 6째와 7째는 분명히 아니다. 로마 전에 있었던 자라고 했기 때문이다. 그렇다면 다섯 중에 어떤 짐승이 후3.5년에 적그리스도 안에 8째 왕으로 들어갈 것인가? 더욱 집중하여 볼 필요가 있다.

③ 일곱째 산에 속한 여덟째 왕의 정체

이 문제에서 7곱 머리를 로마의 일곱 황제로 보는 이들은 네로라고 한다. 네로의 영이 8째 왕으로 적그리스도 안에 들어온다는 것이다. 그러나 결코 어떤 사람의 영이 들어오는 것이 아니다. 로마는 6째 산으로 6째 짐승이 로마의 왕들 뒤에서 통치해 왔다. 네로 안에 있던 짐승도 6째 산의 6째 짐승일 뿐이다. 8째 왕에 대한 여러 가지 해석들이 있으나 필자가 깨달은 감동대로 풀어 나가고자 한다. 지난 다섯 중에 **후3.5년에 8째로 등장할 짐승은 바로 헬라짐승**이다. 여기서 꼭 기억할 것은 첫째부터 여덟째 까지 왕은 눈에 보이지 않는 영적 존재다.

④ 적그리스도 안에 헬라짐승이 8째 왕으로 들어오는 이유

7제국 외에도 많은 제국들이 있다. 그러나 성경에서 언급하는 일곱 제국은 구속사를 주도하는 이스라엘과 관련이 있는 제국들이다. 애굽은 히브리 인들을 노예로 삼았다. 앗수르는 북 왕국을 멸망시켰다. 바벨론은 남 왕국을 멸망시켰다. 메대와 바사의 하만은 유대인을 멸절하려했다. 헬라의 안티오쿠스 에피파네스는 2300주야 동안 이스라엘을 핍박했다. 로마의 디도장군은 예루살렘 성읍과 성소를 파괴시키고 예루살렘을 완전히 멸절시켰다. 이제 마지막 7째 제국인 NWO는 후3.5년에 이스라엘과 교회를 파멸 시키려 할 것이다. 이렇게 과거 여섯 제국이 이스라엘에게 행한 일들이 있다. 이중에 헬라 제국이 한 일을 주목하자. 헬라 제국이 했던 일을 일곱째 제국에 들어와서 다시 제현 되는 사건이 있다. 이해하기 쉽게 표를 만들어 보았다.

▶다섯째 헬라 짐승과 여덟째 NWO짐승 비교

다섯째 산의 5째 짐승 (표범 - 헬라)	일곱째 산의 8째 짐승 (10뿔 7머리 짐승)
스룹바벨 제2성전 중심으로	제3성전 중심으로
성전에 제우스 우상을 세움	성전에 적그리스도 우상을 세움
헬라의 신 제우스만 섬겨라	우상에게 경배하라
제사와 예물 금지	제사와 예물 금지
유대인 핍박	이스라엘과 교회 핍박
주전171-164년 6년 4개월 중	7년 한 이레 협정 중
주전 167-164년까지 본격적 신앙 탄압	후3.5년 본격적 대환 난 세계적 신앙탄압
다니엘 8장	요한계시록 13장

　　헬라의 5째 짐승이 NWO 8째 왕으로 재등장한다. 그리고 제3성전을 중심으로 이스라엘과 전 세계 교회를 탄압한다. 이것은 구약에서 안티오쿠스 에피파네스가 유대백성에게 했던 2300주야 신앙 탄압의 재현이다. 달라진 것이 있다면 탄압의 대상이 이스라엘에서 교회로 확대된다는 것이다. 8째 왕이 헬라짐승인 힌트는 계13:2절 표범에 있다. 계13장은 후3.5년에 등장하는 8째 짐승의 활동시대다. 단7장에 등장하는 네 짐승의 모양을 모두 합친 10뿔 7머리 짐승이다. 특히 이 짐승의 모양은 헬라의 표범과 비슷하다. 발은 메대 바사의 곰처럼 포악하다. 입은 바벨론 사자의 입으로 말에 권세가 있다. 지나간 짐승들의 세력을 모두 합쳐 놓은 가장 강력한 짐승이다. 바로 표범, 헬라 짐승이 8째 왕으로 후3.5년의 대 환난을 주도하게 된다.

"*내가 본 짐승은 표범과 비슷하고 그 발은 곰의 발 같고 그 입은 사자의 입 같은데 용이 자기의 능력과 보좌와 큰 권세를 그에게 주었더라*"(계13:2)

여기서 짐승의 모양이 헬라 표범이라는 것에 중요한 의미가 또 하나 있다. 그리스 헬라는 문화로 세계를 정복했다. 지금 사단은 문화로 전 세계를 정복하고 있다. 마지막 때로 갈수록 헬라의 상징인 문화는 세계를 정복하는 하나의 수단으로 사용될 것이다.

2) 열 뿔나라

적그리스도와 함께 7년을 주도해 나갈 열 뿔 나라가 어디서 나올 것인가에 대한 관심이 많다. EU에서 나올 것인가, UN에서 나올 것인가 하는 것이다. 그러나 EU든 UN이든 어차피 둘 다 로마 판도다. 이 둘은 세계정부 수립이라는 같은 목적을 가지고 있다. 그러나 단7장의 구체적 예언으로 본다면 EU에서 나올 가능성이 더 높다고 본다.

① EU에서

단2장 동상의 발가락 시대에 해당한다. 단7장은 신약의 적그리스도를 예언하고 있다. 단7:7절부터 넷째 짐승의 나라 로마에 이어 신 로마에서 열 뿔이 등장한다.

"*그 열 뿔은 그 나라에서 일어날 열 왕이요*"(단7:24)

지금 우리가 사는 시대에 이미 신 로마, 마지막 때 짐승국가는 부활했다. 카톨릭이 로마에 뿌리를 두고 있다. 1992년 EU가 탄생하면서 옛 로마의 국가들인 유럽이 하나 되고 있다. 그러나 옛날 로마 권에 있던 몇몇 국가들은 아직 가입이 안 되었다. 현재 구 로마 붕괴 후 생겨난 신흥국가들이 거의 다시 뭉쳤다. 구로마가 다시 하나 되어 신 로마, 세계단일정부를 준비하고 있는 것이다.

현재 튀르키예는 동양의 유럽으로 EU에서 받아들이지 않고 있다. 이유는 이슬람세력의 확산을 염려하기 때문이다 그러나 언젠가는 튀르키예도 들어

가지 않을까 싶다. 또한 EU는 동상 열 발가락 시대 철과 흙이 섞이지 않는 것처럼 아직 하나 되지 못하고 있다. 각국의 유익을 앞세우며 헌법도 다 통과되지 못하고 있다. 또한 화폐가 통일되지 않고 있다. EU의 모든 국가들이 모두 유로 화를 쓰지 않고 몇몇 국가들만 사용하고 있다.

EU는 현재까지 27개국이다. (독일, 프랑스, 아일랜드, 벨기에, 네덜란드, 룩셈부르크, 덴마크, 스웨덴, 핀란드, 오스트리아, 이탈리아, 포루투칼, 그리스, 체코, 헝가리, 슬로바키아, 리투아니아, 기프로스, 몰타, 불가리아, 루마니아, 스페인, 에스토니아, 폴란드, 라트비아, 슬로베니아, 크로아티아) 영국 탈퇴 전 28개국 중에 세계에 영향력 있는 나라는 10개국에 불과하다.(영국, 프랑스, 독일, 이태리, 그리스, 벨기에, 룩셈부르크, 포루투칼, 스페인, 네덜란드) 지금은 영국이 탈퇴했으나 어차피 유럽 판도 안에 있는 나라다.
※2016. 6 **영국 EU에서 탈퇴함**.

혹자는 적그리스도 세계단일 통치자는 UN에서 나온다고 한다. 현재 UN의 세계적 힘이 막강하기 때문이다 그에 비해 아직 EU는 약하다. 그러나 세계정부와 적그리스도가 EU에서 나올 가능성으로 보는 것은 단7장에 근거한다. 신약의 적그리스도는 유럽에서 나올 것으로 예언되어 있기 때문이다. 2009년 EU의 초대 대통령이라 불리는 '상임의장'이 나왔다. 그들은 이미 2009년을 세계정부를 세우는 원년으로 선포했다. 그러나 아직 EU 헌법이 통과되지 않았기 때문에 '대통령'이란 명칭을 쓰지 못하고 있다. 대신 최고 수장 명칭을 '상임의장'이라 하고 있으며 그 힘도 약하다.

그러나 앞으로 하나님의 시간이 되면 EU에 속한 27개국에서 EU헌법은 통과될 것이다. 그렇게 되면 그 힘은 현재 UN을 능가할 것으로 본다. 성경대로 라면 우리는 2009년도에 세워진 EU의 완성되는 세계정부는 마지막 짐승정부(7번째 머리)가 될 것이다. 또 그 정부 세계 지도자에게 마지막 7번째 짐승과 8번째 짐승이 들어가는 적그리스도가 될 것이다. 지금 우리는 머지않아 세계단일정부 세계통일대통령이 우리 앞에 나타날 수도 있는 시점에 살고 있다.

② **미국외교관계협의회**

  열 뿔(10개의 나라)의 또 다른 해석은 미국외교관계협의회(CFR)에서 16년간 연구하여 나온 세계화 통합전략이다. 세계를 10개 분야로 구분하여 각 분야별로 책임국가를 설정한다. 그곳에서 나온 정책을 세계적으로 표준화하여 종국에는 단일사회로 통합한다는 것이다. 이것은 미국 UN의 세계화 통합전략이다.

  정치질서-미국, 농업질서-칠레, **교육질서-한국(처음 일본에서 한국으로 바뀜),** 환경질서-호주, 경제질서-EU, 에너지질서-아랍연합, 사회질서-남아공, 통신질서-인도, 산업질서-카자흐스탄, 노동질서-폴란드로 지구 10 지역화를 만들어 놓았다. 우리나라 학교 교육 교과서 내용을 자주 수정하고 있다.(예-동성애 문제점 삭제하고 옹호하는 쪽으로 수정함) 이와 같은 것은 같은 세계 교육질서를 세워가는 과정으로 본다. 이미 국제사회는 끊임없이 세계단일 정부를 요구하고 있다. 세계를 단일 화 하는 기구들이 완성되고 있다. 단일정부(NWO), 단일경제(WTO), 단일종교(WCC)다. 이제 세계단일정부(정치적 적그리스도)와 세계단일종교(종교적 적그리스도)는 결국 하나가 된다. 그들의 마지막 활동이 전개될 시점이 우리 눈앞에 와있다.

3. 단2장 금나라에서 돌 나라까지 세계역사를 중심으로 한 천국이정표

  단2장은 바벨론 금나라에서부터 메시아 나라인 돌 나라까지 동상을 통해 보여주는 천국이정표다. 이 땅의 역사는 돌의 나라인 메시아 나라로 마친다. 다니엘서의 메시지는 그 끝이 모두 메시아 나라에 초점이 맞추어져 있다. 미래에 등장할 세계통일정부는 마지막 돌 나라에 의해 무너진다. 마지막 짐승 국가의 적그리스도는 결국 신의 자리에 앉게 될 것이다. 그러나 그의 마지막은 뜨인 돌 되시는 예수님의 재림으로 심판받고 멸망한다.

  하나님은 세상정부를 짐승에 비유하고 있다. 아래 도표에서 보듯 모든 세상국가는 짐승이 지배하는 짐승 국가이다. 이 짐승은 창3:15절에서 선포한 데로 뱀 짐승의 후예들이다. 뱀의 후손들은 여자의 후손인 하나님의 백성들을 끊임없이 공격해왔다. 여자의 후손과 뱀의 후손간의 전쟁은 마지막 까지 계속 될 것이다. 이 짐승제국은 아무리 강대국이라 할지라도 그들의 힘은 여자의 발꿈치를 상하게 할 뿐이다. 그러나 뱀은 여자의 후손에 의해 머리를 상하는 치명타를 입고 멸망하게 된다. 도표에서 보듯 결국 로마는 적그리스도 국가다. 마지막 때에 적그리스도는 신 로마, 유럽판도에서 등장하여 그에게 주어진 마지막 권한을 행사하게 될 것이다.

▶ 다니엘서에 등장하는 제국들

		머리	가슴, 팔	배와 넓적다리	종아리	발과 발가락	뜨인 돌
2장	동상	정금 나라	은나라	동 나라	철나라	철+진흙 나라	돌 나라
	전통 해석	바벨론	메대 바사	헬라	로마	로마이후	예수 님 재림
						열국시대	
	현대 해석	영국, 미국	러시아, 튀르키예	독일, 이슬람	세계단일정부 적그리스도		
7장	환상	사자 독수리 날개	곰	표범	무섭고 놀라운 강한 짐승		천년 왕국 메시 아 왕국 으로 땅의 나라 끝 / 영원 천국 으로
	전통 해석	바벨론	메대 바사	헬라	로마		
					구 로마	신 로마	
	현대 해석	영국, 미국	러시아, 튀르키예	독일, 이슬람	신 로마 유럽판도에서 마지막 때 신세계정부와 적그리스도		
8장	환상		숫양	숫염소	헬라에서 구약의 적그리스도		
	전통 해석		메대 바사	헬라			

1) 큰 성 바벨론의 멸망을 예고

단2장의 동상을 통해 느브갓네살 이후의 바벨론제국 그리고 그 이후의 역사를 보여 주고 있다. 궁극적으로는 인류 역사 끝에 주님 재림하심으로 메시아 나라가 완성되는 장면이다. 특히 머리되는 바벨론이 정금으로 나타난다. 그러나 가장 강한 금나라는 그 보다 약한 은나라에 망한다. 은나라는 동 나라에 동은 철 나라에 망한다. 그리고 마지막 끝에 가장 약한 뜨인 돌 하나에 세상 모든 제국은 완전히 무너지게 된다. 바로 돌 나라가 세계를 정복한다. 그러나 지금 지나간 나라들의 영적 영향력은 세상 끝까지 남아있다. 큰 성 바벨론이다. 마지막 세계정부를 통해 그 정체를 드러낼 것이다. 지금 우리가 사는 마지막 시대에 금나라 바벨론은 금권으로 세상을 장악했다. 그러나 결국 계18장까지 가서야 큰 성 바벨론인 세상나라는 무너진다.

2) 로마의 부활과 세계정부의 출현 예고

로마제국은 주후 395년에 동서로 분리되었고 서로마는 476년에 망했다. 결국 1453년까지 존재하던 동로마까지 무너지고 말았다. 로마제국 붕괴 후 두드러진 세계변화는 로마제국 통치 아래 있었던 유럽의 변화다. 로마 제국 붕괴 후 유럽에서는 수많은 나라들이 등장하게 되었다. 그들은 옛 로마제국의 영화를 그리며 다시금 유럽을 통일하여 화려한 새로운 로마 제국을 세우고자 했다. 이렇게 등장한 것이 신성로마제국이다. 그러나 그 또한 오래가지 못하고 1806년 무너지고 말았다.

이후에도 유럽은 하나로 통일되지 못했다. 어떤 국가들은 역사 속으로 사라져 갔다. 반면에 신흥강국들이 등장하여 강대국으로 발전해 갔다. 로마제국 이후의 시대는 바로 이러한 신흥강국들에 의해서 지배되고 있다. 그러나 성경은 마지막 때에 죽은 것 같은 로마가 다시 부활할 것을 예언하고 있다. 단7장은 다시 부활한 신 로마 제국에서 적그리스도가 나올 것을 예언하고 있다. 동상은 머리부터 시작해서 발가락까지 내려오면 더 이상 내려 갈 곳이 없다. 우리는 지금 뜨인 돌이 등장하기 직전 시대를 살고 있다. 메시아 왕국, 천년왕국이 가까이 오는 시대에 살고 있다. 더 이상 나라가 나누어질 수 없을 때 뜨인 돌은 나타날 것이기 때문이다.

3) 세상 끝에 나타날 메시아 나라

단2장 동상의 특징은 로마 제국 이후의 세계가 제국시대를 벗어나 발가락처럼 수많은 나라들로 분리되는 것이다. 수많은 나라들 시대 끝에 뜨인 돌 되시는 주님이 지상 재림하신다. 동상의 초점은 주님 재림 후 돌 나라, 메시아 왕국이 이 땅에 건설되는 것이다. 그러나 세계의 신학이 무 천년 주의로 철저하게 메시아 왕국, 천년왕국을 가리고 있다. 단2장의 동상에서 가장 주목해야 할 나라가 돌 나라임에도 불구하고 관심은 그렇지 않다. 혹자는 금나라 바벨론에 혹자는 동나라 헬라에 주목한다. 또한 많은 이들은 철나라 로마에 너무 집중하고 있다. 무 천년 주의가 대세이다 보니 돌 나라에는 관심이 없다. 그러나 단2장은 돌 나라가 결론이다.

① 메시아 왕국은 땅에서 이루어지는 지상 천국이다.

"또 왕이 보신즉 *손대지 아니한* 돌이 나와서 신상의 쇠와 진흙의 발을 쳐서 부서뜨리매 그 때에 쇠와 진흙과 놋과 은과 금이 다 부서져 여름 타작마당의 겨 같이 되어 바람에 불려 간 곳이 없었고 *우상을 친 돌은 태산을 이루어 온 세계에 가득하였나이다*"(단2:34-35)

전 천년설을 지지하는 이들 중에도 천년왕국에 대한 이해가 부족하다. 천년왕국이 땅이 아닌 하늘에서 이루어진다고 한다. 그러나 단2장을 통해 메시아 왕국은 분명히 땅에서 이루어지는 것임을 예언하고 있다. 위의 말씀과 같이 뜨인 돌은 동상의 발을 치고 다시 하늘로 올라가지 않았다. 만일 돌이 하늘로 다시 올라갔다면 천년왕국은 하늘에서 이루어지는 것이 맞을 것이다. 그러나 우상을 친 돌은 땅에서 태산을 이루어 온 세계에 가득하였다. 돌이 땅의 세상 나라를 다 무너뜨린 것이다. 그리고 온 세상이 돌 나라로 뒤 덮인 것이다. 온 세상은 분명히 땅이다. 이것은 뜨인 돌 되시는 메시아께서 땅에 천국을 이루시는 지상의 천년왕국이다. 또한 단2:44절에는 **세상 끝에 하늘의 하나님이 세우시는 한 나라**가 있다. 하늘의 하나님이 세우시니 하나님 나라다. 하나님 나라이니 땅에 이루어지는 땅의 천국이다. 바로 메시아 왕국이다.

② 다윗언약의 실현을 예언하고 있다.

"이 여러 왕들의 시대에 *하늘의 하나님이 한 나라를 세우시리니* 이것은 영원히 망하지도 아니할 것이요 *그 국권이 다른 백성에게로 돌아가지도 아니할 것이요* 도리어 이 모든 나라를 쳐서 멸망시키고 영원히 설 것이라"(단2:44)

"네 수한이 차서 네 조상들과 함께 누울 때에 내가 네 몸에서 날 네 씨를 네 뒤에 세워 *그의 나라를 견고하게 하리라* 그는 내 이름을 위하여 집을 건축할 것이요 나는 그의 나라 *왕위를 영원히 견고하게 하리니* 나는 그에게 아버지가 되고 그는 내게 아들이 되리니 그가 만일 죄를 범하면 내가 사람의 매와 인생의 채찍으로 징계하려니와 내가 네 앞에서 물러나게 한 사울에게서 내 은총을 빼앗은 것처럼 그에게서 빼앗지는 아니하리라 네 집과 네 나라가 내 앞에서 영원히 보전되고 *네 왕위가 영원히 견고하리라* 하셨다 하라"(삼하7:12-16) - **다윗언약**

삼하7:12-16절에 다윗과 맺으신 언약은 아들의 나라를 견고히 하시겠다는 것이다. 땅의 짐승 나라들은 뒤에 등장하는 나라들에 의해 계속 망한다. 그러나 세상 끝에 하늘의 하나님이 세우시는 한 나라가 있다. 이 나라는 하나님께서 다윗과 언약한 아들의 나라다. 그 나라는 영원히 망하지 않는다. 그 나라는 그 국권이 다른 나라에 결코 넘어가지 않는다. 단2:44절 말씀은 이 땅에 세워지는 메시아 왕국으로 다윗언약의 실현을 예언하고 있다.

③ 메시아 왕국 끝에 오는 영원한 나라

"그러나 각각 자기 차례대로 되리니 먼저는 첫 열매인 그리스도요 다음에는 그가 강림하실 때에 그리스도에게 속한 자요 *그 후에는 마지막이니 그가 모든 통치와 모든 권세와 능력을 멸하시고 나라를 아버지 하나님께 바칠 때라*"(고전15:23-24)

메시아 왕국은 물질세계인 땅의 천국으로 영원한 나라가 아니다. 땅의 본질은 썩는 것이기 때문이다. 천년이 차면 세상 모든 나라들을 멸하시고 아들의 나라를 아버지께 바칠 때가 온다. 나라가 어떤 다른 세력에 의해 망해서 없어지는 것이 아니다. 나라를 아버지께 바치므로 비로소 영원한 하늘 천국에 이르게 된다. 고전15장은 부활 장이라고 불린다. 천년왕국 이후에 휴거에 참여하지 못하고 남아있던 자들이 마지막 부활을 한다. 그 시기는 흰 보좌 심판을 앞둔 시점이다. 아들이 나라를 아버지께 바칠 '때'와 같은 시점이다. 우리는 메시아 왕국 천년을 지나 영원한 아버지 나라 하늘 천국에서 영생하게 된다.

④ 2장에 동상과 3장에 금 신상

다니엘서는 마지막 때 이루어질 사건의 그림자들이 많이 등장한다. 2장의 동상은 세상 제국도 하나님의 시간표에 의해 진행되고 있음을 보여준다. 그리고 3장의 금 신상을 통해 마지막 때 그림자를 보여준다. 동상의 금 머리는 바벨론이다. 다니엘의 금 머리가 바로 바벨론의 느브갓네살이라고 했다. 그럼에도 불구하고 느브갓네살은 하나님 앞에서 교만했다. 바로 3장에 자신을 상징하는 금 신상을 만들어 놓고 경배하게 한다. 여기서 금 신상 앞에 경배를 거부한 다니엘의 세 친구는 7배나 더 뜨거운 풀무 불에 던져진다. 이 사건은 마지막 때 적그리스도가 자기의 우상 앞에 경배를 강요하게 될 사건의 그림자다. 그러나 살고자 하는 자는 죽을 것이요 죽고자 하는 자는 살게 될 것이다.

4. 단7장 네 짐승제국
신약 끝의 적그리스도를 중심으로 한 천국이정표

단7장은 단2장의 동상의 나라들이 짐승제국들로 다시 등장한다. 바다에서 네 짐승이 올라온다. 바다는 세상이다. 네 짐승은 앗수르 이후 바벨론부터 등장하는 세상 제국들이다. 그러나 단7장의 핵심은 신약 끝에 등장하는 세계정부와 적그리스도다. 70이레 중 마지막 7년에 등장하는 7째 머리 제국이 단7장의 주제다. 7째 제국이 네 짐승 제국 중 어느 제국에서 등장 할 것인가 하는 문제다. 또한 7째 제국을 통치할 적그리스도는 어디에서 어떻게 등장하는가 하는 것이다. 네 짐승 제국을 중심으로 이 주제를 살펴본다.

1) 네 짐승들의 특징

7장의 네 개의 제국 중 메대바사와 헬라는 드러내고자 하는 목적을 따라 8장에서 다시 언급되고 있다. 그러나 짐승들의 표현을 조금 다르게 하고 있다. 한 가지 독자들이 기억해 두어야 할 것이 있다. 앞에서도 언급한 일곱 머리에 대한 제국의 이해다. 다니엘은 애굽과 앗수르 두 머리가 지나간 시점이다. 바벨론은 일곱 머리의 순서로는 세 번째 머리다. 그러나 단7장은 네 개의 짐승 제국을 다루고 있기에 세 번째 머리 바벨론을 첫째 짐승이라고 한다. 다니엘은 네 짐승 위주로 역사가 전개되고 있다. 그러나 요한계시록은 일곱 머리 제국의 결론으로 내용들이 진행된다. 독자들이 혼돈이 있을 수 있으니 이점을 기억해 둘 것을 부탁한다.

단7장의 네 제국의 관심은 넷째 나라에 있다. 첫째부터 셋째 짐승까지는 단 한절로만 간단히 소개하고 있다. 그러나 넷째 짐승에 대해서는 단7:7절부터 마지막 28절까지다. 필자 또한 여기서는 넷째 짐승에 집중할 것이다. 본서가 다니엘 주해가 아닌 만큼 마지막 제국들의 역사적 관점은 가능한 생략한다. 마지막 때와 관련하는 부분만 풀어갈 것이다.

① 첫째 짐승 / 사자, 독수리날개 / 바벨론 / 영국과 미국

"첫째는 *사자와 같은데 독수리의 날개가 있더니* 내가 보는 중에 *그 날개가 뽑혔고* 또 땅에서 들려서 사람처럼 두 발로 서게 함을 받았으며 또 사람의 마음을 받았더라 또 보니"(단7:4)

첫째 짐승은 단7:4절 한절에 설명되어 있다. 사자는 전통적 해석으로 바벨론이다. 현대적 해석으로는 국가의 상징 동물을 사자로 하는 영국과 독수리인 미국이다. 가장 강력한 강대국 바벨론은 1세기도 채우지 못하고 무너졌다. EBS 다큐에 3부작으로 된 '위대한 바벨론'이라는 프로가 있었다. 그 다큐를 보면 바벨론이 얼마나 강대국이었는지 짐작 할 수 있다. 결코 무너지지 않을 것 같았던 바벨론이 단5장에서 술잔치 하다가 무너졌다. 결국 하나님의 시간표에 따라 그 위대한 바벨론이 무너진 것이다. 오늘날 그 바벨론의 영향력을 가지고 있는 나라는 영국과 미국이다. 영국여왕은 생전에 일루미나티 최고 수장이었다. 일루미나티의 마지막 목표는 세계정부다. 미국은 세계정부를 세우는데 주도적 역할을 하게 될 나라다. 여기서 미국을 좀 살피고 가야한다.

▶단7:4절은 미국의 등장 예언이다.

사자에게서 독수리의 날개가 뽑혀 나왔다. 미국은 단7:4절의 예언대로 1776년 7월 4일 건국되었다. 이 날이 독수리 날개가 사자에게서 뽑혀져 나온 날이다. 우리는 미국이 청교도들에 의해 세워진 나라라고 배웠다. 틀린 말은 아니다. 그러나 반면에 미국의 독립에는 빛과 어두움의 양면이 있다. 미국의 독립 선언문 서명은 청교도 14명과 프리메이슨 42명으로 56명이다.

미국의 2달러 지폐는 행운의 돈이라고 한다. 2달러짜리가 손에 들어오면 사용하지 않고 행운이라 하여 소장한다. 그 2달러 지폐에는 42명의 사람들이 그려져 있다. 그들은 독립 선언문에 서명을 한 56명중 청교도 14명을 제외한 42명이다. 그들은 14명의 청교도들과는 성격이 다른 프리메이슨, 일루미나티다. 2달러 안에 42명의 얼굴을 그려놓고 부적과 같이 행운의 달러로 간직하고 있다. 앞으로 온 세계를 통일하는 세계 대통령 적그리스도가 나타날 것이다. 프리메이슨, 일루미나티, 빌더버그, 삼각위원회, 예수회, 외교협의회 등의 기관이 바로 세계통일정부를 만들어 가는 주역 기관들이다.

필자는 미국을 독수리 두 날개와 같이 양면으로 본다. 하나님은 사자에게서 독수리 날개를 뽑아 내셨다. 그리고 하나님의 섭리를 따라 미국을 사용하신다. 독수리 한쪽 날개인 14명의 청교도 빛의 역사는 미국을 세계 제1의 복음 선교국가로 사용하신 것이다. 그리고 하나님을 잘 섬기는 나라로 세계 제1의 강대국으로 발전시켰다. 또 한쪽 날개인 42명은 프리메이슨 일루미나티 어둠의 역사다. 이들은 하나님의 최후 심판의 역사 중심에 있는 세력들이다. 이들은 미국을 영적으로 병들게 한 주 세력들이다.

마지막 끝에 세계정부와 적그리스도가 등장한다. 그들의 마지막 끝은 하나님의 심판이다. 그러므로 2달러 지폐 안에 청교도들을 섞어 놓지 않으신 것이다. 미국은 세계정부를 세우는데 중추적인 역할을 하는 나라다. 미국의 1달러 지폐 안에는 세계정부를 세우기 위해 무려 천개의 비밀을 숨겨놓았다고 한다. 일루미나티를 상징하는 수는 13이다. 1달러 지폐 안에 13의 수를 나타내는 상징이 13회 등장한다.

미국은 13개 주로 시작하여 지금은 52개 주다. 그들이 믿는 하나님 GOD 는 우리가 믿는 하나님이 아니다. 물론 청교도 세력은 In God We Trust의 고백위에 있다. 그러나 일루미나티 세력에게 G는 골드, O는 오일, D는 다이 아몬드 혹은 달러다. 이는 금권세상으로 세계를 장악하겠다는 그들의 음모다. 1달러 안에 있는 천개의 비밀 중 몇 개만 간단히 소개한다.

㉠ 눈의 비밀 / 4개의 눈
호루스의 눈, 독수리의 눈, 부엉이 눈, 워싱턴의 눈이다. 네 개의 눈은 세 계정부가 세워질 때가지 사방에서 온 세상을 지켜보고 있다.

㉡ 수의 비밀 / 6,13
독수리 머리 위에 있는 13개의 별 그룹은 삼각형을 포개어 놓은 것이다. 솔로몬의 옥새 다윗의 별이다. 외부에 있는 뾰족한 점들 6개다. 달러 (dollar) 단어도 6철자로 되어있다. one 이란 단어도 달러 화폐에 6번 등장 한다. 달러화 앞면에 일루미나티 상징인 13의 수가 13번 등장한다.(모토 철 자 수, 피라밋 층계, 독수리 머리위에 별, 방패 문양 수직13, 수평13, 올리 브 나뭇잎 수, 올리브 열매 수, 화살 수 등등...)

㉢ 표어
ONE- 하나로 만들자. ONE와 1은 달러 앞면에 6회 뒷면에 10회 등장
여럿을 하나로 - 피라미드 위에 라틴어 글씨 표어, 여럿이 하나 된 세계단일 정부
New World Order - 신세계질서 피라미드 아래 부분에 글씨
In God We Trust - 이들이 믿는 하나님은 우리가 믿는 하나님이 아니다. 그 러나 청교도의 영향력으로 미국이 오직 하나님을 믿는 믿음위에 세워졌다.

㉣ 상징
피라미드 - 아직 완성되지 않은 세계정부다. 피라미드의 모양은 A자다. 위에 작은 세모와 아래가 연결되지 않았다. 위의 작은 세모 안에 호루스의 눈이 있다. 세계정부가 완성될 때까지 호루스의 눈으로 세계를 지켜보겠다는 것이다. / A - AMERICA A는 완성되지 않은 피라미드다. 아메리카는 시작

도 끝도 A로 미국은 세계정부 완성을 위해 존재한다. / 저울 - 자본주의로 온 세계 경제주도 / 열쇠 - 미국이 세계정부를 세우는 열쇠다. / 1776 - 일루미나티가 창설된 해다. 또한 미국이 독립한 해다. 일루미나티는 1776. 5. 1.일 창설하고 같은 해 7.4일 미국이 독립했다. 화폐 속 워싱턴의 표정이 어둡다. 미국의 마지막 미래는 어둡다. 세계정부가 세워지면 미국은 버려질 것이다. 7년 거의 끝에 있는 겔38장 전쟁에는 미국이 없다.

② 둘째 짐승 / 곰 / 메대와 바사 / 러시아, 튀르키예

"다른 짐승 곧 둘째는 곰과 같은데 그것이 몸 한쪽을 들었고 그 입의 잇 사이에는 세 갈빗대가 물렸는데 그것에게 말하는 자들이 있어 이르기를 일어나서 많은 고기를 먹으라 하였더라"(단7:5)

"내가 눈을 들어 본즉 강 가에 두 뿔 가진 숫양이 섰는데 그 두 뿔이 다 길었으며 그 중 한 뿔은 다른 뿔보다 길었고 그 긴 것은 나중에 난 것이더라 내가 본즉 그 숫양이 서쪽과 북쪽과 남쪽을 향하여 받으나 그것을 당할 짐승이 하나도 없고 그 손에서 구할 자가 없으므로 그것이 원하는 대로 행하고 강하여졌더라"(단8:3-4)

단8장은 7장의 메대 바사와 헬라 두 짐승에 대한 말씀이 다른 각도에서 반복된다. 곰으로 나타나는 메대와 바사는 두 나라 연합으로 시작했다. 초기의 바사는 메대보다 훨씬 약한 국가였다. 그러나 나중에 바사가 메대를 흡수하고 바사, 페르시아 제국으로 발전한다. 이것을 단 7장에서는 곰이 한쪽 몸을 들었다고 표현하고 있다. 또 단8장에서는 다른 뿔보다 긴 것은 나중에 난 것이라고 한다. 나중에 메대보다 커진 바사를 가리킨다.

곰은 포악하다. 많은 고기를 먹으라 한다. 나라들을 정복해 나가는데 엄청난 살육이 있다. 단7장에는 잇 사이에 세 갈빗대가 물려있다. 단8장에는 두 뿔 가진 숫양이 서쪽과 남쪽과 북쪽을 들이 받는다. 이것은 곰이 서쪽으로는 바벨론을 남쪽으로는 이집트를 북쪽으로는 시리아를 공격해 들어가는 것이다. 계13장 첫째 짐승의 발이 곰 같다는 표현은 후3.5년에 포악하게 교회를 짓밟는 것이다. 메대와 바사 곰의 영향력은 오늘날 러시아 혹은 튀르키예다. 두 나라는 마지막 끝에 세계 3차전과 에스겔 38장 곧 마곡 전쟁의 중심에 있는 나라들이다.

③ 셋째 짐승 / 표범 / 헬라 / 독일, 이슬람?

"그 후에 내가 또 본즉 다른 짐승 곧 *표범과 같은 것*이 있는데 그 등에는 *새의 날개 넷*이 있고 그 짐승에게 또 *머리 넷이 있으며 권세*를 받았더라"(단7:6)

"내가 생각할 때에 *한 숫염소*가 서쪽에서부터 와서 *온 지면에 두루 다니되 땅에 닿지 아니하며* 그 염소의 두 눈 사이에는 현저한 뿔이 있더라"(단8:5)

헬라의 알렉산더는 세계 정복의 속도가 역사상 가장 빨랐다고 한다. 표범 헬라를 단7장에서는 새의 날개라고 표현한다. 단8장에는 온 지면에 두루 다니는데 발이 땅에 닿지 않는다. 헬라가 세계를 정복하는 빠른 속도를 표현한 것이다. 헬라에는 머리 넷이 있다고 한다. 혹자는 단7장을 설명하면서 헬라의 머리 넷과 바벨론, 메대와 바사 로마를 합하여 7곱 머리라고 하는 해석을 들은 적이 있다. 헬라의 머리 넷은 일곱 머리가 아니다. 헬라는 일곱 머리 중 다섯째 머리다. 헬라에 속한 머리 넷은 단8장에서 다시 등장한다. 필자가 다니엘에는 일곱 머리라는 용어가 없다고 한 것을 기억할 것이다.

④ 넷째 짐승 / 무섭고 놀라운 짐승 / 로마 / 유럽 연합 EU

"내가 밤 환상 가운데에 그 다음에 본 넷째 짐승은 *무섭고 놀라우며 또 매우 강하며* 또 쇠로 된 큰 이가 있어서 먹고 부서뜨리고 그 나머지를 발로 밟았으며 이 짐승은 전의 모든 짐승과 다르고 또 *열 뿔*이 있더라"(단7:7)

단7:7-28절까지는 넷째 짐승과 관련한 내용이다. 단7장에서 드러내고자 하는 대상은 넷째 나라와 넷째 짐승이기 때문이다. 이 짐승은 이름이 없다. 너무나 괴상하게 생겼는데 그저 무섭고 놀라운 짐승이다. 강한 철 이빨을 가지고 있어서 먹고 부서뜨리고 나머지는 발로 밟아버린다. 포악하기가 말로 다 할 수 없다. 거기에다 다른 짐승들에게서 볼 수 없었던 열 뿔까지 있다. 강한 철의 나라 로마에 대한 표현이다. 로마 제국은 망했지만 오늘날 로마 판도에 있던 나라들이 연합한 유럽 연합이 있다. 단2장의 동상 중 발과 발가락에 해당하는 마지막 7째 제국의 등장을 앞두고 있다. 네 짐승 중 넷째 짐승은 유난히 다니엘을 번민케 했다.

2) 단7장의 핵심은 넷째 짐승이다.

"*내가 그 뿔을 유심히 보는 중에* 다른 작은 뿔이 그 사이에서 나더니 첫 번째 뿔 중의 셋이 그 앞에서 뿌리까지 뽑혔으며 이 작은 뿔에는 사람의 눈 같은 눈들이 있고 또 입이 있어 큰 말을 하였더라"(단7:8)

"나 다니엘이 중심에 근심하며 *내 머리 속의 환상이 나를 번민하게 한지라... 이에 내가 넷째 짐승에 관하여 확실히 알고자 하였으니* 곧 그것은 모든 짐승과 달라서 심히 무섭더라 그 이는 쇠요 그 발톱은 놋이니 먹고 부서뜨리고 나머지는 발로 밟았으며"(단7:15,19)

다니엘은 특별히 넷째 짐승에 관심을 가지고 유심히 보았다. 심상치 않는 그 넷째 짐승은 다니엘의 머릿속을 번민케 했다. 이렇게 다니엘로 하여금 넷째 짐승에 관심을 갖게 하시는 것도 넷째 짐승을 드러내시기 위한 하나님의 의도다. 15절부터 천사가 등장하여 환상을 해석해준다. 다니엘은 천사에게 작심하고 넷째 짐승에 관하여 확실히 알고자 한다. 19절에서 보듯이 그 짐승은 다른 짐승들과는 달리 심히 무섭고 놀라우며 또 매우 강하다. 그 짐승은 또 머리에 열 뿔이 있고 또 뿔에는 눈도 있고 말하는 입도 있다. 모양은 동류보다 강하게 보였는데 이 뿔이 성도들과 싸워 이기게 된다는 것이다.

이 제국의 특징은 19절의 무서운 짐승으로서의 로마로 끝나는 것이 아니다. 바로 20-21절의 열 뿔과 다른 뿔의 또 다른 제국이 펼쳐지고 있다는 점이다. 특히 이 작은 뿔은 성도와 싸워 이기게 된다. 그러나 그 후에 옛적부터 항상 계신 이가 와서 지극히 높으신 자의 성도를 위하여 신원하신다. 때가 이르매 성도들이 나라를 얻게 된다는 놀라운 사실이다. 이것은 로마가 지나간 제국들과 같이 하나의 제국으로 끝나는 것이 아니다. 넷째 짐승에게서 우리가 주목해야 할 그 어떤 다른 제국이 예언되어 있다는 것이다.

3) 로마판도에서 세계통일 정부(NWO)와 적그리스도가 나온다.

마지막 세계정부와 적그리스도는 어디서 나올 것인가에 대한 관심이 높다. 혹자는 이슬람에서 나올 것이라는 주장도 있다. 적그리스도가 EU에서 나올 것이라는 것을 극구 부정하는 이들도 있다. 그러나 다니엘의 예언은 세계정부는 로마판도에서 나올 것을 예언하고 있다. 세계정부가 로마판도에서 나올 것이기에 옛 로마를 구 로마, 세계정부를 신 로마라 한다. 단7장에서 예언하고 있는 대로 신로마가 시작되는 시점을 나누어 본다.

"내가 밤 환상 가운데에 그 다음에 본 넷째 짐승은 무섭고 놀라우며 또 매우 강하며 또 쇠로 된 큰 이가 있어서 먹고 부서뜨리고 그 나머지를 *발로 밟았으며* **구로마 / 신로마** 이 짐승은 전의 모든 짐승과 다르고 또 *열 뿔*이 있더라"(단7:7)

"이에 내가 넷째 짐승에 관하여 확실히 알고자 하였으니 곧 그것은 모든 짐승과 달라서 심히 무섭더라 그 이는 쇠요 그 발톱은 놋이니 먹고 부서뜨리고 나머지는 *발로 밟았으며* **구로마 / 신로마** 또 그것의 머리에는 *열 뿔*이 있고 그 외에 또 *다른 뿔*이 나오매 세 뿔이 그 앞에서 빠졌으며 그 뿔에는 눈도 있고 큰 말을 하는 입도 있고 그 모양이 그의 동류보다 커 보이더라"(단7:19-20)

"모신 자가 이처럼 이르되 넷째 짐승은 곧 땅의 넷째 나라인데 이는 다른 나라들과는 달라서 온 천하를 삼키고 *밟아 부서뜨릴 것이며* **구로마 / 신로마** 그 *열 뿔*은 그 나라에서 일어날 열 왕이요 그 후에 또 하나가 일어나리니 그는 먼저 있던 자들과 다르고 또 세 왕을 복종시킬 것이며 그가 장차 지극히 높으신 이를 말로 대적하며 또 지극히 높으신 이의 성도를 괴롭게 할 것이며 그가 또 *때와 법을 고치고자* 할 것이며 성도들은 그의 손에 붙인 바 되어 *한 때와 두 때와 반 때*를 지내리라"(단7:23-35)

구 로마와 신 로마가 갈라지는 시점을 말씀 중간에 슬러시를 중심으로 **구로마와 / 신 로마**로 표기해 보았다. 위의 세 곳의 말씀에서 보듯 구 로마와 신로마가 나눠지는 분깃 점을 볼 수 있다. "발로 밟았으며, 밟아 부서뜨릴 것이며"까지가 구로마다. 그 다음부터 신로마가 전개되는 용어 들이 나온다. 바로 열 뿔, 다른 뿔, 때와 법을 고치고자 하는 일, 한때 두 때 반 때 등의 용어들이다.

세 번째 말씀에는 7년 적그리스도 제국에 관련한 용어들이 더욱 구체적으로 등장하고 있다. 넷째 나라에서 일어나는 열 뿔은 단2장 동상의 발가락 시대 곧 제2의 신 로마, 세계정부를 가리킨다. 첫 번째는 단일국가로서의 로마였다면 두 번째는 열 왕 곧 열 개의 나라의 연합으로 이루어지는 마지막 7째 제국이다. 여기서 분명한 것은 세계통일 정부는 구 로마 판도에서 나온다는 사실이다.

그 후에 등장한 다른 뿔 혹은 작은 뿔, 적그리스도는 자신이 실권을 쥐었을 때 세 왕을 굴복시킨다. 아마도 세계에서 영향력 있는 국가로 적그리스도를 반대하는 세력일 것이다. 혹자는 세 뿔을 영국, 프랑스, 독일로 추정한다. 필자도 아직까지는 이러한 추정에 동의한다. 영국이 EU에서 탈퇴 했지만 어차피 유럽판도에 있는 나라다.

4) 신약의 적그리스도는 서쪽에서 나온다.

우리는 여기까지 신약 끝의 세계정부와 적그리스도는 유럽판도에서 출현할 것임을 살펴보았다. 여기서 또 하나 기억해 두어야 할 중요한 것이 있다. 혹자는 적그리스도는 북쪽에서 나온다고 한다. 혹시 독자들 가운데서도 그러한 주장을 들은 적이 있을 수 있다. 북쪽에서 나온다고 주장하는 이들도 근거가 있다. 그러나 이러한 주장은 단7-8장을 온전히 이해하지 못했기 때문이다. 북쪽의 적그리스도는 구약 끝의 적그리스도와 관련하여 단8장에서 언급할 것이다.

단7장과 8장이 중요한 이유가 있다. 마지막 때 남은 전쟁의 패턴은 단7장과 8장의 예언을 따라 일어날 것이기 때문이다. 단7장에서 꼭 기억할 것은 바로 신약의 적그리스도는 유럽, 서쪽에서 출현함을 기억해 두길 바란다. 본 단원 마지막 부분에서 다시 언급될 것이다. 또한 뒤에 전쟁부분으로 가면 더욱 자세히 보일 것이다.

5) 단7장의 작은 뿔은 계13장의 첫째 짐승이다.

단 7장의 작은 뿔은 계13장에 바다에서 나오는 첫째 짐승 정치적 적그리스도다. 단7장은 신약 끝의 적그리스도를 중심으로 한 천국 이정표. 그러므로 계시록 13장의 적그리스도를 해석 할 때도 반드시 다니엘서가 기반이 되어야 한다. 그리할 때 우리는 세계정부와 적그리스도가 어디서 나오는지를 분명히 알 수 있다.

▶ 단7장과 계13장에 나타난 정치적 적그리스도 비교

단 7장의 작은 뿔(다른 뿔)		계 13장의 첫 째 짐승	
3절	바다에서 나옴	1절	바다에서 나옴
4 - 7 절	사자, 곰, 표범, 강철이/ 열 뿔 짐승	1 - 2 절	표범, 곰, 사자, 일곱 머리 / 열 뿔 짐승
20절	큰 말을 하는 입	5절	큰 말과 참람 된 말을 하는 입
	눈/입 동류보다 강함	4절	용이 짐승에게 권세를 줌
21절	성도들과 더불어 싸워 이김	7절	성도들과 싸워 이기게 됨
25절	말로 지극히 높으신 자를 대적함	6절	입을 벌려 하나님을 향하여 비방함
	성도를 괴롭게 함	7절	족속, 백성, 방언. 나라 다스리는 권세 받음
	때와 법을 변개코자 함	15 - 17	짐승표 강제삽입 시행법, 복음전파 금지법
	한 때 두 때 반 때를 지냄	5절	마흔두 달(42개월) 일할 권세를 받음

6) 적그리스도 작은 뿔의 심판

단7:9-12절에는 계13장에 등장하는 적그리스도의 최후 심판 장면이 나온다. 계13장의 적그리스도는 계19:20절에 유황 불 못, 영원한 지옥에 던져진다. 필자도 처음에는 단7장의 작은 뿔의 심판 장면을 잘 이해하지 못했다. 그러나 이 장면은 계19:20절과 동일한 적그리스도의 심판 장면이었다.

① 요한계시록의 적그리스도 심판

"*짐승*이 잡히고 그 앞에서 표적을 행하던 *거짓 선지자*도 함께 잡혔으니 이는 짐승의 표를 받고 그의 우상에게 경배하던 자들을 표적으로 미혹하던 자라 *이 둘이 산 채로 유황불 붙는 못에 던져지고*"(계19:20)

계19:20절은 아마겟돈 전쟁 후 적그리스도와 거짓 선지자가 잡혀서 함께 유황 불 못에 던져지는 장면이다. 계20:11-15절은 천년왕국 이후에 있는 흰 보좌 심판장면이다. 흰 보좌 심판 장면에는 행위 책을 근거로 각자의 행위를 따라 심판을 받는다. 그런데 적그리스도와 거짓 선지자는 흰 보좌 심판도 없이 바로 불 못으로 들어간다. 필자는 예전에 이런 생각을 했었다. "이들은 얼마나 죄가 크면 흰 보좌 심판도 생략하고 산채로 곧바로 영원한 지옥의 유황불일까?" 그러나 단7장을 이해하고 모든 의문이 해결되었다.

② 단7장의 적그리스도 심판

단7장의 적그리스도 심판을 이해하기 위해 계20장의 흰 보좌 장면을 함께 봐야 한다. 계19:20절의 적그리스도 심판에서는 생략된 장면이 있다. 바로 그 생략된 장면을 단7장에서는 자세히 기록하고 있다.

"또 내가 *크고 흰 보좌와 그 위에 앉으신 이*를 보니 땅과 하늘이 그 앞에서 피하여 간 데 없더라 또 내가 보니 죽은 자들이 큰 자나 작은 자나 그 보좌 앞에 서 있는데 *책들*이 펴 있고 *또 다른 책이 펴졌으니 곧 생명책이라* 죽은 자들이 자기 *행위를 따라 책들*에 기록된 대로 심판을 받으니 바다가 그 가운데에서 죽은 자들을 내주고 또 사망과 음부도 그 가운데에서 죽은 자들을 내주매 각 사람이 자기의 행위대로 심판을 받고 사망과 음부도 불못에 던져지니 이것은 *둘째 사망 곧 불못*이라 누구든지 생명책에 기록되지 못한 자는 불못에 던져지더라"(계20:11-15)

계20장의 흰 보좌 심판 장면에는 두 종류의 책이 등장한다. 복수의 책들과 단수의 책이다. 복수의 책들은 그곳에 기록된 행위를 따라 심판을 받으니 행위 책이라 한다. 단수의 책은 한권으로 된 어린양의 생명책이다. 이 책들에 따라 죽은 자들이 심판을 받는다. 이제 단7장의 적그리스도 심판을 분석해 보자. 독자들의 눈은 위의 계20:11-15절을 함께 봐야 한다.

"내가 보니 *왕좌가 놓이고 옛적부터 항상 계신 이가 좌정하셨는데* 그의 옷은 희기가 눈 같고 그의 머리털은 깨끗한 양의 털 같고 그의 보좌는 불꽃이요 그의 바퀴는 타오르는 불이며 불이 강처럼 흘러 그의 앞에서 나오며 그를 섬기는 자는 천천이요 그 앞에서 모셔 선 자는 만만이며 *심판을 베푸는데 책들이 펴 놓였더라* 그 때에 내가 *작은 뿔*이 말하는 큰 목소리로 말미암아 주목하여 보는 사이에 *짐승이 죽임을 당하고 그의 시체가 상한 바 되어 타오르는 불에 던져졌으며 그 남은 짐승들은 그의 권세를 빼앗겼으나 그 생명은 보존되어 정한 시기가 이르기를 기다리게 되었더라*(단7:9-12)

㉠ 왕좌가 놓이고(단7장) = 크고 흰 보좌와 그 위에 앉으신 이(계20장)

옛적부터 항상 계신 이가 좌정하셨다. 계20장의 흰 보좌 심판과 동일한 장면이 펼쳐진다. 아마도 단7장의 이 장면은 계19장 아마겟돈 전쟁을 마친 후의 상황인 듯하다. 아마겟돈 전쟁 후 적그리스도와 거짓 선지자를 심판하기 위해 하나님의 보좌가 놓이는 듯하다.

㉡ 심판을 베푸는데 복수의 책들이 펴 있다(단7장). = 행위 책, 생명책(계20장)

단7장에 거짓선지자는 보이지 않지만 책들이 복수인 것을 볼 때 거짓선지자도 함께 있음을 짐작할 수 있다. 그러나 단7장에는 생명책이 없다. 이들은 생명책에 이름이 없기 때문에 펼쳐 놓을 필요조차 없다. 행위 책은 사람이 이 땅에서 살아온 기록의 증거 책이다. 하나님께서 근거 없이 무조건 지옥 불에 던지지 않으신다. 단7장에서 적그리스도는 행위책의 근거에 의해 심판을 받고 불 못에 던져진 것이다. 그러나 계19:20절에는 두 짐승이 바로 불 못에 던져졌다. 단7장에 있는 적그리스도 흰 보좌 심판과정을 계시록 19장에서는 생략한 것이다. 흰 보좌 심판은 계20장 천년왕국 이후다. 그런데 적그리스도와 거짓 선지자는 계19장인 천년왕국 전에 심판을 받는다. 이들은 계20장의 흰 보좌 심판을 계19장에서 당겨 받고 유황 불 못으로 던져진 것이다. 즉 지옥심판을 가불받은 것이다.

ⓒ 작은 뿔이 죽임을 당함

적그리스도는 7년 통치를 마치고 예수님 재림으로 심판받는다. 뿔은 권세를 뜻한다. 작은 뿔은 권세가 작은 것이 아니다. 통치 기간이 짧다는 것이다. 세계를 정복한 통일 대통령이나 그의 통치 기간은 하나님께서 정하신 7년이다. 그러므로 반드시 등장 할 것이지만 잠시 동안 머무르리라 한다.

"또 일곱 왕이라 다섯은 망하였고 하나는 있고 다른 하나는 아직 이르지 아니하였으나 *이르면 반드시 잠시 동안 머무르리라*"(계17:10)

"그러나 심판이 시작되면 *그는 권세를 빼앗기고 완전히 멸망할 것이요*"(단7:26)

ⓓ 남은 짐승들은 권세를 빼앗겼으나 생명은 보존되어 정한시기를 기다린다.

아마도 이들은 열 뿔 짐승일 것이다. 이들은 이때 권세를 빼앗기고 바로 불 못에 들어가지 않고 정한 시기를 기다린다. 바로 이 정한 시기는 천년왕국 기간 천년일 것이다. 바로 다음절에 천년왕국이 나오기 때문이다. 천년 후에 열 뿔도 흰 보좌 심판을 받고 불 못에 들어간다.

7) 결론은 메시아 나라

단7장 마지막에도 메시아 왕국이 이 땅에 세워지는 것을 기록하고 있다. 단7:12절까지 작은 뿔 심판을 마치고 13절부터 14절까지 메시아 나라가 등장한다. 이것은 계19장에서 주님 지상 재림하시고 아마겟돈 전쟁 후에 있는 천년왕국과 같은 순서다.

"내가 또 밤 환상 중에 보니 *인자 같은 이*가 하늘 구름을 타고 와서 *옛적부터 항상 계신 이*에게 나아가 그 앞으로 인도되매 *그에게 권세와 영광과*

나라를 주고 모든 백성과 나라들과 다른 언어를 말하는 모든 자들이 그를 섬기게 하였으니 그의 권세는 소멸되지 아니하는 영원한 권세요 그의 나라는 멸망하지 아니할 것이니라'(단7:13-14)

이 장면은 성부 하나님께서 '인자 같은 이' 성자께 나라를 주시는 장면이다. 아들의 나라, 메시아 나라, 천년왕국이다. 14절에 "모든 백성, 나라, 언어가 다른 모든 자들이 그를 섬기게 하였으니"라 한다. 여기서 '그'는 예수님이시다. 14절은 세계 만민이 예수 그리스도께 경배하는 메시아 왕국이 임할 것을 예언하고 있다. 이제 그의 나라는 앞의 제국들처럼 그 어떤 나라의 세력에 의해 멸망하는 나라가 아니다. 또한 이 나라는 성도들이 메시아의 천년 통치에 함께 참여하는 성도의 나라이기도 하다.

"지극히 높으신 이의 *성도들이 나라를 얻으리니 그 누림이 영원하고 영원하고 영원하리라....*나라와 권세와 온 천하 나라들의 위세가 지극히 높으신 이의 거룩한 백성에게 붙인 바 되리니 *그의 나라는 영원한 나라이라 모든 권세 있는 자들이 다 그를 섬기며 복종하리라*'(단7:18,27)

단7장의 결론은 적그리스도와 그의 나라는 멸망한다. 그리고 이 땅에 땅의 천국인 메시아의 나라가 임한다. 비로소 뜻이 하늘에서 이룬 것 같이 땅에서도 이루어지는 시대다. 그 나라는 멸망으로 땅에서 사라지는 것이 아니다. 천년의 기한이 차면 그 나라를 아버지께 바치므로 아버지의 나라로 이어진다. 그러므로 그의 나라는 영원하고, 영원하고 영원한 나라다.

5. 단8장 두 짐승제국 - 구약 끝의 적그리스도와 예루살렘 성전

다니엘에서 마지막 때를 말할 때 구약의 마지막 때 인지 신약의 마지막 때인지를 분별해야 해석에 혼돈이 없다. 다니엘 8장의 예언은 구약의 마지막 때 나타날 적그리스도 사건을 말하고 있다. 그러나 단8장을 신약 끝의 적그리스도 사건으로 보는 해석이 많다. 단8장의 예언은 구약 끝에 일어날 사건이다. 다니엘은 9장에서 70이레 예언을 받는다. 구약의 끝은 70이레의 정한 때 안에 있는 시간이다. 그러므로 다니엘에게 단8장의 사건이 정한 때 끝에 관한 것이라고 하는 것이다.

"그가 내가 선 곳으로 나왔는데 그가 나올 때에 내가 두려워서 얼굴을 땅에 대고 엎드리매 그가 내게 이르되 인자야 깨달아 알라 *이 환상은 정한 때 끝에 관한 것*이니라... 이르되 진노하시는 때가 마친 후에 될 일을 내가 네게 알게 하리니 *이 환상은 정한 때 끝에 관한 것*임이라... 이미 말한 바 주야에 대한 환상은 확실하니 너는 그 환상을 간직하라 *이는 여러 날 후의 일*임이라 하더라(단8:17,19,26)

단7장은 단2장의 동상에 등장하는 나라들을 통해 신약 끝에 나타날 적그리스도와 7째 제국NWO를 드러냈다. 이제 단8장은 단7장에서 가볍게 지나갔던 두 제국을 집중 조명한다. 두 제국을 통해 드러내고자 하는 어떤 메시지가 있기 때문이다. 바로 숫양과 숫염소로 나타나는 메대 바사와 헬라제국이다. 단7장에서는 네 제국 중에 로마에 집중했었다. 그리고 로마 가운데도 신 로마 7째 제국에 집중했었다. 그러나 단8장에서는 두 제국 중에서도 특별히 헬라제국에 집중하고 있다. 헬라제국은 구약 끝에 나타날 적그리스도와 예루살렘 2성전과 관련되어 있기 때문이다. 단8장의 예언은 구약 끝의 사건이지만 신약 끝에 나타날 사건들의 그림자가 많이 숨겨져 있는 중요한 예언이다.

1) 숫양과 숫염소의 싸움
"네가 본 바 두 뿔 가진 *숫양은 곧 메대와 바사 왕들*이요 털이 많은 숫*염소는 곧 헬라 왕*이요 그의 두 눈 사이에 있는 큰 뿔은 곧 그 첫째 왕이요"(단8:20-21)

다니엘은 단7장의 환상 후 3년에 두 번째 환상을 본다. 이 환상을 보는 시기는 첫째 짐승 바벨론의 마지막 왕 벨사살 3년이다. 단8장에는 바벨론 이후 등장하는 나라들이 보인다. 숫양과 숫염소의 싸움을 통한 바벨론 이후의 제국들에 대한 예언이다. 역시 짐승제국의 통치자, 왕들이 등장한다. 짐승제국을 통치하는 영적 존재들이다. 이제 바벨론 이후 메대 바사가 등장 하겠으나 뒤에 오는 헬라에 의해 바사제국도 망한다. 단8:1-8절까지는 숫양과 숫염소에 대한 싸움이다. 그러나 단8장의 메시지는 단순히 두 제국이 이렇게 등장하여 망한다는 것에 대한 초점이 아니다. 단8장은 헬라 시대 끝에 예루살렘에 일어날 2300주야 사건이 중심이다. 이것은 천사가 등장하여 알려주는 환상에 대한 해석을 통해서도 알 수 있다. 2300주야 사건은 신약 끝에 일어날 적그리스도와 예루살렘 성전과도 깊은 관련이 있다.

2) 알렉산더 이후 4개로 분열되는 숫염소 헬라

"*숫염소가 스스로 심히 강대하여 가더니 강성할 때에 그 큰 뿔이 꺾이고* 그 대신에 *현저한 뿔 넷*이 하늘 사방을 향하여 났더라"(단8:8)

"*털이 많은 숫염소는 곧 헬라 왕이요 그의 두 눈 사이에 있는 큰 뿔은 곧 그 첫째 왕이요 이 뿔이 꺾이고 그 대신에 네 뿔이 났은즉* 그 나라 가운데에서 *네 나라가 일어나되* 그의 권세만 못하리라"(단8:21-22)

"그 후에 내가 또 본즉 다른 짐승 곧 *표범*과 같은 것이 있는데 그 등에는 새의 날개 넷이 있고 *그 짐승에게 또 머리 넷이 있으며* 권세를 받았더라"(단7:6)

헬라는 다니엘이 환상을 보던 때로부터 적어도 200여년 후에 등장할 나라다. 놀랍게도 성경은 200여년 후에 등장할 나라이름과 그 첫째 왕까지 예언하고 있다. 세상왕의 등장도 하나님의 계획과 섭리를 따라 일어나는 것이다. 헬라의 첫째 왕 알렉산더는 젊은 나이에 너무도 빠르게 세계를 정복한 왕이다. 헬라를 가리켜 단7:6절에는 표범의 등에는 새의 날개 넷이 있다고 했다. 단8:5절에는 숫염소가 지면에 두루 다니는데 땅에 닿지 않는다고 했다. 모두가 헬라의 세계 정복 속도가 그만큼 빨랐음을 표현하는 것이다.

역사적으로 알렉산더만큼 빠르게 세계를 정복한 이가 없다고 한다. 그러나 그의 삶은 너무도 짧았다. 33세 젊은 나이에 후계자도 정하지 못하고 말라리아에 물려 열병으로 허무하게 인생을 마감했다. 그의 사후 후계자가 없었기에 그의 수하의 장군들이 서로 후계자를 자처하며 후계자 전쟁이 일어난다. 최후에 네 명의 장군들이 동서남북으로 나라를 분할하여 통치하게 된다. 이것을 단7장에서는 표범에게는 머리 넷이 있다고 표현한다. 단8장에서는 현저한 뿔 넷이 있고 거기에서 네 나라가 일어난다고 한다. 북쪽은 셀루쿠스 왕조가 시리아에서부터 페르시아 지역을 차지했다. 남쪽은 프톨레미 왕조가 이집트와 팔레스타인 지역을 차지했다. 서쪽은 캣산더 왕조가 마게도니아와 영국의 서쪽을 다스렸다. 동쪽은 리시마쿠스 왕조가 소아시아 지역과 그 북쪽 부분을 다스렸다. 이렇게 분리된 네 나라 중에 단8장은 남북 왕조간의 전쟁 끝에 일어난 그 어떤 사건에 집중하고 있다.

단8장은 남북 전쟁에 관한 내용이 중심이 아니다. 단8장의 초점은 2300주야 사건이다. 구약 끝에 있었던 2300주야 사건을 통해 유대백성이 겪게 될 엄청난 환난에 대한 내용이 중심이다. 그러나 단11:1-39절에서 다시 두 나라의 남북전쟁 이야기를 아주 자세하게 다루고 있다. 이것은 구약 끝의 남북 전쟁이다. 그리고 특히 단11:40-12:3절 까지는 구약의 이 사건을 배경으로 해서 신약의 마지막 때를 설명해주고 있다. 결국 단7,8장의 전쟁 구도는 마지막 때에 그대로 적용된다는 사실이다. 단8장의 사건이 중요한 또 하나 이유가 있다. 구약 끝의 적그리스도가 했던 사건은 신약 끝의 적그리스도가 그대로 재현할 그림자다.

3) 구약 끝에 나타날 적그리스도와 예루살렘 성전
헬라가 네 개로 분열되고 그 나라 끝에 일어나는 한 왕이 구약 끝의 적그리스도로 등장한다. 그는 제2성전인 스룹바벨 성전을 더럽히고 하나님을 대적하는 안티오쿠스 에피파네스다. 거룩한 백성을 멸하는 힘을 떨치지만 결국에는 그도 멸망하게 된다.

"이 *네 나라 마지막 때에 반역자들이 가득할 즈음에 한 왕이 일어나리니* 그 얼굴은 뻔뻔하며 속임수에 능하며 그 권세가 강할 것이나 자기의 힘으로 말미암은 것이 아니며 그가 장차 놀랍게 파괴 행위를 하고 자의로 행하여 형통하며 강한 자들과 *거룩한 백성을 멸하리라* 그가 꾀를 베풀어 제 손으로 속임수를 행하고 마음에 스스로 큰 체하며 또 평화로운 때에 많은 무리를 멸하며 또 스스로 서서 *만왕의 왕을 대적할 것이나 그가 사람의 손으로 말미암지 아니하고 깨지리라*"(단8:23-25)

단8:9-14절까지는 구약의 마지막 끝에 있었던 적그리스도 안티오쿠스 에피파네스가 예루살렘에 행한 일이다. 단8장에는 북 왕조 셀류쿠스와 남 왕조 프톨레미 간의 전쟁에 대한 자세한 언급은 없다. 단8장은 2300주야 사건이 중심이기 때문이다. 최후 남북전쟁에서 북 왕국은 남 왕국에게 패한다. 안티오쿠스 에피파네스는 전쟁에 패한 이유를 이스라엘에게 돌린다. 당시 는 인본주의적 세계관을 바탕으로 한 헬레니즘 사상으로 전 세계가 헬라 문화권 안에 들어와 있다. 심지어 신앙도 헬라의 신 제우스를 섬겨야 하는 세상이다.

이러한 시대적 상황에서 헬라의 문화권에 흡수되지 않는 오직 한 민족이 있다. 신본주의적 세계관을 바탕으로 하는 헤브라이즘 사상을 가진 유대민족이다. 그들은 오직 유일하신 여호와 하나님만 섬기는 민족이다. 안티오쿠스 에피파네스는 자신이 전쟁에 패한 이유는 유대민족이 헬라의 신 제우스를 섬기지 않았기 때문이라고 믿었다. 그는 본국으로 돌아가던 중 자신의 통치아래 있는 예루살렘으로 들어간다. 그리고 이스라엘에서 유대민족의 유일신 말살정책을 펴기 시작한다. 이와 관련된 내용이 단8:9-14절이다. 2300주야 동안 유대백성에게 행한 신앙 탄압사건이다. 그는 구약 끝에 나타난 구약의 적그리스도 작은 뿔이었다.

"그 중 한 뿔에서 또 *작은 뿔* 하나가 나서 남쪽과 동쪽과 또 영화로운 땅을 향하여 심히 커지더니 그것이 하늘 군대에 미칠 만큼 커져서 그 군대와 별들 중의 몇을 땅에 떨어뜨리고 그것들을 짓밟고 또 스스로 높아져서 *군대의 주재를 대적하며 그에게 매일 드리는 제사를 없애 버렸고 그의 성소를 헐었으며 그의 악으로 말미암아 백성이 매일 드리는 제사가 넘긴 바 되었고* 그것이 또 진리를 땅에 던지며 자의로 행하여 형통하였더라 내가 들은즉 한 거룩한 이가 말하더니 다른 거룩한 이가 그 말하는 이에게 묻되 환상에 나타난 바 매일 드리는 제사와 망하게 하는 죄악에 대한 일과 *성소와 백성이 내준 바 되며 짓밟힐 일*이 어느 때까지 이를꼬 하매 그가 내게 이르되 *이천삼백 주야까지니 그 때에 성소가 정결하게 되리라* 하였느니라"(단8:9-14)

유대민족을 향한 유일신 말살정책은 가혹했다. 안티오쿠스 에피파네스는 예루살렘 성전에 올림피아 신 제우스를 세웠다. 그리고 유대인들에게 본격적으로 신앙의 대상을 바꾸기 위한 헬라정책을 펴기 시작했다. 이스라엘의 유일신 하나님을 버리고 제우스를 섬기라는 것이다. 이때 헬라 정책에 반대하는 사람 8천명을 죽였다. 성전제사를 철폐시키고 성전을 훼파하며 율법책을 불태웠다. 로마군 개입으로 인해 남 왕국에 패한 분풀이를 예루살렘에 가혹한 형벌로 쏟아냈다. 박해기간은 B.C171-164년까지 6년 4개월 정도로 7년 가까이 된다. 그러나 본격적인 신앙탄압은 B.C167-164년까지로 3년 정도 된다. 이것이 구약의 적그리스도에게 유대민족이 겪은 2300주야 핍박이다. 단8장의 내용은 신구약 중간 사에 있었던 사건이다.

▶헬라화 정책의 내용들
- 헬라화 정책의 관행과 관습을 따를 것
- 성전 안에서의 유대교의 제사를 중지할 것
- 안식일과 모든 절기를 중지할 것
- 성소와 성직자와 하나님을 모독할 것
- 예루살렘 성전 안에 제우스제단과 우상을 세울 것
- 돼지를 잡아 제사하고 그 피로 번제 단에 뿌릴 것
- 할레를 중지할 것
- 헬라 신 숭배 시 성적인 행위를 포함시킬 것
- 율법을 불태우고 제우스만 섬길 것

이 같은 2300주야의 핍박이 구약의 정한 때 끝에 일어날 사건이라고 하신 것이다. 이러한 헬라화 정책내용은 유대민족에게는 결코 순응할 수 없는 것들이었다. 거룩한 성전에 우상을 세워놓고 성전을 짓밟았다. 유대인들이 가증이 여기는 돼지를 잡아 그 피를 제단에 뿌리게 했다. 또한 유대인들이 정말 행할 수 없는 것은 음란행위다. 헬라 신 숭배 시 성적 행위를 포함시키는 것이다. 모든 이방 제사는 끝에 혼합으로 하는 음란행위다. 그러나 이러한 헬라화 정책에 반기를 들었던 사건이 바로 마카비 혁명이다. 마카비 혁명으로 잠시 유대인은 독립왕조를 세운다. 그러나 이때 세워진 마카비 왕조, 하스몬 왕조도 1세기를 넘기지 못했다.

4) 구약의 적그리스도는 북쪽에서 나온다.
네 개로 분열된 헬라 제국들 중에 단8장에서는 북 왕국을 집중 조명하고 있다. 단8:1-8절까지 숫양과 숫염소의 싸움 이후 9-27절까지 북 왕국과 관련한 말씀이다. 구약의 적그리스도는 북 왕국 셀리쿠스 왕조에서 나오기 때문이다. 안티오쿠스 에피파네스가 북 왕국에서 나온 구약의 적그리스도다. 그러므로 구약 끝의 적그리스도는 북쪽에서 나왔다. 이것은 단8장으로 끝나는 문제가 아니다. 이것은 마지막 때 전쟁과도 관련한다. 마지막 때 적그리스도가 북쪽에서 나온다고 주장하는 이들이 있다. 그들의 근거는 단8장이다. 이를 근거로 혹자는 러시아나 북한을 적그리스도 국가로 보기도 한다. 이는 또한 단7장을 이해지 못하기 때문이다. 성경에 예언된 마지막 때 남은 전쟁들이 있다. 세계3차전과 에스겔 38장 전쟁(곡. 마곡) 그리고 아마겟돈 전쟁이다. 마지막 때와 관련하여 성경에 예언된 이러한 전쟁들은 단7-8장의 예언을 따라 진행될 전쟁들이다.

5) 다니엘의 고통

"이르되 *진노하시는 때가 마친 후에 될 일*을 내가 네게 알게 하리니 *이 환상은 정한 때 끝에 관한 것*임이라"(단8:19)

"이미 말한 바 주야에 대한 환상은 확실하니 너는 그 환상을 간직하라 이는 여러 날 후의 일임이라 하더라 이에 *나 다니엘이 지쳐서 여러 날 앓다가 일어나서 왕의 일을 보았느니라* 내가 그 환상으로 말미암아 놀랐고 그 뜻을 깨닫는 사람도 없었느니라"(단8:26-27)

다니엘은 17세쯤에 포로가 되어 이방 땅으로 끌려갔다. 포로생활 중에도 유대민족을 향한 하나님의 사랑과 언약을 믿고 기도하는 믿음의 사람이었다. 이러한 다니엘에게 짐승제국의 비밀과 70이레의 계획을 보여주셨다. 하나님은 이러한 동상과 환상 예언을 통해 구약의 끝과 신약의 끝까지 보여주신 것이다. 12장이라는 비교적 짧은 분량인 다니엘서는 엄청난 인류의 마지막 때 비밀이 담겨져 있다. 다니엘은 환상을 볼 때 마다 영적인 체험이기에 놀랍고 몸도 감당하기 버거웠다. 더군다나 이 모든 환상들은 짐승제국의 땅에서 보고 들었다. 단8장의 경우는 구약 끝에 유대민족에게 일어날 2300주야 사건이다. 다니엘의 입장에서 보면 지금도 유대민족이 하나님의 심판과 진노에 의해 바벨론에 포로로 던져 저 있다. 그러나 다행히도 예레미야의 예언대로 70년 후에 회복이 된다는 소망을 가지고 있었다.

그런데 단8장의 환상은 유대민족이 회복된 후에도 또 2300주야의 환난이 있다고 한다. 이 환난은 다니엘로부터 300년도 훨씬 후에 일어날 일이다. 천사는 이 환상은 확실히 일어날 것이나 정한 때 끝에 혹은 여러 날 후에 일이라고 한다. 여기서 정한 때 끝과 여러 날 후는 구약의 끝이다. 다니엘은 단8장의 예언을 받았을 때 영적 체험으로 인해 지쳐서 수일을 앓았다고 한다.(단8:27) 민족을 사랑하는 다니엘에게는 너무도 고통스러운 환상이었던 것이다. 그러나 사실 단7장의 신약 끝에 있을 유대민족의 환난은 2300주야의 환난과는 비교 할 수가 없다. 이를 두고 단12:1절에는 개국 이래 없던 환난이라고 한다. 단7장의 환난을 마24:21절에는 창세로부터 지금까지 없던 환난이다. 눅21:35절에는 온 지구상에 모든 사람에게 임하는 환난이다. 이것이 계13장으로 가면 7년 한 이레 중 후3.5년 대 환난이다.

그러나 단7장에서 신약 끝에 일어날 환상을 보았을 때 중심에 번민 하였고 얼굴빛이 변했다고 한다. 단7장의 신약 끝의 환상은 다니엘이 다 이해 할 수 없었다. 그러니 마음에 번민하였고 너무도 놀라워 얼굴빛이 변할 뿐이었다. 뒤에 단11-12장으로 가면 다시 구약 끝과 신약 끝이 반복된다. 신약 끝의 일을 다 이해하지 못한 다니엘은 이렇게 말한다. "내가 듣고도 깨닫지 못한지라" 신약 끝의 일은 하나님께서 봉하신 일이기 때문이다.(단12:4,9)

"그 말이 이에 그친지라 *나 다니엘은 중심에 번민하였으며 내 얼굴빛이 변하였으나* 내가 이 일을 마음에 간직하였느니라"(단7:28)

"*내가 듣고도 깨닫지 못한지라* 내가 이르되 내 주여 이 모든 일의 결국이 어떠하겠나이까 하니"(단12:8)

하나님께서 다니엘에게 신약의 끝은 다 깨닫게 하지 않으셨다. 이유는 단8장은 유대민족에게만 해당하는 환난이다. 그러나 단7장의 중심내용은 이스라엘과 교회가 함께 겪는 마지막 7년이다. 그중 후3.5년의 대 환난은 이스라엘을 넘어 전 세계적이다. 이것은 당시에 유대인인 다니엘이 이해 할 수도 없는 내용이다. 다니엘은 오직 유대민족의 회복에만 관심이 있을 뿐이다. 그러므로 단12:4,9절에서 신약 끝의 환상을 인봉해 두신 것이다. 대신 신약 끝의 사건은 사도 요한에게 보여주셨다. 그렇기 때문에 요한계시록을 통해 우리는 마지막 때를 정확히 알 수 있는 것이다. 다니엘의 이정표는 큼직큼직한 푯말을 세워 두신 것이다. 그러나 요한계시록은 다니엘의 이정표를 기반으로 하여 우리에게 더욱 세밀하게 보여주신 천국이정표다.

"다니엘아 *마지막 때까지 이 말을 간수하고 이 글을 봉함하라* 많은 사람이 빨리 왕래하며 지식이 더하리라... 그가 이르되 다니엘아 갈지어다 *이 말은 마지막 때까지 간수하고 봉함할 것임이니라*"(단12:4,9)

6) 2300주야에 숨겨져 있는 신약 끝의 사건들

2300주야 사건은 문자적으로 실제 유대민족에게 일어났던 일이다. 그럼에도 불구하고 2300주야를 2300년으로 상징적 해석을 하는 이들이 있다. 그들은 실제 단8장의 2300주야의 사건에는 관심이 없다. 그저 2300이라는 숫자에만 집중하여 2300년의 상징 비밀을 풀고 있다. 그들은 계11장에서 두 증인의 사역에 해당하는 1260일도 마찬가지다. 1260년이라는 상징의 수로보고 1260년은 카토릭의 전성기라는 엉뚱한 해석을 한다. 우리는 성경의 어떤 주제를 해석할 때 가장 중요한 것은 결코 성경 본문을 벗어나지 않아야 한다. 성경에서 말하고 있는 1차적 본문 해석이 중요하다. 그리고 다양한 영적해석을 할 수 있다. 2300주야의 1차적 해석은 유대백성이 헬라의 안티오쿠스 아피파네스에게 당한 혹독한 신앙 탄압기간이다. 구약 끝에 일어났던 2300주야는 신약 끝에 일어날 중요한 사건의 그림자들이 있다.

① 2300주야는 마지막 7년을 예고한다.

구약 끝에 일어난 사건은 신약 끝에도 그대로 재현된다. 다른 것이 있다면 신약 끝에는 이러한 신앙탄압이 이스라엘을 넘어 교회로 확대된다는 것이다. 단8장은 유대인들만 겪는 신앙 탄압이다. 그러나 신약 끝에는 이스라엘과 교회가 함께 적그리스도에게 극심한 신앙 탄압을 받게 된다. 한 이레 중 후3.5년은 이스라엘이 메시아께로 돌아오는 시기이기 때문이다. 그러므로 7년이 교회와 상관이 없다는 것은 비 성경적 주장이다. 이방 교회도 7년에 들어간다.

② 신약 끝에도 성전을 정결케 하는 일이 있다.

스룹바벨 제2성전에 제우스 우상이 들어와 성전이 더럽혀졌다. 그러나 2300주야에 이르러 성전을 정결케 했다. 이 사건은 하누카 라는 절기가 되었고 복음서에는 수전절(요10:22)이라 한다. 이와 같이 성전을 정결케 하는 사건이 신약 끝에도 또 일어난다. 거룩한 곳에 기름을 부어 제3성전이 정결케 되는 사건이다. 이것은 앞에 70이레에서 제3성전과 관련하여 다룬 내용이다. 스룹바벨 성전이 헤롯성전으로 화려하게 리모델링되었으나 주후 70년 완전히 파괴됐다. 그리고 신약 끝에 제3성전이 세워진다. 다시 세워지는 제3성전에도 적그리스도가 자신의 우상을 세워놓고 성전을 더럽힌다. 자신을 하나님이라 하며 그 우상 앞에 강제로 경배하게 한다. 동일한 사건이지만 이것 또한 그 대상이 이스라엘과 전 세계 교회로 확대된다. 70이레 단원의 표를 참조로 다시 한 번 가져왔다.

▣ 성전이 정결케 된 두 사건 비교

	구약 끝 - 스룹바벨 제2성전	신약 끝 - 제3성전
누구 에게	안티오쿠스 에피파네스	적그리스도
우상 세움	그리스 신 제우스	멸망의 가증한 것 우상
강요 당함	제우스만 섬겨라	우상에게 경배하라
기간	2,300주야 약 6년 4개월 기간 중 B.C. 167-164년까지 극심한 신앙탄압	2520주야 적그리스도 통치7년 중 후 3.5년 대 환난

구약 끝 - 스룹바벨 제2성전	신약 끝 - 제3성전
정결 케 됨 2300주야 후에 성소가 정결케 됨 수전절(하누카)로 절기가 됨	70이레 후에 기름이 부어짐으로 정결케 됨. 에스겔 성전이 됨

③ 메시아 왕국의 비밀

성전을 정결케 하는 사건과 관련하여 중요한 것은 메시아 왕국이다. 신약 끝에 정결케 되는 제3성전은 천년왕국의 에스겔 성전이 되기 때문이다. 이처럼 2300주야에는 신약 끝에 있을 그리스도 천년통치의 메시아 나라가 숨겨져 있다. 다니엘서의 모든 끝은 메시아 왕국이다.

④ 환난을 감해 주시는 비밀

"그 날들을 감하지 아니하면 모든 *육체가 구원을 얻지 못할 것*이나 그러나 택하신 자들을 위하여 *그 날들을 감하시리라*"(마24:22)

"네 백성과 네 거룩한 성을 위하여 *일흔 이레를 기한으로 정하였나니*"(단9:24)

2300주야 안에 또 하나의 중요한 비밀이 있다. 필자가 천국이정표세미나를 진행해 오면서 충돌이 되는 문제가 하나 있었다. 요한계시록에 깊은 관심이 없을 때는 문제가 되지 않는 것이었다. 마24:22절에 보면 예수님께서 환난을 감해 주신다는 말씀이 있다. 환난을 감해 주신다면 후3.5년의 대환난의 날들을 감해주시지 않을까 하는 단순한 생각을 했었다. 성도가 환난을 통과해야 한다면 이 말씀은 오히려 위로가 되는 말씀이었다.

그런데 마지막 때 사역 중 다니엘의 70이레를 깨닫게 되면서 환난을 감해 주신다는 말씀이 충돌이 왔다. 70이레 중 마지막 70번째 이레는 마지막 7년으로 대 환난이 있는 시기다. 70이레는 490년 176400일로 하나님께서 정해

놓으신 날수다. 이 중 이미 69이레, 173880일이 정확하게 지났다. 이제 남은 마지막 7년은 날짜로 하면 2520일이다. 70이레가 정해졌다면 마지막 7년 2520일도 정해진 날수다. 여기서 2520일 중 후3.5년에 있는 대 환난 날 수는 1260일이다. 참고로 이스라엘의 한 달은 30일 1년은 360일이다.

환난을 감한다고 할 때 후3.5년의 1260일중에 감해야 한다. 그러나 이 기간은 정해진 날수이기 때문에 감해질 수 없다. 그런데 주님은 환난의 날들을 감해주신다고 하신다. 여기서 다니엘서의 '정했다'와 예수님의 '환난을 감해주심'이 충돌되는 것이다. 필자는 이 충돌되는 문제에 대하여 늘 의문이었다. 하나님의 말씀은 정확하기 때문이다. 정하심도 맞고 감해주심도 맞을 텐데 과연 어떻게 이 말씀이 성취될 것인가 하는 문제였다. 필자는 단8장을 풀어가던 중 2300주야에서 그 해답의 그림자를 보았다.

2300주야는 2300÷30=76.6개월 반올림하면 77개월이다. 6년 4-5개월 정도다. 이기간은 구약의 적그리스도에게 유민민족이 겪은 핍박기간이다. 마지막 7년은 84개월로 신약의 적그리스도의 세계 통치기간이다. 여기서 84-77개월 하면 7개월이 차이난다. 이렇게 볼 때 2300주야는 7년에서 7개월 빠지는 수다. 7개월은 210일이다. 필자는 여기서 7개월은 아마도 환난이 감해지는 것과 관련이 있을 것으로 보았다. 그렇다면 환난을 감해주시는 방법은 무엇일까? 실제로 날수를 감해주신다면 충돌문제 해결이 아니다. 7개월 이란 수를 발견하면서 필자는 계시록의 대접재앙이 떠올랐다. 모든 문제의 해결은 성경을 기반으로 해야 한다.

▶**환난의 날을 감하는 열쇠는 대접 재앙으로 본다.**
"또 하늘에 크고 이상한 다른 이적을 보매 일곱 천사가 일곱 재앙을 가졌으니 *곧 마지막 재앙이라 하나님의 진노가 이것으로 마치리로다*"(계15:1)

"또 *다섯째 천사가 그 대접을 짐승의 왕좌에 쏟으니 그 나라가 곧 어두워지며 사람들이 아파서 자기 혀를 깨물고*"(계16:10)

"그가 장차 많은 사람들과 더불어 한 이레 동안의 언약을 굳게 맺고 그가 그 이레의 절반에 제사와 예물을 금지할 것이며 또 포악하여 가증한 것이 날개를 의지하여 설 것이며 또 이미 정한 종말까지 *진노가 황폐하게 하는 자에게 쏟아지리라* 하였느니라 하니라"(단9:27)

주님은 마지막 끝에 짐승의 표를 받지 않는 육체를 남겨두셔야 한다. 천년왕국에서 씨를 번성해야할 육체가 필요하기 때문이다. 그러나 후3.5년 적그리스도의 대 환난은 우리의 상상을 초월하는 너무도 끔찍한 날들이다. 이 극심한 환난의 날 마흔 두 달 동안 적그리스도의 핍박의 힘을 다 허락한다면 어찌될까? 아마도 신자든 불신자든 끝까지 살아남을 육체가 없을 것이다. 그러기에 주님은 환난의 날을 감하셔서 육체를 남기셔야만 한다. 마 24:22절의 구원 받을 육체란 영의 구원이 아닌 몸의 구원을 말한다.

후3.5년 마흔 두 달은 분명히 적그리스도에 허락된 정해진 기간이다. 날 수로 1260일에서 단 하루도 빠지지 않는다. 그러나 거의 끝에 가서 환난을 감하기 위해 그 강력하고 악한 적그리스도의 핍박의 힘을 뺄 것으로 본다. 그러므로 환난을 감하는 방법은 날 수를 줄이는 것이 아니라 적그리스도의 힘을 약화 시키는 것이다. 그리하여 성도들의 환난의 강도를 점점 낮추어 환난을 감하는 것이다. 그래야만 살아남는 육체가 있기 때문이다.

이렇게 하면 두 곳의 말씀의 충돌이 해결된다. 적그리스도의 후3.5년 1260일 환난의 날 수는 정해진 그대로 진행된다. 그러나 그의 핍박의 강도가 약해지니 환난이 감해진다. 그렇다면 어떻게 적그리스도의 힘을 축소시킬 것인가? 적그리스도의 힘을 축소, 약화 시키는 요인은 바로 대접재앙의 시작이다. 대접 재앙은 7년 거의 끝에 있을 마지막 재앙이다. 대접재앙은 짐승 정부에 쏟아 붓는 하나님의 진노 폭발이다. 환난 통과 설을 지지하는 가르침에는 성도들이 대접재앙의 환난을 통과해야 한다고 한다. 그러나 대접재앙은 성도들을 훈련하기 위한 환난이 결코 아니다. 대접재앙은 일반 재난을 넘어서 하나님의 무서운 진노다.

필자는 적그리스도 힘을 약화시키는 대접재앙이 시작되는 시점을 마지막 끝에 7개월 정도 남은 시점으로 본다. 정확히 7개월이 아니라 대략 7개월 전 후가 될 것이다. 이것은 성경에 근거하는 필자의 추측이니 그저 참고해 주길 바란다. 2300주야는 7년에서 7개월 정도 부족한 날수다. 한 이레 끝의 7개월 전부터 대접재앙이 시작된다고 가정하고 대접재앙을 살펴보자.

대접 재앙은 짐승 정부에 쏟아지는 하나님의 진노이기 때문에 대접이 부어 질 때마다 적그리스도의 힘은 점점 약화되기 시작한다. 그러면 핍박의 강도는 점점 낮아지기 시작할 것이다. 그러면 환난이 줄어드는 것이다. 숨을 쉴 수 있는 틈이 생기기 시작한다. 참고로 인과 나팔 재앙은 지역적으로 일어나는 사건이다. 그러나 대접재앙은 전 세계 동시다발로 일어나는 엄청난 사건들이다. 대접 재앙은 뒤에 계시록 단원에서 다룰 것이기에 여기서는 간단히 지나간다.

첫째 대접에 짐승의 표를 받은 사람들에게 악성 종기가 난다. 표를 받은 사람들은 살기위해 표를 받았다. 그러나 그 표로 인해 죽을 만큼 고통스럽다. 그렇다면 전 세계 사람들은 더 이상 표를 받지 않으려고 할 것이다. 전세계가 적그리스도에 대한 원망으로 아우성일 것이다. 짐승은 통제력이 상실되기 시작한다. 두 번째 대접은 바다가 피같이 되고 바다의 모든 생물이 죽는다. 셋째 대접은 모든 강, 물들이 피가 되어 버린다. 이제는 마실 물이 없다. 넷째는 태양이 사람을 태워 죽인다. 이 모든 사건들은 전 세계에서 동시 다발적으로 일어난다.

전 세계는 그야말로 아수라장이 될 것이다. 대접 재앙이 시작되면 사람이 살 수 있는 환경이 전혀 아니다. 사람을 태워 죽이는 뜨거운 태양아래서 마실 물도 없이 사람이 몇 날을 견딜 수 있을까? 전 세계 사람들은 이젠 더 이상 사람이 아니라 좀비들과 같은 모습이 되어 있을 것이다. 대접 재앙은 오래 지속 될 수 없다. 첫째부터 7째까지 아주 짧은 기간 안에 종료될 가능성이 높다. 이러한 상황에서 짐승은 더 이상 세계를 통제할 수 없을 것이다. 대접이 부어지는 기간은 월, 혹은 일단위로 부어질 가능성이 높다. 전세계가 아수라장이 된 상태에서 짐승정부는 더 이상 정부의 기능을 수행할 수 없을 것이다. 이제 다섯째 대접은 짐승 왕좌에 부어진다. 비로소 짐승의 나라가 어두워진다. 이제 적그리스도는 완전히 힘을 잃게 된다.

여섯째 대접에 적그리스도는 자신의 끝을 알고 아마겟돈 전쟁을 준비한다. 일곱째 대접에 적그리스도의 마흔 두 달 통치는 완전히 끝난다. 계15:1절에 마지막 대접 재앙은 하나님의 진노라고 한다. 대접 재앙이 시작되었다는 것은 이미 짐승정부에게 심판이 시작되었다는 것이다. 단9:27절에도 진노가 황폐하게 하는 자에게 쏟아지리라고 했다. 대접의 진노가 시작 될 때부터 성도의 환난의 날이 감해지고 있는 것으로 보인다. 대접 재앙이 시작되면 그때부터 적그리스도의 세력이 약화되면서 환난의 강도가 줄어들기 때문이다. 이렇게 본다면 다니엘 예언의 '정했다'와 예수님의 '환난을 감해주심'의 말씀의 충돌은 해결된다고 본다.

6. 단10장 큰 전쟁과 세 이레 기도

다니엘 9장은 70이레에서 다루었기 때문에 바로 10장으로 들어간다. 단10장에는 그 유명한 다니엘의 세 이레 기도가 있는 장이다. 세 이레 기도를 세 이레 금식기도로 이해하는 시각이 적지 않다. 그래서 많은 교회들이 21일 금식기도를 작정하기도 한다. 그러나 다니엘의 세 이레 기도는 온전한 금식기도가 아니라 단식기도다. 다니엘이 어떠한 목적을 두고 세 이레 작정기도를 들어간 것이다. 세 이레 동안 좋은 음식을 먹지 않고 머리에 기름도 바르지 않았다. 그러나 기본적인 다른 음식은 먹었을 것이다. 이것은 좋은 것을 절제하며 단식한 작정기도다. 그러나 70이레를 받던 단9:3절에는 분명히 금식기도를 했다.

"그 때에 나 다니엘이 *세 이레 동안*을 슬퍼하며 세 이레가 차기까지 *좋은 떡을 먹지 아니하며 고기와 포도주를 입에 대지 아니하며 또 기름을 바르지 아니하니라*'(단10:2-3) - **세 이레 작정기도**

"*내가 금식하며 베옷을 입고 재를 무릅쓰고 주 하나님께 기도하며 간구하기를 결심하고*"(단9:3) - **70이레를 받기 전 이스라엘 회복을 위한 회개 금식기도**

단10장은 큰 전쟁, 세 이레 기도, 영적세계의 사건이 보이는 중요한 장이다. 그러나 필자는 다니엘서를 아직 완전히 이해하지 못한다. 그중에 10장은 더욱 그러하다. 일반 주석들을 봐도 명쾌하지가 않았다. 다니엘이 왜 세 이레를 작정하고 기도를 한 것인지 기도의 목적이 분명히 보이지 않았다. 또한 큰 전쟁과 세 이레 기도는 어떤 연관이 있는지 이해되질 않았다. 물론 다니엘은 민족을 사랑하고 민족을 위해 늘 기도하는 사람이다. 그러나 그런 단순한 의미를 넘어 그 어떤 것이 보이지 않았다. 사모하는 필자에게 나름 깨닫게 하신 것들을 정리한다.

1) 다니엘은 왜 슬퍼했는가?

"그 때에 나 다니엘이 *세 이레 동안을 슬퍼하며*"(단10:2)

단10장은 바사의 고레스 왕 3년의 일이다. 다니엘은 고레스 원년(단1:21)까지 관직에 있었다. 10장은 고레스 3년이니 다니엘이 관직에서 은퇴를 한 시기다. 주전 605년 17세쯤의 나이에 포로가 되었던 다니엘은 80세 중반쯤 되었을 것이다. 이방 땅에서 평생을 오직 나라와 민족을 위해 기도한 사람이다. 고레스 원년에 1차 포로귀환으로 4만 2천 명 정도 일부가 예루살렘으로 돌아갔다. 그러나 많은 유대인들은 70년 가까이 바벨론 문화에 젖어 살고 있었다. 그들은 현실에 안주해 고향땅으로 돌아가지 않았다. 고향으로 돌아가려면 바벨론에서 일구어 놓은 모든 것을 포기해야 한다. 또한 아무것도 없는 고향에 돌아간들 고생만이 있음을 알고 있다. 다니엘은 고향땅으로 가지 않고 현실에 안주해 있는 유대인들을 보면서 슬퍼했을 것이다.

또한 이 시기는 1차 귀환으로 고향으로 돌아간 자들이 성전 건축을 하다가 건축이 중단된 시기다. 고레스 원년에 "성전을 건축하라"는 고레스의 칙령으로 시작된 건축이 2년 만에 중단되었다. 이 때가 고레스 3년이 시기다. 이 때 중단된 성전건축은 무려 16년이나 지연된다. 스룹바벨의 제2성전은 주전 516년에 완공되었다. 아마도 다니엘은 완공된 성전을 보지 못하고 죽었을 것이다. 이렇게 성전 공사가 중단된 것으로 인해 다니엘은 또 슬퍼했을 것이다.

2) 네가 깨달으려 하여 – 다니엘이 깨닫고자 했던 것은 무엇인가?

다니엘은 이러한 슬픈 현실을 겪으면서 생각하는 것이 있었을 것이다. 단

8장에서 받은 2300주야 환상이다. 다니엘은 8장에서 벨사살 3년에 숫양(메대바사)과 숫염소(헬라)의 환상을 보았다. 그리고 숫염소가 네 개로 분리된 끝에 등장하는 작은 뿔에 의한 2300주야 계시를 받았다. 그러나 그때 헬라 제국에 속한 네 왕조 중에서 남북 전쟁에 관한 자세한 계시는 없었다. 다만 헬라의 북 왕국에 의해 유대민족이 겪게 되는 2300주야의 환난이었다. 다니엘은 2300주야 환상과 관련하여 어떤 큰 전쟁이 관련되어있을 것이라는 생각을 했던 것 같다. 그런데 8장에서는 헬라에서 분열된 남북 전쟁에 관한 구체적인 내용은 없었던 것이다.

스룹바벨을 선두로 1차 귀환하여 성전 건축을 하던 중 핍박으로 중단되었다. 이것을 보고 앞으로 겪게 될 민족의 환난에 대해 구체적으로 깨닫기를 원했을 것이다. "네가 깨달으려 하여"는 바로 8장의 환상에 대해 더 밝히 알기를 원하는 것이다. 그렇기 때문에 11장은 초반에 바로 벨사살 3년에 보았던 바사와(숫양) 헬라(숫염소)의 전쟁을 간단히 소개한다. 그리고 상당히 많은 부분을 할애하여 헬라에서 분열된 남북 전쟁사를 자세히 기록하고 있는 것이다. 결국에는 11장에 또 안티오쿠스 에피파네스의 2300주야 핍박 사건 배경이 등장하게 된다.

"그가 내게 이르되 다니엘아 두려워하지 말라 *네가 깨달으려 하여* 네 하나님 앞에 스스로 겸비케 하기로 결심하던 첫날부터 네 말이 들으신바 되었으므로 내가 네 말로 인하여 왔느니라"(단10:12)

"군대는 그의 편에 서서 *성소 곧 견고한 곳을 더럽히며 매일 드리는 제사를 폐하며 멸망케 하는 미운 물건을 세울 것*이며"(단11:31)

단10:1절 개역 성경에는 '큰 전쟁'에 관한 것이라 한다. 그러나 킹제임스를 비롯한 다른 번역에는 전쟁에 관한 것이라는 표현이 없다. 킹제임스는 '정해진 때가 길었더라'한다. 이것은 단8장의 계시를 받을 때 '정한 때 끝에 관한 일'이라고 했던 것과 같은 표현이다. 공동번역에는 8장에서 계시를 받고 구약 끝에 틀림없이 큰 싸움이 일어 날 것을 알았다고 한다. 그리고 10

장의 21일의 작정기도를 통해 환상을 보고 분명히 깨달은 것이다. 이 때 깨달은 헬라의 남북 전쟁사를 단11장에서 구체적으로 기록한 것이다. 단11장의 남북 전쟁사는 단8장의 2300주야를 가져오는 구약의 적그리스도에 대한 제 조명이다. 단10:1절 번역본들을 비교해본다.

"이르되 *진노하시는 때가 마친 후에 될 일*을 내가 네게 알게 하리니 *이 환상은 정한 때 끝에 관한 것*임이라... 이미 말한 바 *(2300)주야에 대한 환상*은 확실하니 너는 그 환상을 간직하라 이는 *여러 날 후의 일*임이라 하더라"(단8:19,26)

▶단10:1 - 개역개정
"바사 왕 고레스 제삼년에 한 일이 벨드사살이라 이름한 다니엘에게 나타났는데 그 일이 참되니 *곧 큰 전쟁에 관한 것*이라 다니엘이 그 일을 분명히 알았고 그 환상을 깨달으니라"

▶킹제임스
"페르시아 왕 고레스의 제3년에 벨트사살이라 이름하는 다니엘에게 한 일이 계시되었으니 그 일은 참되나 *정해진 때가 길었더라* 그가 그 일을 깨달았고 그 환상도 깨달았더라"

▶표준새번역
"페르시아의 고레스 왕 제 삼년에, 일명 벨드사살이라고 하는 다니엘이 계시로 말씀을 받았다. 그 말씀은 참된 것이었는데, 환상을 보는 가운데, *심한 고생 끝에 겨우 그 뜻을 깨달았다*"

▶공동번역
"페르샤 왕 고레스 제삼 년에 일명 벨트사살이라고도 하는 다니엘은 *계시를 받아 틀림없이 큰 싸움이 일어나리라는 것을 알게 되었다*. 그는 환상을 보고 그 뜻을 분명하게 깨달았다.

3) 다니엘에게 주시는 미래의 일방적 계시

다니엘은 사실 이방 나라가 어떻게 되는 것에는 관심이 없다. 오직 자신의 나라 유대 땅 예루살렘에 대한 관심밖에 없다. 그러나 하나님은 다니엘이 나라를 위해 기도할 때마다 먼 미래까지 일방적으로 하나님의 계획을 보여주셨다. 70이레가 그러했고 모든 환상이 그러했다. 이렇게 보여주시는 엄청난 놀라운 영적 계시로 인해 다니엘은 지치고 기절하기도 했다. 21일 작정기도 중에도 헷데겔(티그리스) 강으로 가서 기도하던 중에 놀라운 환상을 본 것이다. 단10장의 환상은 이중적 예언을 담고 있다. 구약의 끝에 있을 큰 전쟁과 신약 끝에 있을 큰 전쟁을 이중적으로 예언하고 있다.

"이제 내가 *말일에 네 백성의 당할 일*을 네게 깨닫게 하러 왔노라 대저 *이 이상은 오래 후의 일*이니라"(단10:14)

여기서 "말일에 네 백성의 당할 일"은 구약 끝에 적그리스도에게 당할 일과 신약 끝에 적그리스도에게 당할 일로 이중적 예언이다. 단11장의 남북 전쟁사는 결국에 2300주야 환난을 가져온다. 이것은 예루살렘과만 관련 있다. 그러나 단11:40절부터 시작되는 단12:1절의 개국 이래 없는 환난은 신약 끝에 당할 일이다. 이것은 이스라엘과 전 세계적인 사건이다. 여기서 "이 이상은 오래 후의 일"이라 함은 신약 끝의 사건을 가리키는 것이다. 구약 끝의 사건은 "정한 때 끝에"라고 명시한다. 구약시대는 69이레로 정한 때 끝이다. 70이레의 정한 때를 의미한다. 물론 마지막 7년도 70이레의 정한 시간이다. 그러나 69이레와 70이레 사이는 정해지지 않은 오랜 간격시대가 있다. 그러므로 "이 이상은 오래 후의 일"이라고 한다.

4) 일곱 머리 짐승제국의 영적 이동

단10장에는 일곱 머리 제국시대의 역사의 무대가 바뀌는 장면이 있다. 일곱 머리는 애굽, 앗수르, 바벨론, 메대바사, 헬라, 로마, 신로마다. 단8장의 숫양, 숫염소는 메대바사와 헬라의 싸움이다. 메대바사는 일곱 머리 순서로는 네 번째 머리이며 다니엘 순서로는 두 번째 짐승이다. 헬라는 다섯 번째 머리이며 다니엘에서는 세 번째 짐승이다. 이제 단2장 동상의 예언을 따라 역사의 무대는 바사에서 헬라로 제국의 자리를 교체해야 한다.

단8장의 환상은 바벨론 제국 끝에 받았다. 단10장은 바벨론 다음 제국인 바사시대다. 바사시대에 200여년 후에 올 헬라제국의 등장에 대한 예언을 하고 있는 것이다. 가브리엘과 미가엘이 움직이면 이제 바사군주는 헬라군 주에게 세상 제국의 중심 자리를 내 주어야 한다. 여기서 군주는 악한 천사 들로 세상제국을 통치하는 짐승, 왕들이다. 그러나 이 짐승들은 순순히 다음 제국에게 자리를 내주려 하지 않는다.

다니엘에게 미래를 계시하러 가는 가브리엘을 바사군주가 21일 동안 막는다. 세상 짐승 제국의 무대가 바뀔 때마다 영적 세계의 전쟁이 있음을 알 수 있다. 세계를 통치하고 있는 제국의 짐승세력을 하나님의 계획을 따라 쫓아내야 하기 때문이다. 영적 세계 전쟁 때마다 미가엘이 움직인다. 결국 바사 군주가 싸움에서 패하고 역사의 무대에서 쫓겨난다. 그리고 헬라의 군 주가 이르는 것을 하나님께서 허락하신다. 세상 짐승은 하나님이 허락하신 시간만큼만 활동할 수 있다. 그리고 다음 차례 짐승의 등장도 하나님께서 허락하시는 것이다.

"그런데 *바사 국군이 이십 일일 동안 나를 막았으므로* 내가 거기 바사국 왕들과 함께 머물러 있더니 군장 중 하나 *미가엘*이 와서 나를 도와주므로" (단10:13)

"그가 이르되 내가 어찌하여 네게 왔는지 네가 아느냐 이제 내가 돌아가서 *바 사 군주와 싸우려니와 내가 나간 후에는 헬라의 군주가 이를 것*이라 "(단10:20)

7. 단11-12장 구약과 신약 끝의 남북전쟁

단11장은 바사에서 헬라로 넘어가는 것과 단8장의 남북 전쟁에 관하여 자세히 기록하고 있다. 이미 역사적으로 이루어진 사실들이다. 남북 전쟁의 역사적 사건을 여기서 다루지는 않는다. 중요한 부분들만 요약한다.

1) 단11:1-39 - 구약 끝의 남북 전쟁
단11:1-39절까지 다시 두 나라의 남북전쟁 이야기를 아주 자세하게 다루고 있다. 이것은 구약 끝의 남북 전쟁이다. 그리고 특히 단11:40-12:3절 까지는 구약의 이 사건을 배경으로 해서 신약의 마지막 때를 설명해주고 있다. 구약 끝의 적그리스도가 했던 사건은 신약 끝에 적그리스도가 7년 기간에 그대로 재현할 그림자다. 단11:1-39절까지는 단8장을 배경으로 하는 구약 끝의 남북 전쟁에 관한 기록이다. 북 왕국 안티오쿠스 에피파네스에 관하여 비교적 자세히 기록하고 있다. 결국 초점은 북 왕국에서 출현하는 적그리스도 안티오쿠스 에피파네스다.

그는 왕족이나 왕위에 오를 서열이 아니었다. 왕위에 있던 형인 셀레우코스 4세가 암살을 당하자 어린 조카가 왕위에 올라야했다. 그러나 안티오쿠스 에피파네스는 조카를 죽이고 자신이 왕위에 오른다. 마치 우리나라 수양대군이 조카 단종을 죽이고 왕위에 오른 것과 같은 상황이다. 비열하게 왕위에 오른 안티오쿠스 에피파네스에 대하여 단8장에서는 이렇게 기록하고 있다. "그는 뻔뻔하고 속임수에 강하다" 자신을 신이라 주장하며 만왕의 왕을 대적하던 그는 왕 즉위 2년 만에 죽음에 이른다.

"이 네 나라 마지막 때에 반역자들이 가득할 즈음에 한 왕이 일어나리니 *그 얼굴은 뻔뻔하며 속임수에 능하며 그 권세가 강할 것이나 자기의 힘으로 말미암은 것이 아니며* 그가 장차 놀랍게 파괴 행위를 하고 자의로 행하여 형통하며 강한 자들과 거룩한 백성을 멸하리라 그가 꾀를 베풀어 제 손으로 속임수를 행하고 마음에 스스로 큰 체하며 또 평화로운 때에 많은 무리를 멸하며 또 스스로 서서 *만왕의 왕을 대적할 것이나 그가 사람의 손으로 말미암지 아니하고 깨지리라*"(단8:23-25)

안티오쿠스 에피파네스가 마지막 전쟁에서 깃딤의 배들이 이르러 패한다. 깃딤은 로마다. 로마의 군대가 남 왕국 프톨레미 왕조를 지원했던 것이다. 이제 헬라 다음의 로마가 서서히 등장을 준비하는 장면이다. 표범의 시대에서 강한 철 이빨을 가진 무서운 짐승의 시대가 이른다. 로마의 개입으로 전쟁에서 패한 그는 분노하며 예루살렘으로 들어간다. 유대민족을 탄압한 2300주야 사건이 단11장에서 다시 등장하고 있다. 구약이든 신약이든 모든 적그리스도는 자신을 하나님이라 한다. 그리고 그 시대에 강력한 영향력을 행사한다. 그러나 그들은 결국 하나님께서 허락하신 기간 까지만 활동할 수 있다. 적그리스도의 모든 활동도 하나님의 계획과 작정 안에서 이루어진다는 사실이다.

"이는 *깃딤의 배들*이 이르러 그를 칠 것임이라 그가 낙심하고 돌아가면서 맺은 거룩한 언약에 분노하였고 자기 땅에 돌아가서는 맺은 거룩한 언약을 배반하는 자들을 살필 것이며 군대는 그의 편에 서서 *성소 곧 견고한 곳을 더럽히며 매일 드리는 제사를 폐하며 멸망하게 하는 가증한 것을 세울 것이며*"(단11:30-31)

"그 왕은 자기 마음대로 행하며 *스스로 높여 모든 신보다 크다 하며 비상한 말로 신들의 신을 대적하며* 형통하기를 분노하심이 그칠 때까지 하리니 이는 *그 작정된 일을 반드시 이룰 것*임이라"(단11:36)

2) 단11:40-12:3 신약 끝의 남북 전쟁

단11:1-39절까지 긴 구절은 제국 역사와 구약의 적그리스도에 관한 예언이다. 다니엘로부터 300년도 훨씬 후에 일어난 일을 아직 등장하지도 않은 헬라라는 나라 이름까지 밝히고 있다. 하나도 봉함이 없이 이토록 자세하게 예언된 구약의 제국시대는 역사에 그대로 실현되었다. 역사에 지나간 알렉산더나 클레오파트라라는 인물도 단11장에 등장하는 인물들이다. 그러나 단11:40-12:3절까지 아홉 절에 걸친 마지막 때 예언은 신약 끝에 일어날 적그리스도에 대한 예언이다. 이를 두고 견해 차이는 있다.

단12:3절까지를 구약 끝 안티오쿠스 에피파네스의 사건으로 보는 시각이 있다. 그러나 필자는 신약 끝의 적그리스도 사건으로 보는 해석을 따른다. 아직 일어나지 않은 사건으로 필자 또한 이 내용에 대해 구체적 해석은 어렵다. 신약 끝의 예언은 단12:4, 9절 두절에 걸쳐 봉함해 두셨다. 4절에서는 다니엘에게 봉함하라 하셨고 9절에는 하나님께서 직접 봉함하셨다. 이 봉함의 비밀은 구체적 내용은 마지막 7년 단원이다. 다니엘은 신약 끝의 예언을 이해하지 못하고 "내가 듣고도 깨닫지 못한지라" 한다. 그러나 다니엘은 단10:1절에 구약 끝 2300주야와 관련해서는 분명히 깨달았다고 한다.

① 구약 끝의 적그리스도 사건은 분명히 깨달았다.

여러 주석에서도 단12:1절의 "그 때"와 "개국 이래로 그 때까지 없던 환난"을 구약의 끝 단8장의 2300주야 환난을 받을 때로 보고 있다. 단11:40-12:3절까지를 신약 끝으로 보지 않는 것이다. 그러나 신약의 끝은 다니엘이 듣고도 깨닫지 못했지만 구약 끝의 2300주야 환난은 다니엘이 다 깨달았다. 그래서 민족을 사랑하는 다니엘은 구약 끝의 일을 듣고 지쳐서 여러 날을 앓았다고 한다. 다른 번역에는 다니엘이 기진했다, 기절했다고 번역하고 있다. 이것은 다니엘이 단8장에서는 2300주야 환난의 강도를 알았기 때문이다.

"내가 들은즉 을래 강 두 언덕 사이에서 사람의 목소리가 있어 외쳐 이르되 가브리엘아 *이 환상을 이 사람에게 깨닫게 하라* 하더니.... 이르되 *진노하시는 때가 마친 후에 될 일*을 내가 네게 알게 하리니 *이 환상은 정한 때 끝에 관한 것*임이라....이에 나 다니엘이 *지쳐서 여러 날 앓다가* 일어나서 왕의 일을 보았느니라"(단8:16,19,27)

단8장의 환상은 다니엘이 하나님께서 진노하시는 때인 바벨론 포로시대에 받았다. 이제 이 진노하시는 때가 마친 후에 될 일이 단8장의 2300주야 환난이다. 그리고 2300주야의 환난을 가져오는 동기가 되는 전쟁과 관련해서는 단10장에서 더욱 분명히 깨닫게 된 것이다.

"바사 왕 고레스 삼년에 한 일이 벨드사살이라 이름한 다니엘에게 나타났는데 그 일이 참되니 곧 큰 전쟁에 관한 것이라 *다니엘이 그 일을 분명히 알았고 그 이상을 깨달으니라*"(단10:1)

② 신약 끝의 적그리스도 사건은 듣고도 깨닫지 못했다.

"*내가 듣고도 깨닫지 못한지라* 내가 이르되 내 주여 이 모든 일의 결국이 어떠하겠나이까 하니 그가 이르되 다니엘아 갈지어다 *이 말은 마지막 때*

까지 간수하고 봉함할 것임이니라"(단12:8-9)

단11:40-12:3절은 단7장의 배경으로 옮겨지면서 11:40절에 "마지막 때에..."로 시작한다. 이것은 신약의 적그리스도의 마지막 7년 한이레 기간이다. 12:1-3절은 후3.5년으로 들어가는 개국이래로 없던 대 환란이 있을 것을 예언하고 있다. 지금 이스라엘 백성들은 2300주야 환난은 이미 겪은 과거다. 그러나 2300주야 환난에 비교할 수 없는 개국 이래 없던 환난은 아직 이르지 않았다. 개국 이래로 없던 환난은 신약 끝에 있을 후3.5년의 대 환난이라는 근거는 이어지는 단12:2절에 있다. 바로 마지막 끝에 부활을 언급하고 있기 때문이다. 후3.5년 환난의 중심에 이스라엘 있다. 마치 태풍의 눈과 같은 곳이 대 환난 때 이스라엘이다. 또한 세계정부의 본부도 이스라엘에 있다.

"*그 때에* 네 민족을 호위하는 큰 군주 미가엘이 일어날 것이요 또 환난이 있으리니 이는 *개국 이래로 그 때까지 없던 환난일 것*이며 그 때에 네 백성 중 책에 기록된 모든 자가 구원을 받을 것이라 *땅의 티끌 가운데에서 자는 자 중에서 많은 사람이 깨어나 영생을 받는 자*도 있겠고 수치를 당하여서 영원히 부끄러움을 당할 자도 있을 것이며"(단12:1,2)

단11-12장의 중요한 메시지는 마지막 때 적그리스도 세계정부 등장 전에 반드시 남북 전쟁이 있을 것을 예언한다. 그 시작은 단8장의 예언을 따라 북쪽의 중동세력이 중심이 될 것이다. 구약 끝의 적그리스도가 북쪽에서 나온 것에 근거한다. 그들은 남쪽의 남방세력을 치게 될 것이다. 이스라엘과 미국이 중심이다. 먼저 세계 3차전은 단8장의 예언대로 중동세력은 패하게 될 것이다. 이 때 전 세계의 혼란한 때를 틈타 단7장의 예언이 실현된다. 단7장의 적그리스도는 서쪽에서 등장한 근거다. 서쪽 유럽 EU의 적그리스도 세력으로부터 세계단일정부 적그리스도 통치 시대가 올 것이다. 그러나 그의 시대는 정한 기간으로 7년이다. 대 환난 후 메시아 재림으로 멸망이다.

3) 1290일과 1335일
단12:4-12절까지는 마지막 끝 날에 대하여 천사와 나누는 마무리 대화다. 단12장에 나오는 1290일과 1335일에 대한 숫자의 정확한 해석은 필자도 아직 잘 모른다. 아직까지는 일반적 주석에 있는 대로 이해하고 있을 뿐이다. 많은 분들이 이 날수들을 구약의 사건으로 이해하고 있다. 그러나 분명한 것은 이 날 수들은 구약 끝의 사건과 관련된 것이 아니다. 1290일은 신약 끝에 제3성전에 세워지는 우상과 관련된 말씀이다. 1335일까지 이르는 자가 복이 있는 이유는 천년왕국에 이르기 때문이다. 천년왕국은 복 있는 자가 들어가는 나라다.

"매일 드리는 제사를 폐하며 멸망하게 할 가증한 것을 세울 때부터 *천이백구십 일*을 지낼 것이요 기다려서 *천삼백삼십오 일*까지 이르는 그 사람은 *복이 있으리라*"(단12:11,12)

혹자는 1290일을 단8장의 제2성전 사건과 연결하여 푸는 것을 보았다. "매일 드리는 제사를 폐하며 멸망하게 할 가증한 것을 세울 때"를 제2성전에 제우스를 세운 날로 보고 있다. 다니엘도 신약 끝의 일은 이해하지 못했다. 그러므로 **"내가 듣고도 깨닫지 못한지라"**(단12:8)한 것이다. 어쩌면 다니엘도 제2성전 사건으로 이해했을지도 모른다. 그러나 단12:11-12절은 분명히 구약 끝이 아니고 신약 끝의 사건이다. 즉 신약의 적그리스도가 7년 협정을 파기하고 제3성전에 우상을 세우는 것과 관련된 말씀이다. 분명히 단7:25절과 12:7절에 나오는 한 때 두 때 반 때는 후3.5년 대 환난의 기간이다. 두 구절이 모두 적그리스도의 통치하에 성도가 고난 받는 기간을 언급하고 있다. 한 때 두 때 반 때라는 용어는 다니엘과 계시록에 총 3회 나온다. 3회 모두 후3.5년 대 환난과 관련하여만 나온다.

"*그 여자가 큰 독수리의 두 날개를 받아* 광야 자기 곳으로 날아가 거기서 그 뱀의 낯을 피하여 *한 때와 두 때와 반 때*를 양육 받으매"(계12:14)
"*그가* 장차 지극히 높으신 이를 말로 대적하며 또 지극히 높으신 이의 *성도를 괴롭게 할 것*이며 그가 또 때와 법을 고치고자 할 것이며 성도들은 그의 손에 붙인 바 되어 *한 때와 두 때와 반 때*를 지내리라"(단:7:25)

"내가 들은즉 그 세마포 옷을 입고 강물 위쪽에 있는 자가 자기의 좌우 손을 들어 하늘을 향하여 영원히 살아 계시는 이를 가리켜 맹세하여 이르되 반드시 *한 때 두 때 반 때*를 지나서 성도의 권세가 다 깨지기까지이니 그렇게 되면 이 모든 일이 다 끝나리라 하더라"(단12:7)

신약 끝에 다가올 세상은 지금의 아담의 나라에서 메시아의 나라, 천년왕국으로 전환된다. 아담의 나라에서 메시아 나라로 전환하는 방법은 하나님의 신비로운 방법으로 된다. 슥14장에는 이와 관련한 신비로운 기록이 있다. 필자는 이 말씀이 눈에 들어왔을 때 천년왕국으로 폴짝 뛰어 들어가는 듯 했다. 슥14장은 제물약탈 전쟁(겔38장 전쟁)으로 시작해서 주님의 지상 재림이 있다. 그리고 천년왕국으로 들어가는 장면들이 펼쳐진다. 아래 가로안의 말씀을 잘 살펴보기 바란다. 주님의 지상 재림이 있고 7절부터 신비로운 구절이다. 그리고 7절 이후부터는 예루살렘에서 생수가 나는 천년왕국이다. 여호와(메시아)께서 천하의 왕이 되시는 곳은 메시아왕국이다.

"*그 날에 그의 발이 예루살렘 앞 곧 동쪽 감람 산에 서실 것이요 감람 산은 그 한 가운데가 동서로 갈라져 매우 큰 골짜기가 되어서 산 절반은 북으로, 절반은 남으로 옮기고 그 산 골짜기는 아셀까지 이를지라 너희가 그 산 골짜기로 도망하되 유다 왕 웃시야 때에 지진을 피하여 도망하던 것 같이 하리라 나의 하나님 여호와께서 임하실 것이요 모든 거룩한 자들이 주와 함께 하리라 (7절 그 날에는 빛이 없겠고 광명한 것들이 떠날 것이라 여호와께서 아시는 한 날이 있으리니 낮도 아니요 밤도 아니라 어두워 갈 때에 빛이 있으리로다 그 날에 생수가 예루살렘에서 솟아나서 절반은 동해로, 절반은 서해로 흐를 것이라) 여름에도 겨울에도 그러하리라 여호와께서 천하의 왕이 되시리니 그 날에는 여호와께서 홀로 한 분이실 것이요 그의 이름이 홀로 하나이실 것이라*"(슥14:4-9)

아마도 1290일과 1335일은 후3.5년과 천년왕국 입성에 관련된 말씀일 것이다. 주님의 지상 재림은 마지막 7년, 2520일까지 마친 시점이다. 동시에 70이레 490년 정한 날이 모두 마친 시점이다. 70이레는 490년×360일로 날수로는 176400일이다. 이 날수는 정확하게 실현된 69이레 날수 173880과 남은 마지막 7년 날수 2520일을 합한 수다. 남은 날수도 다니엘의 예언대로 정확하게 실현된다. 주님 지상 재림은 바로 이 날수 끝에 있다. 70이레를 마치고 이후부터 천년왕국 입성까지의 날수는 그 기간을 알 수 없다. 성경에 정확한 기록이 없기 때문이다.

나팔절에 주님 재림 하시면 아마겟돈 전쟁과 민족 심판이 있다. 그리고 이스라엘 민족의 죄를 용서받는 속죄일도 있다. 그 이후에 초막절인 천년왕국이다. 이러한 일들은 70이레 기간 밖의 시간들이다. 성경은 이 기간들을 정확하게 기록하고 있지 않다는 것이다. 1290일은 후3.5년 1260일에 30일이 더해진 수다. 또한 1335일은 1290일에 45일을 더해진 수다. 주님 재림 하시는 나팔절로부터 총 75일 안에 아마겟돈 전쟁과 민족 심판 그리고 유대백성의 속죄일 등이 진행될 것이다. 그러나 75일의 수에 대한 정확한 비밀은 필자도 아직 풀리지 않는다.

4) 마지막 7년과 관련한 천사의 맹세
다니엘과 요한계시록에는 동일하게 마지막 때 일어날 일에 대한 천사의 맹세가 있다. 다니엘의 70번째 이레, 마지막 7년은 계시록에서 세밀하게 풀어 다시 예언하고 있다. 위에서 언급한 바와 같이 한 때와 두 때 반 때는 후3.5년에 있을 대 환난과 관련하여 등장한다. 다니엘에는 특별히 유대민족의 대환난의 때를 가리킨다.

① 다니엘의 천사의 맹세 – 한때 두 때 반 때를 지나서
"내가 들은즉 그 세마포 옷을 입고 강물 위쪽에 있는 자가 *자기의 좌우 손을 들어* 하늘을 향하여 영원히 살아 계시는 이를 가리켜 *맹세하여* 이르되 *반드시 한 때 두 때 반 때*를 지나서 *성도의 권세*가 다 깨지기까지이니 그렇게 되면 *이 모든 일이 다 끝나리라* 하더라 *내가 듣고도 깨닫지 못한지라* 내가 이르되 내 주여 이 모든 일의 결국이 어떠하겠나이까 하니"(단12:7,8)

다니엘의 천사는 좌우 손을 들어 하나님께 맹세한다. 이것은 후3.5년에 유대 민족이 겪을 대 환난이 분명히 있을 것에 대한 맹세다. 단8장의 2300 주야 탄압은 유대민족만의 핍박이었다. 그러나 신약 끝의 신앙탄압은 유대인만이 아니라 세계교회 성도의 권세가 다 깨어지는 환난이다. 이스라엘만 있다면 "네 백성의 권세"라고 했을 것이다. 다니엘은 또 질문을 한다. "내 주여 이 모든 일의 결국이 어떠하겠나이까" 이 질문에도 천사는 자세히 알려주지 않는다. 하나님께서 마지막 때까지 봉해 두셨기 때문이다. 그저 "너는 가서 평안히 쉬라"고 한다.

② 요한계시록의 천사의 맹세 – 지체하지 아니하리니

"내가 본 바 바다와 땅을 밟고 서 있는 *천사가 하늘을 향하여 오른손을 들어* 세세토록 살아 계신 이 곧 하늘과 그 가운데에 있는 물건이며 땅과 그 가운데에 있는 물건이며 바다와 그 가운데에 있는 물건을 창조하신 이를 가리켜 *맹세하여 이르되 지체하지 아니하리니*"(계10:5-6)

이와 같은 장면이 마지막 7년의 시작을 알려주는 계10:5-6절에 또 등장한다. 계시록의 천사는 하늘을 향해 오른손을 들었다. 다니엘의 천사와 같이 양손을 들지 않은 이유는 왼쪽 손에 작은 책이 있기 때문이다. 이 작은 책은 7년에 관한 기록이다. 작은 책은 마지막 7년 단원에서 자세히 보기 바란다. 계시록의 천사도 천지를 지으신 창조주 하나님으로 맹세하고 있다. 여기서 다니엘의 천사는 후3.5년과 관련하여 한 때 두 때 반 때가 지나면 "이 모든 일이 다 끝나리라"라는 맹세다. 모든 일이 끝나면 예수님 재림이다. 그러니 다 끝난다는 것이다.

그러나 계시록의 천사는 7년이 시작되는 일에 "지체하지 아니하리니"라 한다. 계10장은 7년의 시작을 알리는 장이다. 7년 시작의 의미는 중요하다. 69이레까지 완성되고 2천년이 넘는 길고 긴 간격시대가 끝나는 시점이기 때문이다. 이것은 70번째 마지막 이레로 70이레의 완성이다. 남은 한 이레 7년의 시작은 70이레의 완성으로 예수님 지상 재림이다. 그러한 하나님의 계획을 시행 하는 일에 지체하지 않겠다는 것이다. 이제 간격시대 시간은 더 이상 지체가 없다는 선포다.

두 천사의 맹세 장면에 특징 있다면 다니엘은 유대민족이 겪는 후3.5년에 집중되어 있다. 전3.5년은 유대인에게는 환난 이라기보다는 환희와 축제다. 제3성전이 건축되고 제사와 절기가 회복되기 때문이다. 그러므로 7년 대환난이란 용어는 잘못된 것이다. 비록 적그리스도에게 속고 있는 위장 평화 기간이지만 유대인들에게는 성전예배의 감격이 있는 때이다. 그러므로 다니엘의 천사는 유대민족이 대 환난의 중심에 들어가는 후3.5년을 기준으로 천사가 맹세하고 있는 것이다. 또한 후3.5년은 유대민족이 대 환난으로 들어가면서 민족적으로 메시아께로 돌아오는 중요한 시기다.

그러나 계시록은 7년 시작을 기준으로 천사가 하늘을 향해 맹세하고 있다. 이방인의 때인 간격시대가 끝났음을 시사한다. 간격시대가 끝나면 끊어졌던 69이레의 시간표가 70이레로 이어진다. 그렇다면 아담의 나라는 마지막 7년 남는다. 마지막 7년 한 이레 안에 유대인들과 세계 모든 교회들이 함께 들어간다. 혹자는 마지막 7년은 유대인의 때이므로 유대인만 해당되고 그 전에 교회는 모두 휴거된다고 한다. 그러므로 교회는 7년 중의 환난과 상관이 없다고 한다. 그러나 결코 그렇지 않다. 다니엘의 천사가 "성도의 권세가 다 깨어지기까지"라는 용어를 쓴 이유가 있다. 7년 안에 유대인과 이방인 교회 성도가 함께 있기 때문이다.

5) 결론도 메시아 왕국 – 네 땅에 서게 될 것이다.

다니엘은 구약 끝의 일은 이해했으나 신약 끝의 일은 이해하지 못했다. 그래서 단12:8절에는 "내가 듣고도 깨닫지 못한지라"한다. 그리고 다니엘은 천사에게 계속 묻는다. "이 모든 일의 결국이 어떠하겠나이까?" 그러나 다니엘의 이러한 질문에도 천사는 깨닫게 하지 않는다. 그리고 이 말은 마지막 때까지 봉함하겠다고 한다.

"*내가 듣고도 깨닫지 못한지라* 내가 이르되 내 주여 *이 모든 일의 결국이 어떠하겠나이까* 하니.... 그가 이르되 다니엘아 갈지어다 *이 말은 마지막 때까지 간수하고 봉함할 것*임이니라....너는 가서 마지막을 기다리라 이는 네가 평안히 쉬다가 끝 날에는 *네 몫을 누릴 것*임이라*"(단12:8-9,13)

"그러나 너는 그 마지막이 이를 때까지 네 길을 가라. 이는 네가 쉴 것이요 그 날들의 마지막에 *네 땅에 설 것임이라* 하더라" - **킹제임스**

"너는 가서 마지막을 기다리라. 이는 네가 쉬다가 끝 날에는 *네 땅에 설 것임이라* 하리라"(단12:13) - **전수성경**

여기서 자세히 보면 다니엘의 "이 모든 일의 결국"에 대한 질문에 천사가 봉인했지만 사실은 후 반부에 질문의 해답이 있다. 단12:13절은 신약의 끝을 이해하지 못하고 있는 다니엘의 질문에 대한 해답이다. 지혜 있는 자는 이 말씀을 깨닫는다. 개역 개정에는 다니엘이 죽어서 평안히 쉬다가 끝 날에 는 "네 몫을 누릴 것"이라 한다. 그러나 킹제임스와 성경의 원문을 그대로 전수 한다는 전수성경에는 "네 땅에 설 것임이라" 한다. 필자는 이 번역이 옳다고 본다. 여기서 다니엘이 다시 서게 될 "네 땅"이 어느 땅인가가 중요하다.

지금 다니엘은 이방 땅에 있다. 다니엘이 죽어서 편히 쉬다가 끝 날에 네 땅에 선다는 것은 부활하여 다시 밟게 될 땅을 말하는 것이다. 다니엘의 땅은 예루살렘이다. 아마도 다니엘은 살아생전에 예루살렘에 가지 못하고 이방 땅에서 죽었을 가능성이 높다. 다니엘은 바벨론의 느브갓네살부터 페르시아의 고레스 원년까지(단1:21) 국가의 고위직에 있었다. 이방 땅에서 장수하고 죽은 다니엘이 부활하여 다시 서게 될 땅은 바로 메시아왕국의 예루살렘 땅이다. 1335일까지 이르는 자가 복이 있는 것은 그들은 복된 나라 메시아 왕국에 들어가기 때문이다. 다니엘은 12장 끝까지 메시아 왕국으로 마친다.

8. 다니엘서에 근거한 마지막 때 전쟁 구도

마지막 때 전쟁에 관한 것들은 별도의 전쟁 단원이 있다. 여기서는 다니엘의 예언과 관련하여 남은 전쟁이 어떻게 시작하고 발전하는지 간단하게 소개할 것이다. 단7장과 8장을 근거로 세계 3차전과 겔 38장 전쟁 아마겟돈 전쟁 등을 살펴본다. 들어가기에 앞서 필자가 앞에서 독자들에게 기억해

둘 것을 부탁한 것이 있다. 신약 끝의 적그리스도는 서쪽에서 등장한다는 것과 구약 끝의 적그리스도는 북쪽에서 등장한다는 것이다. 북쪽과 서쪽은 마지막 때 전쟁 구도와 중요한 연관이 있다. 마지막 때 전쟁은 모두 다니엘 예언에 근거하여 일어나기 때문이다.

1) 세계 3차전

우리 앞에 가장 먼저 다가올 전쟁이다. 모두가 예상하듯이 세계 3차전은 핵전쟁이 될 것이다. 3차전이 대규모의 핵전쟁이 될 것이라는 것은 둘째 나팔에서 예고했다. 3차전의 중심 무대가 중동이다 보니 혹자는 계9장에 있는 3차전을 단순한 중동전쟁이라고 한다. 그러나 중동 전쟁으로 시작하여 세계 3차전으로 확대되는 것이다. 이 전쟁은 먼저 북쪽에서 시작한다. 3차전의 시발은 북쪽에 있는 중동지역의 러시아 이란 튀르키예 등이다. 이들은 남쪽에 속한 미국과 이스라엘을 중심으로 3차전으로 발전할 것이다. 전쟁은 북쪽에서 시작된 것이다. 마지막 때 모든 전쟁은 북쪽에서 시작되는 것에 의미가 있다. 사단의 반역이 북쪽에서 시작되었다.

"너 아침의 아들 계명성이여 어찌 그리 하늘에서 떨어졌으며 너 열국을 엎은 자여 어찌 그리 땅에 찍혔는고 네가 네 마음에 이르기를 내가 하늘에 올라 하나님의 뭇별 위에 나의 보좌를 높이리라 *내가 북극 집회의 산 위에 좌정하리라* 가장 높은 구름에 올라 지극히 높은 자와 비기리라 하도다"(사14:12-14)

이 전쟁은 남쪽 이스라엘과 미국의 승리로 끝난다. 단8장에서 남 왕국이 북 왕국에 승리한 것이 이에 대한 예언이다. 그러나 핵전쟁으로 인해 세계는 극도로 혼란한 시대다. 한날에 사람 3분의 일이 죽는 엄청난 전쟁의 결과 앞에 세계인들은 전쟁 없는 평화의 세상을 요구할 것이다. 극도의 혼란한 틈을 타고 서쪽에서 평화의 사도가 등장한다. 신약 끝의 적그리스도다. 신약의 적그리스도는 서쪽에서 등장한다. 구약의 적그리스도 또한 혼란한 때를 틈타 속임수로 왕위에 등장한 것과 같다. 세계 3차전은 이렇게 적그리스도의 등장 무대가 될 것이다.

2) 에스겔 38장 전쟁(곡. 마곡 전쟁)

곡. 마곡 전쟁은 천년왕국 이후에도 같은 이름의 전쟁이 있다. 그러나 성격은 다른 전쟁이니 여기서는 천년왕국 이후의 곡. 마곡전쟁은 다루지 않는다. 에스겔 38장 곡. 마곡 전쟁 또한 시작은 북쪽이다. 러시아, 튀르키예, 이란 등이 중심이 되어 이스라엘을 치기 위해 전 세계가 연합하는 전쟁이다. 이 전쟁에는 미국이 참전하지 않는다. 특히 겔38장 전쟁은 후3.5년 거의 끝 무렵에 시작하여 아마겟돈 전쟁으로 발전할 가능성이 높다. 이 부분은 전쟁 단원에서 자세하게 다루었다. 이렇게 볼 때 겔38장 전쟁은 적그리스도의 멸망 무대가 될 것이다. 이 전쟁 역시 북쪽에서 시작한다. 이 전쟁은 이스라엘이 감당하기에 너무 버거운 전쟁이다. 드디어 하늘의 하나님의 개입이 시작된다. 최후에 서쪽의 적그리스도는 아마겟돈 전쟁으로 최후 결전을 준비하게 된다.

이렇게 마지막 때 남은 전쟁은 모두 북쪽에서 시작될 것이 단8장에 예언되어 있다. 그리고 이어서 단7장의 예언대로 서쪽에서 등장하는 적그리스도다. 남은 전쟁들은 이러한 패턴으로 일어날 것이다. 이를 두고 단8장에 집중하는 이들은 적그리스도는 북쪽에서 나온다고 주장한다. 반면에 단7장에 집중한 이들은 적그리스도는 서쪽 유럽에서 나온다고 주장하는 것이다. 그러나 다니엘의 모든 예언은 하나로 마지막 때 펼쳐질 사건들의 그림자다.

9. 누가 정치적 적그리스도인가?

지금 세계적으로 적그리스도의 후보에 올라와 있는 이들이 많이 있다. 그들 이름의 게마트리아 수를 세어보면 모두 666이다. 그러나 그들은 모두 같은 사단의 뿌리에 속한 가지일 뿐이다. 바코드가 그렇고 컴퓨터가 그렇고 생체 칩 등이 그렇다. 모두가 한 뿌리에서 나온 가지들이다. 그 중에서 한 인물이 마지막 적그리스도, 마지막 666 짐승표의 사명을 감당하게 될 것이다. 그러나 성경에서 분명히 "진짜 적그리스도는 바로 이 사람이다"라고 알려준 부분들이 있다. 바로 그가 마지막 적그리스도가 될 것이다.

1) 적그리스도의 등장 배경

구약에 등장하는 적그리스도는 신약에 나타날 적그리스도의 그림자다. 아마도 구약의 형태를 따라 적그리스도가 나타난다고 볼 때 다음의 내용들을 예측해 볼 수 있다.

① 유럽에서 나온다.

단7장에서 신약 끝의 세계정부와 적그리스도는 서쪽에서 등장한다고 했다. 이것은 유럽판도에서 등장한다는 것이다. 적어도 이슬람에서 나온다는 주장은 성경과 맞지 않다.

② 왕족에서 나온다.

구약의 적그리스도 안티오쿠스 에피파네스는 왕족이다. 성경에는 그를 두고 비천한 사람이라 한다. 비천한 사람에 해당하는 히브리어 '바자'는 '멸시하다' 혹은 '비열한 인간'이라는 의미다. 그는 왕족이지만 왕위를 이어 받을 서열이 아니었다. 왕위에 있던 형이 갑자기 죽고 어린 조카가 왕위에 올라야 했다. 그러나 조카를 제거하고 속임수로 비열하게 왕위를 찬탈한 자다. 그는 비천한 자 곧 비열한 인간이었다.

"또 *그의 왕위를 이을 자는 한 비천한 사람이라* 나라의 영광을 그에게 주지 아니할 것이나 그가 평안한 때를 타서 속임수로 그 나라를 얻을 것이며"(단11:21)

신약 끝에 나타날 적그리스도 이와 같이 왕족에서 나올 확률이 높다. 지금 왕족의 형태를 가지고 있는 사자인 영국 왕실에서 나올 수 있다는 것이다. 영국 왕실은 스스로 자신들의 다윗의 가문이라고 한다. 그러나 영국 여왕은 이두매 인으로 알려져 있다. 가짜 유대인이다.

③ 젊은 사람이다.

예전에 영국의 찰스 황태자, 카다피, 트럼프 오바마 로마 교황 등이 적그리스도의 후보에 올라 있었다. 이들은 적그리스도이기엔 일단 나이가 많다. 젊은 층에는 마크롱, 쿠슈너, 윌리엄과 헤리 왕자 등이 적그리스도 후보에 올라있다. 이들은 한결같이 666과 관련이 있는 자들이다. 모두 같은 사단의 뿌리에 속한 가지일 뿐이다. 우리가 기억해야 할 것은 적그리스도는 33세의 젊은 예수님을 모방한다든 것이다.

④ 여자의 사모하는 것을 돌아보지 않는다.

단11:37의 말씀에 근거하여 적그리스도는 동성애자일 가능성을 제기 하는 이들도 있다. 오바마를 적그리스도라고 주장하던 이유가 여기에 근거한다. 너무 젊고 능력 있고 잘 생긴 적그리스도를 여자들이 흠모한다. 그러나 적그리스도는 그러한 여자들에게는 관심이 없다.

"그가 모든 것보다 스스로 크다 하고 *그의 조상들의 신들과 여자들이 흠모하는 것을 돌아보지 아니하며* 어떤 신도 돌아보지 아니하고"(단11:37)

⑤ 유대인일 가능성도 높다.

세계정부와 적그리스도는 유럽에서 나오지만 적그리스도는 유대인일 가능성이 높다. 그가 유대인이라면 아마도 아슈케나지 가짜 유대인 가운데서 나올 수 있다. 단11:37절에 보면 그의 조상들의 신들을 돌아보지 않는다는 것에서 추측해 본다.

⑥ 이스라엘과 중동 간에 7년 평화협정을 맺는 평화주의자다.

왕상5;12절에 솔로몬은 두로의 히람과 평화 협정을 맺은 후 성전을 건축한다. 이를 두고 솔로몬을 적그리스도로 보는 시각도 있다. 중요한 것은 반드시 7년 협정 후 성전 건축이 시작된다. 적그리스도는 세계 3차전의 혼란을 틈타 평화의 왕으로 등장한다. 그리고 전쟁이 없는 세상을 만들겠다고 7년 평화협정을 맺는다. 그는 이렇게 세계 평화주의자로 등장할 것이다.

"그가 장차 많은 사람들과 더불어 *한 이레 동안의 언약을 굳게 맺고*"(단9:27)

2) 후3.5년에 적그리스도가 하는 일들

"그가 장차 많은 사람들과 더불어 한 이레 동안의 언약을 굳게 맺고 그가 *그 이레의 절반에 제사와 예물을 금지할 것이며* 또 포악하여 가증한 것이 *날개를 의지하여 설 것*이며 또 이미 정한 종말까지 진노가 황폐하게 하는 자에게 쏟아지리라 하였느니라 하니라"(단9:27)

① 7년 협정을 파기한다.

7년 협정 파기와 동시에 모든 성전 제사와 예물은 금지된다. 또한 제3성전에 자기의 우상을 세우고 신의 자리에 오른다. 그리고 경배와 짐승 표를 강요하는 대 환난의 시대로 들어간다.

② 칼에 상하여 거의 죽었다가 다시 살아난다.

신의 자리에 등극하기 위한 이벤트의 수단이 거짓 부활이다. 어떤 사건에 의해 적그리스도는 칼에 맞아 거의 죽을 지경에 이를 것이다. 아마도 반대파에 의해 테러를 당하거나 두 증인과의 전쟁에서 얻는 상처일 수도 있다. 그러나 기적같이 살아나와 거짓 부활을 모방한다.

"짐승 앞에서 받은 바 이적을 행함으로 땅에 거하는 자들을 미혹하며 땅에 거하는 자들에게 이르기를 *칼에 상하였다가 살아난 짐승을 위하여 우상을 만들라* 하더라"(계13:14)

③ 그가 등장할 때 한쪽 팔과 오른쪽 눈이 상할 수 있다.

적그리스도가 죽었다가 다시 살아나 등잘 할 때는 한쪽팔과 오른쪽 눈이 부상을 입고 등장할 수 있다. 어떤 영화 포스터에 지구를 구하는 영웅이 한쪽 팔을 못 쓰거나 애꾸눈으로 등장하는 것을 보았다. 이러한 것은 성경에 근거하는 적그리스도의 모습이다.

"화 있을진저 양 떼를 버린 못된 목자여 *칼이 그의 팔과 오른쪽 눈에 내리리니* 그의 팔이 아주 마르고 그의 오른쪽 눈이 아주 멀어 버릴 것이라 하시니라"(슥11:17)

10. 지금 신세계 정부 세력들은 무엇을 하는가?

다니엘의 짐승제국시대는 지나갔다. 그렇다고 해서 세상을 통치하는 짐승의 활동과 영향력이 없어진 것이 아니다. 누누이 강조하지만 이 시대는 짐승이 다른 이름과 다른 국가의 옷을 입고 여전히 활동하고 있다. 물론 각 나라를 통치하던 제국시대의 일곱 머리 안에 있는 그 짐승들은 아니다. 또 다른 짐승들이 지금의 세상 나라들을 장악하고 있다. 사단에게 속한 영적 무리들은 여전히 활동하고 있다. 창세기부터 짐승 세력의 최종 목적지는 신세계 정부이기 때문이다. 예전에는 이들의 세력을 그림자 정부, 혹은 음모론 등으로 치부했었다.

그러나 지금은 그들의 많은 정체들이 드러나고 있기 때문에 그러한 용어는 사라졌다. 그들은 끊임없이 세계정부 완성을 위해 그들의 계획을 실현하고 있다. 이들의 목적 실현을 위한 가장 중요한 것이 있다. 그것은 바로 세계 인구를 5억만 남기고 모두 정리하려는 인구감축계획이다. 지금 이 시대에 일어나고 있는 모든 사건, 사고들이 바로 이 계획을 실현하고 있는 것들이다. 대표적인 것들을 정리하면 다음과 같다.

1) 인구를 5억으로 줄이기 위한 각종 인구감축 계획들

잉여 인구를 정리하고 엘리트들만 살겠다는 그들의 계획이다. 동성애는 생명생산을 억제한다. 낙태허용은 생겨난 생명을 태중에서 살인하는 것이다. 구제역, 샤스, 에볼라, 메르스, 코로나 등 신종 전염병들을 계속 만들어 세계에 퍼트린다. 전염병을 통한 각종 백신접종도 인구를 줄이는 중요한 도구로 사용되고 있다. 그밖에 전쟁과 테러를 통하여 사회 혼란을 조장시킨다. 앞으로 마지막 때로 갈수록 폭탄테러, 생화학 물질 테러 등으로 세계를 혼란시킬 것이다.

2) 기후조작(캠트레일, 하프)

맑은 하늘에 끊임없이 캠트레일을 살포하여 사람과 자연과 땅에 해를 입힌다. 캠트레일 살포는 각종 질병들의 원인이 되고 있다. 하프를 통해 지진, 쓰나미 등 인공재해를 조작하여 일으키고 있다는 것은 공공연하게 드러내고 있는 사실이다. 그 배후 세력인 세계정부는 일루미나티 카드와 영화들을 통해 자기들의 계획을 미리 공개한다. 이제 사단은 숨어있지 않고 공개적 활동을 하고 있는 시대다.

3) 씨앗조작

이들은 최후에 생명과 직결되어 있는 먹거리를 이용한다. 몬산토(GMO)씨앗은 생명력을 없애는 유전자 조작 작물이다. 몬산토 씨앗은 재생을 할 수 있는 재생 씨앗이 아니다. 몬산토 씨앗 세계 점유율은 90%다. 우리나라는 세계 2위로 80%를 수입한다. 이들은 각 나라가 자급자족을 못하도록 만들었다. 마지막 때 먹거리를 가지고 세계 식량 대란을 일으킬 것이다.

11. 세계정부의 핵심 세력 자칭 유대인(사단의 회)

이스라엘은 작고도 큰 나라다. 지금 이스라엘은 세계의 중심에 서있다. 전 세계에서 유대인들의 위상은 모두가 알고 있는 사실이다. 하나님은 구속사와 심판사의 계획을 유대인을 배경으로 시작하셨다. 우리에게 복음을 주신 예수님도 제자들도 모두 유대인이다. 그런데 공교롭게도 마지막 때 유대인의 주도적 역할을 통해 적그리스도의 세계정부가 세워진다는 사실이다. 우리는 보통 유대인이라 하지만 유대인은 진짜와 가짜로 분류되고 있다.

1) 진짜 유대인 / 세파르티 유대인

"이스라엘 자손이 라암셋을 떠나서 숙곳에 이르니 유아 외에 보행하는 장정이 육십만 가량이요 *수많은 잡족과* 양과 소와 심히 많은 가축이 *그들과 함께 하였으며*"(출12:37-38)

"왕의 어명이 이르는 각 지방, 각 읍에서 유다인들이 즐기고 기뻐하여 잔치를 베풀고 그 날을 명절로 삼으니 *본토 백성이 유다인을 두려워하여 유다인 되는 자가 많더라*"(에8:17)

정통유대인을 진짜유대인 세파르티 유대인이라 한다. 이들은 주후 70년 예루살렘 멸망 후 주로 아프리카와 스페인등지로 흩어진 디아스포라들이다. 유대인들은 아시아계 동양인이다. 그러나 아프리카로 간 진짜 유대인들은 1900년 가까이 살았기에 피부가 검은 빛이 난다. 또한 스페인으로 간 유대인들은 유럽화 되어있다. 정통 유대인들 중에는 자원유대인들도 있다. 히브리인들이 애굽에서 나올 때 수많은 잡족들이 함께 따라 나왔다. 그들도 모두 히브리인들과 섞이면서 유대인이 되었다.

또 에스더서에 부림절과 관련하여 페르시아 본토인이 유다인 되는 자들이 많았다. 이들은 모두 자원유대인이다. 그러나 유대인 중에 모세의 장인 이드로나 그의 후손들 레갑 족속 등은 초청 유대인이라 한다. 유대인 선교사들의 정보에 의하면 진짜 유대인들은 우리가 알고 있는 것과는 달리 무척이나 가난하게 살고 있다고 한다. 그들은 오직 성경 읽고 기도하는 일에 집중하며 산다고 한다.

2) 가짜 유대인 / 아슈케나지 유대인

"내가 네 환난과 궁핍을 알거니와 실상은 네가 부요한 자니라 *자칭 유대인*이라 하는 자들의 비방도 알거니와 *실상은 유대인이 아니요 사탄의 회당이라*"(계2:9)

"보라 *사탄의 회당 곧 자칭 유대인이라* 하나 그렇지 아니하고 거짓말 하는 자들 중에서 몇을 네게 주어 그들로 와서 네 발 앞에 절하게 하고 내가 너를 사랑하는 줄을 알게 하리라"(계3:9)

계시록에는 사단의 회라 하는 자칭유대인에 대한 언급이 두 번 나온다. 그렇다면 사단의 회라고 하는 이 자칭 유대인들은 누구인가? 많은 사람들은 유대인들을 이렇게 이해하고 있다. 주후 70년 예루살렘 멸망 후 나라 없는 민족으로 세계에 흩어진 디아스포라다. 1900년 가까이 나라 없이 살면서도 세계의 부를 다 쥐고 있는 자들이다. 세계최고의 부자는 모두 유대인이다. 세계에서 가장 명석한 두뇌를 가진 민족도 유대인이다. 이것이 일반적인 유대인들에 대한 인식이다. 틀린 것도 아니다. 그러나 가짜 유대인 곧 자칭 유대인으로 유대인 행세를 하는 사단의 회(사단숭배자들)가 있다. 이들은 가짜, 자칭유대인이다.

놀랍게도 성경에는 아슈케나지 가짜유대인의 뿌리가 있다. 창10:3절의 고멜은 야벳의 맏아들로 유럽계 민족이다. 고멜의 맏아들 아스그나스가 영어번역으로 바로 아슈케나지다. 유대인은 셈족으로 에벨과 벨렉이 조상이다.

그런데 가짜 유대인 아슈케나지가 유럽계 야벳족인 것이다. 더 놀라운 것은 현재의 모든 아슈케나지 유대인은 야벳족 독일계 유대인이다. 이들은 가짜 유대인이다.

"*고멜*의 아들은 *아스그나스*와 리밧과 도갈마요"(창10:3)

1977년 아서 케스트러가 쓴 책<제13지파>가 출간되면서 이들 가짜 유대인들의 정체가 들어나기 시작했다. 이들은 튀르키예 백인인 하자르인을 뿌리로 두고 발생한 아브라함과 전혀 관계가 없는 가짜 유대인들이다. 또한 이들은 사단을 숭배하던 자들이며 반 유대운동에 앞장섰던 자들이다. 7세기에 기독교국 동로마와 이슬람교국인 사라센제국이 하자르한국을 두고 대립할 때였다. 고래싸움에 새우등 터지듯 두 나라의 종교전쟁으로 중간에 끼어있는 하자르한국은 위기에 처해 있었다. 이들은 나라를 지키기 위해 양쪽 종교의 뿌리인 유대교로 개종을 한다. 유대인과 아무런 상관이 없는 민족이 살아남기 위해 유대교를 가지고 와서 유대 화 했다.

그 후 그들은 양쪽 종교전쟁에서 살아남을 수 있었다. 정통유대인과는 전혀 다른 족속 가짜 유대인이 탄생한 것이다. 이들을 두고 제13지파라 부르게 되었다. 이들은 징키스칸 침범 때 유럽의 폴란드, 헝가리, 독일로 흩어져 디아스포라 되었다. 주후 70년에 디아스포라가 된 정통유대인들과 같이 이들도 디아스포라가 된 것이다. 디아스포라로 살면서 이들도 정통 유대인들과 똑같이 유대인이라는 이유만으로 핍박을 받았다. 그리고 이스라엘이 독립하자 이들 가짜 유대인들도 가나안땅으로 들어왔다.

오늘날 이스라엘을 구성하고 있는 유대인들은 80%가 아슈케나지 유대인들이다. 이들은 자칭 유대인, 가짜유대인으로 국제유태자본가들이다. 로스차일드, 록펠러, 모건가, 키신 저가 등으로 이들은 하자르 출신의 아쉬케나지 유대인들이다. 이들은 모두 사단숭배자들이다. 하자리안마피아, 예수회, 일루미나티, 프리메이슨의 주 구성원들이며 신세계정부를 만들어가는 주역들이다. 이들의 명칭은 카발, 딥스, 블랙햇이라는 이름으로 우리 귀에 익숙하다. 바로 신약 시대 짐승 세력들의 중심에 있는 자들이다.

Chapter III

두 번째
예수님의 천국이정표

- 마태복음 24장의 천국이정표
- 마태복음 25장의 천국이정표

마태복음 24장의 천국이정표(막13장/눅21장)

성경에는 세 개의 천국이정표가 있다. 첫 번째는 먼저 살펴본 다니엘의 천국이정표다. 처음 주신 이정표로 다니엘로부터 메시아왕국까지 예언이다. 두 번째로 주님께서 이 땅에 오셔서 직접 주신 예수님의 천국이정표다. 다니엘의 이정표에서 아직 성취되지 않은 성전 멸망부터 시작해서 역시 천년 왕국까지다. 세 번째로 사도요한의 천국이정표로 바로 요한계시록이다. 주후 95년경 받은 계시로 이미 주후 70년 성전이 멸망한 이후부터다. 그러므로 사도요한의 천국이정표는 이미 성취된 다니엘의 제국시대 예언은 등장하지 않는다. 그러나 간격시대를 포함하는 예수님의 천국이정표가 더욱 구체화 되었다. 그리고 중요한 것은 사도요한의 천국이정표는 천년왕국이후 흰 보좌 심판과 영원천국까지 세밀하게 계시하고 있다.

특히 예수님의 천국이정표는 다니엘의 천국이정표의 보완이다. 단9:26절과 단9:27절 사이는 2천년이 가까운 간격이 있다. 다니엘은 이 기간을 침묵하고 있다. 그러나 예수님은 이 간격시대를 예언하심으로 천국이정표를 더욱 구체화 하고 있다. 단9:26절에서 이스라엘의 멸망으로 끊어진 구속사를 예수님은 이방인의 때, 교회시대로 연결시킨다. 또한 로마제국 멸망으로 끊어진 심판사를 세상 마지막 때 심판의 징조로 연결시킨다. 이렇게 예수님의 천국이정표는 다니엘에서 끊어진 구속사와 심판사가 어떻게 다시 진행되고 있는가를 보여준다.

1. 끝의 의미

우리는 마지막 때 끝이라는 의미를 깊이 되새겨 볼 필요가 있다. 필자는 제자들이 생각하는 끝과 예수님의 끝의 의미가 다름을 발견했다. 이것은 오늘날 우리가 생각하는 끝도 예수님의 끝의 의미와 동일하게 생각하지 않는다는 것이다. 우리는 일반적으로 헬라어의 깊은 의미를 놓칠 때가 많다. 우리 성경에는 모두 끝으로 동일하게 번역하고 있으니 그럴 만도 하다. 헬라어는 '끝'에 해당하는 단어가 세 개가 있는데 각각 그 의미가 다르다.

1) 에스카토스 – 가장 먼, 마지막의, 종말에, ~끝

이 단어는 예수님 초림부터 재림까지를 의미하는 마지막, 끝의 의미다. 성경에서 가장 많이 등장한다. 창조론적인 관점에서 6천년의 역사를 초세와 중세 말세로 나눈다. 아담부터 노아까지는 초세다. 아브라함부터 이스라엘 멸망까지는 중세다. 그리고 예수님 초림부터 재림까지가 말세다. 그러므로 예수님 초림으로 세상은 이미 말세가 시작된 것이다. 여기서 사용되는 끝, 마지막이 에스카토스다. 이에 해당하는 마지막은 대표적으로 아래의 구절들이다. 아래의 성경을 잘 살펴보면 에스카토스를 이해 할 수 있다.

"보라 내가 너희에게 비밀을 말하노니 우리가 다 잠 잘 것이 아니요 *마지막 나팔*에 순식간에 홀연히 다 변화되리니"(고전15:51)

"기록된 바 첫 사람 아담은 생령이 되었다 함과 같이 *마지막 아담*은 살려 주는 영이 되었나니"(고전15:45)

"이 모든 날 *마지막에*는 아들을 통하여 우리에게 말씀하셨으니 이 아들을 만유의 상속자로 세우시고 또 그로 말미암아 모든 세계를 지으셨느니라"(히1:2)
"나를 보내신 이의 뜻은 내게 주신 자 중에 내가 하나도 잃어버리지 아니하고 *마지막 날*에 다시 살리는 이것이니라"(요6:39)

"마르다가 이르되 *마지막 날* 부활 때에는 다시 살아날 줄을 내가 아나이다"(요11:24)

"아이들아 지금은 *마지막 때*라 적그리스도가 오리라는 말을 너희가 들은 것과 같이 지금도 많은 적그리스도가 일어났으니 그러므로 우리가 마지막 때인 줄 아노라"(요일2:18)

"나는 알파와 오메가요 처음과 *마지막이요* 시작과 마침이라"(계22:13)

2) 쉰텔레이아 - 세대의 완성, 완전한 끝

쉰텔레이아는 세대의 완성의 의미다. 신약성경에 6회만 등장한다. 끝의 의미 중 가장 적게 사용되었다. 쉰텔레이아의 끝은 아담의 나라 말세가 끝나는 주님 재림시점을 의미한다. 마24:3절에서 제자들이 마지막 끝의 징조를 물을 때 사용된 용어다. 이렇게 제자들의 끝은 예수님 지상 재림시점까지로 본 것이다. 지금 무 천년을 지지하는 시각의 끝도 바로 쉰텔레이아다. 쉰텔레이아를 사용하고 있는 성경 본문은 아래와 같다.

"가라지를 뿌린 원수는 마귀요 추수 때는 *세상 끝이요* 추수꾼은 천사들이니.... 그런즉 가라지를 거두어 불에 사르는 것 같이 *세상 끝에도* 그러하리라... *세상 끝에도* 이러하리라 천사들이 와서 의인 중에서 악인을 갈라내어"(마13:39,40,49)

"예수께서 감람 산 위에 앉으셨을 때에 제자들이 조용히 와서 이르되 우리에게 이르소서 어느 때에 이런 일이 있겠사오며 또 주의 임하심과 *세상 끝에는* 무슨 징조가 있사오리이까"(마24:3)

"내가 너희에게 분부한 모든 것을 가르쳐 지키게 하라 볼지어다 내가 *세상 끝날까지* 너희와 항상 함께 있으리라 하시니라"(마28:20

3) 텔로스 - 한계로서의 도달점, 결국, 종착

텔로스는 더 이상의 길이 없는 한계로서의 마지막 도달점을 의미한다. 결국, 종착이다. 텔로스는 주님께서 사용하신 끝의 의미다. 주님의 끝은 이 땅의 시간의 역사가 끝나고 더 이상 갈 길이 없는 마지막 도달점이다. 결국, 종착은 바로 물질세계인 천년왕국이 끝나는 시점이다. 그러므로 천년왕국까지가 시간의 세계, 물질세계인 것이다. 시간의 끝은 바로 흰 보좌 심판을 앞둔 시점이다. 예수님은 여기까지를 최종 끝, 마지막으로 보셨다. 마24장에서 제자들은 쉰텔레이아로 질문하고 있고 예수님은 텔로스로 답하셨다. 다음은 텔로스가 사용된 곳이다.

"난리와 난리 소문을 듣겠으나 너희는 삼가 두려워하지 말라 이런 일이 있어야 하되 아직 *끝은 아니니라*... 그러나 *끝까지 견디는 자*는 구원을 얻으리라... 이 천국 복음이 모든 민족에게 증언되기 위하여 온 세상에 전파되리니 그제야 *끝이 오리라*"(계24:6,13,14)

"또 너희가 내 이름으로 말미암아 모든 사람에게 미움을 받을 것이나 *끝까지 견디는 자*는 구원을 얻으리라"(마10:22)

"그 후에는 *마지막이니* 그가 모든 통치와 모든 권세와 능력을 멸하시고 나라를 아버지 하나님께 바칠 때라"(고전15:24)

"그들의 *마침은* 멸망이요 그들의 신은 배요 그 영광은 그들의 부끄러움에 있고 땅의 일을 생각하는 자라"(빌3:19)

"믿음의 *결국* 곧 영혼의 구원을 받음이라"(벧전1:9)

"너희가 그 때에 무슨 열매를 얻었느냐 이제는 너희가 그 일을 부끄러워하나니 이는 그 *마지막이* 사망임이라 그러나 이제는 너희가 죄로부터 해방되고 하나님께 종이 되어 거룩함에 이르는 열매를 맺었으니 그 *마지막은* 영생이라"(롬6:21-22)

"나는 알파와 오메가요 처음과 *마지막*(에스카토스)이요 시작과 *마침*(텔로스)이라"(계22:13)

예수님의 복음전파의 끝은 두 가지 의미로 볼 수 있다. 1차적으로는 이 땅에서 복음 전파가 세상 끝이다. 궁극적으로 온 세상 복음 전파는 천년왕국에서 완성되는 것임을 알 수 있다. 천년왕국에서 태어나는 후손들도 복음을 듣고 구원을 받아야 하기 때문이다. 혹자는 천년왕국에서 태어나는 자들은 원죄가 없다고 한다. 결코 그렇지 않다. 천년왕국에서 태어나는 후손들도 원죄를 가지고 태어난다. 그렇기 때문에 에스겔서의 천년왕국에서 5대

제사가 부활하는 것이다. 또한 유대인들이 메시아왕국에서 제사장 사명을 감당하는 이유도 여기에 있다. 결국 시간의 세계인 두 나라는 천년왕국에서도 복음이 땅 끝까지 전파되고 끝이 난다.

천년왕국에서 유대인들은 세계 선교사들이 된다. 그들은 온 세계 열방에 복음을 들고 간다. 천년왕국에서 비로소 만민이 복음을 듣고 여호와께로 돌아온다. 사11:9절과 합2:14절은 천년왕국의 사람들이 복음을 듣고 변화되는 세상을 잘 보여주고 있다. 그러나 지금의 이 땅에서는 결코 이런 세상이 올 수 없다. 또한 천년왕국 자체를 부인하는 자들은 예수님의 끝의 의미인 텔로스를 결코 이해할 수 없다.

"내가 그들 가운데에서 징조를 세워서 그들 가운데에서 도피한 자를 여러 나라 곧 다시스와 뿔과 활을 당기는 룻과 및 두발과 야완과 *또 나의 명성을 듣지도 못하고 나의 영광을 보지도 못한 먼 섬들로 보내리니 그들이 나의 영광을 뭇 나라에 전파하리라*"(사66:19)

"*땅의 모든 끝이 여호와를 기억하고 돌아오며* 모든 나라의 모든 족속이 주의 앞에 예배하리니"(시22:27)

"이는 물이 바다를 덮음 같이 *여호와의 영광을 인정하는 것이 세상에 가득함*이니라"(합2:14)

"내 거룩한 산 모든 곳에서 해 됨도 없고 상함도 없을 것이니 이는 물이 바다를 덮음 같이 *여호와를 아는 지식이 세상에 충만할 것*임이니라"(사11:9)

2. 예루살렘 성전 멸망 예언

예수님의 이정표는 다니엘의 이정표와 연결하여 해석해야한다. 당시 예수님께서 세상에 오심과 십자가의 죽으심은 다니엘 예언이 성취되고 있는 과정이었다. 단9:26절은 십자가 사건과 예루살렘 성과 성소가 파괴되는 예언이다. 그리고 이스라엘이 끊어져 없어지는 예언이다. 예수님은 다니엘의 예언 중 아직 실현되지 않은 성전 멸망부터 시작하고 있다.

"예순두 이레 후에 기름 부음을 받은 자가 끊어져 없어질 것이며 장차 한 왕의 백성이 와서 *그 성읍과 성소를 무너뜨리려니와* 그의 마지막은 홍수에 휩쓸림 같을 것이며 또 끝까지 전쟁이 있으리니 황폐할 것이 작정되었느니라"(단9:26)

"예수께서 성전에서 나와서 가실 때에 제자들이 성전 건물들을 가리켜 보이려고 나아오니 대답하여 이르시되 너희가 이 모든 것을 보지 못하느냐 내가 진실로 너희에게 이르노니 *돌 하나도 돌 위에 남지 않고 다 무너뜨려지리라*"(마24:1-2)

두 번째 성전인 스룹바벨 성전은 몹시도 초라한 성전이었다. 포로기에 귀환하여 돈 없고 힘없이 지은 성전이기 때문이다. 그러나 헤롯이 유대인의 맘을 얻고자 하여 이 초라한 성전을 리모델링하게 된다. 그 화려함은 이루 말 할 수 없었다. 그 재건기간은 무려 83년이 걸렸고 헤롯 사후에 완공되었다. 예수님 당시에도 46년째 리모델링 중이었다.(요2:20) 그러나 그 성전은 주후 63년 완공 후 7년 후인 주후 70년에 로마의 디도장군에 의해 처절하게 파괴되었다. 다니엘과 예수님께서 예언하신 단9:26절과 마24:1-2절의 성취였다.

3. 세상 끝에 징조들

공관복음서에서 예수님의 천국이정표는 마24장과 25장 막13장 그리고 눅21장이다. 예수님의 천국이정표는 다니엘에서 끊긴 구속사와 심판사가 연결되고 있다. 이 구속사와 심판사는 요한계시록에서 7교회와 7인으로 더욱 구체화 되고 있다.

1) 구속사, 교회시대를 통한 천국이정표
단9:26절에서 이스라엘이 황폐케 됨으로 그 나라가 사라졌다. 구약의 구속사의 역사가 이스라엘 멸망으로 끊긴 것이다. 이스라엘은 멸망했으나 구속사는 끊어질 수 없다. 예수님은 눅21장을 통해 구속사가 유대인에게서 이방인에게로 옮겨질 것을 예언하고 있다. 혹자는 이방인의 때 시작을 주전 586년 남 왕국 멸망으로 보기도 한다. 그러나 여기서는 예수님 예언을 중심으로 한다. 여기서 이방인의 때는 교회시대를 말한다. 이것이 계시록에서는 일곱 교회시대로 천국이정표를 구체적으로 세우고 있다. 마지막 일곱째 라오디게아는 교회시대 마지막 이정표다.

"그들이 칼날에 죽임을 당하며 모든 이방에 사로잡혀 가겠고 예루살렘은 *이방인의 때*가 차기까지 이방인들에게 밟히리라"(눅21:24)

2) 심판사, 세상 일반징조를 통한 천국이정표

마24장은 세상에서 일어나는 일반징조를 통해 천국이정표를 보여주고 있다. 혹자는 마태복음은 유대인에게만 주신 말씀이라고 한다. 결코 그렇지 않다. 특히 마태복음 24장의 마지막 때 징조들은 전 세계에서 일어날 사건들을 말씀하신 것이다. 즉 미혹, 난리 소문, 전쟁, 기근, 전염병, 지진, 핍박, 세계복음전파 등을 나열한 것들이다. 이것은 전 세계에서 일어나는 일반징조들이다. 일반징조의 특징은 계속 반복적으로 일어난다. 그리고 끝으로 갈수록 횟수가 잦아지고 강도는 더욱 강력해 진다. 이것이 요한계시록에서는 일곱 인으로 나타난다. 일곱 인의 사건을 통해 세상의 마지막 때 징조를 구체적으로 계시하고 있다. 그러므로 필자는 계시록 단원에서 일곱 교회와 일곱 인은 함께 진행되고 있다고 주장한다.

구속사와 심판사는 따로 진행되지 않는다. 구약의 이스라엘 역사가 끝나고 제국시대가 있었던 것이 아니다. 이스라엘 역사인 구속사와 제국시대 역사인 심판사는 함께 진행 되었다. 그러므로 구속사인 일곱 교회와 심판사인 일곱 인이 함께 진행되는 것은 균형이 맞는 상식이다. 일곱 교회 시대가 끝나고 마지막 7년에 일곱 인의 심판시대가 시작된다는 것은 구속사와 심판사 역사 균형에도 맞지 않는다. 그러므로 예수님의 천국이정표도 구속사와 심판사를 함께 언급하고 있는 것이다. 유대인인 마태는 이방인의 때를 언급하지 않고 있다. 그러나 이방인인 누가는 누가복음에서 세상 심판의 징조와 함께 이방인의 때인 교회시대를 언급하고 있다.

3) 다니엘이 말한 바 - 대 환난

이방인 누가는 누가복음에서 다니엘의 예언을 언급하지 않는다. 그러나 일차 독자가 유대인인 마태복음은 다니엘의 예언을 언급하고 있다. 마24:15절부터 마지막 한 이레 중 후3.5년의 대 환난 예언이다. 여기서 "읽는 자는 깨달을 찐저"라는 구절을 통해 단9:27절을 상기시키고 있다. 그런데 다니엘은 우상이 세워지면 도망가라는 말이 없다. 그러나 예수님은 성전에 우상이 세워지는 것을 보면 도망가라고 명령하셨다. 적그리스도가 통치하는 대환난의 때이기 때문이다. 그러나 왜 반드시 도망을 가야 하는지에 대한 시대적 배경의 구체적 언급은 없다.

"그가 장차 많은 사람들과 더불어 한 이레 동안의 언약을 굳게 맺고 그가 그 이레의 절반에 제사와 예물을 금지할 것이며 *또 포악하여 가증한 것이 날개를 의지하여 설 것이며* 또 이미 정한 종말까지 진노가 황폐하게 하는 자에게 쏟아지리라 하였느니라 하니라"(단9:27)

"그러므로 너희가 선지자 *다니엘이 말한 바 멸망의 가증한 것이 거룩한 곳에 선 것을 보거든 (읽는 자는 깨달을진저)* 그 때에 유대에 있는 자들은 산으로 도망할지어다"(마24:15-16)

그러나 계13장으로 가면 이때 왜 도망가야 하는지에 대한 구체적인 시대적 배경들이 나온다. 이 시대는 짐승의 표를 받아야만 살 수 있는 시대다. 그의 표를 받지 않으면 목 베임으로 죽임을 당하는 시대이기 때문이다. 또한 도망가야 하는 또 하나의 중요한 이유가 있다. 곧 다수의 휴거가 있기 때문이다. 죽임 당하지 않고 살아남아 휴거에 참여해야한다. 그러므로 마24장에는 두 사람 중에 한사람은 데려감을 당하고 한사람은 버려둠을 당한다는 휴거를 언급하고 있는 것이다. 이것이 깨어 있어야 할 이유이며 준비하고 있어야 할 이유다.

4. 예수님의 지상 재림

"*그 날 환난 후에* 즉시 해가 어두워지며 달이 빛을 내지 아니하며 별들이 하늘에서 떨어지며 하늘의 권능들이 흔들리리라 그 때에 인자의 징조가 하늘에서 보이겠고 그 때에 땅의 모든 족속들이 통곡하며 그들이 *인자가 구름을 타고 능력과 큰 영광으로 오는 것을 보리라* 그가 큰 나팔소리와 함께 천사들을 보내리니 그들이 그의 택하신 자들을 하늘 이 끝에서 저 끝까지 사방에서 모으리라"(마24:29-31)

예수님의 지상 재림과 관련하여 수많은 이단들이 등장하고 있다. 이미 예수가 재림했다거나 재림날짜를 예측하는 것 등이다. 그러나 우리는 무엇보다 성경대로만 믿으면 문제가 없다. 예수님의 지상 재림 시점은 다니엘 70이레에서 분명히 예언하고 있기 때문이다. 마지막 한이레가 끝나는 시점은 환난 끝으로 주님의 지상 재림이다. 본문에서 말하고 있는 "그 날 환난 후"는 나팔절이 성취되는 날이다. 7년은 날짜로 계산하면 2520일이다. 적그리스도에게 허락하신 7년을 마치는 시점이 가장 정확한 재림 시점이다. 이렇게 나팔절이 성취되면 남은 주님의 지상 사역이 이어진다. 속죄일에 이스라엘의 죄를 용서하신다. 그리고 메시아왕국을 통해 초막절을 완성하실 것이다. 이것은 단9:24절이 비로소 성취되는 것이다.

"네 백성과 네 거룩한 성을 위하여 *일흔 이레*를 기한으로 정하였나니 *허물이 그치며 죄가 끝나며 죄악이 용서되며* 영원한 의가 드러나며 환상과 예언이 응하며 또 지극히 거룩한 이가 기름 부음을 받으리라"(단9:24)

그러나 이 날은 7년이 시작되기 전에는 결코 알 수 없다. 반드시 7년이 시작되면 알 수 있다. 7년이 시작되기 전에 주님의 재림의 날을 예언하는 것은 모두 미혹이다. 또한 주님께서 오시는 현상을 성경은 분명히 기록하고 있다. 세계 어느 곳에 있든지 모두가 주님의 재림 현장을 볼 수 있도록 오신다. 그러므로 주님께서 거짓 미혹들에 속지 말라고 경고하신다.

"그 때에 사람이 너희에게 말하되 보라 그리스도가 여기 있다 혹은 저기 있다 하여도 믿지 말라...*번개가 동편에서 나서 서편까지 번쩍임 같이 인자의 임함도 그러하리라*"(마24:23,27)

5. 재림의 구체적 징조들

마태복음은 주님의 재림을 앞두고 시대적 징조들을 나열하고 있다.

1) 무화과나무의 비유
"*무화과나무의 비유*를 배우라 그 가지가 연하여지고 잎사귀를 내면 여름이 가까운 줄을 아나니"(마24:32)

예수님의 천국이정표 중에는 무화과나무의 비유가 있다. 무화과나무는 이스라엘이다. 마지막 때 가장 확실한 증거는 이스라엘의 영적, 육적 회복이다. 무화과나무가 잎사귀를 내는 것은 이스라엘의 육적 회복을 상징한다. 이스라엘의 영적 회복은 후3.5년부터 시작된다. 그리고 완전한 영적회복은 메시아 왕국이다. 이것은 마지막 때 특별징조다. 특별징조의 특징은 이스라엘과만 관련이 있다. 여기에 7년 협정과 제3성전이 포함된다. 그리고 특별징조의 사건들은 단 1회적이다. 전 세계를 대상으로 반복적으로 일어나는 일반징조와는 아주 다르다. 이 특별징조 중에 현재 성취된 것은 무화나무의 회복인 1948년 5월 14일 이스라엘의 독립이다.

그러나 대체신학을 버리지 않는 이들은 이스라엘의 독립이 마지막 때 징조임을 인정하지 않는다. 이스라엘의 육적 회복은 완성되었다. 그러나 이들은 아직 예수 그리스도를 영접하지 않고 있다. 이것은 아직 이스라엘의 영적 회복이 되지 않았기 때문이다. 이제 이들은 7년이 시작되고 후3.5년에 들어가서 민족적으로 영적 회복이 일어난다. 이스라엘은 지금 세계의 중심에 서 있다. 2017년 트럼프는 예루살렘 수도선언을 했다. 이것은 적그리스도가 본부를 이스라엘 예루살렘에 두게 될 마지막 무대가 완성된 것이다

2) 노아의 때와 같이 / 롯의 때와 같이

"*노아의 때와 같이* 인자의 임함도 그러하리라 홍수 전에 노아가 방주에 들어가던 날까지 사람들이 먹고 마시고 장가들고 시집가고 있으면서 홍수가 나서 그들을 다 멸하기까지 깨닫지 못하였으니 인자의 임함도 이와 같으리라"(마24:37-39)

"*또 롯의 때와 같으리니* 사람들이 먹고 마시고 사고 팔고 심고 집을 짓더니 롯이 소돔에서 나가던 날에 하늘로부터 불과 유황이 비오듯 하여 그들을 멸망시켰느니라"(눅17:28-29)

노아는 120년 동안 세상이 홍수로 멸망할 것을 예언했다. 그러나 사람들은 방주에 들어가는 날까지 믿지도 않았고 깨닫지도 못했다. 그저 그들의 살던 대로 먹고 마시고 장가들고 시집가고 했다. 롯의 때도 역시 롯이 경고했으나 먹고 마시고 사고팔고 심고 집을 지었다. 심지어 롯의 사위들은 멸망의 경고를 농담으로 여겼다.

"롯이 나가서 그 딸들과 결혼할 사위들에게 말하여 이르기를 여호와께서 이 성을 멸하실 터이니 너희는 일어나 이 곳에서 떠나라 하되 *그의 사위들은 농담으로 여겼더라*"(창19:14)

이와 같이 또 지금의 마지막 때도 같은 현상이라고 한다. 아무리 마지막 때를 경고해도 사람들은 귀 담아 듣지 않는다. 이 세상은 천년만년 계속 이렇게 갈 것이라고 믿는다. 여전히 육의 양식만 먹고 마신다. 영의 양식은 관심이 없다. 여전히 시집가고 장가간다. 영원한 집에는 관심이 없고 아파트 평수 늘리는 것에만 전념한다. 영원한 것에는 가치를 두지 않는다. 세상이 끝이 온다는 것은 상상도 하지 않는다. 지금도 분명히 노아의 때와 같다. 그러나 세상은 반드시 성경의 예언대로 왔고 성경의 예언대로 간다.

3) 휴거를 준비하라

"그 때에 두 사람이 밭에 있으매 *한 사람은 데려가고 한 사람은 버려둠을 당할 것이요* 두 여자가 맷돌질을 하고 있으매 한 사람은 데려가고 한 사람은 버려둠을 당할 것이니라 그러므로 *깨어 있으라 어느 날에 너희 주가 임할는지 너희가 알지 못함이니라*'(마24:40-42)

예수님의 천국이정표에는 휴거가 언급되고 있다. 예수님의 재림 형태는 둘로 나누어진다. 후3.5년 초반에 오시는 공중 강림과 후3.5년 끝에 오시는 지상 재림이다. 물론 환난 통과설을 지지하는 이들은 공중 강림을 인정하지 않는다. 이 부분은 휴거에서 자세히 다룬 부분이니 더욱 자세한 것은 휴거 단원을 참조해야 한다. 그러나 마24장에 나타나는 휴거와 관련된 말씀이 중요하니 여기서 간단히 살펴보고 지나간다.

필자는 휴거가 세 번 있을 것을 주장하고 있다. 그 첫 번 휴거 시점은 7년이 시작되면 정확히 알 수 있다. 사도바울은 마지막 나팔에 휴거가 있다고 했다. 사도요한은 두 증인이 사역을 마치는 1260일째 그날에 일곱째 마지막 나팔을 기록하고 있다.(계11:15) 7년은 2520일로 날수가 정해져 있기 때문에 이것은 정확한 것이다. 우리는 7년이 시작되면 첫 번째 휴거와 예수님의 지상 재림 시점을 정확히 알 수 있다. 이것은 모두 다니엘의 70이레 예언에 근거한다.

그러나 우리가 전혀 그 날짜를 알 수 없는 것이 있다. 그것은 바로 두 번째 휴거가 있는 날이다. 이 날은 주님께서 공중에 강림하시는 때다. 이렇게 두 번째 휴거 날짜를 알 수 없다는 것은 주님이 공중에 오시는 날짜를 전혀 알 수 없다는 것과 같은 의미다. 그러므로 주님께서 인자가 어느 때에 올지 아무도 모른다는 말씀은 바로 공중에 오시는 이 때를 말하는 것이다. 물론 두 번째 휴거 전에 첫 번째 휴거가 있다. 첫 번째 휴거는 소수가 휴거되는 비밀휴거이며 대환난 전 휴거다. 이 때는 주님께서 공중에 내려오시지 않는다. 바로 성전 안에서 휴거 자들을 맞이한다. 초실절 열매는 성전으로 바로 들어가기 때문이다. 그렇기 때문에 계12:5절의 첫 번째 휴거 자들은 하나님 보좌가 있는 지성소로 바로 직진하는 것이다.

"*그러나 그 날과 그 때는 아무도 모르나니* 하늘의 천사들도, 아들도 모르

고 오직 아버지만 아시느니라 노아의 때와 같이 인자의 임함도 그러하리라...."(마24:36,42)

"여자가 아들을 낳으니 이는 장차 철장으로 만국을 다스릴 남자라 *그 아이를 하나님 앞과 그 보좌 앞으로 올려가더라*"(계12:5)

주님께서 두 번 오시는 목적은 분명히 다르다. 첫 번째 공중으로 오실 때는 우리들을 휴거로 데려가시기 위함이다. 이 때 한사람은 데려가고 한 사람은 남는다. 그러나 두 번째 지상으로 오실 때는 메시아 나라를 세우기 위함이다. 땅의 천국을 이루어 천년동안 통치하시기 위함이다. 그러므로 그 날을 알 수 없다는 것은 두 번째 휴거를 위해 공중에 오시는 그 날을 말한다. 여기서 '아들도 모르고'는 추가된 구절이다. 킹제임스를 비롯한 다른 번역에는 '아들도 모르고'가 없다. 주님께서 오시는 날을 아들이신 주님께서 모르실 리가 없다.

휴거가 곧 있을 후3.5년 기간에도 세상 사람들은 노아의 때와 같이 살아간다. 그러나 그때 주님은 도적같이 홀연히 공중에 임하신다. 빛의 자녀들은 그 시점이 언제쯤 인지를 알고 있다. 다만 정확한 날짜를 알지 못할 뿐이다. 아마도 이때 남겨지는 자는 환난을 통과하게 될 것이다. 그러므로 준비하고 깨어있어야 한다.

4) 특별한 조명 / 죽은 자의 부활 그리고 휴거

"내가 너희에게 이르노니 *그 밤에 둘이 한 자리에 누워 있으매* 하나는 데려감을 얻고 하나는 버려둠을 당할 것이요"(눅17:34)

마24장에는 "두 사람이 밭에 있으매" "두 여자가 맷돌질을 하고 있으매" 이렇게 낮에 일하던 중에 휴거되는 예를 들고 있다. 그러나 눅17:34절에는 "그 밤에 두 사람이 한 자리에 누워 있으매"라는 표현이 있다. 이것은 마태복음에는 없는 표현이다. 이 표현은 잠든 중에도 휴거 될 수 있는 표현으로 보인다. 그러나 눅17:34절은 이보다 더욱 깊은 의미가 있는 말씀이다. 필자는 이 말씀을 좀 더 확대하여 나누고자 한다. 다른 번역의 예를 들어 보자.

바른성경 - "그 밤에 *두 사람이 한 침대*에 있다가"
킹제임스역 - "그 밤에는 *두 사람이 한 침상*에 있다가"
킹제임스흠정역 - "그 밤에 *두 남자가 한 자리에 누워* 있을 터인데"

　필자와 계시록 해석의 견해가 아주 많이 다른 이재하 목사님의 강의를 종종 듣는다. 이분은 환난 통과설을 강력하게 지지하는 분이다. 어느 날 휴거 강의를 듣던 중 두 귀를 쫑긋 세우게 하는 내용이 있었다. 그 내용은 눅 17:34절에 관한 해석이었다. 원어를 상당히 깊이 들어가서 풀어가고 있었다. 필자는 원어를 깊이 모른다. 그저 잘 나온 사전을 사용하는 정도다. 그러나 그날 목사님의 강의는 상당히 동의하게 하는 깊은 원어의 해석이었다. 몇 년 전 일이라 그 강의 내용을 자세히 다 기억은 못한다. 그러나 필자가 기억하는 중요한 포인트만 언급 한다.

　개역 성경에는 "그 밤에 둘이 한 자리에 누워 있으매" 이에 대한 번역을 다른 성경은 두 사람, 혹은 두 남자로 번역하고 있다. 두 사람이 한 자리에 누워있다는 것은 단순하게 생각하면 가족이나 부부가 한 침상에서 잠을 자는 모습이다. 그런데 킹제임스 흠정역은 더 나아가 두 남자가 한 침상에 누워있다고 번역했다. 이것은 좀 이상해 보인다. 왜 두 남자가 한 침대에 누워있는가? 이것은 동성애를 의심할 수도 있으나 성경은 그런 의도는 아닐 것이다.

　이 부분에 대해 이재하 목사님이 연구한 이 원어에 대한 해석의 요지는 이렇다. 눅17:34절은 죽어있는 사람 둘이 한 침상에 나란히 누워 있다가 한 사람은 부활하여 휴거되고 한사람은 남아있다는 것이다. 당시는 그냥 듣고 넘어 갔던 내용이다. 그러나 지금 일반적인 사전을 보면 이것이 죽은 자의 부활을 뜻하는 내용이라는 것을 찾아 볼 수가 없다. 이것이 필자가 원어를 다루는 한계인 것이다. 그러나 필자는 당시 그 해석이 옳다고 생각 한다. 당시도 동의 했지만 지금은 더 더욱 동의가 되는 해석이다.

　필자가 그 해석에 동의하는 이유는 이렇다. 마태복음에는 밭에서 일을 하거나 맷돌질을 하다가 휴거된다. 이것은 살아 있는 사람이 휴거를 맞이하는 예다. 낮에 일하던 중에 갑자기 몸이 변화되어 휴거가 일어날 수 있음을 시사하고 있다. 그러나 휴거는 살아 있는 자에게만 해당되는 것이 아니다. 먼저 죽은 자의 부활이 있다고 바울은 강조하고 있기 때문이다. 죽은 자는 지금 하늘에서 영체로만 있고 육체가 없다. 죽은 자는 지금 없는 육체를 받기 위해 부활로 부활의 몸을 받아야 한다. 그리고 그 영광스러운 부활의 몸을 받고 휴거 된다.

눅17:34절은 죽어서 한 침대에 누워있던 두 사람 중 한 사람은 부활하고 한사람은 남는다는 뜻인 것 같다. 그러므로 이 말씀도 사도바울의 가르침과 같이 휴거에 앞서 죽은 자의 부활이 먼저 있음을 알리는 것으로 보인다. 이렇게 휴거는 반드시 먼저 죽은 자의 부활과 산자의 변화가 짝으로 함께 일어난다. 그러므로 살전4:17은 "그들과 함께"라고 한다. 고전15:51-52절 역시 죽은 자가 먼저 부활, 산자의 변화를 말하고 있다. 이렇게 부활과 변화가 먼저 이루어지고 휴거되는 것이다.

"그 후에 우리 살아남은 자들도 *그들과 함께* 구름 속으로 끌어 올려 공중에서 주를 영접하게 하시리니 그리하여 우리가 항상 주와 함께 있으리라"(살전4:17)

"보라 내가 너희에게 비밀을 말하노니 우리가 다 잠 잘 것이 아니요 마지막 나팔에 순식간에 홀연히 다 변화되리니 나팔 소리가 나매 *죽은 자들이 썩지 아니할 것으로 다시 살아나고 우리도 변화되리라*"(고전15:51-52)

마24장은 살아있는 자가 몸의 변화로 휴거되는 상황을 보여주고 있다. 그리고 눅17장은 죽은 자가 부활하여 휴거되는 것을 언급하고 있는 것으로 보인다. 두 사람이 한 자리에 누워 있다는 것은 죽어 있는 상태로 누워 있는 것이다. 그냥 살아 있는 자들이 잠자고 있는 상태가 아니다. 죽은 자들 가운데서도 부활하여 휴거에 참여하는 자가 있고 천년 후에 마지막 부활에 참여하는 자가 있다. 그러므로 요5:25절에서는 아들의 음성을 "듣는 자는 살아나리라"한다. 그러나 그 음성을 듣지 못한 자는 천년왕국 전에 부활 하지 못한다. 그들은 천년이 지나고 무덤 속에 있는 자가 다 그의 음성을 들을 때 마지막 부활에 참여하는 것이다. 그때는 흰 보좌 심판을 앞둔 마지막 부활이다.

"진실로 진실로 너희에게 이르노니 죽은 자들이 하나님의 *아들의 음성을 들을 때*가 오나니 곧 이 때라 *듣는 자는 살아나리라*"(요5:25)

"이를 놀랍게 여기지 말라 *무덤 속에 있는 자가 다 그의 음성을 들을 때 가 오나니*"(요5:28)

이 내용들은 휴거 단원의 첫째 부활과 마지막 부활 단원에서 자세히 다루는 내용들이다. 독자들께서는 단원마다 연관되는 반복의 내용들을 통해 전체를 이해하는데 도움이 되길 바란다.

6. 이 세대가 지나가기 전에

"내가 진실로 너희에게 말하노니 *이 세대가 지나가기 전에 이 일이 다 일어나리라 천지는 없어질지언정 내 말은 없어지지 아니하리라*"(마24:34-35)

이 말씀은 예수님께서 마지막 때 징조들과 대 환난 그리고 지상 재림까지 예언을 마치시고 최종 정리하시는 중요한 말씀이다. 지금까지 말씀하신 모든 일들이 "이 세대가 지나가기 전에 이 일이 *다* 일어나리라"는 것이다. 여기서 "다"에 속하는 일들이 마지막 7년을 포함하는 예수님이 천국이정표가 된다. 그리고 여기서 '이 세대'를 어떻게 보는가가 중요하다. 이 세대는 한 세대라고도 한다.

예수님께서 무화과나무의 비유를 말씀하셨다. 이것은 1948년 이스라엘의 회복으로 해석한다. 여기서 한 세대란 이스라엘이 독립한 해를 기준으로 1948년에 태어난 사람들의 세대를 말한다. 예전에는 한 세대를 40년 혹은 70년으로도 보았다. 혹은 100년 120년까지 보기도 한다. 그러나 이스라엘 독립이 70을 넘었으니 40년과 70년을 제외한다. 1948년을 기준으로 한 세대를 100년과 120년으로 가정해서 계산해 보면 주님의 재림년도를 짐작해 볼 수 있다. 단 예수님께서 말씀하신 한 세대가 100년과 120년 맞다 면, 이라는 가정에서다.

이와 관련한 필자의 유튜브 영상을 보고 한 구독자가 이런 댓글을 남겼다. "트럼프의 이스라엘 수도선언 2017년+50(희년) = 2067년에 주님이 오신다는 해석이 있습니다." 이 구독자는 필자가 예측하는 2068년과 비슷한 시기라고 했다. 만약 한 세대를 120년으로 본다면 2068년이 되니 2067년은 근사치에 가깝다. 한 세대를 100년과 120년을 가정으로 계산해보았다.

1948년 + 한 세대 100년 = 2048년 - 2023(현재) - 25년(주님 재림까지 남은 기간)
1948년 + 한 세대 120년 = 2068년 - 2023(현재) - 45년(주님 재림까지 남은 기간)

참고로 필자는 한 세대를 120년으로 본다. 이유는 노아의 때와 같은 선상에서 보기 때문이다. 창세기 6장에 나오는 120년을 해석하는 시각은 다양하다. 대부분 노아가 방주를 지은 기간으로 알고 있다. 이에 대해 필자는 120년은 그 시대 사람들에게 주신 회개의 기간으로 해석하는 것을 타당하게 본다. 노아는 하나님의 명령을 따라 산위에서 방주를 지었고 120년 동안 회개를 선포한 것이다. 이것은 구약시대 사람들을 홍수로 심판하실 때 회개 기간을 120년 주셨다는 것이다.

"여호와께서 이르시되 나의 영이 영원히 사람과 함께 하지 아니하리니 이는 그들이 육신이 됨이라 그러나 그들의 날은 *백이십 년*이 되리라 하시니라"(창6:3)

그렇다면 세상 끝에 불 심판을 앞두고 이 세대 사람들에게도 회개기간을 동일하게 120년 주시는 것은 공평하다고 생각한다. 이스라엘의 독립은 마지막 때 나타나는 특별징조다. 그때로부터 회개의 기간을 한 세대로 120년을 주신다면 주님의 재림은 2068년 안 밖으로 볼 수도 있다. 그러나 주님께서 "이 세대가 지나가기 전에"라고 하셨으니 2068년은 맥시멈이다. 독자들께서 참조하실 것은 2068년 맥시멈은 반드시 "주님께서 말씀하신 한 세대가 120년이 맞다 면"이라는 가정에서다. 1948년 이스라엘 독립으로 시작한 이 세대가 지나가기 전에 주님이 오신다고 하셨기 때문이다. **"이 세대가 지나가기 전에 이 일이 다 일어나리라"**

독자들께서 오해가 없기를 바란다. 필자가 2068년에 주님 오신다고 예언하듯 특별히 목소리를 높이는 것이 아니다. "한 세대가 120년이 맞다 면"이라는 가정 하에 조심스럽게 예측하는 것이다. 어쨌든 분명한 것은 주님께서 주신 이 모든 말씀은 반드시 이루어진다는 것이다. 천지는 없어질지라도 주님께서 하신 말씀은 없어지지 않는 다는 분명한 말씀을 기억해야 한다. 땅의 세상은 결코 이대로 영원하지 않다는 것이 성경의 진리다.

7. 마지막 때 우리의 자세

"그러므로 *깨어 있으라* 어느 날에 너희 주가 임할는지 너희가 알지 못함이니라...이러므로 너희도 *준비하고 있으라* 생각하지 않은 때에 인자가 오리라 *충성되고 지혜 있는 종이 되어* 주인에게 그 집 사람들을 맡아 *때를 따라 양식을 나눠 줄 자가* 누구냐"(마24:42,44-45)

그러므로 깨어 있으라. 이러므로 준비하고 있으라. 충성되고 지혜 있는 종이 되어 때를 따라 양식을 나눠 주어라. 이것은 마지막 때 우리에게 주시는 주님의 명령이며 권면이다. 무엇보다 이 시대는 때에 맞는 양식이 필요하다. 마지막 때 먹을 양식을 나눠 주어야 한다. 그러나 안타깝게도 이 시대 사람들은 마지막 때 양식에 관심이 없다. 목회자들도 때에 맞는 양식을 먹이지 않는다. 요한계시록은 열려 있는 책임에도 불구하고 그냥 위험하니 덮어두라고 한다. 이 책을 손에 든 모든 독자들께서는 마지막 때 양식으로 채워지길 바란다. 그리고 또한 마지막 때 길을 찾아 헤매는 이들에게 길을 안내해 주는 자가 되기를 필자는 기도하고 있다.

다니엘서에도 마지막 때 많은 사람을 옳은 데로 돌아오게 한자는 별과 같이 영원토록 빛나리라고 한다. 보통 이 말씀은 전도에 관한 말씀으로 알고 있다. 그러나 이 말씀은 단12:2절까지 후3.5년에 관한 말씀 후에 기록된 말씀이다. 마지막 때를 가리키는 것이다. 마지막 때 많은 사람들이 수많은 이단들의 잘못된 가르침에 미혹되어 있다. 성경의 올바른 가르침을 따르도록 많은 사람들을 옳은 데로 인도해야 하는 것도 마지막 때 우리의 자세일 것이다.

"지혜 있는 자는 궁창의 빛과 같이 빛날 것이요 *많은 사람을 옳은 데로 돌아오게 한 자는 별과 같이 영원토록 빛나리라*"(단12:3)

마태복음 25장의 천국이정표

마태복음 24장에는 성전 멸망 예언을 시작으로 계시록의 7인에 해당하는 일반징조들이 예언되어 있다. 또한 주님의 지상 재림과 대 환난 예고와 휴거 등을 예언하고 있다. 그러나 25장에는 세 개의 비유를 통해 중요한 세 개의 사건을 드러내고 있다. 필자는 이 세 개의 비유 또한 순서적으로 일어날 일로 본다. 순서에 따라 열 처녀 비유가 먼저 일어난다. 그리고 이후에 달란트 비유의 일이 있을 것이다. 마지막으로 양과 염소의 비유를 지나 메시아 나라가 시작될 것으로 본다.

1. 열 처녀 비유 – 세 번의 휴거를 나타냄

보통 열 처녀 비유를 두고 열 처녀가 신부인가 들러리인가를 논하는 것을 종종 보았다. 이것은 열 처녀 비유의 진정한 의미를 벗어나 있는 것이다. 열 처녀 비유는 휴거가 세 번 있을 것에 대한 가르침이다. 환난 전이든 환난 끝이든 휴거가 한번 있다고 주장하는 이들은 결코 이 비유를 이해할 수 없다. 이 비유는 특별히 그날을 알 수 없는 주님의 공중 강림을 강조하고 있다. 이 때 있을 두 번째 휴거를 위해 준비하고 깨어 있으라는 경고다. 휴거는 너무도 중요하기에 24장과 25장에서 모두 휴거를 반복하고 있다. 24장에서는 한 사람은 데려가고 한사람 남는 휴거를 예고했다. 그러나 25장에서는 이 휴거가 세 번 있을 것에 대해 구체적으로 알려주는 비유다. 본문에서 세 번의 휴거에 해당하는 대상을 구분하면 다음과 같다.

1) 보라! 신랑이로다. – 성전으로 바로 들어가는 첫 번째 휴거 자들
"밤중에 소리가 나되 보라 신랑이로다 맞으러 나오라 하매"(마25:6)

"여자가 아들을 낳으니 이는 장차 철장으로 만국을 다스릴 남자라 *그 아이를 하나님 앞과 그 보좌 앞으로 올려가더라*"(계12:5)

본문에서 밤중에 신랑과 함께 오는 자들이 있다. 밤중은 대 환난을 의미한다. 이들은 밤중 전에 휴거 된 대환난 전 휴거 자들이다. 계12:5절에 성전 안에 하나님 보좌 앞으로 바로 올려간 자들이다. 첫 번 휴거는 주님이 공중에 내려오시지 않고 하늘 성전에 계시기 때문이다. 밤중에 신랑을 맞으러 나오라고 외치며 신랑의 가는 길을 여는 자들은 바로 첫 번 휴거 자들에 대한 비유다. 밤중이라 함은 이미 적그리스도의 통치가 시작된 후3.5년임을 알리는 것이다. 이것은 두 번째 휴거는 후3.5년을 들어가서 있음을 시사한다. 첫 번 휴거는 전3.5년이 마치는 그날 있기 때문에 밤중으로 들어가기 바로 전 시점이다. 전3.5년을 마치는 그날은 두 증인이 승천하고 일곱째 나팔이 불어지는 날이다.(계11:15)

2) 슬기로운 다섯 처녀 - 두 번째 공중으로 휴거되는 자들
"슬기 있는 자들은 그릇에 기름을 담아 등과 함께 가져갔더니 *신랑이 더디 오므로 다 졸며 잘새...그들이 사러 간 사이에 신랑이 오므로 준비하였던 자들은 함께 혼인 잔치에 들어가고 문은 닫힌지라*"(마25:4,5,10)

신랑이 예정 시간보다 더디 오므로 열 처녀는 모두 졸며 잠을 잤다. 그러나 등과 기름을 준비해 두었던 슬기로운 다섯 처녀는 혼인잔치에 들어간다. 여기서 혼인잔치는 천년왕국을 상징한다. 천년왕국이 곧 어린양의 혼인잔치다. 이들은 항상 성령 충만으로 영적으로 깨어서 준비하는 자들이다. 평소에는 비록 졸며 잠을 잘지라도 영적으로 민감하게 반응하는 자들이다. 이들은 주님이 공중에 오실 때 주님께서 데려가신다.

3) 미련한 다섯 처녀 - 대 환난을 통과하는 세 번째 휴거 자들
"*그들이 사러 간 사이에* 신랑이 오므로 준비하였던 자들은 함께 혼인 잔치에 들어가고 문은 닫힌지라...그 후에 *남은 처녀들이 와서 이르되* 주여 주여 우리에게 열어 주소서 대답하여 이르되 진실로 너희에게 이르노니 내가 너희를 알지 못하노라 하였느니라 그런즉 깨어 있으라 너희는 *그 날과 그 때를 알지 못하느니라*"(마25:10,11-13)

우선 열 처녀가 신부인가 들러리인가에 대한 견해들이 있다. 필자가 신부 단원에서 밝힌 바와 같이 이들은 신부가 아니다. 혼인잔치에 참여하는 들러리다. 또한 혹자는 해석하기를 슬기로운 다섯 처녀는 천국으로 들어가고 미련한 처녀들은 지옥으로 가는 것이라고 한다. 이러한 해석은 본문의 의도에서 빗나간 것이다. 열 처녀는 모두 신랑이 오기를 사모하며 기다리던 자들이다. 이것은 모두가 예수를 믿고 주의 오심을 기다리던 성도들을 말한다. 다만 이들 중 다섯이 주님께 야단맞은 이유는 준비하지 않았다는 것이다. 지옥은 예수를 믿지 않음으로 가는 것이다. 휴거를 준비하지 않음으로 가는 곳이 아니다. 그러므로 예수를 믿었으나 휴거에 참여하지 못한 모든 이들이 지옥 가는 것이 아니다. 미련한 처녀들의 행적을 살펴보며 이들이 환난통과자들인 근거를 찾아보고자 한다.

열 처녀는 모두 졸며 자다가 신랑이 온다는 소리에 깨어나서 주섬주섬 신랑 맞을 준비를 한다. 그러나 등에 기름이 다하여 불이 곧 꺼져가려고 한다. 그런데 여분의 기름을 준비하지 못한 다섯 처녀는 꺼져가는 등에 추가로 넣을 기름이 없다. 여분의 기름을 준비한 처녀들에게 기름을 좀 나눠달라고 했다. 그러나 슬기로운 처녀들은 생각해보니 준비한 기름을 나누어 주면 둘 다 부족하여 곤란할 것 같았다. 그래서 차라리 빨리 가서 기름을 사오라고 한다. 이들은 혼인잔치에 꼭 들어가야 하기 때문에 어쩔 수 없이 캄캄한 밤중에 기름을 사러간다. 그러나 기름을 사러간 사이에 신랑이 오고 기름을 준비한 다섯 처녀는 혼인잔치에 들어간다.

열 처녀 비유에서 비유의 중심은 어찌 보면 미련한 다섯 처녀에게 있다. 이 비유의 문제는 미련하여 여유분의 기름을 준비하지 않은 다섯 처녀들이기 때문이다. 그러나 기름을 준비하지 않았다고 다섯 처녀를 모두 지옥으로 보낼 수는 없다. 이들도 신랑으로 오실 주님을 사모하는 자들이기 때문이다. 여기서 미련한 다섯 처녀의 비유의 목적은 대 환난에 들어가지 않도록 깨어있어 준비하라는 것이다. 그럼에도 불구하고 대 환난에 들어간다면 끝까지 포기하지 말고 혼인잔치에 들어가야 한다는 것이다. 필자는 이와 관련하여 나름대로 다양한 해석의 상황들을 예상해 보았다.

① 밤중에 기름을 사러갔다.

여인들은 캄캄한 밤중에 기름을 사러갔다. 캄캄한 밤인 대 환난기간에도 기름 같은 성령은 역사하신다. 성령의 역사로 구원받고 은혜를 받는 자들이 있다. 성령이 아니고는 예수를 주라 시인할 수 없기 때문이다.

② 밤중에도 기름을 파는 곳이 있는가?

혹자는 대 환난에도 기름을 파는 곳이 있는가? 라고 했다. 밤중으로 비유되는 대 환난 기간에도 기름을 살 수 있다. 이유는 남겨진 마지막 사명 자들이 있기 때문이다. 곡식추수 때 10분의 1 남겨진 곡식과 떨어진 이삭들이다. 이들은 알곡임에도 불구하고 휴거에서 남겨졌다. 이들은 다섯째 인에서 주께서 말씀하신 마지막 순교자들의 수를 채우는 사명 자들이다. 이들은 휴거에서 남겨진 자들과 대환난 중에도 구원받은 이들을 돕고 이끌어주는 역할을 할 것이다. 물론 기름을 산다는 것은 돈 주고 사는 것이 아니다. 발품을 팔아 은혜로 얻는다. 돕는 자들을 찾아가 그들을 따르며 그들과 함께 붙어있어 살아남아야 한다.

③ 기름을 사고 혼인잔치 장소에 다시 돌아왔다.

다섯 처녀들은 캄캄한 밤중에 기름을 사는 것도 힘들었을 것이다. 그런데 이들은 기름을 사고 다시 혼인잔치 장소로 돌아온다. 어쩌면 포기하고 그냥 집으로 돌아갈 수도 있었을 것이다. 그러나 혼인잔치가 있는 것을 알고 있는 이 처녀들은 그 잔치에 참여하기를 포기하지 않은 것이다. 환난에 들어가는 자들은 결코 천년왕국의 혼인잔치 참여를 포기하지 않아야 한다.

④ 그러나 문이 닫혔다.

돌아와 보니 신랑은 이미 왔으므로 혼인잔치에 들어갔고 문은 닫혔다. 그냥 돌아갈 것인가? 계속 문을 두드릴 것인가? 처녀들은 열릴 때 까지 문을 두드리기로 작정한다. 이들은 계속 문을 두드리기 시작했다. "주여 우리에게 열어주소서" 이 처녀들은 신랑에게 "주여!"라고 부르며 간청한다. 문이 닫혔다는 것은 대 환난 통과하기 전에 있는 두 번째 휴거까지 끝났다는 것이다. 이들이 캄캄한 밤에 기름을 사러가는 동시에 문은 닫힌 것이다. 문 앞에서 낙심하며 울고 있는 것도 대 환난을 통과하는 자들의 모습이다. 그러나 끝까지 포기하지 않았다. 반드시 혼인잔치에 들어가야 하기 때문이다.

⑤ 문을 두드릴 때 신랑의 음성이 들린다.

다행히 안에서 주님의 음성이 들렸다. "진실로 너희에게 이르노니 내가 너희를 알지 못하노라" 이렇게 너희를 모른다는 주님의 냉정한 음성이다. 미련한 처녀들은 이제 포기하고 이 자리를 떠날 것인가? 아니면 문이 열릴 때가지 끝까지 두드리며 기다릴 것인가? 이들은 문이 열릴 때가지 기다리며 문을 두드리기로 작정한다. 이유는 주님이 음성을 들려 주셨기 때문이다. 주님이 음성을 들려 주셨다는 것은 이 처녀들이 문 밖에 있다는 것을 주님께서 알고 계신다는 것이다. 그렇다면 주님의 성품에 이들이 밖에 있는데 끝까지 문을 안 열어 주실까?

전통적 해석 중에 교회는 7년 전에 모두 휴거하여 공중에서 혼인잔치를 한다고 한다. 이러한 해석은 유대인의 혼인예식 전통에 근거하고 있다. 그러나 유대인의 전통이 성경은 아니다. 땅에서는 환난 성도들이 목 베임을 받으며 환난을 당하고 있다. 그런데 공중에서는 7년 동안 기쁘고 즐거운 혼인잔치가 열린다는 것은 하나님의 성품에도 맞지 않다. 아마도 주님은 대 환난 기간에 환난을 통과하고 있는 환난 성도들에게서 눈을 떼지 않으실 것이다. 반드시 승리하고 마지막 세 번째 휴거 그룹에 속하여 천년왕국에 들어오기를 응원하실 것이다. 주님은 이 미련한 처녀들이 포기하지 않고 결국에는 지혜로운 자들이 되기를 바라실 것이다.

⑥ 혼인잔치의 주인공인 신랑은 왜 잔치 중에 문 앞에 계셨을까?

문이 닫히고 혼인잔치가 시작되었다. 신랑은 혼인잔치의 주인공이다. 그러므로 신랑은 지금 문 입구에 계셔야 할 시간이 아니다. 잔치의 손님들 중앙에 함께 있어야 할 시간이다. 그러므로 밖에서 처녀들이 문을 두드리는 소리도 듣지 못 할 수도 있다. 그런데 신랑이신 주님은 문 앞에 서 계셨던 것 같다. 이 처녀들이 문을 두드리는 소리를 듣고 계셨다. 주님은 이 미련한 다섯 처녀들에게 관심을 두고 계셨던 것이다. 이들이 늦게라도 기름을 사서 돌아올 것을 이미 아셨던 것 같다. 이것이 환난 성도들에게서 눈을 떼지 않고 계시는 주님의 모습이다.

⑦ "너희를 모른다"는 음성을 들려주신 주님의 본심은 무엇일까?

필자는 이 본문을 읽으면서 수로보니게 여인의 사건과 오버랩되었다. 그 여인의 귀신들린 딸을 고쳐주신 이 사건은 마가복음 7장에는 헬라인 수로보니게 족속으로 소개하고 있다. 그러나 유대인의 관점으로 기록한 마태복음 15장에는 가나안 여인으로 소개되어있다. 마태복음에서는 이 여인은 이방인으로 멸시받는 가나안 족속의 후손임을 강조하는 것이다. 여기서 예수님은 가나안 여인에게 "자녀의 떡을 취하여 개들에게 던짐이 마땅하지 아니 하니라" 하신다. 이 말씀은 여인을 향해 "너는 개다"라는 말과 같다. 참 주님도 냉정하시다는 생각을 하게 하는 대목이다. 그러나 이것은 결코 주님의 본심이 아니다. 주님께서 이렇게 말씀하심은 당시 유대인들이 이방인들을 바라보는 시각을 반영한 것이다. 만약 주님도 당시 유대인들과 같은 생각이시라면 이 여인의 딸을 고쳐주지 않으셨을 것이다.

이 말씀을 하실 때 어쩌면 주님은 이런 마음이셨을 것이다. "여인아! 내가 이렇게 냉정하게 말해도 상처 받거나 낙심하지 말고 계속 너의 믿음을 보여라" 주님은 어쩌면 이 여인이 상처받고 그냥 돌아 갈까봐 조마조마 하셨을지도 모른다. 결국 주님은 이 여인의 믿음을 칭찬하시고 딸을 고쳐주셨다. 이것은 주님은 이방인 여인을 개로 취급하지 않으셨다는 것을 보여주신 것이다. 지금 열 처녀 비유에서 미련한 다섯 처녀에게 "나는 너희를 모른다"는 냉정한 말씀도 이와 같은 맥락 이라고 본다. 그렇지 않다면 주님께서 음성을 들려주실 필요도 없기 때문이다. 너희를 모른다는 냉정한 말씀 속에 낙심하지 말고 계속 문을 두드리라는 의도가 숨어있다고 본다. 이들을 혼인잔치에 참여하게 하시려는 것이 주님의 본심이기 때문이다.

⑧ 과연 문은 열렸을까?

필자는 결국 문이 열렸을 것이라고 생각한다. 이들은 결국 휴거의 세 번째 환난 통과 그룹이 되어 천년왕국에 들어간다. 이것은 앞에 나열한 수로보니게 여인의 사건과 상황이 비슷하기 때문이다. 결국 가나안 여인의 딸을 고쳐 주신 것처럼 결국 혼인잔치의 문은 열렸을 것이다. 그리고 열린 문으로 들어갈 때 이들은 아마도 주님께 단체로 꿀밤 한 대씩은 맞았을 것이다. "그러니까 내가 준비하고 있으라고 했지? 내 말에 순종했다면 이렇게 캄캄한 밤에 기름 사러 가는 고생을 안 해도 되잖아? 빨리 들어와!"라고 소리 높여 야단치지 않으셨을까? 이 말씀의 교훈은 깨어서 준비하고 있다면 대환난에 들어가지 않는 것이다. 준비하고 깨어있다면 두 번째 휴거에 참여하기 때문이다. 그러나 준비하지 않으면 미련한 다섯 처녀와 같이 캄캄한 밤에 기름을 사는 고생을 해야 한다. 그리고 문밖에서 울며 문을 두드리는 슬픔의 시간도 겪어야 한다. 이 비유는 깨어서 준비하지 않으면 대 환난을 통과해야 한다는 경고다.

⑨ 미련한 다섯 처녀가 혼인잔치에 들어가는 중요한 의미는 무엇일까?

미련한 다섯 처녀는 마지막 세 번째 휴거 그룹에 속한다. 이들은 두 번째 휴거까지도 참여하지 못하고 대 환난중심에 남겨진 자들이다. 휴거의 세 번째 그룹에는 대환난 중에 순교한 자들이 있다. 이들은 계20:4절에 부활하는 세 번째 휴거의 부활체 그룹이다. 그러나 미련한 다섯 처녀와 같이 대 환난을 통과하면서 끝까지 살아남는 자들이 있다. 이들은 세 번째 휴거의 변화체 그룹이다. 변화 체란 살아있는 몸이 죽음을 겪지 않고 영생의 몸으로 변화된 것을 말한다. 이 둘은 대 환난을 끝까지 통과한 자들로 세 번째 휴거 그룹의 짝이다.

여기서 예전에 필자가 잘못 가르친 부분을 바로 잡는다. 독자들 가운데 예전 세미나 초기에 참석하셨던 분들이 계신다면 이 부분의 수정을 바란다. 세 번째 그룹 중에서 환난 통과 중에 순교한 자들은 당연히 영생의 몸을 받는다. 그러므로 이들은 아무런 문제가 되지 않는다. 그러나 문제는 환난을 통과하면서 끝까지 살아남은 자들은 천년왕국에 몸을 가지고 씨로 들어가는 줄 알았다. 그렇게 되면 이들은 영생의 몸이 아닌 천년을 살 수 있는 몸으로 회복되는 회복체라고 가르쳐왔다. 이들은 회복체이기 때문에 이들을 통해 자손이 번성한다고 가르쳤다.

그러나 말씀이 더 선명히 보이기 시작하면서 필자가 잘못 가르쳐 왔다는 것을 발견했다. 우리가 천년왕국으로 들어갈 때 우리 몸이 썩는 회복체인가 아니면 변화된 영생체인가 하는 것은 그야말로 하늘과 땅 차이다. 우리는 더 없이 좋은 변화체가 되어 영생하는 몸으로 천년왕국에 들어가야 한다. 그런데 환난을 통과하면서 순교한 자들은 부활로 영생체가 되는데 끝까지 살아남은 자들은 천년을 살 수 있는 회복체가 된다는 것은 좀 불공평해 보인다. 살전4:17절은 휴거의 원리 중에 중요한 것이 있다. 그것은 '그들과 함께'라는 단어다.

"그 후에 우리 살아남은 자들도 *그들과 함께* 구름 속으로 끌어 올려 공중에서 주를 영접하게 하시리니 그리하여 우리가 항상 주와 함께 있으리라"(살전4:17)

여기서 '그들과 함께'의 그들은 앞에서 먼저 부활한 자들이다. 그리고 후에 살아남은 자들이 변화되어 그들과 함께 짝이 되어 휴거에 참여하는 것이다. 이것은 휴거의 1차도, 2차도, 3차도 동일한 원리로 적용된다. 그러므로 마지막 환난 통과자중 순교자들은 부활체로, 끝까지 살아남은 자들은 변화체로 똑같이 영생하는 몸을 받는 것이다. 그리고 이 둘은 휴거의 마지막 그룹이 되어 천년왕국에 왕권을 가지고 들어간다. 열 처녀 비유에서 미련한 다섯 처녀는 대 환난을 통과하고 변화의 몸을 받는 세 번째 휴거 그룹에 속하는 자들이다. 천년왕국에서 회복체가 되어 씨를 번성하는 자들은 휴거 단원에서 자세히 정리한다.

2. 달란트 비유 - 그리스도의 심판대

"또 어떤 사람이 타국에 갈 때 그 종들을 불러 자기 소유를 맡김과 같으니 각각 그 재능대로 한 사람에게는 금 다섯 달란트를, 한 사람에게는 두 달란트를, 한 사람에게는 한 달란트를 주고 떠났더니"(마25:14-15)

마태복음 25장의 세 가지 비유는 마지막 때 순서적으로 일어날 중요한 사건들이다. 그렇다면 제일 먼저 일어날 사건은 열 처녀 비유로 휴거다. 세 번의 휴거 중 예수님께서 공중에 신랑으로 오시는 것은 슬기로운 다섯 처녀들이 참여하는 두 번째 휴거에 해당한다. 7년 환난 전 휴거를 지지하는 이들은 공중 휴거 후 7년 동안 공중에서 혼인잔치 한다고 한다. 필자는 휴거 단원을 통해서 이런 해석은 비성경적임을 누누이 강조했다.

두 번째 달란트 비유는 휴거사건 이후에 하늘 성전에서 있을 일의 비유로 바로 그리스도의 심판대다. 공중으로 휴거된 사람들은 7년 동안 공중에 머물지 않고 휴거된 후 성전으로 들어간다. 그러므로 1, 2차 휴거에는 반드시 성전이 등장한다. 계11:19절에 하나님의 언약궤가 보이는 지성소가 보인다. 이 성전은 계12:5절에 하나님 보좌 앞으로 바로 올라간 자들이 들어간 성전이다. 이들은 첫 열매인 첫 번째 휴거그룹으로 대환난 전 휴거 자들이다. 두 번째 휴거 그룹은 계15:5절에 열린 증거 장막 성전으로 들어간다. 세 번째 환난 끝 휴거는 천년왕국의 에스겔 성전으로 들어갈 것이다.

"이에 하늘에 있는 *하나님의 성전이 열리니 성전 안에 하나님의 언약궤가 보이며* 또 번개와 음성들과 우레와 지진과 큰 우박이 있더라"(계11:19)

"여자가 아들을 낳으니 이는 장차 철장으로 만국을 다스릴 남자라 *그 아이를 하나님 앞과 그 보좌 앞으로 올려가더라*"(계12:5)

"또 이 일 후에 내가 보니 *하늘에 증거 장막의 성전이 열리며*"(계15:5)

휴거 이후에 공중에 머물지 않고 성전으로 들어가는 이유가 있다. 성전안 주님 앞에서 모임이 있기 때문이다. 바로 그리스도의 심판대다. 로마서에는 하나님의 심판대라고 한다. 이 심판은 계20장에 있는 흰 보좌의 크리노 심판이 아니다. 재판 석으로 베마 심판이다. 즉 새로운 세상 천년왕국의 새로운 사명을 위해 왕권을 받는 상급 심판이다.(계11:18) 바로 메시아 왕국에서 주님의 통치에 함께 참여하는 새로운 사명이다.

"형제들아 우리가 너희에게 구하는 것은 우리 주 예수 그리스도의 강림하심과 *우리가 그 앞에 모임*에 관하여"(살후2:1)

"이는 우리가 다 반드시 *그리스도의 심판대* 앞에 나타나게 되어 각각 선악 간에 그 몸으로 행한 것을 따라 받으려 함이라"(고후5:10)

"네가 어찌하여 네 형제를 비판하느냐 어찌하여 네 형제를 업신여기느냐 우리가 다 *하나님의 심판대* 앞에 서리라"(롬14:10)

"이방들이 분노하매 주의 진노가 내려 죽은 자를 심판하시며 종 선지자들과 성도들과 또 작은 자든지 큰 자든지 *주의 이름을 경외하는 자들에게 상 주시며* 또 땅을 망하게 하는 자들을 멸망시키실 때로소이다 하더라"(계11:18)

그러나 필자도 그리스도의 심판대에 대해 아직 풀리지 않는 부분이 있다. 최종 면류관과 최종 상급을 받는 심판은 언제 있을 것인가 하는 문제다. 휴거 후 그리스도의 심판대에서는 천년왕국의 새로운 사명을 받는 것 같다. 그러나 필자의 견해대로라면 아직 대 환난을 통과하는 3차 휴거 대상자들이 빠진 가운데 그리스도의 심판대가 하늘 성전에서 있는 것이다. 이 문제에 대해 필자는 누락된 3차는 특별한 대상이기 때문으로 본다. 이들은 하늘로 올라가지 않고 부활과 변화 후 바로 땅에서 왕권을 받고 천년왕국으로 옮겨지게 된다. 이들이 땅에서 왕권을 받는다는 것은 하늘의 그리스도의 심판대에서 새로운 사명을 받는 것과 같은 의미일 것이다.

어쩌면 눅19장의 므나 비유는 대 환난을 통과한 이들이 주님 지상 재림 때에 받는 새로운 사명인지도 모른다. 므나 비유에서는 귀인이 왕위를 받아 가지고 올 때에 대한 비유다. 이것은 메시아 나라의 왕으로 오시는 주님의 지상 재림과 같은 장면이다. 므나 비유에서는 귀인이 왕 됨을 원치 않는 자들이 있다. 이들은 민족 심판에서 끝까지 메시아를 부인하고 최후 기회를 놓치고 멸망하는 자들일 수 있다. 그러나 왕위를 받아올 귀인을 기다리며 끝까지 충성한 자들이 있다. 그들은 귀인을 왕으로 인정하고 충성한 자들이다. 왕은 이들에게 새로운 사명을 주는 것이다. 이들은 대 환난을 통과하고 끝까지 죽도록 충성한 종들일 것이다.

또 하나 중요한 문제는 천년왕국에서도 사명을 잘 감당하는 사람들에 대한 상급이 있을 것이다. 그렇다면 시간의 역사를 모두 마치는 천년왕국 이후에 최종 상급 심판이 한 번 더 있을 가능성이 남아있다. 혹은 흰 보좌 심판에서 영원한 기업이 될 마지막 상급 심판이 함께 있을 수도 있다. 흰 보좌 심판에는 생명책과 함께 행위 책이 있기 때문이다. 어쩌면 여기에서 여호와의 기념 책의 상급도 있을 수 있다.(말3:16) 분명히 각각 개인의 행위에 따른 최종 면류관과 최종 상급에 대한 심판이 있다. 그러나 천년왕국을 앞두고 살후2:1절과 같이 휴거 후 성전에서 모임이 있는 것은 분명하다. 이 모임을 그리스도의 심판대로 보는 것이다.

여기에서 달란트 비유와 눅19장의 므나 비유와 같이 새로운 사명이 주어지는 것이다. 새로운 사명은 천년왕국에서 할 일이다. 천년왕국에서 태어나는 후손들도 구원받아야 할 사람들이다. 때문에 그곳에서도 감당해야 할 사명이 있다. 다른 것이 있다면 천년왕국은 지금과는 다른 새로운 형태의 세상이다. 썩는 몸을 가진 사람들과 썩지 않는 영생의 몸을 가진 사람들이 함께 사는 세상이다. 새로운 사명을 받은 자들은 영생의 몸을 가진 사람들이다. 물론 썩는 몸을 가진 사람들도 그곳에서 사명이 있을 것이다. 그러나 영생의 몸을 가진 자들과는 그 하는 일이 본질적으로 다를 것이다.

1) 칭찬 받고 새로운 사명을 받은 두 종

"그 주인이 이르되 잘하였도다 착하고 충성된 종아 네가 적은 일에 충성하였으매 내가 많은 것을 네게 맡기리니 네 주인의 즐거움에 참여할지어다 하고"(마25:21)

어떤 사람이 타국으로 가면서 종들을 불러 각각 그 재능대로 달란트를 주었다. 장사해서 이익을 남겨 놓으라는 사명이었다. 금 한 달란트는 결코 적은 금액이 아니다. 금 한 달란트에 대한 계산은 다양하지만 2023년 금 시세로 계산해도 대략 30억 정도라고 한다. 유대인들은 한 달란트는 노동자의 6천일의 품삯으로도 계산한다. 어찌됐든 주인은 각각의 재능을 따라 적지 않은 자본을 맡겼다. 다섯 개와 두 개를 받은 사람은 열심히 장사해서 갑절을 남겼다. 열심히 일한 그들은 주인이 돌아왔을 때 남긴 이익을 주인께 드렸다.

주인은 이들을 똑같이 칭찬과 함께 이들에게 또 다른 사명을 주신다. "내가 많은 것을 내게 맡기리니" 이 사명은 이제 천년왕국에서 감당해야 할 새로운 사명이다. 그리고 주인의 즐거움에 참여하라고 한다. 여기서 주인의 즐거움이 천년왕국이다. 이 일은 우리 앞에 일어날 일이다. 우리가 주님 앞에 섰을 때 주님은 우리에게 맡긴 사명에 따라 일한 결과를 내 놓으라 하실 것이다. 그 때에 우리 모두는 칭찬받고 새로운 사명을 부여 받는 자들이 되어야 한다. 남은 때를 두렵고 떨림으로 살아가야 할 것이다.

2) 책망 받고 바깥 어두운 데로 쫓겨난 종
"그 주인이 대답하여 이르되 *악하고 게으른 종*아 나는 심지 않은 데서 거두고 헤치지 않은 데서 모으는 줄로 네가 알았느냐 그러면 네가 마땅히 내 돈을 취리하는 자들에게나 맡겼다가 내가 돌아와서 내 원금과 이자를 받게 하였을 것이니라 하고 그에게서 그 한 달란트를 빼앗아 열 달란트 가진 자에게 주라 무릇 있는 자는 받아 풍족하게 되고 없는 자는 그 있는 것까지 빼앗기리라 *이 무익한 종을 바깥 어두운 데로 내쫓으라* 거기서 슬피 울며 이를 갈리라 하니라"(마25:26-30)

필자가 이 비유에서 가장 풀기 어려운 부분이었다. 그러나 필자가 지금까지 이해하고 있는 대로 푸는 것이니 동의는 독자들의 몫이다. 달란트 비유가 휴거 후에 하늘 성전에서 있는 그리스도의 심판대라면 쫓겨난 종도 휴거된 사람이다. 그런데 어떻게 이 자는 바깥 어두운 곳으로 쫓겨날까? 그리고 천년왕국에서 바깥 어두운 곳은 어디일까? 하는 여러 가지 의문들이 풀리지 않았다. 참고로 바깥 어두운 곳은 천년왕국 단원에서 따로 다루었다. 성경에 바깥 어두운 곳으로 쫓겨난 사건은 세 번 등장한다. 여기서는 한 달란트 받은 종만 간단히 살펴본다.

혹자는 여기서 바깥 어두운 데로 쫓겨난 종은 지옥으로 가는 것이라고 한다. 그러나 필자는 그렇게 보지 않는다. 이 부분은 천년왕국을 이해하지 않으면 결코 풀리지 않는 내용이다. 천년왕국의 예루살렘 성과 하늘의 새 예루살렘 성은 다르다. 하나는 땅에 있는 물질로 된 썩는 성이요 하나는 하늘에 있는 썩지 않는 성이다. 달란트 비유에서 바깥 어두운 곳은 지옥이 아니다. 물질세계인 천년왕국의 예루살렘 성 바깥을 의미한다. 그러나 하늘에 있는 새 예루살렘 성 밖은 지옥이다. 천년왕국에서 예루살렘 성은 하나님의 사랑하시는 성으로 영생의 몸을 가진 사람들이 거하는 장소다.(계20:9) 구약 때부터 부활한 모든 믿음의 선진들과 함께 사는 장소다. 그 안에서는 하늘의 천국과 공유하는 신비로운 장소다.

반면에 천년왕국의 예루살렘 성 밖은 썩는 몸을 가진 물질세계의 사람들이 사는 곳이다. 곧 예루살렘 성을 제외한 지구의 모든 곳은 예루살렘 성 밖이다. 계20:9절에는 썩는 몸을 가진 사람들이 사는 곳은 성도들의 진이라 한다. 천년왕국은 사랑하시는 성과 성도들의 진으로 장소가 분명히 구분되어 있다. 천년왕국에서 예루살렘 성은 지금의 이 땅 이스라엘에 있는 예루살렘 성과는 또 다른 차원의 새로운 세계다. 그곳은 물질세계와 달리 밝은 곳이요 그곳에 거하는 영광은 이루 말할 수 없다. 모두가 시공을 초월하는 영광스러운 몸을 가진 자들이 거하는 곳이기 때문이다. 그러나 썩는 몸을 가진 자들이 사는 예루살렘 성 밖은 밝음의 반대의 의미로 어두운 곳이다. 실제로 어둡고 캄캄함이 아니다. 영적의미로 물질 세상은 어두운 곳이다. 물론 성 밖도 메시아께서 통치하시는 세상이지만 물질의 세계이기 때문이다.

그렇다면 이 무익한 종이 어두운 데로 쫓겨났다는 의미는 무엇일까? 이것은 이 자가 휴거에 참여하여 영생의 몸을 받았지만 영광이 가득한 예루살렘 성 안에는 들어가지 못하는 것 같다. 이 사람은 영생의 몸을 갖고도 예루살렘 성 밖 어두운 데 거할 것으로 보인다. 이 사람은 시공을 초월하는 몸이기에 실제 예루살렘 성 밖에 거하지만 사람들에게는 안보일 수도 있다. 예수님도 부활 후 40일을 계셨지만 그 모든 시간에 몸을 다 보이시지 않은 것과 같다. 이 자는 천년동안은 성 밖 어두운데 거하며 예루살렘 성안의 즐거움에 참여하지 못하는 것 같다. 그나마 있던 사명도 빼앗기고 할 일도 없이 이 얼마나 슬프고 괴로운 일인가? 그러나 이 무익한 종은 구원이 없이 지옥을 가는 것은 아니다. 천년동안 아마도 성 밖에서 슬피 울며 회개하며 성숙해 지는 과정이 있는 것 같다.

"거기서 슬피 울며 이를 갈리라" '거기서'의 헬라어 '에케이'는 그곳에, 그쪽에, 저쪽으로 어느 한 장소를 말한다. '슬피 울며'의 '클라우드모스'는 애가, 울부짖음, 흐느낌, 눈물 흘리다. 는 뜻이다. 또한 "이를 갈리라"는 일반적인 분노의 표현은 아닌 것 같다. 이 무익한 종은 천년왕국의 영광스런 예루살렘에 들어가지 못했다. 천년왕국에 들어가서야 그것을 알게 된다. 그리고 어느 한쪽에서 자기가 행한 일에 대해 땅을 치며 후회하는 것이다. 거기서 회개하며 슬피 울며 애통해 하고 있는 모습이다.

무익한 종의 가장 큰 문제는 주인의 인품을 오해했다는 것이다. 주인을 굳은 사람, 엄격한 사람이라고 생각했다. 한 달란트도 잃을까봐 땅속에 묻어두고 그냥 아무 일도 하지 않은 것이다. 결국 게으르고 악한 종으로 주인의 책망을 받은 것이다. 우리가 주님 앞에 책망 받는 이유는 그냥 아무것도 하지 않는 것이다. 주님은 이런 자들에게는 다시는 일을 맡기시지 않는다. 이 무익한 종은 결국 있는 것도 빼앗기고 아무런 사명도 받지 못했다. 여기까지의 필자의 해석은 완전한 해석이라 할 수는 없다. 그저 필자도 여기까지 이해하고 있는 것이다.

3. 양과 염소 비유 - 아마겟돈 전쟁, 민족 심판

"*인자가 자기 영광으로 모든 천사와 함께 올 때에 자기 영광의 보좌에 앉으리니* 모든 민족을 그 앞에 모으고 각각 구분하기를 목자가 양과 염소를 구분하는 것 같이 하여 양은 그 오른편에 염소는 왼편에 두리라"(마25:31-33)

"예수께서 이르시되 내가 진실로 너희에게 이르노니 *세상이 새롭게 되어 인자가 자기 영광의 보좌에 앉을 때에* 나를 따르는 너희도 열두 보좌에 앉아 이스라엘 열두 지파를 심판하리라"(마19:28)

이제 세 번째 비유는 당연히 마지막에 있을 사건이다. 열 처녀 비유가 주님의 공중 강림의 휴거 사건이라면 양과 염소는 비유는 지상 재림 시에 있을 사건이다. 메시아 왕국을 앞두고 주님께서 지상에 재림하신다. 자기 영광의 보좌라 함은 메시아 왕국의 보좌를 말한다. 마19:28절의 영광의 보좌도 새로운 세상으로 같은 천년왕국의 보좌다. 주님이 오시면 아마겟돈 전쟁 끝에 민족 심판이 있다. 인류는 이 심판을 거치고 메시아 왕국으로 들어간다. 물론 이 심판은 계20장의 흰 보좌 심판이 아니다. 필자가 전에는 양과 염소의 비유는 흰 보좌 심판인줄 알았다. 마지막 46절에 영벌과 영생으로 나누어지기 때문이다. 그러나 자세히 보니 본 비유는 아마겟돈 전쟁 끝에 있는 마지막 민족 심판임을 알았다. 필자는 양과 염소의 비유를 읽을 때마다 의문이 있었다. 천국에 가고 못 가는 심판의 기준은 예수를 믿음이 아닌가? 그런데 본 비유는 작은 선한 행위들이 영벌과 영생으로 가는 기준이 되고 있다는 것이다.

"임금이 대답하여 이르시되 내가 진실로 너희에게 이르노니 *너희가 여기 내 형제 중에 지극히 작은 자 하나에게 한 것이 곧 내게 한 것이니라* 하시고"(마25:40)

그러나 요엘 3장을 통해 양과 염소 비유의 본질을 정확히 알 수 있었다. 양과 염소는 누구이며 또 내 형제 중에 지극히 작은 자, 곧 소자가 누구인지를 요엘서를 통해 알 수 있다. 욜3장은 마지막 끝에 주님이 재림 하셔서 내 백성 내 기업인 이스라엘을 위하여 이방의 모든 민족들을 심판하시겠다고 한다. 즉 민족 심판은 이스라엘을 위한 심판이다. 그렇다면 소자는 이스라엘에 해당한다. 소자, 이스라엘을 중심으로 양과 염소로 나뉘는 민족 심판은 최후 아마겟돈 전쟁 끝에 있다.

"보라 그 날 곧 내가 유다와 예루살렘 가운데에서 사로잡힌 자를 돌아오게 할 그 때에 내가 만국을 모아 데리고 여호사밧 골짜기에 내려가서 *내 백성 곧 내 기업인 이스라엘을 위하여* 거기에서 *그들을 심문하리니* 이는 그들이 이스라엘을 나라들 가운데에 흩어 버리고 *나의 땅을 나누었음이며*"(욜3:1-2)

"사면의 민족들아 너희는 속히 와서 모일지어다 여호와여 주의 용사들로 그리로 내려오게 하옵소서 민족들은 일어나서 *여호사밧 골짜기로 올라올지어다 내가 거기에 앉아서 사면의 민족들을 다 심판하리로다* (욜3:11-12)

여기서 여호사밧 골짜기는 지명이 따로 있는 어떤 장소가 아닌 것 같다. 여호사밧의 뜻은 여호와께서 심판하심, 혹은 심판의 골짜기다. 아마도 이 장소는 아마겟돈 전쟁터인 므깃도가 될 것이다. 이 곳에서 주님의 소유인 이스라엘을 위해 여호와께서 사방의 민족들을 심판하신다. 욜3장의 내용이 마25장에서는 양과 염소 비유로 나타나고 있다. 여기서 소자를 이스라엘로 볼 때 양은 친 이스라엘이며 염소는 반 이스라엘로 볼 수 있다. 마지막 민족 심판은 이스라엘 멸망 후 2천년이 넘는 긴 역사 속에서 친 이스라엘이 었는가 반 이스라엘이었는가가 심판의 기준이 되고 있다.

욜1:1-2절에 이방 나라들을 심문하는 내용 중에 "그들이 이스라엘을 나라들 가운데에 흩어 버리고 나의 땅을 나누었음이며"한다. 하나의 땅을 두고 두 민족이 싸우고 있는 이팔분쟁은 즉 이스라엘과 팔레스타인의 분쟁이다. 1948년 5월 14일은 이스라엘은 잃었던 땅을 다시 찾아 독립한 날이다. 그러나 팔레스타인에게는 그들이 살아왔던 땅을 빼앗긴 날이다. 팔레스타인들은 빼앗긴 땅을 반드시 수복하겠다는 것이다. 그러나 이스라엘은 다시는 땅을 빼앗기는 일은 없다. 이러한 이팔의 싸움은 70년을 넘기고 있다. 아마도 이 분쟁은 주님 오실 때까지 계속 될 것이다.

1993년 오슬로 평화협정을 통해 '두 국가 해법'으로 땅을 분리했다. 그러나 아직도 이팔분쟁은 계속되고 있다. 이 책을 쓰고 있는 시점에도 이스라엘과 팔레스타인 지역의 하마스 전쟁이 계속되고 있다. 주님은 이스라엘 땅을 나의 땅이라고 분명히 명시하고 있다. 재림하셔서 나의 땅을 나누고 이스라엘을 괴롭힌 나라들을 모두 심판하시겠다는 것이다. 주님은 오셔서 유대인 600만 명을 무참히 학살한 일도 분명히 심판하실 것이다. 주님은 결코 이스라엘을 버리지 않으셨다. 이 책을 읽는 독자 분들 가운데 아직도 대체신학에 갇혀 있는 분이 있다면 성경을 다시 봐야 한다. 주님은 재림하셔서 이스라엘을 위해 심판하신다. 그때 이스라엘 편, 즉 양의 편에 선 민족들은 지극히 적을 것이다. 반대로 염소 편에 선자들은 다수일 것이다.

몇 년 전 UN에서 이스라엘 예루살렘 수도 선언 찬반 투표가 있었다. 그 투표에서 예루살렘 수도선언을 지지하는 나라는 9개 국가에 불과했다. 그러나 반대하는 나라들은 128개국이었다. 안타깝게도 그 반대표에 대한민국이 있었다. 그러나 앞으로 대한민국은 친이스라엘로 가야하는 것이 성경의 예언이다. 이와 관련하여 대한민국의 사명 단원에서 성경적 근거들을 제시했다. 욜3장은 마24:29-31절과 계19:15절과 같이 환난 끝에 예수님께서 재림하시는 상황과 흡사하다. 마24장은 해와 달이 그 빛을 내지 않는 것이다. 계19장에는 맹렬한 진노의 포도주 틀을 밟아버리는 심판이다. 그러므로 양과 염소의 비유는 마24장의 재림장면과 계19장과 동일한 배경을 가지고 있다. 아마겟돈 심판 이후 최후 끝에 있는 민족 심판이다.

"너희는 낫을 쓰라 곡식이 익었도다 와서 밟을지어다 *포도주 틀이 가득히 차고 포도주 독이 넘치니 그들의 악이 큼이로다* 사람이 많음이여, 심판의 골짜기에 사람이 많음이여, 심판의 골짜기에 여호와의 날이 가까움이로다 해와 달이 캄캄하며 별들이 그 빛을 거두도다"(욜3:13-15)

"*그 날 환난 후에 즉시 해가 어두워지며 달이 빛을 내지 아니하며 별들이 하늘에서 떨어지며 하늘의 권능들이 흔들리리라* 그 때에 인자의 징조가 하늘에서 보이겠고 *그 때에 땅의 모든 족속들이 통곡하며* 그들이 인자가 구름을 타고 능력과 큰 영광으로 오는 것을 보리라"(마24:29-30)

"그의 입에서 *예리한 검이 나오니 그것으로 만국을 치겠고* 친히 그들을 철장으로 다스리며 또 친히 하나님 곧 전능하신 이의 *맹렬한 진노의 포도주 틀을 밟겠고*"(계19:15)

양과 염소 심판이후에는 이 땅에 메시아의 나라 메시아 왕국이 천년동안 지속된다. 양과 염소의 심판은 이 땅에 최후까지 살아남은 불신자들 중에서 천년왕국에 백성으로 입성하는 자들을 결정하게 될 것이다. 마지막 아마겟돈 전쟁과 민족 심판의 자리까지 나온 자들 중에 유대인들을 제외한 모든 이들은 불신자라고 볼 수 있다. 최후 유대인들은 모두 주께로 돌아온 자들이다. 그러나 유대인들은 메시아 왕국에서 사명이 있어 최후 민족 심판 자리까지 남아있다. 그러나 이때 환난 통과 성도들은 주님께서 천사를 통해 특별한 장소에 사방에서 끌어 모아 두셨다.(마24:31) 그러므로 양편에 속한 자들은 크리스천은 아니나 이스라엘 편에 서있는 자들일 것이다. 마지막까지 친이스라엘로 함께한 소수의 민족들일 것이다.

1) 염소의 심판결과 - 마지막 기회를 잃은 자들
눅19장의 므나 비유는 염소 편에 선자들이 멸망으로 들어가는 이유를 잘 드러내 주고 있다. 그들은 예수 그리스도가 왕 됨을 원치 않는 자들이다. 최후 구원의 기회를 놓치는 자들이다.

"그 종 열을 불러 은화 열 므나를 주며 이르되 내가 돌아올 때까지 장사하라 하니라 그런데 그 백성이 그를 미워하여 사자를 뒤로 보내어 이르되 *우리는 이 사람이 우리의 왕 됨을 원하지 아니하나이다 하였더라* "(눅19:13-14)

"또 *왼편에 있는 자들*에게 이르시되 저주를 받은 자들아 나를 떠나 *마귀와 그 사자들을 위하여 예비 된 영원한 불에 들어가라 그들은 영벌에, 의인들은 영생에 들어가리라* 하시니라"(마25:41,46)

필자는 위의 말씀으로 인해 양과 염소 심판이 흰 보좌 심판인줄 알았다. 그러나 천년왕국을 깊이 이해하고 보니 이것은 흰 보좌 심판이 아니었다. 이들이 영벌에 들어간 이유는 이들은 마지막 기회를 잃었기 때문이다. 마지막 민족 심판의 자리에 남아 있는 자들은 유대인들을 제외하고 모두 불신자들이다. 그러나 불신자라 할지라도 최후의 마지막 자리에서 만왕의 왕으로 오신 메시아왕국의 왕을 인정하고 무릎 꿇었다면 기회를 얻었을 것이다. 그러나 눅19장의 므나 비유에서 이들은 예수 그리스도가 왕 됨을 원치 않았다고 한다.

천년왕국은 100% 불신자가 들어갈 수는 없다. 최후에라도 메시아를 왕으로 인정해야 들어간다. 예수님과 함께 십자가에 달려있던 마지막 한편 강도가 최후의 고백으로 구원받았던 상황과 같을 것이다. 그러나 이들은 최후의 기회를 놓쳤다. 그러므로 이들은 이때 죽었다가 천년왕국 이후에 영원한 지옥 불, 영벌에 들어갈 수밖에 없는 자들이다. 민족 심판에 나온 최후 불신자들은 이렇게 최후의 기회가 있다. 아마도 관건은 짐승표가 될 것이다. 그들은 최후에라도 메시아를 왕으로 인정하면 몸의 구원을 받고 천년왕국에 들어갈 수 있다. 천년왕국에서 한 번 더 기회를 주시는 주님의 은혜다.

2) 양들 편에 주어진 기회 - 천년왕국 입성

주님의 은혜로 민족 심판에서 최후에 몸의 구원을 받고 천년왕국에 들어간 양편에 선자들이 있다. 여기서 몸의 구원이라 함은 마24:22절의 육체의 구원과 같은 것이다. 이들은 불신자들이기 때문에 예수를 잘 알지 못한다. 그러나 이스라엘 편에 서서 소자를 도우므로 주님께 인정받은 자들이다. 그리고 이들은 최후에 만왕의 왕으로 오신 메시아를 인정하고 주 앞에 무릎을 꿇었다. 그리고 이들은 천년왕국에 들어가서 하나님을 만날 기회를 얻는다. 이때 최후에 육체로 남아있는 유대인들과 양편에 선자들은 천년을 살 수 있는 몸으로 회복된다. 즉 백년을 사는 몸에서 천년을 살 수 있는 몸으로 회복되는 회복 체다. 이들은 한편 강도와 같이 민족 심판에서 최후에 예수 그리스도를 왕으로 인정하고 영접하는 자들이다. 이들이 마지막까지 남은 유대인들과 함께 썩는 육체를 가지고 천년왕국에 백성으로 들어간다. 이들이 결혼하고 생산하여 천년왕국의 인류를 바다의 모래와 같이 번성시키는 것이다.(계20:8) 그러나 대 환난을 통과한 성도들은 3차 휴거 그룹의 영생체로 천년왕국에 들어간다.

양편에 선자들이 초신자들인 근거는 성경 여러 곳에서 볼 수 있다. 유대민족은 후3.5에 모두 메시아께로 돌아온다. 그리고 천년왕국에서 비로소 진정한 제사장 국가가 된다. 천년왕국은 유대인들의 전성시대라 할 수 있다. 천년왕국은 반 이스라엘 정서가 전혀 없는 나라다. 또한 천년왕국에 많은 이방 나라들이 들어와 있는 것을 볼 수 있다. 예루살렘을 치러 왔던 모든 이방 나라들 중에 남은 자들은 최후 심판에서 양편에 섰던 자들이다. 이들은 천년왕국에서 유대인들을 매우 부러워하며 그들의 하나님께 은혜를 얻고자 한다. 이방인 열 명이 유다사람 하나의 옷을 잡고 애원한다. "하나님이 너희와 함께 하심을 들었나니 우리가 너희와 함께 가려 하노라 하리라"한다. 이렇게 자신들을 데리고 예루살렘에 함께 올라가기를 간청한다. 이들은 겨우 예수님을 인정하고 천년왕국에 들어왔기 때문에 여호와를 알지 못하는 자들이기 때문이다. 그러므로 이사야 2장에 보면 그들은 천년왕국에서 여호와의 율법을 배우며 진정으로 영의 구원을 얻는 하나님의 백성이 되는 것이다.

"*예루살렘을 치러 왔던 이방 나라들 중에 남은 자가* 해마다 올라와서 그 왕 만군의 여호와께 경배하며 초막절을 지킬 것이라"(슥14:16)

"만군의 여호와가 이와 같이 말하노라 다시 여러 백성과 많은 성읍의 주민이 올 것이라 이 성읍 주민이 저 성읍에 가서 이르기를 우리가 속히 가서 만군의 여호와를 찾고 여호와께 은혜를 구하자 하면 나도 가겠노라 하겠으며 *많은 백성과 강대한 나라들이 예루살렘으로 와서 만군의 여호와를 찾고 여호와께 은혜를 구하리라* 만군의 여호와가 이와 같이 말하노라 *그 날에는 말이 다른 이방 백성 열 명이 유다 사람 하나의 옷자락을 잡을 것이라* 곧 잡고 말하기를 하나님이 너희와 함께 하심을 들었나니 우리가 너희와 함께 가려 하노라 하리라 하시니라"(슥8:20-23)

"땅의 모든 끝이 여호와를 기억하고 돌아오며 *모든 나라의 모든 족속이 주의 앞에 예배*하리니"(시22:27)

"그에게 권세와 영광과 나라를 주고 *모든 백성과 나라들과 다른 언어를 말하는 모든 자들이* 그를 섬기게 하였으니 그의 권세는 소멸되지 아니하는 영원한 권세요 그의 나라는 멸망하지 아니할 것이니라"(단7:14)

"말일에 여호와의 전의 산이 모든 산 꼭대기에 굳게 설 것이요 모든 작은 산 위에 뛰어나리니 *만방이* 그리로 모여들 것이라 *많은 백성이 가며 이*

르기를 오라 우리가 여호와의 산에 오르며 야곱의 하나님의 전에 이르자 그가 그의 길을 우리에게 가르치실 것이라 우리가 그 길로 행하리라 하리니 이는 율법이 시온에서부터 나올 것이요 여호와의 말씀이 예루살렘에서부터 나올 것임이니라"(사2:2-3)

이와 같이 최후 민족 심판에서 몸의 구원을 받고 천국왕국에 들어가려면 조건이 있다. 여기서 관건은 짐승의 표를 받지 않아야 한다. 짐승의 표를 받은 자는 결코 메시아께 무릎을 꿇을 수 없다. 그러므로 아무리 짐승정부가 모든 인류에게 표를 넣으려 할지라도 하나님께서 남겨두신 자들이 있을 것이다. 마24:22절의 택하심은 천년왕국의 씨로 들어갈 자들을 택하신 것일 수도 있다. 짐승의 표를 받지 않도록 환난의 날들을 감하신다고 했다. 그러나 그 수는 상당히 소수가 될 것이다. 천년왕국에서 천년동안 인류를 번성할 씨이기 때문이다.

"그 날들을 감하지 아니하면 모든 육체가 구원을 얻지 못할 것이나 그러나 *택하신 자들을 위하여 그 날들을 감하시리라*"(마24:22)

Chapter Ⅳ

세 번째
사도요한의 천국이정표

- 일곱 교회와 일곱 인 • 십사만 사천과 셀 수 없는 큰 흰옷 무리
- 일곱 나팔과 일곱 대접 • 70번째 이레 / 마지막 칠년
- 마지막 복음 증거자 두 증인 • 해를 입은 여자와 남자아이
- 신부 / 교회 • 그 영광스러운 휴거! (부활/변화)
- 메시아 왕국 / 천년왕국 • 영생하는 나라 하늘천국
- 두 짐승과 짐승의 표 • 마지막 때 남은 전쟁들

일곱 교회와 일곱 인

1. 요한계시록 해석을 위한 기본 틀 세우기

필자가 지금까지 진행해오는 천국이정표세미나는 요한계시록 전체내용을 주해하는 강의가 아니다. 마지막 때와 관련하여 중요한 주제들을 중심으로 우리에게 임하고 있는 천국이정표를 살펴보는 것이다. 필자는 요한계시록과 관련하여 마지막 때를 앞서 연구한 여러 강의들을 경청했다. 그리고 성경에 가장 가깝다고 이해되는 것들은 취사선택했다. 주님의 은혜로 인해 계시록의 많은 주제들에 관하여 성령께서 특별한 감동으로 필자에게 깨닫게 하신 것들이 많다. 그렇기 때문에 필자의 해석에 관하여 들어보지 못한 내용들이 많이 있을 것이다. 성경을 벗어나지 않으려 최선을 다하고 있다. 그럼에도 불구하고 늘 부족함을 인정할 수밖에 없다.

요한계시록은 가르치는 자도 배우는 자도 모두 함께 마음이 열려 있어야 한다. 현재 옳다고 판단한 부분들이 나중에 보면 얼마든지 틀릴 수도 있다. 잘 못 가르쳤다고 판단될 때는 언제든지 수정할 수 있어야 한다. 요한계시록은 그 누구의 해석도 100% 완전하다고는 할 수 없다. 그 어떤 주장이든 우리는 서로 다를 수 있음을 인정해야 한다. 우리는 무엇보다 말씀 앞에 겸손함이 필요하다. 요한계시록을 들어가면서 독자들께도 너그러운 열린 마음의 자세를 바라는 것이다. 요한계시록은 많은 계시의 비밀이 숨겨진 책이기에 그 해석도 천차만별이다. 계시록을 가르치는 자가 100명이면 100명의 주장이 다 다르다. 계시록관련 책이 100권이면 100권이 다 다른 주장을 하고 있다는 것이다. 그만큼 계시록 해석은 다양하다는 것이다. 필자도 그들 중의 하나일 뿐이다. 그러므로 필자의 주장에 대해 옳고 그름의 판단은 독자들의 몫이다. 그러나 오직 모든 판단의 기준은 결국 성경이어야 한다.

이렇게 해석이 서로 다른 부분에 대해 필자는 참 많은 공격을 받아왔다. 심지어 혹자는 칼빈도 건드리지 않은 계시록을 왜 당신이 가르치느냐 고까지 했다. 그러나 성령의 조명아래서 필자의 주장이 옳다고 믿기에 끊임없는 공격에도 불구하고 꾸준히 필자의 길을 가고 있다. 계22:10절에는 분명히 마지막 때가 가까이 왔으니 계시록을 인봉하지 말라고 했다. 그런데도 끝임없이 계시록은 함부로 건들면 위험하니 다루지 말라고 한다. 그러나 성령께서는 필자에게 계속 마지막 때 나팔을 불라고 하신다. 필자는 부족한 종에게 주시는 시대적 명령에 순종할 뿐이다. 마지막 때 필자와 같이 부족한 여종에게도 계시록이 열리고 있는 이유가 있다. 바로 주님의 재림이 너무도 가까이 왔기 때문이다.

"또 내게 말하되 *이 두루마리의 예언의 말씀을 인봉하지 말라 때가 가까우니라*"(계22:10)

일곱 교회와 일곱인을 시작으로 요한계시록의 천국이정표로 들어간다. 본서에서 가장 긴 단원이다. 그러기에 앞서 요한계시록을 전체적으로 어떤 시각으로 풀어갈 것인지를 정리한다. 또한 본문을 들어가기 전에 계시록의 전체적인 구조도 정리한다. 계시록의 성경적 해석을 위한 기본 틀을 짜는 것이다. 이후부터 요한계시록을 '계시록'으로도 단축하여 사용할 것이다.

1) 어떤 해석 방법을 따를 것인가?

성경 66권 중 계시록만큼 천국이 임하는 마지막 때 이정표를 정확하게 기록하여준 책은 없다. 그러므로 계시록은 너무도 정확한 성경의 마지막 세 번째 천국이정표다. 그러나 요한계시록 해석에 어떤 원칙을 적용하는가에 따라 그 해석은 다양해질 수 있다. 다음은 계시록 해석이 달라지는 다양한 요인들이다. 이것은 계시록 해석에 있어서 매우 중요한 문제다.

① 요한계시록은 문자적 기록인가? 상징적 기록인가?
② 역사적 순서로 기록되었는가? 전체가 섞여 있는가?
③ 인, 나팔, 대접이 각각 독립적인 21개의 사건인가, 19개 혹은 7개의 사건인가?
④ 인부터 시작하는 재앙은 마지막 7년에 다 일어나는가? 그렇지 않은가?

⑤ 인부터 재앙으로 보는가? 나팔부터 재앙으로 보는가?
⑥ 본 것, 이제 있는 일, 장차 될 일을 어떻게 분류할 것인가?

이와 같은 요인들에서 어떤 것을 선택하느냐에 따라 계시록 해석은 천차만별로 달라진다. 필자도 계시록을 해석하려면 원칙이 필요하다. 계시록 해석의 원칙을 정하는 것은 필자만의 독특한 분야가 아니다. 앞서 계시록을 연구한 많은 분들도 나름대로 위의 원칙들을 가지고 있다. 필자도 나름대로 위의 원칙을 취사선택하여 아래와 같은 원칙을 정했다. 원칙이라는 것은 해석이 곤란경우에도 무너지면 안 된다. 원칙에 의해 이해되지 않는 부분은 그대로 남겨두어야 한다. 언젠가는 그것이 정해놓은 원칙에 의해 풀어지는 경험을 많이 해왔다. 필자는 2015년부터 천국이정표세미나(다니엘과 요한계시록) 사역을 시작했다. 그동안 계시록을 해석할 때 이러한 원칙이 단 한 번도 무너진 적이 없다. 그러므로 아래와 같은 원칙에 의해 계시록의 여러 단원의 주제들을 풀어 갈 것이다.

- 문자적인 것은 문자적으로 상징적인 것은 상징적으로 본다.
- 계시록의 구조에 따른 순서적 기록으로 본다. 결코 섞여있지 않다.
- 인, 나팔, 대접 재앙은 각각 일곱으로 독립적인 21개의 사건이다.
- 인, 나팔, 대접 재앙은 7년 안에 다 일어날 수 없다. 이미 시작되었고 진행되고 있다.
- 인의 사건부터 재앙의 시작이다.
- 본 것(1-3장), 이제 있는 일(4-5장), 장차 될 일(6장~)의 구조적 분류는 계시록 해석에 매우 중요한 열쇠다.

이러한 원칙은 마지막 때 천국이 어디까지 왔는지를 가장 정확하게 볼 수 있는 천국이정표가 된다. 계시록은 굳게 인봉된 책이 아니다. 누구나 읽고 듣고 지키는 자가 복이 있다고 하셨다. 열려 있는 책이기 때문이다. 이와 같은 원칙으로만 보면 요한계시록은 자연스럽게 깨달아지는 책이다. 주님이 주신 마지막 계시의 말씀에 관심을 갖고 가르치고 배워야 한다. 위의 내용들을 이어서 자세하게 풀어갈 것이다. 이 시대에 꼭 필요한 양식인 계시록을 가르치면 종말론자로, 이단으로 치부하는 현실이 안타까울 뿐이다. 물론 계시록으로 인해 부작용이 많이 있었던 것도 사실이다. 그러나 사실 따지고 보면 우리가 계시록을 올바로 배우지 않았기 때문이다. 바르게 가르쳐주는 이도 없었다. 가르쳐 줘도, 배워도 이해할 수가 없었다. 이러한 원칙으로 풀어가는 본서가 계시록말씀에 목마른 독자들에게 시원한 생수가 되기를 바란다.

2) 요한 계시록은 하나의 두루마리가 아니다.

요한계시록에는 두루마리 혹은 책이라는 단어가 등장한다. 이 단어를 살펴볼 필요가 있다. 요한계시록을 이해하는데 아주 중요한 요인이기도 하다. 계시록에는 모두 그냥 두루마리로 번역되어 있다. 일반적으로 계시록 전체를 하나의 두루마리로 이해하고 있다. 그러나 두루마리가 다르다는 것을 발견했다.

① 그라포(계1:11,19)- 쓰다, 새기다, 기록하다

"이르되 네가 보는 것을 *두루마리*에 *써서* 에베소, 서머나, 버가모, 두아디라, 사데, 빌라델비아, 라오디게아 등 일곱 교회에 보내라 하시기로"(계1:11)

"그러므로 네가 본 것과 지금 있는 일과 장차 될 일을 *기록하라*'(계1:19)

계1:11절의 두루마리는 그라포다. 뒤에 나오는 '써서'가 그라포인데 사실 원문에는 두루마리, 책이라는 단어는 없다. 원문대로 번역하면 "네가 보는 것을 써서" 일곱 교회에 보내는 편지다. 한글번역에 '두루마리'는 불필요하게 들어간 단어다. 물론 편지도 두루마리에 썼겠지만 5장에 나오는 두루마리와는 다르다. 일곱 교회 편지, 그라포는 원고가 없는 내용이다. 주님께서 일곱 교회에 주시는 말씀을 요한이 받아써서 보낸 것이다. 일곱 교회에 "편지하라"할 때 모두 그라포다. "일곱 교회에게 써라"는 것이다. 1-3장은 받아 쓴 것이고 4-5장은 하늘로 올라가서 직접 본 하늘의 광경을 기록한 것이다. 그러므로 계1-5장은 원고가 없는 말씀이다.

② 비블리온(계5:1,6:14,계22:7,9,10,11,18,19) - 지혜, 책, 서적

"내가 보매 보좌에 앉으신 이의 오른손에 *두루마리*(비블리온)가 있으니 안팎으로 *썼고*(그라포) *일곱 인으로 봉하였더라*'(계5:1)

"그 *어린 양*이 나아와서 보좌에 앉으신 이의 오른손에서 *두루마리*를 취하시니라"(계5:7)

"아버지께서 아무도 심판하지 아니하시고 *심판을 다 아들에게 맡기셨으니*"(요5:22)

계5장부터 등장하는 비블리온은 정식으로 제본된 책이다. 그러므로 비블리온은 원고 없는 그라포 두루마리와는 다르다. 이 책은 하나님께서 직접 쓰셨고 일곱 인으로 봉해진 총체적 심판이 기록되어 있는 책이다. 이 두루마리의 저자는 바로 하나님이신 것이다. 계5:7절에 성부께서 성자에게 이 책, 비블리온을 넘겨주셨다. 심판을 아버지께서 직접 하시지 않고 아들에게 넘긴 것이다. 요한은 6장부터 5장의 두루마리 인 재앙이 기록된 원고를 기반으로 인의 심판을 기록하고 있다. 주님께서 인을 하나씩 떼시며 보여주시면 요한은 일어나는 사건들을 보며 기록한 것이다. 5장의 비블리온 두루마리는 6장부터 시작되는 인, 나팔, 대접재앙이다.

③ 비블리아리디온(계10:2) - 소책자, 작은 책, 작은 두루마리
"그 손에는 *펴 놓인 작은 두루마리*를 들고 그 오른 발은 바다를 밟고 왼 발은 땅을 밟고"(계10:2)

혹자는 계시록 전체가 하나의 동일한 두루마리라고 한다. 그러나 그렇지 않다. 필자가 여기에서 두루마리를 구별하는 이유는 작은 두루마리를 강조하려고 하는 것이다. 비블리아리디온은 비블리온에 비하면 아주 작은 팟플렛 같은 소책자다. 작은 두루마리는 5장의 인 두루마리와 다르다. 독자들은 계시록의 이 작은 두루마리를 주목해야 한다. 아주 중요한 책이다. 이 작은 두루마리에 대한 단원이 마지막 7년이다. 7년에 관련한 사건이 기록된 책이기에 작은 책이다. 우리는 앞에서 다니엘을 먼저 다루었다.

단12:4,9절에 주님께서 인봉해 두셨던 책이 있었던 것을 기억할 것이다. 다니엘이 깨닫지 못했던 신약 끝에 관한 책이다. 계10장의 비블리아리디온은 바로 그 책이다. 물론 이 소책자는 총체적 심판인 인 재앙 두루마리 안에 포함 되어 있다. 그러나 7년의 자세한 기록은 비블리온에서 빼서 하늘에 따로 인봉해두었던 것이다. 그러니 5장의 비블리온 안에는 7년에 관한 자세한 내용이 없다. 이 작은 책은 마지막 끝 6째 나팔 시대 중에 시작되는 7년의 사건들이 담겨져 있다. 전3.5년까지가 6째 나팔이기 때문이다. 다니엘에게 인봉하라 하셨던 그 책을 때가 되니 계10장에서 천사가 가지고 내려온다.

주님은 다니엘에게는 닫아 두셨던 7년의 사건을 사도요한에게 모두 열어 주셨다. 이 작은 두루마리의 내용은 70이레 중 단9:27절 한절에 압축 예언되어 있다. 그러나 계시록에서는 7년이 시작되는 10장부터 주님 재림하시는 19장까지 기록하고 있다. 단9:27절의 압축예언을 계시록은 무려 열장에 걸쳐 압축풀기 하여 다시 예언한 것이다. 22장까지 있는 계시록에서 10장이면 절반부터 작은 두루마리 내용인 마지막 7년을 기록하고 있는 것이다. 작은 책이 얼마나 중요한지를 보여주고 있다. 주님께서 이 작은 책을 요한에게 열어 주시지 않았다면 우리는 마지막 때를 더욱 방황할 것이다. 이와 같이 계시록의 두루마리는 반드시 구분해야 한다.

3) 일곱 교회와 일곱 인과의 관계

본 단원을 일곱 교회와 일곱 인으로 함께 묶은 이유가 있다. 교회와 인을 함께 보는 것은 계시록 해석에 있어서 매우 중요한 문제다. 지금까지 전통적으로 요한계시록은 일곱 교회 이야기만 해왔다. 일곱 교회와 일곱 인은 같은 시대에 함께 진행되지 않는다고 보기 때문이다. 전통적 해석의 입장은 계2-3장 교회시대가 끝나면 마지막이다. 그리고 6장부터 7인이 시작되는 때를 마지막 7년으로 본다. 그러므로 7인으로 시작하여 나팔과 대접은 모두 7년 안에 일어난다고 보는 것이다. 이렇게 주장하는 이들은 아직 첫째인도 떼어지지 않았다.

그렇다면 계시록은 6장부터는 마지막 7년 때까지 덮어 두어야 하는 책이다. 마지막 때까지 아무런 일도 일어나지 않고 그냥 잠자고 있는 책이다. 세상에 일어나는 모든 사건 사고들은 성경과 아무런 상관이 없다고 한다. 오직 교회만 있을 뿐이다. 과연 기존의 이런 해석이 성경적일 수 있을까? 이것은 하나님께서 세상을 통치하시는 균형에도 맞지 않다. 하나님께서는 교회와 세상을 함께 다스리신다. 필자가 깨달은 계시록은 일곱 교회사와 일곱 인이 함께 진행되고 있었다. 이 둘은 놀라울 만큼 공통 주제를 가지고 함께 가고 있었다.

이런 시각은 필자가 요한계시록을 보는 독특한 특징 가운데 하나다. 필자가 본서의 초반부터 계속 강조했던 것이 구속사와 심판사다. 일곱 교회 시대는 구속사이며 이방인의 때다. 주후 70년 예루살렘 멸망으로 구속사의 바턴이 이방인에게로 넘어왔다. 반면에 일곱 인은 심판사로 세상에 일어나는 재앙들이다. 구속사와 심판사 두개의 바퀴는 창조 역사에서 따로 가지 않는다. 다니엘에서 이스라엘 역사의 구속사와 제국의 역사 심판사가 함께 진행되었다.

이와 같이 일곱 교회 구속사와 일곱 인의 심판사는 함께 진행되고 있다. 하나님께서는 하나님 나라 구속사와 세상나라 심판사를 함께 진행하고 계시는 것이다. 첫째 교회 에베소로 시작하여 지금 시대는 일곱 째 라오디게아 교회 시대. 세대주의를 비판하는 사람들도 모두가 지금은 라오디게아 교회시대라고 한다. 그렇다면 인도 마찬가지다. 첫째 인은 벌써부터 떼어졌다. 지금 우리는 일곱째 교회와 동일하게 7째 인이 떼어진 시대에 살고 있다. 일곱째 교회와 일곱째 인이 함께 가고 있기 때문이다. 7째 인의 심판 안에 나팔과 대접이 모두 들어있다.

그러므로 7인은 총체적 심판이다. 중요한 것은 인과 나팔 대접의 사건들이 일어나는 간격은 동일하지 않다는 것이다. 인의 간격이 있고 나팔의 간격이 있고 대접의 간격이 있다. 이 모든 재앙들은 7년 안에 모두 몰아치기로 일어나는 사건들이 아니다. 사도요한이 주후 95년경 계시록을 받았다. 요한에게 "반드시 속히 될 일"(계1:1)이라 하셨다. 그러므로 95년 이후 어느 시점부터 총체적 심판의 인은 벌써부터 시작되고 있었다.

"예수 그리스도의 계시라 이는 하나님이 그에게 주사 *반드시 속히 일어날 일들을* 그 종들에게 보이시려고 그의 천사를 그 종 요한에게 보내어 알게 하신 것이라"(계1:1)

교회와 인이 함께 가고 있다는 것은 교회 시대 간격을 통해 비교 할 수 있다. 에베소 교회부터 일곱 교회는 100년 단위 간격이다. 100년 단위라 함은 꼭 100년이 아니다. 200년 만에 혹은 300년 만에 이렇게 100년 단위로 교회 시대가 넘어갔다. 역사적으로 중세 암흑시대로 두아디라교회 시대가 가장 길었다. 이와 같이 인의 시대가 그러했다. 교회시대와 같이 인의 사건도 100년 단위 간격으로 일어났다. 이것은 인의 간격도 교회 시대의 간격과 같이 길다는 것이다. 이와 같은 원리로 교회시대와 인의 시대가 지난 2천 년간 함께 진행해 온 것이다.

예수님은 계시록을 이천년이 넘는 교회시대에 교회들을 위하여 주셨다. 계2-3장만 교회시대에 주신 것이 아니다. 그러므로 교회시대 2-3장 이후의 사건들을 마지막 7년 안에 가두는 것은 무리한 해석이다. 그렇다면 지금이 일곱째 교회시대라면 동시에 일곱째 인의 시대인 것이다. 필자는 이렇게 일곱 교회와 일곱 인을 함께 연결하여 풀어갈 것이다.

"나 예수는 *교회들을 위하여 내 사자를 보내어 이것들을 너희에게 증언하게 하였노라* 나는 다윗의 뿌리요 자손이니 곧 광명한 새벽 별이라 하시더라"(계22:16)

4) 요한계시록은 구조에 따른 순서적 기록이다.

요한계시록에서 네가 본 것, 지금 있는 일, 장차 될 일을 구분하는 것은 계시록을 해석하기 위한 기본 작업이다. 요한계시록에 대한 구조가 다양하지만 필자는 계1:19절을 근거로 크게 세 구조로 본다. 이것을 어떻게 구분하느냐에 따라 계시록 해석에 상당한 차이를 가져온다. 기존의 일반적 분류를 보면 네가 본 것은 1장과 혹은 4-5장이다. 지금 있는 일은 아마도 거의 99%가 2-3장의 7교회로 보고 있다. 사도요한이 계시록을 받던 당시에 소아시아 7곱 교회가 있었기 때문이다. 그리고 장 차 될 일은 혹자는 4장부터, 혹자는 6장부터 장차 될 일로 분류한다. 계1:19절을 필자와 같이 분류하는 것은 아마도 필가가 최초가 아닐까 한다. 조금 교만한 주장이라면 너그러운 용서를 바란다. 많은 서적을 본 건 아니지만 지금까지 본 해석 중에 필자의 주장과 같은 분류를 본적이 없기 때문이다. 분명히 성령의 강력한 조명이 있었다.

필자는 이미 2018년 7월 유튜브 채널을 개설하여 이러한 영상들을 올렸다. 필자가 주장하는 구조에 따른 순서적 기록을 살펴보자. 기본적으로 요한계시록이 순서적으로 기록되었다는 주장에 필자도 동의한다. 그러나 필자가 주장하는 순서적이라 함은 계1:19절에 근거하는 전체 구조에 따른 순서적 기록이다. 그러나 계시록의 구조를 무시하고 순서적 해석을 하는 이도 있다. 예를 들어 1장부터 순서적으로 2-3장의 교회시대가 끝난다. 4-5장은 시공이 없는 하늘광경으로 시간의 순서에서 제외한다. 그리고 6장부터 교회시대 이후에 장차 될 일로 보고 있다.

이러한 해석은 계시록의 구속사와 심판사의 균형이 맞지 않는 해석이다. 필자는 요한계시록은 구조에 따른 순서적 기록임으로 분명히 한다. 계1:19절은 계시록의 전체적 구조를 알려주는 구절이다. 요한계시록은 전체가 보고 들은 것이다. 계시록은 계속 반복해서 "내가 보니" "내가 들으니"라는 기록이다. 그럼에도 불구하고 예수님께서 사도요한에게 계시록 전체를 세 분야로 나누어 기록하라고 한다. 이 말씀은 요한계시록의 매우 중요한 전체적 구조다.

"그러므로 *네가 본 것*과 *지금 있는 일*과 *장차 될 일*을 기록하라"(계1:19)

주님의 이 명령을 잘 이해해야 계시록의 구조를 바로 알 수 있다. 계시록의 전체적 구조는 ①네가 본 것 ②지금 있는 일 ③장차 될 일이다. 이렇게 분류된 세 분야가 함께 나란히 시간적 순서로 진행되고 있는 것이다. 무엇보다 요한은 이 말씀도 순서적으로 기록했다. 제일 먼저 네가 본 것을 기록했다. 그리고 지금 있는 일을 기록했다. 마지막으로 장차 될 일을 기록했다. 그리고 기록된 이 모든 일들은 시간적 순서를 따라 역사 속에 함께 진행되고 있다.

① 네가 본 것 - 1-3장 / 부활의 예수님(교회의 머리)과 7교회(몸) / 구속사의 진행

사도 요한은 1장에서 부활하신 예수님을 보았다. 그리고 1장 끝에서 "그러므로 네가 본 것과 지금 있는 일과 장차 될 일을 기록하라"고 하신다. 사도요한은 이 말씀을 이해하지 못했을 것이다. 무엇이 본 것이고 무엇이 지금 있는 일이며 무엇이 장차 될 일인가 했을 것이다. 요한은 계1:12절에서 일곱 금 촛대를 보았고 16절에서 주님 오른손에 있는 일곱별을 보았다. 그리고 계시록은 전체가 보고 들은 것이다. 그러나 주님은 계1:20절을 통해 '네가 본 것'이 무엇인지를 아주 분명하게 알려주신다. 1장에서 본 일곱 금 촛대와 일곱별은 바로 이어서 보게 될 2-3장의 일곱 교회다. 그러나 아직 '지금 있는 일'과 '장차 될 일'은 언급하지 않으셨다.

"몸을 돌이켜 나에게 말한 음성을 알아 보려고 돌이킬 때에 *일곱 금 촛대를 보았는데*.... 그의 *오른손에 일곱 별*이 있고 그의 입에서 좌우에 날선 검이 나오고 그 얼굴은 해가 힘있게 비치는 것 같더라"(계1:12,16)

"*네가 본 것은* 내 오른손의 *일곱 별*의 비밀과 또 *일곱 금 촛대*라 일곱 별은 일곱 교회의 사자요 일곱 촛대는 일곱 교회니라"(계1:20)

주님은 2-3장의 일곱 교회를 아직 보여주시지 않은 시점에서 분명하게 말씀하신다. "네가 본 것은 일곱별과 일곱 금 촛대라" 그리고 뒤에 친절한 해설까지 있다. "일곱별은 일곱 교회의 사자요 일곱 금 촛대는 일곱 교회다" 그러므로 2-3장의 일곱 촛대인 일곱 교회는 분명히 요한이 본 것에 해당한다. 이후에 주님은 요한에게 일곱 촛대(교회)의 일곱별(사자)에게 보낼 편지의 내용을 주셨다. 그러므로 2-3장은 요한이 당시 일곱 교회를 통해 역사에 진행될 교회사를 본 것이다. 미래의 교회들까지 주님께서 통치하고 계심을 1장에서 본 것이다.

계1:20절은 아마도 바로 이러한 말씀일 것이다. "요한아! 네가 앞으로 많은 것을 보고 들을 것이다. 이제부터 보고 듣게 될 것은 네가 본 것, 지금 있는 일, 장차 될 일이니 순서대로 기록하라." 그러므로 계시록은 22장까지 "내가 보니, 내가 들으니"로 이어지는 것이다.

'네가 본 것'이 1-3장인 분명한 이유가 또 있다. 1장의 부활하신 예수님은 교회의 머리다. 이어지는 2-3장의 일곱 교회는 예수님의 몸이다. 교회의 머리되시는 1장 예수님과 그의 몸 된 교회 2-3장은 분리해 놓을 수 없는 것이다. 그러나 전통적 기존 해석의 구조는 교회의 머리와 몸을 분리해 놓았다. 이제 주님께서 1장의 머리되신 주님을 본 것에 이어 2장부터 본 것의 연속으로 몸 된 교회를 말씀하신다. 이것은 이어지는 일곱 교회의 편지 서두인사를 보면 알 수 있다. 일곱 교회가 모두 부활하신 예수님과 연결되어 있다. 1장에서 본 주님의 모습으로 일곱 교회의 형편과 사정에 따라 서두인사를 하고 있다. 아래 도표를 보자.

▶네가 본 것 → 계1-3장 / 일곱별과 일곱 금 촛대

교회	일곱 교회에 나타나신 모습	일곱 교회에 관하여 1장에서 본 것	일곱 별 일곱 금 촛대
에베소	오른손에 있는 일곱별을 붙잡고 일곱 금 촛대 사이를 거니시는 이	"일곱 금 촛대를 보았는데" (계1:12) "그 오른손에 일곱별이 있고" (계1:16)	"그러므로 네가 본 것과 이제 있는 일과 장차 될 일을 기록하라
서머나	처음이며 마지막이요 죽었다가 다시 살아나신 이	"나는 처음이요 나중이니" (계1:17) "나는 알파와 오메가라 " (계1:8)	네 본 것은 내 오른손에 일곱 별의 비밀과 일곱 금 촛대라
버가모	좌우에 날선 검을 가지신 이	"그 입에서 좌우에 날선 검이 나오고"(계1:16)	
두아디라	눈이 불꽃같고 그 발이 빛난 주석과 같은 하나님의 아들	"그의 눈은 불꽃같고"(계1:14) "그의 발은 풀무에 단련한 빛난 주석 같고"(계1:15)	일곱 별은 일곱 교회의 사자요 일곱 촛대는 일곱교회니라 " (계1:19-20)

교회	일곱 교회에 나타나신 모습	일곱 교회에 관하여 1장에서 본 것	일곱 별 일곱 금 촛대
사데	하나님의 일곱 영과 일곱별을 가지신 이	"그 오른손에 일곱별이 있고" (계1:16) "그 보좌 앞에 일곱 영과" (계1:4)	"그러므로 네가 본 것과 이제 있는 일과 장차 될 일을 기록하라
빌라델비아	거룩하고 진실하사 다윗의 열쇠를 가지신 이	"이제 세세토록 살아 있어 사망과 음부의 열쇠를 가졌노니"(계1:18)	네 본 것은 내 오른손에 일곱 별의 비밀과 일곱 금 촛대라
라오디게아	아멘이시오 충성되고 참된 증인이시오 하나님의 창조의 근본이신 이	"충성된 증인으로 죽은 자들 가운데서 먼저 나시고 땅의 임금들의 머리가 되신 예수 그리스도"(계1:5) "나는 알파와 오메가라 이제도 있고 전에도 있었고 장차 올 자요 전능한 자라"(계1:8)	일곱 별은 일곱 교회의 사자요 일곱 촛대는 일곱교회 니라"(계1:19-20)

이와 같이 1-3장은 머리와 몸이 하나 된 7교회로 하나님 나라 구속사의 진행이다. 유대인에게 있었던 구속사의 주도권이 이방인의 때에 교회로 넘어온 것이다. 에베소교회로 시작하여 지난 2000년이 넘는 역사 속에 순서대로 교회시대가 진행되어 왔다. 지금은 마지막 라오디게아 교회 시대다. 계1:13절에는 주님께서 발에 끌리는 옷을 입으시고 촛대(교회)사이에 계신다. 요한은 역사에 진행될 교회시대를 주님께서 통치하시는 모습을 **본 것이다**. 그리고 주님의 종들(별들)은 주님의 오른손(계1:16)에 있음을 **본 것이다**. 요한은 이렇게 계1:19절의 명령대로 본 것을 1-3장까지 먼저 기록했다. 그리고 순서대로 4-5장을 기록한다.

② **지금 있는 일 - 4-5장 하늘의 광경 / 땅을 총 지휘하는 하늘 본부**

4-5장은 지금 있는 일이다. 서두에서도 언급했듯이 기존 해석에서는 지금

있는 일은 소아시아 7교회로 본다. 혹은 4장부터 미래의 심판으로 보는 시각도 많다. 그러나 지금 있는 일은 7교회도, 미래의 심판도 아니다. 지금 있는 일은 항상 현재 진행형으로 계속 현재성을 유지해야 한다. 요한이 말씀을 받던 당시의 과거나 현재나 미래도 지금 있는 일이어야 한다. 4-5장은 중요한 내용들이 있지만 여기서 주해를 하지 않는다. 주 내용은 하늘의 천군 천사들이 성부 성자 하나님께 찬양과 영광으로 경배하는 장면이다.

요한은 "이리로 올라오라"(계4:1)는 주님의 음성에 하늘로 올라갔다. 그리고 천사들이 하나님을 찬양하는 그 영광스러운 하늘 예배의 광경을 본 것이다. 하나님을 찬양하는 천사들의 그 하늘예배는 요한 당시에 하늘에서 지금 있는 일이었다. 그리고 지금도 하늘에서는 그 하늘 예배가 계속 되고 있는 일이다. 그리고 미래에도 우리가 영원토록 하늘에서 하나님을 찬양하게 될 일이 지금 있는 일이다.

㉠ 계4장 - 성부 하나님께 영광과 찬양을 돌리다.

"네 생물은 각각 여섯 날개를 가졌고 그 안과 주위에는 눈들이 가득하더라 그들이 *밤낮 쉬지 않고 이르기를 거룩하다 거룩하다 거룩하다 주 하나님 곧 전능하신 이여* 전에도 계셨고 이제도 계시고 장차 오실이시라 하고 그 생물들이 보좌에 앉으사 세세토록 살아 계시는 이에게 *영광과 존귀와 감사*를 돌릴 때에 이십사 장로들이 *보좌에 앉으신 이* 앞에 엎드려 세세토록 살아 계시는 이에게 *경배*하고 자기의 관을 보좌 앞에 드리며 이르되 우리 주 하나님이여 *영광과 존귀와 권능을 받으시는 것이 합당하오니* 주께서 만물을 지으신지라 만물이 주의 뜻대로 있었고 또 지으심을 받았나이다 하더라"(계4:8-11)

㉡ 계5장 - 성자 예수님께 영광과 찬양을 돌린다.

"내가 또 보고 들으매 보좌와 생물들과 장로들을 둘러 선 많은 천사의 음성이 있으니 그 수가 만만이요 천천이라 큰 음성으로 이르되 *죽임을 당하신 어린 양은 능력과 부와 지혜와 힘과 존귀와 영광과 찬송을 받으시기에 합당하도다* 하더라 내가 또 들으니 하늘 위에와 땅 위에와 땅 아래와 바다 위에와 또 그 가운데 모든 피조물이 이르되 *보좌에 앉으신 이와 어린 양에*

게 찬송과 존귀와 영광과 권능을 세세토록 돌릴지어다 하니 네 생물이 이르되 아멘 하고 장로들은 엎드려 *경배하더라*"(계5:11-14)

Ⓒ 성부로부터 심판의 두루마리를 받으시다.

"장로 중의 한 사람이 내게 말하되 울지 말라 *유대 지파의 사자 다윗의 뿌리가 이겼으니 그 두루마리와 그 일곱 인을 떼시리라 하더라... 그 어린 양이 나아와서 보좌에 앉으신 이의 오른손에서 두루마리를 취하시니라*'(계5:5,7)

5장에서 성자는 성부로부터 심판의 두루마리를 받으셨다. 이 두루마리는 총체적 심판으로 미래에 있을 인 재앙이 기록된 책이다. 성부는 심판을 직접 하지 않으시고 아들에게 맡기셨다. 다윗의 뿌리 어린양이 이기셨기 때문이다. 이제 이긴 자는 심판의 권세가 있고 진자를 심판할 명분이 있다. 여기서 성부로부터 받은 두루마리로 인해 성자께서는 6장부터 심판사의 인을 떼기 시작하는 것이다. 이것은 4-5장이 두 번째로 기록되는 중요한 이유다.

Ⓓ 세상에서 일어나는 모든 일의 총 지휘 본부는 하늘이다.

계4-5장은 지금 이 땅에 일어나는 모든 일의 총 지휘 본부가 하늘임을 알리고 있다. 이 땅에는 성경에 기록되지 않은 수많은 사건과 사고들이 수없이 많이 일어나고 있다. 그러나 그 어떠한 일도 하나님의 허락 없이는 있을 수 없다. 날아가는 새 한 마리도 하나님의 허락이 있어야 떨어진다. 4-5장의 지금 있는 일은 두 번째 기록으로 배치되어 있다. 첫 번째 네가 본 것은 하나님 나라 7교회의 구속사라고 했다.

이제 세 번째 6장부터 장차 될 일은 세상 나라 심판사다. 4-5장 하늘이 가운데 기록된 이유가 있다. 하나님은 지금 하늘에서 하나님 나라와 세상 나라를 동시에 통치하고 계신다. 오른손에는 하나님 나라를 왼손에는 세상 나라를 붙잡고 통치하신다. 그러므로 계시록을 통해 여전히 7교회 구속사만 가르치고 있다면 계시록가르침의 균형을 잃은 것이다. 심판사가 빠진 균형을 잃은 계시록은 마지막 때 천국이정표를 바로 세울 수 없다.

인의 심판을 7년의 사건으로만 본다면 한 쪽 심판 사는 올바로 열릴 수가 없다. 세상에 일어나는 모든 사건들은 계시록과 상관이 없는 것으로 볼 수밖에 없다. 그렇다면 수많은 마지막 때 사건 사고들은 도대체 어느 범주에 넣어야 하는가? 이 사건들은 누가 통치하고 다스리는가? 물론 하나님이 통치하신다.

그러나 하나님은 계획서 없이 일하시지 않는다. 지금까지 기록된 성경대로 역사를 이끌어 오셨다. 그리고 앞으로도 기록된 성경대로 역사를 마무리하실 것이다. 마지막 때 세상에 일어나는 모든 일들의 교본은 다니엘과 요한계시록이다. 역사는 그분의 이야기다. 그분께서 지금 하늘 본부에서 세상을 총 지휘하고 계시기 때문이다.

근거는 계4:5절이다. 인과 나팔 대접의 사건 중에 7째 사건마다 하늘 보좌로부터 번개 음성 우레가 동반한다. 이것은 땅에 일어나는 모든 사건들은 지금 하늘에서 주관하고 있음을 알리는 하늘 임재의 신호다. 그래서 우리는 번개 음성 우레가 있을 때마다 두렵고 떨리는 것이다.
 "보좌로부터 번개와 음성과 우렛소리가 나고 보좌 앞에 켠 등불 일곱이 있으니 이는 하나님의 일곱 영이라"(계4:5)

③ 장차 될 일은 - 6장부터 시작이다. / 세상 심판사의 진행
 장차 될 일을 4장부터 보는 이들도 있다. 그러나 결코 그럴 수 없다. 4-5장은 항상 현재성을 유지하며 지금 하늘에서 있는 일이기 때문이다. 장차 될 일은 인이 떼어지는 6장부터 22장 까지다. 계시록 21-22장은 우리의 마지막 종착지인 새 예루살렘 성 하늘의 본향이다. 장차 될 일은 구속사와 대비되는 세상 심판 사다. 다니엘의 세상 제국시대가 하나님의 심판으로 다 멸망했다. 그렇다고 신약 시대에 와서 심판사가 멈춘 것이 아니다. 신약시대 심판 사는 전 인류를 향한 인의 심판으로 이어진다. 여기까지 구조에 따른 순서적 기록을 간단히 정리한다.

☞ 네가 본 것은 1-3장 구속사로 7교회 역사가 주님 재림 때까지 순서적 진행된다.

☞ 지금 있는 일 4-5장은 하늘에서 하나님 나라와 세상 나라를 끝날 까지 통치하신다.

☞ 장차 될 일은 6-22장까지 7인으로 시작하는 심판사로 세상 끝날 까지 순서적 진행이다.

계시록은 이렇게 세 개의 구조로 나눠져서 7교회 구속사와 7인의 심판사가 나란히 순서적으로 기록된 것이다. 그리고 중간에 4-5장 하늘이 배치되어 있다. 이것은 하늘이 양쪽의 역사를 통치하고 있음을 뜻한다. 4-5장은 하늘의 임재인 것이다. 사단이 공중권세를 잡고 있으나 그 또한 하나님께서 허락하신 영역이다. 지금은 7째 라오디게아 교회 시대다. 7째 교회는 주님 재림까지 갈 것이다. 또한 지금은 7째 인의 시대다. 7째 인의 시대 안에 있는 나팔, 대접의 사건들이 주님 재림 때까지 순서적으로 진행될 것이다.

5) 인 7개, 나팔 7개, 대접 7개는 독립적인 총 21개의 사건이다.

계시록의 7교회가 구속사라면 7인은 심판 사다. 7인은 나팔과 대접을 포함한 총체적 심판이며 총체적 재앙이다. 7인은 총체적 심판 사건이 일곱 개라는 것이다. 그리고 7째인 안에 있는 7나팔과 7대접도 각각 독립적인 일곱 개의 사건이다. 그러므로 인과 나팔 대접의 사건은 총 21개가 된다. 그러나 혹자는 이를 두고 7개 혹은 19개의 사건으로 보는 시각이 있다. 그중 총 7개로 보는 시각은 나팔과 대접은 일곱 인의 같은 사건을 점진적 혹은 병행적으로 보여주는 것이라고 한다. 또 19개로 보는 시각은 7째 인은 독립적 사건이 따로 없고 일곱 개의 나팔 사건들이 모두 7째 인이라고 한다. 같은 방법으로 7째 나팔도 독립적 사건이 없고 일곱 개의 대접이 7째 나팔이라고 한다.

그들의 주장대로라면 인과 나팔의 7째 사건이 독립적으로 없기 때문에 2개가 줄어 총 19개의 사건이 된다. 계시록을 이렇게 가르치는 곳이 의외로 많다. 이들이 이렇게 인과 나팔의 7째 사건이 별도로 없다고 보는 이유는 이렇다. 인과 나팔은 1-6까지는 인을 떼고 나팔을 붐과 동시에 바로 사건이 이어져 나온다. 예를 들면 첫째 인을 떼면 바로 첫째인 사건이 나온다. 첫째 나팔을 불면 바로 첫째 나팔 사건이 나온다. 이런 형태가 1-6까지 진행된다. 그러나 7째 인과 7째 나팔은 사건이 바로 이어져 나오지 않는다. 7째는 동일하게 7째 선포 후 중간에 어떤 메시지가 있고 사건은 뒤에 나오는 특징이 있다.

그런데 이렇게 뒤에 있는 사건을 7째에 해당하는 사건으로 보지 않는 것이다. 이것은 기록된 계시록의 말씀을 무시하는 결과로 볼 수밖에 없다. 그러나 대접은 모든 상황이 종료되기 때문에 중간 메시지가 따로 없다. 일곱째 대접이 부어지면 바로 7째 사건이 뒤이어 등장한다. 그러므로 7째 대접 사건은 독립적으로 있다고 한다. 그러나 분명히 성경에 기록된 독립적 사건인 인과 나팔 대접의 7째 사건만 살펴본다.

① 7째 인을 떼니 → 메시지 → 7째 인의사건
"*일곱째 인을 떼실 때에* → 중간메시지 →{하늘이 반 시간쯤 고요하더니 내가 보매 하나님 앞에 일곱 천사가 서 있어 일곱 나팔을 받았더라 또 다른 천사가 와서 제단 곁에 서서 금 향로를 가지고 많은 향을 받았으니 이는 모든 성도의 기도와 합하여 보좌 앞 금 제단에 드리고자 함이라 향연이 성도의 기도와 함께 천사의 손으로부터 하나님 앞으로 올라가는지라} 천사가 향로를 가지고 제단의 불을 담아다가 땅에 쏟으매 → 사건 → *우레와 음성과 번개와 지진*이 나더라(계8:1-5)

일곱째 인이 떼어지고 어떤 메시지가 등장한다. 이 메시지에 관해서는 다음에서 나눌 것이다. 그리고 7째 인에 해당하는 사건은 계8:5절 끝에 등장한다. 우레, 음성, 번개, 지진이다. 이것은 계4:5절에 근거하여 땅의 사건들은 하늘에서 통치하고 계신다는 하늘의 임재현상이 동반하는 사건이다. 하늘 임재현상인 우레, 음성, 번개는 인, 나팔, 대접의 7째 사건마다 동일하게 등장한다. 이것은 하나님의 강력한 심판의 경고를 의미하는 것이다. 인과 나팔 대접의 7째 사건이 하늘의 임재임에는 두 가지 특징이 있다.

첫째는 번개, 음성, 우레 이 세 가지가 반드시 동반한다. 그러나 땅에서 하늘의 임재 사건이 일어날 때는 재앙의 범위가 커지면서 지진과 우박이 동반한다. 둘째는 하늘의 성전이 보인다. 7째 인은 성전 제단의 불이다. 7째 나팔은 하나님의 성전이 열린다. 7째 대접은 성전에서 보좌로부터 음성이 들린다. 원형인 계4:5절은 보좌가 있고 거기로부터 번개 음성 우렛소리가 난다. 하늘 원형에는 하늘이기 때문에 지진은 없다.

"*보좌로부터 번개와 음성과 우렛소리가 나고* 보좌 앞에 켠 등불 일곱이 있으니 이는 하나님의 일곱 영이라"(계4:5) - **하늘의 원형**

"천사가 향로를 가지고 *제단의 불*을 담아다가 땅에 쏟으매 *우레와 음성과 번개와 지진*이 나더라"(계8:5) -**7째 인**

"이에 하늘에 있는 *하나님의 성전*이 열리니 성전 안에 하나님의 언약궤가 보이며 또 *번개와 음성들과 우레와 지진과 큰 우박*이 있더라"(계11:19) - **7째 나팔**

"일곱째 천사가 그 대접을 공중에 쏟으매 큰 음성이 *성전에서 보좌로부터* 나서 이르되 되었다 하시니 *번개와 음성들과 우렛소리*가 있고 또 *큰 지진*이 있어....또 무게가 한 달란트나 되는 *큰 우박*이 하늘로부터 사람들에게 내리매"(계16:17,18,21) - **7째 대접**

7째 인의 하늘임재 사건에는 하늘에는 없는 중요한 지진이 동반한다. 그러나 이렇게 분명한 지진이 동반하는 7째 인의 사건을 아예 없다고 주장하고 있다. 7째 인의 지진은 큰 지진은 아니다. 그러나 땅에서 지진이 있다는 기록된 말씀을 없다고 한다면 말씀을 빼는 오류다. 그러므로 7째 인도 분명한 독립적인 사건이다. 그리고 7째 인 사건 이후 7째 인의 기간은 주님 지상 재림까지 이어진다. 일곱 개 인의 진행은 이렇게 된다.

예를 들면 6째 인의 사건이 있고 7째 인 시작까지 6째 인의 기간이다. 마찬가지로 7째 인의 사건이 있고 7째 인 기간에 7나팔과 7대접 그리고 지상 재림이다. 그러므로 7째 인은 심판의 완성이라 할 수 있다. 계5장에서 인 두루마리를 예수님이 성부로부터 받으셨다. 심판의 권세를 받으신 것이다. 그리고 6장부터 성자께서 인을 떼는 심판을 직접 행하신 것이다. 인의 심판이 마치면 7나팔 심판 경고는 천사들이 임무를 교대한다.

② 7째 나팔을 부니 → 메시지 → 7째 나팔사건

"일곱째 천사가 나팔을 불매 →중간메시지 →{하늘에 큰 음성들이 나서 이르되 세상 나라가 우리 주와 그의 그리스도의 나라가 되어 그가 세세토록 왕 노릇 하시리로다 하니 하나님 앞에서 자기 보좌에 앉아 있던 이십사 장로가 엎드려 얼굴을 땅에 대고 하나님께 경배하여 이르되 감사하옵나니 옛적에도 계셨고 지금도 계신 주 하나님 곧 전능하신 이여 친히 큰 권능을 잡으시고 왕 노릇 하시도다 이방들이 분노하매 주의 진노가 내려 죽은 자를 심판하시며 종 선지자들과 성도들과 또 작은 자든지 큰 자든지 주의 이름을 경외하는 자들에게 상 주시며 또 땅을 망하게 하는 자들을 멸망시키실 때로소이다 하더라} 이에 하늘에 있는 하나님의 성전이 열리니 성전 안에 하나님의 언약궤가 보이며 또 → 사건 →*번개와 음성들과 우레와 지진과 큰 우박*이 있더라"(계11:15-19)

계11:15절에서 7째 천사가 7째 나팔을 불었다. 그러나 사건이 바로 등장하지 않는다. 7째 나팔도 마찬가지로 나팔이 불어진 후에 어떤 메시지가 등장한다. 7째는 매우 중요하기 때문에 사건 전에 어떤 메시지가 선포되는 것이다. 그리고 계11:19절 끝에 7째 나팔 사건이 등장한다. 하늘임재 사건으로 번개, 음성, 우레와 지진, 큰 우박이 더 해진다. 끝으로 갈수록 재앙의 강도가 강해지는 것을 볼 수 있다. 7째 인의 사건에 비하면 큰 우박이 더해진 엄청난 사건이다. 그럼에도 불구하고 혹자는 7째 나팔 사건은 따로 없고 7대접 재앙이 7째 나팔이라고 한다. 7째 나팔사건에 해당하는 계11:19절 사건에 대해서는 아무런 설명도 없다.

그러나 7대접은 7째 나팔 사건 이후 7째 나팔기간 끝에 일어나는 독립적인 7개의 마지막 재앙이다. 독자들 가운데 인과 나팔 대접을 19개 사건으로 가르치시는 분들이 있다면 성경을 다시 보길 권한다. 성경이 각각 7개로 총 21개 사건이라면 그런 것이다. 우리는 얼마든지 실수할 수 있다. 잘 못 가르친 부분이 있다면 겸손히 수정 할 수도 있어야 한다. 우리는 모두가 완전하지 않기 때문이다. 지금까지 그렇게 믿고 가르쳐 왔다는 고정관념을 버려야 한다.

③ 7째 대접을 쏟으매 → 7째 대접 사건

"또 하늘에 크고 이상한 다른 이적을 보매 *일곱 천사가 일곱 재앙을 가졌으니 곧 마지막 재앙이라 하나님의 진노가* 이것으로 마치리로다"(계15:1)

"*일곱째 천사가 그 대접을 공중에 쏟으매* 큰 음성이 성전에서 보좌로부터 나서 이르되 되었다 하시니 사건 → {*번개와 음성들과 우렛소리가* 있고 또 *큰 지진이 있어 얼마나 큰지 사람이 땅에 있어 온 이래로 이같이 큰 지진이 없었더라* 큰 성이 세 갈래로 갈라지고 만국의 성들도 무너지니 큰 성 바벨론이 하나님 앞에 기억하신 바 되어 그의 맹렬한 진노의 포도주 잔을 받으매 각 섬도 없어지고 산악도 간 데 없더라 또 *무게가 한 달란트나 되는 큰 우박*이 하늘로부터 사람들에게 내리매 사람들이 그 우박의 재앙 때문에 하나님을 비방하니 그 재앙이 심히 큼이러라}"(계16:17_21)

7대접 재앙은 마지막 심판으로 하나님의 진노다. 마지막 하나님의 진노의 끝은 짐승과 짐승정부다. 대접재앙은 후3.5년 가운데서도 거의 끝에 짧은 기간을 남겨놓고 월 단위 혹은 일단위로 부어질 가능성이 높다. 7째 대접 재앙으로 모든 심판을 마치는 것이기 때문에 사실상 모든 심판의 상황 종료라고 볼 수 있다. 뒤에 아마겟돈 전쟁과 민족 심판이 남아 있으나 주님 지상 재림으로 있게 될 일이기 때문이다. 그러므로 7째 대접은 중간에 메시지가 없다. 7째 대접과 동시에 사건이 뒤 따라 일어난다. 번개, 음성, 우레, 큰 지진, 큰 우박이 있는 사건이다.

7째 나팔에 비하면 지진이 큰 지진으로 확대 되었다. 큰 지진이 어찌나 큰지 창세 전후에 이 같은 큰 지진이 없었다고 한다. 큰 우박도 무게가 한 달란트 약34㎏ 정도 되는 큰 우박이다. 큰 지진과 큰 우박에 대해 상당히 구체적인 설명이다. 이렇게 7째 대접은 바로 사건이 등장함으로 7째 대접 사건은 있다고 한다. 그리고 무엇보다 상황 설명이 너무도 자세하고 구체적이다. 그러므로 인, 나팔, 대접은 각각 독립적인 7개의 사건으로 총 21개의 사건이다.

6) 인, 나팔, 대접에 숨겨진 두 개의 메시지

인과 나팔 대접에는 독특한 특징이 있다. 또한 그 특징 안에는 하나님의 섬세한 계획이 담겨져 있다. 인과 나팔과 대접은 심판이라는 하나의 주제를 가지고 있다. 이 세 개의 심판을 진행함에 있어서 하나님은 동일한 목적을 가지고 계신다. 세 개의 심판은 서로 다른 곳을 향하지 않는다. 하나의 주제 그리고 하나의 목적지를 향해 가고 있다. 인과 나팔, 대접에 숨겨진 두 개의 중요한 메시지가 있다. 종종 인과 나팔 대접을 줄여서 인, 나, 대로 사용하고자 한다.

① 삽경의 첫 번째 공통메시지는 유대인과 이방인이다.

인, 나, 대 모두 6째와 7째 사이에는 삽경이 들어있다. 이해를 돕자면 1-6까지는 사건이 연이어서 등장한다. 그러나 인, 나, 대 모두 6째에서 7째 사이에 어떤 사건이 삽입되어 있다. 그런데 여기에 끼어 있는 인, 나, 대 삽경의 메시지가 공통적이다. 그 주제는 모두 유대인과 이방인이라는 사실이다. 이와 같은 패턴을 정리하면 다음과 같다.

㉠ 6째 인과 7째인 사이 → 유대인 14만4천 인침과 세계이방인들의 구원

"내가 인침을 받은 자의 수를 들으니 *이스라엘 자손의 각 지파 중에서 인침을 받은 자들이 십사만 사천이니.... 이 일 후에 내가 보니 각 나라와 족속과 백성과 방언에서* 아무도 능히 셀 수 없는 큰 무리가 나와 흰 옷을 입고 손에 종려 가지를 들고 보좌 앞과 어린 양 앞에 서서"(7:4,9)

6째 인은 계6:12-17절까지다. 그리고 7장에 14만 4천과 흰옷 무리 삽경이 있다. 이 삽경 후 계8장에 7째 인이 떼어진다. 그런데 여기에 등장하는 삽경의 내용은 그 유명한 14만 4천과 큰 흰옷 무리 사건이다. 참 논란이 많은 계시록의 주제가운데 하나다. 14만 4천과 흰옷 무리는 별도의 단원이 있으니 여기서는 간략히 지나간다. 서두에서 해석의 원칙을 밝혔듯이 필자는 문자는 문자로 상징은 상징으로 해석한다.

14만 4천은 이스라엘 각 지파 중에서 인침 받았으니 문자대로 유대인이다. 반면에 흰옷 무리는 각 나라와 족속과 백성과 방언에서 나왔으니 문자 그대로 세계이방인이다. 이들은 일반적 해석과 같이 구원받은 전체를 대표하는 무리로 볼 수 없다. 본문에서 분명하게 유대인과 이방인으로 분류하고 있기 때문이다. 우리는 언제나 말씀을 일차적으로 기록하고 있는 말씀 그대로 보는 것이 중요하다.

ⓛ 6째 나팔과 7째 나팔 사이 → 두 증인 사역 / 유대인과 이방인

"내가 나의 *두 증인*에게 권세를 주리니 그들이 굵은 베옷을 입고 천이백 육십 일을 예언하리라 그들은 이 땅의 주 앞에 서 있는 두 감람나무와 두 촛대니"(계11:3-4)

6째 나팔과 7째 나팔 사이에 있는 삽경은 두 증인 사역이다. 여기서 두 증인 중 한 사람은 유대인이고 한 사람은 이방인이다. 이들이 왜 이방인과 유대인인가 하는 것은 두 증인 단원에서 상세히 다루었다. 주님께서 마지막 두 증인은 유대인과 이방인 대표를 세우신다.

ⓒ 6째 대접과 7째 대접 사이 → 누구든지(유대인이든 이방인이든) 깨어 있어라

"보라 내가 도둑 같이 오리니 *누구든지 깨어* 자기 옷을 지켜 벌거벗고 다니지 아니하며 자기의 부끄러움을 보이지 아니하는 자는 복이 있도다"(계16:15)

대접 사건은 심판의 마지막 종료임에도 불구하고 7째 대접을 앞두고 직전에 마지막 경고가 있다. "누구든지 깨어 있어라" 이 경고 안에는 유대인과 이방인이 포함되어 있다. 마지막 7년 한 이레는 유대인의 때다. 구속사의 주도권이 이방인에게서 다시 유대인에게로 넘어간 시기다. 유대백성에게 주신 다니엘 70이레에서 마지막 이레이기 때문이다. 70이레를 마무리 하는 주체는 유대인이다. 그렇다고 이 시기가 이방인과는 아무런 상관이 없는 시기는 아니다.

많은 기존의 해석들은 70이레를 근거로 마지막 7년은 유대인에게만 해당되는 시기라고 한다. 심지어 이방교회는 7년 전에 모두 휴거하므로 7년은 이방교회 혹은 이방인과 상관이 없다고 한다. 그러나 결코 그렇지 않다. 필자는 다니엘과 요한계시록 전체 해석을 통해 이러한 주장은 오류임을 수없이 강조하고 있다. 만약 마지막 7년이 유대인에게만 해당되는 시기라면 "네 백성아 깨어 있어라" 했을 것이다. 그러나 "누구든지 깨어 있으라." 하신다.

후3.5년 마지막 끝에 환난을 통과하는 성도들은 너무 지쳐있다. 긴 환난을 통과하면서 인간의 힘으로 견딜 수 있는 한계에 이르렀을 것이다. 물론 성령의 힘으로 견뎌 왔으나 사람은 몸을 가지고 있기에 견딜 수 있는 한계가 있다. 이러한 상황에서 본문은 주님의 간절한 위로와 격려다. 이제 주님 지상 재림이 눈앞에 와 있다. 도적같이 온다. 끝까지 옷을 지켜라. 옷을 지키는 것은 예수 믿음의 구원을 지키라는 것이다. 예수님을 떠나지 말고 끝까지 인내하라는 것이다. 이방인이든 유대인이든 모두 이 구원의 옷을 지키고 벌거벗지 말라는 마지막 권면이다.

㉣ 오순절과 나팔절 사이 → 가난한 유대인과 이방인을 위한 시민법제정 / 이삭을 남겨라

"너희 땅의 곡물을 벨 때에 밭 모퉁이까지 다 베지 말며 떨어진 것을 줍지 말고 그것을 *가난한 자와 거류민을 위하여 남겨두라* 나는 너희의 하나님 여호와이니라"(레23:22)

인, 나, 대와 함께 같은 메시지가 있는 절기를 추가했다. 레위기 23장은 유대인들의 명절 성회로 여호와의 7대 절기다. 유월절, 무교절, 초실절, 그리고 오순절, 나팔절, 속죄일, 초막절이다. 레23장은 이 절기를 쭉 나열하다가 오순절 끝에 이스라엘의 시민법을 기록하고 있다. 이스라엘의 시민법은 유대인과 이방인을 위한 법이다. 오순절과 나팔절 사이에 끼어있는 레23:22절 시민법 의미를 살펴보자.

유대인들은 추수할 때 10분의 1일을 남겨두어야 한다. 그리고 떨어진 이삭도 줍지 말아야 한다. 심지어 추수한 단을 옮길 때에 떨어뜨린 단도 그냥 두어야 한다. 이유는 유대인 중에 가난한 자들 곧 고아와 과부들을 위함이다. 또한 거류민, 곧 이방인들을 위함이다. 이삭을 남기는 것은 약하고 가난한 자들에게 먹을 것을 남겨놓은 것이다.

룻기의 이방 여인 룻은 시모 나오미와 함께 보리 추수할 때 베들레헴으로 왔다. 나오미는 유대인으로 가난한 과부다. 룻은 이방인이며 가난한 과부다. 이들은 이방 땅에서 모든 것을 잃고 빈손이 되어 베들레헴에 왔다. 그러나 이스라엘의 시민법으로 인해 살아갈 수 있었다.

"나오미가 모압 지방에서 그의 며느리 모압 여인 룻과 함께 돌아왔는데 그들이 *보리 추수 시작할 때*에 베들레헴에 이르렀더라"(룻1:22)

"이에 룻이 보아스의 소녀들에게 가까이 있어서 *보리 추수와 밀 추수를 마치기까지 이삭을 주우며* 그의 시어머니와 함께 거주하니라"(룻2:23)

② 중간 메시지의 두 번째 공통 주제는 메시아 왕국이다.

인, 나, 대 안에 숨겨져 있는 두 번째 공통적 주제가 있다. 이것은 위에서 살펴본 7째 사건과 관련이 있다. 인과 나팔은 각각 7째 재앙 선포 후 사건이 바로 등장하지 않는다. 중간에 어떤 메시지 선포 이후 7째 사건이 있는 것을 앞에서 살펴보았다. 여기에서는 그와 관련하여 중간 메시지의 의미를 살펴보려고 한다.

여기에 등장하는 중간 메시지를 필자는 뜸이라고 표현한다. 우리가 밥을 할 때 뜸을 잘 들이면 밥이 맛있다. 그런 의미의 뜸이다. 연말에 TV에서 마지막 대종상 발표 전에 뜸을 들이는 것을 볼 수 있다. 이것은 너무나 중요하기 때문이다. 또 하나는 이제 이것을 발표하면 모든 상황 종료다. 7째 인을 떼고 혹은 7째 나팔을 불고 이어서 뜸 메시지가 나온다. 7째 인과 7째 나팔이 너무 중요하기 때문이다.

㉠ 7째 인을 떼고 - 기도응답 "주의 나라가 임하소서" → 7째 인 재앙 사건 발생

"*일곱째 인을 떼실 때에* 하늘이 반 시간쯤 고요하더니 내가 보매 하나님 앞에 일곱 천사가 서 있어 일곱 나팔을 받았더라 또 다른 천사가 와서 제단 곁에 서서 금 향로를 가지고 *많은 향*을 받았으니 이는 *모든 성도의 기도*와 합하여 보좌 앞 금 제단에 드리고자 함이라 *향연이 성도의 기도와 함께 천사의 손으로부터 하나님 앞으로 올라가는지라* 천사가 향로를 가지고 제단의 불을 담아다가 땅에 쏟으매 우레와 음성과 번개와 지진이 나더라"(계8:1-5)

여기서 먼저 여러 해석은 계8:1절 말씀에 근거하여 7째 인의 사건은 따로 없다고 주장한다. 그 이유는 일곱째 인을 때고 바로 뒤에 일곱 천사가 일곱 나팔을 받았기 때문이라고 한다. 그러므로 일곱 나팔이 일곱째 인 사건이라고 한다. 그러나 이것은 일곱째 인이 일곱 나팔임을 뜻하는 구절이 아니다. 이 장면은 인을 모두 떼신 예수님께서 이제 나팔 재앙은 천사에게 임무를 넘기시는 장면이다. 일곱 천사들은 1절에서 7나팔을 받았다. 그리고 5절에 7째 인 사건이 마치면 6절에서 나팔 불기를 준비한다. 그리고 비로소 계8:7절에 첫째 나팔이 불어진다.

"...내가 보매 하나님 앞에 *일곱 천사가 서 있어 일곱 나팔을 받았더라*.... 일곱 나팔을 가진 일곱 천사가 *나팔 불기를 준비*하더라 *첫째 천사가 나팔을 부니*..."(계8:1,6,7)

그렇다면 7째 인이 떼어지고 뜸을 들이는 계8:3-4절의 메시지는 무엇일까? 이것은 어떤 기도에 대한 내용이다. 이 본문을 두고 우리는 기도에 대한 설교를 많이 들어왔다. 성도의 기도는 천사들이 금향로에 담아서 하나님 앞으로 가져간다고 했다. 성도의 기도는 하나도 땅에 떨어지지 않는다는 정도의 설교였다. 그러나 필자가 계시록을 깊이 보면서 이 말씀은 성도의 일반적인 기도의 내용은 아닌 듯 했다. 계5:8절에도 성도의 기도를 담은 향이 가득한 금대접이 나온다. 이것은 하나님 앞으로 올라가는 일반적인 성도의 기도라고 본다. 그러나 계8:3-4절의 기도는 다르다. 계5:8절과 계8:3을 함께 보며 비교해 보자.

"그 두루마리를 취하시매 네 생물과 이십사 장로들이 그 어린 양 앞에 엎드려 각각 거문고와 *향이 가득한 금 대접*을 가졌으니 *이 향은 성도의 기도들*이라"(계5:8)

"또 다른 천사가 와서 제단 곁에 서서 금 향로를 가지고 *많은 향을 받았으니* 이는 *모든 성도의 기도와 합하여* 보좌 앞 금 제단에 드리고자 함이라"(계8:3)

계5:8절은 그냥 "향이 가득한 금 대접"이다. 계8:3절은 "많은 향을 받았으니"고 한다. '많은'이 붙어있다. 계5:3절은 "이 향은 성도의 기도들"이라 한다. 계8:3절은 "모든 성도의 기도와 합하여"라고 한다. "모든"과 "합하여"가 추가되었다. 이렇게 볼 때 계5:8절은 일반적 성도의 기도가 올려지고 있는 것이다. 그러나 계8:3-4절의 기도는 어떤 특별한 기도다. 오랜 시간 모든 성도의 기도가 합해져서 응답이 되고 있는 것이다.

"천사가 향로를 가지고 *제단의 불을 담아다가 땅에 쏟으매 우레와 음성과 번개와 지진*이 나더라"(계8:5)

계8:3-4절 기도의 응답으로 5절에 7째 인의 사건이 일어나고 있다. 하나님 앞으로 올려 졌던 향이 담긴 향로로 제단의 불을 담아다가 땅에 쏟았다. 하늘 영계의 이 일로 땅에 나타난 하늘 임재 사건이 7째 인 사건으로 우레, 음성, 번개, 지진이다. 땅에서 실제 지진이 있는 사건이 일어났다. 그런데 이를 두고 7째 사건으로 인정하지 않는 것은 이해 할 수 없는 주장이다. 그렇다면 이 기도는 도대체 어떤 기도의 응답일까 하고 필자는 계속 성령님께 묻고 있었다. 그러던 어느 날 기도 중에 하나님께서 번개 빛과 같이 하나의 문장을 떠오르게 하셨다.

"주의 나라가 임하소서!" 주님이 가르쳐 주신 기도다. 7째 인은 어떤 기도의 응답이라고 했다. 계8:3-4절의 기도는 어떤 특정한 시대나 특정한 사람들의 기도가 아니다. 주님께서 가르쳐 주신 이 기도는 7째 인이 떼어질 때 까지 모든 성도들이 함께 올려드린 기도다. 이 기도는 2천년 가까이 응답되지 않고 모아져 있었다. 그러므로 "많은 향" "모든 성도의 기도와 합하여"라고 하는 것이다. "주의 나라가 임하시오며"의 주의 나라는 메시아 나라, 메시아 왕국, 바로 천년왕국이다. 이 땅에 속히 하나님의 나라, 메시아의 나라가 임하기를 구하는 기도다.

이 나라는 시간이 차면 이 땅에 임하는 나라다. 하늘의 뜻이 땅에서도 이루어지는 나라다. 이 기도는 주님께서 이렇게 기도하라고 가르쳐 주신 것이다. 남녀노소를 막론하고 구주를 영접한 모든 크리스천들은 지난 2천년 가까이 이 기도를 해오고 있다. 이 기도의 응답이 7째 인이다. 여기서 기도의 응답이라 함은 지금 당장 응답이 아니다. 아직 천년왕국이 아니기 때문이다. 여기서 응답은 세상을 향해 머지않아 주님의 나라, 메시아 왕국이 기도한 대로 이 땅에 곧 임한다는 것이다. 그러므로 지금이 주의 나라가 멀지 않은 마지막 때라는 심판 경고다. 지금도 우리는 머지않아 성취될 주님의 나라가 임하기를 바라는 기도를 계속 드리고 있다.

"나라가 임하시오며 뜻이 하늘에서 이루어진 것 같이 땅에서도 이루어지이다" (마6:10)

7째 인이 떼어 졌다는 것은 메시아 왕국이 매우 가까이 왔다는 것이다. 뒤에 인 단원에서 자세히 다루겠지만 7째 인은 1900년 초기에 떼어졌다. 인의 간격이 100년 단위로 떼어지는 것이니 지금은 7째 인의 기간이다. 7째 인이 떼어진지 100년이 조금 넘었다. 지난 2천년에 비하면 7째 인의 시대는 이제 겨우 100년 조금 넘은 것이다. 아마도 주님 재림까지 200년을 넘지 않을 것으로 본다. 정리하면 7째 인의 중간에 있는 메시지는 주님의 나라가 매우 가까이 왔다는 응답이다.

ⓒ 7째 나팔 불어지고 - <u>그리스도의 나라가 선포됨</u> → 7째 나팔 재앙 사건 발생
"일곱째 천사가 나팔을 불매 하늘에 큰 음성들이 나서 이르되 세상 나라가 우리 주와 그의 그리스도의 나라가 되어 그가 세세토록 왕 노릇 하시리로다 하

니.... 이에 하늘에 있는 하나님의 성전이 열리니 성전 안에 하나님의 언약궤가 보이며 또 *번개와 음성들과 우레와 지진과 큰 우박*이 있더라"(계11:15,19)

첫 번째 "주의 나라가 임하소서!"의 응답을 받았을 때는 그냥 "그렇구나!" 하는 감동이었다. 그러나 7째 나팔의 뜸의 의미를 깨달았을 때는 무릎을 칠 수밖에 없었다. 몸에 전율이 느껴졌다. 7째 나팔을 불매 하늘에서 천사들의 선포가 있다. "세상 나라가 우리 주와 그의 그리스도의 나라가 되어" 여기서 그리스도의 나라는 메시아 나라, 천년왕국이다. 그리스도의 나라는 헬라어 표현이다. 메시아 나라는 히브리어 표현이다. 그렇다면 여기서 또 천년왕국이 시작되었는가? 그렇지 않다. 이제 메시아 나라가 7째 인 시대보다 더욱 가까이 왔다는 메시지다.

여기서 천사는 그리스도의 나라가 시작되었다고 하지 않는다. "그가 세세토록 왕 노릇 하시리로다"는 미래형이다. 곧 그렇게 될 것이라는 선포다. 이 선포가 있는 시점은 전3.5년이 지나는 시점이다. 두 증인이 부활 승천하신 그 날 7째 나팔이 불어진다. 그렇다면 메시아 나라가 임하는 것은 이제 후3.5년 남은 것이다. 7째 인이 떼어질 때는 주님 재림을 대략 200년 정도 남겨 놓은 시점이다. 그러나 7째 나팔이 불어진 때는 주님 재림을 3.5년 남겨둔 시점이다. 이와 같이 7째 인과 7째 나팔의 뜸, 중간 메시지의 공통점은 바로 메시아 왕국이다.

ⓒ 7째 대접 쏟아짐과 동시에 7째 대접 사건 발생 <u>상황종료 곧 천년왕국 시작됨</u>

"*일곱째 천사가 그 대접을 공중에 쏟으매* 큰 음성이 성전에서 보좌로부터 나서 이르되 되었다 하시니 *번개와 음성들과 우렛소리*가 있고 또 *큰 지진*이 있어 얼마나 큰지 사람이 땅에 있어 온 이래로 이같이 큰 지진이 없었더라....또 무게가 한 달란트나 되는 *큰 우박*이 하늘로부터 사람들에게 내리매 사람들이 그 우박의 재앙 때문에 하나님을 비방하니 그 재앙이 심히 큼이러라"(계16:17-18,21)

이제 마지막 재앙인 대접에는 뜸이 없다. 이제 7인, 7나팔, 7대접으로 심판의 상황이 종료되기 때문이다. 16장에서 7째 대접까지 다 부어지면 끝이다. 17-18장은 앞에서 이미 일어난 일에 대한 별도의 자세한 설명이다. 19장에 주님이 지상 재림하신다. 20장은 그리스도의 나라 천년왕국이다.

"또 하늘에 크고 이상한 다른 이적을 보매 *일곱 천사가 일곱 재앙을 가졌으니 곧 마지막 재앙이라 하나님의 진노가 이것으로 마치리로다*"(계15:1)

㉣ 오순절 다음 나팔절은 주님 지상 재림이다.
절기 또한 마찬가지다. 오순절이후 나팔절은 주님 지상 재림이다. 주님 재림하셔서 이스라엘의 죄를 사하시는 속죄일이 있다. 이것은 단9장에서 다니엘이 금식하며 민족의 죄를 회개하고 용서를 구한 간절한 기도의 응답이다. 다음에 오는 초막절은 70이레의 단9:24절이 완전히 실현되는 천년왕국이다. 이스라엘이 영적 육적으로 완전히 회복되는 것이 메시아 왕국이다. 남은 세 개의 절기는 주님 지상 재림하시면 단 시일에 진행이 된다.

③ 유대인과 이방인 그리고 메시아 왕국
첫 번째 메시지는 인, 나, 대의 6째와 7째 재앙 사이에 있는 삽경의 특징으로 유대인과 이방인 이었다. 두 번째 메시지는 인과 나팔의 7째 재앙 선포 후의 상황이었다. 7째에 해당하는 사건이 있기 전에 중간 메시지의 특징으로 메시아 왕국이었다. 첫 번째는 이방인과 유대인이요 두 번째는 메시아 왕국이다. 이것은 인의 재앙부터 대접재앙까지 하나의 목적을 향해 가시는 하나님의 계획이다. 인, 나, 대의 전체 사건을 19개로 보는 이들은 결코 이 부분을 볼 수 없다. 그렇다면 유대인과 이방인 그리고 천년왕국은 어떤 관계가 있을까?

유대인들은 선민사상이 강한 철저한 민족주의자들이다. 그들은 오직 유대인만 천국에 들어간다고 믿는다. 그래서 유대인들은 이방인들에게 전도하지 않는다. 이방인들을 개로 취급하며 모두 지옥으로 갈 자들이라고 믿고 있다. 그러나 하나님의 구속사 안에는 이방인도 유대인도 그리스도 안에서 모두 한 새 사람이다. 이방인도 유대인도 모두 어린양의 복음 안으로 들어와야 한다. 믿는 자들에게 1차적 천국은 땅의 천국인 메시아 왕국이다. 그리고 궁극적으로 하늘 천국에 이른다.

이 천국은 유대인만 들어가는 나라가 아니다. 1차적 땅의 천국인 천년왕국에 유대인도 이방인도 모두 들어간다. 어린양의 복음 안에 있는 자들이 유업으로 받는 것이 천국이다. 천국은 유대인들만의 전유물이 아니다. 요한계시록은 마지막 때 유대인과 이방인 모두에게 주시는 예언이다. 그러므로 인부터 시작되는 재앙을 7년에만 가두는 것은 이러한 하나님의 깊은 계획을 보지 못하게 하는 것이다.

인, 나, 대의 중요한 두 개의 특징인 이방인과 유대인 그리고 천년왕국은 너무도 중요한 메시지다. 구원받은 이방인과 유대인은 모두 주님 안에서 한 새사람이기 때문이다. 마8:11절에 유대인들이 주가 되는 메시아 나라에 동 서로부터 온 많은 세계 이방인들이 있다. 이들이 예수 믿고 천년왕국에 들어갈 것을 말씀하고 있다.

"또 너희에게 이르노니 *동 서로부터 많은 사람이* 이르러 아브라함과 이삭과 야곱과 함께 *천국에 앉으려니와*"(마8:11)

그러므로 인을 마치는 7째에 주님의 나라가 임한다고 번개, 음성, 우레를 동반하여 지진으로 경고한다. 또한 나팔을 마치는 7째에 세상 나라가 우리 주와 그의 그리스도의 나라가 된다고 선포한다. 번개, 음성, 우레 그리고 지진과 큰 우박으로 유대인과 이방인에게 모두 회개를 경고하는 것이다. 때문에 우리는 천둥 번개가 무섭게 치면 두려워 지고 회개할 것 없나 생각하는 것 같다. 그리고 마지막 7째 대접 재앙이 마치면 심판은 끝난다. 그리고 그 영광스러운 땅의 천국 새 하늘 새 땅 메시아 나라, 주님의 나라가 임한다.

6) 인부터 재앙의 시작이다.

계시록을 해석하는 방법은 참으로 다양하다. 특히 7인을 해석함에 있어서 그렇다. 지금까지 필자는 7인은 7교회의 구속사의 라인과 함께 가는 심판사 라인이라고 했다. 그러나 7인을 심판 즉 재앙으로 보지 않고 복으로 보는 시각이 많다. 예를 들면 첫째 인부터 흰 말을 복음의 확산으로 보는 경우다. 복음을 위해 사는 자들에게는 뒤에 나오는 재앙들도 임한다고 한다. 그리고 재앙은 나팔부터 시작이라고 한다. 그러나 인부터 재앙으로 보지 않으면 처음부터 단추를 잘못 끼우고 시작하는 것과 같다. 인부터 심판이라는 근거는 성경이다.

① 인은 복이 아닌 심판이다.

유다지파 다윗의 뿌리가 이겼다. 그 결과로 다윗의 뿌리 되시는 예수님은 성부로부터 일곱인 두루마리를 받으셨다. 계22:18절에 이 두루마리에는 재앙이 기록된 것임을 밝히고 있다. 이 두루마리는 계5장에 있는 같은 비블리온이다. 이 두루마리를 성자에게 주시는 의미는 진자를 심판하라는 것이다. 이긴 자가 진 자에게 벌을 내리는 심판이다. 이기신 주님께서 마지막 세상 역사의 심판을 아버지께로부터 위임받으신 것이다. 그리고 인은 총체적 심판이기 때문에 모든 심판은 이기신 주님께서 하시는 것이다.

"장로 중의 한 사람이 내게 말하되 울지 말라 *유대 지파의 사자 다윗의 뿌리가 이겼으니 그 두루마리와 그 일곱 인*을 떼시리라 하더라"(계5:5)

"내가 이 두루마리의 예언의 말씀을 듣는 모든 사람에게 증언하노니 만일 누구든지 이것들 외에 더하면 하나님이 *이 두루마리에 기록된 재앙들*을 그에게 더하실 것이요"(계22:18)

"그 어린양이 나아와서 *보좌에 앉으신 이의 오른손에서 두루마리를 취하시니라*"(계5:7)

"아버지께서 아무도 심판하지 아니하시고 *심판을 다 아들에게 맡기셨으니*"(요5:22)

② 인은 재난의 시작으로 100년 단위 재앙이다.

"민족이 민족을, 나라가 나라를 대적하여 일어나겠고 곳곳에 기근과 지진이 있으리니 이 모든 것은 *재난의 시작이니라*"(마24:8) - 인 재앙은 심판의 시작

제자들은 마24:3절에서 "세상 끝에는 무슨 징조가 있사오리이까?"하고 물었다. 4절부터 미혹을 조심하라고 시작하셨다. 그리고 난리소문과 전쟁,

기근과 지진이 있을 것이라고 하셨다. 그러나 이러한 일들은 끝이 아니고 재난의 시작이라고 하셨다. 마24장의 재난은 계시록의 7인이다. 계속해서 인을 풀어가다 보면 이해가 될 것이다. 여기서 재난이란 단어를 주목하자. 재난은 헬라어 '오딘'으로 '고통' 특히 '해산의 고통'을 의미하는 재난이다. 여기서 오딘이 여인의 해산의 고통이란 의미는 인의 성격을 말해주고 있다.

여인의 해산의 고통은 처음에는 그 간격이 길다. 그리고 갈수록 고통의 간격이 짧아진다. 마지막에는 엄청난 고통으로 아이를 출산하는 것이 여인의 해산의 고통이다. 이와 같이 인은 재난, 오딘의 시작이기 때문에 그 간격이 100년 단위로 길다. 해산의 고통의 초기와 같이 200년 혹은 300-400년 만에 한 번씩 인이 떼어지는 것이다. 그리고 그 오딘의 간격이 현저하게 줄어드는 것은 7나팔 재앙이다. 7나팔은 10년 단위로 재난의 간격이 짧아진다.

그리고 마지막으로 엄청난 고통으로 아이를 출산하게 되는 것은 7대접 재앙이다. 대접재앙은 월 혹은 일 단위로 한꺼번에 올 가능성이 높다. 그러므로 인부터 나팔과 후3.5년의 대접 재앙까지 오딘, 곧 해산의 고통이다. 인 재앙은 시작이며 대접 재앙은 마지막이다.

"또 하늘에 크고 이상한 다른 이적을 보매 일곱 천사가 일곱 재앙을 가졌으니 곧 *마지막 재앙*이라 *하나님의 진노가 이것으로 마치리로다*"(계15:1) – 대접은 마지막 재앙

성경은 후3.5년의 재앙을 단순한 재난이 아니라 대환난이라고 한다. 대환난의 환난은 헬라어 '들립시스'다. 들립시스는 '압박' 잔혹한 육체적 폭력으로 인한 '고통'이다. 후3.5년의 짐승표의 강제 시행으로 목 베임을 받는 잔인한 육체적 고통의 때임을 말한다. 그러므로 후3.5년은 오딘의 고통과 들립시스의 압박이 더해지는 대 환난이다.

③ 이런 일이 있어야 하되 아직 끝은 아니다.
"난리와 난리 소문을 듣겠으나 너희는 삼가 두려워하지 말라 이런 일이

있어야 하되 *아직 끝은 아니니라* 민족이 민족을, 나라가 나라를 대적하여 일어나겠고 곳곳에 기근과 지진이 있으리니 이 모든 것은 *재난의 시작*이니라"(마24:6-8)

마24-25장은 예수님이 주신 마지막 때 천국이정표가 된다. 사도요한은 예수님의 이정표를 기본으로 요한계시록을 받았다. 그러므로 예수님의 이정표와 사도요한의 이정표는 세밀함의 차이는 있으나 결국 같은 것이다. 인의 시작을 바르게 정하는 것은 요한계시록 해석에 가장 기본이 된다. 인을 마지막 끝 7년에 있는 사건으로 보는 일반적인 시각은 주님의 말씀에 반대되는 주장이다. 주님은 이런 일이 있어야 하되 아직 끝은 아니라고 하셨기 때문이다.

주님이 말씀하신 이런 일은 미혹과 난리 소문이다. 이런 일은 아직 끝이 아니다. 전쟁과 기근, 지진, 전염병 등이 있으리니 재난의 시작이라고 하셨다. 이런 재난들은 계시록으로 가면 인의 사건으로 더욱 구체적이다. 그렇다면 이런 일들은 세상 끝 7년 안에만 있을 수 없다. 이런 징조들은 끝이 아닌 계시록을 받은 95년 이후 어느 시점부터 시작된 것이다.

7) 징조를 보라
마지막 때는 징조를 보고 분별한다. 70이레 단원에서 다루었던 일반 징조와 특별징조를 기억할 것이다. 일반징조는 전 세계적 사건들로 미혹, 핍박, 전쟁, 지진, 기근, 전염병, 순교, 테러 등의 자연재해들이다. 그리고 이러한 사건들이 계속 반복적이다. 마지막 때 끝으로 갈수록 횟수는 더욱 늘어나고 강도는 더욱 강해진다. 주님은 "이런 일이 있어야 하되 아직 끝은 아니다. 재난의 시작이다"라고 하셨다. 그러므로 일반징조는 이미 벌써부터 시작된 재난들이다. 이제 요한계시록에서는 예수님께서 말씀하신 이러한 일반징조들이 7인을 통해 아주 세밀하게 이정표로 나타나고 있다.

다니엘은 70이레에서 특별징조를 예언했으나 일반징조에 대한 언급은 없다. 그러나 예수님 예언에는 일반징조와 특별징조가 잘 드러난다. 마24:15절에 "다니엘이 말한바"로 시작하는 부분부터 다니엘이 예언한 특별징조를 말씀하신다. 특별징조는 이스라엘과만 관련된 사건들이다. 그리고 계속 반복되는 일반징조와는 달리 특별징조는 단 1회적 사건이다. 7년 협정, 제3성전, 두 증인 출현이다. 이제 이스라엘과 중동 간에 7년 협정이 맺어지면 마지막 7년이 시작된다. 7년 협정의 효력이 발생하는 그날에 두 증인은 나타난다.

그리고 지금 100% 준비를 완료한 상태인 제3성전 건축이 시작된다. 이 모든 것은 단 1회적 사건이다. 마지막 7년은 일반징조와 특별징조가 겹치는 시기다. 일반징조는 세상 끝까지 강도가 높아지면서 계속 반복적으로 일어나기 때문이다. 또한 후3.5년은 짐승의 핍박에 의한 환난 들립시스가 더해진다. 그러므로 대 환난은 일반징조의 재난 오딘과 짐승의 잔혹한 육체적 폭력이 더해지는 들립시스가 겹치는 시기다.

8) 재난의 연속선상에 있는 시대적 상황
인의 성격은 그 시대에 한번 떼어진 인의 영향이 지금 종말의 시대까지 미친다. 처음 떼어진 인과 같은 크고 작은 사건이 연속적으로 일어나는 일반징조다. 인은 반복재난의 원형사건이라고 볼 수 있다. 7인의 영향력은 교회시대에 계속 이어져왔다. 마지막 때는 7인의 총체적인 재앙들이 갈수록 강도 높게 일어날 것이다. 지금 우리가 사는 세상은 이미 7인이 모두 떼어졌고 나팔 재앙이 진행 중이다. 뒤로 가서 구체적인 사건들을 살펴볼 것이다.

전 세계에서 연속적인 재앙들이 일어 날 때마다 말세라고 이구동성으로 말한다. 이러한 재앙들은 이미 요한계시록에서 예언한 사건들이다. 그럼에도 불구하고 세상에서 일어나는 재난들은 계시록과 상관없다고 한다. 그저 계시록의 재앙들은 마지막 7년에만 일어날 것으로 오해하고 있다.

그러나 계1:1절의 '속히 일어날 일들'은 교회사에서만 일어나는 일들이 아니다. 전 세계적으로 벌써부터 일어나고 있는 심판 사를 포함하는 일들이다. 우리가 사는 가까운 시대에 수많은 재난들이 일어났다. 전 세계에서는 이상 기후들로 인해 엄청난 사건들이 반복되고 있다. 강한 지진들, 토네이토, 쓰나미, 어마 어마한 우박과 홍수들, 별들의 떨어짐과 하늘의 징조들,

세계를 강타한 코로나 19, 수많은 신종 전염병들, 세계의 전쟁과 기근, 흉년, 기후변화, 거짓선지자, 교회의 배도, 이슬람에 의한 기독교인들의 처참한 핍박과 순교, 이단들의 기승 등등 이미 7인이 모두 떼어진 근거에 의해 재앙들이 세계에서 연속적으로 반복되는 사건들이다.

또한 재앙의 연속선상에서 나팔이 불어졌다. 전 세계가 정치적, 경제적, 종교적, 사회적, 도덕적, 성적 타락으로 마지막 종말의 몸살을 앓고 있다. 그럼에도 불구하고 아직도 인이 안 떨어 졌다고 한다. 그렇다면 이 엄청난 사건들은 도대체 어떻게 해석해야 하는가? 이 모든 일들은 성경의 예언과 아무런 상관이 없는 것인가? 아직도 인이 안 떼어졌다면 계시록은 마지막 이레 시간까지 덮여져 있는 책이 될 수밖에 없다. 그렇다면 요한계시록은 오직 7교회만 있을 뿐 세상에 관하여는 침묵하며 잠자고 있는 책이다. 그러나 요한계시록은 주님께서 우리에게 주신 말세의 시간표다. 깨어서 준비하라고 주신 천국이정표다.

9) 네 생물과 인의 관계

계시록에 등장하는 네 생물은 1-4인까지의 해석과 관련하여 아주 중요한 부분이다. 여러 주석에 보면 이 네 생물은 높은 계급의 천사라고 한다. 필자도 이와 같은 해석에 동의한다. 첫째 인부터 넷째 인까지는 네 생물들이 네 마리 말을 불러내어 4인까지의 재앙을 주관하고 있다. 필자는 네 생물과 1-4인까지의 연관성에 관한 의문이 있었다. 그러나 그 연관성을 이해하고 나니 4인까지 해석이 더욱 분명해 졌다. 인과 관련한 네 생물들은 계4장에 등장한다.

"보좌 앞에 수정과 같은 유리 바다가 있고 보좌 가운데와 보좌 주위에 *네 생물*이 있는데 앞뒤에 눈들이 가득하더라 그 *첫째 생물*은 사자 같고 그 *둘째 생물*은 송아지 같고 그 *셋째 생물*은 얼굴이 사람 같고 그 *넷째 생물*은 *날아가는 독수리 같은데*"(계4:6-7)

우리는 보통 계시록의 네 생물과 관련하여 이렇게 배워왔다. 첫째생물 사자는 마태복음으로 왕의 복음이다. 둘째 생물 송아지는 마가복음으로 종의 복음으로이라 한다. 셋째 생물 사람의 얼굴, 누가복음은 인자의 복음이요 요한복음은 독수리복음이라 한다. 네 생물이 각 복음서의 성격과 맞지만 계시록에는 그 외 또 다른 의미가 있는 것 같다. 계시록의 네 생물은 에스겔 1장에도 동일하게 등장한다.

"그 얼굴들의 모양은 넷의 앞은 *사람*의 얼굴이요 넷의 오른쪽은 *사자*의 얼굴이요 넷의 왼쪽은 *소*의 얼굴이요 넷의 뒤는 *독수리*의 얼굴이니"(겔1:10)

그런데 계시록과 에스겔은 좀 차이가 있다. 먼저 순서가 다르다. 계시록은 사자-송아지-사람-독수리 순이다. 반면에 에스겔은 사람-사자-소-독수리 순이다. 또 하나 에스겔의 소가 계시록에는 송아지로 바뀌었다. 소와 송아지는 어미와 새끼로 본질이 같은 동물이다. 그런데 계시록에서 소를 송아지로 바꾸어 놓은 것은 분명히 의도가 있는 것 같다. 마가복음은 종의 복음이다. 계시록에도 송아지가 아니라 소로 되어 있다면 문제가 없다. 소는 열심히 묵묵히 일하는 종의 모습이기 때문이다.

그러나 송아지는 어미 소와는 달리 열심히 묵묵히 일하지 않는다. 순서도 에스겔 세 번째에서 계시록의 두 번째로 위치를 바꾸었다. 소를 키우는 분들에게 송아지의 특성을 물어보았다. 송아지는 풀어 놓으면 온 사방으로 뛰며 말썽만 피울 뿐 아니라 어디로 튈지 모르는 특성이 있다고 한다. 에스겔의 소를 계시록에서 송아지로 바꾼 것은 분명한 의도가 있는 것이다. 송아지 생물을 통해 드러내고자 하는 중요한 메시지가 있기 때문이다.

계6장 인 재앙을 읽을 때마다 인은 주님이 떼시는데 왜 넷째인 까지 생물이 등장할까 의문이었다. 어린양이 인을 떼시니 그냥 주님이 흰말을 불러내셔도 될듯한데 왜 생물이 불러낼까? 필자는 계4장에 소개되는 네 생물은 네 번째 인까지의 해석을 더욱 분명히 하고 있음을 알게 되었다.

그리고 왜 에스겔과 계시록의 네 생물의 순서를 바꾸어 놓았는지도 깨달게 하셨다. 또 하나 왜 에스겔의 소를 계시록은 송아지로 바꾸었는지도 깨달았다. 에스겔의 순서가 바뀐 계시록의 네 생물은 1-4인까지 인의 순서적 해석과 관련이 있기 때문이다. 사자는 첫째인과 관련이 있다. 둘째 소를 본질이 같은 송아지로 바꾸고 두 번째에 배치한 것은 둘째인과 관련이 있다. 세 번째 사람얼굴도 셋째인과 관련이 있다. 그리고 넷째 생물 독수리도 넷째인과 관련이 있다. 이것을 깨닫고 보니 계시록을 해석하는 비밀이 곳곳에 섬세하게 숨겨져 있음에 놀랍다.

인을 해석할 때 네 마리의 말도 중요하다. 혹자는 1-4인까지의 말은 슥 6:2-8절의 말과 같은 것으로 보기도 한다. 때문에 인은 재앙이 아니라는 논리다. 그러나 스가랴의 말과 계시록의 말은 결코 같은 말이 아니다. 지금까지 나열한 것을 비교도표로 만들어 보았다. 인을 들어가기 전에 인과 관련한 네 생물을 먼저 다루는 것은 독자들에게 혼돈이 올 수도 있다. 1-4인까지의 충분한 해석은 다음 7인으로 가야 하기 때문이다.

그러나 인, 나, 대를 해석하기 위한 기본 정리들이니 여기서 이해가 잘 안되어도 독자들의 양해를 바란다. 여기서는 간단하게 1-4인까지의 관계성만 간단히 언급하고자 한다. 다시 인으로 들어갈 때 여기서 언급한 네 생물을 연관 지으면 이해가 쉬울 것이다.

▶네 생물과 1-4인까지의 관련비교

순서	겔1:10	계4:7	4복음서	계6장	1-4인	재앙	슥6: 2-8
1	사람	사자	마태복음 왕의 복음	첫째 생물	흰말	미혹, 카토릭	붉은 말
2	사자	송아지	마가복음 종의 복음	둘째 생물	붉은 말	테러, 이슬람	검은말

순서	겔1:10	계4:7	4복음서	계6장	1-4인	재앙	슥6: 2-8
3	소	사람	누가복음 인자의 복음	셋째 생물	검은 말	노동착취	흰 말
4	독수리	독수리	요한복음 독수리 복음	넷째 생물	청황색 말	전쟁,기근,역병	얼룩 말

① 첫째생물 사자 - 흰말

"내가 보매 어린 양이 일곱 인 중의 하나를 떼시는데 그 때에 내가 들으니 *네 생물 중의 하나가* 우렛소리 같이 말하되 오라 하기로"(계6:1)

에스겔은 첫 번 생물이 사람의 얼굴이다. 그런데 계시록에는 에스겔의 두 번째 생물인 사자를 첫 번째로 두었다. 다니엘에서 독수리 날개가 있는 사자는 바벨론이다. 현대적 의미는 사지인 영국과 독수리인 미국이다. 7째 제국으로 등장할 NWO 세력의 수장이 영국 여왕이었다. 지금은 영국의 왕이 바뀌었으니 정확하게 알 수는 없으나 영국이 주 세력임은 분명하다. 또한 미국은 NWO를 세우는 일에 선두주자 역할로 이용되는 국가다.

유다 지파의 사자 다윗의 뿌리(계5:5)인 예수님은 사자다. 또한 사자는 왕을 모방하는 적그리스도 세력의 상징이다. 사자 같은 첫째생물이 흰 말을 불러내어 첫째 인을 주관하고 있다. 여기서 사자 같은 첫째생물이 적그리스도라는 의미가 아니다. 여기서 사자 생물은 첫째인 해석과 관련이 있다는 것이다. 사자는 구 바벨론의 니므롯부터 등장한 짐승제국이다. 다시 신 바벨론제국 사자로 등장하여 마지막 현시대까지 그 영향력을 행사하고 있다.

② 둘째생물 송아지 - 붉은 말

"둘째 인을 떼실 때에 내가 들으니 *둘째 생물*이 말하되 오라 하니"(계:6:3)

에스겔의 첫 번째 생물인 소를 송아지로 바꾸어 계시록에는 두 번째로 배치했다. 왜, 소를 본질이 같은 송아지로 바꾸었을까? 왜, 말 새끼인 망아지나 본질이 다른 그 어떤 것으로 하지 않았을까? 이것은 에스겔의 네 생물이나 계시록의 네 생물이 같다는 의미일 것이다. 붉은말을 대동하는 둘째인은 이슬람세력의 등장, 지하드 테러의 태동으로 본다. 송아지는 풀어놓으면 어디로 튀어서 어떤 사고를 낼지 모르는 특성이 있는 동물이다. 에스겔에의 소는 그저 묵묵히 일하는 헌신적인 동물이다. 그래서 마가복음을 종의 복음이라 한다.

그러나 계시록에 송아지는 말썽꾸러기다. 어디로 튈지 모르는 송아지의 특성은 언제 어디에서 터질지 모르는 이슬람 테러의 성격을 보여주고 있다. 911이 테러의 분수령이 되었다. 이슬람 세력들을 통한 테러 재앙은 마지막 때 재난의 중요한 도구임에 틀림없다. 사단은 이 테러 재앙의 도구로 이슬람을 사용할 것이다. 또한 이 테러는 전 세계 국가의 안보를 위태롭게 할 것이다. NWO 세력들은 7년 전 마지막 전쟁으로 3차전을 앞두고 있다. 이 목적을 달성하기위해 사회를 혼란시키는 중요한 수단으로 테러가 사용될 것이 분명하다. 테러는 전쟁으로 가는 전 단계이기 때문이다.

③ 셋째생물 사람 얼굴 – 검은 말
"셋째 인을 떼실 때에 내가 들으니 *셋째 생물*이 말하되 오라 하기로 내가 보니 검은 말이 나오는데..." (계6:5)

에스겔의 첫 번째 생물인 사람 얼굴을 계시록에는 세 번째로 배치했다. 이것은 사람 얼굴 모양의 셋째 생물은 셋째 인이 사람과 관련이 있다는 것이다. 검은말은 사람을 봉건제도의 노동착취로 노동의 멍에에 묶어 놓았다. 인간은 먹고 살기위해 일해야 한다. 그러나 동물들은 먹고 살기위해 일하지 않는다. 검은말 재앙은 오늘날 부부가 함께 맞벌이를 해도 먹고살기 힘든 사회구조를 만들어 놓은 것이다.

검은 말은 사람을 싼 노동력에 묶어 일과 돈의 노예가 되게 한 것이다. 주님은 우리에게 "나의 멍에를 메고 내게 배우라...내 멍에는 쉽고 내 짐은 가볍다" 하셨다. 그러나 사단이 사람에게 씌운 멍에는 어렵고 힘들고 사람을 고통스럽게 한다. 적그리스도는 마지막 때에 먹고 살기위한 가장 강력한 수단을 쓸 것이다. 아마도 짐승표의 멍에로 모든 사람들을 묶을 가능성이 높다.

④ 넷째생물 독수리 – 청황색 말

"넷째 인을 떼실 때에 내가 *넷째 생물*의 음성을 들으니 말하되 오라 하기로"(계6:7)

"주검이 있는 곳에는 *독수리*들이 모일 것이니라"(마24:28)

"또 내가 보니 한 천사가 태양 안에 서서 공중에 *나는 모든 새를 향하여* 큰 음성으로 외쳐 이르되 와서 *하나님의 큰 잔치*에 모여 왕들의 살과 장군들의 살과 장사들의 살과 말들과 그것을 탄 자들의 살과 자유인들이나 종들이나 작은 자나 큰 자나 *모든 자의 살을 먹으라* 하더라"(계19:17-18)

에스겔의 네 번째 생물인 독수리는 계시록에도 동일하게 네 번째로 배치했다. 청황색 말 사망은 검(전쟁), 기근(흉년), 사망(전염병)으로 4분의 1의 사람을 죽이는 재앙이다. 이 사망의 재앙은 마지막 때까지 계속 사람을 죽이는 일을 주도할 것이다. 그러므로 넷째인의 성격은 사람을 많이 죽이는 재앙이다. 음부가 사망의 뒤를 따르며 시신을 주어 담고 있다. 넷째생물 독수리는 주검이다. 독수리가 주검과 연관되어 있은 것은 마태복음에서도 볼 수 있다. 이것은 주님께서 아마겟돈 전쟁을 암시해 주신 것이다.

계시록에는 아마겟돈 전쟁 끝에 죽음의 무덤에서 새들의 잔치가 벌어진다. 독수리는 바로 새들의 제왕이다. 뱀은 살아 있는 것만 먹는 반면 독수리는 죽은 것을 먹는 특성이 있다. 혹자는 독수리를 자연에서 사체를 처리하는 청소부라고도 한다. 이와 같이 네 생물이 주관하는 1-4인까지 재앙은 인류 마지막까지 영향력을 끼치는 사건의 원형이다. 이 부분은 인을 정리할 때 더욱 자세하게 풀어갈 것이다.

10) 24장로

앞에서 살펴본 네 생물과 함께 24장로가 등장한다. 24장로에 대한 견해도 다양하다. 필자는 24장로는 네 생물과 같이 높은 계급의 천사라고 본다. 그러나 24장로를 아브라함을 비롯한 구약의 족장들로 보기도 한다. 여러 주석에는 구약의 12지파와 신약의 12제자라고도 한다. 또 혹자는 24장로는 구약 성경 기록자라고도 한다. 그러나 정확한 것은 알 수 없다. 무엇보다 중요한 것은 성경을 기반으로 24장로를 봐야 한다. 계시록의 24장로를 자세히 보면 사람으로 보기에는 무리가 있다.

① 24 장로의 모습

"또 *보좌에 둘려 이십사 보좌들이 있고 그 보좌들 위에 이십사 장로들이 흰 옷을 입고 머리에 금관을 쓰고 앉았더라*"(계4:4)

㉠ 하나님 보좌에 둘려 24보좌가 있다.

24장로의 하늘의 위치를 보면 하나님 보좌가 있고 그 주위에 24 보좌가 둘려있다. 아마도 네 생물은 보좌가 없는 것으로 보아 네 생물보다 높은 위치인 듯하다. 성경에 그냥 보좌는 성부 하나님의 보좌를 뜻한다. 계시록에 "보좌와 내 생물과 장로들 사이에" 할 때 보좌는 하나님 보좌다. 24장로와 네 생물은 항상 하나님 보좌 가장 가까이 주의에 둘려있다. 육을 가지고 있던 피조물이 죽어서 하나님 보좌를 둘러싸고 있다는 것은 성경적으로 보이지 않는다.

㉡ 금 면류관을 쓰고 있다.

성경에 천사들은 그 어디에도 머리에 면류관을 쓰고 있다는 기록이 없다. 물론 필자가 못 찾은 것일 수도 있다. 그런데 24장로는 머리에 그것도 금관을 쓰고 있다. 계14:14절에 두 번째 휴거를 위해 공중에 내려오신 주님도 같은 금관을 쓰셨다. 이렇게 금관은 예수님과 24장로가 쓰고 있는 특별한 관이다. 여기서 관은 스테파노스로 영광과 승리의 관이다.

24장로가 이 금관을 쓰고 있기에 땅에서 승리한 영광스러운 사람들이라고 한다. 그들 중에 구약의 대표로 12지파 신약의 대표로 12제라고도 한다. 그러나 이 장면은 신약의 12제자중의 하나인 사도 요한이 본 장면이다. 요한이 보고 있는 신약의 12 대표 중에 사도 요한 자신이 금관을 쓰고 그 보좌에 앉아 있을 수는 없다. 그러므로 이 해석도 문제가 있다.

성도는 금 면류관을 쓰지 않는다. 생명의 면류관(약1:12) 영광의 면류관(벧전5:4)이다. 또한 의의 면류관(딤후4:8)등으로 승리의 면류관이다. 또한 성도의 면류관은 최후에 받게 되는 것이다. 필자의 견해로는 24장로가 영광과 승리의 스테파노스 금관을 쓰고 있는 것은 땅에 있는 성도들과 관련이 있다고 본다. 성도들이 땅에서 승리하고 영광의 자리에 이르도록 영적세계에서 어떤 특별한 사역을 하고 있는 것으로 보인다.

ⓒ 흰옷, 히마티온을 입고 있다.

성경에서 천사들이 입는 옷은 람프로스다. 람프로스는 화려하고 찬란하고 빛나고 아름다운 옷이다. 일반적으로 천사들의 옷은 찬란한 보석 옷이다. 겔28:13절에 루시엘 천사가 지음을 받을 때 12보석으로 단장했다. 계15:6에 일곱 대접을 가진 일곱 천사도 람프로스를 입고 있다. 그러나 24장로는 특별히 흰옷, 히마티온을 입고 있다. 여기 옷에 해당하는 히마티온은 계시록에서 이 땅에 살아있는 성도들이 입고 있는 옷이다. 이미 죽어서 하늘에 있는 성도들은 스톨레를 입고 있다. 다섯째 인의 순교자들과 7장의 흰 옷 무리가 스톨레를 입고 있다.

만약 24장로가 죽은 구약의 사람이라면 스톨레를 입고 있어야 한다. 그런데 24장로는 이 땅의 살아 있는 성도가 입는 히마티온을 입고 있다. 이 또한 필자의 견해로 24장로는 이 땅에 살아있는 성도들과 관련되어 있기 때문으로 본다. 분명히 24장로는 죽은 믿음의 선조들이 아니다. 땅에 있는 성도들을 위한 특별 임무를 받은 높은 계급의 천사로 보인다. 옷에 대해서는 다섯째 인에서 자세히 다룬다.

"일곱 재앙을 가진 *일곱 천사*가 성전으로부터 나와 *맑고(람프로스)* 빛난 세마포 옷을 입고 가슴에 금 띠를 띠고"(계5:6)

"그러나 사데에 그 *옷(히마티온)*을 더럽히지 아니한 자 몇 명이 네게 있어 흰 *옷(히마티온)*을 입고 나와 함께 다니리니 그들은 합당한 자인 연고라"(계3:4)

"각각 그들에게 흰 *두루마기(스톨레)*를 주시며 이르시되 아직 잠시 동안 쉬되 그들의 동무 종들과 형제들도 자기처럼 죽임을 당하여 그 수가 차기까지 하라 하시더라"(계6:11)

② 24장로의 주 사역

24장로들의 주 사역에도 이들이 땅에 사람들과 관련된 천사임을 짐작할 수 있다. 24장로의 주 사역은 하나님께 찬양과 경배하는 사역이다. 또 하나 중요한 사역은 땅의 성도들의 기도를 하나님 보좌 앞으로 올려드리는 사역이다.

㉠ 하나님께 찬양과 경배

"*이십사 장로들이 보좌에 앉으신 이 앞에 엎드려 세세토록 살아 계시는 이에게 경배하고 자기의 관을 보좌 앞에 드리며 이르되 우리 주 하나님이여 영광과 존귀와 권능을 받으시는 것이 합당하오니 주께서 만물을 지으신지라 만물이 주의 뜻대로 있었고 또 지으심을 받았나이다* 하더라"(계4:10-11)

"*모든 천사가 보좌와 장로들과 네 생물의 주위에 서 있다가 보좌 앞에 엎드려 얼굴을 대고 하나님께 경배하여....* (계7:11)

"하나님 앞에서 자기 보좌에 앉아 있던 *이십사 장로가 엎드려 얼굴을 땅에 대고 하나님께 경배하여* 이르되 감사하옵나니 옛적에도 계셨고 지금도 계신 주 하나님 곧 전능하신 이여 친히 큰 권능을 잡으시고 왕 노릇 하시도다"(계11:16-17)

"또 *이십사 장로와 네 생물이 엎드려 보좌에 앉으신 하나님께 경배하여* 이르되 아멘 할렐루야 하니"(계19:4)

24장로는 하나님 보좌 주위에 둘려있다. 그리고 하나님께 찬양과 경배할 때 가장 앞에서 주관하는 위치다. 마치 찬양대 지휘자 위치와 같은 모양이다. 계7:11절에 보면 모든 천사들이 보좌와 장로들과 네 생물의 주위에 서 있다. 하나님 보좌를 중심으로 바로 보좌 주위로 24장로와 네 생물이 있다. 그리고 그 주위에 모든 천사들이 서 있는 광경이다. 특별히 24장로는 얼굴을 땅에 대고 엎드려 경배하는 장면을 여러 곳에 기록하고 있다. 24 장로들이 선창으로 찬양과 경배하면 모든 천사들도 함께 아멘으로 찬양하는 모습이다.

ⓒ 성도들의 기도를 하나님께로 올리는 사역

"그 두루마리를 취하시매 네 생물과 *이십사 장로들이* 그 어린 양 앞에 엎드려 각각 거문고와 *향이 가득한 금 대접을 가졌으니 이 향은 성도의 기도들이라*"(계5:8)

"또 다른 천사가 와서 제단 곁에 서서 *금 향로를* 가지고 *많은 향을* 받았으니 이는 모든 성도의 기도와 합하여 *보좌 앞 금 제단에* 드리고자 함이라 향연이 성도의 기도와 함께 천사의 손으로부터 하나님 앞으로 올라가는지라"(계8:3-4)

특별히 24장로의 주 사역은 성도들의 기도를 관장하는 천사로 보인다. 24장로가 성도들의 기도를 금 대접에 받아 하나님 보좌 앞에 올려드린다. 여기서 성도들의 기도는 앞서 살펴보았던 계5:8과 같은 일반적인 성도들의 기도다. 성도들의 모든 기도는 천사들이 받아서 하늘로 올려 간다. 정확히 알 수는 없지만 아마도 이렇게 성도들의 기도를 옮기는 일은 24장로가 직접 하는 것은 아닐 것이다. 아마도 24장로 보다 아래 계급의 일반 천사들일 것이다. 땅에서 천사들이 가져온 모든 기도를 모아 24장로가 하나님 보좌 앞 금 제단에 올려 드리는 일을 관장하는 것 같다. 이러한 특별한 사역을 믿음의 선조인 사람들이 할 수 없다고 본다.

여기까지 볼 때 24장로는 아마도 이 땅에 살아있는 성도와 직접으로 관련이 있는 듯하다. 피조물 가운데 하나님께서 가장 사랑하시는 소중한 대상은 바로 천사들도 부러워하는 사람이다. 천사들은 구원받은 후사들을 섬기는 자라고 하셨다. 하나님은 특별히 24장로에게 땅에 살아있는 사람들을 관장하는 천사로 임명하신 듯하다. 그 근거로는 24장로가 이 땅에 살아있는 성도가 입는 히마티온을 입고 있다는 이다.

또한 24장로가 쓰고 있는 금관도 승리한 성도들이 천국에서 영광으로 받을 스테파노스다. 계4:10절에 24장로는 자기의 관을 벗어서 보좌 앞에 드린다. 이후에 우리도 천국에 가서 면류관을 받을 것이다. 그때 우리도 역시 24장로와 같이 관을 벗어 드리며 고백할 것이다. 오직 주님만 영광과 존귀를 받으시기에 합당 합니다.

"*이십사 장로들이* 보좌에 앉으신 이 앞에 엎드려 세세토록 살아 계시는 이에게 경배하고 *자기의 관을 보좌 앞에 드리며* 이르되 *우리 주 하나님이여 영광과 존귀와 권능을 받으시는 것이 합당하오니* 주께서 만물을 지으신지라 만물이 주의 뜻대로 있었고 또 지으심을 받았나이다 하더라"(계4:10-11)

③ 24장로는 사도요한과 대화를 나눈다.
"*장로 중의 한 사람이 내게 말하되 울지 말라* 유대 지파의 사자 다윗의 뿌리가 이겼으니 그 두루마리와 그 일곱 인을 떼시리라 하더라"(계5:5)

"*장로 중 하나가 응답하여 나에게 이르되* 이 흰 옷 입은 자들이 누구며 또 어디서 왔느냐 *내가 말하기를* 내 주여 당신이 아시나이다 하니 그가 나에게 이르되 이는 큰 환난에서 나오는 자들인데 어린 양의 피에 그 옷을 씻어 희게 하였느니라"(계7:13-14)

계5장과 7장에는 장로와 사도요한이 대화하는 장면이 나온다. 만일 24장로가 12족장이든 12제자이든 사람이라면 심각한 문제가 생긴다. 성경에서는 죽은 자와의 대화를 금하고 있다. 카토릭은 죽은 자와의 대화를 허용하고 있다. 바로 사도신경의 성도의 교제는 죽은 자 와의 대화를 의미한다. 성도의 교제의 성도는 카토릭의 죽은 성인들이다. 죽은 성인들과 기도로 교제하는 것을 믿는다는 것이다. 이것은 이방 종교에서 행해지는 초혼이다.

기독교는 사도신경의 성도의 교제를 성도간의 교통 혹은 친교로 번역하고 있다. 그러나 원문은 정확히 성도는 죽은 성인들이다. 이것은 사도신경의 많은 문제점 가운데 하나일 뿐이다. 그런데 24장로가 사람이라면 요한은 지금 죽은 자와 대화 하고 있는 것이다. 결코 그럴 수는 없다. 성경에는 다니엘 이사야등 많은 선지자들이 천사들과 대화를 하는 장면들이 있다. 그러나 성경 그 어디에서도 선지자나 사도들이 죽은 선진들과 대화하는 모습은 없다.

구약에 사울 왕이 엔돌의 무당을 찾아가 사무엘을 불러올린다. 이때 사울 왕은 땅에서 올라온 죽은 사무엘과 대화를 나눈다. 이것은 여러 주석에서 악령의 역사로 해석하고 있다.(삼상28:7-19) 변화 산에서 베드로는 예수님 께서 죽은 모세와 엘리야와 함께 있는 것을 보았다. 그러나 베드로가 죽은 모세나 엘리야와 대화하지 않았다. 성경은 죽은 자와 대화를 금하고 있기 때문이다. 그러므로 사도요한과 대화하는 24장로는 사람이 아닌 천사인 것 이다. 여기까지 요한계시록을 들어가기 위한 기본 틀을 세웠다. 이 기본 틀 안에서 계시록을 풀어갈 것이다.

2. 일곱 교회

반복해서 언급하지만 본 서는 요한계시록 주해가 아니다. 마지막 때 천국 이정표라는 주제를 따라 살펴보고 있다. 여기서 일곱 교회에 대해 자세한 본문을 다루지는 않는다. 앞에서 강조한 대로 구속사와 심판사의 관점에서 일곱 인과 함께 같은 맥락으로 간단히 다룰 것이다.

1) 일곱 교회에 대한 여러 학설 들

먼저 일곱 교회에 대한 여러 가지 학설들을 간단히 살펴보고자 한다. 여러 주석들에서 일반적으로 분류하고 있는 교회 학파의 해설이다. 일곱 교회는 네 개의 학파가 있다. 세대주의 학파 과거학파, 미래학파, 정통학파로 나뉜다.

① 세대주의 학파주장

세대주의는 7교회를 7세대로 분류 한다. 대표적인 학자는 스코필드다. 그 의 주장은 "7교회는 교회 역사상 예수의 재림 때까지의 7세대의 모든 교회 를 대표한다."고 했다. 세대주의가 교회사 년대를 나누는 주장은 여러 가지 가 있다. 그중 한 가지 예를 들면 아래와 같다.

에베소 교회 - 사도시대(주후 33-100년)

서머나 교회 - 니케아회의 전까지(100-313년)

버가모 교회 - 국교시대(313-590년)

두아디라 교회 - 로마 법황시대(590-1517년)

사대 교회 - 근세교회 초기(1517-1827년)

빌라델비아 교회 - 20세기 초까지(1827-20세기 초)

라오디게아 교회 - 세상 끝 날까지(20세기 - ?)

② 과거학파

과거학파는 일곱 교회를 1세기 당시 소아시아에 있었던 교회로 본다. 이들은 일곱 교회는 이미 과거 어느 시대에 이미 지나가 버린 때로 인식한다.

③ 미래학파

이들은 7교회는 미래 어느 시점에 일어나서 세상 끝 날까지 있을 여러 유형의 교회들로 본다. 이들 7교회의 시작은 이들이 주장하는 용어대로 7년 환란의 전 후 시대로 본다.

④ 정통학파

7교회는 초대 교회로부터 세상 끝 날까지 있는 모든 유형의 교회들로 본다. 필자는 7교회에 대하여 네 학파의 주장과는 조금 다른 견해를 가지고 있다. 우선 7교회는 현재성, 역사성, 대표성, 연속성을 가지고 있다. 무엇보다 필자는 일곱 교회시대가 일곱 인과 함께 간다는 역사의 연속성에 중점을 두고 7인과 함께 풀어갈 것이다.

2) 일곱 교회 이름대로 진행된 교회 역사

당시 소아시아에는 7곱 교회만 있었던 것은 아니다. 그러나 특별히 7교회를 선별해서 계시록에 기록하게 하신 것은 특별하신 하나님의 의도가 있다. 지도상으로 일곱 교회의 위치 분포를 보면 에베소에서 라오디게아까지 7자 형태다. 7교회의 이름이 뜻하는 대로 교회시대 역사는 진행되어 왔다. 이것은 세대주의를 비판한다 해도 부인할 수 없는 사실이다.

에베소는 인내를 뜻하며 사도시대다. 몰약을 뜻하는 서머나는 순교시대다. 버가모는 높은 남자와 결혼이라는 뜻으로 국교시대다. 교회와 정부가 하나 됨으로 교회 타락의 시작이다. 두아디라는 계속되는 제사의 의미다. 어두운 이방제사가 계속되는 카토릭의 전성기인 중세암흑시대였다. 사데는 개혁이라는 뜻으로 종교개혁 시대였다. 빌라델비아는 형제사랑으로 복음이 세계로 전파되는 19세기 세계선교 시대였다.

마지막 라오디게아는 '백성을 심판하다'라는 뜻으로 오늘날 종말시대. 이 땅의 백성을 심판하실 때가 가까이 와 있음을 알리는 마지막 교회다. 7교회는 사도요한 당시에 있었던 소아시아 7교회의 의미를 훨씬 뛰어 넘는다. 7교회는 현재성, 역사성, 대표성, 연속성을 가지고 있다. 당시에 있었던 7회는 당시에도 있었고 현재도 이러한 형태의 교회가 존재한다. 또한 역사적으로 일곱 교회 성격에 따른 교회시대가 진행되어 왔고 현재도 진행 중이다.

7교회는 모든 시대 모든 교회의 대표성도 가지고 있다. 그리고 중요한 것은 연속성이다. 필자는 일곱 교회가 가지고 있는 네 가지 요인 중에 교회의 연속성을 중요시 여긴다. 계시록이 순서적으로 쓰여 졌다는 것은 여러 곳에서 발견된다. 요한은 계1:11절에 받은 교회이름 순서대로 편지를 보냈다. 에베소교회에 제일 먼저 편지를 보냈다. 그리고 맨 나중에 라오디게아 교회에 보냈다. 7교회는 편지를 받은 순서가 바뀌지 않았다. 7교회 이름은 앞으로 일어날 교회시대 순으로 배열된 것이다.

또한 역사적으로 7교회 순서대로 교회 이름에 해당하는 교회시대가 열렸다. 에베소 사도시대가 제일 먼저였고 라오디게아 종말시대가 맨 나중이다. 필자가 보는 7교회는 세대 주의처럼 각 세대로 끝나지 않는 연속성에 있다. 교회의 이름은 그 교회의 시대적 사명이다. 해당하는 교회시대가 끝나도 그 시대로 끝나는 것이 아니다.

필자는 청년시절 필자가 속한 교단의 큰 행사로 2시간 반 분량의 뮤지컬을 한 경험이 있다. 필자가 맡은 역은 선교사였다. 32명의 배우들이 무대에서 함께 노래하며 춤을 춘다. 그리고 각 배우들이 대사를 할 때가 있다. 그 때 조명은 전면 중앙에 등장하여 대사를 하는 배우에게 클로즈업 된다. 그리고 남는 배우들은 모두 뒤로 물러선다. 그 시간은 대사를 하는 배우가 그 순간의 주인공이기 때문이다. 그리고 32명의 배우들은 자신의 대사를 마치고도 무대에서 사라지지 않는다. 모든 배우들은 뮤지컬이 끝날 때까지 무대에서 함께한다. 필자는 7교회를 이와 같은 그림으로 이해한다.

에베소 교회는 에베소가 인내라는 뜻이니 인내교회다. 당시 에베소 교회 사도시대는 예수님을 직접 만나본 사람들이 상당수 살아있던 시대다. 그들 중에는 부활하시고 승천하실 때 다시 오마 약속하신 주님을 기다리는 자들이 많았던 시대다. 그러나 세월이 가도 주님이 오시지 않았다. 사도시대 성도들은 인내가 필요했던 시대다. 끝까지 인내하며 주님을 처음 사랑한 그 믿음을 지켜야 했던 시대다.

이렇게 교회시대 역사의 무대에서 사도시대 에베소 교회는 인내의 사명을 가진 교회사의 주인공이었다. 그러나 에베소 교회의 인내는 여기서 끝나지 않는다. 계14:12절에 "성도의 인내가 여기 있나니"한다. 계시록에는 '인내'라는 단어가 5회 나온다. 마지막 끝까지 인내해야 한다는 것이다. 에베소 교회의 사명이 끝나면 전면 중앙에서 뒤로 한발 물러선다. 그리고 마지막 시대까지 계속 그 영향력을 유지한다.

그리고 다음 주인공인 순교시대 서머나 교회가 클로즈업된다. 서머나의 몰약은 시신에 바르는 향품이다. 고대 이집트에서 미이라를 만들 때 시신 방부 처리로 많이 사용되었다. 동방박사들이 예수님께 드린 예물 중에 몰약이 있었다. 인류의 죄를 위해 십자가에 죽으실 예수님의 죽음을 의미한다. 서머나 교회는 초대교회 핍박이 시작되면서 순교가 시작되었다. 교회사의 무대에서 서머나 교회는 순교시대를 여는 사명의 주인공이었다. 그리고 사명을 마치고 뒤로 물러나지만 역사에서 계속 연속적으로 영향력을 끼친다. 서머나 교회의 순교의 사명은 종교개혁시대에 꽃을 피웠다. 역사상 가장 많은 순교자가 나온 시기다.

그리고 서머나 교회 사명의 완성은 순교자의 수가 다 채워지는 바로 후 3.5년이다. 목 베임을 받은 최후의 순교시대다. 모든 교회의 사명의 완성은 최후 마지막이다. 버가모 국교시대는 교회가 타락을 시작하는 모판이 되었다. 교회가 정부와 결합이 되면서 강력한 세상 힘이 더해졌다. 하나님의 통치하에 있는 영적 힘은 약해지고 세상 힘이 강해지면서 교회는 서서히 세속화되기 시작했다. 두아디라 교회는 중세종교암흑 시대다. 교회사는 이때를 카토릭의 전성기라고 한다. 드디어 사데교회 시대에 종교개혁이 일어났다.

19세기 빌라델비아 교회 시대를 주목할 필요가 있다. 빌라델비아 교회에서 주님의 마지막 때 예언을 기억해야 한다. 복음이 온 세상에 전파되면 그제야 끝이 온다고 하셨다. 끝이 가까이 왔다는 신호가 세계복음 전파의 시기다. 19세기 빌라델비아 교회는 세계선교시대로 위대한 세기라 불린다. 기독교 복음의 영향력이 19세기 100년 동안에 지난 1800년의 기독교 영향력을 능가해 버린 것이다. 기독교 복음이 전 세계로 급격히 확산된 시기다. 대한민국도 이 시기에 복음이 들어왔다. 그러나 지금은 라오디게아 시대지만 빌라델비아 세계선교는 계속되고 있다. 마지막 까지 미 종족 전도를 위한 세계선교는 끊임없이 계속될 것이다.

"*이 천국 복음*이 모든 민족에게 증언되기 위하여 *온 세상에 전파*되리니 *그제야 끝이 오리라*"(마24:14)

지금은 마지막 라오디게아 교회시대다. 우리는 지금 마지막 교회 시대에 살고 있다. 때문에 라오디게아 교회에 주시는 메시지가 현실적으로 나타나는 교회의 현상을 눈으로 보고 있다. 교회가 세상 인본주의로 물들었다. 현실적으로 물질은 부요한 시대에 살면서 영적으로는 가난해진 것을 모른다. 이 상태는 앞으로 결코 좋아지지 않을 것이다. 백성을 심판하시기 위해 오시는 주님 재림 시까지 가는 것이 마지막시대 교회의 예언이다.

"*라오디게아 교회*의 사자에게 편지하라 아멘이시요 충성되고 참된 증인이시요 하나님의 창조의 근본이신 이가 이르시되 내가 네 행위를 아노니 네가

차지도 아니하고 뜨겁지도 아니하도다 네가 차든지 뜨겁든지 하기를 원하노라 네가 이같이 미지근하여 뜨겁지도 아니하고 차지도 아니하니 내 입에서 너를 토하여 버리리라 네가 말하기를 나는 부자라 부요하여 부족한 것이 없다 하나 네 곤고한 것과 가련한 것과 가난한 것과 눈 먼 것과 벌거벗은 것을 알지 못하는도다'(계3:14-17)

이러한 교회의 형태가 세대마다 끝나는 세대주의와 다른 점이 필자의 견해다. 일곱 교회는 이러한 방법으로 해당시대에 등장한다. 그리고 순서에 따라 교회역사의 무대에 주인공으로 시대적 사명을 감당한다. 그리고 지금 마지막 시대는 7곱 교회의 총체적 교회들이 함께 있는 것이다. 물론 이러한 형태는 무형교회나 유형교회나 모두 해당된다고 본다. 7교회와 관련한 모든 내용은 1장에서 사도요한에게 보여주신 부활하신 예수님이다. 1장에서 본 예수님으로 7교회에게 인사, 책망, 칭찬, 권면, 이긴 자의 약속을 하고 있다. 이 모든 것은 교회이름의 뜻과 거의 일치되게 나타나고 있다. 다음의 7교회 비교도표에서 보듯이 7교회 이긴 자에게 주시는 약속이 있다. 모두 주님의 재림 그리고 천년왕국과 결국에 영원한 천국과 연관되어 있음을 볼 수 있다.

3) 일곱 교회 비교 도표

시대적 교회 이름의 뜻	시대구분과 연대(대략)	예수님모습	책망	경고(칭찬/권면)	이긴 자의 약속
에베소 교회 (인내)	사도시대 보수전통주의 (1세기 말)	오른손에 일곱별을 붙잡고 일곱 금 촛대 사이에 다니시는 이	첫 사랑을 버림	촛대를 옮기리라	낙원에 생명나무 과실을 먹게 하리라
서머나 교회 (몰약)	순교시대 신본주의 (1세기말 ~4세기초)	처음과 나중이요 죽었다가 살아나신 이	없음	죽도록 충성하라 생명의 면류관을 주리라	둘째 사망의 해를 받지 아니하리라
버가모 교회 (높은 남자와 결혼)	국교시대 인본주의 (4세기말 ~6세기)	좌우에 날선 검을 가지신 이	발람과 니골라 당의 교훈을 용납	속히 와서 입의 검으로 치리라	감추었던 만나와 흰 돌을 줄 터인데

시대적 교회 이름의 뜻	시대구분 과 연대(대략)	예수님모습	책망	경고(칭찬/권면)	이긴 자의 약속
두아디라 교회 (계속되는 제사)	암흑시대 혼합주의= 신비주의 (6세기 후반~16세 기초)	그 눈이 불꽃같고 그 발이 빛난 주석과 같은 하나님의 아들	자칭 선지자 이세벨의 미혹을 받아 우상의 제물을 먹고 행음	침상에서 던지고 자녀를 죽이고 환난에 넘기리라	철장권세와 새벽별을 주리라
사데 교회 (개혁/살아 남아있다)	종교개혁시대 율법주의= 형식주의 (16세기초 ~18세기)	하나님의 일곱 영과 일곱별을 가진 이	살았다는 이름은 가졌으나 죽은 자로다 하나님 앞에 혼전한 행위를 찾지 못함	만일 일깨지 아니하면 도적같이 이르리라	흰 옷을 주고 생명책에서 흐리지 아니하리라
빌라델비아 교회 (형제사랑)	세계 선교시대 복음주의 (19세기)	거룩하고 진실하사 다윗의 열쇠를 가지신이 곧 열면 닫을 사람이 없고 닫으면 열사람이 없는 이	없음	적은 능력으로 내 일을 배반치 아니하고 인내의 말씀을 지켰음으로 시험의 때를 면케 하심	성전 기둥이 되게 하고 새 예루살렘성 에 이름을 주리라

시대적 교회 이름의 뜻	시대구분과 연대(대략)	예수님 모습	책망	경고(칭찬/권면)	이긴 자의 약속
라오디게아 교회 (백성을 심판)	종말시대 세속주의= 물질만능주의 (19세기말 ~ ?)	충성되고 참된 증인이시오 하나님의 창조의 근본이신 이	차지도 아니하고 더웁지도 아니 하므로 내 입에서 토해버리리라 네가 말하기를 나는 부자라 하나 네 곤고한 것과 가련한 것 가난한 것과 벌거벗은 것을 알지 못하는 도다	열심을 내라 불로 연단한 금을 사서 부요하게 하고 흰옷을 사서 입어 벌거벗은 수치를 보이지 않게 하고 안약을 사서 눈에 발라 보게 하라 그리고 문을 열라	주님의 보좌에 함께 앉게 하리라

3. 일곱 인 - 총체적 심판

앞에서 7인을 풀어가기 위한 기초 작업을 정리했다. 이제부터 차근차근 앞에서 나열한 계시록해석의 원칙을 적용해서 인을 풀어갈 것이다. 그러나 먼저 독자들께서 이해해 주셔야 할 것이 있다. 앞으로 현재까지 일어났다고 풀어가는 사건들은 100% 완벽하다고 할 수 없다. 다만 필자는 성경에 비추어 볼 때 지금까지는 제시하는 사건들이 성경에 가장 가깝다고 보는 것이다. 그러므로 독자들께서도 필자의 주장에 대해 성경적으로 옳은가를 분별해야 할 것이다.

또한 일곱 인의 모든 사건 자체는 필자의 독창적인 연구물이 아니다. 계시록 해석의 원칙을 공유한 앞선 여러 연구자들이 강의들 중에 성경과 다른 부분들은 걸러내고 참고했다. 그리고 성경과 가장 가깝다고 인정되는 사건들을 가져왔다. 무엇보다 성경의 기록이 가장 중요하기 때문이다. 그 어떤 전통적인 해석일지라도 성경이 우선이다. 그 어떤 유명한 학자의 해석일지라도 성경이 우선이다. 많지는 않으나 몇몇 학자들 가운데 현재 다섯 번째 나팔까지 불어졌다는 주장이 있다. 필자도 7인이 떼어짐과 다섯째 나팔까지 불어졌다는 해석에 동의한다. 그러나 그들의 사건들을 비교해 볼 때 성경과 맞지 않는 부분들이 있다.

인의 사건의 경우 특히 그러하다. 인이 이미 떼어졌다고 주장하는 이들 가운데도 성경적으로 정확하게 사건을 제시하지 못하는 경우가 많다. 또한 나팔의 경우 1-3째 까지는 동일하나 4째부터 사건이 서로 다르기도 하다. 성경말씀에 충족하지 못한 사건들이다. 이미 다섯째 나팔까지 불어졌다고 주장하는 이 가운데 thetoanend 유튜브 채널이 있다. 필자는 이분의 해석이 지금까지 들어본 계시록 해석 중에 성경에 가장 가깝고 탁월하다고 생각한다. 그러므로 인과 나팔의 사건 자체는 이분이 연구한 사건을 모두 인용할 것을 선택했다. 필자는 이 사건들을 필자의 세미나에 인용하여 사용할 것을 thetoanend님으로 부터 허락을 받은 부분이다.

그러나 필자는 이 사건의 연구가 탁월하다고 단순히 해당사건을 알리려는 목적이 아니다. 이 사건들이 가장 성경적이라고 보기 때문에 동의하고 더 연구하여 계시록을 바르게 가르치고자 함이다. 인용하는 사건들은 성령님의 조명 하에 더 연구하여 성경적으로 재해석할 것이다. 특히 필자는 7교회와 7인을 보는 독특한 시각이 있다. 그것은 7교회 구속사와 7인 심판사가 함께 가고 있는 것이다. 더 나아가서 7교회와 7인은 같은 공통코드를 가지고 있다. 필자가 타인이 연구한 7인의 사건들을 선택하여 인용하는 이유는 7교회 코드와 일치하기 때문이다.

필자는 다니엘과 요한계시록을 통해 마지막 때 천국이정표를 올바로 가르치는 것이 목적이며 사명이다. 앞선 이들의 연구가 성경에 비추어 옳다면 인정하고 받아들여 더 상고하고 가르치고자 한다. 현재 필자의 유튜브 채널에 공유한 강의 영상들은 모두 오픈되어 있다. 간혹 유튜브 구독자들 가운데 필자의 유튜브 영상을 잘 배워 또 가르치고 있다고 감사를 표현하는 이들도 있다. 이런 소식을 들을 때 마다 필자는 이 사역의 보람을 느끼곤 한다. 마지막 때 올바른 가르침은 많이 공유되어야 한다. 또한 가르침의 사명이 있는 자들은 잘 배워 또 다른 이를 가르쳐야 한다. 마지막 때 요한계시록은 반드시 바르게 배우고 바르게 가르쳐야 한다.

지금부터 살펴볼 인의 성격은 그 시대에 한번 떼어진 인은 마지막 종말 시대까지 연속적으로 영향을 미친다. 또한 처음 떼어진 인과 같이 크고 작은 사건들이 연속적, 반복적으로 일어난다. 이것은 세계적인 일반징조들로서 인은 반복재난의 원형사건이라고 볼 수 있다. 예를 들면 4째 인의 사건인 전쟁, 흉년, 전염병은 그 이후 계속 반복된다. 이러한 7인의 영향력은 지금까지 교회시대에 함께 계속 이어져 오고 있다. 마지막 때는 일곱 인의 총체적인 재앙들이 갈수록 강도 높게 일어난다.

1) 첫째 인과 첫째 교회 - 미혹의 시대

7인과 7교회가 동시대 동일한 년도에 함께 진행 된 것은 아니다. 그러나 세상역사 7시대와 교회역사 7시대가 동일한 코드를 가지고 있다는 것은 필자에게는 놀라운 발견이었다. 지금부터 인을 먼저 정리하고 뒤에 간단히 교회의 공통 코드와 관련하여 연결할 것이다. 또한 두 번째 이정표에서 살펴본 마24장 예수님의 마지막 때 이정표와도 연결시킬 것이다. 예수님의 이정표는 다니엘 이정표보다는 자세하다. 그러나 사도 요한보다는 덜 자세하다. 7인이 모두 언급되지 않고 누락된 것들도 있다. 그러나 전체적인 뼈대는 같은 맥락이다.

또한 1-4인까지 해석의 중요한 키가 있다. 네 말 탄자의 손에 무엇이 들려 있는가이다. 말 탄자들이 손에 들고 있는 것이 1-4인까지의 중요한 해석의 키가 되고 있다. 이것은 1-4인에 대한 지금까지의 전통적인 해석을 뒤 엎고 있다. 이로 인해 독자들의 기존 지식들에 혼돈이 올수도 있다. 그러나 필자가 믿는 것이 있다. 우리 한국교회 목회자들이나 성도들은 성경을 가장 우선시하는 좋은 습관이 있다. 그러므로 말씀을 비교하며 잘 분별할 것을 믿는다.

(1) 첫째 인 - 미혹의 영 / 종교적 적그리스도 카토릭 세력 등장(A.D 217-538년)

"내가 보매 어린 양이 일곱 인 중의 하나를 떼시는데 그 때에 내가 들으니 *네 생물 중의 하나가* 우렛소리 같이 말하되 오라 하기로 이에 내가 보니 *흰 말*이 있는데 *그 탄 자가 활을 가졌고 면류관을 받고 나아가서 이기고 또 이기려고 하더라*"(계6:1-2)

7인중에 첫째인 흰말이 무엇을 뜻하는가에 대한 논쟁이 가장 뜨겁다. 혹자는 흰말은 예수그리스도, 혹자는 적그리스도, 혹자는 세계 선교로 뻗어가는 복음이라고 한다. 그러나 보수적인 해석에서는 대부분 적그리스도로 보는 시각이 많다. 서두에서 네 생물 중 사자와 같은 첫째 생물은 적그리스도와 관련이 있다고 했다. 필자는 첫째 생물이 불러낸 흰말을 사자와 관련하여 적그리스도로 보고 풀어갈 것이다.

흰말을 올바로 이해하기 위해서는 먼저 적그리스도를 정리해야한다. 적그리스도는 정치적 적그리스도와 종교적 적그리스도가 있다. 이 두 개를 정리하지 않으면 결코 계6장의 흰말 탄자를 올바로 풀 수 없다. 일반적으로 적그리스도 반열에 있는 이들은 정치인 이지만 교황 같은 경우는 종교인이다. 계6장의 흰말을 적그리스도라고 하면서 또 계13장으로 가면 바다짐승도 적그리스도라고 한다. 결국 6장이나 13장이나 같은 적그리스도다. 그러나 이들은 서로 역할이 다른 적그리스도다. 계6장은 종교적 적그리스도요 계13장은 정치적 적그리스도다.

▶**첫째로 정치적 적그리스도의 특징은 반드시 바다에서 출현한다.**
바다는 세상이다. 그러므로 세상을 통치하는 정치인은 바다에서 나온다. 때문에 계13장의 짐승은 바다에서 나온다. 이 짐승은 이미 단7장 바다에서 나온 네 짐승의 완성이다. 그러므로 계13장과 단7장의 바다짐승은 같은 정치적 적그리스도다. 둘째로 정치적 적그리스도는 반드시 왕, 통치자의 관인 디아데마를 쓴다. "내가 왕이다" "내가 하나님이다"라는 선포다. 이것은 하나님을 향한 도전이다. 셋째로 반드시 성전에 자기를 위한 우상을 세운다.

세상 정치인으로 등장해서 최후 하나님자리에까지 올라가는 것이 정치적 적
그리스도의 본질이다.

"큰 짐승 넷이 바다에서 나왔는데 그 모양이 각각 다르더라"(단7:3)

"내가 보니 바다에서 한 짐승이 나오는데 뿔이 열이요 머리가 일곱이라
그 뿔에는 열 *왕관*이 있고 그 머리들에는 신성 모독 하는 이름들이 있더
라"(계13:1)

"그가 장차 많은 사람들과 더불어 한 이레 동안의 언약을 굳게 맺고 그
가 그 이레의 절반에 제사와 예물을 금지할 것이며 또 *포악하여 가증한 것
이 날개를 의지하여 설 것이며* 또 이미 정한 종말까지 진노가 황폐하게 하
는 자에게 쏟아지리라 하였느니라 하니라"(단9:27)

"그는 대적하는 자라 신이라고 불리는 모든 것과 숭배함을 받는 것에 대
항하여 그 위에 *자기를 높이고 하나님의 성전에 앉아 자기를 하나님*이라고
내세우느니라"(살후2:4)

▶ **단7장과 계13장에 나타난 정치적 적그리스도 비교 - 둘은 같은 짐승이다.**

단 7장의 작은 뿔(다른 뿔)		계 13장의 첫 째 짐승	
3절	바다에서 나옴	1절	바다에서 나옴
4-7절	사자, 곰, 표범, 강철이/열 뿔 짐승	1-2절	표범, 곰, 사자, 일곱 머리/열 뿔 짐승
20절	큰 말을 하는 입	5절	큰 말과 참람 된 말을 하는 입
	눈/입 동류보다 강함	4절	용이 짐승에게 권세를 줌
21절	성도들과 더불어 싸워 이김	7절	성도들과 싸워 이기게 됨

단 7장의 작은 뿔(다른 뿔)			계 13장의 첫 째 짐승
25절	말로 지극히 높으신 자를 대적함	6절	입을 벌려 하나님을 향하여 비방함
	성도를 괴롭게 함	7절	족속, 백성, 방언. 나라 다스리는 권세 받음
	때와 법을 변개코자 함	15-17	짐승표 강제삽입 시행법, 복음전파 금지법
	한 때 두 때 반 때를 지냄	5절	마흔두 달(42개월) 일할 권세를 받음

▶ **다음은 종교적 적그리스도를 살펴보자.**

　종교적 적그리스도는 땅에서 출현한다. 아마도 이스라엘 유대인에게서 나올 가능성이 높다. 종교적 적그리스도의 특징은 미혹이다. 끊임없이 기적과 표적, 이적을 행하며 사람들을 미혹한다. 그러나 이자는 정치적 적그리스도처럼 자기를 위한 우상을 세우지는 않는다. 오직 어린양 되시는 예수님을 모방한다. 거짓 선지자, 거짓 그리스도가 모두 종교적 적그리스도에 속한다. 이런 맥락에서 카토릭의 교황은 종교적 적그리스도다. 또한 종교적 적그리스도는 정치적 적그리스도와 결탁되어 있다. 그러므로 정치와 종교는 함께 가는 것이다. 계17장에 음녀와 일곱 머리 열 뿔 짐승의 모습은 종교적, 정치적 적그리스도의 결탁된 모습이다.

　"곧 성령으로 나를 데리고 광야로 가니라 내가 보니 *여자가 붉은 빛 짐승을 탔는데* 그 짐승의 몸에 하나님을 모독하는 이름들이 가득하고 *일곱 머리와 열 뿔*이 있으며"(계17:3)

▶ **첫째 인에 대한 예수님의 예언**

　예수님은 이 종교적 적그리스도에 대해 이미 경고를 하셨다. 바로 미혹의 영이다. 사도요한이 첫째 인으로 끌어 낸 것은 바로 예수님이 말씀하신 미혹의 영인 종교적 적그리스도다. 계6장의 흰말 탄자는 계19장에 백마 타신 예수님 모방이다. 계13장의 어린양 같은 두 뿔 가진 땅 짐승은 어린양 예수님을 모방한다. 그러나 이 둘은 같은 뿌리로 종교적 적그리스도다.

"예수께서 대답하여 이르시되 너희가 *사람의 미혹*을 받지 않도록 주의하라 많은 사람이 내 이름으로 와서 이르되 *나는 그리스도라 하여 많은 사람을 미혹하리라*"(마24:4-5)

"그 때에 사람이 너희에게 말하되 보라 그리스도가 여기 있다 혹은 저기 있다 하여도 믿지 말라 *거짓 그리스도들과 거짓 선지자들*이 일어나 *큰 표적과 기사*를 보여 할 수만 있으면 택하신 자들도 *미혹하리라*"(마24:23-24)

"아이들아 지금은 마지막 때라 *적그리스도*가 오리라는 말을 너희가 들은 것과 같이 지금도 많은 *적그리스도*가 일어났으니 그러므로 우리가 마지막 때인 줄 아노라 거짓말하는 자가 누구냐 예수께서 그리스도이심을 부인하는 자가 아니냐 아버지와 아들을 부인하는 그가 *적그리스도니*"(요일2:18,22)

▶ 계6장과 계13장의 종교적 적그리스도(거짓선지자)의 비교 - 둘은 본질이 같다.

계6장의 흰 말 탄자 (2절)	계13장의 두 번째 짐승(11-18)
흰말 탄자	11절 어린양 같은 두 뿔이 있고 용처럼 말함
활을 가짐 - 화살 없는 활을 가지고 계략과 속임수로 싸워 이기는 자로 미혹이다	13절 큰 이적을 보임 14절 짐승 앞에서 받은바 이적을 행하며 땅에 사는 자들을 미혹함
면류관을 받고나감	12절 먼저 나온 짐승의 모든 권세를 그 앞에서 행함 14절 짐승 앞에서 받은바 이적을 행하며

계6장의 흰 말 탄자 (2절)	계13장의 두 번째 짐승(11-18)
이기고	15절 짐승의 우상에게 경배하지 않는 자 다 죽이게 함
또 이기려고 함	16-18절 모든 자에게 표를 받게 함

① 네 생물 중의 하나 - 사자 같은 첫째 생물

여기서 사자 같은 생물이 적그리스도라는 것이 아니다. 독자들께서는 혼돈 없기를 바란다. 사자 같은 생물이 첫 번째에 등장하는 이유가 있다. 첫째 인의 흰말 탄자를 적그리스도와 관련되어 해석해야 한다는 것이다. 다니엘서도 사자는 바벨론이었다. 현대적 해석으로 사자는 영국이다. 또한 사자에게서 뽑혀 나온 독수리 날개 독수리는 미국이다. 사자세력인 영국과 미국은 지금 NWO를 이루어 가는 주도 세력임을 기억해야 한다.

2018년 필자의 유튜브 채널에 "이스라엘(벨렉)과 대한민국(욕단)은 히브리민족이다"라는 제목의 영상을 올려놓았다. 지금도 조회 수가 가장 많은 영상이다. 아래 댓글에 보면 필자가 미국을 폄하한다는 항의 댓글들이 있다. 필자는 결코 미국을 폄하 하는 것이 아니다. 필자는 성경의 예언을 증거 하는 것뿐이다. 다니엘서에서도 미국을 다루었지만 미국은 반드시 두 개의 시각으로 보아야 한다. 하나는 청교도 세력이고 하나는 일루미나티, 프리메이슨의 세력이다. 미국은 청교도의 하나님과 일루미나티의 하나님이 다르다. NWO는 바로 일루미나티 세력이 만드는 것이다. 첫째 생물 사자는 첫째 인이 바로 이런 세력들임을 시사하고 있다.

② 흰말 탄 자 - 흰말 타고 오시는 예수님 모방이다.

계19장에 예수님께서 흰말을 타고 오신다. 이런 모습으로 인해 흰말 탄자를 예수님이라고 주장한다. 혹자는 성경에 흰색은 모두 좋은 것이기 때문에 흰말 탄자가 적그리스도 일수 없다고 한다. 그러나 이것은 모두 미혹으로 예수님을 모방하고 예수님으로 속이는 것이다.

③ 활을 가졌다. - 화살이 없다. 속임수다.

흰말 탄자는 손에 활을 가지고 있다. 활만 가지고 있는 것이 흰말 탄자 해석의 키다. 혹자는 활이 있으면 당연히 화살이 있는 것이라고 한다. 그러나 성경에는 활과 화살이 함께 나오는 경우가 많다. 그러나 활만 나올 때는 "속이는 활"이라고 한다. 이자는 화살이 없이 활만 가졌는데 신기한 것은 이기고 있다는 것이다. 이것이 속임수다. 화살도 없이 어떠한 계략과 궤계로 적을 속이며 이기고 또 이기려고 한다. 19장에 오시는 예수님은 검을 가지고 오신다.

"그들은 돌아오나 높으신 자에게로 돌아오지 아니하니 *속이는 활과 같으며* 그들의 지도자들은 그 혀의 거친 말로 말미암아 칼에 엎드러지리니 이것이 애굽 땅에서 조롱거리가 되리라"(호7:16)

"그들의 조상들 같이 배반하고 거짓을 행하여 *속이는 활 같이* 빗나가서"(시78:57)

④ 면류관 - 스테파노스 / 영광과 승리의 관을 받았다.

혹자는 예수님은 스테파노스를 쓰지 않기 때문에 흰말은 적그리스도라고 한다. 예수님은 왕이시기 때문에 디아데마만 쓰신다는 것이다. 이것은 반대로 알고 있는 것이다. 오히려 적그리스도는 결코 스테파노스를 쓰지 못한다. 결코 그는 영광으로 승리를 할 수 없는 자이기 때문이다. 흰말 탄자도 면류관을 받았으나 결국 쓰지 못한다. 결국에는 이기지 못하기 때문이다. 그러나 반면에 정치적 적그리스도는 왕이 쓰는 디아데마 왕관을 쓴다. 하나님께 도전하는 자 이기 때문이다. 종교적이든 정치적이든 적그리스도는 결코 스테파노스를 쓸 수 없다. 그러나 우리 예수님은 왕이시니 디아데마를 쓰신다. 또한 십자가로 승리하셨으니 영광과 승리인 스테파노스도 쓰신다. 히2:9절 "영광과 존귀로 관 쓰신 예수"의 관이 스테파노스다. 계14:14절에 예수님께서 머리에 쓰신 금 면류관도 스테파노스다.

⑤ **면류관을 받고 나아가서 - 면류관을 가불 받았다.**

성경에서 면류관은 성도가 승리한 후에 와서 받는 것이다. 죽도록 승리한 후에 받는 생명의 면류관도 목자장이 나타나실 대 받는 영광의 면류관도 모두 승리한 후에 받는다. 그런데 이자는 이기기도 전에 승리와 영광의 면류관을 먼저 받고 나갔다. 승리를 가불한 것이다. 그러니 이제 부터는 수단과 방법을 가리지 않고 목적을 달성하기 위해서 이겨야만 한다. 미혹과 속임수 계략으로 무조건 이겨야 한다. 승리의 관을 가불하여 미리 받고 출발했기 때문이다.

⑥ **이기고 또 이기려고 하더라.**

이기고 또 이기려고 하지만 종교적 적그리스도는 결국에는 폐한다. 이기기도 전에 면류관을 미리 받고 싸우러 나갔다는 것은 순서가 바뀐 것이다. 먼저 면류관을 받았으니 이기고 또 이기려고 힘쓰나 그의 결국은 심판이 확정되어 있다. 그러나 우리 예수님은 단번에 이기셨다.

⑦ **흰말 탄자는 카토릭의 출현이며 교황체제가 확립된 사건이다.**

1인의 흰 말은 미혹의 영인 종교적 적그리스도 출현이다. 이에 대한 구체적 사건은 종교적 적그리스도의 어미인 카토릭의 등장이다. 세계적으로 카토릭은 미혹의 대명사다. 흰말 탄자는 계17장에서 멸망하는 큰 바벨론 음녀인 카토릭의 교황체제가 확립된 것으로 본다. 정치적 적그리스도는 구약의 제국 시대 단7장에서 이미 등장했다. 계6장에서는 종교적 적그리스도가 등장했다. 계13장으로 가면 두 짐승이 성경에 등장했던 순서대로 실제 인물로 세상에 등장한다.

종교적 적그리스도 미혹의 영인 카토릭의 교황체제는 A.D 217년 - A.D 538년에 확립되었다. 동로마제국 저스티안이 로마의 아리아인들을 제거하면서 교황체제가 굳어졌다. 이때부터 저스티안은 교황이 성경이 있어 유일한 권위자라고 선포했다. 이 때 교황은 황제로부터 면류관을 받았으며 교황이 이단자들을 처단하는 권한을 갖게 되었다. 이때부터 본격적으로 시작된 카토릭의 교황체제는 미혹된 가르침으로 기독교를 박해했다.

막강했던 교황체제는 1798년까지 1260년간 카토릭의 전성기로 발전해 갔다. 이를 두고 전3.5년 1260일을 상징적으로 해석하는 이들이 있다. 카토릭의 전성기 1260년은 전3.5년으로 이미 지나갔다는 엉뚱한 해석도 있다. 카토릭은 1798년 프랑스혁명 정치세력에 의해 교황 비오 6세가 체포되면서 그 힘이 잠시 꺾였다. 그러나 1929년 무솔리니에 의한 라테란 조약으로 서서히 다시 살아났다. 이렇게 다시 시작된 미혹의 영 카토릭 첫째 인은 지금까지 그 영향력이 확대되고 있다. 이제 계13장에서 종교적 적그리스도는 실제 인물인 거짓선지자로 나타난다. 그는 본격적으로 출현하여 첫째인의 클라이막스를 장식할 것이다.

(2) 첫째교회 – 에베소 교회 – 영지주의 미혹

"내가 네 행위와 수고와 *네 인내를 알고* 또 악한 자들을 용납하지 아니한 것과 *자칭 사도*라 하되 아닌 자들을 시험하여 그의 거짓된 것을 네가 드러낸 것과 또 *네가 참고* 내 이름을 위하여 *견디고 게으르지 아니한 것*을 아노라 그러나 너를 책망할 것이 있나니 너의 *처음 사랑*을 버렸느니라"(계2:2-4)

1세기 교회는 예수님을 직접 만나본 경험을 가진 성도들이 많이 살아있던 시대다. 주님께서 부활 후 감람산에서 승천하실 때 일시에 500여 형제에게 보이셨다. 그때 주님께서 마지막으로 남기신 말씀이다. "다시 오마!" 초대교회 성도들은 다시 오실 주님을 날마다 손꼽아 기다렸다. 그러나 세월이 가도 주님은 오시지 않았다. 성도들의 믿음이 지쳐가고 있을 때 사단이 틈새를 타고 들어왔다. 바로 미혹의 영 영지주의다. 그들은 육체를 포함하는 모든 물질은 악하고 영혼만 선하다고 한다. 역사적 그리스도는 단지 육체를 가진 인간에 불과하다고 한다. 그러므로 그리스도는 결코 성육신 한 것이 아니라고 주장한다. 영지주의 이론은 다시 오실 주님을 기다리는 성도들을 믿음에서 떠나도록 미혹했다.

초대교회 당시 이러한 영지주의 적 경향을 가진 이단들이 교회 안에 들어왔다. 그들은 성도들을 미혹하고 교회를 분열과 혼란에 빠뜨리기 시작했다. 그러나 에베소 교회는 자칭사도, 거짓 종들을 잘 분별해 냈다. 주님은 특별히 에베소 교회 성도들이 거짓을 잘 분별한 것과 인내를 칭찬하신다. 그러나 첫사랑을 잃지 말라고 책망하며 권면한다. **이와 같이 첫째 인과 첫째 교회는 미혹의 영의 시대였다.** 세상은 카토릭의 출현으로 미혹의 영의 활동이 시작되었다. 교회는 영지주의라는 미혹의 영의 침투로 기독교 공동체에 파괴적인 영향력을 행사했다.

2) 둘째 인과 둘째교회 - 핍박의 시대

(1) 둘째 인 - 이슬람 세력 등장 (A.D 632년 - 8세기)

"둘째 인을 떼실 때에 내가 들으니 *둘째 생물*이 말하되 오라 하니 이에 다른 *붉은 말*이 나오더라 그 탄 자가 허락을 받아 *땅에서 화평을 제하여 버리며 서로 죽이게 하고* 또 *큰 칼*을 받았더라"(계6:3-4)

① 둘째 생물 - 송아지 같은 생물

에스겔의 소가 계시록에는 송아지로 바뀌었다. 순서도 에스겔의 세 번째에서 계시록에는 두 번째 생물이다. 이것은 둘째 생물 송아지는 둘째 인과 관련이 있음을 시사한다. 송아지는 늘 말썽을 일으키는 특성을 가지고 있다. 또 어디로 튈지 모르는 특성이 있다. 둘째인은 분명히 송아지와 같은 특성이 있음을 둘째 생물이 암시하고 있다.

② 붉은 말 탄자가 큰 칼을 받았다.

붉은 말의 붉은 색은 피다. 그러다 보니 기존의 해석은 거의 피를 흘리는 전쟁이다. 더구나 이 자는 큰 칼을 받고 서로 죽이게 한다. 얼핏 보기에는 전쟁이라고 할 수 있다. 그러나 1-4인을 해석할 때 말 탄자가 손에 가지고 있는 물건이 중요한 키라고 했다. 붉은 말 탄자는 손에 큰 칼을 받았다. 우리는 이 칼을 유심히 살펴봐야 한다. 우리가 일반적으로 쓰는 칼에도 여러 가지 용도가 있다. 이와 같이 헬라어도 칼의 종류와 사용 용도가 다르다.

▶*마카이라* - **단검으로 형벌용, 핍박용, 참수용 칼이다.** 마카이라가 사용된 곳은 2인에서 붉은 말 탄자의 손에 있는 큰 칼이다. 예수님께서 던지신 검,

베드로가 말고의 귀를 벤 검, 첫 번 순교자 야고보를 죽인 검, 예수님을 체포하기 위해 로마병사들이 칼과 뭉치를 가지고 온 칼, 계13:10 마땅히 칼에 죽는 자, 칼에 상하는 짐승 등 이러한 검은 모두 **'마카이라' 단검**이다.

▶*롬파이아* **- 군인용 칼, 길고 날이 넓은 칼, 전쟁과 관련된 칼이다.** 4인에 등장하는 검, 계1,2장 예수님 입에서 나오는 좌우의 날선 검, 계19:21 말 탄자의 입으로부터 나오는 검 등 영적, 육적 **전쟁과 관련된 검은 '롬파이아'**다.

이렇게 둘째 인에 등장하는 큰 칼은 단검으로 '마카이라'다. 이것은 단검으로 전쟁용 칼이 아니다. 단검은 참수, 학살, 핍박용으로 사용되는 칼이다. 그러나 4인에 또 등장하는 '칼'이 전쟁용 칼로 '롬파이아'다. 길고 날이 넓은 군인용 칼로 전쟁 무기이다. 그렇다면 둘째인의 큰 칼은 전쟁으로 사람을 죽이는 칼이 아니다. 단검으로 핍박하는 핍박용 칼이다. 그러므로 둘째 인은 전쟁이 아님을 알 수 있다.

▶**둘째 인에 대한 예수님 예언**
"*난리와 난리 소문*을 듣겠으나 너희는 삼가 두려워하지 말라 이런 일이 있어야 하되 아직 끝은 아니니라"(마24:6)

예수님의 예언은 다니엘보다는 자세하지만 사도 요한만큼 자세하지는 않다고 했다. 마24장은 계시록의 7인에 대한 말씀이다. 전쟁은 아닌데 곳곳에 난리와 난리 소문이 있는 것은 둘째 인을 가리키고 있다. 예수님은 7절에 나라들이 대적하여 일어나는 전쟁을 따로 말씀하셨다.

③ **땅에서 화평을 제하여 버리며**
붉은 말을 탄자는 마카이라를 가지고 땅의 화평을 제하여 버리며 서로 죽이게 하고 있다. 땅의 헬라어 '게'는 흙, 지구의, 나라, 세상, 땅이라는 다양한 뜻이 있다. 온 지구가 흙이고 땅이지만 인종에 따라 국가별 경계선, 지경이 있다. 모든 나라들은 평화를 유지하기 위한 안보체계를 가지고 있다. 이것이 깨어지면 국가의 화평이 사라지는 것이다. '에이레네'는 평화, 번영, 하나가 됨, 안식, 고요다. 그런데 그 어떤 세력들에 의해 에이레네가 무너지는 것이다.

④ 서로 죽이게 하고

서로 죽이게 한다는 것은 전쟁과는 분위기가 조금 다른 표현이다. 서로의 헬라어 '알렌론'은 '서로 상호간에'로 전쟁과 같은 적들이 아니다. 여기서 '죽이게'는 헬라어 '습하조'다. 그 뜻은 살벌하다. 도살하다, 살육하다, 불구로 만들다, 살해하다 등 끔찍한 뜻이다. 그것도 서로, 상호간에 일어나고 있다. 이것은 전쟁이 아니다. 어떤 예상치 못한 세력들에 의해 기습적으로 일어나는 무서운 일들이다. 눅21:11의 '무서운 일'은 헬라어 프로베트론이다. 이것은 무서운 조짐, 두려운 광경을 뜻한다. 여기서 무서운 일을 영어는 테러로 번역이 되어 있다는 것은 둘째인의 성격을 암시하고 있다.

⑤ **붉은말 탄자는 이슬람 세력의 등장으로 지하드와 테러의 태동이다.**

둘째인은 역사 속에 등장한 이슬람 세력이다. 혹자는 4인을 이슬람으로 본다. 그러나 이슬람은 벌써 시작된 핍박 세력이다. 1인의 카토릭이 미혹이라면 2인 이슬람은 핍박이다. 전 세계 이슬람이 들어가는 곳마다 기독교 세력을 핍박한다. 전 세계 이슬람이 들어가는 곳마다 그 나라를 파괴한다. 우리는 오늘날 유럽이 망한 이유를 잘 알고 있다. 1인이 415년 동안 지속되고 2인이 떼어졌다. 632년은 세계가 전쟁으로 발전해 가는 전 단계로 이슬람의 테러리즘이 태동하던 시기다. 큰 칼을 가지고 땅에서 화평을 제하며 서로 죽이게 하는 2인은 전쟁이 아닌 이슬람의 테러의 태동을 의미한다. 폭력행사로 국가의 보안이 위협을 받는 사건이 테러다.

이슬람은 8세기말에 이미 지하드 법을 첫 문서화 한 '국제법의 도입'이란 책이 나왔다. 당시 이 책이 무슬림 인들에게 세계의 보안을 없애는 지하드 지침서로 사용하기 시작했다는 것은 놀라운 일이다. 또한 이때 이슬람의 종교지도자가 정치지도자로 등장하는 칼리프제도가 시작되었다. 주후 70년 예루살렘 멸망으로 성전이 완전히 파괴되고 이스라엘 민족은 세계로 흩어져 디아스포라가 되었다. 유대인이 떠난 이스라엘 땅은 타 민족들의 점령이 반복되었다. A.D 638년 이슬람이 정복한 이후 이스라엘 땅은 천년 가까이 아랍인, 이슬람의 영토가 되었다. 이슬람은 예루살렘을 정복하고 그 땅에 그들의 성전을 세웠다. 현재 예루살렘 성전 자리에 세워진 무슬림 황금 돔 사원과 알 악사 사원은 A.D691년에 세운 것이다.

둘째인 이슬람이 등장하면서 이슬람의 핍박의 역사는 계속되고 있다. 지금 이슬람은 전 세계를 위협하는 세력이다. 우리나라도 이슬람 세력을 막아야 하는 문제가 시급하다. 어디로 튈지 모르는 송아지의 특성과 같이 테러는 언제 어디서 일어날지 모르는 특성이 있다. 911은 세계 테러의 분수령이 되었다. 지금 전 세계는 이슬람의 무서운 자살폭탄 테러의 공포에 휩싸여 살고 있다. 이슬람의 테러는 전 세계에서 무차별 적으로 발생할 것이다. 앞으로 마지막 때로 갈수록 테러는 세계정부로 가기위한 중요 수단으로 사용될 것이다. 특히 3차전을 앞두고 전 세계 테러는 두려움과 공포를 조장하는 수단이 될 것이다. 또한 이슬람은 끝까지 이스라엘과 기독교를 대적하며 핍박하는 세력이다. 결국 세계3차전과 후3.5년 시83편 전쟁을 통해 이슬람 세력은 꺾일 것으로 본다.

(2) 둘째 교회 - 서머나 교회 - 초대교회 핍박이 시작되다.

"서머나 교회의 사자에게 편지하라 처음이며 마지막이요 *죽었다가 살아나신 이*가 이르시되"(계2:8)

두 번째 서머나 교회는 초대교회 핍박이 시작되었다. 편지의 서두 인사도 죽었다가 살아나신 이로 시작한다. 핍박 속에서도 신앙을 지키는 순교자들이 나오는 시기였기 때문이다. 주님은 핍박을 두려워말고 죽도록 충성하라고 하신다. 생명의 면류관을 주리라 하신다. 또한 이기는 자에게는 둘째 사망의 해를 받지 않는다고 하신다. 이처럼 서머나 교회는 자칭 유대인, 사단의 회로 인해 들어오는 핍박과 관련된 말씀들로 책망이 없는 교회다.

두 번째 서머나 교회와 둘째인의 공통점은 바로 '핍박'이다. 세상 나라 둘째인 시대는 이슬람이란 세력이 등장하여 핍박시대를 열었다. 하나님나라 교회시대는 초대교회 핍박으로 순교자들이 생겨나기 시작했다. 그리고 역사 속에 순교의 꽃을 피운 시기는 종교개혁시대다. 이제 마지막 순교시대의 끝은 후3.5년이 될 것이다.

3) 셋째 인과 셋째교회 - 묶임의 시대

(1) 셋째인 - 노동의 멍에 / 노동 착취 (900년대-10세기)

"5절-셋째 인을 떼실 때에 내가 들으니 *셋째 생물*이 말하되 오라 하기로 내가 보니 검은 말이 나오는데 그 탄 자가 손에 *저울*을 가졌더라 6절-내가 네 생물 사이로부터 나는 듯한 음성을 들으니 이르되 *한 데나리온에 밀 한 되요 한 데나리온에 보리 석 되로다 또 감람유와 포도주는 해치지 말라* 하더라"(계6:5-6)

① 셋째 생물 - 사람의 얼굴모양 같은 생물

사람의 얼굴 모양을 한 셋째 생물은 에스겔에서는 첫 번째 생물이다. 그러나 계시록에는 세 번째로 등장한다. 이는 셋째 생물은 셋째인과 관련이 있기 때문이다. 특히 셋째 인은 사람과 관련이 있다. 그러나 일반적인 전통 해석은 99.9%가 기근, 흉년으로 보고 있다. 물론 기근이 사람과 관련이 없는 것은 아니다. 기근은 사람, 동물, 자연 모두에게 해당한다. 셋째 인은 자연의 모두가 아니라 사람에게만 관련된 것이다. 그러므로 사람의 얼굴 모양의 생물이 셋째 검은 말을 불러내는 것이다.

② 검은 말 탄자는 손에 저울을 가졌다.

검은 말을 탄자의 손에는 저울이 들려있다. 이것이 셋째인 해석의 키다. 3인을 전통적으로 기근과 흉년으로 해석하는 이유가 이 저울에 있다. 저울의 원어 '쥬고스'는 그 첫 번째 뜻이 '멍에'다. 두 번째 뜻이 무게를 재는데 쓰는 '저울대'라는 뜻이 있다. 쥬고스는 신약성경에 6회 등장한다. 모두가 멍에로 번역했는데 계시록에만 저울로 번역하고 있다. 이것은 아마도 뒤에 나오는 한 데나리온과 밀과 보리 때문일 것이다. 그러나 과연 셋째 인이 기근일까? 필자는 3인이 기존의 해석인 기근이 아님을 본문에서 성경적으로 밝혀갈 것이다. 이를 위해 저울과 관련된 한 데나리온과 밀과 보리 그리고 포도주 감람유는 무엇을 드러내려 하는지를 밝혀갈 것이다. 이 부분을 정확히 알면 기존의 해석은 저울부터 빗나간 것임을 알 수 있다. 무엇보다 기근 흉년은 4인에서 분명히 등장하고 있다. 필자의 해석을 통해 검은 말 탄자의 손에는 저울과 멍에 중 어느 것이 들려 있어야 옳은지를 독자들도 분별 할 수 있을 것이다.

③ 한 데나리온에 밀 한 되 / 보리 석 되로다

성경에는 은전의 명칭이 다양하게 나온다. 유대인들이 쓰는 세켈, 므나, 달란트가 있다. 헬라의 명칭은 렙돈, 드라크마가 있다. 로마의 명칭은 고드란트, 앗사리온, 데나리온이 있다. 누가복음 15장에는 한 여인이 한 드라크마를 잃은 비유가 나온다. 누가는 헬라인이기 때문에 헬라의 명칭인 드라크마를 사용했다. 한 드라크마는 로마의 한 데나리온과 같은 하루 노동 값이다. 이 여인은 하루 노동 값을 잃어버렸다가 찾은 것이다. 오늘날의 하루 노동 값으로 하면 10만 원 정도 잃었다가 찾은 것이다.

유대 은전 명칭에는 하루 품삯의 은전이 없다. 1세켈은 4일 노동 값이다. 1므나는 25세켈이다. 달란트는 가치가 너무 높다. 그러므로 요한은 로마명칭인 데나리온을 노동 값으로 쓴 것이다. 또한 로마명칭에 고드란트나 앗사리온은 노동 값으로 치기엔 가치가 너무 낮다. 그러나 한 데나리온은 하루 노동 값이다. 그러므로 유대인들에게 있어 한 데나리온은 하루 노동 값과 관련이 있다. 마20장에 포도원에 들어가는 사람들도 하루 노동 값으로 한 데나리온을 약속받는다. 그렇다면 셋째인의 한 데나리온은 노동과 관련이 있다는 것을 암시하고 있는 것이다.

본문에서 한 데나리온에 보리 한 되나 밀 한 되밖에 살수 없다하니 얼핏 흉년으로 볼 수 있다. 성경 번역자들도 쥬고스가 멍에나 저울을 의미하니 기근과 흉년이 연관되는 '저울'로 번역했을 것이다. 그러나 셋째인의 본문이 무엇을 말하고자 하는가가 중요하다. 본문의 의도를 이해하면 쥬고스 번역은 달라진다. 본문의 의도가 기근으로 인해 곡물이 비싸다는 것을 말하려는 것인가, 아니면 노동 값이 너무 싸다는 것을 말하려는 것인가를 분별해야 한다. 본문의 의도를 이해하기 위해서 다른 번역들을 비교해서 살펴본다. 개역성경만으로는 이해가 부족하다.

▶킹제임스역

"그때 네 짐승들이 한가운데서 한 음성을 들었는데 말하기를 "*밀 한 되가 한 데나리온이요 보리 석 되가 한 데나리온이라*'하고 또 "*너는 기름과 포도주는 손상시키지 말라*'하더라"

먼저 킹제임스역이다. 한 데나리온은 하루 품삯이다. 한 고용주가 어떤 계층의 일꾼을 하루 고용했다. 그 어떤 계층에게는 그의 품삯으로 그 사회에서 통용하는 한 데나리온의 정상 값을 주지 않았다. 대신에 밀 한 되나 보리 석 되로 하루 노동 값을 준 것이다.

▶공동번역
"그러자 "하루 품삯으로 고작 밀 한 되, 아니면 보리 석 되를 살 뿐이다. 올리브 기름이나 포도주는 아예 생각하지도 말아라" 하는소리가 들려 왔습니다. 그것은 네 생물 한가운데서 들려 오는 듯했습니다"

공동번역의 의미는 장정이 하루 종일 일을 하고 하루 품삯을 받았다. 그런데 그 품삯으로 고작 밀 한 되나 보리 석 되를 살 수 밖에 없다고 한다. 더 자세히 풀어보면 예를 들어 이 노동자는 하루 품삯으로 그 사회의 통요 값인 10만원을 받아야 하는데 1만원밖에 못 받았다. 1만원으로는 밀 한 되나 보리 석 되 밖에 살수 없었다는 것이다. 이 계층의 사람은 품삯, 노동 값이 너무 싸기 때문이다.

▶표준새번역
"그리고 네 생물 가운데서 나오는 듯한 음성이 들려 왔는데 "밀 한 되도 하루 품삯이요, 보리 석 되도 하루 품삯이다. 올리브 기름과 포도주에는 해를 끼치지 말아라" 하고 말하였습니다"

표준 새번역의 의미는 가장이 하루 종일 땀 흘려 일을 했다. 그런데 그 하루 품삯으로 밀 한 되를 받거나 아니면 보리 석 되를 받았다. 그래서 이 노동자는 한탄하고 있다. "밀 한 되도 하루 품삯이요, 보리 석 되도 하루 품삯이다" 품삯과 데나리온은 같은 의미다. 그렇다면 독자들도 생각해 보길 바란다. 본문에서 이 노동자는 노동 값이 너무 싸다는 것을 한탄하고 있는 것인가? 아니면 곡물 값이 너무 비싸다고 한탄하고 있는 것인가? 필자는 본문의 의미는 장정의 하루 노동 값이 너무 싸다는 것을 강조하는 것이라고 본다. 가족을 책임져야 할 가장이 하루 온종일 노농 값으로 고작 밀 한 되 아니면 보리 석 되를 받을 뿐이다. 이것은 동 시대 모든 사람들의 노동환경이 이같이 동일했던 것은 아닌 듯하다. 어느 특정 계층에 있는 사람들만 이렇게 노동 값이 현저하게 낮았던 것 같다. 다음 구절을 보면 알 수 있다.

④ 감람유와 포도주는 해치지 말라
"또 감람람유와 포도주는 해치지 말라 하더라" - 개역개정
"올리브 기름이나 포도주는 아예 생각하지도 말아라" - 공동번역

이 부분에 대한 번역은 공동번역이 가장 정확한 것 같다. 개역개정을 비롯한 여러 번역본들에는 거의 "감람유와 포도주는 해치치 말라"로 번역되어 있다. 그러나 공동번역을 보면 특정 계층의 노동 값이 너무 싸다는 것을 암시한다. 노동 값이 싼 어느 특정 계층의 사람들은 올리브유나 포도주는 아예 생각하지도 말라고 한다. 지금도 올리브유는 다른 기름에 비해 비싸다. 포도주 가격도 천차만별이지만 고급 제품에 속한다. 본문의 의미는 올리브유나 포도주는 고위층이나 먹을 수 있는 값진 물건들이다. 노동 품삯이 낮은 계층에 있는 사람들은 이런 고급 음식은 아예 먹을 생각도 하지 말라는 것이다. 건드리지도 말고 만지지도 말라는 것이다. 값이 싼 노동품삯으로는 이런 고급 제품은 엄두도 낼 수 없기 때문이다.

3인이 기근이라면 밀과 보리는 만져도 되고 올리브유와 포도주는 만지면 안 되는 것은 상식적으로 맞지 않다. 여기서 밀과 보리는 매일 먹어야 하는 서민들의 주식이다. 그러나 올리브유와 포도주는 일부 부유층들이 여유롭게 즐기며 먹을 수 있는 고급 음식이다. 낮은 계층의 사람들은 매일 먹어야 하는 주식인 밀과 보리도 하루 종일 일해야 겨우 받을 수 있는 품삯이다. 밀 한 되나 보리 석 되로 가족이 많은 가정은 하루 식량으로 부족할 수도 있다. 그러니 감히 올리브유와 포도주는 아예 생각할 수도 없다. 또 여기서 주목해야 할 중요한 것이 있다. 올리브가 아니라 올리브유다. 포도가 아니라 포도주다. 이것은 3인은 기근이 아님을 암시하는 부분이다. 만약 3인이 기근이라면 올리브나 포도 농산물 자체를 언급해야 한다. 그러나 본문은 올리브나 포도의 원료로 만들어진 완성 제품을 말하고 있다.

농산물의 완성제품을 기근이기 때문에 "해치지 말라"는 것은 좀 이해가 가질 않는다. 그러나 공동번역처럼 "아예 생각하지도 말라"는 것은 이해가 쉽다. 완성된 고급 제품인 올리브유와 포도주는 노동 값이 싼 계층은 아예 먹을 생각을 하지 말라는 것이다. 공동번역이 정확한 번역이라고 본다. 그러므로 3인에서 강조하는 것은 노동자의 하루 노동 값이 너무 싸다는 것을 말하고 있는 것이다. 그렇다면 쥬고스의 두 가지 의미인 저울과 멍에 중에 노동자와 관련이 있는 것은 어느 맞을까? 값싼 노동자와 저울인가, 아니면 값싼 노동자들에게 매인 노동의 멍에인가. 저울이 기근과 관련 있다면 멍에는 소의 멍에와 같이 노동과 관련이 있다. 그러므로 3인 해석의 키인 쥬고스는 저울과 멍에 중에 멍에로 번역해야 함이 옳은 것이다.

⑤ 검은말 탄자의 손에는 '멍에'가 들려있어야 한다.

전통적으로 3인을 기근, 흉년으로 본 이유는 검은 말 탄자가 저울을 들고 있기 때문이다. 또한 한 데나리온에 밀 한 되, 혹은 보리 석 되 하니 이것을 곡물 값이 비싼 흉년으로 본 것이다. 곡물을 사고 팔 때 쓰이는 도구는 저울이다. 번역가들은 한 데나리온이라는 사람의 노동 값에 집중한 것이 아니라 곡물 값에 집중한 것이다. 만약 사람의 값싼 노동 값에 집중 했다면 쥬고스를 멍에로 번역했을 것이다. 그러므로 쥬고스를 저울로 번역한 것은 오역이다. 셋째 생물은 사람의 얼굴모양의 천사다. 셋째 생물은 사람에게 씌운 노동의 멍에를 시사하고 있는 것이다. 그러므로 검은 말 탄자의 손에는 저울이 아니라 멍에가 들려 있어야 하는 것이다 셋째 인은 특정한 시대에 특정한 계층에 있는 사람들의 노동력을 착취한 사건이다.

⑥ 셋째인은 봉건제도 농노제도를 통해 사람에게 씌운 노동의 멍에다.

셋째 인은 사람을 값싼 노동에 묶어놓은 노동이라는 멍에다. 하늘에서 인이 하나씩 떼어 질 때마다 이 땅에는 그에 해당하는 사건들이 일어난다. 그렇다면 셋째 인도 사람에게 노동의 멍에를 씌우는 일이 실제 역사에서 일어난 것이다. 이것은 10세기에 있었던 봉건제도나 농노제도로 볼 수 있다. 영주들이 노동이라는 멍에를 들고 농노들을 노동력으로 속박 하는 노동착취를 말한다. 농노들은 농노제도 봉건제도로 영주들에 의해 헐값에 노동력을 착취당했다.

이때 이들에게는 높은 계급의 영주들이 먹는 감람유나 포도주는 먹지 못하도록 금지되어 있었다. 농노는 봉건제도하에 장원제도에 관련된 소작농의 지위다. 중세시대 유럽에서 발달하여 19세기까지 지속된 노예제도였다. 영주와 그의 소작농들은 법적으로 경제적으로 그리고 사회적으로 노동력에 의해 묶여 있었다. 영주와 소작농간의 합의는 쥬고스, 영어로 요크의 의미인 '**속박**(bondage)'이라 불린 의식을 통해 공식화 되었다. 이 의식은 영주와 그의 새로운 소작농을 봉건 계약으로 묶었다.

⑦ 이 시대 노동의 묶임 그 끝은 어디인가?

3인이 떼어짐으로 노동착취가 태동되었다. 오늘날에도 값싼 노동 인력들이 많다. 오늘날 가장이 혼자 경제활동을 해서는 가족이 먹고 살기 힘든 시대에 살고 있다. 대 다수의 부부들은 맞벌이를 하고 있다. 여성들도 자녀들도 모두 일터로 나가서 일을 해야 한다. 이로 인해 단란한 가정들이 무너져 가고 있다. 수많은 가정들이 아무리 힘들게 일을 해도 경제적 어려움과 부채에서 허덕이고 있는 시대다. 검은 말, 자본주의의 검은 영이 돈을 우상화했다. 사람들은 물질 만능주의 돈의 '멍에'에 매여 끌려 다닌다. 아무리 힘들게 노동을 해도 먹고 사는 것이 고달프다. 그러나 소수의 부유층들은 감람유에 기름지고 포도주에 취해있다. 서민들은 꿈도 못 꾼다. 오늘 날에도 세상 많은 사람들이 3인의 검은말의 노동의 멍에에 묶여있다. 이 멍에, 묶임의 끝은 어디일까? 필자는 아마도 후3.5년의 짐승표의 묶임이 되지 않을까 한다.

(2) 셋째 교회 - 버가모 교회 - 교회와 정부가 묶였다.

"*버가모 교회*의 사자에게 편지하라 좌우에 날선 검을 가지신 이가 이르시되 네가 어디에 사는지를 내가 아노니 거기는 *사탄의 권좌가 있는 데라*:...."(계2:12-13)

세 번째 교회 버가모는 국교시대다. 버가모는 '높은 남자와 결혼'이라는 뜻이다. 교회가 세상 정부와 결혼으로 묶인 것이다. 우리가 '정교'할 때 '정'은 정치가 아니라 정부라고 한다. 교회가 세상 정부와 묶이면서 교회는 타락하기 시작했다. 교회는 신정통치아래 있어야한다. 그러나 세상 정부와 하나가 되면서 세상의 힘이 들어가기 시작한다. 하나님의 힘은 점점 밀려나고 세상 힘이 들어오면 교회는 타락 할 수밖에 없다.

좌우의 날선 검을 가지신이로 인사하는 버가모 교회는 영적 전쟁이 치열한 곳이다. 사탄의 권좌가 있는 곳이기 때문이다. 여기서 검은 롬파이아, 전쟁용 칼이다. 말씀의 검이 필요한 영적 전쟁이다. 거짓 선지자, 거짓교훈을 가진 자들이 교회를 혼란케 한다. 교회 안에는 발람의 교훈과 니골라 당의 교훈을 지키는 자들도 있다. 그러므로 거짓 교훈을 따르는 자들에게 회개를 촉구하고 있다. 버가모 교회시대는 교회와 정부가 묶여 있으니 혼미한 곳이다. 서서히 카토릭의 전성기로 들어가는 시점이다. 교회와 정부의 묶임은 중세 교회가 타락하게 된 원인이다. 이처럼 **셋째 인은 사람이 노동의 멍에에 묶여 있었고 셋째 교회는 정부와 묶여 있었다.**

4) 넷째 인과 넷째 교회 - 암흑의 시대

(1) 넷째 인 - 전쟁 / 흉년 / 전염병 (13세기-14세기)

"넷째 인을 떼실 때에 내가 *넷째 생물*의 음성을 들으니 말하되 오라 하기로 내가 보매 *청황색 말*이 나오는데 *그 탄 자의 이름은 사망이니 음부가 그 뒤를 따르더라 그들이 땅 사분의 일*의 권세를 얻어 *검과 흉년과 사망과 땅의 짐승들로써 죽이더라*"(계6:7-8)

▶넷째 인에 대한 예수님의 예언

"*민족이 민족을, 나라가 나라를 대적하여 일어나겠고 곳곳에 기근과 지진이 있으리니*"(마24:7)
"*민족이 민족을 대적하고 나라가 나라를 대적하여 일어나겠으며 기근과 지진과 역병과 지진이 여러 곳에서 있을 것이니*"(킹제임스역)

"또 이르시되 *민족이 민족을, 나라가 나라를 대적하여 일어나겠고 곳곳에 큰 지진과 기근과 전염병이 있겠고 또 무서운 일과 하늘로부터 큰 징조들이 있으리라*"(눅21:10-11)

마24장에서 예수님은 셋째 인은 생략하시고 넷째 인을 말씀하셨다. 개역성경 마태복음에는 전염병이 누락되었다. 그러나 킹제임스를 비롯해서 여러 번역본들에는 역병이 있다. 그리고 의사인 누가는 전염병을 기록하고 있다. 셋째 인이 떼어지고 약 200년 후 검과 흉년과 사망과 땅의 짐승으로 사람 1/4을 죽이는 넷째 인이 떼어진다. 이 사건도 기록된 순서대로 일어났다.

① 넷째 생물 - 독수리 모양의 생물

"*주검이 있는 곳에는 독수리들이 모일 것이니라*"(마24:28)

"또 내가 보니 한 천사가 태양 안에 서서 *공중에 나는 모든 새를 향하여* 큰 음성으로 외쳐 이르되 와서 하나님의 *큰 잔치에* 모여 왕들의 살과 장군들의 살과 장사들의 살과 말들과 그것을 탄 자들의 살과 자유인들이나 종들이나 작은 자나 큰 자나 *모든 자의 살을 먹으라* 하더라"(계19:17-18)

넷째 생물은 독수리 모양을 하고 있다. 독수리는 주검과 관련이 있다. 마24장에 예수님께서 언급하신 독수리는 아마겟돈 전쟁을 염두에 두신 것이다. 계19장에서 아마겟돈 전쟁 후에 새들의 큰 잔치가 열리고 있다. 새들의 제왕은 독수리다. 넷째 인은 사망, 주검으로 많은 사람이 죽는 사건들임을 암시하는 것이다.

② 청황색 말 탄자 - 사망, 음부가 뒤 따름

넷째 인을 이슬람으로 해석하는 이들도 있다. 이슬람 색이 청황색이라고 한다. 또 현재 이슬람 인구는 전 세계 사분의 일을 점령하고 있다고 한다. 이렇게 청황색과 사분의 일을 이유로 넷째 인을 이슬람이라 한다. 그러나 성경은 어느 한 단어만 가지고 전부를 대신할 수 없다. 전쟁과 흉년 역병도 모두 해석이 되어야 한다. 그리고 앞뒤 사건들과의 연도의 흐름도 맞아야 한다. 인의 사건들이 순서적으로 일어나고 있기 때문이다.

지금까지 말 탄자들은 손에 무엇을 들고 있었다. 그러나 청황색 말 탄자의 손에는 든 것이 없고 그의 이름은 사망이다. 이자는 죽음 그 자체다. 청황색은 죽은 시체 색깔과 같은 색이다. 아주 기분 나쁜 색이다. 이자는 가는 곳마다 죽음으로 그 지역을 쓸어버린다. 그런데 음부가 그 뒤를 따르고 있다. 음부는 죽은 자들이 머무는 곳이다. 청황색 말 탄자가 쏟아내는 주검이 얼마나 많은지 음부가 그 뒤를 따르며 시신을 쓸어 담고 있는 것 같다.

③ 그들이 땅 사분의 일의 권세

그들이 땅 사분의 일의 권세를 얻어 검과 흉년과 사망으로 죽이고 있다. 혹자는 여기서 그들을 앞의 1-4인까지의 말 탄자들이라고 한다. 그러나 그럴 수 없다. 1-3인까지도 각각의 독립적으로 시대가 다른 사건들이기 때문이다. 여기서 그들은 사망과 음부를 가리킨다. 사망이라 이름 하는 청황색 말 탄자와 음부가 땅 사분의 일의 권세를 얻어서 죽이는 것이다. 보통 인과 나팔을 해석할 때 사분의 일 혹은 나팔의 삼분의 일을 전 지구적인 사건으로 확대 해석한다. 그러나 인과 나팔은 지역적 사건이다. 전 지구적으로 확대되는 사건은 대접재앙이다.

4인에서 땅 사분의 일은 전 지구적인 사건이 아니다. 사건이 일어나는 해당 지역의 땅 사분의 일이다. 영어 성경에도 있는 정관사 '그'가 우리 번역에서는 모두 누락되어 있다. 사건이 일어나고 있는 그 땅에서 사분의 일을 죽이는 사건이다. 지역적이라 할지라도 4인의 죽음은 엄청난 사건들이다. 유럽의 흑사병 같은 경우는 실제 역사 기록에 흑사병으로 인해 4분의 1이 죽었다고 기록하고 있다. 아마도 검, 흉년, 전염병으로 각각 4분의 1이 죽었을 가능성이 높다.

④ 셋째인 검, 흉년, 전염병은 기록된 순서적으로 일어났다.

넷째인도 이 땅에 실제 일어난 사건들이다. 인을 해석할 때 세상에서 일어난 그 어떤 사건을 가지고 오면 이 사건이 성경과 무슨 상관이 있는가 한다. 세상에서 일어난 사건들은 세상일이지 성경과 상관이 없다는 것이다. 그러나 그렇지 않다. 필자가 서두에서 강조한 것처럼 세상의 역사는 주님의 이야기다. 세상의 역사도 모두 주님의 통치하에 일어난다. 이것을 먼저 인정하고 인의 사건들을 이해해야 한다. 무엇보다 인은 간격시대에 세계 각처에서 일어나는 사건들이다. 넷째 인의 검과 흉년과 역병으로 사람을 죽이는 사건도 기록순서대로 일어난다.

㉠ 검으로 죽이는 전쟁 - 징기스칸의 전쟁(1206년-1227년)

2인에서 칼이 나왔었다. 2인의 칼은 단검으로 핍박용, 참수용, 학살용 마카이라였다. 그러나 4인에서 드디어 전쟁이 시작되는 전쟁용, 군인용 칼인 롬파이아가 나왔다. 그러므로 4인의 검은 전쟁을 의미한다. 어떤 전쟁에서 칼로 그 땅의 사분의 일을 죽인 사건이다. 또 중요한 것은 3인이 10세기정도 까지니 그 이후에 일어난 전쟁이어야 한다. 또 4인의 검의 전쟁을 충족시키려면 칼로 사람을 많이 죽이는 전쟁이어야 한다.

현대의 전쟁들은 첨단 신무기들이 많이 등장한다. 신무기 등장 이후 가장 많은 사상자를 낸 전쟁은 20세기 세계 2차전으로 7300만 가량이다. 그러나 4인은 신무기들이 아닌 칼로 사분의 일을 죽이는 전쟁이다. 역사적으로 칼로서 무소불위의 전쟁을 한 인물은 13세기 징기스칸이다. 징기스칸 하면 큰 칼을 가지고 있는 이미지를 많이 떠올린다. 징기스칸은 말을 타고 달리며 칼로서 세계를 정복한 인물이다. 작은 부족에서 대몽골제국을 이루기까지 세계 정복시대에 거대한 업적을 남기고 떠난 인물이다.

역사의 기록에 의하면 징기스칸은 13세기에 세계를 정복해 나가면서 4천만 명을 죽였다고 한다. 어마어마한 기록이다. 징기스칸은 네피림이었다는 설도 있다. 칼로 4천만 명을 죽이려면 장수로서 그 힘이 엄청난 것이다. 징기스칸은 현재 까지도 세계 백장 순위 1위의 인물이다. 아마도 징기스칸이 점령해 나가던 그 땅의 사람들 중에 4분의 1에 해당하는 사람들이 칼에 죽임을 당했을 것이다. 칼로 세계를 정복한 징기스칸은 역사적으로 특별한 인물임에 틀림없다. 징기스칸의 칼의 전쟁으로 시작한 4인의 전쟁의 역사는 마지막 때로 갈수록 그 강도와 횟수는 증가해 간다. 마지막 끝까지 전쟁은 계속 될 것이며 아마겟돈 전쟁으로 끝날 것이다.

㉡ 흉년 - 기근으로 죽인 유럽 대흉년(1315년-1317년)

성경은 분명히 4인에 와서 흉년, 기근을 정확히 말하고 있다. 4인의 사건 기록 순서로 두 번째 흉년이다. 독자들이 기억할 것은 인은 지역적 사건이라는 것이다. 역사적으로 우리는 유럽의 대 흉년에 대해서 잘 알고 있다.

중, 고등학교에서 배운 역사적 사건들이다. 흉년의 헬라어 '리모스'는 식량이 거의 없음, 부족, 배고픔이다. 식량이 없어 굶주림으로 죽어가는 처참한 흉년이 4인에서 등장하고 있다. 유럽 대흉년은 14세기 초에 유럽을 덮친 대규모의 식량재앙 이었다. 수확의 결핍으로 인해 범죄 질병 사상자 수가 매우 높았으며 심지어 식인 사건에 유아 살해까지 곳곳에 일어났다. 이 때 밀의 가격은 320%까지 인상되었다. 많은 도시와 마을의 인구가 10%-25%가 사망한 것으로 추정한다. 이것이 3인의 한데나리온데 밀 한 되, 보리 석 되와는 비교할 수 없는 기근이요 흉년이다.

아마도 이때 기근으로 강타한 유럽 지역의 인구 4분의 1이 죽었을 가능성이 높다. 유럽은 1322년까지 흉년으로부터 회복하지 못했다. 4인의 기근은 지금까지 역사적 기근 사건들의 원형이라고 볼 수 있다. 역사 속에 수많은 흉년이 있었다. 앞으로도 기근은 점점 더 심각해질 것이다. 마지막 7년으로 들어가면 두 증인이 하늘을 닫아 비를 오지 못하게 한다. 전 세계적 기근으로 상상을 초월하는 시대가 오고 있다. 그럼에도 불구하고 아직도 7인을 모두 7년에 있을 것이라는 주장이 대세를 이루고 있는 현실이다. 이 엄청난 사건들은 역사 속에 이미 있었고 지금도 계속되고 있다. 그럼에도 불구하고 기존의 해석은 마치 튀어 나오려는 용수철을 억지로 밀어 넣듯 7년 안으로 모든 사건들을 밀어 넣고 있다.

ⓒ **사망, 역병 - 흑사병 (1348년-1350년)**
세 번째로 사망과 땅의 짐승들로 죽이는 사건이다. 사망으로 죽인다는 뜻을 먼저 이해해야 한다. '사망'은 역병과 관련 있다. 몇몇 다른 번역에는 사망을 질병으로 번역하고 있다. 구약성경을 최초 헬라어로 번역한 70인 역은 가장 오래된 번역본이다. 70인 역에서 구약에 나오는 '역병'을 헬라어 '다나토스'로 번역했다. 다나토스는 사망, 역병, 전염병이라는 뜻이다. 4인에서 사망으로 죽인다는 것은 전염병으로 4분의 1을 죽인다는 것이다.

이 사건은 역사에 있었던 전설적인 전염병 사건으로 유럽을 강타한 흑사병이다. 페스트라 불리는 이 역병은 피부가 검게 변하여 죽어가는 병이라

하여 흑사병이라는 이름이 붙었다. '땅의 짐승들'은 쥐나 이 등으로 작은 동물에 속한다. 흑사병을 옮기는 매개체는 쥐와 이였다. 유일하게 카토릭 성경은 넷째인의 사망을 아예 흑사병으로 번역하고 있다.

"....그들에게는 땅 사분의 일에 대한 권한이 주어졌으니 곧 칼과 굶주림과 *흑사병*과 들짐승으로 사람들을 죽이는 권한입니다"(카토릭성경 계6:8)

14세기 유럽을 잇달아 강타한 대흉년과 흑사병으로 중세 사회가 요동쳤다. 대흉년으로 인해 식량 부족으로 많은 사람들이 가난과 영양실조에 굶주리고 있었다. 면역력이 극도로 악화된 이러한 환경이 흑사병을 더 빠르게 확산시켰다. 흑사병은 지금까지 발견된 전염병중 가장 단기간에 죽음에 이르게 하는 병이다. 당시 이 병은 의사의 조언도 치료도 필요 없었다. 아무도 무슨 병인지 몰랐고 그때까지 그 병을 연구한 의사도 없었다. 하층계급이나 중산계급층은 상황이 훨씬 비참했다. 그저 환자에게 기도하고 회개하는 것 외에 다른 처방이 없었다고 기록하고 있다. 쥐나 이를 통해 퍼진 흑사병은 14세기 유럽인구 4분의 1을 몰살 시켰다.

흑사병은 7,500만 명에서 최대 2억 명의 목숨을 앗아간 것으로 기록하고 있다. 흑사병은 유럽사회에 세 가지 중요한 영향을 남겼다. 첫째 흑사병으로 인해 유럽인구가 크게 줄었다. 이것은 더 이상 기존 유럽을 지탱하던 봉건제가 유지하기 어렵게 되었다는 것을 의미한다. 농민 계층의 급격한 감소는 이들의 가치를 높였고 농노의 실제 임금이 상승되었다. 농노들은 도시를 떠나 상인과 수공업자로 변신했다. 이들은 스스로 주인이 되어 토지를 경작하기 시작했다. 농노들이 도시로 몰려들면서 봉건제를 유지하던 셋째 인의 농노제도가 허물어지기 시작했다. 둘째로 영주와 교회의 권위가 약화되고 농노들의 권리강화와 소비가 활성화 되었다. 셋째로 문화적으로 르네상스 운동이 일어나고 과학 기술이 발전하는 계기가 되었다.

넷째인은 이렇게 성경의 기록대로 전쟁과 기근과 역병으로 각각 4분의 1일 죽이는 어두운 암흑의 시대였다. 물론 전쟁과 기근과 역병은 그 전에도 있었고 그 이후에도 전 세계에 수도 없이 있어왔다. 그러나 계시록에서 인의 기록의 순서적 흐름 안에 연결되어 있는 것이 중요하다. 넷째인은 13-14세기에 전쟁과 기근과 역병이 순서적으로 일어났으며 역사적으로 기록될 만한 사건들이다.

(2) 넷째 교회 - 두아디라 교회 - 이방 제사가 계속되는 종교적 암흑시대다.

네 번째 교회 두아디라는 카톨릭의 전성기다. 두아디라는 계속되는 제사라는 뜻을 가지고 있다. 교회 안에 이방종교가 들어와 이방제사가 계속되던 종교 암흑시대였다. 주님이 얼마나 화가 나셨는지 서두 인사에서 볼 수 있다. "그 눈이 불꽃같고 그 발이 빛난 주석과 같은"주님께서 책망하신다. 자칭 선지자 음녀 이세벨을 용납한 교회다. 행음하고 우상의 제물을 먹는다. 회개하지 않으면 사망으로, 역병으로 자녀를 죽이겠다고 경고하신다.

오늘날 WCC의 행사를 보면 이방종교의 의식이 단위에서 행해진다. 종교 통합이라는 미명아래 공개적으로 행해지고 있다. 두아디라 교회시대가 그러했다. 카토릭 안에 여러 이방 종교들이 들어오면서 이방 제사들이 계속되는 시대였다. 그러므로 중세교회를 종교 암흑시대라고 한다. **넷째 인과 넷째 교회의 공통점은 '암흑'이다.**

5) 다섯째 인과 다섯째 교회 - 순교의 시대

(1) 다섯째 인 - 종교개혁 / 순교(1517년-1660년 16-17세기)

"다섯째 인을 떼실 때에 내가 보니 하나님의 말씀과 *그들이 가진 증거로* 말미암아 죽임을 당한 영혼들이 *제단 아래*에 있어 큰 소리로 불러 이르되 거룩하고 참되신 대주재여 땅에 거하는 자들을 *심판하여 우리 피를 갚아 주지* 아니하시기를 어느 때까지 하시려 하나이까 하니 각각 그들에게 *흰 두루마기를 주시며* 이르시되 아직 잠시 동안 쉬되 그들의 *동무 종들과 형제들도 자기처럼 죽임을 당하여 그 수가 차기까지 하라* 하시더라"(계6:9-11)

인, 나, 대의 사건들은 4.3의 형태로 진행이 된다. 네 생물이 주관한 1-4

인까지의 시대가 지나갔다. 이제 다섯째 인의 시대다. 하나님의 말씀과 그들이 가진 증거로 인해 죽임당한 순교자들이 보인다. 그런데 이들은 심판을 호소하고 있다. 다섯째 인에서도 중요하게 살펴보아야 할 것들이 있다. 이들은 어느 시대에 순교자들인가? 이들이 심판을 호소하는 의미는 무엇인가? 또 이들이 받은 흰 두루마기는 무엇인가 하는 것들이다.

▶다섯째 인에 관한 예수님의 예언
"그 때에 사람들이 너희를 환난에 넘겨 주겠으며 너희를 죽이리니 너희가 내 이름 때문에 모든 민족에게 미움을 받으리라"(마24:9)

예수님의 마지막 때 이정표는 다니엘 보다는 더 자세하고 요한보다는 덜 자세하다. 인의 사건은 생략한 것도 있다. 마24:9절은 예수 이름 때문에 환난을 당하며 순교를 당하는 5인의 시대를 암시하고 있다.

① 제단 아래 영혼들은 구약의 순교자들이다.
혹자는 5인의 순교자들을 후3.5년 대 환난에서 순교하는 자들이라고 한다. 그러나 계시록은 역사에서 일어나는 사건들을 순서적으로 기록하고 있다. 아직 대 환란이 시작되지 않은 계6장의 사건이다. 혹은 중세 암흑시대에 순교한 자들로 보기도 한다. 그러나 본문을 자세히 보면 이들은 대환난이나 중세 암흑시대 순교자들이 아니다. 5인의 제단아래 있는 순교자들은 요한 이전에 이미 순교한 구약의 순교자들이다. 이들이 구약의 순교자인 근거를 살펴본다.

㉠ 제단아래 순교자들은 흰 옷이 없다.
이유는 그리스도의 피가 실현되지 않은 구약시대 순교자들이기 때문이다. 이들이 만약 신약의 중세암흑시대나 대환난의 순교자들이라면 흰 옷이 있어야 한다. 주님은 이들이 하나님 말씀과 그들이 가진 증거 때문에 죽임을 당한 구약의 순교자들임을 아신다. 그러므로 이들에게 주님의 피로 씻어 깨끗하게 된 구원을 상징하는 흰 두루마기를 각각 주신 것이다. 구원은 각각 개인의 사건이기 때문이다. 뒤로 가서 계시록에 나오는 옷에 대해 더 살펴볼 것이다.

ⓒ **또 하나 중요한 근거는 구약의 순교자들은 예수, 어린양이 없다.** 오직 하나님의 말씀과 그들이 가진 증거 때문에 죽임을 당한다. 그러나 신약의 순교자들은 오직 예수, 어린양 때문에 고난을 받고 죽임을 당한다. 계시록에는 오직 어린양 되시는 예수의 증거 때문에 죽은 순교자들을 7회 언급하고 있다. 신약의 순교자들은 오직 예수 때문에 죽는다.

"나 요한은 너희 형제요 예수의 환난과 나라와 참음에 동참하는 자라 하나님의 말씀과 *예수를 증언*하였음으로 말미암아 밧모라 하는 섬에 있었더니"(계1:9)

"또 우리 형제들이 *어린 양의 피와 자기들이 증언*하는 말씀으로써 그를 이겼으니 그들은 죽기까지 자기들의 생명을 아끼지 아니하였도다...용이 여자에게 분노하여 돌아가서 그 여자의 남은 자손 곧 하나님의 계명을 지키며 *예수의 증거*를 가진 자들과 더불어 싸우려고 바다 모래 위에 서 있더라"(계12:11,17)

"성도들의 인내가 여기 있나니 그들은 하나님의 계명과 *예수에 대한 믿음*을 지키는 자니라"(계14:12)

"또 내가 보매 이 여자가 성도들의 피와 *예수의 증언*들의 피에 취한지라 내가 그 여자를 보고 놀랍게 여기고 크게 놀랍게 여기니"(계17:6)

"내가 그 발 앞에 엎드려 경배하려 하니 그가 나에게 말하기를 나는 너와 및 *예수의 증언*을 받은 네 형제들과 같이 된 종이니 삼가 그리하지 말고 오직 하나님께 경배하라 예수의 증언은 예언의 영이라 하더라"(계19:10)

"또 내가 보좌들을 보니 거기에 앉은 자들이 있어 심판하는 권세를 받았더라 또 내가 보니 *예수를 증언*함과 하나님의 말씀 때문에 목 베임을 당한 자들의 영혼들과 또 짐승과 그의 우상에게 경배하지 아니하고 그들의 이마와 손에 그의 표를 받지 아니한 자들이 살아서 그리스도와 더불어 천 년 동안 왕 노릇 하니"(계20:4)

② 동무 종들과 형제들도 자기처럼 죽임을 당하여

"죽임을 당하여" 여기서 '죽임' '아포크테이노'는 공공연히 살해하다, 죽이다, 도살하다 등이다. 마땅히 죽어야 할 자들이 아니다. 지금 제단아래 있는 순교자들이 심판을 호소하는 의미는 이렇게 억울하게 죽임을 당한 자들이기 때문이다. 그러나 이렇게 억울한 죽음은 기독교 박해 국가에서는 지금도 진행 중이다. 이와 같은 순교의 끝은 후3.5년이 될 것이다.

③ 그 수가 차기까지 하라

그 수가 차는 '플레로오'는 가득하게 하다, 꽉 채우다, 완성하다, 만기되다 등이다. 순교자들의 수는 정해져있다. 그 수가 꽉 채워지기까지, 순교가 완성되기까지 쉬라고 하신다. 영광스러운 순교자의 반열에 서는 것 또한 오직 하나님의 섭리다. 내가 순교하고 싶다고 순교자가 되는 것이 아니다. 또한 순교자가 되지 않겠다고 해서 안 되는 것도 아니다. 주님 안에 순교자의 수는 이미 정해져 있다. 지금 두 증인과 관련하여 순교자를 양성하는 곳이 있다. 순교자는 양성으로 되는 것이 아니다. 우리는 우리 마음대로 순교자가 될 수 없다. 다만 순교자의 정신으로 시대적 사명을 감당해야 할 것이다.

④ 다섯째 인은 순교의 시대를 예고하는 것이다.

사도요한에게 구약의 순교자들의 모습을 보여주셨다. 그리고 주님은 순교자들에게 그 수가 차기까지 잠시 동안 쉬라고 하신다. '잠시 동안'을 상고해 보자. 이 말씀은 주후 95년경 사도요한이 받았다. 이들은 그 이전에 순교한 자들이다. 이미 2천년이 넘는 세월이 지났다. 그런데 그들은 지금도 잠시 쉬고 있다. 우리는 시공 안에 살고 있다. 그러나 순교자들은 시공 밖에 살고 있다. 천년이 하루 같고 하루가 천년 같은 하늘에 살고 있는 그들에겐 잠시 쉬고 있는 것이다. 이렇게 쉬고 있는 순교자들을 보여주신 다섯째 인의 의미는 무엇일까?

5인은 다섯째 인이 떼어지는 시대에 일어날 사건들을 보여주고 있다. 이것은 5인이 떼어지는 시대가 오면 제단아래 순교자들과 같이 순교가 많이 일어날 것을 예고하는 말씀이다. 혹자는 지금 이슬람권에서 순교당하는 많은 그리스도인들의 순교가 5인이라고 한다. 그러나 이미 16-17세기 종교개혁시대에 5인의 재앙이 떼어졌다. 이때가 지금까지 역사상 가장 많은 순교자가 일어난 시기다. 지금 일어나는 순교는 5인의 연속선상에서 일어나고 있는 것이다. 이러한 순교의 끝은 목 베임 당하는 시기인 후3.5년이다. 그때에 비로소 주님께서 말씀하신 순교자의 수가 모두 꽉 채워지는 것이다.

⑤ 옷이 다르다. 옷을 갈아입는다.

우리는 예수 그리스도를 믿음으로 우리 죄가 씻음 받아 깨끗해졌다. 그리고 우리는 어린양의 피로 씻은 흰옷을 입고 있다. 바로 구원의 옷이다. 계 16:15절 마지막 대접을 앞두고 간곡히 부탁하는 말씀이 있다. 바로 옷을 지키고 벌거벗지 말라는 것이다. 옷을 지키라는 것은 구원을 지키라는 것이다. 이 옷은 오직 어린양 되시는 예수의 피로 인해 얻는 것이다. 그런데 앞의 순교자들은 예수께서 오시기전 시대이므로 예수의 피의 옷이 없었던 것이다. 순교자들은 각각 흰 두루마기를 받았다.

필자는 성경에 흰옷은 모두 흰옷인줄만 알았다. 그러나 성경에 흰옷으로 번역된 것이 모두 같은 의미가 아님을 발견했다. 여기서 언급하고자 하는 옷은 이사야서에 나오는 공의의 겉옷, 속옷, 이런 의미가 아니다. 계시록에 나오는 옷만 보는 것이다. 이 옷이 다름을 발견하고 보니 7장의 흰옷 무리의 정체도 바로 볼 수 있었다.

㉠ 이 땅에 살아있는 성도가 입는 옷, 히마티온

헬라어 류코스는 흰색이다. 흰색은 성도가 입는 기본색이니 생략한다. 여기서는 옷에 해당하는 히마티온만 보고자 한다. 예수를 믿는 이 땅에 살아있는 모든 성도는 류코스 히마티온, 흰 옷을 입고 있다. 그러므로 우리는 지금 모두 히마티온을 입고 있다. 이것은 하나님께서 아담과 하와에게 입혀주신 피 묻은 가죽옷과 같다. 어린양의 피로 입는 옷이다.

그러나 성도가 이 땅에서 승리하고 죽어 낙원에 가면 히마티온에서 스톨레로 갈아입는다. 즉 살아있는 성도는 류코스 히마티온, 죽은 성도는 류코스 스톨레다. 이 땅에서 성도는 히마티온을 항상 예수의 피로 깨끗하게 빨아(회개) 옷을 더럽히지 않아야 한다. 그리고 이 옷을 벗지(그리스도를 떠남)도 않아야 한다. 계시록의 히마티온은 아래의 구절들이다. 모두가 살아있는 성도들에게 해당되는 말씀이다.

"그러나 사데에 그 *옷을* 더럽히지 아니한 자 몇 명이 네게 있어 *흰 옷을* 입고 나와 함께 다니리니 그들은 합당한 자인 연고라 이기는 자는 이와 같이 *흰 옷을* 입을 것이요.... 내가 너를 권하노니 내게서 불로 연단한 금을 사서 부요하게 하고 *흰 옷을* 사서 입어 벌거벗은 수치를 보이지 않게 하고 안약을 사서 눈에 발라 보게 하라... 보라 내가 도둑 같이 오리니 누구든지 깨어 자기 *옷을* 지켜 벌거벗고 다니지 아니하며 자기의 부끄러움을 보이지 아니하는 자는 복이 있도다(계3:4,5,18,16:15)

그런데 천국의 24장로가 높은 계급의 천사임에도 불구하고 히마티온을 입고 있다. 그렇기 때문에 앞에서 24장로를 이 땅에 살아 있는 성도와 관련된 사역을 하는 천사로 본 것이다. 구약을 대표하는 성도로 12지파가 있고 신약을 대표하는 성도로 12사도가 있다. 그러나 24장로 자체가 12지파와 12사도는 아닐 것이다. 신, 구약을 아울러 이 땅의 살아있는 성도들과 관련된 천사라는 뜻으로 24장로가 아닐까한다. 그러나 아직 확실한 의미는 알 수 없다.

"또 보좌에 둘려 이십사 보좌들이 있고 그 보좌들 위에 이십사 장로들이 *흰 옷을* 입고 머리에 금관을 쓰고 앉았더라"(계4:4)

또한 계19장에 지상에 재림하시는 예수님께서 입으신 피 뿌린 옷이 히마티온이다. 왜 예수님께서 히마티온을 입으셨을까? 필자의 생각을 정리해 본다. 예수님께서 지상 재림하실 때 휴거했던 자들이 함께 내려온다. 이들은 영생의 몸을 입은 자들이다. 본질이 예수님과 같은 몸이다. 재림하신 주님은 이들과 함께 천년 통치에 들어간다. 그러나 이 땅에는 썩는 몸을 가지고 천년왕국에 들어가는 사람들이 있다. 주님은 이 땅에서 천년동안 살아갈 이들을 메시아 왕국에서 통치하신다.

예수님께서 히마티온을 입고 오시는 이유가 아마도 여기에 있는 것 같다. 천년왕국은 주님께서 이 땅에 살아 있는 성도를 직접 통치하시는 곳이기 때문이다. 그러므로 살아 있는 성도가 입는 옷으로 동일하게 히마티온을 입고 오시는 것 같다. 이 또한 필자의 의견일 뿐이다.

"또 그가 *피 뿌린 옷*을 입었는데 그 이름은 하나님의 말씀이라 칭하더라"(계19:3)

○ 죽어서 천국에서 갈아입는 흰 옷 스톨레

혹자는 스톨레는 오직 순교자들만 입을 수 있는 옷이라고 한다. 과연 스톨레는 순교자들만 입는 옷일까? 5인의 순교자들에게 주신 흰 두루마기는 스톨레다. 스톨레를 받은 이유는 이들이 순교자이기 때문이 아니라 죽어있는 자들이기 때문이다. 계시록에서 스톨레를 입은 그룹은 딱 두 그룹이다. 5인의 순교자들과 7장의 흰 옷 무리다. 계7장에는 셀 수 없는 흰 옷 입은 무리들이 나타난다. 이 부분은 계7장 흰옷 무리 단원으로 따로 자세히 정리했다.

계7장의 흰옷 무리도 스톨레를 입고 있다. 그렇다면 7장의 흰옷 무리는 모두 순교자들인가? 그렇지 않다. 어린양의 피로 옷을 씻어 구원받은 셀 수 없는 무리들이다. 다만 흰 옷 무리 가운데는 순교자들도 있을 것이다. 또 전통적인 해석에서는 흰옷 무리를 대 환난을 거쳐 휴거된 무리들로 보고 있다. 이들은 결코 대 환에서 휴거된 무리가 아니다. 이유는 이들이 등장하는 계7장은 계시록의 진행 순서상 대 환난 시기가 아니기 때문이다.

더욱 중요한 것은 이들이 스톨레를 입고 있다는 것이다. 스톨레는 죽음 후에 입는 승리의 옷이며 영광의 옷이다. 스톨레는 권위의 옷, 긴 옷, 잠시 걸치고 있는 겉옷이기도 하다. 5인 순교자들은 구약의 사람들이기에 이 땅에 있을 때 히마티온도 없었다. 그러기에 죽어서 스톨레를 받은 것이다. 그러나 7장의 흰옷 무리는 이 땅에 살아 있을 때는 히마티온을 입었을 것이다. 그리고 하늘 천국에 들어가서 어쩌면 자동으로 스톨레로 갈아입었을 것이다. 이미 땅에서 구원받고 히마티온을 입었기 때문이다. 스톨레는 부활 때 까지 잠시 걸치고 있는 겉옷이다. 부활을 하게 되면 또 영광스러운 새로운 옷을 입는다.

"각각 그들에게 *흰 두루마기*를 주시며 이르시되 아직 잠시 동안 쉬되 그들의 동무 종들과 형제들도 자기처럼 죽임을 당하여 그 수가 차기까지 하라 하시더라"(계6:11)

"이 일 후에 내가 보니 각 나라와 족속과 백성과 방언에서 아무도 능히 셀 수 없는 큰 무리가 나와 *흰 옷*을 입고 손에 종려 가지를 들고 보좌 앞과 어린 양 앞에 서서... 장로 중 하나가 응답하여 나에게 이르되 이 *흰 옷* 입은 자들이 누구며 또 어디서 왔느냐... 내가 말하기를 내 주여 당신이 아시나이다 하니 그가 나에게 이르되 이는 큰 환난에서 나오는 자들인데 어린 양의 피에 그 *옷*을 씻어 희게 하였느니라"(계7:9,13,14)

ⓒ 하늘 군대가 입은 깨끗한 옷 카다로스

예수님 지상 재림하실 때 주님과 함께 내려오는 하늘 군대가 입은 옷이다. 이 하늘 군대를 천사들로 보는 이들도 있다. 그러나 이들이 입은 옷을 볼 때 천사들이 아니다. 천사들은 또 다른 옷을 입는다. 이 하늘 군대는 먼저 휴거되어 영생의 몸을 입은 자들이다. 이들은 땅에서는 히마티온, 하늘에서는 스톨레를 입었다. 그리고 부활의 몸을 입고 스톨레에서 카다로스로 갈아입었다. 이들은 주님과 함께 내려와서 주님의 천년통치에 참여하는 자들이다.

이들이 아마겟돈 전쟁을 앞두고 예수님과 함께 내려오는 하늘 군대다. 이들은 희고 깨끗한 세마포 옷을 입었다. '깨끗한'에 해당하는 카다로스가 중요한 옷이다. 세마포는 베옷이라는 뜻이다. 카다로스는 깨끗한, 순결한, 정결한 옷이다. 부활하면 우리는 잠시 걸치고 있던 스톨레를 벗고 희고 깨끗하고 순결한 고운베옷 카다로스로 갈아입는다. 참으로 생각만 해도 영광스러운 옷이다.

"하늘에 있는 군대들이 *희고 깨끗한 세마포 옷*을 입고 백마를 타고 그를 따르더라"(계19:14)

ⓓ 어린양 신부와 천사가 입은 옷 람프로스

어린양의 신부에 대해서는 '신부와 교회'단원에서 정리했다. 신부에 대한 지금까지의 인식을 바꾸어야 한다. 신부 단원을 참고하고 잘 이해해 주길 바란다. 계19장에 어린양의 아내 신부가 입은 옷이 등장한다. 또 계15장에 일곱 대접을 가진 일곱 천사가 입은 옷이 있다. 신부가 입는 '빛나는 옷'과 천사가 입은 '맑은 옷'이 람프로스다. 람프로스는 화려한, 찬란한, 빛나는, 아름다운 옷이다. 성도는 이렇게 화려한 옷을 입지 않는다. 정결하고 깨끗하고 순결한 카다로스를 입는다. 그러나 신부는 사람이 아닌 거룩한 성 새 예루살렘이다. 이 성은 12보석으로 된 화려하고 찬란하고 빛나고 아름다운 성이다. 때문에 어린양의 아내 신부는 람프로스를 입고 있는 것이다. 또한 천사들이 람프로스를 입는다. 에스겔 28장에 루시엘이 지음 받을 때 12보석으로 치장한 화려한 옷을 입혀 주셨다. 이렇게 천사들은 찬란한 람프로스를 입는 것이다. 그러나 계시록에서 성도들은 결코 이 람프로스를 입은 곳이 없다.

"그에게 *빛나고 깨끗한 세마포 옷*을 입도록 허락하셨으니 이 세마포 옷은 성도들의 옳은 행실이로다 하더라"(계19:8)

"일곱 재앙을 가진 일곱 천사가 성전으로부터 나와 *맑고 빛난 세마포 옷*을 입고 가슴에 금 띠를 띠고"(계15:6)

(2) 다섯째 교회 - 사데교회 - 순교의 꽃을 피우다.

"그러나 *사데에 그 옷을 더럽히지 아니한 자* 몇 명이 네게 있어 *흰 옷을 입고* 나와 함께 다니리니 그들은 합당한 자인 연고라 *이기는 자*는 이와 같이 *흰 옷*을 입을 것이요 내가 *그 이름을 생명책에서 결코 지우지 아니하고 그 이름을 내 아버지 앞과 그의 천사들 앞에서 시인하리라*"(계3:4,5)

다섯째 인의 순교자들을 통해 교회는 순교의 시대를 예고했다. 다섯 번째 교회 사데는 종교개혁시대다. 이 시대는 5인에서 예고한데로 교회 역사상 가장 많은 순교자가 발생한 시기다. 바로 순교의 꽃을 피운 시대라고 할 수 있다. 다섯 번째 사데 교회는 살았으나 죽은 교회였다. 그럼에도 불구하고 옷을 더럽히지 않은 자들이 있었다. 이러한 자들은 이 시대에 모두 순교의 대상이었을 것이다. 제단아래서 억울한 죽음을 신원해 달라고 하던 순교자들과 같이 이들도 억울하게 죽음을 당했다. 그러나 이들은 모두 이기는 자들로 생명책에서 그 이름이 빛이 날것이다. 주님께서 그들의 이름을 아버지 앞과 천사들 앞에서 시인하시겠다고 한다.

아직 순교는 끝나지 않았다. 아직 하나님께서 정하신 순교자의 수가 남아 있다. 어쩌면 이 글을 읽는 독자들 가운데서도 이 영광스러운 순교의 자리에 설자도 있을 것이다. 마지막 후3.5년의 시기를 지나면서 마지막 순교자들이 쏟아져 나올 것이다. 이 천국이정표를 통해 시대를 분별하고 순교자의 심정으로 마지막 때를 준비하며 살아가야 할 것이다. **다섯째 인의 순교자들과 다섯째 교회 사데는 '순교'라는 공통분모를 가지고 있다.**

6) 여섯째 인과 여섯째 교회 - 종말 싸인 시대

(1) 여섯째 인 - 큰 지진(도시) / 암흑일 / 유성군 /큰 지진(섬) (1755년-1841년)

"내가 보니 여섯째 인을 떼실 때에 *큰 지진이 나며 해가 검은 털로 짠 상복 같이 검어지고 달은 온통 피 같이 되며 하늘의 별들이 무화과나무가 대풍에 흔들려 설익은 열매가 떨어지는 것 같이 땅에 떨어지며 하늘은 두루마리가 말리는 것 같이 떠나가고 각 산과 섬이 제 자리에서 옮겨지매* 땅의 임금들과 왕족들과 장군들과 부자들과 강한 자들과 모든 종과 자유인이 굴과 산들의 바위 틈에 숨어 산들과 바위에게 말하되 우리 위에 떨어져 보좌에 앉으신 이의 얼굴에서와 그 어린 양의 진노에서 우리를 가리라 그들의 진노의 큰 날이 이르렀으니 누가 능히 서리요 하더라"(계6:12-17)

▶여섯째 인에 관한 예수님의 예언

"이 *천국 복음이 모든 민족에게 증언되기 위하여 온 세상에 전파되리니 그제야 끝*이 오리라"(마24:14)

1-4인까지는 두절씩 할애한다. 그러나 다섯째 인부터 내용이 길어진다. 그리고 여섯째 인은 상세하고 길게 사건들을 구체적으로 기록하고 있다. 지금까지 계시록을 살펴본 방법대로 6째 인도 기록한 순서대로 사건이 일어난다.

6째 인과 예수님 예언과 무슨 상관이 있는가 생각할 것이다. 필자도 6째 인과 6째 교회 그리고 예수님의 예언은 어떤 공통점을 가지고 있는지 발견하는데 시간이 좀 걸렸다. 6째 인의 사건들은 엄청난 자연 재해들이다. 반면에 6째 교회와 예수님의 예언은 복음이 전 세계로 전파되는 세계선교시대다.

이것은 예수님께서 복음이 온 세계 모든 민족에게로 전파되면 그제야 끝이 오리라고 하신 마지막 때를 알리는 종말 신호다. 또한 6째 인의 엄청난 자연의 재앙 사건들도 종말을 알리는 사건들이다. 이런 맥락에서 예수님의 예언은 6째 인과 함께 가는 6째 교회에 해당한다. 그러므로 마24:14절 예수님 예언은 종말을 알리는 6째 인과 관련할 수 있다. 6째 인은 내용도 상당히 길고 일어나는 사건들도 지금까지 역사상 없었을 것 같은 재앙들이다. 이러한 내용들로 인해 6째 인을 예수님 지상 재림 상황으로 보는 견해도 많다. 그러나 본문을 자세히 보면 예수님 재림 상황이 아님을 알 수 있다.

6째 인은 모두 '...같이'라는 표현을 쓰고 있다. '해가 검은 털로 짠 상복 같이' '달은 온통 피 같이' '열매가 떨어지는 것 같이' '하늘은 두루마리가 말리는 것 같이'라는 표현이다. 그러나 마24장의 재림 상황은 '...같이'가 아니다. 해 자체가 어두워진다. 달 자체가 빛을 내지 않는다. 하늘의 별 자체가 떨어지고 하늘의 권능들이 흔들린다. 이렇게 6째 인과 마24장의 예수님 재림상황은 다르다. 그러나 6째 인은 길고 긴 인의 심판의 역사로 볼 때 주님이 재림이 가까이 왔다는 마지막 때 신호임에는 분명하다.

"그 날 환난 후에 *즉시 해가 어두워지며 달이 빛을 내지 아니하며 별들이 하늘에서 떨어지며 하늘의 권능들이 흔들리리라* 그 때에 인자의 징조가 하늘에서 보이겠고 그 때에 땅의 모든 족속들이 통곡하며 그들이 *인자가 구름을 타고 능력과 큰 영광으로 오는 것을 보리라*"(마24:29,30)

이제 6째인 사건이라고 볼 수 있는 조건을 살펴보자. 6째인 본문에 기록하고 있는 사건을 순서대로 나열해 본다. 앞에 4째 인과 같이 6째 인도 기록된 순서대로 일어났다. 말씀에 해당하는 사건들이 모두 충족이 되어야 6

째 인이라고 할 수 있다. 큰 지진 사건, 해가 검어지는 사건, 달이 핏빛이 되는 사건, 이것은 테트라드다. 또 많은 별들이 떨어진 사건, 하늘이 종이 축 말리듯 떠나가는 사건, 각 섬들이 옮겨지는 사건이다. 마지막으로 말세를 외치는 외침들이다. 이러한 사건들이 연속적, 순서적으로 일어났다면 6째 인은 이미 떼어진 것이다.

그러나 이후 나열하는 사건들을 두고 이 사건이 6째 인에 100% 맞는 것이라고 단정 지을 수는 없다. 어쩌면 우리가 알지 못하는 성경에 더 가까운 어떤 사건이 역사에 있었을 수도 있기 때문이다. 다만 앞서 연구한 이들에 의해 드러난 사건들이 지금까지 역사상 일어난 사건 중에 6째 인에 가장 가깝다는 것이다. 6째 인의 사건들도 이렇게 열린 마음으로 봐야한다.

① 큰 지진이 나며 - 도시 중심에서 발생한 리스본 대 지진(1755.11.1.)

6째 인에는 큰 지진에 대해 두 번 나온다. 뒤에 각 섬들이 옮겨지는 것도 큰 지진이다. 이 지진들이 다른 점이 있다면 하나는 도시 중심에서 또 하나는 섬에서 일어난 것이다. 도시 중심에서 일어난 리스본 대 지진은 인명 피해가 많았다. 그러나 섬에서 일어난 지진은 인명피해는 없었으나 각 섬들이 옮겨 질만한 큰 지진이었다.

1755년 11월 1일 오전 9시 40분 포루투칼의 수도 리스본 전체가 무너졌다. 리스본 대 지진은 18세기 근대 역사상 가장 강력했던 큰 지진이다. 리스본 지진은 지금의 지진 규모로 추정할 때 9.0정도에 접근했다고 한다. 당시 지진의 충격파는 영국 덴마크 오스트리아 베네치아 등 전 유럽에서 느낄 수 있었다고 한다. 또한 핀란드와 북아프리카 이탈리아까지도 진동을 느꼈다고 한다. 지진 여파로 해일이 몰려와 채 무너지지 않은 것들은 대서양으로 휩쓸어갔다. 해일은 리스본과 그 일대 지역의 4분의 3을 파괴시켰다. 다음에는 큰 불이 나서 물이 앗아가지 않은 것들을 전부 집어 삼켰다.

이날은 카토릭의 대축일인 만성절이었다. 성당마다 켜진 촛불은 엄청난 화재를 불러 일으켰다. 리스본은 5일 동안 불탔다. 리스본의 인구 20만 명중 절반이 사망했고 도시의 85%가 파괴되었다. 땅과 바다와 불이 한꺼번에 달려들은 리스본 최후의 날이었다고 기록하고 있다. 카토릭의 대축일인 이 날은 40여개의 성당에 발 디딜 틈도 없이 많은 신도들이 모여 있었다. 이중 30개의 성당이 파괴되어 기도하던 많은 신도들 3분의 1일 사망했다. 안전한 곳으로 대피하여 물가로 갔던 사람들에게 쓰나미가 덮쳤다. 그 엄청난 잔해는 영국과 아프리카 해안까지 떠밀려 왔다. 번영하던 리스본은 하루아침에 초토화가 된 것이다. 당시까지 있었던 지진 중 최악의 기록을 남겼던 리스본 대지진은 말세의 시작을 알리는 6째 인의 첫 번째 신호였다.

② 해가 검어지고 달은 피같이 되다. - 뉴잉글랜드 암흑일(1780.5.19.)

물리학자 william corless는 과학저널을 검색하여 1091-1971년 사이에 발생한 46개의 어두운 날에 대한 언급을 찾았다. 이 가운데 6째 인에 해당한다고 보는 역사적인 암흑의 날은 1780년 5월 19일의 뉴잉글랜드의 암흑일이다. 이 암흑은 미국의 잉글랜드 주들과 캐나다 일부 지역에서 비정상적으로 낮 하늘이 어두워지는 현상이 발생했다. 북쪽으로는 메인주의 포틀랜드 남쪽으로는 알바니까지 도달했다고 한다.

1780년 5월 첫 2주 동안 뉴잉글랜드의 많은 지역이 너무 어두워서 사람들이 가장 화창한 낮에도 시야가 좁아 일상 업무 수행이 어려웠다. 사람들은 일상적인 업무를 수행하기 위해 집에서 촛불을 켜야 했다. 그리고 5월 19일 미국 동부 전역이 전혀 해석할 수 없는 암흑으로 덮였다. 너무 끔찍한 어둠의 경험이었다고 한다. 이 엄청난 어둠은 오전 10시와 11시 사이에 시작하여 다음날 한밤중까지 계속되었다. 어둠이 발생한 정도는 장소마다 달랐다. 이날 암흑일 밤에는 피처럼 붉은 달이 보였다. 보름달 이었지만 그 핏빛 달은 곧 어둠속으로 사라졌다.

그 날 밤 달은 붉은 구리와 같은 색을 띠며 월식 때와 같은 모습을 하고 있었다. 해가 검은 털로 짠 상복같이 검어지고 달은 온통 피같이 된 현상이다. 이러한 광경을 보며 영국인들은 갑작스러운 어둠으로 인해 두려움에 떨었다. 그들은 하나님께로 나아갔고 밤이 깊도록 신자들은 집회 장소로 달려 나왔다. 당시 사람들은 이러한 현상은 주님의 재림이라고 믿었다. 심판의 날이 매우 가까웠다는 것이 당시 사람들의 일반적인 의견이었다고 한다.

암흑일 때 사람들은 이구동성으로 "추수하는 주인이 부르실 때가 가까웠다"라고 했다. 이 때 많은 사람들이 최후의 심판의 두려워 교회로 나왔다고 한다. 그래도 이 시기 사람들은 순수했다. 자연의 무섭고 두려운 광경 앞에서 창조주 하나님을 찾은 것이다. 그러나 계시록 9장에는 마지막 7년으로 들어가기 바로 전에 세계 3차전이 있다. 이 전쟁은 지구 역사상 가장 많은 사상자를 내는 무서운 핵전쟁일 것으로 보고 있다. 성경은 미래의 그 시대 사람들은 그렇게도 엄청난 3차전의 재난 앞에서도 하나님께 회개하지 않는다고 기록하고 있다. 오히려 더욱 하나님을 반역하는 행위들을 한다.

"이 재앙에 죽지 않고 남은 사람들은 손으로 행한 일을 회개하지 아니하고 오히려 여러 귀신과 또는 보거나 듣거나 다니거나 하지 못하는 금, 은, 동과 목석의 우상에게 절하고 또 그 살인과 복술과 음행과 도둑질을 회개하지 아니하더라"(계9:20-21)

지금도 많은 사람들이 앞으로 다가올 암흑일에 대한 예언을 받고 있다. 출애굽기의 열 가지 재앙 중 3일간의 흑암재앙이 암흑일의 그림자다. 이 흑암 재앙이 다시 온다는 것이다. 그러므로 아직 6째 인이 떼어지지 않았다고 주장하기도 한다. 그러나 6째 인의 암흑일의 원형은 이미 일어났다. 중요한 것은 애굽에 있었던 흑암 재앙은 애굽에만 있었다. 뉴잉글랜드의 흑암도 그 지역에서만 일어났다. 그러나 앞으로 다가오는 흑암 재앙은 전 세계에서 곳곳으로 확장된다. 모든 일반징조 재앙들은 끝으로 갈수록 범위는 점점 넓어지며 강도가 높아지기 때문이다.

③ 하늘의 별들이 떨어지다. - 유성군(1833.11.12.-13.)

하늘의 별들이 무화과나무가 대풍에 흔들려 설익은 열매가 떨어지는 것 같이 땅에 떨어진 사건이다. 이 일로 인해 하늘은 두루마리가 말리는 것 같이 떠나가는 것처럼 보였다. 1833년 11월 12-13일에 하늘에서 유성들이 눈

송이처럼 떨어졌다는 역사적 사건이다. 사자자리 유성군에 대한 국립 항공 우주국 페이지에는 별똥별의 폭풍우가 지구를 덮친 날이라고 기록하고 있다. 이 때 사자자리에서 떨어진 별이 대충 20만 7천 8백개 라고 기록되어있다.

이날 사람들은 별들의 우박이 소나기처럼 하늘에서 떨어지는 것을 보았다고 한다. 그 이후로도 많은 별들이 떨어졌으나 1833년 이날 유성의 큰 소나기는 지금까지 기록된 것 중에서 가장 광범위하고 놀라운 별의 떨어짐이었다고 한다. 이 때 미국의 하늘은 몇 시간 동안 찬란한 광경을 나타냈다. 온 하늘이 움직이는 것 같았으며 마치 하늘은 종이축이 말리는 것 같은 현상을 보였다고 한다. 이런 광경은 북미 전역에서 볼 수 있었다고 한다.

실로 그 장엄한 광경은 말로 표현할 수 없었다고 한다. 그러나 일부 사람들은 이 광경을 보고 심히 두려워 경악하는 이도 있었다. 별똥별, 유성군 사건은 사람들로 하여금 죽을 만큼 두려워 떨게 했다는 기록들이 있다. 사람들은 심판의 날이 왔다고 외쳤다는 기록이다. 이 날은 유사 이래로 지구상에 없었던 놀라운 날이었다. 어떤 관측소의 집계는 시간당 20만개가 5~6시간동안 별이 떨어졌다고 한다. 1940년도 잡지에 실린 한 논문에 보면 1833년도에 10억 개의 별들이 떨어진 것이 기록되어 있다.

하늘에서 별이 쏟아지는 광경을 그리고 있는 당시 삽화들이 있다. 지금 그림으로 보아도 너무나 황홀한 광경이다. 그 광경을 직접 본 사람들은 참으로 황홀했을 것이며 또한 두려웠을 것이다. 그러나 그 별들의 떨어짐이 마지막 때가 가까이 왔음을 알리는 6째 인의 신호였음을 그들은 알지 못했을 것이다. 당시 사람들이나 학자들 중에 이 날의 유성군이 계6:13절과 마24:29절의 성취라고 했다. 계6:13절 6째 인의 성취는 맞다. 그러나 마24:29절은 환난 후 예수님 지상 재림 사건이다. 아직 마24:29절 별들이 떨어지는 사건은 성취되지 않았다. 주님이 지상 재림하시는 그날에는 6째 인에 비교할 수 없는 하늘의 징조들이 있을 것이다.

"그 날 환난 후에 즉시 해가 어두워지며 달이 빛을 내지 아니하며 *별들이 하늘에서 떨어지며* 하늘의 권능들이 흔들리리라"(마24:29)

④ 각 섬들이 옮겨졌다. - 인도네시아 수마트라 지진(1833.11.25.)

"각 산과 섬이 제 자리에서 옮겨지고"라는 표현은 지진으로 인해 발생하는 모습이다. 계16:20절에 7째 대접에서 큰 지진 후에 각 섬도 없어지고 산악도 간데없더라는 표현이 있다. 7째 대접의 큰 지진은 창세에 없던 큰 지진으로 인해 각 섬과 산악이 아예 땅속에 묻혀 버리는 상황 표현이다. 그러나 9.0 정도의 지진은 각 섬들을 옮길 수 있는 지진이다. 6째 인에서 두 번의 지진이 나오지만 각각 다르게 표현한 이유가 있다. 앞의 도시 중심에서 일어난 리스본 대지진은 인명피해가 많았다.

그러나 사람이 살지 않는 섬에서 일어난 인도네시아 수마트라 지진은 인명피해가 거의 없었다. 인도네시아 수마트라 지진은 8.8~9.2의 강한 지진이 연속적으로 일어났다. 수마트라와 같은 큰 지진은 19세기가 지나기까지 없었다. 그리고 20세기 들어와서 큰 지진들이 일어난다. 이러한 지진은 1755년부터 1833년까지 6째 인의시기 안에 순서적으로 일어난 사건들이다. 그러므로 여기까지 6째 인의 사건으로 보고 있다. 그러나 섬들이 옮겨진 것을 직접 증명할 수 없다. 때문에 이 사건 아닌 그 어떤 다른 사건일 수도 있다.

⑤ 말세를 외치는 사람들

"땅의 *임금들과 왕족들과 장군들과 부자들과 강한 자들과 모든 종과 자유인*이 굴과 산들의 바위 틈에 숨어 *산들과 바위에게 말하되 우리 위에 떨어져* 보좌에 앉으신 이의 얼굴에서와 그 어린 양의 진노에서 우리를 가리라 그들의 *진노의 큰 날이 이르렀으니 누가 능히 서리요 하더라*"(계6:15-17)

계6:15-17절은 어느 한 사람의 말을 기록해 놓은 것은 아닐 것이다. 천재지변의 무서운 일들이 일어날 때마다 시대에 나타나는 사람들의 반응을 표현한 것으로 보인다. 6째 인의 사건들은 주님의 재림의 때가 가까웠음을 역사적으로 알리는 무서운 하늘의 징조였다. 이러한 마지막 때의 상황을 예수님도 예언하셨다. 예수님께서 십자가를 지고 골고다를 올라가실 때 가슴을 치며 슬피 우는 여인들이 있었다. 그 때 주님께서 울고 있는 여인들에게 하신 말씀이다. "나를 위하여 울지 말고 너희와 너희 자녀를 위하여 울라" 그리고 뒤에 하신 말씀은 마지막 심판 때를 경고하신 것이다. 마지막 심판의 때가 반드시 올 것이니 너희와 너희 자녀를 위해 울며 기도하라는 것이다.

"또 백성과 및 그를 위하여 가슴을 치며 슬피 우는 여자의 큰 무리가 따라오는지라 예수께서 돌이켜 그들을 향하여 이르시되 예루살렘의 딸들아 나를 위하여 울지 말고 너희와 너희 자녀를 위하여 울라 보라 날이 이르면 사람이 말하기를 잉태하지 못하는 이와 해산하지 못한 배와 먹이지 못한 젖이 복이 있다 하리라 *그 때에 사람이 산들을 대하여 우리 위에 무너지라 하며 작은 산들을 대하여 우리를 덮으라 하리라*"(눅23:27-30)

계6:15-16절은 마지막 때에 있을 심판에 대한 예고다. 6째 인에 대한 엄청난 사건이 일어날 때마다 그 시대 사람들은 말세를 외쳤다. 그리고 세상 끝에 하나님의 심판은 남녀노소 빈부귀천을 막론하고 모두에게 임한다. 지금 글로벌 세력들의 거대한 지하도시가 존재하고 있는 것을 알 것이다. 마지막 때 재앙을 피하기 위해 땅으로 들어가는 사람들이 있다. 마지막 심판 때는 아무리 산과 굴로 들어간다 할지라도 하나님 앞에서 숨을 자가 없다. 계6:15-17절의 심판 예고는 계19:18절에서 실현된다.

"*왕들의 살과 장군들의 살과 장사들의 살과 말들과 그것을 탄 자들의 살과 자유인들이나 종들이나 작은 자나 큰 자나 모든 자의 살을 먹으라 하더라*"(계19:18)

6인이 떼어진 18세기 이후부터 대규모의 지진들이 전 세계에서 수없이 일어나고 있다. 해가 어두워지고 달이 피같이 되는 테트라드 현상과 하늘의 별들 운석들이 떨어지는 현상은 반복적으로 계속 일어나고 있다. 세계적으로 무서운 천재지변의 현상들이 일어날 때마다 사람들은 이구동성으로 '말세다' '세상 심판의 때라 이르렀다' '주의 재림이 가까이 왔다'라고 하며 두려움에 떨었다. 역사의 기록에 있는 시대적 말세의 외침들을 정리해 보았다.

㉠ **죄 많은 사람들을 향한 하나님의 고의적 심판이다.**
㉡ **하나님의 진노의 날이 이르렀다.**

ⓒ 추수하는 주인이 부르실 때가 가까이 왔다.
ⓔ 많은 사람들이 최후 심판이 두려워 교회로 나왔다.
ⓜ 유성군 사건은 사람들로 하여금 죽을 만큼 두려워하게 했다.
ⓗ 세상 심판의 때가 가까이 왔다.
ⓢ 주님의 재림이 가까이 왔다.

　여기까지가 6째 인해 해당한다고 보는 사건들이다. 리스본 지진과 암흑일이나 유성군과 관련된 영상들을 보면 모두가 공통점이 있다. 이 모든 사건들은 말세의 징조이며 주님의 재림이 가까움을 알린다는 것이다. 여기서 말세 재림운동이 나타나기도 했다. 그러나 우리가 이러한 사건들을 6째 인으로 인정을 하려면 반드시 기억할 것이 있다. 인의 사건은 100년 단위로 일어난다고 한 것을 기억할 것이다.

　다섯째 인이 16세기-17세기다. 여섯째 인은 그 다음 18-19세기에 해당한다. 1755년부터 1841년까지 큰 지진과 암흑일, 유성군과 섬들의 옮김이 기록된 순서대로 연결되어 있어야 한다. 이러한 사건들은 독립적으로는 그 전에 있었고 그 이후에도 있었다. 그러나 앞뒤 관련 없이 일어난 크고 작은 독립적 사건들 자체가 6째 인이라고 할 수 없다. 6째 인에 해당되려면 계 6:12-17절까지의 말씀이 모두 충족이 되어야 한다.

(2) 여섯째 교회 - 빌라델비아 교회 - 세계선교의 확장은 종말의 신호다.
　"빌라델비아 교회의 사자에게 편지하라 거룩하고 진실하사 *다윗의 열쇠를* 가지신 이 *곧 열면 닫을 사람이 없고 닫으면 열 사람이 없는* 그가 이르시되 볼지어다 내가 *네 앞에 열린 문을 두었으되 능히 닫을 사람이 없으리라* 내가 네 행위를 아노니 네가 작은 능력을 가지고서도 내 말을 지키며 내 이름을 배반하지 아니하였도다"(계3:7,8)

　"이 *천국 복음이* 모든 민족에게 증언되기 위하여 *온 세상에 전파되리니 그제야 끝이 오리라*'(마24:14)

여섯 번째 교회 빌라델비아는 19세기 세계선교시대로 복음이 전 세계로 확산되던 시기다. 온 세계로 복음이 전파되는 때가 세상 끝이라고 말씀하신 예수님의 예언과 일치한다. 세계로 확장되는 복음의 문을 능히 닫을 자가 없었다. 문을 닫으려고 하는 세력은 분명히 복음 확장을 반대하는 방해와 핍박 세력이다. 복음이 확산될 때 만만치 않은 핍박도 함께 있었다는 것이다. 그럼에도 불구하고 복음의 문, 구원의 문이 열린 시대이기 때문에 그 누구도 막을 수 없었다. 복음이 들어가는 각 나라마다 순교의 피 위에 복음의 씨앗이 뿌려진 시대다.

19세기는 복음으로 전 세계를 정복한 시대다. 19세기 100년 동안 전 세계에 끼친 기독교의 영향력은 과거 1,800을 능가한다는 평가다. 중요한 것은 이와 같이 복음이 세계로 확산되는 것은 마지막 종말을 알리는 신호인 것이다. 이렇게 **6째 인과 6째 교회의 공통점은 종말의 시작을 알리는 신호다.**

7) 일곱째 인과 일곱째 교회 - 심판 경고의 시대

(1) 일곱째 인 - 우레 / 음성 / 번개 / 지진 / 대 폭발사건 (1908. 6. 30)

"*일곱째 인*을 떼실 때에 하늘이 반 시간쯤 고요하더니....천사가 향로를 가지고 제단의 불을 담아다가 땅에 쏟으매 *우레와 음성과 번개와 지진*이 나더라"(계8:1,5)

마24장에서 예수님은 일곱째 인을 생략하셨다. 예수님의 천국이정표는 다니엘이 침묵하는 간격시대 예언이 추가 되었다. 그러므로 예수님의 이정표는 다니엘 보다는 자세하고 사도요한의 계시록 보다는 구체적이지 않다. 그러나 모두 마지막 때 이정표로서의 전체적인 틀과 뼈대는 같다. 예수님께서 요한에게 계시록을 통해 이정표를 다시 주실 때는 7교회와 7인으로 아주 구체적으로 주셨다.

이제 7째 인에 해당하는 사건을 찾는 것은 간단하다. 본문 그대로 우레, 음성, 번개, 지진을 동반한 사건이면 7째 인의 선상에 올릴 수 있다. 우리는 보통 천둥 번개가 무섭게 치면 죄 지은 것은 없나 생각한다. 이러한 상황을 누구나 한번 쯤 경험해 보았을 것이다. 천둥 번개는 하늘의 임재로 심판과 경고의 성격을 가지고 있기 때문일 것이다. 7째 인에 해당하려면 우레, 음성, 번개, 지진이 동반해야 하는데 보통 이 네 가지 요소가 다 충족하는 경우는 드물다.

보통 비바람과 함께 우레, 음성, 번개 이렇게 세 가지는 함께 한다. 그러나 지진은 없는 경우가 대부분이다. 그런데 7째 인은 지진이 있다. 그것도 큰 지진이 아닌 보통 지진이다. 계시록에서 단어 하나라도 그냥 넘어갈 수 없다. 7째 나팔과 7째 대접에도 번개, 음성, 우레는 기본이다. 그러나 우박이 추가되면서 뒤로 갈수록 '큰'이라는 단어가 붙어서 큰 지진, 큰 우박으로 확장된다. 그러나 7째 인은 그냥 보통 지진이 동반한다.

① 하늘이 반시간쯤 고요하더니

"*일곱째 인*을 떼실 때에 *하늘이 반 시간쯤 고요하더니* 내가 보매 하나님 앞에 *일곱 천사*가 서 있어 *일곱 나팔*을 받았더라"(계8:1-2)

반시간의 고요함에 대해서는 여러 가지 의견들이 있지만 필자는 아직 정확히 모르겠다. 이제 7인이 모두 떼어지므로 총체적 심판은 끝난 것이다. 여기까지 인을 떼는 일은 주님께서 직접 집행하셨다. 그러나 7째 인은 떼었지만 아직 일곱째 사건이 있기 전이다. 이제 일곱째 사건이 있고 나면 7째 인 기간 시대에 심판을 경고하는 7나팔 시대가 시작된다. 이제 7나팔과 7대접은 천사들이 임무를 수행한다. 곧 시작될 나팔의 시작을 위해 일곱 천사가 일곱 나팔을 받았다. 이 때 아마도 하늘에서는 주님과 천사들과 임무를 교대하는 어떤 시간인 듯하다.

② 공포의 불덩어리 퉁구스카 폭발

1908년 6월 30일 오전 7시 17분경 러시아 시베리아 퉁구스카 강 유역 밀림에서 대 폭발사건이 있었다. '공포의 불덩이'라 불리는 퉁구스카 폭발사건은 원인을 알 수 없는 대규모의 공중폭발 사건이다. 이 폭발의 위력은 2차 대전 일본 히로시마 원자폭탄의 1천배 어떤 기록에는 2천배라고 한다.

퉁구스카 폭발은 역사상 가장 큰 충돌 사건으로 기록되었다. 이 사건은 지상 5-10㎞ 상공에서 소행성 또는 혜성의 파편이 지구에 충돌하면서 공중 폭발한 것으로 추정되고 있다. 목격담에 의하면 커다란 불덩이가 서쪽에서 동쪽으로 날아가다가 폭발했다고 한다.

다음은 나무위키의 기록이다. "서북쪽 하늘을 수직으로 낙하하는 파란 불빛이 보였다. 이윽고 하늘이 둘로 갈라지면서 거대한 검은 구름이 피어올랐고 잠시 후 천지를 진동하는 큰 소리로 인해 모두들 심판의 날이 온 것으로 생각해 저마다 무릎을 꿇고 기도를 하기 시작했다." 이런 사건이 있을 때마다 말세를 외치는 사회의 현상들이다.

폭발의 에너지는 10-20 메가톤에 달하였다고 한다. '공포의 불덩이'가 일으킨 폭발의 위력은 대단했다. 사건 현장에서 450 km나 떨어진 곳에서 열차가 전도 사고를 일으켰다. 2150 ㎢ 산림에 걸쳐 나무 8천만 그루가 쓰러졌다. 사건현장에서 15 km 떨어진 곳에서 방목하던 가축 천오백마리가 폐사했다. 폭발 현장 주위 2600 ㎢ 나무들이 모두 폭 심지 가장자리 방향으로 쓰러져 있었다. 폭발의 원인으로는 블랙홀 추락 설, 운석 추락 설 등의 수많은 가설이 나왔지만 2013년에 운석 파편을 발견하여 대폭발의 원인이 석질 소행성임을 발견해 냈다. 이 사건이 7째 인에 해당하려면 다음 조건이 충족되어야 한다. 위키 백과사전의 기록을 참조하여 정리해 본다.

㉠ 우레 - 번쩍임과 대포 소리와 같은 소리가 있었다.
㉡ 음성 - 소리는 충격파와 동반하는 음성이 있었다.
㉢ 번개 - 이날 아시아와 유럽의 밤하늘은 환희 빛났다. 런던의 스톡홀름에서는 신문을 읽을 수 있을 정도로 일시적인 백야 현상이 나타났다.
㉣ 지진 - 유라시아의 지진 관측소는 이날 5.0의 지진을 기록하고 있다. 보통 지진이다.

퉁구스카 사건은 역사상 가장 큰 충돌, 폭발 사건으로 기록되고 있다. 퉁구스카 사건은 우레와 음성과 번개와 지진이 동반된 일곱째 인 사건으로 보기에 충분하다. 사건 당시 "천지를 진동하는 큰 소리로 인해 모두들 심판의 날이 온 것으로 생각해 저마다 무릎을 꿇고 기도를 하기 시작했다."는 기록은 7째 인이 심판 경고임을 잘 나타내 주고 있다.

(2) 일곱째 교회 - 라오디게아 교회 - 종말시대

"내가 네 행위를 아노니 *네가 차지도 아니하고 뜨겁지도 아니하도다* 네가 차든지 뜨겁든지 하기를 원하노라 네가 이같이 미지근하여 뜨겁지도 아니하고 차지도 아니하니 내 입에서 너를 토하여 버리리라 네가 말하기를 *나는 부자라 부요하여 부족한 것이 없다 하나 네 곤고한 것과 가련한 것과 가난한 것과 눈 먼 것과 벌거벗은 것을 알지 못하는도다* 내가 너를 권하노니 내게서 불로 연단한 금을 사서 부요하게 하고 흰 옷을 사서 입어 벌거벗은 수치를 보이지 않게 하고 안약을 사서 눈에 발라 보게 하라"(계3:15-18)

일곱 번째 교회 라오디게아는 오늘날 우리들 교회의 자화상이다. 차지도 않고 뜨겁지도 않다. 교회도 신앙도 영적 생명력이 없다. 신앙생활을 하되 부담 없이 하려고 한다. 교회에는 등록도 하지 않고 이곳저곳으로 방황하는 가나안 성도들이 많다. 모든 것이 풍족한 현실 속에서 하나님 도움 없이도 살아갈 수 있다고 생각한다. 주님은 라오디게아 교회를 책망하신다. "나는 부자라 부요하여 부족한 것이 없다 하나 네 곤고한 것과 가련한 것과 가난한 것과 눈 먼 것과 벌거벗은 것을 알지 못하는 도다" 주님께서 우리를 토해내 버리시면 어찌할 것인가? 라오디게아 교회는 영적으로 가난하고 눈멀고 벌거벗은 곤고하고 가련한 교회다.

라오디게아 교회에 주님의 인사는 "하나님의 창조의 근본이신 이가 이르시되"로 시작한다. 하나님이 창조하신 세상이 종말이 다가왔음을 시사하고 있다. 세상은 세상을 창조하신 하나님께서 심판하신다. 종말 시대에 대한 경고다. 주님께서 오실 때가 더욱 가까이 이르렀다. 그러므로 권면하시는 것이다. "내가 너를 권하노니 내게서 불로 연단한 금을 사서 부요하게 하고 흰 옷을 사서 입어 벌거벗은 수치를 보이지 않게 하고 안약을 사서 눈에 발라 보게 하라" 7째 인이 번개, 음성, 우레, 지진으로 종말심판의 신호탄을

울렸다. 그리고 일곱째 교회는 종말 시대를 나타내고 있다. **7째 인과 7째 교회의 공통 코드는 종말 심판의 신호탄이다.**

여기까지 계6:1-8:5 계시록을 역사적 사건기록 순으로 인이 떼어진 것을 살펴보았다. 하나님은 70이레로 당신의 계획을 가지고 마지막 시대를 이끌어 가신다. 신약 시대에 한 손에는 일곱 교회 시간표대로 하나님나라 구속사를 주관하신다. 또 한 손에는 인, 나팔, 대접 재앙의 시간표대로 세상나라 심판 사를 주관하시고 계신다. 계시록의 일곱 인은 이렇게 교회시대에 이미 지난 역사 속에서 함께 떼어졌다. 일곱 교회 시대가 진행되면서 동시에 일곱 인도 주님 손으로 직접 떼신 것이다.

이미 떼어진 인의 원형 사건을 근거로 이 세상은 수많은 재난의 일반 징조들이 일어나고 있다. 이러한 재앙들은 마지막 때까지 계속 반복해서 일어날 것이다. 지금 라오디게아 교회 시대는 인을 모두 떼신 주님께서 천사들과 임무를 교대하신 나팔 시대다. 마지막 라오디게아 교회 시대는 주님 재림 때까지 계속 되는 마지막 교회다. 심판과 경고의 나팔이 시작된 라오디게아 교회는 대접 재앙까지 포함하고 있다.

다음 도표의 사건들은 인부터 나팔과 대접으로 갈수록 강도가 강해지고 지역적 재난에서 전 세계적 재난으로 구체화 되는 모습이다. 또한 특별히 나팔과 대접의 사건은 마치 같은 사건으로 오해할 만큼 같은 단어들이 나온다. 그러나 자세히 살펴보면 결코 같은 사건들이 아님을 알 수 있다. 인과 나팔 재앙은 지역적이다. 대부분 인부터 세계적 재앙이라고 주장하지만 그렇지 않다. 대접재앙에서부터 범위가 전 세계로 확대되고 있다.

※인, 나팔, 대접 재앙의 비교표

구분	일곱 인 (재앙의 시작)	일곱 나팔 (재앙의 진행)	일곱 대접 (하나님의 진노 재앙의 마침)
1	흰말 탄 자 활을 가지고 면류관을 받고 이기고 또 이기려고 함	피석인 우박과 불이 **땅에 쏟아짐** 그 땅과 수목 1/3 타버리고 각종 푸른 풀도 타버림	**땅에 쏟아짐**-땅 심판 짐승표 받은자에게 독한 헌데가 나서 고통을 받음
	'미혹' 카토릭 교황체제 확립(217-538)	세계 1차 대전 땅을 해친 사건	
2	붉은 말 탄자가 화평을 제하고 서로 죽이게 하고 큰 칼을 받음	불붙는 큰 산과 같은 것이 **바다에 던져짐** 바다의 1/3이 피가 되고 바다 피조물 1/3이 죽고 배 1/3이 깨어짐	**바다에 쏟아짐**-바다심판 바다가 죽은 자의 피같이 됨 바다 가운데 모든 생물이 죽음
	이슬람/지하드/칼리프/ 테러 632년 8세기	세계 2차 대전 바다를 해친 사건	
3	검은 말 탄자가 저울(멍에)을 가졌고 한 데나리온에 밀 한 되요 보리 석 되라 감람유 포도주 해치말라	횃불같이 타는 큰 별이 하늘에서 떨어짐 **강들** 1/3과 여러 **물샘에** 떨어짐. 물의 1/3이 쓴 쑥물이 되어 쓴물로 많이 사람이 죽음	**강과 물 근원에 쏟아짐**- 강, 물 심판 강과 물 근원이 피가 됨 선지자의 피를 흘린 보응심판
	봉건제도/농노제도/노동 착취 900년대~10세기경	체르노빌 원전사고(1986.4.26.) 강과 물을 오염시킨 사건	

구 분	일곱 인 (재앙의 시작)	일곱 나팔 (재앙의 진행)	일곱 대접 (하나님의 진노 재앙의 마침)
4	청황색 말 탄자 사망과 음부가 따름 땅 1/4 권세를 받고 검과 흉년 사망과 짐승으로 죽임	**해,달,별** 1/3이 타격을 받아 낮1/3과 밤 1/3이 어두워짐	**해에 쏟아짐** - 해가 불로 사람을 태움 이들은 하나님의 이름을 비방하고 회개하지 않음
	징기스칸(1206-1227) 유럽대흉년(1315-1317) 흑사병(1348-1356) 13-14세기	캠트레일(1990-2000) 해달별을 어둡게 하는 사건	
5	순교자 호소의 기도를 들으시고 흰 두루마기 주시며 동료의 수가 차기까지 쉬라	황충(무저갱의 사자)출현 전갈의 권세로 인 맞지 않은 자만 5개월 고통을 줌 **(히)아바돈 (헬)아불루온**	**짐승보좌에 쏟아짐** 짐승의 왕좌가 어두워짐 사람들이 혀를 깨물고 아픈 것과 종기로 인해 고통 받으나 하나님을 비방하고 회개치 않음
	종교개혁/순교 (1517-1660)	멕시코만 석유유출 폭발사고 (2010.4.20-9.19일 5개월 사건)	

구분	일곱 인 (재앙의 시작)	일곱 나팔 (재앙의 진행)	일곱 대접 (하나님의 진노 재앙의 마침)
6	큰 지진, 해, 달, 별사건	2억의 마병대 (불,유황, 연기) **큰 강 유브라데에** 결박한 네 천사 놓임 년,월,일,시에 사람 1/3을 죽이기로 준비됨	**큰 강 유브라데에 쏟아짐** 유브라데 강가에 세 더러운 귀신의 영이 모여 아마겟돈 전쟁준비
	리스본대지진(1755.11.1.) 뉴잉글랜드 암흑일(1780) 유성군(1833) 수마트라지진(1833) 캄차카대지진(1841)	세계 3차 대전?	
7	반시간 고요 천사가 기도상달 보좌 앞 금단의 불로 응답 우레, 음성, 번개, 지진 (주의 나라가 임하시오며)	**그리스도의 나라 선포** 번개, 음성, 우레, 지진, 큰우박	**공중에 쏟아짐** 번개, 음성, 우레, 땅 있은 후 역사상 없던 큰지진, 무게가 한 달란트 되는 큰 우박
	퉁구스카 대폭발(1908.6.30.)	?	

십사만 사천과 셀 수 없는 큰 흰 옷 무리

필자에게 계시록 해석의 원칙 중 문자는 문자로, 상징은 상징으로 해석하겠다는 원칙이 있다. 특히 계시록 7장은 이 원칙을 적용해야 한다. 계7장은 계시록에서 상당히 중요한 주제가 있다. 십사만 사천과 셀 수 없는 큰 흰옷 무리다. 그러나 이 주제에 대한 대부분의 해석은 이 원칙에서 벗어나 있다. 특히 십사만 사천은 이단들에게 더욱 그러하다. 계7장은 6째 인과 7째인 사이에 있는 삽경이다. 교회사로는 6째 빌라델비아 교회와 7째 라오디게아 교회시대 사이다. 서두에서 인, 나, 대 삽경의 공통점은 유대인과 이방인이라고 밝힌 것을 기억할 것이다. 그러므로 7장은 문자적 그대로 유대인과 이방인이란 주제를 기본으로 풀어갈 것이다.

7장에 기록된 유대인중 십사만 사천의 정체는 무엇인가? 또는 세계 이방인 인으로 셀 수 없는 큰 흰 옷 무리는 누구인가? 하는 문제들이다. 계시록이 역사적 사건 순으로 기록되었다면 7장은 이미 역사에서 일어난 사건이다. 필자는 7째 인까지 이미 떼어졌다고 보기 때문이다. 그러므로 지금 우리는 7째 인의 시대에 살고 있다. 또한 지금은 7째 인의 시대와 함께 7째 라오디게아 교회 시대다. 7장은 6째 인과 7째인 사이 혹은 6째 교회와 7째 교회 사이에 일어난 일이다. 그 시대에 일어난 어떤 특별한 내용을 따로 설명하고 있는 장이다. 7장의 주제의 해답은 사실 본문 안에 다 있다. 우리가 성경 해석의 원칙을 따르지 않기 때문에 발견하지 못할 뿐이다. 그러므로 필자는 철저히 본문 안에서 이 중요한 주제의 해답을 찾을 것이다.

1. 셀 수 있는 무리와 셀 수 없는 무리 (계7장과 계14장)

여러 해석들에서 십사만 사천과 흰옷 무리를 따로 보지 않고 같은 무리들로 본다. 모두 어린양의 피로 구원받은 자들의 상징 혹은 대표라고 한다. 혹은 십사만 사천은 전 세계를 대표하여 마지막 때 복음 전하는 종들 혹은 두 증인들로 본다. 혹자는 대 환난의 때에 이스라엘 유대인들을 돌이키게 하는 종들이라고도 한다. 그러나 이러한 해석은 모두 오류다. 성경은 분명히 두 무리를 따로 설명하고 있다. 그리고 두 부류의 정체성을 본문 안에서 분명히 밝히고 있다. 7장이 두 부류라는 것은 십사만 사천이 등장하는 14장과 비교해보면 더욱 분명해 진다.

십사만 사천이란 용어는 7장에 1회 14장에 2회가 등장한다. 두 곳의 본문을 자세히 살펴보면 분명히 셀 수 있는 무리와 셀 수 없는 두 무리로 나뉜다. 이 둘의 비교를 볼 때 독자들이 염두에 두어야 할 것이 있다. 7장은 휴거 전 장면이고 14장은 미래에 있을 첫 번 휴거된 무리들의 장면이다. 계시록이 시간의 순서대로 기록되었기 때문에 두 장면은 이렇게 시대적 간격이 있다. 7장과 14장 본문을 먼저 나란히 살펴보고 두 주제를 다루면 이해가 쉬울 것이다.

1) 인침 받은 유대인 십사만 사천은 셀 수 있는 무리다.
"*내가 인침을 받은 자*의 수를 *들으니* 이스라엘 자손의 각 지파 중에서 인침을 받은 자들이 *십사만 사천*이니"(계7:4)

"또 *내가 보니 보라 어린 양이 시온 산에 섰고* 그와 함께 *십사만 사천*이 서 있는데 그들의 *이마*에는 *어린 양의 이름과 그 아버지의 이름을 쓴 것*이 있더라"(계14:1)

유대인은 셀 수 있는 무리다. 이스라엘 자손의 각 지파 중에서 인침을 받았으니 문자 그대로 유대인이다. 사도요한은 7장에서 인침 받은 자들의 수가 144000임을 들었다.(내가 들으니) 그리고 14장에서 어린양과 함께 시온 산에 서 있는 144000을 보았다.(내가 보니) 그런데 그들의 이마에는 어린양의 이름과 아버지의 이름이 있다. 이들은 7장에서 이마에 인 맞은 자들이다. 14장에서 보니 7장에서 그들은 어린양의 이름과 아버지의 이름의 인을 받은 것 같다.

중요한 것은 7:1절과 14:1절의 144000 원어가 같다. 이것은 실제 문자 그대로 셀 수 있는 144000이다. 7장에서는 144000이라는 수를 귀로 들었다. 그런데 14장에서 사도요한이 그들을 눈으로 직접 보았을 때는 그 수가 7장에서 보았던 동일한 수임을 성령의 지혜로 알았다는 것이다. 계14장은 7장의 십사만 사천의 존재를 분명히 알려주는 키들이 있다. 이들은 어린양과 함께 시온 산에 서있다. 또 이들의 이마에는 어린양의 이름과 아버지의 이름이 쓰여 있다. 이런 기록들은 144000의 존재를 분명히 알려주는 싸인 들이다. 뒤에 유대인 144000에서 자세히 연결하여 풀 것이다.

2) 능히 셀 수 없는 세계 이방인은 셀 수 없는 무리다.

"이 일 후에 *내가 보니* 각 나라와 족속과 백성과 방언에서 아무도 *능히 셀 수 없는 큰 무리*가 나와 흰 옷을 입고 손에 종려 가지를 들고 보좌 앞과 어린 양 앞에 서서"(계7:9)

"*내가* 하늘에서 나는 소리를 *들으니* 많은 물 소리와도 같고 큰 우렛소리와도 같은데 내가 들은 소리는 거문고 타는 자들이 그 거문고를 타는 것 같더라 그들이 *보좌 앞과 네 생물과 장로들 앞에서 새 노래를 부르니* 땅에서 속량함을 받은 *십사만 사천* 밖에는 능히 이 노래를 배울 자가 없더라"(계14:2-3)

능히 셀 수 없다 했으니 말 그대로 셀 수 없는 무리다. 계7장의 큰 무리는 각 나라와 족속과 백성과 방언에서 나왔으니 문자 그대로 세계 이방인이다. 계7장의 큰 무리는 계14장에서 확장된 또 다른 무리와 연결된다. 계14:1-5절까지 등장하는 무리는 일반적으로 동일 무리로 본다. 필자도 처음엔 동일 무리로 보았었다. 그러나 성경은 자세히 보면 평소에 보이지 않던 것들이 보인다. 7장의 144000과 연결하여 풀고자 본문을 읽고 또 읽었다. 결국 계14장의 144000은 동일 무리가 아님을 발견했다.

사도요한은 7장에서 능히 셀 수 없는 무리를 보았다.(내가 보니) 너무 많아서 셀 수가 없는 무리라고 한다. 그리고 14장에서 하늘에서 나는 그들의 소리를 들었다.(내가 들으니) 이들은 하나님 보좌 앞에서 새 노래를 부르는 144000이었다. 이들은 시온 산에 어린양과 함께 서있는 144000과 다르다.

분명히 한 무리는 시온 산에 어린양과 함께 있고 한 무리는 하나님 보좌 앞에서 새 노래를 부르고 있다. 필자는 우연히 계14장 두 곳의 144000 원어를 보고 동일 무리가 아님을 발견한 것이다. 1절과 3절의 144000은 분명히 다른 무리다.

앞에서 유대인 인침 받은 자들인 7:1절과 14:1절의 144000 원어가 같다고 했다. 이것은 실제 문자 그대로 셀 수 있는 십사만 사천이었다. 그러나 계14:3은 14만-헤가톤, 사-텟사라콘타, 천-킬리아스다. 여기서 4에 해당하는 텟사라콘타를 주목해야한다. 계14;1절의 4는 텟사레스로 문자 그대로 숫자 4다. 그러나 14:3절의 4, 텟사라콘타는 4의 10배다. 4의 10배 40은 계산이 안 된다. 십사만 사십 천이라고 할 수 없다. 여기서 4가 10배라 함은 만수로 셀 수 없다는 의미다. 7장의 흰 옷 무리를 셀 수 없듯이 계14:3의 144000은 셀 수 없다.

그러므로 계14:1절은 문자적 144000이나 계14:3의 144,000은 셀 수 없는 상징 수다. 참고로 필자는 스트롱 코드 성경과 사전으로 원어를 보고 있다. 또한 간단히 원어를 볼 수 있는 픽트리 성경 앱을 다운 받아 쓰고 있다. 안타까운 것은 원어라고 다 옳은 것이 아니다. 원어도 변개 된 것이 많다는 것을 발견했다. 변개되지 않는 원어 성경이라 함은 처음 선지자들과 사도들이 받은 말씀이다. 그러나 수없는 번역 과정과 필사를 통해 옮겨지면서 변개된 부분들이 많음을 발견한다. 원어 사전이라 해도 오역 혹은 변개된 부분들이 많음을 참고해야 한다.

특히 십사만 사천을 연구하면서 이러한 부분들을 발견했다. 어떤 성경은 텟사라콘타가 텟사레스로 되어 있다. 어떤 성경은 테사레스에 모두 콘타가 붙어 있는 곳도 있었다. 필자는 원어를 깊이 알지 못한다. 신학 4년 학부에서 배운 것이 전부다. 그나마 사전이 잘 되어 있어 사전의 도움을 받는 것이다. 다만 계시록을 가르치면서 원어사전을 보는 습관이 늘었을 뿐이다. 위에서 살펴본 내용으로 계7장과 14장의 144000을 표로 비교해 보았다.

▶ 계7장과 계14장의 두 부류 비교

두 무리	계7장 십사만 사천과 또 다른 무리		계14장 십사만 사천과 또 다른 무리	
셀 수 있는 무리	내 가 들 으 니	이스라엘 각 지파 중에서 **인침** 받은 *144000*	내 가 보 니	시온산에 어린양과 함께 서 있는 *144000* 이들의 **이마에** **어린양의 이름과 아버지의** **이름**이 있다.
	14만-헤가톤(1540)/ 4-텟사레스(5064)/ 천-킬리아스(5505) 숫자는 헬라어 스트롱 코드 계7:1의 인침 받은 144000과 14:1의 144000은 원어가 같다. 계7:1과 14:1절의 144000은 문자 그대로 셀 수 있다. 두 곳의 144000의 수는 변함없다.			
셀 수 없는 무리	내 가 보 니	각 나라, 족속, 백성, 방언에서 아무라도 능히 *셀 수 없는 흰 옷 무리*	내 가 들 으 니	보좌와 네 생물과 장로들 앞에서 새 노래를 부르고 있는 *144000* 하나님과 어린양에게 속함
	계14:3 14만-헤가톤(1540)/ 4-텟사라콘타(5062)/ 천-킬리아스(5505) 텟사라콘타는 4의 10배다. 10은 만수로 셀 수 없다. 흰 옷 무리를 셀 수 없듯이 계14:3의 144000은 셀 수 없다. 계14:3의 십사만 사천은 셀 수 없는 상징 수다. 7장의 셀 수 없는 무리가 확장된 것이다.			

계14장은 첫 번 휴거된 무리들이다. 첫 번 휴거는 계12장에서 일어났다. 그 후인 계14장에서 12장에서 올라간 휴거 무리들이 보이는 것이다. 7장의 두 부류는 14장과 함께 연결하여 해석해야 한다. 독자들이 염두에 둘 것은 7장과 14장은 간격이 있다는 것이다. 7장은 이미 일어난 사건이고 14장은 미래의 사건이다. 그러므로 7장의 셀 수 없는 흰 옷 무리보다 14장의 셀 수 없는 144000이 훨씬 많다. 또 하나 여기서 정리할 것이 있다. 7장에서는 유대인과 이방인을 구분했다. 7장의 144000은 모두 유대인이다. 반면에 셀 수 없는 큰 무리는 세계 이방인이다. 그러나 14장은 다르다. 시온 산에 어린양과 함께 있는 144000은 7장의 144000과 동일 무리이기 때문에 모두 유대인이다. 그러나 하나님 보좌 앞에서 새 노래를 부르고 있는 무리는 유대인과 이방인이 섞여있다. 7장의 144000은 유대인 가운데서도 특별한 사명이 있는 자들이기 때문에 14장에서도 이렇게 분류하고 있다.

2. 144000 – 구원받은 유대인 중에 인침 받은 자들

1) 땅의 사방의 바람을 붙잡은 네 천사들
"이 일 후에 내가 *네 천사가 땅 네 모퉁이*에 선 것을 보니 *땅의 사방의 바람을 붙잡아 바람으로 하여금 땅에나 바다에나 각종 나무에 불지 못하게 하더라* 또 보매 다른 천사가 살아 계신 하나님의 인을 가지고 해 돋는 데로부터 올라와서 *땅과 바다를 해롭게 할 권세*를 받은 네 천사를 향하여 큰 소리로 외쳐 이르되 우리가 우리 하나님의 종들의 이마에 인치기까지 땅이나 바다나 나무들을 해하지 말라 하더라"(계7:1-3)

본 주제에 들어가기 전에 초반에 등장하는 천사들의 사역을 먼저 살펴보아야 한다. 7장 1절부터 땅의 사방의 바람을 잡고 있는 네 명의 천사가 등장한다. 이 천사들이 바람을 잡고 있는 것과 유대인 인침과는 밀접한 관계가 있다. 계9장에도 네 명의 천사들이 등장한다. 계시록이 섞여 있다고 주장하는 혹자는 7장과 9장의 천사를 동일 천사라고 본다.

그러나 결코 동일한 천사가 아니다. 7장의 천사들은 144000이 인침 받기까지만 바람을 붙잡고 있다. 7장과 9장의 천사들은 전쟁과 관련한 천사들이다. 7장의 천사들은 땅에서 일어날 어떤 전쟁의 바람을 잡고 있는 것이다. 다음 나팔의 사건을 보면 알 수 있다. 다음 단원에서 나팔을 들어갈 것이기에 여기서 조금 언급하고자 한다. 7장의 천사들은 144000이 인침 받기까지만 바람을 붙잡고 있다. 7장의 천사들이 가지고 있는 권세는 땅과 바다를 해할 권세다. 이 권세는 인침을 마치면 실행한다.

다음 말씀을 보면 7장의 천사가 붙잡고 있던 바람을 놓았다는 것을 알 수 있다. 7장의 인침을 마치고 8장에서 땅과 바다가 해를 입는 사건이 나타나고 있다. 여기서 땅이 해를 입는 사건은 세계 1차전이다. 또한 바다가 해를 입는 사건은 세계 2차전이다. 그러므로 7장의 네 천사는 144000 인침이 마칠 때까지 땅 네 모퉁이에서 세계전쟁의 바람을 막고 있는 것이다.

"*첫째 천사가 나팔을 부니* 피 섞인 우박과 불이 나와서 *땅에 쏟아지매* 땅의 삼분의 일이 타 버리고 수목의 삼분의 일도 타 버리고 각종 푸른 풀도 타 버렸더라 *둘째 천사가 나팔을 부니* 불 붙는 큰 산과 같은 것이 *바다에 던져지매* 바다의 삼분의 일이 피가 되고"(계8:7-8)

다음의 9장의 말씀을 보자. 9장은 6째 나팔이다. 다행히도 많은 분들이 6째 나팔을 미래에 있을 3차전으로 보고 있다. 6째 나팔은 마지막 7년을 앞두고 NWO, 세계정부 수립을 위한 마지막 세계 전쟁이다. 3차전은 중동지역 유브라데를 중심으로 일어날 전쟁이다. 그 년 월 일 시에 사람 3분의 일이 죽는다. 이 전쟁은 모두가 핵전쟁으로 예상하고 있다. 그러므로 7장과 9장의 천사들은 같은 천사가 아니다. 하나님의 계획을 따라 시대적 사명이 다른 천사들이다.

"나팔 가진 여섯째 천사에게 말하기를 *큰 강 유브라데에 결박한 네 천사*를 놓아 주라 하매 네 천사가 놓였으니 그들은 그 년 월 일 시에 이르러 *사람 삼분의 일을 죽이기로 준비된 자들*이더라"(계9:14-15)

▶ 계7장과 9장의 네 천사 비교

구 분	계7장의 네 천사	계9장의 네 천사
위 치	땅 네 모퉁이	큰 강 유브라데
상 태	땅의 사방의 바람을 붙잡고 있다.	결박되어 있다.
이들의 권세	땅과 바다를 해할 권세	사람 3분의 1일 죽일 권세
상태 해제	천사가 바람을 놓으면	천사들의 결박이 풀어지면
해제 결과	땅과 바다가 해를 입는다.	한날 한 시에 사람 3분의 1일 죽는다.
역사적 사건	세계 1,2차 대전	세계 3차 대전

　그러므로 계시록은 결코 섞여 있는 책이 아니다. 역사적 사건의 순서적 기록이다. 여기서 다시 한 번 순서적 기록에 대해여 정리한다. 계1:19절 말씀대로 본 것과 지금 있는 일과 장차 될 일이 함께 삼위일체가 되어 순서적으로 기록되어 있다. 그중 지금 있는 일인 4-5장은 시공 밖의 하늘 영역으로 땅의 총 지휘 본부다. 그리고 두 영역의 역사가 나란히 순서적으로 진행되고 있다. 계1-3장까지는 하나님 나라 역사, 일곱 교회사로 구속사의 순서적 기록이다. 계6-19장은 주님 재림 시까지 세상 나라 역사, 세상 심판사의 순서적 기록이다. 그리고 20장의 천년왕국을 넘어 21-22장 영원 천국, 새 하늘과 새 땅까지 순서적으로 기록하고 있다.

2) 전쟁의 바람을 막은 이유
　우리는 역사를 통해 유대인들의 핍박의 역사를 잘 알고 있다. 세계에서 가장 슬픈 민족을 꼽으라면 아마도 유대인일 것이다. A.D 70년 예루살렘멸망 이후 디아스포라가 되어 세계 민족에게 미움 받고 핍박을 받아왔다. 특히 세계 2차전은 인종 청소라는 미명아래 유대인이란 이유 하나만으로 잔인하게 죽어가야 했다. 히틀러에 의한 홀로코스트 만으로도 600만 가량 학살되었다. 이렇게 1,2차전으로 인해 수많은 유대인들이 전 세계에서 죽어갔다. 하나님은 유대인들이 이렇게 학살되기 전에 유대인 가운데서 144000에게 인을 치셔야 한다.

주님께서 이들에게 인을 친다는 것은 유대인의 기독교 개종을 의미한다. 이렇게 유대인 구원을 위해 세계에 흩어져 있는 유대인들이 대학살을 당하게 될 전쟁의 바람을 막고 있는 것이다. 바로 네 천사가 땅의 사방의 바람을 붙잡고 있던 시기가 세계 1,2차전이 일어나기 전인 19세기다. 이 시기에 수많은 유대인들이 개종하는 사건이 일어난다. 그리고 인침을 마친 이후부터 세계 전쟁의 바람은 불기 시작했다. 네 천사들이 잡고 있던 바람을 놓은 것이다.

3) 19세기에 유대인들이 기독교로 개종하는 시기가 있었다.

유대인들이 기독교로 개종한다는 것은 결코 쉬운 일이 아니다. 그럼에도 불구하고 역사적으로 유대인들이 기독교로 개종한 시기가 있었다. 더투어낸드님은 역사적으로 유대인들이 기독교로 개종한 사건을 연구했다. 필자는 이 연구를 접하고 계7장의 십사만 사천이 실제 유대인의 개종이라고 보기 시작했다. 사실 그 전에는 거의 상징으로 보는 십사만 사천의 정체를 분명히 알 수 없었다. 유대인들은 전 세계적으로 미움과 엄청난 핍박을 받아왔다. 지금도 전 세계는 반유대주의 정서가 강하다.

그러나 더 투어낸드님의 연구에 의하면 유대인 핍박사는 19세기 초부터 세계적으로 유대인들의 핍박이 잠시 사라진다. 그리고 유대인들이 기독교로 개종하는 사건이 등장한다. 19세기 초부터 신기하게도 유대인을 긍휼히 여기는 세계적 분위기가 일어난다. 즉 유대인을 기독교로 개종시키기 위한 운동이 일어나기 시작한 것이다. 유대인에 대한 순수한 사랑의 동기로 "유대인을 그리스도인으로 개종시키는 사회단체"가 영국에서 생겨났다. 동시에 다른 여러 나라에서도 비슷한 단체들이 생겨나기 시작했다. 유대인들을 위한 선교사 파송, 전도지, 책자와 잡지 등이 발행되었다. 이렇게 유대인의 개종은 19세기 말에 절정을 이룬다. 그리고 그 이후에 다시 반유대주의로 돌아서며 유대인 핍박의 역사가 다시 이어지고 있다.

멘델스존개종이후 유대인의 기독교 개종이 매우 많았다고 한다. 19세기에 10만 명 이상이 기독교로 개종했으며 혹은 13만 명 혹은 25만 명이라는 보고도 있다. 러시아에서만 4만 명이 개종했으며 영국에서 5만 명이 개종했다. 그러나 유대인을 개종시키는 것은 매우 어려운 일이다. 베를린의 유대인 개종단체는 50년간 461명을 개종시켰다고 한다. 런던의 단체는 31년 동안에 한명을 개종시켰다는 기록도 나온다. 유대인 한명을 개종시키는데 이렇게도 어려웠다는 기록들이다. 그럼에도 불구하고 하나님은 세계인의 마음에 유대인을 긍휼히 여기는 마음을 주심으로 많은 유대인들을 기독교로 개종시키셨다.

이 시기에 기독교로 개종한 유대인은 십사만 사천이 훨씬 넘는다. 필자의 생각으로는 이 시기 유대인 개종자가 꼭 십사만 사천은 아닐 것이다. 십사만 사천은 역사적으로 구원받은 유대인임에 틀림없다. 그러나 이보다 훨씬 더 많은 유대인들이 구원을 받았을 것이다. 그중에서 하나님께서 특별한 목적을 두고 인을 친 자들이 십사만 사천인 것이다. 그러나 십사만 사천이 역사적으로 구원받은 유대인이라는 것보다 더 중요한 것이 있다. 바로 이들의 정체가 무엇인가 하는 것이다. 이들의 정체를 바로 밝히지 못했기 때문에 십사만 사천은 지금까지 이단들이 왜곡하고 장난을 친 것이다.

필자는 십사만 사천이 19세기에 구원받은 유대인 이라는 중요한 역사적 사실에 동감했다. 이 후에 주님은 이들의 정체에 대해서 하나씩 드러내시기 시작했다. 필자 자신도 이들의 정체를 바로 깨닫고 벅찬 감동을 느꼈다. 독자들께서도 십사만 사천에 대한 정체를 바로 알기를 원한다. 아마도 십사만 사천에 관한 필자의 견해와 같은 해석은 처음 접할 것이다. 또한 우리가 그동안 얼마나 십사만 사천을 잘 못 배워 왔는지도 알 수 있을 것이다. 십사만 사천의 정체가 무엇인가? 왜 이들은 19세기 교회시대에 구원을 받았는가? 특별히 이들이 받은 인은 무엇인가? 이들은 언제 어디에 쓰실 종들인가? 이들은 왜 시온 산에 있는가? 왜 이들의 이마에는 어린양의 이름과 아버지의 이름이 쓰여 있는가? 등등을 세밀하게 풀어갈 것이다.

4) 십사만 사천의 성경적 정체를 밝힌다.

십사만 사천의 정체를 이해하려면 첫째로 천년왕국을 인정해야 한다. 메시아 왕국을 인정하지 않으면 십사만 사천은 결코 풀리지 않는다. 그런 의미에서 무 천년 주의를 지지하는 자들은 결코 십사만 사천을 바로 알 수 없다. 독자들께서도 필자가 주장하는 십사만 사천의 정체를 알면 놀라울 것이다. 십사만 사천은 왜, 언제 어떻게 쓰시려고 인을 친 것인지 세밀하게 살펴보고자 한다. 이제 십사만 사천의 정체가 바로 드러난다.

(1) 메시아 왕국에서 태어나는 후손과 만민에게 율법을 가르칠 종들이다.

"이르되 우리가 우리 *하나님의 종들의* 이마에 인치기까지 땅이나 바다나 나무들을 해하지 말라 하더라 내가 인침을 받은 자의 수를 들으니 *이스라엘 자손의 각 지파 중에서 인침을 받은 자들이 십사만 사천이니*"(계7:3-4)

19세기에 많은 유대인들이 기독교로 개종했다는 기록이 있다. 각 나라에서 개종한 유대인의 수는 144000을 훨씬 넘는다. 아마도 이들 가운데 특별히 144000명을 인치셨을 것이다. 이들은 하나님의 종들이라고 했으니 일반 성도는 아니다. 분명히 어떤 사명을 위해 선별해 두신 특별한 하나님의 종들이다. 그러나 이들이 언제 어떤 사명을 위한 종들인지는 계시록에 나타나지 않는다. 필자는 궁금한 것들을 하나하나 계속 성령님께 물었다. 성령께서 가르쳐 주시기를 구하며 계7장과 14장의 본문을 그냥 계속 읽었다. 곳곳에 문제를 풀 수 있는 숨겨진 힌트들이 보이기 시작했다. 이러한 것들은 놀랍게도 모두 메시아 왕국, 천년왕국과 관련이 있었다.

① 유다지파

"*유다 지파* 중에 인침을 받은 자가 일만 이천이요..."(계7:5)

야곱의 12아들의 장자는 르우벤이다. 그러나 아비의 침상을 더럽힌 죄로 장자권이 요셉에게로 넘어갔다. 그러나 대부분 12아들이나 12지파가 나올 때는 장자 르우벤이 통상적으로 먼저 나온다. 그러나 7장에서 144000 인침을 받을 때 장자 르우벤이 먼저 나오지 않고 유다지파가 먼저 나온다. 모세 시대는 레위지파 중심이었다. 여호수아 시대는 에브라임 지파 중심이었다. 이제 메시아 왕국 시대는 유다지파가 중심이 된다. 천년왕국은 유다지파인 예수 그리스도께서 만왕의 왕으로 통치하시는 메시아의 나라다. 144000은 유다지파가 중심이 되는 메시아 왕국에서 쓰실 하나님의 종들이다. 때문에 유다지파가 제일 먼저 등장하고 있다.

② 시온 산
"또 내가 보니 보라 어린 양이 *시온 산*에 섰고 그와 함께 *십사만 사천*이 섰는데"(계14:1)

계7장과 14장의 원어가 같은 144000은 어린양과 함께 **시온 산**에 서있다. 이들은 7장에서 이마에 인을 받은 자들이다. 이들의 이마에 어린양의 이름과 아버지의 이름이 있기 때문이다. 시2:6절에 만왕의 왕이신 메시아께서 **시온 산**에 계신다. 또한 시온 산이 중요한 것은 그곳은 율법이 나오는 곳이기 때문이다. 이사야 2:2-4절은 메시아 왕국의 장면이다. 세계 열방 모든 민족이 여호와의 거룩한 산 시온으로 모여든다. 그곳으로부터 나오는 여호와의 율법을 듣기 위해서다. 계14장의 십사만 사천이 율법이 나오는 시온 산에 서 있다. 이것은 이들이 시온 산에서 율법을 가르칠 하나님의 종들이기 때문이다.

"내가 나의 왕을 *내 거룩한 산 시온에 세웠다* 하시리로다"(시2:6)

"말일에 여호와의 전의 산이 모든 산 꼭대기에 굳게 설 것이요 모든 작은 산 위에 뛰어나리니 만방이 그리로 모여들 것이라 많은 백성이 가며 이르기를 오라 우리가 여호와의 산에 오르며 야곱의 하나님의 전에 이르자 그가 그의 길을 우리에게 가르치실 것이라 우리가 그 길로 행하리라 하니리 이는 *율법이 시온에서부터 나올 것이요* 여호와의 말씀이 예루살렘에서부터 나올 것임이니라"(사2:2-3)

③ 이마에 숨겨진 원어 적 의미

필자는 계7:3절 이마의 원어를 발견하고 144000의 정체를 확신했다. 이것은 필자 스스로도 너무도 놀라운 발견이었다. 계시록에서 이마는 짐승 표 받는 것과 관련하여 자주 등장한다. 이마는 메토톤(3359)으로 얼굴의 위치로서 이마를 가리킨다. 계9:4절에 이마에 인 맞지 않는 자만 해침을 받는 다섯째 나팔 사건이 있다. 짐승표의 이마와 관련하여 모두 3359코드 메토톤, 이마에 해당한다. 그러나 스트롱코드 성경을 보던 중 우연히 계7:3절 '이마'에 해당하는 스트롱 코드가 3559임을 발견했다. 이마라는 단어에 메토톤인 3359가 아니고 왜 3559일까? 필자가 코드 숫자를 외우고 있는 것은 아닌데 직감으로 숫자가 달라서 바로 사전을 보았다.

놀랍게도 3559의 뜻은 이마가 아니었다. 이마로 번역된 3559의 뜻을 발견하고 필자는 너무 감격스러웠다. 십사만 사천의 정체를 확신하게 했기 때문이다. 계7:3절의 이마로 번역한 스트롱코드 3559는 '누데시아'다. 뜻은 주의를 불러일으킴, 경고, 책망, 훈계의 뜻이다. 얼굴 위치의 이마, 메토톤이 아니다. 필자가 추측하건데 아마도 계7:3절 원래 원어성경에는 이마라는 메토톤이 없었을 것이다. 대신 메토톤이라는 단어 자리에 누데시아가 있었을 것이다. 그러나 나중에 번역과정에서 누데시아를 메토톤으로 변개했을 가능성이 높다.

지금 필자가 이렇게 주장하는 이유가 있다. 필자가 사용하는 스트롱코드 성경에는 이마가 3559 누데시아로 되어 있다. 그러나 대부분 원어 성경이나 필자가 사용하는 어플 픽트리 성경에는 3359 메토톤으로 되어있다. 때문에 이것을 번역하는 과정에서 모두 이마로 번역할 수밖에 없다. 서두에서 원어 성경도 변개가 많다고 한 것을 기억할 것이다. 그런데 필자가 가지고 있는 스트롱코드 성경은 이마라는 단어에 분명히 누데시아 3559를 표기했다. 이것은 스트롱코드 성경을 펴낸 분들은 누데시아로 된 원어 성경을 보았을 가능성이 높다. 그렇기 때문에 이마라는 단어에 스트롱코드를 3559로 정확히 표시할 수 있는 것이다.

필자는 원어성경까지 누데시아를 메토톤으로 바꾼 것은 분명한 헬라어 성경 변개라고 본다. 그렇다면 왜 이렇게 변개할 수밖에 없었을까 하는 문제다. 이것은 간단하다. 누데시아는 십사만 사천의 정체를 밝히는데 아주 중요한 단서다. 천년왕국을 인정하지 않고는 144000은 결코 풀어 낼 수 없다. 무천 년 주의는 천년왕국에서 십사만 사천이 하게 될 일을 분명히 드러내는 누데시아를 결코 이해할 수 없다. 전 세계 신학은 아직도 대체 신학을 벗어나지 못하고 있다.

혹자는 세계 신학의 90%가 무 천년을 지지한다고 한다. 우리나라 신학계도 거의 무 천년 주의를 따르고 있다. 이러한 상황에서 계7:3절에 십사만 사천을 인을 치는데 가르치고, 책망하고 훈계하는 뜻의 누데시아가 나오는 것은 전혀 이해 할 수 없다. 번역가들은 고민했을 것이다. "니가 왜 여기서 나와?" 마치 이런 상황이다. 그러나 인을 치는 것이니 인은 이마에 친다. 그러므로 그들은 누데시아를 원문에도 없는 메토톤, 이마로 바꾸었을 가능성이 높다. 이런 것이 성경 변개다. 혹시 독자들 중에 원어를 깊이 볼 수 있는 분들은 확인해 본다면 좋을 것이다. 아마도 신뢰할 말한 오랜 헬라어 원전에는 누데시아가 있을 가능성이 높다.

지금 사단은 세계 신학 안에 무 천년설로 천년왕국을 감추어 놓았다. 그리고 천년왕국에서 하나님의 율법을 가르칠 종들인 십사만 사천도 철저히 감추어야 한다. 누데시아는 십사만 사천을 푸는 가장 중요한 열쇠이기 때문이다. 사단은 이것을 변개 시켜 144000의 정체를 감춰놓은 것이다. 144000은 메시아 왕국에서 율법을 통해 백성들을 가르치고 책망하며 훈계할 하나님의 종들이기 때문이다. 여기서 계7:3절의 누데시아를 그대로 넣어서 번역해 보겠다.

▶ **개역개정(계7:3)**
"이르되 우리가 우리 하나님의 종들의 (**이마**)에 인치기까지 땅이나 바다나 나무들을 해하지 말라 하더라"

▶이마 빼고 누데시아 뜻을 모두 넣어서 번역하면

"이르되 우리가 우리 하나님의 종들, (주의를 불러일으키며, 책망하고 경고하고 훈계할 자들)에게 인치기까지 땅이나 바다나 나무나 해하지 말라 하더라."

번역을 할 때는 누데시아의 여러 개의 뜻 가운데 한 개를 선택한다. 예를 들어 그 중 하나 훈계를 선택하여 번역하면 이렇다.

"이르되 우리가 우리 하나님의 종들 (훈계할 자들)에게 인치기까지 땅이나 바다나 나무나 해하지 말라 하더라." 이것이 옳은 번역이다.

이렇게 누데시아로 번역하면 이마라는 단어 자체가 필요 없다. 당연히 인은 이마에 치기 때문이다. 계14장으로 가면 이들이 이마에 받은 인이 무엇인지도 분명히 밝히고 있다. 그러나 성경 번역가들이 원문에도 없는 이마를 넣은 것이다. 원문대로 누데시아가 들어갔다면 십사만 사천의 정체가 분명히 드러난다. 누데시아가 사용된 곳은 고전10:11, 엡6:4, 딛3:10 등 깨우침, 훈계 등으로 번역했다. 이렇게 깨우치게 할 자들, 책망할 자들, 훈계할 자들로 번역 되어야 한다. 이들은 천년왕국에서 열방의 백성들과 태어나는 후손들에게 여호와의 율법을 가르칠 하나님의 종들이기 때문이다. 율법을 통해 백성을 깨우치게 하고 책망하고 훈계하고 경고하는 자들이다. 이들을 천년왕국에서 쓰시려고 특별히 선별하셔서 인을 찍어 두신 것이다. 다음의 인을 보면 더욱 확실해 진다.

④ 인의 두 가지 원어 적 의미

"또 보매 다른 천사가 살아 계신 하나님의 *인(스프라기스)*을 가지고 해 돋는 데로부터 올라와서 땅과 바다를 해롭게 할 권세를 받은 네 천사를 향하여 큰 소리로 외쳐"(계7:2)

"이르되 우리가 우리 하나님의 종들의 이마에 *인(스프라기조)*치기까지 땅이나 바다나 나무들을 해하지 말라 하더라"(계7:3)

필자는 인 사역을 한다는 말을 들은 적이 있다. 지금 시대에 인을 받아야 환난에서 보호를 받는다고 한다. 혹자가 본인의 사역 중에 천사가 내려와 인을 치는 것을 본다는 유튜브 강의를 들으면서 필자는 쓴웃음이 나왔다. 이런 것은 모두 미혹이다. 144000과 관련하여 인에 대한 오류도 만만치 않다. 필자는 인의 원어를 살펴보았다. 144000은 단순히 인을 받았다는 것에 중요한 의미가 있는 것이 아니다. 메시아 왕국에서 쓰실 하나님의 종들을 특별한 수로 선별해서 인봉해 두셨다는데 더 중요한 의미가 있다. 그런데 천년왕국이라는 본질, 알맹이는 다 잃어버렸다. 그리고 144000이란 수와 이마의 인에만 집중하고 있는 것이다. 계7:2절과 3절에 인으로 번역된 것도 그 뜻은 분명히 다르다. 인은 두 개의 원어가 사용되고 있다.

㉠ **스프라기스** – 계7:2절의 인이다. 이것은 도용방지를 위한 표시다. 진짜와 가짜의 진위를 가리는 단순한 표시다. 신약에 16회 사용되며 모두 진위 표시의 의미다. 계9:4절 5째 나팔사건의 인이다. 5나팔에서 스프라기스 인을 받은 진짜 성도들은 해를 입지 않았다. 같은 환경에 있었으나 진짜 기독교인들은 해를 입지 않았다는 것이다. 또한 사도바울의 사도성에 대한 논란이 있었다. 이에 대해 바울이 진짜 사도라는 것을 인친 것이 너희라고 한 그 인이다. 일곱 인 두루마리의 인도 이에 해당한다. 그런데 144000에게 인을 치는 천사의 손에는 두 개의 인이 있다. 그 중 하나가 2절의 스프라기스다. 진짜 하나님의 종들에게 표식을 하는 인이다.

"그들에게 이르시되 땅의 풀이나 푸른 것이나 각종 수목은 해하지 말고 오직 이마에 *하나님의 인침*을 받지 아니한 사람들만 해하라 하시더라"(계 9:4) – **진짜성도 5째 나팔에서 보호**

"다른 사람들에게는 내가 사도가 아닐지라도 너희에게는 사도이니 *나의 사도 됨을 주 안에서 인친 것이 너희라*"(고전 9:2) – **사도 바울은 진짜 사도라는 표식**

"또 보매 다른 천사가 살아 계신 *하나님의 인*을 가지고 해 돋는 데로부터 올라와서 땅과 바다를 해롭게 할 권세를 받은 네 천사를 향하여 큰 소리

로 외쳐"(계7:2) - **진짜 종들 표식**

"내가 보매 보좌에 앉으신 이의 오른손에 두루마리가 있으니 안팎으로 썼고 *일곱 인*으로 봉하였더라"(계5:1) - **인 두루마리는 진짜 심판 책**

ⓒ **스프라기조** - 이것은 계7:3절의 인이다. 3절 뿐만 아니라 7장에서 각 지파의 인침의 인은 모두 스프라기조다. 보존하다, 인봉하다, 증명하다, 도장을 찍다. 라는 뜻이다. 진위를 가리는 표식의 스프라기스 와는 분명히 다르다. 144000은 언젠가 특별히 쓰시려고 진위 도장과 인봉의 도장을 함께 찍어서 보존해두셨다. 스프라기조가 사용된 아래 성경 몇 곳을 보면 이해가 될 것이다. 스프라기조는 신약에 14회 나온다.

"이르되 우리가 우리 하나님의 종들의 이마에 *인치기까지* 땅이나 바다나 나무들을 해하지 말라 하더라 내가 *인침*을 받은 자의 수를 들으니 이스라엘 자손의 각 지파 중에서 *인침*을 받은 자들이 십사만 사천이니"(계7:3-4) - **인봉의 인, 보존의 인**

"썩을 양식을 위하여 일하지 말고 영생하도록 있는 양식을 위하여 하라 이 양식은 인자가 너희에게 주리니 *인자는 아버지 하나님께서 인치신 자니라*"(요6:27) - **보증, 증명의 인**

"그 안에서 너희도 진리의 말씀 곧 너희의 구원의 복음을 듣고 그 안에서 또한 믿어 *약속의 성령으로 인치심을 받았으니*"(엡1:13) - **보증, 증명의 인**

"그가 또한 *우리에게 인치시고 보증으로 우리 마음에 성령을 주셨느니라*"(고후1:22) - **보증의 인**

"하나님의 성령을 근심하게 하지 말라 그 안에서 너희가 *구원의 날까지 인치심을 받았느니라*"(엡4:30) - **보증, 증명의 인**

144000은 이 두 가지 인을 모두 받았다. 그렇다면 예수를 구주로 영접한 우리들은 이 두 개의 인을 받았을까? 물론 우리도 이 두 개의 인을 모두 받았다. 이 두 개의 인을 받은 자만이 하나님을 아바 아버지라 부를 수 있기 때문이다. 예수 그리스도를 나의 주라 시인할 수 있다. 그러므로 예수 믿는 자는 기본으로 이 두 개의 인을 모두 받은 것이다. 그런데 지금 우리가 무슨 인을 더 받아야 한다는 것인가? 두 개의 인외에 다른 인은 없다. 그러므로 지금 다른 인을 받아야 한다고 주장하는 것은 미혹이다.

혹자는 지금 인을 받아야 환난의 시대에 보호를 받는다고 주장한다. 그러나 두 가지의 인의 원어에는 그 어디에도 보호의 의미는 없다. 계9:4절의 인 받은 자는 5째 나팔의 재앙에서 진짜이기 때문에 해를 입지 않은 것이다. 이들이 모두 대 환난 시대에 보호 받는다는 의미는 아니다. 그런데 여기서 중요한 인의 의미가 있다. 144000은 우리가 받지 않은 다른 뜻의 스프라기조를 받은 것이다. 스프라기조는 보존하다, 인봉하다, 증명하다, 도장을 찍다. 라는 뜻을 자세히 보라! 이중에서 일반 성도가 받지 않은 의미의 인이 있다. **바로 보존과 인봉의 인이다.**

성도는 모두 증명의 인, 성령의 보증의 인, 스프라기조를 받았다. 그러나 우리는 지금 인봉되어 있는 자들은 아니다. 우리는 특별한 인봉의 인을 받은 자들이 아니기 때문이다. 그러나 144000은 스프라기조의 의미 중 지금 인봉의 인을 받고 인봉되어 있는 자들이다. 물론 이들도 보증의 인, 증명의 인은 기본이다. 계7:3절에서 144000에게 인의 의미는 특별히 인봉된 보존된 자들이다. 계속 반복하지만 이들은 천년왕국에서 쓰실 하나님의 종들이기 때문이다.

그러므로 144000의 인침은 이미 끝났다. 지금 인 사역 하는 자들의 인은 십사만 사천과 아무런 상관이 없다. 144000을 가지고 장난치는 이단들을 잘 분별하길 바란다. 십사만 사천은 결코 마지막 7년에 활동하는 자들도 아니다. 후3.5년에 이스라엘을 하나님께로 돌이키게 할 자들도 아니다. 이런 주장은 후3.5년의 시대를 전혀 이해하지 못하는 것이다. 후3.5년은 그 어디에서도 전도할 수 있는 시기가 아니다. 주님의 명령대로 도망가서 숨어야 하는 시기다. 또한 이스라엘은 그 누구의 전도로 하나님 앞에 돌아오지 않는다. 때가 되면 유대민족에게 특별한 성령의 회개의 기름 부음이 부어진다. 후3.5년에 유대인들은 민족적으로 회개운동이 일어난다. 이때 유대들을 민족적으로 돌이키게 하는 원동력은 전3.5년에 마지막 복음을 증거 한 두 증인의 증언의 영향력 때문이다. 이것은 두 증인 단원에서 이해될 것이다.

"내가 다윗의 집과 예루살렘 주민에게 은총과 간구하는 심령을 부어 주리니 그들이 그 찌른 바 그를 바라보고 그를 위하여 애통하기를 독자를 위하여 애통 하듯 하며 그를 위하여 통곡하기를 장자를 위하여 통곡하듯 하리로다"(슥12:10)

(2) 이들이 교회시대에 구원받은 이유 - 어린양의 이름과 아버지의 이름
"또 내가 보니 보라 어린 양이 시온 산에 섰고 그와 함께 십사만 사천이 서 있는데 그들의 이마에는 *어린 양의 이름과 그 아버지의 이름*을 쓴 것이 있더라"(계14:1)

유대인들은 지금 예수님을 믿지 않는다. 이천년 전에 그들이 십자가에 못박은 예수님을 그들이 기다리는 메시아로 인정하지 않고 있다. 유대인들이 기독교로 개종한다는 것이 얼마나 어려운 일인지는 앞에서 살펴보았다. 그럼에도 불구하고 지금 마지막 때 많은 유대인들이 개인적으로 주께로 돌아오고 있다. 그러나 이런 현상이 유대인의 민족적 돌이킴은 아니다. 유대인들의 민족적 돌이킴은 유대인의 때인 마지막 7년 그것도 후3.5년이다. 그러므로 십사만 사천은 지금 마지막 때 돌아오는 유대인들도 아니고 또한 유대인들을 돌이킬 자들도 아니다. 19세기 기독교 복음이 전 세계로 확장되던 교회사 황금시기에 개종하고 인봉해 두신 자들이다.

필자는 의문이 있었다. 주님은 메시아 왕국에서 쓰실 144000의 하나님의 종들을 왜 구약시대에 선별하지 않으셨을까? 또 왜 유대인이 민족적으로 돌아오는 시기인 마지막 7년에 선별하지 않으셨을까? 왜 이들을 교회 시대에 구원하셔서 인봉해 두셨을까? 하는 것들이다. 이에 대한 해답을 계14:1절에서 찾았다. 이것은 144000의 사명의 중요한 문제이기도 하다. 계14:1절에 그들의 이마에 어린양의 이름과 아버지의 이름이 있다. 어린양은 신약시대요 아버지의 이름은 구약시대라고 이해한다. 144000은 메시아 왕국에서 율법을 가르칠 종들이다.

그러나 이들이 시온 산에서 율법만 가르치겠는가? 이들은 어린양의 이름 예수를 가르쳐야 한다. 또한 이들은 아버지의 이름 여호와 하나님을 가르쳐야 한다. 이름을 가르치려면 본질을 알아야 한다. 아담이 모든 창조물의 이름을 지을 때 본질을 제대로 파악 했다는 것이다. 유대인 십사만 사천은 어린양의 이름의 본질과 아버지의 이름의 본질을 아는 자들이다. 구약시대 유대인은 아버지의 이름을 철저히 아는 민족이다. 그러나 어린양의 이름 예수는 유대인들에게 철저히 가려져 있다. 유월절 절기를 통해 그렇게도 많은 세월 십자가에 죽으실 어린양 예수를 예행 연습했음에도 불구하고 아직도 그들에게는 어린양이 가려져 있다.

유대인들은 어린양 예수를 알아보지 못하고 스스로 어린양을 십자가에 못 박았다. 그러므로 유대인 십사만 사천은 어린양의 이름을 알려면 교회시대에 구원 받아야만 한다. 반면에 우리 이방인들은 여호와 하나님 이름을 알고 섬기는 유대인들을 결코 따라갈 수 없다. 그러므로 메시아 왕국에서 태어나는 후손들과 세계열방의 민족에게 율법을 가르칠 종들은 이 두 분야의 필요를 다 채워야 한다. 어린양의 이름과 아버지의 이름을 철저히 알고 가르칠 수 있는 자들은 오직 교회시대에 개종하고 구원받은 유대인뿐이다.

그렇기 때문에 계14:1절에는 계7장에서 인침 받은 자의 이마에 어린양의 이름과 아버지의 이름이 기록된 것이다. 마지막 7년에 돌아오는 유대인들은 어린양의 이름을 가르칠 종들로 선별하기에 너무 늦은 자들이다. 오늘 날의 신학은 무 천년설을 가르친다. 교회는 복되고 복된 나라 천년왕국을 잃어버렸다. 전 천년 주의라 할지라도 천년왕국을 제대로 알지도 못하고 가르쳐 주지도 않는다. 그러나 하나님의 계획에는 빈틈이 없다. 주님은 천년왕국, 메시아 나라에서 쓰실 종들을 지금 아담의 나라에서 준비하신다. 천년왕국에서 태어나는 후손들 중에서는 율법을 가르칠 종들로 쓰실 수 없기 때문이다. 그러므로 천년왕국에서 여호와의 율법을 가르칠 종들은 교회시대에 구원받은 유대인이 가장 적합한 사람들이다. 그러므로 지금 십사만 사천은 이미 구원받고 죽은 유대인들이다. 계14:1절에 어린양과 함께 시온 산에 십사만 사천이 서있다. 이들은 계7장에서 인 받은 십사만 사천으로 첫 번째 휴거에 참여한다.

(3) 단지파와 에브라임 지파가 누락되었다.

144000은 이스라엘 각 지파에서 선별되었다. 그러나 각 지파 중에 단지파와 에브라임 지파가 없다. 혹자는 이 두지파가 빠졌다는 이유로 144000은 구원받은 자 전체를 상징한다고 주장한다. 또한 독자들 중에는 사라진 단지파라는 말을 들어본 적이 있을 것이다. 그러나 에브라임 지파가 사라졌다는 말은 들어본 적이 없다. 단지파가 사라졌다는 근거는 144000에서 단지파가 없기 때문이다. 그리고 에스겔 48장에 등장하는 단 지파를 보고 사라졌던 단지파가 다시 등장했다고 한다. 이 또한 천년왕국을 이해하지 못하기 때문이다. 에스겔 48장은 천년왕국이다. 천년왕국에서 단지파가 땅 분배를 제일 먼저 받는다. 그렇다면 단지파가 사라졌다가 갑자기 천년왕국에 나타나서 땅을 분배 받는 것인가? 전혀 근거가 없는 주장이다. 단 지파와 에브라임 지파가 빠진 것도 천년왕국과 관련이 있다. 두 지파를 살펴보면 이들이 왜 누락이 되었는지 이해 할 수 있을 것이다.

① 단 지파

이스라엘 12지파의 원형은 야곱의 열두 아들이다. 그러나 창48:5절에 보면 요셉의 두 아들 에브라임과 므낫세가 야곱의 소유로 들어가서 변형지파를 형성한다. 그러나 이를 두고 14지파라고 하지는 않는다. 대부분 레위, 요셉, 에브라임, 므낫세 중에서 들어가고 빠지면서 항상 12를 형성한다. 땅 나누기를 할 때는 레위와 요셉이 빠지고 에브라임과 므낫세가 들어갔다. 그런데 144000에는 원형 지파인 단과 요셉의 아들 에브라임이 빠지고 레위와 요셉이 들어갔다. 필자는 처음에는 에브라임이 누락된 것은 문제가 되지 않는다고 생각했다. 요셉과 그의 장자 므낫세가 들어갔기 때문이다. 그런데 원형 지파인 단이 누락된 것은 의문이었다.

"내가 애굽으로 와서 네게 이르기 전에 *애굽에서 네가 낳은 두 아들 에브라임과 므낫세는 내 것이라* 르우벤과 시므온처럼 내 것이 될 것이요"(창48:5)

성령님께 또 물었다. "주님! 왜 단지파가 빠졌나요?" 주님께서 필자에게 주시는 응답의 방법은 주로 형광등처럼 번뜩 생각나게 하시는 것이다. 사사기에 등장하는 미가의 우상을 생각나게 하셨다. 단 지파는 미가가 만든 우상으로 지파 전체가 우상을 숭배한 지파다. 또한 단 지파는 우상숭배와 관련이 깊다. 솔로몬 성전을 건축할 때 두로 사람 히람이 최고의 석공 기술을 가지고 들어왔다. 그의 아버지는 두로 사람이며 어머니는 단 지파 여인이었다.

열왕기상에는 히람의 어머니가 납달리 지파라고 하지만 단지파가 맞을 것이다. 단과 납달리는 빌하의 소생으로 한 어머니의 형제다. 그리고 단의 자손들이 석공, 조각하는 기술의 유전자를 가지고 있기 때문이다. 그러므로 단을 지금의 자유석공 프리메이슨의 기원으로 본다.

"이 사람은 *단의 여자들 중 한 여인의 아들이요* 그의 아버지는 두로 사람이라 능히 *금, 은, 동, 철과 돌과 나무*와 자색 청색 홍색 실과 가는 베로 일을 잘하며 또 *모든 아로새기는 일에 익숙하고* 모든 기묘한 양식에 능한 자이니..."(대하2:14)

"그는 *납달리 지파 과부의 아들이요* 그의 아버지는 두로 사람이니 *놋쇠 대장장*이라 이 *히람*은 모든 놋 일에 지혜와 총명과 재능을 구비한 자이더니 솔로몬 왕에게 와서 그 모든 공사를 하니라"(왕상7:14)

또한 모세가 성막을 지을 때 조각하는 일을 했던 오홀리압이 단 지파다. 물론 성막에서 일한 오홀리압은 하나님께서 특별히 재능을 주셔서 쓰임 받은 자다. 그러나 석공, 조각하는 일은 단지파의 특성과 일치한다. 또 레24:11절에 여호와의 이름을 모독하고 저주한 사람도 단 지파 여인의 아들이었다. 우상 숭배 자체가 하나님을 떠나서 하나님을 모독하는 행위다.

"*단 지파* 아히사막의 아들 *오홀리압*이 그와 함께 하였으니 오홀리압은 재능이 있어서 *조각하며* 또 청색 자색 홍색 실과 가는 베 실로 수 놓은 자더라"(출38:23)

"그 *이스라엘 여인의 아들이 여호와의 이름을 모독하며 저주*하므로 무리가 끌고 모세에게로 가니라 그의 어머니의 이름은 슬로밋이요 *단 지파* 디브리의 딸이었더라"(레24:11)

이렇게 단 자손이 가지고 있던 석공기술은 우상 숭배와 관련이 깊다. 히람을 비롯해서 솔로몬 성전 건축에 들어온 석공들은 이방나라에서 많은 이방 신전을 건축한 기술자들이다. 오늘날 프리메이슨의 기원이라고 할 수 있다. '다음'에서 프리메이슨을 검색하면 중세 석공의 숙련공 조합원이라고 나온다. 프리메이슨은 자유석공이란 뜻이다. 독자들도 프리메이슨에 대해 잘 알고 있을 것이다. 이들은 사탄을 숭배하는 우상 숭배자들이다.

창49:17절에서 야곱은 12아들을 축복하며 예언할 때 단에 대하여 "단은 뱀의 길"이라고 예언했다. 그렇다고 단 지파는 모두 구원이 없다는 것이 아니다. 마치 르우벤이 아버지의 침상을 더럽혀 장자의 권리를 상실한 것과 같다. 단 지파는 에스겔 48장에 천년왕국에서 제일 먼저 땅을 분배 받는 지파다. 천년왕국은 창15:18절의 횃불언약이 완성되는 곳이다. 그래서 이스라엘 땅이 북쪽으로 유브라데와 남쪽으로 이집트까지 많이 넓어진다.

단 지파는 땅의 제일 윗부분인 북쪽을 먼저 분배받는다. 이것은 단 지파는 144000 주의 종들로 선택은 안 되었으나 구원은 있다는 것이다. 주님께서 미가의 우상을 기억나게 하시면서 주신 말씀이다. "단 지파는 12지파 중 처음으로 지파 전체가 우상숭배를 시작했다. 단 지파는 우상숭배를 많이 한 지파로서 천년왕국에서 율법을 가르칠 하나님의 종들로서 자격을 상실했다." 그리고 뒤에 한 말씀이 더 있었다. "이것은 르우벤이 아비의 침상을 더럽혀 장자의 권리를 상실한 것과 같다"라고 하셨다.

이 말씀은 르우벤은 장자의 권리를 상실했으나 여전히 야곱의 장자라는 것이다. 단 지파는 우상 숭배를 함으로 메시아 왕국에서 율법을 가르칠 종들로서 자격을 상실했다. 그렇다고 단 지파에게 구원이 없는 것은 아니다. 이들도 천년왕국에 들어간다. 천년왕국의 4대문(겔48:32)에는 단의 이름이 있다. 마찬가지로 영원천국에도 4대문에 단 이름이 기록되어 있을 것이다.

② 에브라임 지파

창48장에서 야곱이 요셉의 두 아들을 축복할 때 장자 므낫세 보다 차자 에브라임을 앞세웠다. 그럼에도 불구하고 에브라임이 144000에서 누락된다. 필자는 여기서 에브라임이 누락된 것은 요셉의 차남이기 때문에 문제가 되지 않는다고 생각했다. 그러나 단이 누락된 이유를 깨달음과 동시에 에브라임 누락의 이유도 알게 됐다. 단 지파의 우상을 만든 미가가 에브라임 지파다. 단 지파가 처음 우상 숭배를 시작한 지파라면 에브라임은 처음 우상을 만든 지파다. 또한 에브라임 지파는 이보다 더욱 심각한 죄가 있다. 북 왕국 초대 왕 여로보암이 에브라임 지파다. 그는 온갖 우상숭배로 북 왕국 전체를 범죄 하게 했다. "이스라엘로 범죄케 한 느밧의 아들 여러보암의 길"이란 수식어가 열왕기에 후렴처럼 등장한다. 이는 하나님께서 북 왕국의 우상숭배를 얼마나 싫어하셨는지 보여주는 대목이다.

에브라임 지파의 미가는 한 지파에게 우상을 숭배하는 빌미를 제공했다. 또 한사람 여로보암은 한 나라를 우상숭배로 이끌어 여호와하나님을 격노케 했다. 그러므로 에브라임 지파는 천년왕국에서 결코 여호와의 율법을 가르칠 하나님의 종이 될 자격이 없다. 혹자는 요셉이 에브라임 지파라고 주장하는 이도 있다. 이유는 요셉은 에브라임과 므낫세 외에 후손을 낳은 기록이 없다는 것이다. 전통과 역사 문헌 그 어디에도 요셉의 자손은 없다고 한다. 그러나 필자는 이러한 주장에 동의하지 않는다. 창48:5-6절이 그 해답이다.

"내가 애굽으로 와서 네게 이르기 전에 애굽에서 네가 낳은 두 아들 *에브라임과 므낫세는 내 것이라* 르우벤과 시므온처럼 내 것이 될 것이요 *이들 후의 네 소생은 네 것이 될 것이며 그들의 유산은 그들의 형의 이름으로 함께 받으리라*"(창48:5-6)

위의 본문을 자세히 보면 왜 전통과 역사 문헌 그 어디에도 요셉의 자손의 기록이 없는지 짐작이 간다. 야곱은 애굽에서 낳은 요셉의 두 아들 에브라임과 므낫세는 내 것이라고 했다. 그리고 그 이후 소생부터 요셉의 후손, 요셉의 것이 될 것이라고 했다. 만약에 두 아들 이후에 요셉이 후손을 두지 않았다면 야곱은 요셉의 대를 끊어버린 아비가 된다. 성경에 기록은 없지만 분명히 요셉은 이후에 후손을 낳았을 것이다.

다음 기록이 중요하다. **"그들의 유산은 그들의 형의 이름으로 함께 받으리라"** 유대인들의 계보의 흐름을 필자가 정확히 알 수는 없다. 그러나 이 말씀을 볼 때 에브라임과 므낫세 이후에 자녀들은 독립적 계보가 없는 것 같다. 요셉의 두 아들 이후 소생들의 유산은 그들의 형인 에브라임과 므낫세의 이름으로 받기 때문이다. 그러니 요셉의 이후 소생들은 그 형들의 이름으로 들어갔기 때문에 따로 계보 기록이 없는 것으로 본다.

그렇다면 요셉지파 형성은 따로 없을 것이다. 그러나 요셉의 이후 소생들 중 에브라임 명의로 들어간 요셉의 후손들이 있을 것이다. 또한 므낫세 명의로 들어간 후손들도 있을 것이다. 민수기 13장에 모세가 가나안 땅에 12정탐꾼을 보낸다. 여기에서 에브라임 지파는 그냥 에브라임 지파라고 한다. 그러나 므낫세는 "요셉지파 곧 므낫세 지파에서는"이라고 한다. 이 말씀을 보면 에브라임 지파에도, 므낫세 지파에도 요셉지파라 할 수 있는 라인이 있는 듯하다. 두 아들 이후 후손들은 형들 이름으로 유산을 받았기 때문이다.

그러므로 십사만 사천에 들어간 요셉지파는 에브라임 아래로 들어간 요셉의 후손들일 가능성이 높다. 이렇게 단과 에브라임이 빠진 이유는 우상 숭배다. 이 땅에서 그토록 우상 숭배를 많이 한 지파가 어찌 여호와의 율법을 가르칠 자격이 있겠는가? 하나님께서 가장 미워하시는 것이 우상숭배. 여기까지가 단과 에브라임을 제외한 144000 하나님의 종들의 정체다.

3. 셀 수 없는 큰 흰 옷 무리 - 이방인의 때에 구원받은 세계이방인

"이 일 후에 내가 보니 *각 나라와 족속과 백성과 방언에서 아무도 능히 셀 수 없는 큰 무리가* 나와 *흰 옷을 입고* 손에 종려 가지를 들고 보좌 앞과 어린 양 앞에 서서 큰 소리로 외쳐 이르되 구원하심이 보좌에 앉으신 우리 하나님과 어린 양에게 있도다 하니 "(계7:9-10)

셀 수 없는 큰 흰 옷 무리는 각 나라와 족속과 백성과 방언에서 나왔다. 문자 그대로 세계 이방인이다. 앞의 144000과는 아주 다른 무리다. 본 장에서는 유대인과 이방인을 분명히 구분하고 있다. 계시록을 순서적 기록으로 보지 않는 시각은 본문의 큰 환난을 후3.5년 대 환난으로 본다. 또한 본문의 흰 옷 입은 무리를 대 환난을 통과하고 휴거된 무리라고 한다. 그러나 대 환난의 장면들은 계13장부터 등장한다. 흰 옷 무리를 대 환난을 통과한 휴거무리로 보는 것은 계시록이 섞여 있다고 보는 이들의 시각이다. 이러한 해석은 계시록을 이해하는데 많은 혼돈을 줄 뿐이다. 계시록은 지극히 순서적으로 기록되어 있음을 필자는 계속 강조한다.

계7장의 시대는 19세기 복음이 세계로 확장되던 빌라델비아 교회시대다. 본문은 복음이 세계로 확산되던 19세기에 세계 이방인들이 어린양의 피로 구원받는 사건이다. 앞에서 살펴본 유대인들의 구원 시기와 같다. 그러므로 본문의 큰 무리는 결코 후3.5년의 대 환난을 통과한 휴거 무리가 아니다. 순서적으로 볼 때 7장은 아직 마지막 7년의 때가 아니기 때문이다. 그렇다면 왜 7장의 시대를 대 환난이라고 했는가 하는 시대적 배경을 밝히는 것이 중요하다. 독자들은 계시록은 순서적 기록임을 항상 염두에 두어야 한다. 이제 7장의 두 번째 주제인 흰 옷을 입은 셀 수 없는 큰 무리의 정체를 본문을 중심으로 밝혀본다.

1) 셀 수 없는 큰 흰 옷 무리는 7년 중 대 환난에서 나올 수 없다.

지금은 마지막 때 교회시대요 이방인의 구원의 때가 완성되는 마지막 시대다. 아직 복음이 들어가지 않은 미 종족들도 남아있다. 마24:14절에 모든 민족에게 복음이 전파되면 그제야 끝이 오리라고 하셨다. 이제 복음의 끝이 오면 이방인의 때는 끝난다. 다니엘의 69이레까지는 유대인의 때였다. 혹자는 남 왕국 유다가 바벨론에 멸망한때부터 이방인의 때로 보기도 한다. 분명한 것은 69이레까지 구속사의 주도권이 유대인에게 있는 유대인의 때였다. 그러나 69이레 마침 이후는 간격시대로 구속사의 주도권이 교회시대요 이방인의 때인 이방인에게 있다.

이제 구속사의 주도권이 다시 유대인에게로 넘어가는 때가 남아있다. 바로 마지막 7년이다. 다니엘의 70이레 중 마지막 70번째 이레가 진행되는 때가 다시 오는 유대인의 때다. 마지막 7년은 이방인의 수가 다 차고 유대인의 때로 넘어간 시기다. 그렇다면 상식적으로 전 세계에서 셀 수 없이 많은 이방인이 구원받는 시기는 언제 있어야 하는가? 이방인의 때인 교회시대인가? 아니면 유대인의 때인 마지막 7년인가? 바로 이방인의 때에 셀 수 없이 많은 이방인의 구원이 있는 것은 당연한 이치다. 각 나라에서 나온 셀 수 없는 큰 무리가 클로즈업 되는 것은 이방인의 때이기 때문이다. 독자들께서도 객관적으로 판단이 될 것이다.

그리고 유대인의 때인 마지막 7년 중 후3.5년은 유대인이 민족적으로 주께로 돌아오는 시기다. 이 시기는 카메라 렌즈의 중심이 이방인에게서 유대인에게로 옮겨지는 시기다. 그러나 이 시기에 이방인의 구원이 전혀 없다는 것이 아니다. 다만 유대인의 때이기 때문에 구속사 카메라의 중심이 유대인을 클로즈업 하고 있는 것이다. 구속 역사의 무대가 이방인에서 유대인으로 옮겨졌기 때문에 이 시기에 이방인의 구원은 크게 주목되지 않는다. 그러므로 셀 수 없는 큰 무리가 나오는 시대적 배경은 결코 유대인의 때인 마지막 7년이 될 수 없다.

또 하나의 문제가 있다. 마지막 7년은 전 세계적으로 복음을 전할 수 없는 법적 제도가 다 완성된 시기다. 예수 믿어야 천국 간다고 전도하면 벌금형 혹 체포되는 시기다. 지금도 차별 금지법이 통과된 나라에서는 진행되고 있는 일들이다. 더 나아가 후3.5년은 성전에 우상이 세워진 때로 마

24:15-16의 예수님 명령대로 도망가야 하는 시기다. 짐승 적그리스도가 본색을 드러낸 시기이기 때문이다. 주님은 도망가라고 명령한 시기에 왜 청개구리처럼 반대로 전 세계로 나가 복음을 전한다는 것인가? 이해 할 수 없는 주장이다. 이 시기는 밖에 나가서 전도하면 붙잡혀 목 베임 받는 시기다. 강제로 표를 받는 시대이기 때문이다.

상징이라 주장하는 두 증인들이나 십사만 사천도 후3.5년에는 복음을 전할 수 없다. 그러므로 이 시기에 이들의 전도로 셀 수 없는 세계 이방인 무리의 구원이 있다는 주장은 전혀 성경적이지 않다. 대 환난이 있는 마지막 7년은 더구나 유대인의 때다. 이때에 과연 셀 수 없이 많은 세계 이방인의 구원이 가능한가? 결코 그럴 수 없다. 그렇다면 이때 민족적으로 돌아오는 유대인은 어떻게 구원을 받는가 하는 문제가 있다. 이것은 앞에서도 언급했었다. 유대인은 어느 민족, 누구에게도 전도를 받지 않는다. 이들은 하나님의 시간에 돌아오게 된다.

유대인은 대환난의 중심에 있는 민족이다. 태풍으로 말하면 태풍의 눈에 있는 민족이다. 세계정부의 본부가 이스라엘에 설치된다. 결코 유대인들도 유대인에게 전도할 수 없는 시기다. 이러한 대 환난의 시기에 유대인들이 민족적으로 돌아오는 것은 스가랴의 예어대로 오직 성령의 기름부음이다. 때가 되면 하나님께서 유대민족에게 간구하는 심령을 부어주신다. 이때는 전도하는 사람이 없어도 유대인들은 민족적으로 대 회개 운동이 일어나며 돌아온다. 이미 전3.5년에 사역한 두증인의 예언의 영향력 때문이다. 적그리스도의 정체가 드러나는 후3.5년에 유대민족의 돌이킴의 역사는 시작된다. 지금 유대인들이 개인적으로 기독교로 개종하는 것은 마지막 때 징조 중의 하나일 뿐이다. 유대인들이 민족적으로 돌아오는 때가 마지막 끝이다.

"내가 다윗의 집과 예루살렘 주민에게 은총과 간구하는 심령을 부어 주리니 그들이 그 찌른 바 그를 바라보고 그를 위하여 애통하기를 독자를 위하여 애통하듯 하며 그를 위하여 통곡하기를 장자를 위하여 통곡하듯 하리로다 그 날에 예루살렘에 큰 애통이 있으리니 므깃도 골짜기 하다드림몬에 있던 애통과 같을 것이라 온 땅 각 족속이 따로 애통하되 다윗의 족속이 따로 하고 그들의 아내들이 따로 하며 나단의 족속이 따로 하고 그들의 아내들이 따로 하며 레위의 족속이 따로 하고 그들의 아내들이 따로 하며 시므이의 족속이 따로 하고 그들의 아내들이 따로 하며 모든 남은 족속도 각기 따로 하고 그들의 아내들이 따로 하리라"(슥12:10-14)

2) 복음이 세계로 전파된 19세기는 위대한 세기다.

복음이 세계로 확산되던 19세기를 교회사가 라투렛은 **'선교의 위대한 세기'**라 했다. 19세기 백 년 동안의 세계 기독교의 영향력은 과거 1800년 동안 기독교가 세계에 미친 영향력을 능가하기 때문이다. 1819-1914년까지 약 100년 동안 기독교는 남북미, 호주, 아프리카, 태평양군도, 한국을 비롯한 아시아권에 확장되었다. 이 시기는 6째 빌라델비아 교회시대다. 또한 이 시기는 6째 인이 진행되는 시기다. 교회와 세상의 모든 환경이 마지막 때 종말 신호가 시작된 시대다. 이제 천국복음이 전 세계로 들어가기 위한 본격적인 활동이 시작된 것이다.

"이 *천국 복음*이 모든 민족에게 증언되기 위하여 *온 세상에 전파되리니 그제야 끝*이 오리라"(마24:14)

① 전 세계에 선교사들의 파송되던 시기다.

19세기는 세계 선교사들이 대거 파송되던 시기다. 18세기의 복음주의 각성운동과 선교열정을 이어받아 전 세계적으로 유래 없는 기독교의 확장을 경험한 시기였다. 19세기가 되면서 세계 대부분 기독교 국가가 세계 각국의 선교지에 선교사를 보냈다. 수적으로도 가장 많은 선교사들이 파송되었다. 19세기만큼 땅 끝까지 복음을 전하기 위하여 집중적, 체계적 모험적인 노력을 기울인 적이 없었다고 한다. 이것은 계시록의 예언이기 때문이다. 이 시기는 세계 선교시대인 빌라델비아 교회시대이기 때문이다.

이시기에 파송된 선교사들은 대단히 존경받는 선교사들이었다. 아프리카 선교사 리빙스턴이나 중국 선교사 허드슨 테일러는 우리에게 잘 알려진 선교사들이다. 리빙스턴은 1834년 의료선교단이 되기로 결심하고 1840년 아프리카로 떠났다. 이후 그는 평생을 아프리카 대륙을 다니면서 선교에 힘썼다. 중국 선교의 아버지 혹은 중국 기독교 선교의 개척자라 불리는 허드슨 테일러는 중국에서 51년을 선교했다. 800명의 선교사를 파송하고 125개 학교를 설립했으며 1만 8천명에게 직접적인 회심을 하게했다고 한다. 대한민국은 19세기 후반에 언더우드, 알렌을 비롯한 많은 선교사들이 들어와 복음을 전했다.

대한민국은 선교사들의 고귀한 희생으로 세워진 나라다. 19세기 다 망한 조선에 들어와 학교세우고 병원세우고 여성들을 일깨웠다. 그 어느 나라보다 선교사들의 은혜를 입은 나라가 대한민국이다. 대한민국은 이 선교사들의 은혜를 결코 잊어서는 안 된다. 너무나 감사한 일은 이렇게 선교사들의 은혜를 입은 우리나라가 기독교 입국 백년도 되기 전에 일어난 기적이다. 선교사 파송 국 순위 세계 2위다. 1위가 미국이다. 인구 비율로 본다면 한국이 세계 1위다. 대한민국은 여기서 그치지 않는다. 마지막 세계 선교의 완성을 맡은 나라가 대한민국이다.

② 세계적인 복음주의 설교가들이 활동하던 시대다.

이 시기에 많은 세계적인 복음 전도자들, 복음 설교 가들이 등장했다. 그들의 설교는 국가를 넘어 전 세계인들에게 영향력을 끼쳤다. 찰스 스펄전 (1834-1892)은 설교의 아버지라 불린다. 신학교 설교 학에서 찰스 스펄전을 빼놓을 수 없다. 혹자는 스펄전을 가리켜 '사도시대 이후 가장 영향력 있고 가장 유능한 설교자'로 평가하고 있다. 10,024명의 고아를 길러낸 고아들의 아버지 조지뮬러(1805-1898) 또한 19세기 위대한 설교가다. 그는 117개의 학교를 설립하여 12만 명 이상에게 기독교 교육을 제공했다.

2억의 사람들에게 복음을 전했다는 세계적 설교가 D.L무디(1837-1899)는 구두 수선공이었다. 소위 일자무식이었다. 당시 지식인들은 무디의 설교 한편에 적어도 50군데 이상 맞춤법과 문법이 틀린 것을 찾아냈다고 한다. 어느 때는 말의 연결이 잘 안되기도 했다고 한다. 그럼에도 불구하고 그러한 설교를 통해서도 세계인들을 구원시키는 능력이 있었던 것이다. 이처럼 배우지 못한 자들도 성령의 강권적인 역사로 세계적 설교 가로서 복음 확장에 쓰임 받았다. 그 외에도 19세기에는 영향력 있는 수많은 설교 가들이 활동하던 시대였다.

이들이 활동하던 19세기에 기독교는 사실상 세계 종교가 되었다. 19세기 설교 가들은 세계무대를 배경으로 전도한 전도자들이었기 때문이다. 아마도 앞으로 전 세계적으로 19세기만큼 설교의 능력자들이 등장하지는 않을 것으로 본다. 빌라델비아 교회 시대는 다시 오지 않는다. 지금은 심판 경고를 받은 마지막 교회 라오디게아 교회 시대이기 때문이다.

3) 19세기는 빌라델비아 교회 시대다.(세계 선교시대 / 형제사랑)

"빌라델비아 교회의 사자에게 편지하라 거룩하고 진실하사 *다윗의 열쇠를 가지신 이 곧 열면 닫을 사람이 없고 닫으면 열 사람이 없는* 그가 이르시되 볼지어다 내가 *네 앞에 열린 문을 두었으되 능히 닫을 사람이 없으리라* 내가 네 행위를 아노니 네가 *작은 능력을 가지고서도 내 말을 지키며* 내 이름을 배반하지 아니하였도다"(계3:7-8)

① 네 앞에 열린 문을 두었으되 - 복음의 문이 열린 시대

빌라델비아 교회는 복음의 문, 구원의 문이 활짝 열린 시대다. 즉 세계선교의 문이 열렸다. 그러나 열리는 복음의 문을 닫으려는 세력도 있으나 문을 능히 닫을 사람이 없다. 능히 닫을 사람이 없다는 것은 닫으려고 하는 세력들이 있다는 것이다. 선교, 복음의 사역을 핍박하는 세력들이 있다는 것이다. 그러나 닫을 수 없다. 열쇠는 주님이 가지고 계시기 때문이다.

② 능히 닫을 사람이 없으리라 - 복음의 핍박도 있던 시대

복음이 열방으로 들어갈 때는 핍박도 함께 있었다. 복음의 문을 능히 닫으려고 문을 막는 핍박 자들이 있었다. 그러나 복음 전도자들은 핍박세력들을 두려워하지 않았다. 복음의 능력 때문이다. 이러한 핍박이 있었음에도 불구하고 19세기 강력한 복음의 행진은 멈추지 않았다. 계시록의 하나님 나라 교회사 시간표 순서가 빌라델비아 교회이기 때문이다.

③ 작은 능력을 가지고서도 내 말을 지키며 - 주님이 기뻐하며 칭찬하신 교회

일곱 교회 중 복음 때문에 핍박받고 순교한 교회는 서머나다. 또한 형제 사랑으로 복음을 증거한 교회는 빌라델비아다. 이 두 교회는 유일하게 책망이 없이 칭찬만 받았다. 복음을 위해 살았던 교회들을 주님은 기뻐하신 것이다. 빌라델비아는 작은 능력을 가지고 주님의 말씀을 지키며 주님을 배반하지 않았다. 빌라델비아 교회는 그 이름대로 한 형제의 영혼을 사랑하는 마음으로 복음을 전하는 교회다.

여기서 '내 말'은 마28:16-20, 예수님의 마지막 지상명령이라고 본다. "모든 족속으로 제자를 삼아 아버지와 아들과 성령의 이름으로 세례를 주라" 하신 말씀일 것이다. 계7장은 세계 선교 시대에 복음이 온 '나라와 족속과 백성과 방언'으로 확장된 시기다. 셀 수 없는 큰 무리는 빌라델비아 교회 시대에 전 세계에서 복음을 듣고 구원받은 신약의 성도들임에 틀림없다.

4) 흰 옷 무리는 왜 종려가지를 들고 찬양하고 있는가?

"이 일 후에 내가 보니 *각 나라와 족속과 백성과 방언에서 아무도 능히 셀 수 없는 큰 무리가 나와 흰 옷을 입고 손에 종려 가지를 들고 보좌 앞과 어린 양 앞에 서서 큰 소리로 외쳐 이르되 구원하심이 보좌에 앉으신 우리 하나님과 어린 양에게 있도다 하니* "(계7:9-10)

장로중 하나는 특별히 이 흰 옷 입고 종려가지를 들고 있는 자들에 대하여 요한에게 묻는다. "이 흰 옷 입은 자들이 누구며 또 어디서 왔느뇨?" 장로가 요한에게 이렇게 묻는 것은 이들의 존재를 모르기 때문이 아니다. 이들의 정체를 바르게 알려주려는 의도가 있기 때문이다. 흰 옷 입은 자들이 종려가지를 들고 찬양하는 모습은 여러 가지 메시지를 함축하고 있다.

① 유대인들이 종려가지를 흔들었었다.

종려나무, 종려가지는 성경 여러 곳에 등장한다. 찬양, 영광, 승리, 부활, 안식, 풍요 등을 상징한다. 종려가지는 사복음서에도 등장한다. 예수님께서 어린 나귀를 타시고 예루살렘에 왕으로 입성하실 때다. 이때 유대인들은 종려가지를 흔들며 예수님을 환영하며 힘껏 외쳤다. "호산나 찬송하리로다. 주의 이름으로 오시는 이 곧 이스라엘의 왕이시여"(요12:3)

그러나 이때 예수님은 왕으로 입성하셨으나 어린 나귀를 타신 초라한 모습이셨다. 어린 나귀 등에 올라갈 수 있는 무게는 38㎏이다. 어린 나귀는 38㎏을 넘으면 감당을 못하고 주저앉아 버린다. 그렇다면 이것이 당시 주님의 몸무게임을 짐작할 수 있다. 여기서 우리는 이사야 선지자가 예언한 예수님의 모습을 상상할 수 있다. 이렇게 왕으로 입성하신 예수님은 그 주간에 십자가에 죽으셨다. 유대인의 죄가 아닌 세상 죄를 지신 하나님의 어린양으로...

"그는 주 앞에서 자라나기를 연한 순 같고 마른 땅에서 나온 뿌리 같아서 *고운 모양도 없고 풍채도 없은즉 우리가 보기에 흠모할 만한 아름다운 것이 없도다* "(사53:2)

② 이방인들이 종려가지를 흔들고 있다.
"장로 중 하나가 응답하여 나에게 이르되 *이 흰 옷 입은 자들이 누구며 또 어디서 왔느냐* 내가 말하기를 내 주여 당신이 아시나이다 하니... "(계7:13-14)

장로 중 하나가 요한에게 흰 옷 입은 자들이 누구며 어디서 왔는가를 묻는다. 요한은 모른다고 한다. 여기서 장로가 묻는 질문에 이들의 정체가 숨어 있다. 이들이 누구인가? 이들은 이방인이다. 요한이 모른다고 한 이유일 것이다. 이들이 종려가지를 흔들고 있는 모습을 보았을 때 요한은 무엇을 생각했을까? 떠오르는 장면이 있다. 주님께서 예루살렘으로 입성하실 때 바로 그 때의 광경이다. 그러나 그때는 유대인들이 종려가지를 흔들었었다. 가장 어린 제자 사도요한도 그 때 거기 있었다.

그런데 지금 종려가지를 흔들고 있는 자들은 요한이 보기에도 유대인들이 아니다. 낯선 이방인들이다. 이 광경을 보고 있는 요한은 모른다고 할 수밖에 없다. 지금 광경은 세계 이방인들이 종려가지를 흔들며 찬양하고 있기 때문이다. 그리고 이들은 어린양의 피에 그 옷을 씻어 희게 하였다고 한다.

요한이 본 이들은 바로 세상 죄를 지고 십자가에 죽으신 어린양의 피로 구원받은 세계이방인들이다. 이들이 세계 이방인이란 것은 이들의 찬양 속에 답이 있다.

"큰 소리로 외쳐 이르되 *구원하심이* 보좌에 앉으신 우리 하나님과 *어린 양에게 있도다* 하니(계7:10)

"구원하심이 보좌에 앉으신 우리 하나님과 어린양께 있도다." 유대인들은 어린양 되시는 예수님을 모른다. 그러나 세계 이방인들은 세계 선교시대에 어린양 예수의 복음을 들었다. 그 어린양의 피로 구원 받은 자들이다. 지금 이들이 종려가지를 들고 찬양하는 의미는 무엇일까?

주님께서 옛날 유대인들이 종려가지를 흔들며 왕으로 환영했을 때를 기억할 것이다. 그 때 만약 예수님께서 십자가를 버리고 유대인들의 왕이 되셨다면 어찌 되었을까? 그렇다면 이방인들의 구원은 없었을 것이다. 아마도 이들은 이러한 심정으로 종려가지를 흔들었을 것이다.

"주님! 그때 유대인들이 종려가지를 흔들 때 그들만의 왕으로 좌정하지 않으심을 감사합니다. 영광의 자리를 버리고 세상 죄를 위해(세상 모든 이방인들의 죄를 위해)십자가를 지심을 감사합니다. 그때 그 어린양의 피로 인해 우리 이방인들도 이렇게 구원을 받았습니다. 이제 유대인의 왕으로만 아닌 세계 만민의 왕이신 주님을 찬양합니다."

일찍이 세례요한은 예언했다. "보라 세상 죄를 지고 가는 하나님의 어린양이로다."(요1:29)주님께서 유대인의 죄가 아닌 세상 죄를 지셨기에 세상 모든 이방인들의 구원이 문이 열린 것이다. 그러므로 7장은 세계에서 어린양의 피로 구원받은 이방인들이 어린양 되신 예수님을 찬양하는 것이다. 이들은 찬양, 영광, 부활, 승리, 안식, 풍요의 상징인 종려가지를 흔들고 있다. 십자가로 승리하시고 부활하신 주님께 감사하며 찬양하고 있다. 그리고 이제 이들은 주님처럼 부활할 때까지 주님 안에서 풍요와 안식을 누리고 있는 것이다.

5) 큰 환난 시대 - 민족 독립 국가시대

"내가 말하기를 내 주여 당신이 아시나이다 하니 그가 나에게 이르되 이는 *큰 환난*에서 *나오는 자*들인데 어린 양의 피에 그 옷을 씻어 희게 하였느니라"(계7:14)

이들이 어디서 왔는가? 장로의 질문 중에 있는 두 번째 이들의 정체다. 장로는 이들이 큰 환난에서 나오는 자들이라고 한다. 여기서 대 다수의 해석은 '큰 환난'을 후3.5년의 '대 환난'으로 보고 있다. 그들은 큰 환난에서 나온 셀 수 없는 무리를 대 환난을 통과하고 휴거된 무리로 보는 것이다. 그러나 필자가 계속 강조하지만 7장은 계시록의 기록 순서상 대환난이 아니다. 그렇다면 7장의 대 환난을 어떻게 이해해야 하는가? 그러기에 앞서 70이레 단원에서 언급했던 환난의 의미를 다시 되새겨 볼 필요가 있다.

눅21:23절에서 주후 70년 이스라엘이 겪었던 큰 환난은 '아낭케'였던 것을 기억할 것이다. 아낭케는 강제, 좌절, 곤란을 의미하는 환난이다. 이스라엘이 멸망하고 민족의 좌절과 곤란이 온 것이다. 그로 인해 유대인들은 강제로 디아스포라가 되었다. 그럼에도 불구하고 눅21의 큰 환난도 마지막 때 대 환난으로 해석하는 시각이 많다. 그렇다면 본장의 큰 환난의 의미를 살펴봐야 한다. 계7장의 큰 환난의 환난은 들립시스다. 들립시스 환난은 '압박', 잔혹한 육체적 폭력으로 인한 '고통'이며 '괴로움' '고뇌'다. 계13장의 짐승의 때 목 베임을 당하는 환난과 같은 환난이다. 그렇다고 해서 7장이 대 환난은 아니다.

중요한 것은 누가 무엇 때문에 압박하는 들립시스 환난을 주는가이다. 바로 복음을 대적하는 짐승세력들이다. 사단이 시대적 복음전파를 방해하고 핍박하기 위해 주는 환난이다. 예를 들어 지금 북한에서 복음 때문에 핍박받고 있는 북한의 지하교회 성도들에게는 들립시스 환난이다. 뿐만 아니라 지금 세계에서 복음을 배척하고 핍박하는 곳에 있는 성도들은 들립시스 환난을 당하고 있는 것이다. 바로 영적으로 짐승세력이 주는 핍박이다. 잔혹한 육체의 폭력으로 고통스럽고 괴롭다. 그러므로 들립시스 환난이라 함은 복음의 핍박과 관련이 있는 것이다.

그런데 본장의 환난이 메가스 들립시스, 큰 환난이다. 7장 시대가 왜 큰 환난일까? 이것은 복음이 확장되던 19세기의 시대적 상황을 이해해야 한다. 이 때는 복음이 각 나라로 깊숙이 침투하던 시대였다. 이 시기는 열강들의 식민지 아래 있던 많은 나라들이 식민지에서 벗어나 독립하기 시작한 민족 독립 국가 시대다. 바로 이 시기에 미국과 영국 등을 중심으로 전 세계에 선교사들이 파송되었다. 많은 나라들이 독립하던 시기에 선교사들이 복음을 들고 각 나라로 들어갔다. 기독교 복음이 강력한 힘을 가지고 신흥 국가들 속으로 들어간 것이다.

　　그렇다면 각 나라로 복음이 들어갈 때 그 나라들은 외부에서 들어오는 복음을 환영했을까? 핍박했을까? 분명한 답은 핍박이다. 복음이 들어오지 못하도록 환난과 핍박의 바람이 불었다는 것이다. 그것도 19세기 전 세계에서 복음의 확산과 더불어 환난과 핍박의 바람이 불었던 것이다. 우리나라에서 있었던 초기 천주교와 기독교 선교사들의 핍박 사를 보면 이해가 될 것이다. 수없이 죽어간 신부들과 천주교인들이 있었다. 토마스 선교사도 대동강에서 순교 당했다. 이렇게 복음을 들고 각 나라에 들어간 선교사들은 복음으로 인해 핍박과 순교를 당했다.

　　또한 각 나라마다 복음을 받은 그 나라 사람들의 순교가 이어졌다. 각 나라에서 복음을 받은 이들은 핍박의 바람 앞에 굴복하지 않고 복음을 안고 순교의 피를 그 땅에 뿌렸다. 우리보다 복음이 먼저 들어갔던 가까운 나라 일본도 순교의 피가 어마 어마하게 뿌려졌다. 전 세계에서 먼저 복음을 받은 자들의 순교의 피가 오늘날 세계 기독교의 확산을 가져온 것이다. 이러한 시대적 상황을 빌라델비아 교회는 이렇게 기록한 것이다.

　　"빌라델비아 교회....*다윗의 열쇠를 가지신 이 곧 열면 닫을 사람이 없고 닫으면 열 사람이 없는* 그가 이르시되 볼지어다 내가 *네 앞에 열린 문을 두었으되 능히 닫을 사람이 없으리라* "(계3:7-8)

　　복음의 열린 문 시대는 복음이 들어오는 것을 막으려고 아무리 핍박을 해도 그 문을 능히 닫을 수가 없었다. 복음의 핍박에 굴하지 않고 그 땅에 뿌린 순교의 피는 복음의 씨앗이 되었다. 그러한 환난의 시대를 지나면서 세계 기독교는 복음의 찬란한 꽃을 피운 것이다. 이렇게 많은 나라들이 식민지에서 벗어나 독립하던 시기에 복음이 들어가는 곳마다 핍박과 환난이 있었던 것이다. 그러므로 19세기는 위대한 세기 이면서 복음의 큰 환난의 시대였다.

6) '나오는 자들'이다 - 엘코마이

셀 수 없는 큰 무리들은 결코 휴거된 자들이 아니다. 휴거는 하르파조다. 이들이 휴거라면 엘코마이가 아니라 하르파조라고 해야 한다. "나오는"에 해당하는 헬라어 "엘코마이"는 '오다' '가다' '나타나다' '들어오다'의 뜻이다. 그러므로 '나오는 자들'이란 현재 진행형이다. 지금도 계속 나타나는 자들, 들어오는 자들이다. 엘코마이는 중간테로서 완료와 미완료 시제에만 사용되는 현재 분사 형이다. 이렇게 필자는 지금까지 세미나 때마다 중간테 엘코마이를 미완료시제 현재 진행형으로 가르쳐왔다. 그러나 필자는 여기서 의문이 생겼다. 엘코마이에 대한 다른 번역들을 비교해 보았다. 중간테로서 과거 완료형으로 번역한 곳도 있고 현재 진행형으로 번역한 곳도 있다.

▶미완료 시제 현재 진행형으로 번역 한 곳
개역개정 - 큰 환난에서 나오는 자들
전수성경 - 큰 환난에서 나오는 사람들
바른성경 - 큰 환난으로부터 나오는 자들

▶과거 완료형으로 번역 한 곳
킹제임스 - 대 환난에서 나온 사람들
표준새번역 - 큰 환난을 겪어낸 사람들
공동번역 - 큰 환난을 겪어낸 사람들

필자는 헬라어 원어 지식이 없어서 여기서 중간태인 엘코마이가 완료형인지 미완료 형인지 정확히 알 수가 없다. 심지어 성경 번역가들도 이렇게 중간테 엘코마이를 완료형과 미완료형으로 서로 다르게 번역하고 있다. 이것은 아마도 헬라어 문법을 정확히 분석하는 전문가만 알 것이다. 그러나 필자가 뒤늦게 자세히 살펴보니 본문의 흐름상 엘코마이가 과거 완료형으로 보인다. 필자는 지금까지 선지식을 가지고 미완료 현재 진행형으로 가르쳤었다. 그러나 이제부터 이 부분을 과거 완료형으로 수정한다. 혹시라도 독자들 가운데 세미나를 통해 현재 진행형으로 배우신 분들은 이 부분을 완료형으로 이해해 주시길 부탁드린다.

과거 완료형으로 보는 이유가 있다. 7장에서 이들을 과거 완료형으로 보는 것은 중요한 의미가 있다. 7장은 삽경이다. 삽경은 앞의 사건 중 어떤 중요한 일을 따로 설명하여 끼워 넣은 장이다. 7장은 6째 인에서 7째 인으로 넘어가는 사이에 6째인 시대에 있었던 사건을 설명하고 있는 장이다. 7장의 사건이 완료되고 8장에서 7째 인이 떼어지고 있다. 이렇게 볼 때 7장의 삽경은 현재 진행 보다는 과거 완료형으로 보는 것이 자연스럽다. 그렇다면 미 완료형 "큰 환난에서 나오는 자들"을 과거 완료형으로 번역해야 한다. "대 환난에서 나온 사람들" 혹은 "큰 환난을 겪어 낸 사람들"이 옳은 번역이라 할 수 있다.

'환난에서 나온 사람들'에서 엘코마이의 중요한 의미를 하나 더 살펴본다. 완료형 '나온 사람들'이나 진행형 '나오는 사람들'이나 동일하게 중요한 것이 있다. 엘코마이는 휴거 하르파조처럼 이들이 모두 한꺼번에 천국에 들어온 사람들이 아니다. 엘코마이는 한 명씩 한 명씩 천국에 들어온 사람들이다. 엘코마이가 오다, 가다, 나타나다, 들어오다, 라는 뜻을 생각해 보자. 천국에서 볼 때는 성도가 세상에서 승리하고 죽어서 한 명씩 한 명씩 천국에 들어오는 것이다. 세상에서 빠져나와 천국에 나타나는 것이다.
19세기 복음 핍박 시대에 전 세계에서 순교하고 승리한 성도들이 한명씩 천국에 들어올 때 천국에서 천사들은 환영하고 박수를 보냈을 것이다. 지금 7장에서 흰 옷을 입고 종려가지를 흔들며 찬양하고 있는 셀 수 없는 무리들은 그렇게 승리한 사람들이다. 이들은 세상을 이기고 한 명씩 한 명씩 천국에 나타나 모여 있는 사람들이다. 우리도 이후에 주님 오시기 전에 죽는다면 우리도 천국에 엘코마이 하는 것이다. 천국으로 가는(엘코마이)것이다.

그때 천국에서 주님이 보실 때는 우리가 천국에 나타나는 것이다. 천국에 들어오는 것이다. 이것이 엘코마이다.

7) 흰 옷 입은 자들 - 스톨레를 입고 있다.

다섯째 인에서 옷에 대하여 특별히 살펴보았다. 7장의 셀 수 없는 무리는 특별히 옷이 강조되어 있다. 이것은 셀 수 없는 무리에 대한 정확한 정체를 알려주는 매주 중요한 메시지다. 7장에는 특별히 옷에 대해 9,13,14절에서 세 번이나 언급한다. 이것은 이들의 옷을 통해 주시는 메시지가 있는 것이다. 이들의 옷은 이들이 휴거된 무리가 아님을 분명히 증거하고 있다. 이들이 입고 있는 옷은 5인의 순교자들에게 주셨던 흰 두루마기와 같은 스톨레다. 계시록에서 스톨레를 입고 있는 그룹은 이 두 그룹뿐이다. 스톨레는 권위를 상징하는 '긴 옷' 잠시 걸치고 있는 '겉옷'이다. 이들은 부활할 때까지 겉옷인 스톨레를 잠시 걸치고 있는 것이다.

복음서에서는 바리세인들이 권위를 상징하는 긴 겉옷을 입었다.(막12:38) 집을 나갔다가 돌아온 탕자 둘째 아들에게 아버지는 제일 좋은 옷을 입혀주었다.(눅15:22) 둘 다 영광과 권위를 상징하는 스톨레다. 그렇다면 계시록의 두 그룹이 입은 스톨레도 순교한 자들의 영광스러운 옷으로 권위의 상징일 것이다. 5인의 순교자들과 같이 흰옷 무리 안에도 순교자들이 많이 있기 때문이다. 여기서 스톨레는 이들에게 또 하나의 의미를 부여한다. 잠시 걸치고 있는 겉옷이다. 5인의 순교자들에게는 흰 두루마기를 입고 잠시 쉬라고 한다. 이들은 부활의 몸을 입을 때까지 잠시 스톨레를 걸치고 있다가 부활할 때에 다시 새로운 옷을 입게 될 것이다.

흰 옷 무리들이 땅에 살아있을 때는 히마티온을 입었을 것이다. 그러나 죽어서 낙원에 거하는 동안은 잠시 걸치고 있는 긴 옷 스톨레를 을 입은 것이다. 그리고 이들이 부활로 휴거되는 영생의 몸에는 새로운 옷, 카다로스가 입혀진다. 5인의 순교자들과 7장의 무리들은 12장에 있는 첫 번 휴거에 참여했을 가능성이 높다. 부활, 휴거로 영생의 몸을 입은 이들이 주님과 함께 지상에 재림할 때 이들이 입은 새로운 옷이 보인다. 이제는 영화로운 몸을 받았기 때문에 잠시 걸치고 있던 스톨레를 벗고 카다로스를 입었다. 희고(류코스-흰색) 깨끗한(카다로스-정결한, 순결한, 깨끗한) 세마포 옷(뷔시노스-베옷)를 입었다.

"하늘에 있는 군대들이 *희고 깨끗한 세마포 옷*을 입고 백마를 타고 그를 따르더라"(계19:14)

여기 하늘 군대를 천사로 보는 시각이 있으나 하늘군대는 천사들이 아니다. 천사들은 화려하고 찬란하고 아름답고 빛나는 람프로스를 입는다. 여기 주님과 함께 오는 하늘 군대는 7째 마지막 나팔에 시작된 첫 번 휴거와 두 번째 휴거에 참여한 자들이다. 천년왕국의 왕권을 받은 이들은 계19장에서 주님과 함께 천년동안 통치하기 위해 온다. 아마도 이때 5인의 순교자들도, 셀 수 없는 큰 무리도 모두 주님과 함께 올 것이다. 이 때 이들의 옷이 스톨레에서 카다로스로 바뀐 것을 알 수 있다. 카다로스는 영화로운 몸을 가진 자들이 입는 옷이다. 순결하고, 깨끗하고, 정결한 옷이다.

그러므로 7장의 흰옷 무리는 결코 환난을 통과한 휴거 무리일 수 없다. 만약 7장의 무리가 휴거된 자들 이라면 하늘 군대처럼 부활한 자들이 입는 카다로스를 입고 있어야 한다. 그러나 그들은 아직 살아난 자들이 아니기 때문에 5인의 순교자들처럼 스톨레를 입고 있는 것이다. 즉 7장은 아직 죽어있는 상태로 하늘에 있는 성도들의 영적인 모습이다. 히마티온도, 스톨레도, 카다로스도 모두 어린양의 피로 씻어 희게 된 옷이다.

이와 같이 우리들도 이 땅에 사는 동안은 어린양의 피로 씻은 구원의 옷 히마티온을 입고 있다. 그리고 죽어 천국에 가면 잠시 동안 스톨레를 입을 것이다. 그리고 마지막 날에 부활하여 영화로운 몸이 되면 우리도 모두 그 영광스러운 카다로스를 입게 될 것이다. 어린양의 피로 깨끗이 씻어진 은혜의 옷이다.

계16:15절에는 마지막 7째 대접 재앙을 앞두고 마지막 권면이 나온다. 7

째 대접이니 마지막 환난 끝 지점이다. 최후까지 대 환난을 통과하고 있는 성도에게 주시는 주님의 애타는 마지막 권면이다. 히마티온을 지키라고 한다. 이 옷을 벗지 말라고 한다. 이 옷을 벗는 자는 부끄러움을 보이는 자라고 한다. 이 옷을 끝까지 지키는 자는 복이 있다고 한다. 이것은 아무리 고통스러워도 끝까지 예수님을 떠나지 말라는 것이다. 끝까지 구원의 옷을 벗지 말라는 것이다. 이 옷을 끝까지 벗지 않고 승리한 자는 천국을 유업으로 받기에 복 있는 자라고 한다. 이 땅에서 히마티온을 끝까지 지킨 자만이 마지막에 영광스러운 카다로스를 입을 수 있다.

"보라 내가 도둑 같이 오리니 *누구든지 깨어 자기 옷을 지켜 벌거벗고 다니지 아니하며 자기의 부끄러움을 보이지 아니하는 자는 복이 있도다*"(계16:15)

일곱 나팔과 일곱 대접

7째 인은 심판과 경고다. 7째 인의 시대는 주님 시장 재림까지 지속된다. 1908년에 7째 인이 떼어졌다. 한 세대를 120년으로 가정할 때 1948년으로부터 120년은 2068년이다. 최대 2068년까지로 볼 때 100년 단위로 떼어진 7째 인의 기간은 160년에 불과하다. 이제 7째 인 기간에 7나팔과 7대접이 있다. 나팔과 대접의 시대와 사건들을 살펴본다.

1. 심판과 경고는 일곱째 인의 시대에 계속된다.

1) 나팔과 대접은 일곱째 인의 기간 안에 있다.

7교회와 7인이 함께 진행되고 있다. 지금은 마지막 일곱째 라오디게아 교회 시대다. 라오디게아 교회 기간은 주님 때림 때까지다. 마찬가지로 지금은 마지막 7째 인의 시대다. 주님께서 7인을 모두 떼심으로 총체적 심판은 끝난 것이다. 그러나 7째 인의 사건은 일어났지만 7째 인의 기간이 끝난 것은 아니다. 7째 교회와 마찬가지로 주님 재림 때까지가 7째 인의 기간이다. 이제 7째 인 기간 안에 있는 일곱 나팔과 일곱 대접으로 7째인 시대가 시작되는 것이다.

그러므로 이제 우리는 7째인 안에 있는 나팔 시대에 들어와 있다. 100년 단위로 떼어지던 인이 나팔시대로 들어가면서 간격이 급격히 줄어든다. 재난의 헬라어 오딘이 여인의 해산의 고통이라고 했다. 해산이 가까워지면서 진통의 간격이 줄어드는 것과 같다. 나팔시대는 재난의 간격이 10년 단위로 짧아진다. 1908년 7째 인이 떼어진 후 6년만인 1914년 1차 대전을 시작으로 나팔시대가 시작되었다. 7째인 후 10년도 안되어 주님으로부터 임무를 교대 받은 천사들이 심판과 경고의 나팔 불기를 시작했다.

2) 심판 경고 나팔의 특성 - 귀에 들리지 않는 나팔이다.

여기서 우리가 기억해야할 것이 있다. 계시록에서 일곱 천사가 부는 일곱 개의 나팔이 있다. 계시록의 일곱 천사의 나팔 소리는 우리 귀에 들리지 않는다. 나팔에 관해서는 휴거 단원에서 자세히 다루었으니 참조하기 바란다. 혹시 독자들 중에 현재 7째 나팔이 불고 있다는 소문을 들어본 적이 있을지 모른다. 혹자는 필자에게 사람들을 미혹하는 자라고 한다. 이유는 필자 같은 미혹하는 자들 때문에 지금 일곱째 나팔이 불고 있는데도 사람들이 듣지 못한다고 한다. 들려주는 소리들 들어보니 그것은 음산한 괴음이었다. 이런 것은 말이 안 되는 미혹이다. 7째 나팔은 휴거와 관련된 비밀 나팔이다.

휴거 단원에서 7째 나팔의 비밀을 발견하게 될 것이다. 심판과 경고의 7개의 나팔 소리는 이 땅에 들리지 않는다. 우리가 들을 수 없는 나팔이다. 현재 많지는 않지만 다섯 번째 나팔까지 불어졌다고 보는 이들이 있다. 그러나 그 나팔 소리를 들은 사람은 없다. 다만 성경에 그 나팔에 해당하는 사건들이 일어 난 것을 보고 해당 나팔이 불었다고 짐작하는 것이다. 심판과 경고의 나팔소리는 당연히 들리지 않아야 한다. 이 나팔이 들리는 나팔이라면 이세상은 더욱 복잡해진다. 누구는 몇 번째 나팔소리를 들었다고 할 것이다. 또 누구는 언제 어느 때 들린 나팔이 몇 번째 나팔이었다고 주장할 것이다. 이런 상황들이 계속 일어난다면 세상은 얼마나 혼돈스럽겠는가? 나팔이 몇 번째 인가에 대한 비본질적인 놀란 만 계속 될 것이다.

그러나 그보다 더 중요한 이유가 있다. 나팔소리는 휴거와 관련이 있다. 휴거나팔과 심판 나팔은 다르다. 심판 나팔은 들리지 않지만 휴거 나팔은 들려야 한다. 그러나 계시록에는 휴거 나팔에 대해서는 침묵하고 있다. 일곱 개의 심판 나팔 외에 다른 나팔에 대한 묘사를 전혀 하지 않고 있다. 이유는 주님께서 우리를 배려하심이다. 심판과 휴거 나팔을 섞어 놓으면 우리가 때를 분별할 수가 없다. 또 이 두 종류의 나팔이 섞여 있으면 휴거와 심판도 분별 할 수 없다. 휴거에 참여하는 사람들은 알 수 있지만 땅에 남아있는 자들은 혼돈 할 수밖에 없다. 그러므로 계시록의 7개의 나팔은 들리지 않는 나팔이라는 것을 염두에 두어야 한다.

3) 나팔과 대접이 가지고 있는 심판의 공통분모가 있다.

나팔 사건을 들어가기 전에 일곱 나팔과 일곱 대접을 전체적으로 비교해 보고자 한다. 나팔과 대접은 1-7까지 심판의 공통분모가 있다. 이런 이유 때문에 인과 나팔과 대접을 전체 7개의 사건으로 보기도 한다. 인이 원형이고 나팔과 대접은 점진적으로 병행적으로 다시 설명하고 있다는 주장이다. 결국 다 같은 사건이라고 한다. 그러나 지금까지 필자가 주장한 것과 같이 인과 나팔 대접은 각각 7개의 독립적인 사건들이다. 나팔과 대접은 심판의 공통분모를 가지고 있다. 그러나 실제 일어나는 사건들은 다르다. 공통분모라 함은 몇 개 예를 들면 다음과 같다. 참고로 나팔은 지역적이지만 대접은 전 지구적 사건으로 확대되는 것을 알 수 있다.

① 첫째 나팔과 대접의 공통분모는 땅이다.

첫째 나팔과 첫째 대접이 땅에 쏟아졌다. 그러나 뒤에 나열되는 사건은 분명히 다르다. 땅과 수목 삼분의 일이 해를 입는 사건과 악하고 독한 종기가 나는 다른 사건이다.

"*첫째 천사가 나팔*을 부니 피 섞인 우박과 불이 나와서 *땅에* 쏟아지매 땅의 삼분의 일이 타 버리고 수목의 삼분의 일도 타 버리고 각종 푸른 풀도 타 버렸더라"(계8:7)

"첫째 천사가 가서 그 대접을 *땅에* 쏟으매 짐승의 표를 받은 사람들과 그 우상에게 경배하는 자들에게 악하고 독한 종기가 나더라"(계16:2)

② 둘째 나팔과 대접의 공통분모는 바다다.

나팔은 바다 삼분의 일 바다의 생물들 삼분의 일 배 삼분의 일이 피해를 입었다. 그러나 대접은 모든 바다가 피같이 되고 바다의 모든 생물이 죽는다.

"*둘째 천사가 나팔*을 부니 불 붙는 큰 산과 같은 것이 *바다에* 던져지매 바다의 삼분의 일이 피가 되고 바다 가운데 생명 가진 피조물들의 삼분의 일이 죽고 배들의 삼분의 일이 깨지더라"(계8:8)

"*둘째 천사가 그 대접을 바다에* 쏟으매 바다가 곧 죽은 자의 피 같이 되

니 바다 가운데 모든 생물이 죽더라"(계16:3)

③ 다섯째 나팔과 대접의 공통분모는 짐승이다.

다섯째 나팔에 짐승 사단, 아바돈, 아볼루온이 등장한다. 그러나 대접은 짐승 나라가 어두워지고 힘을 잃는다. 나머지는 아래의 표와 같이 1-7까지 모두 공통분모가 있음을 알 수 있다.

"*다섯째 천사가 나팔*을 불매 내가 보니 하늘에서 땅에 떨어진 별 하나가 있는데 그가 무저갱의 열쇠를 받았더라.... 그들에게 왕이 있으니 *무저갱의 사자*라 히브리어로는 그 이름이 *아바돈*이요 헬라어로는 그 이름이 *아볼루온*이더라"(계9:1,11)

"또 *다섯째 천사가 그 대접을 짐승*의 왕좌에 쏟으니 그 나라가 곧 어두워지며 사람들이 아파서 자기 혀를 깨물고"(계16:10)

▶ 일곱 나팔과 일곱 대접 / 심판의 공통분모에 따른 사건들 비교

	7나팔 사건들(계8-9장) 일어날 사건을 상징적으로 묘사함		심판의 공통 주제	7대접 사건들(계16장) 말씀 자체가 사건이 됨
1	땅 3분의 1과 수목이 해를 받음	1차전	땅	표 받은 자들에게 악하고 독한종기가 남
2	바다의 생물과 배 3분의 1일 해를 받음	2차전	바다	바다가 죽은 자의 피같이 됨 바다의 모든 생물이 죽음
3	강, 물 샘 3분의 1이 쓴물이 되어 쓴물로 많은 사람이 죽게 됨	체르노빌	강, 물 샘	강, 물 근원이 피가 됨
4	해, 달, 별 3분의 1이 해를 받아 비췸이 없음	켐트레일	해 (달, 별)	해가 불로 사람을 태움
5	5개월 황충 사건 아바돈, 아볼루온으로 짐승 정체를 드러냄	멕시코만 석유유출 사건	짐승	짐승 왕좌에 쏟아져 그 나라가 어두워 짐

	7나팔 사건들(계8-9장) 일어날 사건을 상징적으로 묘사함		심판의 공통 주제	7대접 사건들(계16장) 말씀 자체가 사건이 됨
6	유브라데 전쟁	3차전?	유브라데 강	유브라데 강물이 마름
7	번개, 음성, 우레, 지진, 큰 우박이 있는 사건	?	번개, 음성. 우레	번개, 음성, 우레, 큰 지진, 큰 우박이 있는 사건
	일곱 나팔은? ▶1-5나팔까지 이미 일어난 사건 ▶지역적 사건으로 어떤 지역에서만 일어남으로 다른 지역에서는 모를 수 있음. 그러나 그 재앙의 영향력은 전 세계로 점점 확대됨. ▶모든 사건들은 NWO 수립을 위한 인구 감축계획을 구체적으로 실행한 사건들 ▶10년 단위로 일어나는 사건들		**일곱 대접은?** ▶전 세계 동시 다발 사건으로 모든 사람들이 다 볼 수 있고 알 수 있는 분명한 사건들 ▶월, 일 단위로 일어날 가능성이 높음 ▶사람이 살 수 있는 환경이 아니므로 상당히 짧은 간격으로 일곱 대접이 부어질 것으로 예상함 ▶다섯 째 부터는 세계정부 기능이 마비됨. 짐승이 세계인 통제 불가능해짐.	
	사건들 뒤에 사단 세력이 있음. (계9:11)		하나님의 진노 폭발(계15:1)	

4) 일곱 나팔의 사건들은 NWO 수립을 위한 짐승들의 계획된 사건들이다.

주님께서 인으로 총체적 심판을 마친 후에 진행되는 나팔의 사건 뒤에는 사단의 세력들이 구체적으로 움직인다. 필자가 처음 이렇게 주장했을 때 사람들은 조금 당황하는 표정이었다. 독자들도 마찬가지일 것이다. 그러나 곧 이해가 될 것이다. 필자는 다섯째 나팔에서 등장하는 이들의 정체를 발견하고 소름이 돋는 듯 했다. 다섯째 나팔 사건을 일으킨 자들은 바로 아바돈, 아볼루온 이라고 한다. 그러나 다섯째 나팔만 이들이 주동한 것이 아니다. 1-6 나팔까지 모두 이들에 의해 치밀하게 계획된 사건이다. 그러나 번개, 음성, 우레가 있는 7째 나팔은 하나님의 임재 사건이기 때문에 이들이 개입할 수 없다. 일곱 나팔은 이런 일들이 일어나는 것이 마지막 때 징조임을 천사들의 나팔을 통해 경고하는 것이다.

"*그들에게 왕이 있으니* 무저갱의 사자라 히브리어로는 그 이름이 *아바돈*이요 헬라어로는 그 이름이 *아볼루온*이더라"(계9:11)

　1-6 나팔까지 짐승세력이 주동한다는 근거는 해당사건을 모두 살펴본 후에 뒤에서 다시 정리할 것이다. 여기서는 짐승세력이 주도하는 전쟁과 관련한 사건만 먼저 살펴본다. 나팔에는 세계 전쟁과 관련한 3개의 나팔이 있다. 첫째, 둘째, 여섯째 나팔이다. 다니엘 짐승정부에서 다루었던 일루미나티 관련을 여기서 잠시 반복한다. 일루미나티의 창설이 1776.5.1일이다. 일루미나티는 인본주의와 이성주의를 바탕으로 하여 기독교와 왕정을 철저하게 배척한다.

　이들의 최종 목적지는 NWO다. 그들의 세계통일정부를 세우려면 첫 번째 작업으로 세계의 왕정 체제를 엎어야한다. 이들의 NWO를 세우기 위한 첫 번째 실행이 1789년 프랑스 혁명이었다. 프랑스 혁명을 통해 프랑스 왕정이 무너졌다. 프랑스 혁명 인권선언문에는 피라미드와 전시 안 그리고 두 마리의 뱀으로 장식되어 있는 것을 볼 수 있다. 프랑스 혁명의 주체가 누구인지를 보여주고 있는 것이다. 그리고 두 번째 세계 1차전을 통해 러시아 왕정이 무너졌다.

　앨버트 파이크는 일루미나티의 세계단일정부 이론의 초석을 닦은 사람이다. 그는 일루미나티의 최종목적을 이루기 위해서는 세 번의 전쟁이 필요하다는 사탄의 계시를 받았다고 한다. 그가 받은 사탄의 계시를 바탕으로 그의 저서를 통해 NWO를 이루기 위한 세 번의 전쟁의 이론을 재기했다. 그는 19세기 인물임에도 불구하고 그의 이론대로 그들은 두 번의 전쟁을 성공했다. 이제 마지막 전쟁 3차전을 통해 이룰 그들의 최종 목적을 남겨놓고 있다.

　그들의 세 번의 전쟁 계획안에는 단계적으로 이루는 목적과 목표가 있다.

1차전을 통해 러시아 왕정을 무너뜨리고 공산주의를 출발시켰다. 그리고 2차전을 통해 NWO 전초기지인 UN을 창설했다. 뉴욕의 UN본부 건물 벽에는 사2:4절 말씀을 새겨놓았다. 전쟁 없는 세상을 만들어보자는 것이다. 그러나 사2:4절은 메시아 왕국의 세상이다. 이것은 진정으로 전쟁 연습도 없는 세상 메시아 왕국을 모방하는 짝퉁 왕국인 NWO를 만들겠다는 그들의 의지다.

그러나 주님 오실 때까지 결코 세상 전쟁은 멈추지 않는다. 주님은 끝까지 전쟁이 있을 것이라고 하셨다.(단9:26) 이제 그들의 계획대로 마지막 전쟁 3차전을 통해 이스라엘과 적그리스도는 7년 조약을 맺을 것이다. 이것은 바로 마지막 7년이 시작되는 NWO세상의 시작이다.

"그가 열방 사이에 판단하시며 많은 백성을 판결하시리니 무리가 그들의 칼을 쳐서 보습을 만들고 그들의 창을 쳐서 낫을 만들 것이며 *이 나라와 저 나라가 다시는 칼을 들고 서로 치지 아니하며 다시는 전쟁을 연습하지 아니하리라*"(사2:4)

이쯤에서 사람들은 질문을 한다. "사단이 이렇게 계획을 진행하는 동안 하나님은 무얼 하시나요?" 우리는 언제나 하나님의 큰 그림을 이해해야 한다. 세상 모든 일들이 하나님의 허락된 섭리 안에서 일어나는 것임을 기억해야 한다. 그러므로 짐승세력들이 이렇게 하는 것 또한 모두 하나님의 계획된 시간표에 따라 진행되는 것이다. 세 개의 전쟁이 진행되는 동안에 주님께서도 메시아 왕국을 세우기 위한 계획들이 진행되고 있다. 이스라엘은 세계 1차전으로 땅을 회복 하였고 2차전으로 국가를 회복 하였다. 이제 3차 세계대전을 통해 그들의 마지막 꿈인 제3성전을 세우게 될 것이다. 그러면 세상은 마지막 7년을 지나 70이레가 끝나는 지구 종말이다. 그 끝에 메시아 왕국이 오고 있다. 이렇게 나팔의 사건들은 상징적으로만 볼 것이 아니다. 한걸음씩 다가오는 마지막 때 심판 경고임을 기억해야 한다.

▶ 하나님의 큰 계획안에 있는 세계 전쟁들의 결과

나팔	세계전쟁	전쟁의 결과	
		적그리스도 사단의 나라 도래 시간표	메시아 나라 도래 시간표
1나팔	1차전 (1914- 1918)	러시아 왕조 붕괴(1917년) 공산주의 국가들 등장	이스라엘의 땅을 회복 (1917년)
2나팔	2차전 (1939- 1945)	NWO 전초기지 UN창설 전쟁 없는 세상 추구(사2:4) (세계통일정부 세상을 의미함)	이스라엘 나라를 회복(1948.5.14.) 이스라엘 건국 (무화과나무 회복)
6나팔	3차전-?	적그리스도에 의한 이스라엘과 중동간의 7년 조약체결	이스라엘의 성전 회복 (제3성전)
		먼저 오는 도적의 나라 죽이고 멸망시키는 나라 세계통일 정부, 신세계 정부, NWO	생명을 얻게 하고 더욱 풍성히 얻게 하는 나라 메시아 왕국, 천년왕국

혹자는 세상에서 일어나는 이러한 세계 전쟁이 계시록과 무슨 관련이 있느냐고 한다. 그러나 필자가 초반에서 언급했던 것이 있다. 역사는 그 남자의 이야기다. 세상 모든 역사가 그분의 이야기다. 계시록을 상징에만 가두어 두면 결코 마지막 때를 분별할 수 없다. 나팔 사건들을 통해 한걸음씩 다가오는 마지막 때 심판 경고를 귀 담아 들어야 한다. 무엇보다 중요한 것은 그 어떤 사건이 성경과 맞는가? 성경을 벗어나지는 않았는가? 하는 것이다. 모든 사건의 판단의 기준은 오직 성경이기 때문이다.

2. 일곱 나팔의 사건들

7째 인은 심판 경고의 역사적인 퉁구스카 대 폭발 사건이었다. 7째 인 사건으로 심판과 경고의 시대가 시작된 것이다. 일곱 나팔은 이제 천사들을 통해 마지막 때 나팔을 불어 심판 경고를 일곱 번 하겠다는 것이다. 경고란 사건이 일어나기 전에 미리 준비하고 깨어날 수 있도록 하는 것이다. 그런데 이러한 경고 나팔이 마지막 7년 혹은 후3.5년에 있다 하자. 이미 7년에 들어간 그때 가서 우리가 무엇을 어떻게 준비할 수 있겠는가? 그러므로 인과 나팔 사건들은 결코 7년에 모두 일어날 수 없다. 나팔 시대 경고는 벌써 시작되었다. 그럼에도 불구하고 이 경고를 무시하는 것이 문제다. 이미 다섯 번째 나팔까지 불어 졌다는 주장에 동의한다.

나팔의 구체적인 사건에 들어가기 전에 1-5까지의 각각 주장하는 사건을 비교할 필요가 있다. 서적이나 인터넷이나 유튜브나 마지막 때를 다루는 자료들을 볼 때 이미 다섯 번째 나팔까지 불어졌다는 시각은 정말 많지는 않다. 물론 필자가 만나보지 못했을 수도 있다. 그러나 필자가 접한 분들 중에 대부분 1-3 나팔까지는 거의 같았다. 그러나 4째 나팔부터 조금씩 다른 모습을 보였다. 인 단원에서 밝힌 바대로 더투어낸드님의 주장이 필자가 보기에 성경에 가장 가깝다. 인과 마찬가지로 1-5까지 밝혀진 나팔의 사건도 1차적으로 그의 주장이다. 필자는 그가 주장한 사건들을 성경적으로 더 연구한 필자의 견해를 따라 풀어간다.

그러나 독자들께서도 꼭 기억해 두어야 한다. 인과 마찬가지로 1-5까지의 사건들이 100% 옳다고 할 수는 없다. 사실 필자도 100% 확신 할 수 없는 부분들이 없지 않아 있다. 또한 혹시 우리가 모르는, 역사에서 밝혀지지 않은 그 어떤 다른 사건이 있을 수도 있다. 앞으로 얼마든지 이보다 더 성경적이고 정확한 그 어떤 사건들이 그 누군가의 연구에 의해 밝혀 질수도 있다. 우리 모두는 언제든지 내가 알고 있는 것보다 더 성경적으로 정확한 것이 있으면 선지식을 내려놓을 수 있어야 한다. 특별히 계시록에 있어서는 더욱 더 열린 마음이어야 한다.

안타까운 것은 계시록을 다루는 사람들의 자기주장이 너무도 강하다는 것이다. 계시록을 가르치는 분들은 특별히 직접 천국을 오가는 분들이 많다. 천국에서 직접 보았다. 직접 들었다. 꿈을 꾸었다. 환상을 보았다. 주님께서 내게 직접 말씀해 주셨다. 라는 객관적 체험에 계시록 말씀을 끼워 맞추려는 듯 하는 해석들이 많다. 그러나 우리는 그 어떤 개인의 체험보다 말씀이 우선이 되어야 한다. 그러므로 필자가 제시하는 사건들은 지금까지는 필자가 보기에 성경에 가장 가깝다고 하는 것임을 염두에 두길 바란다. 그러므로 본인의 생각에 맞지 않는다면 참고만 하면 좋을 것이다. 독자들께서도 비교할 수 있도록 두 분 만의 주장을 제시해 보았다.

▶1-5째 나팔까지 불어졌다고 보는 사건들 비교

일곱 나팔	백스터님 (미국 종말론 연구가)		더투어낸드님 (필자가 동의함)	
첫째 나팔	1914년	세계 1차전	1914년	세계 1차전
둘째 나팔	1939년	세계 2차전	1939년	세계 2차전
셋째 나팔	1986년	체르노빌	1986년	체르노빌
넷째 나팔	1986년	베를린 장벽	1990년	캠트레일
다섯째 나팔	1990-1991년	사담 후세인 쿠웨이트 침공	2010년	멕시코만 기름유출사고
여섯째 나팔	세계 3차전 예상			
일곱째 나팔	번개, 음성, 우레, 지진, 큰 우박이 있는 그 어떤 사건			

필자가 존경하는 강문호 목사님의 마지막 때 세미나를 통해 한 종말론 연구가의 나팔사건 연구를 접했다. 이것은 강문호 목사님의 주장이 아니고 그의 강의를 소개하는 것이었다. 목사님께서도 CD를 통해 이분의 강의를 들으셨다 하시니 아마도 영어로 된 강의였을 것이다. 그러므로 필자는 이분의 강의를 직접 들어보진 못했다. 백스터님도 1-5까지 나팔이 불어졌다고 주장한다. 그러나 위의 표를 보면 넷째 사건부터 다른 것을 볼 수 있다. 이 외에도 몇몇 분이 다섯째 나팔까지 불어진 것을 주장한다. 그러나 두 분의 주장만 예를 든 것이다.

필자가 백스터님의 주장에 동의 할 수 없는 이유는 일단 셋째와 넷째의 연도가 겹쳐 있다. 나팔의 사건은 결코 겹쳐서 일어나지 않는다. 순서에 따른 나팔과 나팔 간에는 어느 정도의 간격이 있다. 또한 성경의 본문을 다 충족하지 못하는 부분들이 있다. 무엇보다 모든 해당 사건들은 계시록 본문의 말씀을 모두 충족해야 한다. 말씀의 어느 한 부분만 맞는다고 이것이 몇 번째 사건이라고 할 수 없다. 그럼에도 불구하고 100% 다 충족할 수 없지만 그중 성경에 더 가까운 사건에 필자는 동의한 것이다. 이제부터 나팔의 실제 사건들을 살펴보고자 한다.

1) 첫째 나팔 경고 - 1차 세계 대전 (1914-1918)

"*첫째 천사가 나팔*을 부니 *피 섞인 우박과 불*이 나와서 *(그)땅에 쏟아지매* 땅의 삼분의 일이 타 버리고 *(그)수목*의 삼분의 일도 타 버리고 각종 푸른 풀도 타 버렸더라"(계8:7)

NWO를 세우기 위해 세 번의 큰 전쟁을 필요로 하고 있는 이들의 계획을 따라 첫 번째 전쟁이 시작된다. 계7:1절에서 땅과 바다를 해할 권세를 받았던 땅 네 모퉁이의 천사가 붙잡고 있던 바람을 놓았다. 그리고 첫째 나팔로 먼저 땅을 해치는 1차 세계대전의 바람이 불었다. 이 전쟁은 1914년 7월 28일 오스트리아가 세르비아에 대한 선전포고를 하면서 시작되었다. 그리고 1918년 11월 11일 독일의 항복으로 마친 전쟁이다. 사라예보 사건을 시작으로 식민지를 둘러싼 서구 제국주의 국가 간의 갈등으로 일어난 전쟁이다. 전쟁 지역은 유럽 아프리카 중동 태평양 제도 중국 남아메리카 북아메리카 해안 등이다.

　1차전 동안에 30여 개의 국가에서 15억 명 정도의 인구가 전쟁에 직 간접적으로 참여했다. 동맹군 측과 협상군 측이 모두 엄청난 인적, 물적 피해를 보았다. 사망자가 930만 명에 다 달했다. 부상자도 2300만 명 이상이나 되었다. 민간인 피해도 1900만이 발생했다. 금전적 피해도 천문학적 수준이다. 참전한 모든 나라의 전쟁비용은 3000억 달러에 달했다. 이 전쟁으로 제국이 붕괴되고 약소국들이 독립을 했다. 또한 이 전쟁으로 국제연맹이 탄생하기도 했다.　첫째 나팔이 1차전이라고 볼 수 있는 성경적 근거들을 찾아보자

① 피 섞인 우박과 불
　이러한 장면들에 대한 기존해석은 상징적으로 다양하다. 그러나 필자는 문자 그대로 본다. 요한께서는 전쟁의 실제 장면을 보신 것이다. 피 섞인 우박과 불은 전쟁터에서 대포 등 포탄이 떨어지면서 폭파되는 장면들에 대한 묘사일 것이다. 이때 수많은 사람들이 피 흘리며 죽어 간다. 대규모로 일어나는 이러한 장면의 전쟁터는 마치 피 섞인 우박과 불이 나오는 것처럼 보일 것이다. 특히 1차전에서는 재래식 무기와 함께 신무기들이 대거 등장했다. 비행기, 탱크, 기관총, 원거리대포, 독가스 등의 등장으로 전쟁의 잔혹함을 드러냈다.

　전쟁과 관련이 있는 세 개의 나팔이 모두 이러한 전쟁 장면을 묘사하고 있지는 않다. 1차전은 이렇게 전쟁의 신무기들의 등장으로 잔혹한 전쟁의 모습을 묘사하고 있다. 그러나 2차전은 이러한 전쟁의 잔혹한 장면은 없다. 반면에 3차전은 많은 사람들이 예상하고 있는 대로 핵전쟁의 장면을 묘사하고 있다. 1차전은 전쟁의 바람이 시작되었음을 알리는 첫째 나팔이다.

② 그 땅에 쏟아져 땅과 수목 3분의 1일 타 버렸다.
　인과 나팔은 지역적 사건임을 누차 강조하고 있다. 모든 번역에서 정관사 '그'가 빠져있다. 전쟁이 일어난 지역의 그 땅, 그 수목이다. 원어나 영어를

잘 하시는 분들은 확인해 보면 좋을 것이다. 그러나 기존 해석은 땅과 수목의 3분의 1을 전 세계 3분의 일의 파괴로 해석하고 있다. 기존의 해석이 이렇게 할 수밖에 없는 배경을 필자는 이렇게 이해한다.

그들은 인과 나팔 대접이 모두 7년 안에 일어난다고 보기 때문이다. 짧은 기간 안에 21개의 사건이 모두 일어나야 하기 때문에 온 지구를 한꺼번에 대량 파괴하는 사건으로 보는 것이다. 4째 인의 4분의 1을 전 세계 4분의 일로 보는 것도 이와 같은 이유다. 지금 세계인구가 거의 80억 이라고 한다. 어떻게 전 세계 땅과 수목을 3분의 1을 파괴할 수 있는가? 사람 사는 땅과 수목의 3분의 1이 파괴된다면 사람이 어떻게 살아 갈 수 있는가? 이러한 해석 자체는 비상식적 일 수밖에 없다.

1차전과 관련하여 인터넷의 사진들을 검색해 보았다. 대부분 어두운 흑백 사진들이다. 푸른 풀은 찾아볼 수 없다. 살을 다 드러낸 땅과 파괴된 나무 사진들이 많다. 땅은 움푹 움푹 파여서 마치 메마른 계곡이 들어난 것 같은 사진들이다. 1차전은 대포와 복사포가 주로 많이 사용되었다. 땅에 대포와 복사포를 너무 많이 쏴서 땅의 각질이 들어날 정도로 땅이 피해를 많이 입었다. 당연히 그 땅의 나무와 푸른 풀도 쏟아지는 포탄에 다 불타버린 것이다.

1차전으로 인해 그 땅의 3분의 1이 타버렸고 그 수목의 3분의 1과 각종 푸른 풀들이 무두 타버린 것이다. 첫째 나팔은 짐승세력들이 첫 번째 계획을 완성한다는 첫 번째 경고였다. 이 전쟁의 결과로 1917년 2천년 가까이 나라 없이 살던 이스라엘이 땅을 회복하였다. 이스라엘을 회복하시기 위한 하나님의 첫 번째 계획이 실현된 것이다. 이것 또한 마지막 때로 가는 첫 번째 특별 징조다.

"*무화과나무의 비유를 배우라* 그 가지가 연하여지고 잎사귀를 내면 여름이 가까운 줄 아나니 이와 같이 너희가 이런 일이 일어나는 것을 보거든 인자가 가까이 곧 문 앞에 이른 줄 알라"(막13:28-29)

2) 둘째 나팔 경고 - 2차 세계 대전 (1939-1945)

"둘째 천사가 나팔을 부니 불 붙는 큰 산과 같은 것이 (그)바다에 던져지 매 (그)바다의 삼분의 일이 피가 되고 바다 가운데 생명 가진 피조물들의 삼분의 일이 죽고 (그)배들의 삼분의 일이 깨지더라"(계8:8-9)

2차전과 관련하여 나무위키 등의 자료를 정리했다. 1939년 9월 1일부터 1945년 9월 2일까지 치러진 2차전은 남극을 제외한 전 세계 전쟁이다. 1939년 9월 독일의 폴란드 침공으로 시작된 2차전은 전사자만 약 2400만 명에 이른다. 민간인 희생자 약 4900만 명을 합하여 7300만 명의 희생자를 냈다. 현재까지 인류 역사상 최대의 규모이자 가장 피비린내 나는 최악의 전쟁으로 평가되고 있다. 가장 많은 인명 피해와 재산 피해를 남긴 가장 파괴적인 전쟁이다. 1941년 12월 태평양 전쟁 개시와 함께 세계 전쟁으로 발전했다.

1945년 5월에 독일이 같은 해 8월에 일본이 무조건 항복함으로써 이 전쟁은 종결되었다. 2차전은 1차전보다 훨씬 더한 총력전이 펼쳐졌다. 핵무기가 등장하고 항공 전력과 기갑사단, 레이더 등 기술적인 진보가 드러났다. 전쟁 기간 중 일본 제국은 1937년 중국 침략 때 난징 등에서 대학살을 감행했다. 겁탈과 방화를 일삼으며 수십만 명의 난징 시민을 무자비하게 살해했다. 나치 독일은 '인종 청소'라는 이유로 6백만 이상의 유대인과 집시를 학살하였다.

또한 미국은 1945년 3월 10일 일본의 수도 도쿄와 그 주변 수도권 일대를 대규모로 폭격해 15만 명을 살상했다. 같은 해 8월 6일과 9일에 각각 히로시마와 나가사키에 원자 폭탄 공격을 감행하여 약 34만 명을 살상했다. 영국 공군과 미국 육군항공대는 드레스덴과 뮌헨 공습을 감행하여 각각 20여만 명을 살상했다. 이렇게 2차전은 전쟁과는 상관없는 민간인들의 피해가 매우 심각한 전쟁이었다. 지금도 전쟁은 수많은 민간인 사상자를 내고 있다.

2차전은 세계 1차전에서 해결되지 않은 분쟁이 다시 폭발한 것으로 여러 면에서 세계 1차 대전의 연장이라고 한다. 세계 2차전은 20세기 지정학적 역사의 분수령이 되었다. 소련의 세력이 동유럽까지 여러 나라에 뻗치는 결과를 가져왔다. 중국에서는 공산당 정권이 수립되었다. 세계의 지배세력이 서유럽 국가에서 미국과 소련으로 옮겨지는 결정적 계기가 되었다. 2차전은 초강대국 미국과 소련을 등장시킨 결과를 가져왔다.

미국과 소련의 전면 등장은 마지막 때 시간표에 의해 따른 현상이다. 미국은 NWO 수립에 중추적인 역할을 하는 나라다. 지금의 러시아인 소련은 북방 세력으로 마지막 때 전쟁의 중심에 있게 될 나라다. 마지막 에스겔 38장 전쟁의 중심에 미국은 없으나 러시아가 있다. 이렇게 2차전의 결과로 두 나라가 역사의 무대 중심에 등장하는 것은 마지막 때 신호가운데 하나다. 또 중요한 것은 2차전의 결과로 NWO 전초기지인 UN이 창설되었다. 이제 2차전이 둘째 나팔이라고 볼 수 있는 성경적 근거를 찾아본다.

① 불붙는 큰 산이 바다에 던져지매

계7장에서 바람을 잡고 있던 천사들의 두 번째 권세는 바다를 해치는 것이었다. 둘째 나팔은 그 두 번째 권세로 인해 바다가 해를 입는 사건이다. 둘째 나팔의 묘사는 2차전 중에 있었던 어떤 전쟁의 상황을 묘사하고 있다. 첫째 나팔은 피 섞인 우박이었다. 이것은 전쟁에서 대포나 복사포 등으로 무기들이 폭발되는 장면으로 보았다. 그러나 둘째 나팔의 상황은 전쟁은 전쟁인데 뭔가 다른 장면이다. 2차전은 1차전에서 사용하던 무기들을 포함하여 엄청난 위력을 지닌 핵이 등장한 전쟁이다. 이 핵은 6나팔 3차전에서는 훨씬 발전된 형태로 등장한다.

2차전은 바로 이 핵이 사용된 상황을 묘사하고 있는 것으로 보인다. 불붙는 큰 산이 바다에 던져졌다. 일본은 바다 한 가운데 떠 있는 섬나라다. 섬나라 일본 히로시마에 원자폭탄 핵이 떨어졌다. 이 장면을 요한께서 환상으로 보시고 이렇게 묘사한 것으로 보인다. 2차전과 관련하여 노르망디 상륙작전과 진주만 공격 등도 있다. 그러나 둘째 나팔을 통해 새로운 무기인 핵이 등장한 것을 보여주는 것 같다. 이승만 대통령께서도 일본의 원폭투하를 미리알고 일본이 벼락불을 맞을 것이라고 연설하신 적이 있다. 불벼락과 불붙는 큰 산은 흡사한 표현이다.

일본에 원자 폭탄이 투하되고 올라오는 버섯구름 장면은 독자들도 기억할 것이다. 그 장면은 일본이 패망하는 2차전 상황이라는 것을 누구나 알 수 있는 유명한 장면이다. 불붙는 큰 산이 바다에 던져지는 것은 바로 일본 바다의 원폭투하 장면이다. 이것은 2차전에서 핵을 사용함으로 인해 노르망디 작전보다 진주만 공격보다 더 강열한 장면을 보여준 것이다.

필자는 둘째 나팔에서 핵을 보여주는 것은 여섯째 나팔과 관련이 있다고 본다. 핵은 2차전에서 사용된 이후 전 세계에서 아직 한 번도 사용된 적이 없다고 한다. 이제 여섯째 나팔은 3차전으로 대규모의 핵전쟁이다. 3차전은 마지막 7년으로 들어가는 세계 마지막 전쟁이다. 핵은 3차전을 통해 전 세계를 초토화 시킬 엄청난 전쟁무기다. 나팔에 있는 세 개의 전쟁은 이렇게 전쟁 무기들의 발전을 보여주고 있는 것 같다. 마지막 3차전에서는 2차전에 사용되었던 핵의 엄청난 발전과 함께 살상무기들까지 대거 사용될 확률이 높다. 지금 전 세계는 나라들마다 핵으로 무장하고 있다. 이것은 인류의 마지막 종말을 준비하고 있는 현상이다.

② 바다, 피조물, 배 3분의 1이 깨지다.

여기서도 정관사 '그'가 모두 생략되어있다. 둘째 나팔은 원폭이 투하됐던 그 바다와 생물들 그 바다의 배들 3분의 1이 파괴된 사건이다. 2차 대전에 참전한 배가 105,127척이다. 그중 36,387척이 파괴되었다고 역사에 기록하고 있다. 그 바다의 배가 성경 예언대로 정확히 3분의 1이 파괴 된 것이다. 둘째 나팔의 말씀대로 참전한 바다의 배까지 정확히 3분의 1일 파괴된 사건은 2차전 밖에 없다.

2차전 결과로 이스라엘은 하루아침에 나라를 회복했다. 1948년 5월 14일 이스라엘의 독립이다. 무화과나무의 회복이다. 이스라엘과 관련한 첫 번 특별징조가 나타난 것이다. 하나님 나라가 가까이 오고 있다는 마지막 때 징조다. 대체 신학을 버리지 않는 사람들은 이스라엘의 독립을 마지막 때 징조로 보지 않는다. 이것은 둘째 나팔의 경고를 무시하는 것이다. 이제 NWO로 가는 짐승들의 두 번째 계획이 실현되었다.

3) 셋째 나팔 경고 - 체르노빌 원전사고 (1986. 4. 26)

"*셋째 천사가 나팔*을 부니 횃불 같이 타는 큰 별이 하늘에서 떨어져 강들의 삼분의 일과 여러 물샘에 떨어지니 *이 별 이름은 쓴 쑥이라* 물의 삼분의 일이 쓴 쑥이 되매 그 물이 *쓴 물*이 되므로 많은 사람이 죽더라"(계8:10-11)

1986년 4월 우크라이나 지역에서 체르노빌 원전 사고가 일어났다. 하나님은 각 나팔들을 풀어갈 수 있는 힌트를 주셨다. 셋째 나팔에서는 "쓴 쑥"이란 단어. 유럽이나 러시아의 쑥은 우리나라 쑥과는 달리 독성이 강해서 먹을 수 없다고 한다. '쓴 쑥' Wormwood는 러시아어로 체르노빌이다. 쑥이 많이 나는 지역의 특성으로 붙여진 체르노빌은 검은 잎사귀라는 뜻을 가진 쓴 쑥이다. 쓴 쑥 자체는 독성이 강해 먹지 않으니 문제가 안 된다. 이와 같이 쓴 쑥이라는 체르노빌 자체도 문제가 되지 않는다. 오히려 체르노빌 원전 자체는 유익한 것이다.

그러나 쓴 쑥이 어떤 사건을 만나 쓴물이 되어 그 물을 마셔야 하는 상황이 되면 사람들은 그 물로 인해 해를 입게 된다. 이처럼 체르노빌 원전이 대 폭발하는 사건으로 쓴물을 만들어 낸 것이다. 셋째 나팔은 그 쓴 쑥 때문에 오염된 쓴물로 인해 많은 사람이 죽었다. 셋째 나팔은 물과 관련된 사건이다. 그러므로 물로 인해 많은 사람들이 해를 입은 사건은 셋째 나팔에 가까워진다.

인류역사상 최악의 원자력 사고로 알려져 있는 체르노빌 원전 사고는 20세기 세계최초 최악의 레벨 7등급 사고다. 사고 당시 31명이 죽고 피폭 등의 원인으로 1991년 4월까지 5년 동안에 7000여명이 사망했다. 70여 만 명이 치료를 받은 이 사건은 일본 후쿠시마 원자력의 100배의 방사능 유출 사고였다. 또한 2차전의 히로시마 원폭의 10배였다. 식물들이 다 죽고 쓴 쑥 체르노빌은 그야말로 쑥대밭이 되어 폐허가 되었다.

이 사건으로 치명타를 입은 것은 물이다. 방사능으로 인해 강물이 다 오염되었다. 세슘이 137이면 최악 이라고 한다. 그런데 이때 세슘의 농도가 137

이었다. 이 물을 먹은 유럽의 순록 10만 마리가 오염된물로 인해 죽었다. 식물 동물들에게서 보통 사람이 가지고 있는 방사능의 10만 배가량을 가지고 있었다고 보고되고 있다. 사람에게는 갑상선 암의 발생 위험 율이 248배 나 높아 졌다. 200만 명이 방사능에 오염되었고 12만 5천명이 죽었다.

체르노빌 사고로 누출된 방사성 물질 중, 세슘과 아이오딘 등의 일부 방사성 원소는 대기권으로 방출되었다. 사고가 일어난 후 며칠 동안 북반구 전역을 떠돌았다. 이들은 대기권에서 비가 되어 지상으로 떨어지면서 지구 생태계를 엄청나게 오염시켰다. 사고 후 오랜 기간 동안심각하게 오염된 지역에 있는 야생 동물들을 실험했다. 종양 발생율의 증가했다. 면역력이 결여되어 수명이 단축되었다. 또한 조기 노화와 혈구 생성의 변화 기형, 그리고 다른 건강상의 장애가 관찰되었다. 체르노빌은 쓴 물로 인해 자연과 사람과 동물이 큰 해를 입은 사건이다.

필자는 나팔의 사건들의 주체가 짐승세력들이라고 했다. 처음에는 체르노빌 사건이 짐승과 관련되었다는 것을 쉽게 찾지 못했다. 그러나 우연히 2014년에 '체르노빌 원전대폭발'이라는 영화가 나온 것을 발견하고 필자는 감을 잡았다. 필자는 앞으로 짐승세력을 일루미나티 세력 혹은 줄여서 일루세력이라고 사용할 것이다. 일루세력들은 자신들의 계획을 일루카드나 영화 등을 통해 먼저 예고한다. 어떤 사건은 예고하고 영화를 만든다. 혹은 사건을 먼저 일으킨 후에 영화를 만드는 것도 있다.

영화를 먼저 만들고 사건을 일으킨 예가 있다. 2015년 대한민국을 강타한 중동 호흡기 증후군 메르스가 있었다. 메르스가 등장하기 3년 전 2013년 '감기'라는 영화를 통해 예고했다. 치명적인 감기 바이러스가 평택에서 시작된다는 내용이다. 영화 내용 그대로 한국의 메르스는 평택에서 시작되었다. 카드로 예고하거나 영화를 먼저 만들고 사건을 일으키는 경우는 수도 없이 많다. 지금까지 일어났던 사건들 중에 일루의 카드 예고대로 된 것의 대표적인 사건이 미국의 911 테러 사건이다.

또한 사건을 먼저 일으키고 영화를 만드는 예가 있다. 바로 셋째 나팔과 관련된 '체르노빌 원전 대폭발'이라는 영화다. 체르노빌 원전사고는 1986년 이다. 그리고 2014년 '체르노빌 원전대폭발'이라는 영화가 나온 것이다. 2019년 미국에서는 실화를 바탕으로 한 5부작 미니시리즈 드라마 체르노빌이 방영되었다. 이렇게 이들은 그들이 행한 일을 숨기지 않고 공개한다. 마지막 때가 너무도 가까이 왔기 때문이다.

이러한 사건들은 일루가 추진하는 인구감축계획을 위해 계획된 사건들이다. 자기들만의 세상을 만들기에 인구가 너무 많다는 것이다. 쾌적한 지구를 위해 세계 인구를 5억 정도만 남기도 모든 잉여 인구는 죽여야 한다는 것이 그들의 계획이다. 이를 위한 수단으로 전쟁과 전염병을 일으킨다. 자연파괴와 바다와 강, 물들을 오염시키기 위해 끊임없이 인공재해 사건들을 일으킨다. 셋째 나팔 체르노빌 사건은 물의 근원을 오염시킨 사건이다. 그렇다면 이 사건이 셋째 나팔 이라는 성경적 근거를 정리해 본다.

① 횃불 같이 타는 큰 별이 하늘에서 떨어졌다.
'이 별 이름은 쓴 쑥이라' 이 장면은 아마도 요한께서 체르노빌이 폭발하는 장면을 영적세계에서 본 것 같다. 횃불같이 타는 큰 별이면 큰 불덩어리다. 그 이름이 쓴 쑥이라 한다. 헬라어 쓴 쑥, 압신도스는 재난을 뜻한다. 재난이라 하는 큰 별이 하늘에서 떨어진 것이다. 영적세계에서는 하늘에서 쓴 쑥, 불타는 큰 별이 떨어졌다. 그 장면과 동시에 땅에서는 쓴 쑥 체르노빌이 폭발했다. 순간적으로 엄청난 화재가 발생했다. 필자는 '체르노빌 원전 폭발' 영화를 보았다. 그 불타는 화재 현장은 참으로 참혹했다.

② 물의 삼분의 일이 쓴 쑥이 되매
물의 3분의 1일 오염된 것은 그 측정을 정확하게 알 수 없다. 분명한 것은 그 지역의 물 3분의 1이 방사능 유출 사고로 오염되었을 것이다. 체르노빌의 역사적 기록으로 보아 짐작 하는 것이다. 또한 물로 인해 이토록 심각한 재난을 겪은 사건의 시작은 역사적으로 체르노빌 밖에 없다. 또한 무엇보다 체르노빌 자체가 쓴 쑥으로 셋째 나팔임을 암시하고 있다.

③ 쓴 물이 되므로 많은 사람이 죽더라.

셋째 나팔의 '쓴 물'과 관련하여 우리는 영적해석을 많이 들어왔다. 오늘날 교회는 성도들이 마실 수 없는 쓴물을 홍수처럼 쏟아내는 시대라고 한다. 생명이 없는 거짓 복음의 쓴물을 먹고 많은 성도들의 영이 죽어간다고 한다. 물론 이러한 영적인 해석을 전혀 배제할 수 없다. 계시록의 말씀 안에 얼마나 깊은 영적 메시지가 많겠는가? 그러나 필자는 이러한 상징적인 영적 시각보다는 1차적인 문자적 사건으로 보고 있다. 나팔의 사건들은 실제적으로 일어난 역사적 사건이다. 앞으로 남은 나팔도 마찬가지다. 그에 해당하는 사건은 반드시 땅에서 일어난다.

셋째 나팔은 쓴 물로 많은 사람을 죽이는 그들의 세 번째 계획이 실행되었다. 그리고 이와 같은 원전 사고는 마지막 때까지 계속 반복된다. 일본의 후쿠시마 원전 사고도 그들의 일루카드에 예고된 사건이었다. 그들의 모든 사건들은 결국 세계 인구를 줄이는 인구 감축 계획의 일환이다. 앞으로도 전 세계에서 원전 사고가 일어날 가능성이 많다. 대접 재앙에서 멀쩡하던 바다와 강물들이 갑자기 피가 되어 죽는 것이 아니다. 마지막 때로 갈수록 이러한 사건들의 반복으로 강과 물들은 서서히 죽어가는 것이다.

4) 넷째 나팔 경고 - 캠트레일 (1990-2000)

"넷째 천사가 나팔을 부니 *해 삼분의 일과 달 삼분의 일과 별들의 삼분의 일이 타격*을 받아 그 삼분의 일이 어두워지니 *낮 삼분의 일은 비추임이 없고 밤도 그러하더라*"(계8:12)

해, 달, 별 3분의 1이 어두워지는 4나팔은 지금 우리가 살고 있는 시대에 가장 피부로 느낄 수 있는 사건이다. 해, 달, 별이 어두워진다는 것은 그 자체가 어두워지는 것이 아니다. 해, 달, 별에 어떤 것들이 가려져 어두워지는 현상을 말한다. 성경에 이러한 표현들을 볼 수 있다.

"내가 너를 불 끄듯 할 때에 *하늘을 가리어 별을 어둡게 하며 해를 구름으로 가리며 달이 빛을 내지 못하게 할 것임이여*"(겔32:7)

"그가 무저갱을 여니 그 구멍에서 큰 화덕의 연기 같은 *연기가 올라오매 해와 공기가 그 구멍의 연기로 말미암아 어두워지며*"(계9:2)

　이렇게 해, 달, 별들이 어두워지는 원인은 여러 가지가 있다. 특히 공업화된 지역은 스모그 현상으로 그 지역의 조도가 감소하기도 한다. 그러나 해의 빛의 밝기를 나타내는 조도가 낮아지는 현상은 세계적으로 나타나고 있다. 침이라고도 번역된 '타격'은 헬라어 '플렛소'로 때리다, 혹은 상징적으로 '재난'을 뜻한다. 해, 달, 별이 그 무엇인가에 의해 때림, 재난, 해침을 받은 것이다. 4나팔은 어떠한 해침, 타격으로 인해 해, 달, 별의 조도가 3분의 1로 현저하게 낮아진 것을 말한다. 예전에는 밤하늘에 별이 쏟아진다는 표현을 했었다. 광활하게 펼쳐진 밤하늘에는 셀 수 없는 별들이 총총히 빛나고 있었다. 별이 빛나는 밤이라는 표현은 이러한 광경에서 나왔을 것이다.

　그러나 요즘은 지방에서도 예전 같은 그런 광경을 볼 수 없다. 2000년도에 들어오면서 빛의 조도는 급격히 낮아졌다고 한다. 낮도 밤도 확실히 빛의 조도가 낮아졌음이 분명하다. 일부에서는 2000년도 이후부터 해, 달, 별이 어두워지는 조도감소의 주원인으로 캠트레일을 주목하고 있다. 요즘은 어느 곳에서든지 캠트레일을 너무나 쉽게 볼 수 있다. 하늘에 비행기가 비행구름과 같은 한 줄의 흰 구름을 남기는 것이다. 독자들께서도 캠트레일을 목격한 경험이 있을 것이다. 우리는 4나팔을 통해 캠트레일의 존재를 알아야 할 필요가 있다.

① 이것이 캠트레일이다.
　콘트레일과 캠트레일이 있다. 콘트레일은 일반적으로 알고 있는 보통의 비행기구름이다. 이 구름은 비행기가 높은 고도에서 날아갈 때 발생된다. 보통 길면 10여분 사이에 모두 사라지는 정상적인 자연현상이다. 그러나 캠트레일이란 일반적인 비행기구름과는 다른 형태의 구름이다. 이것은 항공기 소속을 알 수 없는 항공기가 남긴 흔적이다. 캠트레일은 콘트레일처럼 짧은 시간 안에 구름이 사라지지 않는다. 캠트레일 구름은 양옆으로 서서히 퍼져서 안개구름의 형태로 바뀐다.

이 구름이 원래 청명했던 하늘을 회색의 하늘로 변화시키는 원인으로 알려져 있다. 실제 관측의 기록을 보면 이 구름은 하늘 전체로 퍼져 나가 3시간에서 8시간 정도 머문다. 그러나 요즘은 구름이 머무는 시간이 많이 감소됐다. 하늘을 자주 보는 습관이 있는 필자는 캠트레일을 자주 본다. 그런데 요즘은 이 구름이 빨리 사라지는 현상을 보이고 있다. 특징은 비 오기 전 맑은 하늘에 뿌려지고 있다. 캠트레일이 뿌린 금속 물질들이 공기 중에 떠다니다가 비가 오면 땅으로 내려와 사람과 많은 농작물들에 심각한 영향을 주고 있는 현실이다.

한국정부는 2017년 캠트레일 공식적 살포를 합법화 했다. 이유는 인공구름, 인공 비, 미세먼지 차단, 강우커튼 이라는 명목에서다. 2020-2021년 대한민국은 광화문 애국운동이 한창이었다. 이때 이상할 정도로 토요일마다 거의 비가 왔었다. 당시 주변에서는 의도적으로 우파의 행사를 방해하려는 인공 비라는 시각이 있었다. 사실인지는 확인할 수 없다. 그러나 공교롭게도 당시 2021년 4월 6일 언론 보도에서 최초로 대한민국 기상청에서 인공강우 존재를 인정했다. 캠트레일을 뿌려 의도적인 인공 비를 내린다는 것이었다.

캠트레일이 많이 살포된 지역의 하늘은 원래의 푸르른 모습이 사라진다. 비행기 몇 대가 한꺼번에 뿌려지기도 한다. 그러한 지역은 하늘이 검고 어두운 회색빛으로 변하게 된다. 필자가 치유사역을 위해 갔던 필리핀은 당시 거의 하루 종일 캠트레일이 뿌려지고 있었다. 필리핀은 비가 많이 또 자주 오는 지역이다. 캠트레일의 피해가 많은 지역이라고 볼 수 있다. 이렇게 캠트레일도 뿌려지는 양이 나라와 지역에 따라 다른 것을 볼 수 있었다.

캠트레일은 끝으로 갈수록 전 세계로 더욱 확대될 것이다. 캠트레일은 분명히 일루들이 주도하고 있다. 그러나 사람들은 캠트레일이 무엇인지 누가 왜 뿌리는지도 모른다. 어쩌면 그런 일에는 아예 관심도 없이 살아가는 현실이다. 조금이라도 관심 있는 사람들이 거론하면 음모론으로 치부했었다. 그러나 요즘은 음모론이나 그림자정부라는 용어를 잘 쓰지 않는다. 이들의 정체가 너무나 구체적으로 드러났기 때문이다.

② 캠트레일 구성성분

인터넷에 공유되고 있는 캠트레일의 성분을 분석한 결과 정보를 정리했다. 독자들께서 이 캠트레일의 성분을 알면 왜 이것이 인구감축계획의 일환인지 이해가 될 것이다. 언뜻 보기에는 그냥 평범한 안개구름인데 이것을 전 세계가 관심을 끄는 이유는 캠트레일의 성분에 그 문제가 있다. 캠트레일이 뿌려지는 성분은 정체를 알 수 없는 백혈구와 적혈구 바륨솔트 알루미늄 마이콥플라즈마 등 각종 바이러스다. 그 외에도 생물학적 배경이 밝혀지지 않은 각종 바이러스 요소들을 포함하고 있는 것으로 드러났다. 이 캠트레일이 살포되는 지역에서는 질병, 특히 호흡기와 관련한 만성질환이 증가하는 것으로 보고되어 있다. 캠트레일은 특히 분쟁지역의 인구를 감소시키기 위한 군사전략으로도 사용된다.

구성 성분으로 첫 번째는 에틸렌디브로마이드가 있다. 이는 동물독성 실험결과 정자형성 억제와 모체 및 태아독성이 나타난다. 여러 가지 돌연 변이와 순환기계의 혈관 육종, 호흡기관 선종, 비강암 등의 발암성을 나타내는 것으로 보고되었다. 두 번째는 바륨이다. 방사능 물질로 일반 독성의 3배가 포함되어 있다. 세 번째 알루미늄은 알츠하이머병을 유발한다는 연구 결과가 있다. 캠트레일은 기름 형태의 물질로써 주로 인구 밀집지역에 살포되는 것으로 알려 졌다. 캠트레일의 존재를 잘 알고 있는 일부에서는 캠트레일을 항공기 독약살포 구름이라고 한다. 혹은 살인 화학 구름이라고도 불리는 이 캠트레일을 이제는 공식적으로 뿌리고 있다.

③ 세계적으로 캠트레일을 뿌리는 목적

캠트레일의 목적은 분명히 NWO를 위한 인구감축 계획의 일환이다. 그들은 나름대로 캠트레일을 살포하는 공개적인 입장을 가지고 있다. 첫째는 인류의 개체 수 감소목적이다. 위에 구성 성분을 보면 알겠지만 발암물질이 상당히 많이 포함 되어 있다. 생명공학이 발달한 현대시대에서 수많은 사람들이 암으로 죽는 것은 캠트레일의 활약 덕분이다. 둘째로 지구온난화 완화다. 지구의 알베도(달, 행성이 반사하는 태양 광선의 비율)를 증가시키기 위해 대기권에 수천 톤의 알루미늄 입자를 뿌리는 작업이다. 지구의 반사 도

를 조정하여 지구 온난화에 대처하겠다는 발상이다. 셋째로 광역 심리안정
제로 살포한다. 중대한 발표 같은 걸 할 때 대중들이 폭동, 반란을 일으킬
까봐 심리를 안정시키기 위해 사용된다고 한다.

④ 넷째 나팔 재앙의 현실

캠트레일은 지금까지 확실한 증거와 피해자들이 있음에도 불구하고 정부
에서 딱 입을 닫아버리는 주제 중에 하나다. 신세계질서의 목적 때문인지
일반 대중들은 알리가 없다. 중요한건 캠트레일은 지금도 전 세계 곳곳의
하늘에 나타나는 실제라는 것이다. 지금 우리나라 상공에도 수없이 자주 뿌
려지고 있다. 불과 몇 년 전만 해도 우리는 수림, 산, 해변, 폭포수와 같은
높은 음이온으로 가득 찬 자연의 장소들을 찾을 수 있었다. 모두 건강에 유
익한 곳이었다.

그러나 모든 것이 바뀌었다. 세계적 현상인 캠트레일이 우리의 도시상공에
도 뿌려지고 있다. 몇 해 전 필자는 제주도에 있었다. 맑은 제주 하늘에 하
루 종일 캠트레일이 뿌려지고 있었다. 이틀 후부터 비가 내리기 시작했다.
그 맑고 아름다운 제주 바다와 땅에 해로운 물질들이 덮이고 있었다. 이제
세상은 전과 같이 건강에 유익한 음이온을 생산하는 자연적 기능을 손상당했
다. 그 종합적 효과는 우리의 몸과 그 주변 우리의 생활공간에 엄청난 양의
양이온을 증가시켰다. 4나팔의 재앙은 하늘의 해, 달, 별의 빛을 잃게 하고
자연계에 농작물과 우리 몸에 심각한 질병들로 병들게 하고 있다.

⑤ 넷째 나팔과 캠트레일 과의 관계

해, 달, 별이 타격을 받아 3분의 1의 비침을 잃는 것과 캠트레일이 무슨
관계가 있는가 하는 의문이 들 수 있다. 필자도 역시 이러한 의문을 갖고
계속 살펴보고 있다. 넷째 나팔로 캠트레일이 아닌 그 어떤 다른 사건이 있
을 수도 있다. 그러나 아직까지는 캠트레일로 볼 때 나름대로 성경적 관계
를 정리해 보려고 한다.

하늘에는 해, 달, 별이 있다. 그리고 우리는 모두 그 빛이 비치는 하늘

아래서 살아간다. 이 해, 달, 별의 빛이 창조의 원형일 때 사람은 땅에서 천년 가까이 살았다. 그러나 노아 홍수로 인해 지구는 많은 변화를 가져왔고 인간의 생명은 단축되어 갔다. 마지막 때가 되면서 인류의 과학은 하나님의 창조 질서를 파괴하고 있다. 심지어 캠트레일을 통해 하늘의 해와 달과 별의 빛을 가리는 일을 하고 있다. 이것은 단순히 빛을 가리기 위해 캠트레일로 하늘에 커튼을 치는 것이 아니다. 그냥 빛만 가리는 것은 의미가 없다. 무엇 때문에 하늘의 빛을 가리는가이다.

넷째 나팔은 단순히 하늘의 해, 달, 별이 타격을 받았다는 것을 알리는 것이 아니다. 하늘의 빛을 가리면서 그들이 이루어 내는 일들을 경고하고 있는 것이다. 빛이 타격을 받음으로 인해 이 땅에는 어떤 일들이 일어나고 있는가를 알고 깨어나라는 것이다. 계11:18절에는 땅을 망하게 하는 자들을 심판하시겠다고 한다. 이들은 캠트레일로 하프로 인공기후 조작과 인공 재해를 끊임없이 만들어 낸다. 이 모든 것들은 모두 사람과 땅을 망하게 하는 것들이다. 그러므로 넷째 나팔도 그들의 어둠의 세상이 가까이 오고 있음을 알리는 강력한 경고다.

5) 세 번의 화의 시대를 경고하다.

"내가 또 보고 들으니 공중에 날아가는 *독수리가* 큰 소리로 이르되 *땅에 사는 자들에게 화, 화, 화가 있으리니* 이는 세 천사들이 불어야 할 나팔 소리가 남아 있음이로다 하더라"(계8:13)

넷째 나팔까지 마친 시점에서 날아가는 독수리가 땅에 사는 자들에게 세 번의 화가 있을 것을 경고하고 있다. 땅에 사는 자들이란 전 세계인들에게 미치는 어떤 화를 말한다. '화'의 헬라어 '우아이'는 슬프다! 오호라! 하는 감탄사로 슬픔과 탄식이다. 슬프고 탄식하게 될 어떤 화는 다섯째 나팔부터 시작되어 7째 나팔까지 해당된다. 그러므로 다섯째 나팔부터 시작되는 독수리의 경고, 화의 기간은 주님 재림 때까지를 말한다.

일곱 나팔 자체가 경고다. 그런데 다섯째 나팔부터 화를 경고하는 것은 또 다른 차원의 경고다. 화에 해당하는 무엇인가를 특별히 드러내고자 하는 것이다. 필자는 왜 다섯째 나팔부터 화인지에 대해 인과 대접의 다섯째를 비교해 보았다. 다섯째 인은 역사상 순교자들이 가장 많이 죽는 종교개혁시대다. 순교자들을 죽이는 배경은 짐승세력들이다. 또한 다섯째 대접은 짐승왕좌에 부어진다. 대접은 짐승정부를 향한 하나님의 진노 폭발이다. 이 둘의 연관성은 짐승이다. 그러므로 화는 짐승과 관련이 있다고 볼 수 있다. 이제 다섯째 나팔부터 서서히 짐승의 정체가 전면에 등장한다는 것을 알 수 있다.

① **첫째 화의 시대 - 5째 나팔기간 (계9:1~9:12)**
 "*다섯째 천사가 나팔을 불매*... 그들에게 왕이 있으니 *무저갱의 사자라* 히브리어로는 그 이름이 *아바돈*이요 헬라어로는 그 이름이 *아볼루온*이더라"(계9:1,11)

 첫째화의 시대인 다섯째 나팔부터 본격적으로 짐승이 보이기 시작한다. 다섯째 나팔사건을 주도한 주동자가 아바돈 아볼루온 이라고 한다. 이것은 세상을 파괴하는 자 사단이다. 계9:11절에 파괴자가 등장하고 있다. 이들이 미국의 쌍둥이 빌딩을 테러로 파괴한 날이 공교롭게도 계9:11절과 같은 911이다. 911은 짐승 세력들인 일루들이 주도하는 테러의 분수령이 된 사건이다. 현재 다섯째 나팔까지 불어졌다고 본다. 그렇다면 지금 우리가 사는 시대는 다섯째 나팔기간에 해당한다. 짐승이 본격적으로 본색을 드러내고 활동을 시작한 시대다. 그렇다면 지금이 왜 첫째 화의 시대인지 우리의 현실을 잠시 되돌아보자.

 다음에 살펴볼 다섯째 나팔은 2010년에 시작되었다고 본다. 필자가 책을 쓰고 있는 시점은 2023년이다. 다섯째 나팔이 시작 된지 13년째다. 지난 13년 동안 변화하는 우리의 현실을 보자. 이제는 귀신들이 숨어 있은 시대가 아니다. 속된 말로 귀신이 판을 치는 세상이 되어버렸다. 예전에는 이 정도는 아니었다. 그러나 지금은 "내가 귀신이다!"하고 드러내놓고 활동하는 시대다. 영화, TV드라마, 애니메이션, 서적 등에서 귀신들은 아무런 거리감 없이 사람들과 자연스럽게 소통한다. 심지어 안방 드라마는 온통 귀신 이야기다. 전생에서 온 귀신들 고대와 현대를 넘나드는 귀신들을 소재로 하는 드라마가 넘쳐나고 있다. 또한 사람들은 그러한 귀신들의 등장을 즐기고 있다. 그러나 보이지 않게 사람들의 영혼은 파괴되어 가고 있다.

언제부터 할로윈데이, 귀신 축제가 크리스마스 축제를 제치고 세계적인 축제가 되었는가? 사람들은 더 좋은 놀이가 있을 텐데 왜 끔찍한 형상의 귀신 놀이에 이토록 열광하는가? 전 세계가 귀신 놀이에 취하고 마약에 취하며 파괴되어가고 있다. 이것은 영적세계에서 다섯째 나팔에 등장한 파괴자(아바돈, 아볼로온)가 세상에서 활동하고 있기 때문이다. 뿐만 아니라 지진과 쓰나미 전염병 등 인공재해들 수없이 일어나고 있다. 각 나라의 부정선거를 통해 국가의 질서를 파괴하는 일루들의 활동도 활발하다. 이루 나열할 수 없는 일들이 전 세계에서 일어나고 있다. 이제는 이러한 일들에 대해 사람들은 감각이 무뎌진 듯하다. 이렇게 세상이 혼돈하고 죄악이 관영한 시대로 들어온 것은 불과 십 몇 년 정도 밖에 안 된다. 그전에는 이렇게까지 귀신들이 드러나지는 않았다. 이러한 현상은 다섯째 나팔, 첫째화가 시작되었기 때문이다.

아마도 5나팔에서 6나팔로 넘어가는 기간은 일곱 나팔 중 가장 길 것으로 예상한다. 1-5나팔까지 간격을 보면 제일 긴 나팔이 둘째에서 셋째로 넘어온 기간으로 47년이다. 6째 나팔에서 7째 나팔로 넘어가는 기간은 상당히 짧을 것임을 성경은 예고하고 있다. 또한 6째 나팔은 이미 7년 안에 들어가서 전3.5년을 포함하고 있는 나팔이기 때문이다. 그러나 분명한 것은 나팔의 기간은 100년을 넘지 않는다. 다섯째 나팔은 세계 3차전이 시작되기 전까지다. 6째 나팔인 3차전을 마치면서 바로 7년 조약으로 들어가기 때문에 6나팔 기간은 짧을 수밖에 없다.

"둘째 화는 지나갔으나 보라 *셋째 화가 속히 이르는도다*"(계11:14)

5째 나팔에서 6째 나팔 사이에는 마지막 복음의 황금기가 있을 것으로 예상한다. 이때 복음이 들어가지 않은 모든 미 종족에게 들어가게 될 것이다. 잠시 평안하고 안전한 시기가 올 것으로 예상한다. 그러나 멸망은 홀연히 다가올 것이다. 그렇기 때문에 하나님께서 5나팔 기간은 마지막 복음을 위하여 좀 길게 두셨다고 본다. 그러나 전면에 드러나기 시작한 짐승들의 방해 공작 활동은 만만치 않을 것이다.

"주의 날이 밤에 도둑 같이 이를 줄을 너희 자신이 자세히 알기 때문이라 그들이 *평안하다, 안전하다 할 그 때에* 임신한 여자에게 해산의 고통이 이름과 같이 멸망이 갑자기 그들에게 이르리니 결코 피하지 못하리라"(살전5:2-3)

② 둘째 화의 시대 - 6째 나팔기간 (계9:13~11:14)
"*여섯째 천사가 나팔을 불매*... 그들이 그 증언을 마칠 때에 *무저갱으로부터 올라오는 짐승*이 그들과 더불어 전쟁을 일으켜 그들을 이기고 *그들을 죽일 터인즉*"(계9:13, 11:7)

이제 둘째화의 짐승은 첫째화의 짐승보다 좀 더 적극적인 화를 입힌다. 첫째 화의 짐승은 사람을 직접 죽이지는 않았다. 그저 전 세계의 환경을 귀신의 세상으로 전환시켰다. 그러나 둘째화의 짐승은 전3.5년에 1260일을 증언한 두 증인을 직접 죽인다. 이렇게 두 증인을 죽이는 장면은 짐승이 사람을 죽이는 시작에 불과하다. 둘째 화의 기간은 엄청난 기독교의 핍박도 있을 것이다. 그러므로 짐승에게 죽임을 당하는 두 증인은 결코 상징적인 인물이 아니다. 둘째 화 시대에 핍박을 당하는 대표적 인물로 볼 수 있다.

두 증인과 적그리스도, 거짓 선지자는 마지막 7년에 활동하는 실제 인물들이다. 그런데 세계정부 지도자 짐승이 두 증인을 죽인다. 둘째 화의 시대는 아직 우리에게 다가오지 않은 세상이다. 그러나 이 시대를 짐작 할 수는 있다. 이 짐승은 많은 기독교인들을 핍박할 것이다. 첫째 화보다 둘째 화는 지금보다 더 끔찍한 세상임이 분명하다. 우리가 상상 할 수 없는 세계적인 재앙들이 있을 것이다. 두 증인을 죽이는 둘째 화의 마침은 후3.5년으로 들어가는 셋째 화의 전주곡이다.

③ 셋째 화의 시대 - 7째 나팔기간 (계11:15~19:)

"*일곱째 천사가 나팔을 불매*...내가 보니 *바다에서 한 짐승이* 나오는데 뿔이 열이요 머리가 일곱이라 그 뿔에는 열 왕관이 있고 그 머리들에는 신성 모독 하는 이름들이 있더라...내가 보매 또 다른 짐승이 땅에서 올라오니 어린 양 같이 두 뿔이 있고 용처럼 말을 하더라"(계11:15, 13:1,11)

마지막 셋째 화는 엄청난 피비린내 나는 세상이 시작된다. 세상 모든 사람들이 오호라! 탄식하며 외치는 마지막 화의 시대로 들어가는 것이다. 세상 정부 지도자가 자기가 하나님이라고 한다. 그리고 자신의 표를 받으라고 한다. 그리고 성전에 자기를 상징하는 우상을 세워놓고 경배하라고 한다. 표 받지 않는 자, 경배하지 않는 자는 모두 목 베임을 받고 죽어가는 세상이다. 화 시대의 절정이다. 셋째화의 기간은 7째 나팔 후3.5년으로 정해져 있다.

이와 같이 독수리가 경고한 화의 시대는 짐승이 전면에 등장하여 차츰 차츰 정체를 드러낼 것을 알리는 것이다. 이러한 시대를 보며 마지막 때를 분별하라는 것이다. 천국이 가까이 왔음을 알리는 경고다. 주님의 재림이 가까이 오고 있음을 알리는 신호다. 이러한 시대를 보고도 마치 세상이 천년 만년 살 것처럼 썩을 양식을 위해 산다면 영원한 화를 입을 수도 있다.

6) 첫째 화, 다섯째 나팔 경고 – 멕시코만 기름유출사고 (2010. 4. 20)

사도요한은 5나팔부터 비교적 자세하게 환상을 보고 그 내용을 기록하고 있다. 인이 떼어질 때도 4인까지는 두절씩 설명되다가 5인에서 부터 구절이 길어졌다. 나팔도 4나팔까지는 한절 혹은 두절씩 기록하다가 5나팔부터 상당히 상세하게 기록하고 있다. 다섯째 나팔의 본문은 내용도 길고 상당히 복잡해 보인다. 상징적인 표현이 많아 해석하는 것도 쉽지 않다. 그러나 이 사건 또한 상징에서 벗어나서 실제 역사 속에 일어난 사건으로 본다면 해석이 쉬워진다.

우리가 먼저 기억해야 할 것이 있다. 1세기를 살던 사도요한께서 당시에 보신 환상은 마지막 21세기에 일어날 사건까지 해당한다. 아주 먼 미래에 일어날 일들을 동영상 보듯 보신 것이다. 당시에는 오늘날 현대과학이 낳은 첨단기술이나 컴퓨터나 비행기도 없었다. 환상에 보이는 상황들을 표현하려면 당시에 이해되는 어떤 것들을 끌어와서 설명해야 한다. 아니면 주님께서 요한에게 보이실 환상에 헬리콥터가 등장하는 사건이면 그와 같은 모양인 황충을 보여 주셨을 수도 있다. 계시록의 사건들이 상징이 아닌 실제 사건 이라면 다섯째 나팔의 황충은 실제 황충이 아닐 것이다. 아니면 영적세계에 서는 황충과 같은 것 일수도 있다. 5나팔은 상징적 해석도 할 수 있지만 무 엇보다 실제 일어난 사건임을 기억해야 한다.

첫째 화인 5나팔 사건에 해당하려면 성경의 기록과 같이 다음과 같은 조 건이 충족되어야 한다. 첫째로 사건은 바다에서 일어나야 한다. 근거는 무 저갱이다. '무저'의 원어 아뷔쏘스는 끝이 없는 구덩이로 지옥의 심연이다. '갱', 프흘레알은 땅 속의 웅덩이, 우물, 구멍으로 물을 모으거나 다른 목적 을 위한 구멍이다. 무저갱이 열렸다는 것은 바다 속의 깊은 심연이 터진 것이 다. 둘째로 땅과 수목이 해를 입는 사건은 아니다. 셋째로 황충과 관련 있는 사건이다. 이 사건은 황충의 꼬리가 권세를 받아서 꼬리에 쏘는 살로 사람들을 해하는 사건이다.

넷째로 이마에 인이 없는 자만 해를 입는 사건이다. 여기서 말하는 인은 스 프라기스다. 즉 진짜와 가짜를 표시하는 도장이다. 이마에 진짜라는 표가 있는 사람은 전갈의 꼬리에서 나오는 해를 입지 않는다. 이것은 어떤 사건 현장에 서 일부만 해를 입는다는 것이다. 5째 나팔은 황충의 꼬리에서 쏘는 살로 인 한 질병으로 고통스러워 죽고 싶어도 죽지는 않는 것이다. 다섯째 가장 중요 한 조건으로 5개월 지속 사건이어야 한다. 유대인 계산법으로 정확하게 150일 에 해당하는 사건이어야 한다. 여섯째로 이 사건은 배후 주동자가 있다.

이 모든 것을 충족하는 사건은 2010년에 있었던 멕시코만 기름유출 사건 으로 본다. 이 사건이 5나팔에 해당하는 성경의 본문과 맞는지 꼼꼼히 살펴 봐야 한다. 상징적으로 표현하고 있는 것들은 실제 사건의 무엇에 해당하는 지도 중요하다. 또한 실제 사건은 성경과 어느 정도 일치하는지도 중요하 다. 100% 만족할 수는 없지만 필자가 성경에 가장 가깝다고 보는 다음 사 건을 본문에 비추어 정리해 본다.

① '딥워터 호라이즌' 영화의 실제 사건 - 무저갱이 열렸다.

"다섯째 천사가 나팔을 불매 내가 보니 하늘에서 땅에 떨어진 별 하나가 있는데 그가 무저갱의 열쇠를 받았더라 *그가 무저갱을 여니* 그 구멍에서 큰 화덕의 연기 같은 연기가 올라오매 해와 공기가 그 구멍의 연기로 말미암아 어두워지며 또 황충이 연기 가운데로부터 땅 위에 나오매 그들이 땅에 있는 전갈의 권세와 같은 권세를 받았더라"(계9:1-3)

무저갱의 열쇠를 받은 천사, 별 하나가 하늘에서 땅에 떨어졌다. 그리고 그가 무저갱을 열면서 5나팔 사건이 전개된다. 별이 하늘에서 떨어졌다 하여 사단이라고 주장하는 시각이 많다. 그러나 무저갱을 열고 닫는 권세가 있는 것으로 보아 하나님께서 주신 사명을 수행하는 천사로 보인다. 이 천사는 무저갱의 열쇠를 받고 영적 세계에서 무저갱을 열었다. 그러나 땅에서는 실제 갱이 열리는 어떤 사건이 발생한 것이다. 우리 눈으로 볼 때 갱이 열리는 사건이지만 영적 세계에서는 천사가 갱을 열은 것이다. 무저갱은 깊은 바다에서 큰 구멍이 뚫린 사건이다. 깊은 땅속 혹은 깊은 바다 속 해저에는 엄청난 양의 석유 원유가 묻혀있다. 이러한 원유를 퍼 올리는 시추선이 사고를 만나면 엄청난 양의 기름 원유가 바다로 쏟아지게 된다. 이러한 크고 작은 기름유출 사건은 과거에도 수없이 일어났다.

'딥워터 호라이즌'은 실화를 바탕으로 한 영화다. 이 영화는 미국 멕시코만에서 2010년 4월 20일에 있었던 석유시추시설 폭발사건이다. 세계 2위의 영국정유 회사인 BP사 소속 석유시추선인 딥워터 호라이즌 호가 석유를 시추하던 중 화재로 폭발한 것이다. 이로 인해 미국 역사상 최악의 해상 기름유출 사고가 발생했다. 언론에서는 주로 미국 멕시코만 원유 유출 사고라고 지칭하였다. 이 사건은 5개월 동안 대량의 원유가 바다로 유출되는 최악의 석유시추선 사고였다. 이 사건은 수많은 기름유출 사건 중 다섯째에 나팔에 해당하는 사건이다.

딥워터 호라이즌 호는 화재로 많은 양의 기름을 유출하고 이틀 후인 4월 22일 침몰한다. 이때까지만 해도 원유 유출은 딥워터 호라이즌 호에서 흘러

나온 원유였다. 방제 작업이 필요하긴 했지만 심각한 수준은 아니라고 BP사는 생각했다. 그리고 몇 시간 후 대량의 원유가 유출하기 시작했다. 그것은 배의 잔해에서 흘러나온 것이 아닌 지하 유정과 연결된 파이프라인에서 유출되고 있었다. 원인은 원유가 나오는 깊은 바다 속 갱이 뚫린 것이다. 이때부터 대량의 원유 유출로 인한 인재는 시작되었다.

BP는 처음에는 하루 1000 배럴 밖에 유출되지 않는다고 추정했다. 그러나 위성판독 및 전문가에 의하면 하루에 5000 배럴은 나오는 것으로 추정되었다. 높게 잡으면 하루 2만 배럴에서 3만 배럴로 보는 것이 더 현실적이라는 의견을 제시했다. BP는 시추공에서 원유뿐만 아니라 천연가스가 맹렬하게 뿜어져 나오고 있어서 유출량을 추정할 수 없다고 했다. 그러나 미 연방정부 기밀보고서에는 1일 최대 5만 배럴의 유출 가능성을 경고했다. 이후 한국의 한 블러그 운영자는 하루 유출량은 최대 2만 5천에서 10만 배럴까지라고 추측하고 있었다. 이것은 하루에 유출되는 기름의 양이 2007년 한국의 서해안 기름 유출량과 비슷한 양이라고 했다. 이렇게 많은 양의 기름이 5개월간 매일 바다로 유출된 것이다.

딥워터 호라이즌호가 침몰한 4월 22일부터 9월 19일까지 무려 5개월의 시간에 걸쳐 지하 유정의 입구를 막는 일이 진행되었다. 엄청난 시간과 자원의 투입을 통해 결국 심해 유정의 입구를 막는 데는 성공했지만 이미 석유 7억 7860만 리터가 바다로 쏟아진 이후였다. 전문가들은 이 원유 유출로 인한 해양 재난을 걱정했다. 그로인해 해양, 야생 동물 거주지에 엄청난 타격을 주었다. 그리고 바다의 모든 생태계는 서서히 죽어가기 시작했다.

② 5개월 150일 지속사건
"그러나 그들을 죽이지는 못하게 하시고 *다섯 달 동안* 괴롭게만 하게 하시는데...."(계9:5)

다섯째 나팔에 해당하려면 가장 중요한 것은 5개월 동안 지속되어야 하는 사건이다. 본 사건은 2010년 4월 20일에 발생했다. 사건이 종료된 시점은 2010년 9월 19일 오전 5시 54분이다. 사건이 종료된다는 것은 기름이 나오고 있는 유정의 입구를 막아서 더 이상 기름이 나오지 않게 하는 것이다. 사건 일로부터 종료일까지는 우리가 쓰는 달력으로 정확히 5개월 153일이다. 그러나 성경의 5개월은 우리가 쓰는 태양력과는 다른 유대력으로 계산할 때 5개월은 150일이다. 유대력은 한 달이 30일이다. 여기서 3일이 차이가 난다. 태양력은 5월과 7월, 8월은 31일까지 있기 때문이다. 하나님 말씀은 일점일획이라도 정확하다. 여기서 차이가 나는 3일도 성경의 유대력으로 해결해야 한다.

사건은 4월 20일이다. 그리고 이틀 후 4월 22일 딥워터 호라이즌 호는 화재로 침몰한다. 그리고 몇 시간 후부터 갱이 터짐으로 대량의 원유가 유출되기 시작했다. 그 전에 배에서 유출된 기름의 양은 심각한 수준은 아니었다고 한다. 배가 침몰하고 갱이 터진 이후부터 사건은 심각해 졌다. 이때부터 대대적으로 대량의 기름 유출로 인한 사건 수습에 들어갔다. 사건 발생 후 3일째인 4월 22일 오후 1시부터다. 바다의 기름 냄새 제거를 위해 바다 수면에 분산재가 뿌려지기 시작한다. 이렇게 바다에 분산재를 뿌리는 작업은 9월 19일에 종료된다. 그날 새벽에 기름이 유출되던 유정의 입구를 막는데 성공했기 때문이다.

갱이 터지고 분산재가 뿌려지기 시작한 4월 22일 오후 1시는 이스라엘은 오후 7시다. 이스라엘은 오후 6시부터 하루가 시작된다. 그리고 유정의 입구를 막고 사건이 종료된 시간은 9월 19일 오전 5시 54분은 이스라엘은 아직 150일이 지나지 않은 시간이다. 4월 22일 오후 1시부터 9월 19일 새벽 5시54분은 유대력으로 정확히 150일이다. 성경의 예언으로 일어난 사건들은 이토록 정확하다. 5개월 기준은 황충 꼬리에 달린 쏘는 살에 초점이 맞춰져 있다. 비행기 꼬리의 분산재는 사건 이틀 후부터 유정의 입구를 막은 시간까지 150일간 뿌려진 것이다.

③ 황충들의 모양
"*황충들의 모양*은 전쟁을 위하여 준비한 말들 같고 그 머리에 금 같은 관 비슷한 것을 썼으며 그 얼굴은 사람의 얼굴 같고 또 여자의 머리털 같은

머리털이 있고 그 이빨은 사자의 이빨 같으며 또 철 호심경 같은 호심경이 있고 그 날개들의 소리는 병거와 많은 말들이 전쟁터로 달려 들어가는 소리 같으며"(계9:7-9)

5나팔에서 또 중요한 것은 황충이다. 황충은 메뚜기 과에 속하는 곤충으로 풀무치라고도 한다. 요한께서 보신 황충에 대한 묘사를 보면 이것이 실제 황충이 아님이 분명하다. 황충은 전쟁을 위한 말들 같다. 머리에는 금 같은 관을 썼다. 얼굴은 사람의 얼굴 같다. 여자의 머리털 같은 머리털이 있다. 이빨은 사자의 이빨 같다. 철 호심경이 있다. 그 날개들이 있다. 그 소리는 전쟁터로 달려 들어가는 소리 같다. 전갈과 같은 꼬리에는 쏘는 살이 있다. 그 꼬리에 다섯 달 동안 사람들을 해하는 권세가 있다. 이러한 황충의 묘사 자체가 영적으로 어떤 영향력을 주는 것은 아닐 것이다. 이러한 묘사들은 너무 현실적 형상이기 때문이다.

이러한 묘사는 21세기에 있게 될 그 어떤 사건에 등장하는 어떤 물체를 설명하고 있는 것이다. 그 어떤 형체의 이름을 알 수 없어 황충이라 했을 것이다. 다섯째 나팔 기름 유출 사건에서 바다 표면에는 엄청난 양의 기름이 떠 있었다. 이를 제거하기 위해 비행기나 헬리콥터 꼬리에 분산재를 달고 바다에 뿌렸다는 것이다. 이 때 비행기가 날아가는 모습과 황충이 팔과 다리를 쫙 펴고 날아가는 모습과 너무나 흡사하다. 1세기에는 헬리콥터나 비행기도 없었다. 한 번도 본적이 없는 이 물체를 아마도 황충으로 묘사한 것 같다.

비행기에는 조종사들이 타고 있다. 그들은 업무 수행 중 실시간 상황보고와 연락을 위해 머리와 귀에 걸친 무전기 장치도 있다. 요즘은 자동차나 전철, 기차 비행기 등의 앞모양을 보면 사람의 얼굴처럼 눈과 입과 같은 모양이 있다. 계9:7-9절은 얼마든지 이러한 것들의 묘사로 볼 수 있다. 요한께서는 꼬리에서 분산재를 뿌리며 날아가는 비행기 모습의 구조를 보신 것 같다. 어쩌면 이때 사용된 비행기가 본문에서 황충을 묘사하는 모양을 하고 있었을 수도 있다. 여러 대의 비행기가 날아가는 모습을 전쟁터로 달려가는 말들로 표현 한 것 같다.

④ 꼬리에 쏘는 살 - 인이 없는 자는 죽고 싶으나 죽을 수 없는 5개월 지속 사건

"그들에게 이르시되 땅의 풀이나 푸른 것이나 각종 수목은 해하지 말고 오직 *이마에 하나님의 인침을 받지 아니한 사람들만 해하라* 하시더라 그러나 그들을 죽이지는 못하게 하시고 *다섯 달 동안 괴롭게*만 하게 하시는데 그 괴롭게 함은 전갈이 사람을 쏠 때에 괴롭게 함과 같더라 그 날에는 사람들이 죽기를 구하여도 죽지 못하고 죽고 싶으나 죽음이 그들을 피하리로다...또 *전갈과 같은 꼬리와 쏘는 살이 있어 그 꼬리에는 다섯 달 동안 사람들을 해하는 권세가 있더라*"(계9:4-6,10)

우리나라 태안반도에서 있었던 기름유출 사고 때는 수많은 기독교인들이 바다의 기름을 닦아내는 자원봉사를 했다. 그러나 멕시코만 기름유출은 서해안 기름유출과는 비교할 수 없는 대형사건이다. 또한 그곳에는 자원봉사자도 없었다. 당시에 바다의 석유를 없애기 위해 바다 수면에는 비행기로 분산재를 엄청나게 뿌렸다. 그리고 바닷가에 있는 그 많은 양의 기름은 인부를 고용해서 닦아냈다. 이때 기름 닦는 인부로 고용된 사람들은 결코 넉넉한 사람들은 아닐 것이다. 그런데 바닷가에서 인부들이 기름을 닦고 있을 때 하늘에서는 비행기로 분산재를 뿌렸다. 이때 해안가에서 기름을 닦고 있던 인부들이 그 독한 분산재를 다 맞은 것이다.

여기서 비행기 꼬리에 달려있는 분산재는 황충의 꼬리에 있는 쏘는 살과 같은 것이다. 여기서 등장하는 분산재가 문제가 된다. 그 분산재로 인해 현장에서 작업하던 인부들이 엄청난 고통을 호소했다. 이들은 마치 걸프전쟁에서 우라늄을 맞은 것과 같은 증상을 호소했다. 그들에게 나타난 질병을 New Gulp Syndrom 증상이라고 했다. 인부들은 BP에게 계속 고통을 호소했으나 받아들여지지 않았다. 그들은 마치 죽고 싶어도 죽지도 않고 죽을 수도 없었다. 괴로움만 당하면서 5개월 동안 고용되어 꼬리의 살인 분산재를 맞으며 기름을 닦았을 것이다. 꼬리에서 쏘는 살인 이 분산재는 정확하게 5개월 동안 뿌려졌다. 5개월 사건이라 함은 바로 이 꼬리에서 분산재를 뿌린 기간이다. 바로 이 분산재로 사람이 5개월 고통을 받았기 때문이다. 그러므로 본문은 "**전갈과 같은 꼬리와 쏘는 살이 있어 그 꼬리에는 다섯 달**

동안 사람들을 해하는 권세가 있더라"고 한다. 이것이 5개월 지속사건이다.

여기에 고용된 인부들은 먹고 살만한 사람은 없었을 것이다. 경제적으로 어려운 사람들이 고용되었을 것이다. 이들은 살기위해 고통스러워도 일을 해야 했다. 여기에는 기독교인들도 있었고 불신자도 있었을 것이다. 이때 이마에 인 맞은 사람들은 그 해를 입지 않은 것이다. 여기서의 인은 스프라기스다. 이것은 하나님께서 진짜 하나님의 자녀에게 스프라기스 인을 찍어 두셨다. 이렇게 하나님의 인이 있는 사람들은 사단이 피해간 것이다. 여기서 일한 모든 인부들이 동일한 증상을 보인 것은 아니었다. 일부 인부들에게서 이러한 고통을 호소한 것이다. 같은 환경에서 일을 할지라도 하나님께서 인친 자는 사단이 해를 입힐 수 없었던 것이다.

⑤ **그들의 임금은 아바돈/아볼루온이다.**
"*그들에게 왕이 있으니 무저갱의 사자라 히브리어로는 그 이름이 아바돈이요 헬라어로는 그 이름이 아볼루온이더라*"(계9:11)

이 사건은 바다에서 일어났기 때문에 땅의 수목은 해를 입지 않았다. 그러나 바다의 생태계는 죽어갔다. 5나팔 사건을 일으킨 주범은 짐승임을 본문에서 분명히 밝히고 있다. 이 사건은 일루의 카드에 이미 예고된 그들의 계획된 사고였다. 일루 카드에서 새가 기름을 뒤집어 쓴 그림이 있다. 이것은 실제 사고 현장에서 새가 기름을 뒤집어 쓴 사진과 똑 같은 유명한 사진이다. 또한 이들은 사건 후 '딥워터 호라이즌'이라는 영화를 만들었다. BP사는 사고 가능성에 대한 여러 번의 예고가 있었음에도 그들의 이익을 계산하여 모두 무시한 것이다. 결국 대형 사고로 대 재앙을 일으켰다.

이 사건은 가장 최근의 사건으로 인터넷 검색에서도 당시의 상황을 사진으로 상세히 볼 수 있다. 이 정도의 재앙이 성경과 아무런 상관이 없을 수 있을까 싶을 정도다. 필자는 현재까지는 다섯 번째 나팔 사건에 해당하는 사건으로는 멕시코만 기름 유출 사건이 가장 성경에 가깝다고 본다. 2021년 자료에 의하면 멕시코만 일대에서는 기름유출 사고 신고가 350건에 달

한다고 한다. 이렇게 바다는 서서히 죽어가고 있다. 그 바다에서 나는 수많은 먹거리를 사람들은 먹고 있다. 과학의 발달에도 알 수 없는 수많은 질병들이 늘어나는 이유가 있다. 마지막 때로 갈수록 기름 유출 사건은 계속 될 것이다. 우리는 지금 첫 번째 화의 시대에 살고 있다.

▶ 여기까지 필자도 현재 다섯째 나팔까지 불어진 것으로 보고 있다. 우리는 지금 계9:11과 12절 사이를 살아가고 있다. 첫째 화가 지나고 있는 시대이기 때문이다. 머지않아 여섯째 나팔이 불어지면 세계 3차 대전이다. 이것은 두 번째 화의 시대로 마지막 7년으로 들어가는 문턱이다. 또한 정치적 적그리스도의 정체를 보게 될 것이다. 우리는 늘 3차전의 중심지가 되는 중동의 이스라엘과 유브라데지역(러시아, 튀르키예, 시리아, 이란 등)을 주의해 보아야한다.

7) 둘째 화, 여섯째 나팔 경고 – 3차 세계 대전(2023년 이후?)

"*여섯째 천사가 나팔*을 불매 내가 들으니 하나님 앞 금 제단 네 뿔에서 한 음성이 나서 나팔 가진 여섯째 천사에게 말하기를 큰 강 유브라데에 결박한 네 천사를 놓아 주라 하매 네 천사가 놓였으니 그들은 *그 년 월 일 시에 이르러 사람 삼분의 일을 죽이기로 준비된 자*들이더라 *마병대의 수는 이만 만*이니 내가 그들의 수를 들었노라 이같은 환상 가운데 그 말들과 그 위에 탄 자들을 보니 *불빛과 자줏빛과 유황빛* 호심경이 있고 또 말들의 머리는 사자 머리 같고 그 입에서는 불과 연기와 유황이 나오더라 이 세 재앙 곧 자기들의 입에서 나오는 *불과 연기와 유황으로 말미암아 사람 삼분의 일이 죽임을 당하니라* 이 말들의 힘은 입과 꼬리에 있으니 꼬리는 뱀 같고 또 꼬리에 머리가 있어 이것으로 해하더라 "(계9:13-19)

5나팔과 6나팔의 간격이 가장 길 것으로 본다. 이것은 하나님께서 우리에게 주시는 마지막 기회다. 그러나 6나팔이 시작되면 우리가 사는 세상은 끝이라고 해도 과언이 아니다. 6나팔의 시작점은 3차전이며 끝 지점은 두 증인의 승천이다. 두 증인이 승천하면 둘째 화가 지나기 때문이다. 속히 이르는 셋째 화는 후3.5년 대환난의 시대다.

"하늘로부터 큰 음성이 있어 이리로 올라오라 함을 *그들이 듣고 구름을 타고 하늘로 올라가니* 그들의 원수들도 구경하더라 그 때에 큰 지진이 나서 성 십분의 일이 무너지고 지진에 죽은 사람이 칠천이라 그 남은 자들이 두려워하여 영광을 하늘의 하나님께 돌리더라 *둘째 화는 지나갔으나 보라 셋째 화가 속히 이르는도다*"(계11:12-14)

① 6나팔은 시대의 매우 중요한 분깃점이 있다.

계9:13절부터 11:15절까지가 6나팔 기간에 해당한다. 사건으로 보면 6나팔의 시작점은 3차전이며 끝 지점은 두 증인의 승천에 해당하는 기간이다. 이 기간에는 아주 중요한 분깃 점들이 있다. 첫째로 6나팔은 이방인의 때와 유대인의 때가 맞물려 있다. 6나팔의 시작인 3차전까지는 이방인의 때다. 그러나 7년이 시작되면 유대인의 때가 된다. 6나팔 기간에 7년이 시작되기 때문이다. 둘째로 6나팔이 끝나는 시점인 전3.5년에서 후3.5년 대 환난으로 들어가는 분깃점이다. 그러므로 계10장은 6째 나팔 기간임에도 불구하고 특별히 계10:7절에서 셋째 화의 시대인 7째 나팔을 미리 경고하고 있다. 계10:6절에서도 "지체하지 않는다." "시간이 없다"고 경고한다. 또한 11:14절에는 둘째화가 지나고 셋째 화가 속히 이른다고 한다. 이것은 6째와 7째는 간격이 매우 짧을 것임을 암시하는 것이다.

"*일곱째 천사가 소리 내는 날 그의 나팔을 불려고 할 때에 하나님이 그의 종 선지자들에게 전하신 복음과 같이 하나님의 그 비밀이 이루어지리라 하더라*"(계10:7)

② 6째 나팔 기간에 있을 중요한 사건들

6나팔은 단9:27절과 연관되어 있다. 단9:27절은 7년의 시대 사건을 압축하고 있다. 그중 6째 나팔은 7년 중 절반의 시대를 포함하고 있기 때문이다. 단9:27절 한절에 있는 7년의 압축을 계시록은 10장부터 19장까지 압축풀기를 하고 있다. 그 중 6나팔은 계11:14절까지기 때문에 이 안에 일어나는 중요한 사건을 정리할 수 있다.

㉠ 세계 3차 대전

2억의 군대가 출전하고 사람 삼분의 1일 죽는 7년 전 마지막 전쟁으로 6나팔의 시작이다.

㉡ 적그리스도와 7년 조약 체결 (계10장)

정치적 적그리스도가 위장 평화의 왕으로 등장하여 이스라엘과 7년 조약을 맺는다. 이 시대에는 7년 평화 협정이라 할 것이다. 엄청난 인명피해를 낸 3차전 직후이기 때문에 전쟁 없는 세상을 만들겠다고 할 것이다. 7년 조약 체결과 동시에 그 효력이 발생하는 날부터 한 이레가 시작된다. 바로 전 3.5년 거짓 평화의 시기로 들어가는 것이다.

㉢ 제3성전 건축 - 성전예배 시작

현재 100% 준비가 완료된 이스라엘의 제3성전은 7년 조약 체결과 동시에 건축에 들어갈 것이다. 전문가들은 8개월 정도면 성전 건축은 완료될 것으로 보고 있다. 그리고 바로 이스라엘의 성전예배가 시작될 것이다. 유대인에게 7년 시작은 유대인의 때의 시작이다. 그러므로 유대인에게 7년은 대환난의 시작이 아니다. 거짓 평화의 때이지만 성전회복과 성전예배의 회복으로 어쩌면 기쁨과 축제의 기간일 수 있다. 그러므로 7년 대 환난이란 용어는 성경적이지 않다. 유대인들은 언약이 파괴되는 후3.5년부터 대환난이다. 그러므로 단12:7절에서 천사가 한 때 두 때 반 때, 바로 후3.5년의 대환난을 말하고 있는 것이다.

㉣ 두 증인의 등장

두 증인을 상징으로 보고 있는 시각이 많으나 필자는 두 증인 단원을 통해 이들은 실제 인물들로 등장할 것을 밝혔다. 두증인의 등장일은 7년 조약 체결의 효력이 발생하는 그날이다. 성경에 두증인의 사역 기간은 1260일로 명시하고 있기 때문이다. 두 증인이 등장한 그날부터 7년 2520일 카운트다운이 시작된다. 이때 두 증인이 오셔서 놀라운 권세를 가지고 전 세계를 향하여 마지막 회개의 복음을 전파 할 것이다. 또한 예수 그리스도를 증거하고 그들의 증언을 마친 후 순교, 부활, 승천할 것이다. 여기까지가 6나팔 기간에 해당한다.

③ 세계 3차 대전이 멀지않았다.

유브라데에 결박된 네 천사가 놓이면 또 세계 전쟁의 바람이 시작된다. 그 천사들이 묶여있는 유브라데는 세계 3차전의 발원지가 되는 중동지역이다. 7년으로 들어가기 전 마지막 세계 전쟁이다. 혹자는 3차전의 시작을 한국전쟁이라고 하나 성경적이지 않다. 3차전은 중동에서 발원하여 세계전쟁으로 확대될 가능성이 높다. 일루의 세계정부 수립을 위한 그들의 마지막 계획이다. 그들의 일루카드는 세계 3차전 그림에서 끝난다. 그 다음 카드가 없다.

2억의 군대가 출전하고 한날 한 시에 사람 3분의 1이 죽는 사건이다. 역사상 가장 많은 사람을 죽인 전쟁은 2차전으로 나무위키의 기록에 의하면 7천 3백만 명이다. 3차전은 최소한 이 보다 더 죽을 것이다. 이 전쟁은 핵전쟁이 될 것을 예고하고 있다. 이때는 핵뿐 아니라 생화학 무기까지 등장할 가능성이 높다. 일곱 나팔 중에서 세 개가 전쟁과 관련한 나팔이다. 그 중 6나팔은 핵전쟁 무기들이 등장할 것을 묘사하고 있다. 불빛과 자줏빛, 그리고 유황빛 불과 연기와 유황이 나오는 것은 핵이 터질 때 나오는 것이라고 전문가들은 말한다.

여기서 나팔의 사건은 지역적 사건임을 기억해야 한다. 한 날 한 시에 사람 3분의 1이 죽는 것은 세계인구 3분의 1이 아니다. 여기도 역시 '그'가 빠져 있다. 그 사람 삼분의 일이다. 전쟁에 출전한 2억의 군인 중에 3분의 1일수 있다. 또한 전쟁에 참여한 국가들 중의 민간인들이 삼분의 일이 사망할 수 있다. 전쟁은 군인만 죽는 것이 아니다. 한국의 6.25를 보아도 알 수 있다. 전쟁이 일어나면 민간인들의 피해는 이루 말 할 수 없다. 현재 80억에 가까운 인구의 3분의 1을 한 날 한 시에 죽인다는 해석은 무리가 있다. 그러나 세계 전쟁에서 3분의 1일이 한 날 한 시에 죽는 것은 인류의 큰 재앙임에는 분명하다.

④ 6나팔의 시대적 상황

"이 재앙에 죽지 않고 남은 사람들은 손으로 행한 일을 *회개하지 아니하고 오히려 여러 귀신과 또는 보거나 듣거나 다니거나 하지 못하는 금, 은, 동과 목석의 우상에게 절하고 또 그 살인과 복술과 음행과 도둑질을 회개하*

지 아니하더라'(계9:20-21)

위위 본문은 6나팔의 시대적 상황을 잘 보여주고 있다. 3차전은 인류 역사상 가장 끔찍한 전쟁이 될 것이다. 또한 전쟁의 참상은 전 세계인을 공포로 몰아넣을 것이다. 이러한 모든 배경은 전 세계인으로 하여금 전쟁 없는 세상을 만들어 줄 평화의 왕을 요구하게 될 것이다. 그러나 이 시대의 특이한 현상이 있다. 이러한 엄청난 전쟁을 겪었음에도 불구하고 사람들은 하나님을 두려워하지 않는다. 우리가 앞에 본 6째 인의 사건들을 기억할 것이다. 큰 지진과 해가 검어짐과 수많은 별들이 떨어지는 사건들이 있었을 때 그 시대 사람들은 두려워했다. 그들은 마지막 때를 인지하고 하나님을 찾았으며 많은 사람들이 두려워 회개하고 교회로 나왔다.

그러나 6나팔 시대는 이 때와는 많이 다르다. 6째 인의 시대보다 더욱 엄청난 재해와 재앙들이 있었음에도 불구하고 이들은 회개하지 않는다. 오히려 이들은 하나님이 가장 싫어하시는 우상숭배에 빠져있다. 그리고 그들의 죄악을 멈추지 않는다. 필자는 이러한 현상이 매우 궁금했다. 그러나 이유는 짐승 표 때문이 아닐까 하는 깨달음이 왔다. 7년으로 들어가는 시점이 되면 전 세계적으로 많은 사람들이 표를 받는 것이 일반화 될 것이다. 그렇게 되어야 후3.5년으로 들어가면 전 세계인들에게 강제 시행을 할 수 있기 때문이다.

짐승 표는 후3.5년에 들어가서 갑자기 전 세계로 확산되는 것이 아니다. 7년 전부터 서서히 일반화 되어 생활화 될 가능성이 높다. 그러기에 사람들은 더 이상 하나님을 찾을 수 가 없다. 오히려 하나님을 대적하고 회개할 수 없게 될 것이다. 종교통합으로 인해 '오직 예수' 전도가 금지된 시대다. 많은 사람들은 진리이신 하나님 보다는 우상 앞으로 나갈 것이다. 그러므로 본문은 3차전의 대 재앙 앞에서도 회개하지 않는 사람들의 모습이라고 볼 수 있다.

8) 셋째 화, 일곱째 나팔 경고 – 번개, 음성, 우레, 지진, 큰 우박이 있는 어떤 사건

"일곱째 천사가 나팔을 불매…. 이에 하늘에 있는 하나님의 성전이 열리니 성전 안에 하나님의 언약궤가 보이며 또 번개와 음성들과 우레와 지진과 큰 우박이 있더라"(계11:15,19)

일곱째 나팔은 아직 일어나지 않은 미래의 사건이다. 번개와 음성, 우레와 지진, 그리고 큰 우박이 동반하는 그 어떤 사건이 될 것이다. 분명한 것은 7째 인의 사건보다 더 강력한 것임에는 틀림없다. 중요한 것은 1-6까지의 나팔 사건의 배후 주동자가 일루, 짐승세력이라고 했다. 그들이 계획한 모든 사건들은 결국 인구감축 계획을 실현하는 사건들이라고 했다. 그러나 하늘의 임재가 있는 7째만큼은 그들이 할 수 없다고 했던 것을 기억할 것이다.

7째 사건이 중요하기 때문에 인 단원의 내용을 여기서 다시 반복한다. 인과 나팔 대접의 각각 7째 사건이 하늘의 임재라는 두 가지 특징을 기억할 것이다. 첫째는 번개, 음성, 우레 이 세 가지가 반드시 동반한다. 여기에 지진과 우박이 더해진다. 둘째는 하늘의 성전이 보인다. 7째 인은 성전의 제단의 불이다. 7째 나팔은 하나님의 성전이 열린다. 7째 대접은 성전 보좌로부터 음성이 들린다. 이것의 원형은 계4:5절이다.

▶하늘의 원형
"*보좌로부터 번개와 음성과 우렛소리가* 나고 보좌 앞에 켠 등불 일곱이 있으니 이는 하나님의 일곱 영이라"(계4:5)

"천사가 향로를 가지고 *제단의 불*을 담아다가 땅에 쏟으매 *우레와 음성과 번개와 지진*이 나더라"(계8:5) –**7째 인**

"이에 하늘에 있는 *하나님의 성전*이 열리니 성전 안에 하나님의 언약궤가 보이며 또 *번개와 음성들과 우레와 지진과 큰 우박*이 있더라"(계11:19) – **7째 나팔**

"일곱째 천사가 그 대접을 공중에 쏟으매 큰 음성이 *성전에서 보좌로부터* 나서 이르되 되었다 하시니 *번개와 음성들과 우렛소리가* 있고 또 *큰 지진*이 있어....또 무게가 한 달란트나 되는 *큰 우박*이 하늘로부터 사람들에게 내리매"(계16:17,18,21) – **7째 대접**

① **셋째 화의 시대에 들어간다.**

이제 마지막 일곱째 나팔 시대를 정리한다. 7째 나팔은 셋째 화의 시대다. 이제 8째 왕 짐승이 본격적으로 등장하여 대 환난을 주도하는 시대이기 때문이다. 짐승표가 강제 시행되고 표 받지 않는 자는 목 베임을 당하는 시대다. 하나님께서 사단에게 허락한 마지막 최후의 시간이다. 그러므로 짐승은 그의 악함을 100%로 드러내는 시대다. 단9:27절의 이레의 절반의 시대다. 셋째 화는 주님 지상 재림까지 3.5년 지속된다. 주님이 오셔야만 모든 악이 끝난다.

② **일곱째 천사가 소리를 내는 날들**

"*일곱째 천사가 소리 내는 날* 그의 나팔을 불려고 할 때에 하나님이 그의 종 선지자들에게 전하신 복음과 같이 *하나님의 그 비밀이 이루어지리라* 하더라"(계10:7)

킹제임스 성경은 계10:7절을 "일곱째 천사가 소리를 내는 날들에"로 번역했다. 7째 나팔은 전3.5년 두 증인이 부활 승천한 그날에 불어진다. 마지막 7째 나팔 기간은 일곱 대접 재앙을 포함하여 주님의 지상 재림까지다. 그러므로 7째 나팔이 불어지는 계11:15절부터 주님이 재림하시는 계19장까지를 일곱째 나팔의 날들이라고 할 수 있다. 7째 나팔의 날들에 많은 성경의 비밀들이 이루어진다고 한다.

③ **7째 나팔, 마지막 나팔의 비밀이 열린다.**

"*일곱째 천사가 소리 내는 날* 그의 *나팔을 불려고 할 때에* 하나님이 그의 종 선지자들에게 전하신 복음과 같이 하나님의 그 *비밀*이 이루어지리라 하더라"(계10:7)

"보라 내가 너희에게 *비밀*을 말하노니 우리가 다 잠 잘 것이 아니요 *마지막 나팔에* 순식간에 홀연히 다 변화되리니"(고전15:51)

7째 천사가 나팔을 부는 날들에 많은 비밀들이 드러난다. 그 여러 비밀들 중에 우리가 사모하는 비밀은 바로 휴거다. 특별히 휴거와 관련된 7째 나팔과 고린도 전서에서 바울이 말한 마지막 나팔은 같은 나팔이다. 그러나 명칭이 다른 두 나팔을 비밀이라고 한 이유는 너무나 중요하다. 서두에서 계시록의 일곱 개의 경고 나팔은 우리 귀에 들리지 않는 나팔이라고 한 것을 기억할 것이다. 그러나 7째 나팔은 다른 여섯 개의 나팔과 특별히 다른 비밀이 있다. 7째 나팔은 듣는 자가 있고 듣지 못하는 자가 있기 때문이다.

일곱째 나팔에, "마지막 나팔에 죽은 자가 먼저 일어나고 우리도 변화하리라"는 첫 번 대환난 전 휴거다. 이때 첫 번 휴거에 참여하는 자는 아무도 듣지 못하는 비밀의 7째 마지막 나팔 소리를 듣는다. 바로 이 비밀 나팔은 셋째 화 시대 시작과 동시에 일어난다. 그리고 7째 나팔 소리를 듣지 못한 자는 세상에 남겨진다. 그러나 곧 두 번째 휴거가 있음을 기억해야 한다. 그러니 7째 비밀 나팔은 얼마나 영광스러운 나팔인가? 필자는 이 책을 읽는 모든 독자들이 7째 나팔 소리를 들을 수 있기를 간절히 원한다. 7째 나팔의 비밀을 아는 자는 그 나팔 소리를 들을 수 있기 위해 사모하며 깨어 있을 것이다. 더 자세한 것은 휴거 단원을 참조해야 한다.

④ 휴거를 예고하고 있다.

"이방들이 분노하매 주의 진노가 내려 *죽은 자를 심판하시며* 종 선지자들과 성도들과 또 작은 자든지 큰 자든지 *주의 이름을 경외하는 자들에게 상 주시며* 또 땅을 망하게 하는 자들을 멸망시키실 때로소이다 하더라"(계11:18)

"이에 하늘에 있는 *하나님의 성전이 열리니* 성전 안에 하나님의 언약궤가 보이며 또 *번개와 음성들과 우레와 지진과 큰 우박*이 있더라"(계11:19)

이 말씀은 상당히 중요한 말씀이다. 휴거 단원에서 자세히 다룬 부분이다. 그러나 여기서는 7째 나팔과 관련하여 조금만 언급하고자 한다. 필자는 계시록은 세 개의 구조에 따라 사건이 순서적으로 기록되었음을 확실히 믿는다. 세 개의 구조라 함은 본 것, 지금 있는 일, 장차 될 일이다. 그러므로 계11:15절에서 이미 7째 마지막 나팔이 불어졌기에 휴거는 11장에서 이루어졌을 것으로 본다. 그러나 휴거는 계12장에 기록하고 있다. 12장은 앞에 11장에서 일어난 휴거 사건을 따로 설명하는 삽경 장이기 때문이다. 계11:18절은 7째 나팔이 불어진 시점에서 24장로들이 영적세계에서 선포하고 있다.

본문에는 주의 이름을 경외하는 자들에게 상 주신다는 말씀이 나온다. 이 것은 그리스도의 심판대일 가능성이 높다. 그리스도의 심판대는 휴거 후에 주 앞에 서게 되는 장면이다. 이 말씀은 곧 휴거의 시점임을 알리는 것이다. 그리고 계11:19절에 하나님의 성전이 열리고 번개와 음성, 우레, 지진과 큰 우박이 있는 7째 나팔 사건이 일어난다. 이 사건은 아직 미래의 사건이기 때문에 어떤 사건인지는 알 수 없다. 그러나 우리가 7째 인이었던 퉁구스카 폭발 사건을 비교해 볼 때 어느 정도 짐작 할 수 있다. 7째 나팔은 여기에 큰 우박이 더해지는 사건이다. 그러므로 아마도 7째 인보다 훨씬 더 강력한 자연의 대 재앙이 될 것이다.

그렇다면 여기서 상식적으로 생각해 볼 것이 있다. 7째 마지막 나팔에 휴거되는 자들은 첫 번 휴거이기 때문에 대환난 전 휴거다. 하나님 편에서 이토록 소중한 하나님의 자녀들을 7째 나팔 사건 재앙 전에 데려 가실까? 아니면 끔찍한 7째 재앙을 다 내린 후에 데려 가실까? 필자는 전자일 것이라고 생각한다. 첫 번 휴거에 해당하는 사랑하는 자녀들을 다 끌어 올리시고 이 땅에 7째 나팔 재앙이 있을 것이다. 그러므로 휴거는 계11:18절과 7째 나팔 재앙이 있는 19절 사이에 일어날 가능성이 높다.

중요한 것은 계11:15-18절은 영적세계에서 천사들이 선포하는 것이기에 시간의 순서는 계산할 수 없다. 그러므로 더 정확히 하자면 7째 나팔에서 이 선포와 동시에 휴거가 일어날 가능성이 높다. 더구나 7째 나팔소리는 땅에 들리지 않으며 천사들의 선포도 역시 들리지 않는다. 다만 성경의 기록으로 첫 번 휴거의 영적 상황을 아는 것이다. 이러한 상황이기 때문에 첫 번 휴거는 일어나도 사람들은 휴거가 일어났음을 인지하지 못한다. 7째 나팔은 경고 나팔로서 땅에는 들리지 않는 나팔이기 때문이다. 그리고 바로 7째 나팔 사건이 있을 것이다. 일곱째 나팔과 관련해서는 전체적으로 휴거 단원을 들어가야 이해가 될 것이다.

⑤ 7째 나팔에 일어날 일들 정리

"일곱째 천사가 나팔을 불매 하늘에 큰 음성들이 나서 이르되 *세상 나라가 우리 주와 그의 그리스도의 나라가 되어* 그가 세세토록 왕 노릇 하시리로다 하니"(계11:15)

7째 나팔이 불어지자 하늘의 첫 번 선포가 메시아 나라 천년왕국이다. 이제 3.5년이 지나면 메시아 왕국이 온다. 이 선포는 읽을 때마다 감동이 온다. 이 나라가 이르기 전에 후3.5년에 있을 일들이 계19장까지 전개되고 있다. 여기서 자세한 나열은 각 단원에서 다루었으니 생략한다. 전개 되는 사건들만 가능한 순서적으로 정리하고자 한다.

계12:5절에서 첫 번째 비밀 휴거가 일어난다. 계12장 삽경은 앞에 일어난 사건의 설명이다. 12장의 휴거는 이미 11장에서 7째 나팔이 불어졌을 때 일어난 것이다. 그 증거는 계11:18절이다. 계11:19절에서 7째 나팔 사건이 일어난다. 그리고 7년 조약이 파기된다. 동시에 13장에서 두 짐승이 등장한다. 이 때 등장하는 바다짐승은 일곱 머리의 8째 왕으로 하나님 자리에 앉는 자다. 7년 시작할 때는 7째 왕 짐승이었다. 그러나 7째 나팔부터는 13장에 등장하는 8째 왕 짐승이다. 동일 인물 안에서 전3.5년과 후3.5년에 활동하는 짐승은 이렇게 둘이다.

이 때부터 성전예배 금지, 제사, 예물 금지, 성전에 우상 세움, 경배, 짐승 표 강제, 목 베임, 성도 핍박이 본격적으로 시작된다. 그리고 14장에서 두 번째 대 곡식추수로 공개휴거가 일어난다. 이후 시83편 전쟁이 있다. 전쟁은 전쟁 단원을 참조하기 바란다. 16장에서 대접 재앙이 시작되고 후3.5년 거의 끝 무렵에 에스겔 38장 곡. 마곡 전쟁이 있다. 그리고 주님 지상 재림하셔서 아마겟돈 전쟁과 민족 심판이 있을 것이다.

⑥ 7째 나팔 후3.5년 성도의 중요한 행동 요령 - 도망가라!

"그러므로 너희가 선지자 다니엘이 말한 바 *멸망의 가증한 것이 거룩한 곳에 선 것을 보거든* (읽는 자는 깨달을진저) 그 때에 유대에 있는 자들은 *산으로 도망할지어다*"(마24:15-16)

혹자는 이 시기에 엄청난 능력을 가진 두 증인들과 144000이 전 세계에서 마지막 복음을 전하다가 순교한다고 한다. 누누이 강조하지만 이것은 계시록의 흐름에 맞지 않다. 후3.5년은 대 환난이다. 이 시기에는 결코 복음을 전할 수 있는 시기가 아니다. 그러므로 예수님의 명령대로 이 때는 무조건 도망가서 숨어 살아 남아야 한다. 7째 마지막 나팔이 시작되면 후3.5년으로 진입하는 시기다. 주님 명령대로 도망하는 시기임을 기억해야한다. 그러므로 바로 지금이 마지막으로 복음을 전해야 하는 골든타임이다.

3. 일곱 대접 재앙 - 하나님의 진노 폭발

20세기 초까지 100년 단위로 7개의 인이 모두 떼어졌다. 인은 재난의 시작이었다. 그리고 1914년부터 나팔재앙이 시작되어 10년 단위로 붙어지고 있다. 7째 나팔이후 7년이 마칠 무렵쯤 마지막 대접 재앙이 시작된다. 여기서 중요한 것은 대접 재앙부터 재난은 지역적 사건에서 전 세계적 사건으로 확대된다. 그것도 전 세계에서 동일한 사건이 동시다발 적으로 일어날 것이다. 재난의 원어 오딘은 여인의 해산의 고통이라 했다. 대접재앙의 진통은 월, 혹은 일 단위로 급속히 빨라질 것이다. 대접 재앙은 마지막 해산의 진통이기 때문이다.

무엇보다 대접의 시대는 사람이 긴 시간 견디면서 살 수 있는 환경이 전혀 아니다. 그러므로 필자는 대접재앙은 월, 혹은 일 단위로 부어질 확률이 높다고 본다. 시기 또한 7년 가장 끝 지점일 수밖에 없다. 기독교는 일직선의 역사라고 했다. 주님은 재앙의 시작과 끝을 말씀해 주셨다. 인의 재앙은 재난(해산의 진통, 고통)의 시작이었다. 이제 대접재앙은 재난의 마침이다. 대접 재앙 끝에 주님이 재림 하시면 아담의 나라 일직선의 역사는 끝이다.

이제 마지막 대접재앙은 숨 쉴 틈도 없이 이 땅과 땅에 거하는 자들에게 부어진다. 대접 재앙으로 세계를 통치하던 짐승정부는 서서히 그 힘을 잃기 시작한다. 짐승정부가 힘을 잃기 시작하면서 환난을 감해주신다는 말씀이 성취된다. 동시에 짐승에게 정한 시기 2520일도 모두 채워진다. 다니엘 8장에서 2300주야를 다룰 때 언급했던 부분이다.

"민족이 민족을, 나라가 나라를 대적하여 일어나겠고 곳곳에 기근과 지진이 있으리니 이 모든 것은 *재난의 시작*이니라"(마24:7-8) **인으로 재앙의 시작알림**

"또 하늘에 크고 이상한 다른 이적을 보매 일곱 천사가 일곱 재앙을 가졌으니 *곧 마지막 재앙이라 하나님의 진노가 이것으로 마치리로다*"(계15:1) **대접으로 재앙의 마침선포**

마지막 대접재앙은 하나님의 진노 폭발이다. 진노의 원어 뒤모스는 격노, 격분이다. 또한 재앙, 플레게는 때림, 상처라는 명사다. 하나님의 진노란 하나님께서 격노, 격분하셔서 직접 때리신다는 것이다. 혹자는 대접재앙이 있는 대 환난을 통해 성도를 훈련하고 연단한다고 한다. 그러나 대접재앙은 결코 하나님께서 사랑하시는 자녀들을 때리기 위해 내리는 진노가 아니다. 그 진노의 대상은 결코 환난을 통과하는 성도가 아니다. 바로 사단이며 세상나라, 짐승 정부다. 하나님께서 본격적으로 사단의 짐승 정부 NWO를 심판하시는 것이 대접 재앙이다.

이시기에 성도들은 모두 도피처에 숨어 있다. 그곳에서 하나님의 특별한 보호가 있을 것이다. 그리고 세상을 향하여는 하나님의 진노가 폭발하는 것이다. 단9:29절은 7년을 압축해놓은 말씀이다. 그 말씀 끝에 진노가 황폐하게 하는 자에게 쏟아진다고 한다. 여기서 진노는 7대접 재앙이다. 땅을 황폐케 하는 자, 짐승에게 쏟아진다. 성경은 대접재앙은 분명히 하나님의 무서운 진노임을 강조하고 있다. 미래적 사건인 대접 재앙들을 성경에 근거하여 예상해본다.

"그가 장차 많은 사람들과 더불어 한 이레 동안의 언약을 굳게 맺고 그가 그 이레의 절반에 제사와 예물을 금지할 것이며 또 포악하여 가증한 것이 날개를 의지하여 설 것이며 또 이미 정한 종말까지 *진노가 황폐하게 하는 자에게 쏟아지리라* 하였느니라 하니라"(단9:27)

"또 하늘에 크고 이상한 다른 이적을 보매 *일곱 천사가 일곱 재앙을 가졌으니* 곧 마지막 재앙이라 *하나님의 진노*가 이것으로 마치리로다"(계15:1)

"또 내가 들으니 성전에서 큰 음성이 나서 일곱 천사에게 말하되 너희는 가서 *하나님의 진노의 일곱 대접을 땅에 쏟으라* 하더라"(계16:1)

1) 첫째 대접 – 땅에 쏟으매 / 짐승의 표를 받은 자에게 독종이 남

"첫째 천사가 가서 그 대접을 *땅에 쏟으매* 짐승의 표를 받은 사람들과 그 우상에게 경배하는 자들에게 악하고 *독한 종기가* 나더라"(계16:2)

미래의 신분증은 현재 13자리의 주민번호가 아니라 개인 식별 번호 16자리가 부여되는 생체 칩이라고 한다. 그러나 짐승의 표는 어떤 방법으로든 개인 식별 번호가 있을 것이다. 신기하게도 계6장과 13장과 16장은 짐승과 연결되어 있다. 사단수인 계6장에서 심판이 시작된다. 첫째 인에서 666 짐승인 종교적 적그리스도 세력이 등장한다. 13장에서는 두 짐승이 등장한다. 6은 사단의 수이며 13은 사단숭배자 일루미나티의 상징수다. 아직까지는 16은 생체 칩을 받을 때 부여되는 개인 식별 번호다. 그런데 16장에서 이 짐승세력들을 심판한다.

계16장에서 짐승이 부여한 개인 식별번호가 들어있는 짐승의 표를 받은 자에게 첫째 대접이 부어진다. 현재 짐승표의 형태를 가장 근접하게 갖고 있는 것이 생체 칩이다. 그러므로 여기서는 우선 짐승의 표를 생체 칩으로 간주하여 설명한다. 나중에 모양이나 형태는 얼마든지 변경될 수 있다. 그러나 분명한 것은 짐승의 표는 실제로 우리 몸속에 들어가는 것이다. 첫째 대접 재앙은 분명히 짐승의 표를 받은 자에게 부어지고 있다.

짐승표가 상징이라면 짐승 표 받은 자들에게 실제 몸에 나타나는 독한 종기는 해석할 길이 없다. 대접이 부어지자 그들에게 독한 종기가 나기 시작한다. 이것은 생체 칩의 인체 역반응으로 인한 치료 불가능한 불치의 피부암이다. 아마도 지금 생체 칩을 받은 자들에게 바로 피부암이 발생하지는 않을 것이다. 7년 끝으로 가면서 서서히 여기저기서 피부암이 발생할 것이다. 그리고 첫째 대접이 부어질 때 전 세계에서 동시 다발적으로 피부암이 번질 것이다.

첫째 대접부터 세계는 아수라장이 된다. 이때는 의사도 간호사도 모두 독종이 나기 때문에 병원 치료가 불가능하다. 땅에 거하는 자들에게 창세 이후 없었던 세계적인 재앙이 시작되는 것이다. 이 독한 종기는 전염병과는 다르다. 그러나 이미 동물들에게 실시한 칩으로 인해 종양이 발생하고 있다. 또한 사람들에게서도 종종 보고가 되고 있다. 그러기에 미국 식약청에서는 베리칩을 인체에 심으면 이러한 피부암이 발생할 수 있다고 경고하고 있는 것이다.

이 때의 시점으로 볼 때 세상 사람들은 살기위해 표를 받았다. 표 없이는 생존이 불가능한 시대이기 때문이다. 그러나 살기 위해 받은 표로 인해 죽을 지경이다. 이렇게 되면 누가 더 이상 표를 받으려고 하겠는가? 차라리 죽을지라도 눈에 보이는 엄청난 고통이 따르는 표를 결코 받지 않을 것이다. 그러므로 이때부터 짐승의 통치는 힘을 잃어갈 것이다. 이때부터 짐승에 의한 환난의 강도가 낮아지기 시작한다. 신기한 현상은 고통으로 혀를 깨물면서도 회개하지 않는다. 오히려 하늘의 하나님을 비방한다. 이해 할 수 없는 현상이지만 짐승의 표를 이해하면 당연한 현상이다. 짐승표로 인해 하나님을 찾는 DNA가 모두 파괴되었기 때문이다.

"....사람들이 *아파서 자기 혀를 깨물고 아픈 것과 종기로 말미암아* 하늘의 *하나님을 비방하고 그들의 행위를 회개하지 아니하더라*"(계16:10,11)

2) 둘째 대접 - 바다에 쏟으매 / 피같이 되다.

"둘째 천사가 그 대접을 *바다에 쏟으매* 바다가 곧 *죽은 자의 피 같이 되니* 바다 가운데 모든 생물이 죽더라"(계16:3)

생명이 되는 바다를 심판하신다. 바다의 모든 생물이 죽는다. 인간이 바다를 통해 얻을 수 있는 모든 것이 사라졌다. 바닷물이 모두 썩어 피같이 되는 무서운 재앙이다. 역시 전 세계 모든 바다가 이렇게 될 것이다. 그러나 나팔 사건에서 보았듯이 모든 바다가 하루아침에 모두 피같이 되는 것이 아니다. 마지막 때로 갈수록 바다에서 일어나는 수많은 재난들로 인해 바다는 서서히 죽어가고 있을 것이다. 그리고 둘째 대접이 부어질 때 바다는 완전히 죽은 자의 피같이 된다. 그런데 이렇게 대접 재앙에서 죽은 바다가 에스겔에서 되살아나는 장면이 있다.

"그가 나를 데리고 *성전 문에 이르시니* 성전의 앞면이 동쪽을 향하였는데 *그 문지방 밑에서 물이 나와* 동쪽으로 흐르다가 성전 오른쪽 제단 남쪽으로 흘러 내리더라.....그가 내게 이르시되 이 물이 동쪽으로 향하여 흘러 아라바로 내려가서 바다에 이르리니 이 흘러 내리는 물로 *그 바다의 물이 되살아나리라* 이 강물이 이르는 곳마다 번성하는 모든 생물이 살고 또 고기가 심히 많으리니 이 물이 흘러 들어가므로 *바닷물이 되살아나겠고* 이 강이 이르는 각처에 모든 것이 살 것이며"(겔47:1,8,9)

에스겔 47장은 천년왕국의 장면이다. 어느 날 에스겔서를 읽다가 바다의 물이 되살아나는 장면을 보았다. 이 바닷물은 언제 죽은 것일까? 하는 의문이 생겼다. 바로 대접 재앙으로 죽었던 모든 바다들이 천년왕국에서 소생한다는 것을 깨달았다. 에스겔 47장은 천년왕국의 성전에서 물이 나온다. 이 물이 닿는 곳마다 바다가 되살아나고 바다의 모든 생물이 살아난다.

3) 셋째 대접 – 강과 모든 물의 근원에 쏟아진다. / 모두 피가 되었다.
"셋째 천사가 그 대접을 *강과 물 근원에 쏟으매 피가 되더라* 내가 들으니 *물을 차지한 천사가* 이르되 전에도 계셨고 지금도 계신 거룩하신 이여 이렇게 심판하시니 의로우시도다 그들이 성도들과 선지자들의 피를 흘렸으므로 그들에게 *피를 마시게 하신 것*이 합당하니이다 하더라 또 내가 들으니 제단이 말하기를 그러하다 주 하나님 곧 전능하신 이시여 심판하시는 것이 참되시고 의로우시도다 하더라"(계16:4-7)

이제 모든 강과 물이 피가 되었다. 물은 생명의 근원이다. 그런데 마실 물이 없다. 사람은 몸의 70%가 물이다. 사람은 물이 없으면 살 수 없다. 그래서 탈수증상이 나타나면 생명이 위험하다. 양식이 없으면 40일도 살 수 있지만 물이 없으면 10일도 견디기 힘들다. 그래서 음부에서 고통 하던 부자가 나사로를 통해 배달해달라고 그토록 애원한 것이 물 한 방울 이었다. 지구 또한 사람과 같이 물이 70%다. 물을 차지한 천사는 땅의 70%의 물을 관리하는 천사다. 이 천사는 물이 피로 변하는 것을 막지 않는다. 하나님의 심판 앞에 하나님의 심판이 의롭다고 선포한다. 이렇게 모든 물들이 피가 되었다.

이제는 마실 물이 없으니 피라도 마셔야 하는 상황이다. 그래서 "피를 마시게 하신 것이 합당하니이다."라는 천사의 선포는 사람들이 피를 마시고 있는 상황임을 알 수 있다. 애굽의 나일 강이 피가 되어 마실 물이 없었다. 그러나 고센 땅에는 물이 있었다. 이와 같이 이시기에 환난을 통과하고 있는 피난처 성도들에게는 물이 있을 것이다. 필자가 대접재앙을 월, 일 단위 일 것으로 보는 이유가 이러한 환경들이다. 대접 재앙의 환경들은 사람이 오래 버틸 수 있는 환경이 아니다. 이러한 환경은 어느 특정 지역만이 아닌 전 세계적인 현상이기 때문이다.

4) 넷째 대접 - 해에 쏟아진다. / 해가 사람을 태워 죽인다.

"넷째 천사가 그 대접을 *해에 쏟으매* 해가 권세를 받아 *불로 사람들을 태우니* 사람들이 크게 태움에 태워진지라"(계16:8)

갈수록 태양이 견딜 수 없이 뜨거워진다. 갈수록 세계적으로 더위가 상승하고 있다. 해마다 여름이면 열사병으로 사람들이 죽어가고 있다. 그러나 이때는 사람이 햇볕으로 태워 죽을 정도로 태양이 뜨거워진다. 이때는 그늘도 소용없다. 지구의 모든 물도 다 피로 변해버렸다. 이쯤 되면 사람들이 하나님께 회개하고 돌아서는 것이 정상이다. 더구나 이들은 이러한 재앙을 권세를 가지신 분이 하늘의 하나님이심을 알고 있다. 그럼에도 불구하고 이들은 회개하지 않는다. 오히려 하나님을 비방한다. 짐승 표는 이렇게 무서운 것이다.

"이 재앙들을 행하는 권세를 가지신 하나님의 이름을 비방하며 또 회개하지 아니하고 주께 영광을 돌리지 아니하더라"(계16:9)

사단이 사람에게 짐승의 표를 넣는 것은 크게 두 가지 목적이 있다고 본다. 첫 번째는 사단에게 경배하게 하는 수단이다. 두 번째는 인간이 하나님을 찾아 갈 수 없도록 인간의 고유 유전자를 파괴시키는 것이다. 사람의 유전자 안에는 하나님을 찾아가는 본능의 고유 유전자가 있다. 그 때문에 사람은 하나님을 만날 수 있고 회개할 수 있고 구원받고 하나님의 자녀가 될수 있다. 그러나 사단은 짐승 표를 통해 하나님이 주신 고유의 유전자를 파괴해 버린다. 그렇기 때문에 회개할 수 없는 것이다.

사람은 죄 때문에 지옥 가는 것이 아니다. 회개하지 않고 예수님을 믿지 않음으로 지옥 가는 것이다. 이들은 이토록 엄청난 재난과 고통 앞에서도 결코 회개할 수가 없다. 뇌가 이미 사단의 뇌로 바뀌었기 때문이다. 그러므로 사단이 하나님을 비방하듯 그들도 똑같이 하나님을 비방한다. 그들은 사단의 소유가 되어버린 것이다. 계13장에서 짐승이 하나님을 비방한다. 계16장에는 대접의 세계적 대 재앙 앞에서 사람들은 반복적으로 하나님을 비방하고 있다.

"짐승이 입을 벌려 하나님을 향하여 비방하되 그의 이름과 그의 장막 곧 하늘에 사는 자들을 비방하더라"(계13:6)

"사람들이 크게 태움에 태워진지라 이 재앙들을 행하는 권세를 가지신 *하나님의 이름을 비방하며* 또 회개하지 아니하고 주께 영광을 돌리지 아니하더라.... 아픈 것과 종기로 말미암아 하늘의 *하나님을 비방하고* 그들의 행위를 회개하지 아니하더라..... 또 무게가 한 달란트나 되는 큰 우박이 하늘로부터 사람들에게 내리매 사람들이 그 우박의 재앙 때문에 *하나님을 비방하니* 그 재앙이 심히 큼이러라"(계16:9,16,21)

1-4대접까지의 기간은 불과 몇 개월일 것이다. 필자의 생각으로는 아마도 독종으로 인한 고통을 당하는 기간은 좀 길 것으로 본다. 다섯째 대접에서도 독종 때문에 사람들이 아파서 혀를 깨무는 장면이 나오기 때문이다. 그러나 물이 피가 되어 마실 물이 없는 기간은 오래 갈 수 없다. 더구나 해가 뜨거워 사람이 태양 볕에 타 죽어가는 기간도 오래갈 수 없을 것이다. 내 주변에서 타 죽은 사람들의 시신이 널려 있다고 생각해보라! 얼마나 끔찍한 환경인가? 아마도 이때는 전 세계에 널 부려져 있는 사람들의 시신 처리도 어려운 상황일 것이다.

아마도 이때 4째 대접까지의 심판으로 인해 전 세계에서 엄청난 인구가 사망할 것이다. 불치의 피부암으로 죽어간다. 마실 물이 없어 탈수로 죽어간다. 뜨거운 태양으로 인해 타 죽는다. 이런 상황은 전 세계에서 동시 다발로 발생한다. 사실상 넷째 대접까지 하나님을 떠난 세상 사람들의 심판은 이미 끝난 것이다. 이쯤 되면 세계정부는 세계 통제 불능 상태가 될 것이다. 전 세계가 아수라장이기 때문이다. 이렇게 되면 짐승이 세계인을 압박하던 환난의 강도가 현저히 낮아 질 수밖에 없다. 1대접부터 점점 낮아져서 4대접까지 오면 다음은 짐승 심판이기 때문이다. 짐승도 자기의 때를 알고 있다. 그러므로 마24:22절에서 말씀하신 예수님의 예언은 실현될 것이다. 이 부분에 대한 이해도 다니엘 2300주야의 비밀 단원과 연계해야 한다.

"그 날들을 감하지 아니하면 *모든 육체가 구원을 얻지 못할 것이*나 그러나 택하신 자들을 위하여 *그 날들을 감하시리라*"(마24:22)

5) 다섯째 대접 - 짐승의 왕좌에 쏟으니 / NWO 멸망

"또 다섯째 천사가 그 대접을 *짐승의 왕좌에 쏟으니 그 나라가 곧 어두워지며* 사람들이 아파서 자기 혀를 깨물고 아픈 것과 종기로 말미암아 하늘의 하나님을 비방하고 그들의 행위를 회개하지 아니하더라"(계16:10-11)

드디어 사단의 나라가 무너진다. 하나님의 징계가 점점 핵심으로 옮겨가고 있다. 마치 범인체포를 위해 경찰의 포위망이 좁혀져 가는 것과 같다. 성전에 앉아 자기가 하나님 이라고 경배 받으며 하나님 행세하고 있는 적그리스도의 목이 잡히고 그의 왕좌에서 끌어 내려진다. 그리고 그의 힘은 사라지고 하나님께서 허락하신 작은 뿔인 그의 짧은 활동 기간은 끝난다. 사람들은 너무 아파 혀를 깨물면서도 끝까지 회개하지 않으며 회개할 수도 없다. 하나님을 떠나 있는 인간의 가장 처참한 최후 모습이다.

다섯째 대접은 큰 의미가 있다. 아직 두 개의 대접이 남아 있지만 실상은 5째 대접에서 사단의 모든 권세는 끝난 것이나 다름없다. 1-4까지 하나님의 진노의 대접심판으로 세상 사람들을 통제할 모든 능력을 상실했기 때문이다. 물론 옛 뱀, 사탄의 최후 심판은 천년왕국 이후 계20:10절에서 완전히 끝난다. 그러나 계19:20절에서 그의 졸개들 적그리스도와 거짓선지자의 심판으로 1차 심판은 끝난다. 5째 대접이 갖고 있는 의미를 정리해 본다.

① 창세전 하늘의 반역사건의 심판이다.

창세전 하늘에서는 하나님의 보좌 찬탈 사건이 있었다. 이 반역 사건 당시 하나님은 타락한 천사들을 둘째 하늘로 내 쫓으셨다. 그리고 최후 심판을 끝 날까지 유예시키셨다. 그들은 공중권세를 잡고 세상 왕 노릇 하였으나 이제 그들의 최후 심판의 때가 온 것이다. 5째 대접은 이들의 최후 심판을 향해 가는 시작이다.

"하나님이 *범죄한 천사들*을 용서하지 아니하시고 지옥에 던져 어두운 구덩이에 두어 *심판 때까지* 지키게 하셨으며"(벧후2:4)

② **"하나님과 같아지리라" 하던 자의 최후다.**

이사야 14장은 하나님께 반역한 타락한 천사 루시퍼를 잘 보여주고 있다. 물론 바벨론 왕에 빗대어 말씀하고 있지만 이 본문은 모두가 타락한 천사의 말씀으로 보고 있다. 하나님과 같아지겠다는 사단의 교만함이다. 사단은 이와 똑 같은 방법으로 하와를 유혹했다. 그러나 결코 사단도 인간도 하나님과 같아 질수 없다는 것이 진리다. 그의 최후는 심판뿐이다.

"네가 네 마음에 이르기를 *내가 하늘에 올라 하나님의 뭇 별 위에 내 자리를 높이리라 내가 북극 집회의 산 위에 앉으리라 가장 높은 구름에 올라가 지극히 높은 이와 같아지리라* 하는도다 그러나 이제 네가 스올 곧 구덩이 맨 밑에 떨어짐을 당하리로다"(사14:13-15)

③ **하나님의 성전에 앉아있던 자의 심판이다.**

하나님은 사단이 하나님의 자리에 올라가는 것까지 허용해 주셨다. 그 기간은 마지막 7년이다. 그러나 그 자리에 올라가 앉는다고 하나님이 되는 것은 아니다. 후3.5년에 사단은 거룩한 성전에 자신의 우상을 세운다. 그리고 세계인을 향해 자신에게 경배를 강요한다. 경배는 오직 하나님만 받으셔야 하는 영역이다. 결국 그는 5째 대접을 통해 그 자리에서 끌려 내려온다.

"그는 대적하는 자라 신이라고 불리는 모든 것과 숭배함을 받는 것에 대항하여 그 위에 *자기를 높이고 하나님의 성전에 앉아 자기를 하나님이라고 내세우느니라*"(살후2:4)

④ **그에게 주어진 7년의 나라가 무너진다.**

이제 단9:27절에 예언된 이미 정한 종말이 끝났다. 하나님의 다섯 번째 진노의 대접으로 그 나라는 무너진다. 여기서 "이미 정한 종말"은 창세전에 정해두신 7년이다. 본서의 서두에서 다룬 창1:1절의 비밀을 기억할 것이다. 이미 창세전부터 땅의 지상천국 메시아 왕국이 오기 전에 사단의 왕국 7년이 먼저 올 것을 예언했다. 이것은 다니엘 70이레를 통해서도 예언해 주셨다. 이제 하나님 나라의 계획이 서서히 완성을 향해 가고 있다.

"그가 장차 많은 사람들과 더불어 *한 이레 동안의 언약*을 굳게 맺고 그가 그 이레의 절반에 제사와 예물을 금지할 것이며 또 포악하여 가증한 것이 날개를 의지하여 설 것이며 또 *이미 정한 종말까지 진노가 황폐하게 하는 자에게 쏟아지리라* 하였느니라 하니라"(단9:27)

이렇게 사단의 나라가 어두워지고 그 힘을 잃었어도 세상 사람들은 회개하지 않는다. 종기로 인해 너무 아파서 혀를 깨문다. 그런데 참 신기한 일이다. 적그리스도의 강요 정책에 따라 받은 표로 인해 종기가 생겨 고통 받고 있다. 그럼에도 불구하고 적그리스도를 원망하지 않는다. 오히려 하나님을 훼방하고 저희 행위를 회개하지 않는다. 역시 이유는 짐승표의 본질 때문이다. 짐승 표는 오직 하나님을 대적하도록 하는 짐승의 표이기 때문이다.

6) 여섯째 대접 – 큰 강 유브라데에 쏟아진다.

"또 여섯째 천사가 그 대접을 *큰 강 유브라데에 쏟으매* 강물이 말라서 동방에서 오는 왕들의 길이 예비되었더라"(계16:12)

여섯째 대접 사건은 유브라데 강물이 말라버리는 사건이다. 여섯째 대접부터는 적그리스도의 관심이 이젠 세계통치가 아니다. 자신의 왕좌에서 쫓겨남으로 세계 통치는 이미 그 능력을 상실했기 때문이다. 이제 자신의 때가 끝이 온 것을 알지만 사단에게 회개란 없다. 이제 주님과 함께 마지막 전면전을 준비해야 한다. 이 전쟁에서 패할 것도 알고 있으나 끝까지 하나님을 대적하는 것이 사단의 본능이다. 사단은 최선을 다해 자신의 삼위일체 영적 세력들을 모은다. 세 더러운 영, 용과 짐승과, 거짓선지자안에 있는 귀신의 영들이다. 이들은 아마겟돈 최후 전쟁을 위해 하나님이 없는 세상 온 천하 왕들을 모은다.

"또 내가 보매 개구리 같은 *세 더러운 영이 용의 입과 짐승의 입과 거짓선지자의 입*에서 나오니 *그들은 귀신의 영*이라 이적을 행하여 *온 천하 왕들*에게 가서 하나님 곧 전능하신 이의 큰 날에 있을 전쟁을 위하여 그들을 모으더라"(계16:13-14)

예로부터 유브라데강은 문명의 발상지로서 옥토와 심원한 물줄기를 가지고 있는 곳이다. 이곳을 차지하려는 고대국가들이 많았기에 전쟁이 활발했던 곳이다. 또한 동방과 서방의 통로 역할을 하는 비단길이며 경계선이다. 그러나 지금 유브라데 강이 점점 마르고 있다. 인류의 마지막 아마겟돈 전쟁 길이 만들어지고 있기 때문이다. 지리적으로 아마겟돈은 므깃도이다. 예루살렘 서북쪽 갈멜산 아래쪽에 위치하고 있다. '아마겟돈'은 히브리어 '하르 므깃도'를 헬라어로 표현한 것이다. 성경에도 므깃도는 큰 전쟁의 격전지였다.

느브갓네살부터 나폴레옹까지 앗수르, 페르시아, 바벨론, 헬라, 로마 전쟁 등 크고 작은 수많은 전쟁이 이곳에서 일어났다. 이곳은 또한 바락과 드보라가 시스라를 격멸한 곳이다. 예후가 아하시야를 죽이고 혁명에 성공한 곳이다. 유다 왕 요시야가 애굽의 바로느고와의 싸움에서 전사한 곳이기도 하다. 사단의 세력들, 더러운 영들은 이제 이곳에서 있을 마지막 전쟁을 준비하기 위해 모이고 있다. 이 전쟁은 그리스도 재림 직후에 하나님의 군대와 사단 군대의 마지막 결전장이 될 것이다. 이 전쟁으로 사단의 세력과 군대는 완전히 멸망한다.

"또 내가 보매 *그 짐승과 땅의 임금들과 그들의 군대들이 모여 그 말 탄 자와 그의 군대와 더불어 전쟁을 일으키다가 짐승이 잡히고 그 앞에서 표적을 행하던 거짓 선지자도 함께 잡혔으니* 이는 짐승의 표를 받고 그의 우상에게 경배하던 자들을 표적으로 미혹하던 자라 *이 둘이 산 채로 유황불 붙는 못에 던져지고* 그 나머지는 말 탄 자의 입으로부터 나오는 검에 죽으매 모든 새가 그들의 살로 배불리더라"(계19:19-21)

7) 동방의 왕들은 누구인가? / 동방의 길이 예비 되는 자들

마지막 7째 대접으로 들어가기 전에 6째 대접에 등장하는 동방의 왕들을 잠시 언급하려고 한다. 이 동방의 왕들은 전쟁 단원과 대한민국의 사명 단원에서 자세히 언급한다. 여기서는 간단히 다룰 것이다. 혹자는 동방의 왕들을 공산주의세력으로 본다.(시진핑, 푸틴, 김정은 등) 혹자는 성경에서 동방은 모두 좋은 것이라고 한다. 때문에 동방의 왕들은 동방으로부터 천사들과 함께 재림하시는 예수님 이라는 해석도 있다. 또한 일반적으로 이들은 아마겟돈 전쟁에 참여하는 적그리스도 세력으로 이해하고 있다. 필자는 이러한 해석에 동의하지 않는다.

동방의 왕들이 누구인가에 대한 묵상을 오래 동안 해왔다. 6째 대접 안에는 왕들의 무리가 둘임을 발견했다. 계16:12절에 동방의 왕들과 14절에 천하의 임금들이다. 여기서 14절에 나오는 천하의 임금들은 귀신의 영에 이끌려 모여지는 왕들이다. 이들은 분명히 사단의 세력들로 아마겟돈 전쟁에 참여하는 왕들이다. 그러나 12절에 동방의 왕들은 유브라데 강물이 마르면서 이들이 오는 길이 예비 되고 있다. 이들은 결코 천하의 왕들과 같은 성격의 무리가 아니다.

"또 여섯째 천사가 그 대접을 큰 강 유브라데에 쏟으매 강물이 말라서 *동방에서 오는 왕들*의 *길이 예비*되었더라"(계16:12)

"그들은 *귀신의 영*이라 이적을 행하여 *온 천하 왕들*에게 가서 하나님 곧 전능하신 이의 *큰 날에 있을 전쟁*을 위하여 그들을 모으더라"(계16:14)

'동방'의 헬라어 '아나톨레'는 '빛이 떠오름', '새벽'이다. 동방의 박사들, 동방의 의인 욥, 모두가 좋은 이미지다. 물론 특히 창세기에 보면 동쪽이 다 그렇지 않은 부분도 있다. 그러나 대부분 동방과 관련된 것은 나쁜 것이 아니라는 생각이다. 동방의 왕들은 적그리스도 세력이 될 수 없다. 이와 관련하여 필자에게 번뜩 생각나게 하신 것은 주님의 초림과 재림에 관련된 상황이었다.

주님 초림 때 동방의 박사들이 초림으로 오신 왕 아기예수를 찾아 경배하러 왔다. 반면에 헤롯은 왕으로 오신 아기 예수님을 죽이려고 했다. 이러한 상황은 재림 때도 마찬가지일 것이다. 만왕의 왕으로 오시는 예수님 편에 서는 자들이 분명히 있을 것이다. 그러나 그들은 동방의 박사들과 같이 소수일 것이다. 동방의 왕들이 바로 그들이다. 반대로 예수님을 대적하며 최후까지 사단에게 미혹되어 그의 편에 서는 자들이 있다. 그들은 다수의 온 천하 왕들이다.

중요한 것은 천하의 왕들은 분명히 큰 날에 있을 전쟁, 곧 아마겟돈 전쟁에 출전을 위해 모아지는 왕들이다. 그러나 동방의 왕들은 아마겟돈 전쟁을 위해 출전하는 왕들이 아니다. 이들이 어느 전쟁에 출전하는가 하는 문제는 전쟁 단원에서 다루었다. 필자는 동방의 왕들의 중심에 대한민국이 있음을 확신하고 있다. 이것은 한국전쟁 예언들이 쏟아지던 2016년에 주님께서 주신 감동이었다. 그 확신은 지금 더욱 선명해 지고 있다. 대한민국의 사명 단원에서 더욱 자세히 다루었다. 대한민국은 주님 오실 때까지 살아남아 통일한국을 이루고 강력한 국가가 될 것이다. 그리고 민족의 사명인 제사장국가로서 세계복음 선교의 사명을 완수하게 될 것이다.

8) 마지막 권면 – 유대인과 이방인 구원을 위한 천사의 마지막 경고

"보라 내가 도둑 같이 오리니 *누구든지 깨어* 자기 옷을 지켜 벌거벗고 다니지 아니하며 자기의 부끄러움을 보이지 아니하는 자는 복이 있도다"(계16:15)

인부터 대접까지 6째와 7째 사이에 나오는 삽경이다. 일곱째 천사는 마지막 일곱째 대접을 손에 들고 있다. 이제 마지막 대접이 쏟아지면 모든 것이 끝난다. 이러한 최후의 순간까지 주님은 복음에서 떠나지 않기를 간곡히 권면하고 있다. "누구든지"는 이방인과 유대인 모두를 포함하고 있다. 마지막 7년은 교회와 유대인이 함께 있기 때문이다. 누구든지 구원의 옷을 끝까지 지키는 자는 복이 있다. 복음을 떠난 자는 영적으로 벌거벗은 자다.

9) 일곱째 대접 – 공중에 쏟아진다.(번개, 음성, 우레, 큰 지진, 큰 우박이 있는 사건)

"일곱째 천사가 그 대접을 공중에 쏟으매 *큰 음성이 성전에서 보좌로부터 나서 이르되 되었다 하시니 번개와 음성들과 우렛소리가 있고 또 큰 지진이 있어 얼마나 큰지 사람이 땅에 있어 온 이래로 이같이 큰 지진이 없었더라 큰 성이 세 갈래로 갈라지고 만국의 성들도 무너지니 큰 성 바벨론이 하나님 앞에 기억하신 바 되어 그의 맹렬한 진노의 포도주 잔을 받으매 각 섬도 없어지고 산악도 간 데 없더라 또 무게가 한 달란트나 되는 큰 우박이* 하늘로부터 사람들에게 내리매 사람들이 그 우박의 재앙 때문에 하나님을 비방하니 그 재앙이 심히 큼이러라"(계16:17-21)

"큰 음성이 성전에서 보좌로부터 나서 이르되 되었다." 모든 재앙을 마치시는 하나님의 선포다. 이 마지막 재앙은 공중에 쏟아진다. 여기서 공중은 대기권 공중을 의미한다. 공중에는 공기가 있다. 공중의 공기는 인간이 호흡을 하며 살게 하는 생명의 원천이다. 인간이 호흡 하는 공기의 원천에 최후의 일격이 쏟아지고 있는 것이다. 이제는 온 세상 공기가 오염되어서 숨도 제대로 쉴 수 없다. 이제는 더 이상 어떠한 인간도 맑은 공기의 해택을 누릴 수 가 없게 된다. 또한 이것은 공중 권세를 잡고 있던 사단의 진멸이 가까웠다는 것이다. 그리고 일곱째 대접 재앙으로 창세 전후에 없는 사건이 일어난다.

7째 대접은 사건을 너무나 상세히 기록하고 있다. 그러므로 7째 인과 나팔 사건은 없다고 하는 자들도 7째 대접 사건은 부인하지 못한다. 큰 지진이나 큰 우박에 대한 부언 설명이 너무도 자세하기 때문이다. 인류 역사상 창세 이래에 없었던 큰 지진이 일어난다. 큰 성이 세 갈레로 갈라지고 만국의 성들도 무너진다. 만국의 성들이라 함은 이 큰 지진은 이스라엘뿐 아니라 세계가 다 무너진다는 것이다.

"각 섬도 없어지고 산악도 간 데 없더라."는 지진으로 모든 산과 섬들이 땅속에 묻혀버리는 광경일 것이다. 계시록의 재난에서 지진이 몇 번 나온다. 6째 인에서 큰 지진이 있었다. 역사적 사건은 리스본 대지진은 9.0, 수마트라 지진은 9.2였다. 또 7째 인과 나팔은 그냥 지진이었다. 7째 인 퉁구스카 폭발에서의 지진은 5.0이었다. 그러나 미래에 있을 7째 나팔도 보통 지진이지만 이 보다 더 강력할 것이다. 역사적으로 가장 큰 지진은 1585년 알래스카 알류산 열도 지진으로 9.25로 기록되고 있다. 그러나 7째 대접의 지진은 창조 이래 없는 지진이다. 기록된 말씀으로만 알뿐 우리는 상상 할 수도 없다.

그리고 무개가 한 달란트 되는 큰 우박이 떨어진다. 한 달란트는 약 34kg, 36kg등 다양한 해석이 있다. 필자의 성경관주에는 60kg으로 나온다. 약 100근 정도라고도 한다. 지금도 전 세계에서 야구공만한 우박이 떨어진다는 보도가 있다. 그러한 소식에도 기상 이변에 우리는 놀랜다. 그러나 7째 대접은 한 달란트의 얼음 덩어리가 떨어진다. 상상할 수 있겠는가? 그럼에도 불구하고 그들은 그 우박의 재앙 때문에 하나님을 비방하며 회개하지 못한다.

마지막 심판을 받는 땅과 인간의 모습이 처절하다. 마지막 7번째 대접재앙으로 지구는 완전히 쑥대밭이다. 재앙의 끝이다. 인부터 시작된 재앙이 나팔과 마지막 대접 재앙으로 끝난다. 이제 아마겟돈 전쟁과 민족 심판이 남아있다. 이것으로 하나님이 정하신 다니엘의 70이레 시간표도 종료된다. 그리고 지금 우리가 사는 지구의 시간표는 천년왕국의 시간표로 바뀌게 될 것이다. 이것은 땅의 천국, 지상천국, 천년왕국, 메시아 왕국, 주님의 나라가 임하는 것이다.

4. 인과 나팔 재앙들의 간격 비교

여기까지 인과 나팔 그리고 대접에 해당하는 각각 7개의 사건들 총 21개의 사건들을 살펴보았다. 이와 같은 21개의 사건들은 결코 7년 안에 한꺼번에 일어날 수 없다. 사도요한께서 받으신 예언은 "반드시 속이 일어날 일"들이다. 그러므로 초대교회 시대부터 현재 2023년이 넘어가는 교회시대에 일어나는 사건들이다. 주님의 초림부터 우리는 말세를 살고 있다. 주님은 재난의 시작을 여인의 해산과 같은 진통의 시작이라고 하셨다.

인은 100년 단위로 진통의 간격이 길었다. 그리고 나팔 시대로 들어오면서 진통의 간격은 10년 단위로 짧아지기 시작했다. 마지막 대접재앙은 마지막 진통으로 그 간격은 월, 혹은 일단위로 일어날 것으로 본다. 다음은 역사 속에 일어난 재난, 진통의 간격을 비교해보았다. 간격의 길이가 일정하지는 않지만 대체적으로 뒤로 갈수록 짧아지고 있음을 볼 수 있다. 그리고 인에서 나팔로 넘어가는 간격은 겨우 6년으로 매우 빨라졌다. 이 간격은 마지막으로 갈수록 짧아질 것은 분명하다. 그러므로 지금은 골든타임이다. 현재 2023년 시점에서 다섯째 나팔이 13년째 지속되고 있다. 여섯째 나팔로 넘어가기까지 나팔시대 중 가장 긴 간격이 될 것으로 본다. 그러나 결코 100년을 넘지 않을 것이다. 주님의 재림이 매우 가까이 왔기 때문이다.

▶재앙들의 간격 비교

구 분	인 재앙	나팔 재앙	대접 재앙
1재앙과 2재앙 사이	415년	25년	?
2재앙과 3재앙 사이	268년	47년	
3재앙과 4재앙 사이	306년	14년	
4재앙과 5재앙 사이	311년	10년	
5재앙과 6재앙 사이	238년	10년 이상 ?	
6재앙과 7재앙 사이	153년 ※일곱째 인(1908년 퉁구스카사건)에서 첫째 나팔(1914년 1차 대전)로 넘어간 기간은 6년 걸림	※일곱째 나팔에서 첫째 대접으로 넘어가는 기간도 매우 짧을 것으로 본다.	

70번째 이레 / 마지막 7년

1. 70번째 이레 마지막 7년! 성경 어디에 있을까?

"그가 장차 많은 사람들과 더불어 *한 이레 동안의 언약을 굳게 맺고 그가 그 이레의 절반에 제사와 예물을 금지할 것이며* 또 포악하여 가증한 것이 날개를 의지하여 설 것이며 또 이미 정한 종말까지 진노가 황폐하게 하는 자에게 쏟아지리라 하였느니라 하니라"(단9:27)

성경의 수많은 예언 중 마지막 때와 관련하여 가장 중요한 예언은 아마도 다니엘의 70이레일 것이다. 그중에서도 아직 이뤄지지 않은 마지막 7년은 메시아 나라가 오기 전 아담의 나라 세상 역사의 마침표가 되기 때문이다. 때문에 이 마지막 7년은 너무도 중요하다. 요한 계시록후반부는 단9:27절 한절에 압축해 놓은 마지막 7년을 압축풀기 하고 있다. 계10장부터 19장까지 무려 열장을 할애하고 있다. 7년은 천국 이정표로서 그만큼 중요하기 때문이다.

하나님은 단9:27의 마지막 한 이레, 70이레의 490년 중 마지막 7년의 시간을 남겨 놓으신 채 2천년이 넘는 시간을 지체하고 계신다. 이방인의 때, 바로 이방인의 충만한 수가 차면 멈춰진 시간 마지막 7년은 시작될 것이다. 하나님 편에서도 마지막 7년은 하나님의 손에 들려있는 마지막 레드카드다. 하나님께서 이렇게 중요한 남은 한 이레를 마지막 책인 요한계시록에 기록하지 않으실 리가 없다.

사실 요한계시록은 70번째 책이라고 한다. 성경은 66권이 아니라 70권으로 분류된 책이었다고 한다. 구약의 상, 하와 같이 신약 서신서의 전, 후와 같이 총 5권으로 되어 있는 시편도 나눠야 한다는 것이다. 그러나 시편 5권을 나누지 않고 전체를 하나로 묶어서 성경은 66권이 되었다고 한다. 성경을 66권으로 한 것은 사단의 장난이라고 한 글을 읽은 적이 있다. 성경이 총 70권이었다면 요한계시록은 70번째 책이 된다. 그렇다면 성경 마지막 70번째 책인 요한계시록에 70이레의 70번째 이레가 나오는 것이 우연의 일치는 아닐 것이다. 요한계시록과 70이레의 끝은 이 세상의 마침이기 때문이다.

더투어앤드님은 계10장에서 마지막 이레가 시작되고 평화조약이 맺어지는 장이라고 했다. 필자에게는 신선한 충격이었다. 그의 해석을 동의하고 보니 정말 놀랍게도 많은 부분들이 필자에게 더 열리기 시작했다. 계시록은 풀기 어려운 책이 아니다. 신비로운 비밀 속에 감추어진 책도 아니다. 특별한 영적 체험을 하는 이들이 하늘에 올라가서 보고 듣고만 열려지는 책도 아니다. 계1:3절의 말씀대로 행하면 된다. "이 예언의 말씀을 읽는 자와 듣는 자들과 그 가운데 기록한 것을 지키는 자들에게 복이 있나니 때가 가까움이라" 이 말씀은 누구든지 순리대로 읽고 믿으면 마지막 때를 알 수 있다는 말씀이다. 필자에게 주신 은혜를 따라 본 장에서 차근차근 자세하게 풀어나갈 것이다.

마지막 7년은 세상 구속역사의 사명이 이방인에게서 유대인에게로 넘어가는 때다. 유대인에게 정해진 70이레가 69이레에서 멈췄던 시간이 70이레로 다시 이어지는 것이다. 참 감람나무인 유대인에게서 돌 감람나무인 이방인에게로 옮겨졌던 구속사의 사명이 다시 유대인에게로 옮겨지는 때다. 계시록 10장부터 이스라엘 민족이 주도하는 7년 언약인 마지막 70번째 이레가 시작된다. 그래서 계10장 이후부터는 배경이 이스라엘로 바뀐다. 이스라엘과 관련된 용어들과 마지막 7년과 관련된 구체적인 용어들이 등장하기 시작한다.

제3성전이 세워졌기 때문에 성전과 제단, 성전에서 예배하는 자들이 등장한다. 거룩한 성, 두 증인, 주께서 십자가에 못 박히신 곳, 골고다 등이 나타난다. 마지막 7년과 관련하여 1260일 마흔 두 달, 한때 두 때 반 때가 나온다. 그리고 계11:15절에서 비로서 7째 마지막 나팔이 불어진다. 7년 중 전3.5년이 끝나고 드디어 휴거가 시작되는 시점이다.

2. 마지막 7년이 시작되고 있는 신호들

안타깝게도 요즘 학자들 가운데 70이레는 다 지나갔다고 주장하는 이들이 있다. 때문에 앞으로 실제 마지막 7년은 없다고 한다. 그러나 계시록은 마지막 7년이 남아있음을 강조하고 있다. 계시록 10장에서 마지막 7년이 시작되고 있음을 알리는 신호들이 여러 번 등장하고 있다. 그 신호들을 하나씩 살펴보고자 한다.

1) 마지막 한이레 7년과 관련된 용어를 7회만 언급

마지막 7년과 관련된 용어는 1260일, 마흔 두 달, 한때, 두 때, 반 때라는 용어다. 이 용어들은 3.5년이라는 기간은 모두 동일하다. 그러나 성경은 이 세 가지 단어에 분명한 의미를 부여하고 있다. 그리고 그 의미를 따라 정확히 구별하여 쓰고 있다. 그러나 대부분 이 용어들의 그 의미를 구별하지 않고 섞어 쓰는 경우가 많다. 어쩌면 이 용어에 대한 의미조차 모르는 경우가 많다. 7년과 관련된 이 세 용어는 구약의 다니엘과 신약의 계시록을 합하여 총 7회만 사용하고 있다. 그 밖에 3.5년을 표현해야 할 때는 다른 용어로 대체하고 있다.

① 1260일(日) 2회 / 빛과 선에만 적용

두 증인과 계12장의 여자에게만 사용된 일(日)은 밤에 대비되는 낮이다. 빛의 사역자와 선에만 사용되었다. 성경에서 선은 반드시 날, 일(日)로 표현한다. 예를 들어 시90:12절에 우리의 날수(日)를 계수함과, 1260(계11:3, 12:6)일 1290일 1335일(단12:11-12) 2300(단8:14)주야 등이다. 이러한 날수는 모두 하나님의 백성들과 관련되어 있는 배경의 수들이다. 심지어 사람이 오래 사는 것을 가리켜 천수를 누린다는 것도 날수를 세는 것이다.

"내가 나의 *두 증인*에게 권세를 주리니 그들이 굵은 베옷을 입고 *천이백육십 일*을 예언하리라"(계11:3)

"그 *여자가 광야로 도망*하매 거기서 *천이백육십 일* 동안 그를 양육하기 위하여 하나님께서 예비하신 곳이 있더라"(계12:6) 낮과

② 마흔 두 달(42개月) 2회 / 어둠과 악에만 적용

월(月)은 일(日)에 대비되는 밤이다 어둠의 사역자와 악에 사용되었다. 악은 반드시 달, 월(月)로 표현한다. 짐승(계13:5)통치의 마흔 두 달, 다섯째 나팔 사건의 다섯 달(계9:5,10) 사건 등이다. 다섯째 나팔 사건에는 악의 세력 짐승인 아바돈 아불루온이 있다고 밝히고 있다.

"성전 바깥 마당은 측량하지 말고 그냥 두라 이것은 이방인에게 주었은즉 그들이 *거룩한 성을 마흔두 달* 동안 *짓밟으리라*"(계11:2)

"또 *짐승*이 과장되고 신성 모독을 말하는 입을 받고 또 *마흔두 달* 동안 일할 권세를 받으니라"(계13:5)

"또 전갈과 같은 꼬리와 쏘는 살이 있어 그 꼬리에는 *다섯 달 동안* 사람들을 해하는 권세가 있더라 그들에게 왕이 있으니 무저갱의 사자라 히브리어로는 그 이름이 *아바돈*이요 헬라어로는 그 이름이 *아불루온*이더라"(계9:10-11)

③ 한 때와 두 때와 반 때 3회 / 선과 악 모두 후3.5년 대 환난시기만 사용

이 표현은 선과 악 두 그룹에 모두 사용되었다. 7년은 선의 그룹도 악의 그룹도 모두 동일하게 3.5년을 사용한다. 특별히 이 용어는 두 그룹 모두 후3.5년 대 환난 시기에만 사용되었다. 다니엘은 2회 모두 후3.5년에 성도가 악의권세 아래서 고난 받은 대 환난 시기에 이 용어를 사용했다. 계시록은 선에 속하는 여자가 대환난기에 들어가는 시기에 사용되었다. 그러므로 한때와 두 때 반 때를 언급하는 시기는 분명히 대 환난과 관련한 후3.5년임을 알 수 있다.

"*그 여자가 큰 독수리의 두 날개를 받아* 광야 자기 곳으로 날아가 거기서 그 뱀의 낯을 피하여 *한 때와 두 때와 반 때*를 양육 받으매"(계12:14)

"그가 장차 지극히 높으신 이를 말로 대적하며 또 지극히 높으신 이의 *성도를 괴롭게 할 것*이며 그가 또 때와 법을 고치고자 할 것이며 성도들은 그의 손에 붙인 바 되어 *한 때와 두 때와 반 때*를 지내리라"(단:7:25)

"내가 들은즉 그 세마포 옷을 입고 강물 위쪽에 있는 자가 자기의 좌우 손을 들어 하늘을 향하여 영원히 살아 계시는 이를 가리켜 맹세하여 이르되 반드시 *한 때 두 때 반 때*를 지나서 성도의 권세가 다 깨지기까지이니 그렇게 되면 이 모든 일이 다 끝나리라 하더라"(단12:7)

④ 다른 표현 - 이레의 절반

7년과 관련된 용어는 딱 7회만 사용하고 제한한다. 또 3.5년을 표현해야 하는 경우에 다르게 표현한다. 단9:27절에서 전3.5년이 지나면 7년 조약이 파괴된다. 여기서 3.5년을 이레의 절반으로 표현하고 있다. 모두 동일한 기간이다. 단12장에 1290일도 마찬가지다. 우상을 세울 때부터 7년이 마치는 기간은 1260일 혹은 마흔 두 달이다. 그런데 여기서 7년 관련 용어들을 제한하고 1260일에 30일을 더한 1290일을 바로 사용하고 있다. 여기서 날수가 사용됨은 그 대상이 선이기 때문이다. 1290일을 지내는 사람들은 천년왕국에 들어갈 자들이기 때문이다.

"그가 장차 많은 사람들과 더불어 한 이레 동안의 언약을 굳게 맺고 그가 그 *이레의 절반*에 제사와 예물을 금지할 것이며 또 포악하여 가증한 것이 날개를 의지하여 설 것이며 또 이미 정한 종말까지 진노가 황폐하게 하는 자에게 쏟아지리라 하였느니라 하니라"(단9:27)

"매일 드리는 제사를 폐하며 멸망하게 할 가증한 것을 세울 때부터 *천이백구십 일*을 지낼 것이요 기다려서 *천삼백삼십오 일*까지 이르는 그 사람은 복이 있으리라"(단12:11-12)

그러므로 우리도 이와 같이 7년과 관련된 용어를 구분하여 사용해야 한다. 예를 들어 달을 선에 붙여서 두 증인의 마흔 두 달 사역이라 하면 안 된다. 여자가 마흔 두 달 동안 환난에 들어간다고 해도 안 된다. 반면에 1260일을 짐승에게 붙여서 짐승이 1260일 동안 통치한다고 하면 안 된다. 같은 맥락에서 1260일을 상징이라 하여 1260년을 카톨릭의 전성기 기간으로 보는 것도 안 된다. 카톨릭은 선이 아니기 때문이다. 그러나 한때 두 때 반 때는 두 그룹에 모두 사용하고 있으니 상관없다. 단 대 환난에만 적용된다.

2) 힘센 천사의 모습을 일곱으로 묘사하고 있다.

힘센 천사는 펼쳐진 작은 책과 관련하여 어떠한 소식, 바로 7년에 관한 소식을 가지고 하늘에서 내려온다. 그런데 그 천사가 내려오는 광경을 일곱 개의 특징 단어를 통해 묘사하고 있다. 여기서도 7년의 소식을 알리는 7이 강조되고 있다고 본다.

"내가 또 보니 *힘 센 다른 천사가 구름을 입고 하늘에서 내려오는데* 그 머리 위에 무지개가 있고 그 얼굴은 해 같고 그 발은 불기둥 같으며 그 손에는 펴 놓인 작은 두루마리를 들고 그 오른 발은 바다를 밟고 왼 발은 땅을 밟고"(계10:1-2)

① 옷은 *구름*을 입고
② 머리에는 *무지개*가 있고 - 무지개는 언약으로 7년 언약을 암시하고 있다.
③ 얼굴은 *해* 같고
④ 그 발은 *불기둥* 같으며
⑤ 그 손에는 펴 놓인 *작은 두루마리*를 들고
⑥ 그 오른발은 *바다*를 밟고
⑦ 왼 발은 *땅*을 밟고

3) 일곱 내용으로 분류되는 계시록 10장

필자는 본문을 수 없이 읽고 또 읽어 보았다. 그리고 전체 내용이 무엇인가를 분류해 보았다. 본문을 분류하는 시각에 따라 다를 수 있지만 필자는 전체 본문이 일곱으로 분류되었다. 이것 또한 7년 시작의 신호다.

① 힘센 천사의 묘사 1-2절

"내가 또 보니 힘 센 다른 천사가 구름을 입고 하늘에서 내려오는데 그 머리 위에 무지개가 있고 그 얼굴은 해 같고 그 발은 불기둥 같으며 그 손에는 펴 놓인 작은 두루마리를 들고 그 오른 발은 바다를 밟고 왼 발은 땅을 밟고"

② 일곱 우레 3-4절

"사자가 부르짖는 것 같이 큰 소리로 외치니 그가 외칠 때에 일곱 우레가 그 소리를 내어 말하더라 일곱 우레가 말을 할 때에 내가 기록하려고 하다가 곧 들으니 하늘에서 소리가 나서 말하기를 일곱 우레가 말한 것을 인봉하고 기록하지 말라 하더라"

③ 천지를 창조하신 하나님 이름으로 맹세하는 천사 '지체하지 않는다' 5-6절

"내가 본 바 바다와 땅을 밟고 서 있는 천사가 하늘을 향하여 오른손을 들고 세세토록 살아 계신 이 곧 하늘과 그 가운데에 있는 물건이며 땅과 그 가운데에 있는 물건이며 바다와 그 가운데에 있는 물건을 창조하신 이를 가리켜 맹세하여 이르되 지체하지 아니하리니"

④ 일곱째천사 나팔경고 곧 복음의 비밀이 이루어진다. 7절

"일곱째 천사가 소리 내는 날 그의 나팔을 불려고 할 때에 하나님이 그의 종 선지자들에게 전하신 복음과 같이 하나님의 그 비밀이 이루어지리라 하더라"

⑤ 천사가 요한에게 작은 두루마리 갖다 먹어라 명령 8-9절 "배에 쓰고 입에 달다" 경고

"하늘에서 나서 내게 들리던 음성이 또 내게 말하여 이르되 네가 가서 바다와 땅을 밟고 서 있는 천사의 손에 펴 놓인 두루마리를 가지라 하기로 내가 천사에게 나아가 작은 두루마리를 달라 한즉 천사가 이르되 갖다 먹어버리라 네 배에는 쓰나 네 입에는 꿀 같이 달리라 하거늘"

⑥ 요한이 순종하여 작은 두루마리를 갖다 먹음 10절

"내가 천사의 손에서 작은 두루마리를 갖다 먹어 버리니 내 입에는 꿀 같이 다나 먹은 후에 내 배에서는 쓰게 되더라"

⑦ 요한에게 다시예언의 사명 주심 11절

"그가 내게 말하기를 네가 많은 백성과 나라와 방언과 임금에게 다시 예언하여야 하리라 하더라"

4) 7년 협정이 체결되고 있는 장임을 알리는 결정적 신호 - 단9:27절이 보인다.

계시록 10장에서 7년 언약과 관계있는 결정적 구절을 발견했다. 계시록에는 **일곱 구절**에서 단어와 순서는 조금 다르지만 비슷한 단어 배열이 나온다.

① "그들이 새 노래를 불러 이르되 두루마리를 가지시고 그 인봉을 떼기에 합당하시도다 일찍이 죽임을 당하사 *각 족속과 방언과 백성과 나라* 가운데에서 사람들을 피로 사서 하나님께 드리시고"(계5:9)

② "이 일 후에 내가 보니 *각 나라와 족속과 백성과 방언*에서 아무도 능히 셀 수 없는 큰 무리가 나와 흰 옷을 입고 손에 종려 가지를 들고 보좌 앞과 어린 양 앞에 서서"(계7:9)

③ "*백성들과 족속과 방언과 나라* 중에서 사람들이 그 시체를 사흘 반 동안을 보며 무덤에 장사하지 못하게 하리로다"(계11:9)

④ "또 권세를 받아 성도들과 싸워 이기게 되고 *각 족속과 백성과 방언과 나라*를 다스리는 권세를 받으니"(계13:7)

⑤ "또 보니 다른 천사가 공중에 날아가는데 땅에 거주하는 자들 곧 ***모***든 *민족과 종족과 방언과 백성*에게 전할 영원한 복음을 가졌더라"(계14:6)

⑥ "또 천사가 내게 말하되 네가 본 바 음녀가 앉아 있는 물은 *백성과 무리와 열국과 방언*들이니라"(계17:15)

⑦ "그가 내게 말하기를 네가 '많은 백성과 나라와 방언과 임금'에게 '다시 예언'하여야 하리라 하더라"(계10:11)

위에서 보듯이 순서는 약간 다르게 배열되었지만 족속, 나라, 방언, 백성, 민족, 종족, 열국 등은 분명히 이방 나라들로 이방인을 뜻하는 것이다. 이러한 문장들이 7회나 언급된 것은 중요한 의미가 있다. 여러 번 언급하지만 대부분 마지막 7년은 유대인과만 관련되어 있다고 한다. 때문에 이방교회는 7년 전에 휴거되고 그들이 말하는 7년 환난기에 들어가지 않는다고 한다. 그러나 이방인과 관련된 이런 용어들이 7회나 나타나는 것은 이방교회도 분명히 7년에 들어간다는 증거다.

여기서 중요한 것은 이러한 단어배열 중에 일곱 번째 계10:11이 매우 중요하다. 필자는 이 구절을 계10장이 7년 조약이 체결되는 장이라고 보는 결정적 근거로 보았다. 필자는 계10:11절을 읽을 때 순간 단9:27절이 오버랩 되었다. 아래에서 두 구절을 대조해 본다. 계시록 10장을 제외한 다른 여섯 곳에는 '많은'과 '임금'이란 단어가 없다. 그러나 계10:11절에는 요한에게 이르기를 **많은** 백성과 나라와 방언과 **임금**에게 **다시 예언**하라고 하신다. '**많은 백성**' 그리고 '**임금**'이란 단어가 중요하다.

"*그가 장차 많은 사람들과 더불어 한 이레 동안의 언약을 굳게 맺고 그가 그 이레의 절반에 제사와 예물을 금지할 것이며 또 포악하여 가증한 것이 날개를 의지하여 설 것이며 또 이미 정한 종말까지 진노가 황폐하게 하는 자에게 쏟아지리라 하였느니라 하니라*"(단9:27)

"그가 내게 말하기를 네가 '*많은 백성과 나라와 방언과 임금*'에게 '*다시 예언*'하여야 하리라 하더라"(계10:11)

계10:11절의 말씀은 단9:27절의 예언과 같은 맥락으로 보인다. 이스라엘과 적그리스도가 한 이레 동안에 굳게 맺는 7년 언약을 상기시키고 있다. 계시록의 "많은 백성"과 다니엘의 "많은 사람"은 같은 말이다. 다니엘의 "그가 장차 많은 사람들과 더불어"는 히브리어 "라브"다. 대장, 연장자를 뜻한다. 중동의 여러 국가들의 대장인 임금, 왕들과 더불어 맺는 언약이다. 그래서 계시록에는 "임금에게" 다시예언 하라고 하신다. 이 두 개의 본문은 약간은 다르게 표현하고 있지만 결국은 마지막 7년 조약을 암시하고 있다고 본다. 계10:11절은 아마도 하나님께서 요한에게 이렇게 말씀하시는 것 같다.

"지금 적그리스도가 많은 사람(많은 백성)들과 임금과 7년 언약을 맺었다. 이제 세상은 내가 유대인에게 정한 70이레 490년 중 한 이레, 7년 남았다. 너는 이제부터(10장 이후부터) 많은 사람들과 임금(이스라엘 뿐 아니라 전 세계 이방 나라들을 대상으로)들에게 다니엘이 예언했던 70이레 중 마지막 7년 한 이레에 대한 내용을 자세하게 기록하여 다시 예언하라!"

물론 남은 한 이레의 중심은 이스라엘과 관련되어 있다. 구속사의 주도권이 이방인에게서 유대인으로 넘어간 시기이기 때문이다. 그러나 70이레 끝은 세상 종말이다. 세상 종말은 이스라엘만의 종말이 아닌 전 세계의 종말이다. 이렇게 마지막 7년은 유대인과 이방인 모두에게 너무도 중요한 70이레 종료 기간이다. 마지막 때가 되면 잘못된 가르침들로 인해 영적으로도 혼탁하게 될 것이다. 거짓선지자들을 통해 꿈과 환상 예언이 난무하고 미혹이 가득한 시대가 올 것이다. 하나님은 오직 기록된 말씀으로 시대를 분별하게 하신다. 이를 위해 주님은 요한계시록을 통해 전 세계의 종말과 하나님나라 완성의 천국이정표를 정확하게 주셨다.

3. "작은 책"과 "다시 예언"의 올바른 해석은 다니엘서에 근거해야 한다.

1) 천사의 손에 펴 놓인 작은 두루마리 책
"그 손에는 *펴 놓인 작은 두루마리*를 들고"(계10:2)

대부분 작은 책을 계시록 전체로 보는 해석이 많다. 작은 책 계시록을 부지런히 먹고 소화해서 마지막 때 하나님의 종들이 요한계시록을 다시 예언해야 한다고 한다. 이러한 해석은 설득력이 없다. 주의 종들이 먹어야 할 책이 계시록만은 아니기 때문이다. 또한 작은 책을 계시록 10장 이후 사건으로 보는 이들도 있다. 물론 작은 책은 10장 이후 사건들이다. 그러나 단순히 계시록 10장 이후 사건이란 주장으로도 명쾌하지 않다. 필자는 작은 책의 명쾌한 출처를 다니엘서에서 찾을 수 있었다. 다니엘 12장에 보면 하나님께서 두 번에 걸쳐 봉함하신 책이 있다. 한번은 다니엘에게 봉함하라 하셨고 또한 친히 하나님께서 직접 봉함하실 것이라고 했다. 그 봉함 내용은 바로 적그리스도와 관련한 7년 한 이레와 대 환난에 대한 말씀이었다.

"다니엘아 *마지막 때까지 이 말을 간수하고 이 글을 봉함하라* 많은 사람이 빨리 왕래하며 지식이 더하리라"(단12:4) -**다니엘에게 봉함 하라고 하심**

"그가 이르되 다니엘아 갈지어다 *이 말은 마지막 때까지 간수하고 봉함할 것임이니라*"(단12:9) - **하나님이 직접 봉함하심**

"이제 내가 *마지막 날*에 네 백성이 당할 일을 네게 깨닫게 하러 왔노라 이는 *이 환상이 오랜 후의 일임이라* 하더라"(단10:14) **신약의 마지막 때에 일어날 일로 봉함하신 책**

"그 손에는 *펴 놓인 작은 두루마리*를 들고"(계10:2) **위에 봉함된 책이 계시록 10장에서 열림**

다니엘서는 구약의 계시록이며 계시록은 신약의 다니엘이다. 학자들은 다니엘서는 요한계시록과 신, 구약 예언서의 짝이라고 한다. 그 중에 적그리스도와 관련하여 7년 한 이레와 대 환난에 대한 내용이 압축으로 예언되어 있다. **위의 봉함 내용은 7년 한 이레에 대한 내용의 작은 책이다.** 이 예언을 단9:27 한절에 7년을 압축해 놓은 것이다. 하나님께서는 친히 굳게 봉함해 두었던 이 작은 책을 열어주실 때가 되었다. 가브리엘 천사를 통해 손에 펼쳐진 책을 보여주신다. 7년의 소식을 가지고 내려오는 가브리엘은 머리에 언약과 관련한 무지개가 있다.

"내가 또 보니 힘 센 다른 천사가 구름을 입고 하늘에서 내려오는데 그 머리 위에 *무지개*가 있고 그 얼굴은 해 같고 그 발은 불기둥 같으며 *그 손에는 펴 놓인 작은 두루마리를 들고* 그 오른 발은 바다를 밟고 왼 발은 땅을 밟고"(계10:1-2)

사도요한이 처음 이 장면을 보았을 때는 천사의 손에 있는 책이 무슨 책인지 전혀 알지 못했다. 그러나 요한이 그 책이 다니엘에 봉함했던 그 책인 줄 알게 된 시점은 그 책을 먹었을 때다. 천사의 명대로 그 책을 먹었을 때 바로 다니엘에 봉함되었던 바로 그 책인 것을 깨달았을 것이다. 우리는 말씀을 깨달을 때 꿀과 송이 꿀보다 달다고 표현한다. 말씀을 깨달은 은혜와 감격 때문이다. 요한이 깨달았다는 근거는 천사의 명대로 그 책을 먹으니 입에서 달았기 때문이다. 요한이 그 책을 먹은 후 그 책이 선조 다니엘이 예언한 그 책임을 깨달은 것이다.

얼마나 감격스러웠겠는가? 그러나 배에서 쓰다는 것은 요한이 그 작은 책의 내용의 의미를 깨달았기 때문이다. 바로 70이레의 끝인 마지막 7년 중 단12:1의 예언 성취로 유대민족이 겪어야 할 개국 이래 없었던 후3.5년 대환난에 관한 내용이었기 때문이다.

"내가 천사에게 나아가 작은 두루마리를 달라 한즉 천사가 이르되 갖다 먹어 버리라 네 배에는 쓰나 네 입에는 꿀 같이 달리라 하거늘 *내가 천사의 손에서 작은 두루마리를 갖다 먹어 버리니 내 입에는 꿀 같이 다나 먹은 후에 내 배에서는 쓰게 되더라*(계10:9-10)

"그 때에 네 민족을 호위하는 큰 군주 미가엘이 일어날 것이요 또 환난이 있으리니 이는 *개국 이래로 그 때까지 없던 환난*일 것이며 그 때에 네 백성 중 책에 기록된 모든 자가 구원을 받을 것이라"(단12:1)

드디어 계시록 10장에서 7년 언약체결 이후부터 한 이레의 시작이다. 세계 역사 마지막 7년의 카운트다운이 시작되고 있다. 이 예언은 유대 백성이 구약 끝에 안티오쿠스 에피파네스에게 당한 2300주야의 환난에 비교할 수 없는 환난이다. 구약 끝에는 유대인만 겪는 환난 이었다. 그러나 신약 끝에는 유대인을 포함하여 전 세계 교회가 함께 적그리스도에게 엄청난 환난을 겪는다. 이 작은 책의 내용은 마지막 7년 중의 대 환난과 세상에 대한 심판과 마지막 재앙을 선포하는 것이다. 온 지구상의 모든 인류가 함께 겪는 대환난이지만 그 중심에는 바로 이스라엘이 있다. 그러므로 배에서는 쓸 수밖에 없다.

2) 다시 예언하여야 하리라

"그가 내게 말하기를 *네가 많은 백성과 나라와 방언과 임금에게 다시 예언하여야 하리라* 하더라"(계10:11)

요한에게 다시 예언해야 한다는 내용도 여러 해석이나 주석에서도 시원하게 풀어지지 않는 부분이다. 대부분 오늘날 주의 종들이 마지막 때 계시록을 잘 가르치는 것을 "다시 예언"하는 것이라고 한다. 그러나 결코 그럴 수 없다. "다시예언"의 해석도 '작은 책'의 비밀을 찾은 다니엘서를 통해 명쾌하게 알 수 있다.

요한에게 "다시 예언하여야 하리라"이라 함은 앞에서 누군가가 한번 예언을 했었다는 것이다. 바로 다니엘이다. 하나님은 다니엘의 70이레에서는 마지막 7년을 단9:27절 한절에 압축해 놓으셨다. 다니엘서는 애굽에서 로마까지 제국시대에 대한 내용은 봉한 것이 하나도 없다. 그러나 마지막 7년에 관한 내용은 다 열어놓지 않으셨다. 단11:1-39까지는 구약 끝의 적그리스도에 관한 내용이다. 단11:40-12:3까지는 신약 끝의 적그리스도에 대한 예언이다. 그중 마지막 한이레의 자세한 내용은 봉함해 두셨다.(단12:4,9)

그래서 다니엘은 "내가 듣고도 깨닫지 못한지라"(단12:8)고 했다. 그러나 이제 요한에게 10장 이후부터 다니엘에 봉함해 두었던 7년의 내용을 더욱 자세하게 다시 예언하라는 것이다. 이것은 단9:27 한절에 압축해 두었던 7년의 내용을 압축풀기 하라는 것이다. 그러므로 계시록 10장부터 주님 지상 재림하시는 19장까지 단9:27절 7년의 압축을 풀고 있는 것이다. 그러므로 계10장부터 19장까지 무려 열장에 걸쳐 천국 이정표를 상세하게 보여주고 있다.

4. 계시록 10장에서 마지막 7년이 시작되고 있다.

1) 언약 그리고 무지개 - 7년 언약이 체결된다.

"그 머리 위에 *무지개*가 있고"(계10:1)

처음 성경은 장, 절 구분은 없었다. 그러나 이 후에 되어 진 장과 절의 구분에도 성령께서 개입하셨다고 믿는다. 계시록 10장이다. 성경에서 10은 법, 계명, 하나님의 법을 의미 한다. 하나님은 이스라엘과 적그리스도가 굳게 맺는 그 중요한 7년 협정 법, 언약체결 장면을 계시록 10장에 기록하게 하셨다. 단9:27의 예언인 마지막 한 이레 언약이 계시록 10장에서 시작되고 있음을 암시하고 있다. 또한 우리는 무지개 하면 노아의 무지개 언약을 떠올린다. 어떠한 메시지를 가지고 하늘에서 내려오는 천사의 머리에 무지개가 있다. 이것은 이 천사가 어떤 중요한 "언약"과 관련된 천사임을 암시하고 있다.

2) 힘센 천사 - 7년의 소식을 가져오다

"내가 또 보니 힘 센 다른 천사가 구름을 입고 하늘에서 내려오는데"(계10:1)

힘센 천사를 예수님 또는 미가엘이나 가브리엘 등으로 보는 다양한 견해가 있다. 예수님과 흡사한 묘사는 있으나 앞뒤 문맥을 보아도 예수님은 아니다. 또한 미가엘은 전쟁과 관련된 천사다. 가브리엘은 소식을 전하는 천사다. 힘센 천사는 가브리엘일 가능성이 높다. 히브리어 가브리엘의 어원이 게베르(힘센)에서 왔다. 가브리엘은 다니엘에게 70이레의 시작을 알려준 천사다. 역시 가브리엘이 요한에게 70이레를 마치는 7년의 소식을 가져오는 것은 자연스러운 해석이다. 계10장에서 70번째 이레 마지막 7년 언약이 맺어졌다. 힘센 천사는 69이레로 멈추었던 70이레가 다시 시작된다는 소식을 가지고 온 것이다. 이제 이방인의 때가 끝나고 유대인의 때로 이어지는 마지막 7년이다.

3) 오른발은 바다를 밟고, 왼발은 땅을 밟고 - 이스라엘과 중동간의 조약이 체결되다.

"그 오른 발은 바다를 밟고 왼 발은 땅을 밟고"(계10:2)

더투어낸드님은 유튜브 강의를 통해 계시록 10장은 마지막 이레 평화조약이 맺어지고 있는 장이라고 보았다. 근거는 힘센 천사가 오른발은 바다

(지중해 유럽)를 밟고 왼발은 땅(이스라엘)을 밟고 일곱 우레로 소리를 내는 것이다. 다시 말해 이 장면은 적그리스도가 이스라엘과 열국 간의 모종의 7년 언약을 맺는 상황을 표현하고 있는 것으로 보았다. 필자는 이 강의를 상당히 신선하고 설득력 있게 들으면서 그의 주장에 인정하고 동의했다. 그리고 "과연 계시록 10장에서 7년이 시작되고 있는가?" 필자는 계10장에 깊은 관심을 갖고 더욱 자세히 살펴보았다. 마치 물꼬가 트인 것처럼 마지막 7년과 관련해 숨겨진 부분들이 보이기 시작했다. 그리고 다니엘과 연결하면서 "마지막 7년"의 주제로 정리하게 되었다.

4) 일곱 우레 - 7년 조약은 7개의 조항으로 체결될 것이다.

"사자가 부르짖는 것 같이 큰 소리로 외치니 그가 외칠 때에 *일곱 우레가 그 소리를 내어 말하더라* 일곱 우레가 말을 할 때에 내가 기록하려고 하다가 곧 들으니 하늘에서 소리가 나서 말하기를 *일곱 우레가 말한 것을 인봉하고 기록하지 말라 하더라*"(계10:3-4)

일곱 우레는 어떤 소리를 내어 말을 했다. 우레가 한번 말하고 요한이 한번 기록하는 방식이 아니다. 우레가 일곱 번 연이어 계속 말하는 동안 요한은 일곱 우레의 말이 끝날 때 까지 기다렸다. 요한은 이 우레의 일곱 소리의 말을 알아들었고 기억했고 문장으로 기록할 수 있었다. 그래서 우레가 다 말한 것을 기록하려고 하자 "인봉하고 기록하지 말라"고 하신다. 혹자는 이 부분에 대해 하나님께서 인봉해 두신 부분을 알려고 하지 말라고 한다. 기록하지 말라고 한 것은 우리가 알 필요가 없기 때문이라고 한다.

그러나 이 내용이 과연 그런 의미일까? "요한아, 이 부분은 내가 실수로 들려주었다. 이것은 지금 관련 없으니 기록하지 말고 인봉해라"이런 것은 결코 아닐 것이다. 지금 여기서 "인봉"해야 하는 이유가 있을 것이다. 우리는 인봉의 이유가 무엇인지를 이해하고 깨닫는 것이 중요하다. 하나님은 실수 하시는 분이 아니시기 때문이다. 일곱 우레의 내용은 지금은 열어서는 안 되는 내용이다. 위에서 말한 봉함되었던 한 이레의 작은 책을 열어 놓고도 이 일곱 우레는 또 인봉하고 있다. 더투어낸드님은 일곱 우레는 아마도 적그리스도와 맺는 7년 언약의 조약 내용일 것이라고 했다. 필자는 이분의 주장에 설득력이 있어 전적으로 동의한다.

일곱 우레가 분명히 앞으로 적그리스도와 맺는 7년 조약의 내용이라면 이 내용은 당연히 인봉해 두어야 한다. 앞으로 맺어질 조약 내용을 성경에 미리 기록해 두면 안 되기 때문이다. 또한 미리 기록해 둘 필요도 없다. 우레를 들려주시고 인봉하신 다는 것은 그 내용은 반드시 7년 조약에 들어갈 내용이기 때문이다. 그리고 인봉해 둔 것은 때가 되면 적그리스도와의 7년 조약으로 인해 저절로 밝혀지는 내용이다. 때문에 기록하지 말고 인봉하라고 하신 것이다. 여기서 인봉은 스프라기조로 봉인, 보존이란 뜻이다. 이것은 정한 기한이 차면 봉인은 열린다는 것이다. 주님은 7년 조약의 의미로 일곱 우레 소리를 의도적으로 들려주신 것이다.

다니엘서는 B.C 530년경에 쓰여 졌고 요한계시록은 A.D 95년경으로 본다. 다니엘로부터 대충 600-700년이 지난 이후에 다니엘서에 봉함해 두셨던 작은 책을 사도 요한에게 열어주셨다. 또 작은 책에 있던 내용 중 일곱 우레는 2천년이 훨씬 넘게 인봉되어 있다. 이제 미래에 적그리스도가 이스라엘과 7년 협정을 맺을 때 일곱 우레의 내용은 드러나게 될 것이다. 7년 협정에 대해서는 아래 "7년 평화조약 분별"에서 더 자세하게 별도로 정리했다.

5) 지체하지 아니하리니 - 더 이상 시간이 없다.

"세세토록 살아 계신 이 곧 하늘과 그 가운데에 있는 물건이며 땅과 그 가운데에 있는 물건이며 바다와 그 가운데에 있는 물건을 *창조하신 이를 가리켜 맹세하여 이르되 지체하지 아니하리니*"(계10:6)

"내가 들은즉 그 세마포 옷을 입고 강물 위쪽에 있는 자가 자기의 좌우 손을 들어 하늘을 향하여 *영원히 살아 계시는 이를 가리켜 맹세하여 이르되 반드시 한 때 두 때 반 때를 지나서 성도의 권세가 다 깨지기까지이니 그렇게 되면 이 모든 일이 다 끝나리라 하더라*"(단12:7)

천사가 손을 들고 하늘을 향해 맹세하는 장면은 다니엘서에도 동일한 장면으로 등장한다. 계시록의 천사는 한손에 작은 책을 들었기 때문에 한손만 들었고 다니엘의 천사는 양손을 들고 맹세한다. 다니엘의 천사는 후3.5년에 집중하여 맹세하고 있다. 이유는 마지막 7년은 유대인의 때로 유대인이 겪는 대 환난에 다니엘이 집중하고 있기 때문이다. 계시록의 천사는 7년을 앞두고 맹세한다. 7년 한 이레는 유대인과 이방인이 함께 들어가기 때문이다. 두 천사 모두 마지막 7년과 관련하여 반드시 이루어질 사건을 하나님의 이름으로 맹세하고 있다.

계시록의 천사가 하는 맹세는 "지체하지 않는다."고 한다. 성경 난외 번역에는 "시간이 다시없으리니" 킹제임스 역에는 "시간이 더 이상 있지 않다" 쉬운 성경에는 "더 이상 기다리지 않을 것이다"라고 번역하고 있다. 7년 언약을 맺게 되면 주님의 지상 재림까지의 시간은 7년으로 확정되었기 때문이다. 더 이상 기다림의 시간은 없다. 이제 곧 하나님께서 정하신 다니엘의 70이레 역사는 마감된다. 이것은 우리가 사는 이 땅, 아담의 나라 역사가 딱 7년 후 마감되는 것을 말하고 있다. 7년이 지나면 아담의 나라가 아닌 이 땅의 천국 그리스도의 나라 천년왕국이 시작되기 때문이다.

6) 7째 나팔 경고 - 그 비밀(신비)이 이루어지리라
"일곱째 천사가 소리 내는 날 그의 나팔을 불려고 할 때에 하나님이 그의 종 선지자들에게 전하신 복음과 같이 하나님의 *그 비밀이 이루어지리라* 하더라"(계10:7)

"일곱째 천사가 음성을 내는 *날*들에 즉 그가 나팔을 불기 시작할 때에 하나님의 *신비*가 그분께서 자신의 종 대언자들에게 밝히 드러내신 것 같이 이루어리리라"(킹제임스)

하나님께서 자신의 종 선지자들에게 기쁜 소식으로 밝히 드러내신 것이 바로 '하나님의 비밀'이다. 이 비밀은 7째 천사가 소리 내는 날 그 나팔을 불려고 할 때에 그 신비들이 드러난다. 여기서 비밀(씨크릿)보다는 신비(미스테리)로 번역하는 것이 본문 의미에 더 가깝다. 킹제임스 번역의 '날들'과 '신비'는 원문의미에 가까운 번역이다. 7째 나팔을 부는 날들에 일어나는 신비들이기 때문이다. 그렇다면 하나님의 비밀, 신비는 무엇일까? 그것을 알 수 있는 것은 어렵지 않다. 계시록의 순서대로 7째 나팔이 불어진 이후에 일어나는 사건들이다. 성경에 여러 가지 비밀(신비)이 있다. 이 모든 비밀들은 7째 나팔 이후에 모두 드러난다.

① 이방인의 수가 충만히 차는 비밀

"형제들아 너희가 스스로 지혜 있다 하면서 이 *신비*를 너희가 모르기를 내가 원하지 아니하노니 *이 신비는 이방인의 충만한 수가 들어오기까지 이스라엘의 더러는 우둔하게 된 것이라*"(롬11:25) – 마지막 7년은 이방인의 때가 끝나는 때

② 마지막 나팔의 비밀

"보라 내가 너희에게 *비밀*을 말하노니 우리가 다 잠 잘 것이 아니요 *마지막 나팔에 순식간에 홀연히 다 변화되리니*"(고전15:51) – 7째 나팔에 휴거되는 비밀

③ 그리스도와 교회의 비밀

" *이 비밀이 크도다* 나는 *그리스도와 교회*에 대하여 말하노라"(엡5:32)

신랑 되신 그리스도께서 신부된 교회를 데리러 오시는 휴거의 비밀이 7째 나팔이다.

④ 천국의 비밀/하나님 나라의 비밀

"대답하여 이르시되 *천국의 비밀*을 아는 것이 너희에게는 허락되었으나 그들에게는 아니되었나니"(마13:11) – 7째 나팔에 그리스도의 나라가 선포됨으로 천국이 비밀이 드러남

⑤ 하나님의 비밀

"사람이 마땅히 우리를 그리스도의 일꾼이요 *하나님의 비밀*을 맡은 자로 여길지어다"(고전4:1)

⑥ 그리스도의 비밀

"그것을 읽으면 내가 *그리스도의 비밀*을 깨달은 것을 너희가 알 수 있으리라"(엡3:4)

⑦ 복음의 비밀

"또 나를 위하여 구할 것은 내게 말씀을 주사 나로 입을 열어 *복음의 비밀*을 담대히 알리게 하옵소서 할 것이니"(엡6:19)

⑧ 불법의 비밀

"*불법의 비밀*이 이미 활동하였으나 지금은 그것을 막는 자가 있어 그 중에서 옮겨질 때까지 하리라"(살후2:7) – 계13장부터 구체적으로 드러나는 짐승의 활동

⑨ 짐승의 비밀

"천사가 이르되 왜 놀랍게 여기느냐 내가 여자와 그가 탄 일곱 머리와 열 뿔 가진 *짐승의 비밀*을 네게 이르리라"(계17:7)

5. 7년 평화 협정을 분별하라.

"그가 장차 많은 사람들과 더불어 *한 이레 동안의 언약을 굳게 맺고* 그가 그 이레의 절반에 제사와 예물을 금지할 것이며 또 포악하여 가증한 것이 날개를 의지하여 설 것이며 또 이미 정한 종말까지 진노가 황폐하게 하는 자에게 쏟아지리라 하였느니라 하니라"(단9:27)

1) 용어를 정리해야 한다.

평화조약이란 용어를 정리할 필요가 있다. 요즘 세계적으로 국가 간에 평화조약이 종종 맺어지고 있다. 지금까지 역사상 국가 간에 수없는 평화조약이 맺어져 왔다. 우리는 이렇게 맺어지는 평화조약들과 다니엘에서 말하는 평화조약을 구별해야 한다. 우리는 모두 그냥 평화조약이라는 용어를 쓰기 때문에 혼돈이 일어나고 있는 것이다.

이러한 혼돈의 예가 있다. 최근 2020년 9월 15일 이스라엘과 아랍국가간에 '아브라함 평화협정'을 맺었다. 이를 두고 70이레의 평화조약이 이미 맺어졌다고 주장하는 이들이 있다. 또한 마지막 7년이 시작되었다는 주장도 있다. 이와 관련하여 쿠슈너와 트럼프가 적그리스도 선상에 오르기도 했다. 이러한 주장은 70이레의 7년 협정을 잘 이해하지 못하고 있는 것이다.

그래서 필자는 용어를 구분하여 사용한다. 단9:27절에는 7년 조약에서 평화라는 단어가 없다. 한 이레 언약이다. 이를 두고 우리는 7년 언약, 7년 조약, 7년 협정 등으로 쓰는 것이 옳다. 필자는 7년 협정이란 용어를 주로 쓸 것이다. 여기에 현시대적 상황을 요구하는 평화라는 단어가 붙을 것이다. 그러므로 가장 적절한 미래의 협정 용어는 '7년 평화 협정'일 것이다. 이 협정은 반드시 3차전 후 평화가 없는 시기에 맺어진다. 70이레의 평화협정은 반드시 7년이라는 기간이 명시되어야 한다. 이 언약은 후3.5년에 파기될 것이기에 굳게라는 말을 강조하고 있다. 지금까지 평화조약을 맺을 때 기간을 정하고 맺은 조약은 없는 것으로 알고 있다.

국제정치학자들의 연구에 의하면 주전 1,500년부터 주후 1860년까지 8천 건의 평화협정이 있었다고 한다. 그 많은 평화협정의 유지기간은 평균 2년이었다고 한다. 평화협정은 다음 전쟁을 위한 수단이라고까지 한다. 그만큼 평화협정은 속임수가 들어 있다는 것이다. 그러므로 70이레 7년 협정에서 굳게라는 것을 매우 강조하는 것은 거짓이 전제하고 있다는 것이다. 아마도 마지막 때가 가까울수록 세계적으로 국가들 간의 평화 협정이라는 것을 많이 맺을 것이다. 지금까지 그랬던 것처럼 그 협정들은 오래 가지 못하고 전쟁으로 발전할 것이다. 그러나 적그리스도는 그러한 세계적 환경에서 이스라엘과 중동간의 7년 협정을 맺는다. 사단의 속임수다. 3.5년 만에 협정은 깨지고 본격적으로 영적, 육적 전쟁이 시작되기 때문이다.

2) 다니엘의 7년 평화협정은 아마도 이렇게 될 것이다.

미래에 있을 협정의 내용을 우리가 다 알 수 는 없다. 그러나 단9:27절을 근거로 해서 7년 협정을 추론해 볼 수는 있다.

① 7년 협정은 반드시 세계통일 국가의 통치자 적그리스도가 한다.

아브라함 협정은 쿠슈너가 중요 역할을 했고 트럼프가 주도했다. 현재 트럼프는 세계정부 지도자가 아니다. 또한 지금 세계정부가 세워진 것도 아니다. 70이레 7년 협정은 반드시 정치적 적그리스도가 주도한다.

② 조약 내용은 7개 조항으로 될 것이다.

계10:3-4절의 일곱 우레를 근거로 본다. 그리고 7년 조약으로 7개의 조항이 될 수 있다.

③ 조약 내용 중에는 제3성전 건축 조항이 있을 것이다.

단9:27절에 이레의 절반에 제사와 예물을 금지하게 된다. 계11:1절은 제3성전이 이미 건축된 상태임을 알 수 있다. 지금 성전 건축 준비완료 상태인 제3성전은 7년 협정체결로 건축을 시작하게 될 것이다. 성전 건축은 반드시 7년 협정 후에 진행된다. 왕상5:12에 솔로몬이 두로의 히람과 평화조약을 맺는다. 그리고 왕상6장부터 성전건축에 들어갔다. 미래의 7년 협정과 제3성전 건축도 이와 같은 패턴으로 진행 될 것이다.

"여호와께서 그의 말씀대로 솔로몬에게 지혜를 주신 고로 *히람과 솔로몬이 친목하여 두 사람이 함께 약조를 맺었더라*"(왕상5:12)

"이스라엘 자손이 애굽 땅에서 나온 지 사백팔십 년이요 솔로몬이 이스라엘 왕이 된 지 사 년 시브월 곧 둘째 달에 *솔로몬이 여호와를 위하여 성전 건축하기를 시작하였더라*"(왕상6:1)

통곡의 벽에서 2천년이 넘는 동안 기도하고 있는 유대인들의 소망인 제3성전 건축은 7년 협정 조항에 들어 갈 수밖에 없다. 7년 협정으로 성전이 건축되면 성전예배가 시작되고 5대 제사가 부활한다. 그러나 이스라엘에 동물제사가 시작되면 전 세계의 동물애호가들의 시위도 예상된다. 이스라엘의 동물제사를 동물학대로 번질 가능성은 불 보듯 예상할 수 있다. 지금 전 세계에서 반려동물 문화가 확장되고 있는 것도 마지막 때 신호라고 볼 수 있다. 이스라엘에서 있게 될 동물희생 제사를 세계 동물 애호가들이 묵인하지는 않을 것이다. 이것은 적그리스도가 7년 협정을 파기할 수 있는 가장 중요한 요인이 될 수 있다.

④ 특별히 조약 기간은 7년이라는 기간이 명시되어 있을 것이다.

7년이라는 것은 상당히 중요한 요소다. 다니엘의 7년 평화협정은 7년이 가장 중요한 포인트다. 굳게 7년을 맺지만 이레의 절반에 파기되어 후3.5년 대 환난으로 들어가는 통로가 7년이기 때문이다. 그러므로 한 이레 언약이다.

3) 7년 시작의 카운트다운의 시점은?

7년 카운트다운의 시점은 매우 중요한 여러 가지 의미가 있다. 7년이 시작되는 시점은 7년 협정을 맺고 그 조약의 효력이 발생하는 날부터 7년 2520일이다. 예를 들어 2023년 12월 1일에 협정을 체결했다고 하자. 그러나 법의 효력 발생일인 시행일이 2024년 1월 1일부터라면 그날부터 7년이 시작되는 것이다. 바로 그날부터 2520일 카운트다운이 시작된다.

여기서 우리가 주목해야 할 아주 중요한 사인이 있다. 이것이 진짜 7년 협정이구나! 하고 확신할 수 있는 사건이다. 바로 이스라엘에 두 증인의 등장이다. 반드시 7년 협정의 법적 효력이 발생하는 그날 이스라엘에 두 증인이 나타나신다. 두 증인의 사역은 전3.5년 1260일로 날수가 정해져 있기 때문이다. 7년이 시작되는 날부터 1260일 이기에 반드시 그날 등장 하신다. 이스라엘에 나타나는 두 증인은 온 세상에 뜨거운 감자가 될 것이다. 그리고 두 증인이 사역을 마치고 죽고, 부활하고 승천하신 다음날 7년 협정은 파기된다. 이것은 분명하고 정확한 다니엘과 요한계시록의 예언이다.

6. 마지막 7년을 앞두고 주목해야 할 마지막 신호 - 세계 3차전

마지막 7년 언약체결의 매개체는 아마도 세계 3차전이 될 것이다. 6째 나팔 기간은 전3.5년을 포함하고 있다. 때문에 6째 나팔인 3차전과 7년 조약을 맺는 간격은 떨어지지 않고 3차전 직후 바로 언약 체결로 연결될 가능성이 높다. 그렇다면 7년으로 진입하는 과정에서 3차전이 가장 중요한 신호가 될 수 있다. 3차전을 앞두고 현재 우리가 사는 시대는 아래와 같은 사건들이 갈수록 더욱 구체화 될 것이다. 전 세계적으로 나타나는 마지막 신호다.

① 짐승표의 일반화 진행 – 표가 신체와 하나 되는 과정을 자연스럽게 진행하고 있다.
② 세계종교 통합(WCC) 완성 – 카톨릭을 중심으로
③ 현금 없는 사회 – 전자화폐 시대, 종이화폐, 종이 통장이 사라진다.
④ 법 제정 – 차별금지법, 동성애 합법화 등
⑤ 인구 감축 계획 진행 – 전쟁, 전염병, 테러, 백신, 인공 자연재해 등을 통해
⑥ 세계 경제 붕괴 – 경제 붕괴의 중심에는 미국이 있을 것이다.
⑦ EU 세력 확장 – 다니엘 7장의 예언으로 적그리스도가 등장하는 세력이다.

7. 지금은 마지막 시대, 마지막 때 골든타임이다.

계시록의 이정표대로라면 지금이 마지막 때 골든타임이다. 짐승표로 전 세계를 통치하는 전자화폐 시대가 되려면 종이 화폐가 없어져야 한다. 끝으로 갈수록 아주 빠르게 경제가 붕괴되고 많은 어떤 사건들로 인해 세계가 혼란에 빠지게 될 것이다. 짐승 표 강제시행 전에 일반화되는 과정(70%~80%)에 있다. 후3.5년에 강제시행이 되면 우리는 복음을 전하기 위해 해외로 나가는 비행기도 탈수 없는 시대가 온다. 지금처럼 마음대로 비행기를 탈수 있는 이 시대에 부지런히 열방에 이 마지막 때 복음을 전해야 한다. 그리고 나라마다 마지막 복음을 사수하는 하나님의 종들을 세워 놓아야 한다. 그리고 짐승표가 강제 시행되면 자국인이건 외국인이건 세계 선교사들은 각 나라 그 자리에서 순교의 각오로 남아 승리해야 한다.

8. 마지막 7년에 들어가는 세대들을 위한 조언

마지막 7년 단원을 정리하면서 7년에 있을 계시록의 이정표를 간단히 정리하고자 한다. 물론 중요한 계시록의 주제들이 뒤에 나오기 때문에 여기서

정리하는 내용들이 이해되지 않을 수 있다. 그러나 이 한권의 책 안에 모든 해답이 있으니 해당 단원들을 통해 이해를 도울 것이다. 7년의 사건들도 지극히 순서적으로 진행 될 것이다. 어쩌면 이 조언이 언젠가는 이 책을 접하게 될 독자들에게 해당 될 수도 있을 것이다. 지금이 마지막 때임에는 틀림 없다. 그러나 필자는 지금 2023년의 시점에서 몇 년 내에 주님께서 오실만한 급박한 때로 보지는 않는다. 이것은 독자들에게 긴장감을 늦추게 하려는 것이 아니다.

우리는 죽어서든 살아서든 늘 깨어서 주님 만날 준비를 하며 살아야 한다. 그러다가 개인의 종말이 오면 영으로 주님을 먼저 뵙고 부활로 휴거에 참여할 것이다. 또한 죽음을 보지 않고 살아서 주님을 만나게 된다면 영광스러운 몸의 변화로 휴거에 참여할 것이다. 우리는 항상 주님이 이 땅에 오시는 것보다 내가 먼저 죽어 주님 앞에 설 것을 준비하고 살아야 한다. 주님의 피와 상관없는 자로 산다면 휴거를 위한 부활에 참여할 수 없기 때문이다. 그러므로 휴거의 날짜 혹은 7년이 곧 시작된다는 시기에 집중하게 하는 미혹을 분별해야 한다. 그럼에도 불구하고 하나님의 시간이 차면 마지막 7년에 들어가는 세대들이 있을 것이다. 아마도 지금의 젊은 세대는 분명히 7년 마지막 이레에 들어가게 될 것으로 본다.

종말론을 연구하는 많은 사람들 가운데는 7년 전 휴거를 외치는 자들이 있다. 그들은 교회는 7년과 상관이 없다고 한다. 누누이 강조하지만 결코 그렇지 않다. 7년에 이방 교회도 들어간다. 이러한 가르침을 따르는 자들 중에 마지막 7년에 들어가는 자들이 있다면 그때부터라도 생각을 바꾸고 더욱 철저히 깨어나야 한다. 그때부터 휴거가 시작되기까지는 1260일이 남아 있기 때문이다. 7년 중 전3.5년은 대환난이 아니다. 적어도 강제로 표를 받아야 하는 시기는 아니다. 혹은 환난 통과만을 주장하는 이들이 있다. 지금은 종말론과 관련하여 계시록의 혼잡한 해석들이 주류를 이루고 있다. 이러한 혼란스러운 해석들이 아무리 난무할지라도 역사는 계시록의 예언대로 진행될 것이다. 7년이 시작되면 이 모든 논쟁들은 종료될 수밖에 없다.

7년에 들어가는 세대들이여! 7년 전에 휴거는 결코 없다. 세계 3차전을 마치면 적그리스도가 7년 평화협정을 맺는다. 그 협정의 효력이 발생하는 그날부터 7년의 시작임을 기억해야 한다. 7년에 들어가서 비로소 7년 전에 환난 전 휴거가 있다는 주장이 오류임을 확인하게 될 것이다. 그때부터 7년에 들어가는 세대들은 요한계시록의 예언들을 순서대로 목격할 것이다. 먼저 7년 평화 협정을 체결하는 적그리스도를 보게 될 것이다. 바로 이어서 이스라엘에 실제로 나타나는 두 증인의 등장을 보게 될 것이다. 이때 두 증인이 상징이라고 해석한 주장들의 오류도 드러날 것이다. 또한 자신들이 두 증인중 하나라고 한 자들도 부끄럽게 될 것이다.

그리고 비로소 이스라엘에 제3성전이 건축되는 것을 목도할 것이다. 그리고 전3.5년이 지나는 시점에서 첫 번 대환난전 휴거를 보게 될 것이다. 만약 첫 번 휴거에 참여하지 못한 자들은 어쩌면 세계적인 인구실종 사건 소식을 초 긴급 빅뉴스로 듣게 될 것이다. 이때 만약 환난 통과 설을 지지하는 이들이 있다면 자신의 믿음이 옳지 않음을 속히 깨달아야 한다. 그리고 이 세계적 실종사건은 대환난전 휴거임을 인지하고 곧 있게 될 두 번째 대환난중 휴거를 준비해야 한다. 첫 번 휴거는 땅에는 나팔 소리가 들리지 않기 때문에 사람들이 휴거로 인지하지 못할 것이다. 휴거단원을 참조해야 한다.

첫 번 휴거와 동시에 7년 평화 조약이 파기되는 소식을 듣게 될 것이다. 또한 7년 조약의 파기와 동시에 거짓으로 위장했던 세계 평화는 완전히 사라진다. 그리고 첫 번 휴거 후 거의 죽었다가 살아나는 적그리스도와 거짓 선지자의 등장을 보게 될 것이다. 그리고 두 번째 대대적인 다수의 휴거인 대환난 중 휴거를 보게 될 것이다. 7년에 들어가는 성도들은 적어도 이 두 번째 휴거에는 꼭 참여해야만 한다. 그렇지 않으면 목 베임 당하는 혹독한 대환난의 중심에 들어가야 하기 때문이다. 그때부터는 세상의 공기가 달라진다. 상상할 수 없는 성도의 핍박과 공포가 전 세계를 뒤 덮을 것이다. 이때 또 두 번째 휴거에도 참여하지 못하는 세대들은 대 환난을 통과하는 중에 남은 계시록의 예언을 목도하게 될 것이다.

제일 먼저 이스라엘의 시편 83편 전쟁의 소식을 듣게 될 것이다. 이스라엘을 5각형으로 둘러싼 중동 이슬람세력들이 총 연합하여 이스라엘을 공격하는 전쟁이다. 그들은 이 전쟁으로 이스라엘을 지구상에서 아예 그 이름도 기억하지 못하게 하려는 전쟁이다. 그리고 후3.5년 거의 끝 무렵에 에스겔 38장 곡 마곡 전쟁을 보게 될 것이다. 이 전쟁의 목적은 이스라엘의 재물을 약탈하기 위함이다. 북방의 러시아를 중심으로 하여 서방의 유럽과 남방세력 등이 총 연합하여 이스라엘을 공격하는 대규모의 전쟁이다. 전쟁은 뒤에 전쟁단원에서 자세히 정리했다. 그리고 이 전쟁이 마무리 될 무렵 아마겟돈 전쟁의 소식들이 나올 것이다.

그리고 주님의 지상 재림 나팔 소리가 온 세상에 퍼질 것이다. 그때 환난을 통과하며 믿음을 지킨 성도들은 천사들의 큰 나팔 소리에 사방에서 모아지게 될 것이다.(마24:29-31) 7년에 들어가서 두 번의 휴거에도 참여하지 못하는 성도들이 있다면 끝까지 낙심하지 말고 믿음을 지키고 견뎌야 한다. 그래야만 주님 재림 시에 있는 천사들의 큰 나팔에 모아지게 될 것이다. 이때 큰 나팔에 모아진 이들은 3차 대환난 통과 휴거 그룹이 되어 영생의 몸으로 변화될 것이다. 그리고 대환난 통과 부활 그룹과 함께 왕권을 받고 천년왕국에 들어가게 될 것이다.

무엇보다 지금 깨어서 시대를 분별하고 마지막 때를 근신하고 살아가는 것이 중요하다. 그러나 때가 되면 이방 교회된 우리들은 원하든 원치 않던 마지막 7년에 들어간다는 사실이다. 7년 이전 환난 전 휴거를 믿고 있던 사람들이 7년에 들어간다면 그때 가서 얼마나 당황스럽겠는가? 그러므로 필자는 7년에 들어가는 세대들에게 특별히 계시록의 이정표들을 통해 권면하는 것이다. 세상은 성경대로 진행되어 왔고 미래도 성경대로 진행될 것이기 때문이다.

마지막 복음 증거자 두 증인

요한계시록 해석에 있어서 논쟁하는 중요한 주제중의 하나는 두 증인이다. 두 증인이 실제냐 상징이냐 하는 문제와 두 증인 중에 둘은 누구를 혹은 무엇을 지칭하느냐에 대한 논쟁이다. 그들의 주장을 들어보면 두 증인, 곧 둘이라는 것에 대해 너무 집중되어 있다는 생각이 든다. 계11장 전체 내용에 대한 집중 분석은 없다. 그저 두 명이 누구이며 무엇을 상징하느냐에 대한 논쟁만 뜨겁다. 계시록의 어떤 주제에 대한 성경을 해석할 때 본문 전체 내용에 대한 충실한 해석은 필수다. 그러나 특히 계시록에 있어서 단어 하나에 집중되어 본문과 상관없는 해석에 치중되어 있는 경우가 많다. 그 중 하나가 두 증인이다. 본 단원에서는 두 증인에 관한 계11장 본문에 충실한 성경적 해석에 집중할 것이다.

1. 요한계시록 11장 시대적 배경에 대한 이해

필자는 요한계시록이 순서적으로 기록되었다는 원칙을 가지고 풀어가고 있다. 이러한 관점에서 계11장의 역사적 위치에 해당하는 시대적 배경은 두 증인을 풀어가는 아주 중요한 열쇠가 된다. 계9장에 6째 나팔인 세계 3차전이 있다. 계10장은 마지막 7년 조약이 맺어지는 장이다. 그러므로 7년 조약이 맺어지는 계10장의 배경은 계9장에 있었던 세계 3차전 직후가 될 것이다. 7년 조약이 맺어지면 그 조약의 법적 효력이 발생하는 날부터 7년 시작이다. 드디어 2520일 카운트다운이 시작된다. 계11장 두증인은 7년 조약 효력이 발생하는 바로 그날 나타나서 1260일 사역이 시작된다. 1260일은 두증인의 순교, 부활, 승천일까지 포함한다.

7년 조약의 법적 효력이 발생하는 이 날은 성경적으로나 역사적으로 아주 중요한 시점이다. 다니엘 70이레의 70번째 마지막 이레가 계10장에서 시작된다. 신, 구약에서 이토록 중요한 마지막 7년 예언의 성취가 시작되는 날이다. 구속사의 주도권이 이방인에게서 유대인에게로 넘어가는 날이다. 이 날은 이방인 때의 마침이요 유대인 때의 시작이다. 적그리스도가 주도하는 세상 7년으로 정해진 세계단일정부의 출발이다. 또한 이날 가장 중요한 사건은 두 증인의 나타남이다. 주님께서 나타나시기에 앞서서 그 길을 준비하는 구약의 두 선지자가 예루살렘에 실제로 나타난다. 이들은 7년 중 년 전 3.5년 1260일 사역의 권세를 부여받았다. 그러므로 계11장은 이미 전3.5년이 시작된 시점으로 세계단일정부 세상이다.

1) 두 증인이 오셔야만 하는 마지막 세상의 풍경

다니엘 70이레 예언에 속한 7년의 시작은 날수가 정확하게 2520로 정해져 있다. 주님의 지상 재림 날이 지연되거나 빨라지거나 하지 않는다. 때문에 7년이 시작되는 시점인 계10:6에는 "더 이상 기다리지 않는다."라고 예고한다. 정확히 7년 후에 예수님이 지상에 재림하신다. 예수님의 초림은 70이레에 의해서 정확한 날짜에 오셨다. 유월절 어린양으로 죽으심도 70이레의 정확한 날짜에 죽으셨다. 이방인의 때로 간격시대인 지금은 주님의 재림 날짜를 결코 알 수 없다. 그러나 7년이 시작되면 70이레를 근거로 주님의 지상 재림 시점을 예측할 수 있다.

적그리스도의 세상인 7년은 후3.5년 대 환난을 전제로 시작된다. 그러므로 세계정부 출발 전에 7년의 통치에 필요한 모든 것은 준비된다. 전3.5년은 대 환난을 구체적으로 준비하는 전야제와 같다. 적그리스도는 인류를 이끌고 대 환난으로 들어가기 위해 위장 평화의 세상으로 시작한다. 때문에 '7년 평화조약'은 인류를 대 환난으로 끌고 가는 사단의 미끼라고 할 수 있다. 성경은 '7년 언약'이 지만 현 시대는 '평화조약'이라는 명칭으로 사용한다. 그들은 7년 시작 전에 다음의 내용들을 완성한다.

① 짐승의 표 일반화가 완성된다.

전3.5년의 시기는 아직 표를 강제로 받는 때는 아니다. 그러나 짐승의 표 일반화가 완성되는 7년은 표 없이는 생존이 불가능해진다. 불편함을 감수해야 할 것들이 너무도 많아진다. 이 시대에 겪은 코로나 사태는 비교가 안 될 것이다. 표를 거부한 사람들과 특히 기독교인들이 살아가기에 너무나 힘겨운 세상이다. 겉으론 전쟁 없는 평화로운 세상이라 하지만 영적으로는 목숨을 건 치열한 영적 전쟁의 시대다.

② 모든 법제정이 완성된다.

동성애법, 차별금지법들이 전 세계적으로 통과된다. 이 법들은 결국 '오직 예수로만 구원'의 복음을 막는 법들이다. 이러한 법들이 통과된 세상에서 교회 강단에서는 십자가 예수보혈, 부활, 오직예수, 휴거, 천년왕국, 마지막 때, 천국, 지옥 설교를 할 수 없다. 이러한 설교를 하는 교회나 목사는 고발을 당하고 벌금 혹은 감옥행이 될 것이다. 이러한 설교는 물론 지금도 교회 강단에서 듣기 흔치 않다. 그러나 이 시기가 되면 성경의 원 복음이 아예 금지가 되고 세계선교 또한 금지가 될 것이다. 그러므로 세계선교도 지금이 골든타임으로 마지막 때다.

③ 종교단일화가 완성된다.

세계종교 단일화의 조직은 이미 완성된 상태다. 로마 교황청을 중심으로 세계종교는 단일 화 된다. 심지어 교회 강단에서도 모든 종교에 구원이 있다고 외칠 것이다. 종교 다원주의는 구원이라는 정상을 오르는 길만 다를 뿐이다. 그러므로 오직 예수로만 구원받는 진리인 기독교전도는 종교의 차별로 금지된다. 내 종교를 다른 이에게 강요할 수 없다. 강요할 경우 신고되고 처벌되는 세상이다.

④ 인구감축계획은 더욱 활발히 진행된다.

세계단일정부를 주도하는 세력들은 세계 인구감축이라는 중요한 프로젝트를 가지고 있다. 쾌적한 지구환경을 위해 세계 인구를 5억으로 줄여야 한다는 것이 그들의 계획이다. 나머지 잉여인구는 좋은 말로 감축해야 한다. 그 잉여 인구를 감축하는 계획이 다양하다. 동성애로 생명이 만들어지는 원천을 차단한다. 낙태법으로 생겨난 생명은 낙태시킨다. 세상에 있는 생명은 전쟁으로, 인공재해로 지진, 쓰나미, 전염병, 테러, 각종 백신으로 죽인다.

⑤ '오직 예수 복음'을 능히 전할 주의 종들이 없다.

이 시기에는 '오직예수로만 구원'이라는 진리를 전할 주의 종들이 없다. 전3.5년은 목을 베는 강제 시기는 아니다. 그러나 오직 예수 복음을 전하면 법 위반으로 신고 되고, 벌금형 받고, 투옥되는 시기다. 그럼에도 불구하고 순교적 사명을 가진 이들은 복음을 전하다가 벌금형을 받거나 투옥될 것이다. 그러므로 전3.5년에는 아마도 많은 신실한 주의 종들이 감옥에 있을 것이다. 그러나 적그리스도의 세상에서도 복음은 멈출 수 없다. 흑암의 때에도 복음을 듣고 구원받아야 할 사람들이 있기 때문이다. 7년의 시작은 그 누구도 복음을 막을 수 없는 강력한 권세를 가진 전도자가 필요한 시대다. 두 증인은 하나님께서 이때를 위해 준비해두신 마지막 복음 증거자들이다.

2) 두 증인은 7년 시작의 뜨거운 감자다.

이스라엘에 갑자기 나타난 두 증인은 세상의 이론으로는 설명 할 수 없는 존재들이다. 우리는 예수님이 나타나실 것을 믿는다. 그러나 두 증인이 나타난다는 것에는 좀처럼 동의하지 않는다. 그럼에도 불구하고 7년 조약의 효력이 발생하는 그날 두 증인은 실제로 이 땅에 나타난다. 그때 두 증인에 관한 모든 상징논란은 종료될 것이다. 그리고 두 증인과 관련한 모든 내용은 실시간 세계로 방영될 것이다. 두 증인은 세계의 뜨거운 감자로 등극할 것이다.

① 굵은 베옷을 입은 두 사람은 적그리스도의 정체를 알고 있다.

적그리스도와 7년 협정을 맺은 이스라엘에는 제3성전이 세워진다. 유대인들은 평화의 때라고 기뻐한다. 성전 제사를 드리며 감사, 감격하고 있다. 그때까지도 유대인들은 적그리스도를 메시아라고 속고 있기 때문이다. 그러나 두 증인은 적그리스도의 정체를 알고 있다. 그래서 더욱 가슴을 치며 이스라엘 민족의 회개를 외칠 것이다. 또한 이스라엘뿐만 아니라 전 세계의 멸망도 7년으로 정해져 있다. 그러므로 세계 모든 이방인을 향해 불같이 회개를 외치며 복음을 전할 것이다. 두 증인이 입은 굵은 베옷은 회개를 상징한다.

② 두 증인을 대적하면 다 죽는다.

"만일 누구든지 그들을 해하고자 하면 그들의 입에서 불이 나와서 그들의 원수를 삼켜 버릴 것이요 누구든지 그들을 해하고자 하면 반드시 그와 같이 죽임을 당하리라 그들이 권능을 가지고 하늘을 닫아 그 예언을 하는 날 동안 비가 오지 못하게 하고 또 권능을 가지고 물을 피로 변하게 하고 아무 때든지 원하는 대로 여러 가지 재앙으로 땅을 치리로다" (계11:5-6)

두 증인이 권능으로 행하는 이적은 모두 복음을 방해하는 세력을 향한 재앙이다. 결코 사람을 살리는 능력을 행하지 않는다. 죽은 자를 살리거나 병을 고치거나 하지 않는다. 두 증인은 오직 마지막 복음을 증거 하는 자들이다. 전3.5년에도 순교자적 사명으로 복음을 전하는 종들이 있을 것이다. 그러나 그들은 모두 세계정부의 법에 의해 통제를 받는 시대로 벌금형 또는 체포당한다. 그러나 두 증인은 전3.5년의 사명을 마치기까지는 그 누구의 통제도 받지 않는다. 아무도 두 증인을 체포하거나 통제할 수 없다. 그럼에도 불구하고 세계정부는 두 증인을 그냥 두지 않는다. 계속 군대를 보내 두 증인을 체포하려 할 것이다.

그러나 대적하는 자들 보다 먼저 두 증인의 입에서 불이 나온다. 동시에 대적 자들은 모두 불에 태워져 죽임을 당한다. 두 선지자를 건들면 다 죽는다. 아무 때든지 원하는 대로 여러 가지 재앙을 일으키며 복음을 대적하는 자들과 싸운다. 하늘을 열고 닫으며 물이 피되게 하는 기적들도 다 복음을 대적하는 세력들을 대적하기 위한 권능이다. 그러나 그들이 예언을 마치면 적그리스도 세력들과의 전쟁으로 죽임을 당한다. 적그리스도의 세력을 이기지 못해 죽는 것이 아니다. 증언을 다 마치고 이제 죽음과 부활 승천으로 마지막 증언을 하기 위함이다. 두 증인의 1260일의 예언은 두 증인의 죽음과 부활 승천까지 포함하기 때문이다.

③ 두 증인의 승천은 휴거 시작을 알리는 신호탄이다.

계11:1-2절 두 증인 등장 직전에 성전을 측량하는 내용이 나온다. 두 증인의 사역은 휴거와 깊은 관계가 있다. 두 증인의 승천은 휴거의 시점을 알 수 있는 가장 정확한 신호다. 두 증인이 승천하고 나면 바로 그날 7번째 마지막 나팔이 불어진다. 계12장에서 1차 휴거 장면이 등장한다. 이와 관련하여 계11장 초반의 성전 측량은 두 증인이 사역 마친 후 시작되는 휴거의 대상자들을 측량하는 것이다. 그 성전은 실제 예루살렘에 세워질 제3성전일 수도 있고 성도들의 몸 된 성전일 수 도 있다.

2. 두 증인에 대한 논란

1) 두 증인이 상징일수 없는 이유
① 마지막 7년 전, 후 중심에 각각 두 사람이 있다.
다니엘 70이레 연구가들에 의하면 70이레 중 69이레가 실제 역사 속에 정확하게 일어났다. 그렇다면 마지막 남은 한 이레 7년도 실제 역사 속에 정확하게 일어날 것이다. 그러므로 마지막 7년 기간에 일어나는 일은 결코 상징이 될 수 없다. 7년 중 전3.5년 활동하는 주인공은 두 증인이며 후3.5년은 두 짐승이다. 두 짐승은 적그리스도와 거짓 선지자로 실제 두 명이다.

이처럼 두 증인도 문자 그대로 실제 두 사람이다. 그럼에도 불구하고 7년 한 이레 자체를 상징으로 볼 뿐만 아니라 두 증인을 상징으로 해석한다. 두 증인을 마지막 때에 전 세계에서 엄청난 능력을 가지고 마지막 복음을 전할 주의 종들을 상징한다고 보는 견해가 지배적이다. 그러나 필자는 결코 그렇게 보지 않는다. 그들은 반드시 실제 나타날 두 사람이기 때문이다.

② 두 증인은 원하는 대로 재앙을 일으키는 권세가 있다.
성경에 기록된 두 증인의 사역을 그대로 보자. 중요한 것은 두 증인이 행하는 권능 이적은 모두 재앙이다. 두 증인이 가진 권세의 성격은 사람을 살리는 것이 아니고 죽이는 능력이다. 입에서 불이 나와 사람을 태워 죽인다. 하늘을 닫아 비가 오지 못하게 하는 가뭄 재앙을 일으킨다. 물이 변하여 피가 되게 하여 물을 오염시킨다. 아무 때든지 여러 가지 재앙으로 땅을 해롭게 하며 사람들을 괴롭게 한다.

두 증인이 상징이라면 두 증인 사역을 하는 자들은 역시 이러한 재앙을 일으켜야 한다. 마지막 때 많은 주의 종들이 전 세계에서 이러한 재앙을 일으키며 복음을 전한다는 것은 자연스럽지 않다. 이렇게 상징으로 보는 이들의 두 증인은 성경과는 다르게 사람을 살리는 능력을 행하는 자들이다. 그러나 두 증인의 선한 사역은 오직 예언이다. 필자는 뒤에서 두 증인이 왜 성경대로 재앙을 일으키는 권세를 가지고 예언 사역을 해야 하는지 그 배경을 밝혀갈 것이다.

③ 두 증인은 후3.5년을 준비하는 사역이다.

두 증인의 사역은 한 이레 중 전3.5년에 있어 너무도 중요한 사역이다. 이분들의 사역으로 후3.5년에 성도의 승패가 달려있다고 해도 과언이 아니다. 이분들의 마지막 복음 증거는 후3.5년을 들어가는 성도들이 믿음을 지킬 수 있는 원동력이다. 대환난 속에서도 복음의 빛이 흐려지지 않는 힘인 것이다. 더욱 중요한 것은 두 증인이 활동하는 시기에도 유대인들은 돌아오지 않는다. 그러나 두 증인 부활 승천 후에 유대인들이 돌아오기 시작한다. 전3.5년 동안 두 증인이 외친 복음은 후3.5년에 유대인들이 메시아께로 돌아오는 원동력이 된다. 또한 두 증인의 순교는 예수님의 죽음, 부활, 승천 재현이다. 그리고 두 증인의 부활 승천은 곧이어 일어날 중요한 휴거를 예고한다.

2) 모세와 엘리야로 보는 이들의 주장

여기서 두 증인을 상징으로 보는 시각은 너무나 다양하기에 다루지 않겠다. 실제 두 사람으로 보는 시각도 다양하다. 그중에 모세와 엘리야로 보는 시각이 가장 지배적이다. 모세와 엘리야를 지지하는 이들은 마지막 때 실제 모세와 엘리야가 등장한다고 한다. 상징으로 보는 이들은 주의 종들에게 모세와 엘리야의 영이 임한다고 한다. 마지막 때 모세와 엘리야의 영을 받은 자들이 엄청난 능력을 가지고 전 세계에서 복음을 전한다고 한다. 반복해서 강조하지만 계11장의 두 증인에게 부여된 권세는 사람을 살리는 능력이 아니라는 것이 중요하다.

말4:5에 엘리야를 보낸다고 했기에 두 명중 한명이 엘리야임에는 모두 동의한다. 그러므로 여기서는 모세만 살펴본다. 모세는 한번 죽었기 때문에 다시 온다면 두 번 죽고 두 번 부활하고 두 번 승천하는 모순이 생긴다. 사람이 한번 죽는 것은 정한 것이지만 성경에 두 번 죽은 사람들이 있다. 야이로의 딸과 나인성 과부의 아들과 다시 살아났던 나사로도 두 번 죽었다. 또한 이들과 나사로의 부활은 영생하는 몸의 부활이 아니다. 이들은 죽은 지 얼마 되지 않은 자들로 기적과 같이 다시 살아난 자들이다. 3500년 전에 죽은 모세가 다시 살아서 왔다가 또 다시 죽을 수 없다. 그럼에도 불구하고 그들은 아래의 내용을 근거로 두 증인은 모세와 엘리야라고 주장한다. 필자는 아래 종합해 놓은 그들의 주장에 결코 동의하지 않는다.

① 말4:4절에 모세가 나오기 때문에 엘리야와 함께 온다?

"너희는 내가 호렙에서 온 이스라엘을 위하여 *내 종 모세에게 명령한 법 곧 율례와 법도를 기억하라* 보라 여호와의 크고 두려운 날이 이르기 전에 내가 *선지자 엘리야를 너희에게 보내리니*"(말4:4-5)

이 말씀을 근거로 그들의 주장은 이렇다. "말4:5절에 모세를 보낸다는 말씀은 없다. 그러나 4절에 모세의 이름이 나오기 때문에 모세와 엘리야를 보낼 것이다."라고 한다. 이러한 해석은 성경적이지 않다. 말씀은 기록된 그대로 해석해야 한다. 4절에는 모세를 보낸다는 기록이 없다. 모세에게 명령한 법 곧 율례와 법도를 기억하라고 했다. 이 말씀은 천년왕국을 이해해야 그 뜻을 알 수 있는 말씀이다. 천년왕국에 들어가면 십사만 사천이 백성에게 토라를 가르친다. 그때 예전에 호렙에서 모세에게 준 율법을 기억하라는 것이다. 만약 모세를 보낸다면 말4:5에 모세와 엘리야를 보낸다고 기록했을 것이다. 그러므로 이 말씀이 마지막 때 모세와 엘리야를 두 증인으로 보낸다는 근거가 될 수 없다.

② 모세는 율법의 대표요 엘리야는 선지자의 대표이기 때문에...

모세와 엘리야가 율법과 선지자의 대표라는 것에는 문제가 없다. 그러나 두 분이 율법과 선지자의 대표성을 가지고 있기 때문에 두 증인으로 오신다는 것은 설득력이 없다. 두 증인이 오셔서 율법을 전하는 것도 아니기 때문이다. 무엇보다 계시록 11장 본문과 관련이 없다.

③ 물이 피되게 하는 것은 모세의 사역, 하늘을 닫아 비 오지 않게 하는 엘리야의 사역...

계11장에 두 증인이 물이 피되게 하고 하늘을 닫아 비 오지 못하게 한다. 또한 입에서 불이 나와 대적 자들을 모두 태워 죽인다. 모두 모세와 엘리야의 사역이다. 그러나 물이 피되게 한 것은 모세가 한 것이 아니라 모세를 통해 하나님께서 하신 것이다. 엘리야도 마찬가지다. 하나님께서 다른 종들을 통해서도 물이 피되게 할 수 있다. 하늘을 닫을 수 있고 불이 내려오게 할 수도 있다. 이러한 사역은 모세와 엘리야에게만 특허된 사역일 수 없다. 두 증인에게 이러한 사역이 필요하기 때문에 그러한 능력을 부여하시는 것이다.

④ 변화 산에 모세와 엘리야가 나타났기 때문에...

변화 산에 모세와 엘리야가 나타났기 때문에 두 증인으로 온다는 것도 설득력이 부족하다. 변화산 사건은 계11장의 본문과 어떤 연관도 없다. 여기서 변화산 사건을 구체적으로 다루지 않는다. 다만 그들의 이러한 단순한 주장이 본문과 상관이 없다는 것이다.

⑤ 유1:9를 근거로 두 명중 한명은 모세라고 한다.

"천사장 미가엘이 *모세의 시체*에 관하여 마귀와 다투어 변론할 때에 감히 비방하는 판결을 내리지 못하고 다만 말하되 주께서 너를 꾸짖으시기를 원하노라 하였거늘"(유1:9)

그들의 주장 중에 가장 황당했던 부분이 유다서 해석이다. 유다서에 미가엘과 사단이 모세의 시체를 두고 다투는 장면이 있다. 이 장면을 그들을 이렇게 해석하고 있었다. "지금 하나님께서 미가엘을 통해 모세의 시체를 부활 승천 시키려고 한다. 이때 사단이 모세의 시체를 가져가려고 미가엘을 대적하여 방해하고 있다. 그러나 하나님께서 이때 모세를 부활 승천 시켰다. 모세의 승천으로 시신이 없기 때문에 하나님께서 모세의 무덤을 감추어 두신 것이다. 이때 승천한 모세가 다시 두 증인 중 한분으로 오신다."라고 주장한다. 또한 모세의 승천기라는 외경에 근거하여 여기서 모세가 부활 승천했다고도 한다.

그렇다면 모세는 두 번 죽었다가 두 번 부활하고 두 번 승천하는 것이 된다. 이러한 주장은 전혀 성경적이지 않다. 몇 분의 강의를 들었는데 모두가 이렇게 동일한 주장을 하고 있었다. 이것은 유다서 성경 본문의 의도를 벗어난 억지 해석에 불과하다. 분명한 것은 죽은 모세가 부활 승천했다는 기록은 성경 어디에도 없다. 유다서에서 모세는 분명히 '모세의 시체'라고 한다. 모세 5경에도 모세는 분명히 죽었다는 것을 기록하고 있다. 그러나 아담의 7대 손인 에녹은 그 시대에 예수님의 재림을 보았다. 그리고 주께서 오셔서 불경건한 자들을 심판하실 것을 예언하고 있다. 유다서에서 에녹은 두 증인 사역의 본질인 예언을 하고 있다.

"아담의 칠대 손 *에녹이 이 사람들에 대하여도 예언*하여 이르되 보라 *주께서 그 수만의 거룩한 자와 함께 임하셨나니* 이는 *뭇 사람을 심판*하사 모든 경건하지 않은 자가 경건하지 않게 행한 모든 경건하지 않은 일과 또 경건하지 않은 죄인들이 주를 거슬러 한 모든 완악한 말로 말미암아 그들을 정죄하려 하심이라 하였느니라"(유1:14-15)

그들의 주장대로 모세가 죽고 부활 승천했다면 신령한 몸이란 뜻이다. 신령한 몸이 다시 두 증인으로 내려와서 또 죽을 수 있는가 하는 문제다. 그보다 더 중요한 것이 있다. 부활이란 예수님 부활이 부활의 첫 열매다. 예수님 부활 이전에 부활은 영생의 몸으로의 부활이 아니다. 성경에 죽었다가 살아난 자들이 있다. 이들은 썩는 몸으로 다시 살아난 것이다. 예수님께서 운명하실 때 무덤이 열리고 살아난 자들이 있다.(마27:50-53) 나사로나 야이로의 딸, 나인성 과부의 아들과 같은 부활은 다시 죽는 몸으로 살아난 것이다.

두 증인은 유대인과 이방인의 대표로 두 사람이어야 한다. 이것은 필자가 두 증인 중 한명이 모세일 수 없다는 중요한 이유 중 하나다. 모세와 엘리야는 둘 다 유대인이다. 그러나 에녹은 유대인이 형성되기 전 사람으로 민족을 구분한다면 에녹은 이방인이다. 말4:5절에 엘리야만 있고 에녹의 이름이 없는 이유는 아마도 에녹이 이방인이기 때문일 것이다.

⑥ 모세는 능력을 많이 행했으나 에녹은 예언만 할뿐 능력을 행하지 못했다고

그들의 주장에서 "모세는 홍해를 가르는 기적을 비롯해서 엄청난 기적을 행했다. 그러나 에녹은 예언했다는 기록만 있을 뿐 기적을 행했다는 기록은 없다"고 한다. 그러나 두 증인의 사명의 본질은 기적, 능력을 행하는 것이 아니다. 1260일 동안 예언하는 사명이다. 그 예언을 못하게 막는 세력을 대적하기 위해 권세를 주신 것이다. 유1:9에도 에녹은 예언하고 있다.

3) 두 증인은 에녹과 엘리야다.
① 에녹과 엘리야가 나타난다.

초림 때 예수님이 이 땅에 **태어나셨다.** 엘리야의 심정을 가지고 예수님 오실 길을 예비하는 **세례요한도 태어났다.** 재림 때도 이와 같은 원리가 적용된다. **재림 때 예수님**은 **나타나신다.** 앞서서 예수님 재림 길을 준비하는 두증인 **에녹과 엘리야도 나타나야한다.**

② 에녹은 이방인(전 세계인 대표)요 엘리야는 유대인(이스라엘 대표)이다.

하나님 앞에서 전 세계민족은 유대인과 이방인 오직 둘로 나뉜다. 유대인은 에벨과 벨렉에서 출발하는 히브리인이 조상이다. 노아 홍수 전 에녹은 유대 민족이 형성되는 뿌리인 에벨보다 훨씬 이전 사람이다. 그러므로 민족을 나눈다면 에녹은 이방인에 속한다.

마지막 7년은 구속사의 주도권이 유대인에게 있는 유대인의 때다. 그러나 유대인만을 위한 때는 아니다. 마지막 7년에도 유대인과 이방인이 함께 세계정부의 통치아래 있다. 마지막 복음도 유대인을 포함하여 전 세계 이방인에게 선포 되어야 한다. 그러므로 두 증인은 반드시 이방인과 유대인을 대표하는 자들이어야 한다. 두 증인이 이방인과 유대인이라는 것은 앞서서 7인 단원에서도 밝혔다. 인, 나팔, 대접의 6째와 7째 사이 사건들의 공통점이 이방인과 유대인이었다. 레23:22의 오순절과 나팔절 사이의 내용도 이방인과 유대인이다.

③ 마지막 때 엘리야를 보내실 것을 예언하고 있다.

"보라 *여호와의 크고 두려운 날*이 이르기 전에 내가 *선지자 엘리야를 너희에게 보내리니*"(말4:5)

예수님 초림 때는 세례요한이 엘리야의 심정을 가지고 와서 주의 길을 준비했다. 그러나 재림 때는 실제 엘리야가 와서 다시 오실 주의 길을 준비한다. "여호와의 크고 두려운 날"은 마지막 때를 말하고 있다. 에녹을 언급하지 않은 이유는 에녹이 이방인이기 때문이다. 이방인을 개 취급하는 유대인들에게 이방인 에녹은 깊은 선망의 대상이 되지 않을 것이다.

④ 에녹과 엘리야는 구약에 나타나는 분명한 휴거의 예표로 살아서 올려졌다.

"삼 일 반 후에 하나님께로부터 생기가 그들 속에 들어가매 그들이 발로 일어서니 구경하는 자들이 크게 두려워하더라 하늘로부터 큰 음성이 있어 이리로 올라오라 함을 그들이 듣고 *구름을 타고 하늘로 올라가니* 그들의 원수들도 구경하더라"(계11:11-12)

성경에서 살아서 하늘로 올라간 사람은 세분이다. 죽지 않고 휴거된 에녹과 엘리야 그리고 죽었다가 부활하여 하늘로 올라가신 예수님이다. 에녹과 엘리야는 이 땅에 다시 내려와 두 증인의 사명을 다하고 죽었다가 3일 만에 예수님처럼 부활하여 승천함으로 두 번째 다시 하늘로 올라가는 모습을 보여줄 것이다.

⑤ 이 땅의 주 앞에 '서있는' 자들이다

여기서 '서있는'의 원어 '히스테미'는 타동사로 '위치시키다' '데려다 놓다'의 의미다. 이 땅에서 죽지 않은 상태에서 하늘로 데려다 놓은 자들, 하늘에 위치시켜 놓은 자들이 있다. 하나님께서 산채로 하늘로 옮겨놓은 이들은 에녹과 엘리야뿐이다. 이들은 하나님의 계획이 있어 이 땅에서 옮겨져 지금 하늘에 있다. 마지막 한 이레, 7년이 시작될 때에 전 3년 반 두증인의 사명을 위해 하나님께서 다시 이 땅으로 내려 보낼 것이다.

성령사역이라는 유튜브에서 짧은 동영상을 보았다. 필자와 같이 두 증인을 에녹과 엘리야라고 주장하는 영상이라 반가웠다. 그 영상은 아주 짧지만 두 증인이 에녹과 엘리야임에 대해 더욱 확신하게 하는 영상이었다. 유대인들은 외경에 나오는 에녹을 좋아했고 히브리서나 유다서에도 등장한다. 유대인들은 예전에도 두 증인이 에녹과 엘리야라는 것을 알았다고 한다. 현재도 존재하고 있는 유대인의 고대문헌에는 다음과 같은 내용이 있다고 한다. 필자가 문헌을 직접 확인 할 수는 없으나 영상에 나오는 문헌의 내용 일부를 그대로 인용하여 옮겨본다.

"그들은 천국의 문을 들어가다가 거기에서 두 사람의 고령자를 만났다. 거룩한 조상들은 이 두 사람에게 말하기를 죽음을 보지 않고 지옥에 내려간 일도 없고 육체나 영혼도 그대로 이 낙원에 살고 있는 저분은 누구입니까? 그 중 한 사람이 대답하기를 나는 하나님의 마음에 들었던 에녹이라 하며 주님께서 나를 이곳으로 옮겨 주셨습니다. 그리고 이분은 디셉사람 엘리야이며 우리 두 사람은 세상의 종말까지 살기로 되어 있습니다. 세상의 종말이 되면 적그리스도가 일어나는데 그 때 우리들은 하나님으로부터 보냄을 받아 적그리스도에 의해서 죽임을 당하게 됩니다. 그러나 사흘 반 후에는 다시 부활하여 구름을 타고 주를 만나기 위하여 데려가게 되어 있습니다."

에녹과 엘리야는 하늘로 옮겨져 그곳에서 세상 종말까지 육신을 입은 채로 살기로 되어 있는 분들이다. 이 땅에서는 종말까지 살수 없다. 때문에 마지막 사명을 위해 죽음을 보지 않은 육체로 하늘에 옮겨진 것이다. 우리는 이해할 수 없으나 하나님께서 하시는 일이다. 두 분은 7년이 시작되는 날 이 땅에 내려와서 두 증인의 사명을 감당할 것이다.

⑥ **에녹과 엘리야는 살아서 올려가서 "사람이 한번 죽는" 하나님의 법칙에서 제외되어 있다.**
    "한번 죽는 것은 사람에게 정해진 것이요 그 후에는 심판이 있으리니"(히9:27)

이 땅에 사는 날 동안에 한 번 죽는 것은 하나님께서 사람에게 정하신 법칙이다. 하나님께서 정하신 법칙은 그 누구도 비껴갈 수 없다. 에녹과 엘리야는 이 정한 법칙을 이루기 위해 이 땅에 다시 와서 사명을 다한 후 한 번 죽고 부활하여 다시 승천한다.

4) 두 증인은 둘, 둘, 둘이다.

① 나의 두 증인
"내가 *나의 두 증인*에게 권세를 주리니 그들이 굵은 베옷을 입고 천이백 육십 일을 예언하리라"(계11:3)

'나의 두 증인'이란 용어는 많은 내용을 함축하고 있다. 구체적으로 살펴본다.

㉠ **예수님의 증인** - 나의 두 증인의 '나'는 예수 그리스도다. 즉 예수님의 증인이다. 두 증인은 주님의 죽으심, 부활, 승천, 재림, 심판 등에 대하여 다시 생생하게 증언해야 한다. 그래서 이들을 가리켜 주님은 '나의 두 증인'이라고 하셨다. 그리고 그들은 증언을 마치고 적그리스도에 의해 의도적으로 순교하는 것이다. 마지막은 순교를 통해서 예수님의 죽음, 부활, 승천을 증언해야 하기 때문이다. 이것은 곧 주님의 마지막 십자가 사건을 재현하는 것이다.

"그들이 그 *증언을 마칠 때*에 무저갱으로부터 올라오는 짐승이 그들과 더불어 전쟁을 일으켜 그들을 이기고 그들을 죽일 터인즉"(계11:7)

㉡ **증인의 자격** - 증인이란 용어는 법적용어다. 증인을 세울 때 두 사람 이상이어야 한다. 증언을 할 수 있는 증인의 가장 중요한 자격은 현장을 직접 본 목격자다. 이 땅에 예수님의 죽음, 부활, 승천을 직접 본 사람은 단 한명도 없다. 우리는 기록된 말씀을 보고 믿는다. 그러나 하늘에 옮겨져 살아있는 두 증인은 이 모든 현장을 하늘에서 직접 목격한 자들이다. 그러므로 지금 이 땅에는 두 증인의 자격을 가진 자는 단 한명도 없다. 그러므로 두 증인을 양성한다거나 두 증인을 훈련한다는 것은 비 성경적이다.

ⓒ **증인** - 증인은 마루투스 즉 순교자다. 성경에는 다섯째 인과 같이 수많은 순교자들이 등장한다. 그러나 계11장의 두 증인은 예수님을 증언하다 순교한 실제 두 명의 순교자를 말한다.

② 두 감람나무

에녹은 이방인인 돌 감람나무요 엘리야는 유대인인 참 감람나무다. 구약은 참 감람나무인 유대인을 통해 이끌어 오신 하나님의 구속사다. 반면에 신약은 돌 감람나무인 이방인을 통해 이끌어 가시는 하나님의 구속사다. 그러나 마지막 시간표는 돌 감람나무에서 다시 참 감람나무로 주도권이 넘어가지만 마지막에 두 감람나무는 함께한다.

③ 두 촛대

촛대는 교회다. 마지막 7년에도 에녹은 이방인 교회를 비추는 빛이요 엘리야는 유대인 교회를 비추는 빛이다. 유대인교회와 이방인교회는 마지막까지 함께 남아있다. 스가랴 4장에는 두 감람나무와 하나의 촛대가 나온다. 그러나 계시록에는 두 감람나무와 두 촛대가 나온다. 이것은 두 증인은 7년에 함께 들어가 있는 이방인 교회와 유대인 교회의 대표임을 말하는 것이다.

"그들은 이 땅의 주 앞에 서 있는 *두 감람나무와 두 촛대*니"(계11:4)

④ 두 선지자

신약에서 선지자라는 용어는 구약의 개념이다. 이들은 분명히 구약의 두 명의 선지자를 말한다. 앞에서 살펴본 '히스테미'에 해당하는 자들이다. 구약에 살아서 하늘로 옮겨진 선지자는 에녹과 엘리야 오직 두 명이다. 에녹은 선지자요 탁월한 예언자다. 그의 아들 므두셀라의 이름을 통해 노아 홍수 심판을 예언했다. 에녹은 이미 그 시대에 수만의 천사와 함께 재림 하시는 주님을 보았고 마지막 날에 주님이 이 땅에 오셔서 심판 하실 것을 예언했다.

"아담의 칠대 손 *에녹*이 이 사람들에 대하여도 *예언하여 이르되 보라 주께서 그 수만의 거룩한 자와 함께 임하셨나니 이는 뭇 사람을 심판하사 모*

든 경건하지 않은 자가 경건하지 않게 행한 모든 경건하지 않은 일과 또 경건하지 않은 죄인들이 주를 거슬러 한 모든 완악한 말로 말미암아 *그들을 정죄하려 하심이라* 하였느니라"(유1:14-15)

3. 두 증인의 본질적 사역의 심층 분석

계시록 11장에는 두 증인이 1260일 동안 예언한다는 말씀 외에 구체적인 복음의 내용이 없다. 특징은 두 분은 1260일 동안 굵은 베옷을 입는다. 이 것은 두 증인 메시지의 중심은 회개 선포라는 것을 알 수 있다. 그러나 두 증인 사역의 중요한 핵심은 예수님의 증인으로서 예수님의 공생애를 재현하는 것이다. 본 단원에서는 두 증인의 예수님의 공생애 재현사역을 두 가지로 나눠 자세히 살펴볼 것이다. 첫 번째는 전3.5년 동안 예언하는 구체적인 복음의 중심 메시다. 이것은 주님께서 선지자로서 3.5년 동안 복음을 선포하신 예수님의 사역 재현이다. 두 번째는 두 증인의 순교를 통해 예수님의 사흘 반의 마지막 십자가 사역 재현이다.

1) 1260일 예언의 중심 메시지 - 회개하고 돌아오라!

두 증인은 1260일 전3.5년의 사역이다. 이것은 예수님의 3.5년 공생애 사역을 재현하는 것이다. 두 증인의 1260일의 예언은 동일하다. 같은 내용의 메시지를 반복하여 외치는 것이다. 계11장에는 메시지의 구체적인 내용은 없지만 굵은 베옷에서 알 수 있는 것은 회개가 중심메시다. 그렇다면 1260일 동안 무슨 내용의 회개를 선포했을까? 구체적 내용을 유추해 본다.

① "회개하라! 천국이 가까이 왔느니라."

세례요한과 예수님의 공생애 시작에 있어 가장 처음 외치셨던 선포다. 여기서 천국은 하늘천국이 아니라 땅의 천국으로 메시아 왕국, 천년왕국이다. 두 증인도 첫 메시지는 동일한 선포가 될 것이다. 세례요한이나 예수님께서 천국을 선포하실 때 보다 천국은 훨씬 가까이 온 시점이다. 두 증인이 천국을 선포하셨다는 증거는 쉽게 알 수 있다.

두 증인이 부활 승천한 그날 7째 나팔에 외치는 천사의 선포다. 그리스도의 나라, 바로 메시아 나라가 곧 임한다고 예고한다. 이 천사의 선포 이후 후3.5년이 지나면 이 땅에 천국, 메시아 나라가 온다. 어쩌면 두 증인은 이 첫 번 메시지를 가장 강력하게 외쳤을 것이다. 그러기에 두 증인 승천 후 바로 천사의 첫 번 선포가 메시아 나라인 것이다.

"일곱째 천사가 나팔을 불매 하늘에 큰 음성들이 나서 이르되 세상 나라가 우리 주와 *그의 그리스도의 나라*가 되어 그가 세세토록 왕 노릇 하시리로다 하니"(계11:15)

두 증인의 사역은 이스라엘에 국한 되지 않는다. 혹자는 마지막 7년은 유대인의 때이기 때문에 이방인 교회와는 상관없다고 한다. 거듭 강조하지만 결코 그렇지 않다. 다만 구속사의 주도권이 유대인에게 있다는 의미다. 세례 요한과 예수님의 선포는 당시 유대인에게 선포했다. 그러나 마지막 7년의 두 증인의 모든 선포는 유대인과 세계 이방인에게 모두 해당한다.

② **"예수가 그리스도이시다"**
신약의 사도들의 메시지의 중심은 오직 "하나님 나라와 예수 그리스도"다. 이와 같이 두 증인의 중심 메시지도 사도들과 같은 메시지가 될 것이다. 처음 입을 열어 하나님 나라 천국을 선포할 것이다. 그리고 예수가 그리스도이심을 강조할 것이다. 여기서 독자들은 히브리어 메시아가 헬라어로 그리스도임을 염두에 두고 읽어 가길 바란다. 어색하지만 예를 들어 적그리스도는 적 메시아다. 유대인들이 적 메시아를 그들이 기다리는 메시아로 착각하고 속는다.

적그리스도는 자기가 세계를 구원할 그리스도라고 평화의 왕이라고 위장하고 나타난다. 때문에 그의 시작은 '평화조약'인 것이다. 더군다나 유대인들에게 성전까지 지어준다. 때문에 유대인들은 적메시아를 유대인들이 기다리는 메시아라고 속는 것이다. 그러나 두 증인은 적그리스도의 정체를 정확히 알고 있다. 그렇기 때문에 그는 그리스도가 아닌 적그리스도요 거짓 평화의 왕임을 적나라하게 폭로한다.

두 증인을 핍박하는 이유가 여기에 있다. 세계정부 통치자를 향해 거짓이요 가짜라고 폭로하기 때문이다. 또한 무엇보다 법으로 금지된 복음을 전하고 있다. 그렇기 때문에 세계정부는 두 증인을 죽이려고 하는 것이다. 그러나 그들의 예언이 마칠 때 까지는 결코 죽일 수 없다. 두 증인을 체포하려 하거나 죽이려고 하면 입에서 불이 나와 대적 자들이 먼저 불에 타 죽는다. 이와 같이 언제든지 마음대로 재앙을 일으키면서 예수가 그리스도이심을 증언 한다.

③ "너희가 그 예수를 십자가에 못 밖아 죽였다. 회개하고 돌아오라!"

제3성전을 지어준 적그리스도를 메시아로 속고 있는 유대인들을 향해 불같은 메시지가 선포된다. "예수가 그리스도다. 너희가 그 그리스도를 십자가에 못 밖아 죽였다. 회개하고 돌아오라!" 두 증인은 유대인들이 회개하고 주께 돌아오도록 회개의 상징인 굵은 베옷을 입고 강력히 권고한다. 이 같은 메시지를 선포했을 것이라는 근거는 두 증인의 죽음을 통해 증거하고 있다. 바로 그들의 시신이 골고다에 3일 반 동안 버려져 있다. 이러한 모습은 유대인들이 골고다에서 그리스도를 십자가에 못 밖은 사건을 상기 시키는 것이다.

"그들의 시체가 큰 성 길에 있으리니 그 성은 영적으로 하면 소돔이라고도 하고 애굽이라고도 하니 곧 *그들의 주께서 십자가에 못 박히신 곳*이라"(계11:8)

④ 담대하게 죄를 죄라고 회개를 외치니 땅에 사는 자들이 괴로워한다.

세계단일정부 시대가 오면 일반 교회에서는 동성애를 포함한 죄를 죄라고 설교할 수 없다. 이러한 설교를 하면 벌금 혹은 체포되는 시기이기 때문이다. 그러나 두 증인은 거침없이 동성애를 비롯한 비 성경적인 것들을 죄라고 담대히 책망할 것이다. 이스라엘에서 외치는 두 증인의 회개의 외침은 세계 이방인들에게도 들린다. 이들의 소식은 매일 미디어 대중매체를 통해 중개될 것이다. 이때 세상은 회개를 외치는 두 증인의 소리가 듣기 싫고 괴로워 할 것이다.

좋은 소리도 한두 번 계속 들으면 실증이 난다. 하물며 불법이 성행하고 죄가 관영한 시대에 양심을 찌르는 회개의 외침은 유대인과 세계인들을 괴롭게 할 것이다. 세상 사람들은 두 증인이 날카롭게 죄를 책망할 때 듣고 싶지 않아도 들려오니 들을 수밖에 없다. 두 증인의 활동을 막을 길이 없다. 아마도 가장 강력한 책망의 대상이 동성애 일수 있다. 그래서 세계인들은 두 증인의 죄를 책망하는 소리가 괴롭기만 하다. 이때 적그리스도는 전 세계인들에게 평화의 왕으로 위장하고 있다. 그래서 세계인들에게 인기가 높을 것이다.

그러므로 죄를 책망하고 듣기 싫은 회개를 외치는 두 선지자는 눈에 가시일 수 밖에 없다. 그래서 두 증인이 죽임을 당했을 때 그들은 기뻐하고 즐거워하며 예물까지 보낸다고 한다. 앓던 이가 빠진 시원함이다. 죽이고 싶어도 죽일 수 없었던 자들이 죽었다. 그러나 이들은 서로 예물을 보내기도 전에 모두 죽었을 가능성이 높다. 두 증인이 승천한 그날 지진으로 7천명이 죽는다. 그리고 그날 7째 나팔 사건이 일어나기 때문이다. 번개, 음성, 우레, 지진과 큰 우박이 덮친다. 7째 나팔 사건은 셋째 화이기 때문에 천둥번개로 엄청난 벼락이 떨어질 것이다.

"*이 두 선지자가 땅에 사는 자들을 괴롭게 한 고로* 땅에 사는 자들이 그들의 죽음을 즐거워하고 기뻐하여 서로 예물을 보내리라 하더라"(계11:10)

"이에 하늘에 있는 하나님의 성전이 열리니 성전 안에 하나님의 언약궤가 보이며 또 *번개와 음성들과 우레와 지진과 큰 우박*이 있더라"(계11:19)

⑤ "오직 예수 그리스도만이 길이요 진리요 생명이다. 회개하고 돌아오라"

현대교회는 WCC를 통해 종교 다원주의를 받아들여 예수만이 길이요 진리요 생명임을 부인하고 있다. 모든 종교에 구원이 있으니 모든 종교를 인정하고 모두가 하나 되자고 외친다. 차별금지법이 통과되면 우리는 '오직 예수'를 전할 수 없게 된다. 마지막 7년에는 이러한 종교의 형태가 더욱 득세한다. 거짓선지자들의 거짓 복음으로 기독교의 진리가 더욱 흐려지고 타락할 것이다. 교회 강단은 십자가 설교가 사라진다. 천국, 지옥 설교나 보혈 찬양이 사라질 것이다. 예수 믿고 천국 가는 설교도 할 수 없다. 대신에 잘 먹고 잘 사는 법, 잘 죽는 법, 가정, 자녀교육 등 이러한 웰빙 세상 설교로 채워질 것이다.

지금 사단은 성경의 진리를 바로 전하지 못하도록 여러 가지 때와 법을 바꾸고 있다. 앞으로 갈수록 성경의 진리를 외치는 자를 핍박할 것이다. 지금도 동성애법이 통과된 나라에서 그렇듯 우리나라도 동성애법이 통과되면 동성애가 죄라고 설교할 수 없다. 동성애자들이 교회에 들어와 주례를 부탁할 때 거절하면 고발당하고 체포될 것이다. 이제 성경대로 설교하면 경찰에 구속되는 시대가 다가온다. 이제 목회자들이 마음대로 진리를, 복음을 제대로 전할 수 없는 시대로 들어서고 있다. 수많은 목회자들이 강단에서 "오직 예수 그리스도만이 길이요 진리요 생명이다"를 전할 수 없으니 생수가 말라 버리는 시대다. 두 증인은 영적으로나 육적으로나 소돔과 애굽으로 타락한 이스라엘과 전 세계를 향해 회개를 외칠 것이다.

"그들의 시체가 큰 성 길에 있으리니 *그 성은 영적으로 하면 소돔이라고도 하고 애굽*이라고도 하니 곧 그들의 주께서 십자가에 못 박히신 곳이라"(계11:8)

⑥ "만왕의 왕 예수 그리스도가 곧 다시 오신다" - 회개하라!
두 증인이 사역하는 전3.5년은 세계 3차전 후 어수선한 세계를 적그리스도가 위장으로 평화롭게 안정시킨 시기다. 이 때 적그리스도는 평화의 왕으로 존경받는 세계단일정부 통치자다. 그야 말로 세계를 한손에 쥐었으며 마음은 벌써 하나님 자리에 올라있다. 그런데 두 증인이 나타나서 그가 왕이 아니라 예수 그리스도가 진정한 평화의 왕이라고 증거하고 있다.

예수 그리스도는 세상의 구원자로 오셔서 인류를 위해 십자가에서 죽으셨고 부활 승천 하셨다고 한다. 이제 그분이 온 세상의 심판주로 곧 다시 오실 것이니 회개하고 예수께 돌아오라고 외친다. 이러한 복음을 외쳤을 것이라는 근거가 계11:8절이다. 예수님은 골고다에서 죽으셨고 감람산에서 승천 하셨으며 그 감람산으로 다시 오신다.

"그들의 시체가 큰 성 길에 있으리니 그 성은 영적으로 하면 소돔이라고도 하고 애굽이라고도 하니 *곧 그들의 주께서 십자가에 못 박히신 곳이라*"(계11:8)

⑦ 참 평화의 왕 예수 그리스도가 오셔서 전 세계를 심판하신다. 회개하라!

두 증인이 예언하는 시점은 이방인의 때가 다 끝난 시점이다. 유대인의 때로 70이레 중 마지막 한이레가 진행 중이다. 하나님의 계획안에 있는 아담의 나라 역사의 시간표는 마지막 몇 초를 남겨놓고 있다. 그런데 적그리스도는 신세계 정부를 세워놓고 전 세계 인류 위에 앉아 왕 노릇 하고 있다. 그러나 이제 사단의 권력은 7년이 지나면 무너진다. 사단의 활동 무대였던 세계는 참 평화의 왕이신 예수 그리스도가 오셔서 심판하실 것을 예언할 것이다.

▶예수님 지상 재림은 계19장이다.

여기서 짚고 넘어가야 할 문제가 있다. 필자는 요한계시록은 지극히 순서적으로 기록되었음을 강조하고 있다. 예수님께서 지상 재림하시는 장면은 계19장에 등장한다. 그런데 혹자는 계11:15절 일곱째 나팔에 주님의 지상 재림이 있다고 주장한다. 그들이 이렇게 주장하는 이유는 다음과 같다. 계1:4,8에는 아직 예수님 지상 재림이 아니므로 "이제도 계시고 전에도 계셨고 장차 오실이시며"라고 기록되어있다. 그러나 계11:15절 7째 나팔이 불어진 이후 계11:17과 16:5에는 이미 오셨기 때문에 "장차 오실이"가 없다고 한다.

"요한은 아시아에 있는 일곱 교회에 편지하노니 *이제도 계시고 전에도 계셨고 장차 오실 이시며* 그의 보좌 앞에 있는 일곱 영과...주 하나님이 이르시되 나는 알파와 오메가라 *이제도 있고 전에도 있었고 장차 올 자요* 전능한 자라 하시더라"(계1:4, 8)

"이르되 감사하옵나니 *옛적에도 계셨고 지금도 계신 주 하나님* 곧 전능하신 이여 친히 큰 권능을 잡으시고 왕 노릇 하시도다"(계11:17)

"내가 들으니 물을 차지한 천사가 이르되 *전에도 계셨고 지금도 계신 거룩하신 이*여 이렇게 심판하시니 의로우시도다"(계16:5)

그러나 이것은 개역성경이나 개역개정에서 "장차 오실이"를 누락시킨 것이다. 킹 제임스 성경이나 원문에 가깝다는 전수성경에는 모두 "장차 오실이"가 있다. 계11장은 예수님 지상 재림이 아니다. 이 시기는 후3.5년으로 들어가는 시점이기 때문이다.

킹 제임스 성경

계1:4 "지금도 계시고 전에도 계셨고 *앞으로도 오실 분*"

계1:8 "지금도 계시고 전에도 계셨고 *앞으로도 오실 전능하신 분*"

계11:17 "지금도 계시고 전에도 계셨고 *앞으로도 오실 오 전능하신 주 하나님*"

계16:5 "지금도 계시고 전에도 계셨고 *앞으로도 계실 의로우신 분*이시니"

전수성경

계11:17 "이르기를 대 주재 하나님 곧 전능자시여 우리가 감사를 드리옵나니 이는 주께서 *이제도 계시고 전에도 계셨고 앞으로 오실 분*으로 큰 권능을 가지고 친히 통치하심 이니이다"

2) 두 증인의 순교를 통해 보여주는 예수님 마지막 사역 재현

두 증인의 1260일 예언 사역은 예수님께서 선지자로서 복음을 전하신 사역을 재현한 것이다. 예수님의 3.5년의 공생애의 마지막은 십자가에서 죽으시고 부활 하시고 승천하심이다. 이제 두 증인도 증언을 다 마쳤으니 이제 순교로 마지막 예수님의 사역을 재현해야 한다. 두 증인의 십자가 재현 사역은 너무도 중요하다. 그러나 필자는 지금까지 그 누구에게서도 두 증인의 사역이 예수님 공생애 재현임을 들어 본적이 없다. 그저 이러한 진리를 필자에게 깨닫게 하신 하나님께 감사할 뿐이다. 독자들께서도 이런 해석은 아마도 처음 접할 것으로 본다. 이제 본문에 두 증인의 순교와 관련하여 예수님의 마지막 사역을 살펴보고자 한다.

① 두 증인의 순교는 예수님의 십자가 사건의 재현이다.

"그들이 그 *증언을 마칠 때*에 무저갱으로부터 올라오는 *짐승이* 그들과 더불어 *전쟁을* 일으켜 그들을 이기고 *그들을 죽일 터인즉*"(계11:7)

또 강조하지만 두 증인의 1260일 사역은 증언, 순교, 부활, 승천을 모두 포함한 기간이다. 1260일까지 사역하고 그 다음에 순교하는 것이 아니다. 날짜로 본다면 1261일 부터는 후3.5년에 들어가기 때문에 두 짐승에게 부여된 기간이다. 이처럼 70이레의 정해진 기간은 중요하다. 그러므로 두 증인이 짐승에게 죽임을 당한 것은 능력이 없어서가 아니다. 살아서 해야 할 증언을 다 마쳤기 때문에 이제는 죽음으로 해야 할 마지막 사명을 위해서다.

이때 짐승이 전쟁을 일으켜 두 증인을 죽인다. 혹자는 이 전쟁 때문에 두 증인이 두 명이 아니라고 주장한다. 두 명을 두고 무슨 전쟁을 하느냐는 것이다. 세계정부는 두 증인을 1260일 동안 죽이려는 시도를 계속할 것이다. 그러나 두 증인의 능력이 너무 강해 결코 그들을 통제 할 수가 없다. 그럼에도 불구하고 세계정부는 포기하지 않고 나중엔 전쟁 수준으로 나갈 것이다. 그러나 전쟁 수준인 강력한 대응 때문에 죽는 것이 아니다. 증언을 마치면 두 증인은 가만 두어도 죽는다. 죽는 것도 순교를 통해 증언해야 할 그들의 사명이 있기 때문이다.

② 두 증인 시신이 골고다에 버려짐은 예수님이 못 박히신 장소 재현이다.
"그들의 시체가 큰 성 길에 있으리니 그 성은 영적으로 하면 소돔이라고도 하고 애굽이라고도 하니 곧 그들의 주께서 십자가에 못 박히신 곳이라"(계11:8)

두 증인의 죽음은 방송 매체를 통해 즉시 전 세계에 알려진다. 세계정부는 두 증인의 시신을 장례도 못하게 한다. 3일 반 동안 시신을 큰 성 길 곧 골고다에 버려두고 전 세계인들에게 전시한다. 두 증인이 얼마나 괴롭게 했으면, 얼마나 미웠으면 이렇게 죽은 자들의 시신을 길거리에 버려두고 전시할까? 이 때 전 세계에서 두 증인의 시신을 보기위해 이스라엘로 몰려들 것이다. 유튜브에서 이와 관련한 짧은 영상을 보았다. 두 증인을 보기위해 전 세계에서 모여든 사람들이 두 증인 시신 옆에 누워 인증 샷을 찍는다. 서로 즐거워하며 축제를 즐긴다. 그렇게 죽이려 해도 죽일 수 없었던 두 증인이 죽임을 당하니 전 세계는 축제가 벌어진다.

"백성들과 족속과 방언과 나라 중에서 사람들이 그 시체를 사흘 반 동안

을 보며 무덤에 장사하지 못하게 하리로다 이 두 선지자가 땅에 사는 자들을 괴롭게 한 고로 땅에 사는 자들이 *그들의 죽음을 즐거워하고 기뻐하여 서로 예물을 보내리라* 하더라"(계11:9-10)

두 증인의 사건은 이들이 사역을 시작할 때부터 실시간 전 세계로 방송될 것이다. 7년 시작의 뜨거운 감자이기 때문이다. "백성들과 족속과 방언과 나라"라는 표현은 전 세계인이 보고 있다는 것이다. 이러한 사건들을 유튜브나 인터넷 매체를 통해 보게 된다는 것을 비웃는 이들이 있다. 그러나 결코 비웃을 일이 아니다. 이미 현시대 미디어를 장악하고 있는 사단은 마지막 때에 미디어 기술을 최대한 활용할 것이다. 마지막 때에 미디어의 영향은 대단할 것이다. 적그리스도가 세계인을 통제하고 통치하는 모습을 비롯해 세계에서 일어나는 사건들은 실시간으로 방송 매체를 통해 전파될 것이다. 이것을 또한 하나님께서 사용하시는 것이다.

③ 두 증인 시신이 사흘 반 동안 버려짐은 예수님의 사흘 반 동안 무덤 재현이다.(요나의 표적)

"백성들과 족속과 방언과 나라 중에서 사람들이 *그 시체를 사흘 반 동안* 을 보며 무덤에 장사하지 못하게 하리로다"(계11:9)

필자는 몇 해 전 갈보리 교회에서 이스라엘 선교사님의 특강을 들을 기회가 있었다. 당시 선교사님은 지금 우리가 알고 있는 사순절을 반박하는 내용이었다. 금요일에 죽으시고 주일에 부활하셨다는 것이 잘못된 것이라는 내용이었다. 유월절 어린양께서 죽으신 날과 부활하신 날을 유대력에 맞춰 상당히 자세하게 풀고 있었다. 주님은 유월절인 14일 수요일에 죽으셨고 주일이 아닌 17일 토요일 안식일 새벽에 부활하셨다는 것이다. 이것은 3일 3야 죽음에 머무신 기간으로 요나의 표적과 일치한다는 것이었다.

그러나 이것은 지금 우리 기독교가 지키고 있는 사순절 교회력과 충돌 되는 것이었다. 지금 우리는 주님은 금요일에 죽으셨고 토요일인 안식일 다음 날 주일에 부활하셨다고 믿고 있기 때문이다. 그러므로 부활하신 날을 주의 날, 주일로 지키고 있다. 그러나 당시 선교사님의 강의는 설득력이 있었으나 그냥 참고할 수밖에 없었다. 지금 우리가 토요일을 주님께서 부활하신 날로, 주일을 안식일로 바꿀 수도 없는 환경이기 때문이다. 또한 당시 필자는 세미나를 시작한 초기 때라 이것이 두 증인 사역과 얼마나 중요한 관련이 있는지도 깨닫지 못했었다.

필자는 두 증인의 십자가 재현을 풀면서 풀어지지 않는 한 가지 문제가 있었다. 그것은 사흘 반 동안 두증인 시신이 버려진 기간이었다. 이것이 주님께서 죽음에 머물러 계신 기간의 재현이라면 일치가 되지 않는다. 주님께서 금요일 죽으시고 주일에 부활하셨다면 사흘반이 아니라 이틀 반이되기 때문이다. 여기서 일어나는 충돌이 해결이 안 되고 있었다. 분명히 두 증인의 순교를 통한 마지막 사역은 주님의 십자가 재현이다. 그러나 죽음의 기간이 맞지 않음을 어찌 풀어야할지 알 수가 없었다. 그래서 세미나 때마다 이 부분은 언급하지 않았다.

강문호 목사님께서 사역하시는 충주 수도원에서는 후원자들에게 매월 목사님께서 발행하시는 소책자를 몇 권씩 보내주신다. 그 중 최근에 '안식일 개혁'이라는 책을 읽게 되었다. 필자는 이 책을 읽으며 무릎을 쳤다. 풀리지 않던 사흘 반의 문제가 풀렸다. 비로소 잊고 있었던 선교사님의 강의도 생각이 났다. 당시 선교사님의 강의를 들을 때는 필자에게 두 증인이 이렇게 열리지 않았던 때였다. 그래서 그때의 강의에 깊은 관심이 없었던 것이다. 강문호 목사님은 '안식일 개혁'에서 여러 가지 중요한 문제들을 다루셨다. 그러나 여기서는 두증인과 관련하여 사흘 반의 연관성만 살펴보려고 한다.

강문호 목사님과 그때 선교사님의 주장은 동일하다. 주님은 유월절 어린양으로 1월 14일에 죽으셨다. 예수님 당시 1월 14일은 역사적으로 살펴보면 수요일이다. 주님은 유월절 14일(수) 제9시(마27:46,50)에 죽으셨다. 우리 시간으로 오후 3시인 제9시는 어린양이 죽는 시간이다. 그리고 수요일 밤을 지나 15일(목), 16일(금) 3일 밤을 지내셨다. 그리고 안식일인 17일(토) 새벽에 부활하셨다. 요나의 표적과 같이 정확히 3일 3야만에 부활하신 것이다. 아마도 주님의 부활은 17일 토요일 새벽 3시경으로 추정한다. 이렇게 본다면 두 증인의 시신이 사흘 반 동안 버려져 있었던 것은 주님의 밤낮 사흘 동안 땅 속에 계셨던 것에 대한 정확한 재현이 된다.

"요나가 밤낮 사흘 동안 큰 물고기 뱃속에 있었던 것 같이 인자도 밤낮 사흘 동안 땅 속에 있으리라"(마12:40)

본 서를 읽고 있는 독자들은 어쩌면 여기서 혼돈이 올 수 있다. 우리는 주일을 주님의 부활로 알고 있기 때문이다. 그러나 안식일이 주일로 바뀐 것이나 주일을 주님의 부활로 알고 있는 것은 역사적으로 보면 태양신을 섬기는 카토릭의 영향에서 온 것이다. Sunday가 태양의 날이다. 12월 25일 또한 태양신의 생일이다. 이처럼 기독교 안에는 많은 부분들이 카토릭의 산물들이다. 강문호 목사님은 '안식일 개혁'에서 이러한 다양한 문제들을 성경적으로 자세히 풀어 가셨다. 사실은 필자도 여기서 '안식일 개혁'에서 제시한 성경의 여러 근거에 대한 자세한 설명 없이 이러한 내용을 다루는 것이 조금은 조심스럽다. 그러나 두 증인의 십자가 사건 재현을 풀기위한 내용에 초점을 맞추는 것이니 그러한 맥락에서만 이해하면 좋을 것이다.

필자가 늘 강조하는 것은 항상 본문에 충실한 해석을 해야 한다. 두 증인에 관하여 많은 부분 상징으로 풀다보니 이들의 시신이 왜 골고다에 사흘 반 동안 버려져 있는지는 관심조차 없다. 그러나 필자는 두 증인의 순교는 모두 실제 예수님의 십자가 사건 재현으로 보기 때문에 이러한 의문이 생겼던 것이다. 주님 공생에 하이라이트는 천국 가는 길을 만드신 십자가 사건이다. 두 증인이 이 사건을 재현함으로 누구든지 오직 십자가에 죽으신 이 예수를 믿어야만 구원이 있음을 마지막으로 선포한 것이다.

④ 두 증인의 부활 승천은 예수님의 부활 승천 재현이다.

"삼 일 반 후에 하나님께로부터 생기가 그들 속에 들어가매 그들이 발로 일어서니 구경하는 자들이 크게 두려워하더라 하늘로부터 큰 음성이 있어 이리로 올라오라 함을 그들이 듣고 구름을 타고 하늘로 올라가니 그들의 원수들도 구경하더라"(계11:11-12)

"이 말씀을 마치시고 *그들이 보는데 올려져 가시니 구름이 그를 가리어 보이지 않게 하더라* 올라가실 때에 제자들이 자세히 하늘을 쳐다보고 있는데 흰 옷 입은 두 사람이 그들 곁에 서서 이르되 *갈릴리 사람들아 어찌하여 서서 하늘을 쳐다보느냐 너희 가운데서 하늘로 올려지신 이 예수는 하늘로 가심을 본 그대로 오시리라* 하였느니라"(행1:9-11)

두 증인의 부활 승천 장면은 매우 중요하다. 이 부분은 두 곳의 본문을 함께 볼 것이니 독자들께서도 좀 더 집중해 주길 바란다. 계11장은 두 증인의 부활 승천 장면이고 사도행전 1장은 예수님의 감람산 승천 장면이다. 이 두 장면은 너무도 흡사하다. 두 증인의 승천은 사도행전의 예수님의 승천을 재현하고 있다. 주님은 십자가 사건의 확실한 재현을 위해 두 증인의 시신을 골고다에 두셨다. 주님이 십자가에 못 박히셨던 바로 그 자리다. 두 증인은 그 자리에서 부활, 승천함으로 부활하신 주님께서 승천하신 사도행전의 모습을 그대로 재현한다. 위의 두 곳의 본문에는 예수님과 두 증인 승천의 같은 장면들이 보인다. 첫째 시야에서 사라질 때까지 하늘로 올라간다. 둘째 구름을 타고 올라간다. 셋째 원수들이 구경한다.(쳐다본다) 이렇게 기본적으로 보여지는 것 외에 이 장면이 왜 예수님 승천 장면인지 원어를 보면 더욱 분명해진다. 본문을 순서적으로 나열해 본다.

㉠ 하나님의 생기가 들어감 – 부활 재현
3일 반 동안 죽어 있던 두 증인에게 하나님의 생기가 들어간다. 갑자기 손가락 발가락이 움직인다. 그리고 두 증인은 두 발로 일어선다. 전 세계에서 몰려와 두 증인 옆에서 누워 인증 샷을 찍던 사람들은 기겁을 한다. 구경하던 자들이 크게 두려워하고 있다.

㉡ "하늘로부터 큰 음성이 있어"
두 증인을 상징으로 해석하는 이들은 큰 음성이 들린 것은 두 명이 아니기 때문이라고 한다. 혹자는 전 세계에서 동시에 두 증인의 사명을 가진 순교자들의 시신이 널려져 있기에 그들에게 큰 음성으로 말씀하셨다는 것이다. 이런 해석은 상식적으로 이해 될 수 없다. 여기서 큰 음성으로 들려주신 것은 하나님의 의도가 있다. 세계인들은 미디어를 통해 3일 반 동안 두 증인의 시신을 지켜보고 있다. 또 현장 주변에는 두 증인의 시신을 보기위해 열방에서 모여든 이들이 있다. 이들 모두 들으라는 의도로 큰 음성으로 공개적으로 올라오라고 하시는 것이다.

ⓒ "이리로 올라오라" - 승천 재현

큰 음성으로 들리는 말씀은 "이리로 올라오라"는 것이다. 두 증인의 승천 장면을 휴거로 해석하는 이들도 많다. 혹자는 첫째 부활에 참여한 자들의 첫 번 휴거장면이라고 하기도 한다. 그러나 이 장면은 결코 휴거가 아니다. 휴거와 승천의 차이는 분명하다. 휴거는 눈 깜짝 할 사이에 시야에서 사라지는 것이다. 그러나 승천은 우리의 시야에서 사라질 때까지 천천히 공중 위로 올라가는 것이다. 본문은 이렇게 두 증인이 하늘로 천천히 올라가고 있기 때문에 주변에 있는 많은 사람들이 구경하고 있는 것이다.

여기서 중요한 원어를 좀 더 살펴보고자 한다. 두 증인에게 "올라오라"와 두 증인이 하늘로 "올라가니"의 원어는 둘 다 '아나바이노'다. '올라가다', '기어오르다', '일어나다' 등의 의미다. 그러나 예수님의 승천 장면인 행1:2 '승천하신' 행1:11 '올려 지신' 행1:21 '올려져 가신'은 '아날람바노'다. 이것은 '들어 올리다', '받아 올리다'라는 뜻이다. 또한 행1:9절은 "올려져 가시니"는 약간 다른 '에파이로'다. 뜻은 '들어 올리다', '높이다', '들리어 올라가다'로 아날람바노와 같은 의미를 가지고 있다. 원어를 나열하니 좀 복잡해 보인다. 그러나 이 원어는 아주 특별한 의미가 있다. 두 증인은 마지막 사명을 따라 예수님의 승천을 그대로 재현해야 한다.

예수님이나 두 증인이나 우리 눈앞에서 위로 올라가는 승천하는 장면은 똑같다. 그러나 원어는 하나님이신 예수님의 승천과 사람인 두 증인의 승천 장면에서 헬라어 단어를 구분하여 사용하고 있다. 두 증인이 예수님의 승천을 재현 할지라도 하나님은 아니다. 하나님이신 예수님 승천에는 아날람바노나 에파이로를 사용했다. 예수님은 하나님이시기 때문에 천사들에 의해 높이 들리어 올라가셨다. 그러나 두 증인에게는 아나바이노를 사용했다. 사람인 두 증인은 천사들이 높이 받들어 올려 지지 않고 스스로 기어오른다는 의미다. 일어나서 스스로 올라가는 승천이다. 이처럼 두 증인은 휴거가 아니라 예수님처럼 승천하는 것이다. 아나바이노가 사용된 곳 중에 주목할 만한 중요한 곳이 또 있다. 7년 이전 환난 전 휴거를 주장하는 이들이 근거로 하는 말씀이다.

"이 일 후에 내가 보니 하늘에 열린 문이 있는데 내가 들은 바 처음에 내게 말하던 나팔 소리 같은 그 음성이 이르되 이리로 *올라오라* 이 후에 마땅히 일어날 일들을 내가 네게 보이리라 하시더라(계4:1)

다수의 해석 가들은 주님께서 사도 요한에게 "이리로 올라오라" 하신 이 말씀을 교회의 휴거로 보고 있다. 이 말씀을 근거로 계시록 4장에서 교회는 모두 휴거 되었다고 한다. 휴거는 아나바이노가 아닌 하르파조 임에도 불구하고 원어를 무시하는 그들의 주장을 굽히지 않는다. 위 본문에서도 사도요한은 올라오라는 주님의 부름에 아나바이노, 곧 스스로 위로 올라간다. 두 증인은 이렇게 아나바이노 승천으로 1260일의 사역을 마친다. 두 증인은 사람으로서 하나님이신 예수님이 승천하신 모습을 그대로 재현한 것이다.

㉣ 구름을 타고 올라가니
예수님과 두 증인이 하늘로 올라가는 교통수단이 구름이라는 공통점이다. 번역상의 차이로 구름으로, 혹은 구름위로, 구름을 타고로 표현하기도 한다. 사도행전 1장에 구름이 예수님을 가리었다는 것은 구름으로 올라가심의 끝 장면이다. 마24:30, 26:64, 계1:7에는 예수님 재림 하실 때도 구름을 타고 오신다.

㉤ 저희 원수들도 구경하더라
예수님이 승천하시는 사도행전의 장소는 감람산이다. 500여 형제가 모인 현장이다. 그들의 눈앞에서 예수님께서 공개적으로 승천하시는 장면은 보는 이로 하여금 놀라움을 감출 수 없는 일이다. 아마도 그들은 입을 다물지 못하고 넋이 나간 모습으로 하늘을 쳐다 보고 있었을 것이다. 이 모습을 본

두 천사의 말이다. **"갈릴리 사람들아 어찌하여 서서 하늘을 쳐다보느냐 너희 가운데서 하늘로 올려지신 이 예수는 하늘로 가심을 본 그대로 오시리라 하였느니라"**

다음 단원에서 휴거를 다룬다. 그러나 여기에 본문과 관련하여 잠간 언급하고자 한다. 예수님 승천과 관련하여 잘못된 해석이 있다. 예수님은 분명히 아날람바노로 승천하셨다. 계12:5에는 남자아이가 하나님 보좌 앞으로 올려가는 기록이 있다. 다수의 해석 가들이 남자아이를 예수님 승천이라고 한다. 계12:5의 남자아이 올려감은 하르파조로 휴거다. 그러나 예수님은 아날람바노 승천이다. 휴거가 아니다. 앞에서 승천과 휴거의 차이를 설명했다. 휴거는 눈 깜짝할 사이에 사라지기 때문에 한참동안 한곳을 구경하지 않는다. 그러나 예수님의 승천은 많은 사람들이 예수님이 올라가시는 장면을 한참 동안 쳐다보고 있다. 이처럼 두 증인이 승천 할 때도 그들을 핍박하던 원수들은 놀랍고 기가 막힌 표정으로 구경한다.

⑤ **지진이 재현된다.**

"그 때에 *큰 지진*이 나서 성 십분의 일이 무너지고 지진에 *죽은 사람이 칠천*이라 그 남은 자들이 두려워하여 영광을 하늘의 하나님께 돌리더라"(계11:13)

"예수께서 다시 크게 소리 지르시고 영혼이 떠나시니라 이에 성소 휘장에 위로부터 아래까지 찢어져 둘이 되고 *땅이 진동하며 바위가 터지고* 무덤들이 열리며 *자던 성도들의 몸이 많이 일어나되* 예수의 부활 후에 그들이 무덤에서 나와서 거룩한 성에 들어가 많은 사람에게 보이니라 백부장과 및 함께 예수를 지키던 자들이 *지진*과 그 일어난 일들을 보고 심히 두려워하여 이르되 이는 진실로 하나님의 아들이었도다 하더라"(마27:50-54)

두 증인이 승천하는 날 성 십분의 일이 무너지는 큰 지진이 있다. 그 지진에 칠천 명이 죽는다. 이 말씀을 보면 이때 죽을 자들이 이미 정해진 것 같다. 그러나 이러한 재앙 앞에서도 죽음을 피하는 자들이 있다. 그들은 그 모든 광경을 보고 두려워하며 하늘의 하나님께 영광을 돌린다. 예수님께서 부활 40일 후 승천하시는 날은 지진이 없었다. 그러나 예수님께서 운명하시던 날에 지진으로 바위가 터지며 자던 성도들이 많이 일어나는 놀라운 사건이 있었다.

혹자는 이때 일어난 성도들을 첫째 부활이라고 하나 그렇지 않다. 이들은 다시 죽는 몸으로 살아난 것이다. 부활은 예수님이 첫 열매다. 예수님 부활전에 살아난 사람들은 영생의 몸으로의 부활이 아니다. 예수님께서 운명하실 때 지진은 죽은 자들이 살아나는 지진이었다. 그러나 두 증인은 부활과 승천이 동시에 있다. 바로 그날 일어나는 큰 지진으로 칠천 명이 죽는 다. 다른 것이 있다면 예수님은 운명하실 때 지진이 있었고 두 증인은 승천하는 날 지진이 있다는 것이다. 예수님 지진 때는 사람이 살아났고 두 증인 지진 때는 사람이 죽는 재앙이었다.

3) 두 증인 사역의 결과
두 증인의 사역의 마침은 승천으로 끝나지 않는다. 두 증인 승천이후부터 1260일 동안 예언한 예언들이 구체적으로 성취되기 시작한다. 두 증인은 생전에는 유대인들이나 전 세계인들에게 외면을 당하는 미움의 대상이다. 그러나 승천 이후에 두 증인의 복음 선포에 대한 진정한 진가가 나타나기 시작한다. 두 증인 승천 이후 결과들을 살펴보자.

① 휴거가 시작 된다
두 증인의 부활 승천은 일차적으로는 예수님의 부활 승천 재현이다. 이로 인해 사도행전의 예수님 승천을 시청각으로 상기시킨다. 그리고 예수님께서 구름을 타고 다시 오시리라 하신 약속을 기억하게 한다. 그리고 2차적 의미로는 곧 있게 될 성도의 부활 휴거 의미를 부여할 수 있다. 계11장 서두에서 성전을 척량함으로 1-3차까지 휴거될 자들을 구분했다. 두 증인이 승천한 바로 이날 일곱째 마지막 나팔이 불어진다. 그 나팔에 비로소 첫 번째 휴거가 시작된다. 죽은 성도들 중에 부활 휴거가 있을 것이다. 그리고 살아남아 있는 성도 중에는 변화되어 휴거되는 복 있는 자들이 있을 것을 예고한다. 휴거의 시작이다. 두 증인 승천은 그날 있게 될 휴거를 알리는 가장 정확한 신호다.

② 더욱 선명해진 복음

두 증인의 복음은 살아 있는 당시에는 유대인에게나 이방인에게나 먹히지 않는다. 그저 모든 이들의 공격의 대상이다. 그러나 승천하는 그날부터 1260일 예언의 복음은 능력을 발휘하기 시작한다. 두 증인이 세계인의 눈앞에서 부활하고 승천했다. 세계인들은 자의든 타의든 흘러나오는 매체를 통해 부활과 승천의 장면을 직접 목격해 버린 것이다. 그 장면을 목격한 자들은 두 증인이 1260일 동안 예언한 메시지를 그냥 믿어 버릴 수밖에 없다.

이 때부터 두 증인의 모든 예언은 그야말로 오토메틱으로 믿어져 버린다. 휴거, 예수님 재림, 심판, 멸망, 메시아 왕국 등은 반드시 이루어 질 것을 믿을 수밖에 없다. 두 증인 승천 후 복음은 더욱 선명해지고 확실해 진다. 이제 유대인들이 눈을 뜨기 시작한다. 세계에 흩어져 있는 많은 주의 종들과 그리스도인들도 세계정부의 미혹에서 정신을 차리기 시작한다. 이제 목숨을 걸고 주께 대한 믿음을 지키며 복음(계명)을 사수해야 한다.

곧 대 환란으로 들어가는 영적전쟁이 시작된다. 이제 용은 적그리스도를 등장시켜 성도들과 싸울 준비를 한다. 두 증인 승천 후 그들이 증거 한 1260일의 마지막 복음은 유대인들을 서서히 주께 돌아오게 하는 원동력이 된다. 또한 대 환난기 성도들이 순교하며 믿음을 지킬 수 있는 원동력이 된다. 바로 이 복음의 위력으로 대환난 중의 순교의 피바람을 이겨낼 수 있는 것이다. 결국 영적전쟁의 승리는 어린양 예수님의 복음 때문이다.

③ 천사가 영원한 복음으로

"또 보니 다른 *천사*가 공중에 날아가는데 땅에 거주하는 자들 곧 모든 민족과 종족과 방언과 백성에게 전할 *영원한 복음*을 가졌더라"(계14:6)

원수들을 향해 막강한 대적의 권능을 가지고 복음을 전하던 마지막 복음 증거자 두 증인이 순교하고 부활 승천했다. 이제 이 땅에는 복음을 전해줄 주의 종들이 없다. 감옥에 있던 많은 주의 종들도 휴거했을 것이다. 남아 있는 종들은 산으로든 어디로든 도망하여 숨어있다. 이제 목 베임 당하여 순교당하는 시기다. 그렇다면 이제 이 땅에 복음은 없는가? 복음은 세상 끝까지 남아있다. 대 환난 기간에도 구원받는 성도들이 있기 때문이다.

그렇다면 대 환난 기에는 누구를 통해 복음을 들을까? 다행이도 이 시기에는 천사가 영원한 복음을 가졌다고 한다. 대 환난 시기에는 천사가 복음을 전한다. 지금도 종종 기독교 박해국가에 있는 이들로부터 이러한 간증을 듣는다. "나는 천사가 복음을 전해 주었다." 필자도 이러한 톡을 받아본 경험이 있다. 지금은 지극히 종종 이러한 소식을 듣지만 대 환난기에는 일상이 될 것이다. 마지막 복음 전도는 천사가 영원한 복음을 전한다.

④ 적그리스도에게 거짓 부활의 빌미를 준다.

적그리스도는 두 증인을 죽였다. 3일 반 동안 전 세계에 시신도 전시했다. 그러나 두 증인은 세계인이 보는 앞에서 당당히 다시 살아나고 승천까지 해버렸다. 거기에다 당일에 소수의 첫 번째 휴거도 일어난 상태다. 적그리스도는 불안하고 두려울 것이다. 이날 일어나는 첫 번 휴거는 나팔 소리가 이 땅에 들리지 않는 비밀 휴거다. 그렇기 때문에 사람들은 휴거가 일어났는지도 인지하지 못한다. 이러한 상황 때문에 적그리스도는 사람을 속이는 다음 계획을 세울 수 있고 사람들은 또 속는 것이다.

나팔소리가 들리지 않았던 첫 번 휴거는 세계정부에서 세계 인구 실종 사건으로 위장 할 것이다. 휴거를 속이는 것이다. 이것은 위치 추적 장치가 있는 짐승 표 강제 시행으로 연결될 가능성이 높다. 이제 적그리스도는 자신을 하나님으로 신격화한다. 세계를 강제로 통제하며 신으로 경배를 받기 위한 어떤 이벤트가 필요하다. 적그리스도는 바로 '거짓 부활' 사건을 만든다. 두 증인이 부활하고 승천한 것을 흉내 내며 자기도 능력 있는 신임을 보여주기 위함이다. 그러나 승천은 할 수 없고 부활을 흉내 내기로 한다.

적그리스도는 어떤 사건에 의해 칼에 맞아 거의 죽었다가 기적같이 살아난다. 반대파에 의한 테러일수도 있다. 이것은 이제 자신이 신으로 등극하기 위한 거짓 부활 이벤트다. 거짓 선지자는 이 사건을 계기로 우상을 만들라 한다. 드디어 거룩한 곳에 '미운물건' 우상이 날개를 의지하여 세워진다. 이제 피비린내가 세상을 진동하는 대 환난의 시작이다.

"짐승 앞에서 받은바 이적을 행함으로 땅에 거하는 자들을 미혹하며 땅에 거하는 자들에게 이르기를 *칼에 상하였다가 살아난 짐승을 위하여 우상을 만들라 하더라*"(계13:14)

해를 입은 여자와 남자아이

　요한계시록을 해석함에 있어 원칙이 무너지면 전체 해석이 흔들릴 수 있다. 필자는 계시록 해석의 원칙 가운데 중요하게 여기는 것이 지극히 순서적이라는 것이다. 그러므로 계시록 12장은 역사의 시간에서 어디에 해당하는가 하는 문제다. 계12장은 삽경으로 분류한다. 그러나 삽경도 계시록 기록의 순서를 무지하지 않는다. 모든 삽경들은 바로 앞장과 관련하는 시기에 따른 별도 해설이다. 결코 순서를 넘나들지 않는다.

　계12장도 계11장에서 두 증인의 마지막 예언 사역의 마침과 연결되는 시기로 7년 안에 일어날 일들이다. 그러므로 아직 이루어지지 않은 미래의 사건을 기록하고 있다. 그러나 다수의 해석은 계12장을 과거의 사건으로 해석하고 있다는 것이다. 계시록 해석 원칙에 있어서 또 하나 중요한 것은 상징은 상징으로 문자는 문자적으로 해석하는 것이다. 계12장은 상징으로 가득 차 있다. 그렇다면 상징이 의미하는 것이 무엇인가 하는 것이 중요하다.

　이 부분은 해석하는 이들마다 시각이 다를 수 있다. 그러나 어떻게 해석하던 중요한 것은 본문의 말씀과 성경전체의 연관성에서 벗어나지 않아야 한다. 성경을 해석하는 모든 해석 가들이 그렇듯 필자도 마찬가지다. 두렵고 떨림으로 성경을 벗어나지 않으려고 노력한다. 필자는 가능한 성경은 성경으로 해석해야 한다고 본다. 필자에게 계12장은 상당히 어려운 장이었다. 그러나 세미나 사역을 하던 중 어느 때 부터인가 계12장이 열리기 시작했다. 독자들에게도 비교적 어려운 계12장을 이해하는 데 큰 도움이 되기를 바라며 자세히 풀어 가고자 한다.

1. 해를 옷으로 입은 여자

계12장의 여자는 무엇인가를 상징하고 있다. 그런데 이 여자를 둘러싸고 있는 주변은 너무도 복잡하다. 우선 이 여자는 해를 옷으로 입고 있다. 발아래는 달이 있다. 머리에는 12별관을 쓰고 있다. 이 여자는 해산을 앞두고 있는 만삭의 어머니다. 그리고 이 여자는 출산한 아이 외에 남은 자손들도 있다.(계12:17) 그런데 주변에는 큰 붉은 용이 아이가 나오면 삼키려고 아이를 노리고 있다. 여자가 낳은 남자 아이는 해산과 동시에 하나님 보좌로 올라가 버린다. 용은 노리던 아이를 삼키기도 전에 놓쳐버린 것이다.

여자는 출산 후 광야로 도망간다. 광야에는 다행히 여자를 위한 하나님의 예비처가 있다. 그곳에서 1260일 양육을 받는다. 또한 여자가 광야로 도망 후에 하늘에서는 미가엘과 용의 영계 전쟁이 일어난다. 영계전쟁에서 땅으로 쫓겨난 용은 여자를 추적하며 핍박한다. 여자는 큰 독수리의 두 날개를 받아 뱀의 낯을 피한다. 용은 여자 뒤에서 계속 공격하지만 땅이 여자를 돕는다. 여자를 놓친 용은 또 여자의 남은 자손들과 싸우기 위해 준비한다. 계12장의 여자는 참으로 이해 할 수 없는 많은 사건들로 둘려 쌓여 있다. 주변 환경이 매우 복잡한 여자다.

1) 계12장 해석의 열쇠는 여자다

여자 주변을 둘러싸고 있는 이 모든 것은 상징이다. 여자와 관련된 이 모든 상징들을 해석하려면 먼저 여자의 정체를 올바로 알아야 한다. 계12장을 해석하는 열쇠는 여자에게 있다. 여자를 무엇으로 설정 하느냐에 따라 남은 상징들은 실타래 풀어지듯 풀어진다. 그만큼 여자는 중요한 계12장의 주인공이다.

다수의 해석 가들은 여자를 이스라엘로, 남자아이를 예수 그리스도 보고 있다. 그들은 계12장을 이스라엘의 역사의 총 정리로 해석한다. 이러한 해석은 계12장을 과거 사건으로 보는 것이다. 이것은 필자의 견해인 계시록의 순서적 기록상 동의할 수 없다. 또한 여자를 교회로 보는 시각이 있다. 여자를 교회로 보면 많은 부분에서 모순이 있다. 교회는 그리스도의 신부인데 어떻게 신부가 신랑을 낳는가 하는 문제다. 또한 신부는 아직 결혼식을 올리지 않은 처녀다. 처녀에게 많은 자손들이 있는 것과 또한 처녀가 만삭의 아이를 출산한다는 것도 문제다.

무엇보다 중요한 것은 이 여자는 아이를 낳은 어머니다. 계12장의 여자는 모두 헬라어 귀네로 부인이다. 교회, 신부인 뉨프헤가 아니다. 이 부인의 뱃속에 있던 남자 아이는 출산 직후 하나님 보좌로 올려갔다.(계12:5) 그리고 이 땅에 또 여자의 남은 자손(계12:17)들이 있다. 이 여자는 분명히 이스라엘도 아니요 교회도 아니다. 그렇다면 여자가 상징하는 것은 무엇일까?

① 창3:15의 여자와 뱀 / 계12장의 여자와 용(뱀)

"내가 너로 *여자와 원수*가 되게 하고 *네 후손도 여자의 후손과 원수*가 되게 하리니 여자의 후손은 네 머리를 상하게 할 것이요 너는 그의 발꿈치를 상하게 할 것이니라 하시고"(창3:15)

창세기의 뱀과 계시록의 용은 같은 존재다. 요한계시록에는 큰 붉은 용이 나오기 때문에 여자와 용으로 대조해서 많이 쓴다. 그러나 계시록에서 용이 옛 뱀이라고 밝히고 있다.(계12:9) 독자들은 필자가 용으로 하던 뱀으로 하던 같은 존재로 이해해야 한다. 주님은 필자에게 문득 문득 깨닫게 하시는 말씀들이 있다. 계시록 12장의 여자를 묵상하던 어느 날 창3:15 말씀이 생각났다. 창세기의 여자와 뱀과 계시록의 여자와 용의 연관성이다. 어렴풋이 여자와 뱀과 여자와 용은 같은 맥락으로 해석할 수 있겠다는 생각을 했다.

그러던 중 2017년 9월 23일 유튜브 상에서 휴거 소동과 관련한 사건이 있었다. 2017년 9월 23일은 계12장 1절이 성취되는 날로 이날 휴거가 있다는 주장들 이었다. 물론 필자의 해석으로는 당연히 이날 휴거는 있을 수 없다. 그러나 매달 마지막 때 세미나를 진행하고 있는 필자에게 이 내용에 대한 질문들이 들어왔다. 때문에 이 부분에 대해 유튜브에서 자료들을 좀 더 살펴보게 되었다.

2017년 9월 23일은 특별한 날이긴 하다. 하늘에 별들의 정열이 계12장 1절의 모양으로 성취되는 날이기 때문이다. 간단히 나열하자면 이렇다. 우주에는 12궁성이 있다. 12궁성은 한 자리에 고정되어 있는 별이다. 그래서 천문학에서는 별자리라고 한다. 그중 처녀자리 바로 위에 있는 사자자리는 9개의 별로 되어있다. 사자 바로 아래 처녀가 있으니 처녀 머리 위에는 사자자리 9개의 별이 있는 것이다. 그런데 이 날 처녀 머리위에 있는 사자 옆에 금성과 수성과 화성이 일직 선상으로 정열 된다. 이 별들은 회전하는 별들로 떠돌이 별이라고도 한다.

사자자리 9개의 별과 금성, 수성, 화성 세 개의 별을 더하니 12별이다. 계12장의 여자가 12별관을 쓴 모양이다. 그리고 금성 아래는 태양이 자리하여 처녀를 비추고 있다. 여자가 해로 옷을 입은 모양이다. 또한 여자의 자궁에 해당하는 곳에는 목성이 정열 된다. 이것을 두고 왕을 뜻하는 목성이 출산 후 위로 올라가는 왕권을 가진 남자아이 휴거라는 것이다. 여자의 발밑에는 달이 위치한다. 이러한 모습은 분명한 계12장 1절의 하늘에 큰 이적의 모양이다.

우주 은하계 별들은 각각 회전하는 속도가 다르다. 화성은 2년에 1회, 수성과 금성과 태양은 1년에 1회, 달은 1년 12회, 목성은 12년에 1회 회전한다. 그런데 이렇게 각각 다르게 회전하는 별들이 일직 선상으로 정열 된다는 것은 기적 중 기적이다. 필자는 이날 분명히 휴거는 아닌데 이것이 무엇을 뜻하는 것인지 궁금하지 않을 수 없었다. 이와 관련하여 유튜브에는 천문학과 관련된 여러 강의들이 올라왔다. 여기 저기 강의들을 살펴보던 중 해외에서 올린 번역된 강의를 접하게 되었다. 스텔라리움으로 과거의 별자리를 연구하여 성경을 해석하는 대충 그런 내용이었다. 이 강의를 듣던 중 필자는 한 가지 놀라운 사실을 발견했다.

2017년 9월 23일과 같이 하늘의 별들이 정열 되는 것은 6천년 만에 한 번씩 있다고 한다. 6천 년 전에 한번 있었고 앞으로 6천년 후에 이러한 별들의 정열이 있을 것이라 한다. 그러나 아마도 이 땅에서 세 번째 그러한 별

들의 정열은 없을 것이다. 곧 주님이 오셔서 천년왕국을 이루시고 천년 후에
는 영원세계에 들어가기 때문이다. 그렇다면 창조 역사상 지금까지 두 번 있
는 일이다. 창세기에 한번 있었고 그리고 지금 마지막 계시록 시대에 한 번
있는 일이다. 이것을 유튜브의 스텔라리움 강의를 통해 알 수 있었다.

필자는 이 시대에 그러한 별들의 정열은 주님의 재림이 그만큼 가까이 왔
다고 하는 마지막 때 신호로 본다. 그 영상에서 6천 년 전 B.C 3915년에
그러한 별들의 정열이 있었다고 한다. 그런데 그때가 바로 창3:15절의 말씀
을 주신 때라는 것이다. 필자는 여기에서 소름끼치듯 놀랐다. 그 강의를 하
던 외국인은 필자가 발견한 내용과는 상관이 없었다. 그러나 필자는 창3:15
을 듣는 순간 나름대로 의미를 깨달았다. 6천년 만에 한 번씩 있는 이와 같
은 별들의 정열은 창세기와 계시록에 같은 의미를 부여하고 있었다.

B.C 3915년의 정열은 창3:15절의 여자와 뱀이요 A.D 2017년의 정열도
계12장의 여자와 용이다. 이미 하나님께서 필자에게 주셨던 깨달음이 옳았
던 것이다. 성경의 시작 창세기의 여자와 뱀은 성경의 끝인 계시록의 여자
와 용을 같은 맥락으로 해석해도 무리가 없다. 창세기의 여자가 계시록의
여자요 창세기의 뱀이 계시록의 용이다. 무엇보다 계시록에는 이 용이 옛
뱀(계12:9)이라고 밝히고 있다. 바로 창세기의 그 뱀이다. 뱀이 그 뱀이라면
여자도 그 여자인 것은 당연한 것이다. 결국 여자와 뱀이 상징하는 것도 창
세기와 계시록이 같은 것이다

② 창3:15의 여자는 원 복음이다.
창3:15절은 최초복음으로 주인공은 여자와 뱀이다. 이 구절이 원 복음이
면 여자와 뱀 중 누가 복음인가? 사단인 뱀이 복음일수 없으니 당연히 여
자가 복음이다. 그렇다면 창3:15절에서 여자를 원 복음이라고 하는 것이다.
여자가 복음인 것은 여자의 후손으로 오시는 예수 그리스도가 복음이기 때
문이다. 우리는 에덴동산에 있는 두 개의 나무를 통해서도 분명히 알 수 있
다. 생명나무는 예수님이요, 신본주의요 천국이요, 생명이요, 진리요, 복음
이다. 그 생명나무인 복음의 열매는 이스라엘이요 교회다. 그러나 선악나무

는 사단이요, 인본주의요 지옥이요, 멸망이요, 비 진리다. 그 선악나무 비 진리의 열매는 세상이요 불신자들이요 짐승이다.

③ 계12장의 여자도 복음이다.

첫 번 별들의 정열이 창3:15절의 여자 원 복음으로 시작했다. 그렇다면 두 번째 별들의 정열인 계12장의 여자도 복음이다. 하나님의 창조역사는 복음으로 시작하여 복음으로 마친다. 창3:15절부터 여자의 후손과 뱀의 후손의 싸움이 시작된다. 계12장도 여자와 용의 싸움이다. 창3:15절처럼 계12장도 여자와 용의 싸움은 왕대왕의 싸움이라 할 수 있다. 진리(복음)와 비 진리(사단)의 싸움이다. 그러나 계13장으로 가면 여자인 복음의 줄기에서 나온 이스라엘과 교회가 용의 줄기에서 나온 짐승과 싸운다. 후손 대 후손의 싸움이라 할 수 있다. 필자는 창3:15절과 계12장 싸움을 같은 선상에서 보고 풀어 갈 것이다.

2) 계12장의 여자를 복음으로 설정한다.

여자가 무엇을 상징하는가 하는 문제가 계12장 해석의 열쇠라고 했다. 지금까지 나열한 내용을 근거로 해서 필자는 여자를 복음으로 설정한다. 그리 할 때 여자의 주변에 둘려 쌓인 모든 상징들을 자연스럽게 풀어 갈 수 있다. 그러므로 앞으로 필자가 여자라 하면 복음이요 복음이라 하면 여자로 인지해 주길 바란다. 계12장은 후3.5년으로 들어가는 시점이다. 주님 재림이 3.5년 남은 것이요 이 땅에 메시아 왕국이 그만큼 가까이 온 시점이다.

이렇게 중요한 시점에서 주님께서 진정 드러내고 싶으신 주제가 과연 무엇이겠는가? 일반적 해석과 같이 이 중요한 시점에서 이스라엘의 과거 구약의 역사를 총 정리 하실 필요가 있는가 하는 것이다. 이것은 계시록의 순서적 흐름에도 맞지 않다. 계12장에서 주님께서 진정으로 드러내고 싶으신 것은 바로 복음이다. 성경은 창세기부터 복음이 주제이기 때문이다. 사도 요한의 증거와 같이 창세기의 빛은 복음이신 예수 그리스도다. 창세기의 복음은 이스라엘을 넘어 하나님의 창조세계 모든 인류에게 해당되는 것이다. 창조역사상 두 번 있었던 하늘의 이적인 별들의 정열도 복음에서 복음으로의 선포다.

① 바울의 증거 하는 새 언약 복음은 우리 어머니다.

갈라디아서 4장은 복음과 율법을 두 언약에 비유하여 설명하고 있다. 복음으로 살 것인가? 율법으로 살 것인가? 하는 것이다. 여기서 사라를 새 언약인 복음으로 우리 어머니라고 한다. 처음엔 복음이 "우리 어머니"라는 표현이 좀 어색하고 생소했다. 그러나 계12장과 연결하여 풀다보니 바울의 표현이 너무도 정확 하다는 것을 알았다. 복음을 우리 어머니라고 표현한 사람은 오직 바울뿐이다. 서신 서에서 단 1회 사용하고 있다.

"내게 말하라 율법 아래에 있고자 하는 자들아 율법을 듣지 못하였느냐 기록된 바 아브라함에게 두 아들이 있으니 하나는 여종에게서, 하나는 자유 있는 여자에게서 났다 하였으며 여종에게서는 육체를 따라 났고 자유 있는 여자에게서는 약속으로 말미암았느니라 이것은 비유니 *이 여자들은 두 언약이라* 하나는 *시내 산으로부터 종을 낳은 자니 곧 하갈*이라 이 하갈은 아라비아에 있는 시내 산으로서 지금 있는 예루살렘과 같은 곳이니 그가 그 자녀들과 더불어 종 노릇 하고 오직 *위에 있는 예루살렘은 자유자니 곧 우리 어머니라* ....그런즉 형제들아 우리는 계집종의 자녀가 아니요 *자유하는 여자의 자녀니라*"(갈4:21-26, 31)

㉠ **하갈** - 옛 언약, 시내산 율법, 종노릇, 육체를 따라 낳은 이스마엘, 땅의 예루살렘
㉡ **사라** - 새 언약, 복음, 자유자, 약속을 따라 낳은 이삭, 위의 예루살렘, 우리 어머니

사도 바울은 하갈과 사라를 통해 두 언약에 대한 진리를 이토록 분명하게 정리하고 있다. 사라를 결국에는 복음으로 우리 어머니로 묘사하여 우리는 자유 하는 여자의 자녀라 한다. 다른 표현으로 하면 복음의 자녀요 복음은 곧 우리 어머니다. 그렇기 때문에 계12장의 여자는 아이를 낳는 어머니인 것이다. 중요한 것은 성경에 복음이 우리를 낳았다는 표현이 있다.

"그리스도 안에서 일만 스승이 있으되 아비는 많지 아니하니 그리스도 예수 안에서 *복음으로써 내가 너희를 낳았음이라*"(고전4:15)

"그가 그 조물 중에 우리로 한 첫 열매가 되게 하시려고 자기의 뜻을 좇아 *진리의 말씀으로 우리를 낳으셨느니라*"(약1:18)

창세기에서 하와에게 해산하는 고통을 주셨다. 여자는 해산의 고통으로 자녀를 낳는다. 여자인 복음도 해산의 수고를 통해 복음의 자녀를 낳는다. 때문에 사도 바울은 믿음의 자녀들로 양육하는 것을 해산의 수고로 비유했다. 또한 옥중에서 전도한 오네시모를 갇힌 중에서 낳은 아들이라고 한다. 복음으로 낳았다는 것이다. 그러므로 복음은 곧 우리의 어머니며 우리는 모두 복음의 자녀인 것이다.

"나의 자녀들아 너희 속에 그리스도의 형상을 이루기까지 다시 *너희를 위하여 해산하는 수고를* 하노니"(갈4:19)

"*갇힌 중에서 낳은 아들 오네시모를* 위하여 네게 간구하노라"(몬1:10)

② 해로 옷을 입었다.

해는 하나님이시다. 복음은 오직 하나님의 은혜다. 그래서 복음인 이 여인은 은혜의 해를 옷으로 입고 있다.

"여호와 *하나님은 해요* 방패이시라 여호와께서 은혜와 영화를 주시며 정직하게 행하는 자에게 좋은 것을 아끼지 아니하실 것임이니이다"(시84:11)

③ 12별 면류관은 복음의 기초석이다.

여자는 머리에 12별의 면류관을 쓰고 있다. 여자를 이스라엘로 보는 해석에서는 12별관을 12지파 혹은 12아들이라고 한다. 서두에서도 강조 했듯이 계시록은 순서적으로 기록하고 있다. 과거 이스라엘 역사의 총 정리가 아니다. 그러므로 여자가 쓴 12별관은 12지파도 아니고 야곱의 12아들도 아니다. 필자는 여자가 쓴 머리의 12별관을 예수님의 12제자로 보고 있다. 12별이 12제자일 수밖에 없는 이유는 계12장 본문 안에서 말해주고 있다.

여기서 별은 하나님의 종들이다. 여자가 복음이니 여기서 별은 특별히 복음을 위해 수고한 종들을 말한다. 12별은 예수님께서 선택하여 세우신 12제자로 주님의 종들이다. 이중에서 유다가 빠지고 맛디아가 들어갔다. 12지파나 12아들은 복음을 위해 수고한 하나님의 종들이라고 하기엔 본문과도 적절하지 않다.

또한 12별로 된 면류관에 의미가 있다. 여기서 면류관은 헬라어 스테파노스로 영광과 승리의 관이다. 12별들은 스테파노스 면류관이 말해주는 것처럼 영광스러운 자들이고 승리한 자들이다. 12지파는 영광과 승리의 관을 쓸수 없다. 단 지파는 우상 숭배 1등이다. 12아들도 영광과 승리의 관을 쓸수 없다. 장자 르우벤은 아비의 침상을 더럽혔다. 그러나 유다가 빠지고 맛디아로 채워진 12제자는 영광과 승리의 관을 쓸 자격이 있다. 어린양 예수를 위해, 복음을 위해 아낌없이 생명을 던진 100% 순교자들이기 때문이다.

그러므로 스테파노스를 쓸 수 있는 자격은 오직 12제자 밖에 없다. 자녀는 부모의 영광이다. 그래서 이 여인은 복음으로 낳은 12사도를 상징하는 12별관을 쓰고 있는 것이다. 또한 12지파 이름은 새 예루살렘 성의 12문 위에 기록되어 있다. 그러나 12제자는 어린양의 피로 얻게 되는 새 예루살렘 성곽의 기초석에 그 이름이 기록되어 있다. 12제자는 천국의 기초석이요 복음의 기초석이 된 것이다.

"그 성의 성곽에는 열두 기초석이 있고 그 위에는 어린 양의 열두 사도의 열두 이름이 있더라"(계21:14)

여기서 사도 요한은 자연사를 했다. 그러나 실상은 그도 순교자다. 끓는 기름 가마 속에 넣었으나 요한은 죽지 않았다. 당시 로마법은 사람을 두 번 죽일 수 없다. 끓는 기름 속에 넣어도 죽지 않는 요한에게 두 번째 사형 집행을 할 수 없다. 그래서 요한을 밧모 섬으로 보낸다. 밧모 섬 까지는 당시에 몇 개월 걸리는 험한 뱃길이다. 백발 노장인 요한이 밧모까지 가는 동안 바다에서 죽으라는 것이었다. 그러나 하나님의 섭리는 그 유배지에서 요한

계시록을 쓰게 하시려고 밧모로 보내신 것이다. 요한은 12별관을 통해 미래의 자신의 영광까지 본 것이다.

④ 광야 – 교회가 오직 하나님의 은혜로 살아야 하는 시기다.
"그 여자가 *광야*로 도망하매..."(계12:6)

광야가 등장하는 시점은 여자가 후3.5년으로 들어가는 대환난 시기다. 광야는 춥고 배고프고 고독한 곳이다. 하나님의 은혜가 아니면 결코 살 수 없는 곳이다. 광야는 이스라엘 백성이 사십년 동안 오직 하나님의 은혜로 살았던 장소다. 이제는 복음을 가진 교회가 오직 하나님의 은혜로 살아야 하는 광야시대로 들어가는 것이다. 광야에는 여자뿐만 아니라 음녀도 있다.(계17:3) 그러므로 거짓과 미혹의 영들이 가득한 때이다.

환난과 핍박을 견뎌야 하는 복음의 광야시대인 것이다. 광야에 해당하는 '에레모스'는 고독한, 버려진, 황량한, 외로운, 광야다. 이것이 후3.5년에 해당하는 복음을 가진 교회의 환경이다. 거기에 더하여 창세 전후에 없는 핍박과 환난이다. 계12:14절에 복음은 광야를 '자기 곳'이라 한다. 그곳은 그 시대에 복음이 있어야 할 자리이기 때문이다.

⑤ 도망 – 예수님의 마지막 때 예언의 실현이다.
"그 여자가 광야로 *도망*하매..."(계12:6)

"그러므로 너희가 선지자 다니엘이 말한 바 *멸망의 가증한 것이 거룩한 곳에 선 것을 보거든* (읽는 자는 깨달을진저) 그 때에 유대에 있는 자들은 *산으로 도망할지어다*"(마24:15-16)

전3.5년 지나면 성전에 우상이 세워지는 시기로 교회는 도망가야 하는 때이다. 여자가 광야로 도망가는 것은 마24장에 명령하신 마지막 때 예수님 예언의 실현이다. 대 환란 때 교회는 도망가서 숨어야 한다. 그러나 다수의 가르침은 이 시기에 14만 4천이나 두 증인 들이 순교적 사명으로 전 세계에 복음을 전한다고 한다. 결코 그럴 수 없다. 표가 없으면 교통수단도 이용할 수 없는 시기다. 이 시기에 예수님의 명령은 복음 전파가 아니다. 도망가서 숨으라는 것이다. 때문에 복음인 여자는 도망가는 것이다.

마24장 말씀은 유대인에게만 해당된다고 하는 이들이 있다. 그러나 결코 그렇지 않다. 만일 적그리스도가 이스라엘만 통치한다면 그럴 수 있다. 그러나 이 시기는 적그리스도가 이스라엘에 본부를 두고 전 세계를 통치하는 시기다. 그러기에 유대인을 포함하여 전 세계 모든 기독교인들에게 해당되는 말씀이다.

그러나 이스라엘에게만 해당 되는 시기가 있었다. 바로 A.D70년 예루살렘이 멸망할 때의 사건이다. **"예루살렘이 군대들에게 에워싸이는 것을 보거든...도망가라"**(눅21:20-21) 이 일은 오직 유대인에게만 해당되는 일이었다. 그러나 이제 유대인이든 이방인이든 **"성전에 우상이 선 것을 보거든 도망"**(마24:15-16)가야 하는 때가 다가온다. 복음을 가진 자는 모두 도망가서 숨어야 한다. 두 구절에 대한 자세한 내용은 앞에 다니엘 70이레 단원에서 다루었다.

"너희가 예루살렘이 군대들에게 에워싸이는 것을 보거든 그 멸망이 가까운 줄을 알라 그 때에 유대에 있는 자들은 산으로 도망갈 것이며 성내에 있는 자들은 나갈 것이며 촌에 있는 자들은 그리로 들어가지 말지어다"(눅21:20-21)

⑥ 하나님의 예비처(피난처)

"그 여자가 광야로 도망하매 거기서 천이백육십 일 동안 그를 양육하기 위하여 하나님께서 예비하신 곳이 있더라"(계12:6)

하나님은 참 좋으신 아버지다. 주님은 우리에게 대책 없이 무조건 도망하라고 하지 않으셨다. 하나님이 예비하신 예비처가 있다. 갈 바를 알지 못하나 말씀에 순종하여 어디로든 숨을 곳을 찾아 떠나야 한다. 믿음으로 순종할 때 성령께서 예비처로 인도하실 것이다. 그 광야에는 하나님의 예비처가 있다. 그곳은 이스라엘 백성이 살았던 애굽의 고센 땅과 같은 곳이다. 그곳에 하나님의 공급하심과 보호가 있을 것이다. 요셉 한사람이 준비한 곳이 고센 땅이다.

야곱의 70명의 가족은 가나안땅의 기근을 피하여 요셉이 준비한 애굽의 고센 땅으로 갔다. 그곳에서 이스라엘은 안정적으로 보호받으며 한 민족으로 번성할 수 있었다. 이와 관련된 용어를 살펴보면 더 깊은 주님의 은혜를 발견한다. 예비처, 도피처(도망), 피난처라는 라는 용어가 있다. 얼핏 보면 같아 보이지만 사용된 곳의 원어를 보니 의미가 조금씩 다르다.

㉠ **예비처** - 헤토이마죠 : 공급하다, 예비하다, 준비하다.
"그 여자가 광야로 도망하매 거기서 천이백육십 일 동안 그를 양육하기 위하여 *하나님께서 예비하신 곳*이 있더라"(계12:6)

㉡ **도피처** - 휴고 : 도피하다, 피하다, 사라지다
"그 때에 유대에 있는 자들은 산으로 *도망*할지어다"(마24:16)

㉢ **피난처** - 카탑휴고 : 도망하다, 달아나다.
"이는 하나님이 거짓말을 하실 수 없는 이 두 가지 변하지 못할 사실로 말미암아 앞에 있는 소망을 얻으려고 *피난처*를 찾은 우리에게 큰 안위를 받게 하려 하심이라"(히6:18)

"그들이 알고 *도망하여* 루가오니아의 두 성 루스드라와 더베와 그 근방으로 가서"(행14:6)

필자는 헬라어 지식이 깊지 못해 휴고와 카탑휴고의 차이를 분명히 알 수는 없다. 그러나 카탑휴고가 사용된 성경의 두 곳의 본문을 볼 때 휴고의 결과인 듯하다. 카탑휴고는 신약 성경에 두 곳에만 사용되었다. 휴고는 명령에 순종하여 행동으로 옮겨 도피하는, 피해가는, 사라지는 것이다. 휴고의 결과인 카탑휴고는 히브리서에는 도망하여 도착한 곳이 안전한 피난처였다. 사도행전에는 도망한 곳이 루가오니아의 두 성이다.

세 개의 용어를 살펴보면서 주님은 덮어놓고 도망가라고 하신 것이 아님을 발견했다. 마24장에서 성전에 우상이 서는 것을 보거든 도망하라고 하셨다. 그 말씀에 순종하고 도망(휴고)하는 자들을 위해 예비처(헤토이마조)를 준비해 놓으셨다. 그곳에 필요한 것들을 예배해 두셨고 그곳에서 공급해 주실 것이다. 그 곳이 진정 주님이 준비하신 피난처(카탑휴고)가 되는 것이다. 우리가 도망해서 들어간 장소가 뱀의 소굴이라면 어찌 되겠는가? 그곳은 피난처가 될 수 없다. 그런데 도망하여 찾아 들어간 곳이 안정된 곳이라면 그곳은 카탑휴고가 되는 것이다.

▶후3.5년을 위해 준비하는 이 시대 사명자들

→ 장소를 예비하는 자들

모든 사람이 예비처를 준비할 수는 없다. 요셉 한사람이 야곱의 모든 가족이 정착했던 고센땅을 준비했다. 오늘날 나름대로 예비처에 대한 사명을 가지고 준비하는 이들이 많이 있다. 그들이 준비하는 곳이 100% 예비처가 될지는 알 수 없다. 그러나 상당 수 그러한 곳들 중에 예비처로 사용될 가능성이 있다. 마지막 때 예비처에는 GPS도 작동하지 않을 것이다. 하나님은 사명 자들을 통해 예비 처들을 준비하시고 계신다.

혹자는 나름대로 자신들이 준비하는 곳만이 마지막 때 예비처라고 한다. 그러나 이런 일에는 미혹이 많다. 최근 몇 년 전에도 아르헨티나, 필리핀 등의 예비처들로 인해 피해를 입은 이들이 있다. 이를 위해 선교후원을 요청하는 이들도 있다. 어떤 특정한 장소만을 예비처라고 한다면 분별해야 할 필요가 있다. 주님 지상 재림 때 아마겟돈 전쟁을 앞두고 천사들을 하늘 이 끝에서 저 끝까지 사방으로 보낸다.(마 24:31) 세계 각처 피난처에 숨어있는 환난 통과 성도들을 끌어 모으기 위함이다. 이것은 예비처가 전 세계 각처에 있다는 의미다.

→ 양식을 준비하는 자들

특별히 마지막 때 양식을 준비하라는 주님의 음성을 듣고 양식을 준비하는 이들이 있다. 몇 년 전 용문산 에덴 생식원을 간적이 있다. 그곳의 원장님은 권사님으로 특별한 주님의 음성을 듣고 양식을 준비하고 있었다. 국민일보에 광고가 자주 나오는 곳이다. 당시에 준비해 두셨다고 보여준 양식은 1500명이 3년 동안 먹을 수 있는 양식이라고 했다. 준비해 둔 양식은 유통기한도 꾀 길었다. 이런 일들을 보면 분명히 어딘가에 주님께서 마지막 때 사명 자들을 통해 양식도 준비하시는 것 같다.

⑦ 1260일 양육

"...*천이백육십 일 동안 그를 양육*하기 위하여 하나님께서 예비하신 곳이 있더라"(계12:6)

㉠ **1260일** - 1260일, 마흔 두 달, 한때 두 때 반 때라는 용어 사용에 대해서는 마지막 7년 단원에서 자세히 다루었다. 여자를 교회로 보는 이들은 이 구절을 근거로 교회는 환난을 통과 한다고 주장한다. 여자가 대 환난의 시기로 들어가기 때문이다. 여기서 환난 통과설 주장이 나온다. 그러나 여기서 1260일은 여자인 복음이 후3.5년 끝까지 이 땅에 머물러 있는 기간을 뜻한다. 교회 전체가 머물러 있는 환난 통과 기간이 아니다. 복음은 이 땅에 끝까지 남아있고 복음을 가진 교회(성도) 중에 일부가 휴거 되는 것이다. 복음이 대 환난 끝까지 남아있는 이유가 있다. 대 환난 기간에도 복음을 듣고 구원받는 이들이 있기 때문이다. 두 증인 단원에서 대 환난 때는 천사들이 복음을 전한다고 했다.

㉡ **양육** - 여자인 복음이 1260일 동안 양육을 받는다. '양육'의 원어는 '트렙호'로 '단단하게 하다' '살찌우다'란 뜻이다. 광야에서 환난의 시기를 지나는 동안 복음은 더욱 살찌고 단단해 진다. 복음의 빛이 흐려지지 않고 환난 성도 안에 더욱 강하게 살찌워진다. 비로소 두 증인의 복음이 빛을 발하는 때다. 목 베임을 당할지라도 결코 복음을 떠나지 않는다.

이것은 결코 교회가 피난처에서 양육 받는 다는 것이 아니다. 복음의 양육이다. 환난기의 교회, 성도에게 복음이 더욱 단단해진다는 것을 우리는 교회 핍박사를 통해 이해 할 수 있다. 성도들의 믿음은 평안할 때보다 핍박과 환난이 오면 더욱 단단해 진다. 19세기 전 세계에 복음이 들어갈 때 복음을 처음 받은 이들에게 엄청난 환난이 있었다. 그러나 그들은 순교의 피를 흘리기 까지 복음을 떠나지 않았다. 그만큼 복음이 단단하게 양육되었던 것이다. 그 때문에 기독교는 전 세계에 엄청난 부흥을 가져올 수 있었던 것이다.

⑧ 큰 독수리의 두 날개

"그 여자가 *큰 독수리의 두 날개*를 받아 광야 자기 곳으로 날아가 거기서 그 뱀의 낯을 피하여 한 때와 두 때와 반 때를 양육 받으매"(계12:14)

"내가 애굽 사람에게 어떻게 행하였음과 내가 어떻게 *독수리 날개로 너희를 업어* 내게로 인도하였음을 너희가 보았느니라"(출19:4)

출19:4절에 광야에서 이스라엘 백성을 독수리 날개로 업어 보호하시는 하나님이 묘사되고 있다. 요한계시록의 여자는 큰 독수리의 두 날개를 받는다. 신약의 복음이 큰 독수리 두 날개를 받는 이유는 무엇일까? 구약 광야의 독수리 날개는 신약 광야의 큰 독수리 두 날개와 다르다. 구약 광야의 독수리 날개는 이스라엘 백성만 보호하면 된다. 그러나 신약 광야의 큰 독수리 두 날개는 책임이 무겁다.

이제는 이스라엘뿐만 아니라 전 세계 교회를 함께 보호해야 하기 때문이다. 그래서 독수리도 커야 하고 두 날개가 든든해야 한다. 날개는 '보호'를 의미한다. 한쪽 날개로는 유대교회를 한쪽 날개로는 이방교회를 보호해야 한다. 큰 독수리는 두 날개로 광야에서 대 환난을 겪는 유대인과 이방인 교회 전체를 보호하는 것이다. 이것은 '복음'의 능력이 환난 날에 전 세계 모든 교회를 보호한다는 것이다.

⑨ 한 때와 두 때 반 때

"그 여자가....*한 때와 두 때와 반 때*를 양육 받으매"(계12:14)

마지막 7년 단원에서 7년 관련용어를 정리할 때 언급한 내용이다. 한 때와 두 때 반 때라는 용어는 후3.5년에만 사용되고 있다. 여자인 복음은 대환난 기에도 끝까지 남아 있다. 대 환난 기에도 구원받는 이들이 있기 때문이다. 환난 통과설을 지지하는 이들은 본문을 근거로 하여 교회는 환난을 통과한다고 한다. 그들은 여자를 교회로 보기 때문이다. 그러나 여자는 복음이기 때문에 한 때와 두 때 반 때인 대환난기에 들어가서 더욱 단단하게 양육되는 것이다.

⑩ 남은 자손들

"용이 여자에게 분노하여 돌아가서 그 *여자의 남은 자손* 곧 하나님의 계명을 지키며 예수의 증거를 가진 자들과 더불어 싸우려고 바다 모래 위에 서 있더라"(계12:17)

여자는 아이를 낳는 어머니다. 계12장에서 여자는 남자아이 출산을 앞두고 있지만 이미 전에 뿌려진 자손들이 있다. 이처럼 복음은 많은 씨를 뿌려 자녀를 출산한다. 심지어 대 환난 중에도 복음은 자녀를 출산한다. 남은 자손에 해당하는 헬라어 스펠마는 '뿌려진 것', '씨', '후손'이다. 이 땅에 복음의 씨가 뿌려져 복음의 후손들이 자라고 있다. 용은 여자를 놓치고 남자아이도 놓쳤다. 그러나 용은 포기하지 않는다. 이제 남은 자손들과 싸울 준비를 한다. 그러나 이제 본인이 직접 나서지 않고 짐승을 전면에 등장시켜 남은 자손들과 싸우게 한다.

어떤 번역에는 계12:18절이 있다. 추가 절에는 "그리고 용은 바닷가 모래 위에 자리를 잡았습니다."한다. 짐승, 적그리스도를 전면에 세우고 본인은 뒤에서 조종한다. 필자는 용이 바닷가 모래위에 앉아 있는 모습에서 복음서의 말씀을 떠올렸다. 주님께서 말씀하신 모래위에 집은 지은 자와 반석위에 집을 지은 자의 교훈이다. 환난의 바람이 불어올 때 모래위에 집은 지은 자는 무너질 수밖에 없다. 그 모래위에는 짐승이 앉아있기 때문이다.

3) 여자와 큰 붉은 용

계12장에서 우리가 발견하게 되는 중요한 주제 중에 하나는 일곱 머리 열 뿔이다. 일곱 머리 열 뿔에 대해서는 다니엘 단원에서 자세히 다룬 주제다. 그러나 여기에서 또 언급하는 이유는 계12장은 일곱 머리 열 뿔이 완성된 중요한 시점이기 때문이다. 7년이 시작되는 계10장은 '일곱 머리'의 완성이다. 그러나 '일곱 머리 열 뿔'의 8째 왕 괴물이 완성되는 시점은 계12장이다. 그만큼 계12장의 내용은 과거로 돌아갈 수 없는 것이며 마지막 때 이정표가 된다.

① 여자를 대적하는 일곱 머리 열 뿔

"하늘에 또 다른 이적이 보이니 보라 한 *큰 붉은 용*이 있어 *머리가 일곱 이요 뿔이 열*이라 그 여러 머리에 일곱 왕관이 있는데"(계12:3)

일곱 머리 열 뿔에 대해서는 성경에 딱 세 곳에서만 언급한다. 그것도 요한계시록에서만 12장과 13장 17장이다. 12장은 일곱 머리 열 뿔의 역사가 완성되는 시점을 알리는 장이다. 13장은 열 뿔 일곱 머리 8째 왕이 활동하는 후3.5년의 구체적인 활동의 시작이다. 17장에서는 일곱 머리와 열 뿔 가진 짐승의 비밀인 8째 왕의 존재를 구체적으로 설명하고 있다.

하나님이 없는 인본주의 세상 역사는 일곱 머리 열 뿔의 역사다. 애굽, 앗수르, 바벨론, 메대와 바사, 헬라, 로마, 신로마(NWO)로 끝난다. 이 역사는 주님이 재림하셔서 하나님의 심판으로 막을 내린다. 그리고 메시아 나라가 임하게 된다. 계12장은 일곱 머리 역사 심판을 3.5년 남겨둔 시점이다. 동시에 주님 재림을 3.5년 남겨두고 있다. 이렇게 중요한 시점인 계12장을 이스라엘 역사인 과거사건으로 보는 해석은 다소 엉뚱해 보이기도 하다.

다니엘 2장 7장, 8장에 나타나는 동상과 짐승의 역사도 일곱 머리 역사 중에 일부다. 다니엘의 동상과 환상은 애굽과 앗수르 두 개의 머리가 지난 후 세 번째 머리 신 바벨론부터 등장한다. 그렇기 때문에 다니엘에도 '열 뿔'이라는 용어는 등장하지만 '일곱 머리 열 뿔'은 단 한 번도 등장하지 않는다. 그러나 비로소 계12장에 와서 여자를 공격하면서 이 용어가 등장하는 중요한 메시지가 있다. 창3:15절에서 시작한 여자와 뱀의 싸움의 끝이 가까이 왔다는 것이다.

여자와 뱀의 싸움은 창세기에서 시작했고 계시록에서 끝난다. 진리(복음)와 비 진리(사단)의 싸움이 진리의 승리로 막을 내린다. 계12장에서 뱀과용은 같은 존재임을 정확히 밝히고 있다. 계12:9절에는 큰 용이 창세기의 그 옛 뱀이다. 계12:15절에는 뱀이 물을 강같이 토했는데 16절에는 용의 입에서 토한 강물이라고 한다. 뱀이 용이요 용이 뱀이다. 이 뱀이 큰 붉은 용으로 계12장에 등장해서 마지막 남은 자신의 사명을 완수하려 한다. 사단도 자신의 운명을 알고 있다. 하나님께서 허락하신 시간이 얼마 남지 않음을 알고 있다. 창세전 하나님 보좌를 찬탈 하려던 반역사건으로 유예 되었던 사단의 심판이 이제 코앞에 가까이 다가왔다.

"큰 용이 내쫓기니 옛 뱀 곧 마귀라고도 하고 사탄이라고도 하며 온 천하를 꾀는 자라... 여자의 뒤에서 뱀이 그 입으로 물을 강 같이 토하여 여자를 물에 떠내려 가게 하려 하되 땅이 여자를 도와 그 입을 벌려 용의 입에서 토한 강물을 삼키니"(계12:9,15-16)

"그러므로 하늘과 그 가운데에 거하는 자들은 즐거워하라 그러나 땅과 바다는 화 있을진저 이는 마귀가 자기의 때가 얼마 남지 않은 줄을 알므로 크게 분내어 너희에게 내려갔음이라 하더라"(계12:12)

② 일곱 머리에 일곱 왕관 - 내가 왕이다.
"하늘에 또 다른 이적이 보이니 보라 한 큰 붉은 용이 있어 머리가 일곱이요 뿔이 열이라 그 여러 머리에 일곱 왕관이 있는데"(계12:3)

사단은 회개의 DNA가 없다. 하나님께 범죄 하여 쫓겨나고도 세상 끝까지 자기가 왕이라고 주장한다. 이사야14:12-15절에는 사단의 타락의 모습을 보여주고 있다. 가장 높은 구름에 올라 지극히 높은 자와 비기겠다고 한다. 용은 왕관을 일곱 개나 쓰고 있다. 자신이 완벽한 왕이라는 것이다. 여기서 왕관은 헬라어 디아데마로 왕, 통치자들이 쓰는 관이다. 여자가 머리에 쓴 12별관 스테파노스와는 다르다. 지금 일곱 머리 열 뿔은 내가 이 세상 왕이라고 소리 지르고 있는 것이다. 이제 후3.5년에 전 세계 앞에서 "내가 하나님이요 내가 왕이니 내게 경배하라"고 한다. 그리고 자신의 표를 강재로 받으라고 한다. 강재로 세계를 통제하기 위함이다. 이에 굴복 하지 않으면 목 베임 당한다. 일곱 머리 열 뿔 시대는 믿음을 지켜야 하는 자들에게는 생존이 불가능한 시대다.

③ 하늘 별 3분의 1을 꼬리로 끌어내림 - 극한 미혹의 시대
"그 꼬리가 하늘의 별 삼분의 일을 끌어다가 땅에 던지더라 ..."(계12:4)

여기서 뱀의 꼬리는 미혹이다. 별은 주의 종들이다. 용의 미혹에 끌린 종들이니 사단의 종들이요 거짓 종들이다. 계12장은 후3.5년의 시기다. 지금도 마지막 때 미혹의 시대임이 분명하다. 그러나 이 시기는 미혹의 시대 극치를 이루게 된다. 교회 강단에는 복음이 사라진다. 십자가, 보혈, 천국, 지옥, 휴거, 심판 이런 설교는 듣기 힘들 것이다. 강단에는 세속적인 설교로 가득 채워질 것이다. 첫 번째 휴거가 일어나는 시점을 앞두고 엄청난 미혹이 온 세상을 덮을 것이다. 그럼에도 불구하고 남자아이는 복음에 생명을 걸고 살다가 승리하고 휴거된다.

④ 아이를 삼키고자 한다. - 휴거를 방해하려 함
"....여자 앞에서 그가 해산하면 그 아이를 삼키고자 하더니"(계12:4)

용이 삼키려고 하는 대상은 아이(테크논)다. 여기서 아이는 소수의 집합체를 상징한다. 하나님께서 보시기에 1등으로 휴거되는 엘리트들이다. 남자아이는 대환난전 휴거 그룹이다. 지금도 유튜브에는 휴거에 대한 미혹의 가르침이 많다. 예전부터 휴거 소동은 종종 있어왔다. 그러나 요즘 시대처럼 휴거로 장난치던 시대가 또 있었을까 싶을 정도다. 아마도 7년이 시작되는 전후에는 휴거에 대한 미혹의 가르침이 지금 보다 훨씬 더할 것이다. 아무리 미혹이 세상을 요동케 할지라도 계시록의 이정표대로 일어난다. 계시록에서 휴거는 정확히 전3.5년이 지나는 시점인 7째 나팔부터임을 예언하고 있기 때문이다.

⑤ 용이 여자를 박해함 - 복음을 추적한다.

"용이 자기가 땅으로 내쫓긴 것을 보고 남자를 낳은 *여자를 박해*하는지라"(계12:13)

용은 계속해서 남자를 낳은 여자를 박해한다. 여기서 박해에 해당하는 헬라어 디오코는 '추적하다'라는 뜻이다. 후3.5년은 주님께서 도망가라고 하셨으니 도망가야 하는 시기다. 복음을 가진 자들은 표를 피하고 짐승을 피하여 숨어야 한다. 이 때 짐승은 복음을 가진 성도들을 추적하여 찾아내 죽일 것이다. 그럼에도 불구하고 큰 독수리의 두 날개를 받은 복음은 결코 죽일 수 없다. 환난 성도들은 복음 때문에 박해를 받고 생명을 버릴지라도 끝까지 인내한다. 그리고 믿음을 지킨 자들은 마침내 영생을 얻을 것이다. 그러므로 계14:13절에서 주안에서 죽는 자들은 복이 있다고 하는 것이다.

필자가 믿기는 아마도 이 때 하나님이 예비하신 피난처에 숨어 들어간 자들은 짐승의 추적을 피할 수 있을 것이라 본다. 그 피난처에는 GPS 위치추적 작동이 안 될 것이다. 언젠가 누군가로부터 들은 말이 생각난다. 요즘 반려 동물로 개를 많이 키운다. 지금 빨리 개를 끊어내지 않으면 환난 기에 그 개 때문에 위치가 추적될 것이라고 했다. 애완동물들이 사람 못지않은 가족처럼 살고 있는 시대적인 경고다. 당시에는 키우는 개에게 칩을 의무적으로 심을 때였다. 지금은 칩의 부작용 때문에 개들에게 강제 칩 삽입이 중단되었다. 그러나 앞으로 또 의무적으로 칩을 심을 때가 올 것이다.

⑥ 뱀이 여자 뒤에서 물을 강같이 토함 - 비진리가 쏟아지는 시대

"여자의 뒤에서 *뱀이 그 입으로 물을 강 같이 토하여* 여자를 물에 떠내려 가게 하려 하되"(계12:15)

뱀이 입에서 물을 강 같이 토해 낸다. 물은 말씀이다. 그러나 여기서 물은 거짓 종들의 입에서 쏟아져 나오는 거짓 복음이다. 거짓 종들이 거짓 복음을 강같이 토해 내는데 그 물은 마실 수 없는 더러운 물이다. 마실 물이 없는 것은 여호와의 말씀을 듣지 못하는 기갈이다. 말씀의 기근 시대가 온다. 이유는 참 복음을 전할 종들이 없는 시대이기 때문이다. 후3.5년에도 교회는 있으나 그 강단에는 사단의 종들의 사단의 말로 가득한 시대다.

"주 여호와의 말씀이니라 보라 날이 이를지라 내가 기근을 땅에 보내리니 양식이 없어 주림이 아니며 *물이 없어 갈함이 아니요 여호와의 말씀을 듣지 못한 기갈*이라"(암8:11)

⑦ 여자의 남은 자손들

"용이 여자에게 분노하여 돌아가서 *그 여자의 남은 자손* 곧 하나님의 계명을 지키며 예수의 증거를 가진 자들과 더불어 싸우려고 바다 모래 위에 서 있더라"(계12:17)

그 여자의 남은 자손들은 첫 번 휴거에 참여하지 못하고 남은 자들이다. 이들은 이제 계13장에 등장하는 짐승의 통치아래 대 환난으로 들어간다. 이 중에서 또 두 번째 휴거에 참여하는 자들과 또 남는 이들이 있을 것이다. 두 번째에서도 남는 이들은 환난 끝까지 통과해야 한다. 이제 남은 자손들은 곧 일어날 두 번째 휴거를 기다리며 믿음을 지켜야 한다. 후3.5년에 들어가면서 두 증인이 증거 한 복음은 더욱 확실해 졌다. 그러기에 땅에 있는 교회들은 더 이상 사단의 거짓에 속지 않는다. 이제는 하나님의 계명을 지키며 예수의 증거인 진리의 복음을 생명을 걸고 사수해야한다.

2. 남자아이

남자아이에 관한 기존의 전통적 해석은 대부분 예수님으로 본다. 그러나 서두에서도 밝혔듯이 남자아이는 결코 예수님이 아니다. 예수님은 아이로 올라가지 않으셨다. 성인으로 죽으시고 부활하시고 승천하셨다. 남자아이를 낳은 여자가 상징 이었듯이 남자아이 또한 어떤 무엇을 상징하고 있다. 본문을 근거로 하여 남자아이의 정체를 밝혀 나간다.

1) 여자가 아들을 낳으니

"*여자가 아들을 낳으니 이는 장차 철장으로 만국을 다스릴 남자라 그 아이를 하나님 앞과 그 보좌 앞으로 올려가더라*"(계12:5)

▶ '아들' - 휘오스, 남성명사, 아들, 자손을 의미하여 왕권을 지칭한다.

▶ '남자' - 아르렌, 형용사, 남성, 남자, 사람, 들어 올리는데 있어서 보다 강한 자, 이기는 자

▶ '아이' - 테크논, 중성명사, 어린이, 자녀, 남녀의 소수 집합체로서 아이를 의미한다.

여자가 아들을 낳았다. 여자가 복음이니 복음이 아들을 낳은 것이다. 그런데 본문 한절 안에서 이 아들에 대하여 다양하게 지칭하고 있다. 남자아이를 지칭하는 세 개의 원어에서 남자아이가 단순히 한명의 아들이 아님을 정확히 알 수 있다.

① **남자아이는 왕권을 가진 자들, 소수의 강한 자들로 이기는 자들이다.**

"또 우리 형제들이 어린 양의 피와 자기들이 증언하는 말씀으로써 그를 *이겼으니* 그들은 죽기까지 자기들의 생명을 아끼지 아니하였도다"(계12:11)

계12:5절 안에는 남자아이를 설명하기 위해 명사, 형용사, 중성명사가 동원되고 있다. 명사인 아들 휘오스는 특별히 왕권을 가진 아들을 의미한다. 이는 천년왕국에서 왕권을 가지게 될 자들을 의미한다. 형용사인 남자 아르렌은 어떤 물건을 들어 올릴 때 여자보다 남자가 더 강하다는 의미에서 남자다. 일반적으로 헬라어에서 사람을 칭할 때 남자는 명사 '아네르'가 쓰인다. 그러나 여기서 남자는 형용사 '아르렌'을 쓰고 있다. 강한 자, 이기는 자이기 때문이다.

중성명사인 아이 테크논은 어린이로 남성과 여성이 포함된 어떤 집합체다. 이들은 복음을 소유하고 복음의 능력으로 이기는 자들이다. 남자아이니 또한 강한 자들이다. 아이라는 표현은 어떤 적은 무리 즉 소수의 강력한 집합체임을 표현한 것이다. 용은 하늘별 3분의 일 즉 거짓 선지자들을 동원하여 비 진리로 남자아이를 해치려 하지만 실패한다. 계12:4절에 용이 삼키려는 대상은 아들도, 남자도 아닌 아이, 테크논이다. 용은 첫 번째 휴거대상인 소수의 강한 믿음의 집합체를 공격하려는 것이다.

"그 꼬리가 하늘의 별 삼분의 일을 끌어다가 땅에 던지더라 용이 해산하려는 여자 앞에서 그가 해산하면 그 *아이*를 삼키고자 하더니"(계12:4)

② 장차 철장으로 만국을 다스릴 남자라

"*이기는 자*와 끝까지 내 일을 지키는 그에게 *만국을 다스리는 권세를 주리니 그가 철장*을 가지고 그들을 다스려 질그릇 깨뜨리는 것과 같이 하리라 나도 내 아버지께 받은 것이 그러하니라"(계2:26-27)

남자아이를 예수님이라고 주장하는 이유 중에 하나는 만국을 다스릴 철장 권세를 가진 분은 예수님뿐이라고 한다. 그러나 이 권세는 예수님께서 버가모 교회 이기는 자들에게 약속하신 것이다. 이기는 자들은 천년왕국에서 왕권을 받는 자들이다. 이기는 자는 이 철장 권세를 가지고 메시아 통치에 참여하면서 만국을 다스리게 될 것이다. "만국을 다스릴 남자"라 함은 예수님이 아니라 만국을 다스릴 강한 자들, 이기는 자들이란 뜻이다.

2) 아이가 하나님 보좌 앞으로 올려간다.

남자아이를 예수님으로 보는 이들은 하나님 보좌 앞으로 올려 간 것을 예수님 승천이라고 해석한다. 그러나 원어는 하르파조다. 두 증인에서 밝힌 것처럼 예수님의 승천은 아날람바노다. 높이 들리어 올라가셨다. 그러나 남자아이 하르파조 휴거는 결코 예수님의 승천이 아니다.

① 그 '아이'를 하나님 앞과 그 보좌 앞으로 올려가더라

하나님 보좌 앞으로 올려간 대상은 아이다. 앞에서 원어를 살펴본 바와 같이 아이의 원어는 테크논, 어린이다. 어떤 남녀 소수의 집합체를 올려간 것이다. 앞에서 용이 삼키려고 했던 대상도 아들이나 남자가 아닌 아이였다. 어떤 강한 소수의 집합체를 삼키려 했던 것이다. 특별히 아들도, 남자도 아닌 아이가 올려 갔다는 것은 첫 번 휴거는 소수임을 드러내는 것이다.

② 남자아이는 첫 번째 소수의 휴거 그룹이다.

남자아이는 교회시대 첫 번째 휴거되는 소수의 그룹이다. 하나님은 7곱 교회 편지 속에서도 계속 이기는 자가 되라고 말씀하셨다. 이기는 자들은 하나님께서 처음 익은 열매 초실절 첫 열매로 환란 전에 먼저 취하여 가신다. 여기서 "올려가더라"는 분명히 하르파조, 휴거다.

▶하르파조(잡아채다, 끌어당기다, 취하다)

"여자가 아들을 낳으니 이는 장차 철장으로 만국을 다스릴 남자라 그 아이를 하나님 앞과 그 보좌 앞으로 *올려가더라*"(계12:5)

앞에 두 증인 단원에서도 예수님의 승천을 다루었다. 예수님은 눈앞에서 갑자기 사라지는 하르파조, 휴거가 아니다. 시야에서 서서히 멀어지는 승천이다. 예수님 승천은 원어도 하르파조가 아닌 에파이로, 혹은 아날람바노가 사용되었다. 그러나 계12:5절은 분명히 하르파조로 휴거다. 사도행전 1장의 예수님의 승천장면을 반복 제시한다. 기록된 성경대로 믿어야 한다.

▶에파이로(들어 올리다, 높이다, 들리어 올라가다)

"이 말씀을 마치시고 그들이 보는데 *올려져 가시니* 구름이 그를 가리어 보이지 않게 하더라"(행1:9)

▶아날람바노(들어 올리다, 받아 올리다)

"그가 택하신 사도들에게 성령으로 명하시고 *승천하신* 날까지의 일을 기록하였노라...11 이르되 갈릴리 사람들아 어찌하여 서서 하늘을 쳐다보느냐 너희 가운데서 하늘로 *올려지신* 이 예수는 하늘로 가심을 본 그대로 오시리라 하였느니라 21 이러하므로 요한의 세례로부터 우리 가운데서 *올려져 가신* 날까지 주 예수께서 우리 가운데 출입하실 때에(행1:2,11,21)

③ 하나님 보좌 앞으로 올려 진 남자아이는 비밀 휴거다.

"*일곱째 천사*가 소리 내는 날 그의 *나팔*을 불려고 할 때에 하나님이 그의 종 선지자들에게 전하신 복음과 같이 하나님의 그 *비밀*이 이루어지리라 하더라"(계10:7)

"보라 내가 너희에게 *비밀*을 말하노니 우리가 다 잠 잘 것이 아니요 *마지막 나팔*에 순식간에 홀연히 다 변화되리니 나팔 소리가 나매 죽은 자들이 썩지 아니할 것으로 다시 살아나고 우리도 변화되리라"(고전15:51-52)

남자아이가 올려가는 것은 휴거의 시작이다. 세 번의 휴가가 시작되는 첫 번 사건이기 때문에 휴거 단원에서 다루어야 할 내용이 많다. 여기서는 남자아이와 관련해서 간단히 다루게 되니 이해가 안 되는 부분들이 있을 것이다. 휴거 단원을 들어가면 여기서 다 이해 하지 못한 부분들이 자세히 풀릴 것이다. 무엇보다 남자아이 그룹은 계13장 짐승이 등장하기 전에 휴거되는 대환난 전 휴거 그룹이다. 여기서는 남자아이 휴거가 대환난 전 휴거이며 비밀 휴거라는 것만 기억해 두길 바란다. 남자아이는 하나님 보좌 앞으로 직진한다. 이들은 공중 권세를 잡고 있는 사단이 미가엘과의 영계전쟁이 있기 전에 올라가는 것이 중요하다.

그러므로 남자아이 그룹은 휴거 이후 사단이 장악하고 있는 공중에 머물지 않는다. 올라감과 동시에 하나님 보좌 앞으로 직진한다. 계11:19절에서 이미 언약궤가 보이는 성전이 열렸다. 두 증인 단원에서 잠시 언급했던 것을 기억할 것이다. 남자아이 그룹은 대환난 전 휴거로 비밀휴거다. 일곱째 천사의 나팔은 계시록의 일곱 번째 마지막 나팔이다. 바울이 말한 마지막 나팔과 같은 나팔이다. 일곱째 나팔도 비밀이요 마지막 나팔도 비밀이라고 성경은 기록하고 있다. 비밀휴거인 이유가 있다. 첫 번째 휴거가 일어날 때는 이 땅에 나팔소리가 들리지 않는다. 요한계시록의 7째 나팔이기 때문이다. 요한계시록의 심판 경고의 7개의 나팔은 땅에 들리지 않는 나팔이다. 그러나 비밀인 7째 마지막 나팔은 휴거 당사자들에게만 들리는 나팔이다. 그러므로 첫 번 휴거 자들은 비밀 나팔소리를 듣고 올라가는 것이다.

사람들은 나팔소리가 들리지 않기 때문에 첫 번 휴거가 일어났음을 인지하지 못한다. 들리는 나팔과 들리지 않는 나팔에 대해서는 휴거단원에서 자세히 다룬다. 남자아이가 올라가는 첫 번 휴거는 나팔 소리가 들리지 않기 때문에 사단은 속임수로 이용한다. 더군다나 소수가 휴거되었기 때문에 더욱 가능하다. 아마도 소수가 휴거 되는 첫 번 휴거 사건을 세계정부는 세계 인구실종 사건으로 위장 할 것이다. 사단도 휴거가 세 번 있다는 것을 알고 있다. 첫 번 휴거는 나팔 소리가 들리지 않는 비밀 휴거라는 것도 알고 있다. 사단은 가장 지혜로운 뱀이다. 때문에 사단은 ufo를 통해 외계인 납치 사건으로 속이려는 계획을 하고 있는 것이다.

3. 하늘의 영계전쟁

"*하늘에 전쟁이 있으니* 미가엘과 그의 사자들이 용과 더불어 싸울새 용과 그의 사자들도 싸우나 이기지 못하여 다시 하늘에서 그들이 있을 곳을 얻지 못한지라 *큰 용*이 내쫓기니 옛 뱀 곧 마귀라고도 하고 사탄이라고도 하며 온 천하를 꾀는 자라 그가 *땅으로 내쫓기니* 그의 사자들도 그와 함께 내쫓기니라"(계12:7-9)

지구가 창조되기 전 하늘에서 하나님 보좌를 찬탈하려던 천사의 반역사건이 있었다. 이후 반역 사건의 주역인 타락한 천사는 사단이라 불리운다. 사단은 하나님의 보좌가 있는 셋째 하늘에서 쫓겨났다. 그리고 우주공간인 둘째 하늘로 내려와 공중권세를 잡았다. 그곳도 하나님의 구속사의 계획을 따라 심판 때까지 허락하신 공간이다. 사단은 지구로 들어와 인간을 미혹했다. "너도 하나님과 같이 될 수 있다"고 자신과 똑 같은 죄를 하나님께 짓게 했다. 그리고 그 미혹에 빠진 땅의 세상 임금으로 군림해 오고 있다. 그러나 이제 계12장의 시기가 되면 사단은 미가엘 천사의 군단과 싸우는 영계 전쟁을 한다. 이 영계 전쟁으로 인해 사단은 둘째 하늘에서도 있을 곳을 얻지 못하고 땅으로 쫓겨난다. 이때가 바로 극심한 대환난의 때인 후3.5년으로 들어가는 때이다.

계시록 12장은 삽경이지만 사건들을 상당히 순서적으로 기록하고 있다. 계

12:5절에서 첫 번 휴거가 일어난 이후 계12:7절부터 영계 전쟁이 일어난다. 이것은 1차 휴거 후에 영계전쟁이 있다는 순서다. 이 시기에 왜 영계전쟁이 일어나는지 그 이유를 잘 이해해야 한다. 필자도 예전에는 본문의 영계전쟁은 이미 창세전에 있었던 사건으로 알았다. 지구가 시작되기 전 하늘에서 있었던 천사의 반역사건으로 인해 땅으로 내어 쫓긴 그 사건인줄 알았다. 필자도 그렇게 배웠기 때문이다. 그러나 계12장은 과거가 아닌 미래의 사건이다. 지금까지 우리가 계시록을 얼마나 잘 못 배워 왔는지를 알 수 있다. 영계전쟁의 몇 가지 중요한 이유를 살펴보자.

1) 땅과 바다는 셋째 화의 시대에 들어간다.

"그러므로 하늘과 그 가운데에 거하는 자들은 즐거워하라 그러나 *땅과 바다는 화 있을진저 이는 마귀가 자기의 때가 얼마 남지 않은 줄을 알므로 크게 분내어 너희에게 내려갔음이라* 하더라"(계12:12)

계12장의 영계전쟁은 아직 일어나지 않는 미래적 사건이다. 사단은 아직 공중 권세를 잡고 있다. 이제 전3.5년이 지나고 두 증인이 사역을 마치면 적그리스도가 거룩한 성전에 자기의 우상을 세운다. 예수님 예언대로 멸망의 가증한 것이 거룩한 곳에 세워지는 것이다. 이제 7째 제국의 세계정부 지도자는 8째 짐승이 왕으로 등극과 함께 하나님의 자리에 올라간다. 그때부터 용의 모든 권력은 땅의 짐승에게 집중되어 대 환난의 시기를 주도하게 된다. 공중에서 쫓겨난 공중권세가 땅으로 내려오기 때문에 창세 전후에 없는 대환난의 때가 되는 것이다.

미가엘 과의 영계전쟁으로 사단이 땅으로 쫓겨난 이후 땅은 세 번째 화가 임하는 시기다. 계9:13절에서 날아가는 독수리가 세 번의 화를 경고했다. 셋째 화는 7째 나팔이다. 계11:15절에서 이미 7째 나팔이 불어졌다. 계11장과 12장의 내용이 연결되고 있다. 때문에 계12장은 이스라엘의 역사인 과거로 돌아가는 동떨어진 장이 아닌 것이다. **"땅과 바다는 화 있을진저"** 여기서 땅은 이스라엘 유대인이며 바다는 세상과 이방인이다. 후3.5년의 대환난은 이스라엘과 교회 그리고 전 세계가 함께 겪는 7째 나팔 시대로 셋째 화의 시작이다.

2) 주님께서 공중 구름 위로 오실 길을 준비한다.

"또 내가 보니 *흰 구름이 있고 구름 위에 인자와 같은 이가 앉으셨는데* 그 머리에는 금 면류관이 있고 그 손에는 예리한 낫을 가졌더라 "(계14:14)

첫 번 비밀 휴거 대상인 남자아이가 곧 바로 하나님 보좌 앞으로 올려가는 이유가 있다. 첫 번 휴거는 주님이 공중에 내려오시지 않기 때문이다. 때문에 남자아이는 공중을 뚫고 하나님 보좌 앞으로 직진하는 것이다. 그러나 두 번째 있는 공개 휴거는 주님이 공중으로 내려오신다. 공개적으로 올라가는 다수의 휴거는 공중으로 올라가기 때문이다. 영계전쟁이 있는 것은 주님의 공중 재림의 시기가 가까이 왔다는 것이다. 그러나 공중이 청소되지 않으면 더러운 영들이 가득한 공중에 거룩하신 주님의 발을 디딜 수 없다. 그러므로 미가엘 천사가 영계전쟁을 통해 공중을 깨끗이 청소하여 주님 오실 길을 준비하는 것이다. 이렇게 계12장에서 공중이 깨끗이 청소된 후 계 14:14절에 주님이 구름위로 내려오신다.

3) 두 번째 다수의 공중휴거를 준비한다.

"또 내가 보니 흰 구름이 있고 구름 위에 *인자와 같은 이*가 앉으셨는데 그 머리에는 금 면류관이 있고 그 손에는 *예리한 낫*을 가졌더라 또 다른 천사가 성전으로부터 나와 구름 위에 앉은 이를 향하여 큰 음성으로 외쳐 이르되 당신의 낫을 휘둘러 거두소서 땅의 곡식이 다 익어 거둘 때가 이르렀음이니이다 하니 *구름 위에 앉으신 이가 낫을 땅에 휘두르매 땅의 곡식이 거두어지니라*"(계14:14-16)

첫 번째 휴거는 영계전쟁 전이기 때문에 공중이 혼탁한 상태에서 일어난다. 그러나 남자아이 소수의 그룹은 혼탁한 공중 권세를 뚫고 하나님 보좌로 올려간다. 그러나 두 번째 휴거는 남자아이 그룹만큼 강한 자들이 아니다. 두 번째 다수의 휴거 그룹은 공중으로 올라간다. 이미 공중으로 내려오신 주님을 공중에서 만나기 때문이다. 이것이 살전4:16-17절의 공중 휴거다. 만약 이때 공중 영계의 청소가 안 되어 있다면 엄청난 방해로 영적 전쟁이 있을 것이다.

그러므로 두 번째 다수의 공중 휴거를 위해 영계전쟁은 먼저 있어야 한다. 계14장은 곡식 추수로 다수가 공개적으로 올라간다. 주님의 나타나심을 사모하며 기다리던 성도 중 떨어진 이삭과 10분의 1의 곡식을 남기고 모두 추수 될 것이다. 이 때는 전 세계로 휴거 나팔 소리가 울려 퍼진다. 비로소 살전4:16-17절 하나님의 나팔로 공중으로 끌려 올라가는 대 추수의 휴거가 일어난다. 휴거 단원으로 가면 더욱 선명하게 보일 것이다.

"*주께서 호령과 천사장의 소리와 하나님의 나팔 소리로* 친히 하늘로부터 강림하시리니 그리스도 안에서 죽은 자들이 먼저 일어나고 그 후에 우리 살아남은 자들도 그들과 함께 *구름 속으로 끌어 올려 공중에서 주를 영접*하게 하시리니 그리하여 우리가 항상 주와 함께 있으리라"(살전4:16-17)

4. 유대인이 달을 벗어나 해로 나오는 시기

계12장의 중요한 메시지 중의 하나는 유대인들이 주께로 돌아오는 시기를 알려주고 있다. 여자의 발아래는 달이 있다. 대부분 해석에서는 여자가 달을 발로 밟고 있다고 표현한다. 또한 여자를 이스라엘 야곱으로 보는 이들은 달을 야곱의 아내 레아라고 해석하기도 한다. 라헬은 일찍 죽었으니 레아라고 한다. 그렇다면 남편이 아내를 밟고 있는 것이다. 어떻게 이런 해석이 나오는지 이해 할 수 없다.

달이 여자의 발아래 있는 것은 달을 밟고 있는 것이 아니라 발이 달을 벗어나고 있는 것으로 표현함이 옳다. 여자가 옷으로 입은 해는 은혜의 복음이며 달은 복음과 대조되는 율법이다. 이것은 계12장은 유대인들이 달의 율법에서 벗어나 해의 은혜, 복음으로 나오는 시기가 시작됨을 알리는 것이다. 유대인들이 메시아로 믿고 있던 적그리스도는 언약을 파기한다. 적그리스도에 속은 것을 깨닫는 시점이다. 본문에서 몇 가지 근거를 찾아본다.

1) 사단이 율법을 사용한 흔적이 있다.

"내가 또 들으니 하늘에 큰 음성이 있어 이르되 이제 우리 하나님의 구원과 능력과 나라와 또 그의 그리스도의 권세가 나타났으니 우리 형제들을 참소하던 자 곧 우리 *하나님 앞에서 밤낮 참소하던 자가 쫓겨났고* 또 우리 *형제들이 어린 양의 피와 자기들이 증언하는 말씀으로써 그를 이겼으니* 그들은 죽기까지 자기들의 생명을 아끼지 아니하였도다(계12:10-11)

　　율법의 기능은 죄를 깨닫게 한다. 그러나 복음은 깨달은 죄를 은혜로 덮어 없애 버린다. 죄를 사하여 주신 은혜로 살아가는 우리다. 그러나 사단은 언제나 용서받은 죄를 끄집어내어 하나님 앞에서 밤낮 우리를 또 참소한다. 그 참소의 근거는 율법이다. 그러나 이기는 자들은 율법에 메이지 않았고 오직 은혜의 복음으로 살았다. 어린양의 피와 말씀으로 이겼다고 한다. 이들은 첫 번 휴거된 이기는 자들이다. 그러나 이때까지도 유대민족은 율법으로 살고 있다는 것을 암시하고 있다.

2) 땅이 여자를 돕는다.
　　"여자의 뒤에서 뱀이 그 입으로 물을 강 같이 토하여 여자를 물에 떠내려가게 하려 하되 *땅이 여자를 도와 그 입을 벌려 용의 입에서 토한 강물을 삼키니*"(계12:15-16)

　　뱀이 입으로 물을 강같이 토한다. 거짓 선지자들의 입에서 쏟아져 나오는 말씀들이다. 뱀의 입에서 나오는 물은 분명 진리가 아닌 비 진리다. 비 진리가 진리요 복음인 여자를 떠내려가게 하려 한다. 그러나 이때 땅이 여자를 돕는다. 땅이 용의 입에서 토한 강물을 삼켜 버린다. 삼킨다는 것은 이겨버린다는 뜻이다. 여기서 땅은 이스라엘이다. 7년 한이레 기간의 땅은 대부분 이스라엘로 해석해도 무리가 없다. 이스라엘이 여자인 복음을 돕는다는 것이 중요하다.

　　후3.5년으로 들어가면서부터 이스라엘은 순교한 두 증인의 마지막 복음이 생생하게 살아나기 시작한다. 두 증인 살아생전에 1260일을 동일하게 외쳤던 복음은 회개하고 돌아오라는 것이었다. 드디어 땅, 이스라엘은 두 증인이 전한 예수 그리스도가 그들의 메시아임을 깨닫기 시작한다. 이제는 땅이 여자를 도와서 용의 입에서 토한 강물을 삼켜버린다. 이것은 진리로 비 진리를 이겨버리는 것이다. 이제 서서히 두 증인의 복음이 진리임을 깨달은 것이다. 그리고 이제 땅은 더 이상 적그리스도에게 속지 않는다. 거짓과 비진리에 속지 않는다.

3) 유대인이 율법의 달을 벗어나 은혜의 해인 복음으로 나온다.

두 증인의 복음을 깨닫는 순간부터 땅 이스라엘은 달(율법)을 벗어나기 시작한다. 그리고 그들은 민족적 회개를 통해 은혜의 해(복음)로 나오기 시작한다. 그들이 십자가에 못 박은 예수 그리스도가 그들이 기다리던 메시아였다. 이때부터 스가랴의 예언대로 민족 전체가 통곡하는 마지막 때 민족적 회개운동이 확산된다. 전3.5년 동안 두 증인이 외쳤던 마지막 복음이 비로소 유대인들의 심령을 깨우기 시작한다. 그리고 이스라엘은 이제 적그리스도의 핍박과 대 환난 가운데서 복음을 사수한다. 이와 같이 전3.5년에 두 증인이 전한 복음은 후3.5년에 유대민족 전체가 주께로 돌아오는 강력한 원동력이 된다. 그러므로 유대민족의 민족적 돌이킴은 결코 십사만 사천의 마지막 때 사역 때문이 아니다. 그만큼 실제 두 증인의 사역이 중요하다.

"*내가 다윗의 집과 예루살렘 주민에게 은총과 간구하는 심령을 부어 주리니 그들이 그 찌른 바 그를 바라보고 그를 위하여 애통하기를 독자를 위하여 애통하듯 하며 그를 위하여 통곡하기를 장자를 위하여 통곡하듯 하리로다*"(슥12:10)

"*그 날에 죄와 더러움을 씻는 샘이 다윗의 족속과 예루살렘 주민을 위하여 열리리라*"(슥13:1)

신부 / 교회

신부는 어린양의 아내로 교회의 또 다른 이름이다. 그러나 오늘날 교회 된 신부의 바른 이해가 왜곡되어 있다. 필자 또한 신부에 대하여 왜곡되게 배워 왔고 그러한 일반적인 신부의 가르침에 대해 의문을 가지고 있었다. 필자는 지금까지 강의를 해 오면서 이해시키기 가장 힘들었던 주제가 있다. 그것은 왜곡된 신부의 정체를 바르게 드러내는 것이었다. 무엇보다 신부를 이해시키 는데 적절한 신학 용어를 선택하는 것이 어려웠다.

오랫동안 왜곡되어 있는 부분을 바로 잡기란 쉽지 않다. 신학용어를 잘 못 선택하면 이단 소리를 들을 수 있다. 필자는 아직까지도 독자들에게 신부에 대하여 100% 이해시키기에는 완벽하지 않다. 그럼에도 불구하고 왜곡 되어 있는 신부의 정체를 바르게 드러내야 할 필요가 있다. 신부에 대한 왜 곡으로 마지막 때 미혹이 많기 때문이다. 필자에게 아직까지도 어렵지만 필자가 이해하고 설명할 수 있는 부분까지 만이라도 나열해 보고자 한다.

1. 기독교 신자에게 붙는 다양한 이름

어떤 신을 믿는 이들을 신자라고 한다. 불교는 불교 신자. 카도릭은 카도 릭 신자 등이다. 기독교는 예수님을 믿기 때문에 기독교 신자다. 기독교인 에게 붙는 다양한 이름들은 기독교인의 정체성을 보여준다.

1) 성도 - 거룩한 무리들

형용사 '하기오스'는 신성한, 순결한, 결백한, 봉헌된, 거룩한 성도로 말 그대로 거룩한 무리들이다. 에베소서에도 음행과 온갖 더러운 것 탐욕은 그 이름도 부르지 말라 한다. 때문에 성경에는 깨끗하고 거룩한 의미의 성도라 는 용어가 상당히 많이 등장한다.

"음행과 온갖 더러운 것과 탐욕은 너희 중에서 그 이름조차도 부르지 말라 이는 *성도*에게 마땅한 바니라"(엡5:3)

2) 성전 - 그리스도의 몸

성전의 헬라어는 남성명사 나오스와 중성명사 히에론이 있다. 히에론은 형태가 있는 건물로서의 성전을 말한다. 그러나 나오스는 거룩성과 영광이 있는 성소로서의 무형의 성전이다. 예수 믿는 자를 성전이라 함은 예수를 믿음으로 그 안에 거룩함과 영광이 있기 때문이다.

"이에 마귀가 예수를 거룩한 성으로 데려다가 *성전* 꼭대기에 세우고"(마4:5) - **히에론**

"너희는 너희가 하나님의 *성전*인 것과 하나님의 성령이 너희 안에 계시는 것을 알지 못하느냐 누구든지 하나님의 *성전*을 더럽히면 하나님이 그 사람을 멸하시리라 하나님의 *성전*은 거룩하니 너희도 그러하니라"(고전3:16-17) - **나오스**

3) 교회 - 불러낸 무리

교회 엑클레시아는 불러냄, 대중 회합, 회중 등으로 세상에서 불러낸 무리들을 뜻한다. 엑클레시아가 쓰여진 성경 본문을 보면 교회의 의미가 더 확실하게 보인다. 어떤 한 개인으로서의 인격체가 아님을 알 수 있다. 교회는 유기체로서의 어떤 회중이다.

"또 내가 네게 이르노니 너는 베드로라 내가 이 반석 위에 내 *교회*를 세우리니 음부의 권세가 이기지 못하리라"(마16:18)

"만일 그들의 말도 듣지 않거든 *교회*에 말하고 교회의 말도 듣지 않거든 이방인과 세리와 같이 여기라"(마18:17)

"그 때에 헤롯 왕이 손을 들어 *교회* 중에서 몇 사람을 해하려 하여"(행12:1)

"귀 있는 자는 성령이 *교회*들에게 하시는 말씀을 들을지어다"(계22:22)

4) 신부 - 어린양의 아내(거룩한 성 새 예루살렘)

신부 뉨프헤는 아직 베일을 쓰고 있는 처녀로 결혼하지 않는 여자다. 정혼한 여자를 포함한다. 예수님을 잉태했던 마리아도 요셉과 약혼한 여인으로 처녀다. 뉨프헤는 신약에서 요한복음에 1회 계시록에 4회로 총 5회 나온다. 요한 계시록 중에서도 18장과 신부의 정체를 정확히 드러난 21장과 22장에 3회 등장한다. 이처럼 신부는 복음서의 혼인잔치 때마다 등장하지 않고 베일에 가려져 있다. 신부는 비로소 계시록 21장에서 그 정체가 분명히 드러난다. 신부는 교회가 하나의 인격체가 아닌 유기체로서 어떤 회중이라 한 것과 같다. 기독교 신자를 교회나 신부라고 할 때 결코 개인의 인격체가 아니다.

"*신부*를 취하는 자는 신랑이나 서서 신랑의 음성을 듣는 친구가 크게 기뻐하나니 나는 이러한 기쁨으로 충만하였노라"(요3:29)

"또 내가 보매 거룩한 성 새 예루살렘이 하나님께로부터 하늘에서 내려오니 그 준비한 것이 *신부*가 남편을 위하여 단장한 것 같더라"(계21:2)

"성령과 *신부*가 말씀하시기를 오라 하시는도다 듣는 자도 오라 할 것이요 목마른 자도 올 것이요 또 원하는 자는 값없이 생명수를 받으라 하시더라"(계22:17)

2. 신부에 대한 왜곡된 해석들

하나님은 구약에서 하나님과 이스라엘과의 관계를 표현할 때 하나님은 남편이요 이스라엘은 아내라고 한다. 하나님께서 이스라엘을 얼마나 사랑하시는지에 대한 남편과 아내와의 관계표현으로 비유다. 이스라엘을 때로는 처녀 이스라엘로 때로는 시온의 딸로 표현함도 마찬가지다. 이러한 표현은 호세아서를 통해 잘 알 수 있다. 그러나 신약의 교회는 주님께서 그의 피로 값을 지불하고 사셨다. 주께서 이 교회를 얼마나 사랑하시는지에 대하여 그리스도를 신랑으로 교회를 신부로 표현한 것이다. 그리스도와 교회와의 관계성에서 신랑과 신부라면 과연 교회 된 신부가 한 개인과 같은 의미의 인격체가 될 수 있는가 하는 것이다.

1) 땅과 하늘 언어의 관계표현의 차이

어느 날 유뷰브에서 한 목사님의 설교를 듣다가 깜짝 놀란 적이 있다. "우리는 모두 예수님의 신부입니다. 우리는 휴거 되어 공중에서 주님과 함께 7년 동안 혼인잔치 할 것입니다. 그리고 주님과 결혼식을 마치고 주님과 함께 재림할 것입니다. 그리고 우리는 하나님의 아내가 되어 천국에서 영원히 주님과 함께 살 것입니다." 필자는 이 설교에 귀를 의심하고 다시 돌려서 들었다. "공중에서 주님과 7년의 결혼식을 마치면 하나님의 아내가 된다? 그리고 영원히 천국에서 하나님의 아내로 살게 된다?"

이 설교를 하신 분은 이름을 대면 알 수 있는 나름 알려진 분이다. 어떻게 창조주 하나님이 그의 손으로 창조하신 피조물과 결혼을 할 수 있는가? 더구나 사람은 하나님의 형상으로 창조된 피조물로 그의 자녀다. 그래서 성경은 우리를 창조하신 하나님은 우리 아버지요 우리는 그의 자녀라고 한다. 그런데 우리가 하나님의 아내가 된다면 하나님은 자신의 자녀와 결혼을 하게 되는 것이다. 이런 것을 두고 세상 언어로 콩가루 집안이라고 한다. 웃어야 할지 울어야 할지 정말 안타까운 해석이 아닐 수 없다.

하나님께서는 하나님과 성도와의 관계에 대하여 땅에 사는 우리를 이해시키기 위해 땅의 언어를 사용하신다. 그것이 구약은 남편과 아내이고 신약은 신랑과 신부라는 땅의 언어다. 그러나 본향 천국에서는 이러한 표현이 필요하지 않다. 천국은 남편과 아내, 신랑과 신부라는 남녀의 구분이 없기 때문이다. 천사와 동등이라고 하셨다. 남녀의 구분은 하나님께서 인간에게 이 땅에서 자손, 인류 번성을 위한 수단으로 주신 것이다. 때문에 하늘 천국에는 남편과 아내 신랑과 신부라는 표현 자체가 없다. 하나님과 우리의 관계에 있어서 하늘에서의 상태는 하나님은 우리의 왕 이시요 우리는 그의 백성이다. 하나님은 우리의 아버지요 우리는 그분의 자녀다. 신, 구약 성경 전체에서도 이와 같은 표현이 많이 등장한다. 성경 몇 곳만 제시해 본다.

"내가 들으니 보좌에서 큰 음성이 나서 이르되 보라 하나님의 장막이 사람들과 함께 있으매 하나님이 그들과 함께 계시리니 *그들은 하나님의 백성이 되고* 하나님은 친히 그들과 함께 계셔서"(계21:3)

"나는 너희 중에 행하여 *너희 하나님이 되고 너희는 나의 백성이 될 것이니라*"(레26:12)

"내 율례를 좇으며 내 규례를 지켜 행하게 하리니 *그들은 내 백성이 되고 나는 그들의 하나님이 되리라*"(겔11:20)

"하나님의 성전과 우상이 어찌 일치가 되리요 우리는 살아 계신 하나님의 성전이라 이와 같이 하나님께서 가라사대 내가 저희 가운데 거하며 두루 행하여 *나는 저희 하나님이 되고 저희는 나의 백성이 되리라* 하셨느니라"(고후6:16)

"이기는 자는 이것들을 상속으로 받으리라 *나는 그의 하나님이 되고 그는 내 아들이 되리라*"(계21:7)

2) 신부가 믿음 좋은 인격체 그룹인가?

교회가 신부라고 하는 것은 정확한 표현이다. 그러나 문제는 신부를 성도들의 인격체로 오해하고 있다는 것이다. 다른 표현으로는 신부를 믿음이 좋은 어떤 엘리트 그룹으로 이해하고 있는 것이다. 예를 들어 계14장에 등장하는 십사만 사천은 주님의 신부 감이라는 해석이 있다. 그들은 여자와 더불어 더럽히지 않은 정결한 처녀이기 때문이라 한다. 또 혹자의 해석은 대환난을 통과해야만 신부로 간택 받을 수 있다고 한다. 이것은 아무나 신부가 되는 것이 아니라 교회 중에 신부 감은 따로 있다는 해석이다. 전혀 성경적이지 않다.

어린양의 신부는 간택을 받는 것이 아니다. 또한 성도들 중에 신부의 자격과 조건이 따로 있는 것도 아니다. 신부는 자격도 조건도 오직 어린양의 피 밖에 없다. 누구든지 어린양의 피로 구원받은 모든 성도는 교회요 신부이기 때문이다. 구원받는 성도 중에 누구는 신부이고 누구는 들러리 일수 없다. 어린양 자체가 십자가에서 희생제물이 되신 예수님을 상징하는 이름이다. 이와 같이 어린양의 아내인 신부 또한 그 무엇을 상징하는 이름이다. 신부의 정확한 정체는 좀 더 뒤로 가서 본다.

십자가에서 희생된 어린양의 옆구리에서 어린양의 신부인 교회가 나왔다. 마치 아담의 옆구리에서 그의 배필인 하와가 나온 것과 같다. 어린양의 피로 구원 받은 성도들은 개인의 수고의 상급에 따라 천국에서 누리는 영광이 다르다. 결코 성도들의 크고 작은 믿음이 신부를 선별하는 기준이 되는 것이 아니다. 성도 자체가 교회요 신부이기 때문이다. 그럼에도 불구하고 우리는 요한계시록을 가르치는 이들로부터 이런 말들을 자주 들어왔다. 그리고 또 이렇게 가르치고 있다. 아래의 문장들은 신부를 인격체로 이해하여 믿음 좋은 그룹으로 보는 것이다.

① 준비된 신부들만 휴거 된다.
② 신부들은 환난 전 휴거되어 공중에서 7년 동안 혼인잔치 한다.
③ 신부들은 예수님과 결혼식을 마치고 7년 환난이 끝나면 이 땅에 내려온다.
④ 신부들은 3층천 가장 높은 곳에 산다.
⑤ 십사만 사천은 주님의 신부 감들이다.
⑥ 신부들은 새 예루살렘 성 안으로 들어간다. 나머지는 성 밖에 산다.
⑦ 신부로 간택되려면 환난을 통과해야만 한다.
⑧ 주님을 기다리는 신부들
⑨ 예수님은 깨어서 준비된 신부들만 데리러 오신다.
⑩ 지혜로운 다섯 처녀는 신부로 천국가고 미련한 다섯 처녀는 지옥 간다. 등등...

이러한 주장들을 독자들도 많이 들어 왔을 것이다. 위의 왜곡된 주장들을 잘 살펴보면 신부는 1등 신앙의 엘리트 그룹을 지칭하는 것으로 보인다. 신부를 인격체 그룹으로 오해한 이러한 표현은 마치 신랑은 예수님 한분이다. 그리고 신부에 해당하는 이들은 여러 명으로 신앙 좋은 그룹으로 일부다처

제와 같은 느낌이다. 그들의 주장에 의하면 신앙이 좋은 신부 그룹은 예수님의 아내로 천국에서 주님의 특별한 대우를 받는다는 것이다. 믿음이 좋은 신부들만 휴거되어 그들은 더 높고 좋은 위치에 산다고 한다. 신부들은 소위 3층천에 있는 하나님 보좌가 가까운 곳에 거한다는 것이다. 물론 성도들은 천국에서 기업을 따라 거하는 위치가 다르다. 그러나 신부이기 때문에 더 좋은 곳에 거하는 것이 아니다. 다만 이 땅에서의 수고를 따라 기업과 영광을 누리는 위치가 달라지는 것이다.

특히 오류인 부분은 모두가 '신부들'이라는 복수를 쓰고 있는 것이다. 그러나 성경에서 신부인 뉨프헤를 복수로 쓴 곳은 단 한 곳도 없다. 신부는 단수다. 교회들이라는 용어는 사용하지만 신부들이라는 용어는 원어에 맞지 않다. 분명한 것은 예수님은 나의 신랑이요 나는 그분의 신부다. 우리가 예수님을 신랑으로 모시고 산다. 그러나 그것은 영적 의미로 예수님과 교회된 나와의 영적 관계성을 나타내는 비유 언어인 것이다. 예수님께서 교회를 사랑하심을 신랑과 신부로 비유하신 것이다.

내가 주님의 교회인 것은 나는 그분의 신부이기 때문이다. 그러므로 실제 주님이 우리를 데리러 오실 때 신앙 좋은 신부 그룹만 데리고 가서서 결혼식을 올리는 것이 아니다. 신부를 어떤 특정한 그룹으로 분리시키는 것은 교회를 분리시키는 것과 같다. 교회는 분리 될 수 없다. 주님은 교회의 머리요 교회는 주님과 하나 된 몸이기 때문이다. 신부가 인격체 그룹이 아니라는 것은 신부의 정체가 드러나는 뒤에 계21장에서 확인할 수 있다.

3) 열 처녀는 신부들이 아니다.(마25:11-13)

열 처녀 비유는 예수님의 천국이정표에 단원에서 자세히 다룬 주제다. 어느 분의 설교에서 열 처녀가 신부인가 들러리인가 하는 질문을 들은 적이 있다. 신부를 인격체로 보는 오해에서 생기는 문제다. 열 처녀 비유의 일반적 가르침은 열 처녀 신부들 중 준비된 다섯은 천국에 들어간다. 그리고 준비 안 된 다섯은 천국 문은 닫혔으므로 지옥으로 간다고 한다. 이것은 아주 중요한 해석의 오류다. 열 처녀 비유의 주제는 세 번의 휴거를 알리는 것이다. 신부들의 천국 지옥 결정이 아니다. 열 처녀 비유는 주님이 언제 오실지 모르니 준비하고 깨어서 휴거에 참여하라는 것이다. 중요한 것은 열 처녀 비유에서 신부가 등장하지 않는다. 열 처녀들은 혼인잔치에 들어가는 들러리다.

3. 신부가 등장을 준비하고 있다.

계시록 16장 마지막 일곱 번째 대접에서 사실상 모든 심판은 끝이다. 17장과 18장은 삽경으로 이미 심판이 끝난 음녀와 바벨론에 대한 보충 설명이다. 그리고 19장은 곧 천년왕국을 앞두고 주님 지상 재림과 아마겟돈 전쟁을 묘사하고 있다. 바로 이 시점인 계19장에서 베일에 싸여 있던 신부가 서서히 등장을 준비하고 있다.

1) 신부의 혼인 예식이 가까이 오고 있다.
"우리가 즐거워하고 크게 기뻐하며 그에게 영광을 돌리세 *어린 양의 혼인 기약이 이르렀고 그의 아내가 자신을 준비하였으므로*"(계19:7)

어린양의 혼인 기약이 이르렀다. 여기서 '기약이 이르렀고'에 해당하는 원어 '엘코마이'는 오다, 가다, 나타나다, 자라다 등의 의미다. 완료와 미완료 시제에만 사용되는 중간태 동사다. 여기는 아직 혼인식이 아님에도 불구하고 이것을 어린양의 혼인식으로 해석하는 이들도 있다. 기약이 이르렀다는 엘코마이는 혼인식이 곧 가까이 오고 있다는 것이다. 여기서 혼인식, 혼인잔치는 메시아께서 통치하시는 메시아왕국 천년통치 기간이다. 혼인 기약이 이르렀다고 선포하는 바로 위의 구절을 보면 알 수 있다.

"또 내가 들으니 허다한 무리의 음성과도 같고 많은 물소리와도 같고 큰 우렛소리와도 같은 소리로 이르되 할렐루야 *주 우리 하나님 곧 전능하신 이가 통치하시도다*"(계19:6)

이제 곧 전능하신 하나님이 통치하시는 메시아 왕국이 시작된다는 선포다. 메시아 왕국이 혼인잔치의 시작이다. 그러기에 앞서 계19:11에 주님의 지상 재림이 있고 아마겟돈 전쟁이 있다. 혼인잔치는 계20장으로 가서 시작되는 그리스도의 천년통치 천년왕국이다. 혼인잔치 또한 천년왕국을 상징하는 비유 언어다. 그러나 계19장에도 아직 신부의 모습은 보이지 않는다. 혼인 기약이 이르렀다고만 한다.

2) 신부의 옷이 특별하다.

"...그에게 *빛나고 깨끗한 세마포 옷*을 입도록 허락하셨으니..."(계19:8)

계시록에 등장하는 옷에 대해서는 다섯 번째 인을 다룰 때 언급한 부분이다. 여기서 본 단원과 관련하여 신부의 옷을 드러내어 비교하기 위해 간단히 반복한다. 그리고 여기서 자세히 언급하려는 것은 신부의 옷인 람프로스다.

① **류코스** *히마티온*(흰 옷) - 계3:4,5,18, 4:4, 16:15, 19:13,16
희마티온은 중성명사로 그냥 옷, 의복이다. 히마티온은 계시록에서 이 땅에 살아있는 사람에게만 붙여진 옷이다.

② **류코스** *스톨레*(흰 옷) - 계6:11, 7:9,13,14, 22:14
스톨레는 히마티온과는 반대로 육신이 죽어있는 자들이 입고 있다. 권위를 상징하며 잠시 걸치고 있는 겉옷이다. 다섯째 인의 순교자들과 7장의 흰 옷 무리들이 스톨레를 입고 있다.

③ **류코스** *카다로스* **뷧시노스**(희고 깨끗한 세마포) 계19:14
카다로스는 계19:14절에 주님 지상 재림하실 때 뒤따라 내려오는 하늘 군대가 입은 옷이다. 깨끗하고 정결하고 순결한 옷이다.

④ *람프로스* **카다로스 뷧시노스**(빛나고 깨끗한 세마포) 계15:6, 19:8
계19:8절에 신부의 옷은 특별하다. 카다로스에 더하여 람프로스를 입고 있다. 람프로스는 화려한, 빛나는, 찬란한, 아름다운의 뜻이다. 이 신부가 입는 옷의 뜻을 풀어보면 꽤 길다. 화려하고 찬란하고 빛나고 아름다운 옷이요 깨끗하고 정결하고 순결한 베옷이다. 계시록 전체에서 카다로스와 람프로스를 함께 입은 사람

은 한 명도 없다. 오직 신부와 천사만 입은 옷이다.

계19:14절에 주님과 함께 오는 이들이 천사들 이라면 바로 이 화려하고 빛나는 람프로스를 입고 있어야 한다.

또한 이들이 기존의 주장들처럼 공중에서 7년의 혼인식을 마친 인격체로서 신부라면 신부의 옷 람프로스를 입어야 한다. 그러나 하늘군대는 인격체로서 신부가 아니기 때문에 람프로스를 입지 않았다. 주님과 함께 오는 하늘군대는 앞서 휴거 된 성도들이기 때문에 정결하고 순결한 옷 카다로스를 입고 오는 것이다. 계19장에서 천사들은 분명히 람프로스 입고 나팔 불며 올 것이다. 그러나 계19장에서는 주님과 함께 오는 천사들을 언급하고 있지 않다.

그렇다면 신부의 옷이 왜 람프로스 일까? 여기서 신부의 정체가 드러난다. 다음 아래에서 언급되지만 신부는 인격체가 아닌 거룩한 성 새 예루살렘이기 때문이다. 어린양의 아내 거룩한 성 새 예루살렘은 찬란한 12보석으로 지어진 화려하고 찬란하고 빛나는 아름다운 성이다. 람프로스는 거룩한 성 새 예루살렘인 어린양의 신부를 묘사하는 옷이다. 람프로스는 계15:6절에 7대접을 받은 일곱 천사들이 입고 있다. 천사들의 옷은 찬란하고 빛나는 옷이다. 람프로스는 성도가 입는 옷이 아니다. 성도는 정결하고 깨끗하고 순결한 카다로스를 입는다.

3) 신부가 입은 세마포 옷은 성도의 옳은 행실이다.

"그에게 빛나고 깨끗한 세마포 옷을 입도록 허락하셨으니 *이 세마포 옷은 성도들의 옳은 행실*이로다 하더라"(계19:8)

독자들께서는 여기서 우선 신부는 새 예루살렘 성으로, 새 예루살렘 성은 신부로 인지해야 한다. 성도의 옳은 행실이 신부의 세마포 옷이다. 다른 표현으로 신부의 세마포 옷이란 새 예루살렘 성이 입는 옷이다. 이것은 성도들의 옳은 행실, 성도의 의로운 행위에 따라 화려한 성이 옷으로 입혀진다는 것이다. 지금 본 단원에서 다루는 주제는 신부다. 신부의 본체는 인격체가 아닌 거룩한 성 새 예루살렘이다. 이 신부가 베일을 벗고 등장하는 곳은 계21장 영원천국이다. 그렇다면 신부는 계20장의 천년왕국 혼인잔치를 지나서 등장하는 것이다. 그렇다면 왜 교회가 신부일까? 좀 더 뒤로 가서 보자

그런데 계19장에서 신부가 등장할 준비를 서서히 하고 있음을 보고 있다. 계19장에서 신부의 옷이 성도의 옳은 행실이라고 한다. 신부가 성도의 옳은 행실로 옷을 입고 자태를 드려내는 완성된 신부의 모습은 계21장 영원천국이다. 이제 우리가 영원천국에서 우리의 기업을 따라 위치할 곳이 어디인가 생각해 보자. 새 예루살렘 성이 신부이기 때문에 인격체들인 성도는 신부 안에서, 새 예루살렘 성 안에서 산다. 그런데 신부의 옷이 성도의 옳은 행실이다. 그렇다면 성도의 옳은 행실을 따라 새 예루살렘 성에서 성도가 위치하는 곳이 달라질 수 있다.

천국의 새 예루살렘성에는 건물로서의 히에론 성전은 없다. 그러나 친히 전능하신 이와 및 어린양이 거룩한 영광으로의 나오스 성전이시다. 어떤 이는 자기의 의를 따라 하나님의 영광이 가장 가까운 곳에 거할 것이다. 어떤 이는 자기의 옳은 행실을 따라 영광의 빛이 덜 비취는 성의 변두리에 거할 것이다. 예를 들어 사도바울을 비롯해서 복음을 위해 생명을 바친 12제자들은 보좌의 영광이 가까운 곳에 거할 것이다. 그러나 아무런 공로 없이 구원받은 한편 강도는 옳은 행실이 없거나 적을 수 있다. 그렇다면 그의 세마포 위치는 아마도 드레스 끝자락인 성 변두리가 아닐까? 여기서 의, 옳은 행실이라 함은 주님의 판단 기준이다. 이렇게 거룩한 성 신부는 성도의 옳은 행실로 옷을 입는다.

분명히 천국은 4대문이 있고 지키는 천사들이 있는 것을 볼 때 질서가 있는 곳이다. 어쩌면 4대문 안에 거하는 성도들이 영광의 기업을 따라 다를 수 있다. 천국은 분명히 영광의 차등이 있는 곳이다. 천국은 공의로운 나라이기 때문이다. 이쯤 되면 왜 필자가 '신부'강의가 어렵다고 했는지 이해가 될 것이다. 지금 독자들도 머리가 복잡할 것이다. 어떤 신학적인 용어와 단어를 사용하여 설명해야 할지 필자에게 정말 쉽지 않은 분야다. 그럼에도 불구하고 주님은 신부를 바르게 가르치라고 하신다.

4) 혼인잔치에 청함 받는 자는 복이 있도다.

"천사가 내게 말하기를 기록하라 어린 양의 *혼인 잔치에 청함을 받은 자들은 복이 있도다* 하고 또 내게 말하되 이것은 하나님의 참되신 말씀이라 하기로"(계19:9)

영원천국 새 예루살렘 성은 어린양의 생명책에 이름이 기록된 자들은 100% 다 들어간다. 그러나 천년왕국은 그렇지 않다. 혼인잔치인 천년왕국은 청함을 받은 자들만 들어간다. 여기서 청함에 해당하는 원어 '칼레오'는 '부르다', '불리우다'이다. 그런데 '불리우다'에는 '누구, 누구의 특별한 이름이 불리우다'라는 특별한 설명이 붙어있다. 이렇게 특별히 이름이 불리어서 혼인잔치에 초청을 받은 사람들은 도대체 누구일까? 그들은 바로 세 번의 휴거에 참여한 자들이다. 우리가 휴거 때는 특별히 이름이 불리어진 자들이 올라갈 것이다.

이렇게 휴거 되었던 자들은 왕권을 받고 계19장에 주님과 함께 지상에 내려온다. 이들은 혼인잔치인 천년왕국으로 들어가서 주님의 천년통치에 함께 참여하기 위함이다. 이들은 바로 첫째 부활에 참여하는 자들이다. 그러므로 계20:6절에는 첫째부활에 참여하는 자들은 복이 있다고 한다. 그들은 천년왕국 어린양의 혼인잔치에 초대되어 천년의 기쁨과 복을 누리기 때문이다. 중요한 첫째부활에 대해서는 천년왕국 단원에서 자세히 다루었다.

4. 신부의 정체가 드러나다.

복음서에 나타나는 혼인잔치 그 어디에도 신부는 보이지 않는다. 계20장 천년왕국 어린양의 혼인잔치에서도 신부를 언급하지 않고 있다. 그러나 이제 계21-22장은 시공의 세계가 사라진 영원한 천국이다. 이제 그동안 베일에 쌓여있던 신부가 그 아름다운 모습을 드러내야 한다. 비로소 주님은 영원한 세계 계21장에 들어와서야 어린양의 아내인 신부를 공개하신다.

1) 신부의 베일이 벗겨지다.

"또 내가 보매 거룩한 성 새 예루살렘이 하나님께로부터 하늘에서 내려오니 그 준비한 것이 신부가 남편을 위하여 단장한 것 같더라"(계21:2)

"이기는 자는 이것들을 상속으로 받으리라 나는 그의 하나님이 되고 그는 내 아들이 되리라"(계21:7)

계21장 서두부터 드디어 '신부'라는 단어가 처음 등장한다. 계19장에도 어린양의 아내라는 표현은 있으나 신부라는 표현은 없었다. 하나님께로부터 하늘에서 거룩한 성 새 예루살렘이 내려온다. 이 성이 어찌나 아름다운지 그 예비한 것이 신부가 남편을 위하여 단장한 것 같더라고 한다. 여기서 신부는 거룩한 성 새 예루살렘을 비유로 지칭하는 것임을 알 수 있다. 바꾸어 표현하면 아름다운 신부는 아름다운 거룩한 성 새 예루살렘이다. 그리고 계 21:7절에 이기는 자는 이 거룩한 성 새 예루살렘 신부를 유업으로 받는다고 한다. 그리고 그 장막에서 하나님은 우리 하나님이 되시고 우리는 그의 아들이 되리라 하신다.

일곱 대접을 받은 천사 중 하나가 요한에게 신부 곧 어린양의 아내를 직접 보이리라 한다. 천사는 요한을 데리고 크고 높은 산으로 올라가서 하늘에서 내려오는 거룩한 성 새 예루살렘을 보여준다. 천사는 12보석으로 빛나는 지극히 아름다운 성 새 예루살렘을 신부 곧 어린양의 아내라고 한다. 이때 만약 어린양의 아내인 신부가 지금 우리가 이해하고 있는 믿음이 좋은 인격체 그룹이라면 어떤 그룹으로 모여 있는 사람들이 보여야 한다.

예를 들어 찬란하고 눈부신 흰 옷을 입은 무리라든가 종려가지 흔들며 찬양하고 있는 무리라든가... 이와 같은 어떤 집단을 보여주었다면 신부는 인격체로서 그룹이 맞을 것이다. 그러나 어떤 사람들의 집단이 아닌 거룩한 성 새 예루살렘이다. 이것이 어린양의 아내라고 한다. "신부가 남편을 위하여 단장한 것 같더라" 이것은 신부는 분명히 인격체가 아니라 새 예루살렘 성을 비유하는 상징 언어다.

"일곱 대접을 가지고 마지막 일곱 재앙을 담은 일곱 천사 중 하나가 나아와서 내게 말하여 이르되 이리 오라 내가 *신부 곧 어린 양의 아내를 네게 보이리라* 하고 성령으로 나를 데리고 크고 높은 산으로 올라가 하나님께로부터 하늘에서 내려오는 *거룩한 성 예루살렘*을 보이니 하나님의 영광이 있어 *그 성의 빛이 지극히 귀한 보석 같고 벽옥과 수정 같이 맑더라*(계21:9-11

2) 신부는 거룩한 성 새 예루살렘이다.

계21장에서 신부가 거룩한 성 새 예루살렘이라는 것을 정확하게 보았다. 신부인 예루살렘 성은 그 원형이 하늘 천국에 있다. 땅의 예루살렘은 하늘 예루살렘의 모형이다. 신부를 상징하는 예루살렘 성은 구약과 신약에도 있다. 그리고 천국의 원형을 보면 교회 신부가 인격체가 아닌 상징이라는 것을 더욱 정확하게 알 수 있다.

① 구약의 예루살렘 성(신부)

㉠이스라엘 나라에는 → ㉡예루살렘이라는 도시가 있다 → **㉢그 도시 안에는** 예루살렘 성(신부)이 있다 → ㉣예루살렘 성 안에는 성전이 있다 → ㉤성전 안에는 하나님의 임재가 있다.

② 신약의 교회(신부)

㉠전 세계에는 → ㉡많은 사람들이 있다 → **㉢그 사람들 가운데서** 불러낸 사람들을 교회라 한다(신부) ㉣그 교회를 성전이라 한다 → ㉤그 성전(성도) 안에 하나님이 거하신다.

③ 천국의 새 예루살렘 성(신부)

㉠천국은 → ㉡위 예루살렘이다(갈4:25-26) → **㉢위 예루살렘에는** 새 예루살렘 성(신부)이 있다 → ㉣하나님 자신이 친히 성전으로 계신다.(나오스 성전)

위에서 보듯 구약과 신약 그리고 천국의 원형에서 **㉢에 해당하는 세 번째는 모두 신부다.** 세 번째가 구약과 천국에서는 예루살렘 성이요 신약은 교회다. 위의 공통점은 예루살렘 성안에 예루살렘 성전이 있다. 바꾸어 표현하면 성전은 반드시 성 안에 있다. 그런데 이 성전이 거하는 성을 신부라고 한다. 이 대목에서 집중해야 한다. **교회가 그리스도의 신부라는 것은 성전 되시는 하나님은 신부되는 성안에 거하시기 때문이다. 신약의 성도의 몸이 성전인 것은 성도가 그리스도의 신부인 영적 예루살렘 성이기 때문이다.**

그러므로 영적 예루살렘 성 되는 신부는 항상 거룩하고 깨끗해야 한다. 성전 되시는 거룩하신 하나님이 거하시기 때문이다. 그러므로 오늘날 교회 예배당 건물은 성전이 될 수 없다. 우리의 건물교회가 예루살렘 성안에 있지 않기 때문이다. 천국의 위 예루살렘에서는 성전 되시는 하나님과 신부인 거룩한 성이 부부처럼 함께한다. 복음의 자녀 된 우리는 신부 된 그 성안에서 성전 되시는 하나님과 영원토록 함께 하는 것이다.

3) 교회가 상징적으로 신부, 거룩한 성이라는 또 다른 근거
"성전 바깥 마당은 측량하지 말고 그냥 두라 이것은 이방인에게 주었은즉 그들이 *거룩한 성을 마흔두 달 동안 짓밟으리라*"(계11:2)

계11장 성전측량에서 **"짓밟히는 거룩한 성"**은 3차로 휴거 되는 대 환난 통과 성도들이다. 마흔두 달 동안 실제 예루살렘 성을 짓밟는 것이 아니다. 여기서 말하는 '거룩한 성'은 마흔 두 달 동안 짐승에게 짓밟히는 성도들이다. 성도는 바로 신부인 영적 예루살렘 성이기 때문이다.

4) 신부가 천국으로 초청하고 있다.
"*성령과 신부가 말씀하시기를 오라 하시는도다* 듣는 자도 오라 할 것이요 목마른 자도 올 것이요 또 원하는 자는 값없이 생명수를 받으라 하시더라"(계22:17)

성령과 신부인 새 예루살렘성이 우리를 천국으로 초청하고 있다. 바꾸어 말하면 새 예루살렘 성이 우리를 천국으로 초청하고 있다. 신부가 인격체로서의 성도라면 성도가 천국으로 성도를 초청할 수 없다. 신부가 새 예루살렘 성, 곧 천국이기 때문에 신부가 우리를 천국으로 초청하는 것이다. 그 성은 그 어떤 값으로 살 수 있는 것이 아니다. 오직 그 성에 거하시는 어린양의 피로 얻을 수 있다. 듣는 자는 오라. 목마른 자도 오라. 누구든지 그 피를 믿는 자는 값없이 생명수를 받는 곳이 새 예루살렘 성이다.

5) 신부에 대한 마지막 때 미혹들

마지막 시대이다 보니 계시록과 관련하여 신부단장에 대한 세미나들이 종종 있다. 그러나 신부단장은 마지막 때이기 때문에 해야 하는 것이 아니다. 우리는 매일 신부 단장을 해야 한다. 이유는 우리는 항상 주님이 거하시는 거룩한 성으로서의 신부이기 때문이다. "나는 주님의 신부다"라는 고백은 "나는 영적 거룩한 성 새 예루살렘이다"와 같은 의미다. 거룩한 성인 신부 안에 성전이신 주님이 거하기시 때문이다. 그러므로 나는 언제나 깨끗해야 하고 거룩해야 하고 영광스러운 신부이어야 한다. 유튜브를 통해 한 목사님의 마지막 때 신부단장 세미나 강의를 들었다. 국민일보에 전면광고를 내고 상당히 규모가 크게 진행하는 세미나였다. 강의의 내용은 대충 이런 내용이었다.

"지금 신부단장이 잘 된 자는 천사가 신부의 드레스를 가지고 내려와서 입혀준다. 지금은 마지막 때 신부 단장을 잘 하여 신부 드레스를 입어야 한다. 그러나 천사가 드레스를 가지고 내려 왔다가도 신부단장 준비가 안 된 자는 천사가 입혀주지 않고 그냥 가지고 올라간다."

그 목사님은 본인이 주관하는 집회 중에 천사가 신부 드레스를 가지고 내려오는 환상을 본다고 한다. 그리고 준비된 신부에게 드레스를 입혀주는 것도 본다고 한다. 천사가 성도들을 각각 살펴보고 신부 단장이 안 된 자는 신부 드레스를 입혀주지 않는다고 한다. 준비 안 된 신부의 드레스를 그냥 가지고 올라가는 모습을 환상으로 보면서 너무 안타깝다고 한다. 목사님 본인은 성도들에게 입혀주고 싶지만 천사들이 입혀주는 것이라 어쩔 수 없다고 한다.

그 유튜브에는 환상 중에 천사들이 반짝이는 신부 드레스를 가지고 내려오는 장면도 그려져 있었다. 무엇이 미혹인지를 분별해야 한다. 천사는 우리에게 신부의 드레스를 입혀주지 않는다. 그 드레스는 '람프로스'이기 때문이다. 신부는 12보석으로 지어진 화려하고 찬란하고 빛나고 아름다운 거룩한 성 새 예루살렘이기 때문이다. 우리는 '카다로스'를 입는다. 순결한 성도, 깨끗한 성도, 거룩한 성도이기 때문이다. 우리는 주님의 교회로서 주님의 거룩한 신부로서 늘 거룩하고 깨끗하게 단장해야 한다. 무엇보다 분별의 은사가 필요한 시대다.

그 영광스러운 휴거! (부활/변화)

마지막 때 가장 큰 관심사 가운데 하나가 휴거일 것이다. 그래서 사단도 휴거를 가지고 장난을 많이 한다. 그러므로 주의 종들은 마지막 때 휴거를 바르게 가르쳐야 할 의무가 있다. 마지막 때를 연구하는 많은 이들은 계시록의 마지막 때 이정표를 인정하지 않는다. 계시록의 이정표를 인정한다면 휴거는 쉽게 이해할 수 있다. 그러나 계시록의 이정표를 벗어난 휴거를 예측함으로 사람들을 혼란에 빠뜨리며 미혹하는 사례도 적지 않다.

이 땅의 환란을 벗어나 그 영광스러운 변화의 몸을 입고 주님을 만나게 되는 휴거! 생각만 해도 가슴이 설레는 일이다. 본 단원에서는 마지막 때 가장 논란이 많은 휴거를 계시록의 이정표를 따라 성경적으로 깊이 다루며 정리하고자 한다. 상당히 많은 내용을 다룬다. 휴거에 대해 1부터 시작한다는 마음으로 차근차근 살펴야 한다.

1. 휴거의 개념 정리

휴거는 죽은 자의 부활체와 산자의 변화체가 함께 공중으로 끌려 올라가는 것이다. 다만 성경의 가르침대로 휴거에는 반드시 부활이 선행 된다는 것이다. 그리고 이 둘, 부활과 변화의 몸은 순서상의 차이는 있으나 반드시 짝으로 함께 일어난다는 것이 성경의 가르침이다.(살전4:17) 주님이 공중 강림하실 때 성도에게는 중요한 두 가지 변화가 일어난다. 죽은 자에게는 몸의 부활이요 산자에게는 몸의 변화다. 그러나 일반적으로 휴거는 살아남은 자들에게만 해당되는 것으로 이해하는 경우가 많다. 심지어 잠들어 있던 성도는 부활해서 승천한다고 하는 이들도 있다. 혹은 부활 한자는 승천하는 것인지 휴거 하는 것인지 혼동하는 이들도 상당수다. 그러므로 여기서 분명히 정리한다.

죽은 자는 부활하여 부활의 몸을 받는다. 그리고 살아남은 자는 몸이 순식간에 신령한 몸으로 변화되어 변화의 몸을 받는다. 영생의 몸을 받은 이 둘이 짝이 되어 함께 휴거 되는 것이다. 그러므로 휴거는 죽은 자의 부활과 산자의 변화를 포함한다. 모든 성도는 휴거에 참여한다. 다만 죽었다가 부활로 참여하느냐 살아남아 있다가 몸의 변화로 참여하느냐의 차이 일 뿐이다. 우리는 우리가 죽는 그 순간까지의 삶이 세 번의 휴거에 참여를 결정한다. 그러므로 우리는 늘 휴거의 때를 준비하며 거룩하게 살아가야한다. 결코 휴거의 날짜가 중요하지 않다.

혹자는 성경에 휴거란 용어가 없으니 휴거도 없다고 한다. 휴거라는 용어 사용도 문제라고 한다. 휴거란 용어의 배경은 살전4:17, 계12:5에 '끌어 올려', '올려가더라'인 헬라어 '하르파조'다. 빼앗다, 잡아 올리다, 꽉 움켜잡다, 잡아채다, 강탈하다 등으로 강제로 낚아 채 올린다는 뜻이다. 헬라어는 하르파조, 영어는 렙춰(Rapture), 한문은 携擧(끌휴,들거) 한글로는 '끌려 올라가다'이다. 이렇게 성경에 휴거가 분명히 있음에도 불구하고 휴거 용어가 없다는 것은 거짓이다. 휴거는 우리말의 한자식 표현을 쓰고 있는 것이다.

여기서 좀 더 넓은 휴거의 의미를 살펴본다. 우리가 일반 적으로 생각하는 휴거는 눈 깜짝할 사이에 몸이 영생의 몸으로 변화되어 위로 끌려 올라가는 것이다. 그러나 여기서 중요한 것은 하르파조, 휴거라는 단어 자체가 몸을 변화 시키는 것이 아니다. 휴거에 앞서 중요한 의미는 몸의 변화다. 신령한 몸의 변화는 주님께서 하시는 것이다. 이렇게 변화된 몸을 끌어 올리는 기능이 휴거다. 여기서 대부분 휴거를 단순히 이끌려서 위로 올라가는 개념으로만 이해하고 있다. 그러나 성경에 하르파조가 사용된 곳을 살펴보면 더 넓은 의미를 찾을 수 있다.

바울이 셋째 하늘에 이끌려(고후12:2)간 하르파조는 위로 올라갔다. 그러나 빌립이 이끌려(행8:39)간 하르파조는 위로 올라간 것이 아니라 옆으로 공간 이동된 것이다. 이렇게 하르파조의 기능은 위로 올릴 수도 있고 옆으로 이동 시킬 수도 있다. 빌립은 에디오피아 내시와 함께 있다가 성령에 이끌려 아소도로 옮겨졌다.(행8:40) 그러나 사도 바울이나 빌립의 하르파조는 신령한 몸의 변화가 없는 상태로서의 휴거다. 그러나 성도의 휴거는 신령한 몸으로 변화된 이후 하르파조의 기능이 따른다.

하르파조의 기능은 부활, 변화된 신령한 몸을 위로 끌어 올리느냐, 옆으로 옮기느냐에 있다. 휴거에 있어서 무엇보다 중요한 것은 우리 몸의 변화다. 필자는 앞으로 세 번의 휴거를 전제로 풀어갈 것이다. 세 번의 휴거 중에는 이러한 휴거의 기능이 모두 나타난다. 먼저 하르파조의 넓은 의미를 언급하는 이유는 세 번의 휴거를 푸는데 매우 중요한 열쇠가 되기 때문이다. 특히 세 번째 환난 통과 휴거의 대상을 이해하는데 결정적 해석의 키가 된다.

2. 휴거의 시기에 대한 일반적 견해들

1) 환난 전 휴거설

환난 전 휴거는 7년 언약 이전에 휴거가 있다는 전형적인 세대주의 견해다. 이들은 교회가 환난을 당할 이유가 없다고 한다. 주님께서 사랑하시는 교회는 7년 전에 모두 공중으로 끌어 올리신다고 한다. 계4:1절에 요한에게 "이리로 올라오라"한 구절을 교회의 휴거 근거로 본다. 이때 모든 교회는 100% 휴거한다고 한다. 그러나 계4:1절의 '올라오라'는 휴거에 해당하는 하르파조가 아닌 '아나바이노'다. 뜻은 '올라가다' '기어오르다'이다. 아나바이노는 올라오라는 명령에 스스로 올라가는 것이다. 물론 성령으로 올라가는 것이나 원어의 의미는 그렇다는 것이다. 결코 강제로 이끌려 올라가는 '하르파조'가 아니다. 원어는 분명히 아나바이노 임에도 불구하고 해석은 하르파조, 휴거라고 하는 것은 이해 할 수 없다. 이것은 원어를 무시하는 억지 해석으로 볼 수밖에 없다.

또한 4장 이후 교회라는 단어가 전혀 나오지 않기 때문에 교회시대 끝인 7년 전에 휴거 된다고 한다. 4장 이후 교회라는 단어가 나오지 않는 이유는 당연하다. 계시록 초반에 다루었던 것을 기억할 것이다. 1-3장은 구속사로 교회시대이기 때문에 주로 일곱 교회에 대한 말씀이 나온다. 그러나 6장부터 지상 재림 하시는 19장까지 '장차 될 일'로 세상 심판사이기 때문에 교회라는 단어 자체가 나오지 않는 것은 당연하다. 그리고 20장에 천년왕국과 흰 보좌 심판이다. 마지막으로 계22:16절에 이 모든 말씀(계1-22장까지)은 교회들을 위하여 주셨다고 한다. 그러므로 심판 사에 일어나는 모든 일들이 교회라는 단어가 없다고 결코 교회와 상관없는 말씀들이 아니다. 계시록 1-22장까지의 모든 말씀은 교회들을 위하여 주신 것이다. 결코 1-3장까지만 교회들에게 주신 것이 아니다.

2) 중간 휴거설

부분 휴거라고도 한다. 후3.5년 직전에 휴거가 있다는 견해로 7째 나팔을 마지막 나팔로 동의하는 견해다. 후3.5년은 너무도 무서운 환난이기에 그 전에 교회는 휴거된다고 보는 견해다. 그리고 주님 재림 하실 때 마지막 또 한 번 휴거가 있다고 보기도 한다. 그러나 부분 혹은 중간 휴거설을 지지하는 견해는 그리 많지 않다.

3) 환난 후 휴거설(대환난 통과 설)

역사적 전 천년설로 환난 통과 설을 지지하는 견해다. 이들은 후3.5년 마지막 환란통과 후에 휴거가 오직 단 한번 있다고 한다. 이들은 환난전과 환난중간 휴거는 결코 성경적 근거가 없다고 주장한다. 마24:29-31을 근거로 한다. 이 말씀은 분명 환난 끝을 말하고 있지만 휴거는 아니다. 환난 끝에 주님 지상 재림상황이다. 주님께서 지상 재림 하시면 아마겟돈 전쟁이 있다. 아마겟돈 전쟁 전에 천사들을 먼저 하늘 이 끝에서 저 끝까지 보내신다. 천사들이 전 세계 사방에서 살아남아 있는 환난통과 성도들을 끌어 모으고 있는 것이다. 마24:29-31절은 세 번째 환난을 통과한 이들의 휴거에 관련된 구절이다. 이 부분은 뒤에서 세 번째 환난 통과자들에 대한 부분에서 자세히 다룰 것이다.

휴거에 있어서 가장 대립되는 견해는 환난 전과 환난 통과설이다. 대부분 전통적 교단들은 주로 환난 통과 설을 따른다. 교회는 반드시 환난을 통과한다는 견해다. 이 두 견해는 한 치의 양보도 없이 모두 자신들의 주장이

100% 성경적이라는 입장이다. 두 그룹이 줄다리기를 한다면 아마도 환난 통과설이 이기지 않을까 한다. 이들은 순교를 각오해야 한다는 자들이다. 그만큼 환난 통과 설은 따르는 자들도 많고 주장도 강하다. 그러나 계시록을 자세히 살펴보면 오직 환난 통과만을 주장하는 것도 오류임을 알 수 있다. 계시록에는 휴거가 환난 전, 중, 끝이 모두 있기 때문이다.

4) 성경적 휴거설

성경적 휴거설은 모두 본인이 주장하는 것이 성경적이라고 한다. 그러한 면에서 필자도 다를 바 없다. 필자는 세 번의 휴거를 전제로 자세한 성경적 근거들을 제시할 것이다. 휴거의 시기에 관하여 7년 전에는 결코 휴거가 없다. 전3.5년 끝에 7째 나팔 시점부터 휴거의 시작이다. 그러므로 필자는 세 번의 휴거를 대환난 전, 대환난 중, 대 환난 끝 휴거로 용어를 사용한다. 필자가 휴거를 환난 전 후로 나누는 기준은 계13장에 등장하는 짐승이다. 계12장에서 대환난 전 휴거가 있고 계13장에 짐승 등장하여 대환난이 시작된다. 그리고 계14장에 대환난 중 휴거가 있다. 그리고 계19장에서 주님 지상 재림과 아마겟돈 전쟁과 민족 심판이 있다. 모든 상황이 정리된 후 천년왕국 입성직전 계20:4절의 환난 통과자들의 마지막 휴거가 있다. 여기서 마지막 환난 통과자들은 위로 올려지는 휴거가 아니다. 천년왕국으로 옮겨지는 휴거다.

※ 환난 전, 후의 기준은 복음 핍박 자 짐승의 등장이다.

'환난'의 헬라어 '들립시스'는 '압박' 잔인한 육체적 폭력으로 인한 '고통'이다. 이것은 짐승이 주는 육체적 압박과 폭력인 것이다. 이와 같은 육체적 폭력으로 짐승에게 목 베임 당하는 시기가 대 환난이다. 그러나 대부분 환난을 인 재앙이나 나팔재앙에서 오는 자연재해, 재난들로 보는 견해가 많다. 이것은 인과 나팔의 모든 재앙들을 7년부터 시작된다고 보기 때문이다. 7년 기간에 있다고 보는 인과 나팔 대접의 재앙들과 짐승의 통치를 모두 환난으로 보는 것이다. 그러나 7년의 전반부는 겉으로는 거짓 평화의 때다. 유대인들은 성전 재건으로 오히려 축제의 기간일 수 있다. 그러므로 7년 한 이레를 전부 대 환난으로 보는 것은 성경적이지 않다.

예수님께서 말씀하신 재난(마24:8)은 '오딘'으로 여인의 해산의 고통과 같은 '고통' '진통'이다. 이것은 인의 총체적 재난으로 마지막 때로 갈수록 지속적으로 겪는 재난의 고통이다. 이러한 인의 재난들은 요한이 계시를 받은 A.D95년 이후 어느 시점부터 이미 시작된 것이다. 자연재해의 오딘을 7년에 들어가서 짐승이 주는 환난 들립시스로 보는 것은 성경적이지 않다. 그러므로 휴거와 관련하여 환난 전, 중, 끝에 관한 바른 이해가 필요하다.

여기서 필자가 주장하는 휴거의 시기에 대하여 위에서 잠시 언급했던 용어를 다시 정리한다. 필자는 그동안 환난 전, 중, 끝이라는 신학적 용어를 동일하게 사용해왔다. 특히 필자의 환난 전 휴거는 그 시기에 대하여 7년 전에 있는 환난 전 휴거가 아님을 강조해왔다. 그러나 아무리 강조를 해도 같은 용어를 사용하다보니 듣는 이들이 혼동을 한다. 전형적인 세대주의 전천년 환난 전 휴거의 용어는 너무나 깊이 인식이 되어 있어 바로잡기가 쉽지 않다. 그러므로 필자는 휴거 시기의 용어를 본서에서부터 다음과 같이 사용하고 있다. 대환난 전, 대환난 중, 대 환난 끝 휴거다. 휴거는 전3.5년을 마치는 7째 나팔 시점부터 시작되기 때문이다.

3. 휴거 해석의 기반은 바울의 가르침이다.

요한 계시록의 휴거를 해석하려면 휴거에 대해 처음 가르쳐준 사도바울의 가르침을 기반으로 해야 한다. 이것이 휴거 해석의 원리이고 원칙이다. 성경의 가르침의 원리를 벗어나서 자신들의 생각대로 휴거를 해석한다면 저마다 다를 수밖에 없다. 사도 바울은 두 곳의 서신에서 휴거의 원리와 원칙을 반복하여 가르치고 있다. 아래 말씀에 근거하여 서신서 두 곳에 나타난 사도바울의 가르침을 요약하면 다음과 같다.

"우리가 주의 말씀으로 너희에게 이것을 말하노니 주께서 강림하실 때까지 *우리 살아남아 있는 자도 자는 자보다 결코 앞서지 못하리라* 주께서 호령과 천사장의 소리와 하나님의 나팔 소리로 친히 하늘로부터 강림하시리니 그리스도 안에서 *죽은 자들이 먼저 일어나고 그 후에 우리 살아남은 자들도*

그들과 *함께* 구름 속으로 끌어 올려 공중에서 주를 영접하게 하시리니 그리하여 우리가 항상 주와 함께 있으리라"(살전4:15-17)

"보라 내가 너희에게 비밀을 말하노니 우리가 다 잠 잘 것이 아니요 *마지막 나팔*에 순식간에 홀연히 다 변화되리니 나팔 소리가 나매 *죽은 자들이 썩지 아니할 것으로 다시 살아나고 우리도 변화되리라*"(고전15:51-52)

1) 살아남아 있는 자는 자보다 결코 앞서지 못한다.
죽은 자의 부활이나 산자의 변화는 모두 신령한 몸을 받는 것이다. 그러나 부활과 변화 중 변화가 결코 부활을 앞서지 못한다. 이것은 죽은 자의 부활이 먼저임을 강조하는 것이다.

2) 마지막 나팔에
휴거 시작의 정확한 시점은 전3.5년이 끝나는 날 7째 나팔이다. 바울의 마지막 나팔은 사도요한의 7째 나팔 마지막 나팔과 같은 나팔이다. 뒤에서 다시 자세히 언급할 것이다.

3) 죽은 자들이 먼저 일어나고
이것은 앞에 산자가 죽은 자를 결코 앞서지 못한다는 원리의 반복이다. 죽은 자의 부활이 먼저임을 또 반복 강조하고 있다.

4) 그 후에 우리 살아남은 자들도
죽은 자의 부활이 있고 그 후에 살아남은 자의 몸의 변화가 뒤 따른다. 이 또한 죽은 자가 먼저 임을 강조하는 것이다. 휴거는 결코 살아남은 자들만 올려지는 것이 아니다. 먼저 간 믿음이 선진들이 반드시 먼저 부활한다.

5) 죽은 자의 부활과 산자의 변화는 반드시 함께 짝으로 일어난다.
여기서 부활과 변화가 반드시 함께 짝으로 일어난다는 것이 중요하다. 부활만 있을 수 없고 변화만 있을 수 없다. 휴거가 세 번이면 죽은 자의 부활도 세 번, 살아남은 자의 변화도 세 번이다. 이 세 번이 모두 함께 짝으로 일어난다. 이것은 환난 통과자들을 이해하는 중요한 원리다. 대 환난 통과 중에 죽은 자들의 부활(계20:4)하여 **부활의 몸**을 받는다. 마찬가지로 환난 통과 중에 끝까지 살아남은 자들은 마지막 끝에 **변화의 몸**을 받는다. 이들은 함께 마지막 세 번째 그룹이 되어 모두 신령한 몸을 받는 것이다.

이렇게 죽은 자가 먼저 부활의 몸을 받고 후에 산자는 변화의 몸을 받는다. 이들이 함께 위로 끌려 올라가는 것이 휴거다. 그러므로 바울의 가르침을 기반으로 계시록에 산자의 휴거가 묘사되어 있다면 앞에 죽은 자의 부활이 선행되었음을 인지해야 한다. 반대로 죽은 자의 부활이 아직 일어나지 않았다면 살아남은 자의 몸의 변화도 일어나지 않았다고 보아야 한다. 이유는 반드시 죽은 자가 먼저라는 바울의 가르침의 원리 때문이다. 이처럼 바울의 휴거 해석의 원리는 앞으로 세 번의 휴거를 풀어가는 아주 중요한 기반이다.

4. 첫째 부활과 마지막 부활

1) 첫째 부활 - 천년왕국 이전에 일어나는 최상의 부활이다.
"또 내가 보좌들을 보니 거기에 앉은 자들이 있어 심판하는 권세를 받았더라 또 내가 보니 예수를 증언함과 하나님의 말씀 때문에 목 베임을 당한 자들의 영혼들과 또 짐승과 그의 우상에게 경배하지 아니하고 그들의 이마와 손에 그의 표를 받지 아니한 자들이 살아서 그리스도와 더불어 천 년 동안 왕 노릇 하니 (그 나머지 죽은 자들은 그 천 년이 차기까지 살지 못하더라) *이는 첫째 부활이라 이 첫째 부활에 참여하는 자들은 복이 있고 거룩하도다* 둘째 사망이 그들을 다스리는 권세가 없고 도리어 *그들이 하나님과 그리스도의 제사장이 되어 천 년 동안 그리스도와 더불어 왕 노릇 하리라*"(계20:4-6)
계20:5의 첫째 부활이란 용어에 대해 많은 오해가 있다. 첫째 부활을 오직 한번 있는 부활 혹은 첫 번째에 일어나는 순서적 의미의 부활로 잘 못 이해하고 있다. 첫째 부활의 '첫째'는 헬라어 '프로토스'로 '최상의' 혹은 '먼저' '시작'등 순서적 의미가 있다. 첫째 인 둘째 인 할 때 첫째 '프로토스'는 순서적 의미다. 그러나 여기서 첫째 부활은 순서적 의미가 아닌 '최상의' 부활을 의미한다. 첫 번째(first)가 아닌 최상의(best) 부활이다. 만약 '첫째'가 순서적 의미라면 다음 부활은 '둘째'부활이란 용어를 써야 한다.

그러나 성경에는 '둘째' 부활이란 용어 자체가 없다. 첫째 부활 다음에 '마지막' 부활이란 용어를 쓰고 있다. 영어 성경에도 '첫째'를 first로 번역하고 있는 것은 세 번의 휴거 자들이 들어가는 최상의 부활을 이해하지 못함에서 온 오류라고 본다. 첫째 부활에 참여하는 자들은 천년왕국 전에 있는 세 번의 휴거 곧 대환난 전, 대환난 중, 대환 난 끝 휴거에 참여하는 자들이다. 이 세 그룹은 모두 최상의 부활 그룹이다. 이 첫째 부활, 최상의 부활에 참여한 자들은 복이 있다. 이들은 천년왕국의 복을 누리는 자들이기 때문이다.

천년왕국은 어린양의 혼인잔치요 초막절의 축제요 기쁘고 즐거운 나라다. 첫째 부활에 참여하는 자들은 주님이 천년동안 지상 천국을 이루실 때 주님과 함께 주님의 통치에 참여하는 자들이다. 계20:4-5절은 앞에 두 번의 휴거가 있었고 세 번째 환난 통과그룹의 부활을 예고한다. 그리고 "이는 첫째 부활이라"로 마치고 있다. 다른 말로 표현하자면 "여기까지가 최상의 부활인 첫째부활이다"라고 할 수 있다.

2) 마지막 부활 - 천년왕국 이후 흰 보좌 심판을 앞두고 있는 부활이다.

"그러나 *각각 자기 차례대로 되리니 먼저는* 첫 열매인 그리스도요 *다음에는* 그리스도 강림하실 때에 그에게 붙은 자요 *그 후에는 마지막이니* 그가 모든 통치와 모든 권세와 능력을 멸하시고 나라를 아버지 하나님께 바칠 때라 그가 모든 원수를 그 발 아래에 둘 때까지 반드시 왕 노릇 하시리니 맨 나중에 멸망 받을 원수는 사망이니라"(고전15:23-26)

① 부활의 순서가 있다.

고전15:23-24절은 성도들의 부활의 순서를 말하고 있다. 부활은 죽은 자들이 모두 한 번에 있는 것이 아니고 순서, 차례가 있다. ㉠먼저는 첫 열매인 그리스도요 ㉡다음에는 그리스도 강림 하실 때에 그에게 붙은 자요, 여기서 강림은 공중강림과 지상 재림을 포함한다. 그에게 붙어 있는 강도에 따라 세 번의 휴거로 나뉜다. ㉢그 후에는 마지막이니... 여기서 마지막은

'마지막 부활'을 의미한다. 여기서 '마지막'은 라스트(last)가 아닌 END로 이제 끝이다. 극장에서 영화가 마치면 더 이상 내용이 없음을 알리는 END가 나온다. 그런 의미의 마지막이다.

본문의 '마지막'은 헬라어 '텔로스'다. 텔로스는 '한계'로서의 도달점, '결국' '종착'이다. 마지막 부활은 END 부활, 텔로스 부활로 이제 종착지에 이른 마지막 부활이다. 텔로스 부활은 더 이상 어떤 부활도 없는 부활의 끝, END다. 최후 종착지인 흰 보좌 심판을 앞두고 있게 될 마지막 부활인 것이다. 부활은 오직 첫째(BEST) 부활과 마지막(END) 부활만 있다. 그러므로 첫째 부활, 둘째부활, 셋째 부활 등의 용어를 사용하는 것은 성경적이지 않다.

성경에 "둘째사망"(계20:14)이란 용어는 있어도 "둘째 부활"이라는 용어는 없기 때문이다. 필자는 세 번의 휴거에 해당하는 첫째 부활 대상자들을 구분할 때 1차 부활, 2차 부활, 3차 부활이란 용어를 쓸 것이다. 혹은 첫 번째 휴거그룹, 두 번째 휴거그룹, 세 번째 휴거그룹으로도 사용할 것이다. 이들은 모두 첫째 부활, 최상의 부활에 들어가는 휴거 그룹이기 때문이다.

② 메시아 나라 / 천년왕국 후에 있는 마지막 부활이다.
"그가 모든 **통치**와 모든 **권세**와 **능력**을 멸하시고 **나라**를 아버지께 바칠 때"다. 여기서 통치와 권세 능력이 있는 나라는 메시아 나라다. 이 메시아 나라는 천년동안 유지되고 그 후에 나라를 아버지께 바친다. 천년동안 왕 노릇 하던 아들의 나라에서 세세토록 왕 노릇 하는 영생하는 아버지 나라로 옮기는 것이다. 바로 메시아 나라 끝에 마지막 부활이 있다.

③ 흰 보좌 심판대 앞에 서는 때이다.
"나라를 아버지께 **바칠 때**"에서 '**때**'는 그 시점이 흰 보좌 심판대를 앞두고 부활하는 때다. 흰 보좌 심판 이후에 아버지 나라가 있다. 바로 그 아버지 나라에 이르기 전에 마지막 부활이 있음을 알리고 있다. 이 마지막 부활은 결국 흰 보좌 심판대 앞에 서기 위한 부활이다. 여기서 천국과 지옥이 결정되는 최후 심판을 받게 된다. 바울은 고전15장에서 마지막 부활의 시점을 이토록 자세하게 설명하고 있다.

④ 마지막 부활에 참여하는 자들은 첫째부활에 참여하지 못한 신자와 불신자들이다.

예수님 지상 재림 하실 때 신자는 모두 100% 부활한다고 주장하는 분들이 많다. 그러나 계20:5절에 "그 나머지 죽은 자들은 그 천년이 차기까지 살지 못 하더라"고 했다. 이 마지막 부활 때는 아담이후부터 마지막 최후까지 죽은 자들이 모두 부활한다. 마지막 부활에는 모든 불신자들이 있다. 그리고 세 번의 휴거에 참여하지 못한 신자들도 있다. 이들은 천년 이후 모든 불신자들이 부활하는 마지막 부활에 참여해야 한다.

혹자는 계20:5절의 나머지 죽은 자들은 모두 불신자라고 주장하기도 한다. 그러나 이들 가운데는 신자들을 포함한 불신자들일 수도 있다. 그러나 필자는 여기서 "그 나머지 죽은 자"이라 함은 특별히 신자들을 지칭한다고 본다. 본문에서 천년왕국에 들어갈 죽은 자들의 부활을 말하고 있기 때문이다. 이것은 예수 믿는 자들이 100% 천년왕국에 참여하지 않는 다는 것을 암시한다. 구원받은 것 자체도 큰 복이지만 천년왕국에 참여하는 것은 복 있는 자 중에 복 있는 자들이 참여하는 것이다.

특별히 불신자로 죽은 자들은 천년왕국에 들어가는 부활의 순서에 들지도 않는다. 불신자로 죽은 자들이 천년왕국에 들어갈 리가 없기 때문이다. 그러나 신자로 죽은 자들은 부활하기를 얼마나 소망하겠는가? 나머지 죽은 자들이라 함은 그 세 번의 휴거를 위한 부활의 선별에서 모두 탈락된 자들이다. 계11:18절에서 죽은 자를 심판하는 심판이 크리노 심판이다. 바로 휴거에 참여할 자들은 여기서 크리노, 결정하는 것이다. 이 본문은 좀 더 뒤로 가서 자세히 다룬다. 눅20:35절에 부활함을 얻기에 합당히 여김을 받은 자들은 모두 부활한다. 그러나 이들은 부활함을 얻기에 합당히 여김 받지 못한 자들이다. 그러므로 "그 나머지 죽은 자들"이라 표현한 것이다. 아래의 도표의 본문을 통해 마지막 부활 때는 신자와 불신자가 함께 있음을 알 수 있다.

※**첫째 부활과 마지막 부활(최상[프로토스/베스트]의 부활과 마지막[텔로스/END] 부활)**

근거 성경	첫 열매 (J.X)	첫째 부활-성도 (천년왕국 전에 부활)	천년	마지막 부활-신자, 불신자 (천년왕국 후에 부활)	심판
고전 15: 23-24	"각각 자기 차례대로 되리니 먼저는 첫 열매인 그리스도요"	"다음에는 그가 강림하실 대에 그리스도에게 속한 자요" 성도의 부활 예수님 공중강림과 지상재림 때 그에게 속한 자 '에게이로' 깨우다, 눈을 뜨게하다	메시아왕국 / 천년왕국	"그 후에는 마지막이니 그가 모든 통치와 모든 권세와 능력을 멸하시고 나라를 아버지께 바칠 때라" 천년왕국 후 흰 보좌 심판대 앞에 서기 위해 부활하는 때	흰 보좌 심판
요5:25, 28-29		25절 - 죽은 자들이 아들의 음성을 들을 때가 오나니 곧 이때라 듣는 자는 살아 나리라 ※여기서는 죽은 자들 중에서 듣는 자만 살아나서 휴거된다. 25절로 끝나지 않고 28-29을 통해 마지막 부활에 신자들과 불신자들이 있음을 밝히고 있다. 여기서 선한 일은 예수 믿은 자로 생명의 부활이요 악한일은 불신자요 심판의 부활이다.		28절 - 무덤 속에 있는 자가 다 그의 음성을 들을 때가 오나니 ※이때는 죽어서 무덤 속에 있는 모든 자들이 그의 음성을 듣는다. 29절- 두 부류의 부활 선한 일을 행한 자 생명의 부활 - 신자 악한 일을 행한 자 심판의 부활 - 불신자	

근거 성경	첫 열매 (J,X)	첫째 부활-성도 (천년왕국 전에 부활)	천 년	마지막 부활-신자, 불신자 (천년왕국 후에 부활)	심 판
계20: 4-6, 11- 15		4-6 첫째 부활에 속하는 마지막 그룹으로 천년왕국에 들어가서 그리스도와 함께 천년동안 왕 노릇한다. 휴거의 세 그룹이 모두 들어간다. 이 후 여기서 끝나지 않고 11-15절의에 등장하는 심판 장면에서 마지막 부활에 신자와 불신자가 있음을 증거하고 있다. 바로 생명책과 행위 책이다.	메 시 아 왕 국 / 천 년 왕 국	11-15 흰 보좌 심판대 앞에 서기 위한 마지막 부활의 두 부류의 근거 *생명책 - 신자의 이름만 기록 - 신자의 부활 행위책 - 신자, 불신자 책* 불신자 부활	흰 보 좌 심 판

5. 두 증인의 사역과 휴거의 관계

1) 성전측량은 휴거를 준비하는 것이다.

"또 내게 지팡이 같은 갈대를 주며 말하기를 일어나서 하나님의 *성전과*

제단과 그 안에서 경배하는 자들을 측량하되 성전 바깥 마당은 측량하지 말고 그냥 두라 이것은 이방인에게 주었은즉 그들이 거룩한 성을 마흔두 달 동안 짓밟으리라"(계11:1-2)

두 증인의 1260일 사역의 종료는 휴거와 깊은 관계가 있다. 두 증인이 승천하면 바로 그날 7번째 마지막 나팔이 불어진다. 첫 번째 휴거의 시점을 알 수 있는 가장 정확한 신호는 두 증인의 승천이다. 그러므로 7년이 시작되면 우리는 첫 번째 환난 전 휴거의 날짜를 정확히 알 수 있다. 두 증인이 부활하고 승천하는 날인 1260일과 후3.5년으로 넘어가는 1261일 사이에 첫 번 휴거가 있다. 물론 날짜는 유대인의 날수계산법이다. 그러나 지금은 결코 알 수 없다. 이렇게 분명하게 말할 수 있는 것은 70이레가 실제로 진행되는 정해진 기간이기 때문이다.

그러므로 7년 2520일도 정해진 기간이다. 성경은 두증인 사역이 1260일이라고 정하고 있다. 말씀대로 두증인 승천 후 그날 7째 나팔이 있다. 이 나팔이 고전15장에 말한 마지막 나팔이다. 그렇다면 이날에 첫 번 휴거가 있는 것은 당연하다. 이보다 더 정확할 수 있는가? 그러나 성경을 성경대로 믿지 않기 때문에 문제가 되는 것이다. 마지막 때 사역자들이 종종 휴거의 년도와 날짜를 예언하는 경우가 있다. 모두 미혹이다. 7년이 시작되기 전에는 그 날짜를 결코 알 수 없다. 두 증인 등장 직전 계11:1-2절에서 성전을 측량하는 것은 휴거의 대상자를 측량하는 것이다. 이것은 두 증인 사역 종료 후 휴거가 시작 될 것을 암시하고 있다.

① **성전에서 예배하는 자 - 첫 번째 대환난 전 휴거**
② **제단에서 예배하는 자 - 두 번째 대환난 중 휴거**
③ **바깥마당에서 짓밟히는 거룩한 성 - 세 번째 대 환난 끝 휴거**

세 번째 그룹, 성전 밖 마당에서 짓밟히는 '거룩한 성'은 환난을 통과하는 성도들이다. 성도는 영적 예루살렘 거룩한 성으로 어린양의 신부다. 세 번의 휴거 그룹 모두가 성도요 교회요 어린양의 신부로서 최상의 부활, 첫째 부활 그룹이다. 다만 하나님의 측량에 따라 세 번의 휴거 그룹으로 나눠지게 되는 것이다. 물론 이들의 영광도 다를 것이다. 이렇게 측량된 자들 중에 계11:15에서 7째 나팔이 불어진 날 성전 예배 자들이 첫 번째 휴거된다. 대환난 전 휴거 그룹이다. 비밀 휴거 그룹이다.

계12장은 삽경이다. 계11:15절에서 7째 나팔에 첫 번째 일어난 휴거사건을 계12:5절에서 따로 드러내어 자세히 묘사하고 있는 것이다. 계11:19절에 언약궤가 보이는 성전이 열렸다. 그리고 계12:5절에 남자아이는 언약궤가 보이는 성전 안 하나님 보좌 앞으로 바로 올려 진다. 이들은 공중에 머물지 않는다. 이들은 첫 열매이기 때문이다. 이것이 첫 번째 대환난 전 휴거다. 이렇게 계시록 12장부터 휴거하는 장면들이 순서적으로 등장하기 시작한다.

2) 7째 나팔 후에 있게 될 중요한 사건들 예고

"일곱째 천사가 나팔을 불매 하늘에 큰 음성들이 나서 이르되 세상 나라가 우리 주와 그의 *그리스도의 나라*가 되어 그가 세세토록 왕 노릇 하시리로다 하니"(계11:15)

"이방들이 분노하매 주의 진노가 내려 죽은 자를 *심판*하시며 *종 선지자들과 성도들*과 또 작은 자든지 큰 자든지 주의 이름을 경외하는 자들에게 *상주시며* 또 땅을 망하게 하는 자들을 *멸망*시키실 때로소이다 하더라 이에 하늘에 있는 하나님의 성전이 열리니 성전 안에 하나님의 언약궤가 보이며 또 *번개와 음성들과 우레와 지진과 큰 우박*이 있더라"(계11:18,19)

두 증인의 사역 종료로 일어나는 가장 중요한 사건은 휴거임을 강조했다. 이와 관련하여 계11:15에서 일곱째 나팔이 불어진 이후에 선포되는 말씀을 주목해야 한다. 집중해서 상고해야 할 필요성이 있다. 이제 전3.5년과 후3.5년이 크로스 되는 너무도 중요한 시점이기 때문이다. 특히 계11:18절은 아주 중요한 많은 내용들이 함축되어 있다.

① 그리스도의 나라가 선포되고 있다.(메시아 왕국/천년왕국)

여기서 천년왕국이 바로 세워진 것이 아니다. 이제 곧 세워질 것을 선포하고 있다. 마지막 3.5년을 남겨두고 선포하신다. 메시아께서 통치하시는 하나님나라 메시아 왕국은 구약의 선지자들이 그토록 예언해 왔던 천국의 비밀 가운데 비밀이다. 세례요한과 예수님께서 사역을 시작하시면서 선포하셨던 그 나라다. "회개하라 천국이 가까이 왔느니라"(마3:2, 4:17)

② 휴거를 예고한다. / 그리스도의 심판대가 있을 것을 암시한다.

계11:18절은 7째 나팔이 불어진 이후에 일어날 상황을 총체적으로 묘사하고 있다. 여기서 사실상 곧 있게 될 휴거를 예고하고 있다. 휴거와 연결해서 예상해 볼 수 있는 중요한 사건은 바로 휴거 후에 있을 그리스도의 심판대이다. 죽은 자를 심판 하는 일, 상을 주신다는 말씀을 좀 더 구체적으로 살펴보자.

㉠ **주의 진노가 내려 죽은 자를 심판하다.** - 계20장에 있는 흰 보좌 최후 심판은 천국과 지옥을 결정하는(헬-크리노) 심판이다. 그러나 여기의 심판은 천국 지옥 결정이 아닌 죽은 자들 중에 부활에 참여할 자들을 결정하는 심판이다. 헬라어 크리노는 동사로 "결정하다"이다. 이미 여기에서 무엇인가가 결정이 되는데 그것이 부활인 것이다. 이 심판에서 1차에서 3차에 이르는 부활이 결정된 자들은 최상의 부활, 첫째 부활에 참여한다. 그러나 여기서 결정 되지 못한 자들은 천년왕국 이후에 마지막 부활을 하게 될 것이다.

㉡ **상을 주신다.** - "주의 이름을 경외하는 자들에게... 종 선지자들, 성도들, 큰 자든지 작은 자든지" 이들에게 상을 주신다는 것이다. 이것은 신. 구약 성도들 중 부활에 참여한 자들이 휴거되어 그리스도의 심판(베마 심판)대 앞에 서는 장면으로 보인다. 우리는 휴거되어 공중에 둥둥 떠서 7년 동안 혼인잔치 하는 것이 아니다. 휴거되어 하늘 성전으로 들어가 예수님 앞에서 모임을 갖게 될 것이다. 아마도 이때 메시아 왕국에서 치리할 통치권을 받고 새로운 사명을 받을 것으로 본다.

마25장에 달란트 비유에서도 다섯 개 받은 자와 두 개 받은 자들이 칭찬

받고 배로 더 받는 것을 볼 수 있다. 눅19장에 므나 비유도 마찬가지다. 열 고을 차지할 권세 다섯 고을 차지할 권세, 이것은 메시아왕국에서 일할 새로운 사명이다. 새로운 세상, 메시아 왕국에서 만왕의 왕이신 그리스도와 함께 우리도 왕권을 받고 메시아 통치에 참여한다. 이 왕권을 받는 새로운 사명을 바로 그리스도의 심판대 앞에서 받게 될 것으로 본다.

"형제들아 우리가 너희에게 구하는 것은 우리 주 *예수 그리스도의 강림하심과 우리가 그 앞에 모임*에 관하여"(살후2:1)

"이 첫째 부활에 참여하는 자들은 복이 있고 거룩하도다 둘째 사망이 그들을 다스리는 권세가 없고 도리어 그들이 하나님과 그리스도의 제사장이 되어 *천 년 동안 그리스도와 더불어 왕 노릇* 하리라"(계20:6)

③ 땅을 망하게 하는 자들을 멸망시키신다.

마지막 짐승정부 심판인 하나님의 진노의 대접 재앙이 남아 있다. 최후심판이다. 이제 후3.5년에 들어가는 대 환난 예고다. 후3.5년 끝에 하나님의 대접 재앙의 진노를 암시한다. 땅을 망하게 하는 자들을 모두 멸망시키신다.

④ 7째 나팔에 휴거가 있고 후에 7째 나팔 사건이 일어난다.

7째 나팔 사건은 번개, 음성, 우레, 지진, 큰 우박이 있는 엄청난 사건이다. 첫 번 휴거 자들을 땅에 두고 이런 엄청난 사건이 있지는 않을 것이다. 계12:5절에 첫 번째 휴거 무리는 하나님 보좌 앞으로 바로 올라가기 때문에 하늘 성전 문이 열려야 한다. 계11:19에 하나님의 언약궤가 보이는 성전이 열리는 것은 첫 번 휴거 자들을 맞이할 준비인 듯하다. 이렇게 볼 때 아마도 휴거는 계11:18과 19절 사이에 있을 가능성이 높다. 계11:18 말씀 선포 후 휴거가 있고 계11:19절에 엄청난 자연재가 있는 7째 나팔 사건이 일어날 것이다. 계11장에 휴거 장면은 없다. 그러나 이 휴거 사건을 삽경인 계12:5절에서 자세히 묘사하고 있는 것이다.

6. '마지막' 용어에 대한 상고

마지막이란 용어는 두 번째 예수님의 이정표 단원에서 살펴본 내용이다. 마지막이란 용어는 휴거와 관련하여 상당히 중요하기 때문에 여기서 간단히 반복한다. 휴거와 관련하여 '마지막 나팔', '마지막 부활'등의 의미를 바르게 이해하는데 도움이 되기 때문이다. 헬라어에서 사용되는 '마지막'이란 용어 세 가지는 분명히 그 의미가 다르다. 개역성경에는 모두 마지막으로 번역이 되어 있어 원어 본문의 의미를 바르게 드러내지 못하는 경우가 많다. 휴거와 관련된 부분만 반복한다.

1) 에스카토스 - 가장 먼, 마지막의 ~의 끝, 마지막, 종말

에스카토스는 넓게 보면 예수님 초림부터 재림까지의 마지막을 의미한다. 또는 천년왕국 전까지의 마지막을 의미할 때 사용되었다. 첫 번 휴거의 마지막 나팔이 에스카토스다.

"보라 내가 너희에게 비밀을 말하노니 우리가 다 잠 잘 것이 아니요 *마지막 나팔*에 순식간에 홀연히 다 변화되리니"(고전15:51)

2) 쉰텔레이아 - '완전한 끝', '세대의 완성', '끝'

쉰텔레이아는 신약성경에 6회만 등장한다. 아래 성경 본문을 볼 때 그리스도의 나라가 오기전 아담의 나라 세대의 끝을 말하고 있음을 알 수 있다.

"내가 너희에게 분부한 모든 것을 가르쳐 지키게 하라 볼지어다 내가 *세상 끝날까지* 너희와 항상 함께 있으리라 하시니라"(마28:20)

3) 텔로스 - '한계'로서의 도달점, '결국', '종착', '결과'

이 용어는 더 이상 갈 곳이 없는 '한계'로서의 도달점으로 '결국' '종착'이다. END에 해당한다. 우리 시간의 역사의 종착지는 흰 보좌 심판대 앞이다. 더 이상 갈 곳이 없다. 우리는 대부분 아담의 나라 시간을 종착으로 이해하고 있다. 그러나 이 용어가 사용된 성경을 보면 천년왕국 끝까지의 시간을 포함하고 있다. 끝의 의미로 텔로스가 사용된 곳은 다음과 같다. 특히 첫째 부활에 대조되는 마지막 부활이 텔로스 부활임을 기억해야 한다.

"그 후에는 *마지막*이니 그가 모든 통치와 모든 권세와 능력을 멸하시고 나라를 아버지 하나님께 바칠 때라"(고전15:24) - 천년왕국 이후 마지막 부활

7. 심판, 경고의 나팔과 휴거 나팔이 다르다.

1) 요한계시록의 7개 나팔은 심판, 경고의 나팔로 우리 귀에 들리지 않는다.

일반적으로 7번째 마지막 나팔에 모두가 휴거 되는 것으로 알고 있다. 그러나 7째 나팔은 휴거의 시작이다. 중요한 것은 7째 나팔은 한번인데 휴거는 세 번이다. 세 번의 휴거가 있을 때마다 7째 나팔이 불어지는 것은 더더욱 아니다. 그런데 중요한 것은 휴거할 때마다 실제 나팔 소리가 있다는 것이다. 그렇다면 휴거할 때 들리는 나팔은 또 무슨 나팔인가? 이러한 문제는 휴거가 세 번 있다고 보는 필자의 입장에서는 엉킨 실타래와 같이 풀기 힘든 부분이었다. 분명한 것은 7째 나팔은 한번 있는 것이고 휴거는 세 번 있기 때문이다.

이 문제를 두고 기도 할 때 나팔에는 들리는 나팔과 들리지 않는 나팔이 있음을 알게 하셨다. 그리고 휴거 나팔과 심판과 경고의 나팔이 구분 되었다. 이것은 세 번 휴거해석의 중요한 실마리가 되었다. 계시록에 7개의 심판, 경고의 나팔은 들리지 않는 나팔이다. 만약 7개의 나팔이 들리는 나팔이었다면 매우 심각해진다. 나팔 소리를 들은 사람마다 각기 주장이 다를 것이다. 어떤 사람은 몇 번째 나팔을, 또 어떤 사람은 몇 번째 나팔소리를 들었다고 할 것이다. 그렇게 된다면 나팔소리 순서에 대한 논쟁도 만만치 않을 것이다.

중요한 것은 계시록에는 들리지 않는 7개의 심판 나팔 외에는 다른 나팔소리 묘사가 없다는 것이다. 계시록에서 세 번의 휴거가 일어날 때도 나팔소리 묘사가 없다. 심지어 계19장에 주님이 지상에 재림하시는 상황에도 천사의 나팔소리 묘사는 없다. 그러나 살전4:16-17절과 같이 주님께서 공중에 오실 때 천사들의 나팔소리가 있다. 마24:29-31절과 같이 주님이 지상 재림하실 때도 역시 천사들의 나팔소리가 있다. 그러므로 계19장에는 천사들의

나팔 소리 묘사가 없을 뿐 당연히 천사들의 나팔이 있을 것이다. 이렇게 계시록에는 오직 심판 경고의 나팔 7개만 있을 뿐이다. 이처럼 계시록에는 들리지 않는 오직 7개의 심판, 경고의 나팔만 있는 이유는 무엇일까? 아마도 심판과 휴거 나팔의 혼동을 피하기 위함일 것이다. 성격이 다른 나팔들이 섞여 있다면 우리는 매우 혼돈할 것이다. 들리는 나팔 소리는 같기 때문이다.

소수의 견해지만 현재 5째 나팔까지 불어졌다고 본다. 그러나 첫째 나팔부터 다섯째 나팔까지 그 소리를 들었다는 사람은 없다. 심판과 경고의 나팔은 우리 귀에 들리지 않는 나팔이기 때문이다. 다만 그 나팔에 해당하는 사건이 이 땅에 일어났음을 보고 현재 몇 번째 나팔까지 불어졌다고 보는 것이다. 그러나 우리가 기억해야 할 아주 중요한 나팔이 있다. 바로 7째 나팔이다. 7째 나팔은 휴거와 관련하여 너무나 중요한 비밀이다.(계10:7) 누구에게는 들리고 누구에게는 들리지 않는 비밀 나팔이다. 뒤에서 자세히 다룰 것이다.

2) 서신서와 복음서의 휴거의 나팔 3개는 우리 귀에 들리는 나팔이다.

서신서와 복음서에는 휴거의 나팔 이름을 구분해서 묘사해 놓았다. 이 휴거 나팔은 우리 귀에 분명히 들리는 나팔이다. 고전15:51절에는 '마지막 나팔'이 있다. 살전4:16절에는 '하나님의 나팔'이 있다. 마24:31절에는 '큰 나팔'이 있다. 이 세 개의 이름은 그냥 뜻 없이 다른 이름을 붙여놓은 것이 아니다. 세 번의 휴거와 관련한 휴거 나팔 이름이기 때문이다. 세 번의 휴거 대상자들은 세 번의 휴거에 해당하는 각각 다른 나팔소리를 듣고 휴거에 참여할 것이다. 그러나 대부분 이 나팔들을 모두 같은 나팔로 취급해 버리는 것이 문제다.

휴거에는 반드시 나팔소리가 동반한다. 그러나 정작 휴거가 일어나는 요한계시록에는 휴거나팔 소리 묘사가 없다. 그러나 계시록에서 휴거가 있을 때 나팔소리 묘사가 없어도 서신서와 복음서에 있는 휴거 나팔소리가 있을 것으로 인지해야 한다. 복음서와 서신 서에서 세 번에 해당하는 휴거나팔 이름을 분명히 하고 있기 때문이다. 다음은 세 번의 휴거에 따른 각각 다른 나팔소리 이름을 분석하고자 한다.

8. 휴거 나팔 3개는 이름이 다르다. - 어떤 나팔에 휴거를 참여할 것인가?

구약의 나팔은 '테루하'로 기쁨의 환호, 함성, 경보 등의 의미다. 그러나 신약의 나팔은 '살핑크스' 떨리는, 울리는 단순한 소리의 의미를 갖는다. 신약 끝에 있는 휴거는 단순히 울리는 나팔 소리에 휴거된다. 신약에 등장하는 휴거 나팔은 3개다. 휴거가 세 번이기 때문이다. 바울이 말한 '마지막 나팔'(고전15:51)과 '하나님의 나팔'(살전4:16) 그리고 예수님이 말씀하신 '큰 나팔'(마24:31)이다. 여기서 중요한 사도 바울의 마지막 나팔과 관련하여 사도요한이 말한 7째 마지막 나팔을 먼저 살펴본다.

1) 마지막 나팔 / 7째 나팔 - 첫 번째 대환난 전 휴거나팔로 둘은 같은 나팔이다.

① 마지막 나팔

"보라 내가 너희에게 비밀을 말하노니 우리가 다 잠 잘 것이 아니요 *마지막 나팔*에 순식간에 홀연히 다 변화되리니"(고전15:51)

전형적인 환난 전 휴거를 주장하는 이들은 바울이 말한 '마지막 나팔'은 요한이 말한 일곱 번째 나팔이 아니라고 한다. 유대인의들의 마지막 나팔은 나팔절기에 마지막으로 부는 100번째 나팔 즉 테키야 하가 돌라. 그러므로 휴거는 나팔절에 부는 100번째 마지막 나팔에 일어난다고 한다. 그래서 이들은 해마다 나팔절이면 휴거를 준비한다. 이렇게 주장하는 이유는 바울은 A.D56년경에 고린도교회 편지를 보냈다. 그리고 A.D67년 순교했다.

이후 A.D95년경에 쓰여 진 요한계시록의 7째 나팔을 일찍 순교한 바울이 알 수 없다는 것이다. 그러므로 고린도교회 성도들은 바울의 마지막 나팔이 요한의 7번째 나팔이라는 것은 더 더욱 알 수 없다는 것이다. 그럴 수도 있다. 어쩌면 바울도 성령의 감동으로 편지를 썼지만 마지막 나팔을 당시의 유대인들과 같이 이해했을 수도 있다. 그러나 성경은 1차 독자들의 이해만을 위해 쓰여 진 책이 아니다. 성경은 모든 세대 하나님 백성들을 위한 예언이다. 그러므로 성경의 저자들도 이해할 수 없는 내용들이 많이 등장한다. 다니엘도 마찬가지였다.

※나팔절에 불어지는 **4**종류의 나팔은 총 **100**회 불어진다.

① 데키야 33회 - 왕이 오신다 ②쉐바림 33회 - 회개하라 ③테루하 33회 - 깨어나라 ④데키야 하가돌라 1회 - 이리 올라오라 / 이렇게 총 100번의 나팔 가운데 데키야 하가돌라는 100번째로 나팔절의 '마지막 나팔'이다. 7년 환난 전 휴거를 주장하는 이들은 이 나팔이 바울이 말한 마지막 나팔이라고 한다. 요한의 7째 나팔을 마지막 나팔로 인정하지 않는 것이다.

만약에 바울이 고린도 전서에서 마지막 나팔을 7째 나팔이라고 했다면 상황은 더욱 복잡해진다. 앞에 6개의 나팔은 어떤 것인가? 바울은 성경 어디에 6개의 나팔을 말하고 있는가? 에 대한 학자들의 복잡한 연구는 결론이 날 수 없을 것이다. 마지막 나팔에 대하여 원어적 의미를 좀 더 살펴보자. '마지막'에 해당하는 헬라어는 '에스카토스'다. 가장 먼~, 마지막에, ~끝, 종말에..라는 의미다. 그러나 히브리어 '테키야 하가돌라'의 뜻은 '이리로 올라오라'다. 마지막 나팔이 데키야 하가돌라라면 마지막에 해당하는 헬라어 에스카토스와 뜻이 같아야 한다.

그러나 두 개의 단어는 그 뜻이 전혀 다르다. 그러므로 바울의 '마지막 나팔'은 세상 끝에, 마지막에, 종말에 불어지는 나팔이다. 바로 계시록의 7째 마지막 나팔에 해당한다. 계시록에는 일곱 개의 나팔 외에는 종말 끝에 다른 나팔이 없이 때문이다. 그러므로 유대인들이 해마다 부는 나팔 절기의 데키야 하가돌라에 휴거 될 수 없다. 중요한 것은 휴거할 때 휴거나팔은 천사들이 부는 것이다. 결코 나팔절에 유대인들이 부는 나팔에 휴거 될 수 없다.

② **일곱째 나팔**

"*일곱째 천사가 소리 내는 날 그의 나팔*을 불려고 할 때에 하나님이 그의 종 선지자들에게 전하신 복음과 같이 하나님의 그 비밀이 이루어지리라 하더라"(계10:7)

"*일곱째 천사가 나팔*을 불매 하늘에 큰 음성들이 나서 이르되 세상 나라가 우리 주와 그의 그리스도의 나라가 되어 그가 세세토록 왕 노릇 하시리로다"(계11:15)

계10:7 '일곱째 천사가 소리 내는'의 원어 '헵도모스 포네'는 폭로의 개념이다. 말 또는 언어 목소리다 계10:7절은 7번째 나팔이 불어지기 전에 곧 있을 7번째 나팔에 대한 경고이며 폭로다. 일곱째 천사가 나팔을 불면 지금까지 하나님의 종 선지자들이 전한 복음의 모든 비밀이 폭로된다는 것이다. 바로 7번째 나팔이 바울이 말한 마지막 나팔이다. 다시 말해 바울의 마지막 나팔과 요한의 7번째 나팔은 심판과 휴거가 겹치는 같은 나팔이다. 정리하면 마지막 나팔 즉 7번째 마지막 나팔이 불어진 후 그 7째 나팔 기간에 남은 두 개의 휴거 나팔이 있다.

③ 첫 번째 대환난 전 비밀 휴거 시점을 정확히 알 수 있다. (단 7년이 시작되면)

"보라 내가 너희에게 *비밀*을 말하노니 우리가 다 잠 잘 것이 아니요 *마지막 나팔*에 순식간에 홀연히 다 변화되리니"(고전15:51)

"*일곱째 천사가 소리 내는 날 그의 나팔*을 불려고 할 때에 하나님이 그의 종 선지자들에게 전하신 복음과 같이 하나님의 그 *비밀*이 이루어지리라 하더라"(계10:7)

바울의 마지막 나팔과 사도요한의 7째 나팔은 같은 나팔이라는 것을 살펴보았다. 여기서 중요한 것은 7째 마지막 나팔이 불어지는 시점을 우리는 정확히 알 수 있다는 것이다. 이것은 첫 번째 휴거 날짜를 정확히 알 수 있다는 것과 같다. 단 '7년이 시작되면'이라는 전제가 붙는다. 마지막 7년이 시작되는 시점은 7년 조약의 효력이 발생하는 날부터다. 그날부터 1260일과 1261일 사이 그날에 첫 번째 휴거가 일어난다. 그러나 지금은 결코 알 수 없다.

같은 맥락에서 정확한 또 하나의 신호는 두 증인이 부활 승천하는 그날이다. 1260일째 두 증인은 부활 승천하고 그날 7째 마지막 나팔이 불어지기 때문이다. 이때 있는 첫 번 휴거가 비밀 휴거다. 이유는 마지막 나팔과 7째 나팔이 비밀이라고 했기 때문이다. 이 비밀은 미스테리다. 씨크릿처럼 완전히 숨겨져 있지 않다. 그러므로 이 비밀은 꼭 알아야 할 사람은 알아야 하고 그렇지 않은 사람에겐 숨겨져 있어야 한다.

계시록의 심판 나팔 7개는 우리 귀에 들리지 않는 나팔이라고 했다. 그러나 7째 나팔은 비밀이기 때문에 듣는 자가 있고 듣지 못하는 자가 있다. 첫 번 휴거에 참여하는 자는 아무도 듣지 못하는 7째 마지막 나팔 소리를 듣고 올라간다. 이것이 신비다. 그러나 이 땅에 남아 있는 자들은 나팔 소리가 들리지 않기 때문에 휴거가 일어 난 것을 인지하지도 못한다. 환난 통과설 지지자들은 더 더욱 그럴 것이다. 또한 이 비밀 휴거는 손바닥으로 하늘을 가릴 수 있을 만큼 지극히 소수가 참여한다. 때문에 세계정부는 대대적인 세계 인구실종 사건으로 보도하며 휴거를 속일 것이다. 이것도 7째 나팔 소리가 세상에는 들리지 않기 때문에 가능하다.

일루미나티 카드에도 휴거를 알리는 카드가 있다. 사단은 휴거가 세 번 일어날 것을 알고 있다. 첫 번 휴거는 나팔 소리가 들리지 않는다는 것도 알고 있을 것이다. 그래서 소수가 올라가는 첫 번 휴거를 속이기 위해 UFO를 준비하고 외계인 납치로 거짓 선동할 것이다. 첫 번 휴거는 후3.5년으로 들어가는 획을 긋는 시점으로 엄청난 사건이 될 것이다. 이제 8째 왕 짐승이 등장한다. 바로 8째 왕 짐승이 등장하기 전에 휴거되었음으로 대환난 전 휴거라고 한다. 첫 번 휴거 사건은 짐승 표를 강제시행 하게 되는 중요한 빌미가 될 것이다. 가족과 친지가 사라졌다. 이러한 이유로 세계정부는 위치추적 장치(GPS)가 있는 어떠한 형태의 생체 칩을 의무적으로 받게 할 가능성이 높다.

2) 하나님의 나팔 - 두 번째 대환난 중 휴거 나팔

"주께서 호령과 천사장의 소리와 *하나님의 나팔* 소리로 친히 하늘로부터 강림하시리니 그리스도 안에서 죽은 자들이 먼저 일어나고 그 후에 우리 살아 남은 자들도 그들과 함께 구름 속으로 *끌어 올려* 공중에서 주를 영접하게 하시리니 그리하여 우리가 항상 주와 함께 있으리라"(살전4:16-17)

하나님의 나팔은 '데오스 살핑크스'로 대대적인 다수의 휴거 때 불어지는 휴거 나팔이다. 이 나팔 소리는 온 세상의 모든 사람들이 듣는 나팔이다. 공개적 휴거이기 때문이다. 주께서 호령과 천사장의 소리와 하나님의 나팔로 친히 하늘로부터 공중에 강림하시는 날이다. 이 날에 두 번째 휴거에 참여하는 자들은 공중으로 끌려 올라가고 남은 자들은 두려움에 떠는 날이다. 이 나팔은 뒤에서 자세히 다루겠지만 2차 곡식추수다.

두 번째 휴거는 하나님의 나팔소리 찬양과 같이 우리가 일반적으로 알고 있는 대표적 휴거의 장면이다. 7년 이전 환난 전 휴거나 환난 통과를 주장하는 이들도 모두 이 본문을 근거로 한다. 유일하게 공중으로 끌려 올라간다는 분명한 표현이 있기 때문이다. 그들은 휴거의 시기에 대하여 각각 다른 주장을 하면서도 본문은 모두 이곳을 사용한다. 그러나 하나님의 나팔 소리가 들리는 휴거는 주님께서 공중으로 내려오시는 두 번째 대환난 중 휴거다.

곡식 추수를 위해 주님께서 공중에 내려오시는 계시록14장도 기록 순서상 계13장 짐승 등장 이후다. 환난 전 후를 나누는 시점은 계13장의 짐승의 등장이라고 했다. 이때 있는 휴거는 공개적으로 전 세계에서 동시다발로 많은 성도들이 눈앞에서 순식간에 사라진다. 온천지에 나팔 소리가 들리고 엄청난 사건사고가 동반하기에 비로소 휴거가 일어났음을 모두가 인지한다. 성경의 예언대로 일어나는 다수의 대대적인 휴거는 세계 최대의 빅뉴스가 되는 사건이다.

여기서 또 살펴볼 중요한 대목이 있다. 살전4:16-17절을 환난 통과 설을 지지하는 자들이 근거 구절로 사용한다. 그들은 이 장면을 주님의 지상 재림 장면으로 본다. 그들은 대부분 공중 강림과 지상 재림으로 나눠지는 주님의 이중 재림을 부인한다. 그들이 본문을 환난 통과 근거 구절로 해석하면서 예를 드는 단어는 영접에 해당하는 헬라어 '아판테시스'다. 아판테시스는 왕이나 귀한 분들이 올 때 맞으려 나가 영접할 때 쓰이는 단어다.

그들은 살전4:16-17이 환난 끝 재림 상황임을 아판테시스가 일반적으로 사용되는 단어의 배경에 적용한다. 왕이신 예수님께서 지상 재림 하실 때 성도는 공중으로 휴거되어 예수님을 영접하여 모시고 다시 땅으로 내려온다는 것이다. 통과 설을 지지하는 이들은 동일하게 이렇게 주장한다. 그러나 이러한 해석은 본문과는 맞지 않다. 본문에는 주님께서 공중에서 지상으로 내려오시는 장면이 없다. 뒤에서 휴거를 순서적으로 정리하겠지만 공중으로 끌려 올려간 성도는 땅으로 다시 내려오지 않는다. 하늘 성전으로 들어가서 항상 주님과 함께 있다. 그리고 하늘에서 왕권을 받은 성도들은 주님 지상 재림하시는 계19장에 주님과 함께 땅으로 내려온다. 메시아 왕국에서 주님과 함께 천년의 통치에 참여하기 위함이다.

또한 살전4:16-17절과 같은 장면인 계14장의 공중 곡식추수는 주님께서 머리에 영광과 승리의 스테파노스 금관을 쓰셨다. 그러나 지상에 재림하시는 계19장에는 머리에 디아데마 왕관을 쓰셨다. 공중강림과 지상 재림을 부인한다면 주님께서 이중 재림에서 관이 다른 것은 어떻게 해석할 것인가. 또한 하나님의 나팔로 휴거될 때 휴거 자체가 주님께서 끌어 올리시는 것이다. 주님께서 지상에 오시는 장면이라면 굳이 성도들을 공중으로 끌어 올리실 필요가 없다. 이 땅에 두신채로도 몸의 변화는 가능하기 때문이다.

아판테시스는 신약성경에 3회 나온다. 살전4:17절 그리고 행28:15절에서 로마의 성도들이 바울을 맞으러 나올 때 쓰였다. 또 본문의 두 번째 휴거와 관련하여 중요한 한곳은 바로 마25:6절이다. "밤중에 소리가 나되 **보라 신랑이로다 맞으러 나오라** 하매" 여기서 '맞으러'가 아판테시스다. 열 처녀 비유는 세 번의 휴거에 대한 비유라고 한 것을 기억할 것이다. 여기서 두 번째 휴거 그룹에 속하는 자들은 지혜로운 다섯 처녀라고 했다. 이들은 등과 기름을 준비하여 신랑을 맞이(아판테시스)했다. 살전4:17절의 '영접'과 마25:6절의 '맞으러'는 아판테시스로 두 번째 공중 휴거를 말한다. 하나님의 나팔 소리에 공중으로 끌어올려가서 주님과 '마주치다'라는 의미다. 결코 공중에서 주님을 영접하여 모시고 땅으로 내려온다는 의미가 아니다.

3) 큰 나팔 - 세 번째 대환난 통과 휴거 나팔
"그가 *큰 나팔*소리와 함께 천사들을 보내리니 그들이 그의 택하신 자들을 하늘 이 끝에서 저 끝까지 사방에서 모으리라"(마24:31)

큰 나팔은 '메가스 살핑크스'로 '메가스'는 가장 큰, 높은, 넓은 큰소리, 웅장한, 심히 두려운 등의 의미를 갖는다. 주님이 이 땅에 아마겟돈 전쟁을 위하여 재림하시는 마지막 상황에 불어지는 큰 나팔이다. 큰 나팔은 세 번째 휴거에 해당하는 나팔이지만 나팔과 동시에 휴거되는 것은 아니다. 이 나팔소리에 대 환란을 통과하며 살아남은 하나님의 백성들이 땅 끝 사방에서 천사들에 의해 끌어 모아진다. 환난 통과를 주장하는 이들은 이 장면을 휴거로 본다. 그러나 이 장면은 끌려 올라가는 휴거 장면이 아니다. 이들은 나중에 천년왕국으로 옮겨지는 휴거에 해당한다. 사방에서 끌어 모아지는 것은 나중 휴거를 위해 어디론가 공간이동 되는 장면이다. 공간 이동에 대해서는 뒤에서 다룰 것이다.

세 번째 그룹이 나팔과 동시에 휴거 되지 않는 이유는 바울의 휴거의 원리에 있다. 세 번째 휴거 그룹도 죽은 자가 먼저다. 그러나 환난 통과 중에 죽은 자들이 아직 부활을 하지 않았다.(계20:4) 또 하나는 계시록의 순서적 기록의 원칙이다. 본문의 상황은 계19장에 주님이 아마겟돈 전쟁을 앞두고 지상에 재림하시는 상황이다. 계20:4절에 있는 순교자들의 부활 전이기 때문에 계19장에서 산자의 변화가 먼저 일어날 수 없다. 그러므로 이때 환난 통과 중 살아남은 자들은 큰 나팔에 의해 어디론가 공간이동 되는 것이다.

※나팔소리에 따른 세 번의 휴거 비교

서로 짝이 되는 휴거		비고
복음서와 서신서의 3개의 나팔	요한계시록의 대환난 전, 중, 끝	요한계시록에는 경고 심판의 7개 나팔 외에 휴거와 관련된 나팔소리는 그 어디에서도 묘사 하지 않고 있다
휴거나팔 3개는 우리 귀에 *들리/는 나팔*이다.	심판, 경고의 7개 나팔은 *들리지 않는 나팔*이다.	
서로 같은 두 개의 비밀 나팔		서신서의 '마지막 나팔'과 계시록의 '7째 나팔'은 같은 나팔이다. 마지막 나팔, 7째 나팔은 휴거의 시작이다.
마지막 나팔-비밀 (고전 15:51-52)	7째 나팔-비밀 (계10:7) 6째 나팔 기간에 7째 나팔 경고하고 있다.	
①마지막 나팔 첫 번째 대환난 전 휴거 자들은 아무도 듣지 못하는 7째 비밀나팔 소리를 듣는다.	①남자아이 휴거 (계12:5) 보좌 앞으로 올려감. (하르파조) 강한자들 이긴자들 왕권을 가진 자들	초실절 예표 / 이때는 주님이 공중에 내려오시기 전임으로 이들은 지성소로 직진한다. 세계정부는 이 첫 번째 비밀 휴거 사건을 UFO를 통해 세계 실종사건으로 속일 것이다. 비밀 휴거는 남는 이들 에게는 나팔소리가 들리지 않기 때문에 휴거가 일어난 것을 인지하지도 못한다. 때문에 속이는 것이 가능하다.

서로 짝이 되는 휴거		비고
②하나님의 나팔 (살전4:16-17) 대환난 중 공중으로 끌어올림(하르파조)	②곡식 추수 (계14:14-16) 금 면류관 쓰고 공중 구름으로 내려오심	오순절 예표 / 주님의 공중강림 승리의 관인 스테파노스 쓰고 오심 공중으로 휴거된 후 증거장막 성전 으로 들어감(계15:5)
③큰 나팔 (마24:31) (대환난을 통과하며 살아남은 성도들) 환난을 통과하며 살아남은 자들을 사방에서 끌어 모 음 - 공간 이동함 아직 계20:4절에 순교자들이 부활을 하지 않았기 때문 에 이들은 아직 몸 이 변화될 수 없다. 이들 몸이 변화 된 다면 죽은 자가 먼 저인 원칙이 무너 진다.	③환난통과 중 순교자들 부활을 기다림 (계20:4) (계19:11-21 - 아마겟돈) ※계시록에는 7개 심 판의 나팔 외에 나팔소 리 묘사가 없다. 19장 에 주님이 오시는 상황 에도 나팔소리 묘사는 없다.	나팔절 예표 / 주님의 지상재림 이 때 주님은 왕, 통치자가 쓰는 디 아데마 쓰시고 오심(많은 관을 쓰심 - 천년왕국의 왕 중 왕으로 오심) 살아남은 자들은 아마겟돈 전쟁 전 에 천사들에 의해 끌어 모아저서 어디론가 공간 이동함. 천년왕국 준비되면 20:4절의 환난통과 순교 자들이 부활 후 천년왕국으로 직진 할 때 살아남은 자들도 몸이 변화 되어 함께 천년왕국으로 직진한다. 이들은 천년왕국의 에스겔 성전에 서 예배한다.

4) 복음서와 서신서 3개의 휴거 나팔에 짝이 되는 계시록의 휴거 장면들

위의 표에 해당하는 세 번의 휴거의 짝이 되는 본문 말씀을 나란히 나열했다. 자꾸 반복해서 말씀을 보면 이해가 쉬워진다. 필자도 처음에는 세 번의 휴거가 정리가 안 되어 성령님께 지혜를 구하며 이 말씀들을 노트에 적어놓고 읽고 또 읽었다. 어느 날 세 번의 휴거에 관한 말씀이 분별이 되었다. 독자들께서도 반복하여 읽고 또 읽으면 이해가 될 것이다.

① **1차 대환난 전 휴거 - 마지막 나팔에 하나님 보좌 앞으로 올려가는 휴거**

"보라 내가 너희에게 비밀을 말하노니 우리가 다 잠 잘 것이 아니요 *마지막 나팔*에 순식간에 홀연히 다 변화되리니 나팔 소리가 나매 죽은 자들이 썩지 아니할 것으로 다시 살아나고 우리도 변화되리라"**(고전15:51-52)** - **마지막 나팔은 휴거의 시작이다.**

"여자가 아들을 낳으니 이는 장차 철장으로 만국을 다스릴 남자라 *그 아이를 하나님 앞과 그 보좌 앞으로 올려가더라*"(계12:5) - **계11:15절에서 이미 7째 마지막 나팔이 불어졌다.**

② **2차 대환난 중 휴거 - 하나님의 나팔에 공중으로 올라가는 휴거**

"주께서 호령과 천사장의 소리와 *하나님의 나팔 소리*로 친히 하늘로부터 강림하시리니 그리스도 안에서 죽은 자들이 먼저 일어나고 그 후에 우리 살아 남은 자들도 그들과 함께 구름 속으로 끌어 올려 *공중에서 주를 영접하게 하시리니* 그리하여 우리가 항상 주와 함께 있으리라"**(살전4:16-17)** - **공중 휴거장면**

"또 내가 보니 흰 구름이 있고 *구름 위에 인자와 같은 이가 앉으셨는데* 그 머리에는 금 면류관이 있고 그 손에는 예리한 낫을 가졌더라 또 다른 천사가 성전으로부터 나와 구름 위에 앉은 이를 향하여 큰 음성으로 외쳐 이르되 당신의 낫을 휘둘러 거두소서 땅의 곡식이 다 익어 거둘 때가 이르렀음이니이다 하니 *구름 위에 앉으신 이가 낫을 땅에 휘두르매 땅의 곡식이 거두어지니라*"(계14:14-16) - **구름 위는 공중. 살전4:16-17절 공중 휴거와 동일한 장면이다.**

③ 3차 대 환난 끝 휴거 - 큰 나팔에 모아짐 / 민족 심판 후 천년왕국으로 옮겨지는 휴거

"그 날 환난 후에 즉시 해가 어두워지며 달이 빛을 내지 아니하며 별들이 하늘에서 떨어지며 하늘의 권능들이 흔들리리라 그 때에 인자의 징조가 하늘에서 보이겠고 그 때에 땅의 모든 족속들이 통곡하며 그들이 인자가 구름을 타고 능력과 큰 영광으로 오는 것을 보리라 그가 *큰 나팔소리*와 함께 천사들을 보내리니 그들이 *그의 택하신 자들을 하늘 이 끝에서 저 끝까지 사방에서 모으리라*'(마24:29-31) - **환난통과 중 살아남은 자들을 끌어 모으는 장면**

"또 내가 보좌들을 보니 거기에 앉은 자들이 있어 심판하는 권세를 받았더라 또 내가 보니 예수를 증언함과 하나님의 말씀 때문에 *목 베임을 당한 자들의 영혼들과* 또 짐승과 그의 *우상에게 경배하지 아니하고 그들의 이마와 손에 그의 표를 받지 아니한 자들이 살아서* 그리스도와 더불어 천 년 동안 왕 노릇 하니"(계20:4) - **환난 통과 중 죽은 자들이 부활을 기리는 장면**

9. 요한계시록 순서에 따른 세 번의 휴거 정리

지금까지 본격적인 계시록의 휴거를 다루기 전에 먼저 정리할 내용들을 살펴보았다. 계시록은 세 번의 휴거에 대한 내용들을 구체적으로 순서적으로 기록하고 있다. 그리고 바울의 휴거에 대한 가르침은 원리와 원칙이 있었다. ①마지막 나팔에 ②죽은 자가 먼저 몸의 부활 ③살아남은 자 몸의 변화 ④이 둘이 함께 짝이 되어 휴거가 일어난다.

이 원칙을 기반으로 하여 계시록에 있는 세 번의 휴거를 구체적으로 풀어간다. 문제는 계시록에는 휴거를 묘사할 때 죽은 자와 산자를 함께 묘사하고 있지 않다는 것이다. 그러나 바울의 가르침을 원칙으로 대입하여 해석하면 쉬워진다. 예를 들어 1차와 2차는 산자의 휴거는 묘사되고 있으나 죽은 자의 부활은 묘사가 없다. 그러나 부활이 선행되었다고 본다. 또한 본문에 부활이 선행 되었다는 암시도 있다.

계20:4절에 3차는 환난 통과 중 죽은 순교자들이 부활을 기다리고 있는 장면이 있다. 그러나 살아남은 자들에 대한 언급은 없다. 그럴 찌라도 환난을 통과하며 살아남은 자들은 아직 몸이 변화되지 않은 상태라는 것을 전제로 풀어가야 한다. 휴거에 있어서 부활이 죽은 자에게 최고의 소망이라면 죽음을 보지 않는 몸의 변화는 살아있는 자에게 최고의 소망이며 축복이다. 산자들의 휴거가 세 번이면 죽은 자들의 부활도 셋으로 나눠지는 것은 당연한 이치다.

그러므로 휴거를 날짜에 집중하는 것은 어리석은 것이다. 사나 죽으나 오늘 내 신앙의 상태가 몇 번째 휴거에 참여할 것인가를 결정하기 때문이다. 오늘 내가 죽는 다면 현재 내 믿음의 상태가 1,2,3차의 부활로의 휴거를 결정하는 것이다. 물론 그 결정은 하나님께서 하시는 것이다. 그러므로 우리는 늘 휴거를 준비하는 삶을 살아야 한다. 필자는 이렇게 휴거가 세 번임을 전제로 풀어 갈 것이다. 앞에서 언급한 내용들이 반복되는 부분들이 있다. 그러나 이제 계시록 본문의 순서를 따라서 세 번의 휴거를 정리해야한다. 그러므로 반복되는 부분은 복습하는 맘으로 양해를 바란다.

계시록에 나타나는 휴거장면은 공통적인 패턴을 가지고 기록하고 있다. 먼저 ①휴거 대상자들이 휴거되는 장면이 묘사된다. ②휴거 대상자들이 휴거되어 모여 있는 장소가 보인다. ③1차 2차 3차에 따른 휴거 자들의 환난의 강도를 소개하고 있다. 이 부분에서 대환난 전, 중, 끝을 분명히 알 수 있다. ④휴거 자들이 들어가는 성전 이름이 다르다. 이처럼 성전 이름이 다른 것은 휴거 대상자들이 그 성전에 해당하는 장소로 들어간다는 것이다. 이것은 7년 동안 공중에서 혼인잔치 하는 것이 아님을 암시한다. ⑤부활이 선행된 암시가 보인다. ⑥7대 절기의 특징을 묘사한다. ⑦1,2차 휴거 대상자들의 성격을 말해주는 이름이 있다. 순서의 차이는 있을 수 있으나 이러한 공통적인 패턴을 따라 세 번의 휴거를 살펴본다.

1) 1차 대환난 전 휴거(비밀휴거) - 남자아이 올라가다(계12:5) 초실절 휴거

드디어 휴거가 계12장에서 시작된다. 첫 보리추수 초실절 휴거다. 7째 마지막 나팔소리에 휴거되는 이들이다. 앞에서 밝혔듯이 이 휴거는 실제 계 11:15에 7째 마지막 나팔이 불어진 날 일어났다고 본다. 그 사건을 계12장 삽경 안에 따로 설명하고 있는 부분이다. 마지막 나팔도 비밀이요 7째 나팔도 비밀이라 했으니 필자는 첫 번째 휴거를 비밀휴거라고 한다. 또한 7째 나팔 소리는 들리지도 않고 비밀리에 휴거되었으니 비밀 휴거다. 이들은 계 13장의 짐승 등장 전이므로 대환난 전 휴거이며 첫째부활, 최상의 부활의 첫 번째 그룹이다.

① 남자아이는 소수의 휴거 그룹으로 이기는 자들이다. - 지성소로 직진한다.
　"여자가 *아들*을 낳으니 이는 장차 철장으로 만국을 다스릴 *남자*라 그 *아이*를 하나님 앞과 그 보좌 앞으로 올려가더라"(계12:5)

　남자아이를 예수님으로 보는 견해가 많다. 그러나 예수님은 휴거되신 것이 아니라 승천하셨다. 예수님의 승천은 헬-'아날 람바노'다.(행1:2,11,21) 그러나 여기서 '올려가더라'는 헬-'하르파조'다. 하나님 보좌 앞으로 끌려 올려갔다. 이것은 분명히 성도의 휴거다. 휴거는 눈앞에서 순식간에 사라진다. 그러나 승천은 시야에서 사라질 때가지 서서히 공중으로 올라간다. 예수님께서 감람산에서 승천하실 때 오백여 형제들이 하늘을 쳐다보았다. 그들은 예수님께서 구름 속으로 서서히 사라지셨음에도 불구하고 하늘을 계속 쳐다보고 있었다. 여기서 '올려 지신'이 아날람바노다. 예수님은 휴거가 아니라 승천이다. 그러므로 남자 아이는 예수님이 아니다.

　"이르되 갈릴리 사람들아 어찌하여 서서 하늘을 쳐다보느냐 너희 가운데서 하늘로 *올려지신* 이 예수는 하늘로 가심을 본 그대로 오시리라 하였느니라"(행1:11)

　여기서 '아이'라 함은 어린아이를 말함이 아니고 '소수의 휴거'라는 의미다. 이것은 적그리스도의 '작은 뿔'이 권세가 작은 것이 아니라 그 통치 기간이 짧다는 의미와 같다. 이들의 특징은 공중에 머물지 않고 하나님 보좌 앞으로 직진한다. 공중의 악의 권세를 이겨내고 바로 성전 안으로 직진하는 이기는 자들이다. 계12:5절 한절에 담긴 남자아이를 분석해 본다.

ⓐ **아들 - 휘오스(명사)** - 아들 즉 왕권을 가진 아들을 의미한다.

ⓑ **남자 - 아르렌(형용사)** - 남자, 남성, 들어 올리는데 있어서 보다 '강한, 의 의미다.

ⓒ **아이 - 테크논(중성명사)** - 어린이, 자녀로 남여가 섞인 소수의 집합체다. 남자 아이가 예수님이라면 중성의 의미인 테크논을 쓸 수 없다.

ⓓ **철장권세** - 계2:26-27 이기는 자에게 주시는 권세다. 예수님으로 보는 이들은 철장권세를 가졌기 때문이라고 한다. 그러나 두아디라 교회 이기는 자들에게 철장권세를 주신다고 하셨다. 성도는 이 권세를 가지고 천년왕국에서 주님과 함께 메시아 통치에 참여하는 것이다.

ⓔ **하나님 보좌 앞으로** - 언약궤가 보이는 지성소다. 이미 계11:19절에 언약궤가 보이는 지성소가 열렸다. 계11:18과 19절 사이에 휴거되어 하나님 보좌 앞으로 직진하여 올려 진 것이다.

ⓕ **올려가더라** - 하르파조 - 끌려 올라감, 휴거다. 승천인 '아날 람바노'가 아니다.

일곱 머리 열 뿔 짐승은 여자가 아이를 낳으면 그 아이를 삼키려 하고 있다. 이 짐승이 노리고 있는 대상은 '아들'도 아니요 '남자'도 아니요 '아이'(테크논)이다. 계12:4절의 '아이'가 바로 중성명사인 테크논이다. 남녀가 포함된 소수의 집합체인 것이다. 왕권을 가진 이기는 자들, 강한 자들, 철장권세를 가진 자들로 첫 번째로 휴거될 최고의 엘리트 그룹이다.

"그 꼬리가 하늘의 별 삼분의 일을 끌어다가 땅에 던지더라 용이 해산하려는 여자 앞에서 그가 해산하면 그 *아이*를 삼키고자 하더니"(계12:4)

"여자들은 자기의 죽은 자들을 부활로 받아들이기도 하며 또 어떤 이들은 *더 좋은 부활*을 얻고자 하여 심한 고문을 받되 구차히 풀려나기를 원하지 아니하였으며"(히11:35)

히11:35절에 '더 좋은 부활'을 하는 자들은 첫 번째 휴거되는 부활 그룹과도 연관이 있어 보인다. 이들은 첫째 부활가운데 최고의 엘리트 부활 그룹이다. '더 좋은'의 헬라어 '크레잇톤'은 '더 강한' '귀족' '더 잘' '가장 좋은'의 의미다. 여기에 부활을 더하면 '더 강한 부활', '귀족 부활', '더 잘 하는 부활', '가장 좋은 부활'이라고 할 수 있다. 남자아이 그룹은 휴거의 가장 엘리트 그룹으로 아무도 듣지 못하는 비밀 나팔 소리를 듣는다. 바로 7째 심판 경고의 '마지막 나팔' 소리를 듣고 휴거된다.

② 언약궤가 보이는 성전이 열림

"이에 하늘에 있는 *하나님의 성전이 열리니 성전 안에 하나님의 언약궤가 보이며* 또 번개와 음성들과 우레와 지진과 큰 우박이 있더라"(계11:19)

계11:18절에 휴거를 암시한 후 19절에 하나님이 언약궤(지성소)가 보이는 성전이 열린다. 아마도 이때 1차 휴거 자들이 올려간 후에 땅에는 7째 나팔 사건에 해당하는 번개, 음성, 우레, 지진, 큰 우박 사건이 일어날 것으로 보인다. 이들은 휴거 되어 공중에 머물지 않고 곧바로 지성소로 들어간다. 첫 열매가 성전으로 들어가는 초실절 휴거이기 때문이다.

③ 1차 휴거 자들이 두 무리로 나뉘어 모여 있는 곳이 보인다.

㉠ 첫째 그룹 - 예수님과 함께 시온 산에 144,000이 서있다.(계14:1)

"또 내가 보니 보라 *어린 양이 시온 산에 서고 그와 함께 십사만 사천이 서 있는데* 그들의 이마에는 *어린 양의 이름과 그 아버지의 이름*을 쓴 것이 있더라"(계14:1)

1절의 14만(헤가톤) 사(텟사레스) 천(킬리아스)은 계7장에서 인 맞은 14만 4천과 같은 셀 수 있는 문자적 의미다. 이들의 이마에는 어린양의 이름과 아버지의 이름이 쓰여 있다. 이들은 문자적 유대인들이다. 144000에 관해서는 별도의 주제로 다룬 곳을 참조해 주기 바란다. 여기서 144000에 관한 자세한 설명은 생략한다.

ⓒ 둘째 그룹 - 보좌 앞과 네 생물과 장로들 앞에서 새 노래를 부르는 144000 (계14:3)

"그들이 *보좌 앞과 네 생물과 장로들 앞에서 새 노래를 부르니* 땅에서 속량함을 받은 십사만 사천 밖에는 능히 이 노래를 배울 자가 없더라"(계14:3)

3절의 14만(해가톤) 사(텟사라 콘타-4의 10배) 천(킬리아스)은 1절의 144000과는 다르다. 텟사라 콘타는 4의 10배로 셀 수 없는 만수이며 상징수다. 계7장의 셀 수 없이 많은 흰옷 입은 무리와 같은 의미다. 계7장의 셀 수 없는 흰 옷 무리는 모두 이방인이다. 그러나 계14:3절의 셀 수 없는 만수의 144000은 유대인과 이방인을 포함한 구원받은 무리다. 첫째 부활에 참여하는 첫째그룹은 계12:5절에서 휴거 되었다. 그리고 한 부류는 계14:1절 가장 높은 시온 산에 서 있고 또 한 부류는 하나님 보좌 앞에서 새 노래로 찬양하고 있다.

④1차 대환난 전 휴거 자들을 소개하고 있다.

"이 사람들은 *여자와 더불어 더럽히지 아니하고 순결한 자라 어린 양이 어디로 인도하든지 따라가는 자*며 사람 가운데에서 속량함을 받아 *처음 익은 열매*로 하나님과 어린 양에게 속한 자들이니 *그 입에 거짓말이 없고 흠이 없는 자*들이더라"(계14:4-5)

㉠ 여자와 더럽히지 않은 순결한자다. - 배도하지 않았다.
㉡ 어린양의 인도를 따랐다. - 오직 주님과 함께 동행 했다.
㉢ 처음 익은 열매다. - 7대 절기가운데 첫 열매를 거두는 초실절이 예표가 되는 휴거다.
㉣ 그 입에 거짓이 없고 흠이 없는 자들이다.

1차 대환난 전 휴거 자들에 대한 묘사다. 이들이 대환난 전이라 하는 이유는 다음과 같다. 대환난이라 함은 짐승과 관련된 것이다. 다시 말해서 대 환난에는 짐승, 우상, 그 이름의 수, 이마나 손에 표, 목 베임, 경배 등의 용어가 등장한다. 그러나 첫 번 휴거 자들에게는 이 같은 대환난의 흔적들에 대한 묘사가 전혀 없다. 이들은 오직 말씀을 전하는데 죽기까지 생명을 아끼지 않았다. 이긴 자들이다. 대 환난 때에는 말씀을 전할 수 없다. 그러므로 살아 있던 자들은 마지막 전3.5년까지 생명을 아끼지 않고 복음을 전한 자들이다.

"또 여러 형제가 어린 양의 피와 자기의 증거하는 말을 인하여 저를 *이기었으니* 그들은 죽기까지 자기 생명을 아끼지 아니하였도다"(계12:11)

7년 전 휴거를 주장하는 이들의 오류가 있다. 7년 전체를 대 환난으로 보는 것이다. 여기에서 7년 대환난이라는 용어가 나온 것이다. 성경에 7년 대환난이란 용어 자체가 없다. 7년 한 이레를 7년 대환난이라는 용어로 잘못 사용하고 있다. 단12장에서도 대 환난은 분명하게 후3.5년을 말하고 있다. 7년 전 휴거를 주장하는 이들은 다음과 같이 말한다. "남은 한 이레 7년은 유대인과 관련되어 있다. 때문에 이방인 교회는 7년 대환난 전에 모두 휴거되고 불신자들과 유대인만 7년 환난에 들어간다." 이들의 이 같은 주장은 70이레의 "네 백성과 네 거룩한 성을 위하여"라는 예언에 근거를 둔다. 그러나 이 주장은 오류다.

지나간 69이레의 역사에 유대인만 있었는가? 구속사의 유대역사와 심판사인 이방제국의 역사가 함께 지나갔다. 남은 한 이레만 유독 유대인에게만 해당하는 시기일수 없다. 마찬가지로 남은 마지막 7년도 유대인과 이방교회가 함께 들어간다. 단 구속사의 주도권의 문제다. 69이레 동안 구속사의 주도권이 유대인에게 있었다. 그러나 69이레와 70이레 사이 간격시대에는 이방인의 때 교회시대다. 그러므로 지금 교회시대는 구속사의 주도권을 이방교회가 가지고 있다. 그러나 다시 마지막 한 이레가 시작되면 구속사의 주도권이 다시 유대인에게로 넘어간다. 그러므로 7년 전에 이방교회만 휴거된다는 것은 비 성경적임을 강조한다. 모든 휴거에는 이방인과 유대인이 함께 참여한다.

⑤ 부활이 선행되었다는 흔적

"이 사람들은 여자와 더불어 더럽히지 아니하고 순결한 자라 어린 양이 어디로 인도하든지 따라가는 자며 사람 가운데에서 속량함을 받아 처음 익은 열매로 *하나님과 어린 양에게 속한 자들*이니"(계14:4)

1차 휴거는 죽은 자의 부활 장면 묘사가 없다. 남자아이가 올라가는 휴거 장면만 묘사하고 있다. 그러나 바울의 가르침을 기반으로 하여 죽은 자의 부활이 선행되었음을 믿는다. 그 흔적으로 처음 익은 열매들이 하나님과 어린양께 속한 자들이라고 한다. 하나님께 속한 자들은 구약의 성도들이다. 어린양께 속한 자들은 신약의 성도들이다. 이때 구약의 하나님께 속해 있던 믿음의 선진들이 부활할 것이다. 아브라함, 이삭, 야곱, 모세, 다니엘을 비롯한 수많은 구약의 믿음의 선진들이다.

또한 어린양께 속한 신약의 거룩한 성도들이 얼마나 많은가? 오직 어린 양 예수의 복음을 위해 100% 순교한 예수님의 12제자들과 수많은 거룩한 성인들이 부활할 것이다. 신앙의 핍박 속에 죽어간 초대교회의 수많은 순교자들이 부활할 것이다. 이렇게 죽은 자들이 먼저 썩지 않는 몸을 받는다. 산자는 눈 깜짝할 사이에 거룩한 몸으로 변화되어 이들이 함께 휴거 될 것이다. 휴거는 영광 중에 영광이다.

⑥ 1차 비밀 휴거의 예표들
성경에는 세 번의 휴거의 예표들이 지금까지 필자가 발견한 것 중에는 18회가 나온다. 뒤에서 한 눈에 볼 수 있도록 표로 정리했다. 여기서는 비밀휴거 예표만 제시 한다.

㉠ 예수님의 두 번 올라가심이다.
요20:17에 부활하신 예수님이 막달라 마리아에게 처음 보이셨다. 마리아가 너무 기뻐 예수님을 만지려하자 "나를 붙들지 말라 내가 아직 아버지께로 올라가지 못하였노라"하신다. 그리고 요20:19절에 '이 날' 바로 부활하신 그날 제자들 가운데 나타나셨다. 그 사이 비밀리에 하늘에 올라가셨다 오신 것이다. 그리고 행1:9절에 공개적으로 하늘로 승천하셨다. 예수님이 한번은 비밀리에 한번은 공개적으로 두 번 올라가신 것이다.

"예수께서 이르시되 *나를 붙들지 말라 내가 아직 아버지께로 올라가지 아니하였노라* 너는 내 형제들에게 가서 이르되 내가 내 아버지 곧 너희 아버지, *내 하나님 곧 너희 하나님께로 올라간다 하라* 하시니"(요20:17)

"*이 날 곧 안식 후 첫날* 저녁 때에 제자들이 유대인들을 두려워하여 모인 곳의 문들을 닫았더니 *예수께서 오사* 가운데 서서 이르시되 *너희에게 평강이 있을지어다*"(요20:19)

"이 말씀을 마치시고 *그들이 보는데* 올려져 가시니 구름이 그를 가리어 보이지 않게 하더라"(행1:9)

㉡ 에녹은 비밀 휴거의 예표다.

에녹은 어느 날 부터 보이지 않았다. 비밀리에 어디론가 사라졌다. 에녹이 하늘로 올라가는 것을 본 사람이 없다. 그러나 당시의 사람들은 그렇게도 하나님과 동행하며 거룩하게 살던 에녹을 하나님이 데려가셨다고 믿었다. 그러나 엘리야의 승천은 공개적이다. 옆에 엘리사가 있었고 멀리서 50여 생도들이 보고 있었다.

"에녹이 하나님과 동행하더니 *하나님이 그를 데려가시므로* 세상에 있지 아니하였더라"(창5:24)

2) 2차 대환난 중 휴거(공개휴거) - 곡식이 추수되다 (계14:14-16) 오순절 휴거

엘리야의 승천이 예표다. 첫 번째 초실절 소수의 비밀 휴거 이후다. 오래지 않아 두 번째 오순절 다수의 공개 휴거가 있을 것이다. 초실절과 오순절은 실제 50일 간격이 있다. 그러나 휴거 예표로서의 절기는 실제 50일은 아니다. 오순절과 나팔절의 간격 4개월 보다는 비교적 짧은 기간에 두 번째 휴거가 있을 것이다. 50일 일수도 있고 더 짧은 간격 혹은 좀 더 길수도 있다. 앞에서 7년이 시작되면 첫 번째 휴거 날짜는 정확히 알 수 있다고 했다. 일곱째 나팔을 부는 날이 1260일 째이기 때문이다. 그러나 두 번째 휴거는 결코 그 날을 알 수가 없다.

마25장의 열 처녀 비유도 세 번의 휴거에 대한 예표가 나온다. 1차는 "보라 신랑이로다. 맞으러 나오라"하며 신랑과 함께 오는 자들이다. 2차는 등과 기름을 준비한 지혜로운 다섯 처녀다. 3차는 캄캄한 밤중에 기름을 사러 갔다가 돌아오는 미련한 다섯 처녀다. 이 비유에서 마지막에 주님이 하신 말씀이 중요하다. "그런즉 깨어 있으라. 너희는 그 날과 그 시를 알지 못하느니라" 여기서 그 날과 그 시를 전혀 알 수 없는 휴거는 두 번째 휴거다. 그러므로 준비하고 깨어있으라는 것이다. 다만 절기의 예표를 볼 때 첫 번째 초실절 휴거 후 비교적 짧은 간격 안에 두 번째 오순절 휴거가 있을 것을 예상 한다.

계12:5절 1차 소수의 비밀휴거가 있은 후 세상은 어수선하다. 복음박해가 시작되고 계13장에 적그리스도가 공식으로 등장하여 본색을 드러낸다. 짐승 표 강제 의무화가 시행된다. 거부하는 자는 목 베임을 당하는 후3.5년 본격적 성도의 대 환난이 시작되었다. 계14장에서 주님은 곧 두 번째 다수의 공개 휴거가 있을 것을 예고하신다. 그때까지 짐승의 표를 받지 말고 인내하며 믿음을 지키라고 권면하신다. 표를 받으면 불과 유황으로 고난 받는 지옥이다.

표를 받으면 삶이 밤낮 쉼을 얻지 못한다. 이것은 마인트 컨트롤과 GPS기능이 있는 짐승표의 특징을 말씀하고 있는 것이다. 이제 이후로 주안에서 죽는 자는 복이 있다. 죽을지라도 표 받지 말라고 하신다. 끝가지 인내하고 견디면 이들은 곧 온 세상에 울려 퍼지는 두 번째 '하나님의 나팔'소리를 듣고 휴거 될 것이다. 이 나팔소리는 세상 모든 사람이 함께 듣는다. 이때 온 세상은 혼란으로 가득하고 요란하나 성도에겐 더 없이 영광스러운 두 번째 공개 휴거다.

"또 다른 천사 곧 셋째가 그 뒤를 따라 큰 음성으로 이르되 만일 누구든지 짐승과 그의 우상에게 경배하고 이마에나 손에 표를 받으면 그도 하나님의 진노의 포도주를 마시리니 그 진노의 잔에 섞인 것이 없이 부은 포도주라 거룩한 천사들 앞과 어린 양 앞에서 불과 유황으로 고난을 받으리니 짐승과 그의 우상에게 경배하고 그의 이름 표를 받는 자는 누구든지 밤낮 쉼을 얻지 못하리라 하더라 *성도들의 인내가 여기 있나니 그들은 하나님의 계명과 예수에 대한 믿음을 지키는 자니* 또 내가 들으니 하늘에서 음성이 나서 이르되 기록하라 *지금 이후로 주 안에서 죽는 자들은 복이 있도다* 하시매 성령이 이르시되 그러하다 그들이 수고를 그치고 쉬리니 이는 그들의 행한 일이 따름이라 하시더라"(계14:9-13)

"주께서 호령과 천사장의 소리와 *하나님의 나팔* 소리로 친히 하늘로부터 강림하시리니 그리스도 안에서 죽은 자들이 먼저 일어나고"(살전4:16)

① 공중으로 거두어 지는 땅의 익은 곡식 - 공중으로 휴거 됨

"또 내가 보니 *흰 구름이 있고 구름 위에 인자와 같은 이가 앉으셨는데* 그 머리에는 *금 면류관*이 있고 그 손에는 예리한 낫을 가졌더라 또 다른 천사가 성전으로부터 나와 구름 위에 앉은 이를 향하여 큰 음성으로 외쳐 이르되 당신의 낫을 휘둘러 거두소서 땅의 곡식이 다 익어 거둘 때가 이르렀음이니이다 하니 *구름 위에 앉으신 이가 낫을 땅에 휘두르매 땅의 곡식이 거두어지니라*"(계14:14-16)

"*주께서 호령과 천사장의 소리와 하나님의 나팔 소리로 친히 하늘로부터 강림하시리니 그리스도 안에서 죽은 자들이 먼저 일어나고 그 후에 우리 살아 남은 자들도 그들과 함께 구름 속으로 끌어 올려 공중에서 주를 영접하게 하시리니 그리하여 우리가 항상 주와 함께 있으리라*"(살전4:16-17)

드디어 천사장의 호령과 하나님의 나팔 소리가 들린다. 다수의 공개 휴거다. 오순절의 밀 추수다. 지금까지 하늘 성전에 계시던 예수님이 흰 구름 위로 내려오셨다. 계14:14-16절과 살전4:16-17절은 두 번째 공중 휴거의 같은 상황이다. 다수의 성도들을 공중으로 끌어올리기 위해 구름 위로 공중 강림하신 것이다. 머리에는 금 면류관을 쓰셨다. 영광과 승리의 관인 스테파노스다. 만왕의 왕이신 예수님이 왜 왕이 쓰는 디아데마가 아닌 스테파노스를 쓰셨을까? 짐승을 이기고 영광스러운 휴거에 참여하는 성도들을 맞이하시기 위해 공중에 오시기 때문이다. 7년 끝 지상에 재림하시는 계19:12절에는 많은 관 곧 왕의 관인 디아데마를 쓰고 오신다.

"그 눈은 불꽃 같고 그 *머리에는 많은 관들*이 있고 또 이름 쓴 것 하나가 있으니 자기밖에 아는 자가 없고"(계19:12)

2차 공개휴거는 주님께서 직접 예리한 낫을 휘둘러 땅의 익은 곡식을 거두는 대 추수다. 이 추수 때에 곡식이 전부 거두어지지 않는다. 이스라엘의 시민법에 의해 10분의 1 곡식과 떨어지는 이삭들이 남겨진다. 이방인들과 이스라엘의 가난한 고아와 과부들을 위함이다.(레23:22) 10분의 1 곡식과 이삭들은 쭉정이가 아닌 알곡이지만 휴거에 참여하지 못하고 남겨진다. 이들은 마지막 순교자들이다. 휴거에 참여 하지 못한 약한 자들과 마지막 대환난 기에도 구원받는 연약한 이들을 돕기 위한 자들이다. 남겨진 이삭들은 따로 정리했다.

이 시기는 계12장에서 미가엘과 사단과의 영계전쟁으로 하늘의 악한 영들이 모두 땅으로 내려온 후3.5년이다. 창세 이후 없었던 환난이 시작되는 초반일 것으로 본다. 이때는 옆에 있던 사람이 갑자기 사라지는 모습을 많은 사람들이 목격하게 된다. 하나님의 나팔소리도 함께 듣는다. 이때 남겨진 자들의 심정은 어떠할까? 우리는 결코 남겨지는 자가 되지 않아야 한다.

② 2차 휴거 된 자들은 유리바다 가에 서있다.

첫째 부활에 참여하는 자들 중 둘째그룹은 계14:14-16절에 공중으로 휴거되었다. 그리고 다음 장인 계15:2-3절에 두 번째 올라간 자들이 불이 섞인 유리바다 가에 서있는 것이 보인다. 그들은 그곳에서 하나님의 종 모세의 노래, 어린양의 노래를 부르고 있다. 이스라엘 백성들은 애굽의 군대에 쫓기다가 하나님의 기적으로 홍해를 건넜다. 뒤쫓던 애굽의 군대는 홍해에 수장되었다.

이스라엘 백성들은 애굽의 군대가 추격하는 환난에서 벗어나 출15장에서 모세의 노래와 미리암의 노래를 불렀다. 2차 휴거 자들은 대환난이 시작된 시점에서 초반에 어느 정도 환란을 겪는다. 그러나 대환난의 중심에는 들어가지 않고 짐승과 그의 우상과 그 이름의 수를 이기고 벗어나 휴거되는 자들이다.

"또 내가 보니 *불이 섞인 유리 바다 같은 것이 있고 짐승과 그의 우상과 그의 이름의 수를 이기고 벗어난 자들이 유리 바다 가에 서서* 하나님의 거문고를 가지고 *하나님의 종 모세의 노래, 어린 양의 노래*를 불러 이르되 주 하나님 곧 전능하신 이시여 하시는 일이 크고 놀라우시도다 만국의 왕이시여 주의 길이 의롭고 참되시도다"(계15:2-3)

③ 증거 장막 성전이 열린다.

"또 이 일 후에 내가 보니 *하늘에 증거 장막의 성전이 열리며*"(계15:5)

이들은 계속 공중에 머물러 있지 않는다. 1차 휴거 자들은 공중에 머물지 않고 곧바로 언약궤가 있는 지성소로 들어갔다. 그러나 2차 휴거 자들은 먼저 공중으로 휴거되어 주님을 뵙고 모세의 노래 어린양의 노래를 부르고 성전으로 들어간다. 첫 번 휴거 자들은 언약궤가 보이는 지성소였다면 이들은 증거 장막의 성전이라고 한다. 그러므로 휴거되어 7년 동안 공중에서 혼인 잔치 한다는 것은 성경적이라고 볼 수 없다. 천년왕국이 혼인잔치이기 때문이다. 이 부분은 뒤에 천년왕국에서 더 자세하게 다룬다.

④ 2차 휴거에 참여한 자들을 소개하고 있다.

"*짐승과 그의 우상과 그의 이름의 수를 이기고 벗어난 자들*이"(계15:2)
2차 환난 중 휴거 자들에 대한 소개를 한다. 앞에서 대환난이라 함은 자연 재난이 아닌 짐승과 관련된 것이라고 했다. 1261일째 우상은 세워진다. 이때부터 짐승표가 되는 세계단일경제시스템이 도입되고 빠르게 강제 시행으로 발전할 것이다. 결국 우상에게 경배하고 표를 받게 되는 시기요 거부하면 목 베임을 받게 되는 시기로 들어간다. 2차 휴거는 짐승과 그의 우상과 그의 이름의 수를 이기고 벗어난 자들이라고 한다. 어느 정도 대환난의 흔적이 보인다.

그러나 이때를 대환난 초기라고 보는 것은 이들에게 경배나 목 베임을 받았다는 표현이 없기 때문이다. 경배나 목 베임은 대 환란기의 중심에 들어가 대 환난을 통과하는 자들이다. 이들은 대 환난 초반에 짐승의 표를 받지 않고는 살 수 없는 바벨론 시스템에서 믿음으로 견딘 자들이다. 어둡고 어수선한 세상에서 끝까지 짐승의 표를 받지 않고 많은 불편함과 고난을 이겨낸 자들이다. 약속의 말씀을 붙잡고 정결한 신부로 인내하며 주님을 기다린 자들이다. 그러므로 이들을 짐승과 그의 우상과 그의 이름의 수를 이기고 벗어난 자들이라고 한다.

⑤부활이 선행된 증거가 보인다.

"*하나님의 종 모세의 노래, 어린 양의 노래*를 불러 이르되 주 하나님 곧 전능하신 이시여 하시는 일이 크고 놀라우시도다 만국의 왕이시여 주의 길이 의롭고 참되시도다"(계15:3)

곡식이 공중으로 추수되는 휴거장면이 보였다. 그러나 죽은 자의 부활 장면은 묘사가 없다. 그러나 바울의 가르침을 기반으로 부활이 선행되었음을 믿는다. 감사하게도 계시록에는 부활이 선행된 흔적을 반드시 기록하고 있다. 공중으로 휴거되어 유리바다 가에 서서 하나님의 종 모세의 노래, 어린양의 노래를 부르고 있는 모습이다. 하나님의 종 모세의 노래는 출15장에서 분명히 홍해를 건너왔던 구약의 성도들이 부른 노래다. 반면에 어린양의 노래를 부르는 자들은 분명히 어린양의 피로 구원받은 신약의 성도들일 것이다. "그의 피 우리를 눈보다 더 희게 하셨네!" 아마도 이때에 홍해를 건너와서 모세의 노래 미리암의 노래를 부르던 수많은 구약의 성도들이 부활할 것이다.

가나안 땅에 못 들어가 가고 40년 동안 광야 생활을 하며 죽어갔던 이스라엘의 수많은 백성들이 이 때 부활에 참여하지 않겠는가? 신약에 와서도 어린양의 피로 구속함을 받은 수많은 성도들이 다시 일어날 것이다. 주의 나타나심을 사모하며 믿음으로 살았던 초대교회의 성도들로부터 교회 시대 믿음의 선진들이 모두 부활하게 될 것이다. 그리고 대 환난을 벗어나 그 감격스러운 어린양의 노래를 부르는 것이다.

여기까지 두 번의 휴거가 끝났다. 이제 대접 재앙 마치기까지는 더 이상 위로 올라가서 성전에 들어가는 휴거가 없다고 선언한다. "성전에 들어갈 자가 능히 없다"는 것은 앞에서 성전에 들어간 자들이 있었다는 의미다. 여기까지 두 번의 휴거는 하르파조의 기능에서 위로 끌려 올라지는 기능이다. 마지막 3차는 빌립과 같이 수평으로 옮겨 이동되는 하르파조의 기능이 남아 있다. 이렇게 두 번의 휴거 자들은 공중에 머물지 않고 성전 안으로 들어간다.

"하나님의 영광과 능력으로 말미암아 성전에 연기가 가득 차매 *일곱 천사의 일곱 재앙이 마치기까지는 성전에 능히 들어갈 자가 없더라*"(계15:8)

지금까지 1차와 2차 휴거는 위로 올라가서 하늘 성전으로 들어갔다. "마치기까지는"이란 단어를 주목해야 한다. 이제 마지막 대접재앙 후 휴거가 한 번 더 있을 것을 암시하고 있다. 이제 마지막 3차 대환난 통과는 대접재앙까지 모두 마쳐야 한다. 그 이후에 다시 마지막 대환난 통과자들이 성전에 들어가게 된다. 3차는 위 하늘 성전으로 올라가지 않고 천년왕국으로 옮겨지는 휴거. 그리고 천년왕국에 있는 에스겔 성전으로 들어갈 것이다. 이 부분은 다음 마지막 3차 휴거에 대한 자세한 내용을 살펴본 후에 이해할 수 있을 것이다.

3) 3차 대 환난 끝 휴거 - 첫째 부활에 참여하는 자는 복이 있다.(계20:4-6) 나팔절 휴거

마지막 대환난을 통과하는 그룹은 좀 특별하다. 이 그룹은 둘로 나눠서 뒤에서 또 자세하게 다룰 것이다. 그래야 마지막 환난 통과 그룹을 명쾌하게 이해 할 수 있다. 나팔절은 실제로 주님이 지상에 재림하시는 절기다. 이 절기는 마지막 대 환난 끝 휴거를 예표하고 있다. 앞에 두 그룹은 초실절과 오순절 휴거였다. 앞에 두 절기는 예표대로 즉시 휴거가 일어났다. 그러나 나팔절은 세 번째 휴거 예표이긴 하나 주님 재림과 동시에 휴거가 일어나지는 않는다.

이것은 3차는 부활과 변화가 주님 지상 재림과 동시에 일어나지 않는다는 것이다. 나팔절을 이루는 주체는 예수님이다. 그러므로 나팔절기의 1차적 성취는 지상 재림이다. 그러나 나팔절이 예표 하는 3차 대환난통과 그룹은 복잡한 부분들이 있다. 차근차근 풀어가고자 한다. 3차는 추수 때에 남겨진 10분의 1 곡식과 떨어진 이삭으로 이들은 마지막 순교의 사명 자들이다. 그리고 대 환난을 통과하는 일반 성도들이다.

또한 예표들 가운데는 계11:2절에 측량에서 제외되어 성전 밖 마당에서 마흔 두 달 동안 짓밟히는 자들이다. 열 처녀 비유에서는 캄캄한 밤에 나가서 기름을 사고 돌아오는 자들이다. 첫 번째 초실절에서 오순절은 50일 이라는 짧은 간격이지만 오순절에서 나팔절까지는 넉 달 농사기간이다. 이러한 예표는 두 번째에서 세 번째 휴거 사이는 4개월 이라는 비교적 긴 시간이 걸린다는 것이다. 두 번째 휴거가 환난 초반에 일어난다고 본다면 환난 통과 그룹은 적어도 3년 가까이 혹은 그 이상의 환난을 겪게 될 것으로 본다.

그래서 주님은 장차 올 이 모든 일을 능히 피하라고 하셨다. 그리고 인자 앞에 서도록 항상 기도하며 깨어있으라고 하셨다. 여기서 '서도록'에 해당하는 헬라어 '히스테미'는 타동사로 '위치시키다' '데려다 놓다'이다. 내가 스스로 걸어가서 주님 앞에 서는 것이 아니다. 강제로 끌어다가 주님 앞에 옮겨 놓는 휴거다. 두 번째 휴거까지 참여하지 못하면 어쩌면 3년이 넘는 혹독한 환난에 넘겨지게 될 것이다. 우리는 주님의 권면대로 이 때를 피해야 한다. 그러나 환난 통과를 주장하는 자들은 반드시 이 대 환난에 들어간다고 한다.

"이 날은 온 지구상에 거하는 모든 사람에게 임하리라 *이러므로 너희는 장차 올 이 모든 일을 능히 피하고 인자 앞에 서도록* 항상 기도하며 깨어 있으라 하시니라"(눅21:35-36)

① 대환난 통과 중 순교자들이 부활을 기다리고 있다.
"또 내가 보좌들을 보니 거기에 앉은 자들이 있어 심판하는 권세를 받았더라 또 내가 보니 예수를 증언함과 하나님의 말씀 때문에 목 베임을 당한 자들의 영혼들과 또 짐승과 그의 우상에게 경배하지 아니하고 그들의 이마와 손에 그의 표를 받지 아니한 자들이 살아서 그리스도와 더불어 천 년 동안 왕 노릇 하니 "(계20:4)

지금까지 1차와 2차는 죽은 자의 부활 장면은 없었고 산자의 휴거 장면만 있었다. 그러나 바울의 가르침을 기반으로 부활이 선행되었음을 믿고 그 흔적들을 살펴보았다. 반면에 3차는 1,2차와는 반대로 산자의 변화 과정이 숨겨져 있다. 3차는 휴거 장면이 아니라 환난 통과 중 죽은 자의 영혼들이 부활을 기다리고 있다. 영혼들 이라함은 아직 영화로운 몸을 받는 부활을 못한 것이다. 앞으로 이들이 부활을 하면 천년왕국으로 들어가서 주님과 천년동안 왕 노릇 한다고 한다. 계20:4절의 시점은 계19장의 아마겟돈 전쟁과 민족 심판까지 모두 끝난 시점이다.

바울의 휴거 가르침을 비춰 볼 때 죽은 자의 부활이 먼저다. 그런데 환난 통과 중 죽은 자들이 아직 부활을 못하고 있다. 그렇다면 환난을 통과하면서 끝까지 살아남은 자들은 아직 몸이 변화되지 못한 상태다. 그들은 계20장의 시점에 그 몸으로 지금 어디에 있다는 것인가? 엄청난 대접재앙까지 다 지났는데 도대체 그들은 어디에 있는 것일까? 참으로 풀리지 않는 숙제였다. 서두에서 세 번의 휴거는 동일하게 죽의 자의 부활과 산자의 변화로 이 둘이 함께 짝으로 일어난다고 했다. 3차 부활의 짝인 몸의 변화를 받을 자들을 찾는 것이 과제였다. 3차 그룹은 뒤에서 다루는 환난통과의 두 그룹과 그 다음 내용까지 나가야 이해할 수 있다.

② 대 환난을 통과하며 살아남은 자들은 어디에 있을까? - "빌립이 답이다"
"그 날 환난 후에 즉시 해가 어두워지며 달이 빛을 내지 아니하며 별들이 하늘에서 떨어지며 하늘의 권능들이 흔들리리라 그 때에 인자의 징조가 하늘에서 보이겠고 그 때에 땅의 모든 족속들이 통곡하며 그들이 인자가 구름을 타고 능력과 큰 영광으로 오는 것을 보리라 그가 *큰 나팔소리*와 함께 천사들을 보내리니 그들이 그의 *택하신 자들을 하늘 이 끝에서 저 끝까지 사방에서 모으리라*"(마24:29-31)

마24:29-31을 보면 환난 통과 후 예수님 지상 재림의 장면이 나온다. 환난 통과설을 지지하는 이들은 위 본문을 살전4:16-17절과 함께 환난 끝 휴거 근거 구절로 본다. 중요한 것은 마24:29-31은 분명 환난 끝은 맞지만 이 상황이 휴거는 아니다. 반면에 살전4:16-17절은 휴거는 맞지만 주님 지상 재림 상황이 아닌 공중 강림상황이다. 살전4:16-17절은 두 번째 휴거에서 살펴 본 것처럼 2차 공중 휴거다. 계14:14-16절에 주님이 공중에서 곡식을 추수하시는 동일한 장면이다.

그러나 그들은 살전4:16-17과 마24:29-31절의 천사들의 나팔을 같은 나팔로 보고 환난 끝 휴거 장면으로 보는 것이다. 더구나 이 두 나팔은 고전 15장에서 바울이 말한 마지막 나팔도 아니다. 이것은 환난 중과 환난 끝의 말씀이 엉켜있는 것이다. 마24:29-31절은 마지막 3차 그룹으로 '큰 나팔' 소리에 어딘가로 모아졌다가 아마겟돈 전쟁 후 변화되어 천년왕국으로 휴거 되는 그룹이다. 후3.5년에 들어가면서 성도들은 환난을 피하여 세계 곳곳 사방에 산과 굴로 들어갈 숨을 것이다. 그래서 주님은 환난 끝에 천사들을 하늘 이 끝에서 저 끝까지 사방으로 보내시는 것이다. 도피처가 세계 사방 곳곳에 있기 때문이다.

일반적 휴거는 끌어 올려야 한다. 그러나 천사들은 환난을 통과하며 살아남은 성도들을 끌어 모으고 있다. 이것은 세계 곳곳에 흩어져 있는 성도들을 모아 한 장소에 두기 위함이다. 이들은 천사들에 의해 하나님의 능력으로 그 어느 장소로 모여지는 것이다. 그러므로 마24:29-31절의 장면은 휴거가 아니다. 사도바울의 휴거의 원칙을 대입할 때 분명히 마지막 그룹도 죽은 자의 부활과 산자의 몸의 변화로 함께 짝이 있어야 한다. 그러나 계 20:4절은 환난 통과 중 죽은 자들이 부활을 기다리고 있다.

반면에 마24:29-31은 환난을 통과하며 살아남은 자들이 천사들에 의해 사방에서 모아지고 있다. 중요한 것은 이 시기가 마지막 일곱 대접재앙이 다 마친 시점이라는 것이다. 번개, 음성, 우레, 큰 지진, 큰 우박으로 창세 이후 없었던 재난이 있었는데 지구 어디인들 안전하겠는가? 세 번째 환난 통과 중 살아남은 자들에 대한 행방에 대해 끊임없이 주님께 물었다. 어느 날 주님의 응답은 이렇게 왔다. "빌립이 답이다"

필자는 바로 행8:39절의 빌립의 이동에 대해 여러 번역들을 찾아보았다.

성령께서 빌립을 취하여 갔다. 잡아채듯 데려가셨다. 이끌어 가셨다 등의 헬라어 단어가 하르파조, 휴거다. 위로 끌려 올라간 휴거가 아니라 옆으로 공간 이동된 휴거다. 그리고 다음 절인 행8:40절에 빌립은 아소도에 나타나 복음을 전한다.

"*빌립은 아소도에 나타나* 여러 성을 지나다니며 복음을 전하고..."(행8:40)

"빌립이 답이다"라고 말씀하신 의미를 찾았다. 빌립이 성령께 이끌려 하르파조 했지만 몸이 영화로운 몸으로 변화되어 옮겨진 것은 아니다. 단순 수평 공간이동이다. 성령께서 빌립을 취하여 아소도로 공간이동 시키신 것이다. 이와 같은 원리로 마24:29-31절을 이해한다. 천사들이 환난 통과 중 살아남은 자들을 사방에서 끌어 모아 어디론가 한곳으로 공간이동 시킨 것이다. 주님 재림으로 아마겟돈 전쟁과 민족 심판을 앞두고 있기 때문이다.

그곳이 어디인지는 알 수 없다. 이들이 변화 되지 않는 상태로 모아진 이유는 아직 죽은 자들이 부활을 하지 않았기 때문이다. 살아남은 자들이 이때 몸이 변화되어 휴거 된다면 죽은 자가 먼저인 바울의 가르침의 원리에 위배된다. 때문에 이들을 모아 어느 한 장소로 공간이동 시켜놓고 아마겟돈 전쟁이 시작될 것이다. 계시록은 이처럼 지극히 순서적으로 사건을 기록하고 있다. 빌립의 공간이동은 마지막 그룹의 공간이동의 예표라고 할 수 있다.

빌립 한사람이 공간 이동할 수 있다면 마지막 날에 많은 사람들도 공간이동이 가능하다. 공간이동은 거룩한 성인들에게도 종종 있었던 일이다. 이렇게 공간이동 되었던 자들은 계19장의 아마겟돈 전쟁 후 계20:4절에 죽은 자들이 부활하면 뒤이어 몸이 변화되어 함께 천년왕국으로 옮겨지는 것이다. 이렇게 마지막 그룹은 마24:29-31과 계20:4절이 짝이 되어 세 번째 대환난 끝 휴거는 완성된다.

③ 환난 끝 총체적 상황을 분석한다.(계20:4-6)

"*또 내가 보좌들을 보니 거기에 앉은 자들이 있어 심판하는 권세를 받았*

_더라_(앞서 부활 휴거된 자들로 몸을 입고 있다) 또 내가 보니 예수를 증언함과 하나님의 말씀 때문에 _목 베임을 당한 자들의 영혼들_(아직 부활의 몸을 입지 않는 순교자의 영혼들)과 또 _짐승과 그의 우상에게 경배하지 아니하고 그들의 이마와 손에 그의 표를 받지 아니한 자들이_(환난 통과 중 믿음을 지킨 성도들) 살아서 그리스도와 더불어 천 년 동안 왕 노릇 하니 _그 나머지 죽은 자들_ (이들은 천년왕국 이후 마지막 END 부활을 한다)은 그 천년이 차기까지 살지 못하더라 _이는 첫째 부활이라_ (여기까지 세 번의 휴거 그룹 모두가 첫째 부활, 최상의 부활이다) _이 첫째 부활에 참여하는 자들은 복이 있고 거룩하도다_(이들은 복 있는 나라 천년왕국에 들어가기 때문이다) 둘째 사망이 그들을 다스리는 권세가 없고 도리어 _그들이 하나님과 그리스도의 제사장이 되어 천 년 동안 그리스도와 더불어 왕 노릇 하리라_(왕권을 받고 천년왕국에 들어가는 마지막 그룹)"(계20:4-6)

위의 본문은 좀 복잡해 보인다. 지금까지 세 번의 휴거의 내용과 환난 끝의 많은 상황을 함축하고 있는 매우 중요한 말씀이다. 아주 세밀한 분석이 필요하다.

㉠ 먼저 휴거 되어 몸을 입고 보좌에 앉은 자들이 있다. 이들은 누구일까?

"또 내가 _보좌들을 보니 거기에 앉은 자들이 있어 심판하는 권세를 받았더라_"

지금 이 시점은 앞에서 두 번의 휴거가 있었다. 그들 가운데 이미 심판하는 권세를 받고 보좌에 앉아 있는 자들이 있다. 반면에 목 베임을 받은 자들은 '영혼들'이라고 표현하고 있다. 아직 부활을 못해 신령한 몸을 받지 못한 것이다. 이 영혼들이 3차로 부활 하는 것이다. 그렇다면 여기서 심판의 권세를 받은 자들은 누구일까? 필자의 추측으로는 아마도 예수님의 12제자일 가능성이 높다. 한 부자청년에게 소유를 다 팔아 가난한 자에게 나눠주라는 예수님 말씀에 부자청년은 근심하고 떠나갔다. 그 때 베드로가 예수님께 묻는다. "주님 우리가 모든 것을 버리고 주를 좇았사오니 그런즉 우리가 무엇을 얻으리이까?"

"예수께서 가라사대 내가 진실로 너희에게 이르노니 *세상이 새롭게 되어 인자가 자기 영광의 보좌에 앉을 때에 나를 좇는 너희도 열 두 보좌에 앉아 이스라엘 열 두 지파를 심판*하리라"(마19:28)

여기서 '세상이 새롭게 되어'는 새로운 세상, 메시아 왕국, 천년왕국이다. 그 나라에서 예수님의 열두 제자는 열 두 보좌에 앉아 이스라엘 열 두 지파를 심판하리라고 하셨다. 정확히 알 수는 없지만 심판의 권세를 받은 자들은 아마도 12제자일 가능성이 높다. 12제자는 1차 대환난 전 엘리트 휴거 그룹에 참여했을 것이다. 복음을 위해 생명을 바친 순교자들이기 때문이다.

ⓒ 아직 부활의 몸을 받지 못한 순교자와 성도의 영혼들이 있다.

"또 내가 보니 예수를 증언함과 하나님의 말씀 때문에 *목 베임을 당한 자들의 영혼들과* 또 *짐승과 그의 우상에게 경배하지 아니하고 그들의 이마와 손에 그의 표를 받지 아니한 자들이*"

이 부분에 대한 해석은 번역서마다 조금씩 다르다. 여기서 목 베임 당한 순교자들과 짐승과 우상에게 경배하지 아니하고 이마와 손에 표지 받지 않는 자들을 동일인들로 보는 번역이다. 아래 킹제임스 성경과 같은 번역은 '그들은'이란 연결로 목 베임 당한 자들이 경배나 표 받지 않은 자들이라고 한다. 이렇게 번역하는 이들은 현재 우리 개역성경이 번역 오류라고 한다.

킹제임스 성경 "또 예수에 대한 증언과 하나님의 말씀으로 인하여 목베임을 당한 사람들의 혼들도 보았는데 *그들은,* 그 짐승에게나 그 형상에게 경배하지 아니하였을 뿐만 아니라 그의 표를 그의 이마 위에나 손에도 받지 아니하였더라"

반면에 우리 일반 개역 성경은 영혼들을 아래와 같이 두 부류로 번역하고 있다. 필자는 이 부분에 대해서 처음엔 한 부류라는 위의 번역에 동의했었다. 그러나 좀 더 자세히 살펴보니 아래의 개역성경 번역이 환난을 통과하는 자들을 바르게 설명하고 있는 것 같다. 실제 원어의 뜻은 분명히 알 수 없다. 그러나 이와 관련한 필자의 견해가 전혀 무관하지는 않을 것이다.

개역성경 "①또 내가 보니 예수의 증거와 하나님의 말씀을 인하여 목 베임을 받은 자의 영혼들과 ②또 짐승과 그의 우상에게 경배하지도 아니하고 이마와 손에 그의 표를 받지도 아니한 자들이"

이렇게 생각해 보자. ①번에 해당하는 목 베임 받은 순교자들은 아마도 추수 때 남겨진 10분의 1 곡식과 이삭으로 마지막 순교자들일 것이다. 이들은 당연히 우상에게 경배하지 않는다. 당연히 이마와 손에 표도 받지 않는다. 그 때문에 목 베임을 당한 것이다. 그러나 환난을 통과하면서 죽는 자들이 순교자들 뿐 이겠는가? 환난 중에 약한 일반 성도들도 남겨 진다.

또한 환난 중에도 구원을 받는 이들이 있다. 이들이 과연 환난이 끝날 때까지 모두 살아남을 수 있을까? 이들은 끝까지 표를 받지 않기 위해 짐승과 우상에게 경배하지 않고 도망 다닐 것이다. 환난 중에 병원 치료를 할 수 없으니 질병으로 죽는 이도 있을 것이다. 어떤 이는 굶주려 죽을 수도 있다. 어떤 이는 도망 다니다가 사고로 죽을 수도 있다. 잡혀서 목 베임을 받지는 않았지만 이렇게 믿음을 지키다가 환난 중에 일반 사고로 죽어가는 성도들이 한 둘이겠는가? 바로 이들이 ②번에 해당하는 일반 성도들일 것이라고 본다. 짐승과 그의 우상에게 경배하지도 아니하고 이마와 손에 그의 표를 받지도 아니한 자들이다.

ⓒ 그 나머지 죽은 자들은 천년이후 마지막(END)부활에 참여한다.
"그 나머지 죽은 자들은 그 천 년이 차기까지 살지 못하더라"

'그 나머지 죽은 자들'에 대한 해석이 분분하다. 이 남은 자들은 모두 불신자들이란 해석이 지배적이다. 그러나 앞서 첫째 부활에서도 다루었듯이 필자는 여기에 신자들도 섞여 있다고 했다. 어쩌면 이들은 신자 중에 첫째 부활에 참여하지 못한 자들을 지칭할 수도 있다. 불신자들이 부활 못하는 것은 당연하기 때문이다. 남은 자들이 신자들이라고 볼 때 첫째 부활에 참여하지 못하여 천년왕국의 복을 누리지 못하는 자들이다. 그렇다고 구원이 없는 것이 아니다. 천년이후 계20:11-15절 흰 보좌 심판을 앞두고 부활한다. 흰 보좌 심판대 앞에 생명책이 있는 것은 거기에 이름이 기록된 성도들이 있기 때문이다. 첫째부활에 참여하지 못했으나 생명책에 이름이 있으니 천국에는 들어간다. 그러므로 천년왕국 이후 마지막 END 부활에 참여한다. 시간의 역사의 한계의 도달점에 이르는 텔로스 부활이다. END부활 때는 이때 남은 신자들과 모든 불신자들의 부활이다.

㉣ "이는 첫째 부활이라" 최상(BEST)의 부활이다.

여기서 첫째 부활의 '첫째' '프로토스'는 순서적 의미의 first가 아니다. '최상의'(BEST) 의미라는 것을 앞에서 다룬 첫째 부활에서 이 부분은 충분히 설명했다. 간단히 말하면 첫째 부활은 천년왕국 전에 있는 부활이다. 그리고 마지막 부활은 천년왕국 후에 흰 보좌 심판을 앞두고 있는 부활이다. '이는'이라는 의미는 여기까지가 세 번의 휴거 그룹이 속하는 첫째(최상의) 부활이라는 뜻이다.

㉤ 이 첫째 부활에 참여하는 자들은 복이 있고 거룩하도다.

이들은 복 있는 나라 천년왕국에 들어가기 때문이다. 어린양의 혼인잔치는 공중에서 7년 동안이 아니다. 어린양의 혼인잔치는 초막절의 축제 기간이다. 메시아 나라 천년왕국에서 천년동안 진행된다. 이사야는 이 나라를 '기쁘고 즐거운 나라'라고 노래하고 있다. 다음 단원인 천년왕국 메시아 나라에서 자세히 다루었다. 또한 이들은 '둘째 사망'이 다스릴 권세가 없기 때문이다. 아마도 이들은 흰 보좌 심판대에 서지 않을 것이다. 이미 예수님과 같은 영화로운 몸, 거룩한 몸을 입었기 때문이다. 그래서 요5:24절은 이렇게 말하고 있다.

"내가 진실로 진실로 너희에게 이르노니 내 말을 듣고 또 나 보내신 이를 믿는 자는 영생을 얻었고 *심판*에 이르지 아니하나니 *사망에서 생명으로 옮겼느니라*"(요5:24)

여기 '심판'은 헬라어 명사 '크리시스' '결정'이다 이미 예수를 믿은 자는 영생이 결정 되었다. 더군다나 천년왕국에 들어가는 자는 영화로운 몸까지 입었다. 그 거룩한 몸으로 흰 보좌 심판대 앞에 서지 않는다. 이미 천년왕국 예루살렘 성에서 하늘의 천국과 땅의 천국을 공유하며 산다. 시공을 초월하는 몸이기 때문이다. 다시 흰 보좌 앞에 설 필요가 없다. 그러므로 이들은 복 있는 자들이다.

㉲ 이들은 천년왕국으로 직진한다. 그곳에는 에스겔 성전이 있다.

"둘째 사망이 그들을 다스리는 권세가 없고 도리어 *그들이 하나님과 그리스도의 제사장이 되어 천 년 동안 그리스도와 더불어 왕 노릇 하리라*"

환난을 통과한 마지막 그룹은 위로 끌려 올라가는 휴거가 아니고 옆으로 끌려 옮겨지는 휴거다. 이들은 부활하고 변화 받아 천년왕국으로 직진하는 자들이다. 왕권을 받고 천년왕국에 들어가는 마지막 그룹이다. 이들도 성전으로 들어간다. 첫째 그룹은 언약궤가 있는 지성소로 들어갔다. 두 번째 그룹은 증거 장막 성전으로 들어갔다. 세 번째 그룹은 에스겔 성전으로 들어간다. 에스겔 성전에 대해서는 앞에서 다룬 다니엘 70이레 단원을 이해해야 한다.

④ 3차 대 환난 끝 휴거 그룹은 이런 자들이다

"예수를 증언함과 하나님의 말씀 때문에 *목 베임*을 당한 자들의 영혼들과 또 *짐승*과 그의 *우상*에게 *경배*하지 아니하고 그들의 이마와 손에 그의 *표*를 받지 아니한 자들"(계20:4)

마지막 그룹의 환난의 강도가 분명히 묘사되어 있다. 환난의 중심을 통과한 증거는 경배와 목 베임이다. 이들은 마지막까지 환난을 통과하며 짐승에게 경배하지 않고 표를 거절하여 목 베임을 당해 순교한 자들이다. 또한 산과 굴에 숨어 다니며 끝까지 짐승에게 경배하지 않고 표를 받지 않고 견디다 환난 통과 중에 죽은 성도들이다. 이렇게 세 번 휴거의 대상자들은 환난의 강도가 분명히 다르다.

4) 세 번의 휴거 자들의 환난의 강도가 다르다.

독자들의 이해를 돕기 위해 관련본문을 아래 함께 반복하여 나열했다. 첫 번째 말씀은 계시록의 휴거 장면이다. 두 번째 말씀은 서신서와 복음서의 휴거 말씀이다. 그리고 세 번째 말씀에는 이들의 대환난의 전, 중, 끝의 강도가 정확히 보인다. 마지막 세 번째 대환난 통과 그룹은 아직 부활을 하지 않은 그룹에 환난의 강도가 보인다. 환난과 관련된 단어는 짐승과 관련하여 우상, 짐승, 그 이름의 수, 표, 경배, 목 베임 등이다. 그러므로 짐승이 등장하는 후3.5년이 대환난이다. 1차 대환난 전에는 환난과 관련된 단어들이 하나도 없다. 2차 대환난 중은 경배와 목 베임이 없다. 이들은 환난의 중심에는 들어가지 않고 환난 초기에 휴거된 자들이기 때문이다. 그러나 3차의 경우 경배와 목 베임은 대 환난 중심을 통과한 흔적이다.

① 1차 대환난 전 - 계12:5, 남자아이 지성소로 휴거 (고전15:51-52 / 마지막 나팔)

"여자가 아들을 낳으니 이는 장차 철장으로 만국을 다스릴 *남자*라 그 *아이*를 하나님 앞과 그 *보좌 앞으로 올려가더라*"(계12:5)

"보라 내가 너희에게 *비밀*을 말하노니 우리가 다 잠잘 것이 아니요 *마지막 나팔*에 순식간에 홀연히 다 변화하리니 나팔 소리가 나매 죽은 자들이 썩지 아니할 것으로 다시 살고 우리도 변화하리라"(고전15:51-52)

"이 사람들은 여자로 더불어 더럽히지 아니하고 *정절*이 있는 자라 *어린 양*이 어디로 인도하든지 *따라가는 자*며 사람 가운데서 구속을 받아 *처음 익은 열매*로 하나님과 어린 양에게 속한 자들이니 그 입에 *거짓말이 없고 흠이 없는 자들*이더라"(계14:4-5) - **환난 흔적이 없다.**

② 2차 대환난 중 - 계14:14-16, 곡식추수 공중으로 휴거 (살전4:16-17 / 하나님의 나팔)

"또 내가 보니 흰 구름이 있고 구름 위에 인자와 같은 이가 앉으셨는데 그 머리에는 금 면류관이 있고 그 손에는 예리한 낫을 가졌더라 또 다른 천사가 성전으로부터 나와 구름 위에 앉은 이를 향하여 큰 음성으로 외쳐 이르되 당신의 낫을 휘둘러 거두소서 땅의 곡식이 다 익어 거둘 때가 이르렀음이니이다 하니 *구름 위에 앉으신 이가 낫을 땅에 휘두르매 땅의 곡식이 거두어지니라*"(계14:14-16)

"주께서 호령과 천사장의 소리와 *하나님의 나팔*로 친히 하늘로 좇아 강림하시리니 그리스도 안에서 죽은 자들이 먼저 일어나고 그 후에 우리 살아 남은 자도 저희와 함께 *구름 속으로 끌어 올려 공중에서 주를 영접*하게 하시리니 그리하여 우리가 항상 주와 함께 있으리라"(살전4:16-17)

"또 내가 보니 불이 섞인 유리 바다 같은 것이 있고 *짐승과 그의 우상과 그의 이름의 수를 이기고 벗어난 자들*"(계15:2) - **환난 중심에 있는 경배와 목 베임이 없다.**

③ **3차 대 환난 끝 - 목 베임 받은 순교자와 믿음을 지킨 성도들 천년왕국으로 휴거 (마24:31 / 큰 나팔)**
"또 내가 보니 예수의 증거와 하나님의 말씀을 인하여 *목 베임*을 받은 자의 영혼들과 또 *짐승과 그의 우상*에게 *경배*하지도 아니하고 이마와 손에 *그의 표*를 받지도 아니한 자들이"(계20:4) - **환난 중심에 있는 흔적은 목 베임과 경배다.**

"그 날 환난 후에 즉시 해가 어두워지며 달이 빛을 내지 아니하며 별들이 하늘에서 떨어지며 하늘의 권능들이 흔들리리라 그 때에 인자의 징조가 하늘에서 보이겠고 그 때에 땅의 모든 족속들이 통곡하며 그들이 인자가 구름을 타고 능력과 큰 영광으로 오는 것을 보리라 저가 *큰 나팔*소리와 함께 천사들을 보내리니 저희가 그 택하신 자들을 하늘 이 끝에서 저 끝까지 사방에서 모으리라"(마24:29-31)

10. 대 환란을 통과하며 끝까지 살아남는 두 그룹이 있다.

마지막 7년 한 이레는 유대인에게만 끝이 아니다. 전 세계 아담의 나라 인류 역사의 끝이다. 이 역사를 마치면 이제 이 땅에는 땅의 천국인 메시아 나라, 천년왕국이 천년동안 펼쳐진다. 환난을 통과하며 끝까지 살아남은 그룹에 대한 분류는 너무도 중요하다. 이들을 반드시 둘로 나누어서 해석을 해야 대 환난 끝 상황을 바르게 정리할 수 있다. 환난 끝 상황이라 함은 아담의 나라에서 메시아 나라로 넘어가는 시점에서의 여러 가지 난제들이다. 전 천년 주의자들도 천년왕국에서의 인류번성에 대하여 풀지 못하는 난제라고 한다. 그들은 계19:20절에서 주님의 입에서 나오는 검에 모두 죽었는데 또 어디서 인류가 나오는가 한다. 이러한 문제들은 천년왕국과 휴거에 대한 올바른 이해의 부족에서 오는 것이다. 휴거의 환난 통과 그룹을 잘 이해하면 이러한 문제의 해답을 얻을 수 있다.

천년왕국은 지금 우리가 상상할 수 없는 신비로운 새로운 세상이며 새 하늘 새 땅이다. 창세기의 아담시대처럼 사람이 땅에서 천년을 살 수 있는 몸을 가지고 천년을 사는 세상이다. 다시 말하면 영원히 사는 몸을 가진 사람들과 천년을 사는 몸을 가진 사람들이 함께 사는 세상이다. 예수님께서 부활 하시고 영생하는 몸으로 이 땅에서 40일을 제자들과 함께 사셨다. 물론 예수님이 보이도록 나타나셨을 때 만 함께했다. 그때와 같이 주님과 함께 사는 세상이 다시 온다. 이제는 40일이 아니라 천년동안 만왕의 왕이신 주님과 함께 사는 세상이다. 그 나라에는 그리스도와 더불어 천년동안 왕 노릇 하는 이들이 있다.

그렇다면 과연 천년왕국에서 누가 영생의 몸으로 살고 누가 천년의 몸으로 사는가? 누가 왕으로 살고 누가 백성으로 사는가? 이 사실은 너무나 흥미롭고도 신비롭다. 우리는 지금까지는 환난 통과에 대해서 성도들의 휴거에 관한 내용들만 배워왔다. 이제는 환난 통과에 대해서 더 세밀한 성찰이 필요하다. 다음을 들어가기 전에 필자가 사용할 용어 정리를 먼저 하겠다. 부활체와 변화 체, 영생 체 그리 회복 체에 대한 정리다.

영생 체는 부활체와 변화 체를 포함하는 썩지 않는 영화로운 몸이다. 부활체는 죽어있던 성도들이 받은 영화로운 몸이다. 변화 체는 살아남아 있던 자들이 죽음을 보지 않고 변화된 영화로는 몸이다. 필자가 영생 체를 언급할 때는 부활체와 변화 체를 포함하는 것이다. 다음으로 회복 체가 있다. 이들은 지금의 우리 몸과 같이 백년을 사는 몸이 천년을 살 수 있도록 회복된 몸으로 썩는 몸이다. 이렇게 회복된 몸을 받아서 천년왕국으로 들어가는 자들이 있다. 그러나 이들은 천년을 살지라도 본질이 썩는 물질세계의 육체를 가진 몸이다. 앞으로 물질세계의 몸을 썩는 몸 혹은 육체라고 표현할 것이다. 이러한 용어들을 잘 인지해야 한다.

1) 대 환난을 통과하며 살아남는 첫 번째 그룹은 '변화 체'다.

대 환난을 통과하는 변화 체 그룹은 1, 2차 휴거에 참여하지 못하고 환난에 남겨져 끝까지 살아남은 성도들이다. 대 환란의 세상 중심에서 끝까지 믿음을 지키고 최후까지 살아남은 자들이다. 이들은 아마겟돈 전쟁 전까지 대환난의 세상 환경에 남는다. 그리고 주님 지상 재림하실 때 마24:31절의 큰 나팔소리에 천사들에 의해 사방에서 모아진다. 이들은 몸이 변화되지 않은 상태에서 빌립처럼 어디론가 공간 이동되는 자들이다.

이들의 몸이 변화 되지 않는 상태에서 공간이동 되는 이유가 있다. 계20:4절에 환난 통과 중 죽은 자들이 아직 부활을 하지 않았기 때문이다. 계19장의 아마겟돈 전쟁과 민족 심판이 마치면 후에 천년왕국이 준비된다. 이 때 계20:4절의 죽은 자들이 먼저 부활한다. 뒤이어 공간 이동되어 있던 최후 살아남은 자들은 죽음을 보지 않고 신령한 몸으로 변화 체가 된다. 이 둘이 마지막 휴거 그룹의 짝이 되어 천년왕국으로 옮겨지는 하르파조다.

이들은 최후에 영생의 몸을 받은 자들이기에 천년왕국에 왕권을 가지고 들어간다. 그리고 이들은 천년왕국에서 결혼 하거나 아이를 낳지 않는다. 천사들과 같은 몸이기 때문이다. 눅20장의 부활 논쟁은 천년왕국에서 함께 사는 부활의 자녀들의 상태를 말씀하시는 것이다. 이들은 시공을 초월하는 몸이기에 하늘 천국과 땅의 천국을 공유한다. 눅20장의 부활논쟁은 천년왕국과 관련하여 매우 흥미롭고 중요한 말씀이다. 천년왕국 단원에서 자세히 다루었다.

"예수께서 이르시되 이 세상의 자녀들은 장가도 가고 시집도 가되 저 세상과 및 죽은 자 가운데서 부활함을 얻기에 합당히 여김을 받은 자들은 *장가가고 시집가는 일이 없으며* 그들은 다시 죽을 수도 없나니 이는 *천사와 동등이요 부활의 자녀로서 하나님의 자녀*임이라"(눅20:34-36)

2) 환난을 통과하며 살아남는 두 번째 그룹은 '회복 체'다.

① 회복 체 공간이동 그룹은 유대인과 세계이방인이다.

앞에서 변화 체들이 아마겟돈 전쟁 전에 먼저 공간이동 되었다. 이제 두 번째 공간 이동되는 회복 체 그룹을 잘 이해해야 천년왕국에서 누가 인류를 번성하는지를 이해할 수 있다. 첫 번째 공간 이동되는 변화 체(영생 체)는 환난 통과 중 끝까지 믿음을 지키며 살아남은 성도들이다. 그러나 두 번째 공간이동 그룹은 몸이 천년을 살 수 있는 몸으로 회복 될 자들이다. 여기에는 유대인들과 불신자들이 있다. 이들은 뒤에서 다시 다룰 것이다. 이 회복 체들은 최후 아마겟돈 전쟁과 민족 심판까지 마치고 공간 이동된다.

천년왕국에 들어가는 최후의 이방인들은 처음에 불신자였다. 그러나 마지막 민족 심판에서 최후에 주님을 메시아 나라 왕으로 인정하는 자들이다. 예수님께서 십자가 달리셨을 때 양쪽에 두 강도가 있었다. 두 강도가 처음에는 함께 예수님을 욕하고 비난했다. 그러나 한 편 강도는 마지막 죽기 직전 주님을 인정했다. "예수여 당신의 나라에 임하실 때에 나를 생각 하소서"(눅23:42) 이것은 세상 마지막 최후에도 주님을 인정하고 구원받는 이들이 있게 될 예표다. 다만 이들은 영의 구원이 아닌 몸의 구원이다. 마24:22절에 그 날들을 감하지 아니하면 구원받을 육체가 없다고 하셨다. 바로 육체, 몸의 구원을 받는 자들이다.

주님은 천년왕국에 씨로 들어갈 육체를 가진 자들이 필요하다. 환난을 감하지 않으면 천년왕국의 씨가 되기 위한 살아남을 육체가 없기 때문에 환난을 감하시는 것이다. 환난을 감하시는 진정한 의미는 2300주야의 비밀 단원을 참조 바란다. 천년왕국에 썩는 몸을 가지고 들어가게 될 자들을 두 번째 공간 이동시킨다. 최후에 남은 유대인들과 메시아를 인정한 세계 이방인들이다. 그들은 공간 이동된 곳에서 치료의 광선으로 몸이 회복되는 신비로운 경험을 한다.(말4:2) 그리고 주님은 이 땅의 남은 최후 불신자들을 정리하신다. 그러므로 계19:21절에서 세상 모든 인류가 다 죽는 것이 아니다. 천년왕국에 씨로 들어갈 자들을 공간 이동시킨 상태에서 남은 모든 불신자들을 정리하시는 것이다.

② 회복 체는 천년왕국의 씨(백성)로 들어가서 결혼하고 아이를 낳으며 인류를 번성한다.

천년왕국은 썩는 몸을 가지고 1000년을 사는 세상이다. 100년 정도 사는 지금과 같은 몸으로는 살 수 없는 세상이다. 새 술은 새 부대에 담아야 한다. 새로운 세상에서는 새로운 몸이 필요하다. 지금의 100년 몸에서 아담시대와 같이 1000년을 살 수 있는 몸으로 회복되는 것이다. 그래서 '회복 체'라는 용어를 사용한다. 이들은 천년왕국에 씨로, 백성으로 들어간다. 인류를 번성할 씨앗이기 때문에 지극히 적은 수다. 이들이 1000년의 몸을 받아 천년왕국에서 결혼하고 자녀를 생산하며 천년왕국의 인류를 번성한다. 어떤 학자는 천년이 지나면 지금의 80억의 인구보다 훨씬 많을 것이라고 한다. 천년동안 거의 죽지 않고 생산하기 때문이다.

"나와서 땅의 사방 백성 곧 곡과 마곡을 미혹하고 모아 싸움을 붙이리니 *그 수가 바다의 모래 같으리라*"(계20:8)

③ 공간이동 되어 있던 회복 체들은 언제, 어떻게 몸이 회복될까?

100년의 몸을 가진 자들은 1000년의 몸을 받는 회복의 과정이 필요하다. 지금의 아담의 나라에서 메시아의 나라로 이동될 때 그 신비로운 날은 우리가 알 수 없다. 그러나 분명한 것은 메시아 나라 땅을 밟는 순간 몸은 회복되어 있을 것이다. 평소에 치유사역 할 때 사용했던 말씀이 이런 비밀이 있었다는 것을 몰랐다.

"만군의 여호와가 이르노라 보라 용광로 불 같은 날이 이르리니 교만한 자와 악을 행하는 자는 다 지푸라기 같을 것이라 그 이르는 날에 그들을 살라 그 뿌리와 가지를 남기지 아니할 것이로되 *내 이름을 경외하는 너희에게는 공의로운 해가 떠올라서 치료하는 광선을 비추리니 너희가 나가서 외양간에서 나온 송아지 같이 뛰리라*'(말4:1-2)

이들은 어딘가의 공간으로 이동되어 있던 곳에서 하나님의 치료의 광선을 받을 것이다. 바로 그때 100년 몸이 천년을 살 수 있는 몸으로 회복되는 것 같다. 앞에 먼저 공간 이동 되었던 변화 체들은 신령한 몸으로 변화되기 때문에 치료의 광선이 필요 없다. 그러나 두 번째 공간 이동된 이들은 하나님의 치료의 광선으로 몸의 회복이 필요한 자들이다. 메시아 왕국을 가장 많이 증거하고 있는 이사야 35장에서는 몸이 회복되는 상태를 이렇게 예언하고 있다.

"*그 때에 맹인의 눈이 밝을 것이며 못 듣는 사람의 귀가 열릴 것이며 그 때에 저는 자는 사슴 같이 뛸 것이며 말 못하는 자의 혀는 노래하리니 이는 광야에서 물이 솟겠고 사막에서 시내가 흐를 것임이라*"(사35:5-6)

스가랴 14장에서 신비로운 말씀을 발견했다. 오직 여호와께서 아시는 한 날이 있다. 낮도 아니고 밤도 아닌 신비로운 날이다. 아마도 이날에 회복의 몸을 받은 자들이 예루살렘에서 생수가 솟아나는 천년왕국으로 옮겨지고 있는 장면인 듯하다. 참으로 신비롭고 놀라운 사건이다.

"*여호와께서 아시는 한 날이 있으리니 낮도 아니요 밤도 아니라 어두워 갈 때에 빛이 있으리로다 그 날에 생수가 예루살렘에서 솟아나서 절반은 동해로, 절반은 서해로 흐를 것이라 여름에도 겨울에도 그러하리라*"(슥14:7-8)

11. 나눠진 회복 체의 두 그룹

1) 최후에 남은 세계 이방인들

마25장의 양과 염소 심판은 민족 심판이다. 욜3장의 여호사밧 골짜기 심판도 같은 맥락의 민족 심판이다. 마지막 아마겟돈 전쟁 끝에 예수님께서 사방의 이방 민족들을 심판하시는 장면이다. 욜3:16절 이후부터는 이스라엘의 회복과 천년왕국이 나타나기 때문이다. 슥14:16절에는 예루살렘을 치러 왔던 열국 중에 남은 자들이 초막절을 지키기 위해 해마다 예루살렘에 올라온다. 천년왕국에서의 세계 축제일은 예수님의 탄생하신 초막절이기 때문이다. 여기 천년왕국에 등장하는 이방 민족들을 보자. 이들은 7년에 들어와 대 환난을 통과하고 최후 아마겟돈 전쟁까지 이 땅에 남겨진 세계 이방민족들이다. 이들은 마지막 한 이레 중 대환난의 때를 지나고 있는 유대인들과 함께 최후 이방민족 심판대 앞에 서는 자들이다.

"사면의 민족들아 너희는 속히 와서 모일지어다 여호와여 주의 용사들로 그리로 내려오게 하옵소서 민족들은 일어나서 여호사밧 골짜기로 올라올지어다 내가 거기에 앉아서 *사면의 민족들을 다 심판하리로다* 너희는 낫을 쓰라 곡식이 익었도다 와서 밟을지어다 *포도주 틀*이 가득히 차고 포도주 독이 넘치니 그들의 악이 큼이로다 사람이 많음이여, 심판의 골짜기에 사람이 많음이여, 심판의 골짜기에 여호와의 날이 가까움이로다 *해와 달이 캄캄하며 별들이 그 빛을 거두도다*"(욜3:11-15)

"그의 입에서 예리한 검이 나오니 그것으로 만국을 치겠고 친히 그들을 철장으로 다스리며 또 친히 하나님 곧 전능하신 이의 맹렬한 진노의 *포도주 틀*을 밟겠고"(계19:15)

욜3장의 밟아 버리는 포도주 틀과 계19장의 아마겟돈 전쟁 심판에서 포도주 틀을 밟는 것은 같은 상황이다. 또한 욜3장의 해와 달이 캄캄하며 별들이 그 빛을 거두는 사건과 아래 마24:29-31절의 예수님 지상 재림 사건도 같은 장면이다. 이 모든 말씀들은 마지막 아마겟돈 전쟁 끝에 있는 이방 민족에 대한 심판이다.

"그 날 환난 후에 즉시 해가 어두워지며 달이 빛을 내지 아니하며 별들이 하늘에서 떨어지며 하늘의 권능들이 흔들리리라 그 때에 인자의 징조가 하늘에서 보이겠고 그 때에 땅의 모든 족속들이 통곡하며 그들이 인자가 구름을 타고 능력과 큰 영광으로 오는 것을 보리라"(마24:29-30)

"인자가 자기 영광으로 모든 천사와 함께 올 때에 자기 영광의 보좌에 앉으리니 모든 민족을 그 앞에 모으고 각각 구분하기를 목자가 양과 염소를 구분하는 것 같이 하여 양은 그 오른편에 염소는 왼편에 두리라(마25:31-33)

이와 같이 최후 민족 심판에서 만왕의 왕으로 오신 예수님을 최후에 메시아로 인정하는 자들이 몸의 구원을 받는 것이다. 천년왕국에 불신자는 결코 들어갈 수 없다. 십자가상의 한 편 강도와 같이 최후에라도 예수님을 인정해야 한다. 아마도 관건은 짐승표가 될 것이다. 짐승의 표를 받은 자는 결코 예수님을 만왕의 왕으로 인정할 수 없다. 이렇게 볼 때 하나님은 끝까지 짐승의 표를 받지 않은 자들을 남겨 둘 것이다. 그리고 이들이 1000년을 사는 회복의 몸을 받고 천년왕국에 씨가 되는 백성으로 들어간다.

스가랴 곳곳에는 천년왕국에 들어간 이방 민족들을 보여 주고 있다. 초기에 천년왕국에 씨로 들어가는 이들은 믿음이 강한 자들이 아니다. 즉 하나님을 모르던 자들이다. 마지막 끝에 겨우 예수님을 왕으로 인정하고 들어온 초신 자들과 같다. 그러므로 유대인들이 섬기는 하나님을 알고 싶어 한다. 여러 민족들이 예루살렘에 올라가서 만군의 여호와께 경배하고자 한다. 이들은 그 혹독한 대 환란을 통과하며 마지막 순간에 예수님을 메시아로 인정하고 몸이 살아남은 자들이다. 이들은 마지막 기회를 얻어 천년왕국에서 인간이 썩는 몸을 가지고 살 수 있는 최고의 복을 누리게 될 것이다. 이들로 인해 천년왕국의 인구는 셀 수 없이 번성한다.

"예루살렘을 치러 왔던 이방 나라들 중에 남은 자가 해마다 올라와서 그 왕 만군의 여호와께 경배하며 초막절을 지킬 것이라"(슥14:16)

"만군의 여호와가 이와 같이 말하노라 다시 여러 백성과 많은 성읍의 주민이 올 것이라 이 성읍 주민이 저 성읍에 가서 이르기를 *우리가 속히 가서 만군의 여호와를 찾고 여호와께 은혜를 구하자 하면 나도 가겠노라 하겠으며 많은 백성과 강대한 나라들이 예루살렘으로 와서 만군의 여호와를 찾고 여호와께 은혜를 구하리라* 만군의 여호와가 이와 같이 말하노라 그 날에는 말이 다른 이방 백성 열 명이 유다 사람 하나의 옷자락을 잡을 것이라 곧 잡고 말하기를 하나님이 너희와 함께 하심을 들었나니 우리가 너희와 함께 가려 하노라 하리라 하시니라"(슥8:20-23)

2) 최후에 남은 유대인 - 대다수의 유대인은 환난을 통과하고 회복체로 들어간다.

유대인은 불신자라서 최후 민족 심판까지 남는 것이 아니다. 한 이레의 중심에 있는 유대인은 대 환난에서도 폭풍의 눈이다. 환난의 때에 끝까지 짐승의 표를 거부하고 살아남을 수 있는 민족적인 하나님의 은혜가 부어진다. 유대인들은 마지막 민족의 사명이 있기 때문이다.

① 마지막까지 환난을 통과하는 회복체로서의 유대인

유대민족은 후3.5년에 들어가면서 서서히 민족적 회개 운동이 일어난다. 1,2,3차 휴거에 참여하는 이들도 있겠으나 대다수의 유대인은 환난의 마지막 시간까지 지상에 남는다. 예수님의 7대 절기중 남은 지상 사역은 유대인을 위한 절기다. 나팔절에 주님이 지상 재림하신다. 그리고 속죄일에 예수님을 죽였던 유대민족의 모든 죄의 속죄가 이루어진다. 이후 마지막 절기인 초막절은 메시아 왕국, 천년왕국이다. 바로 메시아 왕국에서 하나님께서 이스라엘의 조상들과 맺으신 모든 언약들이 성취된다. 그리고 남은 유대인은 1000년을 사는 회복의 몸으로 천년왕국에 들어가서 그들에게 남은 민족의 사명을 완수하게 된다.

② 유대인에게 남은 민족의 사명은 무엇인가?

"세계가 다 네게 속하였나니 너희가 내 말을 잘 듣고 내 언약을 지키면 너희는 모든 민족 중에서 내 소유가 되겠고 너희가 내게 대하여 *제사장 나라*가 되며 거룩한 백성이 되리라"(출19:5-6)

유대민족은 하나님 앞에 제사장 국가로 부름 받은 민족 민족이다. 그러나 이들은 선민사상에 묶여서 제사장 민족으로서의 사명을 감당하지 못했다. 아담의 나라에서는 제사장 나라가 되지 못한 것이다. 그들은 유대인이라는 이유 하나만으로 유대인은 모두 천국 간다고 믿는다. 그들에게 천국은 오직 유대인만 가는 나라다. 이방 모든 민족을 개로 취급하며 이방인은 모두 지옥 간다고 한다. 참으로 독특한 민족이다. 유대인은 이 땅에서 제사장 국가의 사명을 감당하지 못했으나 분명히 하나님께 부름 받은 민족이다. 하나님의 부르심에는 후회함이 없다고 하셨다. 그러므로 유대인은 언젠가는 반드시 그 사명을 감당해야 한다. 그 때가 바로 메시아 왕국이다. 천년왕국에서 유대민족은 비로소 제사장 나라가 되는 것이다.

③ 환난을 통과하며 마지막 극심한 해산의 고통을 겪는 유대인(사26:17-21)

유대인은 대다수의 민족 전체가 환난을 통과하면서 제사장 나라의 사명을 감당하지 못한 혹독한 값을 치르게 된다. 이때를 야곱의 환난기라고도 한다. 이사야 26장에는 유대인이 겪는 마지막 해산의 고통인 대 환난과 부활, 휴거, 심판, 사단의 멸망을 예언하고 있다.

㉠ 땅에 구원을 베풀지 못함을, 세계의 거민을 출산하지 못함을 회개한다.

복음을 가진 유대인들이 오직 자신들만 선민이요 이방 민족은 개 취급했다. 그들은 복음을 전하지 않았다. 복음으로 땅에 구원을 베풀지 않았다. 복음으로 세계의 거민을 출산하지 못했다. 이들은 혹독하게 후3.5년 대 환난을 지나면서 철저하게 민족적 회개운동이 일어난다. 단12:1절에 예언된 개국이래에 없었던 환난 기에 이들은 비로소 이렇게 회개하는 것이다.

"여호와여 *잉태한 여인이 산기가 임박하여 산고를 겪으며 부르짖음 같이* 우리가 주 앞에서 그와 같으니이다 우리가 잉태하고 산고를 당하였을지라도 바람을 낳은 것 같아서 *땅에 구원을 베풀지 못하였고 세계의 거민을 출산하지 못하였나이다*"(사26:17-18)

㉡ 환난 끝에 죽은 자들이 부활한다.

"*주의 죽은 자들은 살아나고* 그들의 시체들은 일어나리이다 티끌에 누운 자들아 너희는 깨어 노래하라 주의 이슬은 빛난 이슬이니 땅이 죽은 자들을 내놓으리로다"(사26:19)

ⓒ 민족 심판 후 최후 회복의 몸을 받을 때까지 밀실에 모아진다.

이 말씀은 회복 체의 공간이동으로 보인다. 최후 민족 심판 후에 육체를 가지고 들어가게 될 회복 체들이다. 이들을 하나님의 밀실로 공간 이동 시킨 후 나머지 지구에 남은 불신자들을 정리하시는 것 같다. 마지막 심판은 하나님의 분노다.

"내 백성아 갈지어다 네 *밀실*에 들어가서 네 문을 닫고 *분노가 지나기까지 잠깐 숨을지어다*"(사26:20)

ⓓ 땅에 마지막 남은 최후 불신자들을 정리하신다.

"보라 여호와께서 그의 처소에서 나오사 *땅의 거민의 죄악을 벌하실 것이라* 땅이 그 위에 잦았던 피를 드러내고 그 살해당한 자를 다시는 덮지 아니하리라"(사26:21)

"*그 나머지는 말 탄 자의 입으로부터 나오는 검에 죽으매* 모든 새가 그들의 살로 배불리더라"(계19:20)

④ 메시아 왕국에서 마지막 사명을 감당하는 유대인들

비로소 유대인은 메시아 왕국에서 제사장 국가가 된다. 그러므로 유대인의 회복의 완성은 메시아왕국이다. 이사야 61장은 천년왕국에서의 유대인의 위치를 예언하고 있다. 메시아 왕국은 세계적으로 반 유대정서가 전혀 없는 나라다. 이방인들이 유대인들을 부러워하는 나라다. 이 땅에서는 전 세계가 그렇게도 유대인들을 미워한다. 그러나 메시아 왕국은 세계 만민이 유대인을 칭찬하고 여호와께 복 받은 자손으로 인정한다.

무엇보다 중요한 것은 메시아 왕국에서 유대인들은 세계 선교국가가 된다는 것이다. 이사야66:19절에는 **"나의 명성을 듣지도 못하고 나의 영광을 보지도 못한 먼 섬들로 보내리니 그들이 나의 영광을 뭇 나라에 전파하리라"**라 한다. 유대인들은 천년왕국에서 여호와의 제사장이 되고 천하 만민가운데서 칭찬과 명성을 얻게 된다.

㉠ 여호와의 제사장이 된다. / 하나님의 봉사자가 된다.

"오직 너희는 *여호와의 제사장*이라 일컬음을 받을 것이라 사람들이 너희를 우리 *하나님의 봉사자*라 할 것이며 너희가 이방 나라들의 재물을 먹으며 그들의 영광을 얻어 자랑할 것이니라"(사61:6)

㉡ 세계가 인정하는 여호와께 복 받은 자손이 된다.

"그들의 자손을 뭇 나라 가운데에, 그들의 후손을 만민 가운데에 알리리니 무릇 이를 보는 자가 그들은 *여호와께 복 받은 자손*이라 *인정*하리라"(사61:9)

㉢ 세계의 선교사 국가가 된다.

"내가 그들 가운데에서 징조를 세워서 그들 가운데에서 도피한 자를 여러 나라 곧 다시스와 뿔과 활을 당기는 룻과 및 두발과 야완과 또 *나의 명성을 듣지도 못하고 나의 영광을 보지도 못한 먼 섬들로 보내리니 그들이 나의 영광을 뭇 나라에 전파하리라*"(사66:19)

㉣ 세계인으로부터 칭찬과 명성을 얻는다.

"그 때에 내가 너를 괴롭게 하는 자를 다 벌하고 저는 자를 구원하며 쫓겨난 자를 모으며 온 세상에서 수욕 받는 자에게 *칭찬과 명성을 얻게 하리라* 내가 그 때에 너희를 이끌고 그 때에 너희를 모을지라 내가 너희 목전에서 너희의 사로잡힘을 돌이킬 때에 너희에게 *천하 만민 가운데서 명성과 칭찬을 얻게 하리라* 여호와의 말이니라"(습3:19-20)

㉤ 유대민족이 제사장 사명을 다한 결과로 메시아 나라에서 세계 복음이 완성된다.

유대인들은 메시아 왕국에서 제사장 국가로서의 사명을 완성한다. 그 결과로 메시아 왕국은 물이 바다 덮음같이 여호와를 아는 지식이 세상에 충만할 것이다. 여호와를 인정하는 것이 세상에 가득하게 될 것이다. 이러한 세상은 현재 아담의 나라에서는 불가능 하다. 온 세상이 여호와를 이정하는 것은 메시아 왕국에서 성취된다. 그러므로 비로소 메시아 왕국까지가 복음의 완성이다. 바로 메시아 왕국의 천년은 시간의 세계, 물질세계의 끝인 텔로스, END다. 그러므로 예수님께서도 복음의 완성을 메시아 왕국의 끝으로 보신 것이다.

"내 거룩한 산 모든 곳에서 해 됨도 없고 상함도 없을 것이니 이는 *물이 바다를 덮음 같이 여호와를 아는 지식이 세상에 충만할 것*임이니라"(사11:9)

"이는 *물이 바다를 덮음 같이 여호와의 영광을 인정하는 것이 세상에 가득함*이니라"(합2:14)

"이 천국 복음이 모든 민족에게 증언되기 위하여 온 세상에 전파되리니 그제야 *끝이 오리라*"(마24:14)

12. 세 번의 휴거를 나타내는 여러 가지 싸인들

아래의 표는 휴거 전체내용을 이해했을 때 한 눈에 이해 할 수 있는 내용이다. 성경은 여러 곳에서 휴거가 세 번 있음을 나타내고 있다. 환난 끝 휴거는 예수님이 지상에 내려오시는 상황이다. 그러므로 앞에 위로 올라가는 환난 전, 중 두 번의 휴거와 달리 천년왕국으로 옮겨지는 휴거다. 때문에 위에 나열한 환난 통과 그룹들에 대한 이해가 먼저 필요하다.

1~4번까지는 예수님과 관련하여 나타나는 근거들이다. 2번과 3번의 환난 전 라인에 '스테파노스'와 '신랑'을 가로 안에 두었다. 이때는 예수님이 공중에 내려오시지 않고 하늘에 계시기 때문에 예수님에 대한 묘사가 없다. 그러나 공중에 내려오신 모습과 같을 것으로 본다. 필자는 이밖에도 더 있을 것으로 본다. 그러나 지금까지 필자가 발견한 부분만 정리했다.

▶세 번의 휴거를 나타내는 근거들

	싸인들	환난 전	환난 중	환난 끝
1	두 번 올라가심	요20:17	행1:9	행2장 오순절
2	예수님 / 머리에 쓰신 관	(스테파노스)	스테파노스(영광/승리)(계14:14)	디아데마 (왕/통치자) (계19:12)
3	신분	(신랑)	신랑 (마25:6)	만왕의 왕(계19:16)
4	첫 만남장소	지성소(계12:5)	공중에서(살전4:17)	지상에서(계19:11)
5	7대 절기	초실절	오순절	나팔절
6	에녹과 엘리야	에녹	엘리야	두 증인으로 오심
7	나팔이름이 다름	마지막 나팔 (고전15:51)	하나님의 나팔 (살전4:16)	큰 나팔 (마24:31)
8	열 처녀 비유	신랑과 함께 온다	슬기로운 5처녀	미련한 5처녀
9	룻기	보리추수(룻1:22)	밀 추수(룻2:23)	보아스와 결혼
10	성전측량 (계11:)	성전	제단	바깥마당
11	휴거자들 / 모여 있는 곳	시온 산/보좌 앞 (계14:1,3)	불 섞인 유리바다 (계15:2)	천년왕국 (계20:4-6)
12	들어가는 성전	지성소(계12:5)	증거 장막 성전(계15:5)	에스겔 성전(천년왕국)
13	무리들 표현	처음 익은 열매 (계14:4)	곡식이 다 익었다 (계14:15)	사방에서 모음 (마24:31)
14	무리 이름	남자아이(계12:5)	곡식 추수(계14:16)	10의 1 곡식, 이삭

	싸인들	환난 전	환난 중	환난 끝
15	환난의 강도	배도하지 않음 예수님과 동행 했다 거짓 없고 흠이 없다.(계12:4-5)	짐승, 우상, 그 이름의 수를 이기고 벗어남 (계15:2)	목 베임, 짐승과 우상에게 경배하지 않음 이마와 손에 표 받지 않음 (계20:4)
16	부활 선행 증거	하나님께 속함(구약성도) 어린양께 속함(신약성도) (계14:4)	모세의 노래(구약성도) 어린양의노래(신 약성도) (계15:3)	순교자들은 부활을 기다림(계20:4) 살아남은 자들은 사방에서 모아짐(마24:31)
17	살후 2장	6-7절 배도 있고 휴거(막는 자 옮김)후 적그리스도 등장	3-4절 배도 있고 적그리스도(불법 의 사람) 등장 후 휴거(그 날)가 있다	8절 예수님 지상 재림하셔서 불법한 자 폐하심
18	요한계시록	계12:5 남자아이	계14:14-16 곡식추수	계20:4 순교자들

메시아 왕국 / 천년왕국

무 천년 주의가 대세를 이루고 있는 현대 신학과 교회 환경에서 천년왕국을 가르친다는 것은 많은 공격과 비난의 대상이다. 필자 또한 지금까지 세미나와 유튜브 사역을 해오면서 만만치 않은 공격을 받아왔다. 그럼에도 불구하고 목회자는 성경에 있는 진리를 바로 전해야 한다는 생각이다. 필자는 전 천년설이라는 학설을 가르치는 것이 아니다. 성경에 있는 그대로 천년왕국이 있다고 가르쳐 오고 있다. 본 단원에서는 비교적 깊고 자세하게 천년왕국을 다룬다. 어쩌면 지금까지 들어보지 못한 내용들도 있을 것이다. 자세히 다뤄야 하기에 본 단원은 내용이 상당히 많다. 독자들께서는 인내하며 차분히 읽으면서 소화를 해야 할 것이다.

메시아왕국과 천년왕국은 같은 나라다. 메시아 왕국은 유대인에게 천국개념의 이름이다. 천년왕국은 신약에 나타난 이방인 개념의 이름이다. 그럼에도 불구하고 천년왕국의 학설들은 마치 두 나라가 서로 다른 나라인 것 같은 착각에 빠지게 한다. '천년 왕국 설'은 세 가지가 있으나 '메시아 왕국 설'은 없다. '전 메시아 왕국 설'이나 '후 메시아 왕국 설', '무 메시아 왕국 설'이라는 것을 들어 본적이 있는가? 천년 왕국 설을 나열할 때 메시아 왕국 이란 단어를 전혀 사용하지 않는다. '천년 왕국설'에 메시아 왕국은 철저히 배제되어 있는 듯하다.

메시아 왕국과 천년왕국은 분명히 같은 나라임에도 불구하고 천년왕국 학설에는 너무나 많은 모순을 가지고 있다. 신학의 학설은 성경 해석에 오히려 거침돌이 될 때가 많다. 결코 학설을 무시하는 것이 아니다. 메시아 나라에 대한 분명한 이해가 있다면 결코 세 가지 천년 왕국 설은 나올 수 없기 때문이다. 무 천년설은 더더욱 나올 수 없다. 필자는 본 과에서 구약에 예언된 메시아 왕국에 초점을 두고 메시아 왕국과 천년왕국 용어를 함께 사용할 것이다. 두 용어를 번갈아 가며 사용함에 있어 혼돈이 없기를 바란다. 그러나 학설을 다룰 때는 천년왕국 용어를 사용할 수밖에 없다.

천년왕국, 메시아 왕국, 메시아 나라, 그리스도의 왕국, 그리스도의 나라, 예수의 나라, 아들의 나라, 새 하늘 새 땅(사65:17), 새로운 세계, 새로운 세상(마19:28)은 모두 같은 나라를 지칭하는 이름들이다. 이 땅에서 이루어지는 지상 천국이다. 메시아께서 천년동안 다스리는 그리스도의 천년왕국이다. 이처럼 천년왕국과 메시아 왕국은 하나의 나라임에도 불구하고 학설은 마치 두 개의 다른 나라 인 것처럼 착각하게 한다.

때로 이런 질문을 받는다. "목사님은 3대 천년왕국 학설 중 어떤 것을 가르치십니까?" 필자는 전 천년설이라 하지 않는다. "성경에 있는 그대로 천년왕국은 실제로 있다고 가르칩니다."라고 대답한다. 전 천년설을 가르친다는 것과 천년왕국이 있다고 가르친다는 것은 의미가 좀 다르다. 천년왕국에 대한 세 가지 학설은 심각한 모순이 있다. 그럼에도 불구하고 지금 전 세계 90%의 신학은 무 천년설을 지지하고 있다는 것이 안타까운 현실이다. 구약을 전공한 학자들까지도 대체신학에서 벗어나지 못하고 있다. 그들은 아직도 구약의 메시아 왕국이 천년왕국이라는 것을 발견하지 못하는 것 같다. 천년왕국의 세 가지 학설을 간단히 소개한다.

1. 천년왕국의 세 가지 학설과 모순점 그리고 다시 천년왕국

"또 내가 보좌들을 보니 거기에 앉은 자들이 있어 심판하는 권세를 받았더라 또 내가 보니 예수를 증언함과 하나님의 말씀 때문에 목 베임을 당한 자들의 영혼들과 또 짐승과 그의 우상에게 경배하지 아니하고 그들의 이마와 손에 그의 표를 받지 아니한 자들이 살아서 *그리스도와 더불어 천 년 동안 왕 노릇 하니* (그 나머지 죽은 자들은 그 천 년이 차기까지 살지 못하더라) 이는 첫째 부활이라 이 첫째 부활에 참여하는 자들은 복이 있고 거룩하도다 둘째 사망이 그들을 다스리는 권세가 없고 도리어 그들이 *하나님과 그리스도의 제사장이 되어 천 년 동안 그리스도와 더불어 왕 노릇 하리라*'(계20:4-6)

1) 무 천년 주의 - 교회시대(천년왕국) → 예수님 지상 재림 → 영원천국

요한계시록 전체를 거의 상징으로 해석하는 학자들의 견해다. 실제 문자적 천년왕국은 없다고 한다. 천년왕국의 천년을 교회역사에 대한 영적, 상징적 기간으로 본다. 십자가 사건 이후 땅에서 복음이 전파되는 영적시대로 해석한다. 교회시대가 천년왕국 시대이며 상징적 천년왕국은 교회가 통치한다는 견해다. 이들의 주장대로 천년이 상징이라면 지금이 영적인 천년왕국 시대다. 그렇다면 이 세상은 더 이상 사탄의 역사가 없어야 한다. 그러나 오늘날 세상과 복음의 영역 안에는 과거보다 더 다양하고 교묘하게 강한 사탄의 역사가 진행되고 있다. 앞으로 세상과 교회는 더 악해지고 타락하게 될 것이다.

▶무 천년설 오류

천년왕국, 메시아 왕국, 그리스도의 나라는 통치자가 메시아, 그리스도시다. 그분의 나라이기 때문이다. 그러나 무 천년설은 상징적 천년왕국은 교회가 통치한다고 한다. 이 견해는 메시아께서 통치하시는 메시아 나라, 천년왕국의 왕 통치자를 메시아가 아닌 교회로 바꿔버렸다. 성경에는 천년왕국의 통치를 교회에 맡기셨다는 기록이 없다.

또 하나의 오류는 무 천년설이 있으면 반드시 유 천년설이 있어야 한다. 전 천년과 후 천년이 대조되는 짝이라면 무 천년의 짝은 유 천년이기 때문이다. 그러나 유 천년설은 없다. 성경에 천년왕국이 있다는 가장 정확한 유 천년설을 사단은 만들지 못하게 한 것이다. 유 천년설을 만들어 놓았다면 그 방향으로 깊이 연구하는 학자들이 있었을 것이다. 그들은 결국 구약의 메시아왕국이 신약 끝에 천년동안 지속되는 나라임을 깨달았을 것이다. 그러나 사단은 천년왕국이 있다는 진리를 천년왕국이라는 학설 안에 감춰버린 것이다. 천년왕국에 관한 세 가지 설은 복된 메시아 나라를 들어가지 못하도록 학설로 가려놓은 사단의 고도의 전략이다.

2) 후 천년 주의 - 천년왕국 → 예수님 지상 재림 → 영원천국

계20:4-6절을 문자 그대로 믿는다. 그러나 그리스도께서 천년동안 통치하는 것이 아니라 교회가 통치하는 것으로 본다. 이들은 교회 역사 이천년을 천년씩 둘로 나눈다. 앞에 천년은 복음 운동 시기요 뒤에 천년은 복음 확장 시기다. 이들은 뒤에 복음 확장 시기 천년을 문자적 천년왕국으로 보는 것이다. 뒤에 천년 복음 운동 시기에 복음이 세계로 확장되면서 선은 증가 되고 악은 감소된다고 한다. 복음이 증가 되면서 크리스천들이 세상으로 나가 세상의 악을 뿌리 뽑고 무신론 통치자들을 제거한다. 그들 자신들의 노력으로 세상을 변화시켜 하나님의 나라를 이 땅에 이룩한다는 것이다. 주님 지상 재림 전 교회가 이 땅 위에 천 년간 평화, 평등, 공의의 통치를 한다. 그 후에 주님 지상 재림으로 세상은 끝이 온다고 보는 견해다. 무 천년주의와 후 천년주의의 목표는 열방복음화, 민족복음화, 세계복음화다. 이들은 주님 재림 전에 이 땅에는 천년동안 기독교의 황금시대가 온다고 한다. 그 때가 인류의 대부분이 복음을 믿는 시기라고 한다. 그러나 세상은 지금 반대로 흘러가고 있다. 후 천년설은 힘을 잃었다.

▶ 후 천년설 오류

천년왕국이 지난 후에 천년왕국의 왕이신 예수께서 재림하신다는 것이다. 참 재미있는 오류다. 왕은 그 나라를 다스리는 통치자로 나라를 다스리고 통치해야 할 의무가 있다. 그런데 그 나라 왕이 나라가 다 지난 후에 오신다면 그 왕은 직무 유기다. 메시아 왕국의 주인이신 메시아께서 어떻게 메시아 나라가 지난 후에 오실 수 있는가 하는 오류다. 나라가 끝난 후에 왕이 오신다면 나라도 없으니 통치할 일도 없고 왕도 필요 없다. 이런 모순이 후 천년설이다.

이 견해 역시 무 천년설과 동일한 오류가 있다. 메시아께서 통치하시는 메시아 나라, 천년왕국의 통치자를 학설이 교회로 바꿔 버렸다. 다시 말하면 천년왕국의 통치자를 그리스도에서 교회로 바꿔버린 것이다. 계20:4-6절 성경 본문에도 그리스도께서 천년동안 다스린다고 분명히 말씀하고 있다. 히브리어 표현은 메시아께서 천년동안 통치하는 나라다. 그리스도가 헬라어로 메시아인 것을 모르는 이는 없다. 그런데 학설은 어디에 근거하여 왕국의 통치자를 그리스도, 메시아에서 교회로 바꾸는지 알 수가 없다.

3) 전 천년 주의 - 예수님 지상 재림 → 천년왕국 →영원천국

이 학설은 계20:4-6절을 문자 그대로 믿는다. 예수께서 재림하신 다음 이 땅을 천년동안 직접 통치하신다. 성경 그대로 그리스도께서 왕으로 천년 동안 신정통치 하시는 기간이다. 전 천년 주의는 재림 직전에 세상의 불법과 타락으로 교회의 타락이 있음을 주장한다. 그럼에도 불구하고 전 천년설에도 오류는 있다.

▶전 천년설 오류

메시아 나라, 천년왕국이 오기 전에 그 나라 왕이신 예수께서 재림하신다는 설이다. 그러나 나라가 세워지기 전에 그 나라를 다스릴 왕이 먼저 온다는 것은 너무나 당연한 것이다. 대한민국을 세우기 전에 이승만이 먼저 왔다. 조선을 세우기 전에 이성계가 먼저 왔다. 고려를 세우기 전에 왕건이 먼저 왔다. 이처럼 메시아 나라가 오기 전에 그 나라 왕이신 메시아께서 먼저 오시는 것은 너무나 당연한 것이다. 이토록 당연한 것을 학설로 만든 것 자체가 모순이다.

※ 전 천년 주의의 또 다른 분리

전 천년 주의는 휴거에 따라 또다시 나뉜다.

① 세대주의 전 천년 - ㉠7년 언약이전 휴거 전 천년 ㉡부분휴거 전 천년

② 역사적 전 천년 - 환난 통과 설을 주장하는 견해이며 환난 전 휴거는 결코 없다고 한다.

③ 성경적 전 천년 - 계시록을 해석하는 사람마다 자신의 주장이 성경적이라고 한다.

4) '천년왕국설'이란 용어에 함정이 있다. 그리스도가 빠졌다.

성경 전체 주제는 "하나님 나라와 예수 그리스도"다. 구약은 헤아릴 수 없이 메시아 왕국을 예언하고 있다. 메시아 왕국은 유대인들에게 최후에 성취되는 하나님의 언약이기 때문이다. 천국은 하늘 천국과 땅의 천국이 있다.

땅의 천국은 육신을 입으신 하나님, 그리스도께서 직접 다스리시는 메시아 왕국, 천년왕국이다. 천년왕국을 상징으로 보는 이들은 계20:4-6절 외에 신, 구약 어디에도 천년왕국에 대한 언급이 없다고 한다. 그러므로 계시록 끝인 20장의 짧은 몇 구절에 기록된 천년왕국은 실제일 수 없다는 것이다. 이것은 성경을 모르는 주장이다. 구약에는 천년왕국이란 용어가 없다. 또한 예언 된 메시아 왕국이 천년이라는 기간에 대한 언급도 없다. 물론 신약에도 '천년왕국'이란 용어는 없다. 그러나 계20:4-6절에 근거하여 천년동안 다스리는 왕이 있고 나라가 있으니 그 나라를 천년왕국이라 하는 것이다.

"*그리스도*의 제사장이 되어 *천 년 동안 그리스도와 더불어 왕 노릇 하리라*"(계20:6)

그런데 여기서 필자는 '천년왕국설'이란 신학용어에 함정이 있다는 것을 발견했다. 신학자들이 처음부터 '천년왕국설'이 아니라 '그리스도의 천년왕국설'이라는 용어로 사용했어야 했다. 이것은 히브리 표현으로 '메시아의 천년왕국설'이 되기 때문이다. 그렇게 했다면 구약에 예언된 메시아 왕국이 천년동안 지속되는 천년왕국임을 깨닫고 더욱 깊이 조명 되었을 것이다. 계20:6절의 가장 중요한 핵심 주어인 '그리스도'를 빼고 그냥 '천년왕국설'이라 한 것이 문제다.

천년왕국설은 그 나라의 주인이요 통치자요 왕이신 메시아, 그리스도가 빠진 천년왕국이다. 그리스도의 왕국은 그리스도가 주인이다. 그러나 그냥 천년왕국은 누가 주인인지 불분명한 나라다. 그러니 천년왕국을 교회가 통치한다는 무 천년설과, 후 천년설과 같은 복잡한 설이 나왔다고 본다. 이렇게 사단의 교묘한 함정에 의해 메시아 왕국, 천년왕국은 전혀 조명되지 못하고 상징으로 묻혀버린 것이다. 분명히 천년왕국의 왕은 교회가 아니라 그리스도다.

필자는 신약에는 메시아 왕국이란 용어가 전혀 없는 줄 알았다. 아주 단순한 기본적인 상식인데도 그리 생각했던 것이다. 구약은 히브리어로 기록되었기 때문에 주님의 나라를 메시아 왕국이라 한다. 그러나 신약은 헬라어로 기록되었기 때문에 주님의 나라를 그리스도의 왕국이라고 한 것이다. 이러한 기본 상식을 필자는 깨닫지 못하고 있었다. 필자는 그렇다 할지라도 학자들은 왜 구약의 메시아 왕국인 천년왕국을 없다고 무 천년설을 지지하는 걸까? 계20:4,6절의 "그리스도와 더불어 천년동안 왕 노릇"을 히브리어로 하면 "메시아와 더불어 천년동안 왕 노릇"이다. 이렇게 분명히 그리스도의 왕국은 구약의 히브리어 표현인 메시아 왕국이다.

메시아 왕국은 유대인이 중심이 되는 나라다. 천년왕국이 상징이라면 메시아 왕국도 상징이라는 논리다. 그러나 메시아 왕국이 상징이라는 주장은 아직 한 번도 들어보지 못했다. 그러나 지금이 상징적으로 천년왕국이라면 지금이 메시아 왕국인가 하는 것이다. 이것은 아주 심각한 신학적 오류다. 학설을 만드는 학자들이 '그리스도의 천년 왕국설'이라 했다면 구약에 예언된 메시아 왕국은 천년동안 지속되는 지상 천국 이라는 것을 깨달았을 것이다. 계20:2-7절 사이에 천년이란 말이 6회 나온다. 완전한 7을 채우지 않았다. 지상천국인 천년왕국은 땅의 물질세계이기 때문에 6회 등장으로 완벽한 하늘 천국이 아님을 보여주고 있다.

천년왕국에 대한 이방인의 개념을 생각해 보자. 구약에 예언된 메시아 왕국은 신약 끝에 이루어질 나라다. 신약은 이방인의 때요 그 끝은 이방인 구원이 완성되는 시기다. 신약 시대에 메시아 왕국이라 하면 이방인들에게 공감을 얻을 수 있을까? '이스라엘의 메시아 왕국이 이방인인 우리와 무슨 상관인가' 하는 생각이 들지 않을까? 그러므로 신약의 이방인들에게는 그리스도께서 다스리는 천년왕국이란 개념으로 주셨다고 본다. 메시아 왕국은 유대인과 이방인이 함께 땅에서 천년동안 복을 누리는 나라다. 이렇게 볼 때 이방인의 때에 신약이 헬라어로 기록이 되었다는 것은 우리 이방인들에게는 놀라운 하나님의 섭리요 은혜다.

5) 다니엘서에 메시아 왕국이 천년임을 알리는 암시가 있다.

구약에는 천년왕국이라는 개념조차 없다. 오직 메시아 왕국이다. 어느 날 다니엘 7장을 읽다가 메시아 왕국이 천년임을 암시하는 부분을 발견했다. 앞에 다니엘 7장에서 더욱 자세히 다룬 부분이다. 단7장에는 신약 끝에 나타날 적그리스도의 심판에 대한 기록이 있다. 작은 뿔 짐승이 타오르는 불에 던져졌다. 그리고 그 남은 짐승들은 권세를 빼앗겼으나 그 생명은 보존되어 정한 시기가 이르기를 기다리게 되었다고 한다.

필자는 상당 시간이 지나도록 이 본문 말씀을 이해하질 못했다. 어느 날 이 말씀이 나름대로 깨달아 졌다. 그 남은 짐승들은 적그리스도와 함께 한 열 뿔 짐승들이다. 이들의 생명이 본존 되었다는 것은 짐승이 타오르는 불에 던져질 때 함께 불에 던져지지 않은 것이다. 이 작은 뿔 짐승이 들어간 불은 계19:20절에 근거한 지옥 유황불이다. 계19:20절에서 작은 뿔 적그리스도를 심판하고 있기 때문이다. 그런데 이때 남은 짐승들은 유황불에 함께 던져지지 않는다. 그러나 정한 시기가 지나면 이들은 흰 보좌 심판 후 타오르는 불 못에 던져질 것이다.

필자는 여기서 '정한 시기'가 천년이라고 깨달아졌다. 이유는 그 다음 절에 성자께서 성부 하나님으로부터 권세와 영광과 나라를 받는 장면이 등장한다. 이 나라가 메시아 나라다. 그리고 모든 백성과 나라들과 다른 언어를 말하는 이방 나라들이 그를 섬긴다는 것이다. 이것은 이 땅에 이루어질 돌의 나라 메시아왕국, 천년왕국이다. 계19:20절에 적그리스도와 거짓 선지자가 불 못에 들어간 후 천년왕국이 시작된다. 적그리스도와 함께 했던 열 뿔 짐승들은 음부에 있다가 천년왕국인 '정한 시기' 천년이 지나면 그들도 마지막 유황불 심판을 받는다.

"그 때에 내가 작은 뿔이 말하는 큰 목소리로 말미암아 주목하여 보는 사이에 짐승이 죽임을 당하고 그의 시체가 상한 바 되어 타오르는 불에 던져졌으며 그 남은 짐승들은 그의 권세를 빼앗겼으나 그 생명은 보존되어 *정한 시기*가 이르기를 기다리게 되었더라 내가 또 밤 환상 중에 보니 인자 같은 이가 하늘 구름을 타고 와서 옛적부터 항상 계신 이에게 나아가 그 앞으로 인도되매 *그에게 권세와 영광과 나라를 주고 모든 백성과 나라들과 다른 언어를 말하는 모든 자들이 그를 섬기게 하였으니 그의 권세는 소멸되지 아니하는 영원한 권세요 그의 나라는 멸망하지 아니할 것이니라 나 다니엘이 중심에 근심하며 내 머리 속의 환상이 나를 번민하게 한지라*"(단7:11-15)

2. 미래에 곧 다가오는 두 개의 나라

1) 창1:1에 두 개의 나라가 계시되고 있다.

유튜브에서 김명현 교수의 창조과학 11강 강의를 듣다가 소스라치게 놀라며 발견한 부분이 있었다. 물론 김명현 교수가 지금 필자가 언급하는 내용을 다룬 것은 아니다. 마지막 때를 보는 눈을 가지고 있는 필자에게 보였을 뿐이다. 창조과학 11강은 창1:1절의 비밀에 관한 강의다. 본서 1과에서도 언급했던 부분이기 때문에 여기서는 간단히 핵심만 다룬다. 창1:1절에 두 개의 상징 언어가 나온다. 하나는 다윗의 별이요 하나는 666과 피라미드다. 다윗의 별과 피라미드가 창1:1절이다. 이 부분에 대해서는 여기서 다 설명할 수 없으니 유튜브의 창조과학 11강 강의를 참조하기 바란다.

여기서 필자가 발견한 창1:1절의 두 개의 상징은 메시아 왕국과 사단의 왕국인 세계단일 정부다. 이 땅 시간의 역사 끝에 반드시 두 개의 왕국이 등장 할 것을 창1:1절에 계시하고 있었다. 메시아 왕국이 오기 전에 가짜 왕국인 사단의 왕국이 먼저 온다. 나중에 오는 진짜 메시아 왕국을 모방하는 것이다. 그래서 주님은 나보다 먼저 온자는 절도요 강도라고 하셨다. 사단의 왕국은 도적질 하고 죽이고 빼앗고 멸망시키기 위해 온다. 그러나 진짜 왕국인 메시아 왕국, 천년왕국은 생명을 얻게 하고 더 풍성히 얻게 하기 위해 오는 나라다.

2) 가짜왕국(NWO)은 다가오는데 진짜왕국(천년왕국)은 오지 않을까?

전 세계는 지금 세계단일정부를 향하여 가고 있다. 미래 세계는 반드시 단일정부시스템으로 하나가 된다. 세계 정치가들이 입버릇처럼 자주 언급하는 New World Order(NWO/세계단일정부)다. 이것은 다니엘 70이레에 예언된 바로 적그리스도가 통치하는 7년으로 마지막 한이레가 될 것이다. 진짜왕국인 천년왕국이 임하기 전에 천년왕국을 모방하는 짝퉁으로 가짜왕국이 등장한다. 여기서 필자가 세계정부를 가짜왕국, 짝퉁왕국 이라고 하는 이유가 있다. 앞으로 다가오는 세계정부는 그 체제가 메시아 왕국을 너무도 닮았기 때문이다.

메시아 왕국은 세계단일정부이며 세계단일 종교다. 세계 모든 만민들이 그리스도께 경배하며 예배하는 나라다. 사단은 이 나라를 모방한다. 세계단일 국가를 만든다. 세계 모든 종교를 하나로 통합한다. 그리고 세계 모든 만민들에게 강제로 경배 받기 위해 그의 우상을 세우고 그의 표를 받게 한다. 다른 것이 있다면 메시아 왕국의 단일 종교는 오직 하나님 한분만을 섬기며 예배한다. 그러나 가짜왕국의 단일 종교는 세상의 모든 잡종교가 하나로 통합된 것이다. 그들이 믿는 신이 모두 다르다. 때문에 세계정부 지도자를 신으로 섬길 수도 없고 경배 할 수 없다. 그러나 후3.5년이 시작되면 세계지도자는 세계인에게 경배 받는 신의 자리에 등극한다.

그 시기에 이르면 그는 세계인들에게 강제로 경배받기 위해 그의 표를 심을 수밖에 없다. 신자든 불신자든 모두가 이 가짜 왕국이 올 것을 알고 있고 믿고 있다. 그러나 진짜 왕국인 천년왕국이 온다는 것은 믿지도 않고 알지도 못한다. 무 천년설은 천년왕국은 상징으로 실제 없는 나라다. 그렇다면 메시아 왕국이 상징이며 실제 없는 나라인가? 이것은 구약의 수많은 선지자들의 예언을 부정하는 것이다. 사단은 메시아 왕국, 천년왕국을 철저하게 감춰 놓았다.

3. 창조 역사 속에 진행되는 4개의 나라

1) 천사의 나라, 하나님의 동산 에덴 - 겔28:13, 썩지 않는 영적 세계

"네가 옛적에 *하나님의 동산 에덴*에 있어서 각종 보석 곧 홍보석과 황보석과 금강석과 황옥과 홍마노와 창옥과 청보석과 남보석과 홍옥과 황금으로 단장하였음이여 네가 지음을 받던 날에 너를 위하여 소고와 비파가 준비되었도다 너는 기름 부음을 받고 지키는 그룹임이여 내가 너를 세우매 네가 하나님의 성산에 있어서 불타는 돌들 사이에 왕래하였도다"(겔28:13-14)

하나님께서 창조하신 첫 번째 세상은 천사의 나라다. 성경에 천사의 활동에 대한 기록은 많이 나타난다. 그러나 타락 전 천사의 나라에 대한 말씀은 자세한 기록이 없어 우리가 알 수는 없다. 다만 하나님께 반역을 일으킨 천사에 대한 기록에서 일부분 알 수 있을 뿐이다. 에스겔28장에는 두로 왕에 빗대어 천사의 창조와 타락을 언급하고 있다. 이사야 14장에는 바벨론 왕에 빗대어 하나님께 정면 도전하는 천사의 타락을 기록하고 있다. 계20:10절에는 창세전에 하늘에서 하나님께 반역한 천사의 최후 심판을 기록하고 있다. 여기서 중요한 것은 아담의 나라 에덴 창조 전에 이미 천사의 나라 에덴이 있었다. 에스겔 28장에 루시엘 천사가 지음 받고 온갖 영화를 누렸던 곳이 하나님의 동산 에덴이었다. 여기서 이름이 같은 두 개의 에덴이 등장한다. 그러나 먼저 창조된 천사의 나라 에덴동산은 썩지 않는 영적 세계인 것이다.

2) 아담의 나라, 에덴동산 - 창2:8, 썩는 물질의 세계

"여호와 하나님이 *동방의 에덴에 동산*을 창설하시고 그 지으신 사람을 거기 두시니라"(창2:8)

하나님이 창조하신 두 번째 나라는 물질세계인 아담의 나라다. 하나님은 또 다른 에덴동산을 창설하시고 아담을 그곳에 두셨다. 아담이 사람이란 뜻이니 곧 사람의 나라, 아담의 나라인 것이다. 아담의 나라는 창3장에 사단이 들어오면서 시작 되었다. 그리고 짐승의 심판(계19:20)과 사단의 결박(계20:2)으로 끝나는 나라다. 이 나라는 유통기한이 있는 썩는 세계다. 영원한 세계가 아니다. 두 번째 에덴은 사람이 천년을 살 수 있는 세계로 창조 되었다.

그러나 죄가 들어와 천수를 살 수 있도록 창조된 인간의 수명은 홍수 이후 점점 단축 되었다. 창조 역사상 가장 오래 살다간 므두셀라도 969세로 천년을 채우지 못했다. 이처럼 두 에덴은 이름은 같으나 본질이 다르다. 하나는 썩지 않는 영적 세계요 하나는 썩는 물질의 세계다. 이 두 에덴에 죄가 들어왔다. 첫 번째 에덴은 천사의 타락으로, 두 번째 에덴은 그 타락한 천사의 미혹으로 인간이 타락했다. 하나님은 이 두 에덴을 회복하시려고 하신다.

3) 메시아 나라, 새 하늘 새 땅 - 사65:17 썩는 물질의 세계, 땅의 천국

"보라 내가 *새 하늘과 새 땅*을 창조하나니 이전 것은 기억되거나 마음에 생각나지 아니할 것이라"(사65:17)

세 번째 나라는 곧 우리 눈앞에 다가오는 나라다. 바로 메시아 왕국, 천년왕국이다. 세 번째 나라는 두 번째 에덴과 달리 사단이 결박되면서 시작되는 나라다. 아담의 나라 끝에 사단이 천년동안 결박되기 때문이다. 그리고 천년 후 그 사단의 결박이 풀어지면서 사단 최후 심판으로 끝나는 나라다. 끝난다는 것은 어떤 외부의 힘에 의해 망하는 것이 아니라 나라를 스스로 폐하고 아버지께 바쳐진다.(고전15:24) 많은 이들이 이사야65:17의 '새 하늘 새 땅'과 계21:1절의 '새 하늘 새 땅'을 같은 나라로 본다. 이렇게 보는 이들은 천년왕국이 없는 자들이다.

앞의 두 에덴과 같이 두 '새 하늘과 새 땅'도 이름은 같으나 본질이 다른 나라다. 하나는 썩는 세계요 하나는 썩지 않는 세계다. 세 번째 나라 메시아 나라는 두 번째 아담의 나라와 같이 썩는 물질의 세계다. 이 땅에서 이루어지는 땅의 천국이기 때문이다. 하늘의 하나님께서 직접 이 땅에서 만왕의 왕으로 통치하시는 나라다. 예수님께서 빌라도 앞에서 심문을 받으실 때 내 나라는 이 세상에 속한 것이 아니라고 하셨다.(요18:36) 예수님께서 말씀하신 "내 나라"는 이 땅에 세워질 메시아 나라이며 하늘에 속한 하나님 나라요 땅의 천국이다. 세례요한과 예수님께서 처음 선포하신 나라다. "회개하라 천국이 가까이 왔느니라"(마3:2, 4:17) 이 땅에 하나님 나라, 천국이 가까이 왔다는 선포다.

그러므로 세 번째 나라인 메시아 나라, 새 하늘과 새 땅은 100% 죄가 없는 완벽한 나라가 아니다. 땅에 있는 썩는 물질세계이기 때문이다. 이 세 번째 메시아 나라는 두 번째 나라였던 아담의 나라 물질세계 에덴을 회복하는 나라다. 인간이 죄로 잃어버린 에덴을 되찾아주시는 것이다. 처음과 같이 다시 천년을 살 수 있는 세계로 회복되는 새 하늘 새 땅의 나라, 천년왕국이다. 하나님은 망가진 물질세계 두 번째 에덴을 또 다른 물질세계인 새 하늘 새 땅으로 회복하시는 것이다.

4) 아버지 나라, 새 하늘 새 땅 - 계21:1 썩지 않는 영원세계, 하늘 천국

"또 내가 *새 하늘과 새 땅*을 보니 처음 하늘과 처음 땅이 없어졌고 바다도 다시 있지 않더라"(계21:1)

"그 때에 의인들은 자기 *아버지 나라*에서 해와 같이 빛나리라 귀 있는 자는 들으라"(마13:43)

마지막 네 번째 아버지 나라는 우리의 최후 종착지인 본향이다. 본질이 썩지 않는 세계다. 시간과 공간이 사라진 세계다. 그래서 해 달 별이 필요 없다. 새 하늘 새 땅, 새 예루살렘성이 있는 영원한 천국이다. 모든 환경이 황금 보석으로 되어 진 찬란하고, 빛나고 아름다운 세계다. 첫 번째 천사의 나라 에덴이 천사의 타락으로 죄가 들어왔다. 천사의 죄로 썩지 않는 나라 에덴을 잃어 버렸다. 그 잃어버린 첫 번째 에덴을 썩지 않는 네 번째 나라인 아버지 나라 새 하늘과 새 땅에서 회복하시는 것이다.

우리는 모두 하늘 아버지 나라에서 왔다. 다시 본향으로 귀향하는 것이다. 우리는 모두 이곳에서 출발했으나 되돌아가는 종착지는 다르다. 인간은 지구로 들어올 때 모두 울면서 들어온다. 그러나 지구를 떠날 때는 어떤 이는 웃고 어떤 이는 울면서 떠난다. 웃으며 떠난 이는 웃으며 본향 천국 집으로 들어갈 것이다. 울면서 떠난 이는 지옥에서 영원히 울 것이다. 하늘 아버지 나라는 그의 자녀들에게 기업으로 주신 나라다. 믿음의 조상 아브라함의 후손들에게 궁극적으로 약속하신 나라다.

우리는 모두 영적으로 아브라함의 씨다. "영접하는 자 곧 그 이름을 믿는 자들에게는 하나님의 자녀가 되는 권세를 주셨으니"(요1:12) 이 말씀에 근거하여 우리는 주 예수를 믿음으로 하나님의 자녀가 되었다. 그러므로 아버지 집은 바로 내 집이다. 예수님은 아들의 나라, 메시아 나라를 천년동안 통치하신 후 그 나라를 멸하시고 아버지께 바치신다. 메시아 나라 천년왕국은 그리스도와 함께 '천년동안 왕 노릇' 한다. 그러나 아버지 나라는 아버지와 함께 '세세토록 왕 노릇'하는 영원세계로 들어가는 것이다.

"그들이 하나님과 그리스도의 제사장이 되어 *천 년 동안 그리스도와 더불어 왕 노릇 하리라*"(계20:6) – **메시아 나라에서 그리스도와 함께 천년동안 왕 노릇한다.**

"그 후에는 마지막이니 *그가 모든 통치와 모든 권세와 능력을 멸하시고 나라를 아버지 하나님께 바칠 때라*"(고전15:24) – **아들의 나라에서 아버지의 나라로 옮겨진다.**

"다시 밤이 없겠고 등불과 햇빛이 쓸 데 없으니 이는 주 하나님이 그들에게 비치심이라 그들이 *세세토록 왕 노릇* 하리로다"(계22:5) – **아버지 나라에서는 세세토록 왕 노릇한다.**

4. 천년동안 지속되는 천년왕국은 왜 반드시 있어야 하는가?

1) 잃어버린 에덴의 회복이다.

전 세계 모든 나라에는 내용은 조금씩 다르지만 결국에는 인간이 잃어버린 에덴을 찾는 신화가 존재한다. 에덴은 인간이 잃어버린 것이 아니라 인간의 죄로 인해 하나님이 빼앗아 숨겨두신 것이다. 인간은 죄인인 것을 인정하지도 않으니 에덴에서 쫓겨났다는 것도 모른다. 그 아름답고 행복한 동산을 왜 잃었는지는 관심이 없고 그저 에덴을 잃어버렸다고 한다. 죄로 인해 쫓겨난 그 에덴을 어리석은 인간은 죄도 해결하지 않은 채 다시 찾으려고 애쓰고 있다. 찾을 수도 없지만 만약에 에덴을 찾는다 해도 그 에덴에 들어갈 수도 없고 가까이 가면 죽을 수도 있다. 생명나무가 있는 에덴은 천사들이 두루 도는 불 칼로 지키고 있기 때문이다. 에덴은 인간이 죄 문제를 해결하지 않는 한 결코 찾을 수 없는 곳이다. 오직 예수그리스도의 피로 인해 하나님이 새 하늘 새 땅으로 다시 주시는 것이다.

"여호와 *하나님이 에덴동산에서 그를 내보내어* 그의 근원이 된 땅을 갈게 하시니라 이같이 *하나님이 그 사람을 쫓아내시고 에덴동산* 동쪽에 *그룹들과 두루 도는 불 칼을 두어 생명나무의 길을 지키게 하시니라*"(창3:23-24)

원래 흙으로 만들어진 인간은 썩는 몸을 가지고도 천년을 살 수 있는 존재로 만들어 졌다. 그러나 죄로 인해 하나님의 동산 에덴에서 쫓겨났다. 하나님은 이 땅에 독생자를 보내주시고 그를 믿어 죄 문제가 해결된 자에게 궁극적으로 새 에덴을 약속해 주셨다. 하나님은 인간이 잃어버린 에덴을 천년왕국에서 새 하늘 새 땅으로 다시 회복해 주신다. 휴거되었던 성도들은 영생의 몸으로 들어간다. 그리고 마지막 끝까지 살아남은 유대인들은 회복체로 천년의 몸을 받고 들어간다. 그리고 세계 이방인 가운데서 한편 강도와 같이 최후에 예수를 만왕의 왕으로 인정하고 들어가는 자들이 있다. 이들은 겨우 몸의 구원을 받고 들어가는 자들이다.

문제는 태어나는 후손들이다. 혹자는 천년왕국에서 태어나는 후손들은 원죄 없이 태어난다고 한다. 그러나 결코 그렇지 않다. 천년왕국에서 태어나는 후손들도 역시 죄인으로 태어난다. 그러므로 그들에게도 예수의 구원이 필요하다. 그러나 태어나는 후손들 중에 예수를 믿지 않는 불신자들이 생겨날 것이다. 천년왕국은 태어나는 후손들에게는 천년을 살면서 다시 한 번 인류에게 죄 문제를 해결 할 수 있는 기회를 주시는 것이다. 인간에게는 하나님께서 주시는 마지막 기회인 것이다. 이 부분에 대해서는 뒤에서 더 자세히 언급할 것이다.

우리는 여기에서 중요한 사실을 기억해야 한다. 앞에 첫 단원에서도 다루었듯이 하나님의 구원계획의 큰 그림을 우리는 이해해야 한다. 하나님은 창세기에서 요한계시록까지 인간창조와 구원역사의 큰 계획을 가지고 계신다. 인간은 이 땅에서 썩는 몸을 갖고 영원히 사는 존재가 아니다. 결국에는 하늘의 새 예루살렘성에서 하나님과 함께 영원히 살 존재다. 그러므로 하나님께서 물질세계는 처음부터 영원한 세상으로 창조하신 것이 아니다. 우리의 최종 종착지는 영원히 사는 세상 새 에덴, 계21:1의 새 하늘과 새 땅이다.

2) 메시아 왕국의 실현이다 - 예수님 지상 사역이 완성되는 초막절

구약의 선지자들이 등장하기 전 창1:1절부터 메시아 왕국은 예언되어 있다. 그리고 구약의 수많은 선지자들의 외침은 모두가 동일했다. 이스라엘의 심판과 구원 그리고 멸망과 회복이다. 선지자들이 외친 이스라엘의 진정한 구원과 회복의 실현은 결코 아담의 나라가 아니다. 이스라엘의 진정한 모든 회복의 완성은 메시아 왕국이다. 창1:14절에 여호와의 7대 절기를 나타내는 '모에드'가 있다. 한글 번역은 절기, 혹은 계절이다. 유대인의 명절인 7대 절기는 그 안에 있는 본질적 의미가 중요하다. 7대 절기는 하나님께서 사람의 몸을 입으시고 이 땅에 오셔서 이루실 7대 지상사역이다. 7대 절기는 70이레에서 다루었다. 예수님의 7대 지상 사역은 유월절로 시작해서 메시아 왕국이 실현되는 초막절까지다.

※예수님의 세 개의 이름 안에서 7대 절기가 완성된다.
① 예수 - 사명의 이름

예수라는 이름은 자기 백성을 저희 죄에서 구원하실 사명의 이름이다. 이 사명을 위해 하나님께서 사람으로 이 땅에 오셨다. 그리고 유월절과 무교절과 부활절로 완성하셨다.

② 그리스도(메시아) - 직분의 이름

예수로 오셔서 기름부음 받으셨다. 선지자요 제사장이요 왕이다. 예수님은 공생에 기간에 천국 복음 선포로 선지자의 사명을 완수하셨다. 그리고 3

일 동안에 인류를 위해 십자가를 지심으로 대제사장의 사명을 완수 하셨다. 남은 것은 왕의 사명이다. 물론 지금도 영적 통치영역에서 예수님은 우리의 왕이시다. 그러나 주님은 이 땅에 계실 때는 왕으로 세상을 통치하지 않으셨다. 빌라도의 심문 앞에서 분명히 밝히셨다. "내가 왕인 것은 맞다. 그러나 내 나라는 이 세상에 속한 것이 아니다"(요18:36-37)

예수님은 지금 이 세상은 내 나라 곧 메시아의 나라가 아니라고 하신다. 그러므로 아직 땅에서 실질적인 통치자로서 예수님의 왕의 사명은 실현되지 않았다. 이제 나팔절에 재림 하시면 속죄일에 예수님을 십자가에 못 박은 이스라엘의 모든 죄를 사하실 것이다. 이것은 다니엘의 주여 3창 기도의 응답이다. 그리고 초막절을 성취하는 메시아 왕국이 이른다. 바로 초막절기인 메시아 왕국에서 만왕의 왕으로서 통치하시는 왕의 사명을 완수하시는 것이다.

③임마누엘 - 신분의 이름

예수님은 겉은 사람의 모양이나 속(본질)은 하나님이시다. 예수님은 하나님이신 본체가 사람으로 인류 안에 오셔서 33년 동안 함께 사셨다. 오순절을 통해 성령으로 오신 하나님은 지금 우리 안에 임마누엘로 함께 계신다.

3) 이스라엘이 제사장 국가로서의 사명을 완수해야 한다.

휴거에서도 언급한 이스라엘 민족의 마지막 사명에 대한 내용이 반복되는 부분이다. 휴거와 천년왕국은 아주 밀접한 관계가 있다. 때문에 다루는 내용의 흐름을 따라 자주 반복되는 내용들이 있음을 이해해 주길 바란다. 출 19:6절에서 이스라엘 백성은 제사장 국가로 부름 받았다. 그러나 그들은 강한 선민사상으로 인해 제사장 국가로서의 사명을 감당하지 못했다. 그들은 선택된 민족, 선민에 대한 오해가 있다. 유대인들이 이해하는 선민이란 천국은 오직 유대인만 가는 곳이요 모든 이방인은 지옥으로 가야한다. 지금도 유대인들은 이방인들의 복음을 받아들이지도 않고 이방인들에게 전도도 하지 않는다. 복음이신 예수님을 거부한 민족이기 때문이다. 예수 그리스도를 보는 눈이 가려진 유대인들은 마지막 7년에 들어가서 혹독한 후3.5년의 환난을 통해 돌아온다. 그리고 메시아 왕국에 들어가서 비로소 부름 받은 제사장 국가의 사명을 감당하게 된다. 유대인과 관련해서 뒤에 가서 또 다른 주제로 다룰 것이다.

4) 인간에게 천수를 누리는 복이 실현된다.

창세기의 홍수 이전 시대 사람들은 천년 가까이 살았다. 그런데 성경은 또 다시 이 땅에 천년을 살 수 있는 천년왕국 시대가 올 것을 예언하고 있다. 필자는 고민해 보았다. 왜, 꼭 천년일까? 이 세상 물질세계는 모든 것이 썩은 후 흙이 된다. 사람의 몸도 죽으면 썩어서 흙이 된다. 흙은 모든 물질의 근원이다. 어떠한 재료를 가지고 물건을 만들면 그 물건은 유통기한이 있다. 유통기한이 지나면 썩고 쓸 수 없는 물건이 된다. 이처럼 이 세상 물질세계의 모든 물건은 시간이 지나면 썩고 흙이 된다. 그런데 하나님께서 만드신 인간의 재료는 흙이다. 아마도 하나님께서 썩는 흙으로 만드신 인간의 몸의 유통기한을 천년으로 제한하신 것이 아닐까?

옛날 우리 어른들은 질병 없이 오래 동안 건강하게 살다가 가시면 천수를 누리고 가셨다고 했다. 천수, 천년의 날을 산 것이 아님에도 불구하고 모두 그렇게 말했던 것이다. 왜 일까? 본래 하나님께서 처음 인간을 만드셨을 때 천년을 살 수 있는 몸으로 만드셨다는 것을 본능이 아는 것이다. 만물의 영장이라 하는 인간은 죄로 인해 수백 년을 사는 나무의 수한만도 못하다. 그러나 이제 천년왕국을 통해 처음과 같이 인간이 천수를 누리도록 복된 세상을 회복해 주시는 것이다. 천년왕국은 인간이 썩는 육을 입고 최고의 복을 누리고 사는 세상이다. 처음부터 인간은 이 땅에서 영원히 사는 존재로 만들어 진 것이 아니었다. 썩는 세상 천년이 지나면 우리는 영원히 썩지 않는 세상인 천국 본향으로 들어가는 것이 본래 하나님의 계획이다.

5. 천년왕국 입주자와 그곳에서 사는 사람들

천년왕국에는 어떤 사람들이 들어갈까? 그리고 그들은 어떻게 살아갈까?

우리는 많은 부분들이 궁금하지만 그 나라의 삶은 결코 다 알 수도 이해 할 수도 없다. 분명한 것은 지금의 세상과는 비교할 수 없이 신비롭고 좋은 세상일 것이다. 지상 천국이기 때문이다. 무엇보다 육을 입으신 하나님이신 예수 그리스도와 함께 사는 세상이기 때문이다. 성경 곳곳에는 천년왕국에서 사는 사람들의 상태를 보여주고 있다. 다만 천년왕국이 있다는 것을 알지도 못하고 인정하지도 않기 때문에 깨닫지 못하고 있을 뿐이다.

1) 예수 그리스도께서 만왕의 왕으로 세계를 통치하신다.

천년왕국은 메시아께서 왕이신 메시아 나라다. 천년왕국 입주의 첫 번째 주인공은 만민의 기치로 서시는 만왕의 왕 예수님이시다. 이 때 예수님의 모습은 이 땅에서 부활하신 후 제자들에게 보이셨던 실제 그 모습일 것이다. 비로소 이스라엘이 의의 성읍이요 신실한 고을로서 사사 시대의 신정통치가 회복된다. 세계 단일정부 메시아 왕국을 메시아께서 통치하신다. 세계단일 종교가 되어 세계 모든 족속이 주 앞에 예배하며 메시아께 경배한다.

"그 날에 *이새의 뿌리에서 한 싹이 나서 만민의 기치로 설 것이요* 열방이 그에게로 돌아오리니 그가 거한 곳이 영화로우리라"(사11:10)

"땅의 모든 끝이 여호와를 기억하고 돌아오며 *모든 나라의 모든 족속이 주의 앞에 예배하리니 나라는 여호와의 것이요 여호와는 모든 나라의 주재 심이로다*"(시22:27-28)

"*내가 네 재판관들을 처음과 같이, 네 모사들을 본래와 같이 회복할 것이라* 그리한 후에야 네가 의의 성읍이라, 신실한 고을이라 불리리라 하셨나니"(사1:26)

2) 본질이 다른 두 부류가 함께 사는 세상이다 - 부활논쟁

"예수께서 이르시되 *이 세상의 자녀들은 장가도 가고 시집도 가되 저 세상과 및 죽은 자 가운데서 부활함을 얻기에 합당히 여김을 받은 자들은 장*

가 가고 시집 가는 일이 없으며 그들은 다시 죽을 수도 없나니 이는 천사와 동등이요 부활의 자녀로서 하나님의 자녀임이라"(눅20:34-36)

부활이 없다 하는 한 사두개인이 예수님을 시험코자 와서 부활에 대해 질문하고 있다. 이스라엘에는 시 형제 결혼 제도가 있다. 형이 후손 없이 죽으면 동생이 형수에게 들어가 후사를 이어야 한다. 본문은 이러한 시 형제 결혼제도를 배경으로 한 부활 논쟁이다. 7형제가 있었는데 맏이 후손 없이 죽었다. 한 여인을 7형제가 모두 아내로 취했으나 모두 후손도 없이 죽고 최후에 여자도 죽었다. 부활 때는 7형제 중 누구의 아내가 될 것인가 하는 질문이다.

마22:29절에서 예수님은 부활 때를 질문하는 사두개인들에게 성경과 하나님의 능력을 오해하고 있다고 하셨다. 이 때 예수님은 땅의 천국인 천년왕국에서의 삶을 말씀하셨다. 부활논쟁에 관한 위의 본문은 천년왕국을 이해하는데 너무도 중요한 말씀이다. 이 말씀은 당시 듣는 이들도 이해하지 못했을 것이다. 오늘날도 마찬가지다. 위 본문은 천년왕국을 모르면 결코 이해할 수 없는 말씀이다. 위의 본문을 좀 더 세밀하게 살펴본다.

① 이 세상의 자녀들은 장가도 가도 시집도 가되

'이 세상의 자녀들'이란 물질세계의 나라다. 천년왕국에서도 이 세상의 자녀들처럼 장가가고 시집가는 이들이 있다. 첫 번째는 아담의 나라에서 천년을 사는 몸으로 회복되어 천년왕국에 씨로 들어간 회복 체들이다. 그리고 두 번째는 천년왕국에서 태어나는 후손들이다. 후손들은 태어날 때 아예 천년을 사는 몸으로 태어나기 때문에 회복 체라고 하지 않는다. 이 두 그룹이 바로 천년왕국에서 자녀를 생산하는 백성들이다. 그러나 본문에서는 천년왕국에서 백성으로 사는 자들을 언급하고 있지는 않다. 단순히 부활에 대한 사두개인들의 질문에 대한 예수님의 대답이다. 그런데 예수님은 부활과 관련하여 천년왕국을 분명하게 드러내신다. 그리고 그곳에서 천사들과 같은 몸으로 살게 될 두 부류를 중심으로 말씀하신다.

② 저 세상과 및 죽은 자 가운데서 부활함을 얻기에 합당히 여김을 받은 자들

이 말씀은 개역성경으로는 도저히 이해하기 어려운 부분이다. 필자는 여러 가지 성경 번역본들을 대조할 때 카토릭 성경도 꼭 함께 본다. 개역성경보다 훨씬 이해가 쉽기 때문이다. 무엇보다 원문에 가까운 번역을 해 놓은 부분들을 상당히 많이 발견한다. 카토릭은 성경을 변개한 자들이다. 그러나 이상하게도 카토릭 성경은 원문에 가까운 올바른 번역들이 많다. 필자는 공식 석상에서는 쓸 수 없는 카토릭 성경을 통해 유익한 것들을 많이 얻는다. 눅20:34-35절을 우리가 잘 쓰지 않는 카토릭 번역을 가져왔다. 조금만 집중하고 보기 바란다. 우리 개역 성경보다는 뭔가 다른 것을 발견할 것이다.

"이 세상 사람들은 장가도 가고 시집도 간다. 그러나 *저 세상에 참여하고 또 죽은 이들의 부활에 참여할 자격이 있다고 판단받는* 이들은 더 이상 장가드는 일도 시집가는 일도 없을 것이다"(카토릭 성경)

"이 세상 사람들은 장가도 들고 시집도 가지만 *죽었다가 다시 살아나 저 세상에서 살 자격을 얻은 사람들*은 장가드는 일도 없고 시집가는 일도 없다"(공동번역)

먼저 개역성경의 '저 세상과 및'이란 번역은 이해하기 어렵다. 일반적으로 '저 세상'은 죽어서 가는 세상으로 생각할 수 있다. 그러나 본문의 '저 세상'은 천년왕국이다. 이에 대해 카토릭은 '저 세상에 참여하고'로 번역했다. 또 공동번역은 '저 세상에 살 자격'으로 번역했다. 이해하기 힘들었던 본문이 두 곳의 번역을 보면서 쉽게 이해가 되었다. 두 곳의 번역은 본문의 의도대로 번역이 잘 된 부분이다. 카토릭 번역의 '저 세상에 참여하고'와 공동번역의 '저 세상에서 살 자격'이란 번역은 천년왕국이라는 새로운 세상 메시아 왕국을 잘 부각시키고 있다. 이 말은 천년왕국에 참여할 자, 혹은 천년왕국에서 살 자격이 있는 자라 할 수 있다. 왜 이 번역에서 '저 세상'이 천년왕국인지를 좀 더 구체적으로 살펴보자.

'저 세상'에 이어서 부활하는 사람들에 대한 말씀이 나온다. 죽은 자들은 지금 하늘 천국에 있다. 하늘 천국은 당연히 장가가고 시집가는 일이 없다. 그런데 공동번역에는 하늘에 있던 죽은 자들이 다시 살아나서 '저 세상에서 살 자격'을 얻는다고 한다. 그리고 '저 세상'에서 그들은 장가가고 시집가는 일이 없다고 한다. '저 세상'은 하늘천국이 아니고 분명히 땅의 천국인 천년왕국, 메시아 왕국이다. 눅20:35의 '저 세상'이란 표현의 시작은 휴거로 천년왕국에 참여하게 될 영생 체들을 말하고 있다. 특히 카토릭 번역은 휴거에 참여하여 천년왕국에 영생체로 들어가는 두 부류를 잘 표현하고 있다. *"저 세상에 참여하고 또 죽은 이들의 부활에 참여할 자격이 있다고 판단받는 이들"*이란 표현이다.

그 중 첫 번째 **'저 세상에 참여하고'**에 해당하는 자들이다. 이들은 살아남아 있다가 몸의 변화로 휴거되어 천년왕국에 참여하는 변화 체 그룹이다. 두 번째는 '또'로 이어지는 **'죽은 이들의 부활에 참여할 자격이 있다고 판단받은 이들'**이다. 이들은 죽어서 하늘 천국에 있다가 휴거를 위해 세 번의 부활에 참여할 자격을 얻는 부활체 그룹이다. 이렇게 세 번의 휴거에 참여한 부활과 변화그룹이 영생 체에 해당한다. 주님은 부활논쟁에서 이들은 영생체이기 때문에 천사와 같다고 하셨다. 그러므로 이들은 천년왕국에서 장가하고 시집가지 않는다고 하신 것이다. 이들이 바로 천년왕국에 왕권을 가지고 들어가 그리스도와 더불어 왕 노릇하는 자들이다.

여기서 카토릭 번역의 *"죽은 이들의 부활에 참여할 자격"*과 공동번역과 새 번역의 *"죽었다가 다시 살아나 저 세상에서 살 자격"*이란 번역을 주목해야 한다. 휴거단원에서 첫째부활에 관하여 이미 충분한 설명을 했다. 계20:5에 첫째부활에 참여하지 못한 이들에 대해 말한다. "그 나머지 죽은 자들은 천년이 차기까지 살지 못 하더라" 그 나머지 죽은 자들은 저 세상 곧 천년왕국에 살기위한 첫째부활에 참여할 자격을 얻지 못한 자들이다. 이들은 천년왕국 마치고 마지막 부활에 참여하여 흰 보좌 앞에 서게 될 것이다. 중요한 것은 첫째 부활에 참여하지 못하고 남는 자들은 믿는 자들을 가리킨다. 불신자는 당연히 첫째 부활에 참여하지 못하기 때문이다. 믿는 모든 자가 천년왕국에 들어갈 자격이 있는 것이 아니라는 너무도 중요한 말씀이다.

눅20장의 부활 논쟁에서 예수님은 천년왕국은 본질이 다른 두 부류가 함께 사는 세상임을 말씀하고 있다. 천년왕국에서도 썩는 몸을 가진 이들은 이 세상 자녀들처럼 시집가고 장가간다. 그러나 죽었다가 부활하여 천년왕국에 들어온 자들은 본질이 썩지 않는 몸을 가진 자들이기 때문에 장가가고 시집가지 않는다. 그러므로 이 세상 살 때에 7형제가 한 여인을 취했을지라도 부활 때에는 장가가고 시집가지 않는다. 영생의 몸이니 그 누구의 아내도 되지 않는다. 이러한 예수님의 말씀을 부활이 없다하는 당시 사두개인들은 결코 이해 할 수 없다. 물론 지금 우리도 태반이나 이 말씀이 천년왕국의 말씀임을 이해하지 못하고 있을 것이다.

③ 듣는 자는 살아나리라

요5장에는 "부활함을 얻기에 합당히 여김 받은 자들"은 아들의 음성을 듣고 살아난다고 한다. 죽은 자가 모두 살아나는 것이 아니다. "듣는 자는 살아나리라" 이 때 아들의 음성을 듣지 못하는 이들은 부활함을 얻기에 합당히 여김을 받지 못한 자들이다. 카토릭 번역처럼 부활을 판단 받지 못한 자들이다. 이들은 천년이후 무덤 속에 있는 자가 다 그의 음성을 들을 때 마지막 부활에 생명의 부활을 한다. 첫째 부활이 아닌 마지막 부활에 참여하는 이들은 천년왕국의 영광을 누리지 못한다. 그러나 천국에는 들어가기 때문에 생명의 부활을 하는 것이다.

"진실로 진실로 너희에게 이르노니 *죽은 자들이 하나님의 아들의 음성을 들을 때가* 오나니 곧 이 때라 *듣는 자는 살아나리라*"(요5:25)

"이를 놀랍게 여기지 말라 *무덤 속에 있는 자가 다 그의 음성을 들을 때가 오나니* 선한 일을 행한 자는 *생명의 부활*로, 악한 일을 행한 자는 심판의 부활로 나오리라"(요5:28-29)

요5:25절의 일반적인 해석은 '죽은 자들'을 '영이 죽은 불신자들'이라고 한다. 아들의 음성을 듣고 살아난다는 것은 불신자들이 복음을 듣고 영이 살아

나는 것이라고 한다. 결코 그렇지 않다. 복음을 듣고 영이 살아나는 것은 부활이 아니라 거듭남이다. 본문의 앞뒤문맥은 거듭남이 아니라 부활을 말하고 있다. 뒤에서 분명히 신자의 생명의 부활과 불신자의 심판의 부활을 말하고 있다. 그러나 천년왕국이 감추어져 있으니 억지 해석이 나올 수밖에 없다.

3) 썩지 않는 몸을 가진 영생 체들 - 이들은 왕권을 가지고 주님 통치에 참여한다.

이 부분은 앞의 눅20장의 부활 논쟁과 중복되는 내용이 있다. 그러나 천년왕국의 구성원을 좀 더 정확하게 구분하기 위해 정리한다. 영생체도 이방인과 유대인을 포함한다. 이들은 세 번의 휴거에 참여한 자들로 영화로운 몸을 받은 부활체와 변화 체들이다. 첫째부활 최상의 부활에 참여한 복 있는 자들이다. 이들은 천년왕국에 살지라도 하늘의 천사와 같아서 결혼을 하거나 후손을 낳지 않는다. 그러므로 이들로 인해서는 천년왕국의 씨가 번성하지 않는다.

이들은 왕권을 받은 자들로 천년왕국에서 그리스도와 함께 주님의 통치에 참여한다. 또한 이들은 천사들과 같이 시공을 초월하는 몸을 가졌기 때문에 하늘 천국과 땅의 천국을 공유할 것이다. 그러나 이들의 땅의 거주지는 하늘의 새 예루살렘 성이 아니라 이스라엘 땅의 예루살렘 성이다. 계20:9절에는 '사랑하시는 성'이라고 표현하고 있다. 새 예루살렘성은 하늘 천국에 있다. 새 예루살렘 성은 우리가 천년왕국 이후 최후에 들어가는 집이다. 하늘 천국의 새 예루살렘성은 아직 한사람도 입주하지 않았다.

예수님께서 부활 후 40일을 이 땅에 함께 사셨지만 제자들은 눈에 나타나시는 시간만 예수님을 볼 수 있었다. 보이지 않는 시간에는 어디서 무얼 하셨는지 전혀 알 수 없다. 성경에 기록도 없다. 천년왕국에서의 삶도 그러할 것이다. 영생의 몸을 가진 사람들은 모두 예루살렘 성안에 산다는 것은 성 밖 모든 사람들은 알고 있다. 그러나 그들이 보이지 않는 때에는 그들이 어디서 무엇을 하는지 알 수 없을 것이다. 시공을 초월하는 이들은 예루살렘 성안에 들어가면 이미 하늘 천국과 공유하는 자들이기 때문이다.

4) 썩는 몸으로 천년을 사는 자들 - 이들은 통치를 받는 백성으로 산다.

천년을 사는 몸을 가진 자들은 두 부류임을 기억해야 한다. 천년왕국에도 죄가 있고 불신자가 있는 것은 바로 이들 가운데서 나오기 때문이다. 이 부류에도 유대인과 이방인이 있다.

① 첫째 부류는 아담의 나라에서 천년왕국의 씨로 처음 들어간 회복 체들이다.

이들은 아마겟돈 전쟁과 민족 심판에서 최후에 살아남아 있다가 메시아를 인정하고 천년왕국에 입성한 자들이다. 이들은 천년왕국 입성 직전에 백년 몸에서 천년을 살 수 있는 몸으로 회복된 회복 체들이다. 그러나 물질세계의 썩는 몸이다. 이들은 대 환난을 통과하고 들어온 자들이기 때문에 아마도 천년이 마치기까지 예수님을 떠날 확률은 높지 않다고 본다. 그러므로 이들 중에서는 천년왕국 끝의 곡, 마곡 전쟁에 미혹되는 자들은 거의 없을 것이다. 바로 이들이 천년왕국에 백성으로 들어가서 인류를 번성할 소수의 씨앗이다. 이들로 인해 천년왕국에서 후손 번성이 시작된다.

② 둘째 부류는 씨들로 인해 천년왕국에서 태어나는 후손들이다.

씨들로 인해 태어나는 후손들이 문제다. 이들은 태어나면서부터 천년을 사는 몸이다. 현재 아담의 나라의 삶의 경험이 없는 자들이다. 두부류인 회복 체들과 후손들이 거의 죽지 않고 천년왕국에서 결혼하고 후손을 생산한다. 이들로 인해 천년왕국은 바다의 모래와 같이 많은 인류가 번성하는 것이다. 천년을 마칠 때 쯤 되면 지금의 세계 인구보다 훨씬 더 많을 것이다. 처음에 씨로 들어간 이방인들은 초 신자들 수준이지만 메시아를 인정한 믿는 자들이었다.

그러나 점점 인류가 번성하면서 태어나는 후손들 중에서 불신자들이 생겨날 것이다. 아마도 불신자들은 이방인들 가운데서 나올 것이다. 메시아 왕국에서 유대인은 불신자가 될 수 없다고 본다. 천년왕국은 시간이 갈수록 예수님을 믿는 자와 믿지 않는 자가 공존하게 될 것이다. 그러므로 그 나라에서도 세계 선교는 계속된다. 세계선교 복음의 완성은 결국 천년왕국이 되는 것이다. 바로 이들 후손 중에서 마지막 곡, 마곡 전쟁에 미혹되어 참여할 가능성이 높다.

5) 바깥 어두운 데로 쫓겨난 자들 - 이들의 바깥은 어디인가?

바깥 어두운 곳이 어디인가 하는 이 부분은 난제로 상당히 조심스러운 부분이다. 바깥 어두운 곳은 천국을 수시로 다녀오는 이들로 인한 개인적인 체험들은 많다. 대부분 훈련장소, 연단장소, 혹은 지옥은 아니지만 지옥에 버금가는 장소로 고통 받는 장소라고도 한다. 그러나 각각 다른 개인의 체험으로 참고 할 뿐이다. 이렇게 주장하는 이들은 바깥의 장소적 의미를 땅이 아닌 하늘로 보는 것이다. 그러나 필자는 땅의 바깥으로 보고 있다. 땅의 천국인 천년왕국 예루살렘 성 바깥이다.

복음서에는 바깥 어두운 데로 쫓겨나는 사건을 세 곳에서 기록하고 있다. 모두 천년왕국과 관련하여 기록하고 있다. 땅의 바깥인지, 하늘의 바깥인지를 구별하는 것은 말 그대로 하늘과 땅 차이만큼 중요하다. 지금 필자가 주장하는 것도 결코 100% 완벽한 해석일 수는 없다. 필자의 해석이니 이해가 안 되면 그냥 참고해 주기 바란다. 바깥 어두운 곳을 들어가기 전에 먼저 정리할 것이 있다. 이와 같은 선상에서 땅의 성 밖과 하늘 성 밖의 이해가 먼저 필요하다.

▶영원히 쫓겨난 자들 - 유황 불 못과 하늘 성 밖은 같은 곳으로 지옥이다.

성경에서 성 밖이라는 표현이 많이 나온다. 대부분 이 땅에 있는 이스라엘의 예루살렘 성 밖을 지칭한다. 같은 성 밖이라는 표현 중에 계22:15절의 성 밖은 땅의 예루살렘 성이 아닌 하늘이다. 땅의 성 밖의 의미와 하늘 성 밖의 의미는 결코 같을 수 없다. 하늘의 예루살렘 성 밖은 하나님과 분리된 장소로 지옥을 의미한다. 계21:8절과 같은 유황 불 못이다. 혹자는 계22:15의 성 밖을 지옥이 아닌 천국의 예루살렘 성 밖의 또 다른 장소라고 한다.

그들의 주장에 의하면 이스라엘에 사마리아 성도 있고 예루살렘 성도 있듯이 하늘나라 천국에도 그렇다는 것이다. 예루살렘 성 밖에 또 다른 도시가 있다고 한다. 이기지 못한 자들은 예루살렘 성안에 들어가지 못하고 예루살렘 성 밖 다른 장소에서 산다고 한다. 예를 들어 지혜로운 다섯 처녀는 이기는 자로 성 안에 들어가고 미련한 다섯 처녀는 성 밖에 산다고 한다. 이러한 해석에 미혹되어 지지하고 따르는 이들을 보면 너무나 안타깝다.

성경에서 천국의 새 예루살렘 성 외에 또 다른 성은 없다. 결코 그 어느 곳에서도 새 예루살렘 성 외에 다른 성을 언급한 곳이 없다. 어린양의 생명 책에 이름이 기록된 자는 100% 새 예루살렘 성안으로 들어간다. 다만 구원의 결정은 하나님 편에 있다. 생명책에 이름을 기록해 주시는 분은 하나님 이시다. 그러므로 우리는 두렵고 떨리는 맘으로 구원을 완성해가야 한다. 새 예루살렘성에서 다른 것이 있다면 상급과 기업의 차이에 따라 누리는 영광이 다르다. 어쩌면 기업에 따라 영광의 하나님을 중심으로 거하는 위치가 다를 수도 있다.

"무엇이든지 속된 것이나 가증한 일 또는 거짓말하는 자는 결코 그리로 들어가지 못하되
오직 *어린 양의 생명책에 기록된 자들만 들어가리라*'(계21:27)

논란이 되고 있는 두 구절을 살펴보자. 계21:8절의 유황 불 못은 분명히 둘째 사망 지옥이다. 두려워하는 자들, 믿지 않는 자들, 흉악한 자들, 살인자들, 음행하는 자들, 점술가들, 우상 숭배자들, 거짓말 하는 자들이다. 이들은 유황 불 못이기에 지옥이라는 것에는 모두 인정한다. 이들은 이러한 죄들 때문에 지옥 가는 것이 아니다. 이러한 죄들을 예수님 앞에 나와 회개하지 않고 구원받지 못했기 때문이다. 생명책에 이름이 기록된 자들도 이러한 죄인들이 있을 것이다. 그러나 그들은 예수 믿고 회개하여 어린양의 피로 죄 씻음 받은 것이다.

"그러나 두려워하는 자들과 믿지 아니하는 자들과 흉악한 자들과 살인자들과 음행하는 자들과 점술가들과 우상 숭배자들과 거짓말하는 모든 자들은 *불과 유황으로 타는 못*에 던져지리니 이것이 둘째 사망이라"(계21:8)

"개들과 점술가들과 음행하는 자들과 살인자들과 우상 숭배자들과 및 거짓말을 좋아하며 지어내는 자는 다 *성 밖*에 있으리라"(계22:15)

그러나 계22:15절 '성 밖'은 지옥이 아닌 천국이라고 주장하는 이들이 있다. 그들의 주장에 의하면 계22:15절의 사람들은 생명책에 이름은 있어 천국에는 들어간다고 한다. 다만 이기는 자가 못 되어 새 예루살렘 성 안으로 못 들어가고 성 밖에서 산다고 한다. 새 예루살렘 성 밖에 또 다른 장소의 도시가 있는데 그곳도 천국이라고 한다. 다만 거룩한 성 새 예루살렘 안으로 들어가지 못한 자들이라 한다. 이것은 성경에 없는 무리한 해석이다. 위에서 언급 했듯이 천국에는 새 예루살렘 성 외에 다른 성이 없기 때문이다. 여기서 성 밖은 하나님과 분리된 장소로 분명한 지옥이다. 두 구절의 공통 죄 제목은 살인자, 음행 자, 점술가, 우상 숭배자, 거짓말 하는 자들로 결국은 같은 죄다. 앞 구절에 없는 개들이란 죄가 추가되었을 뿐이다.

이렇게 죄를 기록하고 있는 것은 이들이 예수 믿고 회개하지 않았다는 것을 의미한다. 예수 믿고 회개 했다면 이런 죄들은 주님께서 기억하시지도 않는다. 어린양의 피가 모두 씻어 버리기 때문이다. 그런데 어떻게 계22:15절의 죄인들은 성안으로만 못 들어갈 뿐 성 밖 일지라도 천국에 들어 갈수 있다는 것인가? 어떻게 죄인들이 죄를 그대로 가지고 천국에 올 수 있는가? 이들의 이름이 어떻게 어린양의 생명책에 기록되었다고 할 수 있는가? 천국은 예수 믿고 그의 피로 깨끗해진 의인들이 들어가는 곳이다. 천국은 죄가 용납될 수 없는 곳이다. 그러므로 계21:8절의 유황 불 못과 계22:15절의 성 밖은 표현만 다를 뿐 같은 장소로 지옥이다. 이들은 영원히 쫓겨나는 자들이다.

▶영원히 쫓겨나지 않는 자들이 있다.

이제부터 하늘이 아닌 땅의 바깥 어두운 곳을 살펴보고자 한다. 많은 성경 해석가들 가운데 바깥 어두운 곳을 지옥으로 보고 있다. 그렇게 해석하는 이유는 천년왕국을 이해하지 못하기 때문이다. 무 천년 혹은 후 천년 주의자들은 결코 이해할 수 없다. 심지어 전 천년 주의자들까지도 천년왕국을 제대로 이해하지 못하고 있다. 천년왕국의 삶과 배경을 이해한다면 바깥 어두운 곳을 이해하는데 쉬울 것이다. 지금 다루고 있는 것은 천년왕국에 사는 사람들이다. 필자는 바깥 어두운 데로 쫓겨난 자들도 천년왕국에서 함께 살 것으로 보는 것이다. 앞에서도 말했지만 이 해석은 어려운 부분으로 가정으로 푸는 것임을 꼭 기억해 주길 바란다.

천년왕국은 지금 우리가 상상도 할 수 없는 너무도 신비로운 나라다. 그럼에도 불구하고 100% 완벽한 하늘 천국이 아니다. 천년만 유지되는 한시적 물질세계이기 때문이다. 본질이 다른 사람들이 함께 살고 있다. 사는 공간과 장소도 다르다. 시공을 초월하는 영생 체들은 사랑하시는 성으로 구분된 예루살렘 성안에 산다. 썩는 몸을 가진 회복 체와 후손들은 예루살렘 성 밖 성도들의 진에 산다. 성도들의 진은 예루살렘 성을 제외한 전 지구가 될 것이다. 예루살렘 성안에는 신, 구약의 믿음의 선조들이 함께 산다. 아담으로부터 아브라함과 이삭과 야곱으로 이어가는 믿음의 족장들, 신약의 믿음의 선진들이 모두 첫째부활을 했기 때문이다.

"그들이 지면에 널리 퍼져 *성도들의 진과 사랑하시는 성*을 두르매 하늘에서 불이 내려와 그들을 태워버리고"(계20:9)
이렇게 많은 사람들이 모두 예루살렘 성안에 사는 것이 가능할까? 진실로 가능하다. 이들은 시공을 초월함으로 공간의 제한을 받지 않기 때문이다. 이들은 시공이 없기 때문에 그 성 안에서 이미 땅의 천국과 하늘 천국을 공유한다. 이 차이는 지금 우리가 상상 할 수 없는 엄청난 차이다. 그러므로 성 밖 진에 사는 이들은 예루살렘 성안에 사는 영생 체들이 말할 수 없이 부러운 존재들이다. 또한 예루살렘 성안은 밝은 곳이다. 영적 세계인 하늘 천국을 공유하기 때문이다. 천국은 햇빛보다 더 밝은 곳이라고 했다. 반대로 물질세계인 예루살렘 성 밖은 영적 의미로 어두운 곳이다. 이것이 영적 세계와 육적 세계의 사람들의 함께 사는 신비로운 세상의 환경이다. 이러한 환경을 먼저 이해해야 다음에 나열하는 내용들을 이해 할 수 있다.

복음서 세 곳에 등장하는 바깥 어두운 데로 쫓겨나는 자들에 대한 본문을 순서대로 살펴보자.

① 유대인들이 바깥 어두운 데로 쫓겨난다.

"또 너희에게 이르노니 동 서로부터 많은 사람이 이르러 아브라함과 이삭과 야곱과 함께 천국에 앉으려니와 그 나라의 *본 자손들은 바깥 어두운 데 쫓겨나* 거기서 울며 이를 갈게 되리라"(마8:11-12)

한 백부장 하인의 중풍 병을 치료하신 사건이다. 예수님 당시 유대인들은 예수님을 하나님의 아들로 믿지 않았다. 유대인들에게 있어 예수님은 신성 모독하는 배척의 대상이었다. 그런데 이방인인 로마의 백부장의 믿음은 예수님을 감동시켰다. "이스라엘 중 아무에게서도 이만한 믿음을 만나보지 못하였노라"(마8:10) 이렇게 백부장의 믿음을 칭찬하시고 예수님을 배척하는 유대인들을 향하여 하신 말씀이다. 이 말씀의 배경은 천년왕국, 메시아 왕국이다. "나라의 본 자손"이란 문장에서 메시아 왕국임을 알 수 있다. 그 나라의 주인이신 예수님은 유다지파의 유대인이다. 그러므로 메시아 나라의 본 자손은 유대인으로 천년왕국은 유대인이 중심이 되는 나라다. 천년왕국도 유대인과 이방인의 구분이 있는 나라다.

반면에 영원한 천국 아버지 나라는 메시아 나라라고 하지 않는다. 또한 아버지 나라는 유대인만 본 자손이라고 하지 않는다. 어린양 되시는 예수님의 피로 깨끗해진 세상 모든 만민이 그 나라의 자손이다. 가나안 땅에는 12명의 정탐꾼 중에 여호수아와 갈렙만 들어갔다. 여호수아는 에브라임 지파의 유대인이다. 그러나 갈렙은 이방인으로 에돔 족속의 일부인 그니스 족속이다. 유다지파인 어머니의 소속을 따라 합류된 사람이다. 장정만 60만이 출애굽하여 가나안 땅에 들어간 자는 오직 여호수아와 갈렙이다. 그리고 2세들 외에 나머지는 모두 광야에서 죽었다. 가나안 땅은 유대인 한명 이방인 한명이 들어가서 한 민족이 되었다.

영원한 천국 가나안은 이방인의 나라도 유대인의 나라도 아니다. 모두 예수 그리스도 어린양의 피로 인해 한 새 사람이 되어 들어가는 아버지 나라다. 본문에 동 서로부터 온 많은 사람들은 세계 이방인들이다. 이방인들이 이렇게 천년왕국에서 아브라함과 이삭과 야곱과 함께 앉아있다. 이들은 부활과 변화로 휴거 된 자들이다. 그리고 하늘 천국과도 공유하는 장소인 예루살렘 성안에 살고 있다. 이것은 많은 이방인들이 예수 믿고 구원받아 휴거되어 천년왕국에 들어가는 장면을 보여주는 것이다. 그런데 천년왕국에서 나라의 본 자손들은 바깥 어두운 데로 쫓겨나서 울며 이를 간다는 것이 무슨 의미일까?

사실 필자도 이 부분은 분명히 알 수는 없다. 가정으로 풀어가는 것이니 독자들도 넓은 마음으로 이해를 바란다. 필자는 두 가지 가능성을 가정해 본다. 첫 번째는 대다수가 물질세계의 육체를 가지고 들어가서 제사장 사명을 감당하는 유대인들이다. 두 번째는 영생의 몸을 가진 자들 중에 있는 유대인일수 있다. 이 내용은 독자들도 이해하기 쉽지 않을 것이다.

㉠ 먼저 첫 번째 그룹인 육체로 들어가는 유대인을 살펴보자.

이 내용은 이미 휴거 부분에서 다루었던 부분이다. 이들은 지금의 아담의 나라에서 제사장 사명을 감당하지 못했다. 천년왕국에 들어가서 비로소 제사장의 사명을 감당한다. 때문에 마지막 까지 살아남은 대다수의 유대인들은 육체로 들어가는 것이다. 이 뜻은 나라의 본 자손 일지라도 천년왕국의 왕권이 없는 백성으로 씨로 들어간다는 것이다. 또한 영생의 몸이 아니기 때문에 유대인이지만 예루살렘 거룩한 성안으로는 들어가지 못하고 성 밖에 산다.

시공을 초월하는 몸이 아니기에 밝은 하늘 천국도 공유하지 못한다. 썩는 몸을 가진 나라의 본 자손들은 영적으로 어두운 곳인 예루살렘 성 바깥에 살고 있다. 그러나 동서로부터 온 많은 이방인들은 천국에 아브라함과 함께 앉아 있다. 유대인들의 입장에서는 주객이 전도된 것이다. 자기들의 나라인 메시아 왕국에서 그 신비로운 영광의 자리에 참여하지 못하기 때문이다. 아담의 나라에서 제사장의 사명을 감당하지 못했기 때문에 남은 사명을 감당하느라 육을 입고 예루살렘 성 바깥에 사는 것이다. 그런 의미로 성 밖에서 슬피 우는 것이 아닐까 한다.

㉡ 두 번째 그룹으로 영생의 몸을 가진 유대인들이다.

영원한 천국은 그 영광이 모두 다르다. 아마도 천년왕국도 그럴 것 같다. 천년왕국은 본질이 다른 두 부류가 함께 사는 나라다. 여기서 영생의 몸을 가진 사람들이 누리는 영광은 육체를 가진 자들과 비교할 수가 없다. 영생의 몸을 가진 자라고 해서 천년왕국의 영광을 모두가 동일하게 누리는 것이 아닌 것 같다. 주의 나타나심을 사모하다가 휴거되어 천년왕국에 들어 왔으나 천년동안 누리는 영광도 다를 수 있다.

예를 들어 백부장과 당시 유대인들이 모두 천년왕국으로 들어갔다고 가정해 보자. 메시아 나라에서 이방인인 백부장은 예루살렘 성안 들어가서 아브라함과 함께 천국에 앉아 있다. 그리고 왕권을 가지고 주님과 함께 메시아 통치에 동참하는 영광을 누린다. 그러나 그 나라의 본 자손들인 당시 유대인들은 영생의 몸을 가지고도 성 바깥 어두운 데로 쫓겨날 수도 있다. 이에 해당하는 이들은 다음에서 언급하는 자들이다. 첫째 부활에 참여하는 유대인들 중에서 바깥 어두운 데로 쫓겨나는 이들이 있을 것 같다. 예를 들어한 달란트 받은 자와 같은 자들이다. 이들은 성숙하지 못한 자들이다.

이들은 성 안의 밝은 천국의 영광을 공유하지 못하기 때문에 슬피 우는 것이다. 그들은 영생의 몸을 입고도 예루살렘 성안으로 들어가지 못하니 얼마나 슬프겠는가? 그러한 상태는 아마도 천년동안 지속될 것이다. 이러한 상태가 아마도 소위 말하는 연단 받는 기간이 아닐까 생각한다. 바깥에서 슬피 울며 회개하고 더 성숙해져서 영원 천국에 들어가는 것이 아닐까? 지금은 이방인의 때다. 많은 이방인들이 주께로 나와 구원받고 천국 백성이 되었다. 그러나 그 나라의 본 자손인 유대인들은 지금도 예수님을 인정하지 않고 있다. 어쩌면 천년왕국의 영생 체들은 나라의 본 자손들인 유대인들보다 이방인들의 훨씬 더 많을지도 모른다.

② 한 달란트 받았던 무익한 종이 바깥 어두운 데로 내 쫓긴다.

"이 무익한 종을 *바깥 어두운 데로 내쫓으라* 거기서 슬피 울며 이를 갈리라 하니라"(마25:30)

두 번째 달란트 비유의 배경도 천년왕국이다. 다섯 달란트와 두 달란트 받았던 종은 착하고 충성된 종으로 칭찬 받았다. 그리고 주인의 즐거움에 참여하라는 허락을 받았다. 여기서 주인의 즐거움에 참여는 천년왕국의 참여를 의미한다. 마24-25장은 예수님의 천국이정표다. 마25장에는 열 처녀 비유, 달란트 비유, 그리고 양과 염소의 비유가 나온다. 세 개의 비유는 마지막 끝에 일어나는 사건들을 순서적으로 기록하고 있다. 여기서는 두 번째 등장하는 달란트 비유를 살펴본다. 달란트 비유는 휴거 후 하늘 성전 안에서 있게 될 그리스도의 심판대다.

곡식과 가라지는 본질이 다르다. 최후에 곡식은 천국으로 가라지는 지옥으로 간다. 그러나 알곡과 쭉정이는 본질이 같다. 둘 다 곡식인데 알곡은 속이 꽉 찬 것이고 쭉정이는 속이 차지 않은 겨다. 곡식과 가라지 심판은 최후 천국과 지옥을 결정하는 흰 보좌 심판이다. 그러나 알곡과 쭉정이 심판은 휴거 후 하늘 성전에서 열리는 그리스도의 심판대가 아닐까 한다. 그리스도의 심판은 크리노(결정하다)가 아닌 베마(재판석) 심판이다. 아래의 두 말씀을 보자

"손에 키를 들고 자기의 타작 마당을 정하게 하사 알곡은 모아 곳간에 들이고 *쭉정이는 꺼지지 않는 불에 태우시리라*"(마3:12)

"인자가 그 천사들을 보내리니 그들이 그 나라에서 모든 넘어지게 하는 것과 또 불법을 행하는 자들을 거두어 내어 *풀무 불*에 던져 넣으리니 거기서 울며 이를 갈게 되리라"(마13:41-42)

일반적으로 '불'하면 지옥불로 해석하는 경우가 많다. 마3:12의 쭉정이를 태우는 불 '꺼지지 않는'은 헬라어 아스베스토스다. 이 단어는 놀랍게도 '꺼

지지 않는'이란 뜻 외에 '연구하는'이란 뜻이 있다. 또한 마13:42의 풀무 불도 지옥불이 아닌 카미노스 '벽난로'다. 일반적으로 지옥으로 해석하는 것과는 다르다. 정확히 알 수는 없지만 어떤 방법으로든 훈련과 연단, 연구하는 시간은 있는 것 같다.

이와 같이 그리스도의 심판대에서 알곡과 쭉정이가 나뉘어 천년왕국으로 들어가는 것 같다. 그리고 이 쭉정이들은 영생 체 임에도 불구하고 천년왕국의 예루살렘 성안으로는 못 들어가고 바깥 어두운 곳에 거하는 것 같다. 즉 성 밖 어느 한곳에서 거할 수도 있다. 물론 백성들의 눈에는 보이지 않을 것이다. 그곳에서 슬피 울며 이를 가는 것이다. 이들 가운데는 나라의 본 자손인 유대인들도 있다. 눅12장의 아래 말씀은 이러한 상황을 암시하고 있다. 분명히 휴거 후 그리스도의 심판대에서 심판에 따라 매를 맞는 종들이 있다. 매를 많이 맞는 종들도 있고 적게 맞는 종들도 있다. 어쩌면 우리는 주님 앞에서 모두 종아리를 걷어야 할지도 모른다.

"만일 그 종이 마음에 생각하기를 주인이 더디 오리라 하여 남녀 종들을 때리며 먹고 마시고 취하게 되면 생각하지 않은 날 알지 못하는 시각에 그 종의 주인이 이르러 엄히 때리고 신실하지 아니한 자의 받는 벌에 처하리니 *주인의 뜻을 알고도 준비하지 아니하고 그 뜻대로 행하지 아니한 종은 많이 맞을 것이요 알지 못하고 맞을 일을 행한 종은 적게 맞으리라* 무릇 많이 받은 자에게는 많이 요구할 것이요 많이 맡은 자에게는 많이 달라 할 것이니라"(눅12:45-48)

반복하여 강조하는 것은 이 해석은 100% 정확한 해석이 아니다. 필자에게도 아직은 어려운 부분이기 때문이다. 휴거를 다룰 때 휴거 후 7년 동안 공중에 둥둥 떠서 혼인잔치 하는 것이 아니라고 강조했다. 공중으로 휴거후 하늘 성전으로 들어가서 주님 앞에서 모임을 갖는다. 필자는 이 모임을 그리스도의 심판대라고 보는 것이다. 살후 2장은 세 번의 휴거를 말해주고 있는 중요한 내용이 있는 장이다. 휴거의 가르침 초반에 "그 앞에 모임에 관하여"를 말하고 있다. 이것은 예수께서 공중 강림 후 그리스도 앞에서 모이는 모임이다.

"형제들아 우리가 너희에게 구하는 것은 우리 *주 예수 그리스도의 강림하심과 우리가 그 앞에 모임*에 관하여"(살후2:1)

여기서 그리스도의 강림은 지상 재림이 아닌 공중 강림이다. 성도는 공중으로 휴거된 후 주님과 함께 하늘 성전으로 들어간다. 그 앞에서 하는 모임이 무엇일까? 아마도 새로운 세상 메시아 왕국, 천년왕국을 준비하는 모임일 것이다. 이 땅에서 한 일을 평가하고 새로운 세상에서 또 사명을 감당하기 위해 왕권을 부여 받는다. 마25장의 달란트 비유나 눅19장의 므나 비유가 그러한 장면들이다. 달란트 5개 남긴 종에게 그가 남긴 5개를 더 주어 10개의 새로운 사명을 부여한다. 그리고 한 개 있는 종의 것까지 빼앗아 열 개 있는 자에게 준다. 사명 감당 못한 자는 있는 것도 빼앗긴다. 한 므나로 열 므나를 남긴 종에게 열 고을 권세를 차지하라고 한다. 이것도 새로운 사명이다. 이 새로운 사명을 감당하는 곳이 바로 천년왕국이다.

이제 한 달란트 받은 종이 바깥 어두운 곳으로 쫓겨나는 내용을 살펴보자. 앞의 열 처녀 비유는 세 번의 휴거를 나타내는 것이라고 했다. 달란트 비유는 열 처녀 비유 후 사건으로 그리스도의 심판대이기 때문에 이들은 일단 모두 휴거된 자들이다. 나름대로 믿음 생활을 하는 자들이니 주님의 재림도 사모했을 것이다. 주의 나타나심을 사모하는 모든 자는 휴거될 것이다. 그래도 주인이 재능대로 일을 맡길 만큼 나름 일꾼들이었다.

"이제 후로는 나를 위하여 의의 면류관이 예비되었으므로 주 곧 의로우신 재판장이 그 날에 내게 주실 것이며 내게만 아니라 *주의 나타나심을 사모하는 모든 자*에게도니라"(딤후4:8)

그리스도의 심판대 앞에서 재판이 열린다. "내가 너희들에게 맡긴 일에 대한 결과를 내 놓으라" 주님께서 각각 사역의 결과를 요구하실 것이다. 필자도 이 때를 생각하면 참 떨릴 수밖에 없다. 우리 모두는 이 순간을 생각하며 이 땅에서 각자에게 맡겨진 사명을 잘 감당해야 할 것이다. 그리스도의 심판대 앞에서 착하고 충성된 종이라고 주님께 칭찬받는 다면 얼마나 복된 일인가? 반대로 주님 앞에 올려 드릴 열매가 없다면 이 또한 얼마나 부끄러운 일인가? 앞의 다섯 달란트와 두 달란트 받은 종들은 능력껏 열심히 장사해서 배로 남겼다. 그들은 주인께 칭찬받고 주인의 즐거움에 참여하는 권한을 받았다. 천년왕국의 왕권을 받은 것이다.

그러나 한 달란트 받은 종은 주인의 인품을 오해하고 받은 한 개를 땅에 그대로 감추어 두었다. 전혀 일을 하지 않은 것이다. 그저 뒹굴뒹굴 놀았을 것이다. 그러니 주인은 악하고 게으른 종이라고 책망한다. 이 종은 참 미련하고 문제가 많다. 큰돈을 맡긴 주인이 어떠한 분인지도 모른다. 본인이 이익을 남길 능력이 없으면 주인 말대로 은행에라도 맡겨두었어야 했다. 금 한 달란트면 요즘 현시대 가격으로 대충 환산해도 2억 정도다. 고대 숙련공의 20년의 노동 값이라 하니 결코 적은 돈이 아니다. 결국 이 악하고 게으른 종은 주인의 즐거움에 참여하지 못하고 바깥 어두운 데로 내 쫓긴다.

"한 달란트 받았던 자는 와서 이르되 주인이여 당신은 굳은 사람이라 심지 않은 데서 거두고 헤치지 않은 데서 모으는 줄을 내가 알았으므로 두려워하여 나가서 당신의 달란트를 땅에 감추어 두었었나이다 보소서 당신의 것을 가지셨나이다 그 주인이 대답하여 이르되 *악하고 게으른 종*아 나는 심지 않은 데서 거두고 헤치지 않은 데서 모으는 줄로 네가 알았느냐 그러면 네가 마땅히 내 돈을 취리하는 자들에게나 맡겼다가 내가 돌아와서 내 원금과 이자를 받게 하였을 것이니라 하고 그에게서 그 한 달란트를 빼앗아 열 달란트 가진 자에게 주라 무릇 있는 자는 받아 풍족하게 되고 없는 자는 그 있는 것까지 빼앗기리라 이 *무익한 종을 바깥 어두운 데로 내쫓으라* 거기서 슬피 울며 이를 갈리라 하니라"(마25:24-30)

독자들은 글을 읽으면서 주제의 흐름을 놓치지 않기를 바란다. 지금 천년왕국에 함께 사는 사람들을 살펴보고 있다. 지금 세 번째 무익한 종도 천년왕국에 들어가서 함께 산다고 가정하고 풀어가고 있다. 근거는 그리스도의 심판대 앞에 섰으니 일단 휴거되었기 때문이다. 그렇다면 바깥 어두운 곳으로 쫓겨나 슬피 울며 이를 간다는 뜻이 무슨 의미일까? 앞에서 나라의 본 자손인 유대인들이 쫓겨나는 내용을 살펴보았다. 그 중 유대인 중에 두 번째 부류인 영생의 몸을 가진 자들이 바깥 어두운 곳으로 쫓겨나는 상황과 같다. 한 달란트 받은 종은 영생의 몸은 받았지만 왕권이 없다. 있는 것 까지도 빼앗겼으니 천년왕국에서 통치에 참여하는 영광을 누리지 못한다. 주인의 즐거움에 참여하지 못하는 것이다. 휴거는 되었으니 당연히 영생의 몸을 입고도 밝은 예루살렘 성안에 들어가지 못한다.

시공을 초월하는 몸임에도 불구하고 천년동안은 밝고 밝은 하늘 천국을 공유할 자격이 없다. 이 종은 영적으로 어두운 의미의 예루살렘 성 밖에서 살아야 한다. 예루살렘 성안에 들어가지 못함이 얼마나 슬프기에 울며 이를 가는가? 필자는 영생의 몸을 받은 자들은 천년왕국에서 100% 모두 왕권을 받는 줄 알았다. 그러나 달란트 비유를 보면 그렇지 않은 것 같다. 우리도 얼마든지 이 악한 종과 같은 형편에 처할 수 있다. 맡겨진 일 게을리 하고 사명 감당하지 않으면 천년왕국에 들어가서 예루살렘 성안으로 못 들어 갈수도 있다. 어쩌면 우리 중에도 바깥 어두운 데로 쫓겨나는 자가 있을 수도 있다.

천년왕국은 그리스도께서 통치하시는 복되고 복된 나라일지라도 밝고 어두움이 공존하는 물질세계인 것을 기억해야 한다. 바깥 어두운 장소가 구체적으로 어디인지는 알 수 없다. 어떤 방법으로든 영생의 몸을 입은 자 중에 천년동안 그에 합당한 훈련과 연단이 있는 것 같다. 분명히 매를 맞는 종들이 있다고 했다. 영원 천국에서 매 맞는 일은 없을 것이다. 매를 맞고 반성하는 시간을 갖는다면 아마도 천년왕국에서 일 것이라고 본다.

③ 예복을 입지 않은 자가 손발이 묶여 바깥 어두운데 던져진다.

"이르되 친구여 어찌하여 예복을 입지 않고 여기 들어왔느냐 하니 그가 아무 말도 못하거늘 임금이 사환들에게 말하되 *그 손발을 묶어 바깥 어두운 데에 내던지라* 거기서 슬피 울며 이를 갈게 되리라 하니라"(마22:12-13)

본문은 아들을 위하여 혼인잔치를 베푼 어떤 임금에 대한 예수님의 비유다. 전체적인 내용은 생략하고 바깥 어두운 데로 내던져진 부분만 다루고자 한다. 혼인잔치 또한 천년왕국이다. 뒤에서 혼인잔치에 대한 부분을 따로 자세히 언급할 것이다. 여기서 예복을 입지 않은 자는 손발이 묶인 채 바깥 어두운 데로 던져진다. 앞에서 다룬 두 곳은 손발이 묶이지 않고 쫓겨난다. 그런데 유독 이 사람은 손발이 묶여진다. 이 사람은 묶여 있으니 쫓아내도 스스로 나갈 수 없다. 그래서 다른 사람이 들어서 내던져 버린다. 이것은 스스로 아무것도 할 수 없는 상태요 이제는 꼼짝도 못하는 것이다. 그대로 버려지는 것이다. 다시는 기회가 없는 것이다.

임금이 묻는다. "친구여 어찌하여 예복을 입지 않고 여기 들어왔느냐" 혼인잔치에 들어가려면 예복을 입어야 한다. 예복은 구원의 옷이다. 또한 예복은 누가 입혀주는 것이 아니라 본인이 스스로 입어야 한다. 예수를 믿는 것은 개인의 믿음이며 본인의 결단이다. 그런데 이 손님은 예의 없이 스스로 예복도 입지 않고 혼인잔치에 들어온 것이다. 그러므로 이 사람은 임금의 물음에 아무 말도 못한 것이다. 본인도 아는 혼인잔치의 상식을 어겼기 때문이다. 메시아를 인정하지 않은 자가 메시아 나라에 들어온 것과 같다. 임금인 메시아께서 허락하시겠는가? 임금을 무시하는 자는 다시는 들어올 수 없도록 손발을 묶어 바깥으로 던져버리는 것이다.

하늘 천국은 물론 땅의 천국도 구원의 옷인 예수님을 인정하지 않으면 들어갈 수 없다. 혹자는 천년왕국에 초기에는 불신자들도 들어간다고 한다. 결코 그럴 수 없다. 나중에 태어나는 후손들 중에서는 불신자가 나올 것이다. 그러나 천년왕국이 시작되는 초반에 불신자는 결코 들어갈 수 없다. 휴거에서도 여러 번 언급했다. 마지막 민족 심판에서 최후에 예수님을 메시아로 인정한 자들이 백성으로 씨로 들어가는 것이다. 한편 강도가 최후에 예수님을 인정하고 낙원에 들어간 것과 같다. 처음에 두 강도가 함께 예수님을 비난했다. 그러나 한편 강도는 최후에 예수님을 인정하고 낙원을 약속받았다. 이와 같이 민족 심판 자리에 있던 자들은 모두 불신자들이다. 그러나 최후에 메시아를 인정한 자들만 천년왕국의 씨가 되는 것이다.

예복을 입지 않아 손발이 묶여 내 던져진 이 사람은 다시는 기회가 없다. 천년왕국의 마지막 구원의 기회를 놓친 자다. 최후 민족 심판에서 끝까지 예수님을 인정하지 않은 자다. 이제 천년왕국 이후 흰 보좌 심판으로 지옥이다. 그 때까지 움직일 수 없도록 손발이 묶여 바깥 어두운 데로 던져진 것이다. 그러므로 이 자는 천년왕국의 예루살렘 성 바깥의 의미가 아니다. 영적으로 바깥 어두운 음부로 던져진 것이다. 천년왕국에 결코 들어가지 못하는 자이니 영원 천국에도 물론 들어가지 못한다. 양과 염소의 비유에서도 이와 같이 다시는 기회가 없는 내용이 나온다. 민족 심판이 마치면 천년왕국이 시작된다. 마지막 민족 심판에서 최후에라도 예수님을 인정하지 않은 자들은 다시는 기회가 없는 것이다. 천년왕국 후 흰 보좌 심판을 받고 영원한 불에, 영벌에 들어가는 것이다. 양과 염소 비유 역시 천년왕국이 시작되는 배경이다. 예수님께서 지상 재림하시고 앉으시는 영광의 보좌는 메시아 왕국의 왕으로 등극하시는 보좌다.

"*인자가* 자기 영광으로 모든 천사와 함께 올 때에 *자기 영광의 보좌에 앉으리니*"(마25:31)

"또 왼편에 있는 자들에게 이르시되 저주를 받은 자들아 나를 떠나 마귀와 그 사자들을 위하여 예비 된 *영원한 불*에 들어가라"(마25:41)

"그들은 *영벌*에, 의인들은 영생에 들어가리라 하시니라"(마25:46)

6. 천년동안 잔치가 지속되는 나라 천년왕국

천년동안 지속되는 나라 천년왕국을 표현하는 용어는 여러 가지가 있다. 우선 천년왕국은 예수님의 지상사역이 완성되는 초막절이다. 초막절은 예수님의 탄생일이다. 12월 25일이 성탄일이 아닌 것은 이제 다 알고 있는 사실이다. 그러므로 초막절 잔치는 예수님의 생일잔치가 된다. 이 땅에 사람으로 오신 하나님께서 이 땅에서 천년동안 왕으로 통치하시는 그의 나라다. 또한 천년의 어린양의 혼인잔치 기간이다. 그러므로 이사야는 기쁘고 즐거운 나라라고 후렴처럼 많이 사용했다. 이와 같은 용어들을 살펴보고자 한다.

1) 기쁘고 즐거운 복 있는 나라

요한계시록에는 7개의 복이 나타난다. 결국 우리가 들어가는 영원한 천국이 영원토록 복되고 복된 나라이기 때문이다. 이와 같이 천년왕국 역시 복 있는 나라다. 인간이 썩는 몸으로 천년을 살며 최상의 복을 누리는 나라이기 때문이다. 또한 영생의 몸을 입은 자는 그리스도와 더불어 물질세계를 다스리는 왕권에 참여하기 때문이다. 안타깝게도 지금의 세계 교회는 이 복되고 복된 나라 천년왕국을 잃어 버렸다. 사단이 무 천년설 속에 꼭꼭 숨겨 놔 버렸다. 우리는 잃어버린 나라 천년왕국, 숨겨진 나라 천년왕국을 반드시 드러내야 한다.

결혼을 하고 새로운 가정을 시작하기 전에 먼저 신혼여행을 간다. 아마도 대부분 그 기간은 결혼 생활 중 최고의 행복한 순간일 것이다. 천년왕국은 영원히 복된 천국 집으로 들어가기 전에 즐기는 신혼여행과 같은 기간이다. 그러나 신혼여행의 즐거움을 생략하는 이들도 있다. 신혼여행이 없어도 가정은 시작된다. 이와 같이 영원 천국에 들어가는 모든 사람들이 다 천년왕국의 잔치에 참여하는 것은 아니다. 그러나 첫째부활에 참여하는 자는 모두 천년왕국의 영광을 누린다. 그러므로 계20:6절에서 첫째 부활에 참여하는 자가 복이 있다고 하는 것이다. 그러나 마지막 부활에 참여하는 자는 천년왕국을 건너 영원 천국에 들어가는 것이다. 많은 예언서들이 메시아 왕국을 예언하고 있다. 그중 이사야서는 가장 구체적으로 많은 부분 천년왕국을 자세히 표현하고 있다.

이사야서에서 메시아 왕국을 표현하는 특징 중 하나는 기쁘고 즐거운 나라다. 잔치는 기쁘고 즐거운 시간이다. 천년왕국이 잔치와 같이 그렇게도 기쁘고 즐거운 나라인 것이다. 천국이정표가 되고 있는 다니엘과 마태복음 그리고 요한계시록에는 천년왕국이 복 있는 나라임을 말해주고 있다. 다니엘서에 1335일 이까지 이르는 사람이 복이 있다. 그 사람은 메시아 왕국에 들어가기 때문이다. 마태복음에서 때에 맞는 양식을 나눠주는 충성된 종은 복이 있다. 그 주인이 올 때 가지고 오는 복 있는 나라 메시아 왕국에 들어가기 때문이다. 요한계시록에 첫째 부활에 참여하는 자는 복이 있고 거룩하다. 첫째 부활에 참여하는 자는 모두 천년왕국에 들어가기 때문이다.

"기다려서 천삼백삼십오 일까지 이르는 그 사람은 *복이 있으리라*"(단12:12)

"충성되고 지혜 있는 종이 되어 주인에게 그 집 사람들을 맡아 때를 따라 양식을 나눠 줄 자가 누구냐 주인이 올 때에 그 종이 이렇게 하는 것을 보면 그 종이 *복이 있으리로다*" (마24:45-46)

"이 첫째 부활에 참여하는 자들은 *복이 있고 거룩하도다*" (계20:6)

2) 어린양의 혼인잔치가 진행되는 나라

7년 이전 환난 전 휴거 지지자들은 어린양의 혼인잔치는 공중에서 7년 동안 열린다고 한다. 7년 동안 공중에서 예수님과 결혼식을 마치고 예수님 지상 재림할 때 함께 내려온다고 한다. 혹자는 더 나아가 천국에서 우리는 하나님의 아내가 되어 산다고 한다. 갈수록 태산이다. 영원 천국에는 예수라는 이름이 없다. 오직 어린양이 있을 뿐이다. 하나님께서 예수라는 이름으로 어린양이 되어 그의 피로 우리를 사셨기 때문이다. 어린양의 혼인잔치를 문자적으로 이해하는 이러한 해석은 성경적이지 않다.

어린양의 혼인잔치라 함은 상징과 비유다. 신랑 되신 예수님과 신앙 좋은 여러 신부 그룹들과 혼인하시는 것이 아니다. 신랑 되신 어린양께서 그의 피로 사신 신부된 교회와의 혼인이다. 그러므로 예수님의 혼인잔치가 아니라 어린양의 혼인잔치라 한다. 창조주 하나님이신 예수님께서 그의 손으로 지으신 피조물인 사람과 결혼을 하실 수 없다. 하나님과 우리와의 실제 관계는 하나님은 아버지요 우리는 그분의 자녀다. 그러므로 아버지가 자녀와 결혼을 할 수 없다. 그런데 어떻게 공중에서 예수님과 결혼식을 한다는 해석이 나오는지 이해 할 수 없다.

그들 나름대로 유대인의 혼인예식 전통을 예를 들지만 유대인의 전통이 성경은 아니다. 이러한 해석은 하나님의 성품으로도 맞지 않는다. 7년 중 후3.5년에는 성도들이 목 베임을 받으며 순교하는 시기다. 그런데 공중에서는 즐거운 혼인잔치가 열린다는 것은 상식적으로 맞지 않다. 계19장에 등장하는 어린양의 혼인기약에 대한 말씀을 상고해 보자

① 어린양의 혼인 기약이 다가오고 있다.

"우리가 즐거워하고 크게 기뻐하며 그에게 영광을 돌리세 *어린 양의 혼인 기약이 이르렀고* "(계19:7)

어린양의 혼인잔치는 천년왕국이다. 천년동안 진행되는 기쁘고 즐거운 잔치다. 계19장에는 어린양의 혼인 기약이 이르렀다고 한다. 혹자는 계19장에서 천년왕국 혼인잔치가 열린다고 해석하는 이도 있다. 그러나 계시록을 지극히 순서적으로 볼 때 천년왕국 혼인잔치는 계20장이다. '기약이 이르렀고'는 헬라어 엘코마이로 '오다' '가다' 등의 의미다. 계19장은 혼인잔치가 아니고 혼인기약이 다가오고 있다는 뜻이다. 계19장에서 예수님께서 지상 재림 하시고 아마겟돈 전쟁과 민족 심판이 있다. 그리고 계20장에서 혼인잔치인 천년왕국이다. 그리고 계21-22장은 천년왕국 이후 영원천국으로 들어가는 새 하늘과 새 땅이다.

② 청함 받은 자들은 복이 있다. 택함 받은 자는 적다.

"*어린 양의 혼인 잔치에 청함을 받은 자들은 복이 있도다*"(계19:9)

"*청함*을 받은 자는 많되 *택함*을 입은 자는 적으니라"(마22:14)

잔치는 모든 사람들이 다 참예하지 않는다. 초대 되는 사람들이 있다. 초대되는 사람들은 복이 있는 사람들이다. 그러나 초대하는 모든 사람들이 또다 참여하지 않는다. 계19:9절에 청함 받은 자들이 복이 있다고 한다. 여기서 '청함'은 칼레오로 '부르다' '불리우다' 이다. 특별히 이름을 불려서 잔치에 초대되는 사람이다. 마22장의 혼인잔치에서 청함은 두 개의 단어가 나온다. 마22:3,4,8,9절의 청함은 계19장과 같은 칼레오다. 그러나 마22:14절의 '청함'은 클레토스, '초대된' '지정된'이다. '택함'은 에클렉토스로 '뽑힌' '선출된' '택함을 받은'이다. 불러서 초대된 사람들은 많지만 그중에서 뽑힌 사람들은 적다는 것이다.

마22장에는 모든 것이 준비된 혼인잔치에 사람들을 초대하고 있다. 그러나 모두가 각각의 핑계로 초대(칼레오)를 거부한다. 결국에는 초대한 자들 중에 뽑힌 자들이 잔치에 참여한다. 천년왕국은 모든 것이 준비된 혼인잔치다. 성경은 이 복된 천년왕국의 혼인잔치에 초대하는데 사람들은 거부한다. 혹은 천년왕국이 없다고 한다. 그러나 천년왕국을 부인하는 이들과는 상관없이 성경대로 천년왕국의 혼인잔치는 열린다. 그리고 택함 받은 자들은 복되고 즐거운 혼인잔치에 참여할 것이다.

그 밖에 천년왕국이 혼인잔치 임을 알 수 있는 내용들이 많이 있다. 마25장에 열 처녀 비유의 혼인잔치도 천년왕국이다. 열 처녀 비유는 세 번의 휴거를 통해 천년왕국에 들어가는 사람들을 묘사하고 있다. 휴거단원에서 다룬 것처럼 세 번의 휴거에 참여하는 자들이 혼인잔치 곧 천년왕국에 들어갈 수 있다. 또한 눅13장에 하나님 나라 잔치 역시 천년왕국이다. 혼인잔치는 천년왕국이 기쁘고 즐거운 나라임을 나타내는 비유중 하나다.

"사람들이 동서남북으로부터 와서 *하나님의 나라 잔치*에 참여하리니"(눅13:29)

3) 초막절 잔치가 진행되는 나라

초막절은 역사적 의미로는 장막절, 농업적 요소로는 수장절 이라고 한다. 봄부터 보리와 밀 수확을 마치고 가을에 과일 수확을 마치면 1년 농사가 끝난다. 수장절은 모든 수확을 마치고 곡식과 과일을 다 수장해 놓고 즐기는 행사다. 반면에 초막절 장막절은 조상들의 광야 생활을 기억하며 기념하는 행사다. 유대인들은 초막절에 광야생활의 고난과 궁핍과 비참함을 떠올리지 않는다. 7일 동안 초막에 거하며 광야의 추위와 열기를 식히는 피난처로 초막을 통해 보호하셨던 하나님의 은혜를 감사한다.

① 초막절은 여호와의 7대 절기의 완성이요 메시아 7대 지상 사역의 완성이다.

초막절 행사는 유대인을 넘어 전 세계적인 행사로 7일간 진행되며 8일째 큰 성회로 마친다. 초막절 기간에 70마리의 황소가 제물로 드려진다. 이것은 창10장에 열거된 70개의 열방을 상징한다. 첫날 13마리로 시작해서 매일 한 마리씩 줄이며 7일간 총 70마리의 제물을 드린다. 이때 하늘에서 내려주시는 하나님의 복이 이스라엘을 넘어 열방에 미치도록 기도한다. 그러므로 초막절에는 전 세계 이방인들이 이스라엘에 모여 유대인들과 함께 행사를 즐긴다.

초막절 행사는 선민사상이 강한 유대인의 정서와는 좀 거리가 있어 보인다. 그러나 이방인과 함께하는 초막절 행사를 통해 이렇게 이스라엘의 선민사상을 뛰어 넘는다. 이것은 창1:14에 예언된 여호와의 7대 절기 속에 들어있는 하나님의 구원 역사의 계획이다. 첫 번 절기 유월절은 이스라엘 유대민족으로 시작한다. 그러나 유월절 어린양 되시는 예수님의 피는 유대인만을 위해 흘린 피가 아니다. 세상 죄를 지고 가는 어린양으로 세상 만민을 위해 흘린 피다.

그러므로 마지막 절기 초막절은 유월절 구원의 축복이 전 세계 열방으로 확대 되어야 한다. 때문에 초막절은 예수님의 7대 절기의 완성이요 7대 지상사역의 완성이다. 동시에 이 땅 물질세계 시간 역사의 마침이다. 하나님의 천국운동 계획의 완성이다. 초막절 7일간 행사 후 8일째 큰 성회를 마치면 집으로 돌아간다. 이와 같이 초막절 잔치 천년왕국을 마치면 8일째 우리는 영원한 하늘 집으로 들어간다. 8은 새로운 시작이다. 본질이 썩지 않는 새로운 세계로 영생이 시작되는 것이다.

② 초막절에는 세계 이방민족이 왕 중 왕이신 메시아께 경배한다.

초막절은 예수님께서 세계 만왕의 왕으로 통치하시는 메시아 왕국 시대를 의미한다. 메시아의 3대 사역인 왕의 사역을 그분의 나라인 메시아 왕국에서 완성 하시는 것이다. 빌라도 앞에서 "내 나라는 여기에 속한 것이 아니다"(요18:36)라고 하셨다. 그러나 그분의 나라가 오면 유대뿐 아니라 세계를 통치하시는 만왕의 왕으로 등극 하신다. 7대 절기는 예수님 지상 사역의 예행연습이다. 초막절은 세계 만왕의 왕으로 통치하실 메시아 왕국시대를 연습하는 것이다. 그러므로 열국을 의미하는 70마리의 황소를 드리며 열방에 복이 임하기를 기도하는 것이다. 지금 이스라엘은 초막절을 예수님의 탄생일로 지키고 있다. 지금은 세계인의 잔치가 성탄절이지만 천년왕국의 세계인의 잔치는 예수님의 탄생일인 초막절이다.

"예루살렘을 치러 왔던 *이방 나라들 중에 남은 자*가 해마다 올라와서 그 왕 만군의 여호와께 경배하며 *초막절을 지킬 것이라*"(슥14:16)

예루살렘을 치러왔던 이방 나라들 중에 남은 자들이 있다. 이들이 바로 최후 민족 심판에서 메시아를 인정하고 육으로 천년왕국에 들어와 후손을 번성하는 씨들이다. 천년왕국은 초막절이 진행되는 나라이기 때문에 천년왕국에서 초막절은 가장 큰 중요한 행사다. 초막절에는 이방 모든 민족들이 예루살렘으로 와서 초막절을 지켜야 한다. 초막절을 지키러 예루살렘으로 오지 않으면 재앙과 벌을 내리고 비도 내리지 않는다고 하신다. 이렇게 되면 이방 나라가운데는 극심한 가뭄도 겪게 될 것이다. 즉 천년왕국에 비가 내리지 않는 가뭄도 있는 것이다.

"땅에 있는 족속들 중에 그 왕 만군의 여호와께 경배하러 예루살렘에 올라오지 아니하는 자들에게는 *비를 내리지 아니하실 것*인즉 만일 애굽 족속이 올라오지 아니할 때에는 비 내림이 있지 아니하리니 *여호와께서 초막절을 지키러 올라오지 아니하는 이방 나라들*의 사람을 치시는 *재앙*을 그에게 내리실 것이라 애굽 사람이나 이방 나라 사람이나 초막절을 지키러 올라오지 아니하는 자가 *받을 벌*이 그러하니라"(슥14:17-19)

③ 초막절에는 땅의 모든 족속이 여호와께 돌아온다.(세계단일국가 / 세계단일종교)

지금의 세상은 공중 권세 잡은 사단의 통치아래 있다. 사단은 세상의 모든 이방종교 안에서 왕 노릇 하며 경배 받고 있다. 인간은 창조주 하나님을 떠나 하나님이 창조하신 피조물을 우상으로 섬기고 있다. 타락한 천사도 다 하나님의 창조물이다. 거짓의 아비 마귀에게 속고 있는 것이다. 물론 사단의 모든 영역은 하늘의 통치하에 하나님께서 허락하신 영역이다. 지금 이방 신들과 우상을 섬기는 자들은 모두다 하나님을 떠나 있는 것이다. 그러나 이 모든 우상종교로부터 하나님께로 돌아오는 시기가 있다. 세상 모든 만민이 함께 모여 오직 창조주 하나님께만 예배하는 때가 온다. 바로 메시아 왕국 천년왕국에서 초막절이다.

"땅의 모든 끝이 여호와를 기억하고 돌아오며 모든 나라의 모든 족속이 주의 앞에 예배하리니 나라는 여호와의 것이요 여호와는 모든 나라의 주재심이로다"(시22:27-28)

"말일에 여호와의 전의 산이 모든 산 꼭대기에 굳게 설 것이요 모든 작은 산 위에 뛰어나리니 만방이 그리로 모여들 것이라 "(사2:2)

"많은 백성과 강대한 나라들이 예루살렘으로 와서 만군의 여호와를 찾고 여호와께 은혜를 구하리라"(슥8:21-22)

7. 언약이 성취되는 나라 메시아 왕국

민족과의 언약이든 개인과의 언약이든 성경에는 수많은 언약이 나온다. 하나님은 언약의 하나님이시다. 그 중 많은 언약들이 아직 완성이 되지 않았고 진행 중에 있는 것들이 있다. 천년왕국은 아주 중요한 성경의 언약들이 성취되는 나라다. 본서의 첫째 단원에서 간단히 언급되었던 내용들이 본 단원에서 좀 더 구체적으로 드러난다.

1) 여인의 후손이 최후 승리하는 나라

"내가 너로 여자와 원수가 되게 하고 네 후손도 여자의 후손과 원수가 되게 하리니 여자의 후손은 네 머리를 상하게 할 것이요 너는 그의 발꿈치를 상하게 할 것이니라 하시고"(창3:15)

하나님이 사람의 몸을 입고 이 땅에 오실 것을 사단은 알고 있다. 그래서 예수님이 오시는 길을 막으려고 수많은 공작을 펼쳐왔다. 그러나 사단의 모든 공격은 예수님의 발꿈치를 상하게 할 뿐 치명적인 영향력은 없다. 공중권세를 잡은 사단은 하나님과 사람 사이를 가로막고 세상을 어둠으로 장악하고 있다. 이제 곧 공중권세 마저 무너지는 최후의 시간이 남아있다. 마지막

7년 중 후3.5년에 이를 쯤에 미가엘 과의 싸움으로 공중 권세마저 빼앗긴다. 이 땅으로 쫓겨나 마지막 사력을 다 하지만 결국 사단의 세력은 하나님 앞에 독안에든 쥐와 같다. 물고기를 그물망으로 모아서 한꺼번에 잡아 올리듯 마지막 세계정부에 최후 권력이 모아지면 심판이다. 뱀은 머리가 상하였으므로 사단은 치명타를 입었다. 결국 멸망이다.

이 세상은 싸움의 역사다. 여인의 후손과 뱀의 후손의 싸움이다. 뱀의 후손은 이 땅에 인본주의 나라 세계단일정부를 먼저 세운다. 그러나 일곱째 머리, 이 나라는 하나님께서 유통기한을 7년으로 정해 놓으셨다. 기한이 차면 여인의 후손에 의해 망하는 나라다. 사단은 천년동안 결박되고 여인의 후손이 주인 되시는 신본주의 나라 천년왕국이 세워진다. 이것은 창1:1에 담겨져 있는 두 개의 상징 언어가 완성되는 것이다. 창1:1의 하나의 상징 언어는 먼저 오는 도적의 나라 666, 피라미드다. 사단의 왕국 마지막 7년 세계단일 정부다. 그리고 또 하나의 상징 언어 창1:1인 다윗의 별이다. 생명을 얻게 하고 더 풍성히 얻게 하는 나라 다윗왕국의 위를 이는 나라 메시아 왕국이다. 메시아 나라는 창1:1의 성취요 창3:15절의 완성이다.

2) 아브라함의 횃불언약이 완성되는 나라

아브라함 이삭 야곱은 엄밀히 따지면 유대인이라고 할 수 없다. 정확히 말하면 에벨의 아들 벨렉의 계보를 이은 히브리인이다. 히브리사람 아브라함을 선택하셔서 이스라엘 유대민족의 조상이 되게 하신 것이다. 바벨론 갈대아 우르에서 우상 장사를 하던 가정의 아브람을 불러내어 유대민족을 형성하신다. 메시아가 오시는 길을 준비하시기 위해 창12장부터 구체적인 하나님의 구속사 계획이 시작된다. 창15장의 횃불언약은 구속사에 있어서 너무나 중요한 언약이다. 그러나 아직도 아브라함과 맺은 횃불언약은 완성되지 않았다.

아브라함 위의 조상들은 대부분 30세쯤에 자녀를 낳았다. 그러나 아버지 데라는 70세에 아브라함과 나홀과 하란을 낳았다. 위 선조들 보다 많이 늦은 나이이다. 그런데 아브라함도 창12장에서 부름 받을 때 75세였으나 자녀가 없었다. 아버지 데라와 같이 늦도록 자녀가 없어 후손에 대한 걱정이 있었던 것 같다. 그래서 일찍 죽은 그의 동생 하란의 아들인 조카 롯을 양자 삼으려했을 것이다. 그러나 아브라함의 씨를 통해 예수 그리스도가 오셔야 하기에 하나님은 철저하게 주변의 혈통관리를 하신다. "본토, 친척, 아비 집을 떠나라"(창12:1)

아브라함을 통해 큰 민족을 이루시겠다는 하나님의 약속을 받은 지 10여 년이 지났지만 여전히 자녀는 없다. 후손을 기다림이 지쳐갈 무렵 창15장에 하나님은 또 나타나셨다. 그리고 상속자 삼으려던 시종 엘리에셀 마저 정리하신다. 그리고 이후 하갈을 통해 얻은 장자 이스마엘 마저도 약속의 씨가 아니라고 하신다.(창17:18-19) 창12장에서는 아브라함을 통해 큰 민족을 이루시고 복의 근원이 되게 하신다는 약속이었다. 그러나 창15장에서는 언약의 씨와 땅에 대해 구체적으로 약속하신다. 아브라함은 이 약속을 믿었고 하나님은 그를 의로 여기셨다.

① 하나님께서 아브라함과 맺으신 횃불언약의 키워드는 씨와 땅이다.
언약의 주제인 씨와 땅은 창12장부터 여호수아까지 중심사상이 된다. 아브라함은 하나님께 약속의 증표를 요구한다. 당시 가나안 땅은 이미 함의 아들인 가나안의 후손들이 여러 족속을 이루어 살고 있었다. "네가 하나님의 약속을 믿습니다. 그러나 이 땅을 기업으로 주신다는 것을 무엇으로 알리이까? 네가 믿고 기다릴 테니 증표를 주소서"

"그를 이끌고 밖으로 나가 이르시되 하늘을 우러러 *뭇별*을 셀 수 있나 보라 또 그에게 이르시되 *네 자손이 이와 같으리라* 아브람이 여호와를 믿으니 여호와께서 이를 그의 의로 여기시고 또 그에게 이르시되 나는 *이 땅을 네게 주어 소유를 삼게* 하려고 너를 갈대아인의 우르에서 이끌어 낸 여호와니라"(창15:5-7)
창15장 언약의 키워드는 둘이다. ㉠**내가 너에게 하늘의 별과 같이 많은 씨를, 후손을 주리라.** ㉡**내가 너의 후손이 살 땅, 기업을 주리라**는 것이다. 즉 씨와 땅에 대한 약속이다. 이를 위해 하나님은 증표를 주시겠다고 언약체결을 준비를 지시하신다. 당시 고대근동 지방에서 통상적으로 시행되던 언약 체결 방식이다. 짐승을 죽여 반으로 쪼개어 양쪽에 펼쳐두고 그 쪼갠 고기 사이를 언약체결 당사자 둘이 함께 지나간다. 이것은 언약 체결 당사자 중 언약을 파괴하는 자는 지금 이 짐승처럼 쪼개어 죽임을 당한다는 것이다. 이 체결 방식은 목숨을 걸고 지켜야 하는 생명을 내 놓는 언약이다.

② 언약을 체결을 준비하다.

하나님의 지시대로 언약체결 준비를 다 마쳤다. 하나님은 나타나지 않으시고 피 냄새를 맡은 솔개들이 사체로 모여든다. 아브라함은 솔개를 쫓느라 지쳤다. 해가 지고 피곤하여 깊이 잠든 중에도 캄캄함이 임하여 두려워한다. 그때 하나님이 꿈으로 나타 나셔서 약속한 후손에 대해 중요한 핵심 브리핑을 해 주신다.

"그가 이르되 주 여호와여 *내가 이 땅을 소유로 받을 것을 무엇으로 알리이까* 여호와께서 그에게 이르시되 *나를 위하여 삼 년 된 암소와 삼 년 된 암염소와 삼 년 된 숫양과 산비둘기와 집비둘기 새끼를 가져올지니라* 아브람이 그 모든 것을 가져다가 그 중간을 쪼개고 그 쪼갠 것을 마주 대하여 놓고 그 새는 쪼개지 아니하였으며"(창15:8-10)

③ 너의 후손은 이렇게 되리라

앞으로 그의 후손들이 이방 땅에서 400년 동안 노예 생활을 한다는 예언이다. 어찌 보면 참 기가 막히는 예언이다. 그러나 하나님께서 자손들을 종삼아 괴롭힌 나라를 징벌하신다고 한다. 그리고 400년간 일한 노동 값으로 큰 재물을 이끌고 나온다니 그나마 다행이다. 모세 5경은 이 예언의 성취를 기록하고 있는 것이다. 이스라엘 백성들은 이때 이끌고 나온 재물로 광야에서 성막을 지었다. 성막을 짓는데 엄청난 금과 은과 보석 패물들이 필요했다.

"여호와께서 아브람에게 이르시되 너는 반드시 알라 *네 자손이 이방에서 객*이 되어 그들을 섬기겠고 그들은 *사백 년* 동안 네 자손을 *괴롭히리니* 그들이 섬기는 *나라를 내가 징벌할지며* 그 후에 네 자손이 *큰 재물*을 이끌고 나오리라"(창15:13-14)

㉠ 네 자손이 이방 땅에서 객이 되어 그들을 섬기기라(400년 노예생활)
㉡ 그들은 사백년 동안 네 자손을 괴롭게 하리라
㉢ 그 나라를 내가 징치하리라
㉣ 네 자손이 큰 재물을 이끌고 나오리라

④ 아브라함이 하나님께 불순종하고 제사를 실패했는가?

횃불언약과 관련하여 잘못 해석하고 있는 부분을 짚고 가려고 한다. 이것은 우리가 바르게 알아야 할 아주 중요한 부분이다. 이스라엘 민족이 애굽에서 400년간 노예생활을 했다. 혹자는 400년 노예생활을 한 원인을 아브라함이 횃불언약에서 제사를 실패했기 때문이라고 한다. 아브라함이 언약체결 준비를 할 때 새는 다 쪼개지 않았다.

"아브람이 그 모든 것을 가져다가 그 중간을 쪼개고 그 쪼갠 것을 마주 대하여 놓고 *그 새는 쪼개지 아니하였으며*"(창15:10)

"또 그 날개 자리에서 *그 몸을 찢되 아주 찢지말고*..."(레1:17)

이것을 두고 제사 준비에 100% 순종을 하지 않은 불순종이라 한다. 아브라함의 이러한 제사 실패로 인해 그의 후손이 애굽에서 400년간 혹독한 종살이를 했다고 한다. 그래서 우리는 하나님 앞에 100% 순종하고 예배를 100% 성공해야 한다고 한다. 우리는 마땅히 하나님께 100% 순종함으로 예배를 성공해야 한다. 그러나 예배성공에 횃불언약 비유는 적절하지 않다. 이것은 모세5경에 나타나는 구속사의 흐름을 너무도 모르는 정말 너무나 어이없는 해석이다.

창15장은 하나님께 제사, 예배에 관한 내용이 아니다. 하나님과 아브라함의 언약 체결 사건을 다루고 있다. 예배, 제사와 언약체결은 다르다. 짐승은 제사에도 쓰이고 언약체결에도 쓰이는 동물이다. 하나님이 새 한 마리 안 쪼갰다고 그의 백성을 400년 동안 종살이 시키시는 분이신가? 언약체결을 제사라고 보는 것도 문제요 당시 언약 체결 방식을 이해 못하는 것도 문제다. 이러한 해석은 하나님의 큰 구원 계획의 섭리를 크게 오해하는 것이다.

레위기에 새의 제사법이 나온다. 제물 중 크기가 가장 작다. 너무 작은 새는 그 몸을 찢되 아주 찢지 않는다. 물론 율법은 아브라함 이후에 제정되었다. 그러나 고대 근동 지방에서 시행하던 방법들이 기반이 되었을 것이다. 아브라함은 불순종 한 것이 아니다. 아브라함이 당시 언약체결에서 제물을 다루는 방법을 모를 리 없다. 암소, 암염소, 숫양 짐승들을 가져다가 그 중간을 쪼개어 양쪽에 마주 대하여 놓았다. 덩치 큰 짐승들은 한 마리씩인데 산비둘기 집비둘기 작은 새는 그것도 새끼로 두 마리다. 작은 새 두 마리는 시행법대로 날개 아래서 찢고 반으로 완전히 쪼개지 않았다. 아마도 반으로 아주 쪼개지 않은 새끼 새 두 마리는 쪼개놓은 짐승 양쪽에 한 마리씩 두었을 것이다.

이스라엘 백성이 400년간 종살이 한 것은 하나님의 구속사의 큰 계획안에 있는 것이다. 하나님은 아브라함 한 가정을 통해 그의 자손을 민족으로 번성 시켜야 한다. 목축업을 하는 이스라엘은 항상 많은 짐승 떼를 이끌고 살아간다. 많은 짐승들을 키워야 하는 풍성한 푸른 초장도 필요하다. 하나님은 크신 섭리가운데 요셉을 먼저 애굽으로 보내셨다. 그리고 후에 애굽의 가장 기름지고 좋은 땅 고센으로 야곱의 자손들을 보내셨다. 그곳에서 야곱의 한 가정을 한 민족으로 형성하기 위한 하나님의 거대한 구속사의 프로젝트가 가동을 시작한 것이다.

야곱의 후손들은 가장 좋은 고센 땅에서 목축업을 하며 짐승 떼들과 함께 안정적으로 번성하기 시작했다. 요셉은 어릴 적에 할아버지 이삭과 아버지 야곱으로부터 하나님의 언약에 대해 들어왔을 것이다. 요셉은 이러한 하나님의 섭리를 이해하고 있었다. 때문에 형들을 만났을 때 "하나님께서 나를 당신들보다 먼저 보내셨다"고 고백할 수 있었던 것이다. 요셉은 하나님의 큰 구원의 계획을 알기에 죽을 때에도 애굽에서 자신의 해골을 가지고 나가라고 유언했다.

"*하나님이 큰 구원*으로 당신들의 생명을 보존하고 당신들의 후손을 세상에 두시려고 *나를 당신들보다 먼저 보내셨나니*"(창45:7)

"요셉이 그의 형제들에게 이르되 나는 죽을 것이나 하나님이 당신들을 돌보시고 *당신들을 이 땅에서 인도하여 내사 아브라함과 이삭과 야곱에게 맹세하신 땅에 이르게 하시리라* 하고 요셉이 또 이스라엘 자손에게 맹세시켜 이르기를 하나님이 반드시 당신들을 돌보시리니 *당신들은 여기서 내 해골을 메고 올라가겠다 하라* 하였더라"(창50:24-25)

⑤ 하나님께서 홀로 횃불로 지나가시다.

하나님께서 후손에 관한 브리핑을 마치고 쪼갠 고기 사이를 타는 횃불로 지나가셨다. 하나님께서 홀로 생명을 내 놓으신 것이다. 원래는 아브라함과 함께 지나가야 언약체결이 성립된다. 그러나 아브라함은 이 언약을 지킬 수가 없다. 이 언약을 이행 하실 수 있는 분은 오직 하나님이시다. 하나님은 횃불이 더욱 선명하게 보이는 캄캄한 밤을 택하셨다. 이렇게 하나님께서 밤에 횃불로 지나가셔서 횃불 언약이라 한다. 이렇게 하나님께서 홀로 체결하신 횃불언약은 중요한 두 가지 하나님의 선포.

"해가 져서 어두울 때에 연기 나는 화로가 보이며 *타는 횃불이 쪼갠 고기 사이로 지나더라* "(창15:17)

첫째 구속사역은 내가 100% 주도적으로 이끌어 간다. 구속사에 인간의 개입은 없다.
둘째 이 언약을 지키기 위해 나는 여기 동물과 같이 생명을 내 놓았다.
유월절 어린양이다.

⑥ 나를 위하여 준비하라 - 유월절 어린양 되심

이 언약은 겉으로 보면 아브라함의 요구대로 언약의 증표를 주시기 위한 체결이다. 그렇다면 제물은 아브라함을 위해 준비해야 하는 것 같다. 그런데 하나님은 나를 위하여 준비하라고 하신다. 여기에 구속사의 중요한 의미가 있다. 언약체결을 위해 죽임 당하여 좌우로 쪼개어진 짐승은 바로 하나님 자신이다. 횃불언약은 갈보리 산의 십자가 사건의 그림이다. 좌우로 쪼개어진 짐승은 예수님이다. 그리고 어쩌면 양쪽에 아주 찢어지지 않은 비둘기 두 마리는 양쪽의 두 강도 일지도 모른다. "나를 위하여"라 함은 십자가에 죽으실 어린양 되시는 예수님을 위하여 준비하라고 하신 것이다. 이 언약은 유월절 어린양 십사가 사건으로 실현되었다.

"여호와께서 그에게 이르시되 *나를 위하여* 삼 년 된 암소와 삼 년 된 암염소와 삼 년 된 숫양과 산비둘기와 집비둘기 새끼를 가져올지니라"(창15:9)

횃불 언약의 주제인 씨와 땅의 최종 결론은 하늘의 새 예루살렘 성이다. 결국 천국의 새 예루살렘 성은 아브라함의 씨가 유업으로 받는 것이다. 하늘의 가나안 땅을 유업으로 주시기 위해 하나님께서 이 짐승처럼 죽으시겠다는 것이다. 횃불언약은 쌍방 체결이 아닌 구속사를 위한 하나님의 일방체결이다. 그러므로 캄캄한 밤에 선명한 횃불로 홀로 지나가신 것이다. 횃불언약 체결로 생명을 주신 어린양의 피로 우리는 영적 아브라함의 후손이 되었다. 그러므로 새 예루살렘성은 어린양의 생명책에 그 이름이 기록된 자들만 들어갈 수 있다.(계21:27) 횃불언약은 어린양 되실 하나님 자신을 위하여 믿음의 조상 아브라함과 체결하신 것이다. 언약 체결에서 아브라함은 모든 믿음의 후손들의 대표다. 그러므로 횃불언약은 어린양의 피로 구원 받은 모든 자들과 맺으신 언약이다.

⑦ 이 땅을 애굽 강에서부터 유브라데까지 주리라 - 메시아 왕국에서 성취된다.

여기서 중요한 것은 창15:7절 에서는 가나안 땅을 업으로 주신다고 하셨다. 그런데 횃불로 쪼갠 고기 사이를 지나신 후에 땅 지경이 애굽 강에서부터 유브라데까지 넓어진다. 횃불이 지나 간 후라 함은 예수님 십자가 사건 이후라는 뜻이다. 창15:7절은 현재 이스라엘 가나안 땅이다. 언약이 일부 성취된 땅이다. 그러나 창15:18절에서 언약한 땅은 아직 성취되지 않았다.

"그 날에 여호와께서 아브람과 더불어 언약을 세워 이르시되 내가 *이 땅을 애굽 강에서부터 그 큰 강 유브라데까지* 네 자손에게 주노니"(창15:18)

횃불이 지나가는 십자가 사건까지 다니엘의 69이레가 지났다. 그리고 지금은 69이레와 마지막 70번째 이레 사이인 간격시대다. 창15:18절의 땅은 십자가 사건 이후 간격시대인 이방인의 때를 지나야 성취된다. 70이레를 마친 후 메시아 왕국에서 성취되는 땅이다. 다시 말하면 씨와 땅을 주시겠다는 언약은 한꺼번에 성취되는 것이 아니다. 모든 언약과 선지자들이 예언한 이스라엘의 구원과 회복의 완성은 간격시대를 지나 메시아 왕국이다.

⑧ 에스겔 천년왕국에서 이스라엘 언약의 땅이 완성된다.

메시아 왕국에서 이스라엘의 지경은 지금 보다 훨씬 넓어진다. 위로 유브라데 다메섹 까지 아래로 애굽 강까지다. 겔47장에는 이 말씀이 성취되는 것을 예언하고 있다. 옛적에 아브라함과 체결한 횃불언약이 조상들에게 맹세한 언약의 근원이다. 그리고 동서남북 경계선이 나온다. 그중 창15:18에 언급하신 경계선만 보면 북쪽으로 다메섹 경계선은 지금의 시리아 수도 다마스커스다. 남쪽으로 애굽 시내를 따라... 남쪽 이집트 땅이다. 천년왕국이 오면 이 모든 지경이 이스라엘 땅이 된다.

"*내가 옛적에 내 손을 들어 맹세하여 이 땅을 너희 조상들에게 주겠다고 하였나니* 너희는 공평하게 나누어 기업을 삼으라 이 땅이 너희의 기업이 되리라"(겔47:14)

"이 땅 경계선은 이러하니라 *북쪽은* 대해에서 헤들론 길을 거쳐 스닷 어귀까지니 곧 하맛과 브로다며 *다메섹 경계선과*...."(겔47:15-16)

"*남쪽은* 다말에서부터 므리봇 가데스 물에 이르고 *애굽 시내를 따라 대해에 이르나니* 이는 그 남쪽이요"(겔47:19)

⑨ 솔로몬 시대에 이 땅 정복의 그림자가 있다.

혹자는 창15:18절의 예언이 솔로몬 시대에 이미 이루어졌다고 한다. 솔로몬 시대 이뤄졌다고 하는 것은 메시아 왕국의 그림자다. 당시 주변 모든 나라들은 솔로몬 통치아래서 솔로몬에게 조공을 바치며 섬겼다. 그러나 그 이방 나라들 땅 자체가 이스라엘 땅은 아니었다. 다윗왕국 시대에도 얼마든지 제국으로 이스라엘 땅을 넓혀 갈수 있었다. 그럴만한 능력이 충분한 강력한 왕국이었다. 그러나 다윗은 하나님께서 지정해 주신 땅의 경계를 넘어가지 않았다. 결코 세상 제국들과 같지 않았다. 솔로몬도 마찬가지다. 하나님께서 솔로몬 시대에는 애굽 강과 유브라데까지 실제 땅을 주시는 때가 아니었던 것이다.

 "솔로몬이 그 강에서부터 *블레셋 사람의 땅*에 이르기까지와 *애굽 지경*에 미치기까지의 모든 나라를 다스리므로 솔로몬이 사는 동안에 *그 나라들이 조공을 바쳐 섬겼더라*"(왕상4:21)

 "솔로몬이 *유브라데 강에서부터 블레셋 땅과 애굽 지경까지*의 모든 왕을 다스렸으며"(대하9:26)

⑩ 이스라엘 국기에 담은 메시아 왕국의 지형
 이스라엘 백성은 창15:18절의 언약이 반드시 이루어 질 것을 믿고 있다. 그러므로 그들의 국기에 하나님의 언약을 그려 놓고 지금도 언약의 성취를 기다리고 있다. 하나님께서 주시는 그때에 비로소 유브라데와 애굽 강은 이스라엘의 기업이 되는 것이다. 횃불언약의 완성이다.

㉠ 중앙에 다윗의 별 - 다윗왕국이 반드시 회복 된다
㉡ 위에 한줄 - 북쪽으로 유브라데까지 기업을 받는다. 지금의 시리아 땅 다마스커스
㉢ 아래 한줄 - 남쪽으로 애굽 강을 기업으로 받는다. 지금의 이집트 홍해바다

3) 다윗의 언약이 성취되는 나라
 "네 수한이 차서 네 조상들과 함께 누울 때에 내가 *네 몸에서 날 네 씨를 네 뒤에 세워 그의 나라를 견고하게 하리라* 그는 내 이름을 위하여 집을 건축할 것이요 나는 *그의 나라 왕위를 영원히 견고하게 하리라* 나는 그에게 아버지가 되고 그는 내게 아들이 되리니 그가 만일 죄를 범하면 내가 사람의 매와 인생의 채찍으로 징계하려니와 내가 네 앞에서 물러나게 한 사울에

게서 내 은총을 빼앗은 것처럼 그에게서 빼앗지는 아니하리라 네 집과 네 나라가 내 앞에서 영원히 보전되고 *네 왕위가 영원히 견고하리라* 하셨다 하라"(삼하7:12-16) - **다윗언약**

① 다윗 언약의 키워드는 아들과 나라다.

횃불언약이 창12장부터 여호수아까지 중심 사상이었다면 다윗언약은 사사기부터 말라기까지 중심사상이다. 또한 횃불언약의 중심 키워드가 씨와 땅이었다면 횃불언약의 중심 키워드는 아들과 나라다. 즉 **첫째 아들을 주리라. 둘째 그의 나라를 견고하게 하리라**는 약속이다. 여기서 의미하는 아들은 다윗의 왕권을 이어받을 아들이 끊어지지 않는다는 언약이다. 그리고 그 왕권을 가진 아들이 통치하는 나라를 견고하게 하시겠다는 것이다. 이 언약은 이스라엘의 최대의 전성기였던 다윗왕국의 등장을 통해 다가올 메시아 왕국을 계시하고 있다. 또한 궁극적으로 영원한 하나님 나라 왕국을 계시하고 있다.

왕국 분열 이후 북 왕국 이스라엘은 209년을 지속하며 19명의 왕이 다스렸다. 209년이라는 짧은 기간에도 불구하고 왕권 쟁탈전으로 인해 왕조가 아홉 번 바뀐다. 반면에 남 왕국 유다는 북 왕국 멸망 후에도 136년을 지속한다. B.C586년 바벨론에 멸망하기 까지 345년을 지속하며 20명의 왕이 다스렸다. 그중 북 왕국 아합의 딸 아달랴의 반역 외에 다윗왕조는 한 번도 바뀌지 않았다. 이유는 남 왕국이 하나님 앞에 의로워서가 아니다. 하나님께서 다윗언약을 통해 그 아들의 나라를 견고하게 하시겠다는 언약 때문이었다. 수많은 선지자들이 눈물과 탄식으로 남 유다의 멸망과 회복을, 심판과 구원을 예언했다. 선지자들은 고통과 절망 속에서도 멸망 후 회복이라는 희망이 있었다. 이와 같은 회복의 근거는 삼하7:12-16절의 다윗언약이다. 유다지파 다윗왕조의 혈통을 따라 땅의 천국인 메시아 왕국이 세워진다. 현재 이스라엘의 진정한 구원과 회복은 다윗언약이 성취되는 메시아 왕국이다.

② 아들과 나라의 언약은 동시에 이루어지지 않는다.

지금도 이스라엘 백성들은 다윗언약을 믿고 있다. 이새의 줄기에서 한 싹이 나서 다윗의 왕위에 앉을 메시아를 기다리고 있다. 모든 선지자들의 한결 같은 예언 삼하7:12-16절의 언약이다. 그러나 그들은 이미 오신 메시아는 배척하고 다윗왕국의 회복을 기다리고 있다.

"*이새의 줄기에서 한 싹이 나며 그 뿌리에서 한 가지가 나서 결실할 것이요... 그 날에 이새의 뿌리에서 한 싹이 나서 만민의 기치로 설 것이요* 열방이 그에게로 돌아오리니 그가 거한 곳이 영화로우리라"(사11:1,10)

"*그 날 그 때에 내가 다윗에게서 한 공의로운 가지가 나게 하리니 그가* 이 땅에 정의와 공의를 실행할 것이라.... 여호와께서 이와 같이 말씀하시니라 이스라엘 집의 *왕위에 앉을 사람이 다윗에게 영원히 끊어지지 아니할 것이며*"(렘33:15,17)

이들은 왜 지금도 오신 메시아를 알아보지 못하는 걸까? 여기에는 너무나 중요한 이유가 있다. 이들은 이방인의 때가 하나님의 섭리 안에 있음을 인정하지 않는다. 70이레의 간격시대에 세계 모든 이방인들이 복음 안에 들어온 이후에 언약이 완성되는 것을 알지 못한다. 아직 70이레가 그들에게는 가려져 있는 것이다. 그러므로 하나님의 섭리를 오해하고 있는 것이다. 앞서 다룬 횃불언약에서 씨와 땅을 주신다는 언약이 동시에 이루어지지 않는다고 했다. 마찬가지로 다윗언약의 아들과 나라도 동시에 이루어지지 않는다. 이것은 간격시대에 이방인 구원이라는 하나님의 섭리 때문이다.

횃불언약에서 약속된 땅 중 일부만 받은 땅이 가나안으로 현재 이스라엘 땅이다.(창15:7). 유브라데와 애굽 강까지(창15:18)는 아직 성취되지 않았다. 그러나 그들은 남은 땅도 앞으로 반드시 성취 될 것을 믿고 있다. 이처럼 횃불언약이 동시에 이루어지지 않았음을 그들은 알고 있다. 그러나 그들은 다윗언약은 동시에 이루어질 것으로 기대했던 것이다. 하나님의 언약성취의 방법은 동일하다. 횃불언약도 다윗언약도 완성은 메시아 왕국이다. 이 땅의 하나님의 모든 계획은 한 곳의 목표를 향하고 있기 때문이다. 바로 다가올 땅의 천국인 메시아왕국이다. 아브라함과 다윗의 자손으로 오신 예수님으로 인해 아들을 주신다는 언약이 성취되었다. 그러나 견고한 나라는 세우지 않으셨다. 유대인들은 예수께서 오셨을 때 이스라엘을 로마로부터 해방 시켜주리라 믿었다. 그리고 견고한 나라를 세워 주실 줄 기대했다. 그래서 주님이 어린 나귀타고 예루살렘에 입성하시던 날 그들은 이렇게 외쳤던 것이다. 복음서에 따라 약간의 차이가 있지만 요약하면 두 가지로 삼하7:12-16의 다윗언약이다.

첫째 호산나 다윗의 자손이여 주의 이름으로 오시는 이여 - 아들을 주리라에 근거한 외침
둘째 이스라엘의 왕이시여 우리 조상 다윗의 나라여 - 나라를 견고하게 하리라에 근거한 외침

"앞에서 가고 뒤에서 따르는 무리가 소리 높여 이르되 *호산나 다윗의 자손이여* 찬송하리로다 *주의 이름으로 오시는 이여* 가장 높은 곳에서 호산나 하더라"(마21:9)

"앞에서 가고 뒤에서 따르는 자들이 소리 지르되 호산나 찬송하리로다 *주의 이름으로 오시는 이여* 찬송하리로다 오는 우리 조상 다윗의 나라여 가장 높은 곳에서 호산나 하더라"(막11:9-10)

"종려나무 가지를 가지고 맞으러 나가 외치되 호산나 찬송하리로다 *주의 이름으로 오시는 이 곧 이스라엘의 왕이시여* 하더라"(요12:13)

이렇게 종려가지를 흔들며 다윗의 자손으로 오심을 환영했던 군중들은 십자가의 길로 가시는 예수님을 보고 모두 떠났다. 이유는 메시아라 믿었던 예수님이 다윗언약에 예언 된 견고한 나라를 세우지 않았기 때문이다. 그들이 기다리는 메시아는 오셔서 동시에 나라를 견고하게 세워야 한다. 12제자들이 예수님을 3년 동안 따라 다닌 것도 당시에 나라가 세워질 줄 믿었기 때문이다. 엠마오의 두 제자도 예수님이 이스라엘을 속량할 자로 바랐다고

고백한다. 사도요한의 어머니도 곧 주의 나라가 세워질 것을 믿고 두 아들을 위해 좌우편의 자리를 구했다. 요한의 어머니는 주님 나라에서 좌우의 자리를 얻기 위해 뜻도 모르고 예수님의 마시는 잔을 마시겠다고 했다. 그러나 그의 고백대로 그의 두 아들은 12제자 순교의 처음과 끝을 마무리 했다. 12제자 중 사도요한의 형인 야고보는 첫 번째 순교자(행12:2)요 동생 요한은 마지막 순교자가 되었다. 모두가 이렇게 예수님 당시에 다윗왕국이 함께 회복되는 줄로 오해했다. 그러나 하나님의 계획은 아들과 나라 사이에 70이레 안에 있는 간격시대가 필요하다.

"그들이 이 말씀을 듣고 있을 때에 비유를 더하여 말씀하시니 이는 자기가 예루살렘에 가까이 오셨고 *그들은 하나님의 나라가 당장에 나타날 줄로 생각함이더라*"(눅19:11)

"*우리는 이 사람이 이스라엘을 속량할 자라고 바랐노라* 이뿐 아니라 이 일이 일어난 지가 사흘 째요"(눅24:21)

"예수께서 이르시되 무엇을 원하느냐 이르되 나의 이 두 아들을 *주의 나라에서* 하나는 주의 *우편에*, 하나는 주의 *좌편에* 앉게 명하소서"(마20:21)

"예수께서 대답하시되 *내 나라는 이 세상에 속한 것이 아니니라*"(요18:36)

제자들은 그토록 다윗왕국의 재건을 기다렸는데 예수님은 빌라도 앞에서 내 나라는 이 세상이 아니라고 하신다. 예수님께서 부활하신 후 40일간 제자들에게 자주 보이셨다. 주님이 부활하셨으니 이제 나라를 세우실 줄 알았다. 그런데 주님은 부활체다 보니 눈에 보이셨다 안보이셨다 한다. 제자들이 기다리는 것은 다시 재건되는 다윗 왕국이다. 그런데 제자들에게 보이신 후 반복적으로 사라지시는 주님을 보면서 제자들은 불안했다. 마지막 주님의 승천을 앞두고 감람산에 500여 형제들이 모였다. 제자들은 이제 주님께서 나라를 선포 하시는가 했다. 그래서 또 이렇게 묻는다. "이스라엘 나라를 회복하심이 이때니이까?"

"그들이 모였을 때에 예수께 여쭈어 이르되 주께서 *이스라엘 나라를 회복하심이 이 때니이까* 하니 이르시되 *때와 시기는 아버지께서 자기의 권한에 두셨으니* 너희가 알 바 아니요 오직 성령이 너희에게 임하시면 너희가 권능을 받고 예루살렘과 온 유대와 사마리아와 땅 끝까지 이르러 내 증인이 되리라 하시니라 이 말씀을 마치시고 그들이 보는데 올려져 가시니 구름이 그를 가리어 보이지 않게 하더라"(행1:6-9)

주님은 아들과 나라가 동시에 이루어 질 것으로 오해하고 있는 유대인들에게 알 수 없는 말씀을 하신다. "때와 시기는 아버지 권한에 있다." 그리고 주님은 제자들에게 사명을 주시고 승천하셨다. 이때 허탈에 빠진 380명은 예수님을 떠났다. "예수는 우리가 기다리는 메시아가 아니다. 우리 조상 다윗 언약은 그의 아들이 와서 나라를 견고하게 세운다고 하셨다. 이렇게 떠나시는 걸 보니 이 사람은 메시아가 아닌가 보다" 생각 했을 것이다. 때문에 지금도 이스라엘은 주께로 돌아오지 않고 있다. 언젠가 와서 나라를 세울 메시아를 기다리고 있다.

③ 아들과 나라 사이에 있는 간격시대

다윗에게 아들은 솔로몬을 지나 궁극적으로 메시아다. 나라는 궁극적으로 그 아들의 나라 메시아 왕국이다. 바로 아들과 나라 사이의 간격시대는 세계 복음의 확장시대다. 제자들은 주님이 승천하신 후 약속하신 오순절 성령을 받고 비로소 아들과 나라가 동시에 이루어질 수 없다는 것을 깨달았다. 주님이 승천을 앞두고 감람산에서 마지막으로 주신 말씀은 성령 받은 후의 제자들의 마지막 사명이었다. "오직 성령이 너희에게 임하시면 너희가 권능을 받고 예루살렘과 온 유대와 사마리아와 땅 끝까지 이르러 내 증인이 되리라 하시니라"(행1:8) 예수님 십자가의 복음은 전 세계로 땅 끝까지 전파되어야 하고 세상 만민이 주 앞에 돌아와야 한다. 그 후에 주님의 나라가 이 땅에 서게 될 것이다.

제자들은 모두 이 명령을 따라 복음을 들고 예수님의 증인이 되어 세계로 흩어졌다. 그리고 그들은 복음의 씨를 뿌리고 그곳에서 복음을 위해 모두 순교했던 것이다. 예수님은 '세상 죄를 지고 가는 하나님의 어린양'이다. 결코 유대인만의 죄를 지고 가는 어린양이 아니다. 그러므로 유월절 어린양의 피는 유대인을 넘어 세계 모든 이방인에게로 뿌려져야 한다. 십자가의 복음이 세계로 확산 되어야 한다. 또한 메시아 왕국도, 영원한 천국도 유대인만 들어가는 나라가 아니다. 주의 피로 구원 받은 세상 모든 민족이 주께로 돌아와서 함께 들어가야 한다. 이것이 주님께서 어린양으로 십자가를 지신이유다.

다니엘의 70이레에서 이방인의 때인 간격시대를 다루었다. 이방인의 때에 세계로 확산 되던 이 복음은 19세기에 전 세계로 급속하게 퍼져 나갔다. 수많은 이방인들이 주 앞에 돌아왔다. 눅21:24절에 예수님이 예언하신 이방인의 때가 차면 다윗언약의 나라를 주실 것이다. 바로 주님이 재림 하셔서 세우시는 메시아 나라다. 후3.5년에 이스라엘이 먼저 민족적으로 주께 돌아온다. 후에 메시아 나라가 오면 세계 모든 이방민족이 주께로 돌아온다. 지금은 유대인이나 이방인이나 개인적으로 주께로 나오고 있다. 그러나 메시아 왕국은 개인이 아니라 유대민족과 이방민족 전체가 다 돌아온다. 그래서 메시아 왕국은 세계단일 국가 단일종교가 되는 것이다.

"땅의 모든 끝이 여호와를 기억하고 돌아오며 *모든 나라의 모든 족속이 주의 앞에 예배*하리니"(시22:27)

④ 에스겔의 메시아 왕국에서 다윗왕국이 실현된다.

이스라엘의 최대 전성기는 다윗 왕이 통치하던 시대로 꽃 봉우리다. 이 꽃 봉우리의 최대 전성기를 화려하게 꽃피우던 시대는 솔로몬 통치 시대라 할 수 있다. 다윗 시대는 전쟁이 많았다. 그러나 솔로몬 시대는 아버지 다윗이 이룩해 놓은 든든한 발판위에서 전쟁이 없는 평화로운 시대였다. 나라는 더 부강했다. 그러나 유대인들은 솔로몬 왕국이 아닌 다윗 왕국을 기다리고 있다. 이유는 다윗언약 때문이다. 에스겔서에는 실제 다윗이 부활해서 이스라엘의 왕으로 통치 할 것을 예언하고 있다. 남 유다와 북 이스라엘이 한 나라가 되어 다윗이 통치할 것이라 한다. 통일 다윗왕국의 부활이다.

"내가 한 목자를 그들 위에 세워 먹이게 하리니 그는 *내 종 다윗이라* 그가 그들을 먹이고 그들의 목자가 될지라 나 여호와는 그들의 하나님이 되고 *내 종 다윗은 그들 중에 왕이 되리라* 나 여호와의 말이니라"(겔34:23-24)

"*내 종 다윗이 그들의 왕이 되리니* 그들 모두에게 한 목자가 있을 것이라 그들이 내 규례를 준수하고 내 율례를 지켜 행하며 내가 내 종 야곱에게 준 땅 곧 그의 조상들이 거주하던 땅에 그들이 거주하되 그들과 그들의 자자 손손이 영원히 거기에 거주할 것이요 *내 종 다윗이 영원히 그들의 왕이 되리라*"(겔37:24-25)

메시아 왕국에서 메시아는 이스라엘만을 통치하는 왕이 아니다. 전 세계를 통치하는 만왕의 왕이시다. 메시아 왕국은 여러 이방 나라들이 있고 그리고 각 나라마다 통치하는 왕이 있다. 예수님은 그 왕들 중에 왕이시니 왕 중 왕이라 한다. 그렇다면 각 나라마다 통치하는 왕들은 아마도 다윗처럼 하나님 마음에 합한 자가 아닐까 한다. 전 세계 복음이 다 들어갔으니 각 나라에 한명쯤은 하나님 마음에 합자 자가 있을 것이다. 대한민국 예를 든다면 동쪽으로 이동해서 한반도에 나라를 세운 욕단 임금이다. 혹은 오직 하나님을 섬기는 나라를 만들기 위해 기독교 입국론 위에 대한민국을 세운 이승만 대통령 일수도 있다. 아마도 영생 체 가운데서 각 나라마다 이러한 자들이 통치할 것 같다. 이것은 다윗 왕을 근거로 하는 필자의 추측이다.

8. 선지자들이 전하는 메시아 왕국

성경 전체에 흐르는 메시아 왕국에 대한 선지자들의 예언을 다 다룰 수는 없다. 여기서는 스가랴, 이사야, 다니엘 정도만 다룬다.

1) 스가랴가 전하는 메시아 나라

스가랴는 바벨론 포로 후기에 학개와 함께 활동한 선지자다. 예수님의 초림과 재림 그리고 이스라엘의 회복과 영광에 대해 예언하고 있다. 스가랴의 예언의 일부분을 살펴본다.

① **이스라엘이 민족적 회개를 통해 주께로 돌아온다.**

지금 유대인들은 이방인들의 전도로 인해 개인적으로 주께로 많이 돌아오고 있다. 그러나 아직 민족적으로는 돌아오지 않고 있다. 유대민족은 어느 나라 사람들이 전하는 복음을 듣고 돌아오지 않는다. 유대민족은 하나님의 시간에 강력한 성령의 기름 부으심으로 민족적 회개의 영이 임할 것을 스가랴는 예언하고 있다. 이때가 바로 후3.5년 대환난이다. 대 환난을 통해 비로소 그들이 십자가에 못 박은 그 예수가 메시아임을 알아보고 통곡하며 민족적 회개 운동이 일어난다.

"내가 다윗의 집과 예루살렘 주민에게 은총과 간구하는 심령을 부어 주리니 그들이 그 찌른 바 그를 바라보고 그를 위하여 애통하기를 독자를 위하여 애통하듯 하며 그를 위하여 통곡하기를 장자를 위하여 통곡하듯 하리로다"(슥12:10)

"그 날에 죄와 더러움을 씻는 샘이 다윗의 족속과 예루살렘 주민을 위하여 열리리라"(슥13:1)

유대인들의 민족적 회개는 나팔절에 오신 예수님께서 6번째 절기인 속죄일을 통해 이스라엘의 죄를 사하신다. 이때에 비로소 단9:24절 성취가 시작된다. 이스라엘의 "허물이 그치며, 죄가 끝나며, 죄악이 용서되며" 그리고 이스라엘의 온전한 회복인 메시아 나라에 입성하면서 예언은 완성된다. "영원한 의가 드러나며, 환상과 예언이 응하며, 또 지극히 거룩한 곳에 기름 기름이 부어진다" 유대인은 7번째 마지막 절기 초막절로 메시아 나라의 주역이 된다.

여기서 중요한 내용을 정리해야 한다. 천년왕국은 죄가 없는 나라라고 주장하는 이들이 있다. 그 이유 중 하나가 바로 단9:24절 해석의 오해 때문이다. "허물이 그치며, 죄가 끝나며, 죄악이 용서되며…" 이 말씀은 유대 민족에게 해당하는 것이다. 그러나 이 말씀이 이루어지는 나라가 메시아 왕국이다 보니 천년왕국이 이러한 죄들이 없는 나라라고 오해하는 것이다. 이 말씀은 주님이 오셔서 속죄일 절기를 통해 이스라엘의 이러한 모든 죄들을 용서하신다는 것이다. 그러므로 유대민족은 천년왕국에서는 하나님 앞에 이러한 죄를 더 이상 짓지 않는다. 메시아 나라는 유대인이 주역이 되는 유대인의 전성기라 할 수 있다.

그러나 천년왕국에는 많은 이방민족들이 있다. 세월이 가면서 태어나는 후손들 중에 불신자들도 생겨난다. 천년왕국도 지금의 아담의 나라와 같이 불안전한 물질세계이기 때문에 죄, 죽음, 질병 등이 있다. 그러나 유대인들은 메시아 나라에서 하나님께 반역하지 않는다. 오히려 제사장 국가로서 하나님 앞에 성실하게 쓰임 받게 된다. 단9장에서 다니엘이 민족의 죄를 자복하고 회개한 기도를 주님이 오셔서 속죄일을 통해 용서해 주셨다. 그러므로 유대인들의 허물이 그치며, 죄가 끝나며, 죄악이 용서된 시대다.

② 유대인의 전성기가 온다.

스가랴는 유대인의 전성기가 올 것을 예언하고 있다. 모세시대는 레위지파가 중심이었고 여호수아시대는 에브라임 지파가 중심이었다. 그러나 메시아 왕국은 유다지파가 중심이 된다. 유다지파인 남 유다 왕국이 유대 지역에 위치하고 있으니 남 왕국 인들을 유대인이라 불렀다. 물론 지금은 이스라엘인을 유대인으로 동일하게 이해한다. 그러나 예수님이 다윗의 씨로 오셨으니 엄격히 따지면 예수님은 남 왕국 유대인이다. 천년왕국에서는 유대인이라는 이유 하나만으로 유대인들의 어깨에 힘이 들어가는 시대다. 에스더서에는 유다인의 승리로 바사 본토 백성들이 유다인을 두려워하여 유다인 되려는 자가 많았다.(에8:17) 천년왕국 때도 이러한 현상들이 일어날 것이다. 슥8:20-23절은 천년왕국에서의 상황을 말해주고 있다.

최후 민족 심판에서 몸의 구원을 받고 천년왕국에 들어온 많은 이방민족들이 있다. 최후에 예수를 만왕의 왕으로 인정하고 몸의 구원을 받은 자들이다. 이렇게 천년왕국 초기에 들어온 이방인들은 아직 여호와를, 예수를 알지 못한다. 그래서 그들은 여호와를 알기에 갈급하다. "만군의 여호와를 찾고 여호와께 은혜를 구하자 하면 나도 가겠노라 하겠으며 많은 백성과 강대한 나라들이 예루살렘으로 와서 만군의 여호와를 찾고 여호와께 은혜를

구하리라" 하는 이런 상황이다. 또한 이들은 유대인들을 몹시 부러워한다. 그리고 신기한 현상들이 일어난다. "**그 날에는 말이 다른 이방 백성 열 명이 유다 사람 하나의 옷자락을 잡을 것이라 곧 잡고 말하기를 하나님이 너희와 함께 하심을 들었나니 우리가 너희와 함께 가려 하노라 하리라**" 유다인 한명에게 이방백성 열 명이 붙잡고 나도 예배드리는 곳에 데려가 달라고 사정 한다. 지금은 상상 할 수도 없는 일이다. 이처럼 세계가 유대인을 부러워하는 시대가 천년왕국이다.

"*만군의 여호와가 이와 같이 말하노라 다시 여러 백성과 많은 성읍의 주민이 올 것이라 이 성읍 주민이 저 성읍에 가서 이르기를 우리가 속히 가서 만군의 여호와를 찾고 여호와께 은혜를 구하자 하면 나도 가겠노라 하겠으며 많은 백성과 강대한 나라들이 예루살렘으로 와서 만군의 여호와를 찾고 여호와께 은혜를 구하리라 만군의 여호와가 이와 같이 말하노라 그 날에는 말이 다른 이방 백성 열 명이 유다 사람 하나의 옷자락을 잡을 것이라 곧 잡고 말하기를 하나님이 너희와 함께 하심을 들었나니 우리가 너희와 함께 가려 하노라 하리라 하시니라*"(슥8:20-23)

③ 초막절기는 전 세계인의 의무 행사가 된다.

유월절과 오순절 초막절은 이스라엘의 3대 절기다. 초막절은 천년왕국이 성취되는 절기이기 때문에 천년왕국에서 가장 중요한 절기다. 또한 예수님 초림의 탄생일이기도 하다. 앞에 초막절의 잔치에서도 다루었듯이 천년왕국에서 초막절은 전 세계인의 의무 행사다. 세계 모든 이방민족도 예루살렘으로 올라와서 초막 절기를 지켜야 한다.

"*예루살렘을 치러 왔던 이방 나라들 중에 남은 자가 해마다 올라와서 그 왕 만군의 여호와께 경배하며 초막절을 지킬 것이라 땅에 있는 족속들 중에 그 왕 만군의 여호와께 경배하러 예루살렘에 올라오지 아니하는 자들에게는 비를 내리지 아니하실 것인즉 만일 애굽 족속이 올라오지 아니할 때에는 비 내림이 있지 아니하리니 여호와께서 초막절을 지키러 올라오지 아니하는 이*

방 나라들의 사람을 치시는 재앙을 그에게 내리실 것이라 애굽 사람이나 이방 나라 사람이나 초막절을 지키러 올라오지 아니하는 자가 받을 벌이 그러하니라"(슥14:16-19)

슥8:20-23은 초막절에 일어나는 현상이다. 이 절기를 지키지 않는 나라는 비도 내리지 않는다. 그러므로 천년왕국은 가뭄도 있고 재앙도 있고 받는 벌도 있다. 이처럼 예루살렘은 전 세계인이 동시에 모여서 예배하는 초막절 행사가 있기 때문에 천년왕국에서 지형이 바뀐다. 물론 지금도 예루살렘이 높은 위치에 있지만 천년왕국에서는 평지가 되어 더욱 높은 곳에 위치한다. 성경은 전 세계인이 예루살렘 성전으로 올라와서 여호와의 말씀을 듣고 그의 길로 행할 것을 예언하고 있다. 다가올 메시아 왕국, 천년왕국이다.

"온 땅이 아라바 같이 되되 게바에서 예루살렘 남쪽 림몬까지 이를 것이며 *예루살렘이 높이 들려 그 본처에 있으리니*"(슥14:10)

"끝날에 이르러는 *여호와의 전의 산이 산들의 꼭대기에 굳게 서며 작은 산들 위에 뛰어나고 민족들이 그리로 몰려갈 것이라*"(미4:1)

"말일에 *여호와의 전의 산이 모든 산 꼭대기에 굳게 설 것이요* 모든 작은 산 위에 뛰어나리니 *만방이 그리로 모여들 것이라* 많은 백성이 가며 이르기를 오라 우리가 여호와의 산에 오르며 야곱의 하나님의 전에 이르자 그가 그의 길을 우리에게 가르치실 것이라 우리가 그 길로 행하리라 하리니 이는 율법이 시온에서부터 나올 것이요 *여호와의 말씀이 예루살렘에서부터 나올 것임이니라*"(사2:2-3)

"골짜기마다 돋우어지며 산마다, 언덕마다 낮아지며 고르지 아니한 곳이 평탄하게 되며 *험한 곳이 평지가 될 것이요*"(사40:4)

2) 다니엘이 전하는 메시아 왕국
다니엘은 12장까지 있은 비교적 짧은 책이다. 그러나 구약의 천국이정표로 처음부터 끝까지 메시아 왕국을 예언하고 있는 아주 중요한 책이다. 다니엘은 앞에서 70이레와 짐승제국을 다루었다. 때문에 여기서는 천년왕국과 관련하여 간단하게 다룰 것이다.

① 금나라에서 돌 나라까지(신 바벨론에서 메시아 왕국까지)

단2장에는 금나라(신 바벨론)에서 돌 나라(메시아 나라)까지 신상의 제국 시대 역사가 나온다. 이 땅 물질세계 역사의 그 끝은 돌 나라다. 돌 나라인 메시아 나라는 이 땅에 세워지는 땅의 천국이다. 그럼에도 불구하고 많은 신학자들은 천년왕국이 하늘에서 이뤄진다고 한다. **"우상을 친 돌은 태산을 이루어 온 세계에 가득 하였나이다"** 여기서 우상을 친 돌이 우상의 발을 치고 다시 하늘로 올라갔다면 천년왕국은 하늘에서 이뤄질 것이다. 그러나 우상을 친 돌은 태산을 이루어 이 땅 온 세계에 가득하였다. 메시아 나라는 이 땅에서 천년동안 유지되는 천년왕국임을 분명히 드러내는 말씀이다.

"그 때에 쇠와 진흙과 놋과 은과 금이 다 부서져 여름 타작 마당의 겨 같이 되어 바람에 불려 간 곳이 없었고 *우상을 친 돌은 태산을 이루어 온 세계에 가득하였나이다*... 이 여러 왕들의 시대에 *하늘의 하나님이 한 나라를 세우시리니* 이것은 영원히 망하지도 아니할 것이요 *그 국권이 다른 백성에게로 돌아가지도 아니할 것이요* 도리어 이 모든 나라를 쳐서 멸망시키고 영원히 설 것이라"(단2:35, 44)

단2장의 금 신상에서 우리가 가장 주목하고 드러내야 할 나라는 결론인 돌 나라다. 무 천년 주의를 따르는 많은 이들은 돌 나라에 관심이 없다. 돌은 아예 보이지도 않는 것 같다. 그저 금나라 바벨론에 은나라 메데와 바사에 동나라 헬라에 철나라 로마에만 집중한다. 우리가 사는 시대로부터 가장 가까운 로마에는 지나치게 쏠려 있는 느낌이다. 일곱 머리 열 뿔의 7대 제국의 역사도 모두 로마로 푸는 경우가 많다. 그래서 일곱 머리를 로마의 일곱 언덕, 로마의 일곱 황제 등으로 해석하는 것이다. 그러나 이러한 해석은 7머리 짐승제국의 역사를 전혀 이해하지 못하는 시각이다. 금 신상의 7대

제국에서 7째 제국은 세계단일정부(NWO)에 해당한다. 일곱 머리 제국의 역사가 지나면 8째는 새로운 세계인 메시아 왕국 돌 나라가 임한다. 이것이 단2장 금신상의 핵심 포인트다.

② 모든 이방 민족이 메시아를 섬기는 나라

이 말씀은 단7:9-12까지 작은 뿔 적그리스도를 불 속에 던져 심판하신 후에 기록된 말씀이다. 계시록으로 보면 계19:20에 짐승과 거짓 선지자를 유황불 못에 던진 후 계20장에 펼쳐지는 천년왕국의 모습이다. 메시아 왕국은 모든 이방 백성, 다른 언어를 말하는 모든 이방 민족이 메시아를 섬기는 나라다. 7대제국은 모두 뒤에 오는 나라에 의해 멸망을 당했다. 그러나 메시아 나라는 어느 세력에 의해 멸망하는 나라가 아니다. 돌 나라 뒤에는 영원한 아버지의 나라만 있을 뿐이다. 돌 나라는 천년이 차면 이 땅의 모든 것을 폐하시고 아버지께 바쳐진다. 그리고 하늘에서 세세토록 지속되는 아버지의 나라다.(고전15:24)

"그에게 권세와 영광과 나라를 주고 *모든 백성과 나라들과 다른 언어를 말하는 모든 자들이 그를 섬기게 하였으니* 그의 권세는 소멸되지 아니하는 영원한 권세요 *그의 나라는 멸망하지 아니할 것*이니라"(단7:14)

③ 정의가 펼쳐지는 메시아 나라

70이레 단원에서 자세히 다루었던 내용이다. 다니엘 70이레의 끝에 정의로운 메시아 나라 천국이 이 땅에 펼쳐진다. 그리고 천년왕국에서 비로소 에스겔의 제3성전이 완성된다.

"네 백성과 네 거룩한 성을 위하여 일흔 이레를 기한으로 정하였나니 허물이 그치며 죄가 끝나며 죄악이 용서되며 *영원한 의가 드러나며 환상과 예언이 응하며 또 지극히 거룩한 이가(지극히 거룩한 곳에) 기름 부음을 받으리라'*(단9:24)

④ 끝 날에는 네 땅에 설 것이다.

단12:13절은 다니엘의 마지막 장절이다. 이 마지막 장절이 메시아 왕국의 땅을 말하고 있다. 비교적 원문을 그대로 전수하고 있다는 전수성경에는 **"끝 날에는 네 몫을 누릴 것"**에 대해 다음과 같이 번역하고 있다. **"끝 날에는 네 땅에 설 것이다"** 다니엘은 지금 이방 땅에서 천사를 통해 이 말씀을 받고 있다. 다니엘은 마지막 7년 70번째 이레에 대한 말씀은 "내가 듣고도 깨닫지 못한지라"(단12:8) 한다. 마지막 한 이레는 하나님께서 인봉해 두셨기 때문이다. 마지막 한 이레는 훗날 사도요한에게 요한계시록을 통해 밝히 열어 주셨다. 다니엘에게 마지막으로 하시는 말씀이 끝 날에는 네 땅에 설 것이라고 한다. 다니엘의 땅은 이스라엘 예루살렘 땅이다. 그러므로 다니엘이 죽어 하늘 천국에서 평안이 쉬다가 부활하여 다시 밟는 땅은 땅의 천국인 메시아 왕국의 예루살렘 땅이다.

"너는 가서 마지막을 기다리라 이는 네가 평안히 쉬다가 *끝날에는 네 몫을 누릴 것*임이라"(단12:13)

3) 에스겔이 전하는 메시아 나라

에스겔 39장은 겔38장에서 곡. 마곡전쟁을 마치고 아마겟돈 전쟁까지 마친 시점이다. 겔39:17-18과 계19:17-18은 같은 장면으로 보인다. 아마겟돈 전쟁 후에 있는 새들의 잔치를 동일하게 기록하고 있다.

"주 여호와께서 이같이 말씀하셨느니라 너 인자야 너는 *각종 새와 들의 각종 짐승*에게 이르기를 너희는 모여 오라 내가 너희를 위한 잔치 곧 이스라엘 산 위에 예비한 *큰 잔치*로 너희는 사방에서 모여 살을 먹으며 피를 마실지어다 너희가 용사의 살을 먹으며 세상 왕들의 피를 마시기를 바산의 살진 짐승 곧 숫양이나 어린 양이나 염소나 수송아지를 먹듯 할지라"(겔39:17-18)

"또 내가 보니 한 천사가 태양 안에 서서 *공중에 나는 모든 새를 향하여* 큰 음성으로 외쳐 이르되 와서 하나님의 *큰 잔치*에 모여 왕들의 살과 장군들의 살과 장사들의 살과 말들과 그것을 탄 자들의 살과 자유인들이나 종들이나 작은 자나 큰 자나 모든 자의 살을 먹으라 하더라"(계19:17-18)

아마겟돈이 끝나는 겔39장에서부터 천년왕국의 장면들이 보이기 시작한다. 후3.5년 거의 끝에 이스라엘에서 일어나는 마지막 큰 전쟁은 겔38장 전쟁과 아마겟돈 전쟁이다. 전쟁 단원은 뒷부분에서 자세하게 다룬다. 겔38장 곡. 마곡 전쟁은 아마겟돈 전쟁 바로 전에 일어나는 전쟁이다. 겔38장 전쟁이 마무리 되면서 아마겟돈 전쟁으로 갈 것이다. 그리고 겔40장부터는 천년왕국의 에스겔 성전에 대한 말씀이 시작된다. 메시아 왕국에서 5대 제사와 모든 절기가 회복된다. 마지막 48장까지 메시아 왕국이 땅의 천국임을 드러내는 장면들이 등장한다. 하늘의 천국의 원형과 땅의 천국의 모형들을 비교하면서 에스겔이 전하는 메시아 왕국을 살펴본다.

① 메시아 왕국시대에는 유대인 단 한명도 이방 땅에 남지 않는다.

유대인은 지금도 전 세계에 흩어져 있다. 지금 이스라엘 땅에 디아스포라가 다 돌아오면 함께 살기에 땅이 좁다. 더군다나 이팔 분쟁이 계속 되고 있는 땅이다. 그러므로 이 땅은 항상 전쟁의 위험이 도사리고 있는 곳이다. 지금도 역시 이스라엘과 하마스 전쟁이 계속되고 있다. 그러나 메시아 왕국이 오면 창15:18절 횃불언약의 땅이 성취되어 이스라엘 땅 지경이 많이 넓어진다. 북쪽으로 유브라데까지 남쪽으로 애굽강까지다. 이 때가 되면 유다 백성 한 사람도 이방에 남기지 않으신다는 예언이 성취된다. 세계 유대인들이 고국 땅으로 완전히 돌아오는 시대가 메시아 왕국이다.

"전에는 내가 그들이 사로잡혀 여러 나라에 이르게 하였거니와 후에는 내가 그들을 모아 고국 땅으로 돌아오게 하고 *그 한 사람도 이방에 남기지 아니하리니* 그들이 내가 여호와 자기들의 하나님인 줄을 알리라"(겔39:28)

② 천년왕국 초반의 현상이 보인다.

천년왕국은 전쟁이 없고 전쟁 연습도 하지 않는 나라다.(사2:4) 천년왕국

직전에 있었던 겔38장 전쟁과 아마겟돈 전쟁에 신무기와 재래식 무기들이 사용되었다. 전쟁에 사용된 재래식 무기들을 모아 7년 동안 불태운다. 불태우는 기간이 7년이니 엄청난 양의 전쟁 무기들이다.

"이스라엘 성읍들에 거주하는 자가 나가서 그들의 *무기를 불태워 사르되* 큰 방패와 작은 방패와 활과 화살과 몽둥이와 창을 가지고 *일곱 해 동안 불태우리라*"(겔39:9)

또한 시체를 처리하는 장면이 있는데 아마도 생화학 무기들이 사용된 흔적이 보인다. 시신을 거두어 매장하는데 7개월이 걸린다. 이들은 곡과 그 모든 무리들이라 하니 겔38장 곡. 마곡 전쟁의 시신들일 것이다. 그리고 계속 순행하며 남아 있는 시체를 매장한다. 매장 후 다시 순행하다 또 시체를 발견하면 바로 매장하지 않는다. 푯말을 세워 두었다가 매장하는 사람에게 매장하게 한다. 아마도 생화학 무기로 인한 시신들이기 때문에 안전 무장을 한 전문가들이 처리하는 것 같다. 이러한 장면들을 보면 천년왕국은 분명히 지구 아닌 다른 별이 아닐 것이다. 천년왕국 초반에 들어가는 씨들은 이러한 수고로운 일들을 모두 해야 한다.

"그 날에 내가 곡을 위하여 이스라엘 땅 곧 바다 동쪽 사람이 통행하는 골짜기를 매장지로 주리니 통행하던 길이 막힐 것이라 사람이 거기에서 *곡과 그 모든 무리를 매장*하고 그 이름을 하몬곡의 골짜기라 일컬으리 이스라엘 족속이 *일곱 달 동안에 그들을 매장*하여 그 땅을 정결하게 할 것이라 그 땅 모든 백성이 그들을 매장하고 그로 말미암아 이름을 얻으리니 이는 나의 영광이 나타나는 날이니라 주 여호와의 말씀이니라 그들이 사람을 택하여 그 땅에 늘 순행하며 매장할 사람과 더불어 *지면에 남아 있는 시체를 매장하여 그 땅을 정결하게 할 것*이라 일곱 달 후에 그들이 살펴 보되 지나가는 사람들이 그 땅으로 지나가다가 사람의 뼈를 보면 그 곁에 푯말을 세워 매장하는 사람에게 가서 하몬곡 골짜기에 매장하게 할 것이요"(겔39:11-15)

③ 동물제사와 모든 절기가 회복된다.

에스겔 예언에는 천년왕국에서 동물제사와 모든 절기가 회복된다. 예수님과 함께 사는 나라에서 왜 동물 제사가 회복될까? 이 부분은 필자도 가장 이해하기 힘든 부분이었다. 이 의문에 대해서 성령께서 주신 감동은 천년왕국에서 태어나는 후손들 때문이라고 하셨다. 천년왕국은 씨로 들어간 백성들을 통해 결혼하고 아이를 낳는다. 천년왕국 초반에는 인구가 적지만 갈수록 인구는 급속히 증가한다. 회복체인 씨들과 태어난 후손들로 인해 천년동안 거의 죽지 않고 자녀를 생산하기 때문이다. 어떤 연구가에 의하면 천년이 마칠 때쯤이면 지금의 80억 가까운 인구보다 훨씬 더 많을 것이라 한다. 이들, 곧 천년왕국의 인류를 위해 동물제사가 필요하다.

"아침마다 일년 되고 흠 없는 어린 양 한 마리를 *번제를 갖추어 나 여호와께 드리고* 또 아침마다 그것과 함께 드릴 소제를 갖추되 곧 밀가루 육분의 일 에바와 기름 삼분의 일 힌을 섞을 것이니 이는 영원한 규례로 삼아 항상 나 *여호와께 드릴 소제*라 이같이 아침마다 그 어린 양과 밀가루와 기름을 준비하여 항상 드리는 번제물로 삼을지니라"(겔46:13-15)

분명한 것은 천년왕국에서 태어나는 후손들도 모두 구원 받아야 할 죄인들이다. 구원받는 방법이 시대마다 달랐다. 구약시대에는 동물제사를 드리면서 "메시아께서 오셔서 이렇게 죽으실 것이다"였다. 그렇게 동물 제사를 통해 죄 사함을 받았다. 그 동물은 어린양 되신 예수 그리스도다. 신약에는 "메시아께서 이렇게 죽으셨다"이다. 오늘날 우리는 예수님과 함께 살지는 않지만 메시아께서 나를 위해 이렇게 죽으셨다는 기록된 말씀을 믿고 구원받는다. 그렇다면 천년왕국에서 태어나는 후손들은 어떻게 구원 받을까? 그들은 만왕의 왕 되시는 예수님과 함께 사는 세상이다. 그런데 동물제사를 드린다. 어느 날 시편 22편의 말씀이 눈에 들어와서 나름 깨달아 졌다. 왜 천년왕국에서 동물제사가 부활되는지를 짐작할 수 있었다.

"*땅의 모든 끝이 여호와를 기억하고 돌아오며 모든 나라의 모든 족속이 주의 앞에 예배하리니* 나라는 여호와의 것이요 여호와는 모든 나라의 주재심이로다 세상의 모든 풍성한 자가 먹고 경배할 것이요 진토 속으로 내려가는 자 곧 자기 영혼을 살리지 못할 자도 다 그 앞에 절하리로다 *후손이 그를 섬길 것이요* 대대에 주를 전할 것이며 와서 그의 공의를 *태어날 백성에게* 전함이여 *주께서 이를 행하셨다 할 것이로다*'(시22:27-31)

시22편은 메시아의 고난장이라 한다. 1절부터 7대 절기 메시아의 지상 사역 중 첫째 사역 유월절 어린양의 외침이 나온다. "내 하나님이여 내 하나님이여 어찌하여 나를 버리셨나이까?" 그리고 27절부터 마지막 절기 지상 사역인 초막절이다. 땅의 모든 끝이 여호와께 돌아온다. 모든 나라 모든 족속이 주 앞에 예배한다. 메시아 나라 천년왕국이다. 천년왕국에서 태어나는 후손들이 여호와를 섬긴다. 그 곳에서 태어나는 백성에게 그의 공의를 전한다. 그의 공의가 무엇인가? 만왕의 왕이신 예수님께서 어린양으로 십자가에 죽으신 사건이다.

천년왕국에서 태어나는 후손들이 구원받는 방법은 바로 이것이다. 재현되는 동물제사를 보면서 깨달아야 한다. **"주께서 이를 행하셨다 할 것이로다"** 이 말씀을 다시 풀어본다. "지금 우리와 함께 사시며 통치하시는 만왕의 왕이신 메시아께서 예전에 이 동물처럼 어린양으로 이렇게 죽으셨었단다." 이것이 동물제사를 통해 보여주는 메시아 십자가 사건의 가르침이다. 과거에 이루어 놓으신 과거완료 사건이다. 천년왕국의 백성들은 이 사실을 믿어야 구원받는다. 그러나 메시아 나라에서 만왕의 왕이신 메시아께서 재현되는 동물처럼 죽으셨었다는 사실을 믿는 것도 쉽지 않을 것이다. 그러나 그 사실을 믿는 자는 구원이요 믿지 않는 자는 심판이라는 진리는 같다. 그러므로 구원은 이뤄진 사실을 믿기만 하면 되는 너무 쉬운 것이다. 그럼에도 불구하고 믿는다는 것이 또 쉬운 일이 아니다. 이유는 믿고 구원받는 것은 오직 하나님의 은혜이기 때문이다.

④ 실제 다윗왕국이 재건된다.

에스겔 37장에 북이스라엘과 남 유다가 한 나라가 되어 통치하는 왕은 다윗이라고 한다. 다윗의 통일왕국이 문자 그대로 재건되는 것이다. 그럼에도 불구하고 만왕의 왕이신 예수님은 아브라함과 다윗 계보에서 오신 유대인의 왕이시다.

"*내 종 다윗이 그들의 왕이 되리니* 그들 모두에게 한 목자가 있을 것이라 그들이 내 규례를 준수하고 내 율례를 지켜 행하며 내가 내 종 야곱에게 준 땅 곧 그의 조상들이 거주하던 땅에 그들이 거주하되 그들과 그들의 자자손손이 영원히 거기에 거주할 것이요 *내 종 다윗이 영원히 그들의 왕이 되리라*"(겔37:24-25)

"*내가 한 목자를 그들 위에 세워 먹이게 하리니 그는 내 종 다윗이라* 그가 그들을 먹이고 그들의 목자가 될지라 나 여호와는 그들의 하나님이 되고 *내 종 다윗은 그들 중에 왕이 되리라* 나 여호와의 말이니라"(겔34:23-24)

⑤ 영원 천국의 모형이 드러난다.

천년왕국은 땅의 천국이지만 썩는 물질세계다. 그러나 메시아께서 직접 통치하는 땅의 천국이기 때문에 영원 천국과 비슷한 장면이 보인다. 썩는 땅의 천국과 썩지 않는 영원 천국은 100% 같을 수 없다. 시간의 세계가 사라진 계21-22장이 영원 천국의 원형이다. 땅의 천국인 에스겔의 천년왕국은 영원 천국의 모형이다. 에스겔서에 나타난 영원천국의 모형을 살펴본다.

㉠ 성전(보좌)에서 솟아나는 물

천국의 생명수강은 하나님과 어린양의 보좌로부터 흘러나온다. 천년왕국의 모형도 하나님의 성전 문지방 밑에서 물이 흘러나온다.(겔47:1) 지금 제3성전의 설계도는 에스겔에 예언된 마지막 때에 세워질 성전이다. 이 성전은 마지막 7년 끝에도 무너지지 않고 천년왕국으로 옮겨진다. 이 성전에 관한 말씀은 다니엘의 70이레 단원에서 자세하게 다루었다. 중요한 것은 지금 이스라엘에 제3성전이 세워 질지라도 성전 문지방에서 물이 나오지 않을 것이다.

후3.5년에 적그리스도에 의해 더럽혀졌던 제3성전은 7년 끝에 다니엘 70이레 예언대로 기름을 바르고 정결하게 된다.(단9:24) 천년왕국으로 들어가면 비로소 이 성전에서 물이 나온다. 이 성전에서 나온 물이 닿는 곳마다 모든 생물이 되살아나는 장면을 에스겔은 예언하고 있다. 마지막 7년의 후3.5년의 대접 재앙으로 죽었던 바다와 강물들이 되살아나는 것이다. 에스겔 성전에서 흘러나오는 생수가 파괴되었던 모든 지구의 자연을 소생케 하는 것이다.

▶천국의 원형 - 하나님 보좌로부터 나오는 생수의 강

"또 그가 수정 같이 맑은 *생명수의 강*을 내게 보이니 *하나님과 및 어린 양의 보좌로부터* 나와서"(계22:1)

▶천년왕국의 모형 - 성전 문지방 밑에서 나오는 물

"그가 나를 데리고 성전 문에 이르시니 성전의 앞면이 동쪽을 향하였는데 *그 문지방 밑에서 물이 나와* 동쪽으로 흐르다가 성전 오른쪽 제단 남쪽으로 흘러 내리더라"(겔47:1)

"그 날에 산들이 단 포도주를 떨어뜨릴 것이며 작은 산들이 젖을 흘릴 것이며 유다 모든 시내가 물을 흘릴 것이며 *여호와의 성전에서 샘이 흘러 나와서* 싯딤 골짜기에 대리라"(욜3:18)

"날에 *생수가 예루살렘에서 솟아나서* 절반은 동해로, 절반은 서해로 흐를 것이라 여름에도 겨울에도 그러하리라"(슥14:8)

"그가 내게 이르시되 이 물이 동쪽으로 향하여 흘러 아라바로 내려가서 바다에 이르리니 이 *흘러 내리는 물로 그 바다의 물이 되살아나리라 이 강물이 이르는 곳마다 번성하는 모든 생물이 살고* 또 고기가 심히 많으리니 이 물이 흘러 들어가므로 *바닷물이 되살아나겠고* 이 강이 이르는 각처에 모든 것이 살 것이며"(겔47:8-9)

㉡ 생명수강, 생명나무 열매, 잎사귀

계시록과 에스겔은 상당히 비슷한 장면이다. 이토록 비슷한 이유는 두 장면이 모두 하나님께서 통치하시는 천국이기 때문이다. 다른 것이 있다면 계시록은 하늘의 썩지 않는 영원천국이요 에스겔은 땅의 썩는 천년왕국의 천국이다. 오늘날 신학계의 대 다수가 무 천년설을 지지하니 이런 말씀들을 올바로 이해하지 못하고 있다. 원형인 계시록 천국의 강좌우의 생명나무는 같은 나무에서 달마다 12가지 다른 종류의 과실을 맺는다. 잎사귀는 만국을 치료한다. 혹자는 천국은 질병이 없는데 치료가 필요할까 의문을 갖는다.

여기서 치료는 헬라어 테라페이아로 수행원, 식구, 하인의 뜻으로 질병 치료의 의미가 아니다. 천국에서 우리 모두는 하나님의 식구요 가족이다. 자녀 된 우리가 이 땅에서 겪은 질병과 고통의 눈물을 닦아 주시고 위로하시는 하나님의 사랑이다. 모형인 에스겔의 천년왕국은 원형과 상당히 비슷하다. 강 좌우의 '생명나무'가 아니라 '과실나무'라고 한다. 그 나무는 원형과 같이 '달마다 12가지 열매'가 아니라 '달마다 새 열매'라고 한다. 또한 잎사귀는 '치료'가 아니라 '약 재료'라고 한다. 여기서 약 재료는 헬라어 테루파로 치료, 약이다. 천년왕국은 땅의 물질세계이기 때문에 질병이 있다. 그래서 질병을 치료하는 약 재료가 있는 것이다.

▶천국의 원형

"길 가운데로 흐르더라 *강 좌우에 생명나무*가 있어 *열두 가지 열매를 맺되 달마다 그 열매를 맺고 그 나무 잎사귀들은 만국을 치료*하기 위하여 있더라"(계22:2)

"*모든 눈물을 그 눈에서 닦아 주시니* 다시는 사망이 없고 애통하는 것이나 곡하는 것이나 *아픈 것이 다시 있지 아니하리니* 처음 것들이 다 지나갔음이러라"(계21:4)

▶천년왕국의 모형

"내가 돌아가니 *강 좌우편에 나무가 심히 많더라*"(겔47:7)

"강 좌우 가에는 각종 먹을 과실나무가 자라서 그 잎이 시들지 아니하며 열매가 끊이지 아니하고 *달마다 새 열매*를 맺으리니 그 물이 성소를 통하여 나옴이라 그 열매는 먹을 만하고 그 *잎사귀는 약 재료*가 되리라"(겔47:12)

ⓒ 예루살렘 성의 4대문

계21장에는 어린양의 신부인 천국의 새 예루살렘 성에 대해 자세하게 기록하고 있다. 크기에 대해 구체적으로 기록하고 있다. 성은 정사각형, 12,000 스다디온, 넓이 길이 높이가 같은 정 육면체. 성곽이 144 규빗으로 사람의 척량 곧 천사의 척량이라고 한다. 어떤 연구가는 새 예루살렘 성의 크기는 325억이 함께 살 수 있는 크기라고 한다. 그러나 사람의 척량이요 천사의 척량이니 정확히는 알 수 없다. 이 큰 성은 정 사각형으로 동서 남북에 각각 문이 세 개씩 있다. 하늘 천국에 있는 이 성의 모양을 땅의 천국에 모형으로 보여주고 있다. 다른 것은 하늘 천국에는 그 문들 위에 각 지파의 이름을 구체적으로 기록하지 않고 있다.

그러나 모형인 에스겔에는 그 문들 위에 12지파의 이름을 구체적으로 기록하고 있다. 아마도 하늘 천국의 새 예루살렘 성 문에도 에스겔에 기록된 지파의 이름들이 그대로 기록되어 있을 것이다. 또한 하늘 천국은 반드시 '새 예루살렘 성'이라고 한다. 그러나 땅의 천국은 '새'가 붙지 않는다. 그냥 성으로 불리는 예루살렘 성이다. 새 예루살렘성은 결코 땅에 있는 성이 아니다. 혹자는 메시아 왕국이 오면 하늘에서 새 예루살렘 성이 천년왕국 땅으로 내려온다고 한다. 그러나 결코 그렇지 않다. 천년왕국은 천년동안만 유지되는 시공의 세계다.

계21:1절에 새 예루살렘 성이 하늘에서 내려오기 전에 처음 하늘과 처음 땅은 이미 모두 없어졌다고 기록하고 있다. 이것은 처음 하늘과 처음 땅이었던 물질세계의 천년왕국까지도 이미 모두 없어졌다는 것이다. 그러므로 새 예루살렘 성이 물질세계의 땅으로 내려오는 것이 아니다. 이 장면은 하늘의 새 하늘과 새 땅이다. 아버지께서 이미 준비해 두셨던 새 예루살렘 성이 우리 앞에 펼쳐지는 세상이다. 새 예루살렘 성은 오직 하늘 천국에 있다. 메시아 왕국에 있는 예루살렘 성은 그냥 땅에 있는 예루살렘 성이다. 메시아 왕국을 예언하고 있는 에스겔서 그 어느 곳에서도 '새 예루살렘 성'은 찾아 볼 수 없다.

▶천국의 원형 – 새 예루살렘 성 12문에 12지파의 이름이 구체적으로 기록되지 않았다.

"크고 높은 성곽이 있고 *열두 문*이 있는데 문에 열두 천사가 있고 그 문들 위에 이름을 썼으니 *이스라엘 자손 열두 지파의 이름들*이라 *동쪽*에 세 문, *북쪽*에 세 문, *남쪽*에 세 문, *서쪽*에 세 문이니"(계21:12-13)

▶천년왕국의 모형 – 예루살렘 성 동서남북 12문에 12지파의 이름을 각각 기록하고 있다.

"그 성읍의 문들은 이스라엘 지파들의 이름을 따를 것인데 *북쪽으로 문이 셋*이라 하나는 *르우벤* 문이요 하나는 *유다* 문이요 하나는 *레위* 문이며 *동쪽*의 너비는 사천오백 척이니 또한 *문이 셋*이라 하나는 *요셉* 문이요 하나는 *베냐민* 문이요 하나는 *단* 문이며 *남쪽*의 너비는 사천오백 척이니 또한 *문이 셋*이라 하나는 *시므온* 문이요 하나는 *잇사갈* 문이요 하나는 스불론 문이며 *서쪽*도 사천오백 척이니 또한 *문이 셋*이라 하나는 *갓* 문이요 하나는 *아셀* 문이요 하나는 *납달리* 문이며"(겔48:31-34)

4) 이사야가 전하는 메시아 나라

구약의 많은 선지자들이 메시아 왕국을 예언하고 있다. 그 중 이사야는 메시아 왕국을 가장 구체적으로 많이 예언한 선지자 중 하나다. 때문에 필자는 이사야서를 메시아 왕국 밭이라는 표현을 자주 쓴다. 그만큼 메시아 왕국에 대한 많은 예언이 담겨진 책이다. 그중에서 몇 가지만 정리하고자 한다.

① 이스라엘이 건국되다.

지금은 전 세계에서 반유대주의 정서가 강하다. 역사적으로 유대인들은 참 슬픈 민족 중에 하나다. 전 세계에 디아스포라가 되어 1900년 가까이 나라 없는 민족으로 멸시 천대 받으며 살아왔다. 1,2차전을 통해 유대인들은 유대인이라는 이유 하나만으로 비참하게 죽어가야 했다. 소위 인종 청소의 대상이 되어 씨를 말리는 고통과 슬픔을 겪은 민족이다. 그러나 성경의 예언을 믿고 있는 이들에겐 소망이 있었다. 언제가 성취될 아브라함의 횃불언약과 그리고 다윗언약이다. 그들은 때가 되어 1948년 5월 14일 하루아침에 나라가 세워졌다.

"이러한 일을 들은 자가 누구이며 이러한 일을 본 자가 누구이냐 *나라가 어찌 하루에 생기겠으며 민족이 어찌 한 순간에 태어나겠느냐 그러나 시온은 진통하는 즉시 그 아들을 순산하였도다*"(사66:8)

이스라엘의 건국이다. 하나님이 아브라함 언약을 통해 조상들에게 주셨던 그 땅을 다시 찾은 것이다. 모든 신학자들은 하나님이 이스라엘을 버렸다고 했다. 그리고 하나님은 이방인, 이방교회를 선택하셨다고 했다. 바로 이스라엘을 이방교회가 대체 했다는 대체신학이다. 대체신학은 이스라엘 건국을 성경에 예언된 이스라엘 회복으로 인정하지 않는다. 그러므로 메시아 왕국인 천년왕국을 교회가 통치한다는 이론이 나오는 것이다. 이스라엘이 건국되기 전까지는 대체신학이 나온 것을 이해 할 수 있다. 그러나 나라가 세워졌으면 성경의 예언을 믿어야 함에도 불구하고 그들은 인정하지 않고 있다. 지금의 이스라엘의 건국은 일부회복이다. 선지자들이 예언했던 이스라엘의 궁극적인 회복은 메시아 왕국이다.

② **메시아 왕국은 사사시대 신정통치가 회복되는 의의 성읍이다.**

사사들이 통치하던 시대는 하나님께서 사사들을 통해 통치하시던 신정통치 시대다. 사무엘 시대에 백성들이 왕을 요구하면서 사사시대 신정통치가 종료되고 왕정시대로 들어갔다. 이제 메시아 왕국이 오면 모든 것이 처음과 같이 회복된다. 메시아께서 통치하시니 이스라엘이 의의 성읍 신실한 고을이 된다.

"내가 네 재판관들을 처음과 같이, 네 모사들을 *본래와 같이 회복*할 것이라 그리한 후에야 네가 *의의 성읍*이라, *신실한 고을*이라 불리리라 하셨나니"(사1:26)

③ 만방이 예루살렘으로 모여 여호와의 율법을 배우는 나라

지금의 지구는 노아 홍수로 인해 지형이 바뀌었다. 마지막 7년 끝에 있는 7째 대접 재앙에는 창세 전 후로 없었던 큰 지진이 있다. 이 지진으로 인해 지구는 다시 한 번 지형의 큰 변화를 가져올 것이다. 지형이 바뀐 지구가 천년왕국으로 이어질 것으로 본다. 예루살렘은 지금도 높은 위치에 있지만 메시아 왕국이 되면 더 높은 위치에 서게 된다. 만방이 그곳으로 모여 하나님께 예배하며 시온에서 나오는 여호와의 율법으로 가르침을 받게 된다.

"말일에 *여호와의 전의 산이 모든 산 꼭대기에 굳게 설 것이요* 모든 작은 산 위에 뛰어나리니 *만방이 그리로 모여들 것이라* 많은 백성이 가며 이르기를 오라 우리가 여호와의 산에 오르며 야곱의 하나님의 전에 이르자 그가 그의 길을 우리에게 가르치실 것이라 우리가 그 길로 행하리라 하리니 이는 *율법이 시온에서부터 나올 것이요* 여호와의 말씀이 예루살렘에서부터 나올 것임이니라"(사2:2-3)

④ 전쟁도 없고 전쟁 연습도 없는 나라다.

2차 대전 이후 창설된 UN은 이 땅에 다시는 전쟁이 없는 세상을 만들겠다는 취지였다. 그리고 그들의 건물에 사2:4절 말씀을 새겨두고 있다. 이것은 미래에 나타날 NWO가 추구하는 적그리스도의 나라다. 후3.5년이면 파기될 7년 평화협정을 통해 전쟁이 없는 세상을 만들겠다는 거짓이다. 결국 UN은 세계단일정부의 전초기지다.

"그가 열방 사이에 판단하시며 많은 백성을 판결하시리니 무리가 그들의 칼을 쳐서 보습을 만들고 그들의 창을 쳐서 낫을 만들 것이며 이 나라와 저 나라가 다시는 칼을 들고 서로 치지 아니하며 *다시는 전쟁을 연습하지 아니하리라*"(사2:4)

"말일에 *여호와의 전의 산이 모든 산 꼭대기에 굳게 설 것이요* 모든 작은 산 위에 뛰어나리니 *만방이 그리로 모여들 것이라* 많은 백성이 가며 이르기를 오라 우리가 여호와의 산에 오르며 야곱의 하나님의 전에 이르자 그가 그의 길을 우리에게 가르치실 것이라 우리가 그 길로 행하리라 하리니 이는 *율법이 시온에서부터 나올 것이요* 여호와의 말씀이 예루살렘에서부터 나올 것임이니라 "(사2:2-3)

⑤ 약육강식이 없는 나라

사11장에는 온갖 사나운 짐승들과 순한 짐승들이 모두 등장한다. 그럼에도 불구하고 강자가 약자를 먹지 않는다. 즉 약육강식이 없는 세상이다. 이들은 서로 어울리며 심지어 어린 아이도 이들과 함께 장난하며 놀아도 해됨도 없고 상함도 없다. 물이 바다 덮음 같이 여호와를 아는 지식이 세상에 충만한 세상은 오직 메시아 나라다.

"그 때에 *이리가 어린 양*과 함께 살며 *표범이 어린 염소*와 함께 누우며 *송아지와 어린 사자*와 살진 짐승이 함께 있어 *어린 아이*에게 끌리며 *암소와 곰*이 함께 먹으며 그것들의 새끼가 함께 엎드리며 *사자*가 소처럼 풀을 먹을 것이며 젖 먹는 아이가 *독사*의 구멍에서 장난하며 젖 뗀 어린 아이가 독사의 굴에 손을 넣을 것이라 내 거룩한 산 모든 곳에서 *해 됨도 없고 상함도 없을 것*이니 이는 *물이 바다를 덮음 같이 여호와를 아는 지식이 세상에 충만*할 것임이니라"(사11:6-9)

⑥ 다윗 언약이 성취되는 메시아 나라

삼하7:12-16절은 하나님께서 다윗과 맺은 언약이다. "왕권을 이어갈 아들을 주리라 / 그의 나라를 견고하게 하리라" 이 말씀은 구약의 모든 선지자들의 외친 이스라엘의 진정한 회복의 근거다. 그리스도의 천년왕국은 선지자들의 예언을 따라 이새의 뿌리에서 나신 메시아께서 만민의 기치로 서시는 나라다.

"그 날에 *이새의 뿌리에서 한 싹이 나서 만민의 기치로 설 것이요 열방이 그에게로 돌아오리니 그가 거한 곳이 영화로우리라*"(사11:10)

⑦ 몸과 자연이 회복되는 나라

천년왕국에 씨로 들어간 육체를 가진 백성들은 휴거에 참여한 부활체나 변화체가 아니다. 다만 백여 년 살던 몸에서 천년을 살 수 있는 몸으로 회복된 회복 체들이다. 이들은 다수의 유대인들과 마지막 최후 심판에서 몸의 구원을 받은 이방인들이다. 이들은 천년왕국으로 들어갈 때 천년의 몸으로 회복됨과 동시에 모든 질병까지 치료 받는다. 맹인이 눈을 뜨고 듣지 못하던 귀가 열리고 저는 자는 뛰고 말 못하던 자는 노래한다. 말4:2절에는 공의로운 해가 떠올라 치료의 광선을 비추어 몸이 회복된다고 한다.

이때 사람들은 회복된 몸을 보고 너무 기뻐 외양간에서 나온 송아지 같이 뛰리라 한다. 이들은 썩는 몸을 가지고 천년왕국에서 최대의 복을 누리며 천년을 살 수 있는 복 있는 자들이다. 또한 모든 자연이 회복된다. 하나님께서 새 일을 행하신다. 메마른 광야와 사막에서 샘이 흐르고 꽃이 핀다. 모든 메마른 땅이 원천이 된다. 우리가 즐겨 부르던 복음성가 가사 대로의 세상이다. "사막에 샘이 넘쳐흐르리라 사막에 꽃이 피어 향내 내리라" 그 나라에서 모든 백성은 하나님 지으신 목적대로 하나님만을 찬송할 것이다.

▶ 몸이 회복 된다.

"그 때에 *맹인의 눈이 밝을 것이며 못 듣는 사람의 귀가 열릴 것*이며 그 때에 *저는 자는 사슴 같이 뛸 것이며 말 못하는 자의 혀는 노래하리니 *"(사35:5-6)

"내 이름을 경외하는 너희에게는 *공의로운 해가 떠올라서 치료하는 광선을 비추리니 너희가 나가서 외양간에서 나온 송아지 같이 뛰리라*"(말4:2)

▶자연이 회복된다.

"광야와 메마른 땅이 기뻐하며 사막이 백합화 같이 피어 즐거워하며...이는 광야에서 물이 솟겠고 사막에서 시내가 흐를 것임이라 뜨거운 사막이 변하여 못이 될 것이며 메마른 땅이 변하여 원천이 될 것이며 승냥이의 눕던 곳에 풀과 갈대와 부들이 날 것이며"(사35:1,6-7)

"너희는 이전 일을 기억하지 말며 옛날 일을 생각하지 말라 보라 내가 새 일을 행하리니 이제 나타낼 것이라 너희가 그것을 알지 못하겠느냐 반드시 내가 광야에 길을 사막에 강을 내리니 장차 들짐승 곧 승냥이와 타조도 나를 존경할 것은 내가 광야에 물을, 사막에 강들을 내어 내 백성, 내가 택한 자에게 마시게 할 것임이라 이 백성은 내가 나를 위하여 지었나니 나를 찬송하게 하려 함이니라"(사43:18-21)

⑧ 땅에서 이루어지는 천국! 새 하늘과 새 땅

많은 사람들은 이사야서의 새 하늘 새 땅과 계시록 21장의 새 하늘 새 땅을 같은 것으로 오해하고 있다. 본과 서두에서 언급한 바와 같이 이 나라는 이름은 같으나 본질이 다른 나라다. 이사야서의 새 하늘 새 땅은 땅의 천국으로 썩는 물질의 세계다. 반면에 계시록의 새 하늘 새 땅은 하늘 천국으로 썩지 않는 영원한 세계다. 이사야서는 땅의 천국인 새 하늘 새 땅을 우리들에게 너무나 구체적으로 가르쳐 주고 있다. 그럼에도 불구하고 무 천년설이 지배적인 신학으로 인해 이사야의 천년왕국의 가르침을 철저하게 외면하고 있다.

㉠ 이전 것은 기억나지 않는다.

인간은 하늘나라에서 물나라(태중)에 들어와 10개월을 살고 땅 나라로 나온다. 그리고 땅 나라에서 길면 100여년을 살고 왔던 곳 하늘나라로 다시 돌아간다. 그래서 사람이 죽으면 "돌아가셨다"라고 표현한다. 다만 들어올 때 모두 하늘나라에서 왔지만 돌아 갈 때는 예수 그리스도로 인해 두 길로 나눠진다는 사실이다. 어떤 생명은 물나라에서도 10개월을 채우지도 못하고 어두움 가운데 사라진다. 또한 물나라에서 10개월 후에 땅 나라가 있다는 것은 상상할 수도 없다. 그러나 본능은 알기에 달이차면 머리를 아래로 돌리고 나올 준비를 한다. 이처럼 인간은 본능이 영원히 사는 존재임을 알기에 영원을 사모하는 것이다. 그리고 땅 나라에 사는 자들은 물나라의 10개월을 기억하지 못한다. 그러나 그 나라에서 왔다는 사실을 안다.

이와 같이 천년왕국에 씨로 들어가는 자들은 지금의 아담의 나라를 기억 못한다는 것이다. 그러나 예전에 아담의 나라에서 100여년 살았다는 것은 알 것이다. 우리가 태중을 기억 못하지만 태중에서 10개월을 살았다는 것은 아는 것과 같다. 우리가 이해해야 하는 것은 이사야서에서 말하고 있는 천년왕국의 사람의 상태다. 그들은 모두 썩는 육체를 가진 사람들을 말하는 것이다. 휴거에 참여한 영생 체들이 아니다. 휴거에 참여한 자들은 모두 썩지 않는 몸, 영생의 몸을 가진 자들이다. 이들은 메시아와 함께 그리스도의 통치에 참여하는 왕권을 가진 자들이다. 그러나 이사야서에서 땅에 사는 자들은 그리스도와 함께 왕권을 가진 자들의 통치를 받는 천년왕국의 백성들이다. 눅20:34-36에서 예수님은 천년왕국의 삶의 모습을 잘 말씀해주고 있다. 이것을 잘 분별해야 이사야서와 계시록의 새 하늘 새 땅을 이해할 수 있다.

지금 우리는 "노아이전 시대 사람들은 어떻게 천년 가까이 살았을까" 한다. 마찬가지로 천년왕국 시대에 사는 사람들은 "예전에는 어떻게 겨우 100년을 살았을까" 할 것이다. 물질세계에 들어온 인간은 물나라에서 10개월 살고 땅 나라인 아담의 나라에서 100년 그리고 메시아 나라에서 1000년을 산다. 그리고 우리는 최후 하늘나라에서 천년만년 영원히 살게 될 것이다. 그 영원한 나라에 들어가면 이 땅의 모든 것은 진정 기억나지 않을 것이다. 천국에 들어오지 못한 가족들이 기억난다면 그곳은 이미 천국이 아닐 것이다.

"보라 내가 *새 하늘과 새 땅*을 창조하나니 *이전 것은 기억되거나 마음에 생각나지 아니할 것이라*"(사65:17)

ⓛ 기쁘고 즐거운 나라

이사야서에는 메시아왕국이 기쁘고 즐거운 나라임을 강조하고 있다. 천년왕국은 100% 완벽한 하늘 천국이 아니다. 물질세계이기에 2% 부족한 땅의 천국이다. 아담의 나라와 메시아 나라를 비교하자면 다음과 같다. 아담의 나라는 2% 기쁘고 즐거운 나라요 98% 슬프고 괴로운 나라다. 죽음과 질병과 고통이 훨씬 많은 세상이다. 그럼에도 불구하고 살만하다고 죽기를 싫어한다. 그러나 메시아 나라는 98% 기쁘고 즐거운 나라요 2% 슬프고 괴로운 나라다. 죽음도 있고 질병도 있고 고통도 있는 2% 부족한 나라다. 그러나 주님과 함께 사는 나라이기에 기쁘고 즐거움이 훨씬 많은 땅의 천국이다. 이사야서는 기쁨과 즐거움이 후렴처럼 반복되고 있다.

"너희는 내가 창조하는 것으로 말미암아 영원히 *기뻐하며 즐거워할지니라* 보라 내가 *예루살렘을 즐거운 성*으로 창조하며 *그 백성을 기쁨으로 삼고* 내가 예루살렘을 *즐거워하며* 나의 백성을 *기뻐하리니* 우는 소리와 부르짖는 소리가 그 가운데에서 다시는 들리지 아니할 것이며(사65:18-19)

ⓒ 천년왕국은 2% 부족한 물질세계 땅의 천국이다.

사65:17-25의 새 하늘 새 땅은 메시아왕국이 100% 완벽하지 않은 땅의 천국임을 거의 완벽하게 묘사하고 있다. 천년왕국에 죽음이 있다. 저주 받는 자도 있다. 가옥을 건축한다. 이 땅의 집은 우리 손으로 짓지만 하늘 천국의 집은 아버지가 준비해 주신다.(계7:15, 21:3) 포도나무를 심는 땅의 농사도 있다. 슥14:16-19에는 초막절을 지키러 예루살렘에 올라오지 아니하면 비도 내리지 않으니 가뭄도 있다. 백성의 수한이 나무의 수한 같이 오래 산다.

지금도 나무는 인간의 수명보다 길다. 이 땅은 수고를 누릴 만 하면 죽는 경우가 많다. 그러나 천년왕국은 수고가 헛되지 않고 손으로 수고한 것을 누린다. 재난을 당하는 자들도 있다. 후손이 있으니 결혼도 한다. 눅20:34-36절 부활논쟁에서 예수님은 천년왕국에서 결혼하는 자들과 그렇지 않은 자들을 분명히 구분해 주고 있다. 천년왕국은 메시아께서 함께 사는 세상이니 기도 응답이 빠르다. 맘에 생각만 해도 이미 일들이 이루어 질 것이다.

"거기는 날 수가 많지 못하여 죽는 어린이와 수한이 차지 못한 노인이 다시는 없을 것이라 곧 백 세에 *죽는 자*를 젊은이라 하겠고 백 세가 못되어 죽는 자는 *저주 받은 자*이리라 그들이 *가옥을 건축*하고 그 안에 살겠고 *포도나무를 심고 열매를 먹을 것이며* 그들이 건축한 데에 타인이 살지 아니할 것이며 그들이 심은 것을 타인이 먹지 아니하리니 이는 내 백성의 수한이 *나무의 수한과 같겠고 내가 택한 자가 그 손으로 일한 것을 길이 누릴 것이*며 그들의 수고가 헛되지 않겠고 그들이 생산한 것이 *재난*을 당하지 아니하리니 그들은 여호와의 복된 자의 *자손*이요 그들의 후손도 그들과 같을 것임이라 그들이 *부르기 전에 내가 응답*하겠고 그들이 말을 마치기 전에 내가 들을 것이며"(사65:20-24)

"예수께서 이르시되 *이 세상의 자녀들은 장가도 가고 시집도 가되* 저 세상과 및 죽은 자 가운데서 *부활함을 얻기에 합당히 여김을 받은 자들은 장가 가고 시집 가는 일이 없으며* 그들은 다시 죽을 수도 없나니 이는 *천사와 동등*이요 *부활의 자녀*로서 하나님의 자녀임이라"(눅20:34-36)

⑨ 세계 만민이 이스라엘을 제사장 국가로 인정하고 칭찬과 명성을 얻음

우리는 지금 아담의 나라에 살고 있다. 이 아담의 나라의 제사장은 욕단의 후손이다. 본서의 마지막에 대한민국의 사명에 대한 단원이 있다. 그곳에서 벨렉과 욕단의 사명을 구체적으로 다룰 것이다. 출19:5-6에서 이스라엘은 일찍이 제사장 국가로 부름을 받았다. 그러나 그들은 아담의 나라에서 제사장 국가의 사명을 감당하지 않았다. 사26:17-18은 제사장 국가의 사명을 감당하지 않음으로 인해 고난당하는 이스라엘의 회개를 예언하고 있다. 그러나 하나님께서 이스라엘을 제사장으로 부르셨으니 그들은 반드시 그 사명을 감당해야 한다. 마지막 7년 후3.5년의 혹독한 야곱의 환난기를 지나면서 그들은 메시아께로 돌아온다.

그리고 천년왕국에 들어가서 비로소 이스라엘은 여호와의 제사장 국가로서 사명을 다한다. 메시아 나라에는 반 이스라엘 정서가 없다. 유대인이라는 이유 하나만으로 전 세계가 유대인을 부러워하는 세상이다. 세계 최대 강대국이 되는 이스라엘을 세계가 인정하고 칭찬한다. 메시아 왕국에서 이스라엘은 세계 선교사 국가가 되어 먼 섬들을 다니며 만민에게 복음을 전한다. 이렇게 유대인들이 메시아 왕국에서 전 세계 선교의 사명을 감당함으로 세상은 변화된다. 지금의 아담의 나라에서는 결코 실현될 수 없는 일들이 메시아 나라에서 실현된다. 물이 바다 덮음 같이 여호와를 아는 지식이 세상에 충만할 것이다.(사11:9) 물이 바다 덮음같이 여호와의 영광을 인정하는 것이 세상에 가득할 것이다.(합2:14)

㉠ 세계인에게 복음을 전하지 못했음을 회개하는 이스라엘

"여호와여 잉태한 여인이 산기가 임박하여 산고를 겪으며 부르짖음 같이 우리가 주 앞에서 그와 같으니이다 *우리가 잉태하고 산고를 당하였을지라도 바람을 낳은 것 같아서 땅에 구원을 베풀지 못하였고 세계의 거민을 출산하지 못하였나이다*'(사26:17-18)

㉡ 세계가 인정하는 제사장 국가로서 이스라엘

"오직 너희는 *여호와의 제사장*이라 일컬음을 받을 것이라 사람들이 너희를 우리 *하나님의 봉사자*라 할 것이며 너희가 이방 나라들의 재물을 먹으며 그들의 영광을 얻어 자랑할 것이니라....그들의 자손을 뭇 나라 가운데에, 그들의 후손을 만민 가운데에 알리리니 무릇 이를 보는 자가 그들은 *여호와께 복 받은 자손이라 인정*하리라"(사61:6,9)

"그때에 내가 너를 괴롭게 하는 자를 다 벌하고 저는 자를 구원하며 쫓겨난 자를 모으며 온 세상에서 수욕 받는 자에게 *칭찬과 명성*을 얻게 하리라 내가 그 때에 너희를 이끌고 그 때에 너희를 모을지라 내가 너희 목전에서 너희의 사로잡힘을 돌이킬 때에 너희에게 *천하 만민 가운데서 명성과 칭찬을 얻게 하리라* 여호와의 말이니라"(합3:19-20)

㉢ 세계 선교사 국가로서 이스라엘

"내가 그들의 행위와 사상을 아노라 때가 이르면 뭇 나라와 언어가 다른 민족들을 모으리니 그들이 와서 나의 영광을 볼 것이며 내가 그들 가운데에서 징조를 세워서 그들 가운데에서 도피한 자를 여러 나라 곧 다시스와 뿔과 활을 당기는 룻과 및 두발과 야완과 또 *나의 명성을 듣지도 못하고 나의 영광을 보지도 못한 먼 섬들로 보내리니 그들이 나의 영광을 뭇 나라에 전파하리라*'(사66:18-19)

영생하는 나라 하늘천국

천년왕국과 영원천국은 천국이라는 같은 이름을 가지고 있으나 본질이 다른 두 개의 나라다. 둘 다 하늘에서 통치하시니 천국이요 하나님 나라다. 그러나 천년왕국은 썩는 땅의 천국이요 영원천국은 썩지 않는 하늘 천국이다. 우리가 늘 하는 주기도문을 상기해 본다. "주님의 나라가 임하옵시며 뜻이 하늘에서 이룬 것 같이 땅에서도 이루어지이다." 바로 땅에서 이뤄지는 주의 나라 천국이 메시아 왕국, 천년왕국인 것이다. 그러나 무 천년 주의가 대세를 이루고 있는 현 신학의 가르침은 이 두 나라를 구분하지 않는다. 천년왕국은 상징이요 실제 없는 나라라고 한다. 결국 구약에서 선지자들이 수없이 예언한 메시아 나라를 부정하는 것과 같다.

바로 전 단원에서는 천년왕국을 살펴보았다. 그러나 본 단원에서는 물질 세계 땅의 천국과 시공이 사라진 하늘 천국이 얼마나 대조되는가를 살펴본다. 계21-22장은 처음 하늘과 처음 땅이 사라진 썩지 않는 새 하늘 새 땅이다. 시공이 사라진 영원한 세계요 세세토록 왕 노릇하는 아버지 나라다. 많은 사람들이 천국을 직접 방문하고 그곳에서 보고 들은 것들을 간증한다. 모두가 다른 개인적인 신비로운 체험도 존중하고 참고할 만하다. 그러나 무엇보다 중요한 것은 주님께서 계시해 주신 성경이 가장 중요한 기반이 되어야 한다. 본 단원은 계21-22장에서 계시하고 있는 영생하는 나라, 하늘의 천국을 정리하고자 한다. 메시아 왕국, 천년왕국을 먼저 보았기 때문에 독자들은 본 단원을 쉽게 이해할 수 있을 것이다.

1. 영원한 천국을 나타내는 이름들

1) 새 하늘과 새 땅

"또 내가 *새 하늘과 새 땅*을 보니 처음 하늘과 처음 땅이 없어졌고 바다도 다시 있지 않더라"(계21:1) - **영원한 하늘천국 / 아버지 나라**

"보라 내가 *새 하늘과 새 땅*을 창조하나니 이전 것은 기억되거나 마음에 생각나지 아니할 것이라"(사65:17) - **천년의 땅의 천국 / 메시아 나라, 천년왕국**

천년왕국 단원에서 창조 역사 속에 진행되는 4개의 나라를 소개한 것을 기억할 것이다. 그 네 개의 나라는 그 이름이 에덴과 새 하늘 새 땅이라는 동일한 이름을 가지고 있다. 천사의 나라와 아담의 나라는 에덴이다. 메시아 왕국과 아버지 나라는 새 하늘 새 땅이다. 그러나 이 나라들은 이름은 같으나 본질이 썩지 않는 세계와 썩는 세계로 나뉜다. 사65:17의 새 하늘 새 땅은 천년동안만 지속되는 본질이 썩는 세계다. 그러나 계21:1절의 새 하늘 새 땅은 본질이 썩지 않는 영원한 아버지의 나라다. 처음 하늘과 처음 땅은 다 없어졌다. 천년왕국의 새 하늘 새 땅은 청함 받은 자들만 들어갔다. 그러나 아버지의 나라 새 하늘 새 땅은 어린양의 생명책에 이름이 있는 자는 모두 들어가는 나라다.

"무엇이든지 속된 것이나 가증한 일 또는 거짓말하는 자는 결코 그리로 들어가지 못하되 *오직 어린 양의 생명책에 기록된 자들만 들어가리라*"(계21:27)

2) 거룩한 성 새 예루살렘

"또 내가 보매 *거룩한 성 새 예루살렘*이 하나님께로부터 하늘에서 내려오니 그 준비한 것이 신부가 남편을 위하여 단장한 것 같더라"(계21:2)

계21:2절은 너무나 황홀한 광경이 아닐 수 없다. 그야말로 처음 것들이 다 지나간 모든 것이 완전한 새로운 나라다. 거룩한 성 새 예루살렘은 영원한 천국의 또 다른 가장 아름다운 이름이다. 그 성이 얼마나 아름답고 찬란하고 화려하고 빛나는 성인지를 신부라는 이름으로 표현했다. 남편을 위하여 단장한 신부와 같이 그 성은 너무나 아름답다. 결혼식을 앞둔 신부는 세상에서 가장 아름다운 모습으로 단장한다. 하나님은 이토록 아름다운 새 예루살렘 성을 그의 몸 된 교회를 위하여 준비해 두셨다.

3) 세세토록 왕 노릇 하는 나라

"다시 *밤이 없겠고 등불과 햇빛이 쓸 데 없으니* 이는 주 하나님이 그들에게 비치심이라 그들이 *세세토록 왕 노릇* 하리로다"(계22:5) - **영원한 하늘천국 / 아버지 나라**

"이 첫째 부활에 참여하는 자들은 복이 있고 거룩하도다 둘째 사망이 그들을 다스리는 권세가 없고 도리어 그들이 하나님과 그리스도의 제사장이 되어 *천 년 동안 그리스도와 더불어 왕 노릇* 하리라"(계20:6) - **천년의 땅의 천국 / 메시아 나라, 천년왕국**

영원 천국은 천년이란 년 수를 채우기 위해 천년왕국에 있었던 해, 달, 별이 필요 없는 전혀 새로운 나라다. 천년동안 왕 노릇하는 나라가 아닌 세세토록 왕 노릇 하는 나라이기 때문이다. 첫째 부활에 참여하는 자는 그리스도와 더불어 천년동안 왕 노릇 한다. 메시아 왕국에서 만왕의 왕이신 주님의 통치에 왕권을 가지고 참여하는 자들이다. 천년왕국에서 천년 동안 왕 노릇 하던 자들은 그 왕권이 천년으로 끝나지 않는다. 그 왕권은 영원천국으로 이어져 세세토록 왕 노릇 하는 영원세계로 들어간다. 천년왕국에서 왕이 있고 백성이 있는 것처럼 영원천국에도 왕이 있고 백성이 있기 때문이다. 아래의 말씀을 왕과 백성을 구분하고 있다.

"만국이 그 빛 가운데로 다니고 *땅의 왕들*(**천년왕국에서 왕 노릇 하던 자들**)이 자기 영광을 가지고 그리로 들어가리라 낮에 성문들을 도무지 닫지 아니하리니 거기에는 밤이 없음이라 *사람들*(**천년왕국에서 백성으로 있던 자들**)이 만국의 영광과 존귀를 가지고 그리로 들어가겠고"(계21:24-26)

4) 아버지의 나라

"그 때에 의인들은 자기 *아버지 나라*에서 해와 같이 빛나리라 귀 있는 자는 들으라"(마13:43)

"그 후에는 마지막이니 그가 모든 통치와 모든 권세와 능력을 멸하시고 *나라를 아버지 하나님께 바칠 때라*"(고전15:24)

"내가 들으니 보좌에서 큰 음성이 나서 이르되 보라 하나님의 장막이 사람들과 함께 있으매 하나님이 그들과 함께 계시리니 *그들은 하나님의 백성이 되고 하나님은 친히 그들과 함께 계셔서*"(계21:3)

"이기는 자는 이것들을 상속으로 받으리라 *나는 그의 하나님이 되고 그는 내 아들이 되리라*"(계21:7)

아들의 나라 메시아 왕국 천년이 지나면 그 나라를 아버지 하나님께 바친다. 이후에는 영생하는 아버지 나라로 들어간다. 아버지의 나라에는 구약의 표현과 같은 남편과 아내라는 개념이 없다. 신약의 표현과 같은 신랑과 신부라는 개념도 없다. 오직 하나님은 우리의 왕이시고 우리는 그분의 백성이다. 하나님은 우리의 아버지가 되시고 우리는 그분의 자녀. 이렇게 가족이 되어 하나님과 친히 함께 사는 나라가 영생하는 아버지 나라다.

2. 환경의 본질이 다른 나라

1) 모든 재료는 황금 보석이다.
"그 열두 문은 열두 진주니 각 문마다 한 개의 진주로 되어 있고 *성의 길은 맑은 유리 같은 정금이더라*"(계21:21)

"또 그가 수정 같이 맑은 *생명수의 강*을 내게 보이니 하나님과 및 어린양의 보좌로부터 나와서 길 가운데로 흐르더라 *강 좌우에 생명나무가 있어 열두 가지 열매를 맺되* 달마다 그 열매를 맺고 그 나무 잎사귀들은 만국을 치료하기 위하여 있더라"(계22:1-2)

"보좌 앞에 수정과 같은 *유리 바다*가 있고 보좌 가운데와 보좌 주위에 네 생물이 있는데 앞뒤에 눈들이 가득하더라"(계4:6)

땅의 천국 천년왕국은 본질이 썩는 것이다. 그러나 하늘 천국은 모든 재료가 본질이 썩지 않는 것이다. 천년왕국의 집은 스스로 건축해야 했다.(사

65:21) 그러나 영원 천국의 집은 아버지께서 준비해 주신다. 또한 성도의 집의 재료는 각종 보석과 황금이다. 땅은 맑은 유리 같은 정금길이다. 우리가 이 땅에서 그렇게도 귀하게 여겼던 정금이 하늘 천국에서는 도로 포장 재료에 불과하다. 하늘에 있는 열두 보석이 이 땅에도 있지만 본질은 비교할 수 없다. 강은 영원히 목마르지 않는 생명수 강이다. 계4:6절에 유리바다로 표현 되어있는 것도 생명수 강이다. 이 강 좌우에는 달마다 12가지 열매를 맺는 생명나무가 있다.

에덴동산에서 천사들이 불 칼로 지키고 있던 그 생명나무가 영원천국에 등장한다. 에덴동산에 있던 그 생명나무의 본산지가 바로 영원천국이기 때문이다. 또한 반대로 선악나무는 하늘천국에 없다. 비 진리요 멸망이요 지옥이요 사단을 의미했던 나무이기 때문이다. 하나님께서 인간은 본래 생명나무가 있는 영원천국에 살도록 창조하셨다. 에덴동산에 있었던 생명나무는 우리의 본향이 하늘 천국임을 계시하는 하나님의 메시지였다. 이처럼 영원천국은 모든 환경이 말로 표현할 수 없이 아름답고 찬란하다.

2) 다시없는 것들
천년왕국에는 있었던 것들이 영원천국에는 다시없다. 성경은 이처럼 분명하게 땅의 천국과 하늘 천국을 구분하고 있다.

① 모든 눈물, 사망, 애통하는 것, 곡하는 것, 아픈 것이 다시없다.
"*모든 눈물*을 그 눈에서 닦아 주시니 다시는 *사망이 없고 애통하는 것이나 곡하는 것이나 아픈 것*이 다시 있지 아니하리니 처음 것들이 다 지나 갔음이러라"(계21:4)

천년왕국에는 사망과 질병이 있어 애통하는 일이 있다. 백세에 죽는 자를 젊은이라 하고 백세가 못 되어 죽는 자를 저주받은 자라 한다. 그러나 영원천국에는 이러한 것들이 다시없다.

② 저주, 밤, 해, 달이 없다. 시간의 세계가 사라졌기 때문이다.

"다시 *저주가 없으며* 하나님과 그 어린 양의 보좌가 그 가운데에 있으리니 그의 종들이 그를 섬기며... *다시 밤이 없겠고 등불과 햇빛이 쓸 데 없으니* 이는 주 하나님이 그들에게 비치심이라 그들이 세세토록 왕 노릇 하리로다...그 성은 *해나 달의 비침이 쓸 데 없으니* 이는 *하나님의 영광이 비치고 어린 양이 그 등불*이 되심이라"(계22:3,5,23)

천년왕국은 천년이란 년 수를 채우기 위해 낮과 밤 해, 달, 별과 그 빛이 필요했다. 천년왕국은 포도원을 재배하는 농사도 있기 때문에 사계절이 필요했다.(사65:21) 그러나 영원천국은 시간과 공간이 사라진 세계이기 때문에 해, 달, 별도 그 빛도 필요 없다. 햇빛보다 더 밝은 하나님의 영광이 가득한 나라이기 때문이다.

③ 히에론 성전이 없다. 이는 하나님이 친히 나오스 성전이시기 때문이다.
"*성 안에서 내가 성전을 보지 못하였으니 이는 주 하나님 곧 전능하신 이와 및 어린 양이 그 성전이심이라* "(계21:22)

예루살렘 성안에는 건물로서의 성전, 히에론이 없다. 영광으로 가득한 나오스 성전 되시는 하나님이 친히 성전이시기 때문이다. 이 성전 되시는 하나님께로부터 영광의 빛이 영원토록 비추인다. 성도의 기업을 따라 어떤 이는 이 영광의 빛이 더 가까이 있는 곳에 거하게 될 것이다. 어떤 이는 이 영광의 빛이 더 비추는 곳에 거하게 될 것이다. 이것은 마치 이 땅에서 어떤 이는 지성소에 어떤 이는 성소에 어떤 이는 제단에 있는 것과 같다. 지성소는 오직 대 제사장만이 들어갈 수 있는 곳이다. 천국의 지성소는 하나님의 영광이 가장 충만한 곳이다.

3) 새 예루살렘 성의 구조
인터넷이나 각종 자료를 통해 천국의 새 예루살렘 성을 보면 너무나 아름다워 황홀하다. 정말 꿈같은 나라다. 그러나 이 땅에서는 꿈같은 나라지만 하나님은 이 나라를 그의 자녀들에게 유업으로 주시겠다고 약속하셨다. 꿈이 현실로 이루어질 아름다운 성을 정리해 본다.

① 성의 크기

"그 성은 네모가 반듯하여 길이와 너비가 같은지라 그 갈대 자로 *그 성을 측량하니 만 이천 스타디온이요* 길이와 너비와 높이가 같더라 *그 성곽을 측량하매 백사십사 규빗이니* 사람의 측량 곧 천사의 측량이라"(계21:16-17)

혹자는 새 예루살렘 성의 만 이천 스타디온에 대해 325억이 함께 살 수 있는 크기라고 한다. 지금의 세계 인구가 80억이 가깝다고 하니 그 크기가 짐작이 갈 것이다. 그러나 이 성을 측량할 때 사람의 측량 곧 천사의 측량이라 했으니 그 크기는 실제 알 수 없다. 그러나 영원한 천국은 손으로 만져지지 않는 영으로만 사는 나라가 아니다. 우리가 부활하여 몸을 입고 사는 실존하는 세계다. 단지 본질이 썩지 않는 영생하는 몸으로 사는 것이다. 그러므로 성의 크기가 영적의미 만도 아닐 것이다.

② 정금 길로 된 열두 보석 성

"*그 성곽은 벽옥으로 쌓였고 그 성은 정금인데 맑은 유리 같더라 그 성의 성곽의 기초석은 각색 보석으로 꾸몄는데* 첫째 기초석은 벽옥이요 둘째는 남보석이요 셋째는 옥수요 넷째는 녹보석이요 다섯째는 홍마노요 여섯째는 홍보석이요 일곱째는 황옥이요 여덟째는 녹옥이요 아홉째는 담황옥이요 열째는 비취옥이요 열한째는 청옥이요 열두째는 자수정이라"(계21:18-20)

천국의 도로포장 재료가 정금이라는 유머가 있다. 이 땅에서 그토록 가치 있는 것으로 여겼던 정금을 천국에서는 발로 밟고 다닌다. 성의 건축 재료 또한 각색 12보석이다. 천년왕국에서는 우리가 건축을 해야 했다.(사65:21) 초막절에는 직접 나뭇가지를 가져다가 초막을 지어야 한다. 그러나 우리가 가는 영원천국에는 성도들의 집도 아버지가 직접 지어 주신다. 아버지께서 각자의 집을 각종 보석으로 아름답게 지어 주실 것이다. 그러나 얼마나 크고 아름답게 지어 주시는 가는 이 땅에서 올려드리는 성도의 헌신과 수고가 될 것이다.

"그러므로 그들이 하나님의 보좌 앞에 있고 또 그의 성전에서 밤낮 하나님을 섬기매 *보좌에 앉으신 이가 그들 위에 장막을 치시리니*"(계7:15)

"내가 들으니 보좌에서 큰 음성이 나서 이르되 보라 *하나님의 장막이 사람들과 함께 있으매* 하나님이 그들과 함께 계시리니 그들은 하나님의 백성이 되고 하나님은 친히 그들과 함께 계셔서"(계21:3)

③ 12진주 문에 12천사

"크고 높은 성곽이 있고 *열두 문이 있는데 문에 열두 천사가 있고 그 문들 위에 이름을 썼으니 이스라엘 자손 열두 지파의 이름들*이라.... *그 열두 문은 열두 진주니 각 문마다 한 개의 진주로* 되어 있고 성의 길은 맑은 유리 같은 정금이더라"(계21:12,21)

예루살렘 성은 동서남북으로 각각 문이 세 개씩 있다. 그 문들 위에는 이스라엘 열 두 지파의 이름이 기록되어 있다. 계시록에는 그 문들 위에 지파의 이름들이 구체적으로 기록되어 있지 않다. 그러나 모형인 천년왕국에는 지파의 이름이 구체적으로 기록되어 있다.(겔48:31-34) 동 - 요셉, 베냐민, 단 / 서 - 갓, 아셀, 납달리 / 남 - 시므온, 잇사갈, 스블론 / 북 - 르우벤, 유다, 레위문이다. 아마도 영원천국도 이렇게 에스겔에 기록된 대로 될 것이다.

이렇게 문이 있다는 것은 정확히 알 수는 없으나 성도들의 거주의 경계가 아닐까 한다. 요셉 문에 거하는 사람과 레위 문에 거하는 사람들이 다르지 않을까. 하나의 커다란 진주로 되어 있는 각 문에는 천사가 한 명씩 있다. 하늘의 천사는 구원받은 후사들을 돕는 영들이다. 천국에서 성도들이 거하는 곳마다 배치되어 질서를 유지하는 것 같다. 천국에 가면 사람은 하나님의 자녀로 천사들보다 지위가 높아진다.

④ 크고 높은 성곽은 정 사각형의 정 육면체

"동쪽에 세 문, 북쪽에 세 문, 남쪽에 세 문, 서쪽에 세 문이니 *그 성의 성곽에는 열두 기초석이 있고 그 위에는 어린 양의 열두 사도의 열두 이름*이 있더라 내게 말하는 자가 그 성과 그 문들과 성곽을 측량하려고 금 갈대 자를 가졌더라 *그 성은 네모가 반듯하여 길이와 너비가 같은지라* 그 갈대 자로 그 성을 측량하니 *만 이천 스다디온이요 길이와 너비와 높이가 같더라*"(계21:13-16)

성곽의 열두 기초 석에는 어린양의 열두 사도의 이름이 있다. 복음을 위해 순교한 복음의 기초석이 열두 제자다. 아마도 여기에는 유다가 빠지고 맛디아가 들어갈 것이다. 길이와 넓이와 높이가 같은 정 사각형의 성은 정 육면체로 되어있다. 2017년에 사단 니비르브(니비루)가 온다고 떠들썩했던 적이 있다. 그 니비루의 형태가 정 육면체인 것을 보고 소름이 끼쳤던 기억이 있다. 사단은 모든 것을 모방한다. 자신이 가지고 오는 나라도 새 예루살렘과 같은 정 육면체의 형태로 미혹하고 있었다.

⑤ **성에 들어가는 자격**

"무엇이든지 속된 것이나 가증한 일 또는 거짓말하는 자는 결코 그리로 들어가지 못하되 *오직 어린 양의 생명책에 기록된 자들만* 들어가리라"(계21:27)

이 복되고 아름다운 성에 들어가는 자격은 오직 어린양의 생명책에 그 이름이 기록된 자들은 모두 들어간다. 어린양의 생명책에 이름이 기록된 자들은 모두 예수님의 피와 상관이 있기 때문이다. 우리가 천국에 들어가는 자격은 오직 어린양 되시는 예수님의 피의 공로뿐이다. 다만 기업을 따라 성에 거하는 위치와 누리는 영광이 다를 뿐이다.

3. 성도의 기업이 있는 영광의 나라

성경은 구원과 함께 많은 곳에서 상급을 약속하고 있다. 그래서 신구약의 성도들은 그의 상 주심을 바라고 살았던 것이다. 여기에는 누구나 받는 보편적인 상이 있고 기업을 따라 받는 상이 있다. 구원은 그 어떤 수고의 값을 지불하지 않고 100% 믿음으로 받는다. 그러나 상급은 우리의 수고를 따라 주시겠다고 주님께서 약속하신 것이다.

"믿음이 없이는 하나님을 기쁘시게 하지 못하나니 하나님께 나아가는 자는 반드시 그가 계신 것과 또한 그가 자기를 찾는 자들에게 *상 주시는 이심을 믿어야* 할지니라"(히11:6)

"믿음으로 모세는 장성하여 바로의 공주의 아들이라 칭함 받기를 거절하고 도리어 하나님의 백성과 함께 고난 받기를 잠시 죄악의 낙을 누리는 것보다 더 좋아하고 그리스도를 위하여 받는 수모를 애굽의 모든 보화보다 더 큰 재물로 여겼으니 *이는 상 주심을 바라봄이라*"(히11:24-26)

"*푯대를 향하여 그리스도 예수 안에서 하나님이 위에서 부르신 부름의 상을 위하여* 달려가노라"(빌3:14)

1) 누구나 받는 보편적인 상 - 예수를 믿으면 누구나 받는다.

① 하나님 나라를 유업으로 받는다.
"그 때에 임금이 그 오른편에 있는 자들에게 이르시되 내 아버지께 복 받을 자들이여 나아와 *창세로부터 너희를 위하여 예비된 나라를 상속받으라*"(마25:34)

"*이기는 자는 이것들을 상속으로 받으리라* 나는 그의 하나님이 되고 그는 내 아들이 되리라"(계21:7)

"*썩지 않고 더럽지 않고 쇠하지 아니하는 유업을 잇게 하시나니* 곧 너희를 위하여 하늘에 간직하신 것이라"(벧전1:4)

"우리로 *그의 은혜를 힘입어* 의롭다 하심을 얻어 영생의 소망을 따라 *상속자가* 되게 하려 하심이라"(딛3:7)

영생하는 아버지의 나라는 우리가 값을 지불하고 얻을 수 없는 나라다. 예수 그리스도의 피가 이미 그 값을 지불했기 때문이다. 그러므로 그 이름을 믿는 자는 그의 은혜를 힘입는다. 그의 은혜를 힘입는 자는 놀라운 축복이 따른다. 아버지 나라의 상속자가 된다. 썩지 않는 나라를 유업으로 받는다. 이 얼마나 놀라운 은혜이며 축복인가?

② 완벽하게 변화되는 신령한 몸을 받는다.
"형제들아 내가 이것을 말하노니 혈과 육은 하나님 나라를 이어 받을 수 없고 또한 썩는 것은 썩지 아니하는 것을 유업으로 받지 못하느니라 보라 내가 너희에게 비밀을 말하노니 우리가 다 잠 잘 것이 아니요 마지막 나팔에 순식간에 홀연히 다 변화되리니 나팔 소리가 나매 *죽은 자들이 썩지 아니할 것으로 다시 살아나고 우리도 변화되리라 이 썩을 것이 반드시 썩지 아니할 것을 입겠고 이 죽을 것이 죽지 아니함을 입으리로다*'(고전15:50-53)

③ 영원히 사는 영생을 받는다.

"하나님이 세상을 이처럼 사랑하사 독생자를 주셨으니 이는 *그를 믿는 자마다* 멸망하지 않고 *영생을 얻게 하려 하심이라*'(요3:16)

"아버지께서 아들에게 주신 *모든 사람에게 영생을 주게 하시려고* 만민을 다스리는 권세를 아들에게 주셨음이로소이다"(요17:2)

"이는 *기업의* 상을 주께 받을 줄 아나니 너희는 주 그리스도를 섬기느니라"(골3:24)

"이로 말미암아 그는 새 언약의 중보자시니 이는 첫 언약 때에 범한 죄에서 속량하려고 죽으사 부르심을 입은 자로 하여금 *영원한 기업의* 약속을 얻게 하려 하심이라"(히9:15)

2) 서로 다른 개인의 상급과 영광

① 왕으로 누리는 기업

"만국이 그 빛 가운데로 다니고 *땅의 왕들이 자기 영광을 가지고* 그리로 들어가리라"(계21:24)

땅의 왕들은 천년왕국에서 주님과 함께 왕 노릇한 땅의 왕들이다. 주님의 통치에 참여한 왕권의 영광은 영원천국에서도 지속된다. 천년왕국에서 다스리는 왕과 백성이 있었듯이 영원천국에서도 왕이 있고 백성이 있기 때문이다.

② 백성으로 누리는 기업

"*사람들이 만국의 영광과 존귀를 가지고* 그리로 들어가겠고"(계21:26)

여기서 사람들은 천년왕국에서 백성들로 천년을 살았던 사람들이다. 그리고 흰 보좌 심판을 앞두고 마지막 부활을 한 자들이다. 이들은 영원천국에 들어와도 그 영광은 백성들이다. 그러나 영원천국에 들어온 그 자체가 큰 영광이요 축복이다. 영원천국의 백성들을 분류하면 아마도 다음의 세 부류의 사람들일 것이다.

㉠ **천년왕국에 처음 씨로 들어간 백성들(100년 몸에서 1,000년의 몸을 받은 회복 체들)**
㉡ **천년왕국에서 태어난 후손들**
㉢ **흰 보좌 앞에 선 '마지막 부활'한 성도들(이들은 휴거되지 못해 천년왕국에 참여하지 못한 자들이다)**

그렇기 때문에 첫째부활에 참여하여 천년왕국에 왕권을 가지고 들어가는 것이 너무나 중요한 것이다. 이 왕권의 영광은 영원천국까지 지속되기 때문이다. 흰 보좌 심판을 앞두고 마지막 부활한 자들은 영원천국에 결코 왕으로 들어갈 수 없다.

③ **수고를 따라 누리는 기업**
"보라 내가 속히 오리니 *내가 줄 상*이 내게 있어 *각 사람에게 그가 행한 대로 갚아 주리라*"(계22:12)

"하늘에 속한 형체도 있고 땅에 속한 형체도 있으나 하늘에 속한 것의 영광이 따로 있고 땅에 속한 것의 영광이 따로 있으니 *해의 영광이 다르고 달의 영광이 다르며 별의 영광도 다른데 별과 별의 영광이 다르도다*"(고전15:40-41)

주님은 보편적인 상급 외에 각 사람의 일한대로 갚으시리라고 하셨다. 그렇기 때문에 천국에서는 각자의 기업이 다르고 각자의 집이 다르고 성도에게 주신 면류관이 다르다. 결국은 각자가 일한대로 천국에서 그 기쁨과 영광을 영원히 누리게 될 것이다. 이 영광을 바라보며 그 나라를 사모하는 하늘의 백성이 된 것이 감사하다. 마지막 때 남은 시간 각자의 상급을 쌓아가는 복 있는 자가 되기를 소망한다.

4. 요한계시록의 축복

1) 속히 오리라

주님은 우리에게 수고한대로 상을 주시며 이 좋은 나라를 우리에게 빨리 주시고 싶어 세 번이나 속히 오시마고 하셨다. "오리라"는 헬라어 엘코마이로 현재형으로서 지금 오고 있다는 것을 의미한다. 미래에 오는 것이 아니라 하나님의 나라는 벌써 지금 오고 있다. 때가 급함을 알리는 표현으로 마지막 때가 가까이 왔음을 알리는 단어다.

① "보라 내가 *속히 오리니* 이 두루마리의 예언의 말씀을 지키는 자는 복이 있으리라 하더라"(계22:7)

② "보라 내가 *속히 오리니* 내가 줄 상이 내게 있어 각 사람에게 그가 행한 대로 갚아 주리라"(계22:12)

③ "이것들을 증언하신 이가 이르시되 내가 진실로 *속히 오리라* 하시거늘 아멘 주 예수여 오시옵소서"(계22:20)

2) 복 있는 자가 들어가는 나라

요한 계시록은 두려움의 책이 아닌 복 있는 책이다. 계시록에 나타나는 7개의 복은 모두 천년왕국과 영원한 천국에 관한 복과 관련되어 나타난다.

① "이 예언의 말씀을 읽는 자와 듣는 자와 그 가운데에 기록한 것을 지키는 자는 *복이 있나니* 때가 가까움이라"(계1:3)

② "또 내가 들으니 하늘에서 음성이 나서 이르되 기록하라 지금 이후로 주 안에서 죽는 자들은 *복이 있도다* 하시매 성령이 이르시되 그러하다 그들이 수고를 그치고 쉬리니 이는 그들의 행한 일이 따름이라 하시더라"(계14:13) – 순교자들에게

③ "보라 내가 도둑 같이 오리니 누구든지 깨어 자기 옷을 지켜 벌거벗고

다니지 아니하며 자기의 부끄러움을 보이지 아니하는 자는 *복이 있도다*'(계 16:15) – 살아남은 자들에게

④ "천사가 내게 말하기를 기록하라 어린 양의 혼인 잔치에 청함을 받은 자들은 *복이 있도다* 하고 또 내게 말하되 이것은 하나님의 참되신 말씀이라 하기로"(계19:9) – 천년왕국에 들어가는 자들에게

⑤ "이 첫째 부활에 참여하는 자들은 *복이 있고* 거룩하도다 둘째 사망이 그들을 다스리는 권세가 없고 도리어 그들이 하나님과 그리스도의 제사장이 되어 천 년 동안 그리스도와 더불어 왕 노릇 하리라"(계20:6)– 천년왕국에 들어가는 자들에게

⑥ "보라 내가 속히 오리니 이 두루마리의 예언의 말씀을 지키는 자는 *복이 있으리라* 하더라"(계22:7)

⑦ "자기 두루마기를 빠는 자들은 *복이 있으니* 이는 그들이 생명나무에 나아가며 문들을 통하여 성에 들어갈 권세를 받으려 함이로다"(계22:14) – 영원천국에 들어가는 자들에게

천년왕국 그리고 영원한 천국! 이 얼마나 가슴 설레는 아름다운 나라이며 우리가 기다리고 기다리는 나라인가? 주님은 제자들에게 기도를 가르쳐 주셨다. 창세전에 뜻이 하늘에서 이루어진 것 같이 땅에서도 이루어지도록 "주의 나라가 임하옵시며"라고 기도하라고 하셨다. 그 나라가 우리 앞에 너무나 가까이 와 있다. 천국이정표를 통해 천국이 어디까지 와 있는지 세상 징조를 보며 마지막 때를 보는 눈을 떠야 한다. 이제 자다가도 깰 때다. 주님 나라가 가까이 오고 있다.

두 짐승과 짐승의 표

계10장에서 7년 협정이 체결된다. 이와 동시에 다니엘 70이레 중 마지막 한 이레는 세계단일정부 출범으로 시작된다. 7년 협정의 효력이 발생하는 그 날부터 마지막 7년 2520일 카운트다운이 시작된다. 계13장은 두 증인이 순교 부활 승천까지 1260일 사역을 마친 그 다음 날부터다. 날짜로는 1261일부터 마흔 두 달, 후3.5년 대 환난으로 들어간다. 이 날의 시작은 두 증인이 승천한 그날 계11:15절에서는 이미 일곱째 나팔이 불어진 후다. 그러므로 그 마지막 나팔에 계12:5절에서 첫 번째 휴거도 일어났다.

이렇게 계13장은 두 증인 승천과 첫 번째 휴거라는 두 개의 큰 사건이 폭풍같이 지나간 시점이다. 이제 영적 육적 공기가 다른 세상이 시작된다. 드디어 짐승정부의 시스템은 짐승표로 본격가동 되는 시기다. 계13장은 일곱 머리 역사 중 7번째 머리 제국의 후반부다. 이제 7째 짐승제국의 전반부 왕인 7째 왕이 후반부 여덟째 왕(계17:11)으로 교체되는 시기다. 사람은 7년 시작할 때 세계 통치자 그 한사람이다. 그러나 그 안에서 역사하는 영적 짐승은 전반부 7째 왕과 후반부 8째 왕으로 둘이다. 바로 후반부의 여덟째 왕이 성전의 하나님의 자리에 올라가는 적그리스도다.

"그는 대적하는 자라 신이라고 불리는 모든 것과 숭배함을 받는 것에 대항하여 그 위에 *자기를 높이고 하나님의 성전에 앉아 자기를 하나님이라고 내세우느니라*"(살후2:4)

필자는 여기서 '7년 대 환난'이라는 용어를 또 반복하여 정리한다. 7년 대환난이라는 용어는 너무 깊이 자리하고 있어서 쉽게 수정되지 않는다. 이 용어는 성경에 없는 용어다. 또한 성격적이지도 않다. 대 환난은 후3.5년이다. 다니엘 70이레에 예언된 '7년 한 이레'를 우리의 대 선배 목사님들께서

7년 대 환난으로 잘못 가르쳐온 것이다. 7년 중 전반부의 7째 왕은 세계를 구출하는 거짓 평화의 사도다. 후반부 8째 왕의 길을 준비하는 자와 같다. 전반부는 겉으로는 평화롭게 시작하며 짐승 표 강제 시행도 아니다. 그러나 후반부 8째 왕이 등장하면서 짐승이 본색을 드러낸다. 후3.5년부터 창조이후 없었던 대 환난, 큰 환난인 것이다.

그러므로 7년 대 환난이란 용어는 마지막 '7년 한 이레' 혹은 '후3.5년 대 환난'이란 용어로 사용해야 한다. 유대인들도 전3.5년은 비록 속고 있지만 성전을 세우고 성전 제사가 시작된 기쁨의 날들이다. 유대인들에게도 언약이 파괴되고 성전제사가 금지되는 후3.5년부터 대 환난이다. 그렇기 때문에 단12:7절에서 천사는 한때 두 때 반 때로 후3.5년의 대 환난을 예고한 것이다. 계13장부터 극심한 대 환란의 시대에 일어나는 세계적 대 변화 사건을 예언하고 있다. 계13장부터는 단9:27절중 이레의 절반에 해당하는 사건들을 자세하게 확대하여 다시 예언해주고 있다. 단9:27절의 7년의 압축풀기는 이미 계10장부터 다시 예언으로 시작되었다.

계10장부터 7년의 예언이지만 전3.5년은 계시록에서 그 분량이 매우 적다. 7년 협정이 맺어지는 10장부터 후3.5년이 시작되는 7째 나팔이 불어지는 시점은 계11:15절이다. 그렇다면 삽경을 포함해서 계11:16절부터 주님지상 재림하시는 19장까지 후3.5년에 속한다고 본다. 이렇게 후3.5년의 분량이 많은 이유는 이 때가 8째 왕 짐승통치의 대 환난이기 때문이다. 기록할 내용이 많은 것이다. 전3.5년은 두 증인의 사역만 있을 뿐 특별한 기록이 없다. 시대 또한 거짓 평화의 시기이기 때문이다. 그러므로 7년 전체를 환난이라 하지 않는 것이다. 마지막 때로 갈수록 7년 전에 이미 일반적으로 시대적 환난은 시작되기 때문이다.

1. 두 짐승

계13장은 세계단일 정부 정치체제에서 짐승 중심의 세계단일종교체제로 전환하는 시기다. 7년이 시작되면서 세계단일정부는 이미 세계단일 종교체제였다. 그러나 전3.5년까지는 모든 종교가 하나 되는 단일종교이지만 각자가 섬기는 신앙의 대상은 다르다. 세계단일 종교는 모든 종교에 구원이 있으니 특정종교의 전도를 금한다. 결국 오직 예수로만 구원의 전도를 금지하는 것이다. 그러나 후3.5년에 들어가면서 오직 바다짐승에게만 경배하게 한다. 이제 모든 종교의 신앙의 대상을 적그리스도로 바꾸어야 한다. 그리고 제3성전에 짐승의 우상을 세워놓고 짐승이 하나님이라고 선포한다. 후3.5년은 이렇게 모든 세상의 환경이 적그리스도가 신의 자리에 올라가면서 모든 것이 종교적 세상으로 바뀐다. 이 모든 일 중심에 두 짐승이 있다.

1) 첫 번째 바다짐승 - 정치적 적그리스도

① 일곱 머리 열 뿔이 완성 된 여덟째 왕

대부분 여덟째 왕의 정체를 바르게 이해하지 못한다. 이것은 일곱 머리 열 뿔 단원에서 충분히 살펴보았다. 그러나 계시록은 계속 반복 교육이 중요하다. 이 단원은 일곱 머리 열 뿔 단원을 연계하여 이해해야 한다. 계13장에서 실제 등장하는 바다짐승이 8째 왕이다. 이 자가 8째 왕이라는 것은 아주 중요한 의미를 갖는다. 동일인물 안에 후3.5년에 들어오는 이 8째 왕은 전에 망한 다섯 왕 중에 있었던 자다. 그가 잠시 동안 동일 인물 안에 머무르는 기간은 3.5년이다. 그렇다면 망한 다섯 왕 중에 누구인가 하는 문제는 일곱 머리 열 뿔 단원에서 밝힌 바와 같이 헬라의 영적 짐승이다.

"*또 일곱 왕이라* 다섯은 망하였고 하나는 있고 다른 하나는 아직 이르지 아니하였으나 이르면 반드시 *잠시 동안 머무르리라* 전에 있었다가 지금 없어진 짐승은 *여덟째 왕*이니 일곱 중에 속한 자라 그가 멸망으로 들어가리라"(계17:11)

"*큰 짐승 넷이 바다에서 나왔는데* 그 모양이 각각 다르더라... 내가 그 뿔을 유심히 보는 중에 다른 *작은 뿔*이 그 사이에서 나더니 첫 번째 뿔 중의 셋이 그 앞에서 뿌리까지 뽑혔으며 이 작은 뿔에는 사람의 눈 같은 눈들이 있고 또 입이 있어 큰 말을 하였더라"(단7:3,8)

"내가 보니 *바다에서 한 짐승이 나오는데 뿔이 열이요 머리가 일곱이라* 그 뿔에는 열 왕관이 있고 그 머리들에는 신성 모독 하는 이름들이 있더라 내가 본 짐승은 *표범과 비슷하고* 그 발은 *곰의 발* 같고 그 입은 *사자의 입* 같은데 용이 자기의 능력과 보좌와 큰 권세를 그에게 주었더라"(계13:1-2)

"그의 *머리 하나가 상하여 죽게 된 것 같더니 그 죽게 되었던 상처가 나으매* 온 땅이 놀랍게 여겨 짐승을 따르고"(계13:3)

이 자는 반드시 어떤 사건으로 인해 칼에 상하여 머리에 상처를 입고 죽었다가 살아나는 거짓 부활을 한다. 반대 세력에 의한 테러인지 두 증인과의 전쟁에서 얻은 상처인지는 알 수 없다. 앞에서 두 증인이 죽고 부활하고 승천하는 기적이 있었다. 이 자도 신으로 등극하기 위해서는 어떤 기적의 이벤트가 필요하다. 그러나 이 자는 두 증인처럼 승천은 할 수는 없다. 대신 칼에 상하여 거의 죽었다가 기적같이 살아나는 이적을 보인다. 이것은 거짓 부활이라는 거짓 이적을 통해 신으로 등장하기 위한 이벤트일 것이다.

모양은 표범과 비슷하다. 표범은 헬라다. 헬라하면 문화다. 아마도 적그리스도는 표범 같은 헬라의 모양으로 세계를 정복하는데 문화를 이용할 것이다. 적그리스도는 성도들과 싸워 이기는 표범의 포악함을 드러내기도 한다. 발은 곰의 발과 같다. 메대와 바사, 오늘날의 러시아가 곰이다. 마흔 두 달 동안 곰의 발처럼 포악한 정치로 성도를 무자비하게 짓밟는다. 또한 사자의 입은 힘이 있고 포악하다. 그 입은 사자의 입과 같이 힘이 있어 그의 힘 있는 말로 세계를 강력하게 통치한다. 또한 그 입에는 신성모독이 가득하며 거침없이 하나님을 비방한다. 이처럼 후3.5년은 적그리스도가 적극적으로 하나님을 대적하는 시기다. 이것은 이 시대에 짐승에 속한 자들이 모두 이러한 짐승의 영향력을 나타낼 것이다.

단7장에서 큰 짐승 넷이 바다에서 나왔다. 사자-바벨론, 곰-메데바사, 표범-헬라, 무서운 짐승-로마, 그리고 열 뿔이다. 이 열 뿔은 로마에서 나온 것으로 적그리스도의 제국이다. 그리고 앞서 지나간 애굽과 앗수르까지 일곱 머리 제국이다. 그러나 계13장에서 단7장의 짐승들을 한 몸에 담은 열 뿔 일곱 머리 짐승이 등장한다. 그만큼 강력한 짐승이다. 그런데 그 짐승은 다섯 중에 있었던 자로 8째 왕이라 한다. 그 짐승은 헬라의 통치자로 있을 때는 다섯째 왕이었다. 애굽, 앗수르, 바벨론, 메대바사, 헬라까지 다섯 머리다. 그런데 후3.5년에 다시 등장할 때는 8째 왕으로 등장한다. 이는 같은 짐승이나 5째 왕일 때와 8째 왕일 때의 사명이 다르기 때문이다. 하나의 짐승이 5째 일 때는 헬라 왕이었고 8째 일 때는 후3.5년의 적그리스도다.

그가 5째 왕일 때 헬라의 안티오쿠스 에피파네스 안에서 한 일을 기억할 것이다. 다니엘 8장 2300주야 단원에서 다룬 내용이다. 안티오쿠스 에피파네스는 남 왕국과의 전쟁에서 패전한 이유를 이스라엘로 돌렸다. 그리고 6년 4개월 정도 유대민족을 신앙 탄압했다. 7년이 조금 안 되는 기간의 엄청난 신앙 탄압이었다. 스룹바벨 제2성전에 헬라의 신 제우스를 세우고 유대민족에게 신앙의 대상을 바꾸라고 강요했던 일이다. 이에 따르지 않은 수많은 제사장들과 유대인들이 죽임을 당했다. 바로 5째 왕일 때는 이 짐승이 이러한 일을 했던 자다. 그러나 이제 8째 왕으로 다시 등장했다. 이 자가 등장하면 세상은 그 짐승을 보고 놀랍게 여긴다.

"네가 본 짐승은 전에 있었다가 지금은 없으나 장차 무저갱으로부터 올라와 멸망으로 들어갈 자니 땅에 사는 자들로서 창세 이후로 그 이름이 생명책에 기록되지 못한 자들이 *이전에 있었다가 지금은 없으나 장차 나올 짐승을 보고 놀랍게 여기리라*"(계17:8)

이제 계13장에서 8째 왕으로 등장해서 이자가 할 일의 주된 사명은 무엇이겠는가? 바로 유대민족에게 했던 그 신앙 탄압이다. 이제는 유대인으로 그치지 않는다. 그 때보다 더 넓은 영역으로 발전한다. 바로 세계 교회와 유대인 탄압이다. 창세 이후에 없었던 세계적인 신앙 탄압이 될 것이다. 5째 왕일 때는 유대인들에게 스룹바벨 성전에 제우스로 신앙의 대상을 바꾸라고 했다. 8째 왕은 제3성전에 자기의 우상을 세워놓고 세계 모든 이들에게 경배하라고 한다. 세계인의 신앙의 대상을 적그리스도 바꾸라는 것이다.

그러므로 후3.5년은 세계 단일정부 체제에서 세계단일 종교체제로 간다는 것이다. 전3.5년의 7째 왕은 세계인들에게 인기를 얻고 환심을 얻고자 세계 통일 정부를 잘 치리할 것이다. 세상 모든 신들을 인정하며 종교라는 테두리 안에 모든 종교를 하나 되게 한다. 이렇게 전3.5년은 정부와 종교가 함께 간다. 그러나 후3.5년에 본색을 드러낸다. 그리고 그 어떤 종교도 인정하지 않는다. 음녀를 등에 태우고 함께 가던 짐승은 그 음녀를 멸망시킨다. 종교통합인 음녀가 토사구팽 되는 것이다. 오직 적그리스도만 신으로 인정해야 하는 세상이다.

"... 내가 보니 *여자가 붉은 빛 짐승을 탔는데* 그 짐승의 몸에 하나님을 모독하는 이름들이 가득하고 일곱 머리와 열 뿔이 있으며...네가 본 바 이 *열 뿔과 짐승은 음녀를 미워하여 망하게 하고* 벌거벗게 하고 그의 살을 먹고 불로 아주 사르리라"(계17:3,16)

본 단원에서도 다니엘 7장과 반복되는 내용들이 나온다. 이 바다짐승은 갑자기 계13장에서 등장한 것이 아니다. 이미 다니엘 7장에서 등장한 짐승들이 하나 된 모습이다. 계시록은 다니엘의 배경 없이는 결코 해석 될 수 없다. 하여 계속 반복 연결하여 보여주고 있는 것이다. 계시록 10장부터는 다니엘의 남은 한 이레에 대한 확대 해석임을 기억해야 한다.

다음의 표는 여러 번 등장했다. 본 단원에서 또 한 번 확인해야 할 필요가 있다. 계13의 정치적 적그리스도는 단7장의 작은 뿔이다. 권세가 작아서 작은 뿔이 아니다. 통치 기간이 짧다는 것이다. 창세 이후 없던 대 환난을 주도할 7째 제국의 8째 짐승에게 허락된 기간은 후3.5년이다.

▶ 단7장과 계13장에 나타난 정치적 적그리스도 비교

단 7장의 작은 뿔(다른 뿔)		계 13장의 첫 째 짐승	
3절	바다에서 나옴	1절	바다에서 나옴
4-7절	사자, 곰, 표범, 강철이/열 뿔 짐승	1-2절	표범, 곰, 사자, 일곱 머리/열 뿔 짐승
20절	큰 말을 하는 입	5절	큰 말과 참람 된 말을 하는 입
	눈/입 동류보다 강함	4절	용이 짐승에게 권세를 줌
21절	성도들과 더불어 싸워 이김	7절	성도들과 싸워 이기게 됨
25절	말로 지극히 높으신 자를 대적함	6절	입을 벌려 하나님을 향하여 비방함
	성도를 괴롭게 함	7절	족속, 백성, 방언. 나라 다스리는 권세 받음
	때와 법을 변개코자 함	15-17	짐승표 강제삽입 시행법, 복음 전파 금지법
	한 때 두 때 반 때를 지냄 후3.5년	5절	마흔두 달(42개월) 일할 권세, 후3.5년

② 하나님 자리에 앉아 경배 받는 적그리스도

이제 적그리스도는 정치 지도자를 넘어 세계 종교의 경배 대상이 된다. 전3.5년에 적그리스도는 하나님께 적극적으로 대항하지 않는다. 그러나 후3.5년이 시작되면서 적그리스도의 태도는 180도 바뀐다. 이제 자신이 신이기 때문에 공식적으로 하늘의 하나님을 비방하며 공격하기 시작한다. 사단은 자신이 다스려온 7머리 제국의 모든 권세를 이 8째 짐승에게 넘겨준다. 이제 사단은 하늘에서 하나님께 반역했던 목적을 이렇게 이룬다. 하나님의 보좌와 그곳에 앉아서 만백성에게 경배 받기 원했던 그의 소원성취다.

"용이 짐승에게 권세를 주므로 용에게 경배하며 짐승에게 경배하여 이르되 누가 이 짐승과 같으냐 누가 능히 이와 더불어 싸우리요 하더라 또 짐승

이 과장되고 *신성 모독을 말하는 입을 받고* 또 *마흔두 달 동안 일할 권세를* 받으니라 짐승이 입을 벌려 *하나님을 향하여 비방하되 그의 이름과 그의 장막 곧 하늘에 사는 자들을 비방*하더라 또 권세를 받아 *성도들과 싸워 이기게 되고 각 족속과 백성과 방언과 나라를 다스리는 권세를 받으니 죽임을 당한 어린 양의 생명책에 창세 이후로 이름이 기록되지 못하고 이 땅에 사는 자들은 다 그 짐승에게 경배하리라*"(계13:4-8)

그는 용에게 모든 권세를 이양 받았다. 그리고 하나님은 그에게 마흔 두 달 일할 권세를 허락하셨다. 그의 입에는 신성모독이 가득하다. 하늘의 하나님을 향해 비방한다. 또한 1차 휴거로 하늘에 올라간 하늘 성도들을 비방한다. 각 족속과 백성과 방언과 나라를 다스린다는 권세를 받았다함은 전 세계가 이제 그의 손에 있다는 것이다. 어린 양의 생명책에 창세 이후로 이름이 기록되지 못하고 이 땅에 사는 자들은 다 그 짐승에게 경배한다. 반대로 어린양의 생명책에 이름이 기록된 자는 주께서 도우심으로 결코 그 짐승에게 경배하지 않을 것이다. 주님은 이러한 시기에 "성도들의 인내와 믿음"을 요구하신다.

"사로잡힐 자는 사로잡혀 갈 것이요 칼에 죽을 자는 마땅히 칼에 죽을 것이니 *성도들의 인내와 믿음*이 여기 있느니라"(계13:10)

2) 땅 짐승 - 종교적 적그리스도 / 거짓과 미혹

계6장에 등장했던 미혹의 영의 실제인 거짓선지자의 출현이다. 땅에서 올라오는 또 다른 짐승은 새끼 양 같은 두 뿔이 있다. 이는 거짓과 미혹의 중심에 서게 될 종교적 적그리스도다. 모양은 예수님 같으나 말은 용처럼 하는 거짓선지자는 미혹의 영의 대표적 인물이다. 또 이 거짓 선지자를 따르며 그와 함께 마지막 때 활동하는 거짓 종들이 차고도 넘칠 것이다. 계12:4절에 용은 꼬리로 하늘 별 3분을 1을 끌어다가 땅에 던진다. 용의 꼬리는 미혹이다. 이들이 후3.5년에 거짓 선지자와 함께 활동하는 거짓 종들일 것이다. 이 종교적 적그리스도는 6장에서는 흰 말로, 13장에서는 두 뿔 가진 어린 양처럼 등장한다. 예수님 모양을 내고 진짜 하나님의 종인 것처럼 나타나지만 그들의 하는 것은 모두 거짓과 미혹이다.

"이에 내가 보니 흰 말이 있는데 그 탄 자가 활을 가졌고 면류관을 받고 나아가서 이기고 또 이기려고 하더라"(계6:2)

"내가 보매 또 다른 짐승이 땅에서 올라오니 *어린 양 같이 두 뿔*이 있고 *용처럼 말을 하더라* 그가 먼저 나온 짐승의 모든 권세를 그 앞에서 행하고 땅과 땅에 사는 자들을 처음 짐승에게 경배하게 하니 곧 죽게 되었던 상처가 나은 자니라 큰 이적을 행하되 심지어 사람들 앞에서 불이 하늘로부터 땅에 내려오게 하고 짐승 앞에서 받은 바 이적을 행함으로 *땅에 거하는 자들을 미혹하며* 땅에 거하는 자들에게 이르기를 칼에 상하였다가 살아난 짐승을 위하여 우상을 만들라 하더라 "(계13:11-14)

"*그 꼬리가 하늘의 별 삼분의 일을 끌어다가 땅에 던지더라* 용이 해산하려는 여자 앞에서 그가 해산하면 그 아이를 삼키고자 하더니"(계12:4)

▶ 계6장과 계13장의 종교적 적그리스도(거짓선지자)의 비교

계6장의 흰 말 탄자 (2절)	계13장의 두 번째 짐승(11-18)
흰말 탄자	11절 어린양 같은 두 뿔이 있고 용처럼 말함
활을 가짐-화살 없음 (화살 없는 활을 가지고 계략과 속임수로 싸워 이기는 자로 미혹이다)	13절 큰 이적을 보임 14절 짐승 앞에서 받은바 이적을 행하며 땅에 사는 자들을 미혹함
면류관을 받고나감	12절 먼저 나온 짐승의 모든 권세를 그 앞에서 행함 14절 짐승 앞에서 받은바 이적을 행하며
이기고	15절 짐승의 우상에게 경배하지 않는 자 다 죽이게 함
또 이기려고 함	16-18절 모든 자에게 표를 받게 함

종교적 적그리스도인 거짓선지자 또한 용의 권세를 받아 정치적 적그리스도와 결탁한다. 그는 기적과 표적을 통해 믿는 자들을 미혹한다. 이 때 세상은 대대적으로 종교적 배교가 일어날 것이다. 거짓 선지자는 정치적 적그리스도의 우상을 만드는데 선봉에 서서 선동하고 지휘한다. 그리고 정치적 적그리스도를 거부하는 자는 모두 죽이게 한다. 이는 거짓 선지자에게 미혹 당하지 않는 자는 모두 죽임을 당한다.

"짐승 앞에서 받은 바 이적을 행함으로 땅에 거하는 자들을 미혹하며 땅에 거하는 자들에게 이르기를 *칼에 상하였다가 살아난 짐승을 위하여 우상을 만들라 하더라 그가 권세를 받아 그 짐승의 우상에게 생기를 주어 그 짐승의 우상으로 말하게 하고 또 짐승의 우상에게 경배하지 아니하는 자는 몇이든지 다 죽이게 하더라*"(계13:14-15)

"삼 일 반 후에 *하나님께로부터 생기가 그들 속에 들어가매* 그들이 발로 일어서니 구경하는 자들이 크게 두려워하더라"(계11:11)

거짓 선지자는 하나님께서 생기를 불어 넣어 주시는 것까지 모방한다. 계11장에서 죽어있던 두 증인, 선지자에게 하나님께서 생기를 주셔서 살아났다. 그것을 모방하는 것이다. 손으로 만든 짐승의 우상에게 생기를 주어 우상이 말하게 하는 기적을 행한다. 세상 사람들은 이러한 놀라운 기적 앞에 속을 수밖에 없다. "아! 이 선지자도 앞의 두 선지자와 같은 능력의 선지자구나" 아마도 이렇게 생각할 것이다. 거짓과 미혹의 물결에 휩쓸려갈 수밖에 없는 시대다. 그리고 그 거짓 선지자는 우상에게 경배하지 않는 자는 다 죽이게 한다.

거짓 선지자가 행하는 기적들을 보면 계11장의 두 증인이 행한 동일한 기적들을 일으키는 것을 볼 수 있다. 계13:13절에서는 사람들 앞에서 불이 하늘에서 내려오게 한다. 아마도 성경에 기록은 없지만 실제 그 시대가 되면 이보다 더 많은 거짓 기적들을 일으킬 것이다. 이것은 전3.5년 두 증인의 활동을 연상케 하기 위함이다. 자신도 두 증인과 같은 능력의 선지자라

하며 사람들의 마음을 얻기 위함일 것이다. 거짓 선지자는 결국 우상을 세우고 짐승의 표를 받게 하는데 주도적 역할을 한다.

바다짐승이 실제 인물로 등장하듯 땅 짐승도 실제로 등장 한다. 어떤 상징적인 인물이 아니다. 혹자는 교황이 거짓 선지자라고도 한다. 그러나 교황은 거짓 선지자가 아니다. 교황은 종교통합인 음녀의 상징적 인물이다. 음녀는 거대한 통합 종교 세력이다. 음녀나 거짓 선지자나 모두 종교적 적그리스도에 속한다. 음녀는 계17:16절에 짐승에게 버림받고 망한다. 이유는 이 둘 모두가 하나님의 자리에 오르고자 하는 욕망이 있기 때문이다. 태양이 둘 일 수 없다. 짐승은 음녀의 도움으로 하나님 자리에 오르면 음녀를 이용하고 버린다. 그러나 거짓 선지자는 정치적 적그리스도와 끝까지 함께 한다. 이 둘은 최후 심판 때 함께 유황 불 못에 던져진다.

"네가 본 바 이 *열 뿔과 짐승은 음녀를 미워하여 망하게 하고 벌거벗게 하고 그의 살을 먹고 불로 아주 사르리라*"(계17:16)

"*짐승이 잡히고 그 앞에서 표적을 행하던 거짓 선지자도 함께 잡혔으니 이는 짐승의 표를 받고 그의 우상에게 경배하던 자들을 표적으로 미혹하던 자라 이 둘이 산 채로 유황불 붙는 못에 던져지고*"(계19:20)

2. 짐승의 표

"그가 모든 자 곧 작은 자나 큰 자나 부자나 가난한 자나 자유인이나 종들에게 *그 오른손에나 이마에 표를 받게 하고* 누구든지 이 표를 가진 자 외에는 *매매를 못하게 하니* 이 표는 곧 짐승의 이름이나 그 이름의 수라 지혜가 여기 있으니 총명한 자는 그 짐승의 수를 세어 보라 그것은 사람의 수니 그의 수는 *육백육십육*이니라"(계13:16-18)

계13장의 주제는 두 짐승과 짐승의 표다. 바다짐승은 1-8절까지 그리고 땅 짐승은 11-15절까지다. 그리고 16-18절까지는 짐승의 표에 대한 말씀이다. 여기서 앞의 두 짐승이 실제적 인물로 등장한다는 것에는 거의 같은 시각으로 동의한다. 물론 상징으로 보는 시각도 전혀 없지는 않다. 그러나 대부분 이것이 실제냐 상징이냐 하는 논쟁은 거의 없다. 그러나 16절부터 등장하는 짐승의 표에 대해서는 이상할 만큼 상징으로 보는 시각이 상당수다.

신세계정부는 실제적으로 오게 될 나라다. 그리고 그 정부의 통치자 적그리스도가 실제적 인물로 등장한다. 또한 그 짐승정부에서 중추적 역할을 하게 될 거짓 선지자도 실제적 인물이다. 그렇다면 그들의 세계단일경제통치의 수단이 될 짐승의 표가 결코 상징일수 없는 것이다. 7년 안에 있는 인물들이나 어떤 일들은 결코 상징이 아니다. 7년이라는 한 이레가 상징이 아니기 때문이다. 그러므로 두 증인도 두 짐승도 짐승의 표도 결코 상징 일수가 없다. 7년은 세계 단일정부다. 또한 세계단일 종교다. 이 체제를 이끌어 가기 위한 세계 단일경제시스템은 반드시 필요하다. 결국 세계단일경제시스템은 세계단일경배시스템으로 활용하기 위함이다.

신세계정부의 짐승표가 시행되는 사건은 미래에 우리 눈앞에 나타나게 될 것이다. 계13장의 사건은 결코 1세기 성도들에게만 주신 것이 아니다. 궁극적으로는 21세기 마지막 때를 살아가는 마지막 성도들에게 주신 말씀이다. 1세기 성도들에게 실제로 짐승의 표에 해당하는 일이 있었다. 그것은 황제숭배를 강요받는 표를 받는 일이 있었다. 그러나 그것은 앞으로 일어나게 될 사건에 대한 예행연습에 불과하다.

1세기 성도들은 표를 받았어도 몸에 독한 종기가 나는 일은 없었다. 그 표는 몸에 넣은 것이 아닌 황제의 도작이 찍힌 종이로 된 표였기 때문이다. 받은 표로 인해 아픈 것과 종기로 말미암아 하늘의 하나님을 비방하거나 그들의 행위를 회개하지 않는 일도 없었다.(계16:2,11) 그들이 황제의 표를 받음으로 마인드 컨트롤이나 위치추적을 당하는 일도 없었다. 다만 그 표는 매매와 관련되어 있었다. 이를 피하기 위해 1세기 성도들은 카타콤으로 숨어 들어갔던 것이다. 그러나 마지막 때 몸속에 받는 짐승의 표는 계시록 말씀 그대로 이루어지는 것이다.

1) 짐승정부는 왜 짐승의 표가 필요한가?

적그리스도에게 왜 짐승표가 반드시 필요한지 그 이유를 분명히 알아야 한다. 필자가 다니엘부터 계속하여 강조한 주제는 메시아 왕국이다. 이 주제는 계시록에서도 동일하다. 다니엘 이정표에서의 내용을 반복하지 않을 수 없다. 사단이 마지막으로 이루고자 하는 것은 그의 나라다. 그의 나라에서 최종적으로 만민에게 경배 받는 것이다. 이것이 하늘에서 하나님을 대적하여 일으켰던 반역의 완성이다. 사단은 왜 이 땅에 그의 나라 신세계정부를 세우려 하는가? 그것은 바로 이 땅에 땅의 천국 메시아 나라가 오기 때문이다. 그 메시아 나라가 오기 전에 사단은 먼저 자기의 나라 신세계정부를 가지고 오는 것이다. 신세계는 새로운 세계, 새로운 세상의 다른 표현이다. 바로 메시아 왕국, 새로운 세계, 새 하늘 새 땅을 모방한 것이다. 메시아 왕국을 모방하는 사단의 나라를 두고 필자는 가짜, 짝퉁 왕국이라고 했다.

예수님 보다 먼저온자는 절도요 강도다. 사단의 나라 신세계정부는 죽이고 멸망시키는 나라다. 그러나 후에 오는 메시아 나라는 생명을 얻게 하고 더 풍성히 얻게 한다. 메시아 왕국은 모든 나라들을 그리스도께서 통치하시니 세계 단일 정부다. 메시아 나라는 오직 하나님이신 메시아께만 경배하는 나라이니 세계단일 종교다. 그러나 세계정부의 세계단일종교는 각각의 섬기는 신앙의 대상이 다르다. 기독교, 천주교, 유교, 불교, 힌두교, 이슬람교 등 모든 종교는 각자 자기의 신들을 섬긴다. 종교라는 테두리 안에 종교통합으로 묶어놓았을 뿐이다. 때문에 후3.5년에 들어가서 타 종교인들이 순순히 적그리스도에게 경배하려 하지 않을 것이다.

그러나 세계정부는 후3.5년에 들어가면 적그리스도가 신이 되고 만민에게 신으로 경배를 받아야 한다. 그러나 신앙의 대상이 다른 종교인들에게 자신의 신을 버리고 적그리스도를 신으로 섬기라고 한다면 모든 타종교들이 순순히 따르겠는가? 이것이 짐승정부가 짐승의 표를 필요로 하는 중요한 이유 중 하나다. 물론 영적으로 모든 종료의 뿌리는 사단이다. 그러므로 이 모든 과정은 사단의 쇼이며 결국은 기독교인들이 표적이다. 사단은 메시아 나라와 같이 온 세계 만민으로부터 경배를 받아야 그의 목표가 완성된다. 그러나 세계정부의 단일 종교로는 만민의 경배를 받을 수 없다. 그렇기 때문에 짐승의 표가 필요한 것이다.

세계인들에게 표를 넣어서 강제로라도 경배 받을 수 있는 시스템을 만들어야 한다. 이를 위해 후3.5년으로 가면 세계단일 경제시스템이라는 시스템이 도입될 것이다. 이것은 겉으로는 매매를 위한 경제수단이다. 그러나 궁극적으로는 짐승경배를 위한 경배수단이다. 이때는 아마도 기독교만의 핍박이 아니라 세상 모든 종교의 핍박으로 보일 수 있다. 그러나 모든 이방 종교는 사단에게 속한 한 통속이니 쉽게 하나 될 수 있다. 그러므로 궁극적으로는 기독교의 핍박이다. 유대인들과 기독교인들이 강력하게 표를 거부할 것이기 때문이다.

2) 계13장 짐승의 표 분석

"그가 *모든 자* 곧 작은 자나 큰 자나 부자나 가난한 자나 자유인이나 종들에게 *그 오른손에나 이마에 표를 받게 하고* 누구든지 이 표를 가진 자 외에는 *매매를 못하게 하니* 이 표는 곧 *짐승의 이름*이나 *그 이름의 수*라 지혜가 여기 있으니 총명한 자는 그 짐승의 수를 세어 보라 그것은 사람의 수니 그의 수는 *육백육십육*이니라"(계13:16-18)

계13장에서 상징논란이 가장 많은 구절이 바로 위의 본문이다. 그러나 계13:16-18절은 짐승 표의 성격을 분명하게 설명하고 있다. 과연 이 말씀이 상징이 될 수 있는지 그 내용들을 자세히 살펴보고자 한다.

① 모든 자가 받는다.

대한민국 주민번호는 13자리로 되어있다. 대한민국 국민이면 모두가 13자리의 고유번호를 가지고 있다. 이것은 대한민국 국민의 신분증이기 때문이다. 이와 같이 짐승정부도 짐승의 표를 세계정부의 신분증으로 사용하게 될 것이다. 그러므로 모든 자가 받아야 한다. 아마도 전3.5년에서 서서히 속도를 내다가 후3.5년이 되면 강제 시행에 들어갈 것이다. 베리칩도 16자리 개인의 고유번호를 부여한다. 아마도 세계정부의 신분증도 16자리로 개인고유번호를 부여할 확률이 높다. 이 표에는 개인의 신상 정보가 모두 들어가는 신분증으로 상징일 수 없다.

② 오른손이나 이마에

여기서 반드시 오른손만이 아니다. 계14:9절과 20:4절에는 "이마와 손에"라고 한다. 오른손은 편리한 손이다. 오른손이 없는 사람도 있다. 왼손에 받으면 된다. 양손이 없으면 이마에 받는다. 오른손이 중요한 것이 아니다. 짐승의 표를 손과 이마에 받게 하는 이유는 분명하다. 성경에서 손과 이마는 하나님의 말씀이 있어야 하는 곳이다. 유대인들은 하나님의 명령을 따라 쉐마를 손목과 미간에 붙인다.

"너는 또 그것을 네 *손목*에 매어 기호를 삼으며 네 *미간*에 붙여 표로 삼고"(신6:8)

이마의 전두엽은 사람의 생각, 사상, 철학, 감정을 지배하는 뇌와 연결되어 있는 곳이다. 이곳을 잡으면 사람의 영의 영역과 혼의 모든 영역을 지배할 수 있다. 또한 이와 같이 아래서 위의 뇌로 연결되는 위치가 또 한곳이 있다. 그곳이 바로 행동으로 대표되는 팔로 손과 손목에 있다. 사단은 이 두 곳을 잡는 것이다. 하나님의 말씀이 있어야 할 그 자리에 자신의 표를 넣는다. 이것은 하나님의 자리에 자신이 앉아 있는 것과 같다. 이곳을 점령하고 사람의 영의 영역과 혼의 영역을 지배하기 위함이다.

③ 표를 받게 하고

표의 헬라어 카라그마는 피부에 상처를 내서 찌르는 것이다. '긁힌 자국' '부식 동판 술' '인' '조각된 모양'의 뜻이 있다. 혹자는 원어의 뜻대로 피부 겉 표면에 타투처럼 새겨 넣는 모양일 것이라고 한다. 그럴 수도 있다. 표를 받는 방식이 우리 몸에 찔러서 넣든 긁어서 새기든 상관없다. 그러나 어떤 형태이든 짐승의 표는 우리의 몸 안에 들어와서 몸과 하나 된다는 것이 중요하다.

짐승의 표가 몸밖에 있는 것과 몸 안에 있는 것은 천지차이다. 몸 밖에 있으면 내가 주인이 되어 조종할 수 있다. 그러나 내 몸 안에 들어오면 그 표로 인해 내가 조종당하는 위치로 변한다. 선악과가 아담과 하와의 몸 밖에 있을 때와 몸 안으로 들어갔을 때 그들의 상황은 달라졌다. 짐승의 표는 결코 몸 안에 넣어서는 안 되는 것이다. 선악과 먹는 것을 금지 하셨듯이 마지막 때는 짐승의 표를 몸에 넣는 것을 금지하셨기 때문이다.

④ 매매를 못하게 하니 / 성전 된 몸에 매매 도구를 심었다.

짐승 표의 가장 중요한 역할은 매매기능이다. 물건 판매자도 소비자도 모두 이 표가 있어야 한다. 이 표는 돈을 벌기 위해 필요하고 먹고 살기 위해 필요한 생존 필수품이다. 그러나 무엇보다 가장 중요한 문제가 있다. 이것은 하나님의 성전인 성도의 몸(롬12:1)에 매매도구를 심는 것이다. 예수님은 성전 안에서 매매하는 행위에 거룩한 분노를 하셨다. 성전에서 매매하는 자들을 모두 내어 쫓으시고 성전을 정결케 하셨다.(요2:13-17)

그런데 사단은 예수님께서 정결케 하신 성령의 전인 성도의 몸 안에 매매도구를 아예 심는 것이다. 이것은 성전에서 매매를 금지한 예수님께 대한 정면도전이다. 그러나 이제 모든 경제시스템은 이 표로 이루어진다. 이때가 되면 종이 화폐, 카드, 통장 등이 모두 없어질 것이다. 모든 매매수단은 짐승의 표로 이루어 질 것이다. 이 표가 없는 자는 기본 생존이 불가능한 시대가 온다. 이처럼 생존을 불가능하게 하는 짐승 표는 결코 상징이 될 수 없다.

⑤ 짐승의 이름이나

전 세계 바코드를 관리하는 곳(EAN)이 벨기에에 있다고 한다. 이 바코드를 관리하는 컴퓨터가 슈퍼컴퓨터로 그 이름이 짐승이다.(BEAST) 짐승의 의미는 아래와 같다. 미국 중앙컴퓨터와 벨기에에 있는 '짐승-BEAST'라는 슈퍼컴퓨터에 전 세계 베리칩을 이식한 모든 사람들의 개인신상정보가 저장되고 있다고 한다. 지금은 표를 이식한 사람들은 각국에서 관리하고 있다고 한다. 그러나 미래에 세계정부가 출범하면 그 모든 자료들은 세계정부로 넘어갈 것이다.

- **B**iomatrix(생체칩 기반)
- **E**ncryption(암호화 입력)
- **A**nd(그리고)
- **S**atellite(위성)
- **T**racking(추적)이라는 의미를 가지고 있다.

⑥ 그 이름의 수/666

짐승의 수도, 짐승의 사역을 감당하는 사람(적그리스도/거짓선지자)의 수도 모두 666이다. 현재 교황을 비롯해서 적그리스도 후보에 올라와 있는 사람들도 모두 666이다. 그들의 이름을 풀이하거나 그들의 이름의 숫자 값을 따져보면 모두 666이다. 모두 그들의 아비인 사단의 한 가지에서 나왔기 때문이다. 자녀는 아비의 성을 따르는 것과 같다. 모방의 천재 사단은 성부, 성자, 성령 삼위일체 하나님을 모방한다. 용, 적그리스도, 거짓선지자가 삼위일체가 666으로 하나 된다. 그들도 그들의 마지막 사명을 향해 똘똘 뭉치고 있는 것이다.

3) 표를 받는 자에게 나타나는 성경의 경고
① 불과 유황으로 고난을 받으리니... 고난의 연기가 세세토록...

불과 유황이 있는 곳은 적그리스도와 거짓 선지자, 사단이 들어가는 곳으로 불못, 지옥이다. 짐승의 표를 받으면 지옥 간다는 예수님의 강력한 메시지다.

"그도 하나님의 진노의 포도주를 마시리니 그 진노의 잔에 섞인 것이 없이 부은 포도주라 거룩한 천사들 앞과 어린 양 앞에서 *불과 유황으로 고난을 받으리니*"(계14:10)

② 밤낮 쉼을 얻지 못한다. - 마인드 컨트롤 기능 / 위치추적기능

혹자는 이 말씀은 지옥을 의미한다고 한다. 그러나 지옥은 밤낮이 없다. 이 세상에 살면서 표를 받는 자가 밤낮으로 받는 고통을 의미하는 마인트 컨트롤 기능이다.

"그 고난의 연기가 세세토록 올라가리로다 짐승과 그의 우상에게 경배하고 그의 이름 표를 받는 자는 *누구든지 밤낮 쉼을 얻지 못하리라* 하더라"(계14:11)

③ 첫째 대접재앙 받는다. / 악하고 독한 종기가 나더라.

악하고 독한 종기는 불치의 피부암으로 섬유육종 암이라고 한다. 대접재앙은 세계 동시다발적으로 일어난다. 병원의 의사도 간호사도 모두 이 독한 종기로 고통 받을 것이다. 그러므로 치료 불가능하다.

"첫째 천사가 가서 그 대접을 땅에 쏟으매 짐승의 표를 받은 사람들과 그 우상에게 경배하는 자들에게 *악하고 독한 종기가 나더라*"(계16:2)

④ 하나님을 비방한다. - 짐승의 표를 받으면 짐승과 같은 말은 한다.

짐승은 등장하면서부터 하나님을 비방한다. 그리고 그의 표를 받은 사람들은 짐승의 영을 받았기 때문에 짐승과 똑같이 하나님을 비방한다. 견딜 수 없는 고통 앞에서도 그들은 하나님께 회개가 아니라 비방이다.

"짐승이 입을 벌려 하나님을 향하여 *비방*하되 그의 이름과 그의 장막 곧 하늘에 사는 자들을 *비방*하더라"(계13:6) - **짐승이 하나님을 비방함**

"사람들이 크게 태움에 태워진지라 이 재앙들을 행하는 권세를 가지신 *하나님의 이름을 비방하며* 또 회개하지 아니하고 주께 영광을 돌리지 아니하더라 또 다섯째 천사가 그 대접을 짐승의 왕좌에 쏟으니 그 나라가 곧 어두워지며 사람들이 아파서 자기 혀를 깨물고 아픈 것과 종기로 말미암아 하늘의 *하나님을 비방*하고 그들의 행위를 회개하지 아니하더라... 또 무게가 한 달란트나 되는 큰 우박이 하늘로부터 사람들에게 내리매 사람들이 그 우박의 재앙 때문에 *하나님을 비방*하니 그 재앙이 심히 큼이러라"(계16:9-11,21)- **표 받은 자들이 비방함**

⑤ 회개하지 못 한다 - 사단의 유전자 코드가 개인 DNA를 변형시켜 회개할 수 없다.

베리칩에는 유전자 코드 128개가 있다. 이것은 하나님께서 인간에게 주신 고유의 DNA를 파괴시키기 위해 만들어진 장치다. 사람의 DNA안에는 하나님을 찾는 본능이 있다. DNA를 파괴시키는 것은 사람이 하나님을 찾는 본능을 차단시키는 것이다. 유전자 코드는 베리칩이 아닌 그 어떤 형태의 칩일지라도 들어있다. 바로 이 사단의 유전자 코드가 각 사람의 DNA를 변형시키기 때문에 회개할 수 없는 것이다. 고통을 당하면서도 결코 회개할 수도 없고 회개하지도 않는다. 그저 고통 속에서도 짐승과 같이 하나님을 비방하고 대적할 뿐이다.

여기서 참고로 베리칩의 128개의 유전자 코드를 간단히 언급하고자 한다. 베리칩과 관련된 책들을 통해 얻을 수 있는 정보들이다. 128개중 32개 코드는 질병관련 코드로 현재 우리나라 5개 스마트 병원에서 원격진료에 사용 중 이라고 한다. 나머지 96개 코드는 완성은 되어 있으나 아직 사용은 하지 않고 있다. 이 96개의 코드는 뇌를 관장하는 코드로 마지막에 마인트컨트롤 기능에 사용될 것으로 본다. 베리칩 속에 들어가는 128개의 유전자 코드는 하나님께서 사람마다 다르게 주신 300만개의 고유 유전자를 파괴 시키는 것이다.

모든 인간은 30억 개의 세포를 가지고 있고 각 세포마다 세포핵이 있다. 세포핵 안에는 염색체가 있고 그 염색체 안에 실 모양으로 꼬여진 유전자(DNA)가 있다. 유전자 마다 핵산이 있는데 이 핵산이 모여 있는 것이 세포이다. 30억개 유전자중 0.1%인 300만개가 각 사람마다 다르며 동물 마다 다르다. 베리칩 안에 있는 128개의 유전자 코드를 통해 각 사람 몸의 정보를 읽을 수 있다. 사람의 뇌파와 유전자 배열을 바꿔서 인간의 정신을 통제하고 다스릴 수 있다. 이러한 작동들은 영혼을 지우고 로봇으로 만들 수 있고 마인드컨트롤 할 수 있다. 그러므로 베리칩을 몸에 삽입한 후에 다시 제거 수술을 한다 해도 소용없다. 유전 형질이 사탄적으로 바뀌기 때문이다. 이는 회개할 수가 없는 것이며 부모도 죽음에 내주게 되는 것이다.

"사람들이 크게 태움에 태워진지라 이 재앙들을 행하는 권세를 가지신 하나님의 이름을 비방하며 또 *회개하지 아니하고* 주께 영광을 돌리지 아니하더라 아픈 것과 종기로 말미암아 하늘의 하나님을 비방하고 *그들의 행위를 회개하지 아니하더라*(계16:9,11)

⑥ 사람이 상품이 된다.

우리가 마트에서 물건을 살 때 상품에 바코드를 찍는다. 그러나 칩을 몸에 받게 되면 그것으로 매매 수단이 된다. 상품에 바코드를 찍으면 카드로 결제할 필요가 없다. 대신에 칩이 있는 사람의 몸에 바코드를 찍어 직접 결제하게 된다. 그러므로 사람이 상품이 되는 것이다.

"그 상품은 금과 은과 보석과 진주와 세마포와 자주 옷감과 비단과 붉은 옷감이요 각종 향목과 각종 상아 그릇이요 값진 나무와 구리와 철과 대리석으로 만든 각종 그릇이요 계피와 향료와 향과 향유와 유향과 포도주와 감람유와 고운 밀가루와 밀이요 소와 양과 말과 수레와 종들과 *사람의 영혼들이라*"(계18:12)

⑦ 결국 사단의 노예가 되어 사단을 경배하게 된다. - 표에 의해 조정 당함

그러므로 세계 단일경제 시스템은 표면적으로는 매매수단이다. 그러나 내면적으로는 경배 수단을 위한 시스템이다. 그러나 어린양의 생명책에 이름이 기록된 자는 결코 그 짐승에게 경배하지 않을 것이다. 하나님께서 그렇게 지키실 것이다.

"죽임을 당한 어린 양의 생명책에 창세 이후로 이름이 기록되지 못하고 *이 땅에 사는 자들은 다 그 짐승에게 경배하리라*"(계13:8)

4) 짐승의 표, 이래도 상징인가?

짐승의 표를 상징이라 하는 이들은 짐승의 표는 1세기 성도들과만 관련된 것이라 한다. 황제 숭배를 강요받던 1세기 초대교회 성도들에게 그들만이 알 수 있는 상징 언어들이라 한다. 그러나 계13:16-17절의 짐승의 표는

'받게' 하고 '넣게' 하고 '사용'하는 등 분명히 행동 하는 동사가 세 개나 들어있다. 행동하는 동사가 있는 것은 상징이 아니기 때문이다. 짐승정부가 결코 상징이 아닌 것처럼 그 짐승정부의 통치수단인 짐승의 표가 결코 상징이 될 수 없다.

① **대상이 분명하다.** - 모든 자에게 ☞ **받게 한다.**
② **위치가 분명하다.** - 이마나 손에 ☞ **넣게 한다.**
③ **용도가 분명하다.** - 매매수단으로 ☞ **사용하게 한다.**
④ **역할이 분명하다.** ☞ 신분증으로서 짐승정부의 국민임을 **확인한다.**

5) 짐승 표의 기능은 완성되었다.

현대를 살아가는 우리의 현실에서 생체 칩은 여러 형태로 발전되고 있다. 이러한 것들을 통해 계시록의 짐승의 표의 기능은 이미 완성되었다고 본다. 이제 남은 것은 어떤 모양, 어떤 이름, 어떤 형태로 최종 상품이 나올 것인 가 하는 문제다. 칩의 크기와 이름 등이 계속 다른 형태로 나타날 것이다. 또한 이것이 생체 칩으로 피부 속에 찔러 넣는 형태일지 타투로 새겨 넣을 것인지도 지켜봐야 할 일이다. 분명한 것은 짐승의 표는 어떤 형태로든 사람의 몸과 하나가 된다는 것이 중요하다. 그리고 그 표로 인해 사람이 지배 당한다는 것이다. 마지막 7년이 시작되면 후3.5년에 강제로 시행되는 짐승의 표로 사용될 상품이 서서히 윤곽을 드러낼 것이다. 현재 생체 칩은 짐승의 표가 될 수 있는 모든 조건을 100% 완벽하게 갖추고 있다.

그럼에도 불구하고 어떠한 특정한 제품을 100% 짐승의 표라고 단정 지어 말하면 공격의 대상이 될 수 있다. 지혜가 필요한 세상이다. 아직 한 이레가 시작되지 않았다. 강제로 실행하는 후3.5년도 아니다. 앞으로 사단은 표로 쓰일 제품의 이름, 크기, 모양 등을 계속 변경할 것이다. 마지막 때를 혼돈케 하기 위함이다. 그러므로 짐승의 표에 대한 논란을 최소화 할 수 있는 지혜가 필요하다. 분명한 것은 짐승의 표는 상징이 아니라 실제임을 강조해야 한다. 실제로 등장하는 짐승 표에 대한 경계와 성경의 올바른 가르침이 중요하다. 그 어떤 것도 짐승표의 기능을 가지고 있다면 그것은 결코 몸속에 넣지 말 것을 가르쳐야 한다.

① 매매 기능이 완성되었다.

몇 년 전 베리칩이 세상을 떠들썩하게 했다. 혹자는 베리칩 회사는 망했고 지금 배리칩은 없어졌다고 한다. 결코 그렇지 않다. 지금은 이름을 바꾸어 다른 형태로 수면에서 더욱 완벽해지고 있다. 현재 생체 칩으로 나온 것들은 완벽하게 매매기능을 갖추고 있다. 사고파는 기능이 완성된 것이다. 코로나시기를 겪어 오면서 코로나 백신이 짐승의 표라고 주장하는 이들이 많았다. 물론 필자도 백신을 한 번도 맞지는 않았다. 어떤 형태로든 몸에 좋은 것이 아님을 알기 때문이다.

그러나 백신 자체가 짐승표가 될 수 없는 확실한 이유는 백신 자체에 매매기능이 없다는 것이다. 이에 대하여 백신을 맞은 사람은 표를 주어 그 표를 보고 매매한다는 말까지 나왔다. 이렇게 한 단계를 거쳐 매매하는 것은 백신 자체에 매매기능이 없기 때문이다. 사단은 이렇게 마지막 때를 혼돈케 한다. 반드시 기억해야 한다. 짐승의 표는 어떤 제품 그 자체에 매매기능이 있어야 한다. 지금 우리는 짐승의 표로 가는 길에 서있다.

② 밤낮 쉼을 얻지 못하게 하는 기능 완성이 완성되었다.

주후 95년경 사도요한께서 계시를 받을 때 밤낮 쉼을 얻지 못한다는 것이 무엇을 말하는 지 알 수 없었을 것이다. 그러나 과학이 발달한 오늘 날에는 이 기능이 무엇인지 우리는 알고 있다. 바로 마인드 컨트롤 기능과 위치추적(GPS)기능이다. 마컨을 당하는 사람들은 밤낮 쉼을 얻을 수 없다. 위치 추적을 당하는 자들은 그 어디에도 숨을 곳이 없다. 지금 이러한 기능들은 모두 완성되었다.

③ 표의 유통기한은 성경이 3.5년으로 정하고 있다.

성경은 이 표를 받는 자는 멸망이라고 경고한다. 이 표와 관련하여 계시록에 7회를 언급하며 경고하고 있다. 후3.5년이 끝날 때 이 표를 받은 모든 자는 짐승과 함께 멸망이다. 그러므로 이표의 유통기한은 강제 시행인 대환난을 기준으로 3.5년이다. 강제 시행이라 함은 본인이 받지 않겠다는 의지를 보이면 목 베임을 당하는 것이다. 표를 받는 자는 살고 거부하는 자는 죽는다. 표를 받고 3.5년 육은 살고 영은 멸망 받을 것인가? 죽기까지 표를 거부하고 3.5년 육은 죽고 영은 천국에서 영생 할 것인가? 중요한 것은 이 표를 받는 것은 반드시 개인의 의지에 달려있다. 역시 지금도 본인의 의사에 따라 칩을 받고 있다.

※ **7은 완전수다. 계시록에서 짐승의 표와 관련하여 7회를 언급하셨다. 몸에 받으면 멸망이니 받지 말라고 강조한다. 그럼에도 불구하고 주님의 경고를 무시하고 상징으로 갈 것인가?**

❶ "그가 모든 자 곧 작은 자나 큰 자나 부자나 가난한 자나 자유인이나 종들에게 *그 오른손에나 이마에 표를 받게 하고*"(계13:16)

❷ "누구든지 이 표를 가진 자 외에는 매매를 못하게 하니 *이 표는 곧 짐승의 이름*이나 그 이름의 수라"(계13:17)

❸ "또 다른 천사 곧 셋째가 그 뒤를 따라 큰 음성으로 이르되 만일 누구든지 짐승과 그의 우상에게 경배하고 *이마에나 손에 표를 받으면*"(계14:9)

❹ "그 고난의 연기가 세세토록 올라가리로다 짐승과 그의 우상에게 경배하고 *그의 이름 표를 받는 자는* 누구든지 밤낮 쉼을 얻지 못하리라 하더라"(계14:11)

❺ "첫째 천사가 가서 그 대접을 땅에 쏟으매 *짐승의 표를 받은 사람*들과 그 우상에게 경배하는 자들에게 악하고 독한 종기가 나더라"(계16:2)

❻ "짐승이 잡히고 그 앞에서 표적을 행하던 거짓 선지자도 함께 잡혔으니 이는 *짐승의 표를 받고* 그의 우상에게 경배하던 자들을 표적으로 미혹하던 자라 이 둘이 산 채로 유황불 붙는 못에 던져지고(계19:20)

❼ "또 내가 보좌들을 보니 거기에 앉은 자들이 있어 심판하는 권세를 받았더라 또 내가 보니 예수를 증언함과 하나님의 말씀 때문에 목 베임을 당

한 자들의 영혼들과 또 짐승과 그의 우상에게 경배하지 아니하고 그들의 *이 마와 손에 그의 표를 받지 아니한 자*들이 살아서 그리스도와 더불어 천 년 동안 왕 노릇 하니"(계20:4)

6) 세계 정부의 기반 666 시스템

666은 성경 계시록에만 있는 것이 아니다. 우리 삶의 모든 현실은 세상이 성경대로 가고 있음에도 불구하고 정작 기독교인들은 계시록을 거부하고 있다. 계시록의 짐승의 표가 다 완성된 현실에서도 짐승표가 실제냐 상징이냐를 두고 논쟁하고 있다. 지금 세상의 무대가 666으로 도배 되어 있음에도 불구하고 아무런 감각 없이 살아가는 이들이 많음에 놀라울 뿐이다.

① 세계 모든 시스템이 666을 기반으로 되어 있다.

컴퓨터의 모든 환경이 666이다. 천사의 창조와 타락 단원에서 COMPUTER의 게마트리아 숫자 값을 모두 더하면 666임을 밝혔다. 인터넷 주소를 들어가기 위해 WWW.으로 시작한다. W는 숫자 값이 6이다. 인터넷의 모든 주소가 666으로 들어가는 환경이다. 그밖에도 컴퓨터 안에는 666이 구석구석에 숨겨져 있다. 우리 삶에서 컴퓨터는 필수품이 되었다. 컴퓨터가 없으면 아무것도 할 수 없는 세상이다. 필자가 몇 년 전 처음 유튜브 영상을 올리기 위해 작업을 시작했다. 반드시 크롬환경으로 들어가야만 활성화가 되었다.

크롬 마크는 666을 원으로 되어 있다. 이렇게 크롬은 대놓고 666이다. 영상의 썸네일을 만들기 위해 망고보드 앱을 사용하는 것도 크롬환경에서만 활성화 되었다. 우리가 사용하는 휴대폰에도 666과 전시안이 많이 숨겨져 있다. 금융 결제 시스템도 바코드 666이다. 지금 거의 모든 매매 수단이 바코드로 결제되고 있다. 심지어 지로 용지에도 666의 마크가 있다. 또한 올림픽을 비롯한 아시안 게임 등 세계 모든 스포츠 행사 곳곳에 전시안, 666코드, 사탄 상징들, 오컬트 마크들이 즐비하다. 음악이나 영화에도 이루 다 나열할 수 없다.

② 성경 안에 있는 666

창1:1절에 666이 들어있다는 사실을 본서의 첫 단원에서 밝혔다. 왕상 10:14절에 솔로몬의 세입금의 중수가 육백 육십 육 금 달란트다. 솔로몬은 두로의 히람과 평화조약을 맺고(왕상5:12) 성전 건축(왕상6:1)을 한다. 이렇게 솔로몬과 666, 평화협정, 성전건축을 두고 혹자는 솔로몬을 적그리스도라고도 주장한다. 그러나 성경 여러 곳에서 솔로몬을 예수님으로 비유하고 있다. 솔로몬이 적그리스도라는 주장은 동의하기에 쉽지 않다. 솔로몬의 끝은 결국 창조주를 기억하라는 전도서(전12:1)의 가르침이 있기 때문이다. 골리앗의 창의 무게가 600세겔이며 갑옷이 6겹, 키가 6규빗이다. 골리앗도 666이다. 다니엘 3장의 금신상도 666이다. 높이 60규빗 넓이 6규빗 모든 음악의 악기들은 6개다. 짐승, 적그리스도는 모두 666이다.

③ 과학 문명의 산물을 대하는 우리의 자세

우리는 이미 666의 세상환경 중앙에 들어와 살고 있다. 하나님께서 금하신 선악나무는 에덴동산 구석에 있지 않았다. 동산 중앙에 있었다. 이는 아담과 하와의 삶의 중앙에 선악나무가 있었다는 것이다. 우리는 하나님의 명령을 잘 새겨들어야 한다. 하나님은 아담에게 그 나무의 열매를 먹지 말라고 했다. 반대로 이 말씀 안에는 금하지 않은 것이 있다. 그 나무 아래서 그 열매를 한참 보아도 된다. 상당히 보암직한 열매였다고 하니 아담과 하와도 동산을 오가며 그 나무를 많이 들여다 본 것 같다. 그 나무가 얼마나 궁금했겠는가? 또 그 열매를 만져도 된다. 심지어 그 열매를 따도 된다. 그 열매를 "따먹지 말라" 하지 않으시고 "먹지 말라" 하셨다. 가령 열매를 따서 만지고 놀았을지라도 먹지만 말고 그냥 버려도 될 것이다. 하나님의 명령은 "그 열매를 먹지 말라"였다. 그러나 하와는 사단의 유혹의 질문에 "만지지도 말라"하셨다는 말을 추가한다. 이것은 사단에게 하와를 계속 공격할 수 있는 빈틈을 준 것이나 다름없다.

하나님께서 금하신 것은 먹지만 말라는 것이었다. 이 말씀은 몸속에 넣지 말라는 것이었다. 만져도 되고 봐도 되고 심지어 그 열매를 따도 되는 이유는 그 나무는 그들의 삶의 중앙에 있었기 때문이다. 동산 중앙을 오다가다 눈으로 볼 수밖에 없는 환경이기 때문이다. 오늘날 우리의 삶이 그렇다. 세상의 모든 환경이 666으로 시스템이 되어 있는 환경이다. 선악나무와 같이 666은 우리 모든 삶의 환경 중앙에 위치하고 있다. 그러므로 우리는 이러한 환경을 벗어나서는 살 수 없다. 그러므로 이러한 것들을 지나치게 거부할 일이 아니다. 이용하고 활용하며 현대 과학의 문명을 잘 이용하면 된다. 단 한 가지 세상 끝에 마지막 성도들에게 주신 하나님의 명령을 잘 새기면 된다. 처음 세상에 아담과 하와에게 주신 명령대로만 따르면 된다. 선악과를 먹지 말라! 이것은 너희 몸속에 들어가지 않게 하라는 것이다.

이와 같이 짐승의 표도 마찬가지다. 어떠한 환경이 올지라도 하나님의 성전인 성도의 몸속에 매매도구는 그 어떤 형태라도 넣지 않아야 한다. 지금 666의 모든 환경 시스템은 반드시 우리 몸 안으로 들어오는 때가 온다. 결코 주께서 금하신 매매도구를 몸에 심어서는 안 된다. 아담의 나라 시작과 끝인 선악과와 짐승의 표는 상당히 흡사하다. 다른 것이 있다면 선악과를 먹었을 때는 가죽옷을 지어주신 하나님의 은혜가 있었다. 회개의 기회가 있었다는 것이다. 그러나 짐승의 표는 다시는 회개의 기회가 없다는 것을 기억해야 한다.

7) 짐승의 표와 생체 칩이 충돌하는 이유

짐승 표와 생체 칩이 충돌하는 이유는 여러 가지가 있다. 짐승 표를 상징으로 보는 이들의 몇 편의 강의를 들어보았다. 거의 같은 내용을 가지고 상징을 주장하고 있었다. 이들은 한결같이 짐승 표를 실제로 보는 이들은 성경도 모르고 신학도 없는 무식한 자들로 취급 하고 있었다. 그들은 상징이라는 테두리 안에 철저하게 갇혀 있다는 생각을 했다. 이들이 짐승 표를 상징으로 보는 이유를 몇 가지 나열해 본다.

① 요한계시록을 상징으로 보기 때문이다.

계시록을 묵시문학이라 한다. 필자는 계시록을 문학의 범주에 가둔 것 자체가 문제라고 생각한다. 어떤 계시록 세미나를 갔었다. 강사의 처음 멘트에 실망하지 않을 수 없었다. 그 강사는 계시록을 다음과 같이 소개했다.

계시록은 한편의 시다. 그런데 왜 편지로 보려고 하느냐?

계시록은 소설이다. 그런데 왜 기행문으로 보려고 하느냐?

계시록이 시와 소설이라는 것은 계시록은 묵시 문학, 계시문학으로 모두 상징이라는 것이다. 또한 편지나 기행문은 실제다. 계시록을 문자 그대로 실제로 보는 것은 잘못 보는 것이라 했다. 필자는 실망하지 않을 수 없다. 신문의 광고는 원어를 기반으로 하는 최고의 세미나라고 했기 때문에 기대가 컸었다. 그러나 그날 참고 끝까지 강의를 들었던 적이 있다. 역시 끝까지 계시록을 모두 상징으로 해석했고 짐승의 표 역시 상징이었다.

요즘 생체 칩이 짐승의 표라고 하는 강의도 설득력이 부족한 경우가 많다. 뿐만 아니라 생체 칩이 짐승의 표가 아니라고 하는 강의를 들으면 가슴이 더욱 답답하다. 저들의 비성경적인 강의를 듣고 얼마나 많은 사람들이 잘못된 정보를 얻을 것인가? 짐승의 표가 상징이라고 주장하는 이들은 기본적으로 계시록을 1세기 배경으로만 보고 있기 때문이다. 계시록은 일차적으로는 1세기 성도들의 환경이다. 그러나 궁극적으로는 마지막 때 성도들에게 주시는 메시지다.

② **구원관 정립의 문제가 있다.**

무엇보다 이들은 구원관에 문제가 있다.

㉠ **한번 구원은 영원한 구원이라 주장하는 오류**

이들의 주장은 이렇다. "구원은 오직 예수를 믿음으로 얻는 것이다. 우리는 예수님을 믿음으로 구원 받았으니 베리 칩 받는 것과는 아무런 상관이 없다"고 한다. 또한 어떤 교계의 성명서에는 베리 칩은 과학문명의 발달로 인한 시대의 축복의 선물로 일반은총이라고 한다. 때문에 하나님께서 주신 것을 감사함으로 받으면 버릴 것이 없다고 한다. 이러한 주장은 구원관의 오류에서 오는 것이다. 구원의 결정은 오직 하나님께만 있다. "내가 예수 믿었으니 나는 분명히 구원 받았다. 한번 구원은 영원한 구원이다. 내가 어떻게 살든지 그 무엇도 나의 구원을 취소할 수 없다."는 것이다. 이것은 구원의 결정을 자신에게 두고 있는 구원관의 오류다. 구원의 결정은 오직 하나님께 있기 때문이다. 내가 분명히 구원 받았다고 믿었는데 죽어보니 지옥이었다는 예화가 있다. 이것은 구원의 결정이 내게 있는 것이 아님을 말해주는 것이다.

"나는 감사하는 목소리로 주께 제사를 드리며 나의 서원을 주께 갚겠나이다 *구원은 여호와께 속하였나이다* 하니라"(요나2:9)

"*구원은 여호와께 있사오니* 주의 복을 주의 백성에게 내리소서"(시3:8)

ⓒ 구원은 믿음에 있고 행위에 있지 않다는 주장의 오류

한번 구원은 영원한 구원이라고 주장하는 이들은 하나같이 베리칩과 관련하여 베리칩은 짐승표가 아니라는 강의를 하고 있었다. 그렇다고 필자가 여기서 베리칩이 짐승 표라고 하는 것이 아니다. 짐승표가 상징이라는 그들의 가르침에 성경적이지 않는 부분들이 있음을 말하는 것이다. 짐승의 표는 베리칩이 아니라 그 어떤 다른 형태로도 나올 수 있다. 분명한 것은 이 표가 상징이 아닌 실제라는 것이 중요하다.

그들은 다음과 같이 말한다. "한번 구원받은 자는 생명책에 이름이 기록되어 있다. **그까짓 베리칩 하나를 받는 행위**로 생명책에서 이름이 지워지는 것이 아니다" 혹은 "**짐승 표 하나 받는 행위**로 우리의 구원의 여부가 결정될 수 없다"라고 주장한다. "**그까짓 베리칩 하나!**" 이러한 표현은 생체 칩의 기능에 대한 지식이 너무도 없는 무지함을 드러내는 것이다. 칩이 너무 작다고 무시하고 이런 표현을 하는 것일까? 선악과 과일 한 개를 "**그까짓 과일 하나**"라고 할 수 있는가? 선악과 열매를 겨우 한입만 먹었을지라도 전 인류의 사망을 가져 왔다. 그러므로 말씀에 불순종 하고 작은 짐승 표 하나를 몸에 넣었을지라도 얼마든지 구원을 잃을 수 있다.

믿음으로 구원받는 것은 100% 맞는 말이다. 그러나 무엇을 믿는다는 것인가? 예수를 믿는 믿음이 아닌가? 예수를 믿는 자는 그분의 제자다. 주님의 제자는 주님의 말씀을 믿고 따르는 자다. 그리고 주님의 명령에 순종하는 자다. 순종하려면 행위가 따른다. 그러나 예수님을 믿는 자가 표를 받지 말라는 예수님의 명령에 불순종 한다면 그는 이미 예수님을 따르는 자가 아 니다. 그러므로 중요한 것은 짐승 표 자체가 문제가 아니다. 짐승표 자체가 구원을 결정하는 것이 아니기 때문이다. 문제는 주님께서 금하신 명령에 불 순종했다는 것이다. 그나마 선악과는 구원의 기회가 있었다. 그러나 짐승의 표는 영원히 구원이 없다고 경고하고 있다. 또한 생명책의 이름은 우리의 행위로 말미암아 흐려질 수도 있고 지워 질수도 있음도 경고하고 있다.

"이기는 자는 이와 같이 흰 옷을 입을 것이요 내가 *그 이름을 생명책에 서 결코 지우지 아니하고* 그 이름을 내 아버지 앞과 그의 천사들 앞에서 시 인하리라"(계3:5)

"그러나 이제 그들의 죄를 사하시옵소서 그렇지 아니하시오면 원하건대 주께 서 *기록하신 책에서 내 이름을 지워 버려 주옵소서* 여호와께서 모세에게 이르시 되 *누구든지 내게 범죄하면 내가 내 책에서 그를 지워 버리리라*"(출32:32-33)

마지막 때 믿음을 지키는 행위가 요구된다. 처음세상 에덴동산에서는 아 담에게 선악과를 따먹는 행위를 금하셨다. 마지막 시대 계시록에서는 짐승 의 표를 몸 안에 넣는 행위를 금하셨다. 특별히 '지키라'는 명령이 나온다. 이것은 행동해야 하는 것이다. 행동으로 믿음을 지키는 자가 복이 있다고 했다. 생명책에 이름이 기록된 자라면 더 더욱 짐승표의 모양을 가지고 나 타나는 것들은 끝까지 경계해야 한다.

"이 예언의 말씀을 읽는 자와 듣는 자와 그 가운데에 기록한 것을 *지키 는 자는 복이 있나니* 때가 가까움이라"(계1:3)

ⓒ 짐승에게 경배하지 않고 받는 것은 짐승의 표가 아니라는 주장

또 그들은 다음과 같이 주장한다. "성경에서 짐승의 표는 짐승에게 경배 하고 받는다. 때문에 현재 짐승에게 경배하지 않고 받는 베리칩은 짐승의 표가 될 수 없다. 또한 성경의 짐승의 표는 후3.5년에 적그리스도 정부에서 주는 것이다. 그러나 지금은 후3.5년도 아니고 베리칩은 정부에서 실시하는 것도 아니다."

"첫째 천사가 가서 그 대접을 땅에 쏟으매 **❶**_짐승의 표를 받은 사람들과_ **❷**_그 우상에게 경배하는 자들에게_ 악하고 독한 종기가 나더라"(계16:2)

계16장의 첫째 대접 재앙을 자세히 보면 악한 독종이 두 부류의 사람들에게서 나고 있다. **첫째, '짐승의 표를 받은 사람들'**이다. 이들은 강제 시행 전에 짐승의 표는 상징으로 믿고 하나님의 말씀을 무시하고 표를 받은 사람들일 것이다. 이들은 짐승에게 경배하지 않고도 표를 받는 시기에 받은 자들이다. 전3.5년에는 짐승의 우상이 세워지지도 않았기 때문이다. 이들은 전3.5년까지 받은 자들일 것이다. 그러므로 그냥 짐승의 표를 받은 사람들이라고 한다.

둘째, '그 우상에게 경배하는 자들'이다. 이 때는 성전에 우상이 세워진 시기다. 두 번째 부류는 표를 받았다는 표현은 없지만 표를 받기 위해 경배한 자들이다. 다시 말해 이들은 경배하고 표를 받은 자들이다. 이 시기는 표를 받을 수 있는 첫째 조건이 짐승의 우상에게 먼저 경배를 해야 하는 시기이기 때문이다. 그러므로 이들은 짐승 표 강제시행 후 경배하고 표를 받은 사람들이다. 만약 경배하지 않고 표 받은 자들은 짐승 표 받은 자에 해당 하지 않는다면 첫째 그룹은 독종이 나지 않아야 한다. 그러나 이들 두 그룹 모두에게 악한 독종이 났다.

첫째 대접은 짐승의 표를 받은 사람들에게 내려지는 재앙이다. 이 재앙은 짐승에게 경배하고 받은 자들에게만 임한 것이 아니다. 경배 안하고 받는 자와 경배하고 받은 자 모두에게 임했다. 그러므로 이들의 이러한 주장은 설득력이 없다. 또한 짐승의 표는 후3.5년에 들어가서 갑자기 등장하는 것이 아니다. 이미 강제시행 할 수 있는 모든 환경과 조건을 만들어 놓고 시작한다. 그 전에 강제 시행을 위한 수많은 예비 시행을 거칠 것이다. 전 세계를 강타한 코로나 백신도 그러한 예비 시행중의 하나라고 본다.

이러한 과정을 거쳐 전 세계인들을 대상으로 강제 시행을 하는 것이다. 적그리스도의 세계 통치기간은 전3.5년을 포함해 겨우 7년이다. 또 적그리스도의 통치영역은 한 국가가 아니라 전 세계다. 전 세계 70-80억 인구를 통치할 시스템이 짐승의 표다. 이것은 결코 마지막 7년에 들어가서 준비할 수 없다. 더군다나 후3.5년에 들어가서 갑자기 전 세계 강제시행은 더욱 어렵다. 지금부터 자연스러운 홍보기간을 통해 편리한 것으로 권장한다. 이 시대의 관건인 건강 문제와 관련하기도 한다.

이런 과정을 통해 자의로 받게 하여 적어도 세계인구의 60%~70% 정도는 자연스럽게 스며들게 할 것으로 본다. 점점 강도를 높여갈 것이다. 이 표가 없으면 국가의 보호와 보장, 특히 건강보험 분야에서 해택을 받을 수도 없게 할 것이다. 당장 생계를 보장 할 수 없는 사회적 구조를 만들어 갈 것이다. 그래서 짐승의 표에 대한 정확한 정보 없이 관망하던 그리스도인들은 혼돈 속으로 들어간다. 버티고 인내하던 그리스도인들도 배교하고 짐승의 표를 받게 되는 상황이 올 것이다. 계13:17절은 "누구든지 이 표를 가진 자 외에는 매매를 못하게 하니"라고 한다. '매매'를 앞세워 이제는 표를 받지 않고는 생존이 불가능한 세상이 된다.

그리고 후3.5년이 되면 휴거에서 남겨진 자들이 있다. 이때는 표를 받지 않으면 죽이는 강제시행에 들어가기 때문에 피난처를 찾아 숨어 들어가야 한다. 이 때 그리스도인들이 표를 받으려면 반드시 짐승에게 경배 한 후에 표를 줄 것이다. 이때 반드시 짐승에게 경배하게하고 표를 주는 이유가 있다. 경배는 강제가 아니다. 자신의 의지로 하는 것이다. 단 경배하면 살고 경배하지 않으면 죽음이다. 이때 자의로 인해 짐승에게 경배하는 것은 하나님께 대한 분명한 배도임을 증명하는 것이다.

그러나 계시록은 생명책에 이름이 기록되지 않은 자들이 짐승에게 경배한다고 한다. 우리 이름이 생명책이 기록이 되어 있는지는 알 수 없다. 그러나 다음의 말씀은 대 환난 기를 지나는 성도들에게 주시는 분명한 약속이다. 생명책에 이름이 기록된 자들은 결코 짐승에게 경배하게 않게 하실 것이다. 이 약속의 말씀을 믿어야 한다.

"죽임을 당한 *어린 양의 생명책에 창세 이후로 이름이 기록되지 못하고* 이 땅에 사는 자들은 다 그 짐승에게 경배하리라"(계13:8)

"네가 본 짐승은 전에 있었다가 지금은 없으나 장차 무저갱으로부터 올라와 멸망으로 들어갈 자니 땅에 사는 자들로서 *창세 이후로 그 이름이 생명책에 기록되지 못한 자들*이 이전에 있었다가 지금은 없으나 장차 나올 짐승을 보고 놀랍게 여기리라"(계17:8)

⊜ 베리칩 받으면 지옥 간다는 것은 오직 예수 믿고 천국 가는 진리를 가린다는 주장의 오류

지금도 종종 거리에서 베리칩을 짐승의 표라고 전하는 사람들이 있다. 이 표를 받으면 지옥이라고 강력한 메시지를 전한다. 그들도 나름대로 사명을 감당하고 있는 것이다. 그들은 계시록에서 경고하고 있는 하나님 말씀을 전하고 있는 것이다. 그럼에도 불구하고 그들을 '다른복음을 전하는 자'로 혹은 '베리칩 전도자'라고 비난한다. 베리칩은 거의 대부분의 정통교단에서도 이단시하고 있는 분위기다.

사실 베리칩이 짐승의 표라고 전하는 분들 중에 문제가 있는 것도 사실이다. 이는 사단이 성도들을 미혹하고 혼돈 시키기 위해 베리칩을 가지고 장난치고 있는 것으로 보인다. 그러나 베리칩을 떠나서 짐승의 표를 몸속에 받으면 지옥 간다는 것은 다른복음이 아니다. 하나님이 주신 말씀 중 요한계시록의 마지막 때 중요한 명령이요 경고다. 그런데 왜 다른복음인가? 오직 예수 믿음으로 천국 가는 것은 변할 수 없는 진리다. 그렇다면 예수 믿는 사람은 그 분의 말씀을 믿고 따르며 지켜야 한다. 특히 주님의 명령은 순종해야 한다. 또한 순종을 하기위해서는 행동이 따라야 한다. 짐승의 표를 받지 말라는 것은 주님의 명령이다. 행동이 따라야 하는 명령을 상징으로 받을 수 없는 것이다.

이렇게 정리해 본다. 예수 믿는 자가 짐승 표 받으면 지옥 간다. 이유는 짐승 표 때문이 아니다. 주님의 명령에 불순종했기 때문이다. 반대로 예수 믿는 자가 짐승 표를 받지 않고 천국에 갔다. 이유는 짐승 표를 받지 받았기 때문이 아니다. 예수님을 믿고 말씀에 순종했기 때문이다. 또 하나 불신자들의 입장을 정리해 보자. 불신자가 짐승 표 받고 지옥 갔다. 지옥 간 이유는 짐승 표 때문이 아니다. 예수를 안 믿었기 때문이다. 불신자가 짐승 표를 안 받았는데 지옥 갔다. 역시 예수를 믿지 않았기 때문이다. 그러나 불신자가 짐승 표를 받지 않고 주님 지상 재림까지 남아 있다면 마지막으로 회개할 수 있는 기회를 얻을 수도 있다.

처음 세상에서 하나님의 자녀인 아담과 하와가 왜 하나님이 금하신 선악과를 먹고 죽었는가? 하나님의 자녀이면서도 그분의 말씀을 지키지 않았기 때문이다. 선악과는 처음 세상에 하나님이 정하신 처음 사람들과의 언약이었다. 이제 마지막시대에 짐승의 표는 하나님이 정하신 마지막 시대 사람들과의 언약이다. 계시록이 하나님의 말씀임을 믿는 다면 우리는 이 마지막 시대에 일곱 번이나 강조한 짐승의 표에 대해 경계해야 한다.

8) 지금은 짐승의 표 홍보시대

① 편리함
현재 TV 방송이나 인터넷 등을 통해 생체 칩의 편리함이 계속 홍보되고 있다. 심지어 안방의 드라마에도 무의식중에 손등 엄지와 검지 사이에 베리 칩이 심겨져 있는 장면이 지나간다. 사람들에게 무의식 적으로 주입하고 있는 것이다. 주로 건강문제와 관련되어 있다. 또한 매매기능의 편리함을 홍보하고 있다. 마트에서 물건을 사고 계산대에서 줄을 서야 한다. 현대인들은 빠름에 길들여 져있다. 칩이 있다면 줄을 서지 않아도 결제할 수 있다는 편리함이 계속 홍보되고 있다.

2017년 7월 27일 보다 편리한 은행업무 시스템 구축을 위한 카카오 뱅크가 출범했다. 영업 시작 이틀 만에 47만 계좌가 개설됐다. 이것은 은행에서는 1년간 개설분량이라고 한다. 이것 또한 계속 편리함을 추구하고 있는 현상이다. 2017년 8월 신한은행에서는 새로운 시대는 보다 편리한 결제기능 시대라고 홍보를 시작했다. 손만 대면 결제가 되는 새로운 시스템이다. 역시 보다 편리한 금융결제 시스템을 홍보하는 것이다.

② 타투

"죽은 자 때문에 *너희의 살에 문신을 하지 말며 무늬를 놓지 말라* 나는 여호와이니라"(레19:28)

타투이스트는, 타투라고 불리는 문신이다. 성경에서 금하고 있는 문신이 전 세계적으로 일반화 되고 있다. 타투는 2015년 박근혜 정부에서 추진하던 17개의 유망직종중 하나다. 우리나라에서 타투 자격증을 가진 자는 모두 의사로 10명으로 알려져 있다. 그러나 2023년 우리나라 타투인구는 300만을 넘고 있다. 현재 불법 시술인 타투가 곧 공식 직업으로 등장할 전망이다. 이것 또한 생체칩 이식으로 가는 길이다. 외국에서는 타투 자격증을 가진 의사들이 생체칩을 이식하고 있다. 타투가 이렇게 세계적으로 일반화 되고 있는 것도 어쩌면 짐승의 표를 위한 준비단계일 수 있다.

짐승의 표가 이마나 손등에 삼각형의 형태를 띤 모양으로 타투처럼 새겨질 것이란 주장이 있다. 또한 그러한 모양을 홍보하는 영상도 있다. 만약 짐승의 표가 타투처럼 새겨지는 형태로 나타난다면 타투는 짐승표가 피부 겉에 새겨지는 거부감을 줄이기 위한 과정일수 있다. 어쩌면 손등에 표가 없는 사람은 오히려 소외당하는 시대가 올 것이다. 필자역시 처음에는 타투를 한 사람들을 보면 무섭고 거부감이 있었다. 그러나 요즘은 너무나 많이 보게 되니 예전보다 무감각 해진 것은 사실이다. 그만큼 타투가 거부감 없이 일반화 되고 있는 현실이다.

③ 배회감지기

2017년 8월 한 방송의 블러그 기사에서 치매 노인을 위한 배회감지기 관련 자료를 보았다. 사회적으로 문제가 되고 있는 치매노인들의 실종예방을 위해 배회감지기가 필요하다는 내용이었다. 배회감지기는 성범죄자들이 발에 차고 다니는 위치추적기와 같은 것이다. 배회감지기는 치매노인들이 길을 잃고 실종되는 일들을 예방하기 위한 장치다. 그러나 비용이 문제라고 지적했다. 결국 비용문제를 근본적으로 해결하기 위한 방법으로 생체 칩이 등장했다.

보다 값싸고 편리한 생체 칩을 몸 안에 이식해야 한다는 것이다. 생체 칩은 치매 노인의 신분확인과 와이파이 망을 이용한 위치추적이 가능하기 때문이다. 아직은 비용문제로 치매노인들에게 배회감지기 보급을 늦추고 있다. 그러나 내면에는 생체 칩 이식이라는 아젠다가 숨어 있다. 마지막 끝으로 갈수록 유아 실종 문제도 많이 일어날 것이다. 이 또한 유아 실종으로 인한 위치추적을 위해 생체 칩 이식에 대한 목소리는 높아져 갈 것이다.

④생체 칩 이식에 대한 설문조사 실시

2017년 8월 29일 산업통상 자원부에서는 생체 칩 이식에 대한 국민여론조사를 실시했다. "어떻게 생각하세요? 생체 칩 이식!"이라는 타이틀이었다. 그리고 내용은 생체 칩에 관한 자세한 정보들을 제공하고 있었다. 물론 장점과 단점들도 소개하고 있었다. 그럼에도 불구하고 YES와 NO로 선택하게 한다. 이러한 것들은 앞으로 본격적인 생체 칩 이식을 앞두고 여론의 동향을 살피기 위한 기사로 보인다. 긍정적인 여론만 형성된다면 언제든지 정부가 주도하는 대대적인 생체 칩 이식이 진행될 수도 있다. 물론 자신의 선택에 의한 것이다.

미래에 생체 칩 이식이 도입된다면 처음에는 취약계층인 치매노인과 영유아가 대상일 것이다. 이는 주로 위치추적을 위한 목적으로 유도할 것이다. 그 다음에는 군인과 경찰 같은 특수직에 속한 사람들이다. 다음으로 모든 공무원들과 대기업 사원들로 점차 확대될 것이다. 이러한 대상들은 편리함이다. 신분증 카드 비번 열쇠 등을 분실한 염려도 없다. 손에 심어진 칩 하나로 모든 것이 해결되기 때문이다. 그럼에도 불구하고 짐승의 표는 상징이며 생체 칩과는 상관이 없다는 것이 대부분 한국교회 교단들의 입장이다.

2017년 7월 실제 미국의 한 정보기술 업체에서는 직원 85명중 50명이

동의로 몸에 생체 칩 이식을 시작했다고 한 신문에서 보도했다. 회사는 칩을 이식하고 칩에 담긴 개인정보로 근태를 확인한다. 또한 출입을 통제하고 직원들은 사내 매점에서 물건도 살 수 있다. 이처럼 매매기능이 가능하다. 감시사회라는 일각의 지적에 대해 회사 측은 이렇게 말한다. "신분증이나 열쇠 지갑을 대처하기 위한 차원이다. 미래에는 누구나 이 이런 걸 심고 다니게 될 것"이라고 했다. 짐승 표 시대는 현실로 다가오는 미래다.

⑤ 질병관리 코드로 사용하는 32개 생체 칩 코드

생체 칩에는 현재128개의 유전가 코드가 있다. 그중 32개가 질병관리 코드로 사용되고 있다고 한다. 의사와 환자가 대면할 수 없는 경우 등으로 원격 진로 시에 사용되는 것으로 알고 있다. 현재 우리나라 5대 스마트병원에서도 사용되고 있다고 한다. 96개는 이후에 뇌파 원격 조정으로 쓰여 세계인을 통제 하는데 사용될 것이다.

마지막 때 남은 전쟁들

대부분 마지막 때 남은 전쟁들을 잘 이해하지 못하고 여러 전쟁들을 혼동하고 있다. 그 이유 또한 계시록을 순서적으로 보지 않는데서 오는 결과다. 성경은 마지막 끝에 일어날 남은 전쟁들에 대하여 분명히 구분하여 기록하고 있다. 각각 전쟁의 목적과 참전국, 전쟁이 일어나는 장소와 그 결과 까지도 기록하고 있다. 계시록이 기록하고 있는 순서대로만 따라가면 혼돈이 없다. 계시록은 마지막 때 천국이 임하는 이정표이기 때문이다. 성경에 예언된 마지막 때 전쟁들을 요한계시록의 이정표를 따라 순서대로 정리한다.

1. 7년 전에 있을 마지막 전쟁 / 세계 3차전(계9장)

계9장의 여섯째 나팔은 세계 3차전이다. 3차전은 7년으로 들어가는 마지막 전쟁이다. 3차전 후 이스라엘과 중동 간에 7년 협정이 맺어지면 위장 평화의 기간으로 적어도 중동지역에 전쟁은 없다. 그러나 평화협정이 깨어진 후3.5년부터 이스라엘과 관련된 마지막 때 남은 전쟁들이 시작 될 것이다. 3차전은 6째 나팔사건에서 다루었으나 전쟁단원과 관련하여 다시 반복한다.

1) 세계 3차전의 목적

3차전은 주 무대가 중동의 유브라데다. 혹자는 유브라데 전쟁은 중동전쟁으로 세계전쟁이 아니라고 한다. 그러나 유브라데 중동전은 3차전으로 발전하는 주요 요충지다. 혹자는 계9장의 3차전을 겔38장 전쟁이나 아마겟돈 전쟁으로까지 보는 이도 있다. 그러나 계9장의 전쟁은 7년 시작직전에 있는 3차전이다. 이 전쟁의 목적은 NWO 달성을 위한 마지막 전쟁이다. 시오니즘과 이슬람의 전쟁이다. 이 전쟁을 통해 인류의 인구수를 급속하게 줄인다. 이 전쟁은 핵전쟁이다. 아마도 생화학도 동원될 것이다. 세계정부 세력들에게는 인구감축계획의 하이라이트라 할 수 있다. 마지막 때 남은 모든 전쟁들은 넓게는 다니엘 7-8장의 예언대로 진행된다.

3차전은 한 날 한시에 사람 3분의 1일이 죽는다. 세계전체 인구 3분의 1이 아님은 6째 나팔에서 밝혔다. 그러나 이 전쟁은 인류 역사상 가장 많은 사상자를 낼 것이다. 지금까지는 2차전이 7300만 명으로 가장 많은 사상자를 냈다. 아마도 3차전은 몇 억은 될 것이다. 이 때 세계인들은 엄청난 전쟁의 공포에 빠진다. 세계정부 세력들은 끔찍한 전쟁으로 세계인을 황폐시켜 염세주의를 조장할 것이다. 이 때 한줄기 광명한 빛으로 가장한 거짓 평화의 사도가 등장한다. 그는 인간이 기다리는 구세주를 외면하게 한다. 그러나 그는 결국 저항하는 자들을 피의 철권으로 진압하게 될 적그리스도다. 3차전은 이렇게 적그리스도를 등장시키는 무대다.

2) 3차전의 참전국들

계9:13-21절 6째 나팔은 다행이도 대부분 세계 3차전으로 보고 있다. 3차전은 참전국들을 구체적으로 기록하고 있지 않다. 유브라데 전쟁이라고도 하는 이 전쟁에는 2억의 군대가 출전한다. 슥12:3절에는 천하만국이 이스라엘을 치러 온다고 한다. 그러나 이스라엘을 치는 자들은 모두 크게 상한다. 슥14:1절은 7년 끝에 이스라엘의 재물 약탈을 위한 겔38장 전쟁이다. 슥12:2-3절은 7년 바로 앞에 있는 3차전일 가능성이 높다. 이 전쟁은 이스라엘과 미국의 동맹국들과 그리고 북방 러시아, 이란, 튀르키예 등이 중심이 될 것이다. 즉 이스라엘과 중동간의 남북 전쟁이다. 우리나라도 미국과 동맹국이니 3차전에서 자유로울 수 없다. 이스라엘과 중동간의 남북전쟁은 다니엘의 예언대로 겔38장 전쟁에서도 같은 형태가 된다. 언제나 북방 세력은 러시아, 그리고 이란, 튀르키예 등이 중심이 된다. 이렇게 같은 형태의 전쟁으로 인해 중동 전쟁을 혼동하는 것 같다.

"보라 내가 예루살렘으로 그 사면 모든 민족에게 취하게 하는 잔이 되게 할 것이라 예루살렘이 에워싸일 때에 유다에까지 이르리라 그 날에는 내가 *예루살렘을 모든 민족에게 무거운 돌이 되게 하리니 그것을 드는 모든 자는*

크게 상할 것이라 천하만국이 그것을 치려고 모이리라'(슥12:2-3)

3) 세계 3차전의 결과

3차전의 종결과 함께 다니엘의 70이레 예언인 7년 평화협정이 체결된다. 다니엘 70이레에는 평화라는 단어는 없다. 그러나 현대적 표현으로 7년 평화협정으로 한다. 3차전의 중요한 결과는 세계단일정부 체제 출범이다. 그리고 이스라엘에는 두 증인이 등장한다. 그리고 지금 모든 것이 완벽하게 준비되어 있는 제3성전 건축이 시작된다. 계9:20-21절은 3차전의 결과다. 이 재앙에서 죽지 않고 살아남은 사람들의 상태를 보여주고 있다. 수많은 사람들이 죽어갔다. 이토록 끔찍한 전쟁 끝에 살아남은 사람들은 하나님 앞으로 돌아오지 않는다. 오히려 생명이 없는 우상을 섬기며 회개하지 않는다. 종교적으로나 도적 적으로나 세상이 얼마나 타락했는지를 보여주는 시대적 배경이다.

"*이 재앙에 죽지 않고 남은 사람들은 손으로 행한 일을 회개하지 아니하고 오히려 여러 귀신과 또는 보거나 듣거나 다니거나 하지 못하는 금, 은, 동과 목석의 우상에게 절하고 또 그 살인과 복술과 음행과 도둑질을 회개하지 아니하더라*'(계9:20-21)

2. 7년 안에 있는 세 번의 전쟁 / 세 번의 포도 심판들

요한계시록 후반부에는 포도 혹은 포도주 심판에 대한 기록이 14, 16, 19장까지 세 번 등장한다. 그 중 마지막 세 번째는 아마겟돈 전쟁심판이다. 이를 근거로 필자는 세 번의 포도주 심판을 이스라엘과 관련한 전쟁에 대한 심판으로 보았다. 특별히 계시록 10장부터는 모든 배경이 이스라엘이기 때문이다. 계시록은 미래의 사건을 순서적으로 기록하고 있다. 때문에 세 번의 포도 심판도 하나의 사건을 반복한 것이 아니다. 각각 세 번의 전쟁에 관한 심판이다.

남은 세 번의 전쟁은 포도 심판이라는 공통분모를 가지고 있다. 그러나 똑 같은 포도주 심판이 아니다. 뒤로 갈수록 포도주 심판의 강도가 높아지고 있다. 첫 번 심판은 "하나님의 진노의 큰 포도주 틀에 던진다." 두 번째는 "그의 맹렬한 진노의 포도주 잔을 받게 한다." 이것은 진노의 잔을 억지로 직접 마시게 하는 것과 같다. 세 번째는 "전능하신 이의 맹렬한 진노의 포도주 틀을 밟겠고"한다. 세 번째는 아예 다시 일어서지 못하도록 밟아버린다. 이 전쟁들은 이스라엘과 관련한 전쟁들이기에 전쟁의 무대는 모두 이스라엘이다.

1) 시편 83편 전쟁(계14장) / 첫 번 포도 심판

시편 83편 전쟁은 이미 성취되었다고 주장하는 이들도 있다. 그러나 이사야 17장에 멸망이 예언된 시리아의 수도 다메섹이 아직 건재하다. 아마도 다메섹은 마지막 시83편 전쟁에서 무너질 것으로 본다. 계14:17-20절과 시83편을 근거로 첫 번째 포도주 틀 심판을 살펴본다.

① 전쟁의 목적

"그들이 주의 백성을 치려하여 간계를 꾀하며 주께서 숨기신 자를 치려고 서로 의논하여 말하기를 가서 *그들을 멸하여 다시 나라가 되지 못하게 하여 이스라엘의 이름으로 다시는 기억되지 못하게 하자* 하나이다"(시83:3-4)

이 전쟁의 목적은 지구상에서 이스라엘을 완전히 없애려는 것이다. 이것은 하나님을 대적하는 행위와 같다. 이와 같은 목적을 함께 공유하고 있는 이슬람 국가들이 연합하여 이스라엘로 쳐들어오는 전쟁이다. 지금도 이란은 국가가 존재하는 목적은 이스라엘을 지구상에서 없애는 것이라고 공공연하게 밝히고 있다. 그러나 아직도 이스라엘은 건재하다. 그렇다면 언젠가는 이러한 목적을 가지고 이스라엘을 공격하는 이슬람 연합군의 전쟁은 일어날 것이다. 성경의 예언대로라면 이스라엘에 대해 이를 갈던 이슬람은 유브라데 중동전인 3차전에서도 이스라엘에 패배한다. 그러나 적그리스도에 의한 이스라엘과 중동간의 7년 평화협정으로 전쟁을 더 이상 할 수 없다. 그러므로 이 전쟁은 적그리스도가 7년 평화협정을 파괴한 후에 일어날 것이다. 계시록 타임라인으로는 후3.5년 두 번째 휴거까지 일어난 직후가 될 것이다.

② 시83편 전쟁의 참전국들

"그들이 한마음으로 의논하고 주를 대적하여 서로 동맹하니 곧 *에돔의 장막과 이스마엘인*과 모압과 하갈인이며 *그발과 암몬과 아말렉이며 블레셋과 두로 사람이요 앗수르도* 그들과 연합하여 *롯 자손*의 도움이 되었나이다"(시83:5-8)

참전국들은 이스라엘 주변을 오각형으로 둘러싸고 있는 나라들이다. 모두 이스라엘과 팔레스타인 주변의 분쟁지역에 속한 중동 국가들이다. 롯 자손인 암몬, 모압, 그리고 에돔은 요르단 지역에 위치한 팔레스타인 난민들이다. 그발과 두로는 레바논 헤즈볼라, 이스마엘은 사우디아라비아다. 하갈과 아멜렉은 이집트, 앗수르는 시리아 북부지역이다. 팔레스타인 하마스 가자지구 등은 블레셋의 후손들로 이스라엘의 영원한 적이다. 시83편 전쟁은 이 작은 땅 이스라엘을 치기 위해 이슬람의 거대한 연합군대가 일으키는 전쟁이다. 이 전쟁은 이팔 분쟁을 종료하게 될 것이다.

③ 전쟁의 심판과 결과 - 하나님의 진노의 포도주 틀을 던지다.(계14:19-20)

"천사가 낫을 땅에 휘둘러 땅의 포도를 거두어 *하나님의 진노의 큰 포도주 틀에 던지매* 성 밖에서 그 틀이 밟히니 틀에서 피가 나서 말 굴레에까지 닿았고 *천육백 스다디온*에 퍼졌더라"(계14:19-20)

성경의 예언은 이 전쟁도 하나님의 개입하심으로 이스라엘이 승리한다. 이 전쟁을 통해 하나님께서 이스라엘 주변의 모든 이슬람 세력들을 제거하신다. 계14장의 포두주틀 심판은 바로 시83편 전쟁의 심판으로 본다. 몇 가지 성경적 근거들을 살펴본다. 이 전쟁이 일어나는 시점은 후3.5년에 7년협정이 파괴된 이후다. 3차전에서 폐한 이슬람 세력들은 이스라엘에 대해 이를 갈고 있었을 것이다. 그러나 3차전 이후 평화협정으로 인해 눈에 가시인 이스라엘을 칠 수가 없었다. 그러나 평화협정이 파괴되면 벼르고 있던 이슬람 세력들은 절호의 기회다.

시83편 전쟁은 바로 이러한 시대적 배경에서 일어난다. 또한 이 시점은 계시록의 순서적 기록상으로 두 번째 휴거가 일어난 직후가 된다. 계12:5절에서 첫 번 휴거가 있었다. 그리고 계14:1-5절은 첫 번 대환난 전 휴거 무리들을 보여주고 있다. 이어서 계14:6-13절까지는 세 천사의 경고가 있다. 그중 셋째 천사는 두 번째 있을 환난 중 휴거를 앞두고 짐승의 표를 받지 않도록 경고와 당부를 한다. 그리고 계14:14-16절은 주님께서 공중 구름위로 내려오셨다. 이것은 주님께서 땅의 곡식을 추수하시는 두 번째 휴거에 해당한다. 이렇게 두 번째 휴거가 있은 후에 다음에 이어지는 사건이 첫 번째 포도 심판이다.

땅의 포도를 거두어 하나님의 진노의 큰 포도주 틀에 던지셨다. 그리고 그 틀이 밟히니 틀에서 피가 나서 말굴레에까지 닿았고 천육백 스다디온에 퍼졌다. 필자도 처음엔 계14:17-20절이 전쟁 심판인지는 정확히 알 수 없었다. 그러나 후3.5년에 들어가서 조금씩 표현이 다른 포도 심판이 세 번 반복되고 있다. 이것은 그 어떤 공통적인 사건을 심판하는 표현일 것이라는 생각을 했다. 바로 전쟁이라는 공통적인 사건이었다. 계14장이 전쟁에 대한 심판이란 것을 알게 된 결정적인 것은 계19장의 세 번째 포도 심판이다. 세 번째 포도 심판은 분명히 아마겟돈 전쟁 심판이다. 그렇다면 나머지 두 개의 포도 심판도 전쟁과 관련이 있는 것이다. 그렇다면 첫 번 포도 심판은 시편 83편 전쟁 심판에 가장 근접하다.

시83편 성격의 전쟁은 시기적으로나 계시록의 순서상으로나 첫 번 포도 심판이다. 에스겔 38장 전쟁은 7년 거의 끝에 있기 때문이다. 더 놀라운 사실이 있다. 포도주 틀에서 나온 피가 천육백 스다디온에 퍼졌다고 한다. 더투어낸드님의 연구에 의하면 천육백 스다디온의 길이는 이스라엘 오각형 안에 있는 나라들을 모두 이은 길이라고 한다. 필자의 성경 난외에는 1 스다디온은 약 192미터라고 한다. 천육백 스다디온의 의미는 이스라엘을 치러온 이슬람 연합군들이 완벽하게 모두 몰살했다는 뜻이다. 바로 이 전쟁으로 시리아의 수도 다메섹도 멸망당할 것이다. 이것은 사17:1절 예언의 성취다.

또 하나 이 전쟁에서 이슬람이 전멸한다는 근거가 있다. 다음 두 번째 포도 심판인 에스겔38장 전쟁에는 시83편 전쟁에 참전했던 이슬람 국가들이 하나도 중복되지 않는다. 아마도 이때 이슬람 세력들이 남아 있다면 또 이스라엘을 칠 기회를 포기하지 않을 것이다. 겔38장 전쟁은 세계적 연합군들이 이스라엘을 공격하려는 전쟁이다. 이때 주변의 이슬람 국들이 개입하지 않을 수 없다. 그러나 이슬람 세력의 전멸로 인해 갤38장 전쟁에는 이들 국가들의 이름이 등장하지 않는 것이다. 아마도 시83편 전쟁을 계기로 이스라엘은 급속하게 민족적으로 주께로 돌아오게 될 것이다.

이미 튀르키예가 이스라엘을 공격하기 위한 500만의 이슬람 연합군을 결성할 수 있다는 언급을 하였다. 이 기사는 2017년 12월 이슬람 협력기구 정상회담이 개최되기 직전에 "이스라엘을 공격하기 위한 이슬람 군대가 결성되면 어떻겠는가?"라는 제목으로 발표되었다. 그들은 이스라엘을 공격하기 위한 연합군의 구체적 무기들까지도 공개했다. 서서히 이스라엘 오각형 안에 있는 이슬람 국가들이 연합하고 있는 움직임이 보인다. 그러나 지금 당장 이런 일들은 일어나지 않는다. 이 전쟁은 7년 중반의 일이기 때문이다. 이러한 움직임들은 언젠가는 일어날 일들이기 때문에 작은 중동 전쟁은 계속 반복 될 것으로 본다. 이 전쟁의 결과는 분명하다. 결국 이스라엘과 중동간의 싸움은 종교전쟁이다. 이 전쟁의 결과는 여호와라 이름 하신 주만 온 세계의 지존자로 알게 하는 전쟁이다.

이제는 그 누구도 이스라엘을 지구상에서 없애겠다는 이유로 공격할 수 없다. 이때 비로소 이스라엘은 성벽도 없고 빗장도 없이 잠시 평안한 때를 지나게 될 것이다. 하나님께서 그들의 오랜 적인 주변의 이슬람 세력들을 정리하셨기 때문이다. 그러나 이때는 적그리스도의 통치로 후3.5년의 때다. 이스라엘은 후3.5년 대환난의 태풍의 눈에 있는 민족이다. 태풍의 눈은 오히려 고요하다. 하나님께서는 환난의 중심에 있는 이스라엘을 특별히 보호하시고 적그리스도에게 대항할 수 있는 힘을 주실 것이다. 그러나 이스라엘은 이팔 분쟁이 없는 이러한 평안의 때도 잠시 일 수밖에 없다. 모든 전쟁은 주님께서 지상 재림하심으로 끝나기 때문이다.

"여호와라 이름하신 주만 온 세계의 지존자로 알게 하소서"(시83:18)

"말하기를 내가 평원의 고을들로 올라 가리라 *성벽도 없고 문이나 빗장이 없어도* 염려 없이 다 평안히 거주하는 백성에게 나아가서"(겔38:11)

2) 에스겔 38장 전쟁(계16장) / 두 번째 포도주 잔 심판

에스겔 38장 전쟁은 곡. 마곡 전쟁이라고도 한다. 마곡은 땅 지역 이름이다. 마곡 땅은 하나님을 대적하는 자들이 거하는 땅이다. 곡은 그들 중의 우두머리를 가리킨다. 지금의 러시아 이란, 튀르키예 등이 중심이 되는 나라들이다. 천년왕국 이후에도 곡. 마곡 전쟁이 있다. 그러나 겔38장 전쟁과는 성격이 다른 전쟁이다. 혹자는 지금 러시아와 우크라이나 전쟁이 겔38장 전쟁의 전조증상이라고도 한다. 그러나 전혀 그렇지 않다. 겔38장 전쟁은 후3.5년 거의 끝에 있을 전쟁이다. 계16:17-21, 겔38장, 슥14장을 같은 배경으로 살펴본다.

① 겔38장 전쟁의 목적

"내가 평안의 고을들로 올라가리라 성벽도 없고 문이나 빗장이 없어도 염려 없이 다 평안이 거주하는 백성에게 나아가서 *물건을 겁탈하여 노략하리라* 하고 네 손을 들어서 황폐하였다가 지금 사람이 저주하는 땅과 여러 나라에서 모여서 짐승과 재물을 얻고 세상 중앙에 거주하는 백성을 치고자 할 때에"(겔38:11-12)

"여호와의 날이 이르리라 *그 날에 네 재물이 약탈되어* 네 가운데에서 나누이리라 내가 이방 나라들을 모아 예루살렘과 싸우게 하리니 성읍이 함락되며 가옥이 약탈되며 부녀가 욕을 당하며 성읍 백성이 절반이나 사로잡혀 가려니와 남은 백성은 성읍에서 끊어지지 아니하리라"(슥14:1-2)

시편 83편 전쟁의 목적은 이스라엘을 지구상에서 없애려는 것이었다. 그러나 반대로 대적 자들이 완전 전멸 한다. 이후 그 누구도 이제 감히 이스라엘을 지구상에서 없애자는 목적을 세울 수 없다. 그러므로 겔38장 전쟁의 목적은 이스라엘의 재물을 약탈하기 위한 전쟁이다. 아마도 후3.5년 때이면 중동의 석유가 마를 것이다. 그러나 지금 이스라엘은 석유가 나고 있다. 지하에 매장된 석유 자원은 어마어마하다고 한다.

또한 신비의 바다 사해에서는 풍부한 무한의 천연자원을 퍼 올린다. 이스라엘은 사해 바다의 자원으로 국가가 먹고 산다 해도 과언이 아니라 할 정도다. 이처럼 부요한 나라 이스라엘에 마지막 태풍이 불어온다. 마지막 7년 끝 무렵에 다시 이스라엘을 침략하기 위한 거대한 연합군이 결성된다. 시편 83편 전쟁과는 그 규모가 비교가 안 되는 거대한 연합군이다. 이 전쟁은 후 3.5년 거의 끝에 일어나서 아마겟돈 전쟁으로 이어질 것으로 본다.

② 겔38장 전쟁의 참전국들

"주 여호와께서 이같이 말씀하시기를 *로스와 메섹과 두발* 왕 곡아 내가 너를 대적하여 너를 돌이켜 갈고리로 네 아가리를 꿰고 너와 말과 기마병 곧 네 온 군대를 끌어내되 완전한 갑옷을 입고 큰 방패와 작은 방패를 가지며 칼을 잡은 큰 무리와 그들과 함께 한 방패와 투구를 갖춘 *바사와 구스와 붓과 고멜과* 그 모든 떼와 북쪽 끝의 *도갈마* 족속과 그 모든 떼 곧 많은 백성의 무리를 너와 함께 끌어내리라"(겔38:3-6)

중동의 지정학적 중심지인 이스라엘은 참으로 작은 땅이다. 그러나 이 땅을 침공하기 위한 마지막 전쟁이 겔38장 전쟁이다. 이 전쟁 역시 중심에는 러시아와 이란 등이 있다. 이 전쟁은 세계 3차전과는 반대로 적그리스도를 멸망시키는 무대가 될 것이다. 이 작은 나라의 재물을 약탈하기 위해 세계 강대국들이 연합을 한다는 것은 상식적이지 않다. 그러나 이 전쟁은 하나님의 섭리이기에 가능하다. 다니엘과 에스겔의 예언을 따라 일어나는 전쟁이기 때문이다.

이 전쟁 또한 참전국들을 분명히 명시하고 있다. 북쪽으로 로스는 러시아, 메섹은 모스코바, 두발은 투발스크, 도갈마는 튀르키예, 아르메니아 등이다. 고멜은 유럽쪽으로 독일, 폴란드, 체코, 유고 등이다. 구스는 남쪽으로 수단, 에디오피아가 해당된다. 바사는 이란, 이라크, 아프칸이 속한다. 붓은 리비아, 알제리아, 튀니지아, 모로코 등이다.

그러나 이 전쟁에 참여하지 않는 나라들이 있다. 스바(예멘)와, 드단(사우

디아라비아), 다시스(스페인) 부자나라들(미국, 영국, 이탈리아 등)이다. 이 나라들은 이스라엘의 재물약탈을 위해 연합한 이들을 오히려 비난하고 있다. 세계 3차전까지도 이스라엘과 함께하던 미국이 겔38장 전쟁에 참전하지 않는다. 이것은 아마도 이때가 되면 미국도 많이 힘이 약해진 이유일 것이다. 미국은 세계정부가 세워지면 그 세력이 많이 약해질 것이다.

"*스바와 드단과 다시스의 상인과 그 부자들이 네게 이르기를 네가 탈취하러 왔느냐 네가 네 무리를 모아 노략하고자 하느냐 은과 금을 빼앗으며 짐승과 재물을 빼앗으며 물건을 크게 약탈하여 가고자 하느냐 하리라*"(겔38:13)

③ 전쟁의 심판은 7째 대접 - 맹렬한 진노의 포도주 잔을 받으라.(계16:18-21)
"큰 성이 세 갈래로 갈라지고 만국의 성들도 무너지니 큰 성 바벨론이 하나님 앞에서 기억하신바 되어 *그의 맹렬한 진노의 포도주 잔을 받으매*"(계16:19)

두 번째 포도주 심판은 계16장의 7째 대접이다. 물론 7째 대접이 겔38장 전쟁만을 심판하기 위한 재앙은 아니다. 7째 대접은 7인부터 시작된 7나팔과 7대접 재앙 심판의 총체적 종결이다. 다만 7째 대접이 겔38장 전쟁의 심판과 겹치는 것으로 보인다. 7째 대접의 심판내용과 에스겔 38:19-23장은 내용은 매우 흡사하다. 슥14장은 재물약탈 전쟁인 겔38장 전쟁으로 시작한다. 슥14:1-2절은 이 전쟁의 처참한 상황을 기록하고 있다. 후3.5년 끝에 일어날 이 전쟁으로 인해 이스라엘은 최대의 위기상황을 맞이한다.

"여호와의 날이 이르리라 *그 날에 네 재물이 약탈되어 네 가운데에서 나누이리라* 내가 이방 나라들을 모아 예루살렘과 싸우게 하리니 *성읍이 함락되며 가옥이 약탈되며 부녀가 욕을 당하며 성읍 백성이 절반이나 사로잡혀 가려니와 남은 백성은 성읍에서 끊어지지 아니하리라*"(슥14:1-2)

슥14장은 겔38장 전쟁의 목적인 재물약탈 전쟁으로 시작하여 이 전쟁의 심판과 예수님 지상 재림과 천년왕국까지 요약되어 있다. 주님 지상 재림 후 슥14:6절부터 천년왕국으로 전환되고 있다. 스가랴의 기록을 봐도 7째 대접 심판으로 겔38장 전쟁이 종료되면서 아마겟돈으로 넘어가는 것 같다.

이스라엘의 최대 위기의 이 전쟁에 하늘의 하나님께서 개입하신다. 개입의 방법은 7째 대접 재앙과 동시에 이 전쟁을 심판하신다. 계16장의 7째 대접 심판은 겔38장 전쟁 심판의 종료라고 보면 된다.

사실 이 전쟁은 하나님께서 목적이 있어 일으키시는 전쟁이다. 슥14:2절에 "내가 이방 나라들을 모아 예루살렘과 싸우게 하리니"하셨다. 겔38:16절에는 "구름이 땅을 덮음 같이 내 백성 이스라엘을 치러 오리라 곡아 끝 날에 내가 너를 이끌어다가 내 땅을 치게 하리니"하신다. 여기서 구름이 땅을 덮음 같음이란 수많은 곡. 마곡의 연합군을 말한다. 이들을 하나님께서 이끌어다가 '내 땅'이스라엘을 치게 하시는 것이다. 곡의 무리를 이스라엘로 끌어들이신 분은 하나님이시다. 그러나 자기 백성 이스라엘이 멸망하는 것은 또 그냥 두고 보실 수 없다.

겔38:18절에 "그 날에 곡이 이스라엘 땅을 치러 오면 내 노여움이 내 얼굴에 나타나리라 주 여호와의 말씀이니라." 막상 곡이 이스라엘을 치러오면 하나님의 노여움이 얼굴에 나타나신다. 하나님께서 전쟁을 붙여 놓으시고 하나님께서 이스라엘을 치는 그들을 노여워하시는 것이다. 슥14:1-2절의 처참한 전쟁 상황을 보신 하나님은 그때부터 직접 전쟁에 개입하신다. 슥14:3절에 "그 때에 여호와께서 나가사 그 이방 나라들을 치시되 이왕의 전쟁 날에 싸운 것 같이 하시리라" 이 말씀은 이전에도 이스라엘 전쟁에 하나님께서 개입하셨다는 것이다.

이 말씀을 좀 재미있게 표현하면 이렇다. "비록 내가 내 백성을 치라고 곡을 불렀지만 내 백성을 이렇게 초토화시키다니, 안되겠다. 내가 예전처럼 직접 나가서 싸워야겠다."하시며 하나님께서 두 팔을 걷어붙이시는 것 같은 모습이다. 슥14:3절의 상황은 아직 주님의 지상 재림이 아니다. 이것은 하늘에 계시는 하나님께서 겔38장 전쟁에 개입하실 것을 선포 하시는 것이다. 구약시대에는 하나님께서 이스라엘의 전쟁에 개입하신 일들이 많다. 하나님께서 전쟁에 개입하시는 방법들 중에는 천사가 전투에 투입되거나 적들끼리 서로 싸우기도 한다. 또한 중요한 전쟁 개입방법 중 하나가 바로 자연재해들이다.

스가랴에는 재물 약탈 전쟁에 대하여 하나님께서 직접 나가서 싸우시겠다고 선포하신다. 그러나 어떻게 싸우셨는지에 대한 구체적 방법은 기록이 없다. 그러나 에스겔 38장에는 얼굴에 노여움을 나타내시고 바로 전쟁에 개입하시는 구체적 방법을 기록하고 있다. 하늘의 하나님께서 겔38장 전쟁의 개입방법은 역시 자연재해들이다. 이것은 겔38장 전쟁을 심판하시는 7째 대접 사건의 자연재해들과 거의 동일하다. 7째 대접은 주님 지상 재림 바로 전의 사건이다. 슥14:3절에서 전쟁 개입을 선포하시고 다음 절인 슥14:4절은 바로 지상 재림이다. 이것은 겔38장 전쟁 후에 아마겟돈 전쟁을 앞두고 지상 재림하시는 순서다. 이 장면은 두 전쟁이 근접하게 연결되어 있다는 것을 보여 주고 있다.

"내가 *질투와 맹렬한 노여움*으로 말하였거니와 그 날에 *큰 지진이 이스라엘 땅에 일어나서* 바다의 고기들과 공중의 새들과 들의 짐승들과 땅에 기는 모든 벌레와 지면에 있는 모든 사람이 내 앞에서 떨 것이며 *모든 산이 무너지며 절벽이 떨어지며 모든 성벽이 땅에 무너지리라*...내가 또 *전염병*과 *피*로 그를 심판하며 *쏟아지는 폭우*와 *큰 우박덩이*와 *불과 유황*으로 그와 그 모든 무리와 그와 함께 있는 많은 백성에게 비를 내리듯 하리라"(**겔38:19-20,22**)

"*번개와 음성들과 우렛소리*가 있고 또 *큰 지진*이 있어 얼마나 큰지 사람이 땅에 있어 온 이래로 이같이 큰 지진이 없었더라 큰 성이 세 갈래로 갈라지고 만국의 성들도 무너지니 큰 성 바벨론이 하나님 앞에 기억하신바 되어 그의 *맹렬한 진노의 포도주 잔을 받으매* 각 섬도 없어지고 산악도 간 데 없더라 또 *무게가 한 달란트나 되는 큰 우박*이 하늘로부터 사람들에게 내리매 사람들이 그 우박의 재앙 때문에 하나님을 비방하니 그 재앙이 심히 큼이러라"(**계16:18-21**)

이스라엘이 곡에 의해 멸망직전에 고통하고 있을 때 하나님의 맹렬한 노여움이 자연 재해로 나타난다. 번개와 음성과 우렛소리, 큰 지진과 폭우, 큰 우박들, 불과 유황이 쏟아진다. 맹렬한 진노의 포도주 잔을 받는 심판이다. 계18장은 큰 성 바벨론의 멸망이다. 17-18장은 삽경으로 16장에서 끝낸 7째 대접심판의 결과다. 7째 대접이 쏟아진 그 한 날에 이루어진 심판을 기록하고 있다. 하루 동안의 재앙들, 사망, 애통, 흉년, 불에 살라지는 것 등이다. 그리고 19장으로 가면 바로 주님 지상 재림과 아마겟돈 전쟁이 이어진다.

"그러므로 *하루 동안에 그 재앙들*이 이르리니 곧 *사망과 애통함과 흉년*이라 그가 또한 *불에 살라지리니* 그를 심판하시는 주 하나님은 강하신 자이심이라 그와 함께 음행하고 사치하던 땅의 왕들이 그가 *불타는 연기*를 보고 위하여 울고 가슴을 치며"(계18:8,9)

슥14:3절 하나님의 전쟁 개입선포는 슥14:2절의 전쟁의 처참한 상황을 돕기 위한 선포다. 스가랴에는 아마겟돈 전쟁에 관한 장면기록도 없다. 바로 신비로운 어느 한 날과 함께 생수가 솟아나는 천년왕국으로 바로 전환된다.

"그 날에는 빛이 없겠고 광명한 것들이 떠날 것이라 *여호와께서 아시는 한 날이 있으리니 낮도 아니요 밤도 아니라 어두워 갈 때에 빛이 있으리로다 그 날에 생수가 예루살렘에서 솟아나서* 절반은 동해로, 절반은 서해로 흐를 것이라 여름에도 겨울에도 그러하리라"(슥14:6-8)

④ 전쟁의 결론

"구름이 땅을 덮음 같이 내 백성 이스라엘을 치러 오리라 곡아 끝 날에 내가 너를 이끌어다가 내 땅을 치게 하리니 *이는 내가 너로 말미암아 이방 사람의 눈 앞에서 내 거룩함을 나타내어 그들이 다 나를 알게 하려 함이라*'(겔38:16)

"이같이 내가 여러 나라의 눈에 *내 위대함과 내 거룩함을 나타내어 나를 알게 하리니* 내가 여호와인 줄을 그들이 알리라"(겔38:23)

겔38장 전쟁은 특별한 하나님의 계획안에서 하나님 주도하에 일어나는 전쟁이다. 목적은 하나님의 위대함과 거룩함을 나타내기 위함이다. 그리고 모든 이방 사람들이 여호와 하나님을 알게 하기 위함이다. 아마도 겔38장 전쟁에 참여했던 나라들이 그대로 아마겟돈 전쟁터로 나올 가능성이 많다. 이제 마지막 아마겟돈 전쟁 끝에는 이방 민족들의 심판이 있다. 바로 마25

장의 양과 염소 심판이다. 여기서 하나님의 위대함과 거룩함을 알게 된 이방 사람들이 마지막으로 주께로 돌아올 것이다. 마지막 민족 심판에서 최후에 남은 자들이 메시아를 인정하고 천년왕국에 씨로, 백성으로 들어가는 것이다.(슥14:16) 이는 한편 강도가 최후에 구원 받은 기회를 얻는 것과 같다.

⑤ 계16장에 숨어 있는 두 개의 전쟁

"또 여섯째 천사가 그 대접을 큰 강 유브라데에 쏟으매 강물이 말라서 *동방에서 오는 왕들*의 길이 예비되었더라"(계16:12)

계16장에는 어떤 전쟁에 출전하는 두 무리의 왕들이 등장한다. 이들은 결코 같은 무리가 아니다. 필자는 예전에 계16:12절에 동방의 왕들이 유브라데를 건너 므깃도를 향해 아마겟돈 전쟁에 참전하는 왕들로 보았다. 그러나 전쟁들을 자세히 살펴보니 계16장에는 두 개의 다른 전쟁이 숨어 있었다. 계16장의 여섯째 대접에서 12절의 동방의 왕들이 유브라데를 건너는 것은 이스라엘을 향하는 것이다.

이들이 향하는 곳은 이스라엘 므깃도의 아마겟돈 전쟁터가 아니다. 아마겟돈 전쟁은 계시록 순서상 계19장이다. 동방의 왕들은 고전하고 있는 이스라엘의 겔38장 곡. 마곡 전쟁지원을 위해 출전하는 왕들이다. 그리고 이 전쟁의 심판은 7째 대접인 계16:17-21절로 계16장 끝이다. 그러므로 계16장의 7째 대접은 겔38장 전쟁의 심판이며 7년 재앙의 마침이다. 동방의 왕들은 아마도 이스라엘과 동맹국들일 수 있다. 그리고 계16장에는 또 다른 전쟁 출전을 준비하는 왕들이 있다. 바로 계19장에 있을 큰 날의 전쟁인 아마겟돈 전쟁을 위해 연합하는 왕들이다.

"또 내가 보매 개구리 같은 *세 더러운 영이 용의 입과 짐승의 입과 거짓선지자의 입*에서 나오니 *그들은 귀신의 영이라* 이적을 행하여 *온 천하 왕들*에게 가서 하나님 곧 전능하신 이의 *큰 날에 있을 전쟁을 위하여* 그들을 모으더라"(계16:13-14)

"또 내가 보매 그 짐승과 땅의 임금들과 그들의 군대들이 모여 그 말 탄 자와 그의 군대와 더불어 *전쟁을 일으키다가*"(계19:19)

이들은 계16:14절에 등장하는 또 한 무리 온 천하의 왕들이다. 이들은 분명히 귀신의 영에 이끌리고 있다. 이들은 귀신의 미혹의 영에 의해 큰 날의 전쟁 곧 아마겟돈 전쟁을 위해 모아지고 있다. 이들이 계19:19절 아마겟돈에서 사단 편에서 전쟁을 일으킨 주역들이다. 세계정부는 후3.5년의 7년 협정 파기와 함께 세계적으로 반기를 드는 나라들이 적지만 있을 것이다. 제일 먼저 이스라엘의 국가적 반기다. 아마도 이스라엘은 적그리스도의 세계정부와 강력하게 맞서 싸울 것이다. 적그리스도를 메시아로 속았기 때문이다. 그리고 이스라엘은 서서히 주께로 돌아오는 시기다. 7년 끝으로 갈수록 적그리스도는 세계 모든 나라들을 100% 장악하지는 못할 것이다. 다니엘에는 동북의 세력들로 인해 적그리스도가 번민하는 모습도 보인다.

"그러나 *동북에서부터 소문이 이르러 그를 번민하게 하므로* 그가 분노하여 나가서 많은 무리를 다 죽이며 멸망시키고자 할 것이요"(단11:44)

계16:13-14절은 온 천하 왕들의 협조를 얻기 위한 적그리스도의 미혹행위를 기록하고 있다. 삼위일체를 모방한 세 더러운 영이 귀신의 영들을 통해 미혹하는 이적을 행하기 때문이다. 이것은 온 세계 왕들이 순순히 적그리스도에게 절대적 복종을 하지 않고 있다는 것을 시사하고 있다. 어떤 강력한 이적과 기적을 보이면서 미혹으로 온 천하 왕들을 자기편으로 모으는 것이다. 결국 귀신의 영에 이끌린 이들은 계19장의 아마겟돈 전쟁에 참전하고 멸망한다.

반대로 아마도 동방에서 오는 왕들의 나라들은 적그리스도와 거리를 두고 있는 나라들일 것이다. 그러기에 마25장의 마지막 민족 심판에서 양과 염소로 나눠진다고 본다. 민족 심판에서 양의 편의 서게 될 나라들은 지극히 적을 것이다. 7째 대접과 함께 겔38장 전쟁 심판 후 아마겟돈 전쟁이다. 그러므로 겔38장 전쟁과 아마겟돈 전쟁은 그 시기가 거의 근접해 있다.

⑥ 겔38장 전쟁에 이어지는 겔39장의 아마겟돈 전쟁의 흔적

겔38장 전쟁과 아마겟돈 전쟁이 연이어 있다는 증거는 여러 곳에서 발견된다. 이러한 근거들을 통해 겔38장 전쟁이 세계 3차전 혹은 7년 이후 곡, 마곡 전쟁이 아님을 알 수 있다. 에스겔 37장의 마른 뼈 환상은 이스라엘의 영적 회복을 말한다. 이것은 후3.5년에 이스라엘이 주께 돌아옴으로 성취되는 일이다. 이렇게 서서히 영적 회복이 일어나는 이스라엘은 7년 끝에 겔38장 전쟁에 휩싸인다.

그리고 이어서 겔39장에는 마지막 주님의 지상 재림으로 아마겟돈 전쟁에 이르게 된다. 겔39장에는 아마겟돈 전쟁에 대한 자세한 묘사는 없다. 그러나 1-6절까지는 겔38:18-23절의 심판으로 인한 곡의 멸망을 기록하고 있다. 이것은 계16:17-21의 7째 대접 심판과 같다. 하나님을 대적하는 마곡 땅에 유황불이 비 내리듯 할 것이다.

"그러므로 인자야 너는 *곡에게 예언하여 이르기를* 주 여호와께서 이같이 말씀하시되 로스와 메섹과 두발 왕 곡아 내가 너를 대적하여 너를 돌이켜서 이끌고 북쪽 끝에서부터 나와서 이스라엘 산 위에 이르러 *네 활을 쳐서 네 왼손에서 떨어뜨리고 네 화살을 네 오른손에서 떨어뜨리리니 너와 네 모든 무리와 너와 함께 있는 백성이 다 이스라엘 산 위에 엎드러지리라* 내가 너를 각종 사나운 새와 들짐승에게 넘겨 먹게 하리니 네가 빈 들에 엎드러지리라 이는 내가 말하였음이니라 주 여호와의 말씀이니라 *내가 또 불을 마곡과 및 섬에 평안히 거주하는 자에게 내리리니* 내가 여호와인 줄을 그들이 알리라"(겔39:1-6)

또한 겔39장에는 아마겟돈 전쟁이 지나간 흔적을 남기고 있다. 아마겟돈 전쟁의 흔적은 새들의 큰 잔치다. 계19장과 겔39장에 동일하게 나타나는 새들의 큰 잔치는 아마겟돈 전쟁의 흔적이다. 새들의 제왕은 독수리다. 이것을 마24:28절에는 "주검이 있는 곳에는 독수리들이 모일 찌니라" 하셨다. 주님께서 계19장에 있을 아마겟돈 전쟁을 말씀하신 것이다.

"주 여호와께서 이같이 말씀하셨느니라 너 인자야 너는 *각종 새와 들의 각*

종 짐승에게 이르기를 너희는 모여 오라 내가 너희를 위한 잔치 곧 이스라엘 산 위에 예비한 큰 잔치로 너희는 사방에서 모여 살을 먹으며 피를 마실지어다 너희가 용사의 살을 먹으며 세상 왕들의 피를 마시기를 바산의 살진 짐승 곧 숫양이나 어린 양이나 염소나 수송아지를 먹듯 할지라"(겔39:17-18)

"또 내가 보니 한 천사가 태양 안에 서서 *공중에 나는 모든 새를 향하여 큰 음성으로 외쳐 이르되 와서 하나님의 큰 잔치*에 모여 왕들의 살과 장군들의 살과 장사들의 살과 말들과 그것을 탄 자들의 살과 자유인들이나 종들이나 작은 자나 큰 자나 모든 자의 살을 먹으라 하더라"(계19:17-18)

⑦ 7년 동안 불태우는 무기들

"이스라엘 성읍들에 거주하는 자가 나가서 *그들의 무기를 불태워 사르되* 큰 방패와 작은 방패와 활과 화살과 몽둥이와 창을 가지고 *일곱 해 동안 불태우리라*"(겔39:9)

겔38장 전쟁과 아마겟돈 전쟁이 이어지면서 수많은 무기들이 동원되었다. 마지막 전쟁에 재래식 무기들이 모두 동원 된 것으로 보인다. 겔38:4절에 큰 방패 작은 방패 등은 겔38장 전쟁에 동원되었던 무기들이다. 이 무기들을 겔39장에는 천년왕국에서 7년 동안 불태운다고 한다. 불로 태울 수 있는 무기는 재래식 무기일 것이다. 이것 또한 겔38장 전쟁과 겔39장의 아마겟돈 전쟁이 간격이 없음을 보여준다. 이것을 계시록으로 옮기면 계16장에 겔38장 전쟁 심판 그리고 계19장에서 아마겟돈 전쟁이다.

계17-18장은 삽경이기 때문에 계16장과 19장은 바로 연결되는 것으로 봐야한다. 겔39장에는 두 번의 큰 전쟁으로 인해 수많은 시신들을 처리하는 장면이 있다. 시신 처리하는 장면을 보면 두 전쟁에서 핵이나 생화학 무기 등이 사용된 흔적도 보인다. 시신을 처리하는 전문가가 있다. 시신을 발견하면 푯말을 세워 두었다가 전문가가 와서 처리한다. 겔39장에 있는 이러한 장면들은 천년왕국에서 있는 일들이다.

"그들이 사람을 택하여 그 땅에 늘 순행하며 매장할 사람과 더불어 *지면에 남아 있는 시체를 매장하여 그 땅을 정결하게 할 것이라* 일곱 달 후에 그들이 살펴보되 지나가는 사람들이 그 땅으로 *지나가다가 사람의 뼈를 보면 그 곁에 푯말을 세워 매장하는 사람에게 가서 하몬곡 골짜기에 매장하게 할 것*이요"(겔39:14-15)

3) 아마겟돈 전쟁(계19장) / 세 번째 포도주 틀 심판

세 번째 포도 심판은 아마겟돈 전쟁이다. 세 번의 포도 심판에서 포도 심판이 분명히 전쟁에 관한 심판임을 나타내는 것은 아마겟돈 전쟁이다. 그러므로 앞에 있는 두 번의 포도 심판도 전쟁심판으로 보는 것은 자연스럽다.

① 전쟁의 시기

아마겟돈 전쟁이 일어나는 시점을 계16장 7째 대접으로 보는 시각이 있다. 예전엔 필자도 마찬가지였다. 그러나 계시록을 순서적으로 보면서 남은 전쟁의 순서가 정리되었다. 아마겟돈 전쟁은 70이레를 모두 마친 시점이다. 또한 적그리스도에게 허락된 7년 2520일이 모두 지난 시점에 주님이 지상에 재림하신다. 순서적으로 보면 계16장에서 7째 대접으로 겔38장 전쟁의 종결과 함께 모든 재앙을 마친다. 그리고 계17-18장은 앞의 일을 정리한 삽경이다. 그리고 계19장에서 주님 재림과 함께 아마겟돈 전쟁이 있다. 계19:11-21, 겔39장, 욜3장, 마24:29-31, 마25장의 양과 염소의 비유는 아마겟돈 전쟁과 관련한다.

"또 내가 하늘이 열린 것을 보니 보라 백마와 그것을 탄 자가 있으니 그 이름은 충신과 진실이라 *그가 공의로 심판하며 싸우더라*"(계19:11)

② 전쟁의 참전국

이 전쟁은 참전국의 이름은 없다. 그러나 분명히 전쟁에 참전하는 왕들의 그룹이 있다. 바로 하나님을 대적하는 사단과 귀신의 영에 이끌린 온 천하의 왕들이다. 이 전쟁은 사단이 적그리스도를 앞세워 예수 그리스도에게 전면전으로 도전하는 전쟁이다. 그러나 적그리스도는 이 전쟁이 자신의 마지막 심판의 전쟁임을 알고 있다. 그럼에도 불구하고 회개의 DNA가 없는 그는 끝까지 그리스도께 도전하는 것이다.

"또 내가 보매 개구리 같은 *세 더러운 영이 용의 입과 짐승의 입과 거짓 선지자의 입에서 나오니 그들은 귀신의 영이라 이적*을 행하여 온 천하 왕들에게 가서 하나님 곧 *전능하신 이의 큰 날에 있을 전쟁을 위하여 그들을 모으더라* 보라 내가 도둑 같이 오리니 누구든지 깨어 자기 옷을 지켜 벌거벗고 다니지 아니하며 자기의 부끄러움을 보이지 아니하는 자는 복이 있도다 *세 영이 히브리어로 아마겟돈이라 하는 곳으로 왕들을 모으더라*"(계16:13-16)

이렇게 사단에 의해 계16장에서 계19장에 있을 아마겟돈 전쟁을 위한 천하의 왕들이 소집된다. 이 왕들 안에 동방의 왕들은 제외되어 있다. 아마도 이때는 겔38장 전쟁의 중심에 있던 나라들은 7째 대접으로 거의 전멸했을 가능성이 많다. 중동의 중심에 있던 러시아, 이란, 튀르키예 등이다. 아마도 동방의 왕들의 나라를 제외한 천하의 왕들이 이에 속할 것이다.

③ 전쟁의 목적
전능하신이의 큰 날에 있을 전쟁이다. 이 전쟁의 목적은 오직 적그리스도가 예수 그리스도를 대적하기 위한 전쟁이다. 반대를 위한 반대를 한다는 말이 있다. 어쩌면 이와 같은 표현이 적당할 것이다. 오직 대적을 위한 대적이다. 오직 하나님을 대적하기 위해 하나님께 사단이 무모하게 덤비는 전쟁이다. 결론은 적그리스도와 거짓 선지자의 멸망이기 때문이다.

④ 전쟁의 심판과 결론 - 맹렬한 진노의 포도주 틀을 밟겠고(계19:15)
"또 내가 하늘이 열린 것을 보니 보라 백마와 그것을 탄자가 있으니 그 이름은 충신과 진실이라 *그가 공의로 심판하며 싸우더라*"(계19:11)

"*그의 입에서 예리한 검이 나오니* 그것으로 만국을 치겠고 친히 그들을 철장으로 다스리며 또 친히 하나님 곧 전능하신 이의 *맹렬한 진노의 포도주 틀을 밟겠고*"(계19:15)

"너희는 낫을 쓰라 곡식이 익었도다 *와서 밟을지어다 포도주 틀이 가득히 차고 포도주 독이 넘치니 그들의 악이 큼이로다*"(욜3:13)

주님의 입에서 검이 나온다. 여기서 칼은 전쟁용 검 롬파이아다. 이것은 공의로 만국을 심판하시는 영적 검이다. 주님의 입에서 나오는 말씀이 예리한 검과 같다. 그리고 심판의 결론은 세 번째 포도 심판이다. 세 번째는 맹렬한 진노의 포도주 틀을 아주 밟아버린다. 이것은 다시는 일어 설수 없게 하는 것이다. 요엘 3장에도 포도주 틀을 밟으라는 동일한 포도 심판이 나온다. 이처럼 포도주 틀을 아주 밟아버리는 심판은 마지막 아마겟돈 전쟁심판이다.

⑤ 재림하시는 주님의 모습

계19장에 지상 재림하시는 주님의 모습을 통해 몇 가지만 정리하고자 한다.

"또 내가 하늘이 열린 것을 보니 *보라 백마와 그것을 탄 자*가 있으니 그 이름은 충신과 진실이라 그가 공의로 심판하며 싸우더라 그 눈은 불꽃 같고 *그 머리에는 많은 관들이 있고* 또 이름 쓴 것 하나가 있으니 자기밖에 아는 자가 없고 또 그가 피 뿌린 옷을 입었는데 그 이름은 하나님의 말씀이라 칭하더라 *하늘에 있는 군대들이 희고 깨끗한 세마포 옷을 입고* 백마를 타고 그를 따르더라"(계19:11-14)

㉠ 백마 타고 오신다.

성경 여러 곳에서 주님은 구름타고 오신다고 한다. 그러나 계19장에는 백마 타고 오신다. 이를 두고 혹자는 구름타고 오신다는 말씀이 잘못된 것이라고 주장한다. 그러나 필자의 생각은 다르다. 주님께서 하늘에서 오실 때 구름을 탄다는 것보다는 구름으로 혹은 구름 가운데 오신다는 것이 맞을 것이다. 그러나 백마 타고 오신다는 것은 아마도 주님께서 아마겟돈 전쟁터로 오시는 모습으로 보인다. 구름을 타고 전쟁 하실 수는 없다.

㉡ 많은 관을 쓰고 오시는 예수 그리스도

계14:14절에서 두 번째 공중휴거를 위해 공중강림 하실 때는 금 면류관을 쓰셨다. 이 관은 스테파노스다. 영광과 승리의 관이었다. 그러나 계19:12절의 많은 관은 왕들, 통치자가 쓰는 디아데마다. 메시아 왕국의 왕

중 왕으로 오시는 지상재림이기 때문이다. 그러므로 공중강림이 없고 오직 지상 재림만 있다는 주장은 성경적이지 않다. 주님의 공중 강림과 지상 재림시에 머리에 쓰신 관이 다름을 어찌 설명할 것인가?

ⓒ 1,2차 휴거 자들과 함께 오시는 예수그리스도

하늘에 있는 군대들이 희고 깨끗한 세마포 옷을 입고 주님과 함께 온다. 이들을 천사로 보는 이들도 있다. 그러나 이들은 앞에서 1,2차에 휴거된 사람들이다. 이들이 입은 옷은 천사들이 입는 찬란한 옷, 람프로스가 아니다. 영생의 몸을 받은 자들이 입는 카다로스를 입고 있다. 카다로스는 정결하고 순결하고 깨끗한 옷이다. 이들은 휴거 후 하늘에서 주님께로부터 왕권을 받았다. 그리고 주님과 함께 천년 통치에 참여하기 위해 주님과 함께 오는 것이다. 마지막 세 번째 3차 휴거에 해당하는 자들은 아마겟돈 전쟁과 민족 심판이 끝나야 한다. 3차 휴거 그룹은 천년왕국이 시작될 때 부활하고 변화되어 바로 왕권을 가지고 천년왕국으로 들어간다.

3. 천년왕국 이후 곡. 마곡 전쟁

겔38장 전쟁과 같은 곡. 마곡이라는 이름으로 인해 같은 전쟁으로 오해하는 경우가 있다. 그러나 같은 이름의 두 전쟁은 성격이 전혀 다른 전쟁이다.

1) 전쟁의 시기와 장소

이 전쟁이 일어나는 곳은 지금의 아담의 나라가 아니다. 메시아 왕국, 천년왕국이다. 우리는 천년왕국을 너무도 많이 오해하고 있다. 천년왕국은 땅의 천국이지만 천년동안만 땅에 유지되는 물질세계다. 그러므로 물질세계의 것들이 존재한다. 결혼도 하고 아이도 낳고 죽음도 있다. 그리고 마지막에는 이렇게 전쟁도 있다. 이 전쟁은 천년왕국 끝에 있는 곡. 마곡 전쟁이다. 천년동안 결박되어 있던 사단이 마지막으로 잠시 풀리면서 일어나는 물질세계의 마지막 전쟁이다. 천년왕국에서도 이 전쟁에 바다의 모래와 같이 수많은 사람들이 참전한다는 것이 놀랍다.

"천 년이 차매 사탄이 그 옥에서 놓여 나와서 땅의 사방 백성 곧 *곡과 마곡* 을 *미혹하고* 모아 싸움을 붙이리니 *그 수가 바다의 모래 같으리라 그들이 지면 에 널리 퍼져 성도들의 진과 사랑하시는 성을 두르매 하늘에서 불이 내려와 그 들을 태워버리고 또 그들을 미혹하는 마귀가 불과 유황 못에 던져지니 거기는 그 짐승과 거짓 선지자도 있어 세세토록 밤낮 괴로움을 받으리라*"(계20:7-10)

2) 전쟁 공격의 대상

지금 마지막 때 남은 전쟁들은 모두 이스라엘을 공격하는 전쟁들이다. 그 러나 이 전쟁은 이스라엘만을 공격하는 전쟁이 아니다. 그리고 이 땅에서는 적그리스도와 함께하는 나라들이 이스라엘을 공격해 왔다. 그러나 천년왕국 은 사단이 직접 싸움을 붙이는 전쟁이다. 이 전쟁은 이스라엘과 이방나라들 과의 전쟁이 아니다. 이 전쟁은 신자와 불신자와의 구도로 싸움을 붙이는 전쟁이다. 이 전쟁에서 공격의 대상은 두 곳이다.

① 성도들의 진

성도들의 진은 천년왕국에서 하나님을 섬기는 모든 성도들이 거하는 장소 를 의미한다. 사단은 이들이 거하는 성도들의 진을 공격한다. 천년왕국은 물이 바다를 덮음 같이 여호와를 아는 지식이 온 땅에 충만한 세상이다. 천 년왕국은 온 땅이 여호와를 인정하는 세상이다. 그럼에도 불구하고 마지막 세상 끝에도 이렇게 전쟁이 있다. 그러나 인류 물질세계의 마지막 전쟁이 다. 천년왕국 끝으로 가면서 태어나는 후손들 가운데서 불신자들이 생겨난 다. 아마도 천년왕국에서 태어나는 후손들 가운데서 사단에게 마지막 전쟁 에 미혹되는 이들이 많이 있을 것이다.

천년왕국은 씨로 들어간 회복 체와 그의 후손들이 결혼하고 아이를 낳는 다. 죽음이 있으나 거의 천년동안 죽지 않고 많은 후손들이 번성한다. 사 65:20절은 천년왕국에서 백세가 못되어 죽은 자는 저주받은 자라고 한다. 천 년이 마칠 때쯤이면 지금의 인구수 보다 훨씬 더 많을 것이다. 성경은 사단 에게 미혹되어 곡. 마곡 전쟁터에 나온 불신 세력들의 수만도 바다의 모래 같다고 한다. 마지막 끝에도 적지 않은 이들이 구원을 얻지 못하는 것 같다.

"거기는 날 수가 많지 못하여 죽는 어린이와 수한이 차지 못한 노인이 다시는 없을 것이라 곧 *백 세에 죽는 자를 젊은이라 하겠고 백 세가 못되어 죽는 자는 저주 받은 자*이리라...그들의 수고가 헛되지 않겠고 그들이 생산한 것이 재난을 당하지 아니하리니 그들은 여호와의 복된 자의 자손이요 *그들의 후손도 그들과 같을 것임이라*"(사65:20,23)

천년왕국에서도 태어나는 후손들에게 천국 복음이 계속 증거 된다. 그러나 이렇게 번성하는 천년왕국의 후손들이 모두 예수님과 함께 살면서도 불신자들이 있다는 것은 놀랍다. 메시아 왕국에서도 결국에는 마지막 구원의 기회를 얻지 못하고 하나님을 대적하는 자들이 있다는 것은 너무도 안타까운 일이다. 하나님은 마지막에 사단을 잠시 풀어 놓아 불신자들을 이 전쟁을 통해 시험하고 걸러내시는 것 같다. 이렇게 사단은 성도들의 진을 둘러싸고 공격하려고 한다. 성도들의 진은 예루살렘을 제외한 전 세계 모든 지역을 의미한다. 이렇게 볼 때 천년왕국 끝의 곡 마곡 전쟁은 그 규모가 상당히 큰 전쟁이라고 볼 수 있다. 동시에 전 세계 성도들을 대상으로 하는 전쟁이기 때문이다.

② 사랑하시는 성
또한 사랑하시는 성을 둘러싸고 있다. 사랑하시는 성은 예루살렘 성이다. 이곳은 영생의 몸을 가진 자들이 거하는 곳이다. 아담으로부터 아브라함 이삭 야곱을 비롯하여 구약시대부터 부활한 믿음의 선진들과 함께 거하는 거룩한 곳이다. 사단은 겁도 없이 이곳까지 공격하려 한다. 이것은 이때 공격하려고 모인 자들이 얼마나 어리석은 자들인지를 보여준다. 이것은 썩는 육을 가진 자가 영생하는 자들을 공격하려는 것이기 때문이다. 그들이 결코 공격할 수 없는 곳, 감히 거룩한 성 예루살렘을 둘러싸고 있다. 이들이 이렇게 어리석은 일은 하는 이유는 사단에게 미혹되었기 때문이다.

3) 전쟁의 심판과 결론
사실 이 전쟁은 신경 쓰지 않아도 된다. 시작하면서 바로 심판받는 전쟁이기 때문이다. 거룩한 성을 둘러싸고 있을 때 하나님께서 하늘에서 불을 내려서 그들을 모두 태워버린다. 그리고 미혹하여 싸움을 붙인 사단은 유황 불 못에 던져 진다. 창세기 3장에서 등장한 사단은 계20장에서 최후 심판을 받는다. 사단은 성경이 시작되는 창세기 세 번째 장인 창3장에서 시간의 세계에 입장했다. 그리고 성경을 마치는 계시록 마침 세 번째 전인 계20장에서 퇴장한다. 사단을 최후 유황 불 못에 던지는 곡 마곡 전쟁으로 이 땅 물질세계 시간의 역사는 최종 종료된다. 계20:11절부터는 시간의 세계가 사라진 흰 보좌 심판이다. 그러므로 천년왕국은 물질세계의 땅의 천국임을 또 알 수 있다.

※마지막 때 남은 전쟁들 비교

남은 전쟁	주 무대	참전국	목적	결론
7년 전 마지막전쟁 세계 3차전	유브라데	세계국가와 2억의 군대 출전 미국과 이스라엘을 중심으로 한 중동간의 남북전쟁	시오니즘/이슬람전쟁 NWO 달성을 위한 마지막전쟁 사람 1/3 죽이는 전쟁	하나님을 원망하며 회개치 않음 계9:20-21 세계정부등장 7년 평화조약 두증인 등장 제3성전 적그리스도 등장무대
시83편 전쟁 계14:19 하나님의 진노의 포도주틀 던짐		이스라엘 VS 주변 아랍연맹 (이스라엘 오각형 안에 있는 주변국 아랍국들) 시리아,레바논,요르단,사우디,이집트,헤즈볼라,하마스,팔레스타인 난민)	이스라엘을 지구상에서 없애기 위함 시83:4	여호와를 지존자로 알게 함 시83:18

남은 전쟁	주 무대	참전국	목적	결론
겔38장 전쟁 곡 마곡전쟁 계16:19 그의 맹열한 진노의 포도주 잔 받음.	이스라엘	이스라엘 VS 러시아,이란 튀르키예를 중심으로 한 연합군(수단,이디오피아,리비아,알제리아,튀니지,독일동부,폴란드,체코,아르메니아등)	이스라엘의 재물을 약탈하기 위함 겔38:12, 슥14:1	하나님만이 하나님이심을 알게 함. 겔38:23, 39:28 적그리스도 멸망무대
아마겟돈 전쟁 계19:15 전능하신 이의 맹열한 진노의 포도주틀 밟음.	이스라엘 므깃도	이스라엘 VS 적그리스도가 앞장선 세상의 모든 군대	그리스도와 사단의 최후 전쟁	적그리스도, 거짓선지자 유황 불 못에 던져짐. 사단 천년동안 결박당함(계19:20, 20:1-3)
곡 마곡 전쟁 **천년왕국 이후**	천년왕국	마지막 사단의 미혹으로 땅의 사방 백성	사단 마지막 최후 심판	하늘에서 불이 내려와 휴황 불못으로 최후 심판 계20:7-10

Chapter V

이스라엘과 대한민국

- 세계의 시간표 이스라엘
- 욕단의 후손 대한민국의 사명

세계의 시간표 이스라엘

필자는 마지막 때 징조를 일반징조와 특별징조로 구분했다. 일반징조는 전 세계에서 일어나는 일들이다. 그러나 특별징조는 이스라엘과만 관련하여 일어나는 일들이다. 특히 이스라엘의 육적, 영적 회복과 관련이 있다. 무화과나무인 이스라엘은 1948년 5월 14일 나라가 건국됨으로 육적 이스라엘이 회복되었다. 무화과나무의 회복으로부터 "이 세대가 지나가기 전에 이 일이 다 일어나리라"(마24:34) 하셨다. "이 일이 다 일어난다."함은 마지막 때 주님 재림까지를 포함한다. 이제 이스라엘이 주께로 돌아오는 영적 회복이 남았다. 이러한 이스라엘의 영적 회복은 후3.5년부터 서서히 민족적으로 돌아오기 시작한다. 마지막 때 세계의 시간표인 이스라엘을 살펴본다.

1) 이스라엘은 어떤 나라인가?

① 하나님이 아브라함 후손에게 주신 약속의 땅 가나안

가나안 땅은 아무도 살지 않는 비어있는 땅이 아니었다. 이미 함의 후손인 가나안 족속이 살고 있던 땅이다. 하나님께서 이 땅을 일방적으로 아브라함 후손에게 주신 것이다. 그 언약이 바로 창15장 횃불언약이다. 그리고 그 땅을 싸워 정복하라고 하셨다. 이 약속을 근거로 출애굽 이후 여호수아 시대에 일곱 족속이 살고 있던 가나안땅 정복에 들어갔다. 그러나 아직도 횃불언약으로 받은 이스라엘의 땅은 완성되지 않았다. 그 땅은 메시아 왕국에서 비로소 완성될 것이다. 이스라엘은 7년의 한 이레를 지나는 대 환난을 통해 그 땅을 얻게 될 것이다.

땅 정복에 관한 영적인 원리는 마찬가지다. 우리가 예수 믿기 전에 우리 안에는 이미 악한 영들이 들어와 점령하고 있었다. 하나님께서 가나안 땅을 주셨지만 그들이 이스라엘 백성 앞에서 스스로 떠나지 않았다. 그들과 싸워 정복해 나가야 했다. 정복을 하지 못한 족속들은 끝까지 이스라엘을 찌르는 가시가 되었다. 이와 같이 우리가 예수 믿는 순간 악한 영들은 스스로 떠나지 않는다. 우리도 영적 싸움을 싸워 악한 영들을 우리 안에서 예수 이름으로 쫓아내야 한다. 이러한 영적 싸움이 없다면 우리는 점령당할 수밖에 없다. 남아 있는 영들은 계속 우리를 찌르는 가시가 되기 때문이다.

② 세계 역사 속에서 사라졌던 나라 이스라엘

이스라엘은 하나님께서 하나님 나라 계획을 이끌어 가시는 이 땅의 중심 본부다. 이스라엘은 B.C.1405년 가나안 정복전쟁을 시작했다. 그리고 B.C.1050년 사울 왕의 등극으로 왕정시대를 시작했다. 이후 B.C.1010년 2대왕 다윗이 왕으로 등극하면서 이스라엘 민족의 최대 전성기를 이루었다. 사사시대 350여년을 지나 세워진 왕정시대는 500년도 채우지 못했다. 남유다는 B.C.586년 바벨론에 멸망한다.

바벨론 포로 후 잠시 회복기를 지나 A.D.70년 예루살렘이 멸망했다. 성전이 완전히 파괴되고 이스라엘 민족은 세계로 흩어져 디아스포라가 되었다. 유대인이 떠난 이스라엘 땅은 타 민족들의 점령이 반복되었다. A.D.638년 이슬람이 정복한 이후 이스라엘 땅은 천년 가까이 아랍인, 이슬람의 영토가 되었다. A.D.691년 예루살렘 성전 자리에 지금의 무슬림 황금 돔 사원과 알 악사 사원이 세워졌다. 그리고 지금까지 그 자리는 이스라엘과 이슬람의 분쟁의 중심지로 남아있다.

③ 땅과 나라를 회복하다

세계 1차전 후 1917년 발포어 선언으로 이스라엘은 가나안 땅 일부를 회복한다. 1947년 독립전쟁 결과로 1948년 5월 14일 이스라엘은 국가를 세우고 나라가 회복되었다. 1900년 가까이 나라를 잃고 세계를 떠돌던 민족이 성경의 예언대로 하루아침에 나라를 세운 것이다.

"이러한 일을 들은 자가 누구이며 이러한 일을 본 자가 누구이냐 나라가 어찌 하루에 생기겠으며 민족이 어찌 한 순간에 태어나겠느냐 그러나 *시온은 진통하는 즉시 그 아들을 순산하였도다*'(사66:8)

1900년 가까이 이 땅을 떠나 세계로 떠돌던 민족이 하루아침에 돌아와 다시 이 땅은 우리 땅이니 내 놓으라고 한다. "이 땅은 우리 하나님께서 우리와 우리 후손에게 주신 약속의 땅이다"라는 일방적 주장이다. 천년 가까이 살던 그 땅의 백성들이 그 땅을 순순히 내놓을 수 없다. 그러므로 이 땅은 분쟁이 멈출 수 없는 땅이다. 오늘날 이스라엘과 중동 팔레스타인과의 분쟁의 중심은 바로 땅이다. 1917년 세계 1차전 후 이스라엘은 자신들의 땅을 일부 회복한다. 그리고 2차전 후 1948년 하루아침에 나라를 회복한다.

이스라엘은 땅 회복 후 50(희년)년이 지난 1967년 제3차 중동 6일 전쟁에서 동 예루살렘까지 탈환한다. 1948년에는 반쪽 서 예루살렘만 차지했었다. 그러나 3차 중동전쟁으로 팔레스타인이 점령하고 있던 남은 땅 반쪽 동 예루살렘까지 탈환한 것이다. 이스라엘은 1980년 예루살렘을 이스라엘 공식 수도로 정했다. 그리고 의회와 대통령궁, 사법부를 그들의 수도인 예루살렘에 두었다. 그러나 세계는 예루살렘 수도를 인정하지 않았다. 그렇기 때문에 현재 세계 각국은 그들의 대사관을 예루살렘 보다 더 큰 도시인 텔아비브에 두고 있었다. 예루살렘을 수도로 인정하지 않기 때문이다.

그러나 미국의 트럼프는 2017년 예루살렘을 이스라엘 수도로 선언했다. UN에서 트럼프의 예루살렘 수도 선언 찬반투표에서 128개의 나라들의 반대했다. 이스라엘 편에 선 국가들은 9개국에 불과했다. 그것도 미국의 지원을 받는 약소국들만 찬성표를 던졌다. 그럼에도 불구하고 미국은 지난 2018년 5월 14일 이스라엘 건국 70년을 기념하여 대사관을 예루살렘으로 옮겼다. 뒤이어 많은 국가들은 대사관을 예루살렘으로 이전할 수밖에 없다. 이는 적그리스도의 중심본부가 이스라엘에 세워지는 마지막 때 무대가 준비되고 있기 때문이다.

"*그가 장막 궁전을 바다와 영화롭고 거룩한 산 사이에 세울 것이나 그의*

종말이 이르리니 도와 줄 자가 없으리라"(단11:45)

이스라엘 땅 회복은 이미 120년 전부터 준비되고 있었다. 1897년 스위스 바젤에서 시온주의 의회를 마친 후 유대인이었던 테오도어 헤르츨이 유대국가 설립계획을 메모했다. 다음은 스위스 바젤에서 헤르츨의 개회사다 "팔레스타인으로부터 유대인의 집단적 조직적 이주와 입식을 진행해 유대 국가의 기초를 닦으며 국제적인 승인 노력을 펼친다." 바로 이 메모가 이스라엘 땅 회복의 모판이 되었다. 1897년으로부터 2017년은 정확히 120년이다. 트럼프가 예루살렘을 이스라엘의 공식 수도로 선언한 후 세계는 요동치고 있다. 이것은 이스라엘이 세계 충돌의 중심이 될 것이라는 성경예언들이 성취되고 있는 과정이다. 이제 세계 만국이 이스라엘을 치러오는 세계 3차전은 7년으로 들어가는 마지막 징조가 될 것이다. 이스라엘과 관련한 중요한 연도들을 정리해 보았다.

▶ 1917년(땅 회복)+50년(희년) = 1967년(3차 중동 6일 전쟁으로 예루살렘 탈환)+50년 = 2017년 예루살렘수도 공식선언의 해

▶ 1947(독립전쟁)+70년(포로해방) = 2017년 12월 5일 미국 트럼프 예루살렘 수도선언.

▶ 1948년 5월 14일 건국+70년 = 2018년 5월 14일 건국 70년 = 미국 대사관 예루살렘 이전.

"보라 내가 예루살렘으로 그 사면 모든 민족에게 취하게 하는 잔이 되게 할 것이라 예루살렘이 에워싸일 때에 유다에까지 이르리라 그 날에는 내가 예루살렘을 *모든 민족에게 무거운 돌*이 되게 하리니 그것을 드는 모든 자는 크게 상할 것이라 *천하만국이 그것을 치려고 모이리라*(슥12:2-3)

2) 예루살렘은 어떤 도시인가?

① 예루살렘은 도시가 세워지기 전 창세기부터 등장한다.

창14:17-21에 등장하는 '살렘'이 바로 '예루살렘'이다. '살렘' 왕 멜기세덱은 '예루살렘 평화의 왕 예수님'이다. 혹자는 여러 가지 성경의 근거들을 통해 멜기세덱이 당시의 실존 인물이라는 흥미로운 연구도 있다. 그러나 일반적으로 멜기세덱은 예수 그리스도라는 것이 전통적 해석이다. 이렇게 살렘, 예루살렘은 창세기부터 등장한다. 예루살렘의 옛 이름은 여부스다. 강력한 여부스 족속이 차지하고 있던 땅이다. 다윗이 이 땅을 정복한 이후 '다윗의 도시'로 정하고 평화의 도시 예루살렘이라 칭했다.

② 예루살렘은 하나님께서 하나님의 집(성전)이 있는 곳으로 택하신 곳이다.

예루살렘은 아브라함이 이삭을 바친 모리아산이 있는 곳이다. 그곳은 오르난의 타작마당으로 성전이 세워진 곳이다. 오르난은 여부스 사람으로 이방인이다. 그럼에도 불구하고 그의 타작마당에 성전이 세워졌다. 이것은 이방인에게도 주신 영광이 아닐 수 없다.

"여호와께서 시온을 택하시고 자기 거처를 삼고자 하여 이르시기를 이는 내가 영원히 쉴 곳이라 내가 여기 거주할 것은 이를 원하였음이로다"(시132:13-14)

"다윗이 이르되 이는 여호와 하나님의 성전이요 이는 이스라엘의 번제단이라 하였더라"(대상22:1)

"내가 또 내 백성 이스라엘을 위하여 한 곳을 정하여 그들을 심고 그들이 그 곳에 거주하면서 다시는 옮겨가지 아니하게 하며 악한 사람들에게 전과 같이 그들을 해치지 못하게 하여"(대상17:9)

③ 예루살렘은 주께서 탄생하신 곳이요 죽으신 곳이요 부활하셔서 승천하신 곳이다.

④ 예루살렘은 예수님께서 지상으로 재림하시는 장소다.

"그 날에 그의 발이 예루살렘 앞 곧 동쪽 감람산에 서실 것이요 감람산은 그 한 가운데가 동서로 갈라져 매우 큰 골짜기가 되어서 산 절반은 북으로, 절반은 남으로 옮기고"(슥14:4)

우리가 성경을 바로 안다면 결코 이단에 속을 수 없다. 주님의 재림 장소는 반드시 예루살렘 감람산이다. 주님께서 승천하신 바로 그 장소로 다시 오시는 것이다. 그럼에도 불구하고 대한민국에 예수가 재림했다고 하는 곳으로 몰려가는 이들이 있다. 이것은 미혹의 영은 그만큼 강력한 이끌림이 있다는 것을 보여준다.

⑤ 예루살렘은 메시아 왕국의 수도로 살렘 왕 예수께서 통치하실 세계 본부다.

"말일에 *여호와의 전의 산이 모든 산꼭대기에 굳게 설 것이요* 모든 작은 산 위에 뛰어나리니 만방이 그리로 모여들 것이라 많은 백성이 가며 이르기를 오라 우리가 여호와의 산에 오르며 야곱의 하나님의 전에 이르자 그가 그의 길을 우리에게 가르치실 것이라 우리가 그 길로 행하리라 하리니 이는 *율법이 시온에서부터 나올 것이요 여호와의 말씀이 예루살렘에서부터 나올 것임이니라*"(사2:2-3)

⑥ 예루살렘은 천국의 수도이며 우리는 모두 새 예루살렘 성에서 살게 될 것이다.

"또 내가 보매 *거룩한 성 새 예루살렘이 하나님께로부터 하늘에서 내려오니* 그 준비한 것이 신부가 남편을 위하여 단장한 것 같더라 성령으로 나를 데리고 크고 높은 산으로 올라가 하나님께로부터 하늘에서 내려오는 *거룩한 성 예루살렘을 보이니* 하나님의 영광이 있어 그 성의 빛이 지극히 귀한 보석 같고 벽옥과 수정 같이 맑더라"(계21:2,10-11)

⑦ 적그리스도의 세계정부도 그들의 본부를 예루살렘에 둔다.

예루살렘수도 공식 선언은 신세계정부의 본부가 세워지는 배경의 시작이다. 이제 미국이 대사관을 옮겼으니 세계 다른 대사관은 저절로 따라오게 되어 있다.

"*그가 장막 궁전을 바다와 영화롭고 거룩한 산 사이에 세울 것이나 그의 종말이 이르리니 도와 줄 자가 없으리라*"(단11:45)

2. 제3성전 준비는 모두 끝났다.

이스라엘의 제1성전인 솔로몬성전은 B.C.586년 바벨론에 의해 파괴되었다. 헤롯성전은 헤롯이 제2성전인 스룹바벨 성전을 리모델링한 것이다. 이 성전은 예수님 당시에도 계속 공사 중이었다. A.D.63년 완공되어 7년 후인 A.D.70년 로마의 디도 장군에 의해 파괴되었다. 예수님 예언대로 돌 위에 돌 하나도 남기지 않고 성전을 완벽하게 무너뜨렸다. 그 이후 이스라엘 백성은 다시 제3성전을 짓기 위해 하루에 세 번씩 통곡의 벽에 와서 기도한다. 그들은 무려 2천년이 넘는 기도를 드리고 있다. 이제 마지막 때 중요한 싸인 가운데 하나인 이스라엘의 제3성전 건립을 눈앞에 두고 있다.

제3성전과 관련된 내용들은 우리나라에서 강문호 목사님이 성막과 함께 제3성전에 관한 정보와 지식의 1인자다. 강문호 목사님은 성막은 초림의 예수요 제3성전은 재림의 예수라 하셨다. 바로 제3성전은 재림의 예수라는 말씀에 우리는 더욱 집중할 때다. 필자가 강문호 목사님의 마지막 때 세미나를 통해 배운 제3성전 관련 정보들을 간단히 공유한다. 여기서 잠시 감리교의 대부이신 강문호 목사님의 충주봉쇄수도원 사역을 간단히 소개하고자 한다. 참고로 필자는 4학기 수업을 마친 수도학교의 1기생이다. 수도학교 졸업생으로 수도적 삶을 살지 못하는 것이 몹시도 부끄럽다. 그러나 목사님의 마지막 때 수도영성을 사모한다. 그리고 마지막 때를 집중하는 마지막 때 사역을 공유한다.

필자가 이 사역을 하게 된 동기도 강문호 목사님께서 많은 용기와 격려를 주셨기에 가능했다. 강문호 목사님은 충주 봉쇄수도원에서 매주 세미나를 하신다. 깊은 수도 영성과 마지막 때를 깨우는 보석 같은 세미나들이 계속 진행되고 있다. 성막 세미나, 마지막 때 세미나, 수도원 영성 세미나, 아토스 영성훈련과 매월 3일 금식 프로그램 등 그밖에 다양하고 유익한 세미나들이 진행되고 있다. 독자들께서도 참고하셔서 마지막 때를 사모한다면 한 번쯤 수도원의 여러 세미나에 참석을 권한다. 큰 영적 힘과 도전과 감동을 얻게 될 것이다. 요즘은 매회 세미나 등록자들이 차고 넘쳐 순번을 기다려야 할 정도로 몰리고 있다. 그리고 매년 3월이면 수도 영성을 사모하는 수도학교

학생들을 선발하여 4학기 훈련을 하고 있다. 참고로 충주 봉쇄수도원 주소를 공유한다. (주소 : 충청북도 충주시 산척면 석문길 171 ☎043 652 5072)

1) 성지가 회복되다.

예루살렘 성전이 세워진 장소는 아브라함이 독자 이삭을 제물로 드렸던 곳이다. 이 성지는 오르난의 타작마당인 지성소이며 유대인들이 말하는 지구의 중심이다. 성전 터는 지금 이슬람의 성지가 되어있다. 이곳은 예루살렘의 상징적인 모습이 되었으며 그야말로 중동의 화약고다. 황금색 지붕의 이 알악사 사원은 A.D.691년에 칼리프 압델 말릭이 세웠다. 아랍인들은 이 돔을 '돌판의 돔' '영들의 돔'이라 부른다. 솔로몬 성전이나 헤롯 성전의 흔적은 하나도 없다. 다만 주춧돌 하나만 남아 있다. 이스라엘은 오직, 꼭 이곳에만 성전을 세워야 한다. 이유는 오직 하나님께서 이곳을 정하셨기 때문이다.

"여호와께서 시온을 택하시고 자기 거처를 삼고자 하여 이르시기를 이는 내가 영원히 쉴 곳이라 내가 여기 거주할 것은 이를 원하였음이로다"(시132:13-14)

그런데 이 성지에 회교사원 모스크가 세워져 있다. 회교도들은 결코 이 땅을 빼앗길 수 없다. 이유는 마호멧이 승천했다는 장소인 그곳을 빼앗기면 회교도들은 구원이 없다고 믿고 있기 때문이다. 그러나 회교도들은 세 개의 성지를 가지고 있다. 예루살렘성지 메카성지 메디나성지다. 그럼에도 불구하고 그들은 예루살렘성지 만큼은 결코 양보할 수 없다. 그들도 구원을 잃으면 다 잃는다고 믿기 때문일 것이다. 그러나 유대인들도 반드시 이곳만 성지로 꼭 필요하다. 하나님께서 지명하신 곳이기 때문이다. 그러나 최근에 놀라운 연구 결과가 발표되었다. 모스크 자리가 성전이 건축되었던 자리가 아니다. 성전을 세울 자리는 다른 곳에 있다는 것이다. 이 연구 결과는 성전 자리를 두고 싸울 필요 없이 성전 건축이 가능하다는 놀라운 보고다. 성지가 확보 된 것이다.

1967년 6월 성전 산을 탈환하였을 때 이스라엘 고고학자들이 들어가서 조사를 했다. 윌슨아치로 알려진 곳부터 서쪽 벽을 따라 274미터를 팠다. 성전산보다 61미터 아래다. 지금 이 터널을 '랍비의 터널'로 부르고 있다.

이곳에서 가로 14미터, 세로 3미터, 높이 3미터 되는 400톤의 거대한 돌이 발견되었다. 지성소의 위치가 발견된 것이다. 지성소는 지금까지 알려졌던 자리보다 45미터 남쪽으로 성전이 지어져 있었음으로 밝혀냈다. 지금의 알 악사 사원을 건드리지 않아도 성전을 지을 수 있다는 놀라운 소식이다. A.D.691년 당시 그들이 사원을 지을 때 성전 터를 잘못 측정한 것이다. 필자는 이 연구가 성경의 예언과 일치하는 몇 가지를 깨닫고 정리해 본다.

2) 두 개의 성전이 나란히 세워진다. - 스가랴의 예언

"그 날에 그의 발이 예루살렘 앞 곧 동쪽 감람산에 서실 것이요 감람산 은 그 한 가운데가 동서로 갈라져 매우 큰 골짜기가 되어서 산 절반은 북으 로, 절반은 남으로 옮기고"(슥14:4)

지금의 황금 돔을 무너뜨리지 않고도 성전을 지을 수 있는 중요한 이유가 있다. 필자는 이 연구에 대해 확실히 알 수는 없다. 그러나 강문호 목사님 의 세미나를 통해 알게 된 정보를 여기서 소개한다. 성경에는 성전이 나란 히 지어질 것이라는 예언이 있다는 것이다. 학자들은 그 근거를 슥14:4에 두고 있다. 주님의 지상 재림 장소는 감람 산이다. 주님께서 감람 산에 서 실 때 감람산은 한 가운데가 동서로 갈라진다. 여기서 두 성전을 중심으로 동서로 갈라질 것이다. 이 예언이 성전이 나란히 지어지는 것이라면 참으로 놀라운 예언이다.

만일 여기에서 두 성전을 중심으로 감람산 한 가운데가 갈라진다면 동쪽 으로는 제3성전이요 서쪽으로는 황금 돔 사원이 될 것이다. 이것은 매우 중 요한 의미를 지닌다. 새로이 발견된 지성소 위치가 현재 자리보다 45미터 남 쪽으로 성전이 지어져 있었다고 한다. 이것은 두 성전이 나뉘어 졌을 때 제3 성전이 위치하는 장소가 어디인가가 중요하다. 앞으로 새로운 성지에 지어질 제3성전 쪽으로는 너무도 중요한 실로암과 기혼 샘이 있다. 필자는 이스라엘 을 성지순례를 아주 오래전에 다녀왔으나 이스라엘 지리를 잘 모른다. 그러 나 대충 기혼 샘이 어느 지점 쯤 인지는 알 수 있다.

3) 에스겔 성전으로 전환되는 제3성전

지금 이슬람의 황금 돔 장소가 아닌 다른 장소의 성지가 회복된 중요한 이유가 있다. 천년왕국 단원에서 다룬 내용들이지만 여기서 잠시 반복으로 환기시켜 본다. 제3성전은 70이레와 연관된 중요한 성전이다. 단9:24절 끝에 "거룩한 이가 기름 부음을 받으리라"를 기억할 것이다. '거룩한 이'라 번역된 부분을 거의 전통적으로 예수님으로 보고 있다. 그러나 표준새번역은 '가장 거룩한 장소'로 올바른 번역을 하고 있다. 가장 거룩한 장소는 바로 성전이다. 히브리 원어도 기름을 바르다, 성별하다인 마샤흐다. 그러나 단 9:24-25절의 기름부음 받은 자인 예수님은 마쉬아흐다. 그러므로 여기 '거룩한 이' 마샤흐는 '거룩한 곳'으로 제3성전을 말한다. 천년왕국 단원의 기억을 떠올려야 한다.

"하나님께서 너의 백성과 거룩한 도성에 일흔 이레의 기한을 정하셨다. 이 기간이 지나가야, 반역이 그치고, 죄가 끝나고, 속죄가 이루어지고, 하나님이 영원한 의를 세우시고, 환상에서 보이신 것과 예언의 말씀을 이루시고, *가장 거룩한 곳에 기름을 부으며, 거룩하게 구별하실 것이다.*"(표준새번역 9:24)

필자는 전에 한 가지 의문이 있었다. 천년왕국의 에스겔 성전은 천년왕국에서 다시 건축되는 것인가 하는 문제였다. 마지막 7째 대접에 세상의 모든 것이 무너진다. 그때 제3성전도 무너질 것이라 생각했기 때문이다. 그러나 성경을 자세히 보니 제3성전은 마지막까지 무너지지 않고 에스겔 성전으로 전환되는 것임을 깨닫게 하셨다. 마지막 끝에 세상 모든 것이 다 무너질지라도 제3성전은 무너지지 않는다. 여기서 제3성전에 기름을 부어 거룩하게 하는 중요한 이유가 있다. 제3성전은 메시아 왕국으로 들어가면 에스겔 성전으로 전환된다. 바로 에스겔 성전으로 전환되기 전에 적그리스도에 의해 더럽혀진 제3성전을 정결케 하는 의식이 있다.

그 정결의식이 바로 단9:24절 끝 부분이다. 표준새번역과 같이 "가장 거룩한 곳에 기름을 부으며 거룩하게 구별하실 것이다"이다. 구약시대 끝에도 이처럼 성전을 정결케 하는 의식이 이미 있었다. 단8:14절에 2300주야와 관련하여 안티오쿠스 에피파네스에 의해 더럽혀진 제2스룹바벨 성전이 정결케 된 일이다. 이것은 바로 신약 끝에 있을 제3성전 정결의 그림자였다. 이스라엘인들은 이 절기를 하누카라 하여 지금도 지키고 있다. 복음서에는 이를 수전절이라 한다. 이렇게 성전을 정결케 하는 일이 신약 끝에 또 한 번 재현되는 것이다.

"그가 내게 이르되 *이천삼백 주야*까지니 *그 때에 성소가 정결하게 되리라* 하였느니라"(단8:14)

4) 성전에서 생수가 솟아나는 천년왕국

제3성전 장소가 지금의 황금 돔 자리가 될 수 없는 또 하나의 중요한 이유가 있다. 천년왕국의 에스겔 성전은 생수가 솟아나는 곳이다. 그러므로 물이 있는 기혼 샘과 조금이라도 가까이 있어야 한다. 기혼 샘은 이스라엘의 유일한 수원지다. 히스기아 왕이 바로 성 밖에 있는 이 기혼 샘으로부터 성안으로 수로를 만들어 물을 끌어들인 것이 실로암이다. 실로암의 수원지가 바로 기혼 샘인 것이다. '기혼'의 히브리어 뜻은 '힘차게 분출하는'이다. 지금은 기혼 샘이 지하에 깊이 묻혀 있다고 한다. 그러나 지하 깊이 내려가면 물이 지금도 힘차게 솟아나는 소리가 들린다고 한다.

필자는 천년왕국으로 가면 이 기혼 샘은 더욱 힘차게 분출하게 될 것으로 본다. 성경 곳곳에 천년왕국의 성전에서 물이 솟아 날것을 기록하고 있기 때문이다. 어떤 방법과 형태로 일지는 알 수 없으나 여호와의 성전에서 샘이 흘러나온다. 에스겔 47장에는 이 물이 흐르는 곳마다 모든 것들이 소생한다. 성전에서 솟아나는 물은 아마도 기혼 샘이 근원이 될 것이다. 그러므로 두 성전이 동서로 갈라질 때 제3성전은 기혼 샘이 있는 동쪽으로 갈라지게 될 것이다.

"그가 나를 데리고 *성전 문에 이르시니 성전의 앞면*이 동쪽을 향하였는데 *그 문지방 밑에서 물이 나와* 동쪽으로 흐르다가 성전 오른쪽 제단 남쪽으로 흘러 내리더라"(겔47:1)

"그 날에 산들이 단 포도주를 떨어뜨릴 것이며 작은 산들이 젖을 흘릴 것이며 유다 모든 시내가 물을 흘릴 것이며 *여호와의 성전에서 샘이 흘러 나와서* 싯딤 골짜기에 대리라"(욜3:18)

"그 날에 *생수가 예루살렘에서 솟아나서* 절반은 동해로, 절반은 서해로 흐를 것이라 여름에도 겨울에도 그러하리라"(슥14:8)

5) 모든 성물이 복원되다.

머릿돌, 메노라, 분향단, 십현금, 진설병, 대제사장과 대제사장복이 복원되었다. 레위 대제사장은 가야바법정 지하실에서 대제사장 가문의 DNA을 찾아냈다. 레위지파도 5만 명가량을 찾았다. 특별히 레위 인들은 아들을 낳으면 만 2세부터 제사장 훈련학교인 야시바 학교에서 교육을 받는다. 붉은 암송아지도 복원되었다. 2천만에 붉은 암송아지가 나타났다. 법궤 찾기 등 제3성전과 관련하여 모든 것이 복원된 상태다.

최근 통곡의 벽을 통하여 들어가면 미로가 있는데 그곳에서 지성소 자리를 찾았다. 지성소 자리였던 가장 가까운 곳에서 길이가 50미터의 600톤 되는 바위가 발견되었다. 그곳에서 초음파를 발송하였더니 그곳에 물체가 보였다. 이스라엘 사람들은 그곳에 법궤가 있다고 거의 단정하고 있다. 솔로몬이 성전을 지으면서 파놓은 미로에 감추어 두었다고 소문이 내려오고 있기 때문이다. 성전은 8개월이면 모두 완성할 수 있는 준비가 되었다. 이제는 번제단까지 봉헌된 상태다. 산헤드린 공회에서는 제3성전을 위한 준비의 일환으로 대제사장을 임명했다.

욕단의 후손 대한민국의 사명

대한민국이 욕단의 후손이라는 연구는 여러 학자들에 의하여 밝혀지고 있다. 대한민국의 조상의 뿌리를 두고 혹자는 단 지파, 혹은 에브라임 지파라고도 한다. 그러나 필자는 대한민국의 뿌리는 욕단 임을 확신하고 있다. 이유는 마지막 때 사역을 하면서 주님께서 성경을 통해 민족의 사명을 더욱 확실히 깨닫게 하셨기 때문이다. 유석근 목사님의 '또 하나의 선민 알이랑 민족'은 우리나라가 욕단의 후손임을 잘 알려주는 책으로 유명하다. 또한 대한민국이 욕단의 후손이라는 근거들을 제시하는 책들이 단권으로도 여럿 있다.

그러나 필자는 본 단원에서 욕단의 후손에 대한 역사적 자료들을 제시하려는 것이 아니다. 많은 지식을 가진 훌륭한 학자들의 시각을 논하지 않는다. 필자는 그럴만한 능력도 없다. 그저 성경을 따라 성령님께서 깨닫게 하신 것들을 정리할 뿐이다. 2018년부터 필자가 유튜브에 이와 관련한 영상들을 몇 편 올렸다. 역사적 근거로 따지는 분들이 많았다. 필자의 주장이 역사적 근거가 없다는 것이다. 대한민국이 욕단의 후손이나 히브리인임을 주장하는 것은 성경의 근거가 없는 황당한 주장이라고 한다. 그저 필자의 희망사항이라고 비웃는 이도 있었다.

그러나 필자의 희망 사항 일지라도 상관없다. 대한민국이 욕단의 후손이라는 것은 필자가 역사적 근거보다는 성경에 근거를 두고 있기 때문이다. 마지막 때 대한민국은 제사장 국가로서 사명이 있음을 확신한다. 욕단의 후손임을 성경적으로 발견하기 전까지는 그저 단순히 "우리나라는 욕단의 후손이다"라는 정도였다. 예전부터 많이 들어온 우리나라가 제사장 국가라는 것도 구체적이지 않았다. 그러나 필자가 발견한 대한민국의 사명은 너무도 커서 상상을 초월한다. 필자는 진정한 대한민국의 성경적인 사명을 발견하는 순간 너무도 가슴이 벅차올랐다.

결론부터 밝힌다면 우리나라 대한민국은 주님 재림 하실 때가 되면 세계 G1의 국가가 될 것이다. 이유는 마지막 복음의 사명 때문이다. 왜 그렇게 될 수밖에 없는지 성경을 근거로 풀어가고자 한다. 마지막 단원을 통해 필자의 가슴 벅찬 대한민국의 비전과 마지막 때 사명을 함께 나누고자 한다.

1. 노아의 자손이 세계로 퍼지다.

아담으로부터 시작된 인류는 노아홍수로 멸망했다. 그리고 하나님은 노아에게 은혜를 베푸시고 그를 제2 인류의 조상으로 삼으셨다. 그리고 홍수 후에 아담에게 주신 동일한 사명을 주셨다. 노아의 세 자녀로 인해 인류는 번성했고 그의 후손은 세계로 퍼져갔다. 노아의 세 아들은 백인종과 황인종 그리고 흑인종으로 나눠졌다. 이들의 각 삶의 터전은 지구를 형성하고 있는 산과 바다 그리고 땅으로 나눠졌다. 이들이 거주하는 터전은 또한 이들 인종의 특성을 형성해 갔다. 산과 바다 그리고 땅으로 간 노아의 세 아들의 역사를 간단히 살펴본다.

"하나님이 노아와 그 아들들에게 복을 주시며 그들에게 이르시되 *생육하고 번성하여 땅에 충만하라*"(창9:1)

"이들은 그 백성들의 족보에 따르면 *노아 자손의 족속들*이요 홍수 후에 이들에게서 *그 땅의 백성들이 나뉘었더라*"(창10:32)

1) 야벳의 후손들 - 바닷가로 가다 / 유흥문화 물질문화 형성
"*야벳의 아들*은 고멜과 마곡과 마대와 야완과 두발과 메섹과 디라스요 *고멜의 아들*은 *아스그나스*와 리밧과 도갈마요 야완의 아들은 엘리사와 달시스와 깃딤과 도다님이라 이들로부터 여러 나라 백성으로 나뉘어서 각기 언어와 종족과 나라대로 *바닷가의 땅에 머물렀더라*"(창10:2-5)

야벳은 넓히신다, 확장한다는 뜻이다. 노아는 창9:27절에서 하나님께서 야벳을 창대케 하신다고 했다. 야벳은 바닷가를 중심으로 삶의 터전을 이루어갔다. 이들은 바닷가를 중심으로 해상 무역이 발달하면서 물질이 풍성해지니 삶이 부요했다. 이들은 물질의 여유가 있으니 먹고 즐기는 유흥문화, 물질문화를 발달시켰다. 유럽의 대부분의 나라들은 부요하다. 마지막 때 물질문화, 금권시대를 이끌어 가는 주역들이 야벳족이다.

야벳족에게서 특별히 눈여겨봐야 할 인물이 있다. 고멜의 아들 **아스그나스다.** 아스그나스를 영어는 **아쉬케나지**로 번역했다. 아쉬케나지는 정통 유대인이 아닌 독일계 가짜 유대인을 가리키는 이름이다. 유대인은 셈족이다. 그런데 가짜 유대인 아쉬케나지가 야벳족에게서 나온다. 야벳족에게서 나왔으니 이는 분명히 가짜 유대인이다. 짐승제국 단원에서도 간단히 언급한 내용들을 기억할 것이다.

아쉬케나지 유대인은 지금 세계의 부를 쥐고 있는 탑1위에 속한 자들이다. 록펠러, 로스차일드, 모건가등이 이에 속한다. 오늘날 딥스, 카발, 하자리안 마피아, 블렉 헷, 일루미나티 등의 중심인물들이다. 이들은 모두 동일하게 세계정부를 목표로 하고 있다. 바로 세계의 부를 쥐고 NWO 세력의 중심에 있는 이들이 바로 야벳족이다.

2) 함의 후손들 - 땅으로 가다 / 육체문화 노동문화 형성

"*함의 아들은* 구스와 미스라임과 붓과 가나안이요 구스의 아들은 스바와 하윌라와 삽다와 라아마와 삽드가요 라아마의 아들은 스바와 드단이며 구스가 또 *니므롯*을 낳았으니 그는 세상에 첫 용사라 그가 여호와 앞에서 용감한 사냥꾼이 되었으므로 속담에 이르기를 아무는 여호와 앞에 니므롯 같이 용감한 사냥꾼이로다 하더라 *그의 나라는 시날 땅*의 바벨과 에렉과 악갓과 갈레에서 시작되었으며"(창10:6-10)

함은 검다, 덮다, 뜨겁다는 뜻이다. 함의 후손들은 땅을 중심으로 살아간다. 이들을 통해 땅에서 땀을 흘리며 노동을 하는 노동문화, 땅 문화, 육체문화가 발달한다. 늘 뜨거운 햇볕에서 땀을 흘리며 수고한다. 그래서 늘 힘들고 덮고 뜨겁다. 뜨거운 태양 아래서 일하니 피부도 검다. 세계의 육상 선수들 가운데 함의 후손들이 많다. 육체를 쓰며 땀을 흘리는 육체문화를 가진 후손들이기 때문이다. 함의 후손인 고대 바벨론은 참으로 부요한 나라였다. 그러나 이들이 훗날에는 육체를 쓰는 노예로 불행한 삶을 살기도 했다.

함의 후손 중에도 중요한 인물이 있다. 함의 후손들은 하나님을 대적하며 우상을 섬기는 이방민족들이다. 대표적으로 가나안 7족이 모두 함의 후손들이다. 함의 후손 중에 대표적 인물이 구스의 아들 니므롯이다. 이 인물은 최초의 통일국가를 형성하고 통일 왕이 된 적그리스도의 표상이다. 앞으로 등장할 정치적 적그리스도의 영적 뿌리가 된다. 또한 그의 아내 세미라미스는 종교적적그리스도 음녀의 근원이다. 또한 그의 아들 담무스, 호르스는 태양신으로 경배 받고 있다. 함은 온 가족이 하나님을 대적하여 신의 자리에 올라간 인물이 나온 족속이다.

또 하나 대한민국에 악한 영향을 미치는 중요한 후손이 바로 함족에 있다. 바로 창10:17절에 등장하는 **신 족속**이다. 신족은 시나 족, 차이나, 바로 중국이다. 필자는 예전에 중국이 야벳족이라는 말을 들은 적이 있다. 혹은 동쪽에 있는 중국을 셈족으로 알고 있는 이들도 있다. 그러나 함의 후손 중 신족이 중국이라는 최근의 연구들이 있다. 필자는 중국이 함족이라는 설에 동의한다. 중국인들의 피부가 거무스름한 것은 함족의 DNA 때문일 것이다. 또한 용을 섬기는 그들은 가나안 함의 후손들임을 나타낸다. 중국이 함의 후손 신족임에 더욱 확신을 갖게 된 동기는 바로 함족의 육체문화 때문이다.

지금은 중국의 경제가 좋아져서 예전 같지는 않으나 그럼에도 불구하고 세계 시장에서 중국의 노동력은 싸다. 세계에서 탑에 들어가는 엄청난 인구로 인해 강력한 노동력을 가지고 있는 나라가 중국이다. 중국은 노동문화, 육체문화를 가진 함의 후손임에 틀림없다. 한국이나 일본을 포함한 동방의 나라들은 주로 셈 족이다. 그런데 함의 후손인 신족은 어떤 이유와 경로에서인지는 알 수 없으나 그들은 동쪽으로 이동했다. 그리고 이들은 수천 년 동안 동방의 셈족 가운데 섞여 살고 있다. 수천 년을 지나면서 피부색도 우리와 비슷하다. 그러나 거무스름한 함족의 특성은 벗어날 수 없다.

중요한 것은 그들은 셈의 후손인 바로 욕단의 후손을 수천 년 동안 괴롭혀 왔다는 것이다. 그들은 우리의 옛 땅을 점령했다. 우리의 것들을 수없이 빼앗아 갔다. 중국으로 끌려간 수많은 공녀들의 삶은 또 얼마나 비참했는가? 지금은 공산주의를 통해 대한민국을 대적하고 있다. 그 넓은 한반도의 땅에서 최후의 반 토막이 된 대한민국마저 공산화 하려는 그들이다. 그러나 결코 그들의 뜻은 이루지 못한다. 대한민국은 최후 마지막 때 하나님의 뜻을 이룰 사명이 있는 욕단의 후손이기 때문이다.

3) 셈의 후손들 - 산으로 가다 / 정신문화 영성문화 형성

"*셈은 에벨 온 자손의 조상*이요 *야벳의 형이라 그에게도 자녀가 출생하였으니 셈의 아들은 엘람과 앗수르와 *아르박삿*과 룻과 아람이요 아람의 아들은 우스와 훌과 게델과 마스며 아르박삿은 셀라를 낳고 셀라는 에벨을 낳았으며 *에벨은 두 아들을 낳고 하나의 이름을 벨렉이라 하였으니 그 때에 세상이 나뉘었음이요 벨렉의 아우의 이름은 욕단이며* 욕단은 알모닷과 셀렙과 하살마웻과 예라와 하도람과 우살과 디글라와 오발과 아비마엘과 스바와 오빌과 하윌라와 요밥을 낳았으니 이들은 다 욕단의 아들이며 그들이 거주하는 곳은 메사에서부터 스발로 가는 길의 *동쪽 산이었더라*"(창10:21-30)

셈은 이름 있는, 유명한, 평판이란 뜻을 가지고 있다. 셈의 후손들은 산을 삶의 터전으로 삼았다. 그들은 산을 중심으로 살면서 정신문화, 영성문화를 형성해 갔다. 기독교, 불교 등을 비롯해서 세계의 이름 있는 유명한 종교를 만들어 낸 족속은 모두 셈의 후예들이다. 아름답고 깊은 산마다 영성 문화가 있다. 기독교의 유명한 기도원들이 산에 있다. 불교의 유명한 절도 모두 산에 있다. 성경은 시내산과 갈멜산 등 유독 산이 많이 등장한다. 하나님은 산에서 만나시고 산에서 말씀하신 일들이 많다.

특히 셈의 셋째 아들 아르박삿은 유대인의 혈통이며 메시아의 혈통이다. 아르박삿, 셀라, 에벨, 벨렉, 르우, 아브라함, 이삭, 야곱이다. 그리고 그의 12아들은 히브리인으로 유대인의 조상이다. 필자는 이 단원에서 유대인의 혈통, 메시아의 혈통을 살피려는 것이 아니다. 바로 셈의 후손인 에벨의 두 아들에서 나눠진 욕단의 후손 대한민국의 뿌리를 찾기 위함이다.

2. 에벨의 두 아들 벨렉과 욕단은 히브리인이다.

히브리인의 근원은 에벨로부터 시작된다. 에벨은 셈의 셋째 아들 아르박삿으로 이어지는 메시아 혈통이다. 창10장은 메시아 혈통가운데 있는 에벨의 특이한 행적을 기록하고 있다. 성경은 에벨의 행적을 통해 우리에게 특별한 메시지를 주고 있다.

1) 벨렉과 욕단으로 세상이 나뉘었다.

에벨은 두 아들을 낳고 아들들의 이름을 벨렉과 욕단이라 했다. 그런데 여기서 특이한 것은 "그때에 세상이 나뉘었음이요"라는 대목이다. 필자는 아주 예전부터 여기서 '세상이 나뉘었다'는 말씀을 읽을 때마다 이해할 수가 없었다. 어떤 주석에도 이에 대한 시원한 대답은 없었다.

"*에벨은 두 아들을 낳고 하나의 이름을 벨렉이라 하였으니 그 때에 세상이 나뉘었음이요 벨렉의 아우의 이름은 욕단이며*"(창10:25)

창10:32절에 노아의 자손들로 인해 땅의 열국 백성이 나뉘었다고 한다. 이 말씀은 누구나 이해 할 수 있다. 그러나 창10:25절은 노아의 자손들이 열국 백성으로 나뉘었다는 것이 아니다. 에벨의 두 아들 벨렉과 욕단 때에 세상이 나뉘었다고 한다. 창10:25절과 10:32절의 나뉨의 원어를 살펴보았다.

"이들은 그 백성들의 족보에 따르면 노아 자손의 족속들이요 홍수 후에 이들에게서 그 땅의 백성들이 *나뉘었더라*"(창10:32)

먼저 창10:32절의 노아의 자손들의 '나뉘었더라'는 '파라드'다. 퍼지다, 분리하다, 흩뜨리다 는 뜻이다. 이 말씀은 쉽게 이해 할 수 있다. 노아의 자손이 산으로, 바닷가로, 땅으로 흩어진 것이다. 노아의 자손들이 온 세상으로 분리되어 퍼져 나간 것이다. 그러나 창10:25절의 '나뉘었음이요'는 '팔라그'다. 쪼개다, 나누다는 뜻이다. 혹자는 벨렉과 욕단의 나뉨은 창11:9절의 바벨탑 사건으로 세상이 나뉜 것이라 주장한다. 바벨탑 사건으로 인류가 흩어진 것은 사실이다. 그러나 바벨탑으로 인한 인류의 흩어짐은 원어 자체가 인류의 나뉨과 다르다.

"그러므로 그 이름을 *바벨*이라 하니 이는 여호와께서 거기서 *온 땅의 언어를 혼잡하게* 하셨음이니라 *여호와께서 거기서 그들을 온 지면에 흩으셨더라*"(창11:9)

바벨탑을 쌓던 사람들을 하나님께서 언어를 혼잡하게 하시고 그들을 온 지면에 흩으셨다. 여기서 '흩으셨더라' 원어는 '푸츠'다. 산산이 부수다, 산산이 깨뜨리다, 사방으로 던지다는 뜻이다. 바벨탑을 쌓던 사람들을 언어까지 혼잡하게 하여 산산이 깨뜨려 사방으로 흩어버린 것이다. 이것은 하나님의 심판이었다. 마지막 때 큰 성 바벨론도 이렇게 하나님께서 산산이 부수고 깨드려 심판하실 것이다. 그러므로 벨렉과 욕단의 나뉨은 노아의 자손의 흩어짐이나 바벨탑으로 인한 인류의 분산과는 성격이 다르다.

창10:25절의 세상이 나뉘었다는 팔라그는 원래 한 개였던 것을 두 개로 나누어 쪼갠 것이다. 에벨의 한 줄기에서 나온 히브리인을 둘로 쪼개어 나눠 놓았다. 벨렉도 히브리인이요 욕단도 히브리인이다. 그러므로 두 아들은 하나님의 계획과 섭리를 따라 세상에서 두 개의 히브리 민족을 형성해 갈 것이다. 벨렉은 히브리민족인 유대인의 조상이 되었다. 욕단은 이방인 속에 감춰져서 또 다른 그 어떤 히브리 민족을 형성하고 있다. 왜 세상에서 벨렉과 욕단만 히브리 민족인지 근원을 찾아본다.

2) 히브리 민족의 시작은 에벨이다.

유대인을 히브리 민족, 유대민족이라고 한다. 그들은 유대민족이기 전에는 히브리 민족이다. 아브라함, 이삭, 야곱까지는 사실상 히브리인이다. 당시는 유대인, 유대민족이라는 개념조차 없었다. 유대인은 야곱의 넷째 아들 유다로부터 출발하기 때문이다. 유다지파에서 나온 남 왕국이 행정구역상 남쪽 유대지역에 있었기에 유대인이라 불렀다. 히브리인은 창14:13절에 처음 등장한다. 당시 사람들은 아브라함을 히브리사람이라 했다. 창39:14,17절에도 요셉을 히브리 사람, 히브리 청년, 히브리 종이라 했다. 아래의 말씀을 통해 성경이 말하는 히브리인의 시작이 어디서부터인지 그 뿌리를 알 수 있다.

"셈은 에벨 온 자손의 조상이요 야벳의 형이라 그에게도 자녀가 출생하였으니 셈의 아들은 엘람과 앗수르와 아르박삿과 룻과 아람이요 아람의 아들은 우스와 훌과 게델과 마스며 아르박삿은 셀라를 낳고 셀라는 에벨을 낳았으며 에벨은 두 아들을 낳고 하나의 이름을 벨렉이라 하였으니 그 때에 세상이 나뉘었음이요 그의 아우의 이름은 욕단이며"(창10:21-25)

"셈은 에벨의 온 자손의 조상이요" 이 말씀부터 살펴보자. 사실 셈은 성경에 기록된 셈의 모든 아들들의 조상이다. 더 넓게 보면 황인종은 모두 셈의 온 자손의 조상이다. 그러나 여기서 에벨의 온 자손의 조상이라 한다. 만일 여기서 메시아의 혈통을 따를 것이라면 "셈은 아르박삿 온 자손의 조상이요"해야 한다. 셋째 아들 아르박삿이 메시아의 혈통이기 때문이다. 그러나 셈의 온 자손으로 에벨을 기록한 것은 메시아 혈통 보다는 히브리인의 시작을 드러내고자 함이다. 히브리 민족은 메시아 혈통만이 아닌 또 하나의 히브리 민족이 있기 때문이다.

"아르박삿은 셀라를 낳고 셀라는 에벨을 낳았으며" 이들은 모두 메시아 혈통이다. 여기서 메시아 혈통 중에 셀라보다 특별히 에벨을 부각시킨다. 그의 아들 벨렉 때 세상이 나뉘었다는 특별한 기록이다. 이중에서 세상으로 나뉘어 흩어지지 않은 자손들은 없다. 노아의 모든 자손들이 홍수 이후 바벨탑 사건 때에 사방으로 흩어졌다. 창10장에서는 히브리인의 시작은 에벨부터 임을 드러내려는 것이다. 그러므로 에벨 위의 셀라부터 아르박삿이나 셈까지도 메시아의 혈통이지만 히브리인은 아니다. 히브리인은 '건너온 자'라는 뜻을 가진 에벨에서 시작한다.

메시아 혈통에서 에벨이 나왔고 에벨로부터 벨렉과 욕단 두 히브리인이 나왔다. 그러나 메시아 혈통은 벨렉으로 이어지고 유대민족을 형성했다. 그리고 또 하나의 히브리인 욕단은 나눠지면서 이방민족 안에 감춰졌다. 창 11:10-26절에 셈부터 아브라함까지 메시아 혈통을 이은 유대인의 조상을 기록하고 있다. 메시아 혈통에 욕단은 없다. 메시아 혈통은 벨렉으로 이어지기 때문이다. 히브리인은 메시아 혈통인 에벨에게서 형성된 민족이다. "셈은 에벨의 온 자손의 조상이요"란 말씀은 욕단이 에벨의 자손 히브리인임을 보장하고 있는 것이다.

3) 에벨의 아들 히브리인은 가지치기로 오직 둘만 남는다.

에벨은 두 아들을 낳고 하나의 이름을 '나뉨'이라는 뜻으로 벨렉이라 했다. 또 하나의 이름은 욕단이라 했다. 욕단은 '그가 작아질 것이다'라는 뜻이다. 세상의 모든 부모는 자식이 크게 잘 되기를 바란다. 그러나 에벨은 작은 아들의 이름을 이렇게 작아질 것이라고 지었다. 유대인들의 이름 안에는 사명이 있다. 어쩌면 에벨은 하나님의 계시로 아들의 이름을 이렇게 지었을 것이다. 성경에는 그런 예가 많이 있다. 무엇보다 중요한 것은 에벨은 두 아들만 낳은 것이 아니다. 창11장에 에벨은 34세에 벨렉을 낳고 430년 동안 살면서 많은 자녀를 낳았다.

"*에벨은 삼십사 세에 벨렉을 낳았고 벨렉을 낳은 후에 사백삼십 년을 지내며 자녀를 낳았으며*"(창11:16-17)

창11장은 셈의 족보가운데 특별히 히브리민족인 메시아 혈통을 기록하고 있다. 에벨은 두 아들 이후에도 430년을 살며 자녀를 낳았다고 기록하고 있다. 그렇다면 에벨은 벨렉과 욕단 이외에도 얼마나 많은 자녀들이 있겠는가? 그러나 성경은 이름도 없이 세계로 흩어진 에벨의 수많은 자녀들에게는 관심이 없다. 오직 유대인의 조상인 벨렉과 숨겨 놓으신 또 다른 히브리인 욕단에게서는 눈을 떼지 않으신다.

창10:25절에 에벨이 두 아들을 낳은 것은 아마도 쌍둥이 일수도 있다는 생각이 든다. 이스라엘과 대한민국이 쌍둥이 같다는 말을 자주 들었다. 그러나 진짜 쌍둥이라는 생각보다는 그저 두 나라가 많이 닮았다는 것이었다. 그러나 이제 필자는 글을 정리하면서 벨렉과 욕단이 쌍둥이 일 것이라는 것에 무게를 둔다. 실제 메시아 혈통에 쌍둥이가 여럿 등장한다. 야곱과 에서,

다말이 유다에게서 낳은 베레스와 세라 등이다. 쌍둥이도 유전이라고 한다.

어쨌든 에벨의 많은 자녀들 중에 성경은 유독 에벨의 두 아들만을 언급하고 있다. 에벨이 430년 동안 낳은 이름 없는 수많은 자손들은 에벨의 자손일지라도 히브리인이 아니기 때문이다. 그들은 에벨의 자손들 중에 두 아들을 제외하고 모두 가지치기로 히브리인에게서 떨어져 나간 것이다. 그들은 그 어떤 다른 민족을 형성하여 지금도 지구상에 살고 있을 것이다.

성경은 메시아 혈통인 히브리민족에게서 또 유대민족을 구분하여 가지치기 한다. 유대인 중에서도 가지치기로 떨어져 나간 자들은 또 다른 민족으로 형성된다. 아브라함의 아들 이스마엘은 히브리인 아브라함의 아들이니 그도 히브리인이다. 그러나 그는 아랍족으로 떨어져 나간다. 아브라함이 그두라를 통해 낳은 여섯 아들도 마찬가지다. 아브라함의 조카 롯도 사실은 에벨의 후손이니 히브리인이다. 그러나 롯은 모압 족과 암몬족의 조상으로 가지치기 된다. 이삭의 두 아들 중 에서는 에돔 족으로 떨어져 나간다. 그리고 오직 언약 안에 있는 혈통으로만 히브리인이다. 히브리인 벨렉의 후손은 아브라함, 이삭, 야곱, 그리고 12아들로 이어진다. 그리고 성경이 기록하고 있는 또 하나의 히브리인 욕단이 있다.

4) 두 형제가 동서로 나눠졌다.

여기서 벨렉은 메시아 혈통으로 히브리민족 이스라엘의 조상이니 다루지 않는다. 중요한 것은 욕단이 왜 히브리인인가, 왜 대한민국의 뿌리인가를 밝혀 나간다. 성경은 에벨의 아들인 또 하나의 히브리인 욕단을 숨겨 놓으셨다. 여기에는 하나님께서 욕단을 통해서 이루실 마지막 때 어떤 계획이 있으신 것이다. 욕단의 기록은 창세기 10장과 역대상 1장으로 딱 두 곳에서만 기록하고 있다. 그리고 그 어느 곳에서도 욕단의 기록은 없다. 이것은 하나님께서 마지막 때까지 욕단을 철저히 숨겨 놓으신 것이다. 그러나 필자는 가슴 벅차게도 그 누구도 눈치체지 못한 욕단의 등장을 계시록에서 발견했다. 이 부분은 뒤로 가서 정리한다.

"에벨은 두 아들을 낳고 하나의 이름을 벨렉이라 하였으니 그 때에 세상이 나뉘었음이요 벨렉의 아우의 이름은 욕단이며 욕단은 알모닷과 셀렙과 하살마웻과 예라와 하도람과 우살과 디글라와 오발과 아비마엘과 스바와 오빌과 하윌라와 요밥을 낳았으니 이들은 다 욕단의 아들이며 *그들이 거주하는 곳은 메사에서부터 스발로 가는 길의 동쪽 산이었더라*(창10:25-30)

"아르박삿은 셀라를 낳고 셀라는 에벨을 낳고 *에벨은 두 아들을 낳아 하나의 이름을 벨렉이라 하였으니 이는 그 때에 땅이 나뉘었음이요 그의 아우의 이름은 욕단이며* 욕단이 알모닷과 셀렙과 하살마웻과 예라와 하도람과 우살과 디글라와 에발과 아비마엘과 스바와 오빌과 하윌라와 요밥을 낳았으니 욕단의 자손은 이상과 같으니라"(대상1:18-23)

창10장에서 에벨의 두 자녀 벨렉과 욕단을 기록하고 그들을 세상에서 나누었다. 그리고 이들을 나눌 때 창10장에서는 유일하게 욕단이 떨어져 나간 이동 경로를 기록하고 있다. 그들은 메사에서부터 스발로 가는 길의 동쪽 산으로 이동했다고 한다. 역대 상에는 욕단의 이동경로가 없다. 벨렉과 욕단으로 땅이 나뉘었다는 것과 욕단의 자녀들 이름을 기록할 뿐이다.

창10장에서 욕단의 이동 경로를 보면 욕단이 동쪽으로 이동했음을 알 수 있다. 메사와 스발에 대한 최근의 연구 논문에 의하면 메사는 중국, 스발은 시베리아라 한다. 유석근 목사님의 알이랑 민족에서도 이와 같은 언급들이 나온다. 또한 창10장을 배경으로 하는 김성일씨의 소설 '홍수이후'에도 이런 내용들이 나온다. 흰옷을 입은 무리들이 해가 뜨는 동쪽을 향해 계속 이동했다고 한다.

동쪽의 원어는 '케뎀'이다. 케뎀의 많은 뜻 가운데 동쪽으로, 혹은 동쪽 끝이라는 뜻이 있다. 케뎀은 동방의 헬라어 아나톨레와 같은 의미가 있다. 아나톨레는 '빛이 떠오름' '새벽' '동쪽'을 의미한다. 욕단은 해, 빛이 떠오르는 동쪽 산 끝을 향해 동쪽으로 계속 이동한 것이다. 욕단의 자손들은 동쪽으로 계속 이동하며 유라시아 대륙을 넘었을 것이다.

성경에 기록된 욕단의 13명의 자녀들 중에는 동쪽으로 가다가 더 이상 이동하기를 포기한 자들도 있었을 것이다. 그들은 유라시아 지역의 곳곳에 머물며 각각 새로운 민족으로 형성해 가기도 했을 것이다. 아브라함과 동시대를 살았던 동방의 의인 욥도 어쩌면 욕단의 후손일 가능성이 높다. 이렇게 동쪽으로 이동하는 과정에서 '아리랑' 민요가 생겼다는 설도 있다.

이렇게 유라시아 대륙에는 욕단의 후손들이 많을 것으로 본다. 유라시아 대륙의 많은 나라들의 풍습이 많은 부분에서 같은 이유는 여기에 있다고 본다. 모두가 욕단에게서 떨어져 나온 같은 뿌리를 가진 민족들이기 때문이다. 대표적으로 태국이나 몽골등도 욕단의 후손일 가능성이 높다. 그러나 아버지 욕단은 멈추지 않았다. 케뎀, 즉 해가 뜨는 동쪽 끝의 산을 향해 계속 전진했다. 그 끝은 아마도 백두산이 아닐까 하는 것이 필자의 생각이다. 그 동쪽 끝의 산이 바다건너 일본의 후지 산은 아닐 것이다.

욕단은 백두산에 이르고 아사달에 이른 단군의 고조선이 아닐까 한다. 혹자는 단군임금이 욕단의 단과 임금군의 군을 합하여 욕단이라고 한다. 그러나 정확한 것은 알 수 없으나 필자는 믿고 싶다. 필자가 믿고 싶은 설대로 가는 행복한 상상을 독자들께서 넓은 마음으로 양해해 주길 바란다. 여기서 잠시 고조선으로 가보자. 약 5천년의 역사를 역사적으로 정확하게 증명하기는 불가능하다. 이에 대한 학설도 역사를 연구하는 이마다 다르기 때문이다.
단군임금이 세운 고조선은 삼위 하나님을 섬기는 나라였다. 단군 임금은 고조선을 세우고 8조 금법으로 다스렸다고 한다. 8조 금법은 십계명과 흡사하다. 규원사화에 나오는 8조 금법은 첫 번째가 "너희는 한분이신 하느님을 정성을 다해 순수하게 섬겨라"다. 최초 우리의 조상들은 하늘의 삼위 하나님을 섬겼던 것이다. 마니산 제단이 단군께서 최초로 하늘의 하나님께 제사를 드린 장소라는 기록도 있다. 고인돌이 하나님께 제사들 드렸던 곳이라는 증거들도 많다. 고인돌은 세계에서 대한민국이 가장 많다. 고인돌의 나라라고 불릴 정도다. 욕단이 우리 조상이라면 이는 당연한 것이다.

이렇게 하나님을 섬기던 나라가 역사가 흘러오면서 이방으로부터 이방 종교가 들어오기 시작한 것이다. 삼신 할매라는 용어는 아마도 삼위 하나님을 이방 무속 종교들이 이렇게 변형 시킨 것이 아닐까한다. 에벨의 두 아들 중 욕단은 동쪽 끝으로 이동하여 고조선을 세웠다. 그리고 벨렉은 바벨탑 사건 이후 유브라데 강을 건너 서쪽 끝으로 이동하여 이스라엘의 조상이 되었다. 이렇게 히브리인 두 형제는 동서로 나눠졌다. 하나님께서 두 형제를 선택하시고 동서로 분리해 두신 이유가 분명히 있다. 두 형제 중 벨렉은 성경을 통해 분명히 이스라엘의 조상임을 알고 있다. 그러나 창10장에서 숨겨진 욕단의 민족은 알 수가 없다.

그러나 또 하나의 히브리민족인 욕단의 후손도 분명히 지구상에서 사라지지 않았을 것이다. 이방민족 가운데 숨겨져서 속은 히브리민족이나 겉은 이방민족으로 그 어떤 민족을 형성하여 남아 있을 것이다. 그렇다면 욕단의 후손들은 과연 어느 민족일까? 이 의문에 대해 필자는 욕단의 후손은 오직 대한민국 밖에 없다고 확신한다. 이에 반대하는 이들은 욕단의 후손이 어느 나라인가를 먼저 밝혀야 한다. 그러나 대한민국 외에 욕단의 후손이라 할 수 있는 나라는 없다. 더 확실한 이유들을 하나씩 제시한다.

① 복음의 사명을 위해 나눠진 두 제사장 국가

우리는 오직 이스라엘만을 선민으로 알고 있다. 이스라엘은 예수그리스도께서 탄생하신 특별한 민족이다. 그리고 하나님은 이스라엘을 제사장 국가로 부르셨다. 그러나 그들은 제사장 국가의 사명을 감당하지 못하고 있다. 오직 민족주의에 빠져 자신들만 천국 가는 하나님의 자녀라고 한다. 그러므로 유대인들은 이방민족에게 천국 복음을 전하지 않는다. 하나님은 유대인들이 전하지 않는 복음의 사명을 위해 또 하나의 선민을 준비해 두셨다.

필자는 하나님의 계획에 따라 나라들을 구분한다. 지금 우리가 사는 나라는 사람의 나라, 바로 아담의 나라다. 그러나 이제 미래에는 땅의 천국 메시아의 나라가 이 땅에 임한다. 이 두 나라는 물질세계로 시간의 역사 안에 있다. 아담의 나라도 메시아의 나라도 복음이 필요한나라다. **벨렉과 욕단은 지금 아담의 나라에서 복음의 시작과 복음의 마침을 위해 세워진 민족이다.**

벨렉은 복음의 시작을 위해 세움 받았다. 그러므로 예수그리스도가 벨렉의 혈통에서 오셨다. 그러나 그들은 자신들이 받은 복음을 전하지 않는다.

그러므로 **이 복음을 세상 끝까지 전하기 위해 마지막 때 복음의 마침의 사명자로 욕단을 준비해 두신 것이다.** 이스라엘은 제사장국가로서 부름의 사명을 감당하지 못했다. 그러나 하나님의 부르심에는 후회하심이 없다. 잠시 매를 맞으나 이스라엘은 결코 버림받지 않는다. 이스라엘은 아담의 나라에서는 제사장국가의 사명을 감당하지 못하나 그들에게는 기회가 남아 있다. 바로 유대인이 온전히 회복되는 메시아 왕국이다. 그들은 회복된 메시아 왕국에서 제사장 국가로서 사명을 제대로 감당하게 된다. 이 부분은 메시아 왕국 단원에서 자세히 다룬 내용이다. 반면에 욕단이 아담의 나라에서 제사장 국가로 부름 받았다. 그러나 성경에는 대한민국이 제사장 국가로 부름 받았다는 기록은 없다. 다만 욕단의 흔적을 따라가 보니 그 욕단이 대한민국이라는 것이다.

우리나라 초기의 믿음의 선진들은 대한민국은 제사장 국가라고 노래를 불렀다. 그들은 마지막 때 하나님께서 대한민국을 선교국가로 쓰시는 모습을 보았다. 대한민국은 기독교 입국이 짧은 기간에 세계에서 유래 없는 기독교의 부흥을 이루었다. 이러한 역사를 보며 하나님의 감동을 따라 그렇게 선포했을 것이다. 하나님께서 믿음의 종들의 입을 통해 대한민국이 제사장 국가임을 드러내시고 선포하신 것이다.

② 민족이 나뉘어졌다 - 이방인과 유대인
창10:25의 나뉨의 또 다른 중요한 의미가 있다. 지금 전 세계는 230여개에 가까운 나라들이 있다. 그러나 하나님 앞에서는 오직 두 민족으로 분류된다. 이방인과 유대인이다. 에벨 시대는 이방인과 유대인이라는 개념이 없던 시대다. 그냥 하나의 민족이라는 개념이다. 히브리 사람, 시돈 사람, 헷사람 등 혹은 ○○족, ○○사람으로 불리었다. 이렇게 하나의 민족이란 이름으로 내려오던 민족의 개념이 둘로 쪼개어 졌다. 창10:25절의 나뉨, 팔라그의 의미는 둘로 분리하여 쪼갠다는 것이다. 바로 이방인, 이방민족과 유대인, 유대민족으로 나눠진 것이다. 지금 하나님께서 보실 때 유대민족 외 모든 나라들은 이방민족이라는 범주에 들어간다.

벨렉의 후손 이스라엘은 유대인으로 히브리민족이다. 그리고 욕단의 후손인 대한민국은 이방인 속에 감춰진 히브리민족이다. 다른 표현으로 이스라엘은 서방의 히브리인요 대한민국은 동방의 히브리인이다. 이방인 속에 감춰진 히브리민족 욕단은 특별히 이방인의 때 마지막 끝에 쓰시려고 준비해 두신 제사장 국가다. 우리는 "대한민국은 제2의 이스라엘이다. 제2의 유대인이다."라는 말을 많이 들어왔다. 그러나 엄밀히 따지면 대한민국은 제2의 이스라엘도, 제2의 유대인도 아니다. 대한민국은 제2의 히브리민족이 정확하다. 욕단은 유대인이 형성되기 전 사람이기 때문이다. 대한민국은 마지막 때 복음의 완성을 위해 또 하나의 선택하신 민족이다. 유석근 목사님의 "또 하나의 선민 알이랑 민족"이란 책 제목은 너무도 잘 지으셨다.

5) 히브리어 어근에 두 민족의 사명이 있다.

원어 사전을 보다가 우연히 히브리 어근을 따라가 보았다. 독자들도 관심 있는 분들은 찾아 볼 수 있도록 스트롱코드를 일부러 넣었다. 히브리 어근은 5677 에베르다. 발음은 같으나 스트롱코드가 다른 에벨은 5676 에베르에서 왔다. 그리고 5676 에베르는 마지막 5674 아바르가 어근이다. 이 네 개의 어근은 놀랍게도 히브리인 벨렉과 욕단 민족의 정보를 압축하고 있었다. 더 나아가 에베르의 마지막 어근 아바르는 유브라데 강을 건너야 하는 히브리 민족의 사명의 완성이다. 표의 원어를 보며 아래의 해석 풀이를 살펴보기 바란다.

▶ 이브리에서 아바르에 이르는 원어적 의미

스트롱코드	5674	5676	5677	5680
히브리어	아바르	에베르	에베르	이브리
한글읽기	아바르	에베르	에벨	히브리
뜻	건너가다	건너편 /반대편	두 족장, 네 명의 이스라엘인	에벨 족 에벨의 자손
해석	유브라데 강을 건넌다.	동쪽과 서쪽으로 서로 반대편에 있다	두 족장-벨렉과 욕단 4인의 이스라엘인 벨렉, 아브라함, 이삭, 야곱	히브리인

① **히브리 - 이브리**(5680)

에벨 족, 에벨의 자손을 의미한다. 히브리의 어근은 '건너온 자'인 에벨에서 왔다. 히브리 뜻은 에벨이 낳은 모든 자손을 에벨의 자손이라 하지 않는다. 중요한 것은 성경이 에벨의 다른 자손들의 이름을 기록하지 않고 있다. 그러므로 에벨이 430년 동안 낳은 자녀들은 지구상에 그 어느 민족인지도 알 수 없다. 그러나 단 두 명, 벨렉과 욕단은 히브리인이 분명하다. 히브리 민족은 이스라엘과 대한민국이다.

② **에벨 - 에베르**(5677)

에베르는 두 족장, 네 명의 이스라엘인이다. 당시는 족장시대이기 때문에 가문의 지도자는 모두가 족장이다. 아브라함, 이삭, 야곱 그리고 12아들도 모두 족장이다. 그러나 에베르의 뜻은 특별히 두 명의 족장만을 언급한다. 바로 벨렉과 욕단 족장이다. 벨렉은 이스라엘의 족장이요 욕단은 대한민국의 족장이다. 또한 네 명의 이스라엘인이다. 이것은 벨렉으로 이어지는 메시아의 혈통인 네 명의 이스라엘 조상들을 의미한다. 벨렉과 아브라함, 이삭, 야곱이다.

히브리 사전에는 에벨이 두 족장, 네 명의 이스라엘인이다. 그러나 에벨 이름의 뜻은 '건너온 자'다. 아브라함은 갈대아 우르에서 하란을 거쳐 유브라데 강을 건너온 사람이다. 그래서 아브라함을 히브리사람이라고 불렀다. 바로 히브리사람 아브라함부터 유대인의 조상이 시작된다. 그러므로 유대인들을 히브리인이라고 하는 것이다.

③ 에베르 - 에베르(5676)
에베르는 건너편 혹은 반대편이다. 이스라엘의 반대편은 일반적으로 동편 요르단을 의미한다. 그러나 원어의 깊은 의미는 벨렉과 욕단이 서로 반대편, 건너편에 있다는 의미다. 서쪽 벨렉의 반대편은 욕단이 있는 동쪽이다. 반대로 동쪽 욕단의 반대편은 벨렉이 있는 서쪽이다. 이렇게 두 형제는 서로 반대편에서 바라보며 살고 있다. 지구의 위도 상으로도 이스라엘과 대한민국은 같은 위도에 있다. 반대편에서 서로 바라볼 수 있는 위치다.

④ 아바르 - 아바르(5674)
아바르는 '건너가다'라는 의미다. 두 민족은 바로 유브라데 강을 건너야 한다. 약속의 땅 가나안은 유브라데 강을 건너야 한다. 벨렉과 욕단은 바벨론에 살았다. 벨렉, 이스라엘은 약속의 땅 가나안을 들어갈 때 유브라데를 건넜다. 그러나 욕단, 대한민국은 동쪽으로 이동했기 때문에 아직 유브라데를 건너지 않았다. 그러나 마지막 때 사명을 다하고 마지막 끝에 유브라데 강을 건너게 될 것이다.

계16장의 동방의 왕들이 유브라데를 건넌다. 바로 그 동방의 왕들의 중심에 욕단의 후손 대한민국이 있다. 이들이 유브라데를 건너는 이유는 겔38장 전쟁으로 고전하는 벨렉의 후손 이스라엘을 돕기 위함이다. 이것이 필자가 창10장 이후 사라진 욕단의 등장을 발견한 부분이다. 욕단은 창10장에서 사라지고 계16장에서 다시 등장한 것이다. 대한민국은 이렇게 유브라데까지 건넌 후에 히브리 민족의 사명을 완수하게 된다.

3. 욕단의 후손 대한민국의 사명

1) 욕단, 그 이름의 사명 - 그가 작아질 것이다.
대한민국은 동방의 히브리인이다. 역사는 단군임금을 신화로 만들었다. 그러나 단군임금은 신화가 아닌 실제 인물이라는 연구에 무게가 실리고 있다. 단군임금은 욕단 임금일 가능성도 높다. 욕단이 고조선을 건국 할 때는 땅덩어리가 지금의 중국 땅 까지었다고 한다. 그러나 그렇게 땅이 넓고 클 때는 욕단의 사명을 이룰 때가 아니다. 한반도는 고려, 백제, 신라, 고구려, 조선 등의 나라일 때는 욕단의 사명을 이룰 때가 아니다. 욕단의 사명은 이 땅이 가장 작아졌을 때, 바로 그때가 욕단의 사명을 이룰 때다. 바로 세계 복음전파 사명을 감당할 시기다.

대한민국은 시작할 때는 그토록 컸던 한반도의 땅 덩어리가 가장 작아진 땅이다. 이승만 국부께서 건국하신 대한민국은 남은 땅도 반으로 갈라져서 가장 작아진 나라다. 바로 '그가 작아질 것이다'인 욕단이 등장한 것이다. 창10장에서 욕단을 숨겨두신 이유는 바로 이때를 위함이다. 우리나라는 역사적으로 유교, 불교 등 우상과 미신을 많이 섬긴 나라다. 하나님 앞에 우상 숭배의 죄가 큼에도 불구하고 하나님의 부르심에는 후회하심이 없다. 하나님은 대한민국을 창세전에 선택해 놓으셨다. 그러나 우리민족은 하나님 앞에 죄를 회개할 과제가 남아있다.

2) 이승만의 기독교 입국론 위에 세운 대한민국
19세기 말 선교사들에 의해 우리나라에 기독교가 들어왔다. 일본 보다 늦은 시기였다. 그리고 1948년 8월 15일 이승만 국부께서 건국하실 때 대한민국을 기독교 입국론 위에 세웠다. 이승만 국부께서 건국당시 기독교 입국론을 가지고 온 것은 결코 우연이 아니다. 하나님께서 욕단을 동방으로 보내신 오랜 계획과 섭리가 있기 때문이다. 이제 이승만이라는 한 사람을 통해 그 계획을 이루시려는 것이다. 청년 이승만은 사형수가 되어 한성감옥에서 하나님을 만났다. 이승만은 정동감리교회 장로였다. 이승만은 우리나라 최초의 박사학위를 받은 사람이다.

이승만 박사는 영어를 배우기 위해 선교사들이 세운 배제학당을 다녔다고 한다. 이후 청년 이승만은 사형수가 되어 한성감옥에서 하나님을 만났다. 이후 1904년 이승만은 목회자가 되기 위해 선교사들에게 무려 19통의 추천서를 받아 미국 조지 워싱턴 대학교 2학년에 편입한다. 당시 선교사들의 추천서에는 주로 "이승만이 목회자가 되려고 하니 학업에 지장이 없도록 배려해 달라"는 것이었다. 또한 이승만이 워싱턴대학 편입당시 면접에서 학업하는 이유가 목회자가 되기 위함이라고 답을 했다고 한다. 1907년 6월 졸업 후 1908년 하버드 대학교에서 석사학위를 받았다. 그리고 1910년 프린스턴 대학교에서 박사학위를 취득했다.

대한민국을 건국한 국부가 기독교 장로였으며 목회자가 되려고 공부를 시작했다는 것은 결코 우연이 아니다. 하나님은 그를 대한민국 목회자로 세우셨다. 이승만 박사는 불교, 유교, 무속, 미신으로 찌든 조선왕조 500년 왕가의 자손이다. 그런 그가 기독교의 장로가 되었다. 그리고 기독교 국가인 미국에서 공부하면서 기독교 사상을 깊이 접했다. 그는 해외 유학중 미국과 유럽의 부강한 나라들이 모두 기독교 국가임을 보았다. 그는 수천 년 가난으로 찌는 조선을 살리는 길은 오직 자유와 기독교뿐임을 깨달았다. 자유의 나라를 꿈꾼 이승만의 모토는 갈5:1절이다. 이승만 국부는 바로 이 모토위에 대한민국을 건국했다.

"그리스도께서 우리를 자유롭게 하려고 자유를 주셨으니 그러므로 굳건하게 서서 다시는 종의 멍에를 메지 말라"(갈5:1)

당시 조선은 양반과 노비로 사회 신분제도가 종의 나라라 해도 과언이 아니었다. 백정이나 노비들은 어쩌면 짐승처럼 비참하게 살았다. 그들은 사람이 아닌 양반들의 재산에 불과했다. 양반이라는 주인의 마음대로 사고팔고 하는 노예에 불과했다. 이승만은 이러한 조선의 왕가의 양반이었다. 그런 그가 신분 개혁으로 양반과 종의 신분제도를 없애버렸다. 개인 재산이 없는 노비들에게 농지개혁을 하여 토지를 갖게 했다. 노비사회로 글을 배우지 못해 당시 문맹율이 80%에 달하는 조선이었다. 공산주의, 사회주의, 자유 민주주의가 무엇인지도 모르는 무식에 가까운 민족이었다. 이토록 비참했던 조선을 세계의 공산주의 물결과 싸우며 갈5:1절위에 1948년 8월 15일 대한민국을 건국했다. 그리고 대한민국은 지금은 세계 10대 강국이 되었다. 기적 중에 기적이다. 은혜 중에 은혜다.

"자유 하라! 다시는 종의 멍에를 메지 말라!" 그러므로 이승만 박사는 자유를 억압하는 통제사회 공산주의, 사회주의, 주사파를 결코 용납할 수 없었다. 이승만 박사는 자유의 나라 대한민국을 건국할 때 세계에서 하나님을 가장 잘 섬기는 나라를 만들고 싶었다. 그리고 그는 미국에서 공부하며 하나님을 가장 잘 섬겨 복을 받은 자유의 나라 미국과 같은 나라를 세우는 것이 꿈이었다. 미국에서 신학을 공부한 이승만은 국가가 교회고 교회가 국가인 나라를 목회하는 것이 꿈이었다.

이승만은 대한민국의 각 기관마다 목회자들을 세웠다. 학교는 교목, 형무소는 형목, 병원은 원목, 군대는 군목 등이다. 필자가 다니던 중학교도 미션으로 교목이 있었다. 수요일 마다 전교생이 예배를 드렸다. 회사마다 신우회가 있었다. 이것은 대한민국을 거대한 교회로 만들려는 것이었다. 이것은 우상의 소굴과 같은 나라 조선의 끝자락에서 하나님의 섭리가 아니고는 도저히 불가능한 일이었다. 1948년 5월 31일 처음 제헌 국회를 시작했다. 그때 목사의 신분으로 종로구에서 당선된 이윤영 의원이 하나님께 감사 기도로 시작한 나라다. 하나님께서 이승만을 국부로 세우신 것은 이제 욕단의 사명을 감당해야 할 때가 되었기 때문이다. 동쪽 끝에 숨겨두신 욕단을 이제는 드러내야 할 시기이기 때문이었다.

세계 2차전 이후 유라시아 대륙의 정치성향은 대한민국만 제외하고 모두 새빨간 공산주의였다. 이러한 시대적 정치 환경에서 대한민국만 공산화가 되지 않은 것은 기적 중에 기적이다. 욕단의 마지막 복음 사명 때문에 하나님께서 이 땅을 공산주의로부터 보호해 주신 것이다. 세계 선교 사명은 오직 자유의 나라에서만 감당할 수 있기 때문이다. 그러므로 하나님께서는 이승만을 준비해주셨고 그를 통해 자유 대한민국을 세워주신 것이다. 앞으로 남아있는 대한민국의 사명을 완수할 때 이승만 국부의 꿈은 이루어질 것이다. 마지막 제사장 국가로서의 사명을 완수하는 대한민국은 주님 재림을 앞두고 세계 최강의 나라가 될 것이기 때문이다.

3) 대한민국에 심겨진 욕단의 DNA

기독교 입국론 위에 세워진 대한미국은 과거 5천년의 역사를 뒤엎는 기적의 역사가 펼쳐졌다. 19세기 말 기독교가 들어온 이후 우리나라는 20세기 초 역사상 유래 없는 부흥 운동이 시작되었다. 이미 1903년 원산에서 시작한 평양 대 부흥 운동은 1907년 평양에서 절정을 이루었다. 이때의 광경을 '한국의 오순절' 혹은 '동방의 예루살렘'이라했다. 이렇게 20세기 초부터 기독교의 성령의 바람이 한반도를 덮어가기 시작했다. 이후 1948년 8월 15일 자유 대한민국이 건국되었다. 이는 성령의 기름부음으로 불타오르기 시작한 장작위에 대한민국을 올려놓은 것과 같았다.

대한민국을 건국하기 전 20세기 초부터 이미 성령의 기름부음이 이 땅에 부어지고 있었다. 그리고 계속 70~80년도에 한국의 경제 성장과 함께 교회 부흥도 절정을 이룬다. 한국 교회 부흥의 역사 중심에는 1973년 '빌리그래함 전도대회'가 있다. 계속되는 민족복음화 운동과 각종부흥의 슬로건들은 한국교회를 세계선교 국가로 세워갔다. 한국 기독교는 세계 역사상 유래가 없는 폭풍성장을 가져왔다. 세계 100대 교회 중에 50교회가 대한민국에 있다고 한다. 이러한 현상은 결코 우연이 아니다. 바로 우리 민족에게 욕단의 DNA가 심겨져 있었기 때문이다.

그렇게 우상을 많이 섬겼지만 영적으로는 하나님을 너무나 갈망한 민족이다. 이러한 욕단의 DNA 때문에 기독교가 들어왔을 때 영적 흡입력이 그토록 강했던 것이다. 한국교회는 하나님을 향한 믿음의 열정이 너무도 뜨거웠다. 부흥회, 사경회, 새벽기도, 산기도, 철야기도, 금식기도로 부르짖었다. 그토록 극성스럽게 하나님을 섬기면서도 언제나 하나님의 은혜를 목말라 했다. 대한민국은 세계에서 십자가가 가장 많은 나라다. 세계에서 교단별로 큰 교회가 가장 많은 나라다. 세계에서 미국 다음으로 선교사를 가장 많이 파송한 나라다. 이것은 모두 우리 민족에게 욕단의 DNA가 심겨져 있었기 때문이다.

4) 위기의 대한민국, 그러나 결코 망하지 않는다.

그러나 지금은 대한민국의 위기이며 한국교회의 위기다. 한국의 경제성장과 더불어 한국교회도 물질만능주의 기복주의 신앙에 빠져있었다. 북한은 지난 7-80년간 끊임없이 공산주의, 사회주의 주사파로 대한민국을 점령하려는 계획을 멈추지 않았다. 특히 지난 5년간 주사파 정권에 의해 한국교회는 처절하게 무너졌다. 코로나 펜데믹은 대한민국 공산주의 점령을 위한 지속적인 공작에 기름을 부은 것과 같았다. 이것은 단순히 대한민국을 공산화 하려는 것이 아니다. 대한민국 공산화에는 사단의 근본적인 분명한 목적이 있다. 바로 대한민국은 마지막 제사장 국가로서의 사명이 있기 때문이다. 사단은 이것을 목숨 걸고 막으려는 것이다. 대한민국이 공산화 된다면 제사장 국가로서 선교적 사명을 완수할 수 없기 때문이다. 때문에 코로나시기에 좌파 정부는 그렇게도 한국 교회를 핍박했던 것이다.

100년 전 안토니오 그람시(1891-1937)는 '조용한 혁명'이라는 공산혁명 전략을 제시했다. 그는 공산주의 사회를 도모했던 이탈리아의 사상가로 이탈리아 공산당 창설자다. 그는 이탈리아에서 공산 혁명을 일으켰으나 급진적으로 진행하다 실패했다. 그는 공산주의 실패 원인은 급진적 시행이라고 분석했다. 안토니오 그람시의 '조용한 혁명'은 이제 막시즘은 급진적이 아니라 조용히 혁명을 해야 한다는 이론이다. 안토니오 그람시의 '조용한 공산혁명'이라는 전략 11개 항을 소개한다. 이것은 한국의 공산화 진행과정과 소름 돋게 일치한다.

1. 지속적 사회변화로 혼란을 조장하라
2. 학교와 교사의 권위를 약화시켜라
3. 가족을 해체하라
4. 어린이들에게 성교육 및 동성애 교육을 실시하라
5. 교회를 해체하라
6. 대량 이주와 이민으로 민족 정체성을 파괴하라
7. (조선족) 인종차별을 범죄로 규정하라
8. 사법 시스템을 신뢰할 수 없도록 만들라
9. 복지정책을 강화해 국가나 기관 보조금에 의존하는 사람이 늘게 하라
10. 언론을 조종하고 대중매체 수준을 저하시키라
11. 과도한 음주를 홍보하라.

　　이와 같은 11개의 아젠다는 대한민국만을 공산화하기 위해 만든 것은 결코 아니다. 숫자 11의 수비 학의 뜻은 죽음, 파괴다. 사단은 공산주의를 통해 세상 국가들을 파괴하려는 의도로 안토니오 그람시를 통해 11개의 주제로 세계 공산화 전략을 세운 것이다. 세계 많은 나라들이 그람시의 조용한 혁명에 점령되었다. 그러나 오늘날 놀랍게도 그의 이론은 기독교가 주력 종교인 대한민국이 90%가까이 흡수했다고 해도 과언이 아니다. 대한민국만큼 조용한 혁명이 성공한 나라는 아마도 드물 것이다. 지금 대한민국은 최대의 위기다. 사회 곳곳이 공산화되어 있다. 사회주의 주사파로 전국이 빨갛게 물들어 있다. 안토니오 그람시의 '조용한 혁명'이 대한민국에서 성공한 것이다.

　　거의 100년 전 세계 공산화를 위해 만든 그람시의 아젠다. 이 아젠다가 왜 유독 세계 제2의 선교국가로 기독교가 강한 대한민국에서 성공한 것일까? 이것 또한 분명한 이유가 있다. 마지막 때 대한민국은 욕단의 사명이 있기 때문이다. 사단은 세계선교의 사명이 있는 자유 대한민국을 그대로 둘 리가 없다. 세계선교국가의 뿌리를 뽑아내려 한 것이다. 사단은 제사장 국가로서 쓰임 받을 욕단의 후손 대한민국을 무너뜨리는데 안토니오 그람시의 조용한 혁명을 사용한 것이다. 자유 대한민국을 무너뜨리려는 이유는 결국 교회, 기독교다. 자유의 나라만이 기독교를 전파하는 세계 선교 국가로 쓰임 받을 수 있기 때문이다.

이 사명을 감당하지 못하도록 공산주의 아젠다인 조용한 혁명으로 대한민국을 무너뜨리려는 것이다. 그러나 사단은 지금 이 작전이 성공한 것 같으나 최후에 결코 성공할 수 없다. 대한민국은 하나님의 계획과 섭리 안에 있는 욕단의 후손이기 때문이다. 사명이 있는 사람은 그 사명을 이룰 때까지 결코 죽지 않는다. 이와 같이 사명이 있는 민족은 결코 망하지 않는다. 대한민국은 최후의 위기 속에서도 결코 망할 수 없다. 대한민국을 건국한 국부 이승만 대통령은 지금 천국에서 이 민족을 위해 계속 기도하고 있을 것이다. 그는 이미 승리자다. 그러므로 대한민국도 역시 최후 선교적 사명을 완수하고 최후 승리하게 될 것을 믿는다. 욕단, 대한민국은 세계선교의 사명을 감당해야 할 제사장 국가이기 때문이다. 이는 또한 하나님의 오랜 계획과 섭리이기 때문이다.

5) 대한민국 자유통일선포 / 동방의 왕들 중심에 선다.

창10장에서 욕단은 메사와 스발로 가는 길 동쪽 끝으로 사라졌다. 그리고 성경에 더 이상 그에 대한 기록이 없다. 그러나 필자의 시각으로 성경 마지막 끝 요한계시록에 욕단이 등장한다. 주님께서는 천국이정표 사역을 통해 계시록을 깊이 보게 하셨다. 계16장에 등장하는 동방의 왕들의 중심에 욕단의 후손이 있음을 깨닫게 하셨다. 동방의 왕들의 중심에는 바로 대한민국이 있다. 근거는 위에서 언급한 히브리 어근을 따라가는 끝에서 '건너다'라는 아바르에 있다. 두 히브리 민족은 반드시 유브라데 강을 건넘으로 사명이 완수된다. 욕단은 아직 유브라데를 건너지 않았다. 필자는 전쟁 단원에서 계16장의 동방의 왕들이 유브라데 강을 건너는 이유를 설명했다. 그들은 이스라엘의 겔38장 전쟁을 돕기 위해 출격하는 것이다.

바로 이때 욕단 대한민국은 비로소 유브라데강을 건넘으로 히브리 민족의 사명을 완수하는 것이다. 필자는 이미 오래전부터 세미나를 통해 동방의 왕들 중심에 대한민국이 있음을 주장해 왔다. 2018년 7월 유튜브 사역을 시작하고 동방의 왕들이란 제목으로 영상을 올렸다. 코로나를 정치적으로 이용한 좌파정권에 의해 대한민국 교회는 처참하게 무너졌다. 코로나로 인해 한국교회 최대 암흑기였던 2020-2021년에도 필자는 동방의 왕들 중심에 대한민국이 있음을 강조하며 희망을 놓지 않았다. 마지막 때 반드시 대한민국은 동방의 가장 강력한 나라로 설 것이라고 강조해 왔다. 지금까지 그 누구도 동방의 왕들 중심에 대한민국이 있다는 언급은 하지 않은 것으로 알고 있다. 필자는 그저 대한민국이 동방에서 가장 강력한 나라가 될 것이라는 비전만 가지고 있었다. 그러나 필자가 믿고 가르쳐 왔던 말씀이 현실이 되고 있다. 바로 2019년부터 시작된 전광훈 목사님의 광화문 애국운동 때문이다.

여기서 잠시 전광훈 목사님과 관련하여 나누고자 한다. 전광훈 목사님과는 아직까지 개인적인 인연은 한 번도 없다. 필자는 아주 오래전 성령의 나타남 목회자 성회에서 전광훈 목사님을 처음 뵈었다. 그리고 여러 회 집회에 참석하여 은혜를 받았다. 당시 처음 뵈었을 때나 지금이나 목사님의 애국심은 변함이 없다. 당시 금란교회 목회자 집회 중에 목사님은 "하나님이 대한민국을 전광훈 손에 맡겼다"라고 하셨다. 당시 목사님의 순수함과 깊은 영성을 보았기 때문에 소위 뻥이라는 생각은 들지 않았다. 당시에도 그렇게 목사님은 지금의 광화문 운동과는 다르지만 애국운동을 하고 계셨다. 언젠가는 목사님이 나라의 큰일을 하시겠다는 생각을 했었다. 그리고 필자는 여러 가지 다른 사역으로 인해 목사님의 성령의 나타남 집회와 멀어졌다.

그리고 이후 언론을 통해 들려오는 목사님에 대한 온갖 좋지 않은 정보들을 필자는 믿지 않았다. 목사님의 깊은 영성을 이미 오래전에 알고 있었기 때문이다. 그리고 2019년 한국기독교총연합회 대표 목사로서 좌파정권에 무너져가는 대한민국을 보시고 시국선언을 하셨다. 필자는 그때부터 다시 전광훈 목사님과 멀리서 함께하기 시작했다. 추운겨울 청와대 앞에서 철야하며 잠을 자기도 하고 매주 토요일 광화문의 모든 집회에 태극기를 들고 나갔다. 천만서명을 받기 위해 길거리에도 나갔다. 대한민국이 망하지 않는다는 믿음만 가지고 행동하지 않는다면 그 또한 참 믿음이 아니기 때문이었다. 그리고 세미나를 통해서 대한민국의 미래를 제시할 때 자연스럽게 목사님의 애국운동을 언급하기도 했다. 필자의 세미나에 참석하신 분들 중 전광훈 목사님에 대한 부정적인 시각을 가진 분들도 있었다.

어쩌면 본서를 읽는 분 가운데도 반대쪽에 계시는 분들은 좀 불편할 수 있다. 그러나 대한민국 사명의 비전과 함께 전목사님의 사역을 언급하는 것에 대해 넓은 마음으로 양해를 부탁드린다. 목사님의 최종 목표는 오직 예수한국 복음 통일하여 세계선교국가로 제사장의 사명을 완수하는 것이다. 이것은 곧 욕단, 대한민국의 사명과 일치한다. 유튜브 영상의 댓글에도 전목사님을 지지하는 필자를 비난하는 이들도 있었다. 그러나 그들은 모두 전광훈 목사님을 모르기 때문에 오해하고 있는 것이다. 언론의 거짓 정보에 속고 있는 것이다. 전광훈 목사님은 불의를 책망하고 싸워야 하는 선지자적 사역 때문에 거칠 수밖에 없음을 이해해야 한다. 필자가 전광훈 목사님의 애국운동에 함께한 이유 중 하나는 이렇게 마지막 때 대한민국에 대한 비전이 같기 때문이다. 대한민국은 제사장 국가로서 세계선교의 사명을 완수해야 한다는 것이다.

그러므로 대한민국은 결코 좌파에 의해 무너지는 나라가 아니다. 목사님은 무너져가는 대한민국을 위해 싸우시다가 세 번의 옥고를 치르셨다. 그렇게 목사님의 생명을 건 헌신과 지도력으로 좌파정권과 5년 동안 싸웠고 결국에 우리는 승리했다. 그리고 대선 승리가 결정되기도 전에 바로 선포하신 것은 **자유통일** 이었다. 세계 선교한국 복음통일 이라는 위대한 구호가 적극적으로 시작되었다. 물론 이 구호는 20여 년 전 부터 전목사님을 통해 들어온 구호다. 지금도 기억이 생생하다. 2022년 대선을 치루 던 날 우리 자유우파 국민들은 밤새워 잠을 잘 수가 없었다. 새벽이 깊어지면서 근사한 차이로 승리가 보이기 시작했다. 그리고 목사님은 대선 승리가 결정되기도 전에 광화문 실시간 방송 현장의 플랜카드를 바꾸었다. **'자유통일'**이었다. 그 모습을 보는 순간 눈물이 났다. 가슴 벅찬 감동이 몰려왔다.

주님은 대한민국을 결코 버리지 않으셨다. 필자는 방송을 통해 끊임없이 비전을 발표하시고 국민을 교육하시는 방송을 거의 듣는다. 목사님을 반대하는 사람들은 방송을 아예 보지 않기 때문에 목사님이 무슨 일들을 진행하시는지도 모른다. 그저 비난만 쏟아낸다. 목사님의 비전은 그냥 말이 아니다. 현실적으로 모든 일들은 준비하고 진행해 가고 있다. 대한민국이 자유통일을 이룬다면 우리는 분명히 세계 최강의 국가가 될 수 있다. 목사님도 대한민국이 욕단의 후손이라는 말씀을 늘 하신다. 물론 이것은 우리의 선배 목사님들께서 늘 하시던 말씀이다. 그러나 그들은 필자의 주장처럼 계16장에 등장하는 동방의 왕들의 중심에 욕단의 후손인 대한민국이 있다는 것은 모른다. 물론 필자의 계시록 해석은 전목사님과는 많이 다르다.

그럼에도 불구하고 목사님의 사역을 통해 필자가 주장했던 동방의 왕들의 중심은 대한민국이라는 것이 현실이 되어가고 있음에 놀랍다. 전광훈 목사님은 분명 하나님께서 이 시대에 세우신 대한민국의 시대적 영웅이다. 하나님은 나라가 위기에 처할 때마다 하나님의 사람들을 세워 위기를 극복하게 하셨다. 물론 아직도 우리가 완전히 승리한 것은 아니다. 아직도 과제는 남아있다. 그러나 하나님께서는 어떤 방법을 통해서든 분명히 대한민국을 회복하고 세계 최강의 국가로 세워 가실 것을 믿는다. 어느 날 전목사님께서 대한민국이 자유통일을 이룬다면 사실 세계 G1의 국가가 된다고 하셨다. 필자는 결국에는 G1의 국가가 된다는 말씀을 듣는 순간 겔38장 전쟁에 미국이 참전하지 않는 다는 사실을 떠올렸다. 그렇다면 주님 재림 시에 대한민국은 분명 세계 G1의 국가일 가능성이 높다.

대한민국은 동방의 가장 강력한 나라를 넘어 세계 G1의 국가가 될 것이다. 미국이 겔38장 전쟁에 참전하지 않는 이유는 아마도 이때쯤이면 미국도 세계적인 영향력을 많이 잃을 것이기 때문이다. 그리고 대한민국은 이스라엘과 같이 적그리스도에게 100% 흡수되지 않을 것 같다. 그러므로 대한민국은 이스라엘을 돕기 위해 동방의 왕들의 중심에서 유브라데 강을 건너는 것이다. 이때 대한민국은 유브라데 강을 건넘으로 비로소 히브리 민족의 마지막 사명 아바르(건너다)를 완성하게 된다. 하나님께서 대한민국 건국 후 지난 70년간 부강한 나라로 경제적 성장을 하게하신 이유가 있다. 바로 세계선교 국가로 쓰시기 위함이었다. 나라가 약하고 가난하다면 그 나라의 선교사의 영향력은 약할 수밖에 없다. 그러나 대한민국이 경제적 부흥이 있었기에 세계로 나간 대한민국 선교사들이 영향력을 끼칠 수 있었던 것이다.

이제 마지막 사명도 마찬가지다. 그렇다면 대한민국이 자유통일을 이루고 마지막으로 경제적 부흥기를 이루어야 할 이유도 오직 하나다. 마지막 세계선교 한국으로 복음을 들고 나가야 하기 때문이다. 나라가 강할 때 그 나라에서 파송한 선교사들이 영향력을 발휘할 수 있기 때문이다. 세계경제학자들은 대한민국이 자유통일을 이룰 때 그 결과를 예측하고 있다. 대한민국의 자본과 기술 그리고 북한의 지하자원과 노동력이 결합되는 결과는 참으로 놀랍다. 좌파학자들은 연 14%를 우파학자들은 연 25%를 30년 경제고도성장을 한다는 예측이다. 그렇게 된다면 대한민국은 욕단의 민족으로의 사명을 완수하기 위해 고조선의 영광을 회복할 것이다. 필자도 하나님께서 마지막 복음의 부흥기를 잠시 주실 것을 믿는다. 잠시 평안하고 안전한 때를 주실 것이다. 이것은 아직 복음이 들어가지 않는 미 종족 국가들을 위해 주시는 마지막 기회다. 그 중심에서 대한민국이 세계선교국가로 쓰임 받을 것이다.

6) 한국교회는 세계 기독청을 보유할 자격이 있다.

전광훈 목사님께서 제시하신 가장 큰 비전가운데 하나가 세계 기독청이다. 필자는 대한민국은 세계 기독청을 보유할 자격이 충분히 있는 나라라고 생각한다. 이유는 충분하다.

① 대한민국은 복음의 끝을 위해 선택받은 제사장 국가로 욕단의 민족이기 때문이다.

창10:25절에서 형인 벨렉과 나뉘어 져서 동쪽 끝으로 사라졌다. 그리고 마지막 때 모든 사명을 완수하고 계16장에 동방의 왕들로 등장한다. 마치 야곱이 거부가 되어 에서와 만나듯이 욕단의 후손들은 동방의 왕들의 중심이 되어 형 벨렉의 후손들과 만날 것이다.

② 대한민국은 당당히 미국에 이어 세계선교 2위국이다.

세계선교사 파송 1위는 미국이다. 2위가 대한민국이다. 인구 비율로 보면 대한민국이 세계 1위다. 이 작은 나라가 선교사 파송 세계 2위인 것은 기적이다. 20세기는 대한민국의 위대한 세기다. 폭풍경제성장, 폭풍교회성장, 폭풍세계선교를 이루었기 때문이다. 하나님은 한국인을 세계 선교사 체질로 만드셨다. 한국은 4계절이 있기 때문에 추운 나라와 더운 나라의 기후를 탁월하게 견뎌낸다. 세계의 언어 구사 능력이 뛰어나다. 백인과 흑인의 중간인 황인으로 인종의 벽을 좁힌다. 또한 식성이 좋아 어느 나라 음식이든 잘 적응한다. 그리고 열정이 있고 헌신적이고 부지런하다. 그러므로 전 세계는 한국 선교사를 요청하고 있다.

③ 세계기독청의 효과

세계기독청을 통한 경제적 효과는 상상을 초월한다. 매일 세계 올림픽을 치르는 경제적 효과가 있다고 하신다. 또한 세계 선교적 효과는 이루 말할 수 없다. 세계기독청이 세워지면 대한민국은 안팎으로 선교를 할 수 있다. 필자도 성지순례를 통해 이스라엘과 이탈리아 튀르키예 등의 성당들을 보았다. 곳곳마다 기독교 분위기는 거의 찾아보기 힘들다. 거의가 러시아 정교회 혹은 로마카톨릭의 분위기다. 분명히 전 세계의 주력종교인 기독교의 구심점이 되는 성지가 반드시 필요하다. 바로 그 성지는 대한민국에 있는 것이 마땅하다. 이유는 대한민국은 세계 기독교선교의 중심 국가이기 때문이다.

④ 그러나 사단은 세계기독청을 너무 싫어한다.

세계기독청을 선포하시고 많은 부작용들이 일어났다. 유사 명칭을 사용해서 후원금을 모금하는 등 분란을 일으키는 곳도 있었다. 또한 이에 대한 부정적 시각으로 반대하는 이들도 있다. 그러나 이 모든 것은 사단의 방해다. 사단은 세계기독청의 효과를 알기에 최선을 다해 방해하려 할 것이다. 그럼에도 불구하고 세계 기독청은 반드시 세워질 것이다. 그리고 대한민국은 세계 기독교의 중심이 될 것이다. 현재 모형이 나왔고 가 설계도가 나온 것으로 알고 있다. 대한민국의 성도들은 자부심을 가지고 이 일에 함께 기도하고 함께 헌신해야 할 것이다. 자유통일은 대한민국의 모든 비전으로 가는 첫 관문이다.

4. 너무도 닮은 이스라엘과 대한민국

창10:25절에서 "에벨은 두 아들을 낳고"한다. 아마도 동시에 두 아들을 낳았을지도 모른다. 그러므로 앞에서 언급한 것처럼 벨렉과 욕단은 어쩌면 실제 쌍둥이 일 가능성이 높다. 실제 두 국가는 너무도 닮아 있다. 욕단의 후손으로 대한민국을 대신할 나라가 없다. 너무도 닮은 두 나라를 도표로 만들어 보았다. 이 밖에도 풍습과 언어 등이 많이 있다. 그러나 여기서는 국가적으로 닮은 것들만 간추렸다. 우리나라는 앞으로도 미국과의 동맹은 물론이다. 그러나 더욱더 이스라엘과 동맹으로 가야한다. 대한민국과 미국, 이스라엘은 반드시 함께 갈 것이다. 창10장에서 헤어진 두 형제는 주님이 재림하실 즈음에 다시 만날 것이다.

▶데칼코마니 이스라엘과 대한민국

이스라엘 (벨렉-나뉨)	공통점	대한민국 (욕단-그가 작아질 것이다)
서쪽 끝	위도, 같은 위치	동쪽 끝
중동의 중심	지정학적 중심지	아시아의 중심
두 나라는 지정학적 중심지로 인한 침략 전쟁으로 인한 멸절위기를 많이 겪음		
5월 14일	1948년 건국	8월 15일
두 나라는 2차 대전 후 생겨난 신생국가중 세계에서 가장 부강한 나라, 경제 강국으로 성장		
남과 북으로 나눠져 있었다.	남북 갈등	남과 북으로 나눠져 있다.
이슬람 이슬람은 반드시 망한다.	정치적 종교적 갈등	공사주의 주사파 공산주의 반드시 망한다.
와이즈만 박사 1874년생 독립운동가	건국의 아버지	이승만 박사 1875년생 독립운동가 국모-프란체스카 오스트리아계 유대인
샤론의 꽃	예수님 상징 꽃	무궁화(흰색-성결, 붉은색-보혈)
하늘을 가르고 강림 하소서 사64:1 메시아 나라의 왕이 임함	건국 메시지 하늘이 열림	개천절-하늘이 열린 날

이스라엘 (벨렉-나뉨)	공통점	대한민국 (욕단-그가 작아질 것이다)
지도에서 독도를 대한민국 땅으로 표기한 유일한 나라는 이스라엘	서로 싸우지 않음	반 이스라엘 정서가 없다.
1900년 가까이 나라 잃고 전 세계 디아스포라로 살아온 민족 1948년 등장하여 독립	디아스포라	일제 침략으로 36년 나라를 잃음 1948년 독립
현재도 두 나라는 세계에서 디아스포라가 가장 많은 나라다.		
다윗 왕 때가 가장 부강한 나라	전성기	단군(욕단?)임금 때가 가장 부강한나라, 이후 이승만이 건국한 대한민국이 세계에 영향력을 가장 많이 끼친 나라
석유 및 지하자원이 많다.	지하자원	석유 및 지하자원이 많다.
약 4천년의 역사	역사	약 5천년의 역사
메시아 나라에서	제사장 국가	아담의 나라에서
두 나라는 겔37:19절 예언과 같이 북(이스라엘, 북한)을 남(유다, 대한민국)으로 붙여서 통일되고 한 나라가 된다. **(너는 곧 이르기를 주 여호와의 말씀에 내가 에브라임의 손에 있는바 요셉과 그 짝 이스라엘 지파들의 막대기를 취하여 유다의 막대기에 붙여서 한 막대기가 되게 한즉 내 손에서 하나가 되리라)**		

마지막이 가까울수록 세상은 더욱 혼돈해 질 것이며 영적으로 더욱 암울한 시대가 될 것이다. 종교적으로 배도가 일어나고 불법이 성행하며 사랑이 식어지기 때문이다. 사람들은 더욱 악해질 것이며 범죄들은 더욱 잔혹해 질 것이다. 자연재해처럼 위장된 인공재해들이 뉴 월더 오더에 의해 전 세계적으로 더욱 무섭게 일어날 것이다.

앞으로 세상은 결코 더 좋아지지 않는다. 우리는 전쟁의 소문이 줄어들기 원하지만 전쟁의 소문은 더 늘어갈 것이다. 지금 우리는 이런 시대에 살고 있다. 직선의 역사, 기독교는 이제 그 끝이 손끝에 닿을 듯 가까이 와 있다. 천국이정표 다니엘과 요한계시록은 마지막 시대 우리 손에 반드시 들려 있어야 할 중요한 네비게이션이다.